Mosquito Verlag

DIE WAHRNEHMUNGS-FALLE

ODER . . . ALLES NUR MUMPITZ – JA, *ALLES*

TEIL 2

Die umfassendste Bloßstellung der „Welt“, die jemals verfasst wurde.

David Icke
DIE WAHRNEHMUNGSFALLE, Teil 2

Titel der Originalausgabe: „The Perception Deception“

Dritte Auflage, 2021

Deutsche Übersetzung: A. Tessa, D. Loose
Layout: Volodymyr Kralovyetts

www.mosquito-verlag.de

Mosquito Verlag ist ein Imprint des Mobiwell Verlags

ISBN 978-3-943238-42-6

Die Originale der in diesem Buch veröffentlichten Illustrationen stammen von

Neil Hague.

Neil ist ein britischer Künstler, Illustrator und Visionär, der sein Schaffen den „Wahrheitsschwingungen" widmet.

Seit über 15 Jahren erscheinen Arbeiten von Neil auf den Einbänden von Büchern aus aller Welt. In Großbritannien wurden seine äußerst individuellen, fantasie- und ideenreichen Bilder bereits in zahlreichen Ausstellungen gezeigt.

Die Hörer seiner Vorlesungen bezeichnen Neils Werke oft als neoschamanisch, heilend und aus dem Herzen kommend.

Bisher verfasste Neil drei Bücher, zuletzt seinen ersten illustrierten Grafikroman *Kokoro – The New Jerusalem & the Rise of the True Human Being.*

Weitere Informationen über Neils Bücher, Vorträge, Drucke, Workshops und die Originale der in diesem Buch veröffentlichten Bilder finden Sie unter

www.neilhague.com.

Widmung

Für Linda: Meine liebe Gefährtin, hier sind wir nun also ein Vierteljahrhundert später. War es das trotz allem wert? *Ja, eindeutig.*

Für Kerry, Gareth, Jaymie, Neil, Monnica und Carol.
Für meinen großartigen Kumpel Mike Lambert, Mitglied im Wide Awake Club.

Für Sean, der bei Davidicke.com und auch sonst in jeder erdenklichen Weise so großartige Arbeit leistet.

Für Jason von Jay4louise für alle seine hervorragenden Videos.

Für all die Moderatoren des David Icke Forums, die ihre Aufgabe so brillant meistern.

Für all diejenigen, die einen Verstand besitzen, den sie ihr Eigen nennen können.

Für all diejenigen, die ihre Wahl treffen könnten, wann immer sie wollten, sich – bisher – aber noch nicht entschieden haben, es zu tun.

„Viele Menschen, besonders die arroganten unter ihnen,
wollen dich dafür bestrafen,
dass du die Wahrheit sagst, korrekt handelst oder einfach du selbst bist.
Entschuldige dich niemals dafür,
dass du korrekt handelst oder deiner Zeit um Jahre voraus bist.
Wenn du Recht hast und das auch weißt,
dann gib deine Meinung offen kund.
Auch wenn du eine Minderheit von einer Person darstellst
– die Wahrheit bleibt immer die Wahrheit.“

Mahatma Gandhi

„Es zeugt nicht gerade von Gesundheit,
hervorragend an eine zutiefst kranke Gesellschaft angepasst zu sein.“ –

Jiddu Krishnamurti

„Es ist nichts Falsches daran, Fragen zu stellen …
Die Tatsache, dass du Fragen stellst, zeigt,
dass du fünf Weisheitsstufen über dem Idioten stehst,
der etwas dagegen hat, dass du Fragen stellst.“

Josh Tolley

Definition des Begriffs „Bollocks“

Bollocks, *am*. ballocks, umgangssprachlich, *pl, n*

1. (Biowissenschaften und verwandte Anwendungen /Anatomie): Synonym für Hoden.
2. Unsinn, Quatsch, als *Einwurf*:
3. Ausruf des Ärgers, der Ungläubigkeit, etc.
4. „The (dog’s) bollocks“ (die Hoden des Hundes) – etwas Exquisites
5. Verb (in der Regel gefolgt von „up“)
6. Vermasseln oder verpfuschen
7. [Altenglisch „beallucas“, Diminutiv (pl) von beallu (nicht belegt); siehe BALL1]

Verwendung: Sowohl im anatomischen Sinn als auch in den übertragenen Bedeutungen beeindruckt dieser Begriff heutzutage weniger als früher und es ist unwahrscheinlich, dass jemand sich dadurch beleidigt fühlt. Doch ältere oder konservative Menschen mögen das vielleicht anders sehen. Die Tatsache, dass bestimmte Plattenläden einer Straftat bezichtigt wurden, nur weil sie das Album der Sex Pistols – in dessen Titel dieses Wort vorkommt – in ihren Schaufenstern ausstellten, ist wirklich unverständlich. Und das alles auf der Grundlage eines aus dem 19. Jahrhundert stammenden Gesetzes gegen anstößige Werbung und Vagabundieren.

Quelle: http://www.thefreedictionary.com/bollocks

Inhaltsverzeichnis

21

Archontische „Bildung"

Lernen ist das Einzige, das den Geist nie erschöpft, das er niemals fürchtet und niemals bereut.

Leonardo da Vinci

„Problem-Reaktion-Lösung" und „schleichender Totalitarismus" sind lediglich Werkzeuge und Ableger des grundlegenden Psychospiels der Archonten. Diese Gedankenmanipulation soll die Menschheit in einem zombiegleichen Software-Zustand festhalten und in der linken Hirnhälfte verankern. Wer aus diesem mentalen und emotionalen Sklavendasein ausbricht, durchschaut die beiden Techniken – und alle anderen – sofort, weil sie ihm förmlich neonfarben entgegenblinken.

Die Beschränkung der Wahrnehmung auf die linke Hirnhälfte ist ein wesentliches Element der archontischen Strategie. Das Gehirn besteht aus zwei Hemisphären, die über das Corpus callosum verbunden sind (Abb. 508). Die Funktion der beiden Hälften unterscheidet sich stark; man könnte auch sagen, jede hat ihre eigene Persönlichkeit. Um uns die besten Eigenschaften der zwei Hälften zunutze zu machen, müssten wir sie beide verwenden. Das allerdings wollen die Archonten nicht, und daher ist es bei den meisten Menschen nicht der Fall. Die meisten sind Sklaven der strukturbesessenen linken Hirnhälfte, und das schlägt sich im hierarchischen Gefüge der menschlichen Gesellschaft nieder. Die rechte Hirnhälfte hat „das Ganze" und nicht nur einzelne Teile im Blick. Dadurch kann sie Zusammenhänge erkennen, wo die linke Hälfte keine sieht. Die rechte Hirnhälfte ist willkürlich, spontan, kreativ, inspirativ, der unbe-

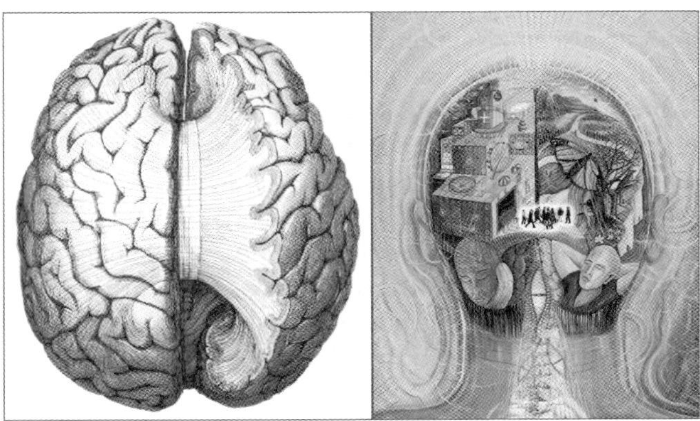

Abb. 508: Die zwei Hemisphären des Gehirns und die Verbindung zwischen beiden, das Corpus callosum.

rechenbare Querdenker. Psychologen bezeichnen die rechte Hirnhälfte als „subjektiv“: „Auf dem Innenleben einer Person basierend bzw. sich darauf beziehend“ und „die Individualität eines Künstlers oder Autors zur Geltung bringend bzw. diese hervorhebend“. Die rechte Hälfte ist weit enger mit der Realität des Herzens verknüpft als die linke und daher die letzte Instanz, an der die Archonten und deren Blutlinien die Menschheit verortet sehen wollen. Die rechte Hirnhälfte kann Sie „hinaus“ in andere Bewusstseinswelten führen, und nur dort lässt sich die wahre Natur des Lebens „auf Erden“ erfassen und begreifen. Ohne hochaktive rechte Hirnhälfte lassen sich die Ebenen des Kaninchenlochs, dem die Verschwörung entschlüpft ist, nicht lokalisieren. Die Archonten sind darauf aus, die Menschen in der linken Hirnhälfte zu verankern. Das soll uns nicht nur daran hindern, über den sprichwörtlichen Tellerrand hinauszuschauen, wenngleich genau das geschieht, wenn allein die linke Hirnhälfte aktiv ist. Funktion und Beschaffenheit der isolierten linken Hirnhälfte reflektiert zudem die *Archonten* und deren Persönlichkeit und Vorgehensweisen. Die linke Hirnhälfte lässt uns alles als getrennt und mit „Raum“ zwischen den einzelnen Dingen wahrnehmen – die Illusion der Matrix. Sie sieht nicht das Ganze, sondern nur Teile; sie sieht keine Bilder, sondern nur Punkte; und sie liebt *Struktur*. Die linke Hirnhälfte ist logisch veranlagt (gemäß ihrer eigenen Definition von „logisch“); sie ist rational (gemäß ihrer Definition von „rational“); und sie ist insofern „chronologisch“ strukturiert, als sie Ereignisse, die sich im ewigen JETZT abspielen, in eine Reihenfolge bringt, die wir als *Zeit* wahrnehmen. Je rascher sie diese Reihenfolge abspult, desto schneller scheint die Zeit zu vergehen und umgekehrt. Auch ist die linke Hirnhälfte „objektiv“: „Auf beobachtbaren Phänomenen fußend, sachlich dargestellt: eine objektive Einschätzung.“ Worauf basieren die Annahmen der konventionellen „Wissenschaft“? Auf beobachtbaren Phänomenen, sachlich dargestellt – auf objektiver Einschätzung. In der herkömmlichen „Wissenschaft“ zeigt sich die Verhaftung in der linken Hirnhälfte. Daher kann die „Wissenschaft“ die grundlegenden „Geheimnisse“ unserer erlebten Realität nicht lüften (wobei es allein aus Sicht der linken Hirnhälfte und des verschlossenen Geistes Geheimnisse sind). Die linke Hirnhälfte entspricht der Lebensweise und der Struktur (u.a. dem Reptilienhirn) der menschlichen Gesellschaft, und hier wird die Informations-Matrix bzw. der „Hack“ zur konstruierten Illusion der erlebten holografischen „materiellen“ Wirklichkeit. Als der amerikanischen Neuroanatomin Jill Bolte Taylor 1996 in der linken Hirnhälfte ein Blutgefäß platzte, wurde sie aus der „normalen Realität“ herauskatapultiert. Die linke Hirnhälfte setzte das digitale Konstrukt nicht länger in ein Hologramm um, und so konnte sie plötzlich keine Grenzen mehr zwischen sich und dem sie umgebenden Raum wahrnehmen. Sie sagte, dass „die Atome und Moleküle meines Arms mit den Atomen und Molekülen der Wand verschmolzen“. Sie nahm nichts außer einem einheitlichen Feld wahr. Das, was sie als „Geplapper“ ihres Gehirns bezeichnet, verstummte, als ob jemand den Ton ausgeschaltet hätte. Das Geplapper des Gehirns – das Selbstgespräche führende Softwareprogramm des Körpers, das der Mensch für seine eigenen Gedanken hält – entspringt vorwiegend der linken Hirnhälfte.

Jill berichtete:

> „Die Großartigkeit dieser Energie um mich her nahm mich unvermittelt gefangen. Und da ich die Grenzen meines Körpers nicht länger ausmachen konnte, fühlte ich

> mich gewaltig und unermesslich weit. Ich fühlte mich eins mit aller existierenden Energie, und es war wunderschön. [...]
>
> Stellen Sie sich vor, wie es sich anfühlen würde, gänzlich vom Geplapper des Gehirns befreit zu sein, das Sie mit der äußeren Welt verbindet. Da war ich also, in dieser Sphäre, und jeglicher Stress, der etwas mit mir oder meiner Arbeit zu tun hatte, war verschwunden. Mein Körper fühlte sich leichter an. Auch sämtliche Beziehungen, die ich in der äußeren Welt unterhielt, und all die unzähligen Stressfaktoren, die damit einhergingen, waren fort. Ich verspürte eine Art Frieden. [...]
>
> Da ich die Position meines Körpers im Raum nicht bestimmen konnte, fühlte ich mich gewaltig und unermesslich weit, wie ein Flaschengeist, der endlich aus seiner Flasche befreit worden ist. Mein Geist glitt dahin wie ein riesiger Wal durch ein Meer aus stiller Euphorie. Nirwana, ich hatte das Nirwana gefunden. Ich weiß noch, wie ich dachte, dass ich nie mehr in der Lage sein würde, meine Gewaltigkeit in jenen winzigen, engen Körper zu zwängen."

Bereits zu Anfang des Buches habe ich behauptet, dass unsere Gesellschaft in Mumpitz versumpft, weil sie auf Mumpitz errichtet wurde – nämlich auf der Behauptung, die Welt sei fest und wir seien unser Körper/Intellekt. Das zeitigt u.a. ein Gefühl massiver Begrenztheit – „Ich kann nicht", „Es geht nicht", „Das ist unmöglich" – sowie die Empfindung „Ich bin klein und machtlos". Werden Menschen so stark an die linke Hirnhälfte gekoppelt, dass es ihre Wirklichkeitswahrnehmung einschneidend prägt, so sind sie an die Matrix gebunden. Damit verfügen sie über keinen anderen Bezugspunkt mehr, der ihnen zu begreifen hilft, was gespielt wird. Genau das ist geschehen, und daher leben wir in einer Gesellschaft der linken Hirnhälfte, die sich aus Personen und Institutionen der linken Hirnhälfte zusammensetzt.

Verdummung durch Bildung

Die linke Hirnhälfte kann überaus dumm sein, wenn ihre machtvolle Verbindung zur rechten Hirnhälfte gekappt wird. Ebenso dumm kann der Körper/Intellekt sein, wenn er vom Einfluss des Bewusstseins abgeschnitten wird. Wenn jedoch beide Hirnhälften zusammenarbeiten, können sie Erstaunliches leisten, ähnlich dem Körper/Intellekt in Verbindung mit dem Bewusstsein oder dem Herz in Verbindung mit Gehirn und zentralem Nervensystem. Da wären wir wieder bei einem Schwerpunktthema – Verzerrung und Umkehrung. Durch die Manipulation der beiden Gehirnhemisphären und der „Brücke", über die sie kommunizieren, wird die Welt ebenfalls verzerrt und ist nicht mehr so, wie sie eigentlich sein sollte. Genau das ist typisch für die Archonten. Sie haben Wächter am Portal zur linken Hirnhälfte platziert, um den Einfluss der rechten Hirnhälfte zu unterbinden. Allerdings führt auch eine dominante rechte Hirnhälfte zu einem Ungleichgewicht. Das erkennen wir bei Menschen, die zwar ungemein kreativ sind, aber in der Welt nur schwer zurechtkommen, weil ihre linke Hirnhälfte unzureichend arbeitet (sie sind nicht „geerdet“). Dadurch können sie ihre Kreativität nicht umsetzen. Unser Gehirn muss *ganzheitlich* arbeiten, damit wir Verzerrungen auf beiden Seiten ausgleichen können. Ich betone noch einmal, dass die Merkmale der linken Hirnhälfte die menschliche Gesellschaft widerspiegeln, wie sie sich die Archonten und deren Blutlinien zurechtgeformt haben. Die linke Hirnhälfte ist besessen von der Zeit; sie erkennt nicht, dass alles verbunden ist; sie liebt Struktur und Hierarchien; und sie befasst sich nur mit Dingen, die ihr logisch und rational erscheinen und auf beobachtbaren Phänomenen basieren – kann ich es sehen, anfassen, schmecken, riechen, hören? Ja? Nun, dann existiert es. Das entspricht der Fünf-Sinnes-Wahrnehmung mit dem geistigen Horizont einer Erbse, wie sie sich konventionelle „Wissenschaft“, akademische Welt, Medizin, Politik, Rechtswesen, Medien und all die anderen Institutionen angeeignet haben. Diese Institutionen sind es, die der breiten Masse die Realität vorgeben. Der Großteil der Menschen – der Einzelne ebenso wie die Gesamtheit – ist in der linken Hirnhälfte gefangen. Der Schlüssel zu diesem Gefängnis wird systematisch weggeworfen, und das bereits in frühester Kindheit. Die meisten Eltern sind der Programmierung über die linke Hirnhälfte ebenfalls unterzogen worden. Sie geben ihre Wirklichkeitswahrnehmung an ihre Kinder weiter, weil sie annehmen, dass die ihnen einprogrammierte Sichtweise „logisch“ und „rational“ wäre und auf „beobachtbaren Beweisen“ basieren würde. Das schließlich haben Lehrer, Universitätsdozenten und Professoren ihnen eingebläut. Auch Wissenschaftler und Medien stellen hier keine Ausnahme dar, weil Journalisten nicht mehr *recherchieren*, ob es stimmt, was offiziell behauptet wird – sie wiederholen es lediglich und stellen es als Tatsache hin. Kinder beziehen diese Sichtweisen buchstäblich per Download, indem sie von klein auf dem Einfluss ihrer Eltern ausgesetzt sind. Mit etwa vier Jahren werden sie von der programmierenden Wurstmaschine namens „Bildung“ geschluckt. Von da an werden ihnen bis mindestens in die späten Teenagerjahre hinein auf jeder Stufe – von der Vorschule bis zur Universität – die Ansichten ihrer Eltern bestätigt. Die meisten ihrer Freunde und Bekannten – oft alle – unterstützen die eingetrichterten Ansichten ebenfalls, da sie dasselbe Programmierungssystem durchlaufen bzw. durchlaufen haben. Rund um die Uhr untermauern die Massenmedien in all ihren Ausprägungen diese Auffassungen. Jeder, der das Propagierte anzweifelt, wird verhöhnt oder stigmatisiert. Mit den sogenannten „alternativen“ Medien verhält es sich selten anders. Auf einer „alternativen“ Website entdeckte ich einen Kommentar über mich. Kurz davor hatte sich bewahrheitet, was ich über Jimmy Savile und seinen Hang zu Pädophilie und Nekrophilie gesagt hatte. In dem Kommentar war über mich zu lesen:

Abb. 509: Nur ein weiterer Backstein in der Mauer.

„Was er schon seit Langem über Savile schreibt, hat sich nun als korrekt erwiesen." Hier spricht die linke Hirnhälfte, denn über Savile habe ich tatsächlich schon Bescheid gewusst, lange bevor die erdrückende Beweislast ihn überführt hat. Das konnte die linke Hirnhälfte nicht ignorieren, da es sich um „beobachtbare Phänomene" gehandelt hat, die „sachlich dargelegt" wurden und somit „eine objektive Einschätzung" darstellten. Allerdings wurde ich in dem Kommentar auch als „Echsenseher und allseits beliebter Irrer" bezeichnet, der „dazu neigt, über nichts anderes als Echsen zu schwafeln". Damit kann die linke Hirnhälfte nicht umgehen; das bloße Konzept liegt weit jenseits ihrer Betonmauern und ihres versteinerten Möglichkeitssinns. Auch die „alternativen Medien" werden großenteils von der linken Hirnhälfte dominiert, und diese ist allein nicht in der Lage, Tiefe und Ausmaß dessen zu erkennen, was in Wahrheit vor sich geht. Deshalb wurde ich sowohl von den konventionellen Medien als auch von den meisten alternativen verlacht und als verrückt abgetan. Beide Lager orientieren sich im Hinblick darauf, was sie für rational oder irrational, glaubwürdig oder verrückt erachten, auf die der linken Hirnhälfte entspringenden „Normen" von „Wissenschaft", akademischer Welt oder ihrer jeweiligen Religion. Jede Religion ist eine Manifestation der linken Hirnhälfte. Wäre die rechte Hirnhälfte involviert, dann würden die Menschen erkennen, dass die Trennung zwischen den „verschiedenen" Religionen rein illusorisch ist. Auch wäre dann für jeden ersichtlich, dass es endlos viele Verbindungen und Parallelen zwischen den Religionen gibt.

Der Programmierungsapparat der „Bildung" ist unerlässlich für „Das System", weil er darauf ausgelegt ist, den Menschen schon in jungen Jahren eine bestimmte Wirklichkeitswahrnehmung einzuimpfen. Die mit geistigem Futter Gemästeten verwalten als Erwachsene das System entweder gemäß der Agenda oder sind für den Rest ihres Lebens brave kleine Sklaven, die sich für frei halten (Abb. 509). Der amerikanische Autor H. L. Mencken hat dies mit den folgenden Worten auf den Punkt gebracht: „Das öffentliche Bildungswesen zielt keineswegs darauf ab zu erleuchten; es soll lediglich so viele Individuen wie möglich auf ein einheitliches Maß zurechtstutzen, eine Norm-Bürgerschaft heranzüchten, Widerspruch und Originalität ersticken." Alles in allem ist jeder nur ein weiterer Backstein in der Mauer, wie Pink Floyd es formulierten (Abb. 510). Im Grunde sind diejenigen, die über das System herrschen, ebenso Sklaven wie diejenigen, die vom System beherrscht *werden*. Der einzige Unterschied besteht im Ausmaß. Die archontische Macht will nicht, dass die Menschen eine Bildung erhalten, die ihnen die Augen für ihre Notlage öffnet. Als Sklaverei noch legal war, war es verboten, den Sklaven das Lesen beizubringen. Das heutige „Bildungs"-System ist lediglich eine subtilere Version dessen – wenn auch nicht allzu subtil, sofern man weiß, was man vor sich hat. Das System belohnt oder straft, je nachdem, ob man

Abb. 510: Hey, Lehrer – lass die Kinder doch in Frieden.

Abb. 511: Das „Bildungs"-System – das Denken wird zurechtgestutzt.

sich programmieren lässt oder nicht. Durch die konventionelle „Bildung" wird der linken Hirnhälfte die Wirklichkeitsversion des Systems eingeflößt, indem „logische" und „rationale" Informationen vermittelt werden, die auf „beobachtbaren Beweisen" basieren. Schüler werden aufgefordert, sich diese Informationen gut einzuprägen, um anschließend eine sogenannte „Prüfung" zu absolvieren, bei der sie dem System gegenüber wiederholen müssen, was dieses ihnen zu glauben vorgegeben hat (Abb. 511). Sofern sie das mustergültig bewerkstelligen, bestehen sie die Prüfung und „kommen weiter". Gut gemacht, Johnny, gut gemacht, Jane, glänzende Noten. Wenn Johnny und Jane weiterhin so verfahren, gehen sie vielleicht sogar auf die Universität und erhalten einen akademischen Grad, der ihren *Grad* der Programmierung widerspiegelt. In welchem Maße wurden Sie programmiert? Ich habe ein erstklassiges Examen hingelegt. Oh, dann wurden Sie also erstklassig programmiert? Glückwunsch! Im Rahmen einer Studie von Kyung Hee Kim, Professor für Erziehungswissenschaften am College of William and Mary in Virginia, wurde die Kreativität von Kindern im Schulalter zwischen Kindergarten und zwölfter Klasse untersucht. Mithilfe der sogenannten „Torrance Tests of Creative Thinking" wurde das Maß ihrer Kreativität ermittelt. Beobachtet wurde eine „massive" Abnahme der Kreativität, je länger die Kinder das Schulsystem durchliefen:

> „Die Kinder drückten weniger Gefühle aus, waren weniger lebhaft. Sie waren in sich gekehrter und weniger mitteilsam, weniger fröhlich und weniger fantasievoll. Sie hatten an Individualität eingebüßt, waren nicht mehr so fröhlich und enthusiastisch, weniger aufnahmefähig, weniger fähig, scheinbar unzusammenhängende Dinge zu verknüpfen, Zusammenhänge zu erfassen und Sachverhalte von einer anderen Perspektive aus zu betrachten."

Abb. 512: „Ich muss dem System dienen, ich muss dem System dienen, ich muss dem System dienen ..."

Es sind fast ausnahmslos Eigenschaften der rechten Hirnhälfte, die vom Bildungssystem (Programmiersystem) unterdrückt werden, sodass die linke Hirnhälfte die Wahrnehmung dominiert (Abb. 512). Weltweit harren junge Menschen zitternd ihrer Prüfungsergebnisse, verzweifelt darauf hoffend, dass sie dem System gegenüber erfolgreich haben wiederholen können, was es ihnen eingetrichtert hat. Dabei verkümmern die in ihnen schlummernden Gaben und Talente, ehe sie sich entfalten können. Albert Einstein sagte:

> „Jeder ist ein Genie. Aber wenn man einen Fisch danach beurteilt, ob er auf einen Baum klettern kann, wird er sein Leben lang glauben, dass er dumm sei."

Ich bin mit fünfzehn von der Schule abgegangen (konnte es kaum erwarten), um Profifußballer zu werden. Eine wichtige Prüfung habe ich in meinem ganzen Leben nicht abgelegt. Puh, gerade noch mal davongekommen. Nach bestandenen Prüfungen und Abschlüssen darf man sich in Wissenschaft, Medizin, der akademischen Welt oder gar in Politik und Medienwelt spezialisieren. All diese Bereiche werden von Personen beherrscht, die ihrerseits einen Abschluss haben. Wissenschaftler, Ärzte, Akademiker etc. in spe absolvieren weitere Prüfungen und wiederholen gegenüber der Institution ihrer jeweiligen Spezialisierung das, was diese ihnen zu glauben vorgegeben hat. Sofern sie das mustergültig bewerkstelligen, werden sie „Wissenschaftler", Arzt, Anwalt, Professor oder etwas in der Art. Womöglich sind sie gar so erfolgreich, dass sie eine der Institutionen leiten. Wie wunderbar, wäre da nicht ein kleines Problem:

Das alles ist *MUMPITZ*.

Diese „rationale, auf beobachtbaren Beweisen basierende Logik" ist illusorisch. Was als „rational" angesehen wird, ist nichts als eine Betrachtungsweise, die Ihnen von Ihrem Wirklichkeitssinn vorgegeben wird. Ist dieser Wirklichkeitssinn jedoch von Anfang an unsinnig, ist es auch Ihre „Rationalität". Dasselbe gilt für alles, was als „logisch" bezeichnet wird. Das verhält sich so gemäß dem „Ickeschen Gesetz", das von einem Mann namens David Icke auf der Grundlage mannigfacher Erfahrungs- und Beobachtungswerte formuliert wurde. Das Gesetz besagt, dass Mumpitz weiteren Mumpitz hervorbringt. Daraus ergibt sich eine offensichtliche Verwandtschaft mit dem Gesetz von Ursache und Wirkung. Aber was hat es denn nun mit „beobachtbaren, sachlich dargestellten Phänomenen" auf sich? Von wem beobachtet, bitte schön? Von Wissenschaftlern und Akademikern, die – wie alle Menschen – zunächst so gut wie nichts von dem „Raum" decodieren können, den sie betrachten? Die dann einen als „Bildung" und „Spezialisierung" bezeichneten Prozess durchlaufen, der sie immer kurzsichtiger werden lässt, bis sie gar nichts mehr sehen? Ich denke, so verhält es sich. Dem liegt etwas zugrunde, das ich Firewall-Lobotomie nenne. Diese reduziert die rechte Hirnhälfte – die das große Ganze „dort draußen" erfasst – zu einem Fahrgast auf der Rückbank eines Busses, zu Tode gelangweilt und darauf hoffend, dass die Endhaltestelle nicht mehr lange auf sich warten lässt, damit er endlich aussteigen kann. Die Endhaltestelle ist für die meisten der Friedhof. Erst dort nimmt der Typ mit dem irren Blick und dem dümmlichen Gesicht, der für die linke Hirnhälfte steht, die Hände vom Steuer. Meist muss man sie ihm mit einer Zange lösen, ehe die Beerdigung stattfinden kann. Durch die gentechnische Manipulation der Archonten (und die Struktur der menschlichen Gesellschaft) wurde die Kommunikation zwischen den beiden Hemisphären über das Corpus callosum auf immense Weise beschnitten. Milliarden Zellen in diesem Verbindungsstück zwischen den beiden Hälften sind scheinbar inaktiv. Zudem stellt das System Wachtposten am Portal zur linken Hirnhälfte auf. Diese Wachtposten kennen wir als Wissenschaftler, Lehrer, Akademiker und die Medien, und sie sollen die linke Hirnhälfte vor den Einflüssen der rechten schützen (Abb. 513). Dass alles, was die rechte Hirnhälfte wahrnimmt, mit Hohn und Spott bedacht wird, dient als Systemsicherung. Würde der Dorftrottel Ihnen einen Vortrag darüber halten, was rational und logisch ist und auf

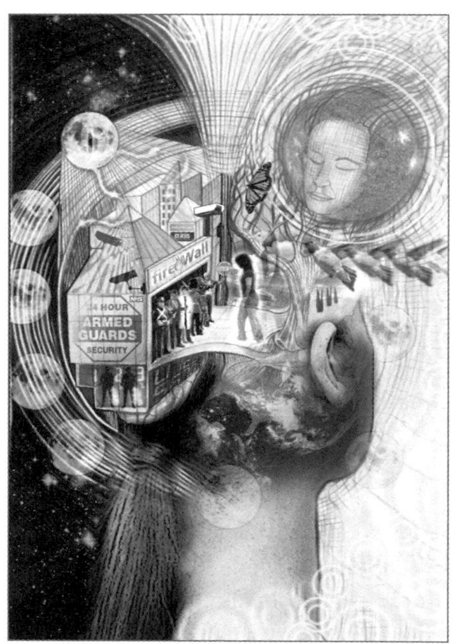

Abb. 513: Die Wachposten der linken Hirnhälfte am Portal zur rechten.

beobachtbaren Fakten basiert, würden Sie ihm kaum Gehör schenken; aber das ist es, was die Menschheit im Allgemeinen tut. Sie lässt sich von Dorftrottel-Institutionen vorgeben, wie die menschliche Wirklichkeit aussieht bzw. wie man diese wahrzunehmen hat. Die Verrückten, die sich von der linken Hirnhälfte leiten lassen, sind schlicht Nachplapperer – sie reproduzieren das, was das System ihnen als Wirklichkeit eingeflößt hat. Wir haben nachplappernde Wissenschaftler; nachplappernde Akademiker; nachplappernde Ärzte; nachplappernde „Journalisten"; und jede Menge andere nachplappernde Mitmenschen. Ureigene Gedanken oder Einsichten gibt es nicht; es wird lediglich immer wieder dasselbe Programm abgespult. Die Definition des Begriffs „akademisch" lautet: „Sich einer Reihe von Regeln und Traditionen anpassen; konventionell." Das habe ich auf Anhieb begriffen. Wie soll diese Mentalität uns je voranbringen? Oh, die Technologie mag sich wandeln, aber nicht die Grundvoraussetzungen. Wer sich weigert, diesen institutionalisierten Mumpitz zu wiederholen und sich ihm anzupassen, erhält statt Zuckerbrot die Peitsche. Wer seine Prüfungen nicht besteht (ein „Versager" ist), wird als zerstörerischer Einfluss im Klassenzimmer betrachtet, weil er es wagt, das Gelehrte infrage zu stellen. Er wird von den programmierten Lehrern ebenso bespöttelt wie von seinen Mitschülern. Wer im Licht der Öffentlichkeit steht, wird von den programmierten Medien verhöhnt. Das ist psychologischer Faschismus, wie ich es schon vor Langem genannt habe. Der linken Hirnhälfte mangelt es an dem, was die rechte im Überfluss hat – an kreativer Einbildungskraft. Die Archonten und deren Blutlinien streben danach, die kreative Einbildungskraft des Menschen zu nutzen, weil sie selbst keine haben. Nutzen wollen sie diese allerdings allein zu ihren Gunsten. Sie wollen nicht, dass die Menschheit sich auf kreative Weise eine Welt voller Frieden, Freude und Freiheit ausmalt, weil ihr Spiel dann vorbei wäre. Stattdessen speisen sie Informations- und Wahrnehmungsprogramme ins Unterbewusstsein ein, um in den Prozess einzugreifen, durch den die kreative Einbildungskraft des Menschen die Realität entstehen lässt. Sie bringen die Menschheit dazu, sich selbst ein Gefängnis zu schaffen, indem sie jeden auf unterbewusster Ebene an die archontische Informationsstruktur koppeln – an eine unterbewusste Wirklichkeitswahrnehmung, in der die Menschen Sklaven sind. Eben diese Welt ist in den vergangenen zwanzig Jahren in zahlreichen Filmen dargestellt worden, Tendenz steigend. Dahinter steckt die Absicht, uns diese Wirklichkeitswahrnehmung einzuprogrammieren, damit wir die Realität, die wir erfahren, entsprechend manifestieren. Die Archonten haben Angst davor, dass wir auf die Imaginationskraft unseres Bewusstseins zugreifen und eine ganz andere Realität erschaffen könnten als die, die sie uns auferlegen wollen. Ihnen geht es darum, die *bewusste* Imaginationskraft zu unterdrücken und die unbewusste Imaginationskraft auszubeuten. Wesentlich dafür ist die Ausschaltung der rechten Hirnhälfte und die Dominanz der arbeiterameisengleichen linken, die weiß, wo ihr Platz ist, und sehr viel stärker vom Reptiliensegment im Gehirn beeinflusst wird. Beispielsweise lieben beide hierarchische Strukturen.

Rückkehr des Saturn

Auch die Unverschämtheit namens „Hausaufgaben" dient dazu, Kindern und Jugendlichen Lebenszeit zu stehlen, die von der rechten Hirnhälfte geprägt ist. Ich meine, sind sechs, sieben Stunden pro Tag an fünf Tagen die Woche *nicht genug* – müssen Kinder auch noch zu Hause arbeiten?? Machen Sie sich zudem bewusst, dass Kunst und Musik im „Bildungs"-System vom Umfang her stark abgenommen haben und finanziell kaum noch gefördert werden. Immer früher wird bei Kindern durch „Lernen" die linke Hirnhälfte gestärkt. Kunst und Musik besitzen das Potenzial, die rechte Hirnhälfte zu stimulieren. Sie sorgen dafür, dass Kinder sich beim Spielen nicht um „Fakten" und Struktur scheren, sondern ihre bewusste Imaginationskraft ausleben können. Das System will dies unterbinden und die linke Hirnhälfte anregen, damit sie für den Rest des Lebens zum allmächtigen Lenker der Wirklichkeit wird. Lehrer ahnen im Allgemeinen nicht, was sie da tun, weil auch sie bereits die Programmierungsmaschinerie durchlaufen haben. Aber diejenigen, die uns das System letzten Endes aufzwingen, wissen genau, was gespielt wird. Kinder sollten nicht vor dem siebten oder achten Lebensjahr mit der akademischen Welt in Kontakt kommen, und auch dann nur mit einer anderen als der bestehenden (mit einer, die sich von der bestehenden Version so stark unterscheidet, dass man sie nicht als akademisch bezeichnen würde). Bis dahin, bis ihre kreative Vorstellungskraft sich gänzlich entfaltet hat, sollten sie nach Belieben spielen und frei denken können. Dann wird die linke Hirnhälfte ihre rechtmäßige Funktion als Diener erfüllen, anstatt der Herr zu sein. Ein neuer Bildungsplan in den USA hat verfügt, dass mindestens siebzig Prozent der Bücher zur Sachliteratur zählen müssen – womit eben die Werke ausgeklammert werden, welche die bewusste Imaginationskraft der rechten Hirnhälfte stimulieren. Sie sollen durch Fachbücher ersetzt werden, die „besser geeignet sind, die Schüler aufs Arbeitsleben vorzubereiten". Das höre ich so oft … dass Bildung nötig sei, um junge Menschen auf den Beruf vorzubereiten; dass Bildung angepasst werden müsse, um die Fähigkeiten zu vermitteln, die „Arbeitgeber sehen wollen". Im Klartext ist das nichts anderes, als Kinder darauf vorzubereiten, Rädchen im Getriebe zu werden, die weder frei denken noch auf die ihnen innewohnende Kreativität zugreifen oder sich geistig so weit öffnen können, dass sie das große Ganze erkennen. Erica Goldson, die als Beste ihres Jahrgangs die Coxsackie-Athens High School im US-Bundesstaat New York abschloss, nutzte ihre Abschiedsrede 2010, um das Bildungssystem auseinanderzunehmen. Ihre Lehrer wanden sich unbehaglich auf ihren Plätzen, als ihnen aufging, was sie da sagte. Sie gab eine brillante Zusammenfassung des archontischen Bildungssystems zum Besten; Sie können sich die Rede auf *YouTube* anschauen. Das Bildungssystem ist nicht darauf ausgelegt, die zahlreichen Talente und einzigartigen Gaben des Einzelnen zu fördern. Vielmehr macht es jeden zu einem Teil der unwissenden breiten Masse. Deren geistiges Niveau wurde so sehr gesenkt, dass sie gerade einmal intelligent genug ist, als Sklave zu dienen, jedoch zu dumm ist, dies zu erkennen. Die linke Hirnhälfte verbindet uns mit dem, was wir als die äußere Welt wahrnehmen, und dagegen ist zunächst auch nichts einzuwenden; das Elend beginnt, wenn sie die Wahrnehmung dieser „äußeren Welt" dominiert. Würden Sie sich von Ihrem Computer sagen lassen, was er von Ihren E-Mails hält oder welche Websites Sie besuchen dürfen? Bestimmt nicht. Aber genau das passiert im Grunde, wenn die Menschen sich die Realität vom Körper/Intellekt und vor allem von der linken Hirnhälfte vorgeben lassen. Das „Sefer Jetzira", das Buch der Formung oder der Schöpfung, ist der älteste Text der hebräischen Kabbala. Darin wird etwas namens „Binah" beschrieben, das sowohl direkt mit dem Saturn in Zusammenhang steht als auch von diesem beeinflusst wird. Binah wird oft als etwas Dunkles oder Schwarzes symbolisiert, das das Verborgene umfasst. Im „Sefer Jetzira" heißt es, dass die Erde „auf dem Throne Binahs ruht". Das ist interessant, weil Binah als ein Wahrnehmungszustand beschrieben wird, ähnlich dem bewussten „Fünf-Sinnes"-Geist im Gegensatz zum „Chochma" – dem erweiterten, kreativen Bewusstsein. Kurz gesagt haben wir also Binah (linke Hirnhälfte) und Chochma (rechte Hirnhälfte/Herz). Dass Binah mit dem Saturn in Verbindung gebracht wird, ist interessant vor dem Hintergrund dessen, was ich über die Saturn-Mond-Matrix schreibe. Das Matrix-Kontrollsystem will die Menschheit in der linken Hirnhälfte gefangen halten – im Binah, dem Saturn-Einfluss. Der „Zohar", ebenfalls Teil der Kabbala, besagt, dass einer der mit dem Binah verknüpften Namen Gottes „*El*-ohim" (Demiurg-Archonten-Saturn) laute. Man sperre die linke Hirnhälfte zu ihrem Zellengenossen, dem Reptilienhirn, und schon hat man ein anschauliches Bild vom Zustand der Menschheit. Dem liegt keineswegs ein Zufall zugrunde, sondern eine Absicht. Es ist überaus aufschlussreich, die Merkmale von linker Hirnhälfte, Reptilienhirn und den astrologischen (energetischen) Einflüssen des Saturn zu vergleichen. Sie entsprechen einander in vielerlei Hinsicht. Der Saturn ist der Planet (die Sonne) der Einschränkung, der Autorität, der Kontrolle, des Gehorsams, der Armut, der Angst und der Zeit. Er ist der astrologische Herrscher über Institutionen, Konzerne, Autoritätspersonen und Wissenschaftler. Er repräsentiert Gesetze, Regeln, Vorschriften und „Traditionen" (sich wiederholende Rituale). Der Saturn steht für Gefühllosigkeit, Begrenzung, Strenge und Disziplin. Die linke Hirnhälfte ist „logisch und rational", liebt hierarchische Machtstrukturen und setzt Informationen innerhalb des JETZT in eine Abfolge um, die wir „Zeit" nennen. Von der linken Hirnhälfte beherrschte Menschen kontrollieren Wissenschaft, akademische Welt, Medizin, Politik, Großindustrie, Religionen, Medien und Militär. Das Reptilienhirn bzw. der R-Komplex ist besessen von ritualisiertem Verhalten, von der Angst, nicht zu überleben, sowie von hierarchischen Strukturen. Es passt sich in allen Spektren der Gesellschaft – im rechtlichen, religiösen und kulturellen Bereich – den konventionellen Verhaltensweisen an. Darüber hinaus mangelt es ihm an *kreativer Imaginationskraft*.

Entschuldigen Sie meine Ausdrucksweise

Ich bin durchaus für Bildung, zum Beispiel in Form von Lernen, aber das, was wir Bildung nennen, ist keine. Was wir als Bildungssystem bezeichnen, war von Anfang an darauf ausgelegt, den Schülern für den Rest ihres Lebens eine bestimmte Wirklichkeitswahrnehmung einzuprogrammieren. Der Umstand, dass dies nicht immer funktioniert, zeugt davon, dass das Bewusstsein mächtiger ist als die Programmierung. Aber bei der Masse an Schülern greift die Programmierung eben doch. Ein Netzwerk an von den Rothschilds kontrollierten Organisationen – darunter die Frankfurter Schule und deren Institut für Sozialforschung – machte sich daran, Denken, Überzeugungen und Wahrnehmung der Bevölkerung durch das Programmierungssystem namens Bildung zu wandeln. Das ist recht einfach, sobald die Hierarchie mitsamt den sie verwaltenden Institutionen erst einmal steht, denn von diesem Punkt an wird das System zum Selbstläufer. Pseudo-Lehrer und Hochschulakademiker durchlaufen es als Kinder und Jugendliche und werden darauf gedrillt, die Welt auf die gewünschte Weise zu sehen. Während ihrer Lehrerausbildung werden sie einer weiteren Programmierung unterzogen und lernen, wie sie die nächste Generation programmieren. Durch Examen bestätigen sie, dass sie genügend programmiert sind, um nun im Perpetuum mobile namens „Bildung" ihrerseits andere zu programmieren. Dann gehen sie an eine Schule oder Hochschule und unterrichten Schüler und Studenten im Rahmen eines „Lehrplans". Dieser wird von Regierungsbehörden aufgestellt, damit jedem dasselbe Programm verpasst wird, und wehe dem Lehrer, der aus dieser verlogenen Beschränktheit ausbricht, dabei aber im Bereich der „Bildung" aufsteigen will. Zu den von der Wahrnehmungsprogrammierung besonders betroffenen Menschen, die ich kenne, zählen auch Überflieger-Studenten und deren hochverehrte Akademikervorbilder. In den Sinn kommen einem da unverzüglich Richard „Dogma" Dawkins von der Oxford University und Christopher French, Psychologieprofessor am Goldsmiths College der University of London. Ich habe sie beide kennengelernt. Sie gelten als intellektuelle „Giganten", wenngleich ich nicht habe feststellen können, dass ihr Oberstübchen überhaupt bewohnt ist. Beide greifen mit der üblichen ignoranten Arroganz rigoros jede Meinung über Realität oder Heilmethoden an, die von ihrer abweicht. Dawkins ist Emeritus des New College, Oxford, und fungierte von 1995 bis 2008 – bizarrerweise, wenn Sie mich fragen – als Universitätsprofessor für den Dialog zwischen Öffentlichkeit und Wissenschaft. Wie kann er der Öffentlichkeit etwas verständlich machen, das er selbst nicht begreift? French ist professioneller „Skeptiker" und zweifelt alles an, was in irgendeiner Weise von der Norm abweicht, die er, seiner Systemprogrammierung gemäß, vergöttert. Er ist Chefredakteur der britischen Ausgabe der Zeitschrift *The Skeptic* („skeptic" ist die amerikanische Schreibweise des britischen „sceptic"). Für diesen Posten fällt mir tatsächlich kein passenderer Mensch ein, außer vielleicht Dawkins. Beide sind klassische Gefangene der linken Hirnhälfte. Es heißt, es sei gut, skeptisch zu sein, aber das ist es nicht. Gut, ja geradezu unerlässlich ist es, Informationen zu *hinterfragen*, zu überprüfen und zu filtern, aber das tut ein Skeptiker nicht. Er legt es gleich darauf an, alles zu diskreditieren, das nicht seiner Software entspricht. Dahinter steckt nicht etwa die Absicht, eine Sache zu hinterfragen und zu schauen, ob sie der Prüfung standhält, sondern schlicht, sie unglaubwürdig zu machen. Einen Skeptiker kümmert es nicht, ob etwas stichhaltig ist – ihm geht es darum, die Leute davon zu überzeugen, dass es eben das nicht ist. Dies liegt vorrangig daran, dass der Skeptiker verzweifelt darauf aus ist, sein eigenes Glaubenssystem zu bestätigen. In dieses nämlich hat er viel zu viel investiert, um zulassen zu können, dass etwas wie die Wahrheit einfach daherkommt und alles zerstört. French hat meine Bücher im Fernsehen verrissen, aber als ich ihn fragte, ob er auch nur eines davon gelesen habe, sagte er Nein. *Sagenhaft*. Der Mangel an Recherche, den dieser angebliche Akademiker an den Tag gelegt hat, war erschreckend. Und welche Beleidigung an die Intelligenz der Zuschauer. Doch es kam schlimmer, als ich ihn fragte, wie um alles in der Welt er dann behaupten könne zu wissen, was ich propagiere. „Das habe ich in der Zeitung gelesen", erwiderte er. Dawkins und French sind zwei Paradebeispiele für die akademischen Wächter am Portal zur linken Hirnhälfte, die den Einsichten der rechten den Zugang verwehren und sie verhöhnen – Einsichten, die erklären würden, weshalb das, was Leute wie Dawkins und French für parapsychologisches Psychogeschwätz halten, weit logischer ist als alles, was sie in ihrem derzeitigen Geisteszustand von sich geben. Einige von Frenchs „Erklärungen" des sogenannten „Paranormalen" sind schlicht lächerlich. Es sagt alles, wenn er die echte Realität als „paranormal" bezeichnet, seine eigene Nano-Realität jedoch als „normal" deklariert. Akademiker und Wissenschaftler halten sich für ungemein klug; dabei hat das System sie übertrumpft, und dazu gehört als wichtiges Element, dass es diese Leute *glauben* lässt, sie wären klug, obwohl sie, was das Verständnis des großen Ganzen angeht, meiner Meinung nach keine Ahnung haben. Der indische Philosoph und Schriftsteller Jiddu Krishnamurti hat dies treffend formuliert: „Es ist kein Zeichen von Gesundheit, an eine von Grund auf kranke Gesellschaft angepasst zu sein." Dawkins und French stehen nicht allein da. In ihnen spiegelt sich der Download des Plans, des Softwareprogramms, das Akademikern, Wissenschaftlern, Ärzten und Journalisten weltweit einprogrammiert wird. Die linke Hirnhälfte kann die Wirklichkeit niemals von sich aus verstehen. Das kann nur die rechte Hälfte, weil sie in der Lage ist, einen Zusammenhang herzustellen und die Einheit statt nur Fragmente zu sehen.

Dummheit nach Plan

Charlotte Iserbyt war während der ersten Amtsperiode von Präsident Ronald Reagan führende politische Beraterin im Office of Educational Research and Improvement, dem Amt für Bildungsforschung und -verbesserung des US-amerikanischen Bildungsministeriums. Zudem arbeitete sie für das US-Außenministerium. Ihre Beobachtungen und Erfahrungen während dieser Zeit führten ebenso wie ihre ausführliche Recherche dazu, dass sie ein Buch schrieb mit dem Titel „The Deliberate Dumbing Down of America". Es enthüllt genau das, was der Titel suggeriert, nämlich die vorsätzliche Verdummung Amerikas. Sie können sich auf *YouTube* ein englischsprachiges Video von ihr ansehen mit dem Titel „The Miseducation of America". Das, was Iserbyt überaus detailreich schildert, ließe sich auch über andere Länder weltweit sagen, da die archontischen Netzwerke derselben globalen Agenda hörig sind. Iserbyts Geschichte stützt sich auf Dokumente aus den Akten des US-Bildungsministeriums in Washington, wo sie gearbeitet hat. Die Dokumente geben Aufschluss über den ausgeklügelten Plan, das Bildungssystem in ein Mittel zur Wahrnehmungsprogrammierung der breiten Masse umzuwandeln. Auf diese Weise sollen unwissende, gefügige Erwachsene hervorgebracht werden, die Regierung und Konzernen roboterartig blinden Gehorsam entgegenbringen und die Agenda der zentralisierten Menschheitskontrolle unterstützen, welche durch eine Weltregierung umgesetzt werden soll. „Bildung" meint in Wahrheit die Konditionierung der Selbst- und Weltwahrnehmung, um alle moralischen, psychologischen und perzeptiven Barrieren abzubauen und so den gewünschten sozialen Wandel und den Abstieg in eine formvollendete Sklaverei herbeizuführen. Das System ist darauf ausgelegt, die Wahrnehmung lebenslang nach den folgenden Grundsätzen zu prägen:

- Wer Macht hat, sagt die Wahrheit.
- Intelligenz ist die Fähigkeit, auswendig Gelerntes wiederzugeben.
- Sich etwas korrekt einzuprägen und es wiederzugeben, wird belohnt.
- Nonkonformität wird bestraft.
- Passe dich in intellektueller und sozialer Hinsicht an.

Charlotte Iserbyts Arbeit am National Institute of Education brachte sie dazu, aktiv zu werden. Als sie offizielle Dokumente studierte, erkannte sie, dass Zuschüsse und Fördergelder dazu dienten, unter dem Decknamen „Bildung" eine Gehirnwäsche-Operation zu starten. Ganz oben auf der Liste stand die Einführung von Computern an Schulen, um Bücher schließlich streichen zu können. Dies ist verbunden mit dem Ersetzen von Büchern aus Papier durch elektronische Bücher, die viele Leute heutzutage bevorzugen. Ich wünschte, das wäre nicht so. Iserbyt deckte das Vorhaben auf, die Software von Schulcomputern so zu programmieren, dass sie wie Gehirnwäsche wirkt und die Wahrnehmung manipuliert. Sie sagte:

> „Ich verbrachte sechs Wochen dort oben und ging das ganze Material durch. Sie können sich nicht vorstellen, wie schrecklich das war … Zunächst einmal interessieren sich Menschen, die nichts für Kinder, Bildung, das eigene Land oder sonst etwas übrig haben (gibt es tatsächlich Menschen, die sich um gar nichts scheren?), immer noch für ihre Geldbörse. In der Tat sollten Sie sich für das Geld interessieren, das im Namen der Bildung ausgegeben wurde! Nämlich für reine Gehirnwäsche! Alles, was aus Washington kommt, ist hundertprozentige marxistische Gehirnwäsche. Der Marxismus ist die Welt der Zukunft, sofern wir ihn nicht umgehend ausbremsen!
>
> Ich wurde gefeuert, weil ich eines dieser Dokumente [dem Online-Nachrichtenportal] *Human Events* zugespielt habe. Es war das Dokument, in dem es um Computertechnologie und neue Lehrpläne [für Schulen] geht. Dabei handelte es sich um

einen Zuschuss für jeden US-Bundesstaat und den Computer-Lehrplan [für die lokalen Schulen]. Stellen Sie sich das vor: All die verschiedenen Bildungsgesellschaften – von Washington entworfen. Und in diesem umfangreichen Dokument – ‚Better Education Skills Through Technology', hieß es, ‚Project BEST' – stieß ich auf ein weiteres, in dem es hieß: ‚Was wir auf Bundesebene kontrollieren und manipulieren können.' Das ist ein wortwörtliches Zitat!"

Abb. 514: Engstirnig, engstirnig …

Kinder und Jugendliche weltweit werden darauf gedrillt, nichts weiter zu sein als Rädchen im Getriebe einer zentralistisch organisierten Maschinerie. Gruppenbezogene „Bildung" nimmt immer mehr zu und soll Kinder dazu bringen, ihre Individualität dem Gruppendenken zu opfern. Zudem soll sie den Druck auf alle im Klassenzimmer erhöhen, die sich nicht anpassen wollen. Das geschieht, indem man ihnen ihren Mangel an Konformität („Unterstützung des Konsens") vorhält, der angeblich die Gruppe hemmt. Es wird Wert auf „Gruppenlernstrategien" gelegt, und sämtliche Kinder in einer Gruppe müssen das Ziel erreichen, ehe die Gruppe weiterkommt. Ein Oberbegriff für all dies lautet „Outcome-based Education", ergebnisorientierte Bildung. Diese Form von Bildung soll ein einheitliches Ergebnis gewährleisten – einen programmierten Geist (Abb. 514). Durch die Ausrichtung auf die Gruppe stellt sie ein System zur Verhaltensmodifikation von Gruppen dar und nicht etwa eine Bildungsform für das Individuum. Sie dient der Massenmodifikation, unterbindet Wettbewerbsdenken und bringt dem Einzelnen bei, dass die Gruppe wichtiger ist. Bertrand Russell (1872 – 1970) war ein britischer Schriftsteller, Sozialkritiker und Aristokrat aus der archontischen Russell-Blutlinie. Sein Großvater war der Premierminister John Russell, und seine offiziellen Eltern waren der Viscount und die Viscountess Amberley, wobei man allerdings bei Angehörigen von Königshaus und Adel nie sicher sein kann. Bertrand Russell schrieb in seinem 1951 erschienenen Buch „Wissenschaft wandelt das Leben":

„Bildung sollte darauf abzielen, den freien Willen zu zerstören, auf dass die Schüler nach der Schule für den Rest ihres Lebens nicht anders können, als den Vorstellungen ihrer Lehrer gemäß zu denken und zu handeln. […]

Es ist die Aufgabe künftiger Wissenschaftler, diese Grundsätze präzise zu formulieren und herauszufinden, wie viel es pro Kopf kostet, Kindern weiszumachen, dass Schnee schwarz sei. Sobald die Methode perfektioniert ist, wird jede Regierung, sobald sie eine Generation lang die Bildung bestimmt hat, ihre Untergebenen fest unter Kontrolle haben, ohne dass sie hierfür einer Armee oder der Polizei bedarf."

Hier wird in zwei Absätzen zusammengefasst, was „Bildung" erreichen soll und was sie heutzutage auf immer eklatantere Weise tut. Dafür werden vor allem Verhaltenswissenschaftler und Sozialtechniker herangezogen, und Individualität, Wahlmöglichkeiten und Freiheit sind ihre Todfeinde. Federführend dabei, die amerikanische „Bildung" zu wandeln, war Wilhelm Maximilian Wundt (1832–1920), der von den Rothschilds gefördert wurde. Wundt war Professor an der Universität Leipzig in Rothschild-Deutschland und gilt als einer der Gründerväter der modernen Psychologie. Er betrachtete den Menschen lediglich als Summe seiner Erfahrungen und daher als programmierbar wie heutige Computer. Auf diese Philosophie gründet sich Bildung, und das nicht nur in den USA. Erich Fromm (1900–1980) war ebenfalls ein Rothschild-Zionist, der Einfluss auf die Bildungspolitik genommen hat. Er stand in enger Verbindung zur „Philosophie" (Programmierung) der Frankfurter Schule, die ebenfalls von den Rothschild-Zionisten ins Leben gerufen wurde. Sein Ziel war es, Kinder und auch die übrige Bevölkerung so zu manipulieren, dass sie die vermeintlichen „Experten" der verschiedensten Bereiche als Quelle der Weisheit und des Wissens erachten, ohne diese im Rahmen eigener „Denk- und Entscheidungsprozesse" zu hinterfragen. Edward Bernays (Rothschild-Zionist), der so genannte „Vater der Public Relations" (Propaganda und Lügen), riet seinen Klienten, stets „Experten" wie Wissenschaftler zu bemühen, um ihre Propaganda zu vermitteln, da die Öffentlichkeit (dank Programmierung) große Achtung vor diesen habe. Dass man sich vermeintlich allwissenden „Experten" unterstellt, ist ganz im Sinne der technokratischen Gesellschaft, welche die Archonten mittels ihrer Kontrollagenten einführen wollen. Der Insider Zbigniew Brzezinski schrieb bereits vor 40 Jahren über das kommende „technotronische Zeitalter":

> „Die technotronische Ära umfasst die graduelle Einführung einer stärker kontrollierten Gesellschaft. Eine solche Gesellschaft wird von einer Elite beherrscht werden und nicht länger an traditionelle Werte gebunden sein. Bald wird es möglich sein, einen jeden Bürger beinahe ununterbrochen zu überwachen und über jeden eine vollständige, stets aktuelle Akte zu führen, die selbst persönlichste Dinge enthält. Auf diese Akten können die Behörden jederzeit und umgehend zugreifen."

Die „Bildung" ist systematisch manipuliert worden, um junge Menschen hervorzubringen, die darauf konditioniert sind, eine eben solche Gesellschaft zu akzeptieren. Man schaue sich auch die Flut an „Experten" an, welche die Medien weltweit jeden Tag auffahren, um uns vorzugeben, was wir zu glauben und zu denken haben. Was für Volltrottel die meisten davon sind. Die Menschen zahlen auch noch dafür, dass man sie und ihre Kinder versklavt, indem sie den Gutteil ihres Einkommens an die Regierung abtreten, die damit Sozialtechniker beauftragt, Bildung in ein Förderband für Zombies umzuwandeln (Abb. 515). Mit dem verdummenden Bildungssystem einher gehen Lebensmittelzu-

Abb. 515: „Wo ist Australien?" „Ähm, liegt das nicht in Mexiko?"

sätze, Fluor im Trinkwasser, Impfstoffe, Medikamente, elektromagnetische Belastung und die hirntoten Medien, denn sie alle kämpfen geeint gegen die menschliche Perzeption und Kognition und für die Mutation der menschlichen Hülle. Wesentlich dazu bei trägt das Trinken von Wasser, denn Lebensmittelzusätze, Impfstoffe, Medikamente, gentechnisch veränderte Organismen und so weiter werden buchstäblich die Toilette hinuntergespült und landen in Flüssen, Bächen und eben im Trinkwasser. Verunreinigungen aller Art sickern ins Grund- und somit ins Trinkwasser. Wenn die Leute sähen, was ein hochwertiger Wasserfilter aus Leitungswasser herausholt, wären sie entsetzt. All diese Stoffe tragen zur Verdummung bei. Der Forscher und Genetiker Dr. Gerald Crabtree von der Stanford University ist der Ansicht, dass dem Menschen seine kognitiven Fähigkeiten abhandenkommen und dass er emotional instabiler wird:

> „Wenn ein Durchschnittsbürger aus dem Athen des Jahres 1.000 vor Christus plötzlich unter uns auftauchte, würde er – da gehe ich jede Wette ein – zu den intelligentesten und geistig wachsten unserer Kollegen und Mitstreiter gehören. Er hätte ein hervorragendes Gedächtnis, eine ganze Bandbreite an Ideen und eine scharfsinnige Meinung zu wichtigen Themen. […] Zudem nehme ich an, dass er zu den emotional stabilsten unserer Freunde und Kollegen zählen würde."

Hinter alledem steckt eiskaltes Kalkül. Charlotte Iserbyt enthüllt den in US-Dokumenten dargelegten detaillierten Plan, die Unterrichtsmethoden für Schüler und Studenten ganz allmählich zu verändern (schleichender Totalitarismus). Dadurch soll der Einfluss der Eltern ausgeschaltet und durch den des Staates ersetzt werden – siehe Aldous Huxley und seine „Schöne Neue Welt". Durch meine eigenen Recherchen in den 1990-er Jahren habe ich herausgefunden, was auch Charlotte Iserbyt in ihrem Buch bestätigt: dass die von den Rothschilds kontrollierte Andrew Carnegie Foundation for the Advancement of Education und das Rockefeller General Education Board lediglich dazu dienten, Sozialtechniker und andere Mitspieler dieser Verschwörung dazu zu verleiten, Kinder weltweit geistig zu infiltrieren. Die Archonten-Familien haben steuerbefreite Stiftungen gegründet – die Rockefellers haben derer gleich mehrere –, um ihre Agenda unter dem Deckmantel der Philanthropie zu finanzieren und damit zum Allgemeinwohl beizutragen. Auf diese Weise können sie ihr niederträchtiges Werk vollbringen, ohne auch noch Steuern zu zahlen. Der Schwindel um steuerbefreite Stiftungen wurde in allen Einzelheiten in den 1950-er Jahren vom United States House Select Committee to Investigate Tax-Exempt Foundations and Comparable Organizations aufgedeckt, dem Sonderausschuss des US-Repräsentantenhauses zur Untersuchung steuerbefreiter Stiftungen und vergleichbarer Organisationen. Besser bekannt ist dieser Ausschuss unter dem Namen Reece Committee, benannt nach dem Vorsitzenden Carroll Reece. Norman Dodd, der Chefermittler des Ausschusses, hat die Agenda, der die Stiftungen dienen, auf brillante Weise aufgezeigt. Er legte Sitzungsprotokolle des Carnegie Endowment for International Peace vor, aus denen hervorgeht, dass die Institution durch vorsätzlich entfachte Kriege das Wesen der amerikanischen Gesellschaft verändern wollte. Dem Marionettenpräsidenten Woodrow Wilson wurde gar ein Telegramm zugestellt, in dem er gedrängt wurde, den Ersten Weltkrieg nicht allzu rasch enden zu lassen, sondern erst, wenn der Krieg die amerikanische Gesellschaft unumstößlich gewandelt hätte (siehe mein Buch „Und die Wahrheit wird euch frei machen"). Genau das sind die abgebrühten, herz- und seelenlosen Archonten, die ich in diesem Buch entlarve. Sie scherten sich nicht um das Massaker, das ein jeder Tag dieses Krieges mit sich brachte. Was aber geschah, als Dodd seine Ergebnisse mitsamt den erhärtenden Dokumenten präsentierte? Natürlich nichts. Diejenigen, die die Stiftungen kontrollieren, haben auch die Politiker in der Hand und steuern sie. Die Archonten-Konzerne gehen gezielt gegen die Bildung vor, so wie sie vor Langem schon Regierungen und deren Behörden aufs Korn genommen haben. Archontische Gräuel wie Monsanto – das Biotech-Pendant zu Goldman Sachs – fördern Universitäten und schleusen ihre Führungskräfte in „Bildungs"-Ausschüsse ein, um zu gewährleisten, dass ihre tödlichen genetisch modifizierten Nahrungsmittel, Pestizide und Herbizide von akademischer Seite Anerkennung finden und in den Lehrplan aufgenommen werden. Michael Gove, der abstoßende Bildungsminister der konservativen britischen Cameron-Regierung (Tory), möchte Konzernen zugestehen, „gewinnorientierte" Schulen zu gründen, die nicht der Verantwortung der gewählten Regierung unterstehen. Forciert wird dies von einer Interessensgruppe namens „Bright Blue", die im orwellschen Sinne von „freien" Schulen spricht und damit verdreht, um was es sich in Wahrheit handelt. In einem Buch, das dieses Konzept stützt, heißt es:

> „Natürlich ist es von wesentlicher Bedeutung, die Öffentlichkeit davon zu überzeugen, dass dies nicht der ideologischen Ansicht entspringt, ‚privat' sei besser als ‚öffentlich' und die Torys trieben die Privatisierung nur aus Gewinnstreben voran. Das nämlich ist nicht der Fall. Dies ist eine vernünftige, nüchterne Strategie, die uns zu alternativen Finanzierungsquellen verhilft. Auf diese Weise werden die Diversität und schlussendlich auch die Bildungsqualität in diesem Land gefördert und dabei – das kann man nicht oft genug betonen – sichergestellt, dass die staatliche Bildung kostenlos bleibt."

Ja, und Schweine können fliegen. Der Plan der Archonten sieht vor, dass ihre Konzerne alles an sich reißen, und das geschieht eindeutig bereits. Charlotte Iserbyt enthüllt, wie das, was ich als Problem-Reaktion-Lösung bezeichne, angewandt wurde, um die orwellsche Transformation voranzutreiben. Eine inszenierte „Bildungs"-Krise folgte der nächsten, und jedes Mal bestand die „Lösung" darin, die Programmierung der Wahrnehmung auszuweiten. Bedenken Sie, dass die Lebenskraft des Prinzips Problem-Reaktion-Lösung in Hindernissen oder Krisen besteht. Daher muss man diese künstlich erschaffen, sofern sie nicht von selbst aufkommen, was sie selten tun. Das gilt für das gesamte Spektrum der menschlichen Gesellschaft. Kindern, die sich der Programmierung nicht ohne Weiteres fügen, bescheinigt man „Lernbehinderungen", „Verhaltensauffälligkeiten" oder eine „Aufmerksamkeitsdefizit-/Hyperaktivitätsstörung" (ADHS). Ich hingegen bezeichne all das als die instinktive Erkenntnis, dass alles, was einem weisgemacht wird, Mumpitz ist. Mir ging es während des Gutteils meiner Schullaufbahn genauso, nur dass man damals noch keinen Namen dafür hatte und ich mein eigenes „Heilmittel" fand, das darin bestand, aus dem Fenster zu starren und Tagträumen nachzuhängen (Abb. 516). Heute „behandelt" man diese künstlich erzeugten und erfundenen psychologischen und verhaltensbezogenen „Probleme", indem man Ritalin und andere Medikamente, die die Psyche verdrehen,

Abb. 516: Meine Tage in der Schule.

Abb. 517: Kindheit ist keine Geistesstörung. Nein, aber das „Bildungssystem".

wie Kamellen unters Volk wirft. Wer sich nicht dem Programm anpasst, wird unter Drogen gesetzt und auf diese Weise passend gemacht. Man schaue sich nur einige der vermeintlichen ADHS-Symptome an ... Nicht zuhören, wenn man angesprochen wird; vergesslich sein; die Hausaufgaben nicht fertigstellen; herumzappeln; übermäßig viel reden. Mit einem Wort: Nonkonformität. Die Aufmerksamkeitsdefizit-/Hyperaktivitätsstörung wurde erfunden, um die Narkotisierung einer ganzen Generation zu rechtfertigen. Inzwischen hat dies weitere Blüten getrieben, denn Ritalin und ähnliche Medikamente werden nun auch Akademikern verschrieben, die (aus Sicht des Systems) nicht genügend Leistung erbringen (Abb. 517). Seit Jahren propagiere und schreibe ich, dass ADHS ein künstlich erzeugtes, erfundenes Beispiel des Prinzips Kein-Problem-Reaktion-Lösung ist. Selbst der amerikanische Psychiater Leon Eisenberg (Rothschild-Zionist), der als der „wissenschaftliche Vater von ADHS" gilt, ist letztendlich zu diesem Schluss gelangt. Eisenberg, Sohn russisch-jüdischer Immigranten, sagte im Jahr 2012, sieben Monate vor seinem Tod, gegenüber dem *Spiegel*: „ADHS ist ein Paradebeispiel für eine fabrizierte Erkrankung." Ja, eine fabrizierte Erkrankung, die der Pharmaindustrie immense Gewinne beschert und das Leben ganzer Kindergenerationen zerstört hat. „Seit über 40 Jahren", hieß es bei *Psychiatric News* über denselben Eisenberg, „ist er aufgrund seines Wirkens in den Bereichen Arzneimittelstudien, Forschung und Lehre, Sozialpolitik sowie durch seine Autismus- und Sozialmedizintheorien ein Vorreiter der Kinderpsychiatrie." Dabei war er nur ein Lügner, Manipulant und Verrückter unter vielen, der Kindern weltweit das Leben vermasselt hat, um die archontische Agenda voranzutreiben. Trotz des Geständnisses, das Eisenberg beinahe schon auf dem Sterbebett abgelegt hat, erhalten amerikanische Schulen weiterhin finanzielle Anreize, um diese fabrizierte Erkrankung bei Kindern zu „diagnostizieren". Seit dieses Projekt angelaufen ist, ist die Zahl der Kinder, denen offiziell ADHS bescheinigt wurde, in astronomische Höhen gestiegen. Patti Johnson vom Bildungsausschuss des US-Bundesstaates Colorado sagte gegenüber dem US House of Representatives Subcommittee on Oversight and Investigations, dem Unterausschuss für Beaufsichtigung und Ermittlung des US-Repräsentantenhauses:

> „Leider machen sich finanzschwache Schulen sogenannte ‚Lernbehinderungen' inzwischen zunutze, um über die Runden zu kommen. In vielen US-Bundesstaaten sind die Schulen autorisierte Leistungserbringer des Gesundheitsfürsorgeprogramms Medicaid. Das bedeutet, dass sie für jedes Kind mit einer Lern- oder Verhaltensstörung Geld kassieren.
>
> Dies hat sich als solch lukrative Einnahmequelle erwiesen, dass der Bildungsausschuss des Staates Illinois in einem Schreiben vom 8. Oktober 1996 den Schulinspektor eines Verwaltungsbezirks nachdrücklich darin bestärkte, Medicaid-Boni in Anspruch zu nehmen. In dem Brief heißt es zudem, dass Illinois 1996 insgesamt 72.500.000 Dollar an Medicaid-Geldern erhalten habe, dass dieses Geld auch für mehrere nichtmedizinische Zwecke verwendet worden sei und dass Medicaid eine ‚nie versiegende Dollarquelle' darstelle."

Allein in den USA erhalten inzwischen vier Millionen Kinder Ritalin. Die Zahlen in anderen Ländern wie Großbritannien zeugen ebenfalls von einer Kindesmisshandlung im großen Stil, denn die Verschreibung von Ritalin ist im vergangenen Jahrzehnt um das Vierfache angestiegen. Überlegen Sie einmal, wie viel Profit die Pharmaindustrie dadurch macht, dass sie unsere Kinder unter Drogen setzt. Das Militär verwendet derlei Drogen ebenso freigiebig, um sich die Soldaten gefügig zu halten. Deren Programmierung ist lediglich eine extremere Variante der Programmierung unserer Kinder. Soldaten müssen der machtvollsten, drastischsten Wahrnehmungsprogrammierung überhaupt unterzogen werden, weil sie darauf gedrillt werden müssen, Befehlen blind zu gehorchen, selbst wenn diese lauten, Zivilisten – darunter Kinder – zu töten, die sie nie kennengelernt haben und über die sie nur das wissen, was ihre Programmierer ihnen eingepflanzt haben. Auch Kinder, Studenten und die Bevölkerung insgesamt kommen in den Genuss einer militanten Wahrnehmungsprogrammierung – Gott segne Amerika, unterstützt unsere Armee. Damit soll sichergestellt werden, dass alle glauben, Soldaten würden richtig handeln und „nur ihre Pflicht tun", wenn sie Befehlen unhinterfragt gehorchen. Apropos – Bildung wird zunehmend zu einem Propagandamedium, dessen sich Pentagon und NATO bedienen, um Schüler darauf zu konditionieren, die Eroberungskriege gutzuheißen, die beide Instanzen führen, um angeblich Menschen vor Terrorismus zu schützen. Wenn Sie „Moulding Young Minds: American Schools Preaching the Virtues of a War On Irak" in eine Internetsuchmaschine eingeben, stoßen Sie auf den englischsprachigen Beitrag eines hohlköpfigen Lehrers. Dieser geistig Unterbelichtete hat sich im Rahmen einer vermeintlichen „Diskussion" mit Schülern für einen amerikanisch-israelischen Militärschlag gegen den Iran ausgesprochen. Eine Regel dieser „Diskussion" lautete, dass die Meinung, man solle nichts gegen den Iran unternehmen, *nicht zulässig* sei. Als eine intelligente Schülerin dies kritisierte und herausstellte, dass die USA als einziges Land Atomwaffen einsetze, beschied der gehirnamputierte Lehrer ihr, das sei „irrelevant". Unmittelbar nachdem die Schülerin sich geäußert hatte, wurde sie über die Sprechanlage zur Schulleitung zitiert, die das Klassenzimmer offenbar überwacht hatte. Das ist wie aus Orwells Buch „1984". Viele Lehrer schreiben ihre Schülergutachten nicht einmal mehr selbst, sondern nutzen ein Computerprogramm, in das sie nur noch den Namen eines Schülers sowie dessen angeblichen Leistungsstand eingeben. Die Software bietet optionale Formulierungen an, aus denen sich das Gutachten zusammensetzen lässt. Aus der sogenannten Bildung wird jedwede Individualität eliminiert. Ein solches System aufzubauen ist leicht, sofern sich die Zielgruppe nicht zur Wehr setzt. Man muss die Leitung von Schulen und anderen Institutionen lediglich Psychopathen, Soziopathen, Kontrollfreaks und Schwachköpfen überlassen, und los geht es. Was Bestrafung und Zwangsmaßnahmen angeht, gelten für amerikanische Schulen keine nationalen Standards, und nur 17 US-Bundesstaaten haben Schutzgesetze. Wenn Sie den Satz „There are no words to describe the outrage and it's still happening" in eine Internetsuchmaschine eingeben, finden Sie einen englischsprachigen Videobeitrag, aus dem hervorgeht, was dies in der Praxis für Schüler bedeutet, oftmals auch solche, die an Autismus oder anderen Behinderungen leiden. Ein Kind erhält eine sogenannte „Haut-Schocktherapie", was ein orwellscher Euphemismus für einen Elektroschock ist, der das Kind vor Schmerz schreien lässt. Ja, genau das passiert an amerikanischen Schulen. Unter anderem werden Schüler in Gummizellen gesperrt (was, wie sich herausgestellt hat, ebenfalls an britischen Schulen geschieht). Auch in eigens für diesen Zweck gefertigte Stoffbeutel werden Kinder gesteckt. Tausende Kinder sind von diesen Verrückten verletzt und traumatisiert und Dutzende getötet worden, und doch ist das, was im Video zu sehen ist, absolut legal. Das alles bereitet die Kinder auf die Erwachsenenwelt der totalen Kontrolle, Brutalität und Überwachung vor, welche die Archonten zusehends rasanter installieren. Ach, und glaubt tatsächlich noch irgendwer, dass sich Psychopathen, Pädophile und Masochisten unter solchen Umständen nicht zum Lehrberuf hingezogen fühlen? Noch sind nicht alle intelligenten, menschlichen Lehrer, die ihren Beruf aus Überzeugung ausüben, vom System ausgesondert worden, aber für diese Leute muss ein jeder Tag ein Albtraum aus Frustration und Fassungslosigkeit sein.

Gates vor dem Tor

Microsoft-Milliardär Bill Gates wird gegen Ende des Buches noch häufiger auftauchen, da es über ihn einiges zu sagen gibt. Gemeinsam mit seiner Gattin steht er der Bill & Melinda Gates Foundation vor (Abb. 518). Je eingehender ich Gates recherchiere, desto klarer wird, dass ihm eine führende Rolle im Gesamtgeschehen zukommt. Entweder das oder er ist ein Idiot. Man zahlt Geld, in seinem Fall viel, und man entscheidet, wofür. Ich bezeichne ihn deshalb so schonungslos als das eine oder das andere, weil es nur diese beiden Erklärungen dafür gibt, dass Gates seine Stiftung verwendet, um so viele Säulen der Agenda der archontischen Blutlinien zu finanzieren und zu fördern – Klimawandel-Lüge, Geo-Engineering, die Impfung aller Menschen weltweit, Bevölkerungsdezimierung,

Abb. 518: Wie sieht die Agenda dieser Leute aus?

Todestribunale für ältere Menschen, gentechnisch veränderte Lebensmittel (nicht zuletzt in Afrika) und so weiter. Das werden wir im Hungerspiele-Kapitel vertiefen, aber Gates ist auch in die „Bildung“ involviert. Offenbar gibt es keinen Lebensaspekt, in dem dieses selbst ernannte Genie nicht weiß, was für alle das Beste ist. Ein Artikel trug die Überschrift: „Indoktrination der Welt: Gates-Stiftung infiltriert Bildungspolitik.“ Darin heißt es, dass sich die Gates-Stiftung zum Ziel gesetzt habe, „die Klassen öffentlicher Schulen in psychologische Labors mitsamt menschlicher Versuchspersonen zu verwandeln“. Stiftungen und Konzerne unterscheiden sich nur dem Namen nach voneinander. So wie Regierungen durch eine Drehtür mit Konzernen wie Monsanto verbunden sind, durch die immer dieselben Personen zwischen beiden Instanzen hin- und herpendeln, so hat Obama einige Leute der Gates-Stiftung rekrutiert und darauf angesetzt, neue Bildungsrichtlinien zu entwerfen und durchzusetzen. Tja, da beide Lager derselben Strategie folgen, ergibt das Sinn, denke ich. Zudem arbeitet Gates eng mit einem weiteren Bildungsmanipulanten zusammen, der Rockefeller-Stiftung. Diese Stiftung habe ihn inspiriert, seine eigene zu gründen, so Gates. Oh, bitte. Wir haben ein globales Netzwerk aus Masken vor uns, hinter denen sich ein und dasselbe Gesicht verbirgt und die allesamt auf dasselbe Ziel aus sind. Sie tragen verschiedene Namen wie „Regierung“, „Konzern“, „Stiftung“, „Fernsehsender“ und „Zeitung“, doch wenn man sich die oberen Ränge anschaut, spielen sie alle im selben Team. Die von den Rockefellers ins Leben gerufene Stiftung General Education Board sagte schon 1902:

> „In unseren Träumen […] lassen sich die Menschen widerstandslos von uns formen. […] Wir werden nicht etwa versuchen, aus diesen Menschen oder deren Kindern Philosophen, Gelehrte oder Wissenschaftler zu machen. Wir müssen keine Autoren, Pädagogen, Dichter oder Literaten hervorbringen. Wir werden weder nach angehenden großen Künstlern, Malern und Musikern noch nach Anwälten, Ärzten, Predigern, Politikern oder Staatsmännern Ausschau halten, von denen wir bereits genügend haben.“

Nun hat sich die Gates-Stiftung ins Getümmel gestürzt, um die Sache zu Ende zu führen. Michael Petrilli, Vizepräsident des Fordham Institute, hat verkündet: „Es ist durchaus angemessen zu sagen, dass die Agenda der Gates-Stiftung zur Bildungsagenda dieses Landes geworden ist …“ In einem Artikel der California Teachers Association wurde der Einfluss aufgezeigt, den die Gates-Stiftung auf die „Reformation“ des amerikanischen Schulsystems hat. Der Begriff „Reformation“ – der von Archonten-Handlangern wie Tony Blair inflationär verwendet wird – beschreibt schlicht in verschlüsselter Form die Umwandlung der Gesellschaft gemäß dem Plan der Archonten. In dem Artikel wird beschrieben, dass die Fördergelder der Gates-Stiftung an Bedingungen geknüpft sind. Zum Beispiel werden im

Gegenzug „hierarchischere, autoritärere“ Strukturen und standardisierte Tests gefordert (sprich: jeder Kopf wird auf dieselbe Weise programmiert). Etwa 50 Millionen Dollar hat die Gates-Stiftung in ein Projekt namens „Maßnahmen für einen effektiven Lehrbetrieb“ gesteckt. Im Rahmen dieses Projektes werden Lehrer beurteilt, um sicherzustellen, dass sie tun, was das System ihnen vorgibt. Die allwissende Melinda Gates, eine Expertin auf jedem Gebiet, sagte gegenüber der Sendung *NewsHour* des amerikanischen Fernsehsenders *PBS*: „Die Stiftung sieht ihre Aufgabe darin, ein System zu schaffen, in dem sich in jedem Klassenzimmer landesweit eine kompetente Lehrperson befindet.“ Ja, eine Lehrperson, die Kindern auf kompetente Weise die Wahrnehmungsstruktur des Systems einprägt.

Big-Brother-Schulen

Bei der Bildungsprogrammierung geht es nicht allein darum, was gedacht und wie es vermittelt wird. Auch die Akzeptanz einer orwellschen Gesellschaft der totalen Überwachung wird eingeimpft, indem man Schulen und Hochschulen so gestaltet, wie die Welt schlussendlich aussehen soll. Inzwischen gibt es Schulen und Hochschulen, an denen sich überall Kameras finden und man mittels Iris-Erkennung und Fingerabdruck für sein Essen bezahlen oder in der Bibliothek Bücher leihen kann. Microsoft – der Konzern, der durch Strohmann Bill Gates Weltruhm erlangt hat – ist dabei, ein System zu verbreiten, das an manchen Schulen bereits verwendet wird. Schon vierjährige Schüler müssen einen Barcode einlesen und anschließend ihren Daumen auf einen Scanner drücken, um sich in der Bibliothek ein Buch ausleihen zu können. „Getestet“ wurde dieses System beispielsweise an der Higher Lane Primary in Whitefield bei Bury im britischen Verwaltungsbezirk Greater Manchester. Den Leuten, die das veranlasst haben, geht offenbar nicht auf, dass das, was sie tun, eine Form von Geistesgestörtheit ist. Wo sind die Eltern, wenn solche Dinge eingeführt werden? Es besteht nicht der geringste Anlass für eine solche Maßnahme, aber Notwendigkeit spielt keine Rolle. Es geht allein darum, Kinder so zu programmieren, dass sie dieses invasive Maß an Überwachung und Auslöschung der Privatsphäre als „gegeben“ hinnehmen, damit es nach einer oder zwei Generationen als vollkommen normal gilt. Menschen neigen dazu, die Welt, in die sie hineingeboren werden, so zu akzeptieren, wie sie ist. Diese wird zu ihrem Bezugspunkt für Normalität, und jede Veränderung stellt für sie eine Abweichung von der Norm dar. Das ungeheuerliche Ausmaß an orwellscher Überwachung und Nötigung, das wir heute um uns her sehen, war nicht Teil der Norm meiner Generation, die in den 1950-ern geboren wurde. Und es wird noch viel schlimmer kommen, sofern wir weiterhin tatenlos zuschauen. Das bedeutet, dass ich einen Vergleich zwischen Vergangenheit und Gegenwart ziehen und zudem beurteilen kann, wie rasch sich der Wandel vollzogen hat. Die Kinder, die heute geboren werden, haben diese Erfahrung, diesen Bezugspunkt nicht. Für sie ist alles schlicht „so, wie es ist“. Dass man Schulen in Festungen verwandelt, in denen die Kinder eingesperrt sind und bei allem, was sie tun, beobachtet werden, schafft für neue Generationen einen anderen Bezugspunkt für Normalität. Sie werden darauf konditioniert, es als gegeben hinzunehmen und nicht zu kritisieren, was ihnen aufgezwungen wird (Abb. 519). Je mehr Amokläufe an Schulen man mittels medikamentös betäubter, bewusstseinsmanipulierter Handlanger inszeniert, denen man hinterher die Schuld zuweisen kann, desto effektiver lassen sich Eltern und Kinder dazu bringen, aus Angst die orwellschen Schulen als wesentliche Schutzmaßnahme zu akzeptieren. Immer häufiger kommt mir vor allem aus den USA zu Ohren, dass Polizisten an Schulen oder anderswohin gerufen werden, um sich um aufsässige Kinder zu kümmern – derentwegen Lehrer vergangener Zeiten niemals die Polizei eingeschaltet hätten. Das ist so weit fortgeschritten, dass Janet Napolitano, bis 2013 das Rothschild-Zionisten-Oberhaupt des von den Archonten kontrollierten US-amerikanischen Heimatschutzministeriums, einen neuen Beirat für das Ministerium begründete: In diesem Beirat sitzen 19 Universitäts- und Collegepräsidenten, die das Bildungswesen mit den Anforderungen der „nationalen Sicherheit" vereinen sollen. Damit dürften das Überwachen und Ausspionieren von Schülern noch skandalöser und absurder werden. Jugendliche werden durch faschistische „Testläufe" (natürlich, bloße Testläufe) darauf vorbereitet, Mikrochips für die Bevölkerung zu akzeptieren. Im Rahmen solcher Testläufe werden Schüler gezwungen, einen mit einem Mikrochip versehenen Ausweis bei sich zu tragen, durch den all ihre Bewegungen rund um die Uhr überwacht werden können. Seinen Anfang genommen hat dies bei der debilen Verwaltung des Northside Independent School District bei San Antonio, Texas, und es soll auf 112 Schulen ausgeweitet werden – ja, und auf den Rest der USA und schließlich der Welt. Das Student Locator Project bzw. Schüleraufspür-Projekt (wie wäre es mit einem weit angebrachteren Akademikerhirn-Aufspür-Projekt?) wird damit gerechtfertigt, dass man die Sicherheit der Schüler steigern und dem Schulschwänzertum einen Riegel vorschieben will. Das allerdings ist eine fadenscheinige Ausrede. In Wahrheit geht es darum, Schüler durch Programmierung mit Mikrochips für das Volk vertraut zu machen und so ihre Akzeptanz zu fördern. Wie steht es um die Sicherheit von Freiheit und Privatsphäre der Schüler? Der Schulbezirk drohte damit, alle Schüler zu suspendieren, zu bestrafen oder der Schule zu verweisen, die sich weigerten, mitzumachen. Ohne den Chip können sie weder Gemeinschaftsbereiche wie Cafeteria oder Bibliothek betreten noch Tickets für Freizeitaktivitäten erwerben. Die Verantwortlichen verleihen der Bedeutung von „erbärmlich" ganz neue Dimensionen. Genau das ist die Methode, mit der man Mikrochips für die Bevölkerung einführt: Zunächst wird niemand gezwungen, so wie an Schulen unverbindlich Identifikationschips eingeführt werden, aber nach und nach werden Menschen ohne Chip von immer mehr grundlegenden Dingen ausgeschlossen, zum Beispiel von Bankgeschäften. Die Schulen in besag-

Abb. 519: Vorbereitung auf ein Dasein als braver, kleiner Sklave.

tem texanischem Schulbezirk sind gleich in die Vollen gegangen und haben den Chip von Anfang verpflichtend gemacht. Vorhaben dieser Art nehmen zu, und darunter fällt auch, Vorschulkindern Chips in die Kleidung einzunähen. Zu einem Schüleraufspür-Programm im kalifornischen Anaheim Union High School District gehört ein automatischer Weckruf. Zudem müssen die Schüler fünfmal täglich einen Code eingeben, durch den ihre Position erfasst werden kann: wenn sie sich morgens auf den Weg zur Schule machen, wenn sie dort ankommen, in der Mittagspause, wenn sie nach der Schule nach Hause gehen sowie um acht Uhr abends. Lassen Sie das erst einmal sacken. Da kommt man als Bewusstsein in diese Realität, und innerhalb von drei, vier Jahren hat das System einen so weit, dass man sich von ihm vorgeben lässt, was man zu tun und zu lassen hat und was man sagen darf und was nicht. Ich sage Ihnen in einem Wort, was Schulen sind – Gefängnisse. Der einzige Unterschied besteht darin, dass man nach Schulschluss nach Hause gehen darf. Aber auch die Freizeit wird von den Schulfaschisten mehr und mehr beschnitten, und zwar durch die Unverfrorenheit namens „Hausaufgaben". Man beschränkt die Zeit zum Spielen (rechte Hirnhälfte) so weit wie möglich, wobei die Roboter-Lehrer und -Schulleiter eine zu beschränkte Weltsicht haben, um den Kontext ihrer Arbeit zu erkennen. In dieser Schönen Neuen Welt des Schulfaschismus werden Eltern und Schüler vor Gericht geschleift. Das geschah auch Ashley Derrick, wieder einmal in Texas. Sie wurde vor einen Richter zitiert, weil ihr Sohn Marcus gelegentlich zu spät oder gar nicht zum Unterricht erschien. Grund dafür waren Arzt- und Psychologentermine wegen seines chronischen Asthmas und – nach Ansicht seiner Ärzte – einer Aufmerksamkeitsdefizit-/Hyperaktivitätsstörung. *AlterNet* berichtete:

> „Die Schulbezirke im Raum Dallas stellen in ihrer rigorosen Vorgehensweise gegen vermeintliche Schulschwänzer keine Ausnahme dar. Landesweit bemühen Schulleiter, Lokalpolitiker und Strafverfolger das Strafjustizsystem, um das unerlaubte Fernbleiben vom Unterricht zu bekämpfen. Zu diesem Zweck werden Zwangsmaßnahmen verstärkt, Schüler und Eltern mit saftigen Geldbußen belegt und Gefängnisstrafen angedroht. So haben Atlanta, Georgia, und Lynchburg, Virginia, dieses Jahr angekündigt, ihre Schulschwänzerpolitik zu verschärfen mit dem Ziel, Unterrichtsversäumnisse vermehrt strafrechtlich zu verfolgen. In Detroit, Los Angeles und Compton durchkämmt die Polizei die Straßen bereits auf der Suche nach Schulschwänzern und setzt eine tagsüber geltende Ausgangssperre durch. [...]
>
> Einige Verwaltungsbezirke erhalten einen Teil der gerichtlich erhobenen Bußgelder, ein weiterer Anreiz dafür, Geldstrafen zu verhängen. Eine aktuelle Studie der gemeinnützigen Organisation Get Schooled kam zu dem Ergebnis, dass das Schulschwänzen zwar alle demografischen Gruppen durchzieht, die harschen Strafmaßnahmen jedoch vor allem Familien mit geringem Einkommen treffen, deren finanzielle Probleme durchaus zu Schulversäumnissen beitragen können. Schüler, die wie Marcus Derrick mit Gesundheits- und Lernstörungen zu ringen haben, erfordern entsprechend kostspielige pädagogische Maßnahmen, die der jeweilige Verwaltungsbezirk gern vermeidet, indem er das Problem an die Gerichte abschiebt."

Eltern und Kinder, die wegen Schulschwänzens oder Zuspätkommens vor Gericht gezerrt werden; hohe Geldbußen und die Androhung von Gefängnis; finanzielle Anreize für Schulen, solche Maßnahmen zu ergreifen; Ausgangssperren; mit Mikrochips versehene Ausweise, die zum Aufspüren dienen. Wie extrem muss es noch werden, bis der Groschen endlich fällt? Schulen sind nichts anderes als Gefängnisse für Kinder und Jugendliche. Sie sehen sogar so aus mit ihren Umzäunungen, verschlossenen Toren, Sicherheitsschleusen, Kameras, Fingerabdruckerkennungsvorrichtungen und Gefängniswärtern, Verzeihung, „Lehrern". Schüler im US-Bundesstaat Mississippi finden sich gar in einem Polizeiwagen wieder, wenn sie „gegen die Kleiderordnung verstoßen". Leider haben Lehrer und Schulleitung nicht dieselben Konsequenzen zu erdulden, wann immer sie gegen den gesunden Menschenverstand verstoßen. Ein *Fünfjähriger* wurde von der Polizei nach Hause gebracht, weil er keine schwarzen Shorts trug. Er besaß keine. Seine Mutter hatte das rot-weiße Muster seiner Shorts mit schwarzem Filzstift übermalt, aber ein wenig schimmerte trotzdem durch – das Muster, wohlgemerkt, nicht die Hirnaktivität des Lehrpersonals. Ein Schüler wurde in eine Jugendhaftanstalt eingewiesen, weil er Socken in der falschen Farbe trug. Er war nach einer Auseinandersetzung auf Bewährung, und die Socken wurden als Verstoß gegen die Bewährungsauflagen betrachtet. Drei farbige Schüler wurden wegen schwerer Körperverletzung festgenommen, weil sie sich im Bus gegenseitig mit Erdnüssen beworfen hatten und eine davon den Busfahrer getroffen hatte. Die Statistik zeigt, dass diese Idioten überaus rassistisch bei der Vergabe ihrer Strafen vorgehen, denn sie bedenken damit vorrangig farbige Schüler. Rassendiskriminierung in Mississippi? Wer hätte das gedacht? Meine beiden Söhne haben eine Schule in der Nähe unseres Wohnortes besucht, an der eine entspannte, offene Atmosphäre herrschte und in niemandes Privatsphäre eingedrungen wurde. Heute befinden sich Schlösser am Tor, ein Zaun umgibt das Gelände und der Schulleiter ist ein 08/15-Systemdiener. Was Eltern, Kinder und selbst ein Großteil der Lehrer davon halten, fällt nicht ins Gewicht. Es zählt allein das, was der faschistische Staat will. Ist es denn ein Wunder, dass ein Kontrollfreak-Staat darauf aus ist, Kontrollfreak-Vollstrecker zu beschäftigen? Schulen werden sogar dafür verwendet, Agenten für den Heimatschutz hervorzubringen, weil man in der geplanten Welt eine Vielzahl davon brauchen wird. Das National Security Education Program (NSEP) des Pentagon, ja, des *Pentagon*, finanziert Schulen, damit diese „einen Kader an hochqualifizierten Kandidaten für den Dienst in der für die nationale Sicherheit zuständigen Gemeinschaft" bereitstellen. Mit anderen Worten: Sie suchen nach potentiellen Psychopathen. Ein weiterer Aspekt der verhaltensmäßigen Vorbereitung auf den orwellschen Staat besteht darin, Kindern und Jugendlichen Angst vor Autoritäten einzuimpfen und ihnen normales menschliches Verhalten auszutreiben, das beispielsweise darin besteht, sich zur Begrüßung und zum Abschied zu umarmen. Die Archonten wünschen keine menschlichen Reaktionen – sie wollen ein robotergleiches emotionsloses Verhalten, ähnlich dem ihren. Das hat dazu geführt, dass Schüler inzwischen aus den absurdesten Gründen vom Unterricht ausgeschlossen werden. Dazu gehören Umarmungen, eine „ablenkende Frisur" (Individualität) und das Singen von allseits bekannten Liedern (aufgrund ihres „sexuellen Inhalts"). Ein *Neunjähriger* wurde ausgeschlossen, weil er zu einem Freund gesagt hatte, dass seine Lehrerin „hübsch" sei (sexuelle Belästigung). Auch blutunterlaufene Augen fallen unter die

Gründe. Dahinter steckt die Absicht, Kinder und Jugendliche dazu zu bringen, jedes ihrer Worte auf die Goldwaage zu legen aus Angst davor, gegen irgendeinen Kodex, ein Gesetz oder eine Regel zu verstoßen oder die Political Correctness zu verletzen, die von den Rothschild-Zionisten der Frankfurter Schule ersonnen wurde.

Bezahlen, um sich programmieren zu lassen

Der Gipfel dieser Gaunerei, über den die Archonten-Familien hellauf begeistert sein dürften, besteht darin, die Zielgruppe der „Bildungs"-Programmierung dazu zu bringen, hohe Schulden zu machen, um sich programmieren zu lassen. Einer Recherche der Londoner Zeitung *Independent on Sunday* zufolge belaufen sich die Kosten für einen Studienabschluss (der über den Grad der Programmierung Aufschluss gibt) im Laufe eines Arbeitslebens inzwischen auf 100.000 britische Pfund, sofern man Zinsen und andere Gebühren und Kosten einbezieht und zu den 30.000 bis 40.000 Pfund an reinen Ausbildungskosten addiert. Die Schulden eines einzelnen Studenten belaufen sich bei Studienabschluss auf durchschnittlich 53.000 Pfund, die Lebenshaltungskosten noch nicht mit einberechnet. Viele schaffen es nicht, diesen Schuldenberg je zu tilgen, sodass ihr ganzes Leben davon überschattet wird. Liam Burns, der Vorsitzende der National Union of Students, sagte: „Es ist schockierend, dass die Politiker mit dem Potenzial einer Generation derart nachlässig umgehen, noch bevor diese Generation überhaupt im Arbeitsleben steht." Genau das ist der Gedanke dahinter, Liam. Es dient der Vorbereitung auf ein Dasein als Sklave. Erst 1998 wurden von Archonten-Strohmann Tony Blair in Großbritannien Studiengebühren eingeführt, sodass Studenten pro Jahr bis zu 1.000 Pfund für ihre Ausbildung zahlen mussten. Dann legte der schleichende Totalitarismus – wie geplant – einen Zahn zu, und im Jahr 2013 waren es bereits 9.000 Pfund. Die Schulden der Studenten in den USA beliefen sich 2013 auf knapp eine Billion Dollar, was einen Anstieg von fast 300 Prozent seit 2004 darstellt. Die Zahl der Kreditnehmer und die Höhe der einzelnen Kredite stiegen ebenfalls um 70 Prozent; die Zahl der Studenten, die mit ihrer Rückzahlung ins Hintertreffen geraten, ist um 17 Prozent gestiegen. Amerikanische Studenten werden obdachlos und hungern in dem Bemühen, ihre Karriere finanzieren zu können. Diego Sepulveda, ein Student der University of California, lebte auf der Straße, nachdem er seinen Job in einer Subway-Filiale verloren hatte. *National Public Radio* berichtete, dass er mal in der Bibliothek, mal im Studierendenzentrum und mal bei Freunden auf dem Sofa übernachtete und gelegentlich in der Turnhalle einer Schule dusche. Andere leben in Frauenhäusern oder ebenfalls auf der Straße. Nachdem Francisco Reynoso, ein Gärtner im kalifornischen Palmdale, seinen Sohn verloren hatte, standen eines Tages Schuldeneintreiber vor seiner Tür und teilten ihm mit, dass nun er den Studienkredit zurückzahlen müsse. Die Banken schröpfen Studenten und deren Eltern in typisch kaltherziger archontischer Manier. Die Zahl der Studenten in Großbritannien ist aufgrund des Gebührenhöhenfluges um 40 Prozent zurückgegangen, aber das ist ganz im Sinne der archontischen Agenda. Für die Kinder der Reichen und der

El-ite stellen die Gebühren kein Problem dar. Das alles bedingt die Kluft, die wir in allen Gesellschaftsbereichen sehen – die Reichen und Superreichen leben in ihrer eigenen Welt, die übrige Bevölkerung in einer anderen, in der die Menschen nichts als Sklaven der vermeintlich „Höhergestellten" sind. So wie das Studiensystem inzwischen strukturiert ist, ist es nicht erstrebenswert, heute zu studieren, aber innerhalb dieses manipulierten Systems ist ein Studienabschluss unerlässlich, um sich in den Institutionen Staat, Wissenschaft, Medizin, Rechtswesen etc. für eine Stelle zu qualifizieren. Die „Arbeiterklasse" ist in diesen Positionen unerwünscht. Man will, dass dieser Bereich der El-ite vorbehalten bleibt, so wie es einst war und zumeist heute noch ist. Nun ist darüber hinaus geplant, diese Bereiche von allen zu säubern, die nicht den „richtigen" Hintergrund aufweisen. Damit soll der Weg hin zu einer technokratischen Gesellschaft geebnet werden – einer Welt der Armut und der Kontrolle der breiten Masse, in der die El-ite in extremem Überfluss lebt und von einem skrupellosen, bis an die Zähne bewaffneten Polizeistaat geschützt wird.

Das geschilderte Programmierungssystem, das amüsanterweise als „Bildung" bezeichnet wird, ist die Wahrnehmungsfabrik, in der der Geist angehender „Wissenschaftler", Psychologen, Akademiker, Ärzte, Politiker, Anwälte, Richter, „Journalisten", Finanzexperten und Firmenchefs geformt, geprägt und verdreht wird. Die Eltern der meisten dieser Leute können die Studiengebühren problemlos aufbringen. So gelangt – mit freundlicher Genehmigung des als „Bildung" bezeichneten Systems – die immer gleiche, in der linken Hirnhälfte verankerte Gesinnung mit der immer gleichen Wahrnehmung hinaus in die Welt und in die jeweilige Spezialisierung. Ich nenne sie die akademische Gesinnung. Sie ist ein Kindergartenkind, das sich für einen intellektuellen Giganten hält, so wie ein Kind, das ein Computerspiel spielt, sich vorstellt, dass es selbst den Panzer steuert oder die Stadt bombardiert. Das System behandelt diese Leute wie geistig Überlegene und verleiht ihnen Titel wie Doktor, Gutachter, Professor und Kronanwalt, um die Illusion zu untermauern, sie hätten „es geschafft". Meiner Meinung nach ist der „Intellekt" für sich allein genommen ein absoluter Einfaltspinsel im Vergleich zum Bewusstsein. Aber zurück zum Thema. Wenn etwas auf einem Fehler oder einer Verfälschung fußt, wird es seinerseits nichts als Fehler und Verfälschungen hervorbringen. Genau das tun „Wissenschaftler", Psychologen, Akademiker, Ärzte, Politiker, Anwälte, Richter, „Journalisten", Finanzexperten und Firmenchefs. Einige tun dies vorsätzlich, weil sie genau wissen, dass sie Akteure der Verschwörung sind. Die meisten allerdings propagieren ihre fehlerhaften, verzerrten Ansichten in dem Glauben, dank ihrer „hervorragenden Bildung" eine objektive Meinung über den Zustand der Dinge zu haben. An diesem Punkt wird aus dem unwissentlich Programmierten ein unwissentlich Programmierender. Das heißt, sie geben anderen vor, das zu glauben, was sie selbst ihrer Programmierung gemäß glauben. Eben das verbirgt sich hinter „wissenschaftlicher" Orthodoxie, medizinischer Orthodoxie, der Struktur und den Systemen des Staates und absolut allem mit der Vorsilbe „Massen-". Dazu zählen natürlich auch die Massenmedien, in denen Menschen tätig sind, die am Fließband von Bildungssystem und Universität geistig geformt und wahrnehmungstechnisch programmiert wurden, damit sie Welt und Wirklichkeit so sehen wie diejenigen, denen sie unterstellt sind. Wie sagte der amerikanische Komiker und Denker George Carlin so schön? „Es ist ein großer Club – und Sie sind kein Mitglied." Aber der Großteil dieser Leute, darunter – vielleicht gar in *besonderem* Maße – „Journalisten", sind so manipuliert, dass ihnen die *Existenz* eines solchen Clubs gar nicht bewusst ist – ganz zu schweigen von dem Umstand, dass sie *Mitglied* dieses Clubs sind. „Ich berichte, was ich in der Welt sehe", höre ich sie sagen. Nein, was Sie über die Welt berichten, entspricht ganz der Sichtweise, die das System Ihnen *einprogrammiert* hat, seit Sie dem Kinderhochstuhl entwachsen sind, und in vielerlei Hinsicht schon vorher. Hier etwas, das zum Denken anregt: Die breite Masse erhält ihre „Informationen" und ihre Ansichten in Bezug auf die Wirklichkeit von … *ja, es wird spannend … jetzt kommt's* … „Wissenschaftlern", Psychologen, Ärzten, Akademikern, Politikern, Anwälten, Richtern, Finanzexperten, Firmenchefs und „Journalisten". Was sagte ich gleich? Mumpitz bringt Mumpitz hervor, und deshalb ertrinkt die menschliche Gesellschaft in Kokolores.

Dieser geistige Krebs hat so gut wie jedes Land der Welt infiziert. Sein Motto lautet: „Alle Kinder brauchen Bildung." Nur dass nicht „Bildung" im eigentlichen Sinne gemeint ist; der Begriff ist lediglich ein Archonten-Terminus (bedeutet also das Gegenteil) und meint die Programmierung hin zur Unwissenheit. Darum geht es in Wahrheit. Das Motto „Alle Kinder brauchen Bildung" wird Ihnen von denselben Leuten nahegebracht, die „Alle Kinder müssen geimpft werden" propagieren. Lustigerweise werden die einen wie die anderen von Bill Gates finanziert und gefördert. Das Leben steckt voller Zufälle, nicht wahr?

22

Archontische „Wissenschaft"

Wenn dir deine eigene Erfahrung zeigt, dass etwas wahr ist, dies aber im Widerspruch zur Aussage einer Autorität steht, dann musst du die Autorität verwerfen und dein Denken auf deine eigenen Erkenntnisse gründen.

Leonardo da Vinci

Auf der ganzen Welt beziehen die Menschen ihre Vorstellung von der Realität, ihren Begriff von Möglich und Unmöglich sowie ihre Ansichten darüber, wer sie sind und was die Natur des Lebens ist, überwiegend aus dem, was wir „Wissenschaft" nennen.

Wissenschaft wird definiert als „die systematische Erforschung der Natur und des Verhaltens des materiellen, physischen Universums, basierend auf Beobachtungen, Experimenten und Messungen, sowie die Formulierung von Gesetzmäßigkeiten zur allgemeinen Beschreibung der gefundenen Sachverhalte". Eine andere Definition besagt, Wissenschaft sei „jeder Wissensbestand, der in systematischer Art und Weise organisiert ist". „Systematisch" bedeutet „ein System beinhaltend oder einem System ähnelnd". Ein „System" ist definiert als „ein Verbund zusammenhängender, voneinander abhängiger oder wechselwirkender Elemente, die zusammen ein komplexes Ganzes bilden" bzw. als „ein Verbund oder Zusammenschluss zusammenhängender, voneinander abhängiger oder wechselwirkender Elemente, die zusammen ein kollektive Einheit bilden". Ich zitiere hier aus dem Wörterbuch, um bei meiner Untersuchung der Frage, was „Wissenschaft" wirklich ist, *systematisch* vorzugehen. Wissenschaft ist nichts weiter als ein Wächter am Tor zur tatsächlichen Realität – und dort wurde sie absichtlich postiert. „Die Matrix ist ein System, Neo!" Das System der „Wissenschaft" agiert im Dienste des übergeordneten Systems zur Kontrolle der Menschheit. Wenn Sie ein Mainstream-Wissenschaftler werden und Gelder von Dem System bekommen wollen, müssen Sie sehr geübt darin sein, die Informationen aus dem Lehrplan zu absorbieren und in den Prüfungsklausuren präzise wiederzugeben. Dann können Sie – falls die Umstände Ihnen gewogen sind – die wissenschaftliche Spezialisierungsrichtung wählen, die Sie einschlagen wollen. Da gibt es eine ziemlich breite Auswahl für all jene, die bis dahin schon im Gefängnis der linken Gehirnhälfte feststecken:

Akarologie; Aktinologie; Aerobiologie; Aerologie; Ätiologie; Agrobiologie; Agrostologie; Algologie; Allergologie; Andrologie; Anästhesiologie; Angiologie; Anthropologie; Apidologie; Arachnologie; Archäologie; Archäozoologie; Areologie; Astrobiologie; Astrogeologie; Audiologie; Autökologie; Bakteriologie; Bioökologie; Biologie; Bromatologie; Cetologie; Conchologie; Dendrochronologie; Dendrologie; Dermatologie; Dermatopathologie; Desmologie; Diabetologie; Dipterologie; Edaphologie; Elektrophysiologie; Embryologie; Endokrinologie; Entomologie; Enzymologie; Epidemiologie; Ethologie; Exobiologie; Exogeologie; Fötologie; Gastrologie bzw. Gastroenterologie; Gemmologie; Geobiologie; Geochronologie; Geologie; Geomorphologie; Gerontologie; Glaziologie; Gynäkologie; Hämatologie; Heliologie; Helioseismologie; Helminthologie; Hepatologie; Herbologie; Herpetologie; Heteropterologie; Histologie; Histopathologie; Hydrogeologie; Hydrologie; Ichnologie; Ichthyologie; Immunologie; Kardiologie; Kariologie; Karyologie; Kinesiologie; Klimatologie; Koleopterologie; Koniologie; Kraniologie; Kriminologie; Kryologie; Kymatologie; Kynologie; Laryngologie; Lepidopterologie; Limnologie; Lithologie; Lymphologie; Malakologie; Mammalogie; Meteorologie; Methodologie; Metrologie; Mikrobiologie; Mineralogie; Mykologie; Myologie; Myrmekologie; Nanotechnologie; Nanotribologie; Nematologie; Neonatologie; Nephologie; Nephrologie; Neurologie; Neuropathologie; Neurophysiologie; Nosologie; Ozeanologie; Odonatologie; Odontologie; Ökohydrologie; Ökologie; Ökophysiologie; Onkologie; Oologie; Ophthalmologie; Ornithologie; Orologie; Orthopterologie; Osteologie; Otolaryngologie; Otologie; Otorhinolaryngologie; Paläoanthropologie; Paläobiologie; Paläobotanik; Paläoklimatologie; Paläoökologie; Paläontologie; Paläophytologie; Paläozoologie; Palynologie; Parapsychologie; Parasitologie; Pathologie; Pedologie; Petrologie; Pharmakologie; Phänologie; Phlebologie; Phonologie; Phykologie; Physiologie; Phytologie; Phytopathologie; Phytosoziologie; Planetologie; Planktologie; Pomologie; Posologie; Primatologie; Proktologie; Psychobiologie; Psychologie; Psychopathologie; Psychopharmakologie; Psychophysiologie; Pulmonologie; Radiologie; Reflexologie; Rheologie; Rheumatologie; Rhinologie; Skatologie; Sedimentologie; Seismologie; Selenologie; Serologie; Sexologie; Sitologie; Soziobiologie; Soziologie; Somatologie; Somnologie; Speläologie; Stomatologie; Symptomatologie; Synökologie; Technologie; Thermologie; Tokologie; Topologie; Toxikologie; Traumatologie; Tribologie; Trichologie; Typologie; Urologie; Virologie; Vulkanologie; Xenobiologie; Xylologie; Zooarchäologie; Zoologie; Zoopathologie; Zoopsychologie; Zymologie; Zytologie; Zytomorphologie; Zytopathologie.

Es gibt mit Sicherheit noch viele weitere Wissenschaftszweige. All diese Spezialisierungen reden nur sehr selten miteinander – wenn überhaupt. Oft liefern sie sich erbitterte Kämpfe um Fördergelder. Der Korpus der „Wissenschaft" wird auf diese Weise systematisch in winzige Bestandteile aufgesplittert. Das Gesamtbild lässt sich nur dann erkennen, wenn all diese einzelnen Punkte miteinander verbunden werden. Die Struktur selbst sorgt jedoch dafür, dass dies niemals geschieht. Die Spezialisierungen werden auch als wissenschaftliche „Disziplinen" bezeichnet, im Sinne von „Forschungsbereich". Ich kann die herausragende Bedeutung, die Worten bei der archontischen Unterdrückung zukommt, gar nicht genug betonen. Worte sind Schwingung und spielen bei der unterbewussten Programmierung der Wahrnehmung eine zentrale Rolle. So hat der Begriff „Disziplin" weitere Bedeutungen, wie „systematische Methode, um Gehorsam zu erzielen" und „Ordnungszustand auf der Grundlage der Unterwerfung unter Regeln und Autoritäten". Nimmt man all diese und weitere Definitionen zusammen, zeigt sich das wahre Gesicht der „allwissenden" Wissenschaft. Hier sehen wir, warum die konventionelle Wissenschaft sehr wenig dazu geeignet ist, das wahre Wesen der Wirklichkeit zu entschleiern.

Zunächst einmal sind die Wissenschaftler jeder neuen Generation Produkte der Gedankenfabriken des etablierten Bildungssystems. Seit dem ersten Schultag hat man ihnen erzählt, was „real“ sei und so ihre Wahrnehmung der Realität geformt. Wenn sie die Welt der Schulwissenschaft betreten, setzen sie „Realität“ bereits mit dem „wissenschaftlichen“ Realitätsbegriff eben dieser Wissenschaft gleich. In ihrer Fachrichtung müssen sie weitere Prüfungen absolvieren, die sie nur bestehen können, wenn sie sich der Orthodoxie ergeben. Geldmittel können sie nur dann ergattern, wenn sie dieses Lied während ihres gesamten Berufslebens singen. Fragen Sie irgendeinen echten Wissenschaftler, der sich einmal mit der Orthodoxie angelegt hat, wie es danach seinen Finanzen erging. Der Begriff „wissenschaftliche Disziplin“ entspricht perfekt den oben erwähnten Definitionen von Disziplin als „systematischer Methode, um Gehorsam zu erzielen“ bzw. „Ordnungszustand auf der Grundlage der Unterwerfung unter Regeln und Autoritäten“. Ein gänzlich unzureichendes und aberwitziges Erklärungsmodell der Realität wird systematisch geschützt und verteidigt; somit verwundert es nicht, dass die Wissenschaft keine wirklichen Erklärungen für die großen „Mysterien“ des Lebens anbieten kann. Damit sind wir wieder beim archontischen Prinzip der Umkehrung angelangt: Die herkömmliche Wissenschaft ist nicht dazu da, die Geheimnisse des Lebens zu entschleiern, sondern soll sicherstellen, dass sie *niemals* enthüllt werden. Diese Geheimnisse offen zu legen hieße, die archontische Versklavung der Menschheit bloßzustellen. Die Wissenschaft wird damit zum unentbehrlichen Bewacher des Tores – flankiert von ihren „Bettgenossen in Uniform“: Akademikern, Politikern und Journalisten. Akademiker zitieren Wissenschaftler, als wären sie Gebieter über die Wahrheit, und Lehrer, Politiker und Journalisten tun es ihnen gleich. So etablieren sie im Bewusstsein der breiten Bevölkerung eine „das weiß doch jeder“-Illusion. Also, was mich betrifft – ich weiß das absolut nicht. Ich halte das alles eher für kompletten Blödsinn. Politiker reden davon, dass man die Gesetze gemäß den Erkenntnissen der „herausragenden Wissenschaftler“ ändern müsse (wie etwa beim Thema Erderwärmung). Diese „Erkenntnisse“ sind aber Meinungen – und nicht selten gut bezahlte Meinungen. Was ich statt echter Erkenntnisse überwiegend sehe, sind ganz und gar nicht herausragende Computerprogramme – im besten Fall. In schwerwiegenderen Fällen haben wir es mit korrupten Wissenschaftlern zu tun, die die offizielle Version nachplappern und dann im Briefkasten nachschauen, ob der Scheck angekommen ist. In gleicher Weise erklären uns Politiker, ihr Tun beruhe auf Schlüssen, zu denen „herausragende Richter“ im Rahmen von Untersuchungen gelangt sind. Doch ich sehe nur einen Kerl mit einem beschwanzten Etwas auf dem Kopf, der der Regierung nur das sagt, worauf man sich schon vor Beginn der „Untersuchung“ geeinigt hatte. Juristen gehören zu den korruptesten Leuten auf der Welt, ebenso wie die meisten „Wissenschaftler“. Auch diesen wird das gewünschte Ergebnis schon mitgeteilt, bevor die ersten Geldmittel geflossen sind. Glaubt denn jemand im Ernst, die Konzernmultis aus Biotechnologie (wie Monsanto), Pharmazie, Energiewirtschaft und Atomindustrie würden ihre Dollarmillionen an Wissenschaftler verschenken, die dann ihren Produkten, Waren und Technologien bescheinigen, gesundheitsschädlicher oder gar todbringender Dreck zu sein? Natürlich nicht. Und so gibt es also eine stillschweigende Übereinkunft – besiegelt mit einem Nicken oder einem Augenblinzeln: Sobald Wissenschaftler Fördergelder annehmen, werden sie auch zu den „richtigen“ Schlüssen kommen, die wiederum von den Medien mit dem Vermerk „wie Wissenschaftler herausgefunden haben" unters Volk gebracht werden. In Wirklichkeit sind es nicht die Wissenschaftler, sondern die Konzerne mit ihren spezifischen Interessen, die hier „die Welt erklären" und zu diesem Zweck korrupte Wissenschaftler auf ihre Gehaltslisten setzen. In meinen Büchern habe ich schon zahllose Beispiele dafür ausführlich dargelegt. Die ganze konventionelle Wissenschaft ist von der Seuche der Korruption befallen – und es wird eher noch schlimmer als besser. Allein die Giganten der Biotechnologie und der Pharmaindustrie verfügen über ganze Armeen von „Wissenschaftlern", die für sie lügen und trickreich in maßgeblichen Regierungsstellen positioniert worden sind, damit die Lügen auch Gesetz werden können. Oder sie erscheinen als „Experten" auf den Fernsehbildschirmen, mit deren Hilfe die Lügen in die Köpfe der Menschen eingepflanzt werden. Auf diese Weise bestimmen letztlich die Konzerne, wie die Menschen die Welt, in der sie leben, wahrnehmen. Der weitaus größte Teil der Wissenschaftler ist überhaupt nicht mit der Erforschung der Wirklichkeit oder der Beantwortung der großen Fragen unserer menschlichen Existenz befasst. Die meisten von ihnen verbringen ihre Zeit mit ganz anderen Beschäftigungen: Sie entwickeln neue toxische und gesundheitsschädliche Zusatzstoffe für Lebensmittel und Getränke oder finden Mittel und Wege, wie sie auch noch die letzten tierischen Innereien und Überreste verwerten und uns als „Nahrung" verkaufen können. Sie erfinden neue Krankheiten und Symptome und entwickeln dann Medikamente und Impfstoffe, die angeblich zu deren Behandlung dienen. Mit fadenscheinigen und lächerlichen „psychologischen" Begründungen rechtfertigen sie die stetig wachsende Verabreichung von Medikamenten, besonders an Kinder. Und sie entwickeln immer neue Technologien mit schon einkalkulierter Obsoleszenz wie iPads oder Mobiltelefone, die die Menschen weiter von ihrem Geld trennen und unsere Umwelt noch mehr verstrahlen. Danke, Jungs! Großartige Arbeit!

Wissenschaftliche „Fakten" = unwissenschaftliche Mutmaßungen

Es geht bei der Schulwissenschaft nicht um das authentische Streben nach Wissen. („Science" – „Wissenschaft" – leitet sich vom lateinischen „scientia" ab, was soviel wie „Wissen" bedeutet.) Echtes Wissen – das ist es, was wahre, unabhängige Wissenschaftler interessiert, die um Geldmittel hart kämpfen müssen. Gemäß der Definition von Wissenschaft als „Wissensbestand, der in systematischer Weise organisiert ist" bin ich ein Wissenschaftler. Jeder kann ein Wissenschaftler sein, der um des Wissens willen nach Wissen strebt. Wissenschaft um der Wissenschaft willen. Man muss dafür nicht erst jahrelange Gehirnwäsche über sich ergehen lassen. Die Aufgabe der konventionellen Wissenschaft ist es, das authentische Streben nach Wissen systematisch auszubremsen, während sie gleichzeitig eben dieses authentische Streben vortäuscht. Der Forscher und Biologe Rupert Sheldrake hat sich durch sein beharrliches Infragestellen der unwissenschaftlichen Orthodoxie über mittlerweile mehrere Jahrzehnte einige Anerkennung erworben. (Orthodoxie bedeutet „die Übereinstimmung mit etablierten oder akzeptierten Standards", beispielsweise in der Religion oder bezüglich Verhalten und Gesinnung.) Sheldrake führt in seinem Buch „Science Set Free" zehn Dogmen an, die es der Mainstream-Wissenschaft unmöglich machen, die Realität zu verstehen:

Die Natur ist mechanisch.
Materie ist unbewusst.
Die Naturgesetze sind unabänderlich.
Die Gesamtmenge an Materie bzw. Energie ist konstant.
Die Natur erfüllt keinen Zweck.
Biologische Vererbung erfolgt auf materieller Basis.
Ebenso werden Erinnerungen materiell aufgezeichnet.
Der Geist befindet sich im Gehirn.
Telepathie und andere übernatürliche Phänomene sind Illusionen.
Nur eine mechanistische Medizin kann wirklich funktionieren.

Wenn bereits die Annahmen falsch sind, die man einer wissenschaftlichen Untersuchung zugrunde legt, dann müssen definitionsgemäß auch sämtliche Erkenntnisse, die man auf dieser Grundlage gewinnt, falsch sein. Wer davon ausgeht, dass Eis nicht durch Kälte entsteht, wird vielleicht auch ein Feuerchen in seinem Iglu entfachen und damit die Decke zum Einstürzen bringen. Genauso hat es auch verheerende Folgen, wenn man irrtümlich meint, man würde den Körper und seine Funktionsweise verstehen. Solche Ignoranz führt zur Zerstörung der Gesundheit durch Impfstoffe und Pharmaerzeugnisse. Dazu bedarf es noch nicht einmal jener Schattengestalten, die tatsächlich verstehen, wie der menschliche Körper arbeitet und sich – aus Gründen, zu denen ich noch kommen werde – aufgemacht haben, unsere Gesundheit vorsätzlich zugrunde zu richten. Wenn man annimmt, die Schöpfung habe mit einem Urknall begonnen, dann wird auch alles Weitere, das man daraus ableitet, ziemlich durchgeknallt sein. Und der Urknall *ist* lediglich eine Annahme – keine bewiesene Tatsache, wie uns Wissenschaftler und Medien glauben machen wollen. Die Papageien in den Medien geben die wissenschaftliche Lehrmeinung wieder, als handele es sich dabei um Fakten, ohne jedes Hinterfragen oder Recherchieren. In meinem Buch „Remember Who You Are" habe ich ausführlich dargelegt, dass die Urknalltheorie ein Musterbeispiel dafür darstellt, wie aus einer anfänglichen These allmählich eine „wissenschaftliche Tatsache" geworden ist: Indem man sie nämlich beharrlich wiederholt und jeder neuen Generation von Schülern und Studenten vermittelt hat, so hätte alles begonnen. Der Theorie zufolge war das gesamte Universum vor etwa 13,7 Milliarden Jahren in einem „Singularität" genannten Punkt von der Größe eines Atomkerns komprimiert. Davor, so heißt es, gab es weder Zeit noch Raum. Dann, mit einem Mal, hätte es eine Explosion gege-

Abb. 520: Der Urknall-Mumpitz

ben, die Temperaturen von mehreren Billionen Grad erzeugte. Ganz schön heiß hier drinnen – oder bin das bloß ich? Dieser „Urknall“ habe subatomare Partikel, Energie, Materie, Raum und Zeit erschaffen. Nein, das hat die *Matrix* vollbracht, soweit es unsere gegenwärtig erfahrene Realität anbelangt. Im Laufe der Zeit seien dann, wie wir ferner der offiziellen Darstellung entnehmen, Planeten, Sterne und alles, was wir heute sehen, entstanden – alles nur dank der Explosion eines „Etwas“ in der Größe eines Atomkerns. Erstaunlich, oder? Der amerikanische Forscher und Schriftsteller Terence McKenna hat den Nonsens der Urknall-Theorie brillant auf den Punkt gebracht, als er sagte: „Gebt uns irgendein Wunder, und wir erklären dann alles Andere.“

> „Jedes Modell des Universums hat einen Pferdefuß. Es gibt immer etwas, das dabei schwer zu verdauen ist. Ich meine damit eine Stelle, bei der die Argumentation nicht darüber hinwegtäuschen kann, dass irgendetwas faul ist. Der Pferdefuß innerhalb der Wissenschaft ist die Sache mit dem Urknall. Lassen Sie uns das ein wenig unter die Lupe nehmen. Es handelt sich dabei um die Idee, das Universum wäre innerhalb eines einzigen Augenblicks ohne ersichtlichen Grund aus dem Nichts hervorgegangen.
>
> Nun, bevor wir diesen Gedanken auseinander nehmen, beachten Sie einmal, wie hier unserer Gutgläubigkeit das Äußerste abverlangt wird. Ob Sie nun persönlich an diese Vorstellung glauben oder nicht – man kann sich doch wohl kaum etwas Unwahrscheinlicheres bzw. weniger Wahrscheinliches vorstellen, das geglaubt werden soll! Ich meine, ich frage Sie wirklich: Gibt es irgendetwas, das noch unwahrscheinlicher ist als die Vorstellung, dass das Universum ohne jeden Grund von einem Moment auf den anderen aus dem Nichts entstanden ist? Also, wenn Sie das glauben, gibt Ihnen meine Familie auch gerne eine Leasing-Option für unsere Brücke über den Hudson, für nur fünf Dollar! Es macht einfach keinen Sinn.
>
> Die Urknalltheorie ist eigentlich nichts anderes als zu sagen: ‚Und Gott sprach, es werde Licht.‘ Die Philosophen der Wissenschaft sagen im Prinzip: Gebt uns nur ein einziges Wunder, den Rest machen wir dann schon. Alles weitere entfaltet sich von da an gemäß den Naturgesetzen – von der Entstehung der Zeit bis zum Jüngsten Gericht, sowie all die bizarren Gleichungen, die kein Mensch versteht, aber in diesem Metier so geheiligt werden. Schenkt uns einfach nur ein Wunder, mit dem wir anfangen können.
>
> Nun, ich finde, wenn die Wissenschaft also ein Wunder frei Haus bekommt, darf jeder eins bekommen. Es scheint mir in der Tat so zu sein, dass man für die Aufstellung einer allumfassenden Kosmogonie immer so eine Art Nabelschnur oder Startbedingung braucht, die sich von allen anderen Elementen des Systems unterscheidet. Wenn wir also schon nicht umhin kommen, solch eine Singularität in unser Modell der Wirklichkeit zu integrieren, dann lasst sie uns wenigstens so anspruchslos und so wenig unwahrscheinlich wie möglich halten. Eine Singularität, die ohne irgendeinen Grund urplötzlich im völlig leeren Raum erscheint, ist aber die am wenigsten wahrscheinliche aller Singularitäten.“

Zu Beginn des Jahres 2013 lag die Theorie vom Urknall in Trümmern. Ein internationales Team von Astronomen hatte in Zusammenarbeit mit der Universität von Zentral-Lancashire in England die bislang größte bekannte Struktur des Universums entdeckt. Dabei handelt es sich um eine Gruppe von Quasaren (den hellsten Objekten im Universum), deren Ausdehnung so gewaltig groß ist, dass man selbst mit Lichtgeschwindigkeit allein für die Durchquerung des Gebiets vier Milliarden Jahre bräuchte. (So besagt es zumindest die offizielle Sichtweise.) Quasare, auch quasistellare Objekte genannt, senden enorme Energiemengen in Form von Radiowellen und anderen Strahlungsarten aus. Das Problem mit dieser kolossalen Anhäufung von Quasaren ist, dass etwas so Riesiges – sie überdeckt etwa ein Fünftel des beobachtbaren Universums – nicht in Folge eines Urknalls entstanden sein kann. Dr. Roger Clowes, der Hauptverfasser des Berichtes des Astronomenteams, schreibt dazu, dass diese Entdeckung „das Fundament unseres gesamten Handelns über den Haufen wirft". Ja – das Fundament, das uns das Bildungssystem und die „wissenschaftliche" Lehrmeinung einprogrammiert haben, als Wirklichkeit zu akzeptieren. Ironischerweise wurde die Theorie vom Urknall ausgerechnet von einem Priester der Katholischen Universität Löwen in Belgien entwickelt. Im Jahre 1927 veröffentlichte Georges Lemaitre (1894-1966) seine „Hypothese vom Uratom". Seine Ausbildung genoss er teilweise beim Jesuiten-Orden, einer der führenden Geheimgesellschaften innerhalb des archontischen Netzwerkes. Als einer der wichtigsten Belege dafür, dass sich das Universum seit dem mythischen „Urknall" unaufhörlich ausdehnt, gilt das als „Rotverschiebung" bekannte Phänomen. Nach dieser Vorstellung erscheinen Himmelskörper, die sich vom Beobachter weg bewegen, aufgrund bestimmter Welleneffekte im Lichtspektrum rot. Die Datierung des Urknalls auf einen Zeitpunkt vor 13,7 Milliarden Jahren fußt auf Berechnungen dieser Rotverschiebung. Edwin Hubble, der Entdecker der Rotverschiebung, sagte allerdings einmal: „Die Rotverschiebung rührt wahrscheinlich gar nicht von einer Expansion des Universums her, und viele der Spekulationen über die Struktur des Universums bedürfen wohl einer Überprüfung." Die Frage der Rotverschiebung ist damit heute genauso in Schwierigkeiten wie der damit zusammenhängende „Urknall". Wie wir also sehen, gründet sich die „wissenschaftliche" Version des Universums – jene, die in Schulen und an Universitäten gelehrt und von den Medien endlos wiederholt wird, als handele es sich um Fakten – auf zwei Annahmen, die offenkundig fehlerhaft und himmelschreiender Unsinn sind. Dieselben Leute besitzen aber dann auch noch die sprachlos machende Frechheit, alle alternativen Sichtweisen als „Pseudo-Wissenschaft" zu verdammen – das ewige Mantra der Skeptiker. Das ist die gleiche Art von unwissenschaftlichem Geschwätz, mit dem man uns einst weismachen wollte, dass die Erde flach sei oder das Universum nur aus der Milchstraße bestünde, bis Edwin Hubble die Vertreter dieser Ansicht in den 1920er Jahren eines besseren belehrte. Die Geschichte der Schulwissenschaft liest sich wie eine einzige Abfolge von Annahmen, die wiederum auf anderen fehlerhaften Annahmen beruhen und sich eine nach der anderen als falsch herausstellen. Die zentrale Grundannahme, von der sich alle anderen Annahmen ableiten, ist dabei die Idee, die Welt sei von fester Beschaffenheit. Das ist wirklich beachtlich angesichts der Tatsache, dass die wissenschaftliche „Disziplin" der Quantenphysik das Gegenteil bewiesen hat. Doch zu dem Zeitpunkt, als sich die Quantenphysik im letzten Jahrhundert auf den Weg machte, hatte sich die

Abb. 521: Die Mainstream-„Wissenschaft", die akademische Welt und der „Journalismus"

mechanistische Vorstellung von der Welt schon derart in sämtlichen Bereichen festgesetzt, dass sie sich von so unbedeutenden Dingen wie der Wahrheit nicht mehr aus der Bahn werfen ließ. Die übrige „Wissenschaft" erkennt die Enthüllungen der Quantenphysik nur dann halbwegs an, wenn es absolut unumgänglich ist; andernfalls rast sie einfach weiter die Straße entlang wie ein Besoffener in einem Sattelschlepper, blind und taub gegenüber jedem Argument, das ihre Vorstellungen und Annahmen als Rasereien von Verrückten bloßstellen würde. Hauptvertreter dieser Mentalität sind Leute wie Professor Richard Dawkins, Christopher French und die Skeptics Society, die ihre Glaubensvorstellungen in genau der gleichen Weise feilbieten und Ungläubige verdammen, wie wir es von der Religion her kennen. Gerade Dawkins ist vehement antireligiös eingestellt, gleichzeitig aber zu verblendet, um erkennen zu können, dass er selbst der Hohepriester seiner eigenen Religion ist: Der Gott in diesem Szientismus ist die Überzeugung, dass es keinen Gott gibt, und die heiligen Schriften sind aus den offiziellen Lehrmeinungen der verschiedenen Bereiche geformt. Selbst diejenigen, die ernsthaft bemüht sind, die Wirklichkeit zu verstehen, hängen so sehr im Detail fest (linke Hirnhälfte), dass sie sich mit all ihrer Differenziertheit eher in ihr eigenes Hinterteil verirren als zu bemerken, wie einfach (rechte Hirnhälfte) eigentlich die Grundzusammenhänge sind (Abb. 521). Ich habe einmal einen Artikel mit dem Titel „Gravitinos – sind sie der Schlüssel zum Verständnis der dunklen Materie?" gelesen. Darin wird die Arbeit von Are Raklev dargestellt, einem Gastprofessor im Fachbereich Teilchenphysik an der Universität Oslo. Raklev hat sich der Bestimmung und Erklärung der „dunklen Materie" gewidmet, von der die Schulwissenschaft glaubt, sie würde den größten Teil des Universums ausmachen. (Und das obwohl sie unsichtbar ist – daher der Begriff „dunkle" Materie.) Von Wissenschaftlern und Journalisten hören wir ständig den Satz „Was wir wissen, ist folgendes". Journalisten und Moderatoren von Fernsehnachrichten beginnen eine Meldung mit „Was wir wissen, ist folgendes", wenn sie exakt überhaupt nichts wissen. Was dann folgt, ist meist nur die Wiedergabe dessen, was ihnen die Obrigkeit vorgegeben hat – und kein Deut mehr. Es ist nur eine weitere Annahme, dass sie wirklich etwas wissen würden. Annahmen grassieren in den Medien mindestens genauso wie in der konventionellen Wissenschaft – wenn nicht sogar noch mehr. Are Raklev erklärt in dem Artikel, „wir können berechnen, wieviel dunkle Materie es im Universum gibt". Nein, Kumpel, du *denkst* nur, dass du das kannst, du *nimmst es an*. „Wir wissen immer noch sehr wenig darüber, was dunkle Materie eigentlich ist", fährt er fort. Oh, aber das hindert sie nicht daran zu glauben, sie könnten die Menge an dunkler Materie berechnen?? Was wäre, wenn dunkle Materie überhaupt nicht existiert? Was wäre, wenn das, was ihr dunkle Materie nennt, in Wirklichkeit Schwingungen und elektromagnetische Kräfte im Unsichtbaren sind, die ins Sichtbare hineinwirken? Lassen Sie mich aus dem Artikel zitieren – Sie können ihn mühelos im Internet finden –, um meine Aussage über die Verkomplizierung des Einfachen und das Verirren im Hintereingang zu verdeutlichen:

> „Um besser zu verstehen, warum Raklev glaubt, dass dunkle Materie aus Gravitinos besteht [da ist man wohl besser woanders], und damit wir überhaupt eine Chance haben, die Theorie der Gravitinos zu verstehen [dito] …
>
> … Schritt 1: Supersymmetrie
>
> Physiker wollen herausfinden, ob die Natur supersymmetrisch ist oder nicht. Supersymmetrie bedeutet, dass es eine Symmetrie zwischen Materie und Kräften gibt. Für jede Art von Elektron oder Quark gibt es einen entsprechenden schweren, supersymmetrischen Partner. Die supersymmetrischen Partner wurden in dem Augenblick unmittelbar nach dem Urknall erschaffen. Wenn einige von ihnen bis heute überlebt haben, könnten sie das sein, woraus die dunkle Materie besteht.
>
> Der supersymmetrische Partner des Gravitinos ist, wie *Apollon*[1] berichtet hat, das Graviton. „Ein Graviton ist das Teilchen, von dem wir glauben, dass es Gravitationskräfte überträgt, ebenso wie ein Photon – das Lichtteilchen – elektromagnetische Kräfte übermittelt. Während Gravitonen nichts wiegen, könnten Gravitinos ein ziemliches Gewicht haben. Wenn die Natur supersymmetrisch ist und Gravitonen tatsächlich existieren, dann gibt es auch Gravitinos. Und umgekehrt. Das ist reine Mathematik." Allerdings gibt es ein kleines Problem. Die Physiker können die Beziehung zwischen Gravitonen und Gravitinos nicht beweisen, solange sie nicht alle Naturkräfte vereinen können."

Sind Sie noch da? Gerade noch so, sagen Sie? Okay, lassen Sie mich weitermachen, wir haben's gleich geschafft …

> „Schritt 2: Die Naturkräfte
>
> Eines der größten Unterfangen der Physiker ist es, alle Naturkräfte in einer einzigen Theorie zu vereinen. Mitte des letzten Jahrhunderts entdeckten sie, dass Elektrizität und Magnetismus Teile derselben Naturkraft sind. Seither wird diese Kraft als Elektromagnetismus bezeichnet. Zwei weitere Naturkräfte sind die starke und die schwache Wechselwirkung. Die schwache Wechselwirkung kann man unter anderem in der Radioaktivität beobachten. Die starke Wechselwirkung ist zehn Milliarden Mal stärker und bindet Neutronen und Protonen aneinander.
>
> In den 1970-er Jahren wurde der Elektromagnetismus mit der starken und der schwachen Wechselwirkung in einer Theorie vereinigt, welche die Physiker als das Standardmodell bezeichnen. Die vierte Naturkraft ist die Gravitation. Obwohl es äußerst schmerzhaft ist, die Treppe hinunterzufallen, ist die Gravitation doch die schwächste der vier Naturkräfte. Das Problem ist, dass es den Physikern bis-

---

1 Apollon ist der Name des vierteljährlich erscheinenden Magazins der Osloer Universität, in dem dieser Artikel veröffentlicht wurde. – *A. d. Ü.*

her noch nicht gelungen ist, auch die Gravitation mit den anderen drei Kräften zu vereinen.

An dem Tag, an dem die Physiker zu einem einheitlichen Verständnis aller vier Naturkräfte gelangen, werden sie auch ein gänzlich neuartiges Verständnis des Universums gewinnen. Dann wird es möglich sein, sämtliche nur denkbaren Wechselwirkungen zwischen beliebigen Teilchen in der Natur zu beschreiben. Die Physiker nennen das die „Theory of Everything" (ToE, „Theorie von Allem"). Um die Gravitationskräfte mit den übrigen drei Naturkräften zu vereinen, müssen wir die Gravitation als Quantentheorie begreifen. Das bedeutet, wir brauchen eine Theorie, nach der sich das Graviton-Teilchen innerhalb des Atomkerns befindet."

Achten Sie einmal darauf, wie oft etwas zwar als Theorie beschrieben, aber dann doch so präsentiert wird, als handele es sich um Fakten. Die Urknall-Theorie ist das Paradebeispiel, und am Ende der ganzen todlangweiligen Komplexität werden Sie feststellen, dass auch Raklevs Gravitinos-Theorie mit der Urknall-Theorie verwickelt ist. Annahmen und Theorien, die von anderen Annahmen und Theorien abhängen, verkündet als Fakten – das ist die Mainstream-Wissenschaft, zusammengefasst in dreizehn Worten. Theorien werden an unseren Schulen und Universitäten als Tatsachen gelehrt und müssen von den Schülern und Studenten in den Prüfungen auch als solche wiedergegeben werden, um sie zu bestehen. In gleicher Weise bringen auch die Mainstream- und auch ein großer Teil der alternativen Medien Theorien so als wären sie Fakten. Okay, dann will ich auch mal eine „Theorie von Allem" vorstellen, bezogen darauf, wie wir Wirklichkeit erfahren:

Alles besteht aus derselben Energie/Bewusstheit, die sich verschieden manifestiert – als Schwingungen, elektrisch/elektromagnetisch, digital oder holographisch – und all diese Manifestationen sind Entsprechungen zueinander. Das Universum und alles „darin" ist bewusst, und all die Atome, Quarks, Elektronen und sonstigen Teilchen sind nur die Nebenprodukte des eigentlichen Prozesses der Dekodierung von Schwingungsinformationen in elektrische, digitale bzw. holographische Zustände. Dieser Dekodierungsprozess wird jedoch von unseren Ansichten und Vorstellungen beeinflusst. So entsteht unsere scheinbare Erfahrung – Realität ist also das, wovon wir *denken*, dass es real sei. So kann beispielsweise die Weltanschauung eines Wissenschaftlers die Ergebnisse seiner Experimente beeinflussen – und genau das passiert auch ständig. Solch eine Realität umfasst aber immer nur das, wofür wir schon sensibilisiert sind. Die echte „Theorie von Allem" ist weitaus einfacher: Unendliche Liebe ist die einzige Wahrheit – *alles* andere ist Illusion. Oder anders gesagt: Alles was existiert ist ein einziges, zusammenhängendes und unendliches Bewusstsein; und die „Schöpfung" ist ein Produkt der Vorstellungskraft dieses Bewusstseins. Wenn die Menschheit dies erkennen würde – wenn sie sich daran *erinnern* würde, die permanente Flut der Programmierung durchbrechend – dann würde unsere Welt ganz anders aussehen. Das zu verhindern ist gerade die Aufgabe der establishmenthörigen Schulwissenschaft. Der überwiegende Teil der Akademiker, die deren Flure und Laboratorien bevölkern, sind selbst so programmiert, dass sie gar nicht begreifen, welcher Agenda sie eigentlich dienen. Sie sind gefangen im Hamsterrad eines „Fortschritts", der nur bei oberflächlicher Betrachtung vorhanden zu sein scheint – in einem System, das über Jahrhunderte hinweg etabliert worden ist. Der große amerikanische Kosmologe Carl Sagan hat die Situation brillant auf den Punkt gebracht:

> „Eine der traurigsten Lehren aus der Geschichte ist folgende: Wenn wir nur lange genug hereingelegt worden sind, neigen wir dazu, jeden Beweis für diesen Betrug von uns zu weisen. Wir wollen dann die Wahrheit gar nicht mehr wissen. Der Schwindel hält uns völlig gefangen. Es wäre dann einfach zu schmerzhaft, sich einzugestehen – und sei es auch nur vor sich selbst – dass man darauf hereingefallen ist. Gibt man einem Scharlatan einmal Macht über sich, wird man sie kaum jemals zurückbekommen."

Wissenschaft als abgekartetes Spiel

Die Säulen, auf denen die herkömmliche Wissenschaft mitsamt ihren Glaubenssätzen und Annahmen ruht – sowie die Mechanismen zur Bewachung derselben bis zum heutigen Tag – sind weitestgehend durch die Royal Society geschaffen worden. Diese Gesellschaft wurde seit ihrer Gründung von Netzwerken archontischer Geheimgesellschaften wie den Freimaurern oder dem Rosenkreuzer-Orden dominiert. Sie wurde im Jahre 1662 von Charles dem Zweiten per königlichem Erlass etabliert und war damit die erste Vereinigung von Wissenschaftlern und Ingenieuren weltweit. Einhergehend mit der Gründung der Gesellschaft nahm auch die Beeinflussung der von ihr vertretenen Ansichten und ihrer grundsätzlichen Ausrichtung durch Eingeweihte verschiedener Geheimgesellschaften ihren Anfang. Diese wussten sehr genau, dass das forcierte Einpflanzen des mechanistischen Dogmas in die Wissenschaft nichts als ein Taschenspielertrick war. Ihre Geheimgesellschaften gründen sich ja gerade auf jenem hochokkulten Wissen, das der typische Vertreter der mechanistischen Schulwissenschaft „Pseudo-Wissenschaft" schimpft und mit einer lockeren Handbewegung vom Tisch fegt. Ein weiteres Mal sehen wir das archontische Prinzip der Umkehrung am Werk. Man sagt von Sir Francis Bacon (1561-1626) – seines Zeichens Hochgrad-Eingeweihter und Co-Autor jener Theaterstücke, die fälschlicherweise dem ungebildeten William Shakespeare zugeschrieben werden – er sei 40 Jahre nach seinem Tod die Inspiration für die Gründung der Royal Society gewesen. Bacon war ein führender Rosenkreuzer, Verfasser der King-James-Übersetzung der Bibel und ein Architekt der Freimaurerei (Abb. 522). Es war Bacon, der in seinem Werk „The New Atlantis" ein zukünftiges Amerika beschrieb, das von Experten und – wie wir heute sagen würden – Technokraten geführt wird; und dies zu einer Zeit, als lediglich die Mitglieder der inneren Zirkel überhaupt von der Existenz des amerikanischen Konti-

Abb. 522: Sir Francis Bacon

nents wussten. Zu den führenden Größen innerhalb der Royal Society gehörte u.a. Isaac Newton (1642-1726), ein Großmeister des Rosenkreuzer-Ordens, dem er seit 1672 angehörte. Newton hat mehr zur Verbreitung der mechanistischen Vorstellung von der Natur beigetragen als irgend jemand sonst – obwohl er wusste, dass das nicht den Tatsachen entspricht. Weitere namhafte Mitglieder waren Elias Ashmole (1617-1692), einer der ersten nachweisbaren Freimaurer überhaupt; Andrew Michael „Chevalier" Ramsey (1686-1743), ein führender Freimaurer, der trotz jeglichen Fehlens einer wissenschaftlichen Qualifikation in die Society aufgenommen wurde; sowie John Byrom (1692-1763), Freimaurer und Mitglied des Cabala Clubs (auch bekannt als Sun Club). 1984 fand man in einem Haus in Manchester über 500 seiner Abhandlungen, in denen er über heilige Geometrie und Architektur, alchimistische und esoterische Symbole und die Lehren der Kabbala – der okkulten jüdischen Bibel – referierte. Während all diese Leute ihrerseits bestimmtes Wissen anwendeten, benutzten sie die Royal Society und deren frisch kreierte Establishment-Variante der Wissenschaft dazu, eben dieses Wissen von der Bevölkerung fernzuhalten – und so läuft es auch heute noch. Elias Ashmole war ein Alchimist und Rosenkreuzer mit zahlreichen esoterischen Kontakten nach Deutschland. Er war eng mit Charles dem Zweiten befreundet und ein Ritter des Hosenbandordens – jenes führenden „Ritterordens", der dem Monarchen selbst unterstellt ist, und zwar bis auf den heutigen Tag. Ashmole hatte ausgezeichnete Verbindungen und unterhielt enge Kontakte zum „Unsichtbaren Kolleg", das seit 1650 in Oxford zusammentraf (entsprechend einer Anregung von Francis Bacon in „The New Atlantis"). Dieses Kolleg war die treibende Kraft hinter der Schaffung der Royal Society. Zu den Mitgliedern gehörten der Wissenschaftler Robert Boyle (1627-1691), ein weiterer Eingeweihter der Geheimgesellschaften, und Sir Christopher Wren (1632-1723), Architekt der St.-Pauls-Kathedrale in der City of London und, wie auch Boyle, Großmeister des Rosenkreuzer-Ordens. Die Royal Society ist in ihrem Kern eine Geheimgesellschaft, die sich in das größere Netzwerk einfügt, und als solche sagt oder fordert sie nur das, was das archontische System ihr aufträgt. Sie speiste sich u.a. aus der Lunar Society, die ihren Namen der Tatsache verdankt, dass sie sich zwischen 1765 und 1813 allmonatlich zur Vollmondnacht in Birmingham, England, versammelte. Zu deren höchst bedeutungsvoller Mitgliederschar gehörte u.a. der amerikanische Volksheld und Satanist Benjamin Franklin, der als Hochgradfreimaurer und Rosenkreuzer eng mit den hinter der Französischen Revolution stehenden Freimaurern verbunden war. Darüber hinaus war er ein Freund der britischen Königsfamilie und Aristokratie und eng mit dem satanischen Hellfire Club seines Freundes Sir Francis Dashwood verbandelt, der seinen Hauptsitz in einem Höhlensystem in der Nähe des heutigen High Wycombe hatte. Ein weiteres Mitglied der Lunar Society war Erasmus Darwin, der Großvater von Charles Darwin. Dessen Thesen vom „Überleben des Stärkeren" benutzten die archontischen Mächte in der Mitte des 18. Jahrhunderts dazu, die Verbreitung des Glaubens an ein seelenloses, mechanistisches und brutales Universum weiter voranzutreiben. Wir kennen diese Theorie, nach der die genetisch am weitesten „Fortgeschrittenen" überleben, während die Schwachen aussterben, als „natürliche Selektion". Dieses Gedankengebäude diente wiederholt zur Rechtfertigung von Eugenik- und „Rassenreinheits"-Programmen wie denen der von Rockefeller finanzierten Nazis. Charles Darwin (1809-1882) diente dabei lediglich als Verkäufer dieses künstlich

Abb. 523: Charles Darwin

Abb. 524: Thomas Malthus

konstruierten Glaubenssystems, das schon viel früher, nämlich 1794, von Darwins Großvater und Lunar Society-Mitglied Erasmus in dessen Buch „Zoonomia" dargelegt worden war. Ein weiteres Mitglied der Lunar Society war Josiah Wedgwood, dessen Familie Eigentümer der Wedgwood Porzellanmanufaktur war. Seine Tochter ehelichte Erasmus Darwins Sohn Robert. Sie brachte Charles Darwin zur Welt, und demselben Stammbaum entstammt auch der berüchtigte, rassenreinheitsbesessene Thomas Malthus (Abb. 523 und 524). Ihm verdanken wir die Äußerung, Krankheiten und grauenvolle Lebensbedingungen für die Bevölkerung seien unbedingt notwendig, um Überbevölkerung und die Verwässerung der Blutlinie der vermeintlichen El-ite abzuwenden:

> „Wir haben eine rechtliche und moralische Verpflichtung, die Ansprüche der Armen auf Unterstützung abzulehnen. Zu diesem Zweck schlage ich vor, dass eine Verordnung erlassen werde, die der Allgemeinheit bekannt gibt, dass kein Kind, das geboren wird, ... jemals Anspruch auf Beistand von seiten der Pfarrgemeinde habe ... Das [uneheliche] Kind ist von vergleichsweise geringem Wert für die Gesellschaft, da andere sofort seinen Platz ausfüllen würden ... All jene Kinder, die nicht benötigt werden, um die Bevölkerungszahl auf dem (gewünschten) Niveau zu halten, müssen notwendigerweise zugrunde gehen, es sei denn, es würde durch den Tod erwachsener Personen Platz für sie frei werden."

Hier spricht, verklausuliert, die archontische Mentalität – seelenlos, herzlos, gefühllos, kalt und mechanisch. Das sind die Eigenschaften, die sie auch um jeden Preis der Menschheit einimpfen wollen, nicht zuletzt durch die eng verwobenen Systeme der „Wissenschaft" und der „Bildung". John Maynard Keynes, jener Ökonom, der die moderne Wirtschaftspolitik so maßgeblich prägte, hielt Malthus für ein Genie, und Charles Darwin und seine Clique sahen in ihm einen „Meister der Logik". Sechs der Mitglieder der Lunar Society erhielten ihre Ausbildung in Edinburgh, ebenso wie Charles Darwin. Die Universität von Edinburgh bildet den Dreh- und Angelpunkt bei der Vorbereitung und Rekrutierung der Funktionäre für das archontische Netzwerk – ganz ähnlich wie es die Universitäten Oxford und Cambridge für England und den Rest der Welt darstellen. An der Edinburgh University ist auch die Speculative Society beheimatet, jene freimaurerische *El*-ite-Gruppe, die mit Geschehnissen im Umfeld des Schulmassakers von Dunblane in Zusammenhang gebracht wird. Im archontischen Würgegriff wird die Wahrnehmung gekapert – mittels der Religionen sowie der „rationalen" Vorstellung, wir seien nichts weiter als ein kosmischer Unfall, kaum mehr als eine computerähnliche Maschine. („Ich bin klein und unbedeutend, habe keinen Sinn oder Zweck und bin abhängig von meinen genetischen Anlagen und den geistigen Autoritäten – Wissenschaftlern, Akademikern, Ärzten und sonstigen „Experten' – die mir sagen, was ich denken soll.") Es ist besonders die letztgenannte Idee, die wir heute bevorzugt und zunehmend verbreitet sehen; denn mehr noch als Religion schneidet gerade sie die Wahrnehmung der Menschen von jedem Gespür für eine Weiterexistenz nach dem sogenannten Tod ab. Hat man diese humanistische Philosophie, von der die Auffassungen der Wissenschaft durch Leute wie Professor „Dogma" Dawkins beherrscht werden, erst einmal „gekauft", ist man wirklich im Land des „Ich bin nur eine Maschine und völlig sinnlos" gestrandet. Wer solch eine Schmalbandsicht als Realität akzeptiert, macht sich damit auch unerreichbar für alle Impulse, die von höheren Ebenen des Selbst ausgehen – welche man ja für nicht existent hält.

Genau das ist das Ziel der „Bildung" und der „Wissenschaft"; und beide schließen sich zusammen, um uns den größten Massenmörder der „westlichen Welt" zu schenken: die moderne „Medizin". Mumpitz gebiert in der Tat nichts als noch mehr Mumpitz.

23

Archontische „Medizin“

Sie führen ihre Debatten nicht, um zur Wahrheit zu gelangen, ja sie suchen sie gar nicht. Nein, sie wollen siegen und als die gelehrteren und eifrigeren Hüter einer konträren Meinung dastehen. Solchen Leuten sollte aus dem Weg gehen, wer nicht über eine gehörige Portion Geduld verfügt.

Giordano Bruno

Der Zweig der Wissenschaft, den wir unter dem Begriff „Medizin“ kennen, bildet einen der Grundpfeiler der archontischen Verschwörung. Dafür gibt es zahlreiche Gründe. Man will keine klar denkende, Leben sprühende, gesunde und energiegeladene Bevölkerung – diese wäre ja viel zu schwer zu manipulieren und zu kontrollieren. Also sorgt man Schritt um Schritt dafür, dass sie nichts mehr von all dem ist – durch den Einsatz von Arzneimitteln, die von Leuten verordnet werden, die oftmals kaum mehr als Pharmavertreter und Apotheker sind, sich aber mutig „Arzt“ nennen.

Die moderne (Steinzeit-) Medizin spielt auch eine Schlüsselrolle bei den Bemühungen, die Bevölkerung daran zu hindern, sich ihres wahren Selbsts und der tatsächlichen Realität bewusst zu werden. Wenn man die Ärzte lehren würde, was der Körper wirklich ist und wie er funktioniert, und wenn sie die Kranken auf dieser Grundlage behandeln würden, dann wären das Pharma-Kartell und die gesamte Mainstream-Medizin raus aus dem Geschäft. Die Katze wäre nicht nur aus dem Sack, sie würde sich auch auf Nimmerwiedersehen davon machen. Die Behandlung des Körpers aus dem Wissen heraus, was er tatsächlich ist, würde den Menschen die Tür zum Verständnis der Realität öffnen. Ich habe schon des Öfteren über das Phänomen gesprochen, das ich die „Verteidigung des ersten Dominosteins“ nenne. Wenn Sie auf dem ganzen Fußboden Dominosteine aufstellen und dabei sorgfältig vorgehen, dann führt das Fallen des ersten Steines unweigerlich auch zum Umkippen aller anderen. Die Archonten wissen um diese Tatsache in Bezug auf die Wissensbausteine, denen sie gestatten, innerhalb der menschlichen Gesellschaft zu zirkulieren. Daher hüten sie den ersten Dominostein wie ihren Augapfel. Ich höre manchmal Leute fragen, warum Regierung und Exekutivorgane in bestimmten Fällen dermaßen offenkundig überzogen reagieren. Wenn Sie sich jeweils anschauen, was da vor sich geht, werden Sie ohne Ausnahme feststellen, dass ein „erster Dominostein“ verteidigt wird. Solchen Angriffen sehen sich z.B. Heiler ausgesetzt, die den Menschen mit energetischen

Methoden behandeln, die im Einklang mit dem tatsächlichen Schwingungs- bzw. holographischen Charakter des Körpers stehen. Das System verdammt diese Heiler und stellt ihre Verfahren auf den Prüfstand, weil sie am Eingangstor – dem ersten Dominostein – zum Verständnis der Realität stehen. Der Grund, warum sich Ärzte und die „Experten" der Mainstream-Medizin an solchen Angriffen beteiligen, liegt darin, dass sie im Verlaufe ihrer allgemeinen und medizinischen Ausbildung einer so tiefgreifenden Programmierung unterzogen worden sind, dass sie die Lügen mit Haut und Haar geschluckt haben. Der Geist der archontischen Umkehrung bewirkt, dass die meisten „Experten" gerade von ihrem eigenen Fachgebiet herzlich wenig Ahnung haben. Ich war seit Ewigkeiten nicht mehr beim Arzt, denn ich ziehe es vor, geheilt und nicht noch kränker gemacht zu werden. Angesichts dieser Hintergründe verwundert es nicht, dass in den Vereinigten Staaten *medizinische Behandlungen* den ersten Platz unter allen Todesursachen belegen. Rechnet man all die Fälle von Ärztepfusch, Tod infolge von Medikamenteneinnahme, Tod durch Infektionen bei Krankenhausaufenthalten usw. zusammen, dann kommt man zu dem Ergebnis, dass Ärzte bzw. deren konventionelle Behandlungsmethoden die Todesursache Nummer Eins darstellen – noch vor Herzerkrankungen und Krebs. In einer Untersuchung des respektablen Online-Magazins *Consumer Reports* heißt es:

> „Nach Schätzungen auf der Grundlage eines Berichtes des [amerikanischen] Ministeriums für Gesundheitspflege und Soziale Dienste aus dem Jahre 2010 kosten Infektionen, Operationsfehler und andere im medizinischen Umfeld erlittene Schädigungen jährlich etwa 180.000 Krankenhauspatienten das Leben. Weitere 1,4 Millionen Patienten erfahren im Zusammenhang mit medizinischer Versorgung ernste Verletzungen. Diese Zahlen berücksichtigen allerdings nur die Patienten innerhalb der staatlichen Versorgung. Es ist unklar, inwiefern andere Personenkreise betroffen sind, da die meisten Fehler, die im Krankenhausbetrieb gemacht werden, nicht dokumentiert werden und die Krankenhäuser auch nur einen Bruchteil der möglichen Risiken überhaupt bekannt machen.
>
> … ‚Wir verzeichnen eine Epidemie von Schädigungen durch das Gesundheitssystem', sagt die Patientenanwältin und Autorin Rosemary Gibson. Sie schätzt, dass voraussichtlich mehr als 2,25 Millionen Amerikaner in diesem Jahrzehnt aufgrund von Fehlern in der medizinischen Versorgung sterben werden. ‚Das ist etwa so, als würden North Dakota, Rhode Island und Vermont komplett entvölkert werden. Es ist eine hausgemachte Katastrophe' …
>
> … ‚Die Krankenhäuser haben dem Sicherheitsaspekt nicht die Aufmerksamkeit gegeben, die angemessen wäre', sagt Peter Pronovost MD, Senior-Vizepräsident für Patientensicherheit und Qualitätssicherung am Johns-Hopkins-Krankenhaus in Baltimore. Das Gleiche gelte für die Regierung, sagt er weiter. ‚Schäden durch medizinische Fehler sind wahrscheinlich eine der drei größten Todesursachen in den USA, aber im Gegensatz zu den Todesfällen durch Automobilverkehr, Flugzeugabstürze und Krebs kümmert sich die Regierung um dieses Thema nicht entsprechend. Es ist beängstigend.'"

Der Grund, warum die Regierungen sich nicht darum kümmern, ist der, dass sie von denselben archontischen Mächten kontrolliert werden wie die Pharmaindustrie. Lassen wir uns das nochmal auf der Zunge zergehen: Todesfälle infolge von Fehlbehandlungen verschiedener Art zählen bereits zu den häufigsten Todesursachen in Amerika – aber „die meisten Fehler, die im Krankenhausbetrieb gemacht werden, werden nicht dokumentiert", und „die Krankenhäuser machen auch nur einen Bruchteil der möglichen Risiken überhaupt bekannt." Grundgütiger – wie wird denn dann erst das *tatsächliche* Bild aussehen? Zählt man hier eins und eins zusammen, dann heißt der mit Abstand größte Faktor beim Dahinscheiden der Menschen „Tod durch den Arzt". In anderen Ländern dürfte das kaum anders aussehen, da sie schließlich alle von derselben „westlichen Medizin" beherrscht werden, welche im Allgemeinen nichts weiter als eine archontische Schnellspur zum Friedhof ist. Aber wie sollte es auch anders sein – wenn die pharmazeutische Medizin einen Körper behandelt, den sie nicht versteht (wenngleich jene, die sich im Schatten verbergen, das sehr wohl tun, den falschen Umgang mit dem erkrankten Körper aber absichtlich fördern). Studien haben des Weiteren gezeigt, dass von schädlichen Medikamentenwirkungen, die nicht den Tod zur Folge haben, bis zu *85 bis 94 Prozent* undokumentiert bleiben. Und bei den Todesfällen, die durch Medikamente oder Inkompetenz verursacht werden, darf man sicherlich annehmen, dass die wahre Ursache in sehr vielen Fällen vertuscht und eine gefälschte Todesursache angegeben wird. Der Körper ist in einem gewissen Sinn ein elektrochemischer Organismus, so dass Pharmazeutika eine verheerende Wirkung haben können. Es ist schon fast lustig, die endlosen Werbespots für Medikamente im amerikanischen Fernsehen zu sehen. Der Spot endet stets damit, dass eine Stimme aus dem Off sämtliche Nebenwirkungen herunterrattert, ohne ein einziges Mal Luft zu holen. Trotz dieser absurden Sprechgeschwindigkeit kommt es vor, dass dieser Teil nochmal genauso lange dauert wie der eigentliche Spot. Einige Pharmaunternehmen haben frecher Weise sogar damit begonnen, während dieser atemlosen Nebenwirkungsparade Bilder einzublenden, die extra so gestaltet sind, dass sie die Aufmerksamkeit vom Gesagten ablenken. Und überhaupt ist das mit den „Nebenwirkungen" auch so eine Sache: Es gibt keine „Nebenwirkungen". Es sind allesamt *Wirkungen*, genauso wie die eine, die benutzt wird, um das Produkt zu vermarkten. Es wäre weitaus richtiger zu sagen: „Dieses Medikament hat folgende Wirkungen – eine davon halten wir für gut, die anderen allerdings ganz und gar nicht, sie könnten Sie eventuell auch umbringen". Das wäre nur nicht besonders vorteilhaft fürs Geschäft. Aber hey – eigentlich ist das kein Problem: Wir haben schließlich jede Menge weiterer Medikamente, um all diese Nebenwirkungen zu behandeln! (Abb. 525) Die Testreihen fallen oft dürftig aus, und die amerikanischen Behörden lassen mittlerweile sogar Medikamente auf dem Markt zu, die so gut wie gar nicht getestet worden sind – nämlich wenn sie als

Abb. 525: Big Pharmas „Medizin": „Antidepressivum – Als Nebenwirkungen können möglicherweise Selbstmordgedanken auftreten."

„Breakthrough Therapy“ (Durchbruch in der Behandlung einer bestimmten Krankheit) eingestuft werden. Mit dieser Masche soll „die Entwicklung und Prüfung von Arzneimitteln gegen schwerwiegende oder lebensbedrohliche Leiden beschleunigt werden“. (Ob zu diesen „schwerwiegenden Leiden“ wohl auch diejenigen gehören, die man sich durch die Einnahme von Pharmaprodukten einhandelt?) Ein anderer Trick besteht darin, den Arzt möglichst gleich ganz zu umgehen und den direkten Verkauf immer stärkerer Medikamente durch Apotheken und Drogerien zu erlauben. Sie brauchen inzwischen keinen Doktor mehr, um sich umzubringen – Sie können das jetzt selbst erledigen, ganz ohne lästige Rezepte. Nicht nur das – wenn Milliarden Menschen diese Wundermittel für Geist und Körper einnehmen und dann deren Rückstände wieder auspinkeln, gelangen diese in die Flüsse und die Trinkwasserversorgung. Wir verzeichnen bereits genetische Mutationen bei Fischen. Wie wird sich das dann wohl letztlich auch auf die Menschen auswirken, wenn man bedenkt, wie lange das jetzt schon so läuft? „Pharmazeutische Medizin“ ist nur ein anderes Wort für Gemetzel. Ein detaillierter und mit umfangreichem Quellenmaterial belegter Bericht, finanziert durch das gemeinnützige Nutrition Institute of America, deckte auf, dass jedes Jahr etwa 700.000 Amerikaner durch Big Pharma und die etablierte Medizin sterben:

> „In den USA erleiden jedes Jahr etwa 2,2 Millionen Krankenhauspatienten unerwünschte Wirkungen (ADR, engl. adverse drug reactions) durch ärztlich verschriebene Medikamente. Im Jahre 1995 schätzte Dr. Richard Besser, beschäftigt bei den bundesstaatlichen Centers for Disease Control and Prevention (CDC), die Zahl der Jahr für Jahr unnötigerweise zur Behandlung von Virusinfektionen verordneten Antibiotika auf 20 Millionen. 2003 sprach er schon von Dutzenden Millionen. Alljährlich werden in den Vereinigten Staaten 7,5 Millionen entbehrliche medizinische Maßnahmen und operative Eingriffe verschrieben und etwa 8,9 Millionen Amerikaner unnötig ins Krankenhaus eingewiesen … [Aber was für Profite das bringt!]
>
> … Die Gesamtzahl iatrogener Todesfälle – das sind all jene, die durch ärztliche oder chirurgische Fehler, medizinische Behandlungen oder Diagnosemethoden verursacht werden – schätzt man im Jahresmittel auf 786.936. Es ist offenkundig, dass in den USA das medizinische System selbst die Hauptursache von Tod und Verletzungen ist. Zum Vergleich: Im Jahre 2001 starben etwa 699.697 Amerikaner an Herzkrankheiten und 553.251 an Krebs.“

Abb. 526: „… und dann sagten wir zu ihnen: Cannabis ist gefährlich, aber Pharmazeutika sind gut für euch!“

Die Idiotie, Antibiotika herauszugeben als handele es sich um Süßigkeiten, hat zur Entstehung von antibiotikaresistenten Superbakterien geführt. Der oberste Amtsarzt der britischen Regierung nannte dies eine „katastrophale Bedrohung“ für die Bevölkerung. Das „Pillen einschmeißen“ hat inzwischen auf der ganzen Welt ungeheure Ausmaße angenommen. Im Jahr 2011 haben Amerikaner im Durchschnitt zwölf

Medikamente eingenommen – Tendenz weiter steigend. Die Ausgaben für verschreibungspflichtige Medikamente haben sich in den USA innerhalb von 20 Jahren um *200 Milliarden Dollar* erhöht. Hier sind ein paar Zahlen des CDC:

Besuche der ärztlichen Sprechstunden:
- Anzahl der verschriebenen bzw. ausgehändigten Medikamente: 2.6 Milliarden
- Anteil der Besuche mit medikamentöser Behandlung: 74,4 Prozent

Ambulante Krankenhausbesuche:
- Anzahl der verschriebenen bzw. ausgehändigten Medikamente: 255 Millionen
- Anteil der Besuche mit medikamentöser Behandlung: 75,5 Prozent

Notärztliche Krankenhausbesuche:
- Anzahl der verschriebenen bzw. ausgehändigten Medikamente: 267,7 Millionen
- Anteil der Besuche mit medikamentöser Behandlung: 78 Prozent

Darin ist der Berg freiverkäuflicher Medikamente noch gar nicht enthalten, und die hier vom CDC angeführten Zahlen sind nicht die neuesten – diese liegen noch höher (Abb. 527). Aber jetzt schnallen Sie sich an: Ein Forscherteam ist in Zusammenarbeit mit dem *British Medical Journal* zu dem Ergebnis gekommen, dass *90 Prozent* aller Medikamente und Behandlungen *nicht funktionieren*. Bei der Untersuchung von 2.500 der am häufigsten verschriebenen Medikamente und Behandlungen stellten sie fest, dass nur für *zwölf Prozent* von ihnen ein positiver Behandlungseffekt wissenschaftlich nachgewiesen worden ist. Wenn man nun noch bedenkt, wie Big Pharma Daten manipuliert, dürften sich diese Zahlen noch weit nach unten korrigieren. Was wir erleben, ist Irrsinn in Reinkultur. Der jüngste Clou der Pharmakonzerne ist die „vorbeugende Medikation". Glauben Sie mir, das ist eine tolle Sache! Statt uns Gedanken über eine gesunde Lebensweise machen zu müssen, nehmen wir einfach das ganze Leben lang Medikamente gegen Krankheiten, die wir gar nicht haben, damit wir sie auch nicht bekommen. Wer nicht an Alzheimer leidet, soll Arzneien gegen Alzheimer nehmen, um nicht daran zu erkranken. Ist es nicht ein deutliches Anzeichen von Demenz, wenn jemand allen Ernstes solch einen Blödsinn vorschlägt? Ich glaube, die haben sich zu viel von ihrem eigenen Zeug eingeschmissen. Dann haben wir das „Vorbeugung"-durch-Statine-Komplott. Dabei erzählt man den Leuten, dass Cholesterin Herzerkrankungen verursacht. (So einfach ist das nun wirklich nicht. Und übrigens – Cholesterin ist von herausragender Bedeutung für die Gesundheit, da es zur Produktion von Vitamin D aus Sonnenlicht benötigt wird.) Als nächstes gibt man ihnen Statine, „um den Cholesterinwert zu senken". Dadurch wird allerdings unter Umständen eine Kettenreaktion losgetreten, die zur Schädigung des Herzens führen kann. Aber keine Sorge – zumindest war Ihr Infarkt

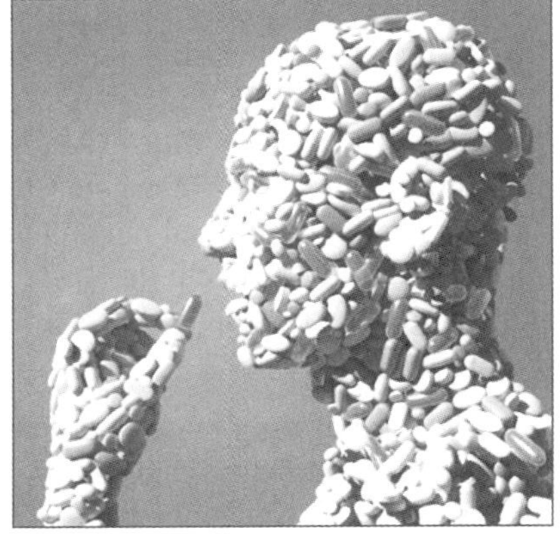

Abb. 527: Haben Sie heute schon Ihre Tabletten genommen?

dann nicht umsonst. Big Pharma wird Ihnen für Ihren Beitrag zur Profitmehrung danken. Ohne die Einnahme der Statine hätten die Konzerne von Ihrem Leiden gar nichts gehabt. Profitable Herzinfarkte sind gute Herzinfarkte; die unprofitablen sind das Problem. Hey, da ist jemand einfach so gestorben, ohne uns vorher Profit zu verschaffen – berufen Sie ein Meeting ein! In einem wissenschaftlichen Artikel, der im *American Journal of Cardiovascular Drugs* publiziert wurde, werden knapp 900 Studien über die unerwünschten Wirkungen von Statinen ausgewertet. Zu diesen gehören: Muskelschmerzen; erhöhte Blutzuckerwerte (welche zu Diabetes führen); Verminderung der kognitiven Fähigkeiten; Neuropathie; Anämie; Übersäuerung (Azidose); Fieber; grauer Star; sexuelle Funktionsstörungen; erhöhtes Krebsrisiko; Ausschaltung des Immunsystems (wie immer); Degeneration der Muskelgewebe; Funktionsstörungen von Bauchspeicheldrüse und Leber. Mensch, die muss ich mir gleich holen! Hat die Apotheke noch offen? Unbeirrt von derlei Tatsachen gab es in Großbritannien eine Pappnase, einen gewissen Professor Sir Rory Collins, der verkündete, jeder über 50 solle *unabhängig von seiner Krankengeschichte* Statine schlucken. Doch fürchtet euch nicht: Er muss es wissen, schließlich ist er ein „Experte“. Acht Millionen Menschen nehmen in Großbritannien Statine; in den USA tut dies unter den über 45jährigen jeder Vierte. Grundgütiger! Im Jahr 2013 wurde bekannt, dass der britische National Health Service (das staatliche Gesundheitssystem – oder eher die Umkehrung desselben) an ausscheidende Mitarbeiter Abfindungszahlungen in Millionenhöhe getätigt hat – verknüpft mit einer Vereinbarung, die zu Stillschweigen verpflichtete. So sollte verhindert werden, dass die ehemaligen Beschäftigten die Inkompetenz und Korruption innerhalb des „Gesundheits“-Systems öffentlich bloßstellen. Über einen Zeitraum von drei Jahren entsprach die Höhe dieser Zahlungen etwa den Gehältern von 750 Krankenschwestern. Diese Zahlen wurden im Nachfeld der Ermittlungen zu den Todesfällen am englischen Mid-Staffordshire Hospital veröffentlicht. In diesem Krankenhaus kam es infolge haarsträubender Inkompetenz und grober Mängel bei der Betreuung der Patienten zu *1.200* Todesfällen, die allesamt hätten verhindert werden können. Eine Anfrage beim britischen Office for National Statistics auf der Basis des Informationsfreiheitsgesetzes ergab, dass binnen vier Jahren mehr als eintausend Krankenhauspatienten verhungert sind. Auf jeden von ihnen kamen weitere vier, auf deren Totenschein „Dehydrierung“ stand. Die Zahl der Patienten, die das Krankenhaus mit Symptomen von Unterernährung verlassen, hat sich auf 5.558 verdoppelt. Wie gesagt: Umkehrung! Die meisten Menschen gehen mit der Vorstellung zum Arzt, dort ihre Gesundheit wiederzubekommen. Dabei kann man sich mit dem Gang zum Doktor in ernste Gefahr begeben – und oft genug passiert das tatsächlich. Amerikas gigantische und hochmoderne „Gesundheits“-Industrie ist eine der schlimmsten überhaupt. Einem Bericht der Organisation Save The Children aus dem Jahre 2013 zufolge sterben in den USA mehr Babys an ihrem ersten Lebenstag als in 68 anderen Ländern. In dem Report heißt es:

> „Die Vereinigten Staaten haben die höchste Sterberate am ersten Lebenstag in der gesamten industrialisierten Welt. Schätzungen zufolge sterben in den USA jedes Jahr 11.300 Neugeborene am Tag ihrer Geburt. Das sind 50 Prozent mehr als in allen übrigen industrialisierten Ländern zusammengenommen.“

Es empfiehlt sich, den letzten Satz noch einmal zu lesen, um seine ganze Ungeheuerlichkeit zu erfassen.

Ein krankes System

Big Pharmas „Medizin“, die sogenannte „allopathische Medizin“, ist eine hundertprozentige Schöpfung der archontischen Blutlinien, allen voran wieder einmal die Familien Rothschild und Rockefeller. Die American Medical Association (AMA) wurde im Jahr 1847 aus der Taufe gehoben, etwa 15 Jahre nach der British Medical Association (BMA). Weltweit folgten viele weitere solcher Vereinigungen, um das Monopol auf die Behandlung von Krankheiten und Beschwerden an sich zu reißen. Diese Organisationen bilden einen Teil der globalen, faschistischen Pharma-Mafia, zu der auch die von Rothschild und Rockefeller geschaffene Weltgesundheitsorganisation (WHO) gehört. Diese diktiert nun beinahe überall auf der Welt den Regierungen, welche Gesundheitspolitik sie zu verfolgen haben. Dabei ist sie nichts anderes als eine Gangsterbraut – ganz so wie die ebenfalls von Rothschild und Rockefeller initiierte Welthandelsorganisation (WTO). Zweck dieser Institutionen ist es, die Kontrolle über ganze Bereiche globaler Politik – wie eben beispielsweise Gesundheit und Handel – unter einem nicht gewählten und nicht anfechtbaren Dach zu bündeln. Auf diese Weise sind die Rothschilds und Rockefellers, denen dieses „Dach“ gehört, in der Lage, die politische Linie jedes einzelnen Kontinents zu bestimmen. Es ist die gleiche Masche, die sie auch bei dem archontischen Bankenkartell anwenden. Die Weltgesundheitsorganisation dient den Interessen der Pharmakonzerne, denen sie gehört. Eine ähnliche Beziehung besteht auch zwischen der Welthandelsorganisation und den Konzernen und Banken. Die Regierungen führen aus, was immer ihnen die Rothschild-Rockefellerschen Mittler-Organisationen auftragen. Ich glaube, sie nennen das „Demokratie“ – welche dadurch definiert wird, dass „die politische Macht primär vom Volke ausgeht“. Entschuldigen Sie mich einen Augenblick, ich muss so heftig lachen, dass ich erst wieder zu Atem kommen muss. Die American Medical Association (AMA) hatte von ihren Schöpfern die Aufgabe bekommen, die medizinischen Hochschulen zu kontrollieren und sämtliche Spuren „alternativer“ Heilungsmethoden zu beseitigen – von Methoden also, die schon lange vor der Übernahme der Gesundheitsvorsorge durch die Rothschilds und Rockefellers im Einsatz waren. Die AMA wurde von der Rockefeller-Familie und der Carnegie-Stiftung finanziert. John D. Rockefeller gründete im Jahre 1901 das Rockefeller Institute for Medical Research. Es war das erste amerikanische Institut für medizinische Forschung überhaupt und wurde zu dem Zweck etabliert, das Medizinbild der Pharmakonzerne zu verbreiten. Das tut sie auch heute noch – in Gestalt der Rockefeller-Universität. Der Krieg gegen die Alternativen zu Big Pharma wurde von dem Rothschild-Zionisten Abraham Flexner angeführt. Er wurde mit dem Auftrag an die medizinischen Fakultäten des Landes geschickt, Bericht darüber zu erstatten, wie es um deren „Tauglichkeit“ zu lehren bestellt sei. Maßgeblich für diese Einstufung war dabei die Frage, ob diese Bildungsstätten alternative Behandlungsmethoden unterrichteten. Flexners Bruder Simon, ebenfalls ein Rothschild-Zionist, leitete von 1903 bis in die 1930er Jahre die „Forschung" des Rockefeller-Instituts über Ursache und Vorbeugung von Krankheiten. Abraham Flexner veröffentlichte seine manipulierten „Erkenntnisse" 1910 im „Flexner-Bericht". Darin forderte er, dass die medizinischen Hochschulen Amerikas ausschließlich gemäß den Lehren der konventionellen Wissenschaft lehren und forschen sollten. Des Weiteren wurden in dem von Rockefeller finanzierten und dirigierten Bericht schärfere Bestimmungen für Zulassungen und Abschlüsse angemahnt, um alternative Denker auszusieben. Es gab in der von Rockefeller kontrollierten American Medical Association sogar eine Propaganda-Abteilung – später umbenannt in Untersuchungsamt –, um medizinische Fachleute, die alternative Methoden anwendeten, ins Visier zu nehmen, in Verruf zu bringen und zu vernichten. Eine der Spezialitäten dieser Einrichtung bestand darin – und ist es auch heute noch –, die Erstellung linientreuer Artikel und Studien durch systemkonforme Personen zu veranlassen. Diese werden dann in einschlägigen Zeitschriften publiziert, während die überregionalen Medien darüber berichten. Die Medien spielen immer mit, weil (a) die „Journalisten" dieselbe Programmierung durch das „Bildungs"-System durchlaufen und die Pharmalüge geschluckt haben, (b) die Mainstream-Medien denselben Netzwerken gehören, die auch Eigentümer der Pharmakonzerne sind und (c) ein erheblicher Teil ihrer Werbeeinnahmen von der Pharmaindustrie stammt. Das, meine Damen und Herren, sind die Ursprünge unserer „modernen Medizin" – während sich Herr John D. Rockefeller, der Ölmagnat und Kopf jener Familie, die hinter all dem steht, bis zu seinem letzten Tag von seinem persönlichen Homöopathen behandeln ließ. Rockefeller starb mit 97 Jahren, einem für die damalige Zeit geradezu phantastischen Alter.

Der andere Stützpfeiler für die Kaperung des Gesundheitswesens war die Einführung eines Lizensierungssystems. Heute brauchen wir Lizenzen überall in der Gesellschaft, für so ziemlich jede Aktivität. Das Prinzip der Lizensierung funktioniert so: Man führt eine Lizenzpflicht für ein bestimmtes Gewerbe ein und verabschiedet gleichzeitig entsprechende Gesetze (mittels der vorher gekauften und bezahlten Politiker), nach denen niemand diese Tätigkeiten ohne Lizenz ausüben darf. Um die Lizenz zu erhalten, muss man den Anweisungen der Lizensierungsbehörde (d.h. letztlich dem Diktat der archontischen Blutlinien) Folge leisten. Wenn man also beispielsweise Arzt werden möchte, braucht man dafür eine Zulassung; diese erhält aber nur, wer seinen Patienten ausschließlich Skalpell und Arznei verschreibt. Andere Behandlungsformen werden gar nicht erst erlaubt. Wer sie dennoch anwendet, dem wird die Zulassung entzogen – selbst wenn die verwendete Methode Wirkung zeigt. Nein, *gerade* dann, muss es richtig heißen. Sonst würde das ja Big Pharmas Monopolstellung gefährden. Dieses Zusammenspiel von Lizensierung und allmächtigen Behörden wird auch benutzt, um die alternative Medizin zu kontrollieren und die Art und Weise zu bestimmen, wie sie ausgeübt wird. Wenn die Menschen wirklich verstehen wollen, was es mit der Pharma-Medizin auf sich hat, müssen sie eines begreifen: Dieses Medizinsystem wurde von den archontischen Blutlinien initiiert, um archontischen Interessen zu dienen, und wird bis zum heutigen Tag von ihnen betrieben. Von jenen Archonten also, welche die Menschheit abgrundtief hassen und die Erdbevölkerung massiv ausdünnen, versklaven und uns wie Schweine im Schweinepferch halten wollen. *Das* ist das Ziel von Big Pharma – nicht etwa Heilung und Wohlbefinden. Warum sollte dieses archontische System in irgendeiner Weise daran interessiert sein, sein Zielobjekt, die menschliche Spezies, zu heilen oder ihr von Vorteil zu sein? Das System ist dazu ausgelegt, der pharmazeutischen Industrie Jahr für Jahr ein paar Milliarden in die Kassen zu spülen. Allein schon von diesem Gesichtspunkt aus – würden denn Leute mit solch einer Mentalität, die Tag für Tag ihr Geld mit kranken Menschen verdienen, ihr Geschäft freiwillig schmälern, indem sie Menschen gesund machen? Das Gegenteil ist der Fall. Medikamente haben Nebenwirkungen, für deren Beseitigung – so sagen sie – andere Medikamente eingenommen werden müssen, welche wiederum unerwünschte Wirkungen haben, die weitere Medikamente erforderlich machen ... Und die Kasse klingelt und klingelt. Mitunter entwickelt die Pharmaindustrie auch neue Medikamente, deren Einsatz sie dann im Nachhinein rechtfertigt, indem sie die dazu passenden Krankheiten bzw. psychischen Dispositionen einfach erfindet (Abb. 528). Dennoch ist die Generierung von Geld bei der ganzen Sache nur eine Nebenerscheinung. Das eigentliche Ziel ist es, Körper und Geist der Menschen zu betäuben, die Bevölkerung in Zombies zu verwandeln und einen ordentlichen Beitrag zur massenhaften Bevölkerungsreduktion zu leisten. (Den letzten Punkt werde ich später noch erläutern.) Durch Lizensierung, Propaganda und Manipulation war die Zahl der Absolventen medizinischer Hochschulen bis zum Jahr 1919 um fünfzig Prozent zurückgegangen, und die Zahl medizinischer Fakultäten war deutlich geschrumpft. Rockefeller finanzierte diejenigen Schulen, die mitspielten, aber natürlich nicht die Homöopathie-Schulen – diese sollten zerstört werden. Sogar die Hahnemann-Schule in Philadelphia, benannt nach Christian Friedrich Samuel Hahnemann, dem Begründer der Homöopathie, schwenkte auf den Kurs der Pharmaindustrie um und lehrt jetzt deren „Medizin". Heute wird das System vollständig von den Rothschild-Rockefeller-Netzwerken und anderen archontischen Kräften kontrolliert. Das Muster ist dabei immer dasselbe: Möchtegern-Ärzte müssen zuerst die archontische Gehirnwäsche namens „Schulbildung" durchlaufen, damit sie voll und ganz auf die Realitätsversion des Systems programmiert werden können. Den Erfolg ihrer Programmierung quittieren sie durch gute Noten in den Prüfungen. Dann dürfen sie sich an einer der medizinischen Fakultäten einschreiben, die von der Pharmaindustrie kontrolliert werden. Dort wird ihr Hirn mit weiteren Programmierungen gefüttert und ihre Realitätsvorstellung verstärkt, nunmehr die Natur des Körpers betreffend – gepaart mit dem Glaubenssatz, dass die einzigen Optionen im Falle einer Erkrankung Skalpell, Medikament und Friedhof lauten. Schließlich beginnen die frisch gebackenen Ärzte ihre Arbeit in einem Krankenhaus oder in einer ärztlichen Praxis, wo sie fortan Körper, die sie nicht verstehen, mit Medikamenten „behandeln", die zu verschreiben ihnen beigebracht wurde.

Abb. 528: Will die Pharmaindustrie eine gesunde Gesellschaft? „In welchem Fall verdient Big Pharma Geld? Wenn die Menschen gesund sind – oder wenn sie krank sind?"

Sollte sich jemand gegen diese medizinische Zwangsjacke auflehnen, wird das nächste, was er sieht, die Tür sein. (Dasselbe gilt für Lehrer, Akademiker, konventionelle Wissenschaftler, Juristen, die meisten Journalisten usw.) Die Mediziner gehorchen ihren archontisch kontrollierten Berufsverbänden, wie etwa den Ärztekammern. Die Medizin in ihrer Gesamtheit wird in jedem einzelnen Land mit Hilfe von Organisationen zum „Schutz der Öffentlichkeit" (lies: zum Schutz der Pharmaindustrie) im Sinne der Pharmakonzerne kontrolliert. In den USA sind dies z.B. die Food and Drug Administration (FDA) und die Centers for Disease Control and Prevention (CDC). Diese Organisationen werden von Big Pharma gesteuert und unterstehen der Rothschild-Rockefellerschen Weltgesundheitsorganisation. Diese ganze Struktur wurde einzig dazu geschaffen, der archontischen Agenda zu dienen. 95 Prozent der Leute, die in das System involviert sind, haben davon nicht die leiseste Ahnung; ja sie könnten nicht einmal einen Archonten von einem Enddarm unterscheiden. Aber ganz unter uns: Ich habe dafür wirklich Verständnis. Schließlich sind sie beide randvoll mit Scheiße.

Wenn Ärzte die Hand aufhalten

Ich bin in meinen Büchern bereits ausgiebig auf die Korruption innerhalb der pharmazeutischen und medizinischen Industrie eingegangen. (Siehe z.B. das Kapitel „Die Zerstörung der Gesundheit" in „Der Löwe erwacht", um nur ein Beispiel zu nennen.) Ich habe berichtet, in welch schockierender Größenordnung sich vermeintliche Ärzte von der Pharmaindustrie durch Geschenke und Urlaubsreisen bestechen lassen. Diese Reisen führen unter dem Deckmantel einer „Konferenz" an exotische Orte – ohne dass der Beschenkte an der Konferenz wirklich teilnehmen muss. Es gibt auch Zuschusszahlungen, die verschleiernd als „Forschungsgelder" deklariert werden, ohne dass dafür jemals eine Forschungsleistung erbracht wurde oder noch erwartet wird. Ich habe detailliert dargestellt, wie systematisch und automatisiert die Korruption mittlerweile schon vonstatten geht: Pharmafirmen beobachten anhand aufgezeichneter Daten, wie verschreibungsfreudig ein Arzt ist. Wer dabei zu zaghaft ist, bekommt Besuch von einem Vertreter der Firma, der schaut, was sich da verbessern lässt. Sollte jemand schon fleißig Arzneien verschreiben, genügt ein leichter Stupser, um noch ein bisschen mehr herauszuholen. Wann immer ich auf einen ehemaligen Manager oder Angestellten einer großen Pharmabude getroffen bin (eigentlich gibt es nur eine einzige Pharmabude, wenn man erstmal bis zur Spitze vorgedrungen ist), wurde mir versichert, dass das Kartell nur eine einzige Priorität kenne: Die Steigerung des Reingewinns. Etwaige Folgen für die Gesundheit der Menschen seien dabei völlig egal. Die Giganten in Pharmazie, Biotechnologie und Lebensmittelindustrie nehmen sich dabei hinsichtlich ihrer archontischen Bösartigkeit und Korruptheit nicht viel – sie alle sind Ausdruck derselben Kraft und arbeiten auf dasselbe Ziel hin. Big Food und Big Biotech machen die Menschen mit ihren giftigen Produkten krank – unterstützt durch vergiftetes Trinkwasser –, und Big Pharma stellt dann die Mittel zur „Behandlung" der Krankheiten zur Verfügung. Durch die „Behandlung" verschlimmert sich der Zustand des Patienten über kurz oder lang noch (oftmals über kurz). Korruption bildet die Grundlage des gesamten Systems; sie ist ein inhärenter Bestandteil des ganzen medizinischen Apparates. Pharmakonzerne setzen Agenten auf Regierungsbehörden an, die eigentlich ihrerseits die Pharmakonzerne kontrollieren sollten. In Regierungskomitees und -behörden entscheiden Ärzte und Funktionäre, die ihr Gehalt von Big Pharma beziehen, über die Marktzulassung von Impfstoffen und Medikamenten. (Wobei alles, was nicht offenkundig tödlich ist, sowieso abgesegnet wird. Oft ist aber auch das kein Hinderungsgrund.) Die Pharmaindustrie hat ungefähr 1.300 Lobbyisten in Washington, D.C., abgestellt – das bedeutet, *auf jedes Kongressmitglied kommen mehr als zwei von ihnen!* „Sie sind mächtig", sagte Senator Chuck Grassley einmal. Grassley ist einer der Vorsitzenden des Senate Finance Committee. „Es ist in dieser Stadt kaum möglich, eine Katze an ihrem Schwanz im Kreis herumzuschleudern, ohne einen Lobbyisten der Pharmabranche zu treffen." Wen wundert es da noch, dass die Pudel von Capitol Hill permanent Gesetze abnicken, welche die Pharmaindustrie begünstigen (Verordnungen zur Zusicherung von Straffreiheit inklusive)? Andernorts sieht es ganz genauso aus; die Korruption ist weltweit außer Rand und Band. So erhalten die Ärzte in Großbritannien beispielsweise Prämien, wenn sie das staatliche „Impf-Soll" erfüllen. Mit solchen finanziellen Anreizen kurbeln die Pharmakonzerne den Verkauf ihrer giftigen Impfcocktails an die Regierung an. Allein der in Indiana beheimatete Pharmagigant Eli Lilly zahlte, wie heraus kam, 200 Millionen Dollar an Ärzte und sonstige Beschäftigte im „Gesundheits"wesen, um ihre Medikamente an den Mann zu bringen. Wenn weltweit Ärzte dafür bezahlt werden, den Absatz von Pharmaprodukten in die Höhe zu treiben, ist das an sich schon ein Skandal. Das gigantische Ausmaß dieser Zahlungen wäre aber mit dem Begriff „skandalös" nur unzureichend beschrieben – „kriminell" trifft es da schon eher. Wessen Interessen werden für solche „Ärzte" wohl Priorität haben, die der Patienten oder die der Pharmaindustrie? Eli Lilly war im Zuge eines gerichtlichen Vergleiches dazu gezwungen, die Zahlen offen zu legen. Der Konzern hatte Medikamente für Anwendungsfälle beworben, für die sie nicht zugelassen waren. Des Weiteren hatte man die ernsten Gesundheitsrisiken des Medikaments Zyprexa, das Schizophrenen verordnet wird, verschwiegen. Man einigte sich auf eine Zahlung von 1,4 Milliarden Dollar. Der Pharmariese GlaxoSmithKline ließ sich 2012 die Einstellung der Ermittlungen im größten Betrugsfall in der Geschichte des amerikanischen Gesundheitswesens gar drei Milliarden Dollar kosten. Es ging um die Bestechung von Ärzten, unzulässige Reklame für rezeptpflichtige Medikamente und die Zurückhaltung von Daten über Sicherheitsbedenken. Darüber hinaus hatte man auch hier Medikamente für Einsatzzwecke beworben, für die sie nicht lizenziert waren. Solcherlei Gebaren ist weder selten noch auf Eli Lilly und GlaxoSmithKline beschränkt. Das ganze Kartell operiert auf diese Weise – die Fälle, in denen Pharmafirmen um die beträchtliche Gefährlichkeit bestimmter Arzneien wussten und sie dennoch auf den Markt brachten, oder Medikamente nicht vom Markt nahmen, obwohl sie bekanntermaßen bereits Menschenleben gekostet hatten, sind Legion. In einem Internet-Artikel hieß es dazu:

> „Übrigens lässt sich Big Pharma die Bestechung und Beeinflussung von Medizinern Jahr für Jahr annähernd 19 Milliarden Dollar kosten. Milliarden, nicht Millionen!

> Wieviel Geld ist das eigentlich, 19 Milliarden Dollar? Das ist mehr, als die NASA durch auf dem Mars zerschellende Satelliten und in der oberen Atmosphäre explodierende Space Shuttles verliert. Es ist auch mehr, als die gesamte Fast-Food-Industrie ausgibt, um pummelige Kinder dazu zu bringen, ihren Eltern im Supermarkt eine weitere Packung viel zu süßer Frühstücksflocken abzuschwatzen. Himmel – es ist mehr Geld, als die gesamten Vereinigten Staaten für echte medizinische Vorbeugung und Aufklärung aufwenden!“

In meinen Büchern finden Sie viele weitere Beispiele für die Bestechung von Ärzten durch Big Pharma.

Wie die Bevölkerung mittels Krebs ausgedünnt wird

Die Schwindel erregende Zahl der weltweit zu verzeichnenden Krebstoten – ganz zu schweigen von der Zahl der Krebskranken – steigt unaufhörlich an. Die Giftstoffe in Nahrung, Getränken und Umwelt (inklusive der sagenhaft angestiegenen Strahlung in der Atmosphäre) leisten bei der Zerstörung der Balance und Harmonie von Körper und Geist ganze Arbeit. Etwa acht Millionen Menschen sterben jedes Jahr an Krebs, mehr als eine halbe Million davon allein in den USA. Bis zum Jahr 2030 soll sich die Zahl auf zwölf Millionen weltweit erhöhen. Angesichts der Pläne der archontischen Netzwerke dürfte dies aber noch grob untertrieben sein, wenn man die Dinge auch künftig ungehindert so weiterlaufen lässt wie bisher. Krebs ist bei Menschen unter 85 Jahren die Todesursache Nummer Eins. In den Vereinigten Staaten stirbt *jeder Vierte* an dieser Krankheit. Das Macmillan Cancer Support, eine große britische Wohltätigkeitseinrichtung für Krebskranke, prognostiziert für das Jahr 2020, dass bis dahin fast die Hälfte der britischen Bevölkerung einmal im Leben Krebs haben wird. Krebs ist ein parasitäres Ungeheuer, das sich vom Körper des Wirtes ernährt. Auch das ist eine Form archontischer Besessenheit. Die Advokaten der Pharmaindustrie wissen ganz genau, worin die Heilung bestünde; doch wenn der Plan lautet, Menschen zu töten statt zu heilen, werden sie die Heilmittel freilich unter keinen Umständen zugänglich machen. Ich habe schon in früheren Büchern offen gelegt, was Dr. Richard Day, Rothschild-Zionist und Chef der Rockefeller-kontrollierten Eugenikorganisation Planned Parenthood, bereits 1969 auf einer Tagung in Pittsburgh, Pennsylvania, seinen Kollegen gegenüber äußerte:

> „Wir können schon heute so gut wie jede Art von Krebs heilen. Diese Informationen befinden sich in den Akten des Rockefeller-Instituts [heute Rockefeller-Universität], bereit zur Veröffentlichung, sollte diese Entscheidung getroffen werden.“

Day, der damals als Kinderarzt am Mount-Sinai-Krankenhaus in New York praktizierte, gab noch mehr zum Besten: Der Plan sei, die Bevölkerungszahl mit Hilfe von Medikamenten, Nahrungsmitteln und neuen, im Labor gezüchteten Krankheiten zu kontrollieren und zu reduzieren. Eine wichtige Rolle spiele dabei auch die Unterdrückung von Heilmitteln für Krebs. Indem man Menschen an Krebs sterben lässt, so sagte er, würde man das Bevölkerungswachstum verlangsamen: „Sterben müssen sie doch sowieso, warum dann nicht an Krebs?" Das ist die eiskalte, gefühl- und herzlose archontische „Gemüts"verfassung, welche die heutige Medizinindustrie geschaffen hat und sie weltweit kontrolliert, wie auch alle anderen Formen und Schattierungen des globalen Kontrollsystems. Können wir von solch einer Mentalität erwarten, ein Gesundheitssystem hervorzubringen, das den Menschen nützt? Es dürfte wohl eher das Gegenteil zutreffen. Diese Denkweise ist auch der Grund, weshalb Big Pharma und seine Handlanger in Regierung, nationalen Berufsverbänden und ähnlichen Apparaten auf sämtliche alternativen Ansätze zur Behandlung von Krebs Jagd machen. Dabei können manche dieser Alternativtherapien äußerst effektiv sein, mitunter sogar in einem fortgeschrittenen Stadium. All diese Einrichtungen, die alternative Ansätze bekämpfen, erhalten Geld von der Pharmaindustrie und tanzen folglich nach deren Pfeife. Damit zeichnen sie für milliardenfaches Leid und Tod auf der ganzen Welt verantwortlich. Die alternativen Krebstherapeuten befinden sich permanent im Fadenkreuz des Pharmakartells. Dessen Bosse werden sicherlich nicht zusehen, wie irgendjemand daher kommt und ihnen das Monopol kaputt macht, das sie sich durch das Zurückhalten des Heilmittels so schön eingerichtet haben. Viele dieser couragierten Therapeuten, die im Laufe der Jahrzehnte über alternative Ansätze mitunter unglaubliche Heilerfolge bei der Behandlung von Krebskranken erzielt haben, landeten als „Scharlatan" oder „Hexer" gebrandmarkt im Gefängnis oder mussten ihr Engagement sogar mit dem Leben bezahlen. Menschen werden durch das Gesetz daran gehindert, zu entscheiden, wie und von wem ihr eigener Körper behandelt werden soll – kann man sich eine bessere Definition von Faschismus bzw. Tyrannei vorstellen? Schützenhilfe bei der Dämonisierung alternativer Behandlungsmethoden kommt von Seiten der korrupten und bekloppten Medien. Deren willfährige Kooperation ist unerlässlich. Sie verhöhnen und verdammen alternative Therapien – dabei wird so manch einer ihrer Schreiberlinge selbst dem Krebs zum Opfer fallen, weil es kein Heilmittel gibt. *Bekloppte* Medien? Das ist noch viel zu milde ausgedrückt. Die vorgeschriebenen Krebstherapien, die Ärzte verordnen müssen, sind Chemotherapie und Bestrahlung. Beide Methoden verwüsten das Immunsystem und sorgen dafür, dass der Körper weit für noch mehr Krebs und andere Krankheiten geöffnet wird. Und zwar in einem solchen Ausmaß, dass man es in Großbritannien offiziell als Heilung verbucht, wenn ein Patient fünf Jahre nach einer solchen Behandlung noch lebt – manchmal wird die Spanne sogar noch kürzer angesetzt. Chemotherapie ist tödliches Gift, das Körperzellen abtötet. Das ist alles, mehr steckt nicht dahinter. Es ist eine Art russisches Roulette, bei der man hofft, dass die Krebszellen durch die Chemotherapie vernichtet werden, bevor sie so viele gesunde Zellen getötet hat, dass der Körper stirbt. Lassen Sie sich das auf der Zunge zergehen. Denken Sie an die zig Billionen, die in den letzten gut hundert Jahren in Big Pharmas Gesundheits„forschung" geflossen sind – und noch immer ist das einzige, was ihnen zum Krebs einfällt, die Menschen *zu vergiften*? Wie ist so etwas möglich? Nun – sie haben *gar nicht die Absicht*, ein Heilmittel zu finden. Gleichzeitig sind sie bereits im Besitz eines Heilmittels, das sie aber unter Verschluss halten. Währenddessen gehen Jahr für Jahr Millionen Menschen an Krebs zugrunde. Dabei hätte keiner von ihnen sterben müssen. All die Leute, die mit dem Geldbeutel klimpern und „Wohltätigkeits"veranstaltungen für die Krebsforschung organisieren, füttern damit nur das Monster. Dieses Ungeheuer sorgt nicht nur systematisch dafür, dass das Heilmittel – das sich in seinem Besitz befindet – nicht an die Öffentlichkeit gelangt, sondern verschleiert auch die wahre Natur dieser Krankheit. Krebs ist nämlich eigentlich eine Art Pilzerkrankung. Die Gaunerbande vom Medizinressort leugnet das natürlich (sonst wären ja ihre „Behandlungs"methoden erledigt). Doch merkwürdigerweise verschreiben sie bei Brustkrebs nach wie vor Tamoxifen, ein Medikament gegen Pilze (das unter anderem die Leber schädigt). In den 1990-er Jahren habe ich viele Stunden mit einem Wissenschaftler der CIA verbracht, der mir von seiner Heilungsgeschichte erzählte. Als man bei ihm Krebs diagnostizierte, gaben ihm seine Vorgesetzten ein „Serum" – er arbeitete damals an etwas, das von großer Bedeutung für sie war, und so hatten sie ein Interesse daran, dass er lebte. Tatsächlich wurde er umgehend gesund. Hier sehen wir eine weitere Ursache für die erstaunliche Langlebigkeit der großen Namen innerhalb der archontischen Blutlinien. Jahrzehnt um Jahrzehnt hat man nach einem Heilmittel für Krebs gesucht und Billionen in diese Forschung gepumpt. Ist es da nicht unendlich wahrscheinlicher – allein schon rein statistisch –, dass man tatsächlich eins gefunden hat, aber unter Verschluss hält? Die Archonten *wollen*, dass die Menschen leiden und sterben. Je länger sie sich dabei quälen, desto besser, denn von der Energie aus Leid und Tod ernähren sich die Archonten. In der Zeit von 2012 bis ins Jahr 2013 hinein haben Forschungsarbeiten gezeigt, dass Chemotherapie Krebskranke alles andere als heilt: Sie *beschleunigt* das Wachstum der Krebszellen. Man hatte eigentlich gar nicht im Sinn, solch eine hässliche Tatsache aufzudecken. Die Forscher kamen ganz zufällig zu diesen Schlüssen, die sie später im Fachjournal *Nature Medicine* veröffentlichten, als sie untersuchten, warum Prostatakrebs so schwer zu behandeln ist. Das Team am Fred Hutchinson Cancer Research Center in Seattle, Washington, fand heraus, dass die Chemotherapie im Körper die Ausschüttung eines Proteins namens WNT16B bewirkt. Dieses wiederum erhöht die Überlebensfähigkeit der Krebszellen und beschleunigt ihr Wachstum. Das Ergebnis der Studie war, dass die DNS in gesunden Zellen durch Chemotherapie dauerhaft geschädigt wird. Hierin liegt der Grund, warum sich die Gesundheit von Krebspatienten nach einer Chemotherapie nie wieder völlig erholt. Die schädigende Wirkung betrifft nämlich auch die Zellen des Immunsystems. Das Immunsystem ist das Hauptangriffsziel der archontischen Medizin, Nahrungsmittelindustrie und Biotechnologie. Ist es erst einmal geschwächt, ist der Körper jeder Art von Angriffen, mit denen er normalerweise fertig werden würde, schutzlos ausgeliefert. Peter Nelson, einer der Autoren der Studie, sagte dazu:

> „Wenn WNT16B abgesondert wird, tritt es mit den benachbarten Tumorzellen in Wechselwirkung und bewirkt, dass sie wachsen, sich ausbreiten und – dies ist besonders wichtig – weiterer Therapierung gegenüber resistent werden … Unsere Untersuchungsergebnisse legen den Schluss nahe, dass die Reaktionen noch gesunder Zellen auf Beschädigungen … direkt zu einer verstärkten Tumorwachstumskinetik beitragen."

Dr. Raghu Kalluri, Direktor der Matrix Biology Division am Beth Israel Deaconess Medical Center in Boston, ist Mitverfasser einer Studie, die 2012 in der Zeitschrift *Cancer Cell* veröffentlicht wurde. Diese Studie kommt zu dem Schluss, dass auch Medikamente, die Krebskranken verabreicht werden, denselben Effekt haben. Ich zitiere:

> „Welche Manipulationen wir auch immer an Tumoren vornehmen mögen, es kann immer unbeabsichtigt dazu führen, dass sich die Anzahl der metastatischen Tumore erhöht. Diese sind es, die den Patienten letzten Endes umbringen."

Nun denn – lassen Sie uns einmal tief durchatmen und den harten Fakten ins Auge blicken: Nicht nur werden Heilmittel für Krebs unterdrückt und hinter Schloss und Riegel verwahrt; nicht nur werden auf unabhängigen Wegen entdeckte Behandlungsmöglichkeiten verfolgt und die Ausübenden solcher Therapien von Regierungsbehörden, die den Pharmakonzernen untertan sind, drangsaliert und weggesperrt; nicht nur heilen Chemotherapie und Medikamente die Krebskranken nicht ... vielmehr helfen sie dem Krebs mitunter noch zu wachsen!! Wenn man aber die archontische Agenda voranbringen will, die man sich für die Menschheit ausgedacht hat, ist das sicherlich ganz im Sinne des Erfinders. Big Pharmas „Medizin": Schneid' sie auf, pump' sie mit Chemikalien voll, vergifte sie, verstrahle sie. Na, geht's uns schon besser?

Wenn die Chemo Sie noch nicht umgebracht hat – probieren Sie's mal mit Bestrahlung

Die zweite konventionelle Standard-„Behandlungs"methode bei Krebserkrankungen ist die Strahlentherapie. Nun, was ist als eine der Hauptursachen von Krebs bekannt? *Strahlung.* Damit handeln sich mehr Frauen durch die Mammographie Brustkrebs ein als Erkrankungen durch diese Untersuchungsmethode erkannt werden. Wie sollte es auch anders sein, wenn man einen so empfindlichen Bereich des Körpers bestrahlt? Die Liste der Studien, die auf die Gefahren der Mammographie aufmerksam gemacht und gezeigt haben, auf welche Weise sie Krebs verursachen kann, ist lang. Dabei sollte sie in Anbetracht ihrer Trefferquote bei der Krebserkennung eigentlich gar keine große Rolle spielen: Bis zu 70 Prozent der „erkannten" Tumore entpuppen sich als Fehlalarm. Viele Frauen hat das nachdenklich gemacht – sie meinen, ohne triftigen Grund hohen Strahlungsdosen ausgesetzt zu werden. Was erwidern die „Gesundheits"konzerne nun darauf? Geben sie eine Empfehlung heraus, dass Frauen von Mammographien Abstand nehmen sollten? Mitnichten – wir reden immer noch über Big Pharma! Sie locken die Frauen sogar mit Geschenkgutscheinen über 25 Dollar pro absolvierter Untersuchung! Manchen wissenschaftlichen Veröffentlichungen zufolge erkranken viele Menschen allein aufgrund der Bestrahlungen, denen sie durch die immer stärker technisierte Medizin ausgesetzt sind. Allein in Amerika könnte dies möglicherweise bis zu 25.000 Menschen pro Jahr betreffen, heißt es. Früher stand nur die Röntgenstrahlung zur Verfügung, um die DNS der Menschen zu beschädigen und sie durch kumulierte Strahlendosen nach und nach umzubringen. Heute gibt es daneben noch die Computertomographie (CT), die Positronen-Emissions-Tomographie (PET) und die Magnetresonanztomographie (MRT). Es besteht kein Zweifel, dass all diese Technologien auch dann großflächig eingesetzt werden, wenn es gar nicht notwendig wäre – nur um der Patientenrechnung ein paar Positionen hinzuzufügen und mit den Maschinen Profite einzufahren. Die Zahl der Computertomographien für Erwachsene und Kinder ist in die Höhe geschnellt. Dr. Jahan Fahimi, ein Notarzt an der University of California in San Francisco, äußerte gegenüber *Reuters Health*, ihren Daten zufolge würde „... jedes sechste oder siebte Kind, das mit Bauchschmerzen in die Notaufnahme eingeliefert wird, ein CT bekommen". Oft wird das nur des Geldes wegen gemacht – ein einzelner Scan kostet ein paar hundert Dollar. Versicherte Patienten haben dabei öfter das Vergnügen. Das kann nicht wirklich wahr sein, oder? Dr. Fahimi fährt fort:

> „Ich sage meinen Patienten, dass sich das CT, das ich heute mache, irgendwann in der Zukunft unter Umständen krebserzeugend auswirken kann. Das Risiko mag vielleicht nur 1:500 oder 1:1000 betragen, aber es ist nicht Null."

Kehren wir nun noch einmal zum Brustkrebs und seiner Behandlung zurück ... Forscher an der Duke University in North Carolina haben die Daten von 112.154 Frauen ausgewertet, bei denen zwischen 1994 und 2004 Brustkrebs diagnostiziert worden war. Das Ergebnis: Die besseren Überlebenschancen hatten diejenigen Frauen, die sich gegen eine Mastektomie entschieden hatten. Britischen Untersuchungen zufolge werden Tausenden von Frauen aggressive und extreme Krebstherapien verordnet, die durch das Krankheitsbild nicht zu rechtfertigen sind. Vielen Frauen werden mittlerweile Brüste und andere Körperteile amputiert, die völlig in Ordnung sind, nur weil die Ärzte ihnen gesagt haben, sie hätten ein „Krebsgen" und dies würde bei ihnen früher oder später Krebs auslösen. In Wirklichkeit handelt es sich bei der These vom „Krebsgen" und ähnlichen Theorien über genetische Ursachen schlicht um Propaganda. Das Heilergenie Mike Lambert, der an der Shen-Klinik auf der Isle of Wight arbeitet und den ich zu meinen Freunden zählen darf, weist darauf hin, dass zur Entstehung von Krebs stets eine ganze Reihe von Genen zusammenspielen muss. Zwei berühmte „Krebsgen"-gläubige Selbstverstümmler sind die Schauspielerin Angelina Jolie, die sich einer beidseitigen Mastektomie unterzog, und Allyn Rose. Die damals 24jährige Miss-Amerika-Anwärterin Rose kündigte zu Beginn des Jahres 2013 an, dass sie sich ebenfalls beide Brüste entfernen lassen würde, da ihre Mutter an Brustkrebs gestorben sei. Wie sie berichtete, hatte ihr Vater sie zur Brustamputation überredet. Nun, das war wahrscheinlich, nachdem sie ihm das Gehirn entfernt hatten. Rose war gerade einmal 18 Jahre alt, als ihr Vater ihr die Mastektomie vorschlug. „Das werde ich nicht machen, Papa", habe sie geantwortet. „Ich mag meinen Körper so, wie er ist", habe sie damals entgegnet. Daraufhin sei er sehr ernst geworden: „Nun, dann wirst du sterben, genau wie deine Mutter." Woher wusste er das? Ach ja, *von den Ärzten*. Was für ein dummer Arsch. Damit nicht genug, wurde Allyn Rose auch noch von der Gesundheitsmissbrauchsindustrie dazu benutzt, andere Frauen zu ermutigen, es ihr gleichzutun. Die Leiterin der Krebsvorsorge am Jonsson Comprehensive Cancer Center in Los Angeles, Patricia Greenberg, findet „präventive Operationen" bei Vorliegen genetischer Veranlagungen und familiärer Häufungen wie im Fall Rose „sehr vernünftig". Habe ich eigentlich schon erwähnt, dass die Welt verrückt ist? Also noch einmal ganz langsam. Dieses System verringert nicht nur die Überlebenschancen krebskranker Frauen, indem man sie zur Operation drängt. Nein, sie rollen sie auch dann in den Operationssaal, wenn sie völlig gesund sind, um sie „vorsorglich" zu verstümmeln! *Ahhhhhhhhhh!!!!!* Das System ist der blanke Irrsinn, und das *soll* es auch sein. Dass es damit durchkommt, ist jedoch nur deshalb möglich, weil so viele Menschen schon genauso verrückt und gehirngewaschen sind. Das bringt uns wieder zu der Wahrnehmungsmanipulation zurück, die uns an allwissende „Experten" glauben lassen soll. Edward Bernays, der bekannte Propagandist und Rothschild-Zionist, hat diese Strategie einst auf den Weg gebracht. Er selbst hat seinen eigenen Rat, sich Experten anzuvertrauen, gewiss nicht befolgt – denn dann wäre er wohl kaum 103 Jahre alt geworden. Die Menschen neigen dazu, ihre Vorstellung von der Wirklichkeit darauf zu stützen, was die „Wissenschaftler" sagen, und ihren Gesundheitszustand anhand der Äußerungen der Ärzte zu beurteilen. Beides scheint ihnen zudem durch die Berichte (d.h. das Wiederkäuen) der „Journalisten" untermauert zu sein. Solch eine Naivität kann mitunter – um nicht zu sagen üblicherweise – schwerwiegende Folgen haben. Irgendwo habe ich einmal gelesen: „Social Engineering: Die geschickte Manipulation der natürlichen menschlichen Neigung, zu vertrauen." Das trifft den Nagel auf den Kopf! Ich kannte so viele Leute, die Krebs hatten, aber jede alternative Therapie von vornherein kategorisch ausschlossen. Stattdessen zerstörten sie ihren Körper mit Chemotherapie und Bestrahlung und … starben. Die Programmierung reicht so tief, dass die Menschen glauben, die Autoritäten müssten ja wissen, was sie tun – denn sonst wären sie ja keine Autoritäten. Wie könnte auch jemand, der nie an einer medizinischen Hochschule oder Universität war und nicht lizenziert ist, Ahnung vom Fach haben? Oft müssen Menschen sterben, weil sie in ihrer Gutgläubigkeit darauf vertrauen, von Mama und Papa Staat beschützt zu werden. Der Staat ist aber weder Mama noch Papa. Der Staat ist ein dämonisches Monster mit dämonischen Absichten.

Krieg auch gegen die Kinder

Kinder erfahren oft schon im Mutterleib durch das mentale und emotionale Erleben der Mutter Traumatisierungen. Bei der Geburt in Big Pharmas Krankenhausumgebung kommt es dann nochmals zu einer erheblichen Traumatisierung für das Kind. So, wie der Geburtsvorgang im Kreißsaal angelegt ist, hinterlässt er Verwerfungen und blinde Flecken in Körper, Geist und Energiefeld des Kindes. Solcherart Beschädigungen sind typisch für Traumatisierungen. Unser erstes Trauma wird uns durch den brutalen und oft mit Medikamentierung einhergehenden Vorgang beschert, den wir „geboren werden" nennen. Die amerikanische Rechercheurin Jeanice Barcelo hat eine immense Arbeit zu diesem Thema geleistet. Sie finden ihre Website unter BirthofaNewEarth.com. Sobald das Kind das Trauma der Geburt hinter sich hat, beginnt die Vergiftung seines Körpers und seines Geistes durch Big Pharmas Impfstoffe. Ausführliche Hintergrunderläuterungen, Zahlen und Fakten dazu finden Sie in meinen früheren Büchern. Ich erwähne das Thema hier nur, um es in den Kontext der Ziele, Bestrebungen und Methoden des archontischen Systems zur Unterdrückung und Kontrolle der menschlichen Spezies zu stellen. Impfungen sollte man in die Rubrik „Gigantische Verarsche" einsortieren – zusammen mit Fluorid im Trinkwasser, genmanipulierten Lebensmitteln, menschengemachtem Klimawandel und all den anderen üblichen Verdächtigen. Das menschliche Immunsystem ist bereits perfekt, so wie es ist, danke. Das einzige, was es benötigt, sind die für ein optimales Funktionieren erforderlichen Nährstoffe und eine entsprechende Lebensweise. Was es hingegen in den ersten zwei Lebensjahren, während es sich noch entwickelt, nicht braucht, ist ein chemischer *shit storm*. Solch eine Bombardierung des Immunsystems, bevor es vollständig ausgebildet ist, bewirkt nur, dass es seine volle Funktionsfähigkeit und Abwehrkraft nie erreichen wird. Wir sprechen hier von 25 bis 30 Impfungen (Tendenz zunehmend) in den ersten beiden Lebensjahren und noch entsprechend mehr bis zum Alter von sechs Jahren bzw. bis zum Teenager-Alter (Abb. 529). Im Jahre 2013 wurde berichtet, dass der Pharmariese GlaxoSmithKline (GSK), der im größten Arzneimittelskandal der Geschichte auf schuldig plädierte, zusammen mit einer indischen Firma einen *Sechsfach*-Impfstoff entwickelt hat. Der Cocktail, der vor Polio, Diphterie, Tetanus, Keuchhusten, Hepatitis B und Haemophilus influenzae B schützen soll, ist für die Anwendung bei den Ärmsten und Schwächsten vorgesehen. Haben Sie eine Vorstellung, was so ein giftiger Scheißdreck, dazu noch in einem Rutsch verabreicht, diesen Menschen antut? Schauen wir uns einmal an, was alles in dem Gebräu enthalten ist: Aluminium – verursacht Demenz und Alzheimer; Antibiotika – bei zu großen Mengen davon wird man resistent, von weiteren Schadwirkungen einmal ganz abgesehen; Formaldehyd – diese hochgiftige Chemikalie kann Krebs hervorrufen (einschließlich myeloischer Leukämie), Gehirn und Nervensystem schädigen sowie Blindheit und Krämpfe bewirken; Mononatriumglutamat (MNG) – ein Hirngift, das die Neuronen angreift und tödlich wirken kann. Es findet erschütternderweise als Geschmacksverstärker in fadem, abgepacktem Zeugs Verwendung, das es irgendwie geschafft hat, als „Lebensmittel" durchzugehen. Zu guter Letzt haben wir noch Thiomersal zu verzeichnen – tödliches Methylquecksilber, welches das Nervensystem zerstören kann. Quecksilber, so heißt es, sei ein tödliches Gift – was tatsächlich zutrifft –,

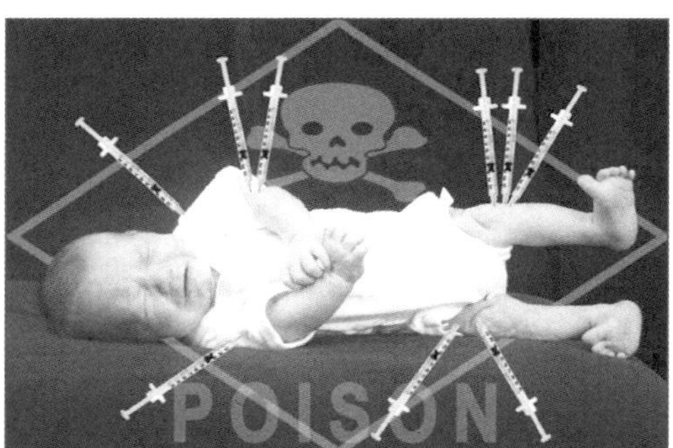

Abb. 529: Willkommen auf dem Planeten Erde! Es wird dir bei uns gefallen!

Abb. 530: Lassen Sie sich impfen! Sonst bekommen Sie möglicherweise niemals Grippe und behalten Ihr intaktes Immunsystem Ihr ganzes Leben lang!

doch dann mischen sie es in Impfstoffe für Kinder und Erwachsene (Abb. 530). Eine unabhängige Untersuchung von Impfstoffen für Kinder durch das gemeinnützige U.S. National Vaccine Information Center ergab, dass viele von ihnen Überreste abgetriebener menschlicher Föten, manipulierte DNS und genetisch modifiziertes menschliches Bluteiweiß (Albumin) enthalten. Das bringt mich auf zwei der vorrangigen Ziele, die mit Impfungen erreicht werden sollen: Zum einen möchte man durch die Zerstörung des Immunsystems eine Bevölkerungsreduzierung bewirken. Außerdem schafft man sich durch Mutationen des menschlichen Gencodes zweckmäßige, stumpfsinnige Sklaven. Schauen Sie sich um! Der Prozess ist schon ziemlich fortgeschritten. Um die vielen Ebenen des Krieges gegen die menschliche DNS und ihre Funktionen erkennen zu können, müssen wir uns vor Augen führen, wie mutationsauslösende Inhaltsstoffe in Arzneien und Vakzinen, genetisch veränderte (GM/GMO, engl. genetically modified organism) Getreidesorten und Lebensmittel sowie die ebenfalls genverändernd wirkenden elektromagnetischen Belastungen – nicht zuletzt durch Mobiltelefone – nebeneinander bestehen und Hand in Hand gehen. Tatsächlich werden Impfstoffe und GMO jetzt schon kombiniert: Die Food and Drug Administration (FDA) genehmigte einen genetisch modifizierten Grippeimpfstoff. Mike Adams von Naturalnews.com schrieb:

> „Ein neues Vakzin ist auf den Markt gekommen, das erstmalig genetisch veränderte (GM), aus Insektenzellen gewonnene Proteine enthält. Berichten zufolge hat die U.S. Food and Drug Administration (FDA) diesen Flublok genannten Impfstoff kürzlich genehmigt. Er enthält rekombinante DNS-Technologie und einen Insektenvirus namens Baculovirus, mit dem die Impfstoffproduktion schneller vonstatten gehen soll.
>
> Laut Packungsbeilage ist Flublok ein trivalenter Impfstoff. Das bedeutet, dass er GV-Proteine von drei verschiedenen Grippestämmen enthält. Der Hersteller von Flublok, Protein Sciences Corporation (PSC), erläutert die Produktion des Stoffes wie folgt: Man extrahiert Zellen von Raupen der Gattung Spodoptera frugiperda und verändert ihre Gene so, dass sie große Mengen Hämagglutinin produzieren. Dieses Protein ermöglicht es dem Grippevirus, schnell in den Körper einzudringen."

Für die Entwicklung von Flublok sowie eines weiteren Impfstoffes namens Flucelvax, der aus den Zellen von Hundenieren gewonnen wird, stellte das US-Bundesministerium für Gesundheitspflege und Soziale Dienste (lies: der Steuerzahler) eine Milliarde Dollar zur Verfügung. Die Pharmafirmen geben sich selbst mit Profiten in Milliardenhöhe nicht zufrieden, aber die Kosten für die Entwicklung jener Stoffe, die das Immunsystem der Menschen zerstören, sollen diese auch noch selber tragen. Bei Versuchsreihen mit Flublok sind zwei der Probanden gestorben, wie der Hersteller des Impfstoffes, die Protein Sciences Corporation, in der Packungsbeilage selbst schreibt. Unter den möglichen Nebenwirkungen ist auch das Guillain-Barré-Syndrom (GBS) aufgeführt – eine schwere Nervenerkrankung:

> „Falls innerhalb von sechs Wochen nach Durchführung einer Grippeimpfung das Guillain-Barré-Syndrom auftritt, sollte die Entscheidung über die Verabreichung von

Flublok nur nach sorgfältigem Abwägen der möglichen Nutzeffekte und Risiken getroffen werden."

Was zum Teufel soll das bedeuten? Wenn ich vom ersten Durchgang das Guillain-Barré-Syndrom bekommen habe, soll ich sorgfältig abwägen, ob ich noch eine zweite Runde will? Klar doch, immer her damit, ramm mir die Nadel rein, mal sehen was diesmal für mich drin ist. *Himmel!* Die Verfechter von Impfungen behaupten, dass Impfstoffe gar kein Quecksilber enthielten. Nun, hier ist ein Zitat von der Website der Centers for Disease Control and Prevention:

> „Thiomersal ist ein quecksilberhaltiger Konservierungsstoff, der Impfampullen beigemischt wird, die mehr als eine Dosis des Impfstoffes enthalten. So wird einer Kontamination und der Vermehrung potenziell schädlicher Bakterien vorgebeugt."

Nach einem UN-Abkommen soll Quecksilber aufgrund seiner Gefährlichkeit bis zum Jahr 2020 aus Produkten wie Batterien, Lampen, Schaltern, hautaufhellenden Kosmetika, Pestiziden und Thermometern verschwinden. Das Dokument macht aber Ausnahmen: Nämlich bei Verwendung im Zusammenhang mit militärischen oder zivilen Schutzmaßnahmen, bei Produkten ohne eine entsprechende quecksilberfreie Alternative, bei Erzeugnissen zur Verwendung in religiösen oder traditionellen Zeremonien *und bei Impfstoffen, die den Ethylquecksilber-Konservierungsstoff Thiomersal enthalten*. Wäre diese Ausnahmeregelung einfach nur blanker Blödheit entsprungen, müsste es einem schon die Sprache verschlagen. Indem man das Quecksilber aber in den Impfstoffen belässt, nimmt man die Gesundheit und die Hirnfunktionen der Menschen ins Visier – insbesondere der Kinder, die dafür noch anfälliger sind. Erstaunlicherweise wurde diese Regelung von der American Academy of Pediatrics (AAP) unterstützt, welche der absurden Einschätzung der WHO beipflichtete, dass Thiomersal nicht zu den gefährlichen quecksilberhaltigen Produkten zu zählen sei. Dr. Walter Orenstein, Mitglied des AAP Committee on Infectious Diseases, ist der Meinung, es sei „vor allem aus humanitären Gründen" nötig, Impfstoffe weiterhin mit Thiomersal zu versehen – da solche ohne den Konservierungsstoff für die Entwicklungsländer zu teuer wären.

> „Für uns als Eltern in Amerika geht es vor allem darum, unserer Verantwortung und unserer Rolle in der Welt gerecht zu werden und die Kinder auf dem ganzen Planeten zu schützen", sagte Orenstein. „Wir brauchen diese Ausnahmeregelung, weil Thiomersal für den Schutz der Kinder unverzichtbar ist."

Ich habe im Laufe meines Lebens schon eine Menge Mumpitz gehört, aber – meine Güte, das ist wirklich erstklassig. Der Quecksilber-Forscher Dr. I. M. Trakhtenberg schrieb in „Chronic Effects of Mercury on Organisms":

> „Eine chronische Quecksilberexposition stellt auch eine Gefährdung unserer Gesundheit dar und macht uns insbesondere für Grippeinfektionen anfällig. Man hat nachgewiesen, dass eine leichte, aber anhaltende Quecksilberbelastung (0,008-0,02 mg/m3) bei Säugetieren (weißen Mäusen) zu einer signifikanten Erhöhung der Empfänglichkeit für pathologische Grippevirusstämme führt.

Das wurde bei einer Untersuchung mit schwererem Infektionsverlauf deutlich. In der Versuchsgruppe starben mehr Mäuse (86-90,3 Prozent) als in der Gruppe der nicht dem Quecksilber ausgesetzten Tiere (60,2-68 Prozent). Dazu kommt, dass die Mäuse in der Versuchsgruppe schneller starben. Der entscheidende Unterschied bestand aber in Erscheinungsbild und Grad der Pneumonie bei den betroffenen Tieren."

Wir hatten die archontische Umkehrung schon im Zusammenhang mit der Behandlung von Krebskranken am Werke gesehen: Man verordnet ihnen Chemotherapie, die den Krebszellen hilft, zu überleben und zu wachsen. Hier werden nun Menschen mit einer Substanz gegen Grippe geimpft, welche die Wahrscheinlichkeit, dass sie an Grippe erkranken, nicht nur erhöht, sondern ihnen dann auch noch eine schlimmere Form der Grippe beschert. Das würde erklären, warum die Grippe auch unter Geimpften so häufig anzutreffen ist. Laut einem Bericht der amerikanischen Centers for Disease Control haben 91 Prozent der über 65jährigen, die gegen Grippe geimpft worden waren, sie schließlich dennoch bekommen. Also, die Grippeimpfung hat nicht verhindert, dass Sie die Grippe bekommen? Nein. Aber warum lassen Sie sich dann Jahr für Jahr impfen? Na ... die sagen immer „Lassen Sie sich impfen!" Der Gesundheitsjournalist Mike Adams schrieb im Jahre 2013 während der Grippesaison:

> „Nach dem großflächigen Auftreten grippeähnlicher Symptome überrannten in den letzten Wochen Zigtausende Menschen aus fast allen Bundesstaaten die Notfallaufnahmen der Krankenhäuser. Da nun viele dieser Menschen in dieser Saison schon eine Grippeimpfung erhalten hatten, müssen die U.S. Centers for Disease Control and Prevention (CDC) nun eingestehen, dass die Impfung nicht annähernd so wirkungsvoll ist, wie man uns versichert hatte. Doch ungeachtet dessen hören wir sie immer noch sagen: ‚... aber vergessen Sie nicht, sich Ihre Impfung abzuholen!'
>
> Wie *CBS News* berichtet hatte, zeigen die jüngsten Statistiken, dass mindestens 24 Bundesstaaten sowie New York City ‚eine hohe Aktivität bei grippeartigen Erkrankungen' verzeichnen, weitere 16 Staaten melden eine mittlere Aktivität – und dies trotz des überdurchschnittlich warmen Winters in vielen Gebieten des Landes. Da die sogenannte ‚Grippesaison' zudem gerade erst begonnen hat, werden die Experten nicht recht schlau aus der Situation. Es wird nun auf schmerzhafte Weise offenkundig, dass Grippeimpfungen einfach nicht funktionieren."

Nicht genug damit, dass die Impfstoffe die Gesundheit gefährden. Das kombinierte Vakzin mit dem quecksilberbasierten Konservierungsstoff Thiomersal wurde auch schwangeren Frauen anempfohlen. Dabei ergab eine in der Zeitschrift *Human and Environmental Toxicology* veröffentlichte Untersuchung, dass nach der massenhaften Impfung von Schwangeren mit diesem dualen Impfstoff die Zahl der Fehl- und Totgeburten um unglaubliche *4.250 Prozent* angestiegen war. Anzahl und Typenvielfalt der Impfstoffe nehmen immer weiter zu, indem immer neue Gründe fürs Impfen erfunden werden, gestützt auf höchst fadenscheinige „Beweise". Das tatsächliche Ziel ist freilich, Big Pharma noch mehr Geld in die Kassen zu spülen, die Bevölkerung noch mehr zu vergiften und das

Immunsystem und die Erbinformation der Menschen weiter zu schädigen. Wie man hört, habe Dr. Jay Lieberman von den Centers for Disease Control eine Präsentation über Thiomersal gehalten, bei der er Daten über die Gefährlichkeit des Stoffes unterschlug – während Dr. Lieberman bekanntermaßen Verbindungen zu Pharmaherstellern hat, die Thiomersal in ihren Produkten verwenden. Ein klarer Fall von Interessenkonflikt, aber so arbeitet Big Pharma eben, und zwar auf der ganzen Welt.

Das System stinkt

Dr. Maurice Hilleman (1919-2005) hat für Merck an die 40 Impfstoffe entwickelt. Er war Mitglied der U.S. National Academy of Sciences, des Institute of Medicine, der American Academy of Arts and Sciences und der American Philosophical Society. Außerdem ehrte ihn die Weltgesundheitsorganisation mit einem speziellen Preis für sein Lebenswerk. Da können Sie erahnen, wie übel seine Arbeit gewesen sein muss. In seinen späteren Jahren erwähnte Hilleman einmal, dass Impfstoffe, die Amerikanern verabreicht wurden, mit Leukämie- und Krebsviren kontaminiert gewesen seien. Auf die Frage, warum man die Öffentlichkeit darüber nicht informiert habe, sagte er:

> „Nun, man geht natürlich mit so etwas nicht einfach raus [und sagt es den Leuten]. Das ist eine interne Angelegenheit unter Wissenschaftlern."

Nein, ist es nicht. Es ist eine „Angelegenheit", bei der es um den Tod von Kindern, Eltern und anderen geht und um millionenfaches Leid. Aber wir haben es hier eben mit der archontischen Mentalität zu tun. Ein Computerprogramm hätte mehr Herz und Anstand als diese Leute. Diese Individuen sind wahrhaft dement. Jemand hat mir erzählt, dass es auch Impfstoffe mit zeitversetzter Wirkung gäbe, so dass eine Krankheit erst später ausbricht. Die Häufigkeit von Krebs bei Kindern ist seit der Einführung von Impfungen in die Höhe geschnellt, und man muss kein Genie sein, um den Zusammenhang zu erkennen. Dr. Lucija Tomljenovic von der Neural Dynamics Research Group an der Universität von British Columbia in Vancouver, Kanada, publizierte einen hochexplosiven Enthüllungsbericht über die Korruption in der britischen Impfindustrie. Die 2013 erschienene Schrift mit dem Titel „Die Impfpolitik und die Richtlinien des Joint Committee on Vaccination and Immunisation (JCVI): Stehen sie im Widerspruch zueinander?" stützt sich auf offizielle Dokumente, die aufgrund des Informationsfreiheitsgesetzes (Freedom of Information Act) freigegeben werden mussten. Darin werden die engen Verbindungen des JCVI, welches die britische Regierung in Fragen der Impfpolitik berät, mit der Pharmaindustrie offen gelegt (Verbindungen wie wir sie freilich gleichermaßen auf der ganzen Welt vorfinden). Es wird nachgewiesen, dass der Fachbeirat Beweise unterschlagen, die Gefahren von Impfstoffen unter den Teppich gekehrt und überhaupt überall dort gelogen hat, wo andernfalls sein wahrer Charakter zum Vorschein gekommen wäre. Big Pharma hat die Behörden, die über die Arznei- und Impfrichtlinien des Staates entscheiden, fest im Griff – ebenso wie jene Institutionen, welche die Bevölkerung eigentlich vor Korruption und derartigen Machenschaften schützen sollten. Dr. Tomljenovic weist in ihrem Bericht darauf hin, dass eine Impfung, die schließlich einen medizinischen Eingriff darstellt, nur mit der vollen Zustimmung der betroffenen Person durchgeführt werden sollte. Dies würde eine objektive Offenlegung aller bekannten bzw. absehbaren Risiken und Nutzeffekte erfordern, sowie eine Auflistung der Behandlungsalternativen, falls solche vorhanden sind. Bei Fällen, in denen Kinder betroffen sind, müsste die uneingeschränkte Zustimmung der Eltern eingeholt werden. Dr. Tomljenovic schreibt:

> „Wenn den Eltern vorsätzlich Informationen vorenthalten werden, nur damit sie sich ‚offiziellen' Impfplänen fügen, kann man von ethischer Übertretung oder Fehlverhalten sprechen. Offizielle Dokumente des britischen Gesundheitsministeriums und des Joint Committee on Vaccination and Immunisation (JCVI) belegen, dass die britischen Gesundheitsbehörden während der letzten 30 Jahre an solchen Aktivitäten beteiligt waren – einzig zu dem Zweck, das nationale Impfprogramm [lies: Big Pharma und die archontische Agenda] zu schützen.
>
> Hiermit lege ich die Dokumentation vor, die belegt, dass das JCVI beständig bemüht war, kritische Daten zu schweren Nebenwirkungen und Kontraindikationen bei Impfungen vor Eltern und Beschäftigten des Gesundheitswesens zurückzuhalten, um die vorgegebenen Impfquoten zu erfüllen, die es für das Erreichen einer so genannten ‚Herdenimmunität' für notwendig hielt. Das Konzept der Herdenimmunität beruht jedoch in Bezug auf Impfungen – im Gegensatz zur vorherrschenden Meinung – nicht auf soliden wissenschaftlichen Beweisen, wie noch gezeigt werden wird.
>
> Als Folge dieser vom JCVI und dem Gesundheitsministerium unterstützten Impfpolitik wurden viele Kinder geimpft, ohne dass deren Eltern alle wesentlichen Informationen über bekannte Risiken schwerer Nebenwirkungen erhalten hätten. Und dies, obwohl sich das JCVI dieser Sachverhalte offenbar sehr bewusst war. Indem JCVI und Gesundheitsministerium den Eltern diese Informationen vorenthielten, verletzten sie das individuelle Recht auf eine bewusste, auf Informationen beruhende Entscheidung für oder gegen eine Impfung.
>
> Damit haben das JCVI und das Gesundheitsministerium möglicherweise nicht nur internationale Richtlinien für Ethik in der Medizin verletzt (d.h. die Deklaration von Helsinki und den International Code of Medical Ethics), sondern auch ihre eigenen Richtlinien."

Ich hatte die Korruption im Joint Committee on Vaccination and Immunisation schon in meinen früheren Büchern angeprangert; jetzt bestätigt Dr. Tomljenovic dies anhand offizieller Dokumente. Nun ist das mit der Pharmaindustrie und der Korruption wie mit frisch gestrichenen Wänden und Kinderhänden: Wo die einen sind, stellen sich auch die anderen bald ein. Dr. Tomljenovic zufolge würden die Besprechungsprotokolle des JCVI auch belegen, dass einige Mitglieder des Beirats umfangreiche Verbindungen zu Pharmafirmen unterhielten. Außerdem habe das JCVI häufig mit Impfstoffherstellern an Strategien zur

Erhöhung des Absatzes von Vakzinen gearbeitet. Einige dieser Meetings, auf denen derart kontroverse Themen besprochen wurden, waren nicht dazu gedacht, öffentlich bekannt zu werden. Wir wissen heute nur dank des Freedom of Information Act (Informationsfreiheitsgesetz, FOI) davon. Dr. Tomljenovic erläuterte, dass diese speziellen Besprechungen in den Protokollen als „commercial in confidence" (etwa: von wirtschaftlicher Natur und daher geheim zu halten) gekennzeichnet waren und einen eindeutigen und beunruhigenden Mangel an Transparenz offenbaren. Vor der Veröffentlichung auf der Website des JCVI in der Rubrik Freedom of Information wurden einige Informationen entfernt (Namen von Teilnehmern an den Besprechungen eingeschlossen). Dergleichen ist kein einmaliger Ausrutscher, ja es ist nicht einmal beschränkt auf das Königreich oder auf die Impfstoffproblematik – auf der ganzen Welt geschieht dasselbe mit allen möglichen Erzeugnissen der Pharmakonzerne. Ebenso ließen sich auch die Schlüsse verallgemeinern, die Dr. Tomljenovic zieht:

- Statt auf Sicherheitsprobleme bei bestimmten Impfstoffen, die durch hausinterne Untersuchungen festgestellt worden waren, angemessen mit einer Überprüfung der aktuellen Impfrichtlinien zu reagieren, unternahm das JCVI entweder a) gar nichts, b) manipulierte bzw. entfernte bestimmte unvorteilhafte Daten aus den öffentlichen Berichten, oder c) man unternahm intensive Anstrengungen, um Öffentlichkeit und Behörden zu beschwichtigen und von der Sicherheit der betreffenden Impfstoffe zu überzeugen.
- Gegenanzeigen zu den Impfkriterien wurden [vom JCVI] erheblich eingeschränkt, um die Impfraten trotz deutlicher und ungelöster Sicherheitsprobleme zu erhöhen.
- Die Impfstoffhersteller wurden vielfach aufgefordert, spezifische Nachbesserungen an ihren Datenblättern vorzunehmen, wenn diese im Widerspruch zu den offiziellen Empfehlungen des JCVI bezüglich der Schutzimpfungen standen.
- Immer wieder verließ man sich auf methodisch zweifelhafte Studien, um bestimmte Impfstrategien zu befördern, während man gleichzeitig unabhängige Untersuchungen ablehnte.
- Sicherheitsbedenken wurden permanent und kategorisch heruntergespielt, während man die Vorzüge von Impfungen übertrieben betonte.
- Es wurde ein Plan ausgearbeitet und beworben, um neue Impfstoffe von fragwürdiger Wirksamkeit und Sicherheit in das Standard-Impfschema für Kinder aufzunehmen, wobei man davon ausging, dass die Lizenz letztlich erteilt werden würde.
- Forschungen zur Sicherheit von Impfstoffen versuchte man aktiv zu verhindern.
- Das Vertrauen der Eltern und ihr fehlendes Wissen über Impfungen wurden bewusst ausgenutzt, um ein wissenschaftlich nicht fundiertes Immunisierungsprogramm voranzubringen, bei dem ein Teil der Kinder dem Risiko ausgesetzt wird, schwere neurologische Langzeitschäden davonzutragen.

Abb. 531: Gates rettet die Kinder

Also warum tun die das? (a) Wegen des Geldes; (b) Weil sie sich einen Dreck um irgendwen scheren, abgesehen von ihnen selbst; (c) Die Typen im Schatten, die diesen Schwindel und diese Korruption aus dem Hintergrund dirigieren, wissen ganz genau, warum sie die Kinder auf der ganzen Welt geimpft haben wollen – sie gewährleisten damit ein Leben mit vielen profitablen Krankheiten, koppeln die Menschen von der umfassenderen, höheren Realität ab und dezimieren die Erdbevölkerung, indem sie das Immunsystem schon vom frühesten Kindesalter an attackieren. Und wer unterstützt und finanziert diesen Irrsinn an vorderster Front und auf globaler Ebene, trotz der erdrückenden Beweislast für die Gefährlichkeit von Impfstoffen? Bill Gates – mit seiner Frau Gemahlin im Schlepptau (Abb. 531). Gates nennt das „Gottes Werk". Nun, des Saturngottes Werk vielleicht. Dr. Tomljenovic und ihr Kollege, der Neurowissenschaftler Christopher Shaw, sind mittlerweile zwei sehr laute Stimmen im Kampf gegen die Desinformation in der Impfproblematik. Hier sind noch einige weitere Hinweise von Dr. Tomljenovic über die Sicherheit von Impfstoffen:

- Aluminium kann die Blut-Hirn-Schranke durchbrechen, die das Gehirn vor Toxinen und damit vor Vergiftung schützt. Aluminium verbleibt für acht bis zehn Jahre im Körper. Während dieser ganzen Zeit bewirkt es eine Überreizung des Immunsystems, das unablässig auf die Anwesenheit des Aluminiums reagiert. Auf diese Weise kann es zu einer Reihe von Autoimmunerkrankungen kommen.

- Die meisten Studien über Impfstoffe werden von Big Pharma finanziert. Die Testreihen werden nur mit gesunden Personen durchgeführt, nicht mit Autoimmunkranken, Allergikern usw. Dennoch wird behauptet, sie seien für jedermann sicher. Wie soll man solch eine Aussage in irgendeiner Weise für glaubhaft halten, wenn man gar nicht sämtliche Möglichkeiten durchgetestet hat?

- Die meisten durch Impfstoffe verursachten Beschwerden werden niemals dokumentiert und oft wegerklärt, ohne überhaupt mit Vakzinen in Verbindung gebracht zu werden. Das bedeutet, dass nur ein bis zehn Prozent der Reaktionen des Körpers auf Impfstoffe überhaupt festgehalten werden. Junge Mädchen bekommen Gardasil und Cervarix verabreicht, zwei „vorbeugende" Impfstoffe, die angeblich Gebärmutterhalskrebs verhindern können. Tausende Fälle von Schädigungen durch diese Stoffe sind bekannt geworden – bis hin zu Todesfällen –, doch ob sie tatsächlich Krebs verhindern können oder ob sie überhaupt notwendig sind, ist nirgendwo bewiesen worden.

Es gibt auf *Youtube* ein ausgezeichnetes Interview mit Dr. Tomljenovic. Sie finden es, wenn Sie den Titel „The Vaccine Myth: An Issue of Trust" eingeben. Dr. Joseph Mercola, ein amerikanischer Aktivist im Gesundheitsbereich, sagte über Gardasil:

„Ich denke, beim Thema Impfstoffe sollte man sich an die Historie erinnern – und dies gilt im Lichte der aktuellen Entwicklungen umso mehr. Da wäre zunächst einmal der Umstand, dass die Wirksamkeit des HPV-Impfstoffes Gardasil, welches angeblich Gebärmutterhalskrebs vorbeugt und jungen Mädchen und Frauen mit viel Nachdruck aufgeschwatzt wird, bislang nirgendwo nachgewiesen wurde.

Sogar das Gegenteil ist der Fall: Es gibt Hinweise, die vermuten lassen, dass der Impfstoff das Risiko von Präkanzerosen unter bestimmten Umständen um nahezu 45 Prozent erhöht, während die Zahl schwerer Gesundheitsschäden unter jungen Frauen als Folge dieses unnötigen Vakzins ständig wächst. Bis zum 13. Dezember 2010 wurden allein in den USA 20.915 Fälle von Schäden durch Gardasil dokumentiert – davon 89 Todesfälle, 297 Fehl- bzw. Totgeburten und 370 Fälle von abnormal ausgefallenen Pap-Tests nach der Impfung.

Damit nicht genug, hat die amerikanische Food and Drug Administration Gardasil im Jahre 2009 auch für die Impfung junger Knaben freigegeben, und auch bei diesen verzeichnen wir bereits einen Todesfall. Im letzten September starb ein Junge nur acht Tage nach einer Gardasil-Impfung."

Und der Wahnsinn geht weiter. In Großbritannien werden jetzt Stimmen laut, man solle nun mit denselben Substanzen auch Jungen „vor Kehlkopfkrebs schützen". In Australien wird das schon gemacht, und die Centers for Disease Control sprechen ebenfalls diese Empfehlung aus. Nicht, dass uns das überraschen würde, schließlich sind sie nichts anderes als Vasallen der Pharmakonzerne. Ich kann das Immunsystem dieser Kinder schon bei dem bloßen Gedanken an diesen Irrsinn förmlich um Gnade flehen hören. Die australische Gesundheitsministerin Tanya Plibersek sagte über ihre Zustimmung zur Gardasil-Impfung für Jungen: „Es ist ein aufregendes Unterfangen, eine australische Erfindung – zuerst war es eine Weltneuheit für Frauen, und nun gibt es sie auch für junge Männer." Diese Worte werden ihr am Ende im Hals stecken bleiben. Die Schwachköpfe in den Regierungen dieser Welt sind hinsichtlich ihrer Zahl und des Grades ihrer Schwachköpfigkeit einfach einzigartig. Gibt es das Wort Schwachköpfigkeit eigentlich? Also falls nicht, sollten wir es einführen. Wir werden es brauchen.

Vergifte dein Kind – das Gesetz will es so

Falschinformation, Einschüchterung und die Dämonisierung von Eltern, die ihre Kinder nicht impfen (lies: vergiften) lassen wollen – dieser Kurs führt uns geradewegs zur Einführung von Zwangsimpfungen. Und das nicht nur für Kinder. Der Staat besteht darauf, dass ihr eure Kinder und euch selbst vergiftet. (Und wehe, wenn nicht! Dann setzt es was!) Er verlangt, dass ihr euer Immunsystem und das eurer Kinder massiv beschädigt. (Wehe, wenn nicht!) Ich sage es noch einmal: Das ist die Definition von Tyrannei! Archontische Umkehrung bedeutet hier, dass Eltern, die den Pharmafaschisten Widerstand leisten, als Kindesmisshandler dargestellt werden – dafür, dass sie die Impfung ihrer Kinder nicht gestatten oder es ablehnen, sie dem tödlichen und sinnlosen Albtraum einer Chemotherapie auszusetzen. Mehr und mehr werden Eltern von einer programmierten und korrupten Justiz, die ihre Werte von ebenso programmierten und korrupten „medizinischen Experten" bezieht, zu einer bestimmten Handlungsweise gezwungen. Die Vertreter der archontischen Netzwerke lassen nicht mit sich reden – es sei denn, wir lassen ihnen keine Wahl. Die Menschen können von ihrer freien Entscheidung Gebrauch machen und Nein zur Ruinierung ihres Körpers und Geistes sagen. Wir erleben bereits, dass Mitarbeiter im Gesundheitswesen gefeuert werden, wenn sie sich nicht gegen Grippe impfen lassen – mit einem Cocktail aus Quecksilber, Aluminium, Phenol (Karbolsäure), beta-Propiolacton (einem Desinfektionsmittel), Ethylenglykol (einem Frostschutzmittel), Triton X-100 (einem Reinigungsmittel), Natriumphosphat, Octoxinol 9 (einem Vaginalspermizid) und Nonoxinol, mit dem sexuell übertragbare Krankheiten behandelt werden. Dieses ganze Zeug müssen sich die Leute also injizieren lassen, wenn sie ihren Job behalten wollen? Das ist purer Faschismus. Kathleen McManus, leitende Mitarbeiterin eines Ärztehauses, gab dafür eine so lachhafte Rechtfertigung ab, wie ich sie selten gehört habe: Die Verantwortlichen hätten sich deshalb zur Einführung des Impfzwanges entschlossen, weil die Quote bei der freiwilligen Teilnahme niemals über 65 Prozent lag. Ah – ich verstehe: Wenn ihr euch alle freiwillig impfen lasst, verzichten wir auf die Zwangsimpfung. Aber wenn ihr das nicht macht, müssen wir leider die obligatorische Impfung einführen. Und hier kommt der entscheidende Satz von Frau McManus: „Die Menschen, denen wir hier dienen, sind schwer krank, und ich werde keinen von ihnen einem Risiko aussetzen." Nun, Worte bedeuten gar nichts. Diese „Ohne Impfung kein Job"-Politik umfasst in Großbritannien mittlerweile Ärzte, Krankenschwestern, Feuerwehrmänner, Polizisten, Gefängniswärter, Gerichtsmediziner und Arbeiter der Müllabfuhr: Sie alle müssen die Hepatitis-B-Impfung akzeptieren, um diese Berufe ausüben zu können. Dies sei nötig, um sie vor infiziertem Blut zu schützen, so heißt es. Sagen Sie das doch mal den 200 Vertretern eben dieser Berufe, die laut einem Bericht des Londoner *Daily Express* nach mehrfachen Impfungen an schweren körperlichen und geistigen Gesundheitsproblemen leiden – wobei 60 Prozent von ihnen jetzt behindert sind! In einigen Staaten der USA hat man versucht, die Rechte der Eltern, sich gegen eine Impfung ihrer Kinder zu entscheiden, weiter einzuschränken, wie z.B. in New Jersey, wo Mehrheitsführerin Loretta Weinberg (eine Rothschild-Zionistin) einen entsprechenden Gesetzesentwurf einbrachte. Die Home School Legal Defense Association nahm sich des Falles eines Paares aus Pennsylvania an, deren gerade erst geborene Tochter gewaltsam von Polizei und Beamten mitgenommen und entgegen dem Willen ihrer Eltern gegen Hepatitis B geimpft wurde. Die Mutter wurde gleich nach der Geburt von der Polizei aus dem Krankenhaus eskortiert. Das ist die Welt, in die wir hineinschlafwandeln. Im Gegenzug für die Abermillionen Dollar, die Big Pharma der Politik in Form von Spendengeldern zukommen lässt – mit Obama als vorrangigem Empfänger –, setzen sich die Politiker allerorten emsig für die Pharmaindustrie ein. So überrascht es nicht, dass die Tyrannei mit der Bezeichnung „Obamacare" für die Pharmakonzerne unglaublich lukrativ ist und die Krankenversicherung (lies: Big Pharma-Versicherung) nun obligatorisch wird. Womit den Menschen ein weiteres Mal die Möglichkeit der freien Entscheidung genommen wird –

und die, finanziell ohnehin oft schon der Verzweiflung nahe, mit Bußgeldern von Seiten des IRS (Internal Revenue Service) rechnen müssen, wenn sie sich weigern sollten, die Krankenversicherung zu akzeptieren. Laut IRS wird die Versicherung im Jahre 2016 jede vier- bis fünfköpfige Familie mindestens 20.000 Dollar pro Jahr kosten. Obamacare bedeute Gesundheitsversorgung für jedermann, versprechen die Werbeleute. Doch in Wahrheit ist es einfach ein weiterer Trick, um enorme Summen von Bevölkerung und Regierung (lies: Steuerzahlern) in die Kassen der Krankenversicherungsunternehmen zu transferieren. Obama ist so ein falscher Fuffziger – es ist erstaunlich, dass ihm überhaupt noch irgendjemand etwas abkauft. Die Menschheitsfamilie wird im großen Stil misshandelt – und Regierungen auf der ganzen Welt beteiligen sich tatkräftig daran. Schauen wir uns einmal eine kleine Auswahl der Schlagzeilen an, die ich in wenigen Monaten gesammelt und archiviert habe. Es lohnt sich, sie einmal Revue passieren zu lassen, um ein realistischeres Gefühl für Big Pharmas Arznei- und Impfstoffmachenschaften zu bekommen:

Weitere 800 Kinder durch Impfstoffe dauerhaft geschädigt; Neugeborenes Mädchen stirbt nur Stunden nach fünffacher Impfung; Gutachten: Geimpfte Kinder fünfmal anfälliger für Krankheiten als ungeimpfte Kinder; 17facher Anstieg von Narkolepsiefällen [chronische Hirnschädigung, die das Schlafverhalten stört] nach Schweinegrippenimpfungen; Studie: 97 Prozent der Kinder, die 2009 Mumps bekamen, waren dagegen geimpft; Epidemiologe bestätigt schweren Windpocken-Ausbruch, 97 Prozent waren geimpft; Tödliche Autoimmunstörung durch Hepatitis-B-Impfstoff; Neue Studie: Kinder mit den meisten Impfungen auch am häufigsten im Krankenhaus; Geimpfte Kinder haben bis zu 500 Prozent mehr Krankheiten als ungeimpfte Kinder; Neue Erkenntnisse: Indizien für eine Verbindung zwischen Narkolepsie und dem Schweinegrippeimpfstoff von GSK mehren sich; Schweinegrippeimpfung mit Schlafkrankheit in Zusammenhang gebracht: Möglicherweise bekamen eine Million Kinder Impfstoff, der Narkolepsie-Risiko erhöht; Neue Studie: Windpocken-Impfstoff könnte für jüngste landesweite Gürtelrosenepidemie verantwortlich sein; Häufige Verschleierung von impfungsbedingten Hirnschäden bei Babys durch falsche Schütteltrauma-Diagnose; 160.000 Ampullen mit Grippeimpstoff aufgrund schwebender Partikel zurückgerufen; Werden Grippeimpfstoffe künftig aus Hunde- und Insektenzellen hergestellt?; Australien: Saisonale Grippeimpfung für Kinder bis fünf Jahren ausgesetzt, nachdem in West-Australien 23 Kinder nach der Impfung mit Krämpfen ins Krankenhaus eingewiesen wurden; Mindestens 40 Kinder nach Verabreichung eines neuen Meningitis-Impfstoffes gelähmt; Impf-Skandal: Durchgesickertes vertrauliches Dokument enthüllt Tod von 36 Kindern nach Impfung mit bestimmtem Vakzin; Bis zu 145.000 Kinder in den letzten 20 Jahren durch Mehrfachimpfstoffe gestorben; Bundesgericht: Tödliche Autoimmunerkrankung ist durch Hepatitis-B-Impfstoff verursacht; Studie: Grippeimpfung kann Herzschäden verursachen und den Fötus schädigen; Jetzt wissenschaftlich bewiesen: Impfstoff löst neurologische Störung MMF aus; Neue Studie bestätigt: Quecksilber in Grippeimpfstoffen ist toxisch; Grippe-Epidemie streckt Millionen geimpfte Amerikaner nieder; Neurotoxisches Grippemedikament für Anwendung bei Kindern zugelassen; Fremd-DNS und Substanzen aus Impfstoffen bei Kranken, Behinderten und Sterbenden festgestellt; HPV-Impfstoff Gardasil mit rekombinanter DNS kontaminiert; 30 erschütternde Fakten über Gardasil und andere HPV-Schutzmittel, die man Ihnen verheimlichen will; Mehr Impfstoffe bitte, wir sind Briten!; Geschäftsführer der GAVI [von Bill Gates finanzierte globale Impfallianz] will „jedes Kind auf der Erde impfen"; Krankenhaus in Indiana feuert acht altgediente Krankenschwestern, die eine Grippeimpfung aus religiösen Gründen ablehnten; Colorado: Mitarbeitern im Gesundheitswesen droht Kündigung, wenn sie die obligatorische Grippeimpfung verweigern; Krankenschwestern verlieren Glauben an Vakzine, misstrauen medizinischen Autoritäten; FDA genehmigt experimentelles Tuberkulose-Medikament, das erhöhtes Sterberisiko mit sich bringt; Studie: Antidepressiva Celexa und Lexapro verursachen Herzrhythmusstörungen; Schweiz und Kanada geben Druck der Konzerne nach: Verbot des gefährlichen Medikaments Novart aufgehoben; Erneut bestätigt: Statine verkalken die Koronararterien; Wie man eine ganze Bevölkerung auf Statine setzen will und versucht, das Zeug überall zu verhökern; Statine für alle über fünfzig: Auch Gesunde sollen Herzmedikamente nehmen, meint britischer Experte; Der Antidepressiva-Skandal – wo bleibt der wütende Aufschrei?; Chemische Lobotomie gefällig? Nehmen Sie Antidepressiva!; Wie Kinder lebenslang tablettenabhängig werden; Medikamente gegen ADHS werden „allen Kindern mit Lernschwierigkeiten" verschrieben; WHO drängt Depressive zum Outing, um den Arzneimittelabsatz der Pharmaindustrie anzukurbeln; Medizin außer Kontrolle: Mobbing meist mit Psychopharmaka behandelt; Ungeborene tot durch Antidepressiva: Ursache sind SSRI-Medikamente; Warum Psychiatrie und Vater Staat miteinander im Bett liegen; Mysteriös: AIDS-ähnliche Krankheit tritt an jenen Orten auf, wo Merck Impfstoff-Tests durchgeführt hat; FDA-Skandal: Vorstandsmitglieder mit Verbindungen zu Arzneimittelherstellern stimmten für die Zulassung eines Medikaments, das für Todesfälle bei weiblichen Patienten bekannt ist; FDA: Pharmafirmen fälschten Tausende Dokumente über ihre Medikamente; Verbotener gefährlicher Impfstoff wurde neu verpackt und mit neuem Namen versehen; Pharmagiganten zahlten elf Milliarden Dollar an Bußgeldern für kriminelle Aktivitäten; Pharmakonzerne wollen für Gentherapie-Medikamente pro Patient eine Million Dollar in Rechnung stellen; Big Pharmas Profitmacherei erreicht neuen Höhepunkt: 45 Prozent der Amerikaner können sich verschriebene Medikamente nicht mehr leisten; Pharmaindustrie setzt Arzneimittelexperimente in unterentwickelten Nationen aus Profitgründen fort; Big Pharma will uns lebenslang auf Tabletten und Impfungen halten; Die Medikamente wirken nicht – ein moderner medizinischer Skandal.

Es ist der helle Wahnsinn, was hier abläuft. Die britische Health Protection Agency (HPA) hat angesichts einer Keuchhusten-Epidemie sogar dazu aufgerufen, Babys gleich nach der Geburt zu impfen. Was sie dabei verschwieg ist die Tatsache, dass die Epidemie unter *geimpften* Kindern grassierte. Oh, wenn wir die Impfung erst im Alter von zwei Monaten verabreichen, scheint sie nicht zu wirken – na, dann verpassen wir sie den Babys gleich bei der Geburt. Das müsste das Problem lösen. Der britische *Guardian* berichtete dazu:

> „Die Health Protection Agency (HPA) hat die Regierungsberater zu Impfangelegenheiten gebeten, eine Reihe von Optionen zu prüfen – darunter die Möglichkeit, Neugeborene zu impfen. Die Impfung [gegen Keuchhusten] wird den Babys normalerweise im Alter von zwei, drei oder vier Jahren verabreicht. Dies geschieht als Teil einer Fünffach-Impfung, die auch den Schutz vor Tetanus, Polio, Diphterie und Haemophilus influenzae B beinhaltet. Wenn die Kinder in die Schule kommen, erhalten sie eine Auffrischungsimpfung.

> Das mit der Regierung assoziierte Joint Committee on Vaccination and Immunisation [das berüchtigte JCVI] untersucht auch die Möglichkeiten, Schwangere zu impfen, die Familienangehörigen Neugeborener zu immunisieren und Auffrischungsimpfungen für Teenager einzuführen. Der Ausschuss sprach die Empfehlung aus, Beschäftigte im Gesundheitswesen, die engen Kontakt mit Babys haben, zu impfen."

Fünffach-Impfung?? Wie bitte?? Das bedeutet Mord am Immunsystem. Wehe aber, jemand stellt den Wahnsinn des Systems in Frage – dann schießen sämtliche Vertreter desselben mit vereinten Kräften zurück: Ärzte und ihre Berufsverbände, Regierungsbehörden, Politiker, die Pharmaindustrie und die Medien. Dr. Andrew Wakefield, ein in Kanada ausgebildeter Gastroenterologe, brachte die Zunahme der Fälle von Autismus zu Recht mit der ebenfalls zunehmenden Verwendung von Quecksilber in Impfmitteln in Verbindung. Daraufhin begann die englische Ärztekammer, Dr. Wakefield zu diffamieren und entzog ihm schließlich unter dem fadenscheinigen Vorwand eines angeblichen „beruflichen Fehlverhaltens" die Zulassung. So leistete das GMC seinen Herren und Meistern aus der Pharmaindustrie Gehorsam, die verzweifelt bemüht waren, die Entlarvung des gesundheitsschädlichen Charakters ihrer Vakzine zu verhindern – und die zwangsläufig darauf folgenden Gerichtsprozesse, die Big Pharma schweren Schaden hätten zufügen können. Wakefield hatte die Frage aufgeworfen, ob der Dreifachimpfstoff gegen Masern, Mumps und Röteln („MMR") Autismus und Erkrankungen des Darmbereichs hervorrufen würde. Nur Beknackte (oder Korrumpierte) konnten den Zusammenhang zwischen dem in den Impfstoffen enthaltenen Quecksilber und den Fällen von Autismus noch übersehen. Dr. Rashid Buttar berichtete vor dem Reform and Oversight Hearing Subcommittee on Wellness and Human Rights, einem Unterausschuss des amerikanischen Kongresses, über die erstaunlichen Erfolge, die er bei der Behandlung von autistischen Kindern durch bloße Ausleitung von Quecksilber erzielt hat. Buttars Sohn Abi, der ebenfalls an Autismus litt, erfuhr durch den Entgiftungsprozess eine vollständige Heilung. Dr. Bob Nash, Vorsitzender des American Board of Clinical Metal Toxicology, sagte dazu:

> „Wenn 31 Kinder durch eine einfache transdermale Metallausleitung von einer schweren Erkrankung genesen, dann sagt uns der gesunde Menschenverstand, dass möglicherweise Metalle an der Krankheitsentstehung beteiligt waren."

Nur die Pharma-Kabale scheint solch einen einfachen Gedankengang nicht zu verstehen. Aber natürlich wissen sie sehr wohl um diesen Zusammenhang. Nur soll die Öffentlichkeit davon nichts erfahren. So wies die UK Advertising Standards Authority (ASA) die Betreiber der Website BabyJabs.co.uk an, bestimmte Beweise und Informationen über einen Zusammenhang zwischen Impfstoffen und Autismus von ihrer Internetpräsenz zu entfernen – darunter auch die Aussagen von Dr. Wakefield. Die ASA ist die „Selbstregulierungsorganisation der britischen Werbebranche". Dieser Wirtschaftszweig lockt gewaltige Geldbeträge aus Big Pharmas Werbeabteilungen an. Die „Wissenschaftler" in den USA und Großbritannien verfügen unter anderem über ein globales, computergestütztes System zur Überwachung sozialer Medien, das in der Lage ist, sämtliche Aktivitäten der Infragestellung oder Anfechtung der Impflügen zu registrieren und den Behörden zu melden. Und wer hat dieses System finanziert? Die *Bill and Melinda Gates Foundation*. Der Mann muss offenbar überall im Rampenlicht stehen. Doch während man die Verbindung zwischen Impfstoffen und Autismus allerorten leugnet und vertuscht, erhalten Familien von Kindern, die in der Folge von Impfungen Autismus entwickelt haben, Ausgleichszahlungen in Millionenhöhe. So sprach man im Januar 2013 zwei Kindern mit impfbedingten Autismuserkrankungen im Rahmen des staatlichen amerikanischen Entschädigungsprogramms für Impfgeschädigte mehrere Millionen Dollar zu. Gleichzeitig vermied es dieselbe Behörde jedoch zuzugeben, dass Impfstoffe Autismus verursachen – denn damit hätte die Schleusentore geöffnet. Man stufte beide Fälle als „nicht öffentlich" ein, damit der Inhalt der Krankenakten und sonstiges Beweismaterial nicht zum Gegenstand einer öffentlichen Untersuchung werden konnten. 2013 geschah dann, was früher oder später geschehen musste: Man gab bekannt, dass man einen neuen Impfstoff entwickelt hätte, mit dem man Symptomen vorbeugen könne, die ... genau, bei *Autismus* auftreten. Andrew Wakefield musste sich Anfang 2013 neue Verunglimpfungen anhören, als in Wales angeblich eine Masern-„Epidemie" ausbrach. Schuld waren natürlich die Kinder, die aufgrund von Wakefields „Panikmache" nicht mit dem MMR-Vakzin geimpft worden waren. Annähernd eintausend Fälle von Masern seien bislang bestätigt worden, so hieß es. Flugs bildeten sich lange Schlangen verängstigter Eltern, die ihre Kinder mit MMR impfen lassen wollten – darunter viele, die dies ursprünglich abgelehnt hatten. In den Medien kamen Schwachköpfe zu Wort, die Wakefield für das Geschehene verurteilten und keine Gelegenheit ungenutzt ließen, um Angst zu schüren. Doch als später die offiziellen Zahlen veröffentlicht wurden, stellte sich heraus, dass nur bei einem Bruchteil der angeblich laborchemisch bestätigten Fälle tatsächlich Masern vorgelegen hatten. Der Anteil der Fehldiagnosen war frappierend – einer der Analysen zufolge soll er die Zahl der korrekten Diagnosen gar um 18.200 Prozent überstiegen haben. Und was ist mit den Kindern, die geimpft worden waren und trotzdem Masern bekommen haben? Was ist mit den ungeimpften Kindern, die nicht erkrankt sind? Diese Fragen haben die Mainstream-Medien gar nicht erst gestellt – solche komplexen Gedankengänge hätten sie überfordert. Da war es viel einfacher, Wakefield schlecht zu machen und die von der Regierung ausgegebenen Parolen wiederzukäuen. Die Schwachköpfe der britischen *Telegraph*-Gruppe starteten nach der künstlich erzeugten Panik von Wales eine Kampagne, damit Kinderbetreuungs- und Vorschuleinrichtungen ungeimpfte Kinder unter dem Motto „Ohne Impfung wird nicht gespielt" aus ihren Betreuungsstätten verweisen konnten. Gibt es eigentlich einen Impfstoff gegen Ignoranz und Blödheit? Wenn Sie einen haben, rufen Sie bitte umgehend beim *Telegraph* an. Eine weitere mächtige Waffe, die Big Pharma zur Vertuschung von Medikamenten- und Impfmittelskandalen benutzt, sind die rigorosen britischen Gesetze zum Straftatbestand der Verleumdung. Henrik Thomsen vom Kopenhagener Universitätskrankenhaus, einer der führenden Radiologen Europas, wurde aufgrund seiner Äußerungen über das Medikament Omniscan von General Electric Healthcare, einem Tochterunternehmen von General Electric, wegen Rufschädigung verklagt. Thomsen und andere Ärzte hatten sich gewundert, warum 20 nierenkranke Patienten nach einem Routinescan allesamt an nephrogener systemischer Fibrose (NSF) erkrankt waren. Bei diesem Leiden schwillt die Haut an, verdickt sich und wird sehr straff. Einer der Patienten starb infolge der Krankheit, andere blieben an den Rollstuhl gefesselt. Wie später bestätigt wurde, bestand der gemeinsame Nenner in all diesen Fällen darin, dass den Betroffenen bei der Untersuchung Omniscan verabreicht worden war, um die Qualität der Bilder zu verbessern. Die britische Medicines and Healthcare Products Regulatory Agency stellte fest, dass es im Zusammenhang mit der Anwendung von Omniscan landesweit zu 20 Fällen von nephrogener systemischer Fibrose gekommen sei, fünf davon seien tödlich verlaufen. Seitdem Thomsen für seine Äußerungen über das Kontrastmittel eine Anzeige wegen übler Nachrede eingesteckt hat, schweigt er zu dem Thema. Ein weiterer Kniff, mit dem das mittlerweile gewachsene Bewusstsein der Eltern in Bezug auf die Impfproblematik umschifft wird, besteht darin, dass man die Kinder nun schon ab einem Alter von zwölf Jahren selbst entscheiden lässt, ob sie sich impfen lassen wollen oder nicht. Die Meinung der Eltern spielt dabei keine Rolle mehr. In Kalifornien ist ein entsprechendes Gesetz bereits in Kraft getreten, in Texas wurde ein ähnlicher Gesetzesentwurf eingebracht. Wenn wir uns all diesen Irrsinn und das Ausmaß der Korruption vor Augen halten, werden uns die folgenden Voraussagen für die nächsten Jahrzehnte verständlich. Wobei diese für mein Gefühl durchaus optimistisch gehalten sind. Ich habe sie der Website von Agora Health entnommen:

- Bis zum Jahr 2030 wird der Krebs doppelt so viele Menschenleben fordern wie heute. Dies geht aus offiziellen Zahlen der International Agency For Cancer Research hervor.
- Nach Angaben der British Heart Foundation wird mindestens jeder Dritte einen schweren Herzinfarkt oder Schlaganfall erleiden.
- Gegenwärtig sind weltweit mehr als 220 Millionen Menschen von Diabetes betroffen. Jährlich sterben 3,4 Millionen Menschen an den Folgen hoher Blutzuckerwerte. Die Weltgesundheitsorganisation rechnet mit einer Verdopplung dieser Zahlen in den nächsten 15 Jahren.
- Die Weltgesundheitsorganisation erwartet außerdem, dass im Jahr 2030 etwa alle vier Sekunden ein Fall von Demenz diagnostiziert werden wird.

Das sind nur einige der Auswirkungen, die toxische Nahrung, ein Leben in Stress und eine nutzlose Medizin nach sich ziehen. Viel schlimmer ist jedoch, dass all das genau so geplant und kalkuliert worden ist. Die Gründe dafür werde ich noch ausführen und belegen.

Die Beseitigung der Alternativen

Stellen Sie sich vor, Ihr Ziel wäre es, das Immunsystem der Menschheit zu vergiften, zu verstrahlen und zu zerstören. Sie würden dann eine Sache bestimmt nicht wollen: Dass die Menschen auf Alternativen ausweichen könnten. Sie wollen sie *alle* fangen, nicht nur diejenigen, die sowieso tief und fest schlafen. Hierin liegt der Grund für die ständigen Attacken des archontischen Behördenapparates auf alternative Heilungsmethoden, Nahrungsergänzungen und frische, biologische Nahrung ohne Chemiestoffe (Abb. 532). Eine der wichtigsten Waffen in diesem globalen Krieg gegen jedwede Alternative zu den Produkten der archontischen Konzerne, welche die Medizin und die Lebensmittelindustrie dominieren, ist der Codex Alimentarius („Lebensmittelkodex"). Mit den darin festgelegten Normen wird der Zugang zu Nahrungsergänzungen verwehrt, die den rückläufigen Nährstoffgehalt unserer Lebensmittel ausgleichen könnten und uns vor den Krankheiten schützen würden, die sich die Geisteskranken in ihren Laboratorien ausdenken. Unter dem Vorwand, die Gesetze und Vorschriften für Lebensmittel und Nahrungsergänzungen weltweit zu vereinheitlichen, können wir beobachten, wie sich eine „internationale Gesetzgebung" herausbildet und „internationale Verträge" geschlossen werden. Das ist der schleichende Totalitarismus – es wird ein Geflecht aus weltumspannenden Gesetzen gewoben, die der Weltregierung den Weg ebnen. Der Codex Alimentarius, hinter dem die Rothschilds und Rockefellers stehen, bietet die schöne Fassade für das eigentliche Ziel: die Zerstörung jedweder Opposition durch die Pharma-, Lebensmittel- und Biotech-Giganten. Der Codex wurde in den 1960-er Jahren von den Nazi-Kriegsverbrechern Hermann Schmitz und Fritz ter Meer geschaffen. Schmitz war Präsident des berüchtigten Nazi-Chemieunternehmens I. G. Farben und ter Meer einer der Unternehmensleiter. Wir sprechen von eben jenem Konzern, der eine Fabrik in Auschwitz betrieb, und es war ter Meer, der den Slogan „Arbeit macht frei" über dem Haupttor des Lagers anbringen ließ (Abb. 533). Fritz ter Meer war auch bei Bayer beschäftigt, einem Ableger der I.G. Farben, den sein Vater gegründet hatte. Sowohl Schmitz als auch ter Meer wurden bei den Nürnberger Prozessen als Kriegsverbrecher zu Freiheitsstrafen verurteilt. Ter Meer musste dank der Intervention seines Freundes Nelson Rockefeller, dem viermaligen Gouverneur von New York, nur vier Jahre seiner siebenjährigen Haftstrafe absitzen. Wieder auf freiem Fuß, wurde er Aufsichtsratsvorsitzender von Bayer und half mit, den Codex Alimentarius auf den Weg zu bringen. Der Codex ist ein Vehikel zur Unterwanderung und Übernahme lokaler Gesetze im Bereich der Lebensmittel und Nahrungszusätze im Sinne des globalen Pharmakartells – zu dem auch Teile der ehemaligen I. G. Farben gehören. Offiziell wurde die Codex-Alimentarius-Kommission im Jahre 1963 durch die Food and Agriculture Organization der Vereinten Nationen und die Weltgesundheitsorganisation gegründet. Der Codex ist von der

Abb. 532: Das archontische Netzwerk trachtet nach der Zerstörung der letzten noch verbliebenen Quellen gesunder Ernährung und alternativer Medizin.

Abb. 533: Fritz ter Meers Geschenke an die Menschheit: Konzentrationslager und der Codex Alimentarius. Mit freundlicher Unterstützung seines Kumpels Nelson Rockefeller.

Welthandelsorganisation anerkannt und hat damit Vollstreckungsbefugnisse. Bei all diesen Aktionen handelt es sich um Rothschild-Rockefellersche Operationen archontischen Charakters. Die Rothschild-Rockefeller-Clique gründet als Fassade fungierende Tarnorganisationen, die weitere Tarneinrichtungen etablieren – und das alles ohne irgendeine öffentliche Kontrolle. Während die Welt zuschaut, wird das globale Konzentrationslager jeden Tag ein Stückchen weiter ausgebaut. Dessen Insassen ergötzen sich derweil an Sport- und Spielshows, während sie ihre Pillen einwerfen. Systematisch rüstet man sich für die Unterdrückung sämtlicher Alternativen zu Big Pharma. Ich kenne Leute, die in der Lage sind, Krebskranke zu heilen, die das System schon längst abgeschrieben hat. Sie müssen aber um die halbe Welt fliegen, um sich den Behörden zu entziehen und irgendwo einen Zufluchtsort zu finden, an dem sie ihre Heilkunst ausüben können. So korrupt und widerwärtig ist das System. Andererseits ist es auch darauf ausgelegt, Menschen massenhaft umzubringen und den Geist der Gerade-Noch-Lebenden medikamentös zu vernebeln. Dann wundert man sich nicht mehr, warum die ins System involvierten Personen so archontengleich kaltherzig und gefühllos sind. Das Berufungsgericht in New York entschied, dass es okay sei, wenn Pharmavertreter ihre Produkte auch für den sogenannten „zulassungsüberschreitenden Einsatz" bewerben – also für solche Anwendungsfälle, die von der Food and Drug Administration gar nicht genehmigt worden sind. Bezirksrichter Denny Chin erklärte dazu:

> „In den Bereichen der Medizin und der öffentlichen Gesundheit, wo Informationen Leben retten können, ist es nur im Sinne des öffentlichen Interesses, wenn über den Einsatz rezeptpflichtiger Medikamente – einschließlich der zulassungsüberschreitenden Anwendung – sachkundig und intelligent entschieden wird."

Schon klar: Der Pharmavertreter, der sich nur für seinen Gewinn interessiert und seine Mixturen verticken will, wird sicherlich sachkundig und intelligent die möglichen Konsequenzen einer nicht vorgesehenen Anwendung abwägen. Was für ein Schwachsinn! Der Pharma-Moloch bekommt so ziemlich immer, was er will. Unterdessen können alternative Therapeuten über ihre pharmaziefreien Methoden praktisch nichts äußern, ohne es mit strafrechtlicher Verfolgung, saftigen Bußgeldern oder sogar Gefängnisstrafen zu tun zu bekommen. Wenn jemand von einem Lebensmittel oder einem Nahrungsergänzungsmittel behauptet, es würde gesundheitsfördernde Eigenschaften haben, oder wenn solche Wirkungen diskutiert werden, dann deklariert man es einfach als Medikament – ja wirklich, es sind sogar Früchte und dergleichen davon betroffen. Damit muss das fragliche Objekt auch eine sauteure Genehmigungsprozedur bei der Food and Drug Administration passieren. Mein guter Freund Mike Lambert von der Shen-Klinik auf der Isle of Wight leistet Atemberaubendes bei der Wiederherstellung der Gesundheit von Patienten, die das System schon abgeschrieben hatte. Doch gerade *weil* er dies tut, lassen die Behörden nichts unversucht, um ihn daran zu hindern. Dabei mischt auch der hoch korrupte Kommunalrat der Isle of Wight mit. Die Herren drängten Mike auf schändlichste Art und Weise aus seinen Räumlichkeiten, während die Strippenzieher im Hintergrund davon profitierten. Ich habe in früheren Büchern eine Serie von alternativen Präparaten gegen Krebs beschrieben, die unter der Bezeichnung „Salvestrole" vertrieben werden. Meiner Meinung und Erfahrung nach werden diese jedoch mittlerweile um Längen von dem viel stärkeren und wirkungsvolleren Resveratrol übertroffen. Ich spreche dabei nicht von Resveratrol im Allgemeinen, sondern speziell von der Sorte, die Mike Lambert empfiehlt und selbst verwendet. Ich nehme das Präparat seit einem Jahr, zusammen mit einem Mittel, das sich Q10 nennt (wiederum nicht irgendein Q10, sondern die von Mike empfohlene Variante). Meine Gesundheit hat seitdem einen gewaltigen Sprung gemacht. Nein, ich bekomme keine Provision dafür, dass ich das schreibe. Keinen Cent. Ich möchte einfach nur, dass auch andere die tolle Wirkung erleben können, die ich selbst erfahren habe – vor allem jene, die so schwer erkrankt sind, dass die Big-Pharma-Medizin sie schon zum Sterben nach Hause geschickt hat. In Deutschland, Frankreich und Asien durchgeführte Studien belegen das Potenzial dieser Rezeptur bei der Behandlung und Vorbeugung verschiedener Arten von Krebs, Herzerkrankungen und einer ganzen Reihe weiterer ernster Beschwerden. Sie können Resveratrol-V, das nach dieser Rezeptur hergestellt wird, über die Website Bio-Continuum.com beziehen. Eine weitere Masche der FDA besteht darin, eine natürliche Substanz als „Medikament" einzustufen und dann einer Pharmafirma die exklusiven Vermarktungsrechte zuzuschustern. So geschah es beispielsweise mit dem als Drachenblut bekannten Harz einer südamerikanischen Baumart. Mit einem Federstrich machte die FDA das Harz zum Arzneimittel und übertrug Salix Pharmaceuticals die alleinigen Verkaufsrechte. Salix verkauft es nun unter dem Markennamen Fulyzac über die in San Francisco ansässige Firma Napo Pharmaceuticals. Fulyzac wird Patienten verabreicht, die nach Einnahme von HIV-Medikamenten unter Diarrhöe leiden. Dasselbe geschah auch mit dem natürlichen Hormon Pregnenolon, das zur Verhinderung von Fehlgeburten beiträgt. Die FDA bestimmte, dass die weitverbreitete Verwendung des Hormonpräparates einzustellen sei und es nur noch von KV Pharmaceutical vertrieben werden dürfe. Die haben daraufhin den Preis gleich um *15.000 Prozent* erhöht. Das bedeutet natürlich, dass sich zahllose angehende Mütter das Präparat nicht mehr leisten können. Wie bösartig muss man eigentlich sein, wenn man so etwas wie die FDA betreibt? Das übersteigt beinahe die Grenzen des Vorstellbaren. Die FDA mit all der Korruption und ihren eigenen schwerbewaffneten SWAT-Teams, die ihre Gegner zusätzlich einschüchtern, ist nichts weiter als ein faschistischer Auftragsmörder-Dienst für Big Pharma, der jeden Widerstand aus dem Weg räumt, sich Naturprodukte einverleibt und gefährliche Medikamente und Impfstoffe zur Vermarktung freigibt. Sie finden auf *Youtube* eine sehr empfehlenswerte Dokumentation über die systematische Zerstörung der alternativen Medizin: „*We Become Silent – The Last Days of Health Freedom*". Ist es nicht auch witzig, dass Medikamente, die uns umbringen oder spirituell einschläfern können, von den Behörden gefördert und geschützt werden, während sie andere Mittel, die bei richtiger Anwendung in einem sicheren Umfeld die Psyche öffnen und uns die Illusion der Matrix offenbaren, verbieten? Ja, die [amerikanische] Bundesregierung hat es sogar fertiggebracht – und das ist der Gipfel des Irrsinns –, den Besitz und die Herstellung einiger Substanzen unter Strafe zu stellen, von denen eine sogar vom *menschlichen Gehirn* produziert wird! Ich spreche von DMT (Dimethyltryptamin), dem Hauptwirkstoff in Ayahuasca. Verhaften Sie das Gehirn! Mit diesem Quatsch sollen die Leute davon abgehalten werden, Substanzen einzunehmen, mittels derer sie die Matrix-Illusion durchschauen würden. Der viel zu früh verstorbene große amerikanische Komiker und scharfsinnige Denker Bill Hicks brachte es einmal auf den Punkt:

> „Es ist schon interessant: Die beiden Drogen, die dir rein gar nichts bringen – Alkohol und Zigaretten – sind legal. Andere aber, die deinen Geist öffnen und dir zeigen, wie du Tag für Tag verarscht wirst, sind verboten. Komischer Zufall, oder?"

Während ich dieses Kapitel schreibe, erdreistet sich die oberste Amtsärztin Großbritanniens, die systemgestählte und Big-Pharma-erprobte Professorin Freifrau Sally Davies, Homöopathie als „Mist" und die Homöopathen als „Hausierer" zu bezeichnen. Nicht dass das überraschen würde, schließlich sind Amtsmediziner im Dienste der Regierung grundsätzlich Groupies der Pharmaindustrie. Aber wenn jemand vom Range einer Professorin und „Freifrau" so dermaßen verpeilt und offenbar sämtlicher Wahrnehmungsfilter verlustig gegangen ist, dann ist das schon etwas Besonderes. Ich meine, wie kann die „Freifrau" andere des „Hausierens" bezichtigen, während sie selbst dem Pharmakartell in die Hände spielt – der gewaltigsten und profitabelsten Tötungsmaschinerie auf Erden, die bezüglich der Anzahl der produzierten Toten und Verkrüppelten selbst die Kriegsindustrie in den Schatten stellt. Auch die Geschädigten der Pharmaindustrie sind Kriegsopfer – Opfer jenes Krieges, der gegen die Gesundheit und letztlich die Existenz von Milliarden Menschen geführt wird. Wann haben uns alternative Therapieformen jemals eine Schlagzeile wie diese hier beschert: „Teenager erhält 109 Millionen Dollar, nachdem Ibuprofen ihr Gehirn zerstört hat, sie erblindet ist und sich 90 Prozent ihrer Haut abgelöst hat"? Mit Professorin Freifrau von wie-auch-immer haben wir ein Paradebeispiel dafür, wie der klassische Repräsentant der Programmierungsmaschinerie aus Bildung, Medizin, Wissenschaft, Justiz und Medien aussieht. Sie hält Homöopathie für „Mist", weil sie keine Ahnung hat, was der menschliche Körper eigentlich ist oder wie er arbeitet, geschweige denn, wie die Homöopathie funktioniert. Frau Davies ist eine weitere Vertreterin jener arroganten Akademikerkaste, die vom System zu völliger Blödheit herangezüchtet wird – so, wie es der Zielsetzung des Systems entspricht. Das Bildungssystem versorgt alle, die es durchlaufen, mit einer gewissen Basisprogrammierung. Mit dieser Grundausstattung versehen, widmen sich die Absolventen dann verschiedenen Spezialisierungen. Doch welche Richtung sie auch wählen, sei es in der Wissenschaft, der Medizin, der Politik, den Rechtswissenschaften, in den Medien usw. – sie werden in jedem Fall auch mit den Glaubenssystemen aller anderen Abteilungen konform gehen; denn zu dem Zeitpunkt, wenn sie die Schule bzw. die Universität verlassen, haben sie die Vorstellung, dass die konventionellen Wissenschaftler, Mediziner, Finanzmanager, Anwälte und die offiziellen Autoritäten am besten Bescheid wissen, tief verinnerlicht. Hier kommen übrigens auch unsere „Experten" ins Spiel. Die Vertreter jeder einzelnen Sparte beziehen ihr Realitätsverständnis über Repräsentanten der anderen Bereiche. Wenn nun beispielsweise Eltern, die ihr Kind nicht der Chemotherapie aussetzen wollen, vor Gericht gezerrt werden, wird sich der Richter auf die Seite der zuständigen Ärzte schlagen, die ja „am besten wissen", was das Richtige für das Kind ist. Anschließend wird dann in den Medien, die nichts weiter als eine weitere Ausformung derselben Basisprogrammierung darstellen, über die Angelegenheit berichtet. Das ist der Grund, warum die Mainstream-Medien sklavisch der von Wissenschaft, Medizin, Finanzwesen, Justiz und Obrigkeit ausgegebenen Parteilinie folgen und einen permanenten Strom von Korrespondenten und „Experten" generieren – einschließlich Ärzten –, welche die Programmierung rund um die Uhr weitergeben. Die *BBC* beschäftigt einen „medizinischen Korrespondenten" namens Fergus Walsh, den ich nun schon seit Jahren beobachte. Ohne Unterlass plappert er wie ein Papagei die Propaganda der Pharmaindustrie und des medizinischen Establishments nach, während er seines Fachgebietes unkundig ist. Wie sich herausgestellt hat, ist er mit einer ehemaligen Allgemeinärztin verheiratet, die heute in der Pharmabranche arbeitet. Also, ich kann nicht sagen, dass ich vor Überraschung vom Stuhl gefallen wäre. Wenn Fergus Walsh jemals während einer Sendung etwas sagen sollte, das nicht aus der Feder von Big Pharma stammt, würde er vermutlich einen zellulären Schock erleiden und auf der Stelle implodieren. Ob es dafür wohl ein Medikament gibt? Oder einen Impfstoff? Seine Frau weiß das bestimmt.

Abb. 534: Im Taumel der Wahrnehmungsprogrammierung.

Das ist also das Konditionierungs- und Vorbereitungssystem, das die Gedanken der meist ahnungslosen Fußsoldaten des Wahrnehmungsschwindels formt, die dann, still und heimlich von den Strippenziehern im Hintergrund gelenkt, die Bevölkerung lebenslang mit einer Flut aus Propaganda und Programmierung überschwemmen (Abb. 534). Denn die unsichtbaren Mächtigen wissen sehr genau: Wo man Mumpitz hineinsteckt, kommt auch wieder Mumpitz heraus.

24

Archontische Politik

Es gibt nur ein Gutes: Wissen; und nur ein Böses: Unwissenheit.
Sokrates

Weder die einzelnen Spezialisierungen des Systems noch das System als Ganzes könnten existieren, gäbe es nicht die Gesetze, die es ihm ermöglichen, den Menschen seinen Willen, seine Programmierung und seine Propaganda aufzuzwingen. Hier kommt jener Ableger der „Bildungs"-Basisprogrammierung ins Spiel, den wir „Regierung" nennen. Diesem Spezialisierungsbereich kommt (zusammen mit dem Bankenwesen) eine besondere Rolle innerhalb der Spezialisierungen zu, da hier die Möglichkeit gegeben ist, die Struktur der Gesellschaft zu bestimmen, die Verteilung des Geldes festzulegen (vorausgesetzt, die Banken stimmen zu), Inhalt und Form der „Bildung" der jungen Generation zu lenken und zu entscheiden, wer gegen wen in den Krieg zieht.

So zumindest in der Theorie. In Wirklichkeit dienen Regierungen vor allem als Fassade, um den Menschen vorzugaukeln, sie würden darüber mitbestimmen, wer sie regiert, und dass sie irgendeinen Einfluss auf ihr Schicksal hätten. Was Regierungen tatsächlich tun, wird im englischen Wort *government* besonders deutlich: „to govern" bedeutet so viel wie „jemandes Handlungen bzw. Verhalten kontrollieren", „jemand unter Kontrolle halten", „jemanden bändigen". Worte sind sehr wichtig – sie sind schwingende Informationsfelder, die uns viel über die wahre Bedeutung eines Begriffs oder eines Namens sagen. Manipulation funktioniert dann am besten, wenn die Menschen keine Ahnung haben, dass sie manipuliert werden. Folglich verstecken sich die unsichtbaren wirklichen Machthaber hinter der sichtbaren Fassade vorgetäuschter Macht, genannt „Regierungen" bzw. allgemeiner, „Politik". Eine Regierung, die ihre Tyrannei offen zeigt, kann zwar in gewissem Umfang auch archontischen Interessen dienen; da aber das Volk in diesem Fall genau weiß, dass es in einem tyrannischen System lebt, sind die Tyrannen ständig der Gefahr ausgesetzt, von ihren Untertanen gestürzt zu werden. Ganz anders sieht es jedoch aus, wenn es den Herrschern gelingt, das Volk sowohl geistig als auch physisch vollständig zu kontrollieren. Ein tyrannisches System lässt sich viel erfolgreicher betreiben, wenn es gelingt, die Tyrannei als Freiheit und Demokratie zu verkaufen. Diese beiden Worte werden auch immer in einem Atemzug genannt, so dass sie einem irgendwann als austauschbar erscheinen; dabei ist Demokratie etwas völlig anderes als Freiheit. Demokratie ist gewählte Tyrannei – wobei man in vielen Fällen sagen müsste: *theoretisch* gewählte Tyrannei. Im besten Falle ist Demokratie die Diktatur der Mehrheit. Oft stimmt nicht einmal das, nämlich wenn die Mehrheit ganz andere Parteien als den sogenannten Gewinner gewählt hat. Letztlich spielt es aber auch gar keine Rolle, wo die Bürger ihr Kreuz gesetzt haben, wenn sie ihren Wahlzettel in die Urne werfen oder auf moderne Weise elektronisch wählen. In letzterem Falle gilt das sogar in noch viel höherem Maße – denn woher weiß ich beim Internet-basierten Wahlgang bitte, dass tatsächlich auch die Option gespeichert wird, die ich gewählt habe? Man kann sich dessen einfach niemals sicher sein; umso verblüffter bin ich jedes Mal, wenn ich jemanden das elektronische Wählen so vehement verteidigen höre. Politische Parteien und Führer sagen uns, was sie zu tun bzw. nicht zu tun gedenken, sollten wir sie an die Macht wählen; auf dieser Grundlage entscheiden sich die meisten Menschen für die eine oder die andere Partei. Einige schlafen natürlich auch so fest, dass sie einfach immer dieselbe Partei wählen, ohne sich auch nur eine Sekunde mit dem Für und Wider auseinanderzusetzen. Diese Wahlversprechen haben übrigens einen ganz anderen Charakter als die Versprechen beispielsweise eines Staubsaugerverkäufers. Beim Kauf eines Staubsaugers – oder irgendeines anderen Produktes – gehen Käufer und Verkäufer einen Vertrag ein, in dem festgelegt ist, dass das Gerät auch tatsächlich das leisten muss, was der Verkäufer versprochen hat. Tut es das nicht, kann man das Ding zurückgeben und bekommt den Kaufpreis erstattet. Wer lausige Ware in großen Stückzahlen verscherbelt, kann sogar ins Gefängnis wandern. Ganz anders verhält es sich mit lausigen Politikern; dabei sind diese viel gefährlicher als ein Gerät, dass es nicht schafft, wie versprochen die Hundehaare zu beseitigen. Der politische Schleimer (das englische Wort für Schleimer, *suck-up*, reimt sich übrigens noch auf eine andere Spezialität der Politiker) schleimt sich bei den Konzernen, Banken und allen sonstigen Bastionen der Kontrolle, Unterdrückung und Ausbeutung der Menschheit ein – und kriecht damit auch der archontischen Hierarchie der Berufsparasiten hinten rein. Das politische System lebt auf Kosten des gewöhnlichen Menschen, d.h. von seiner Arbeit und Mühe (seiner Energie), und verabschiedet Gesetze, die den Unternehmen, Banken und der ganzen Kabale gestatten, dasselbe zu tun. Die innersten Kreise derselben huldigen und dienen allesamt den archontisch-satanischen „Göttern" und setzen ihre Pläne zur Unterjochung der Menschheit Schritt für Schritt in die Tat um (Abb. 535). Politiker hieven sich durch Korruption und Verlogenheit an die Macht. Dem potenziellen Wähler erzählen sie Wunder was sie alles tun werden, sobald sie erst einmal in Amt und Würden sind; doch da es darüber, anders als beim Staubsaugerkauf, keinen Vertrag gibt, müssen sie nach der Wahl nichts davon tatsächlich umset-

Abb. 535: Archontische Hochburgen, allesamt.

Abb. 536: Barack Obama, die kolossale Mogelpackung: „Entschuldigen Sie mal – ich bin noch nicht fertig mit lügen!"

zen. In der Tat sehen wir sie überwiegend das genaue Gegenteil ihrer Wahlversprechen ausführen. Denken Sie nur an Obamas zahllose gebrochene Versprechen, wie jenes, die faschistoiden Abscheulichkeiten von Guantanamo Bay noch in seinem ersten Amtsjahr zu beenden (Abb. 536). Julia Gillard, Premierministerin von Australien mit ausgeprägtem archontischem Charakter, verkündete vor den Wahlen, dass eine Regierung unter ihrer Führung unter keinen Umständen eine Kohlenstoffsteuer einführen wird. Selbstredend tat sie genau das, als sie schließlich an der Macht war. (Natürlich hatte sie nie etwas anderes vorgehabt.) Die britischen Liberaldemokraten sagten, eine Erhöhung der Studiengebühren würde es mit ihnen nicht geben, um sie dann doch zu beschließen. Würde man alle Politikerlügen aufschreiben und aneinanderreihen, müsste man wohl ein paar Mal den Globus umrunden. Das Nichtvorhandensein eines Vertrages zwischen Partei und Wähler bedeutet schlicht und ergreifend, dass sämtliche Wahlen irrelevant sind. Wenn auf der ganzen Welt Wahlversprechen so dreist gebrochen werden, stimmt man in Wirklichkeit bei jeder Wahl für das Große Unbekannte. Wären Wahlen mit einem Vertrag bezüglich der Wahlversprechen verbunden, so würde das beispielsweise im Falle von Frau Gillard bedeuten, dass sie eine Kohlenstoffsteuer frühestens nach einer *weiteren* Wahl einführen könnte. Vorausgesetzt natürlich, sie würde dann nicht wieder ankündigen, dies nicht zu tun. Natürlich können sich Umstände ändern und es muss auch immer einen gewissen Spielraum geben – aber nicht, wenn man sich in konkreten Fragen so klipp und klar geäußert hat wie die Damen und Herren in den oben genannten Beispielen.

Das politische System wird eine solche Ehrlichkeit und Integrität aber niemals zulassen; denn seine Aufgabe ist es, die archontische Agenda voranzubringen. 95 Prozent der Leute, die wir Politiker nennen, werden wie gesagt niemals erkennen, für wen oder was sie eigentlich arbeiten. Etwa fünf Prozent der Politiker dienen der Agenda im vollen Bewusstsein um das Wer, Was, Warum und Wozu. Alle anderen jedoch tun einfach das, was die Mächte und Manipulatoren im Hintergrund wollen. Motive dafür gibt es viele: Für die einen ist es das Verlangen nach Geld, Status oder (illusionärer) Macht. Andere tun aus Unwissenheit oder aus Angst vor einem „Unfall", was man von ihnen verlangt. Wieder andere verzichten darauf, ihrem eigenen Weg zu folgen, um der Offenlegung ihrer kleinen Geheimnisse zu entgehen (bei denen oft Kinder eine Rolle spielen). Es gibt einige wenige aufrichtige Politiker, die gegen ein durch und durch gezinktes System ankämpfen. Deren prozentualer Anteil bleibt

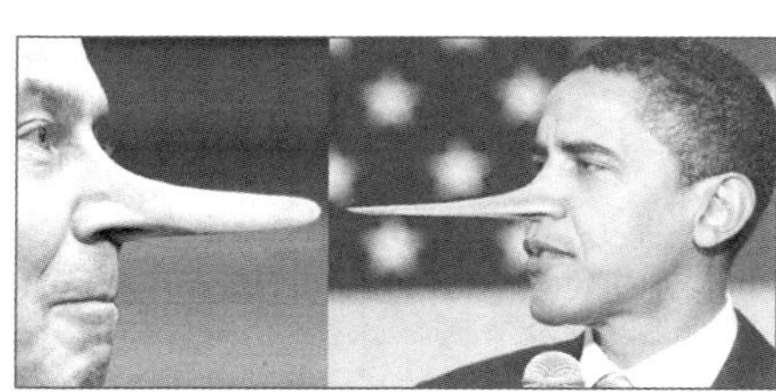

Abb. 537: Lügner, Lügner.

aber stets gering, weil das System die Wahrnehmung aller Beteiligten mehr oder weniger untergräbt; meistens sogar massiv. Das ist der Grund, warum Politiker permanent lügen (Abb. 537). Wenn sie die Wahrheit darüber sagen würden, warum sie dieses beschließen oder jenes tun, dann würden sie ins Gefängnis wandern, und das ganze politische System würde zusammenbrechen.

> „Wir wollen den amerikanischen Bürgern die Waffen wegnehmen, während der Staat bis an die Zähne mit High-Tech-Waffen ausgerüstet ist, damit wir unseren Riesen-Coup landen können. Dann müsst ihr tun, was wir sagen, sonst erschießen wir euch einfach. Schließlich kann uns dann ja nichts mehr passieren."

Also, wenn man eine Wahl gewinnen will, muss man an diesem Text noch ein bisschen feilen. Sie sehen, was ich meine: Politiker müssen lügen, oder ihre Ärsche landen auf der Straße. Wie weit wären wohl Tony Blair und Boy George Bush gekommen, wenn sie gesagt hätten

> „Mächte, die uns beide kontrollieren, haben die vorgetäuschten Terroranschläge vom 11. September inszeniert, damit wir einen Vorwand dafür haben, in ein Land nach dem anderen einzufallen und die grundlegendsten Freiheiten unserer einheimischen Bevölkerung abzuschaffen"?

Oder:

> „Hiermit geben wir bekannt, dass Saddam Hussein über Massenvernichtungswaffen verfügt, die er gegen uns einsetzen könnte. Wenngleich auch nichts davon wahr ist, werden Sie dennoch unsere Invasion im Irak unterstützen, um der dortigen Bevölkerung ihr Öl wegzunehmen und – in Übereinstimmung mit unserem Plan, ganz Afrika und den Mittleren und Nahen Osten unter unsere Kontrolle zu bringen – ein weiteres Land einzusacken."

Jawoll, ich wette, die Leute wären in Scharen auf die Straße geströmt und hätten ihnen zugejubelt … während der Gefängnisbus schon mal vorgefahren wäre (Abb. 538). Die waschechten Archonten unter den Politikern *müssen* lügen, da sie es gar nicht anders kennen – im Unterschied zu jener Politikerriege, die nur von ihnen manipuliert wird. Die wichtigste Technik und Arbeitsmethode der Archonten, die allem anderen zugrunde liegt, ist die Umkehrung. Die Lüge ist schlicht die Umkehrung (Invertierung) der Wahrheit. Das muss man unbedingt verstehen, wenn man ihren Reden mit all den Versprechen und Beteuerungen zuhört. Um zu begreifen, was sie tatsächlich meinen, muss man ihre Worte erneut invertieren. Anderen Archonten ist das

Abb. 538: Sollte in einer Rede von Tony Blair einmal ein Fünkchen Wahrheit stecken, liegt das mit Sicherheit an einem Tippfehler.

Abb. 539: Jesse Jackson – möchte jemand einen Gebrauchtwagen kaufen?

klar, sie hören von vornherein anders zu, wenn ihresgleichen spricht. Wenn Bush und Blair sagen, im Irak gäbe es Massenvernichtungswaffen, wissen sie schon, dass es gar keine gibt. Wenn Frau Gillard mit Nachdruck beteuert, dass es mit ihr keine Kohlenstoffsteuer geben wird, wissen sie, dass sie die Steuer mit Nachdruck einführen wird. Sagt Obama, er glaube an eine freie Gesellschaft, hören archontische Ohren heraus, dass er eine Tyrannei Orwellscher Prägung favorisiert. Jesse Jackson, der amerikanische Bürgerrechtskämpfer ... nein, Moment, das hat er nicht verdient, ich muss mich kurz sortieren. Also, nochmal von vorn. Jesse Jackson, der selbsternannte vermeintliche „Bürgerrechts"-kämpfer, liefert das perfekte Beispiel für die Anwendung des Umkehrungsprinzips in der Politik. Er verkauft sich als Mann des Volkes, insbesondere als Sprachrohr der Schwarzen, doch in Wirklichkeit ist er ein Mann des Systems – er benutzt das System, gehört dem System und dient demselben (Abb. 539). Jackson ist ein falscher Fuffziger, der im Jahre 1968 mit einem blutbefleckten T-Shirt im Fernsehen auftrat und behauptete, er habe den sterbenden Martin Luther King in den Armen gehalten, als dieser auf dem Balkon des Lorraine Motels in Memphis, Tennessee, niedergeschossen wurde. Das Problem ist nur – nichts davon ist wahr. Als der Schuss fiel, war Jackson nicht einmal mit auf dem Balkon. Woher stammte dann also das „Blut"? Kenneth Timmerman, Verfasser des Buches „Shakedown: Exposing the Real Jesse Jackson", schrieb dazu:

> „Jesse Jackson befand sich nicht auf dem Balkon. Man hat versucht, mit einem Foto zu beweisen, dass Jackson mit Martin Luther King auf dem Balkon stand, aber das Foto wurde einen Tag zuvor aufgenommen. Es war eine reine Publicity-Aufnahme ... er war nicht mit Martin Luther King auf dem Balkon. Er war unten auf dem Parkplatz und unterhielt sich mit einigen Musikern – namentlich mit Ben Branch und einigen anderen. Als die Schüsse fielen, floh er und versteckte sich hinter der Swimmingpool-Anlage. Er kam erst 20 bis 30 Minuten später wieder zum Vorschein, als die Leute vom Fernsehen eintrafen und ihre Kameras aufbauten. Zu diesem Zeitpunkt instruierte er andere Mitarbeiter der Southern Christian Leadership Conference: ‚Was immer ihr macht, sprecht nicht mit der Presse.'"

Niemand hat ihm diesen Job gegeben. Er selbst nahm ihn sich. Nennen Sie es „unternehmerischen Instinkt", wenn Sie möchten. Jedenfalls erkannte er auf der Stelle, dass sich ihm hier eine einmalige Gelegenheit bot: Er könnte die Ereignisse nutzen, um sich ein Image aufzubauen und eine Möglichkeit zu schaffen, an die Spitze der schwarzen Bürgerrechtsbewegung aufzusteigen. Solche Perspektiven waren für ihn bis zu diesem Zeitpunkt undenkbar.

Am nächsten Morgen flog er nach Chicago und trat in der „Today Show" der *NBC* auf. In der Zwischenzeit hatte er einen Spezialisten für Public Relations aufgetrieben. Wir haben hier also einen Mann, den der Mord an Martin Luther King so tief getroffen hat, dass er sofort nach Chicago jettet und sich geistesgegenwärtig mit einer Limousine und einem PR-Agenten an Bord von Interview zu Interview chauffieren lässt. Der Agent schleift ihn in die „Today Show“, wo er in einem blutverschmierten Shirt auftritt – angeblich handele es sich dabei um das Blut Martin Luther Kings. Im landesweiten Fernsehen erklärt er vor laufender Kamera, King sei „in meinen Armen gestorben“. Das war ganz offensichtlich eine glatte Lüge.

Jackson hat seitdem nicht aufgehört, zu lügen, zu manipulieren und seinen Herren zu Diensten zu sein, und ist darüber steinreich geworden. Als sich die Zahl der Morde und anderer Delikte mit Waffenbeteiligung im Zuge der Einführung einiger der stringentesten Waffengesetze Amerikas dramatisch erhöhte, forderte Jackson, man solle die berüchtigte, an George Orwell erinnernde Transport Security Administration (TSA) mit Waffen ausrüsten und auf Chicagos Straßen patrouillieren lassen. Die beiden sind natürlich miteinander verbunden. Jackson bezeichnete auch jene, die sich der Konfiszierung der Waffen widersetzten und damit diese Situation in ganz Amerika herbeiführen würden, als einheimische Terroristen, die man entwaffnen müsse. All diese Punkte entsprechen präzise den Wünschen der archontischen Heimatschutzbehörde. Wie man also sieht, hat Jackson schon immer den Interessen seiner Meister gedient, während er vorgibt, das Gegenteil dessen zu tun. Das entspricht genau dem politischen Modus operandi der Archonten.

Eine Maske – viele Gesichter

Das politische System spielt innerhalb des Kontrollsystems eine Schlüsselrolle, da es allen anderen Rädchen innerhalb des Getriebes Macht verleiht. Nichtsdestotrotz stellt es für die Archonten selbst nur ein künstlich geschaffenes Werkzeug dar – Schachfiguren, mit deren Hilfe sie ihre falsche Matrix in unsere Realität hineinprojizieren, in Form von Regierungsinstitutionen, Pharma-, Biotechnologie-, Öl- und Nahrungsmittelindustrie, Krieg, Mainstream-Medien und -Wissenschaft, akademischen Einrichtungen und Justizapparat. All diese Strukturen werden von Leuten geleitet, die zuerst das Bildungssystem durchlaufen haben und auf diese Weise vorbereitet und programmiert worden sind. Der Demiurg/ die Archonten manipulieren die menschliche Gesellschaft durch die Familien, die ihren Blutlinien angehören, und verzerren bzw. unterdrücken die Wahrnehmung der Menschen. Gleichzeitig ernähren sie sich von der Angst der Menschen und anderen niedrig schwingenden mentalen und emotionalen Energien, die das von ihnen geschaffene System pausenlos generiert (Abb. 540). Es bildet so etwas wie

Abb. 540: Die Architektur der Kontrolle: Die menschliche Gesellschaft ist eine Maschinerie der Angst – und das mit Absicht.

ein Perpetuum Mobile auf der Ebene der Wahrnehmung, mit den Menschen als Energiequellen und Dienern. Jahrtausende lang kontrollierten die Archonten die menschliche Gesellschaft über ihre Königsfamilien und Priesterschaften. Die Bewusstheit der Menschen wuchs jedoch und erreichte schließlich einen Punkt, an dem sie begannen, sich der unverhohlenen Herrschaft erblich begründeter und weitgehend auch priesterlicher Hierarchien zu widersetzen. In dieser Phase des Übergangs bestand für die archontischen Stammbäume die Gefahr, ihre Macht zu verlieren. Doch indem sie die Königs- und Fürstenhäuser mit wenigen Ausnahmen durch die Etablierung politischer Dynastien und – besonders wichtig – politischer Parteien ablösten, gelang es ihnen, ihre Macht zu erhalten und sogar noch auszubauen. Wenn einige Wenige danach trachten, über viele zu herrschen, so können sie das nur bewerkstelligen, indem sie ihre Macht konzentrieren. Je mehr man die Macht aufteilt und auslagert, desto weniger kann davon noch im Zentrum der Struktur versammelt werden, und die Möglichkeit, alle anderen zu befehligen, schwindet dementsprechend. Die Europäische Union und die Vereinten Nationen, die Weltgesundheits- und die Welthandelsorganisation, der Internationale Währungsfonds und die Weltbank sind vorsätzlich zu dem Zweck geschaffen worden, die Macht in den Händen einiger weniger archontischer Gesellen zu konzentrieren, so dass diese immer mehr Menschen immer fester im Griff haben können. Dasselbe Motiv steckt auch hinter den Plänen zur Etablierung einer Weltregierung, einer Weltzentralbank, einer Weltarmee und einer Weltwährung. Als an vielen Orten die Monarchien gestürzt wurden, war die archontische Machtkonzentration zeitweilig gefährdet. Man löste dieses Problem durch die Einführung des Konzepts der politischen Parteien. Diese Konstruktionen dienen der Konzentration von Macht. Als die archontischen Königshäuser untergingen, bestand die Gefahr, dass die Macht verteilt und Personen von starkem Charakter und hoher Integrität anvertraut werden könnte – statt, wie es heute der Fall ist, den Leuten mit der prächtigsten Wahlplakette oder einer bestimmten Parteizugehörigkeit. Mit dem Konzept der politischen Partei haben sich die archontischen Mächte dieser Gefahr entledigt. Parteien sind – wie alle archontisch inspirierten Organisationen – pyramidenförmige Hierarchien. Einige wenige Personen an der Spitze bestimmen mittels ihrer Kulis und Untergebenen für die gesamte Pyramide über die Parteipolitik und Personalentscheidungen. Die royalen Hierarchien wurden einfach durch Parteihierarchien ersetzt (zumindest offiziell und in der Theorie), und der Weg in Regierungsämter wird nun durch politische anstelle von königlicher Vetternwirtschaft geebnet (wiederum, so zumindest gemäß der offiziellen Version). Die Wahlkampfspenden der großen Unternehmen gehen praktisch ausnahmslos an etablierte Parteien – und wenn sie überreicht werden, hängt stets ein ganzes Bündel von Strippen mit daran. Auch die politische Berichterstattung fokussiert sich auf die Parteien. Wer ein politisches Amt anstrebt, ohne einer der führenden Parteien anzugehören, muss hart um Spendengelder kämpfen, um einen wirksamen Wahlkampf auf die Beine stellen zu können. Ganz zu schweigen von der Medienpräsenz – man wird kaum dieselben Möglichkeiten bekommen, seine Botschaft zu kommunizieren, wie die großen Parteien. Wie viele Leute hätten im Wahlkampf zur US-Präsidentschaft im November 2012 neben Barack Obama und Mitt Romney noch einen weiteren Kandidaten nennen können? Dabei gab es eine ganze Menge davon – die meisten von ihnen waren sogar kleineren Parteien zugehörig –, aber der amerikanische Wähler verlor sie dank der Medien schnell wieder aus den Augen. Die Sucher der Kameras wie auch das Geld der Spender wanderten zu den Demokraten und den Republikanern, und folglich auch nahezu sämtliche Wählerstimmen – während man offiziell natürlich davon spricht, die Wähler hätten „ihre Wahl getroffen" (Abb. 541).

Abb. 541: Ihr seid ein freies Volk – ihr habt die Wahl!

Jeder, der ernsthafte Ambitionen hat, Mitglied des Kongresses oder des Parlamentes zu werden – und erst recht jeder künftige Präsident, Premierminister oder sonstige Regierungsangehörige – muss zuallererst einer der großen Parteien beitreten, die in seinem Land überhaupt eine Chance haben, die Wahl zu gewinnen. In den meisten Demokratien kommen dafür nur zwei Parteien in Frage; in manchen Fällen auch drei. Der erste Schritt ist einfach: Man stellt einen Aufnahmeantrag und bezahlt den Mitgliedsbeitrag – fertig. Etwas ganz anderes ist es dann schon, die Partei bei einer landesweiten Wahl zu repräsentieren. Zunächst müssen Sie die Parteioberen davon überzeugen, dass Sie Ihren Wahlkreis von allen in Frage kommenden Kandidaten am besten vertreten. Das können Sie nur erreichen, wenn Sie geloben, stets die Politik der Partei zu präsentieren und zu bewerben – eine Politik, die von der kleinen Gruppe an der Spitze der Parteipyramide bestimmt wird, zusammen mit den eigentlichen Parteilenkern im Verborgenen. Die Parteien werden heute schärfer denn je zentral gesteuert. Wer der Hierarchie nicht genehm ist, wird es aller Wahrscheinlichkeit nach in der Partei auch zu nichts bringen können. Nehmen wir nun an, Sie wurden nominiert und haben es tatsächlich geschafft, ins Parlament oder in den Kongress gewählt zu werden. Um von hier aus weiter die Leiter hinaufklettern zu können und möglicherweise Mitglied der Regierung zu werden – vielleicht sogar auch Parteisprecher oder Vorsitzender der Partei –, müssen Sie das besitzen und beweisen, was man „Parteitreue" nennt. Diese Loyalität verlangt von Ihnen, stets für denjenigen Standpunkt zu stimmen und zu argumentieren, der Ihnen vorgegeben wird. Persönliche Überzeugungen oder Sichtweisen spielen dabei keine Rolle. Es ist nicht Ihre Aufgabe, Ihrem Gewissen zu folgen oder den Menschen zu dienen, die Sie gewählt haben. Das einzige, was zählt, ist die Parteilinie. Betrachten Sie die Partei von nun an als Ihren Gott – oder Sie können sich jeden weiteren Schritt die Leiter hinauf aus dem Kopf schlagen. Die Parteien beschäftigen sogar sogenannte *whips* – zu deutsch etwa „Peitsche" oder „Einpeitscher", aber auch eine offizielle Amtsbezeichnung innerhalb der Partei –, deren Job es ist, dafür zu sorgen, dass sämtliche Parteimitglieder in politischen Ämtern stets den Erfordernissen der Hierarchie entsprechend abstimmen. Die *whips* haben die Macht, potenziellen Abweichlern mit fatalen Konsequenzen zu drohen, falls sie nicht spuren sollten; sie können Karrieren behindern und auch die kleinen Geheimnisse der Betreffenden ausplaudern. Aus diesem Grunde sind den archontischen Netzwerken im Hintergrund und im Inneren des politischen Systems auch solche Politiker am liebsten, die zum Beispiel pädophil sind oder ein anderes schmutziges Geheimnis haben. Wer es schließlich bis in die Nähe der Pyramidenspitze schafft, hat sich auf dem Weg dahin bereits vollständig kompromittieren müssen. Denn um dahin zu gelangen, muss man lügen, betrügen und all die anderen Lügner, Betrüger und Grobiane ausstechen, die einem im Weg stehen. Ich habe das Politikgeschäft in den 1980-er Jahren selbst für kurze Zeit von innen erlebt und weiß daher aus eigener Erfahrung, wie durch und durch korrupt es ist – geradezu atemberaubend korrupt, muss man sagen. Das betrifft auch solche moralisch ach so überlegenen, tadellosen Selbstbetrüger wie die Grünen. Das politische System ist, wie alles in dieser Realität, ein Wellenform-Konstrukt, das innerhalb eines bestimmten (niedrig schwingenden) Frequenzbandes existiert. Man muss schon einen sehr starken Charakter, gefestigte Werte und eine hohe Integrität besitzen, um nicht wie all die anderen von dem Sog der stärksten Frequenz in Linie gebracht zu werden. Ich habe sogar Leute, die aus echter Überzeugung in die Politik gegangen sind, im Laufe der Jahre zu genau dem Typ Mensch werden sehen, den sie einst verabscheut hatten. Die politischen Parteien, ihre Arbeitsfelder und Methoden sind so zugenäht und korrupt, dass auch ursprünglich authentische Leute sich selbst dazu überreden, um der Resultate willen „Kompromisse" einzugehen – und um überhaupt in eine Position zu gelangen, in der man etwas bewirken kann. Doch auf einen Kompromiss folgt der nächste, und wenn sie schließlich die ersehnte Position erreicht haben, von der aus sie „etwas bewirken können", verkörpern sie selbst bereits alles, was sie einst verändern wollten. Andere wiederum waren schon immer korrupt und gehen schlicht aus Eigennutz in die Politik. Solche Leute sind bereit, alles zu tun und zu sagen, was für den Erhalt ihres Pöstchens nötig ist; auch ein kleines Bakschisch ist man immer bereit zu zahlen, vielen Dank. Die Welt der Politik ist voll von diesen Typen. Die archontischen Netzwerke bedienen sich ihrer ständig und erfolgreich. Die Personen, die politische Spitzenämter wie das eines Präsidenten oder Premierministers bekleiden sollen, werden schon in jungen Jahren ausgewählt – oft auch schon zum Zeitpunkt der Geburt oder, in den oberen, spezifisch gezüchteten Rängen der archontischen Blutlinien, sogar schon vor der Geburt. Diese Individuen sind im späteren Leben am stärksten von dämonischer und archontischer Besessenheit betroffen. Präsidenten wie die Bushs, Clinton oder Obama waren für diese Rollen schon vorgesehen, bevor sie überhaupt begannen, sich politisch zu betätigen. Das System tat dann nur noch, was immer an Manipulation und Täuschung nötig war, um sie ins Weiße Haus zu manövrieren. Andere, wie Tony Blair oder David Cameron, waren schon für das Amt des britischen Premierministers vorgemerkt, als noch kein Mensch von ihnen gehört hatte. Unsere „gewählten" Anführer werden rund um den Globus von den archontischen Netzwerken ausgesucht. Viele entstammen den bekannten archontischen Familien wie den Rothschilds und den Rockefellers; oft werden sie der Öffentlichkeit allerdings unter anderen Namen präsentiert. Es mag auf den ersten Blick absolut unmöglich erscheinen, so lange im Voraus die Personen zu bestimmen, die dann viele Jahre später tatsächlich ins Büro des Präsidenten oder Premierministers „gewählt" werden. Hält man sich aber vor Augen, dass wir es mit Mächten zu tun haben, die das Geld, sämtliche großen Parteien und die Medien kontrollieren und die obendrein wissen, welche Leichen die möglichen Rivalen in ihren Kellern zu liegen haben, sieht das schon ganz anders aus. Kontrolle über alle großen Parteien zu haben bedeutet ja, die potenziellen Gegenkandidaten ebenfalls in der

Hand zu haben. Wenn Sie also z.B. beschlossen haben, Obama zum Präsidenten zu küren und als den frischen, jungen, dynamischen *wind of change* zu verkaufen, lassen Sie ihn einfach gegen einen ältlichen Dinosaurier wie John McCain antreten – flankiert von Sarah Palin, die eine Debatte nicht einmal dann gewinnen könnte, wenn sie die einzige im Raum wäre.

Ein-Parteien-Staaten

Mit einem einfachen Trick gibt man dem Volk die Illusion, es sei frei und würde die Macht im Staate ausüben: Man gießt einfach dieselbe Kraft in immer wieder neue Formen, die äußerlich betrachtet alle „verschieden" zu sein scheinen. Das simpelste Beispiel für einen Ein-Parteien-Staat, der sich hinter der Fassade einer vorgetäuschten Vielfalt versteckt – während in Wirklichkeit alle zur Wahl stehenden Parteien nach demselben Schema arbeiten – liefern die USA. Schauen wir uns zunächst einmal diese „Wahl" etwas näher an. Die Vereinigten Staaten haben mehr als 300 Millionen Einwohner; doch in der Frage, wer ihr Land regieren soll, haben diese nur ZWEI Wahlmöglichkeiten (und letztlich sogar nur eine). Ich meine – *ZWEI*? Das ist wirklich absurd. Lediglich für die archontischen Netzwerke ist das optimal, denn das ist nur eine Wahlmöglichkeit mehr als ihnen eigentlich am liebsten wäre – nämlich wenn es ... nun ja ... nur *eine einzige* gäbe. Betrachten Sie die Dinge einmal aus der Sicht der Archonten. Wenn Sie insgeheim einen Ein-Parteien-Staat haben wollen, ist die Auswahl zwischen zwei Parteien das absolute Minimum, das Sie der Öffentlichkeit anbieten müssen, um damit durchzukommen. Folglich stellt die Konstruktion aus zwei Parteien den Idealfall dar, denn so haben Sie mit den wenigsten Komplikationen und Schwierigkeiten zu rechnen. Um eine Ein-Parteien-Kontrollstruktur zu etablieren, brauchen Sie also zwei Parteien – oder richtiger gesagt, eine Partei mit zwei unterschiedlichen Namen. Jede dieser beiden Parteien wird aus dem Hintergrund von einer geheimen Gruppe gesteuert. Diese Kabale bestimmt die Parteilinie und wählt die für ihre Zwecke richtigen Leute aus. Die Führungskabalen beider Parteien gehorchen wiederum einer höhergestellten Gruppe – und an diesem Punkt gibt es im Prinzip nur noch eine Partei. Die „Republikanische" Partei von Boy George Bush wurde maßgeblich von einer Gruppe von Leuten gesteuert, die als Neo-Konservative oder kurz Neocons bekannt sind. Das sind Figuren wie Elliott Abrams (Rothschild-Zionist), Richard Perle (Rothschild-Zionist), William Kristol (Rothschild-Zionist), William Bennett (Rothschild-Zionist), John Bolton (Rothschild-Zionist), Douglas Jay Feith (Rothschild-Zionist), David Frum (Rothschild-Zionist), Robert Kagan (Rothschild-Zionist), Henry Kissinger (Rothschild-Zionist), Michael Ledeen (Rothschild-Zionist), Lewis „Scooter" Libby (Rothschild-Zionist), Karl Rove (Rothschild-Zionist), Donald Rumsfeld (Rothschild-Zionist), Paul Wolfowitz (Rothschild-Zionist), James Woolsey (Rothschild-Zionist), Dov Zakheim (Rothschild-Zionist) und Robert Zoellick (Rothschild-Zionist). Hinter Obamas „Demokratischer" Partei steht eine ähnliche Gruppe, die ich „Democons" nenne – Leute wie die Clintons (Rothschild-Zionisten), Rahm

Emanuel (Rothschild-Zionist), David Axelrod (Rothschild-Zionist), David Zbigniew Brzezinski (Rothschild-Zionist, ganz gleich was er vorgibt zu sein), George Soros (Rothschild-Zionist) und (zur Zeit) Henry Kissinger (Rothschild-Zionist). Diese beiden Gruppen (oder besser gesagt, diese beiden Facetten derselben Gruppe) erhalten ihre Anweisungen von einer im Verborgenen agierenden Kabale, die sich hauptsächlich aus Mitgliedern der Familien Rothschild und Rockefeller und einigen anderen zusammensetzt und beide Parteien in der Tasche hat und kontrolliert. Mit anderen Worten: Egal welche Partei gerade – nach offizieller Lesart – durch den „Willens des Volkes" im Weißen Haus sitzt, liegt die wirkliche Macht stets in den Händen dieser unsichtbaren Gruppierung aus Rothschild-Zionisten (Abb. 542). Wenn eine Oppositionspartei an die Regierung kommt, erleben wir es regelmäßig, dass sie genau dasselbe zu tun beginnt wie die Vorgängerregierung, die sie einst anprangerte. Das gilt auch für die Politik des von der neuen Regierung gestellten Präsidenten. Nun, den Grund dafür haben wir wohl identifiziert. Die unsichtbare Machtstruktur, die ich hier beschrieben habe, garantiert unter allen Umständen die Fortsetzung der Agenda zur Etablierung eines globalen Orwellschen Staates – ganz gleich, welche Form oder Farbe die Regierung in irgendeinem Staat der Erde gerade haben mag. Politiker müssen lügen, um diese Tatsache zu verdecken. So hat Obama Bushs Politik scharf kritisiert, nur um nach seinem Einzug ins Oval Office zu einem Bush hoch fünf zu werden. Genauso haben wir in Großbritannien den Rothschild-Zionisten David Cameron, der einfach nur eine gesichtstransplantierte Version seines „Gegners" Tony Blair (ebenfalls Rothschild-Zionist) ist (Abb. 543). Blair hat im Jahr 2013 sogar selbst zugegeben, dass er Cameron „beraten" hat. Die Politiker, die sich auf dieser Ebene bewegen, wissen sehr genau, was sie tun und warum sie etwas tun. Sie wissen, dass die Versprechungen, die sie machen, nur Lügen sind. Es ist ihnen bewusst, dass sie ihr Amt antreten, um die Rothschild-Agenda fortzuführen und zum Normalfall werden zu lassen. Da sie mit dem Wähler keinerlei Vertrag eingehen, ist das ein Kinderspiel. Mögen sie bei der nächsten Wahl vom Volk für ihre gebrochenen Versprechen abgestraft werden – na und! Die einzige Option, die das gezinkte System dem Wäh-

Abb. 542: Zwei „Seiten", ein Spieler.

Abb. 543: Erste Gesichtstransplantation der Welt erfolgreich verlaufen!

ler in diesem Falle lässt, besteht darin, für die jeweils andere Partei zu stimmen. Diese „Alternative" wird jedoch von derselben Macht kontrolliert wird (Abb. 544 und 545). Die „freie Welt" ist eine Illusion. Die Welt war niemals frei und wird es auch nie sein, wenn wir die verborgenen Netzwerke der Mächtigen nicht bloßstellen und hinter Schloß und Riegel bringen, wo sie keinen weiteren Schaden anrichten können.

Abb. 544: So viele Wahlmöglichkeiten ...

Abb. 545: Das politische System, wie es wirklich ist.

Ich habe bei meiner vorangegangenen Aufzählung der Mächtigen, die hinter den beiden amerikanischen Parteien stehen, wiederholt den Hinweis „Rothschild-Zionist" notiert. Das bedeutet jedoch nicht zwingend, dass die betreffende Person jüdischen Glaubens sei – wenngleich dies für die meisten der Genannten zutrifft. Ich versuche mit diesem Begriff solche Personen zu kennzeichnen, die eine starke Verbindung zum Rothschild-Zionismus haben, dessen Sache aktiv unterstützen und befürworten und sich im Rothschildschen Einflussbereich befinden. Obamas Vizepräsident Joe Biden hat das einmal in Schoßhündchenmanier so formuliert: „Man muss nicht Jude sein, um Zionist zu sein." Die Tatsache, dass sich im inneren Kern beider amerikanischer Parteien so viele Angehörige des Judentums finden, während sie in der Gesamtbevölkerung nur einen Anteil von nicht einmal zwei Prozent ausmachen, steht im Raum wie ein Elefant im Wohnzimmer; doch die meisten Menschen können ihn aus Angst oder schlicht aufgrund von Unwissenheit nicht wahrnehmen. Für diese Leute möchte ich einen kleinen Hinweis geben (Abb. 546). Es waren Rothschild-Zionisten, die im Vorfeld und während der inszenierten Anschläge vom 11. September das Pentagon kontrollierten – wie auch in der Zeit

Abb. 546: Elefant? Was für ein Elefant?

unmittelbar danach, als die Invasionen in Übersee begannen: Verteidigungsminister Donald Rumsfeld, sein Stellvertreter Paul Wolfowitz (der wirklich Mächtige), Finanzverwalter Dov Zakheim sowie Leute wie Richard Perle und Douglas Feith. Zu dieser Gruppe gehörten auch die Autoren einer Schrift, die im September 2000 von einem neokonservativen Think Tank namens Project for the New American Century veröffentlicht worden war. Darin hatten die Verfasser dafür plädiert, bestimmte Länder in Afrika und im Nahen und Mittleren Osten zu Kriegsschauplätzen zu machen und zu erobern. Was für ein Zufall aber auch, dass diese Leute ein Jahr später, als die Türme des World Trade Centers eingeäschert wurden, genau in den richtigen Machtpositionen saßen, um eben diese Politik in die Realität umzusetzen. Auch das Weiße Haus unter George W. Bush befand sich vor, während und nach 9/11 in der Hand von Rothschild-Zionisten: Karl Rove diente Bush als Senior-Berater und stellvertretender Stabschef, während der überführte Ganove Lewis „Scooter" Libby Vizepräsident Dick Cheney (ebenfalls Rothschild-Zionist) beriet. Bushs Reden wurden zum großen Teil von Rothschild-Zionist David Frum vom American Enterprise Institute geschrieben, einem Bettgenossen des Project for the New American Century. Alan Greenspan (Rothschild Zionist) stand der Federal Reserve Bank, welche die Finanzpolitik der Vereinigten Staaten bestimmt, während der gesamten Präsidentschaften Reagans, Bushs und Clintons sowie für den größten Teil von Boy Bushs Amtszeit vor. Abgelöst wurde er gegen Ende der Bush-Regierung von Ben Bernanke (Rothschild-Zionist), der das Amt bis heute [2013], zu Beginn der zweiten Amtszeit Obamas, innehat. Ein Schelm, wer auf den Gedanken käme, die USA könnten sich in Wahrheit im Griff einer kleinen Minderheit befinden, die nicht einmal zwei Prozent Anteil an der Gesamtbevölkerung hat; geschweige denn, dass es diese kleine Gruppe ist – die Rothschild-Zionisten –, von der die Kriege losgetreten und dirigiert werden, die Israel und die Herren Rothschild gern haben möchten. Paul Wolfowitz und Robert Zoellick (beide Rothschild-Zionisten) wurden später Präsidenten der Weltbank. Zoellick löste Wolfowitz ab, als dieser aufgrund von Korruptionsvorwürfen zurücktreten musste. (Wer hätte das gedacht.) Henry Kissinger (Rothschild-Zionist) tummelt sich in beiden Lagern. Eigentlich ein Republikaner, berät er Obama in Fragen der Außenpolitik (wie man möglichst viele Menschen umbringen kann, ohne erwischt zu werden). Seit mehr als einem halben Jahrhundert dient Kissinger der archontischen Kabale und ist zweifelsohne einer der wichtigsten Akteure. William Bennett, ebenfalls ein Neokonservativer, ist übrigens einer der beiden Bennett-Brüder, die in Cathy O'Briens Enthüllungen über Mind-Control-Praktiken auftauchen. O'Brien, die selbst ein Opfer von Mind Control war, beschreibt darin, wie die Brüder sie einer geistigen Manipulation unterzogen haben. Im Verlauf dieses gewaltsamen Prozesses habe sie einige Personen auf einer Cocktail-Party im Weißen Haus in reptiloider Form gesehen.

Als Barack Obama ins Weiße Haus einzog, brachte er seinen Stabschef (lies: Handler) Rahm Emanuel (Rothschild-Zionist) und den Senior-Berater (Handler) David Axelrod (Rothschild-Zionist) mit. Letzterer war Obamas Wahlkampfmanager gewesen. Emanuel wurde in der Folge Bürgermeister des Rothschildschen Lehensgutes Chicago – der Kloake, aus der auch Obama und Axelrod gekrochen sind. Emanuels Vater Benjamin (eigentlicher Name: Ezekiel Auerbach) hatte als russisch-jüdischer Agent der terroristischen Untergrundorganisation Irgun geholfen, mit Bomben, Mord und Terror die Gründung Israels im Jahre 1948 herbeizuführen. Der amerikanische Journalist Wayne Madsen hat einen britischen Amtsträger mit der Äußerung zitiert, Vater Emanuels Spezialität seien Busbomben gewesen. Als sein Sohn ins Weiße Haus einzog, teilte er des Vaters Vorliebe für Bomben – nur dass er sie vom Himmel fallen ließ und sich nicht selbst die Finger schmutzig machte (Abb. 547). Hätte er doch nur seine ursprüngliche Karriere weiter verfolgt – die Welt wäre ein deutlich angenehmerer Ort. Lediglich Ballettliebhaber hätten einiges zu leiden gehabt (Abb. 548). Benjamin Emanuel war einer der vielen Agenten des Rothschild-Zionismus, die nach der Etablierung des israelischen Staates nach Amerika zogen, um dort Kinder in die Welt zu setzen. Die Geburt als amerikanische Staatsbürger versetzte ihre Nachkommen in die Lage, nach und nach die politischen Prozesse Amerikas an sich zu reißen. Zu dieser Generation gehören Rahm Emanuel, der zu einem der wichtigsten Mittelsmänner in der amerikanischen Politik geworden ist, und seine Brüder Ezekiel und Ari. Ezekiel berät Präsident Obama in gesundheitspolitischen (lies: sterbepolitischen) Fragen. Ari ist eine mächtige Figur in Hollywood und vertritt als solche die Interessen des „radikalen" Filmemachers Michael Moore. Der Regisseur, der Obamas Wahlkampf unterstützt hatte, sorgte mit seinen Filmen „Fahrenheit 9/11" und „Bowling for Columbine" für einiges Aufsehen. Während seine Dokumentation über den 11. September die wirklichen Vorgänge unter den Teppich kehrt, entsprach der Columbine-Film mit seiner Kritik am privaten Waffenbesitz exakt der archontischen Agenda zur Entwaffnung der amerikanischen Bürger, die einer endgültigen militärischen Machtübernahme in den Ver-

Abb. 547: Rahm Emanuel und sein Terroristenvater.

Abb. 548: Diese Haltung wird im Ballett „Der Manipulator" genannt.

einigten Staaten zwingend vorausgehen muss. Die Emanuels und Moores Kumpel Obama dürften die Sichtweise des Dokumentarfilms voll und ganz teilen. Unter Obamas persönlichen politischen Beratern, die von den amerikanischen Medien oft als „Zaren" bezeichnet werden, finden sich unzählige Rothschild-Zionisten. Ihre außerordentliche Präsenz ist angesichts eines Bevölkerungsanteils von durchschnittlich unter zwei Prozent schon fast belustigend.

Die Konstellationen, Strukturen und Methoden, die ich hier exemplarisch für Amerika ausgeführt habe, findet man in gleicher Weise rund um den Erdball vor – die USA sind so etwas wie eine Blaupause für die Welt. Denken Sie beispielsweise an die beiden „Konkurrenten" Edward Heath („Konservative Partei") und Harold Wilson („Labour-Partei"), die sich von 1964 bis 1975 in der Downing Street abwechselnd die Klinke in die Hand gaben. Wie ich jedoch schon an anderer Stelle dargestellt habe, gehorchten sie als Premierminister beide den Anweisungen von Lord Victor Rothschild. Es gibt noch einen weiteren Trick, der durch das Zweiparteien-Einparteien-System möglich wird: Man versieht zunächst jede der Parteien mit einem bestimmten Image; d.h. man macht also die Leute glauben, dies sei es, wofür diese Partei stünde. Sobald sie an der Macht ist, kann man sie tatsächlich das Gegenteil von dem tun lassen, was sie nach dem Volksglauben repräsentiert. Dahinter steckt folgendes Konzept: Nehmen wir an, eine Partei steht in dem Ruf, einen starken Staat zu befürworten, der sehr weitgehend ins Leben der Menschen eingreift. Wenn diese Partei dann an die Macht kommt, sind die Leute schon darauf geeicht, ein Auge auf sie zu haben und erwarten entsprechend harsche Maßnahmen von Seiten der Regierung: „Guck dir das an! Das ist wieder mal typisch!" Bringen Sie nun aber die andere große Partei ins Amt – diejenige, die das Image hat, gemäßigter zu sein und sich gegen eine solche Politik zu wenden –, können Sie viel leichter ein noch extremeres *big government* Wirklichkeit werden lassen; einfach deshalb, weil die Leute bei einer „gemäßigten" Partei gar nicht so genau hinschauen. So standen Obama und seine Demokratische Partei in dem Ruf, gegen Krieg und für Freiheit einzutreten. Als sie dann nach ihrem Einzug ins Weiße Haus ihrerseits daran gingen, Krieg zu führen und elementarste Freiheiten abzuschaffen, mussten sie nur mit einem Bruchteil des Widerstandes fertig werden, dem sich Boy Bush aufgrund des republikanischen Images als kriegsliebender Zerstörer der Freiheit gegenüber gesehen hätte (und tatsächlich hat).

Alle Mann für die Tyrannei

Der Rothschild-Zionismus bildet einen wichtigen „Kitt", um das archontische Netzwerk zusammenzuhalten – neben den Machtstrukturen der römischen Kirche und deren Geheimgesellschaften wie den Jesuiten, den Tempelrittern oder Opus Dei, sowie den archontischen Machtzentren in Großbritannien (der „City"), Deutschland, Frankreich, Belgien, den Vereinigten Staaten, Australien und anderswo. Zu diesen Strukturen gehören auch Geheimgesellschaften, pädophile Kreise und satanistische Gruppen, die miteinander in Verbindung stehen und in deren Reihen man sehr wohl auch Vertreter der höchsten und geheimsten Freimaurerkreise findet. In den USA wäre in diesem Zusammenhang vor allem die Skull & Bones Society zu nennen, die ihren Sitz auf dem Campus der Yale-Universität in Connecticut hat. Insbesondere die Familie Bush ist durch eine lange und enge Beziehung mit dem Orden verbunden. Beide Präsidenten Bush, sowohl der Vater als auch der Sohn, sind Eingeweihte von Skull & Bones, ebenso wie Obamas Secretary of State John Kerry (Rothschild-Zionist) und dessen Vorgängerin Hillary Clinton (Rothschild-Zionistin), die das Amt Anfang 2013 an Kerry übergab. Die kleine Mitgliederschar des Skull & Bones-Ordens bildet nur einen verschwindend geringen Anteil an der Gesamtbevölkerung Amerikas; nichtsdestotrotz erlebten wir im Präsidentschaftswahlkampf von 2004 ein „Rennen" zwischen zwei Skull & Bones-Mitgliedern: John Kerry (die „demokratische" Ausgabe) trat gegen Boy George Bush (die „republikanische" Version) an. Das Ganze nennt man dann „Demokratie" – selbstverständlich hat darin jeder Bürger dieselbe Chance, Präsident zu werden (Abb. 549). Als es einmal jemand wagte, Kerry auf einer öffentlichen Veranstaltung nach seiner Mitgliedschaft im Skull & Bones-Orden zu fragen, wurde der Fragesteller von Polizeibeamten entfernt und mit einer Elektroschockwaffe ruhig gestellt. Während eines bestimmten Abschnittes innerhalb des Einweihungsrituals der Skull & Bones Society muss sich der Anwärter nackt in einen Sarg legen (Todessymbolik – die Archonten bzw. Saturn lassen grüßen), während sein Pimmel mit einem Bändchen festgebunden ist, und seine sexuellen Geheimnisse preisgeben. Das sind die Leute, die unsere Welt regieren. Um ihre Agenda durchzusetzen, müssen sie unbedingt jede Partei kontrollieren, die das Potenzial hat, in die Regierung gewählt zu werden. Dann können sie nämlich zumindest den größten Teil ihrer Pläne „legal" umsetzen. Nicht, dass diese Pläne ehrbar, menschenfreundlich oder auch nur gerechtfertigt wären. Aber sie

Abb. 549: Skull & Bones gegen Skull & Bones

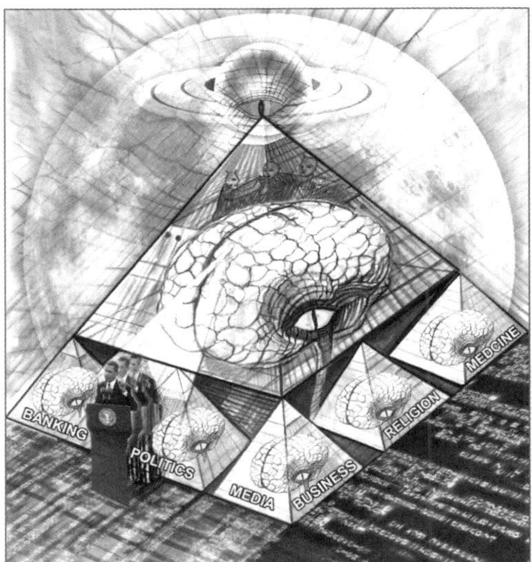

Abb. 550: Ich zeige an dieser Stelle noch einmal ein schon früher verwendetes Bild, um deutlich zu machen, welche Stellung Präsidenten und anderen politischen Führern innerhalb der Hierarchie tatsächlich zukommt. Sie ändern die „Gesetze" im Sinne der Agenda derjenigen, unter deren Kontrolle sie stehen.

können auf diese Weise als „legal" durchgehen – indem man nämlich sämtliche Vorhaben durch Gesetze sanktioniert, falls nötig. Beherrscht man erst einmal die Politik, kann man auch über alle anderen wichtigen Bereiche bestimmen: Man kontrolliert das Bildungssystem, lenkt die Rechtsprechung für Bankwesen, Unternehmen, Pharmaindustrie und Gesundheitswesen, man legt fest, wer gegen wen in den Krieg zieht usw. (Abb. 550) Ich habe einmal eine Karikatur gesehen, die das auf den Punkt gebracht hat:

> „Man kann jede kriminelle Organisation ganz einfach in eine politische Organisation verwandeln: Dazu muss man einfach nur sämtliche Verbrechen, die man begehen will, legalisieren."

Ich werde später noch ausführlich darlegen, was die Archonten mit der Menschheit vorhaben. Ihre Pläne nehmen ja zur Zeit vor unser aller Augen dermaßen offensichtlich Gestalt an, dass wir sie – die nötige Bewusstheit vorausgesetzt – zunichte machen können. Ich muss aber an dieser Stelle schon etwas vorgreifen und zumindest die grundlegenden Züge ihrer Vorhaben skizzieren, um den Zusammenhang zu erklären, in dem sie stehen. Ziel der Archonten ist ein Planet mit einer deutlich verringerten menschlichen Population. Die verbleibende Menschheit soll durch chemische und psychologische Programmierung sowie durch genetische Manipulation – mit Hilfe von Nahrungszusätzen, Pharmazeutika, Impfstoffen, genetisch modifizierter Nahrung, elektromagnetischer Beeinflussung, Mikrochips und anderer Technologie – in geistige und emotionale Zombies verwandelt werden, denen gegenüber die heutigen Menschen als geradezu hellwach bezeichnet werden müssten. Die Massen würden mit dem Stiefel im Nacken in absoluter Armut gehalten und rund um die Uhr von einem Polizeistaat überwacht werden, der sich seinerseits aus durchprogrammierten Befehlsempfängern bestücken würde. Wir können das Phänomen der Software in Uniform jetzt schon allerorten beobachten. Dieses Ziel einer in Not und Bedürftigkeit gehaltenen Menschheit ist der Grund, warum man die globale Wirtschaft absichtlich zum Kollabieren gebracht und Länder wie Griechenland fast über Nacht in Zustände extremer finanzieller und sozialer Not getrieben hat. So werden es die archontischen Mächte überall machen – wenn wir uns den Tatsachen nicht stellen und sie durch mangelnde Gegenwehr gewähren lassen. Der Plan der Archonten sieht für einige wenige atemberaubend reiche Familien der einschlägigen Blutlinien ein Leben in High Tech und Luxus vor, während die ihnen dienenden arbeitenden Massen in „Sektoren" eingeschlossen sind und in „population zones" genannten Hochhaussiedlungen aufeinander gestapelt leben.

Hier erkennen wir den wahren Grund für den geradezu phantastischen Transfer von Vermögen von der Bevölkerung und den Regierungen zu den Banken (d.h. den Familien der Archonten) nach dem künstlich herbeigeführten Crash im Jahre 2008. Wenn Sie darauf bauen, dass sich die Wirtschaft wieder erholen wird, vergessen Sie's besser – solange wir nichts unternehmen, wird das nicht passieren, da es schlicht und ergreifend nicht geplant ist. Die Idee ist, die Situation Schritt um Schritt zu verschlechtern, bis die vollständige Unterwerfung erreicht ist. Kleine, unabhängige Firmen auf der ganzen Welt beklagen sich permanent – und völlig zu Recht – über die Finanzpolitik ihrer Regierungen, über die Besteuerung und die Berge von Bestimmungen und Papierkram, die es ihnen zunehmend unmöglich machen, mit den großen Unternehmen konkurrieren und wirtschaftlich überleben zu können. Aber so sieht es nun einmal aus, wenn die archontische Agenda am Werke ist. Kleine, unabhängige Betriebe gewährleisten *Vielfalt* – genau das, was die Archonten nicht haben wollen. Sie möchten ganz im Gegenteil alles von ihren Mega-Unternehmen kontrolliert sehen. Gegenwärtig sieht sich die so genannte Mittelklasse (mit ihren zahlreichen Kleinunternehmern) Angriffen ausgesetzt, die ihre ökonomische Vernichtung zum Ziel haben. Schließlich ist ihre Stellung innerhalb der Nahrungskette bei weitem nicht ausreichend, um sich für die luxuriösen Archontenstädte zu qualifizieren. Eine Mittelklasse ist im Plan nicht vorgesehen, nur die Superreichen und die armen Schlucker. Manch einer mag nun mit dem Kopf schütteln. Falls Sie einer davon sind, bitte ich Sie, noch einmal hinzuschauen: Es passiert *gerade jetzt*, Tröpfchen für Tröpfchen. Daneben treiben Regierungen und Konzerne in allen Bereichen die Preise künstlich in die Höhe – nicht zuletzt auch bei Lebensmitteln, Öl und Energie –, um die ökonomische Unterjochung der Massen zu beschleunigen. Schon jetzt leiden Kinder und ganze Familien in Amerika und Europa Hunger und verzweifeln über ihrer ausweglosen finanziellen Situation. Lange schon betrifft das nicht mehr nur die Regionen der Welt, in denen Hunger immer ein Problem gewesen ist. Wer die Lebensmittel kontrolliert, beherrscht auch die Menschen – das ist es, worum es hier geht. Die Geschichte ist voll von Beispielen, in denen Diktatoren eine Bevölkerung durch Aushungern vernichtet haben. Als der sowjetische Führer und Rothschild-Nützling Josef Stalin sich in den 1930er Jahren daran machte, die widerspenstigen ukrainischen Kleinbauern auszumerzen, verhungerten mehrere Millionen Menschen während der „Großen Hungersnot". Er blockierte die Getreideversorgung und behielt das wenige verfügbare Getreide den Truppen vor, welche die Bauern daran hinderten, zu revoltieren. Gleichzeitig exportierte er im großen Stil Getreide, um seine Industrialisierung zu finanzieren. Die archontischen Netzwerke würden keinen Massenmord begehen? Nun, sie betreiben genau das schon seit Jahrtausenden – wenn nicht gar noch länger. Die Archonten sind geistesgestörte Wesen ohne jede Empathie oder Empfindung. Natürlich würden sie Massen morden – und sie lieben es. Es wurde schon oft darauf hingewiesen, dass für die Menschen anscheinend niemals ausreichend Geld zur Verfügung steht, aber immer genug, um irgendeinen Krieg zu führen. Das ist ohne Zweifel wahr, und der Grund dafür dürfte nun wohl offenkundig geworden sein. Die Archontenfamilien und ihre unsichtbaren Herren wollen Menschen leiden und sterben sehen und inszenieren pausenlos Kriege und Konflikte. Diese brauchen sie einerseits, um ihre Agenda zur Versklavung der Menschheit zu erfüllen; zum anderen stellen die ständigen mörderischen Auseinandersetzungen für sie eine Energiequelle dar. Die konservative britische Regierung unter David Cameron liefert uns ein Paradebeispiel dafür, wie eine Gruppe von Privilegierten die Allgemeinheit systematisch in einen Zustand der Armut zwingt. Über das lähmende Sparprogramm, das er der Bevölkerung zusammen mit seinem Schatzkanzler aufgezwungen hat, sagte er: „Wir sitzen alle im selben Boot." Ach, wirklich? Cameron entstammt einer stinkreichen Bankerfamilie, die eng mit den Rothschilds verbunden ist, und heiratete in die noch reichere Familie von Sir Reginald Adrian Berkeley Sheffield ein, einem Ritter des 8. Grades und Gutsbesitzer aus der Linie König Charles II. Cameron und seine Gattin Samantha haben einen gemeinsamen Vorfahren in dem Satanisten James I., auf dessen Konto die verfälschte Bibelübersetzung geht: Samantha ist über Charles II. und dessen langjährige

Geliebte Nell Gwyn mit ihm verwandt, Cameron über William IV. Samantha Cameron ist auch ein Nachkomme von William Jolliffe, einem Sklavenbesitzer des 19. Jahrhunderts. Jolliffe verlor im Jahre 1833, als die Sklaverei mit dem Abolition Act abgeschafft wurde, 164 Sklavenarbeiter, die auf seinen Zuckerrohr-Plantagen in St. Lucia für ihn geschuftet hatten. Dafür erhielt er eine Ausgleichszahlung von 4.000 Britische Pfund – das entspräche heute einem Betrag von 3,25 *Millionen* Britische Pfund. Die archontischen Blutlinien sind eng mit dem Geflecht des Establishments verwoben. So ist Cameron ein Cousin und ehemaliger Universitätskumpel von Boris Johnson, dem Clown, der heute Bürgermeister von London ist. Beide sind Abkömmlinge des „englischen" (eigentlich: deutschen) Königs George II. Cameron ist der 19. britische Premierminister, der aus dem elitären Eton College hervorgegangen ist, wo die königlichen Kinder gehirngewaschen werden. Zusammen mit George Osborne und Boris Johnson war Cameron auch Mitglied des exklusiven Bullingdon Club an der Universität von Oxford. Dieser feine Club ist berüchtigt für seine Saufgelage, und die Clubmitglieder haben schon so manches Restaurant, Lokal oder Auto zerlegt. Für den Schaden kommen stets die reichen Eltern auf. Ihr Schlachtruf scheint zu lauten: „Buller, Buller, Buller! Wir sind der berühmte Bullingdon Club, und wir scheißen auf alles!" Also ich wette, Cameron, Osborne und Johnson werden immer ein Ohr für Ihre Probleme haben (Abb. 551 und 552).

Abb. 551: Männer des Volkes – David Cameron und Profi-Hanswurst Boris Johnson posieren in der Kluft des Bullingdon-Clubs.

Abb. 552: George Osborne, der Schatzkanzler, der dem Volk Sparmaßnahmen verordnet, mit seinem Freund Nathan Rothschild.

Der dritte Weltkrieg

Die schöne neue Welt der Archonten wurde sehr schön in dem Film „Equilibrium" aus dem Jahre 2002 dargestellt. Darin kommt auch die Idee der Zwangsmedikation zum Zwecke der Ausschaltung der individuellen Gedanken und Gefühle sowie zur Unterdrückung der Empathiefähigkeit vor. Das Endergebnis ist ein Volk von Archonten, herbeigeführt durch den Einsatz von Pharmazeutika. In dem Film musste jedes Mitglied der Gesellschaft – einschließlich der uniformierten Büttel des Polizeistaates – jeden Tag bestimmte Medikamente einnehmen; überwacht wurde dies von einer entsprechenden technischen Infrastruktur. Tatsächlich können wir beobachten, wie uns der schleichende Totalitarismus in die Nähe einer solchen Welt rückt: Essbare Mikrochips schicken eine Nachricht aufs Handy, wenn es Zeit für die Tabletten ist. Mit finanziellen Anreizen wird dafür geworben, Kinder mit Aufmerksamkeitsdefizitsyndrom als solche zu benennen und zwangsweise zu medikamentieren. In einer Dokumentation der ARD wurde die Behauptung aufgestellt, der Unternehmensriese Amazon – ein Unternehmen der Rothschild-Zionisten – habe Neonazis eingestellt, um die mehr als 5.000 aus ganz Europa stammenden Zeitarbeiter, die in den deutschen Versandzentralen des Konzerns arbeiteten, einzuschüchtern und zu kontrollieren. Es wurden schwarz uniformierte Sicherheitskräfte der HESS Security mit Stiefeln und Militärhaarschnitt gezeigt (der Name, so vermutet man, bezieht sich auf den Hitler-Stellvertreter Rudolf Hess), deren Aufgabe es sei, die Arbeiter in ihren billigen Unterkünften zu disziplinieren. Den Machern des Berichtes zufolge hätten „viele der Arbeiter Angst gehabt". Es wurden Fotos gezeigt, die belegten, dass die Wachleute regelmäßig die Schlafräume und Küchen der ausländischen Mitarbeiter durchsuchten. Dabei kam es auch zu Leibesvisitationen; einige der Betroffenen wurden gar verdächtigt, etwas vom Frühstücksbuffet mitgenommen zu haben. Das ist nur ein kleiner Vorgeschmack dessen, was man für uns alle vorgesehen hat. In der archontischen Welt herrschen nicht gewählte Bürokraten und Technokraten, die den einschlägigen Blutlinien entstammen, über eine gechippte Bevölkerung; sie bedienen sich dabei einer Weltregierung, einer zentralen Weltbank und einer globalen Währung (die natürlich rein elektronisch und bargeldlos funktioniert). Die Macht über sämtliche Bereiche der Gesellschaft bleibt dauerhaft in ihren Händen konzentriert. Hier offenbart sich der wahre Grund für die Schaffung all dieser globalen Strukturen: Vereinte Nationen, Europäische Union, Weltgesundheitsorganisation, Welthandelsorganisation, Codex Alimentarius, NATO, Internationaler Währungsfonds, Weltbank, Europäische Zentralbank und wie sie alle heißen. Die archontische Weltregierung würde alle Ressourcen des Planeten besitzen und kontrollieren, einschließlich der Lebensmittelproduktion und der Frischwasserversorgung. Um das zu erreichen, müssen sich die archontischen Netzwerke all der Länder bemächtigen, die heute über Ressourcen verfügen. Hinter den Kriegen in Nordafrika und dem Nahen und Mittleren Osten steckt in Wahrheit dieses Bestreben, sich Land, Rohstoffe und ganze Bevölkerungen einzuverleiben. Die Vorwände, die man sich in den Hinterzimmern zurechtschustert, um sie dann von den Politikern nachplappern zu lassen, sind eben tatsächlich nur das: Vorwände. Die vereinzelten Kriege sollen schließlich in einen Weltkrieg münden, so dass man das Schema von Problem-Reaktion-Lösung zur Anwendung bringen kann: Unter dem Vorwand, einen erneuten weltweiten Konflikt „für alle Zeiten zu verhindern", würde man eine Weltregierung, eine zentrale Weltbank und eine Weltarmee etablieren. Seit den 1990-er Jahren weise ich darauf hin, dass man den „Westen" in einen Konflikt mit Russland und China stürzen will, ausgehend vom Nahen Osten – dem Ort des biblischen „Armageddon": Israel. Die Vereinigten Staaten haben gerade einige hundert Millionen Dollar in den Bau unterirdischer und halbunterirdischer Anlagen in Israel investiert. Mindestens eine davon führt über sechs Ebenen hinab. Unterirdische Militärbasen (abgekürzt DUMB – *deep underground military bases*) finden sich rund um den Globus. In manchen Fällen hat man gar komplette Städte angelegt, wie übrigens auch im Inneren mancher Berge. Ein erhebliches Potenzial für einen Konflikt zwischen den USA und China ist auch in Afrika gegeben, wo beide Seiten daran arbeiten, Land und Ressourcen in ihren Besitz zu bringen. Ich sage seit langem: Achtet auf den Aufstieg Chinas. Dem Erstarken der chinesischen Großmacht kommt nämlich innerhalb des großen archontischen Planes eine essenzielle Bedeutung zu. China stellt für die Archonten und ihre Blutlinien eine Basis von globaler Bedeutung dar. Der wie ein Held verehrte amerikanische Freimaurer Albert Pike, der im 19. Jahrhundert der Supreme Pontiff of Universal Freemasonry und der Ideengeber für die Schaffung des Ku Klux Klans war, ist wegen eines Briefes bekannt geworden, den er im Jahre 1871 an den italienischen Mafiagründer und Blutlinienagenten Giuseppe Mazzini geschrieben haben soll. Darin skizziert er die drei Weltkriege, die schließlich zur Errichtung einer Weltregierung führen. Zur Bezeichnung der archontischen Netzwerke verwendet er den Begriff „Illuminati“:

> „Der Erste Weltkrieg muss herbeigeführt werden, um es den Illuminati zu ermöglichen, die Macht des russischen Zaren zu stürzen und das Land zu einer Festung des atheistischen Kommunismus zu machen. Dieser Krieg wird durch die Zwietracht entfacht werden, die von der ‚Agentur‘ [den Agenten] der Illuminati zwischen dem britischen und dem deutschen Reich gesät wird. Am Ende des Krieges wird der Kommunismus errichtet und dazu benutzt werden, die anderen Regierungen zu vernichten und die Religionen zu schwächen.
>
> Der Zweite Weltkrieg muss durch Ausnutzung der Differenzen zwischen den Faschisten und den politischen Zionisten entfacht werden. Dieser Krieg muss zum Ergebnis haben, dass der Nazismus zerstört wird und der politische Zionismus stark genug ist, einen souveränen Staat Israel in Palästina errichten zu können. Im Verlaufe des Zweiten Weltkriegs muss der internationale Kommunismus so weit erstarken, dass er ein Gegengewicht zur Christenheit darstellt. Dadurch wird das Christentum solange in seinen Schranken und unter Kontrolle gehalten, bis die Zeit herangekommen ist, wenn wir es für den endgültigen sozialen Zusammenbruch brauchen.
>
> Der Dritte Weltkrieg muss durch Ausnutzung der von der ‚Agentur‘ der ‚Illuminati‘ geschürten Differenzen zwischen den politischen Zionisten und den Führern der islamischen Welt entfacht werden. Dieser Krieg muss so gelenkt werden, dass sich der Islam (die muslimische arabische Welt) und der politische Zionismus (der Staat Israel) gegenseitig vernichten.
>
> Gleichzeitig werden die anderen Nationen, aufgrund dieser Frage einmal mehr uneins, dazu gezwungen sein, bis zur völligen physischen, moralischen, spirituellen und ökonomischen Erschöpfung zu kämpfen. Wir werden die Nihilisten und die Atheisten von der Leine lassen und eine furchtbare soziale Katastrophe heraufbeschwören, deren Schrecken den Nationen deutlich vor Augen führen werden, zu welchem Resultat absoluter Atheismus führt – die Quelle für Barbarei und blutigste Unruhen.

> Dann werden die Menschen auf der ganzen Welt, gezwungen, sich der Minderheit der Revolutionäre zu erwehren, diese Zerstörer der Zivilisation ausradieren. Die Masse, gottgläubig und nach einem Ideal strebend, aber vom Christentum enttäuscht und nun ohne Kompass oder Richtung, wird nicht wissen, wohin sie ihre Verehrung richten soll. Dann werden die Menschen durch die universelle Manifestation der reinen Lehre Luzifers [des Demiurgen] das wahre Licht empfangen, das endlich in die Öffentlichkeit gebracht wird. Diese Manifestation wird das Resultat der allgemeinen reaktionären Bewegung sein, die der Zerstörung von Christentum und Atheismus folgt, welche beide gleichzeitig besiegt und ausgerottet werden."

Die Leute argumentieren an diesem Punkt natürlich, dass es ja im Jahre 1871 weder Zionismus noch Nazismus gegeben habe. Sie übersehen dabei jedoch, wie unglaublich weit im Voraus die Agenda geplant worden ist und mit welcher Genauigkeit man die menschliche Gesellschaft kontrolliert und dirigiert. Die Personen im innersten Kreis wussten 1871 schon sehr wohl, was für 1914, 1939 und unsere heutige Zeit geplant war. Pike war ein freimaurerischer Geschäftspartner der Blutlinien-Marionette Otto von Bismarck (1815-1898), Prinz von Bismarck und Herzog zu Lauenburg. Als erster Kanzler des seit den Versailler Verträgen von 1871 vereinten Deutschlands hat er eine Menge dazu beigetragen, den Plan voranzubringen. Commander William Guy Carr, ein früherer Geheimdienstoffizier der Royal Canadian Navy, zitiert Pikes Brief in seinem Buch „Satan: Prince of This World". Viele Leute meinen, der Brief sei eine Fälschung; wenn man sich aber die darin enthaltenen Aussagen über die Umstände des Dritten Weltkrieges anschaut, passen sie haargenau zu den Ereignissen, die wir derzeit erleben. Für die Familien der Archonten stehen unterirdische Städte bereit, um sich abzusetzen, wenn auf der Oberfläche das Chaos losbricht (welches nach den Plänen der Herren nuklearer Natur sein soll). Die archontischen Netzwerke haben auf der ganzen Welt Regierungen unabhängig von ihrer politischen oder religiösen Ausrichtung oder Rassenzugehörigkeit infiltriert; dasselbe gilt für die NATO und andere der Manipulation dienliche Vehikel. Sie hatten Bill Clinton und Tony Blair in der Hand, die brav in den Krieg zogen; sie kontrollierten Boy Bush und Blair, die ebenfalls der Meinung waren, man müsse Krieg führen; und sie kontrollieren Barack Obama und David Cameron, die im Einklang mit der Führung Frankreichs und anderer NATO-Länder beschlossen, Krieg zu führen. Man betrachtet im Allgemeinen die amerikanische Republikanische Partei als ein ungefähres Pendant zur Konservativen Partei Großbritanniens, ebenso wie man sich die Labour-Partei als britisches Äquivalent zu den Demokraten vorstellt. Wie wir aber sehen, haben Clinton (Demokrat) und Blair (Labour) genauso Krieg geführt wie Bush (Republikaner) und Blair (Labour) sowie Obama (Demokrat) und Cameron (Konservativer). Die Parteizugehörigkeit spielt einfach keine Rolle. Was hat sich geändert, seit der Rothschild-Zionist Nicolas Sarkozy („rechts") durch François Hollande („links") als Präsident Frankreichs abgelöst wurde? Hinsichtlich der übergeordneten Agenda – nichts. Die verschiedenen Parteikürzel dienen nur dazu, der Öffentlichkeit eine Verschiedenheit vorzugaukeln, während die Parteien de facto alle dem archontischen Kurs in Richtung Tyrannei folgen. Die ständigen Mitglieder im Sicherheitsrat der Vereinten Nationen – der (zumindest offiziell) darüber entscheidet, wer wen bombardieren darf – sind die USA, Großbritannien, Frankreich, China und Russland. Zufällig gehören diese fünf Länder

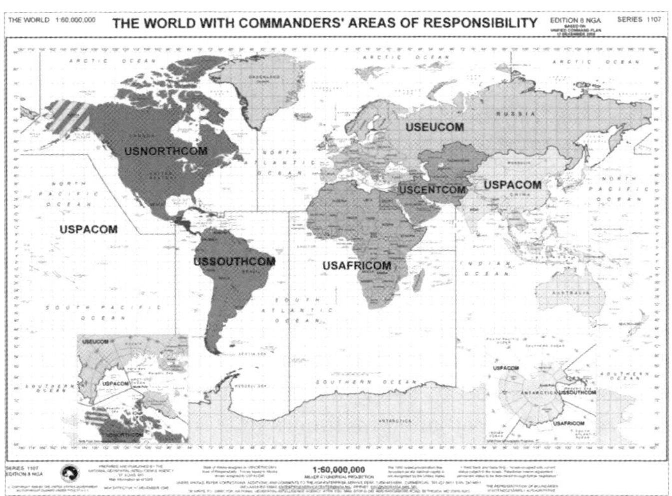

Abb. 553: Die Welt, von Amerika in Zonen unterteilt. (Oder richtiger, von den Netzwerken der Archonten, die Amerika kontrollieren.)

auch zu den Hauptakteuren innerhalb der globalen archontischen Netzwerke. Warum, bitte schön, haben Großbritannien mit seinen 63 Millionen Einwohnern und Frankreich mit 65 Millionen je einen *ständigen* Sitz in solch einem Schlüsselgremium inne – in einer Welt mit sieben *Milliarden* Menschen? Nun, wenn Sie die Antwort wissen wollen, lesen Sie noch einmal den Satz davor. Das amerikanische Militär hat die Welt in so genannte „COMs“ unterteilt – militärische Kommandostrukturen, die in den jeweiligen Regionen operieren (lies: sie übernehmen) sollen. Hier offenbart sich übrigens die atemberaubende archontische Arroganz. Die sechs Kommandozentren heißen CENTCOM, AFRICOM, EUCOM, PACOM, SOUTHCOM und NORTHCOM. Letzteres dient der militärischen Kontrolle des zivilen Nordamerika (Abb. 553). Die Vereinigten Staaten unterhielten im Jahre 2013 Truppen in 150 Ländern, davon 35 in Afrika. Die USA und China liefern sich gegenwärtig eine Schlacht um die Vorherrschaft über den Kontinent und seine Ressourcen. Die Kriegsführung der Neuzeit stützt sich auf Angriffe mit unbemannten Drohnen. In Afrika und im Nahen und Mittleren Osten werden fortwährend immer mehr davon stationiert. Die USA planen derzeit die Errichtung einer neuen Drohnenbasis in Niger, unweit der Grenze zu Mali; mit Sicherheit wird das nicht die letzte sein. Zu Beginn des Jahres 2013 kam heraus, dass die USA zwei Jahre lang eine geheime Drohnenbasis in Saudi-Arabien betrieben hatten. Wie viele gibt es wohl noch – von denen wir gar nichts wissen? Die Bezeichnung der Kommandostrukturen als „COMs“, die dem amerikanischen Militär unterstehen, stellt nur eine vorübergehende Etappe dar. In Wirklichkeit sehen wir hier, wie die regionalen Komponenten der künftigen Weltarmee in Stellung gebracht werden. Schleichend hält auch hier der Totalitarismus Einzug. Nationale Armeen werden vereint und in gemeinsamen Kampfübungen (Weltarmee) bzw. Militäroperationen gegen inszenierte Ziele (Weltarmee) zusammengeführt, um die Gemetzel- und Besitzergreifungsorgie, die seit 9/11 stattfindet, auszuweiten. Die Schwindel erregenden amerikanischen Militärausgaben (in Höhe von zig Billionen Dollar), während das Land gleichzeitig mit 16 Billionen Dollar verschuldet ist (und die Schulden im Jahr 2016 die 20-Billionen-Marke überschreiten werden) und so viele Amerikaner wirtschaftliche Not leiden, zeigen deutlich, dass dieses Geld nicht zum Wohle der amerikanischen Bevölkerung eingesetzt wird. Das US-amerikanische Militär dient auch nicht wirklich seinem Land. Es handelt sich vielmehr um die Armee der archontischen Blutlinien, finanziert durch amerikanische Steuern und Schulden – wodurch das Land ruiniert wird. Die von den USA in Übersee gefochtenen Kriege haben nicht den Schutz von Amerikanern zum Ziel, sondern die Umsetzung der archontischen Agenda globaler Eroberung. Wenn die Weltarmee etabliert worden ist, sollen amerikanisches Militärpersonal, Ressourcen und Infrastruktur in die globale Kommandostruktur transferiert werden. Amerika wurde seit der Erklärung seiner Unabhängigkeit im Jahre 1776 dazu benutzt, durch unzählige Kriege den Willen der Archonten auf der ganzen Welt durchzusetzen. Geben Sie mal „amerikanische Kriege seit 1776" in eine Suchmaschine ein, und Sie werden die ganze Monstrosität der Lüge erkennen, die pausenlos von den Präsidenten und Regierungssprechern des Landes wiedergekäut wird: „Amerika steht für Frieden, Gerechtigkeit und Freiheit!" Ich weise noch einmal darauf hin, dass die Archonten und die Angehörigen ihrer Stammbäume alles und jedes auf den Kopf stellen und ins Gegenteil verkehren. Tatsächlich bedeuten diese Worte also „Krieg, Ungerechtigkeit und Sklaverei". Die letzte Zählung ergab 74 verschiedene Kriege und Konflikte, in denen die USA entweder selbst aktiv kämpften oder andere Kriegsparteien unterstützten – und das sind nur die offiziell bekannten Kämpfe. Dabei sind all die verdeckten Operationen gar nicht mitgezählt, bei denen man eine Beteiligung gar nicht zugeben würde. Zu den US-amerikanischen „COMs" gehören CENTCOM, das Ägypten, die arabische Halbinsel und den Mittleren und Nahen Osten umfasst, sowie AFRICOM, dem ganz Afrika abzüglich Ägypten zugeordnet ist. Es sind diese beiden amerikanischen (lies: Weltarmee-) „COMs", die im Verein mit Großbritannien, Frankreich und dem Rest der NATO hinter dem getürkten „arabischen Frühling" standen. Ein Land nach dem anderen wurde dabei zu Boden gerissen, immer genau in dem von den archontischen Netzen anvisierten Zielgebiet. Ihre Politikerpapageien wiederholten währenddessen permanent die Vorwände, damit das archontische Militär hineingehen und die Dominosteine zu Fall bringen konnte (Abb. 554). Es heißt, der arabische Frühling habe seinen Anfang 2011 in Tunesien genommen, aber erst zu Beginn des Jahres 2013 kam es dort zum ersten Generalstreik seit 35 Jahren. Er richtete sich gegen die Handlungen der „neuen", von Amerika und der NATO gestützten islamischen Regierung und war durch ein Attentat auf einen Oppositionsführer ins Rollen gekommen. Der arabische Frühling war vom ersten Tag an nichts weiter als ein Märchen. Der Rothschild-Zionisten-Konzern Google hatte einen erheblichen Anteil an der Manipulation der Ereignisse. So handelte es sich beispielsweise bei dem bejubelten „Helden", der während des Umsturzes in Ägypten massiv die Propaganda verbreitet hat, welche die Menschen letztlich in Massen auf die Straßen trieb, um den Google-Mitarbeiter Wael Ghonim. Auf Wikipedia lesen wir (das Online-Lexikon gehört ebenfalls den Rothschild-Zionisten), wie er zu einer

Abb. 554: Der „arabische Frühling" war lange im Voraus geplant, um Nordafrika und den Mittleren Osten zu unterwerfen.

international bekannten Persönlichkeit wurde und „die prodemokratischen Demonstrationen in Ägypten durch ein emotionsgeladenes Interview befeuert wurden, das er nach seiner Freilassung gab. Ghonim war von der ägyptischen Polizei inhaftiert und elf Tage lang an einem unbekannten Ort festgehalten worden. Dort sei er wegen seiner Arbeit als Administrator der Facebook-Seite „Wir sind alle Khaled Said“ verhört worden, die zum Entfachen der Revolution beigetragen hat“. Die Zeitschrift *TIME* zählte ihn 2011 zu den 100 einflussreichsten Persönlichkeiten des Jahres. In Wirklichkeit war Wael Ghonim Googles Marketing-Chef für die Region Mittlerer Osten und Nordafrika, mit Sitz in Dubai, inmitten der von den USA kontrollierten Vereinigten Arabischen Emirate.

Auf frischer Tat ertappt

12:27

www.dailymail.co.uk/news/article-2270

U.S. 'backed plan to launch chemical weapon attack on Syria and blame it on Assad's regime'

- **Leaked emails from defense contractor refers to chemical weapons saying 'the idea is approved by Washington'**
- **Obama issued warning to Syrian president Bashar al-Assad last month that use of chemical warfare was 'totally unacceptable'**

By LOUISE BOYLE

PUBLISHED: 19:16, 29 January 2013 | **UPDATED:** 23:17, 29 January 2013

Comments (200) | Share +1 33 Tweet 734 Like 11k

Leaked emails have allegedly proved that the White House gave the green light to a chemical weapons attack in Syria that could be blamed on Assad's regime and in turn, spur international military action in the devastated country.

A report released on Monday contains an email exchange between two senior officials at British-based contractor Britam Defence where a scheme 'approved by Washington' is outlined explaining that Qatar would fund rebel forces in Syria to use chemical weapons.

Barack Obama made it clear to Syrian president Bashar al-Assad last month that the U.S. would not tolerate Syria using chemical weapons against its own people.

Scroll down for video

Abb. 555: Der Bericht der Daily Mail – eben noch da, im nächsten Moment schon wieder verschwunden.

Die Londoner Zeitung *Daily Mail* brachte im Januar 2013 eine Geschichte über durchgesickerte Emails, aus denen hervorging, dass es einen von Washington abgesegneten Plan für einen Chemiewaffen-Anschlag in Syrien gab. Das Attentat sollte dann Präsident Assad in die Schuhe geschoben werden, damit man eine „humanitäre“ Rechtfertigung für eine Invasion des Landes hätte. Der Bericht war ganz schnell wieder von der Website der *Mail* verschwunden, doch es gibt Screenshots von der Meldung (Abb. 555). Bei der Geschichte handelt es sich um einen klassischen Fall von Problem-Reaktion-Lösungs-Szenario. In dem Report wurden angeblich gehackte Emails der Britam Defence, einem Waffenlieferanten mit Sitz in Großbritannien und Dubai, veröffentlicht. Der Inhalt dieser Emails belegt die Existenz eines „von Washington abgesegneten“ Planes, eine Chemiewaffe (CW) nach Syrien zu bringen und in einem P-R-L-Szenario einzusetzen, um damit endlich das Assad-Regime stürzen zu können. Darum hatte man sich schließlich schon so lange verzweifelt bemüht. Die Operation war über Amerikas Satellitenstaat Katar organisiert worden. Obama hatte ja verkündet, dass Assad mit einem Chemiewaffeneinsatz die „rote Linie" überschreiten würde und man sich dann zu einer militärischen Intervention gezwungen sähe. Der französische Präsident François Hollande, der mit zum Team gehörte, schloss sich ihm an. Auch er befand, dass die Verwendung von Chemiewaffen „einen legitimen Grund für eine direkte Intervention" darstellen würde. Israel äußerte sich natürlich ähnlich – man gab irgendeine Entschuldigung zum Besten, um Krieg zu rechtfertigen. Ein deutscher Hacker hatte die Emails veröffentlicht, bei denen es sich um die Korrespondenz zwischen Britams Business Development Director David Goulding und dem Firmengründer Philip Doughty handeln soll. Hier ist ein Auszug aus dem Briefwechsel im Wortlaut:

> „Phil
>
> Wir haben ein Angebot bekommen. Es geht wieder um Syrien. Die Katarer haben einen lukrativen Handel vorgeschlagen und schwören, dass das Konzept von Washington abgesegnet ist.
>
> Wir sollen eine CW von Libyen nach Homs liefern, eine g-Shell aus sowjetischer Produktion, ähnlich denen, die Assad haben dürfte. Sie wollen, dass wir unser ukrainisches Personal einsetzen. Sie sollen russisch sprechen und wir sollen eine Videoaufnahme davon machen.
>
> Ehrlich gesagt, ich halte das nicht für eine gute Idee, aber die angebotene Summe ist gewaltig. Deine Meinung?
>
> Beste Grüße
>
> David"

Warum sollten die „Katarer" – gemeint ist Scheich Hamad bin Chalifa Al Thani, eine US-Marionette und Mittlerfigur für die Finanzierung und Bewaffnung der „Rebellen" in Syrien und Lybien – eine gewaltige Summe dafür anbieten, dass eine Chemiewaffe direkt ins syrische Homs, eines der operativen Zentren der „Rebellen", gebracht wird? Nun, da die Lieferung offensichtlich nicht für die Assad-Regierung bestimmt war, kann es nur einen Grund für diese Aktion geben. Beachten Sie, dass die Anweisung lautete, eine Waffe „ähnlich denen, die Assad haben dürfte" zu liefern. Britam Defence räumte ein, dass man ihr Computersystem gehackt habe, bestritt aber die Echtheit der fraglichen Emails. Ich glaube ihnen nicht. Ein vorgeblicher Systemadministrator sagte, er habe die technischen Details der Weiterleitung der Britam-Email untersucht und sei zu folgendem Schluss gekommen:

> „Ich muss gestehen, dass die Email tatsächlich echt zu sein scheint ... Alle Fakten passen. Ich kann also mit der Objektivität der Mythbusters sagen, dass die Echtheit dieser Email glaubhaft ist."

Unter den durchgesickerten Dokumenten befanden sich auch solche mit dem Vermerk „höchst persönliche Informationen". Manche Details über einige der Britam-Mitarbeiter deuten darauf hin, dass es sich bei ihnen um Söldner handelt. Die Vereinigten Staaten,

Großbritannien und die NATO arbeiten mit einem ganzen Netz „privater Verteidigungsdienstleister“ zusammen. Dabei handelt es sich um nichts anderes als Erweiterungen des Militärs unter Benutzung anderer Namen. Am bekanntesten sind in diesem Zusammenhang der berüchtigte Halliburton-Konzern – zeitweilig von Dick Cheney geführt – und die Firma Blackwater, später umbenannt zu Xe und heute unter dem Namen Academi geläufig. Doch es gibt unzählige weitere solcher Unternehmen. Der Blackwater-Konzern wechselt fortwährend seinen Namen, um die Spuren seiner Niedertracht zu verwischen. Das erinnert mich an einen Witz, den der Schauspieler Kenneth Williams einmal in einem der „Ist ja irre“-Filme gemacht hat: „Niedertracht! Niedertracht! Sie haben es auf mich abgesehen!“ [1] Die westlichen Medien haben die Geschichte mit der Britam-Email vollständig ignoriert – mit Ausnahme der *Daily Mail*, und deren Bericht wurde schnell wieder von ihrer Website entfernt. Die Möglichkeit eines mit chemischen Waffen verübten „Anschlags unter falscher Flagge“ lag schon seit einiger Zeit in der Luft. Man bekommt eine ganz gute Vorstellung davon, was für die nächste Zeit geplant ist, wenn man auf die „roten Linien“ achtet, die von gewissen Leuten hin und wieder verlautbart werden. Sie sagen ihrem Gegner, wenn du dieses oder jenes machst, rechtfertigt das einen militärischen Angriff unsererseits – und dann dingen sie jemand anderen, um „dieses oder jenes“ auszuführen. Durch das Engagement der Hacker hatten es die Herren in diesem Fall sehr viel schwerer, ungeschoren davonzukommen. Das ist der Grund, warum die Mainstream-Medien die Story gar nicht erst angefasst haben. Der Vorgang ist auch im Kontext dessen zu sehen, was General Wesley Clark 2007 im Rahmen eines Fernsehinterviews sagte. Demnach hatte das Pentagon geplant, innerhalb von fünf Jahren sieben Länder anzugreifen und deren Regierungen zu stürzen: Irak, Syrien, Libanon, Libyen, Somalia, Sudan und Iran. Beachten Sie, dass Clark hier einen Plan beschrieb, der zu Zeiten der republikanisch geführten Regierung unter Boy Bush ausgeheckt worden war, dann aber von dem „Demokraten“ Obama anstandslos übernommen und fortgeführt wurde. Es sind im Ein-Parteien-Staat USA nach wie vor dieselben Länder, die sich – nun auch unter der demokratischen Regierung – im Fadenkreuz Amerikas befinden (Abb. 556). Man wusste im Prinzip schon, dass früher oder später jemand behaupten würde, Assad habe chemische Waffen gegen Zivilisten eingesetzt. Die Leute, die aus dem Hintergrund die Strippen ziehen, mögen rätselhaft sein, aber man kann dennoch feststellen: Ihre Handlungen sind oft vorhersehbar. Als der Vorwurf gegenüber Assad dann tatsächlich kam, waren es – man beachte – Großbritannien und Frankreich, die den „Beweis“ lieferten. Mit der Anschuldigung hoffte man inständig, endlich den Vorwand für eine militärische Intervention in die Hand zu bekommen. Doch dann erschien ein Interview mit Carla del Ponte, die einem Ausschuss der Vereinten Nationen angehörte, der in Syrien ermittelte. Darin sagte sie, es gäbe „starke, konkrete Verdachts-

Abb. 556: Der Wunschzettel aus der Bush-Ära wurde von seinem „Gegner“ Obama übernommen.

momente" dafür, dass die syrischen *Rebellen* das Nervengas Sarin eingesetzt hätten. „Es wurde also von Seiten der Opposition angewendet, von den Rebellen, nicht von der Regierung", sagte sie im schweizerisch-italienischen Fernsehen. In einem *CNN*-Bericht vom Dezember 2012 wurde enthüllt, wie das Pentagon syrische Rebellen im Umgang mit chemischen Waffen ausbildete. Darin hieß es:

> „Die Ausbildung [an chemischen Waffen], die in Jordanien und der Türkei erfolgt, beinhaltet unseren Quellen zufolge auch die Überwachung und Sicherung von Lagereinrichtungen und die Handhabung von Waffenbasen und Materialien. Nach den Aussagen eines Offiziellen halten sich einige der Vertragspartner auf syrischem Boden auf, um zusammen mit den Rebellen einige dieser Einrichtungen zu überwachen. Die Nationalität der Ausbilder wurde nicht enthüllt, man warnte jedoch vor der Annahme, es handele sich bei allen um Amerikaner."

Der Sprecher (lies: Propagandist) des Weißen Hauses Jay Carney sagte, man sei „höchst skeptisch gegenüber allen Vermutungen, die Opposition habe chemische Waffen eingesetzt" und dass man im Oval Office hingegen annähme, dass der Einsatz auf Assads Konto gehe. Wie es nicht anders zu erwarten war, erklärten die USA bald – im Juni 2013 – erneut (und ohne jeden Beweis), Assad habe chemische Waffen eingesetzt. Obama kündigte daraufhin an, man würde die „Rebellen" nun mit Waffenlieferungen unterstützen. (Er meinte damit, dass man die Waffen nun auch offiziell und in größerer Stückzahl liefern würde, statt wie bisher nur unter dem Tisch.) Zur selben Zeit ließ die Europäische Union, unter Federführung Großbritanniens, das Verbot von Waffenlieferungen an die „Rebellen" fallen. All das geschah genau in dem Moment, als Assads Truppen begannen, einige von den „Rebellen" gehaltene Gebiete zurückzuerobern und der Plan der Archonten schief zu gehen drohte. Man kann es auch noch von einem anderen Blickwinkel aus betrachten: Warum sollte Assad auch nur in Erwägung ziehen, chemische Waffen einzusetzen, wo er doch genau wusste, dass er damit seinen globalen Gegnern genau die Entschuldigung liefern würde, auf die sie warteten, um ihn vernichten zu können? Da müsste er wirklich verrückt sein. Aber das ist er nicht. Israel begann im Mai 2013 einen Bombenangriff auf Syrien, in der Hoffnung, damit die syrische Armee zu schwächen und einen Vergeltungsschlag zu provozieren, der zu einem totalen Krieg hätte führen können. Dieser Angriff wurde in der Presse klar als einseitige Kampfhandlung seitens der Psychopathen in Tel Aviv wahrgenommen, war aber hinter den Kulissen von den üblichen Verdächtigen abgenickt worden – den Vereinigten Staaten, Großbritannien, Kanada und der NATO ganz allgemein. Obama hat das nach den Angriffen im Prinzip bestätigt, indem er sagte, die USA würden sich mit Israel „eng abstimmen". Bei ihrer zweiten Attacke griffen israelische Kampfflugzeuge drei Tage lang Ziele rund um die syrische Hauptstadt Damaskus an. Angeblich habe man dabei Waffenlager mit Lenkraketen iranischer Herkunft zerstört, die für die militante libanesische Hisbollah bestimmt gewesen seien. Einen Beweis für diese Behauptung hat man nicht erbracht. Der Libanon ist ein weiterer Punkt auf der Liste der unvermeidlichen Angriffsziele.

Syrien befindet sich genauso wenig aufgrund der Aktivitäten irgendwelcher landesinterner „Rebellen" im Krieg, wie es bei der libyschen „Revolution" der Fall war. Beide

Länder sind Teil einer systematischen, künstlich inszenierten und mit dem Etikett „arabischer Frühling" versehenen Übernahme des gesamten afrikanischen Kontinents und des Mittleren und Nahen Ostens durch Kräfte, die vermittels der Vereinigten Staaten, Israel und der NATO wirken. (Wenn man nur hoch bzw. tief genug steigt, findet man hinter diesen Gebilden sowieso nur ein und dieselbe Macht vor.) Seit Jahren enthülle ich diese Agenda in meinen Büchern. So war die militärische Intervention in Mali nur eine Blaupause dafür, was man mit einem afrikanischen Land nach dem anderen zu tun gedenkt, unter Federführung des US-amerikanischen AFRICOM-Netzwerkes und im Verbund mit den NATO-Ländern. Südafrika, sei auf der Hut – euch haben sie auch im Visier! Sie wollen *alles*, denn sie sind wahnsinnig. Bei den Aktivitäten der Franzosen in Mali konnte man beobachten, wie der französische Arm der archontischen Netzwerke seine Pflicht gegenüber der globalen Agenda erfüllte. Zweck der Unternehmung war die Sicherung der in Hülle und Fülle vorhandenen Bodenschätze, einschließlich Gold und Uran. In einer weiteren Episode aus der Rubrik „sowas kann man sich nicht einmal ausdenken" verlieh die UNESCO dem französischen Archonten-Präsidenten François Hollande, der die Soldaten nach Mali geschickt hatte, einen Friedenspreis für seinen „wertvollen Beitrag für Frieden und Stabilität in Afrika". Dieser wertvolle Beitrag bestand im Führen eines Krieges, der Tausende Einwohner Malis obdachlos machte und in dessen Verlauf Amnesty International zufolge „schwerwiegende Menschenrechtsverletzungen" begangen wurden, die Tötung von Kindern inbegriffen. *Umkehrung, Umkehrung, Umkehrung.* Normalerweise denken sich die archontischen Netzwerke für jedes Land, in das sie einmarschieren, eine neue Ausrede aus. Im Falle von Libyen und Syrien haben sie allerdings zweimal exakt denselben Vorwand benutzt: „Rebellen", die von den USA und der NATO (über Katar, die Türkei bzw. Saudi-Arabien) finanziert und bewaffnet worden sind, greifen im ersten Schritt zunächst Einrichtungen der Regierung an. Wenn die jeweilige Regierung dann das Feuer erwidert, rufen die Mächte hinter den „Rebellen" mittels ihrer willfährigen und ignoranten Medien lauthals: „Gaddafi/ Assad bringt sein eigenes Volk um!" Mit dieser „humanitären" Begründung schicken sie dann die Jungs rein, um für sie Unschuldige niederzumetzeln und das Öl und andere Güter zu stehlen. So haben sie es in Libyen gemacht, und nun wollten sie das gleiche Schema noch einmal in Syrien durchziehen. Dort lief es aber nicht so glatt, wie sie sich das vorgestellt hatten. Also haben sie sich überlegt, einen Anschlag mit chemischen Waffen zu inszenieren, um dann sagen zu können:

> „Wir müssen NATO-Truppen entsenden, um Assad daran zu hindern, weiterhin seine eigenen Landsleute mit Chemiewaffen umzubringen."

Es ist daher kein Wunder, dass der *Daily Mail*-Artikel so schnell wieder von der Bildfläche verschwand. Wenn ihre geheimen Machenschaften entlarvt werden, können sie ihre Tarngeschichte nicht mehr benutzen. Verschwörungstheorien werden nur allzu oft in dem Augenblick, da sie erstmalig auftauchen, reflexartig abgelehnt – nur um sich später als zutreffend herauszustellen. Doch merkwürdigerweise geht die Ablehnung neu aufkommender Verschwörungstheorien auch dann unverändert weiter, wenn gerade wieder eine Konspiration aus der Vergangenheit aufgedeckt und bewiesen worden ist. Das ist eine weitere Facette schizophrenen Doppeldenkens. So gehört es heute beispielsweise zur offiziellen Geschichtsschreibung, dass es im Konflikt um den Suez-Kanal zu einer geheimen Absprache zwischen Israel, Großbritannien und Frankreich kam, nachdem der ägyptische Präsident Nasser den Kanal verstaatlicht hatte. Um den Kanal zurück zu gewinnen, beschlossen die drei Parteien gemäß des so genannten „Protokolls von Sèvres" folgendes Vorgehen: Zunächst würde Israel in Ägypten einmarschieren, woraufhin Großbritannien und Frankreich verkünden würden, dass sie sich im Falle einer Fortsetzung der Kampfhandlungen gezwungen sähen, Truppen zu entsenden, um „den Kanal zu sichern". Das ist präzise das, was dann auch passiert ist. Doch jeder, der die Verschwörung damals schon bloßgestellt hätte, wäre als durchgeknallter Verschwörungstheoretiker abgetan worden. Übrigens: Als die israelischen Truppen nach der Einstellung der Kampfhandlungen aus Ägypten abzogen, zerstörten sie Straßen, Eisenbahnen, Telefonleitungen sowie die beiden Dörfer Abu Ageila und El Quseima und stahlen obendrein noch sechs Lokomotiven. Ein weiterer Tag in Tel Aviv halt.

Zbigniew Brzezinski, Mittelsmann der Archonten und gemeinsam mit David Rockefeller Gründer der Trilateralen Kommission, gab in einem Interview mit einer französischen Zeitschrift zu, in die Etablierung der afghanischen „Rebellen" involviert gewesen zu sein. Demzufolge habe er zwischen 1977 und 1981, während seiner Zeit als nationaler Sicherheitsberater des damaligen Präsidenten Jimmy Carter, die „Rebellen" ausgebildet und mit Waffen versorgt. Sie sollten in der Hauptstadt Kabul die Regierung bekämpfen – damals eine Marionettenregierung der Sowjetunion – und den Russen damit „ihr Vietnam" bescheren (Abb. 557). Dies geschah in Absprache mit dem britischen Geheimdienst MI6 und dem pakistanischen Nachrichtendienst Inter-Services Intelligence (ISI). Es gibt übrigens eine enge Verbindung zwischen ISI und dem 9/11-„Terroristenführer" Mohamed Atta – der ja so ein unglaublich fanatischer Moslem war, dass er eine amerikanische Freundin hatte, Kokain nahm, Unmengen Alkohol konsumierte und Schweinefleisch bevorzugte. Brzezinskis Plan war es, die Sowjetunion dazu zu bringen, in Afghanistan einzumarschieren, um ihren Satellitenstaat zu verteidigen, und sie dann in einen endlosen Kampf zu verwickeln, den sie nicht gewinnen konnten. Aus den von Brzezinski bewaffneten und ausgebildeten „Rebellen" wurden später die Mudschahedin/Taliban/„al-Qaida". Während der Regierungszeit von Reagan und Papa Bush, die Carter ablösten, sorgte der amerikanische Geheimdienst dafür, dass ein Mann namens Osama bin Laden von Saudi-Arabien nach Afghanistan reisen konnte, um dort die Mudschahedin in dem langen und blutigen Krieg gegen die Sowjetunion anzuführen. Die Bin Ladens waren Freunde und Partner der Bushs, insbesondere von Vater Bush. Doch als dann zur Zeit von 9/11 der Sohnemann im Weißen Haus saß, missbrauchte man den früheren CIA-Nützling Bin Laden als falschen Bösewicht und verteufelte die Taliban-Mudschahedin, um in Afghanistan einmarschieren zu können. Das ist kein Widerspruch zu dem früheren

Abb. 557: Erzmanipulator Brzezinski.

Abb. 558: Die verborgene Macht hinter dem „arabischen Frühling".

freundschaftlichen Verhältnis – denn das Motto lautet: Wir tun, was immer für die archontische Agenda gerade am besten ist. In den 80er Jahren, als Bin Laden und die Mudschahedin gegen die Russen kämpften – die einmarschiert waren, um ihrem Vasallenregime in Kabul unter die Arme zu greifen –, schien es den Archontenfamilien dienlich, sie als Helden zu feiern. Doch nach 9/11 war es für sie nützlicher, Bin Laden und seine Mannen in der Rolle der Dämonen zu besetzen. Um sie ordentlich zu vermöbeln, mussten amerikanische Truppen entsandt werden, und das ganze hieß man dann „Krieg gegen den Terror" (Abb. 558). Dieser *war on terror* sollte sich auch gegen „islamische Terroristen" und „die al-Qaida" richten. Blöderweise gehörten auch die „Rebellen", die in Libyen und Syrien zusammen mit der Muslimbruderschaft im Sinne des Eroberungs- und Terrorfeldzuges der USA und der NATO kämpften, größtenteils der „al-Qaida" an. Diese „al-Qaida" (wörtlich: „die Datenbank") begann übrigens erst nach 9/11 in nennenswerter Weise zu existieren – denn erst durch die fortwährenden Behauptungen von Seiten der USA, dass es diese Gruppierung gäbe, glaubten die Kämpfer allmählich tatsächlich an deren Existenz! Sogar heute ist al-Qaida immer noch mehr ein Name als eine Organisation. Ihre wahre Bestimmung ist es, den Interessen der archontischen Stammbäume zu dienen – wenngleich das kaum einem der Beteiligten bewusst ist. Als der „al-Qaida" (sprich: den vom Westen gestützten Terroristen) Libyens Waffenarsenale einschließlich chemischer Waffen in die Hände fielen, hatten sie die Möglichkeit, ähnliche Gruppierungen quer durch Afrika und den Mittleren Osten auszurüsten. Genau das wollten die archontischen Familien, um auf diese Weise Tod, Zerstörung und Chaos zu verbreiten. Ein abscheuliches Beispiel für die Mentalität, mit der wir es hier zu tun haben, lieferte der syrische „Rebell" Abu Sakkar. Vor laufender Kamera schnitt er einem toten Soldaten das Herz heraus, biss einmal ab und sagte: „Ich schwöre bei Gott, wir werden eure Herzen und eure Lebern essen, ihr Soldaten von Bashar, dem Hund." Das ist die Sorte von Geisteskranken, wie sie von den USA, Großbritannien und der NATO bewaffnet und finanziert wird. Sobald Gaddafi tot und Libyen für die Kabale gesichert war, zogen viele der „libyschen Rebellen" (sprich: Söldner) weiter nach Syrien, um dort dasselbe Spiel durchzuziehen. Die führende Gruppierung unter den „Rebellen", die in Syrien gegen das Assad-Regime kämpfen, ist die Al-Nusra-Front – ein „al-Qaida"-Ableger, dem fast 30 von den USA und der NATO unterstützte „Rebellen"-Gruppen die Treue geschworen haben. Die Muslimbruderschaft übernimmt offiziell die Kontrolle über die Länder, die durch Fake-Revolutionen oder Militärschläge bezwungen worden sind. Seit Jahrzehnten schon dient die Bruderschaft den USA, Großbritannien und Israel als Fassade, wie ich in „Remember Who You Are" dargelegt habe. Sie kann auch dazu benutzt werden, Ängste vor einer islamischen Machtergreifung zu schüren – während sie in Wirklichkeit nur Strohmänner derjenigen Kräfte sind, die diese vermeintliche Gefahr beschwören. (*) Die Muslimbrüder sind nichts weiter als ein Haufen Schwindler. Zum anderen sind viele der Leute, die als islamische Terroristen präsentiert werden, um ein militärisches Eingreifen zu rechtfertigen, in Wirklichkeit Menschen, die dafür kämpfen, ihr Land wieder den Klauen der Archonten zu entreißen. Der Begriff „Terrorist" ist einfach ein praktisches Etikett, um Leute zu verteufeln, wenn das gerade nützlich ist; und wenn es nicht mehr passt, kann man es auch einfach wieder fallen lassen. Ein eindrückliches Beispiel für diese Methodik konnte man im Umgang mit der Volksmudschahedin (Mojahedin-e-Khalq-Organisation, MKO) beobachten, einer Gruppierung, die für den Tod von Tausenden Iranern verantwortlich ist. Die USA hat die MKO von der Liste der Terrororganisationen gestrichen – schließlich richtete sich deren Terrorismus gegen den gemeinsamen Feind, nämlich das iranische Regime. Der frühere Chef des israelischen Militärgeheimdienstes und Militärattaché in Washington, Major General Amos Yadlin, forderte Israel im Februar 2013 auf, die Verbindungen zu den syrischen „Rebellen" (lies: Terroristen), die mit al-Qaida assoziiert sind, zu verstärken, damit man einen gemeinsamen Schlag gegen den gemeinsamen „großen Feind Iran" führen könne. Ich habe in meinen Büchern schon an anderer Stelle gezeigt, wie Israel und der Westen die Spaltung der Muslime in Schiiten und Sunniten (diese Spaltung rührt von einer sehr weit zurück liegenden und ganz unbedeutenden Meinungsverschiedenheit her) ausnutzen, um die arabische Welt nach dem Prinzip von „Teile und herrsche" in einem Krieg gegen sich selbst zu halten und somit kontrollieren zu können. Das ist auch der Hintergrund für Yadlins Forderung: Er will eine stärkere Kooperation mit den sunnitischen Kräften, um gemeinsam gegen das schiitische Iran vorzugehen. Eric Draister, der Gründer von stopimperialism.com, lag ganz richtig mit seiner Einschätzung, Israel und die al-Qaida seien nur „zwei Seiten derselben Medaille". Beide bringen Instabilität und Gewalt nach Syrien: „Israel und al-Qaida sind zwei Facetten des von den USA dominierten imperialen Systems, das einen Krieg gegen die unabhängige Nation Syrien begonnen hat und versucht, das Land zu zerstören." Major General Yadlin äußerte, die fortgesetzte zerstörerische Gewalt in Syrien habe Israel einen strategischen Vorteil verschafft. Nun, das ist natürlich der *Grund* dafür, warum es überhaupt zu dieser Entwicklung gekommen ist. Ahmed Moaz al-Khatib, der Anführer der vom Ausland geförderten syrischen Opposition – von Beruf Ingenieur und Manager für große Ölunternehmen wie die syrische Abteilung von Royal Dutch Shell –, versprach Israel für den Fall des Sturzes des Assad-Regimes die Treue. Israel nutzte die Gewalt und das Chaos in Syrien auch dazu, einem US-amerikanischen Energiekonzern eine Lizenz zur Ölgewinnung in den syrischen Golanhöhen zu verschaffen. Israel hält die Golanhöhen seit dem Sechs-Tage-Krieg 1967 illegal besetzt. Dem israelischen Politikanalysten Yaron Ezrahi zufolge handelte es sich bei der ganzen

Abb. 559: Die Schlange im Sand.

Sache „größtenteils um eine List der Israelis, um ihre Bindung an die okkupierten Golanhöhen zu verstärken". Israel denkt nicht daran, besetzte Gebiete zurückzugeben – im Gegenteil, weitere Expansion ist das, was man im Sinn hat (Abb. 559).

Die Soros-Doktrin (grausam sein um … noch grausamer zu werden)

Die Leser meiner Bücher sind über die abscheulichen Machenschaften des Milliardärs und Finanziers George Soros (Rothschild-Zionist), der als Geldeintreiber für die Rothschilds superreich geworden ist, bereits im Bilde. Der Jude Soros, der eigentlich George Schwartz heißt, gab sich im von den Nazis besetzten Ungarn als Nichtjude aus und half den Besatzern bei der Konfiszierung des Eigentums seiner jüdischen Mitmenschen. Unermüdlich geht er nun schon seit Jahrzehnten seinen Rothschildschen Meistern dabei zur Hand, die archontische Agenda voranzubringen und die Menschen von ihrem Geld zu trennen. Man nennt Soros einen Spekulanten – doch seit wann bezeichnet der Begriff eine Person, die sowieso schon weiß, was passieren wird, und dann darauf wettet? Er ist Herr über ein ganzes Gestrüpp von „Trusts" und Stiftungen, die sich, neben anderen Dingen, darauf spezialisiert haben, Menschen in der Kunst der zivilen Rebellion auszubilden. Natürlich nicht in der Rebellion gegen die archontische Kabale (dann würden sich die Schüler ja gleich gegen Soros auflehnen). Nein, nicht so. Soros' „Rebellionen" richten sich gegen Ziele, die den Archonten ein Dorn im Auge sind. Sinn und Zweck von Soros' Aktivitäten ist es, „Revolutionen von unten" in Bewegung zu setzen, an deren Ende – wenn alles getan und in Sack und Tüten ist – die archontischen Blutlinien die Kontrolle über das betreffende Land haben und ihr Wunschkandidat an dessen Spitze installiert ist. Der „arabische Frühling" war, vor allem in der frühen Phase, eine Produktion aus dem Hause Soros (Abb. 560). In meinem Buch „Remember Who You Are" habe ich Soros' Rebellen-Ausbildungsnetzwerk und seine Verbindungen zu Leuten wie Brzezinski detailliert dargelegt. Ich habe auch gezeigt, wie er „Denkfabriken" wie das Center for American Progress (Umkehrung) finanziert, um die Politik der Demokratischen Partei lenken zu können. Der Democon Soros ist auch, gemeinsam mit Rahm Emanuel (Rothschild-Zionist) und David Axelrod (Rothschild-Zionist), einer der Puppenspieler der Marionette Obama. Brzezinski wirkt ebenfalls seit Jahrzehnten als Mentor Obamas. Ich möchte hier aber Soros' besondere Masche herausarbeiten, mit der es möglich wird, ein Land

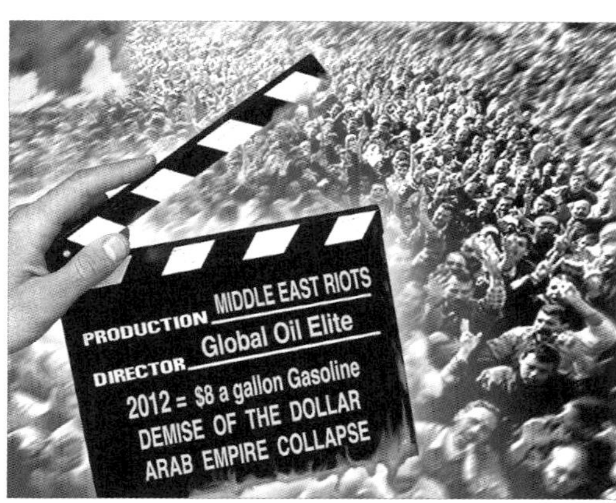

Abb. 560: Arabischer Frühling – Der Film

nach dem anderen unter einem „humanitären“ Vorwand zu überfallen. Die Öffentlichkeit begann im Jahre 2004 davon Notiz zu nehmen, als Soros in der Zeitschrift *Foreign Policy* einen Artikel mit dem Titel „Die Souveränität des Volkes“ veröffentlichte. Die Zeitschrift gehört übrigens der von der Steuer befreiten Carnegie-Stiftung für internationalen Frieden, die durch eine Untersuchung des Reece-Komitees der Kriegsmanipulation überführt wurde. Soros' Grundidee und Ziel war, den Gedanken der Souveränität eines Landes nicht mehr an dessen Regierung zu knüpfen, sondern dem Volk des jeweiligen Landes zuzuordnen. Das mag im ersten Moment toll klingen – aber nur solange, bis man den Kontext begreift. Bis zu Soros' Neudefinition galt der Angriff auf ein Land als eine Attacke gegen die Souveränität des Landes. (Es sei denn, die Regierung des Landes wollte gerne angegriffen werden; aber wer will das schon?) Soros' Taschenspielertrick ging nun so, dass er die Souveränität eines Landes neu definierte – nämlich als Souveränität der Bevölkerung des jeweiligen Landes. Dann wird es nämlich möglich, in ein Land mit der Begründung einzufallen, die betreffende Regierung habe die Souveränität des Volkes verletzt! Siehe „er bringt sein eigenes Volk um“. Hier kommt der Clou aus dem besagten *Foreign Policy*-Artikel des Halunken:

> „Die Souveränität gehört jedoch zum Volk; das Volk delegiert sie dann seinerseits an die Regierung. Wenn eine Regierung aber die ihr anvertraute Autorität missbraucht und die Bürger keine Möglichkeit zur Korrektur haben, dann ist ein Eingriff von außerhalb gerechtfertigt. Indem man festlegt, dass sich Souveränität auf das Volk bezieht, kann die internationale Gemeinschaft die Grenzen von Nationalstaaten überschreiten, um die Rechte der Bürger zu schützen.
>
> Das Prinzip der Volkssouveränität würde insbesondere helfen, zwei moderne Probleme zu bewältigen: Man könnte so einerseits die Hürden überwinden, souveränen Staaten effizient Hilfe zukommen zu lassen; zum anderen würde es leichter, auf globaler Ebene gemeinsam zu handeln, wenn ein Staat einen inneren Konflikt erfährt.“

Bedenken Sie, dass Soros das im Jahre 2004 geschrieben hat – lange vor dem „arabischen Frühling“. Soros wusste natürlich, dass so etwas kommen würde, schließlich war sein Netzwerk an vorderster Front daran beteiligt, die Umwälzungen auf den Weg zu bringen. Es ist nicht besonders schwer, eine Rebellion auszulösen, wenn so viele Machtpositionen mit Tyrannen besetzt sind, die darauf warten, durch neue Tyrannen ersetzt zu werden, während die Bevölkerung dazu manipuliert worden ist, sich unwissend – aber entscheidend – an einem Geschehen zu beteiligen, das der Großteil der Menschen auch noch für eine glorreiche Revolution für Freiheit und für eine Veränderung zum Besseren hält (bis die Wirklichkeit sie einholt). Zusammen mit der Neudefinition der Souveränität präsentierte Soros seine Doktrin von der „Verantwortung zu schützen“:

> „... Die Führung eines souveränen Staates steht in der Verantwortung, die Bürger des Staates zu beschützen. Wenn sie darin versagt, geht diese Verantwortlichkeit auf die internationale Gemeinschaft über. Für die Unterdrückten ist die Aufmerksamkeit der Welt oft der einzige Hoffnungsschimmer.“

Rührend, wie sich Soros um das Wohl der Unterdrückten sorgt. Man muss schon ein gefühlloser, genetisch programmierter Invertierer sein, um dermaßen verlogen auftreten zu können – ohne auch nur den Hauch eines schlechten Gewissens zu haben. Damit hat Soros die Taktik umrissen, nach der Sie ein Land übernehmen können:

- Sie legen zunächst fest, dass Souveränität durch das Volk repräsentiert wird und dass die Regierungen in der Pflicht stehen, die souveräne Bevölkerung zu schützen.
- Wenn eine Regierung dieser Verantwortung nicht nachkommt – oder Ihre Propaganda es so aussehen lässt –, geht die Macht automatisch von dem betreffenden Land auf die „internationale Gemeinschaft" über (lies: in die Hände des archontischen Netzwerkes).
- Dann können Sie den von Ihnen finanzierten, bewaffneten und ausgebildeten Rebellen das Stichwort geben, um das ins Visier genommene Regime anzugreifen, und warten auf die Reaktion der Angegriffenen. Sobald diese sich zur Wehr setzen („er bringt sein eigenes Volk um"), sagen Sie: „Das Regime schützt sein Volk nicht und kommt seiner Verantwortung nicht nach."
- Nun endlich kann die „internationale Gemeinschaft" ihre Truppen ins Land schicken, um das Volk zu beschützen (indem sie die Scheiße aus den Menschen heraus bomben, wie in Libyen geschehen, und sich das Land und seine Rohstoffe unter den Nagel reißen).

Soros und Co. wollen für niemanden Souveränität außer für sich selbst und die Weltregierung. Er erklärte: „Souveränität ist ein anachronistisches Konzept aus längst vergangenen Zeiten, als die Gesellschaft noch aus Herrschern und Untertanen bestand, statt aus Bürgern." Was ist die vordringliche Aufgabe, wenn man eine Weltregierung etablieren will? Nun, dann muss natürlich jede nationale Souveränität zerstört werden. Siehe EU. Was Soros 2004 niedergeschrieben und eingefordert hat, ist heute auf der ganzen Welt Standardpolitik – im Jahre 2005 vom Sicherheitsrat und der Hauptversammlung der UN übernommen. Damit war der Weg für den arabischen Frühling und die nachfolgenden, international gestützten Militärinterventionen geebnet. Gleichzeitig können die Regierungen in Nordamerika und Europa mit ihrem Volk natürlich tun und lassen, was ihnen beliebt, ohne dass jemals die Gefahr einer Intervention von Seiten der „internationalen Gemeinschaft" (sprich: der Weltregierung) bestünde. Und warum ist das wohl so? Weil diese Länder die sogenannte „internationale Gemeinschaft" *sind*.

Irrsinn ist die neue Normalität

Der Wahnsinn, den wir „die Welt" nennen, ist das Ergebnis der Tatsache, dass die globale Politik von Wahnsinnigen bestimmt wird. Ich habe mit dem Irrsinn des Systems selbst einmal Bekanntschaft geschlossen, als ich bei meinem Auftritt im Wembley-Stadion im

Oktober 2012 einen Antikriegssong spielen wollte. Ich hatte vor, das Lied im Rahmen eines Appells an die Menschen zu verwenden, der dazu aufrief, mit dem gegenseitigen Töten aufzuhören. Doch der japanische Videospiel-Gigant Sega, der die Rechte an dem Song innehat, untersagte die Verwendung des Stückes im Rahmen dieser Veranstaltung. Es ging dabei nicht um Geld; eine finanzielle Einigung war schon erzielt worden, und der Austausch der entsprechenden Papiere stand unmittelbar bevor. Nein – es war offenbar der „Brand Manager" einer bestimmten Spiele-Reihe des Konzerns, der aus Sorge um den Ruf seiner Marke eingeschritten war. Diese Produktreihe trägt den Titel – Achtung, jetzt kommt's! – „*Total War*" (totaler Krieg). Der Grund für dieses Verbot war schlicht persönliche Voreingenommenheit. Sega teilte uns nämlich mit, sie wollten „ihre" Musik nicht mit solch einer „umstrittenen Persönlichkeit" wie mir in Verbindung gebracht sehen. Oder zumindest der Markenmanager wollte das nicht. Hiermit haben wir die Welt des Verrückten, Unfassbaren und Bizarren betreten. Auf die Idee, dass die Schöpfer eines großartigen Antikriegsliedes die Rechte an dem Stück an einen multinationalen Konzern verkaufen, damit dieser ihn in einer Videospielreihe mit dem Titel „Total War" verwenden kann, muss man ja schon erstmal kommen. Doch durch das bizarre, doppelgesichtige Verhalten der Rechteinhaber wird das allerdings noch in den Schatten gestellt: Während sie den Antikriegssong in einem Videospiel verwenden, in dem Krieg als Unterhaltung vermarktet wird, untersagen sie die Verwendung desselben Liedes im Rahmen eines Aufrufes zu Frieden und Versöhnung bei einer Veranstaltung mit mehreren Tausend Besuchern. Und wenn Sie den Irrsinn und das Orwellsche Doppeldenken in dieser Geschichte voll auskosten wollen, dann halten Sie sich noch folgendes vor Augen: Der Manager, der die Verwendung des Songs in dessen eigentlichem Kontext verbietet, begreift den Antragsteller als „kontroverse Person"; doch gleichzeitig hält er sich selbst – den Werbechef einer Produktionsfirma von Videospielen, die simulierten Massenmord als großen Spaß und eine angenehme Art der Freizeitgestaltung vermarktet – vermutlich für einen nicht kontroversen, geistig gesunden und ehrenhaften Menschen. Andererseits ist ja mittlerweile auch der echte Krieg zum Videospiel geworden. Bei ferngesteuerten Drohneneinsätzen sitzen stumpfsinnige, geistesschwache Uniformierte und Befehlsempfänger an ihren Konsolen und töten mit dem Joystick Tausende Menschen im Nahen und Mittleren Osten – auf der anderen Seite des Planeten. Kaum anders als der kleine Junge, der in seinem Zimmer sitzt und „Total War" spielt.

„Hey, Junge! Spielst du Total War?"

„Klar, sicher."

„Und? Biste gut?"

„Jawohl, Sir! Hab's auf Level Eins geschafft!"

„Brauchst du'n Job?"

Ich hatte mich bis zu diesem Vorfall nicht viel mit Videospielen beschäftigt. Jetzt dachte ich aber, ich sollte mir die Sache einmal näher ansehen. Grundgütiger! Ein Posting auf *Youtube* titelte: „Schlacht mit 30.800 Mann in ‚Total War'!" Phantastisch. Schon nach neun Minuten Spiel so viele simulierte tote Menschen. Was für ein Spaß. Und dieser Kram soll keinen Einfluss auf das Gemüt und die Wahrnehmung eines jungen (oder auch älteren) Menschen haben, der das pausenlos spielt? Die Einstellung gegenüber Krieg und Gewalt wird dadurch nicht verändert? Die Welt ist verrückt – jetzt ist es amtlich. Und total. Ich brauchte nur ein paar Minuten, um in einem einschlägigen Forum die folgenden Kommentare von Total-War-Spielern zu finden (grammatikalische Fehler habe ich nicht berichtigt):

> „Ich schieß gerne Bauern mit Bogenschützen ab. Ich liebe das Geräusch, wenn die Pfeile die Leute treffen und man Blut spritzen sieht und manche kratzen ab. Echt lustig und befriedigend, wenn man das sieht."
>
> „Die sind so scheiß schwer totzukriegen. Macht bei jedem einzelnen neu Spaß sie umzulegen. Aber nicht durch Aufspießen, das geht viel zu leicht."
>
> „Nee also ich versuch immer, die Feindarmee durch ausmanövrieren auszulöschen. Klar wenn der feindliche General dämlich genug ist, sich irgendwo offen hinzustellen, mach ich ihn platt. Aber sonst hol ich ihn mir später."
>
> „Die Mongolen umlegen macht Spaß."
>
> „Aztekenkrieger umnieten auch."
>
> „Wenn die langsam in das Musketenfeuer reinlaufen, zoom ich immer an die ran."
>
> „Geil ist auch der Anblick von den Mamelucken, wenn die durch die Lanzen meiner Tempelritter abkratzen. Und die Geräusche die die Pferde machen … das klingt wie … was ist das Wort dafür?" [Herzzerreißend?]
>
> „Ich weiss, wir kennen alle dieses Gefühl wenn eine feindliche Armee sich nähert und du eine Einheit von denen auswählst, und dich dieses Gefühl überkommt dass man die alle elimnieren will, bevor oder nachdem die sich zurückgezogen haben."
>
> „Aus irgendeinem Grund macht es mir Spaß, die niederzumetzeln. Ich fange Kämpfe an, nur um sie dann mit der Artillerie zu vernichten."

Ein Forenbeitrag trug den Titel „Freut euch – das nächste ‚Total-War'-Spiel ist ‚Rome I'". Großartig, noch mehr simulierte Menschen zum Töten. Es ist schlicht nicht möglich, dass man in simulierten Kriegen endlos Menschen abschlachtet und als Spieler dabei die Macht hat, zu herrschen und zu töten, ohne dass sich die Wahrnehmung von Leben und Tod, Krieg und Frieden dadurch verschieben würde. Vielleicht trifft das nicht auf jeden zu (wahrscheinlich aber schon), aber definitiv auf eine sehr große Zahl der Gamer. Videospiele werden neben anderen Medien dazu benutzt, die Gedanken der Menschen zu brutalisieren, ihre Empfindungen abzustumpfen und sie kalt und gefühllos zu machen – ganz nach dem Vorbild der Archonten. Genau diese Mentalität sehen wir am Werke, wenn die „Piloten" von Militärdrohnen Menschen töten, denen sie nie gegenüber gestanden haben und über die sie nichts wissen. Sie nehmen die Zielpersonen über einen Bildschirm ins Visier, der exakt dem simulierten Blick aus dem Cockpit in einem Videospiel gleicht, und „eliminieren" sie dann, wie sich der Kommentator in dem besagten Forumsthread in falscher Rechtschreibung ausdrückte (Abb. 561). Der Schnappschuss in Abb. 562 ist der

Videoaufzeichnung eines echten Kriegsspieles des US-Militärs im Irak entnommen, mit echten Waffen und echten Menschen. Die Kommentare der Soldaten, die man in dem Video hören kann, unterscheiden sich nicht von der Sprache, die man von Jungen erwarten würde, wenn sie „Total War“ spielen. Als sie die Unschuldigen am Boden hinrichten, hört man sie rufen „Fackel sie ab! Los, mach schon, schieß!“ und „Sieh dir die toten Schweinehunde an“. So sieht heutige Kriegsführung in weiten Teilen aus – Tendenz zunehmend. Ein Videospiel, bei dem Simulation und Realität in der Wahrnehmung der Spieler zunehmend verschwimmen; sie können kaum noch unterscheiden, ob es sich gerade um Phantasie oder um knallharte Realität handelt. Das menschliche Körper-Geist-System kann diese beiden Ebenen insofern nicht auseinanderhalten, als bei einer nur simulierten Erfahrung oder gar beim bloßen Nachdenken über eine solche Situation dieselben körperlichen, mentalen und emotionalen Reaktionen auftreten können wie beim tatsächlichen Erleben derselben Geschehnisse in der realen Welt. Das gilt dementsprechend auch für Kriegs- und andere gewalttätige Videospiele; und dieser Effekt ist umso größer, je häufiger man spielt. In einer Umfrage anlässlich der amerikanischen Wahlen im Jahre 2012 plädierten 72 Prozent der befragten Nutzer von Xbox-Spielen für mehr Drohnenangriffe auf „mutmaßliche Terroristen“ (Männer, Frauen und Kinder). In einem Videospiel-Blog konnte man die Schlagzeile lesen „Besitzer der Xbox 360 lieben natürlich Drohnenattacken“. Ich kann mir gar nicht vorstellen, warum. Die Befragung wurde in Zusammenarbeit mit dem Umfrageinstitut YouGov durchgeführt. Der wahre Zweck dieser Aktion war es, festzustellen, ob die Programmierung funktioniert hat. Oberster Meinungsforscher war dabei David Rothschild, ein Wirtschaftswissenschaftler in Microsofts Forschungsabteilung in New York. Ein Spielwarenhersteller produziert auch schon Spielzeug-Killerdrohnen fürs Kinderzimmer – für die Zeit, wenn die Kleinen gerade einmal nicht mit der Xbox spielen. Wie hilfreich. Eine beträchtliche Zahl von Kindern, jungen Menschen und Erwachsenen befindet sich mittlerweile im Griff dieser neuen, sich epidemieartig ausbreitenden Videospielsucht. Genau wie bei gewöhnlichen Drogen verlangt der Körper regelmäßig nach seinem „Schuss“ an chemischen Stoffen, die beim Videospie-

Abb. 561: „Beutejagd per Drohne – wie Feiglinge Krieg führen“: Kein weiterer Kommentar.

Abb. 562: Die geistig Kranken spielen Computerspiele.

len emotional bedingt produziert werden. Seit langer Zeit schon wird die Menschheit auf der ganzen Welt systematisch für Krieg mit all seinem Horror desensibilisiert; Videospiele bilden da nur die nächste große Etappe. Der Rockefeller-Insider, der 1969 auf einer Versammlung von Kinderärzten in Pennsylvania enthüllte, dass man ein Heilmittel für Krebs gefunden habe, dies aber unter Verschluss halte, gab noch etwas anderes zum Besten: Man habe geplant, „Gewalt, Pornographie und Obszönitäten in den Medien und in Kinofilmen immer mehr hochzufahren, um die Menschen für Gewalt und Pornographie zu desensibilisieren [sowie] ihnen das Gefühl zu geben, das Leben sei kurz, gefährlich und brutal". Mittels Fernsehen und Kino hat man die Gedankenwelt und die Wahrnehmung der Menschen manipuliert; doch im Unterschied zu diesen stellen die gewalttätigen Videospiele eine neue Stufe dar, denn nun ist der Konsument nicht mehr nur passiver Zuschauer, sondern kann sich dafür entscheiden, selbst aktiv und gnadenlos Gewalt auszuüben. In diesem Sinne sind Gewalt verherrlichende Videospiele ein weiterer Schritt auf dem dunklen, gefährlichen Weg. Vor diesem Hintergrund zeigt uns die Entscheidung, die Verwendung eines Antikriegssongs in einem Antikriegs-Kontext zu verbieten, während man dieselben Verse in kriegsverherrlichenden Videospielen benutzt, dass wir in einer Gesellschaft leben, die bereits an einer extremen Form Orwellschen Doppeldenkens leidet.

Politische Schizophrenie

Ermöglicht wird das alles durch die Schizophrenie. Menschen mit solch einem Doppeldenken können ohne mit der Wimper zu zucken jemandem, der den ganzen Wahnsinn in Frage stellt, das Etikett „kontrovers" anheften – ja sogar ihn als „verrückt" bezeichnen –, während sie selbst Tag für Tag geisteskranke Ziele verfolgen und sich dabei noch für völlig ausbalanciert und „normal" halten. Die gemeinschaftliche Schizophrenie erlaubt es den Aktivisten und Gläubigen des Wahnsystems, ihre Gedankenwelt – und damit auch ihre Handlungen – so in voneinander getrennte Teilbereiche aufzusplitten, dass die einzelnen Abteilungen ihres Geistes, die an völlig widersprüchlichem Verhalten beteiligt sind, schlicht die Existenz des jeweils anderen Bereiches leugnen. Das hat zur Folge, dass eine Neubewertung und Korrektur der eigenen Person und des eigenen Verhaltens niemals stattfinden kann. Stellen wir uns zum Beispiel die Piloten auf der Creech Air Force Base in Nevada vor, die ihre Drohnen von einem Videobildschirm aus steuern. Frühmorgens bringen sie möglicherweise ihre Kinder zur Schule, bevor sie dann auf der Arbeit andere Kinder, die sich Tausende Meilen entfernt befinden und die sie nie kennen gelernt haben und über die sie auch nichts wissen, mit ihrem Joystick töten. Der amerikanische Autor James Bamford, der umfangreiches Material über die US-Geheimdienste verfasst hat, schrieb:

> „Die Todesurteile für die Zielpersonen werden von Bürokraten der mittleren Ebene unterzeichnet. Ausgeführt werden sie von Soccer-Moms und -Dads, während sie ihrer Zweitbeschäftigung als Joystick-Killer nachgehen. Bei ihrer Arbeit haben sie

es bequem und sicher und befinden sich eine halbe Erdumrundung von ihren Zielen entfernt. Viele von ihnen wohnen gleich um die Ecke, so dass sie zwischen zwei Tötungsrunden schnell zum Mittagessen nach Hause fahren können."

Sowas kann man nur noch mit hochgradiger Schizophrenie und Desensibilisierung erklären. Oder mit Psychopathie. Aber das ist ja auch so ziemlich dasselbe. Wo wir gerade dabei sind – da kommen mir doch Barack Obama und das ganze globale politische Establishment in den Sinn. Es gibt auch noch andere Formen von Geisteskrankheit, die mit Schizophrenie gar nichts zu tun haben, aber in vielfacher Hinsicht noch extremer sind. Ich spreche von den Leuten – zu denen eben Barack Obama gehört –, die nicht gespalten sind und bei denen sich auch nicht der eine Teil des Selbst vor einem anderen Teil versteckt; sondern die, wenn sie lügen, auch ganz genau wissen, dass sie gerade lügen. Die sich beim Heucheln völlig dessen *bewusst* sind, dass sie heucheln. Es ist ihnen einfach nur völlig wurst. Ein Musterbeispiel dafür lieferte Obama 2012 mit seiner Rede vor den Vereinten Nationen. Darin besaß der Massenmörder und Kriegsverbrecher die Frechheit, andere – die sich entweder gar nichts oder nur einen Bruchteil dessen haben zu Schulden kommen lassen, was Obama Monat für Monat absegnet – für ihren gewalttätigen Extremismus zu verdammen:

> „Es ist an der Zeit, jene zu marginalisieren, die – auch wenn sie sich nicht der Gewalt bedienen – den Hass auf Amerika, den Westen oder Israel als zentrales Prinzip der Politik benutzen. Solch eine Art von Politik macht es uns nur schwerer, das zu bewerkstelligen, was wir gemeinsam tun müssen: Unsere Kinder auszubilden und ihnen die Möglichkeiten zu geben, die sie verdienen, die Menschenrechte zu schützen und die Verheißungen der Demokratie auszuweiten."

Es ist, als ob Evita „Argentina" singt. Du sagst einfach, was gerade deinen Interessen dient, während du genau weißt, dass es völliger Quatsch ist. Obamas Verachtung und Abneigung gegenüber der Wahrheit macht es ihm möglich, vom hohen Ross aus eine speziell für ihn geschriebene Rede vom Teleprompter abzulesen, in der er die Gewalt verurteilt – gleich nachdem er wieder einmal eine „Ohne Anklage oder Prozess zu exekutieren"-Liste unterzeichnet, neuen todbringenden Drohnenangriffen auf Unschuldige zugestimmt und den Massenmord an Leuten mit dunkler Hautfarbe gemanagt hat. An diesem Punkt auf der Straße in die globale Tyrannei sind wir heute angekommen. Obama bekommt von den Jungs vom Militär und den Geheimdiensten eine Liste mit den Namen von Leuten vorgelegt, die sie gerne mittels unbemannter Drohnen ins Jenseits befördern möchten, und der sogenannte Präsident setzt seinen Wilhelm unter die Todesurteile. Die unterschriebene Liste geht dann an die Abteilung der Computerspiel-Drohnenpiloten, mit dem Auftrag, die benannten Personen aufzuspüren und abzuknallen – ohne dass irgendein Beweis gegen sie erbracht worden wäre. Keine Anklage, keine Gerichtsverhandlung – nichts. Das Militär sagt einfach, wir wollen diese Leute ausschalten, und Obama sagt: Okay. (Abb. 563) Auch Großbritannien ist in diesen Drohnenkrieg involviert. Ein kaltblütiger Mord an einem Menschen ist schon widerlich genug; doch mit diesen Maschinen wurden bereits Tausende Zivilisten getötet, die auf keiner Liste standen und auch niemandem etwas getan hatten. Die ganze Zeit über passiert das, meist wird aber nicht darüber berich-

Abb. 563: „Und die denken, ich will Frieden! Hahahaha …“

Abb. 564: Das Symbol für Faschismus. Hinter ihm befinden sich noch zwei weitere.

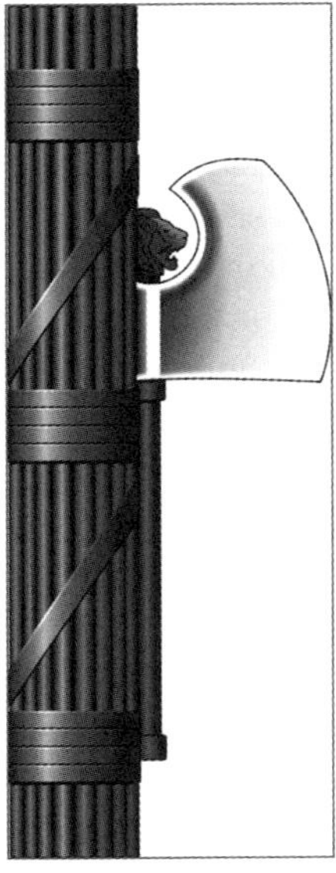

Abb. 565: Das römische Symbol, von dem sich der Begriff „Faschismus“ ableitet.

tet. Dessen ungeachtet behauptet Obama, seine Regierung sei die transparenteste und ethischste, die Amerika je gesehen hat (Umkehrung). Er machte diese Aussage, als er sich im Rahmen eines Prozesses, der auf der Basis des Informationsfreiheitsgesetzes (FOIA) angestrengt worden war, zur Wehr setzte. Bei diesem Rechtsstreit sollte er dazu gezwungen werden, die angeblich vorhandene rechtliche Grundlage für dieses Töten von Menschen ohne Anklage und Prozess offenzulegen. Im Jahre 2013 verhalf der scheidende Verteidigungsminister Leon Panetta dem Irrsinn zu neuen Höhen, als er die Einführung einer neuen militärischen Auszeichnung mit der Bezeichnung „Distinguished Warfare Medal“ bekanntgab. Damit sollten die fähigsten unter den Drohnenlenkern geehrt werden, die von ihren Computerkonsolen aus unschuldige Menschen umbringen, die sich Tausende von Meilen entfernt befinden. Man wollte die Dinger buchstäblich für Bestleistungen an den Todescomputern vergeben – so, als würde man einem Videogamer einen Preis verleihen, der das höchste Level erreicht hat. Gleichzeitig werden Leute, die friedlich vor den Toren der Drohnenbasen gegen die Tötung unschuldiger Menschen protestieren, verhaftet. Noch mehr archontische Umkehrung. Die Pläne für diese Medaille wurden später aufgrund der aufkommenden Kritik Gott sei Dank wieder fallengelassen. Wie passend es doch ist, dass Obama während seiner alljährlichen Rede zur Lage der Nation von zwei Faszes umgeben ist. Das sind die alten Symbole der Macht, von denen sich das Wort Faschismus ableitet (Abb. 564). Angesichts der Agenda jener Gestalten, die diesen Berufslügner und Schwindler aus dem Hintergrund lenken – wie sie es auch mit so ziemlich allen seiner Vorgänger im Weißen Haus getan haben – könnte es kaum ein passenderes Symbol als dieses geben. Das Wort „fascis“ stammt aus dem Lateinischen und bedeutet so viel wie „Bündel“. Dieses Rutenbündel stellte im alten Rom ein Machtsymbol dar, seine Geschichte geht aber weiter zurück (Abb. 565). Oft waren die Bündel mit Lorbeerblättern geschmückt – und auch diese können wir hinter Obama sehen. Lorbeer ist ein weiteres bedeutendes Symbol für die Blutlinien; wir finden es unter anderem auf dem Logo der von der Kabale kontrollierten Vereinten Nationen. Der zum Fascis gehörende Axtkopf symbolisierte diktatorische Macht und die Autorität, schwere Strafen verhängen zu können. Die zusammengebundenen Ruten repräsentieren Individualitäten (Menschen und Länder), die versklavt und zu einer kollektiven Einheit geformt worden sind und von einer Diktatur – dem Axtkopf – beherrscht werden. Ich habe soeben die Europäische Union beschrieben, deren Struktur eine Widerspiegelung des Faschismus-Symbols darstellt. Warum, bitteschön, finden wir nun dieses Symbol – das Zeichen, dem der Faschismus seinen Namen verdankt – ausgerechnet im „Land der Freiheit" mit seiner angeblichen „Demokratie" (oder Republik, wie es ursprünglich gedacht war), und dann auch noch an so exponierter Stelle? Und warum finden wir dieses Symbol auch noch an den folgenden Orten (Liste unvollständig): im Oval Office; auf dem Zepter des US-Repräsentantenhauses; auf dem offiziellen Siegel des Senats der Vereinigten Staaten (Abb. 566); am Fuß der Statue der Freiheit auf dem Capitol in Washington; auf der Fassade des Gebäudes des Obersten Gerichtshofes der USA; auf dem Lincoln Memorial; zu beiden Seiten der Lincoln-Büste in Pennsylvania, die zum Gedenken an seine berühmte Gettysburg-Rede errichtet wurde; im Inneren des Washington-Monuments; auf der Statue, die man zur Ehrung George Washingtons am Ort seiner Amtseinführung aufgestellt hat (das heutige Federal Hall National Memorial); auf dem Emblem des Administrative Office of the United States Courts (Abb. 567); auf dem offiziellen Siegel des United States Tax Court; auf dem Siegel des National Guard Bureau; auf den Wappen der Militärpolizei der U. S. Army; auf dem Grand Army Plaza in New York; auf dem Wappen von Brooklyn; auf dem Staatswappen von Colorado, direkt unter dem „Allsehenden Auge"; auf dem Emblem der Kolumbus-Ritter. Warum? Weil Amerika ein faschistischer Staat ist, der sich als „freies Land" verkleidet. Amerika ist das neue Rom – das Land, auf dem Washington DC errichtet wurde, hieß ursprünglich „Rom", und die genaue Stelle, an der sich die Hauptstadt befinden sollte, wurde von der römischen Kirche bestimmt. Auch Großbritannien, Australien, die Europäische Union usw. stellen (immer weniger) getarnte faschistische Strukturen dar. Alles andere ist nur Schaufensterdekoration, Vertuschung und Illusion.

Abb. 566: Faschismus im amerikanischen Senat.

Abb. 567: Faschismus an den Gerichten.

Der Mann, der Obama die Todesliste für die Drohnenangriffe übergeben hat, war der zwangsläufig eiskalte und herzlose John Brennan – bis Anfang 2013 sein „Chef der Terrorismusbekämpfung". Brennan befürwortete unter Bush die Anwendung von Folter; Obama wollte ihn in seiner ersten Amtszeit zum CIA-Direktor machen. Nun hätten Brennans Ansichten über Folter den Nominierungsprozess für den neuen Meister der Liebe und des Friedens im Weißen Haus aber zu einem Desaster werden lassen. Also ernannte Obama ihn stattdessen zum Stellvertretenden Nationalen Sicherheitsberater, wofür er keine Zustimmung durch den Senat benötigte. Mit Beginn der zweiten Amtszeit Obamas war Brennan aber wieder im Rennen und wurde 2013 tatsächlich Chef der CIA. Die Zahl der Drohnenangriffe und der Fälle von Folter wird sich nun zweifelsohne erhöhen. Brennan erschien zu Beginn des Jahres 2013 vor dem Geheimdienstausschuss des Senats zu seinem Bestätigungs-Hearing. Vorsitzende des Ausschusses ist Dianne Goldman Berman Feinstein (Rothschild-Zionistin), die nicht nur doppelzüngig redet, sondern gleich doppelgesichtig. Während das eine Gesicht/Zunge aufgrund der Ereignisse an der Sandy-Hook-Grundschule die Entwaffnung der Amerikaner fordert (ungeachtet der zahllosen offenen Fragen bezüglich des Vorfalls), ist das andere Gesicht darum bemüht, das Töten von Kindern und Familien bei Drohneneinsätzen zu rechtfertigen – wobei sie in unerhörter Weise die Zahlen verdreht. Aber Kinder und ihre Familien in weit entfernten Ländern aus großer Höhe umzubringen, ist ja auch etwas anderes. Ich meine, schließlich haben die eine dunklere Hautfarbe (oder etwa nicht?) und widersetzen sich der israelischen Agenda! Die Demonstranten bei Brennans Hearing sahen sich mit Feinsteins kalter Arroganz und Zurückweisung konfrontiert. Eiskalt sein kann sie wirklich gut. Feinstein, dienen Sie weiter Ihren Meistern, Sie wissen ja, welchen Sinn das hat. Feinstein bestand darauf, dass die jährliche Zahl ziviler Opfer infolge verdeckter Schläge des US-Militärs „üblicherweise einstellig" sei, legte aber keinerlei Beweise vor, die das hätten erhärten können. Sie sagte auch: „In den vergangenen Jahren hat dieser Ausschuss beträchtliche Arbeit bei der Überwachung der von der Regierung durchgeführten gezielten Schläge geleistet." Man habe auch sein „Möglichstes" getan, um die Angaben der Exekutive über zivile Opfer zu überprüfen. Das Büro für investigativen Journalismus hat sich dieser Aussage angenommen und stellt im Ergebnis seiner Untersuchungen fest: Man habe keinen Hinweis dafür gefunden, dass die Geheimdienstausschüsse des Repräsentantenhauses oder des Senats versucht hätten, die Angaben über zivile Opfer von Drohneneinsätzen durch Quellen außerhalb der US-amerikanischen Geheimdienstsphäre abzusichern. Die wichtigsten unabhängigen Organisationen, die zu Fällen ziviler Opfer bei Drohneneinsätzen Untersuchungen durchführen, sagten aus, sie seien nicht kontaktiert worden. Wollt ihr etwa andeuten, die Rothschild-Zionistin Feinstein habe nicht die Wahrheit gesagt? Nicht euer Ernst, oder? Während ich dies schreibe, befindet sich Amerika mit mehr Ländern bzw. Regierungen im Krieg, als es nach 1945 jemals der Fall war, und fliegt dabei Drohneneinsätze gegen „Terroristen" (sprich: Zivilisten) in Afghanistan, Pakistan, Yemen, Somalia und anderswo – Tendenz steigend. Jay Carney, der Pressesprecher des Weißen Hauses, gab im Februar 2013 bekannt, dass Obamas Administration künftig keine weiteren Informationen bezüglich der Tötung amerikanischer Bürger durch Drohnen mehr herausgeben werde. „Hey, Putzfrau! Ich hab hier grad den Teppich ein Stückchen angehoben – können Sie mal schnell den Besen holen?"

Die Präsidentin des Constitution Projects, Virginia E. Sloan, brachte die Situation auf den Punkt: „Wir haben diesen Drohnenkrieg, aber die amerikanische Öffentlichkeit hat keine Ahnung, wie die Regeln dieses Krieges lauten – und der Kongress weiß auch nicht viel mehr." Das nennt man eine tyrannische Diktatur, Virginia.

Mit dem 2012 von Obama unterzeichneten National Defense Authorization Act (NDAA) darf das Militär der Vereinigten Staaten nun ganz legal gegen jede Person (einschließlich amerikanischer Bürger) vorgehen, die *der Staat* des Terrorismus verdächtigt; sie darf verhaftet und *für unbegrenzte Zeit* an einem unbekannten Ort festgehalten werden – und das alles ohne Beweise, Anwalt, Anklage oder Prozess. Nein, das ist keine Verschwörungstheorie. Das ist amerikanisches Gesetz. *Jetzt.* Ein „Terrorismusverdächtiger" wird in diesem Zusammenhang beschrieben als jemand, der bestimmte terroristische Gruppierungen oder mit diesen in Verbindung stehende Kräfte angeblich „substanziell unterstützt" hat. Keiner dieser Termini ist jedoch genau definiert worden. Die Begrifflichkeiten werden also so extrem vage gehalten, dass die Herren praktisch tun und lassen können, was sie wollen. Senator Lindsey Graham, ein Mann mit der Gehirnkapazität eines Wäschetrockners, äußerte sich zu dieser faschistischen Regelung so: „Wenn sie sagen, ich will einen Anwalt, dann antworten Sie ihnen: Halt die Fresse – du kriegst keinen Anwalt." Dieser Mann hat in seinem Amtseid geschworen, die Verfassung zu ehren. Doch er kann solch einen Satz von sich geben, ohne gefeuert zu werden. Aber warum sollte man ihn auch feuern? Gut, er mag nicht gerade Werte wie Freiheit, Anständigkeit, Fairness oder Gerechtigkeit verkörpern. Aber eben weil er das nicht tut, sind die Herren, die ihn ins Amt gebracht haben und ihn dort halten, sehr zufrieden mit ihm. Es sind die wenigen anständigen Politiker, die entlassen werden. Obama billigte den Mord an den amerikanischen Staatsbürgern Anwar al-Awlaki und Samir Khan im Jemen durch den Einsatz von Drohnen – ohne Beweise oder Prozess. Zwei Wochen nach al-Awlakis Tod wurde auch sein 16jähriger Sohn Abdulrahman, ebenfalls Amerikaner, bei einem Drohnenangriff „versehentlich" getötet. In der Folge des Vorfalls wurde Obamas Senior-Berater und ehemaliger Präsidentensprecher Robert Gibbs einmal gefragt, wie er die Tötung eines Minderjährigen rechtfertigen könne, der amerikanischer Staatsbürger war und kein ordentliches Gerichtsverfahren bekommen hat, ja dem noch nicht einmal irgendetwas vorgeworfen worden war. Die archontische Antwort von Gibbs lautete:

> „Ich würde sagen, ein Vater, der wirklich um das Wohl seiner Kinder besorgt ist, müsste auch deutlich verantwortlicher handeln. Ich glaube nicht, dass es der optimale Weg ist, Al-Quaida-Dschihadist zu werden, um sein Leben zu regeln."

Also zunächst einmal tötet man nicht den Sohn für Dinge, die der Vater getan hat. Zum zweiten wurde der Sohn zwei Wochen nach dem Tod seines Vaters umgebracht. Und drittens – wie kann man eigentlich so unmenschlich sein (Archonten sind per Definition unmenschlich) und es trotzdem noch fertig bringen, zu atmen? Das amerikanische Ministerium für Justiz (Umkehrung) veröffentlichte im Februar 2013 einen 16seitigen Bericht, in dem der unverschämte und lächerliche Versuch unternommen wurde, Drohnenmorde ohne Vorhandensein von Beweisen, Anklage oder Gerichtsverhandlung zu rechtfertigen. Darin hieß es, die Regierung habe das Recht, die Tötung amerikanischer Bürger anzuordnen, falls man diese für „ranghohe operative Führer" der al-Qaida oder „assoziierter Kräfte" (lies: unschuldige Zivilisten) hielte – *und zwar selbst dann, wenn es keinerlei geheimdienstliche Hinweise darauf gäbe, dass die betreffende Person überhaupt aktiv an der Vorbereitung eines Anschlages auf die Vereinigten Staaten beteiligt sei.* Pressesprecher und Berufslügner Jay Carney sagte dazu: „Solche gezielten Schläge sind legal, ethisch und weise." Wie ich sagte, Irrsinn ist das neue Normalsein, der neue Status Quo, und der Präsident des „Land of the Free" ist ein legalisierter Massenmörder. Die Rothschild-Zionistin Nancy Pelosi, diese völlig lachhafte Arschkriecherin, ist Oppositionsführerin im Repräsentantenhaus. Ihrer Meinung nach sei Obama „nicht unbedingt" dazu verpflichtet, die Öffentlichkeit darüber zu informieren, wenn ein des Terrorismus verdächtigter Amerikaner durch einen Drohneneinsatz getötet worden ist. CIA-Direktor John Brennan lehnte es ab, Drohnenanschläge gegen Amerikaner auf dem Territorium der Vereinigten Staaten auszuschließen. Das ist die Welt, in der wir mittlerweile leben. Doch die meisten Menschen nehmen das immer noch nicht zur Kenntnis. Selbst diejenigen, die über die Killerdrohnen und die gezielten Tötungen Bescheid wissen, haben zumeist noch nichts von den „nächtlichen Razzien" gehört, die das Joint Special Operations Command durchführt. Dabei treten ausgebildete Psychopathen in Uniform auf der Grundlage von Aussagen gewisser „Informanten" Türen ein und erschießen Leute, ohne irgendwelche Fragen zu stellen. Oft benennen die Informanten aber einfach Personen, die sie nicht mögen, als „Terroristen", um sie loszuwerden. So viele unschuldige Menschen sind auf diese Weise schon vom US-Militär ermordet worden.

Dem US-Generalstaatsanwalt Eric Holder können Sie getrost Ihr Leben anvertrau … oder sagen wir, Ihre Freih … verdammt nochmal, irgendetwas *muss* es doch geben, das man ihm anvertrauen kann? Ich meine, wenn man ihn mit einer Einkaufsliste losschickt, bringt er dann alles mit, was er holen sollte? Bitte, helfen Sie mir! Na egal. Jedenfalls sagte Holder einmal folgendes:

> „Ich würde sagen, es sind bestimmte außergewöhnliche Umstände denkbar, unter denen es notwendig und angemessen wäre und im Einklang mit der Verfassung und dem geltenden Recht stünde, dass der Präsident das Militär ermächtigt, innerhalb des Territoriums der Vereinigten Staaten tödliche Gewalt anzuwenden."

Holder weiß genau, was vor sich geht. Folglich ist dies eine unerhört unaufrichtige Aussage. „Es ist denkbar" heißt im Klartext „es ist geplant". Großbritanniens Regierung hat in mindestens zwei Fällen britischen Staatsbürgern, die sich in Einsatzgebieten amerikanischer Drohnen aufhielten, unmittelbar vor ihrer Exekution durch Drohnen die Staatsbürgerschaft aberkannt und die Pässe annulliert. Damit erspart man sich nämlich die Scherereien, die entstehen, wenn britische „Zielpersonen" bei amerikanischen Drohnenangriffen getötet werden. Wir wissen durch Meinungsumfragen, welche Erfolge die Obama-Groupie-Programmierung erzielt hat, mit der die Antikriegsbewegung, die unter Boy Bush gewachsen war, zerstört wurde. Selbst wenn Obama genau dasselbe anstellt wie Bush oder es sogar noch schlimmer treibt, hört man von den Heuchlern, die ihre Protestschilder schon längst wieder in ihren Schuppen weggeschlossen haben, keinen Sterbenslaut mehr. Sich Krieg entgegenzustellen bedeutet lebenslanges Engagement, nicht nur für die Dauer einer Präsidentenamtszeit. Eine Umfrage ergab, dass nur 27 Prozent der weißen Liberalen in einer Kontrollgruppe die gezielte Tötung durch Drohnen unterstützten. Als man ihnen jedoch erklärte, dass Obama das macht, wurden daraus 48 Prozent. Die Wiederholung dieses Tests mit Afro-Amerikanern statt Weißen ergab in etwa dasselbe Resultat. Man hat diesen Effekt das „Obama-Stichwort“ genannt. Die Welt kann nicht von einer Handvoll Leuten kontrolliert werden? Der investigative Journalist Jeremy Scahill, Autor des Buches „Dirty Wars: The World is a Battlefield“, lag ganz richtig, als er sagte:

> „Eine der bleibenden Hinterlassenschaften von Obamas Regierung ist, dass das Attentat nun ein ganz normaler und zentraler Bestandteil der … nationalen Sicherheitspolitik ist.“

Obama wurde stets so dargestellt, als sei er gegen Krieg; das war ganz klar nicht der Fall, aber dies war eben das Image, das verbreitet wurde. Er sei das Gegenmittel zu Boy Bush, wurde uns gesagt. Doch er beruft sich genauso wie Bush auf den Authorization for the Use of Military Force Act (AUMF), der drei Tage nach 9/11 verabschiedet worden war, um das Morden und Überwachen von Seiten des Staates zu rechtfertigen. Sogar die *New York Times* forderte die Aufhebung dieses Gesetzes, mit der Begründung, es sei „zur Grundlage eines ewig währenden und immer weiter ausartenden Krieges geworden, der die traditionellen Beschränkungen staatlicher Gewalt untergräbt“ und in einer „unverständlichen Politik ohne klare Grenzen oder schützende Mauern“ resultiere. Wie korrumpiert ist Obama eigentlich, dass er von einem Gesetz Gebrauch macht, das die angeblich so verdammenswerte Bush-Administration auf den Weg gebracht hat? Es ist eben alles nur ein Spiel, mit dem die Öffentlichkeit getäuscht werden soll, während in Wirklichkeit beide Parteien derselben Macht dienen. Beachten Sie übrigens die Verwendung des Ausdrucks „ewig währender Krieg“, der direkt aus Orwells „1984“ zu stammen scheint. Boy Bush hat auch Gesetze eingeführt, die es dem Präsidenten nun erlauben, „legal“ (wir erteilen uns selbst die Erlaubnis) Attentate auf die Führer anderer Länder anzuordnen. Die USA und Israel waren verzweifelt bemüht, den venezolanischen Präsidenten Hugo Chavez aus dem Amt zu entfernen, nachdem dieser ihre Machenschaften aufgedeckt hatte. Chavez’ unheilbare Krebserkrankung im Jahre 2013 kam ihnen unheimlich gelegen. 2010 hatte er öffentlich erklärt, dass Israel versuche, ihn umzubringen. Im Februar 2013 erreichte Obama wieder einmal einen neuen Tiefpunkt menschlicher Verderbtheit: Er unterzeichnete ein Präsidiales Memorandum, mit dem er ein früheres Verbot von Waffenlieferungen an Länder, die Kindersoldaten unterhalten, umschiffte. Ein Präsidiales Memorandum ist eine Anordnung, die direkt der Exekutive der Regierung erteilt wird. So einfach ist es, den Missbrauch und das Töten von Kindern oder irgendjemand anders zu „legalisieren“. Der ständig wiederholte Begriff „legal“ bedeutet überhaupt nichts. Er besagt lediglich, dass Mörder und Kriminelle beschlossen haben, dass sie Mörder und Kriminelle sein dürfen, indem sie ein Stück Papier unterzeichnen, das ihre Totschlägerei und Kriminalität für „legal“ erklärt. Das NDAA-Gesetz von 2013 verhinderte insbesondere die Schließung des Todes- und Folterlagers auf dem Stützpunkt Guantanamo Bay. Obama hatte vor seinem Amtsantritt 2009 ein großes Versprechen abgegeben, Guantanamo Bay zu schließen. Er hatte niemals die Absicht, das wirklich zu tun. Seine Zusage sollte nur helfen, ihn ins Oval Office zu beför-

Abb. 568: „Nimm die blaue Pille – und die ganze Geschichte ist zu Ende. Du erwachst in deinem Bett und glaubst wieder, was immer du glauben willst." [Nein, was WIR wollen.]

dern, damit er von dort aus wie geplant weiter machen konnte. Es lohnt sich, einmal in aller Ruhe über folgenden Sachverhalt nachzudenken: Da gibt es also einen Mann im Weißen Haus, der, wann immer ihm danach ist, über anderer Leute Leben und Tod bestimmen oder eine beliebige Person mit fadenscheinigen Begründungen auf unbestimmte Zeit ins Gefängnis stecken lassen kann; doch dabei wissen wir nur sehr wenig über den Hintergrund dieses Mannes. Die offizielle Geschichte über Obamas Vergangenheit ist einfach nur lachhaft. Er hat nicht einmal eine gültige Geburtsurkunde vorgelegt, die zweifelsfrei beweisen würde, dass er das Amt des Präsidenten der Vereinigten Staaten überhaupt bekleiden darf (Abb. 568). Die Tatsache, dass man zum Zwecke der Beendigung dieser Spekulationen so offenkundig gefälschte Dokumente beigebracht hat, zeigt, dass es auf Obamas echtem Geburtszertifikat etwas gibt, das die Welt auf keinen Fall erfahren soll. Vielleicht würde ihn der Geburtsort als Präsidenten disqualifizieren; vielleicht finden sich unter „Vater" oder „Mutter" auch Namen, die von der offiziellen Story nicht viel übrig lassen würden. Wenn man geistige Gesundheit als einen Zustand des Gleichgewichts und der Harmonie definiert und unter Geisteskrankheit ein unterschiedlich stark ausgeprägtes Abweichen von dieser Ausgewogenheit versteht, dann leidet Obama an einer extremen Form psychischer Gestörtheit. Man sollte ihm Tabletten geben, nicht die Präsidentschaft. Für seine „Rivalen" Mitt Romney und John McCain gilt dasselbe – jeder einzelne von ihnen hat das Zeug, einem Psychiater zum Lebenswerk zu gereichen. Ich bin zwar der Meinung, dass der Kongressabgeordnete Ron Paul mit seiner Einschätzung dessen, was in der Welt vor sich geht, ziemlich falsch liegt; nichtsdestotrotz ist aber vieles von dem, was er über das Finanzsystem oder die Federal Reserve Bank sagt, sehr richtig – wie auch seine Aufforderung, die amerikanischen Truppen sollten aufhören, Menschen zu töten, und zu ihren Familien heimkehren. Nun, jedem, der noch bei Sinnen ist, ist klar, dass er mit diesen Statements die Wahrheit ausspricht. Doch die Irren, die sich selbst für geistig normal halten, während sie Sprüche produzieren wie „Gebt Onkel Ron endlich seine Medikamente, oder bringt ihn wieder auf sein Zimmer", machen sich über ihn lustig. An diesem Umgang mit Ron Paul sehen wir einmal mehr, dass jemand, der für den Frieden eintritt, als psychisch krank betrachtet wird, während man die Verursacher und Unterstützer von Kriegen für glaubwürdige und „gewiefte" Staatsmänner hält – ungeachtet der Tatsache, dass sie an Massenmord beteiligt sind oder einen solchen gar initiiert haben. Was wir hier beobachten können, ist nichts anderes als der politische Ausdruck derselben Verdrehtheit, mit der bestimmte Herren einen Antikriegssong in einem Kriegsspiel von Sega verwenden, die Verwendung desselben Liedes im Kampf für Frieden und für ein Ende der Konflikte aber untersagen. Dieselbe Problematik erleben wir auch bezüglich Ehrlichkeit und Bestechlichkeit. Wir haben uns schon so sehr an die korrupten Verhältnisse gewöhnt – auch hier wieder: die Umkehrung ist die neue Normalität –, dass wir misstrauisch und skeptisch werden, wenn uns Ehrlichkeit und Integrität begegnen. Der britische Autor und Schauspieler Noel Coward hat das so formuliert:

> „Es ist entmutigend zu sehen, wie viele Menschen auf Ehrlichkeit geschockt reagieren und wie wenige auf Falschheit."

Frederick Douglass, der einst gegen die Sklaverei kämpfte, hat einmal gesagt:

> „Ich bleibe lieber mir selbst treu, auch auf die Gefahr hin, mich damit dem Gespött der anderen auszusetzen, als falsch zu werden und mich dann selbst zu verachten."

Douglass hätte niemals Politiker werden können.

Wenn ich mir all die Länder anschaue, sehe ich zwar viele verschiedene Kulturen und Religionen, aber ich erkenne doch immer wieder das gleiche Thema: Die Bevölkerung protestiert gegen die Handlungen der Herrschenden. Das geschieht gleichermaßen in Israel wie auch in Amerika, Großbritannien, Griechenland, Spanien, Italien, Brasilien, der Türkei – und ständig werden es mehr Länder. Wir müssen ablegen, was uns voneinander trennt – den Nonsens von Rasse, Religion, Politik und gefälschter Geschichte – und uns in der Einsicht zusammentun, dass wir alle gegen *dieselbe* Macht aufbegehren. Es ist die Macht, die Israels Regierung, von welcher Partei sie auch gerade angeführt sein mag, genauso im Griff hat wie die Regierungen in Amerika, Großbritannien, Griechenland, Spanien, Italien und anderswo. *Schluss mit der Spaltung.* Wir sitzen alle zusammen in diesem Boot. Unterdrückte Israelis müssen sich mit unterdrückten Palästinensern zusammenschließen, wie auch mit unterdrückten Griechen, Spaniern, Amerikanern, Italienern, Portugiesen, Briten, Iren, Türken, Brasilianern, Australiern, Afrikanern, Indern usw. Langsam – sehr langsam, aus meiner Perspektive, andererseits aber auch schneller als je zuvor – beginnt es nun vielen Menschen zu dämmern, was eigentlich gespielt wird. Milliarden von Menschen werden über die Zugehörigkeit zu einer Rasse, Kultur, Religion oder Nation gespalten, wodurch es ein paar Hundert Archonten im innersten Kern der Verschwörung möglich ist, all diese Menschen zu versklaven und ihr Leben zu bestimmen. Sobald die Menschen das erkennen und dementsprechend zu handeln beginnen, wird das Kartenhaus in sich zusammenfallen – denn es sind die Menschen, die es mit ihrer Dummheit, Ignoranz, Arroganz und kindlichen Naivität zusammenhalten.

(*) P.S.: Während dieses Buch für den Druck vorbereitet wurde, sind in Ägypten bei äußerst gewalttätigen Zusammenstößen zwischen der ägyptischen Armee und Unterstützern der Muslimbruderschaft und des Präsidenten Mohammed Mursi, der durch einen Militärputsch gestürzt wurde, Hunderte Menschen ums Leben gekommen. Dies war eine typische Destabilisierungsaktion (teile und herrsche) durch die USA, Großbritannien und Israel, im Verbund mit Saudi-Arabien. Dabei wurden sowohl der innere Kern der Bruderschaft als auch die Armee von denselben Mächten gesteuert, die auch die Vereinigten Staaten kontrollieren. Die USA unterstützen das ägyptische Militär jährlich mit 1,3 Milliarden Dollar. Es ist kein Zufall, dass Robert Ford als amerikanischer Botschafter in Ägypten nominiert wurde, als die Gewalt eskalierte. Ford hatte während seiner Arbeit für die Botschaft in Bagdad Todesschwadrone eingesetzt, um den Irak und die Region des Mittleren Ostens zu destabilisieren, und wurde in der Folge Botschafter in Syrien, kurz bevor dort die Gewalt ausbrach.

Endnoten

1 Williams gebraucht hier ein unübersetzbares Wortspiel: Im Original steht an dieser Stelle „Infamy, infamy, they've all got it infamy!" *Infamy* – Niedertracht, Unverschämtheit, Schande – klingt lautmalerisch ähnlich wie *in for me*. „To have it in for somebody" bedeutet, es auf jemanden abgesehen zu haben. - *Anm. d. Übers.*

25

Archontischer Zionismus

Vergib stets deinen Feinden; nichts verdrießt sie mehr.
Oscar Wilde

Die Geheimgesellschaft, die ich Rothschild-Zionismus nenne, kontrolliert sowohl die Regierung als auch im weiteren Sinne die gesamte Politik der Vereinigten Staaten. Sie erreicht dies vermittels vorgeschobener Organisationen wie dem American Israel Public Affairs Committee – besser bekannt unter dem Kürzel AIPAC –, einer äußerst mächtigen und einflussreichen Lobby-Gruppe.

Dieser Ausschuss hat, obwohl er eine ausländische Macht repräsentiert, den amerikanischen Kongress, das Weiße Haus und das Pentagon in der Tasche. Diejenigen, die es vorziehen, sich nicht für den Zionismus zu prostituieren, wissen, was ihnen bei solch einem Verhalten blüht: Gegenspieler werden aufgebaut und finanziert, um den Abweichler auszubooten, man bekommt eine schlechte Presse und jedes kleine Geheimnis, das man lieber weiterhin im Keller belassen hätte, wird ans Licht gezerrt. Hier sehen wir, warum man uns an dem Übelkeit erreiogenden Anblick des israelischen Premierministers Netanjahu teilhaben ließ, während er im Jahre 2011 vor beiden Häusern des Kongresses fast 30 stehende Ovationen einheimste – für den ausgemachten Schrott, den er geredet hatte. Die „Volksvertreter" „sangen" oder klatschten für ihren Lohn: Schecks von den Rothschild-Zionisten sowie das Versprechen, von der Behandlung mit den genannten Methoden verschont zu bleiben. Der Rothschild-Zionismus bildet ein globales Netzwerk, das über alle Grenzen hinweg agiert. Einer seiner mächtigsten und einflussreichsten Zweige wurde in der Sowjetunion etabliert, nachdem der Rothschild-Zionist Lenin an die Macht gekommen war – mit Hilfe des Geldes und der Manipulation der Rothschilds. Diese Gruppierung, die man heute unter den Bezeichnungen „Russische Mafia", „Rote Mafia" oder „Roter Krake" kennt, ist maßgeblich in New York sowie in weiten Teilen der Vereinigten Staaten vertreten und weist enge Verflechtungen mit den Rothschilds, der Anti-Defamation League (ADL), dem AIPAC und dem Mossad auf. Robert Friedman enthüllte in seinem Buch „Red Mafiya: How the Russian Mob Has Invaded America", dass die „Russische Mafia" mit der „Jüdischen Mafia" identisch ist. Kurze Zeit später starb er an einer „tropischen Krankheit" – nachdem einige Leute, die er namentlich genannt hatte, einen Preis auf seinen Kopf ausgesetzt hatten. Friedmans Arbeit wurde von der jüdischen Autorin Laura Radanko aufgegriffen, die über einen langen Zeitraum die russische Mafia erforscht und das Buch „The Russian Mafia in America" verfasst hatte:

> „Als der sowjetische Staatschef Leonid Breschnew während der Entspannungsperiode in den frühen 1970-er Jahren einer begrenzten Emigration sowjetischer Juden zustimmte, nutzten tausende von Schwerkriminellen – von denen viele mit Hilfe des KGB aus den Gulags frei kamen – ihren nominellen jüdischen Status dazu, in die USA überzusiedeln …
>
> Im Laufe der 1970-er Jahre ließen sich über 40.000 russische Juden in Brighton Beach [in New York] nieder. Dort im Schatten der U-Bahn-Viadukte über der Brighton Beach Avenue war es, wo die russischen Gangster, während sie nach außen als geschäftige Metzger, Obstverkäufer oder Bäcker in Erscheinung traten, ihre Karrieren als Profikiller, Diebe oder Betrüger wieder aufnahmen."

Radanko zufolge operieren dreißig russische Verbrechersyndikate in den Vereinigten Staaten. Die größten Netzwerke findet man unter anderem in New York, Miami, San Francisco, Los Angeles und Denver. Eine weitere Welle russischer Zionisten schwappte in den 1990-er Jahren nach Amerika herüber, darunter frühere KGB-Offiziere und Veteranen des sowjetischen Krieges in Afghanistan. Diese und ihre Nachfolger stehen in dem Ruf, so gnadenlos zu sein, dass sie schon mal „jemanden erschießen, nur um zu schauen, ob ihre Waffen noch funktionieren". Noch mehr von jeder Empathie befreite Psychopathen also. So kann man auch eher nachvollziehen, warum amerikanische Politiker sofort springen, wenn irgendwo ein Zionist spricht. Es gibt zahlreiche „Anreize" für solch ein Verhalten – und nicht alle davon sind finanzieller Natur. Israel stellt gewiss die „spirituelle" Heimat der Rothschild-Zionisten dar – der russischen wie der nichtrussischen – und bietet stets einen sicheren Zufluchtsort, wann immer sich Ärger zusammenbraut. Das folgende Zitat stammt aus einem Artikel mit dem Titel „The Judeo-Russian Mafia: From the Gulag to Brooklyn to World Dominion", verfasst von Dr. M. Raphael Johnson und erschienen in der Zeitschrift *Barnes Review*:

> „Die Wurzeln des jüdischen organisierten Verbrechens reichen weit in die Zarenzeit zurück. Organisierte Verbrechersyndikate halfen Lenins Banden, Banküberfälle zu begehen und Chaos jeder Art zu stiften. Zur Zeit der sogenannten Revolution war es schwierig, mitunter gar unmöglich, zwischen den Ideologen der Bolschewiki und den organisierten jüdischen Verbrecherbanden zu unterscheiden. Sie agierten in nahezu identischer Weise …
>
> … Beim Aufstieg und Machtgewinn der jüdischen Mafia spielte der Staat Israel eine entscheidende Rolle. Jüdische Drogendealer, Kinderporno- und Sklavenhändler werden in Israel nicht strafrechtlich verfolgt. Israel betrachtet diese Delikte nicht als Verbrechen – solange die Opfer keine Juden sind. Israel liefert seine Bürger nicht an nichtjüdische Länder aus. Daher können jüdische Mörder in Israel ziemlich leicht einer Bestrafung entgehen."

Es gibt so etwas wie ein zionistisches Recht, und dieses Recht, das die Zionisten einfordern, wird allen anderen aufgezwungen. Des Weiteren haben wir die Manipulation politischer Ereignisse durch Scheckbuch und Geldtransfer. Der frühere *BBC*-Korrespondent Alan Hart, der auch für den wichtigsten britischen Nachrichtenanbieter *Independent Television News* gearbeitet hat, schrieb in „Zionism: The Real Enemy of the Jews":

> „Der Anteil der Juden an der amerikanischen Bevölkerung beträgt weniger als zwei Prozent, doch sie zeichnen für *50 Prozent* aller Spendengelder für politische Kampagnen verantwortlich."

Diese gewaltigen Summen, die in die Politik gepumpt werden (Kontrolle und Einfluss), stammen nicht von jüdischen Menschen im Allgemeinen, sondern von mega-reichen Personen, Banken und Firmen, die vom Rothschild-Zionismus kontrolliert werden. Das spendenfreudigste Unternehmen während Obamas Wahlkampf war Goldman Sachs, also jene Institution, die (zusammen mit anderen) maßgeblich für den künstlich herbeigeführten globalen Wirtschaftszusammenbruch verantwortlich war, der auf der ganzen Welt solch enormes Leid und Tod verursacht hat. Aber hey – denkt dafür an all die wunderbare Energie, an der wir uns laben können. Die Rothschild-Zionisten finanzieren gleichermaßen Republikaner wie Demokraten. Bei den Kandidaten des republikanischen Präsidentschaftswahlkampfs von 2012 handelte es sich um dem Establishment genehme Marionetten, deren Strippen vom Geld und den politischen Wünschen der Rothschild-Zionisten gezogen werden. Das ist der Grund, weshalb diese Leute jedes erdenkliche Statement zu machen bereit sind, sofern dieses nur den Zielen Israels entspricht – ganz gleich, wie extrem oder absurd es sein mag. Der Enthüllungsjournalist Christopher Bollyn deckte auf, dass der Casino-Milliardär (und Rothschild-Zionist) Sheldon Adelson Newt Gingrichs Wahlkampf 2012 mit mindestens fünf Millionen Dollar unterstützt hat. Adelson ist ein enger Freund von Israels Ministerpräsident Benjamin Netanjahu (Abb. 569). Mitt Romney, der schließlich den republikanischen Vorwahlkampf gewann, hatte die Rothschild-Zionisten der Crown-Familie aus Chicago hinter sich, die Bollyn zufolge enge Beziehungen zum Rothschild-israelischen Mossad unterhält. Der Rothschild-Zionismus diktiert die amerikanische Außenpolitik und zeichnet für die Serie von Kriegen verantwortlich, die auf der anderen Seite des Ozeans geführt werden. Die Kriege erfüllen einen doppelten Zweck: Einerseits bringt man sich auf diese Art in den Besitz von Ressourcen, zum anderen dient das massenhafte Abschlachten den Archonten als Nahrungsquelle. Hinter der Regierung von Boy Bush, die 9/11 zum Vorwand nahm, um in Afghanistan einzumarschieren, standen die von Rothschild-Zionisten dominierten Netzwerke der Neokonservativen (Neocons). Sie sind auch die Architekten des „Krieges gegen den Terror", im Zuge dessen es zur Invasion im Irak kam – basierend auf der Lüge von den Massenvernichtungswaffen. Als einer der ersten, die vor der Bedrohung durch einen „globalen Islam" „gewarnt" haben, gilt Avi Lipkin, auch bekannt unter seinem Pseudonym Victor Mordecai. Lipkin, ein in Amerika geborener Israeli, veröffentlichte im Jahre 1995 sein Buch „Is Fanatic Islam a Global Threat?". Er hatte im israelischen Militär

Abb. 569: Gingrich und Adelson: „Pass auf, Newt: Du singst, und ich mache die Überweisung klar."

gedient und unter dem früheren israelischen Premierminister und Terroristen Jitzchak Schamir in der Geheimdienstabteilung des Presseamtes gearbeitet. Lipkin hat eigenen Angaben zufolge weltweit in 500 Kirchen gesprochen. Seine Aufgabe ist es, mit seinem „der Islam muss gestoppt werden" und „Armageddon"-Gequatsche die christlichen Zionisten mit an Bord zu holen. Ich befürworte keinerlei Religion – und den Islam ganz gewiss nicht –, aber die mit Abstand größte Gefahr für die Welt geht von den satanischen Manipulatoren des Rothschild-Zionismus aus. Die globalen Medien befinden sich in ihrem Besitz. Mittels dieser Medien steuern sie die Art und Weise, wie ihre Manipulationen und ihre Kriege der Bevölkerung – die sie so abgrundtief verachten, dass einem die Worte fehlen – vermittelt werden. Der Kolumnist (und Rothschild-Zionist) Joel Stein schrieb 2008 in der *Los Angeles Times*:

> „Es ist mir gleichgültig, ob die Amerikaner denken, wir würden die Nachrichtenmedien, Hollywood, die Wall Street oder die Regierung kontrollieren. Mich interessiert nur, dass wir sie auch *weiterhin* kontrollieren."

Wenn irgendjemand anders sagen würde, dass sich die Nachrichtensender, Hollywood, die Wall Street und die Regierung in der Hand der Zionisten befinden, würde man ihn als Rassisten oder Neonazi verdammen – dabei sagen sie es selbst. Die dreiste Arroganz dieser Leute, die *nicht einmal zwei Prozent* der amerikanischen Bevölkerung repräsentieren, ist unbeschreiblich. Rothschild-Zionisten stehen auch hinter dem Bankensystem, der chemischen Verunreinigung von Lebensmitteln und Wasser, der Pharmamedizin, der Internetzensur, der Justiz, der Political Correctness – die Liste ist endlos. Ich spreche dabei nicht von jüdischen Menschen im Allgemeinen. Viele von ihnen sind Opfer der Zionisten – so, wie sie auch im nationalsozialistischen Deutschland Opfer waren. Ich rede vielmehr von dem geheimen inneren Zirkel des Rothschild-Zionismus und von dessen Agenten und Laufburschen, die überall im System Schlüsselpositionen besetzen. Diese Leute sind auf archontische Weise wahnsinnig. Sie nennen ein beträchtliches Arsenal an nuklearen und chemischen Waffen ihr eigen, dessen Inspizierung sie ebenso verweigern wie die Unterzeichnung des Atomwaffensperrvertrages, verurteilen aber gleichzeitig die nukleare Bedrohung durch den Iran – der noch nicht einmal eine einzige Atomwaffe besitzt. Über Israels nukleare und chemische Waffen verlieren die USA, Großbritannien und der „Westen" nie ein Sterbenswörtchen; ja es wird noch nicht einmal die Existenz derselben eingeräumt. Doch der Iran, der

Abb. 570: Klarer Fall: Iran ist eine Bedrohung für Amerika und Amerika will nichts als Frieden.

keine Atomwaffen besitzt – und seit 1798 niemanden angegriffen hat –, wird dessen ungeachtet als nukleare Bedrohung verteufelt. Die USA haben übrigens im Gegensatz zum Iran seit ihrer Gründung kaum einmal Pause vom Kriegführen gemacht (Abb. 570). Das iranische Militärbudget ist eines der niedrigsten im gesamten Nahen Osten. Israel, das eines der schießfreudigsten Länder der Welt ist, verfügt dagegen über eine der am besten ausgerüsteten Armeen der Welt – was es zu einem großen Teil dem amerikanischen Steuerzahler zu verdanken hat. Die Karikatur in Abb. 571 bezieht sich auf den ehemaligen Kerntechniker Mordechai Vanunu, der eine britische Zeitung über das israelische Waffenprogramm von Dimona, einer Stadt in der Wüste Negev, unterrichtete. Vanunu wurde daraufhin vom Mossad – Rothschilds Vollstreckern – verschleppt und nach einem im Geheimen durchgeführten „Prozess" für 18 Jahre ins Gefängnis gesteckt. Mehr als elf davon saß er in Isolationshaft ab. Auch nach seiner mit zahlreichen Auflagen verbundenen Freilassung im Jahre 2004 darf er weder Israel verlassen noch mit ausländischen Journalisten sprechen. Die Reaktion der von den Rothschild-Zionisten kontrollierten „freien Welt" dazu: Schweigen. Bei dem von Vanunu enthüllten Atomarsenal handelt es sich noch nicht einmal um israelische Waffen. Der Aufbau dieses Waffenbestandes, der in Wirklichkeit den Rothschilds gehört, wurde durch die Manipulationen von Lord Victor Rothschild ermöglicht, der – wie ich schon ausgeführt habe – die Kontrolle über den britischen Geheimdienst hatte. Der israelische Historiker und Insider Martin van Creveld erinnert uns in schauriger Deutlichkeit an die Mentalität dieser Kreise, die den Finger am rothschild-zionistischen nuklearen Abzug haben:

Abb. 571: Heuchelei ist eine unheilbare Krankheit.

> „Wir sind im Besitz einiger hundert nuklearer Sprengköpfe und Raketen, die wir auf Ziele in jeder beliebigen Himmelsrichtung abfeuern können; möglicherweise sogar gegen Rom. Unsere Luftwaffe hat die meisten europäischen Hauptstädte im Visier ... Wir sind in der Lage, die ganze Welt mit uns in den Abgrund zu reißen. Und ich versichere Ihnen: Bevor Israel untergeht, wird das auch geschehen."

Wie hat die „freie Welt" der Rothschild-Zionisten noch gleich auf diese Bedrohung reagiert? Einmal mehr mit – Schweigen. Aber wenn es darum geht, den Iran oder andere Gegner zu verteufeln, können sie gar nicht schnell genug das Mikrofon in die Hand bekommen. Dazu gehört unter anderem die pausenlos wiederholte Behauptung, dass der frühere iranische Präsident Mahmud Ahmadinedschad gesagt hätte, Israel müsse von der Landkarte getilgt werden. In Wirklichkeit hatte er ein Ende des zionistischen Regimes in Israel gefordert und dazu aufgerufen, den Mittleren Osten so zu gestalten, dass Muslime, Juden und Christen in Freiheit zusammenleben könnten. Die Anhäufung einer solchen Menge nuklearer und chemischer Waffen durch Israel ist unmöglich zu dem Zweck erfolgt, eine Bevölkerung von weniger als acht Millionen Menschen auf einem kleinen Flecken Land im Mittleren Osten zu verteidigen. Die Menschen sollten besser aufwachen und begreifen, was da los ist – und zwar möglichst schnell. Der Mossad – Israels Abteilung für die Durchsetzung ihrer Interessen (bzw. der Interessen der Rothschilds) – ist der weltweit führende Experte in der Durchführung von Operationen „unter falscher Flagge", bei denen man eine Tat, die man selbst ausgeführt hat, anschließend anderen in die Schuhe schiebt. Bei den Anschlägen vom 11. September war der Mossad maßgeblich daran beteiligt, den Neocons (und Rothschild-Zionisten) den benötigten Vorwand zu verschaffen, um ein Land nach dem anderen von ihrer Abschussliste streichen zu können. Hier wird deutlich, welche Macht die Rothschild-Zionisten über die amerikanische Gesellschaft haben – während sie die Amerikaner und deren eigentliche Interessen nur verachten. Während des Sechstagekrieges vom Juni 1967, in den Israel, Ägypten und einige weitere arabische Länder verwickelt waren, griff Israel die USS Liberty an, während sich das Aufklärungsschiff der Amerikaner in internationalen Gewässern aufhielt. In einem neuerlichen Dämonisierungsakt machten die Israelis Ägypten für den Anschlag verantwortlich. Später stellte sich jedoch heraus, dass das Schiff von israelischen Militärflugzeugen und Torpedobooten angegriffen worden war. 34 Besatzungsmitglieder starben, mehr als 170 weitere wurden verletzt und das Schiff wurde schwer beschädigt. Als die Wahrheit ans Licht kam, machte Israel unglaublicher Weise geltend, man habe das Schiff „verwechselt". Welche Konsequenzen hatte die Angelegenheit für Israel? *Keine*. Wie sollte es auch anders sein – wenn doch Amerika, Kanada, Großbritannien, die Europäische Union, Australien, Neuseeland und so weiter und so fort allesamt von denselben Netzwerken kontrolliert werden? Andrew Adler, Herausgeber der *Atlanta Jewish Times* und ein weiterer dämlicher Rothschild-Zionist, meinte, Israel solle es in Betracht ziehen, beim Mossad ein Attentat auf Obama in Auftrag zu geben – dessen Nachfolger würde dann Israel vor dem Iran beschützen. Adler äußerte sich wie folgt:

> „Gebt den Befehl zu einem Anschlag auf einen Präsidenten, um der Bewahrung von Israels Existenz willen. Denken Sie mal darüber nach. Glauben Sie wirklich, man hätte diese Idee in den innersten Zirkeln Israels, so abgründig dieses Tom-Clancy-artige Szenario auch sein mag, nicht gedanklich durchgespielt?"

Nun, darin haben sie freilich schon Übung. Beim Attentat auf Präsident Kennedy im Jahre 1963 waren Israel und der Mossad die Hauptakteure, wie ich in „… Und die Wahrheit wird euch frei machen" ausführlich dargelegt habe. Adler verdonnerte man dazu, sich für seine Äußerungen zu entschuldigen – wobei sein größtes Verbrechen aus Sicht der Rothschild-Zionisten darin bestand, ihre Vorgehensweise offen gelegt zu haben. Einem Bericht des Online-Magazins *Foreign Policy Journal* konnte man entnehmen, dass 16 US-amerikanische Geheimdienste – mit einem Gesamtetat von zusammengerechnet über siebzig Milliarden Dollar – ein gemeinsames Konzeptpapier verfasst und ihrer Regierung vorgelegt haben. In der Schrift mit dem Titel „Preparing For A Post Israel Middle East" ermahnen sie die Regierung, der sklavischen Unterstützung Israels ein Ende zu setzen. Die Autoren bezeichnen Israel als die gegenwärtig größte Bedrohung für die nationalen Interessen der USA, die zu den Interessen des Israels der Rothschild-Zionisten in eklatantem Widerspruch stünden. Das Papier enthüllt …

> „… eine massive Einmischung in die inneren Angelegenheiten der Vereinigten Staaten von Seiten Israels durch Spionage und illegale Waffentransporte aus den USA.

Dazu gehört auch die Unterstützung von mehr als sechzig zur Tarnung benutzten Organisationen sowie etwa 7.500 amerikanischen Amtsträgern, die nach Israels Pfeife tanzen und danach trachten, die amerikanischen Medien und Regierungsbehörden einzuschüchtern und zu beherrschen …"

So wenige, und doch so viele

Wo immer die Orwellsche Agenda eingefädelt und durchgesetzt wird, trifft man auf Mitglieder der Geheimgesellschaft der Rothschild-Zionisten. Ein Diskussionspapier, das dem US House Permanent Select Committee on Intelligence (dem Geheimdienstausschuss des Repräsentantenhauses) vorgelegt wurde, fordert eine „Weiterentwicklung des Auftrags" des Heimatschutzministeriums (DHS), vom „Kampf gegen den Terror" hin zu einer geheimdienstlichen Überwachung der Bevölkerung – ähnlich den Methoden der Stasi im ehemaligen Ostdeutschland. Das wäre natürlich genau das, was sowieso von Anfang an geplant war. Seit der Gründung des Heimatschutzes weise ich in meinen Büchern darauf hin. Das Weißbuch mit dem Titel „Homeland Security and Intelligence: Next Steps in Evolving the Mission" entstammt der Feder der Homeland Security Group des Aspen-Institutes – einer Organisation, die ich schon seit den frühen 1990-er Jahren bloßstelle. Einer der Vorsitzenden dieser Gruppe ist ein Mann, der in seiner Person alles vereint, was ich bisher ausgeführt habe: Michael Chertoff (Abb. 572). Dieser Mann ist …

Abb. 572: Diese Synchronizitäten sind schon manchmal frappierend: Chertoff bedeutet im Russischen so viel wie „Sohn des Teufels".

- … der Sohn eines Mossad-Agenten, der sowohl über die amerikanische als auch die israelische Staatsbürgerschaft verfügte.
- … der Staatssekretär (Assistant Attorney General), der nach den Anschlägen vom 11. September die Freilassung von mehr als einhundert israelischen, in den USA tätigen Spionen bewirkt hat. Er war es auch, der die fünf „tanzenden Israelis" (Mossad-Agenten) auf freien Fuß setzen ließ, die verhaftet worden waren, nachdem sie den Anschlag auf die Twin Towers – mit offensichtlichem Vorwissen – gefilmt und im Moment des Einschlags jubiliert und sich High Five gegeben hatten.
- … einer der Autoren des Patriot Acts, also jenes Gesetzes, mit welchem den amerikanischen Bürgern zahlreiche Freiheiten genommen worden sind und das mit 9/11 gerechtfertigt wird.

- … der zweite Direktor des Heimatschutzes, einer Einrichtung, deren Schaffung ebenfalls mit den Ereignissen vom 11. September begründet wird.
- … der wichtigste Befürworter des Einsatzes von Nacktscannern an Flughäfen. Die Geräte werden von einer Firma hergestellt, die seiner Chertoff-Gruppe angehört. Die Einführung der Scanner erfolgte als Reaktion auf den Vorfall mit dem „Unterhosen-Bomber". Dieser hatte auf dem Amsterdamer Flughafen ein Flugzeug bestiegen, ohne einen Pass vorweisen zu können. Für die Sicherheit an diesem Flughafen ist übrigens eine israelische Firma zuständig.

Chertoff ist die Personifizierung der Art und Weise, nach welcher die Geheimgesellschaft der Rothschild-Zionisten ihre Agenten stets so in Schlüsselpositionen und zu Schlüsselmomenten platziert, dass die Wandlung und Lenkung der Welt auch ihrem Plan zur globalen Unterwerfung gemäß erfolgt. Die Rothschild-Zionisten repräsentieren nicht die jüdischen Menschen, sondern eine Kraft des Bösen, die uns alle versklaven will – *einschließlich* der Juden. Zum politischen Netzwerk der Rothschild-Zionisten in Großbritannien gehören unter anderem die Friends of Israel, die in jeder größeren Partei einen Ableger unterhalten, und das Britain Israel Communications and Research Centre (BICOM). Man sollte diese beiden Institutionen besser als Britain Israel Propaganda Centre bezeichnen – ihre wahre Funktion entspricht etwa der, die das AIPAC in den USA erfüllt. Das BICOM beschreibt sein Tätigkeitsfeld wie folgt:

- Bereitstellung von Analysen zu tagesaktuellen Ereignissen und qualitativ hochwertiger, gründlicher Forschung. [Lies: Wir verkaufen die Propaganda der Rothschild-Zionisten an die Politik und die Medien.]
- Veröffentlichung täglicher Briefings zur gesamten Bandbreite der in den britischen und israelischen Print- und Online-Medien erscheinenden Nachrichten mit Bezug zu Israel, sowie eine Analyse der wichtigsten Reportagen des Tages. [Lies: Wir verkaufen die Propaganda der Rothschild-Zionisten an Politik und Medien.]
- Organisation und Durchführung von Besuchsprogrammen für führende Politiker, Akademiker und Journalisten. [Lies: Wir zahlen ihre Reisekosten nach Israel, bewirten sie königlich und bereiten sie darauf vor, die Agenda der Rothschild-Zionisten aktiv zu verbreiten.]

Der frühere BICOM-Geschäftsführer Danny Scheck war ein führender Funktionär im israelischen Außenministerium sowie Chef-Sprecher und Direktor der Presseabteilung des Ministeriums. Er verließ BICOM, um den Posten des israelischen Botschafters in Frankreich anzunehmen. Derzeit hat eine ehemalige Parlamentsabgeordnete der Labour-Partei namens Lorna Fitzsimons das Amt des Geschäftsführers des BICOM inne. Auf der Herzliya-Konferenz – einer der wichtigsten Bühnen, auf der die führenden politischen Größen Israels ihre Politik vorstellen können – erklärte sie, dass „die Meinung der Öffentlichkeit keinen Einfluss auf die britische Außenpolitik hat. Die Außenpolitik ist eine Sache der Elite." Eigentlich ist sie größtenteils eine Sache der Rothschild-Zionisten. (Aber das ist wohl eh' dasselbe, schätze ich?) Zur Zeit wird sie von Premierminister (und Rothschild-Zionist) David Cameron sowie von Außenminister (und Rothschild-Zionist) William „Was soll ich sagen, und wann soll ich es sagen, Sir?“ Hague umgesetzt. Die Herzliya-Konferenz wird vom Institute for Police and Strategy, einem israelischen Think Tank unter der Leitung von Daniel Rothschild, finanziell gestützt. Hast du erstmal die Kontrolle über die führenden Länder erlangt, dann hast du auch die Gruppierungen in der Tasche, die sich um diese herum bilden, wie die Vereinten Nationen oder die Europäische Union. Die Kontrolle der Medien durch die Rothschild-Zionisten bewirkt, dass der atemberaubend überproportionale Einfluss einer kleinen Minderheit in Regierung, Bankwesen, Geschäftswelt und Medien so gut wie niemals thematisiert oder hinterfragt wird. Würde das mit Arabern, Russen, Chinesen oder Schwarzen geschehen, so gäbe es einen Aufschrei der Entrüstung. Die Schlagseite in der Berichterstattung der *BBC* zugunsten Israels und gegen Palästinenser und Israelkritiker jeder Art ist sagenhaft. Diese Kontrolle über die Medien hat auch zur Folge, dass man selten etwas von dem doch erheblichen und leidenschaftlichen Widerstand hört, der dem Rothschild-Zionismus von Seiten der Juden vielfach entgegengebracht wird. Dadurch wiederum gewinnt die Öffentlichkeit den Eindruck, jeder Jude sei auch Zionist (was *überhaupt nicht* stimmt) – siehe Abb. 573. Die von den Rothschilds eingesetzten Sprachrohre des Zionismus, zu denen die Anti-Defamation League und B'nai B'rith gehören, werden so dargestellt, als würden sie für das gesamte Judentum sprechen – während sie doch nur die Rothschilds repräsentieren. Wenn sich ein Politiker einmal in ungebührlicher Weise äußert und die Vollkommenheit Israels in Frage stellt, wird er sogleich von der gut geölten und stattlich finanzierten Verurteilungsmaschinerie durch Einschüchterung zum Schweigen gebracht. Baroness Jennifer Tonge, eine Liberaldemokratin im Adelsstand, schied aus der Partei aus, nachdem sie gesagt hatte, Israel würde in seiner jetzigen Form nicht ewig bestehen bleiben, da es eines Tages ernten würde, was es gesät hat. Ed Miliband, der Chef der Labour-Partei (und Rothschild-Zionist) äußerte dazu, es gäbe „in der Politik keinen Platz für Leute, die das Existenzrecht des Staates Israel in Frage stellen“ (lies: für Leute, die Israel kritisieren). Nick Clegg, der Parteiführer der Liberaldemokraten (und Rothschild-Zionist), erklärte unterdessen, dass die Äußerungen der Baroness „falsch und beleidigend“ gewesen seien und „nicht die Werte der Liberaldemokraten widerspiegeln“ würden. Mit der letzten Bemerkung hat er im Prinzip eine Binsenweisheit ausgesprochen – angesichts der Tatsache, dass die „Werte“ von Clegg und seinen Liberaldemokraten, ebenso wie auch diejenigen von Labour und den Konservativen, darin bestehen, eifrig zu allem Ja und Amen zu sagen, was Israel wünscht, während man wie wild den Rothschildschen Hintern küsst. So verlangt es ihr inoffizieller Amtseid. Baroness Tonge wurde im Jahr 2010 auch ihren Posten als gesundheitspolitische Sprecherin der Liberaldemokraten los, nachdem sie gesagt hatte, dass israelische Soldaten, die nach dem Erdbeben nach Haiti entsandt worden

Abb. 573: Alle Juden fürchten den Iran, heißt es in der Propaganda. Ach, wirklich? Juden beim iranischen Präsident Ahmadinedschad.

waren, Handel mit menschlichen Organen betrieben hätten. Niemand hielt es für nötig, einmal zu untersuchen, ob es nicht vielleicht einfach der Wahrheit entsprach – auch nicht angesichts der Tatsache, dass es zahlreiche Aussagen über einen israelischen Schwarzmarkt für von Lebenden entnommene Organe gibt. Es ist offenbar wichtiger, den eigenen Hintern zu retten, als die Opfer zu schützen. Da hat jemand Israel kritisiert, also wird sofort ein Aufstand gemacht. Der Parlamentsabgeordnete David Ward von den Liberaldemokraten bekam diese Art der Behandlung im Jahre 2013 zu spüren, als er anlässlich des Holocaust-Gedenktages anmerkte, wie traurig es doch sei, dass jüdische Menschen schon so kurze Zeit nach ihrer eigenen Befreiung aus den Konzentrationslagern nun ihrerseits den Palästinensern im neu gegründeten Staat Israel Grausames angetan haben „und das im Westjordanland und im Gazastreifen auch heute noch Tag für Tag tun". Was ist denn an dieser Aussage nicht in Ordnung? Es ist doch ein völlig berechtigter Gedanke, dass man von jemandem, der von den Nazis so grausam behandelt worden ist, nicht erwartet, nun seinerseits in ähnlicher Weise mit anderen umzugehen; geschweige denn schon so bald! Die Erklärung liegt darin, dass Israel von denselben (Rothschildschen) Kräften gegründet wurde (und weiterhin kontrolliert wird), die sowohl das nationalsozialistische Deutschland als auch das stalinistische Russland geschaffen haben. Ward merkte schnell, dass man Eier aus Stahl braucht, wenn man Israel kritisiert – und man gleichzeitig einer Partei angehört, deren Vertreter Eier in der Größe von Nanopartikeln haben (dafür aber Zungen so lang wie der Nil). (Für die Konservative Partei und die Labour-Partei gilt das gleiche. Ebenso wie für Demokraten und Republikaner in den USA. Wo immer Sie leben – setzen Sie die entsprechenden Parteibezeichnungen ein und Sie werden feststellen, dass es überall das gleiche ist.) Die Lobby der Rothschild-Zionisten wechselte also reflexartig in den Verdammungsmodus (im Entrüstetsein kann ihnen niemand das Wasser reichen), während Clegg und seine Liberaldemokraten ebenso reflexhaft zusammenzuckten und in Habachtstellung gingen. Ward entschuldigte sich „aufrichtig" und versprach laut einer Meldung des *Jewish Chronicle*, den Ausdruck „die Juden" in diesem Kontext niemals wieder zu verwenden. Dieser Kontext wird bald *alles* umfassen – außer Lobpreisen und Rühmen. Die Netzwerke der Rothschild-Zionisten sind die Schulhofschläger dieser Welt und haben bereits die meisten Politiker so eingeschüchtert, dass von diesen ein globales Schweigen ausgeht. Auch mit mir sind sie so umgesprungen – wie man sehen kann – und ich entschuldige mich bei den Leuten, die im Gazastreifen und im Westjordanland Woche für Woche Kinder und Zivilisten getötet haben, schon mal im Voraus für jedes unbeabsichtigte Ärgernis, das ich durch das Zeigen von Fotos wie in Abbildung 574 möglicherweise auslöse. Man vergebe mir auch, dass ich es wage, sie für einen Haufen klinisch Irrer ohne Herz und ohne Gehirn, kurz: für faschistische Psychopathen zu halten. Wann findet der „Gedenktag für die Abertausenden durch Israel getöteten Kinder" statt? Kann mir das einmal jemand sagen?

Abb. 574: Genozid in Palästina.

Keine Gerechtigkeit für Rachel

Abb. 575: Die Ermordung von Rachel Corrie.

Abb. 576: Niemals stirbt das Herz; niemals leben die Gedanken.

Die Unterwerfung der Politik der ganzen Welt unter den Willen Israels (bzw. der Rothschilds) wurde einmal mehr im Zusammenhang mit dem Prozess um den Tod der amerikanischen Friedensaktivistin Rachel Corrie deutlich. Ein israelischer Richter befand in einem israelischen Gericht, dass der israelische Soldat, der Corrie mit einem Bulldozer überfahren hatte, nicht für ihren Tod verantwortlich sei. Nun, das war eines der vorhersehbarsten Urteile in der Geschichte der Justiz. Die Reaktion: Schweigen. Die grundanständige 23jährige Rachel trug eine leuchtende Jacke und sprach durch ein Megaphon, als sie vor dem israelischen Militärbulldozer stand. Das Fahrzeug war von der amerikanischen Firma Caterpillar zum Zwecke der gnadenlosen Zerstörung der palästinensischen Behausungen bereitgestellt worden (Abb. 575 und 576). Neben dem Fahrer befand sich ein zweiter Soldat, der die Augen offen hielt. An jenem 16. März 2003 hatte Rachel Corrie zusammen mit anderen Aktivisten des International Solidarity Movement (ISM) versucht, die Zerstörung von Häusern im Flüchtlingslager von Rafah zu verhindern. Die ISM war gemeinschaftlich von Palästinensern, Amerikanern und einem Israeli gegründet worden, um das Anliegen der Palästinenser mit gewaltfreien Mitteln zu unterstützen. Corrie hatte die Methoden von Gandhi und Martin Luther King studiert; das war der ideelle Hintergrund ihrer Aktivitäten. Joe Carr, wie Corrie ein amerikanischer Aktivist der ISM, beschreibt die Ereignisse nach dem Eintreffen des Bulldozers:

> „Immer noch bekleidet mit ihrer Leuchtjacke, kniete sie in einem Abstand von mindestens fünfzehn Metern vor dem Bulldozer nieder und begann zu rufen und mit den Armen zu wedeln – genau so, wie es die Aktivisten an diesem Tag schon mehrere Dutzend Mal erfolgreich getan hatten. (...) Als das Fahrzeug so nah heran war, dass sich die Erde unter ihren Füßen zu bewegen begann, kletterte sie auf den Erdhaufen, den der Bulldozer zusammengeschoben hatte. (...)
>
> (...) Ihr Kopf und ihr Oberkörper befanden sich oberhalb der Schaufel des Bulldozers. Sowohl der Fahrer als auch der Beifahrer konnten sie eindeutig sehen. Dessen ungeachtet bewegte der Fahrzeugführer den Bulldozer weiter vorwärts, wodurch Rachel nach hinten fiel und damit nicht mehr im Sichtbereich des Fahrers war. Dennoch fuhr dieser immer weiter. Rachel versuchte, sich schnell wieder aufzurappeln, geriet aber rasch unter den Bulldozer. Wir rannten zum Fahrer, ruderten mit

den Armen und schrien; einer der Aktivisten auch mit dem Megaphon. Doch der Fahrzeugführer fuhr unbeirrt weiter, bis sich Rachel direkt unter dem zentralen Bereich des Bulldozers befand."

Richard Purssell, ein Augenzeuge aus der englischen Stadt Brighton, berichtete:

> „Sie stand auf einem Erdhaufen. Es ist ausgeschlossen, dass der Fahrer sie nicht gesehen hat. Die Schaufel schob den Haufen vor sich her, wodurch sich die Erde weiter auftürmte. Dabei rutschte Rachel herunter. Es scheint, als ob ihr Fuß hängen geblieben ist. Der Fahrer ist nicht langsamer geworden; er ist einfach über sie drüber gefahren. Dann fuhr er nochmal rückwärts über sie hinweg."

Tom Dale aus Staffordshire – ebenfalls in England – erinnert sich so:

> „Der Bulldozer näherte sich ihr sehr langsam. Sie war einwandfrei und in voller Größe zu sehen, direkt vor ihnen. Unglücklicherweise verlor sie den Halt und begann hinabzurutschen. Man sah, dass sie in ernsten Schwierigkeiten war; Panik stand ihr ins Gesicht geschrieben, als sie sich herum drehte. Sämtliche anwesenden Aktivisten schrien, rannten zum Bulldozer und versuchten, die Soldaten zu stoppen. Aber sie fuhren einfach weiter."

Sami Nasrallah, der in dem Haus lebte, das Corrie zu beschützen versuchte, sagte:

> „Als sie den Bulldozer auf mein Haus zukommen sah, stand sie vor ihm, mein Heim mit ihrem Körper verteidigend – ohne irgend eine Waffe oder dergleichen."

Rachel Corrie war ohne Frage ein besonderer Mensch. Sie hatte sich nach Gaza aufgemacht, nachdem sie in der Schule durch einen jungen Mann palästinensischer Herkunft vom Leiden des palästinensischen Volkes erfahren hatte. Doch die Verrückten, die Israel kontrollieren, scheren sich nicht um anständige Menschen, die sich bemühen, sich anständig zu verhalten. Neun Jahre nach Rachels Tod entschied ein israelisches Gericht, dass es sich um einen Unfall gehandelt hat und dass sie für das Geschehene selbst verantwortlich gewesen sei. Eine „Untersuchung" von Seiten des Militärs hatte schon im Vorfeld sämtliche beteiligten Israelis von jeglicher Verantwortung für den Vorfall freigesprochen. Das zivile Gerichtsurteil war dann für den israelischen Ein-Parteien-Militärstaat nur noch eine reine Formalität. Das Gericht machte von der Sonderregelung für „Kampfhandlungen" Gebrauch, nach der israelische Soldaten in einem Areal, das zum Kriegsgebiet erklärt worden ist, nicht für physische oder wirtschaftliche Schäden unter den Zivilisten haftbar gemacht werden können. Wenn Sie also in einem bestimmten Gebiet freie Hand haben wollen, deklarieren Sie es einfach als Kriegsgebiet – und schon können Sie dort tun und lassen, was Sie wollen. Richter Oded Gershon zufolge hat sich Corrie – eine von mehreren Friedensaktivisten, die von der israelischen Armee getötet oder zum Krüppel gemacht worden sind – „selbst in eine gefährliche Situation begeben". Sein Urteil lautete dementsprechend, dass ihr Tod „das Ergebnis eines Unfalls" war, den sie „selbst herbeigeführt hat". Wieder einmal – und wie üblich – wurden alle Israelis, die in irgendeiner Weise an dem Geschehen vor und nach Corries Tod beteiligt waren, von jeglicher Schuld freigesprochen. Gershons fast schon lustige Wahrnehmungsverzerrung wurde offenkundig, als er erklärte, die internationalen Aktivisten würden die Handlungen des israelischen Militärs stören wollen, indem sie als menschliche Schutzschilde „Terroristen schützen". Corries Eltern, die 200.000 Dollar für den Zivilprozess aufwendeten, hatten von Anfang an keine Chance. Ich vermute, dass sie dies zwar im Grunde wussten, aber die Enthüllung der tatsächlichen Geschehnisse dennoch so weit voran bringen wollten wie nur irgend möglich. Als letzte Option hätten sie noch vor dem Israeli Supreme Court (der in einem archontischen, mit Symbolen überladenen, von den Rothschilds finanzierten Gebäude untergebracht ist) Berufung einlegen können. Dort hatte man aber bereits festgelegt, dass der Fahrer des Bulldozers nicht gerichtlich belangt werden kann. Mit Gershons „Urteil" wurde der Staat durch einen seiner Diener gestützt – indem dieser alle Schuld einer jungen Frau anlastete, die versucht hatte, eine von etwa 17.000 Häuserzerstörungen zu verhindern, die es nach Schätzungen der UNO bis zu jenem Zeitpunkt gegeben hat. Die Menschen, die so etwas machen, sind eiskalte, abgestumpfte und vollkommen skrupellose Individuen – die aber in den Augen der Regierungen von Israel, den USA, Großbritannien, der Europäischen Union und dem größten Teil der restlichen Welt, einschließlich Australien und Neuseeland, kein Wässerchen trüben können. So sieht es aus, wenn im Land des selbsternannten „auserwählten Volkes" und in den von den „Auserwählten" kontrollierten Ländern „Gerechtigkeit" geübt wird. Huwaida Arraf, einer der Gründer des International Solidarity Movement, sagte:

> „Der heutige Richterspruch ist in mehrfacher Hinsicht ungeheuerlich, nicht zuletzt wegen der Tatsache, dass man Rachel und das International Solidarity Movement verleumdet, um die Schuld irgendwem anders anzuhängen – nur nicht denen, die Rachel getötet haben oder dabei halfen, die Sache zu vertuschen.
>
> Es handelt sich um dieselben Institutionen, die weiterhin Tausende unschuldiger Palästinenser töten oder verletzen, ohne zur Rechenschaft gezogen zu werden. Das heute gefällte Urteil bedeutet nicht nur, dass Rachel Corrie keine Gerechtigkeit widerfährt, sondern es zeigt auch, dass niemand, der die Menschenrechte verteidigt, vor der Gewalttätigkeit des israelischen Staates sicher ist."

Das ist alles richtig, aber die geisteskranken Archonten, die Israel kontrollieren und die mit der weltweiten wahnsinnigen Kabale verbandelt sind, die der Welt die Richtung vorgibt, tangiert das herzlich wenig. Im Jahre 2013 wurde Moshe Ya'alon zum neuen „Verteidigungsminister" Israels bestimmt, der in seiner Zeit als Stabschef der israelischen Armee geäußert hatte, die „palästinensische Bedrohung" sei „wie ein Krebsgeschwür" und eine „existenzielle Gefahr". Die Lösung des Problems sei dementsprechend „die Anwendung einer Chemotherapie" (Massenmord). Israels faschistoider Außenminister Avigdor Lieberman appellierte an Ya'alon, er möge doch die Einsatzregeln für das Militär im besetzten Westjordanland radikal neu definieren. Die Soldaten sollten dazu angeregt werden, Steinewerfer gleich als Terroristen zu erschießen. Leute mit solchem Gedankengut sind Ausdrucksformen des Demiurgen und demzufolge völlig irre.

Der ultimative Schurkenstaat

Es gibt ein ungeschriebenes „internationales Gesetz", dessen Existenz von denen, die so gerne über „Schurkenstaaten" dozieren, geflissentlich übersehen wird: Israel macht *was* es will, *wann* es will und *mit wem* es will; ermöglicht wird dies durch die Kontrolle sowohl des politischen Systems als auch aller wichtigen Medien, von denen alles Weitere seinen Ausgang nimmt. Israels ehemaliger Premierminister Ariel Scharon (der seit einem schweren Schlaganfall im Jahre 2006 im Koma liegt) versicherte dem damaligen amerikanischen Präsidenten Boy Bush, dass Israel den Tod von Rachel Corrie „gründlich, glaubhaft und transparent" untersuchen würde. Ich wette, sie haben sich kaputt gelacht, sobald die Kameras aus waren. Der Plan der Rothschild-Zionisten lautete von Anfang an, sich genügend Zeit zu verschaffen, um das palästinensische Volk der Geschichte zu überantworten. Was wir derzeit erleben – und was Rachel Corrie versuchte in Frage zu stellen –, ist nichts weniger als ein systematischer Völkermord. Der amerikanische Autor Steve Lendman, einer der Moderatoren beim Progressive News Network, traf mit seiner Beschreibung der alltäglichen Lebenssituation der Palästinenser unter der israelischen (bzw. Rothschild-Zionisten-) Besatzung den Nagel auf den Kopf: Stellen Sie sich vor …

> „Sie leben in ständiger Ungewissheit unter einer ausländischen Besatzungsmacht. Ohne Selbstbestimmung, ohne Rückkehrrecht und ohne Kontrolle über Ihr eigenes tägliches Leben. Ihr Volk lebt in permanenter Angst, wird ökonomisch stranguliert und kollektiv bestraft.
>
> Ihre Bewegungsfreiheit wird Ihnen durch umzäunte Bevölkerungszentren, geschlossene Grenzen, regelmäßige Ausgangssperren, Straßensperren, Kontrollpunkte, elektrische Zäune und Trennwände verwehrt. Regelmäßig werden Häuser zerstört und systematisch raubt man Land, damit die Eindringlinge darauf ihre Siedlungen errichten können – in Verletzung internationalen Rechtes, nach welchem es einer Besatzungsmacht untersagt ist, in dem okkupierten Gebiet seine eigene Bevölkerung anzusiedeln.
>
> Man verweigert Ihnen das Recht auf grundlegende Leistungen – Gesundheitsversorgung, Bildung, Arbeit, ausreichend Nahrung und sauberes Wasser. Sie werden in extreme Armut gezwungen, man zerstört die Ernten und schikaniert Sie mit Strafgeldern. Vor den Gerichten der Besatzer, deren Gesetze ausschließlich diese schützen, haben Sie keine Rechte auf Wiedergutmachung.
>
> Ihr Volk ist ständiges Ziel für Übergriffe und Attacken auf dem Boden oder aus der Luft; es wird mutwillig drangsaliert und ethnisch gesäubert, die Menschen werden verhaftet und eingesperrt, gefoltert und unter irgendeinem Vorwand hingemetzelt – und sei es, weil sie von ihrem Recht auf Selbstverteidigung Gebrauch gemacht haben.
>
> Sie haben in Ihrem eigenen Land, auf Ihrem eigenen Grund und Boden, seit über sechs Jahrzehnten keinerlei Rechte – Tendenz unverändert. Weil Sie Muslim sind,

> diffamiert man Sie als Terroristen, Dschihadisten, durchgeknallten Araber oder fundamentalistischen Extremisten. Ihr Volk wird permanent durch einen Zeitlupen-Genozid gequält, mit dem man Sie vernichten will."

Das entspricht in der Tat ziemlich genau dem, wie auch der globale faschistische Staat aussehen soll. In der folgenden Geschichte kommt all das gefühllose Böse zum Ausdruck, mit dem die Palästinenser jeden Tag zu kämpfen haben. Im Jahre 2009 verlor die heute 12jährige Amal Samouni bei einer Bombardierung des Gazastreifens durch Israel 21 Mitglieder ihrer engeren und erweiterten Familie, darunter ihren Vater und einen Bruder. Sie selbst wurde schwer verletzt, in ihrem Schädel befinden sich immer noch Granatsplitter. Ohne Erlaubnis lässt man die Palästinenser kaum atmen – und so musste Amal eine Reisegenehmigung beantragen, um einen Behandlungstermin im al-Maqasid-Krankenhaus in Ost-Jerusalem wahrnehmen zu können. (Nein, wir sprechen hier nicht von Nazi-Deutschland – obwohl irgendwie schon ...) Die israelischen Behörden verweigerten ihr die Erlaubnis – ohne Angabe von Gründen –, so dass Amal die Behandlung nicht bekommen konnte (Abb. 577). So gehen sie mit einem zwölfjährigen Mädchen um, dem sie als Neunjährige schwere Verwundungen zugefügt und dessen Familie sie zerstört haben. Hier können wir den durch und durch archontischen „Geist" am Werke sehen. Wer Zweifel hat, ob der Begriff „Genozid" hier wirklich angemessen ist, werfe einfach einmal einen Blick auf die Karte (Abb. 578). Genozid wird folgendermaßen definiert:

Abb. 577: „Die Existenz Israels ist in Gefahr – alles, was wir wollen, ist Frieden."

> „Systematische und großflächige Ausrottung oder versuchte Ausrottung einer kompletten nationalen, rassischen, religiösen oder ethnischen Gruppe".

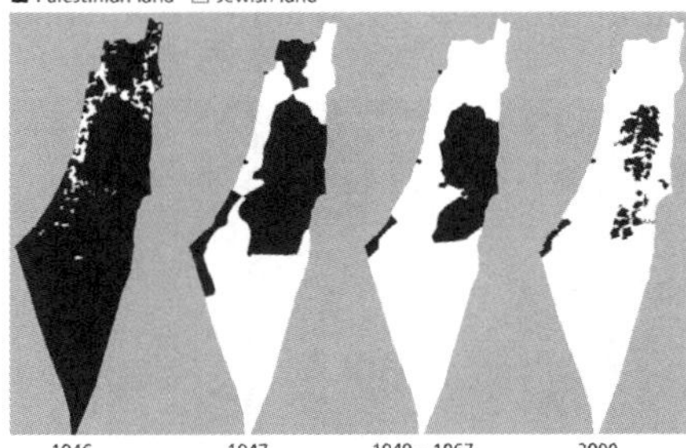

Abb. 578: Ein Wort – Genozid.

Ende meiner Beweisführung. Der israelische Historiker Ilan Pappe schrieb im Jahre 2006:

> „Im Gazastreifen findet ein Völkermord statt ... Jeden Tag sterben im Schnitt acht Palästinenser bei israelischen Schlägen gegen das Gebiet. Die meisten davon sind Kinder. Hunderte wurden verstümmelt, verwundet oder sind gelähmt. [Es ist zu] einer Alltäglichkeit [geworden, über die nur noch] auf den Innenseiten der lokalen Presse berichtet wird, nicht selten in mikroskopisch kleiner Schrift. Die Haupttäter sind die israelischen Piloten, die auf keinerlei Widerstand stoßen und leichtes Spiel haben, so als würde man auf Fische in einem Faß schie-

ßen. Warum auch nicht – es sind doch nur Muslime, wer bemerkt das schon, wen kümmert's?"

Bedenken Sie außerdem, dass der überwiegende Teil der damals eine Million Menschen zählenden palästinensischen Bevölkerung in der Zeit vor der Gründung des Staates Israel im Jahre 1948 aufgrund des allgegenwärtigen Terrors außer Landes geflohen ist. Damals trieben verschiedene massenmordende Terrorgruppen der Rothschild-Zionisten, wie die Haggada, die Irgun und die Stern-Bande (Lechi), in Palästina ihr Unwesen. Zu den Aktivisten des Terrors gehörten u.a. auch Menachem Begin und Jitzchak Schamir, die später Premierminister Israels wurden. Mittlerweile beläuft sich die Zahl der mittels Terror aus ihrem eigenen Land Vertriebenen und deren Nachkommen auf etwa fünf Millionen. Das Recht auf Rückkehr wird ihnen jedoch von den heutigen Terroristen in Tel Aviv verwehrt. So läuft das seit Jahrzehnten, ermöglicht durch das Wegschauen der Rothschild-kontrollierten Politiker in den USA, Kanada, Großbritannien, Australien, Neuseeland und anderswo. Das sind dieselben Politiker, die ihrerseits andere Länder mit der Begründung ins Visier nehmen, destabilisieren und bombardieren (bzw. dergleichen unterstützen), die dortigen Regierungen würden ihr Volk misshandeln und umbringen. Doch Israel kann tun und lassen, was immer es will – die westlichen (und der größte Teil der übrigen) Politiker halten einfach still und setzen ihr Schweigen fort. Das israelische Militär kann Schiffe in internationalen Gewässern angreifen und herzensgute, sich sorgende junge Menschen töten, die sich aufgemacht hatten, die Menschen im Gazastreifen mit jenen dringend benötigten Dingen zu versorgen, von denen Israel diesen gleichermaßen tragischsten als auch am dichtesten besiedelten Flecken auf diesem Planeten abschneiden wollte: Nahrung, Treibstoff, Medizin und andere lebensnotwendige Güter. Agenten des israelisch-rothschildschen Mossad können in ein Hotel in Dubai marschieren, nachdem sie mit falschen Pässen in das Land eingereist sind, und dort einen Führer der palästinensischen Hamas umlegen, ohne mit Konsequenzen irgendeiner Art rechnen zu müssen. Und das, obwohl die Gesichter der Mossad-Agenten (der israelischen Terroristen) überall im Internet zu sehen waren, nachdem die Überwachungskameras des Hotels Aufnahmen von ihnen gemacht hatten (Abb. 579). Der damalige britische Außenminister (und Rothschild-Zionist) David Miliband, Bruder des gegenwärtig amtierenden Labour-Parteichefs (und Rothschild-Zionisten) Ed Miliband, unternahm daraufhin – nichts, außer sich in Ausflüchten zu ergehen und dann die Sache schnell wieder zu vergessen. Israel kann den Libanon, Syrien und den wehrlosen Gazastreifen bombardieren, während die Welt Däumchen dreht und den Mund hält, abgesehen von dem ewigen „Israel hat ein Recht auf Selbstverteidigung". Wenn du mit einem Pusterohr Erbsen auf mich schießt, werd' ich's dir mit

Abb. 579: Die Mossad-Agenten wurden von den Überwachungskameras des Hotels gefilmt, doch nichts geschah.

einer Rakete heimzahlen – ich habe schließlich das Recht, mich zu verteidigen. Israel kann – wie wir durch die UN-Menschenrechtskommission wissen – gegen nahezu sämtliche 149 Artikel der vierten Genfer Konvention verstoßen, welche den Umgang mit Zivilisten in besetzten Gebieten und in Kriegszonen regelt (Abb. 580). Der Staat Israel kann auch kriminelle Handlungen begehen – und mit diesen unbehelligt davonkommen –, die von der UN-Kommission gemäß des Genfer Abkommens und der Nürnberger Charta aus dem Jahre 1945 als Kriegsverbrechen gegen das palästinensische Volk eingestuft werden. Was lassen wir uns von dem Schulhofschläger und Rotzbengel noch alles gefallen?

Die Rothschild-Zionisten weisen fortwährend auf die Auswirkungen des Nazi-Faschismus hin, doch was sie als antifaschistische Haltung verkaufen, ist in Wirklichkeit ihre ganz eigene Version von Faschismus. Der indische Redner und Autor Jiddu Krishnamurti sagte einmal:

> „Es ist kein Zeichen von Gesundheit, wenn jemand an eine zutiefst kranke Gesellschaft gut angepasst ist."

Doch für die meisten Menschen trifft das zu – besonders für Politiker und Rothschild-Zionisten. Die zutiefst kranke Gesellschaft ist für sie der Normalzustand – sie finden folglich gar nichts Krankes daran. Zu Beginn des Jahres 2013 gab es in Großbritannien eine Debatte über einen Fußballtrainer namens Paolo Di Canio. Der Fußballverein Sunderland hatte ihn verpflichtet – und mit einem Mal wurde aus einer nichtigen Angelegenheit, die normalerweise kaum einer Meldung würdig wäre, eine Sache von nationaler Tragweite. Di Canio hatte im Jahr 2005, als er noch für den italienischen Verein Lazio Rom spielte, während eines Spieles den Hitlergruß gezeigt. Seine politischen Ansichten hatte er seinerzeit mit den Worten umschrieben, er sei „ein Faschist, kein Rassist". Ferner sagte er, der italienische Diktator Benito Mussolini sei „im Grunde ein sehr prinzipienfester, ethischer Mensch" gewesen, der „sehr missverstanden" worden ist. Also, in meiner Welt hat Di Canio, auch wenn ich entschieden anderer Meinung bin, das Recht, diese Ansichten zu äußern, solange er sie und die sich daraus ergebenden Konsequenzen niemand anderem aufzwingt; und dafür gab es nicht den geringsten Hinweis. Das sind eben seine Ansichten, und er ist einfach ein Fußballtrainer – er kandidiert nicht fürs Parlament und will auch keine politische Bewegung gründen. Ausgelöst wurde die Welle der medialen Entrüstung durch den Vizepräsidenten des Vereins, der sein Amt aus Protest niederlegte. Es handelt sich dabei um David Miliband, eben jenen Rothschild-Zionisten und früheren britischen Außenminister, von dem wir gerade sprachen. Miliband trat zurück, um damit gegen Äußerungen eines Fußballspielers und Trainers zu protestieren, die dieser

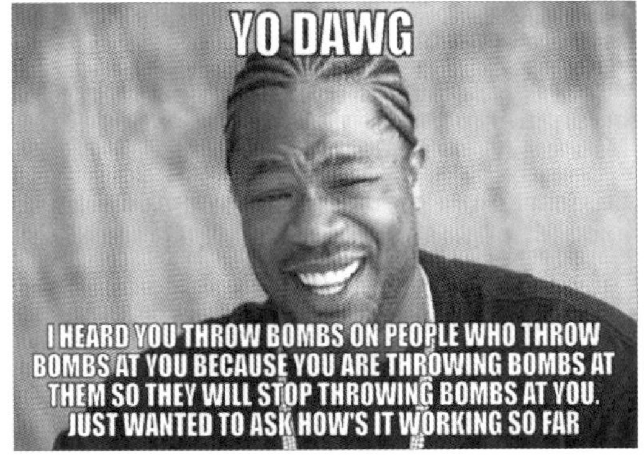

Abb. 580: Die Welt ist verrückt.

acht Jahre zuvor getätigt und der niemals irgendetwas unternommen hatte, um seine Überzeugungen in politische Praxis umzusetzen. Miliband wollte, als ein „Mann mit Prinzipien", mit einer klaren Ansage deutlich machen, dass er Faschismus verabscheut – umso mehr, da er aus einer Familie jüdischer Marxisten stammt und seine Mutter während der Nazizeit auf dem europäischen Festland lebte. Ja, das ist Prinzipienfestigkeit. Aber – einen Augenblick bitte. Ist das nicht derselbe David Miliband, ehemals britischer Außenminister und enger Berater von Tony Blair, der die Invasionen in Afghanistan und Irak förderte, die mit Lügen gerechtfertigt worden waren und Millionen von Zivilisten das Leben kosteten oder sie auf Lebenszeit verstümmelten? Ist Miliband nicht der Mann, der während des sich immer mehr ausweitenden Genozids an den Palästinensern seinen Mund fest verschlossen hielt und Löcher in die Luft starrte, obwohl er als Außenminister die Handlungsweise Israels laut und unnachgiebig hätte verurteilen und bloßstellen können? Sicher ist das derselbe Mann. Eben dieser Miliband schied nun, sehr öffentlichkeitswirksam, aus seinem Amt als Vizepräsident des Vereins, um damit gegen die vor Jahren geäußerten Ansichten eines Fußballtrainers zu protestieren, der meines Wissens nie dafür gestimmt hat, irgendjemanden zu bombardieren oder niederzumetzeln. Ich teile vielleicht nicht Di Canios Meinung, aber eines weiß ich bestimmt: Nämlich, wer von den beiden mehr dazu beigetragen hat, faschistische Ansichten in die Tat umzusetzen, und folglich, welcher dieser Männer für unsere Welt der Gefährlichere ist. Miliband selbst wird seine widerliche Scheinheiligkeit freilich niemals bemerken – denn er hat sich perfekt an eine zutiefst kranke Gesellschaft angepasst. Aus seiner Sicht haben weder seine Unterstützung des Massenmordens in weit entfernten Ländern noch die alltägliche Bedrängnis der Palästinenser durch Israel irgendetwas mit Faschismus zu tun. Sein Gehirn ist davor geschützt, solche gedanklichen Verbindungen herzustellen zu können. Sobald es aber jemand wagt, Zustimmung für jemanden zum Ausdruck zu bringen, der – wie Mussolini – *ganz offiziell* als Faschist gilt, dann reckt Miliband in selbstgefälliger Entrüstung seine Nase in die Höhe. An eine zutiefst kranke Gesellschaft angepasst zu sein bedeutet, die Bombardierung ziviler Ziele für eine legitime Maßnahme zu halten, um die Prinzipien der „freien Welt" voranzubringen. Solchen Menschen erscheint das, was in Wirklichkeit „zutiefst krank" ist, ganz normal und vernünftig. Wenn jemand in ein Tollhaus geboren wird, dort aufwächst und gar nichts anderes kennen lernt, dann wird das Treiben dort zu seinem Verständnis davon, was „normal" ist. Weisen Sie dann jemanden, der in solch einer Umgebung lebt, darauf hin, dass die dortigen Vorgänge einfach verrückt sind, dann wird er Sie verrückt nennen. Viele Menschen nehmen die Geschehnisse in der Welt wie auch ihr eigenes Leben auf diese Weise wahr. Nach dem gleichen Prinzip heftet Israel, das selbst die rassistischste Gesellschaft auf Erden ist, das Etikett des Rassisten sofort jedem an, der es wagt, Israel vielleicht nicht für den Inbegriff der Lieblichkeit und des Lichtes zu halten.

Rothschild-Zionisten – nicht „Juden"

Beachten Sie bitte, dass ich bei meinen Ausführungen die ganze Zeit von „Rothschild-Zionisten" spreche, nicht einfach allgemein von „den Juden". Es gibt zahlreiche Juden – von denen Sie allerdings selten etwas zu hören bekommen –, die nicht der Vorstellung anhängen, sie stünden über allen anderen Menschen. In deren Glaubensbild geht es vielmehr um Anständigkeit, Mitgefühl, Intelligenz und einen Sinn für Gerechtigkeit. Einer von ihnen ist Gideon Levy, der als Kolumnist für die israelische Tageszeitung *Haaretz* tätig ist. Er sagte über den Fall von Rachel Corrie Folgendes:

> „Das in dieser Woche von dem Richter in Haifa gefällte Urteil reiht sich in eine lange und beschämende Folge von Gerichtsentscheiden ein, die darauf abzielen, so ziemlich jede Art von Übertretungen seitens der IDF zu sanktionieren. Die Botschaft ist klar: Israel will keine Menschen mit Gewissen in der Nähe haben, während es Unheil anrichtet. Wer es dennoch wagt, riskiert sein Leben.
>
> Und die Botschaft an die Soldaten lautet: Ihr dürft sie töten; euch wird nichts geschehen. Wenn die IDF in solcher Weise handelt, kann man das vielleicht noch verstehen. Wenn das aber von der Justiz auch noch gebilligt wird, dann müssen wir Verdorbenheit konstatieren. Schau, Rachel – dein Tod war nicht umsonst. Er hat zumindest, einmal mehr, offenbart, dass das israelische Rechtssystem gemeinsame Sache mit Gaunern macht."

Zu den Persönlichkeiten, die den Rothschild-Zionismus bloßstellen, gehören auch der großartige Norman Finkelstein – der seine akademische Karriere in den USA an den Nagel hängen musste, nachdem er seine Stimme erhoben hatte – und der grandiose Gilad Atzmon, ein in Israel geborener Jazzmusiker, Erzähler, Aktivist und Schriftsteller. Siehe beispielsweise Atzmons Buch „Der wandernde – Wer?" Finkelsteins Eltern litten in den Konzentrationslagern der Nazis; doch sie und ihr Sohn besaßen genügend Intelligenz und Mitgefühl, um die Instrumentalisierung des jüdischen Volkes durch die Rothschild-Zionisten zu durchschauen und auch den genozidalen Charakter der Behandlung der Palästinenser zu erkennen. Siehe dazu auch Finkelsteins Buch „Die Holocaustindustrie". Während des Libanonkrieges im Jahre 1982 diente Atzmon in den israelischen Streitkräften (Israel Defense Forces) als Sanitäter. Damals erkannte er, dass er „Teil einer Kolonialmacht" war, dem „Ergebnis von Plünderung und ethnischer Säuberung". Erst damals, so schildert er, erfuhr von palästinensischen Flüchtlingen im Libanon, die nicht nach Hause zurückkehren konnten, und von der Zerstörung ihrer Häuser und Dörfer. „Man hat uns so indoktriniert, dass wir die Palästinenserfrage einfach negierten", sagt Atzmon. „Wir waren uns ihrer nicht bewusst." Dieses Prinzip bildet die Grundlage der Strategie der Rothschild-Zionisten: Halte diejenigen, die du vorgibst zu vertreten, in Unwissenheit darüber, was du eigentlich tust, bereits getan hast und künftig zu tun gedenkst. Die Juden, die diese Lüge geschluckt haben, gehören zu den am stärksten indoktrinierten Menschen auf diesem Planeten, denn die Programmierung läuft unaufhörlich und begleitet sie von der Wiege bis zur Bahre. Atzmon macht auf die Aussage des Richters im Fall Rachel Corrie aufmerksam, der in seiner Urteilsbegründung schreibt, sie habe sich nicht „vernünftig" verhalten. Aber was macht „vernünftiges" Verhalten aus? Atzmon stellt ganz richtig heraus, inwiefern sich die Definition Begriffs „vernünftig" unterscheidet, je nachdem, ob sie von einer jungen, idealistischen, friedliebenden Amerikanerin stammt oder von den Fanatikern, die Israel und dessen Establishment-Systeme lenken:

> „Als amerikanische Jugendliche nahm Corrie irrtümlicherweise an, die israelischen Soldaten wären von humanistischen Motiven beseelt. Als vernünftiger Mensch, der sie war, musste sie annehmen, dass ein israelischer Bulldozerfahrer niemals einfach über sie hinweg fahren würde. Darin hat sie sich getäuscht. Corrie hatte ganz eindeutig nicht erkannt, dass israelisches ‚Denken' durch psychotische Störungen und Vernichtungsfantasien befeuert wird – mit tödlichen Folgen.
>
> Corrie scheiterte exakt an derselben Stelle, an der auch so viele andere Aktivisten der Solidaritätsbewegung scheitern. Israel ist kein normaler Staat. Es ist ein Staat für nur ein einziges Volk – eines, das sich für auserwählt hält. Was das bedeutet, ist sehr einfach, gleichzeitig aber auch niederschmetternd: Die Israelis glauben, dass ihre Leben und ihre Sicherheit ein kosmisches Gut sind, das dementsprechend unbedingt erhalten werden muss – auf Kosten der restlichen Menschheit.
>
> Dennoch, lassen Sie sich über eines nicht täuschen: Die Psychose der Israelis ist konsistent – und wird sogar von einer Art Vernunft getrieben. Einer Vernunft allerdings, die ein bisschen anders aussieht als die Vernunft bei uns übrigen Menschen. Universellen Charakter hat diese Vernunft sicherlich nicht. Rachel Corrie hingegen stellt sehr wohl ein universelles Symbol dar. Sie war die Verkörperung von Solidarität, mitfühlender Denkweise und Mut; ihr tragischer Tod zeigt jedoch auch unmissverständlich, dass mit Israel etwas ganz grundsätzlich nicht stimmt.
>
> Mit dem Tod von Rachel Corrie ist die Tatsache offen zutage getreten, dass es nicht einfach nur die israelische Führung oder die Militärelite des Landes ist, die dem menschlichen Leben oder einer moralischen Handlungsweise blind gegenüber steht. Es sind auch nicht nur Netanjahu oder Barak, die in einem Zustand der Ablehnung dem menschlichen Leben gegenüber verharren. Nein, vielmehr haben wir es hier mit einem mörderischen Kontinuum zu tun; dieses durchsetzt gleichermaßen die Führung des Landes, den anonymen Soldaten, den Fahrer des Bulldozers – wie auch Richter Gershon und das gesamte israelische Rechtssystem."

Während sich die israelisch-amerikanisch-britische Allianz (Rothschild) nun ihrem Ziel der vollständigen Auslöschung des palästinensischen Volkes in dessen eigenem Land immer mehr nähert, wird Druck ausgeübt, um das Durchsickern von Informationen über den tatsächlich dort vonstatten gehenden Horror zu verhindern. Aus diesem Grund sehen sich sowohl Journalisten als auch Menschenrechtsorganisationen bei der Einreise in den Gazastreifen immer schärferen Einschränkungen ausgesetzt, und der Tod von Friedensaktivisten soll ihnen eine Warnung sein: Haltet Abstand, oder es wird euch genauso ergehen. Richter Gershons Urteilsspruch war einfach ein weiterer Hinweis an die Aktivisten. Rothschild-Frontorganisationen wie die Anti-Defamation League versuchen, jeden, der den

Horror anprangert, den die Palästinenser Tag für Tag erdulden müssen, als einen von rassistischem Judenhass Getriebenen darzustellen – während es in Wirklichkeit die Befürwortung einfacher Menschlichkeit ist, was uns antreibt. Es geht hier überhaupt nicht um Rassen – sondern einfach um ein Mindestmaß an Anstand und Redlichkeit. Viele Juden erkennen das, wie zum Beispiel die jungen Prachtkerle, die lieber ins Gefängnis gehen, als nach ihrer Einberufung zum Wehrdienst an dem Völkermord und der Misshandlung der Palästinenser durch das israelische Militär teilzunehmen. Hunderttausende Israelis sind auf die Straße gegangen, um gegen die Politik der Regierung zu protestieren und auf ihre missliche wirtschaftliche Lage aufmerksam zu machen. Mindestens zwei Mal haben sich israelische Bürger aus Protest gegen die Geschehnisse selbst in Brand gesteckt; einer der beiden fand dabei den Tod, der andere erlitt Verbrennungen an 80 Prozent der Körperoberfläche. Moshe Silman starb, nachdem er sich auf einer Protestveranstaltung gegen Ungleichheit angezündet hatte. Er hinterließ eine Nachricht, in der er das israelische Establishment beschuldigte, „von den Armen zu nehmen und den Reichen zu geben". Bei dem anderen Mann handelte es sich um einen kriegsversehrten Veteran des israelischen Militärs, der dagegen protestierte, wie von Seiten der für die Rehabilitierung von Veteranen verantwortlichen Stellen mit ehemaligen Soldaten umgegangen wird. Es wird zu Recht vielfach auf die Milliarden von Dollars hingewiesen, die Jahr für Jahr vom amerikanischen Steuerzahler nach Israel wandern; doch das israelische Volk sieht davon im Allgemeinen nicht viel. Das Geld wird den Amerikanern von der Rothschild-kontrollierten El-ite in den USA abgenommen und der israelischen Rothschild-Elite zugeschustert. Das weiter oben erwähnte Konzeptpapier des amerikanischen Geheimdienstes weist dem *Foreign Policy Journal* zufolge darauf hin, dass viele Mitglieder der jüdischen Gemeinde in den USA vom Verhalten Israels die Schnauze voll haben. Es sei darin von einer „immer größer werdenden Kluft zwischen den amerikanischen, Zionismus-kritischen Juden und dem Verhalten Israels" die Rede, wobei letzteres „die Ermordung und brutale Behandlung von Palästinensern im israelischen Besatzungsgebiet" einschließe. Das Papier spreche in diesem Zusammenhang von eklatanten Verletzungen amerikanischen und internationalen Rechts, welche „innerhalb des amerikanischen Judentums die Frage nach der Verantwortung der Vereinigten Staaten für den Schutz unschuldiger Zivilisten unter einer Besatzungsmacht" aufwerfen würden. Weiter heißt es:

> „Israel ist angesichts seiner gegenwärtigen brutalen Besatzungspolitik und Kriegsverliebtheit genauso wenig zu retten, wie es Südafrikas Apartheid-Regime im Jahre 1987 war. Israel war damals das einzige ‚westliche' Land, das die diplomatischen Beziehungen zu Südafrika aufrechthielt, und sie waren auch die letzten, die sich dem internationalen Boykott anschlossen, bevor das südafrikanische Regime zusammenbrach."

Wenn man den Rothschild-Zionismus und das gesamte archontische Geflecht aus Korruption und Manipulation einmal zur Rechenschaft ziehen und an die Kandare nehmen würde und die gesamte Führungsclique Gefängnisluft schnuppern müsste, dann wäre nicht nur eine dramatische Gesundung Israels die Folge, sondern die gesamte Welt würde ein wesentlich schönerer Ort werden.

26

Archontische Ökonomie

Heutzutage kennen die Menschen von allem den Preis und von nichts den Wert.
Oscar Wilde

Das Kontrollsystem ist so angelegt, dass Geld die Grundlage für einfach alles bildet. Es hängt vom Geld ab – das heißt, davon, ob du welches hast oder nicht –, wo du wohnst, was du isst, ob du überhaupt etwas zu essen hast, wo du arbeitest, ob du Arbeit hast, ob du lebst oder stirbst, ja so ziemlich jede denkbare Lebensentscheidung. Genau so ist es auch gedacht. Es bedeutet, dass derjenige, der die Kontrolle über das Geld hat, auch den Lauf der Welt bestimmt und die Kriege lenkt. Es sind die archontischen Blutlinien – insbesondere die Rothschilds –, die das Geld kontrollieren (Abb. 581).

In der Schrift „Silent Weapons for Quiet Wars", einem Handbuch zur Manipulation der Massen, wird ausführlich dargestellt, wie das Finanzsystem im Sinne des großen Zieles – der Beherrschung der Menschheit – gesteuert und gelenkt wird. Auch die zentrale Rolle, die dem Hause Rothschild dabei zukommt, wird darin eingeräumt. Das Dokument beschreibt die Struktur der globalen Wirtschaft und ihre nationalen Zweige als eine Art elektrisches bzw. energetisches System. „Geld" ist nichts weiter als eine Form von Energie – so wie alles im Grunde Energie ist; heute existiert es überdies hauptsächlich in Form elektronischer Daten, die man „Kredit" nennt und über ein globales Computersystem um den Erdball flitzen. Bargeld wird dem Kreislauf dabei zusehends entzogen. Ich habe schon in anderen Büchern angemerkt, dass die Rothschilds und die archontischen Netzwerke Geld als einen Energiefluss betrachten und der Welt ein System aufgebürdet haben, das dafür sorgt, dass am Ende so ziemlich alles Geld in ihre Taschen fließt. In dem „Silent Weapons"-Handbuch heißt es:

Abb. 581: Kontrolliere das Geld, und du kontrollierst – in der heutigen Welt – die Menschen.

„Die Wirtschaft ist nur eine gesellschaftliche Erweiterung eines natürlichen Energiesystems. ... Aus der Tatsache, dass Energie die Voraussetzung für jede Art von Aktivität auf der Erde darstellt, ergibt sich Folgendes: Will man ein Monopol an Energie, Rohstoffen, Gütern und Dienstleistungen erlangen und ein weltweites System der Sklavenarbeit errichten, dann muss man zwingend über eine Erstschlagskapazität im Bereich der Ökonomie verfügen.

Um unsere Position zu erhalten, ist es notwendig, dass wir über erstklassiges Wissen bezüglich der Kontrolle sämtlicher Wirtschaftsfaktoren verfügen sowie über den besten Erfahrungsschatz bei der Lenkung der Weltwirtschaft. Um eine solche Unabhängigkeit zu erreichen, müssen wir zumindest eines erreichen: Nämlich, dass die Öffentlichkeit keine logische oder mathematische Verbindung zwischen der Ökonomie und den anderen Energiewissenschaften herstellt und es auch nicht lernen wird, derartiges Wissen anzuwenden."

Diese Idee, ein Bankensystem zu erschaffen, das von der Zielgruppe gar nicht verstanden wird, wurde im Jahre 1912 von einem Mitglied der Rothschild-Dynastie (davon gibt es eine Menge) festgehalten. Damals soll Nathaniel Meyer Rothschild gegenüber einer Gruppe internationaler Banker gesagt haben:

„Die Wenigen, die in der Lage wären, das System zu verstehen, werden entweder so sehr an seinen Profiten interessiert sein oder so sehr von seiner Gunst abhängen, dass aus deren Reihen nie eine Opposition hervorgehen wird. Die große Masse der Leute aber, geistig unfähig zu begreifen, welch enormen Vorteil das Kapital aus dem System zieht, wird ihre Last ohne Murren tragen, vielleicht sogar ohne den Verdacht zu hegen, dass das System ihren Interessen abträglich ist."

So war es damals – und so ist es noch heute. Das ökonomische System wird in „Silent Weapons" folgendermaßen charakterisiert:

„Kurz gesagt, man fand heraus, dass eine Ökonomie denselben Gesetzen folgt wie die Elektrizität und dass man all die mathematischen Theorien und das Know-How im praktischen und im Computerbereich, die man für das elektrische Feld entwickelt hat, auch unmittelbar zum Studium der Wirtschaft einsetzen konnte.

Man hat diese Entdeckung nicht an die große Glocke gehängt und insbesondere die sich daraus ergebenden subtileren Implikationen stellten – und stellen noch immer – ein wohl behütetes Geheimnis dar. Dies gilt beispielsweise für die Tatsache, dass das Leben eines Menschen innerhalb eines ökonomischen Modells in Dollar bemessen wird; oder dass der elektrische Funke, der erzeugt wird, wenn man einen mit einer aktiven Spule verbundenen Taster löst, mathematisch der Initiierung eines Krieges äquivalent ist."

Konjunktur und Pleiten, Krieg und Frieden – alles wird in das Computermodell hineingerechnet, um die menschliche Gesellschaft mit größtmöglicher Geschwindigkeit und höchster Effizienz immer mehr in einen globalen Staat Orwellscher Prägung zu verwandeln. Ist es denn in unserer verdrehten Welt nicht tatsächlich so, dass menschliches Leben „in Dollar bemessen" wird? Daneben haben wir es hier auch mit einer Form von massenhaftem Energievampirismus zu tun. Wenn Geld durch unser Leben strömt, lagert sich ein

Teil unserer eigenen Energie – unserer Lebenskraft – an den elektromagnetischen Informationsfeldern, die wir Geld nennen, an. Diese energetische Anlagerung geschieht während der Zeitspanne, in der das Geld uns gehört. Wenn dann dieses Geld eines Tages zur Quelle zurückfließt, beispielsweise durch die Rückzahlung von Darlehen und Zinsen, Steuerzahlungen aller Art, Konsum usw., fließt auch ein Teil unserer Energie mit. Dasselbe trifft auch auf Energieparasiten wie Facebook zu, die bei allem, was ein Nutzer jemals postet, eine Teilhabe am Copyright beanspruchen, so dass sie es auf beliebige Art und Weise verwenden können – sogar wenn die betreffende Person gar kein Mitglied mehr bei Facebook ist. So zapfen die Archonten, Vampiren gleich, die kreative Energie und Vorstellungskraft, über die sie selbst nicht verfügen, von der Menschheit ab.

Es *gibt* kein Geld

Auf den höchsten Ebenen der archontischen Blutlinien und ihrer unsichtbaren Herren weiß man offenbar ganz genau, dass wir in einer holographischen Illusion leben, die sie geschaffen haben. Solange man die Menschheit über diese Tatsache in Unkenntnis halten kann, wird sie auch keine Möglichkeit haben, sich aus diesem Denkgefängnis zu befreien. Anders gesagt, während Geld von den Menschen überwiegend als „physisch" und „real" betrachtet wird, sehen die archontischen Kräfte stattdessen Energiefelder und Illusionen. Es werden sozusagen innerhalb derselben „Welt" (desselben Frequenzbereiches) zwei grundverschiedene Versionen der Realität gelebt. Das trifft auf die Illusion, die wir Geld nennen, mit Sicherheit zu. Die Menschen, systematisch in Unwissenheit gehalten, stellen sich Geld als etwas Materielles vor – sie denken etwa an Münzen, Banknoten oder auch an ihre Kreditkarte. Es existiert also, es ist *real*. Ich meine, man kann doch damit Dinge *kaufen*, oder? Die Archonten wissen aber, dass Geld ein energetisches Hirngespinst des programmierten Geistes ist. Es *gibt* kein „Geld", so wie die Menschen sich das vorstellen. Sie nehmen Geld lediglich so *wahr*, wie sie es sich vorstellen. Was ist ein Geldstück tatsächlich wert? Nur so viel wie das Material, aus dem es hergestellt ist; und auch dann kommt es darauf an, was jemand in einer bestimmten Situation herzugeben bereit ist. Mit anderen Worten, eine Münze ist so gut wie nichts wert – und oftmals buchstäblich überhaupt nichts. Was ist eine Banknote aus Papier wirklich wert, unabhängig von der Größe der Zahl, die auf ihr aufgedruckt ist? Gerade mal den Wert des Papiers, mehr nicht. Aber was ist schon ein kleines Stück Papier wert, das schon überall bedruckt und damit unbrauchbar gemacht worden ist? Was ist elektronisches Geld tatsächlich wert? Nichts. Es ist nichts weiter als ein elektronischer Computercode – welchen Wert oder Nutzen hat so ein Code, für sich genommen, für irgendeinen Menschen? Man kann leicht erkennen, dass Geld beinahe wertlos ist, ja zum größten Teil sogar überhaupt keinen Wert hat. Dass Geld über Kaufkraft verfügt, liegt lediglich daran, wie wir Geld *wahrnehmen*. Diese Wahrnehmung wird der menschlichen Psyche von denen eingepflanzt, die das System steuern, sowie von deren Helfershelfern. Eine Währung kann in ihrem wahrgenommenen Wert einen Sprung oder einen Einbruch einfach dadurch erleben, dass jemand ein günstiges oder ungünstiges Gerücht mit einem Bezug zur Wirtschaft streut. Das betreffende Gerücht muss dazu gar nicht den Tatsachen entsprechen (und tut es oft auch nicht). Die Strippenzieher wissen nämlich genau, dass es sich beim Wert von Geld nicht um eine Realität handelt, die zur Wahrnehmung wird, sondern um eine Wahrnehmung, die zur Realität wird. Wenn das Geld erst einmal in den Köpfen der Menschen ist, dann ist es auch in ihren Taschen. Bei unserem heutigen Geld handelt es sich um ein sogenanntes Fiat-Zahlungsmittel. Fiat wird wie folgt definiert:

> „Geld in Form von Papier oder Münzen von geringem oder gänzlich ohne eigenen, immanenten Wert, das nicht in Gold oder Silber umgetauscht werden kann; es wird durch Erlass (fiat) der Regierung zum gesetzlichen Zahlungsmittel erklärt."

Der Ausdruck „fiat" kommt aus dem Lateinischen und bedeutet in etwa „es möge entstehen" oder „es soll sein". Wir sehen hier sehr schön, wie die Menschen dazu gebracht werden, wertloses Geld als wertvoll zu *empfinden*, indem die Regierungen dessen Wert einfach deklarieren. *Dieselben* Regierungen, die sich in der Hand der archontischen Netzwerke befinden – genauso wie auch die Banken und Finanzhäuser (Abb. 582). Das Zahlungsmittel, das der Empfänger bei einer wirtschaftlichen Interaktion erhält, war einstmals etwas von Wert: Gold, Gewehre, Felle oder etwas anderes. Der Grundgedanke dabei war: „Wenn du mir das hier gibst, bekommst du von mir dies hier dafür." Dann wurde Papiergeld eingeführt, dessen Wert aber immer noch dadurch gestützt war, dass man es jederzeit zu einem festen Preis in Gold umtauschen konnte. In der dritten Stufe war der Wert des Zahlungsmittels Papiergeld durch nichts mehr unterfüttert (Abb. 583). Mit diesem Schritt wurde der heutige ökonomische Irrsinn losgetreten. Der Wert des Geldes hatte sich nun vollständig in die Köpfe der Menschen verlagert und trat so auf eine gänzlich neue Art und Weise in Erscheinung – was mit dem rasanten Austausch des wertlosen Papiergeldes gegen wertloses digitales Geld sogar noch gesteigert wurde. Eine der größten Stufen auf dem schleichenden Weg zum Totalitarismus nahm man 1944 mit dem Abkommen von Bretton Woods. Dabei benutzte man den absichtlich fabrizierten Zweiten Weltkrieg dazu, um der Welt nach dem Prinzip Problem-Reaktion-Lösung eine neue globale Wirtschaftsordnung überzustülpen, mit der man den Planeten und die Leben der Menschen einer Handvoll Bankern des Rothschild-Rockefeller-Finanzkartells überantwor-

Abb. 582: Wenn ihr noch ein paar mehr braucht, kein Problem.

Abb. 583: Was Fiat-Banknoten tatsächlich wert sind: Kaum mehr als einen Scheißdreck – es sei denn, wir glauben an seinen Wert.

tete. Vertreter von 44 „siegreichen“ alliierten Ländern fanden sich im Mount Washington Hotel in Bretton Woods, New Hampshire, ein und verständigten sich über die Schaffung einer internationalen Währungsordnung, deren Zweck die Lenkung der monetären Beziehungen zwischen unabhängigen Nationalstaaten war. Des Weiteren wurden auf dieser Konferenz der Internationale Währungsfond (IWF) sowie die Internationale Bank für Wiederaufbau und Entwicklung aus der Taufe gehoben. Letztere ist heute Teil der der Weltbank. Damit machte der Zentralisierungsprozess der Kontrolle über die globalen Finanzen über Nacht einen gewaltigen Sprung. Mit der Aufhebung der Umtauschmöglichkeit von Dollar in Gold durch Präsident „kriminell bis unter die Fingernägel“ Nixon (und seinen Handler Henry Kissinger) im Jahre 1971 hatte das Fiatgeld-System endgültig die Weltbühne betreten.

„Banking“: Wir leihen Ihnen Geld, das nicht existiert

Die Verwendung wertlosen Fiatgeldes arbeitet Hand in Hand mit dem Prinzip der Mindestreserve, das es den Banken erlaubt, „Geld“ zu verleihen, das überhaupt nicht existiert, und dann Zinsen darauf zu erheben. Dieser kriminelle Vorgang ist absolut „legal“ – denn

> „... man kann jede kriminelle Vereinigung in eine politische [oder finanzielle] Organisation verwandeln, indem man einfach sämtliche Verbrechen, die man zu begehen gedenkt, legalisiert“.

Die Regierungen haben auf Betreiben der archontischen Netzwerke, in deren Händen sich die Banken und die politischen Systeme befinden, Gesetze verabschiedet, die es den Banken gestatten, mehr als zehn Mal so viel Geld zu verleihen, wie sie überhaupt an Einlagen und Reserven hinterlegt haben. Daher heißt es auch Mindestreserve-Kreditvergabe. Was bedeutet das nun praktisch? Nehmen wir einmal an, Sie bringen einen Dollar zur Bank. Damit ermöglichen Sie es der Bank, nicht nur diesen einen Dollar wieder zu verleihen – sondern gleich noch neun oder zehn weitere Dollars, die sie *gar nicht hat*; und auf den gesamten Betrag darf sie obendrein Zinsen erheben. In der Realität sind die Beträge natürlich dramatisch höher. So wird „Geld“ erschaffen. Es sind in erster Linie private Banken, nicht Regierungen, die Geld in Umlauf bringen – indem sie unter der Bezeichnung „Kredit“ Darlehen aus nicht existentem „Geld“ vergeben. All diese Geld schöpfenden Banken werden letztlich von denselben archontischen Netzwerken kontrolliert; damit können die Archonten und ihre Blutlinien einen wirtschaftlichen Aufschwung oder Niedergang nach Belieben hervorrufen, indem sie einfach mehr Geld erzeugen bzw. dem Kreislauf große Geldmengen entziehen (wie zum Beispiel während der „Kreditkrise“ nach dem selbst fabrizierten Wirtschaftscrash im Jahre 2008). Das also nennen wir „unser Wirtschaftssystem“: Wenn eine Privatperson oder ein Unternehmen zu einer Bank geht, um ein Darlehen aufzunehmen, sagen wir beispielsweise in Höhe von 50.000 Dollar – wo kommt dann dieses „Geld“ her? Es wird aus heißer Luft erzeugt, indem jemand „50.000 Dollar" eintippt und die Summe auf Ihrem Konto vermerkt. Das ist alles. Für jeden Dollar, den die Banken hinterlegt haben, dürfen sie etwa zehn Dollar verleihen – *mindestens*. Es ist also nicht vonnöten, dass die Bank die 50.000 Dollar, die sie Ihnen leiht, auch tatsächlich *besitzt*. Das alles ist in Wirklichkeit nichts weiter als ein Taschenspielertrick gigantischen Ausmaßes, basierend auf der Idee, Geld zu „verleihen", das gar nicht existiert, und das dann „Kredit" zu nennen (Abb. 584). Von dem Moment an, da sich der Betrag von 50.000 Dollar auf Ihrem Konto findet, sind Sie verpflichtet, dieses Geld – das bisher gar nicht existiert hat – zurückzuzahlen; zuzüglich Zinsen natürlich. Sollte der Kreditnehmer dazu irgendwann einmal nicht mehr in der Lage sein, beispielsweise infolge einer (durch die Banken ausgelösten) Konjunkturschwäche und des dadurch verursachten Verlustes seines Arbeitsplatzes, dann gehen die Aktivposten, die als Sicherheit für den Phantasie-Kredit vereinbart wurden, in den Besitz der Bank über – das Haus des Darlehensnehmers, sein Auto, sein Land, seine Farm usw. Auf diese Weise hat es das archontische Bankensystem fertig gebracht, sich einen großen Teil des Vermögens der Welt unter den Nagel zu reißen – völlig „legal", im Austausch gegen wertloses Papier und wertlose Computercodes. Das Bankwesen zeigt damit deutlicher als irgendetwas sonst, was Archonten ihrem Wesen nach sind: *Parasiten*. Sie leben vom Fleiß und der Kreativität anderer und stehlen diese Energie in Form von „Geld". Aber es kommt noch besser. Wenn der Kreditnehmer das Geld nun ausgibt – sagen wir, er kauft sich für 10.000 der insgesamt 50.000 Dollar ein Auto –, dann wird der Empfänger dieses „Geld" (nicht existenter Kredit, Sie erinnern sich?) ebenfalls auf einer Bank deponieren. Jetzt kann diese *zweite* Bank das Zehnfache dieser 10.000 Dollar (die aus dem ursprünglichen, aus der Luft gezauberten Kredit über 50.000 Dollar stammen) verleihen. Auf diese Weise führt jeder vergebene Kredit zu immer weiteren nicht existenten Krediten, solange diese im Bankensystem zirkulieren. Wenn jemand mittels einer Hypothek ein Haus „kauft", verleiht die Bank einen nicht existierenden Kredit bzw. Zahlen auf einem Bildschirm. Die Zahlen werden auf den Bildschirm des Verkäufers transferiert, und wenn dieser sich dann seinerseits ein neues Haus kauft, werden die Zahlen auf den Bildschirm von dessen Eigentümer übertragen. Mehr verbirgt sich hinter einer Hypothek nicht: Nur Zahlen, die zwischen Computerprogrammen zirkulieren. Die meisten Ökonomen, Fernseh-Finanz-„Experten" und Wirtschaftskorrespondenten würden Sie auf die Frage, wie Geld entsteht, nur mit großen Augen anstarren oder Ihnen irgendeinen Quatsch mit Soße erzählen, der einfach nicht stimmt. Ich weiß, wovon ich spreche – ich habe es nämlich im Laufe der Jahre immer wieder ausprobiert.

Abb. 584: Ein Banker bei der Arbeit.

Aber wir sind immer noch nicht am Ende des Irrsinns angelangt. Im Gegenteil, es wird sogar noch schlimmer und haarsträubender. In dem Moment, da die Bank Ihnen einen nicht existierenden Kredit bestehend aus nicht existierendem Geld aushändigt, verpflichten Sie sich, den Grundbetrag *und die Zinsen* zurückzuzahlen. Das Problem dabei ist –

diese Zinsen werden überhaupt niemals erschaffen: *Nur der Grundbetrag* – in unserem Beispiel die 50.000 Dollar – wird erzeugt. Das bedeutet: Das System ist mit kaltem Kalkül so eingerichtet worden, dass niemals eine ausreichende Anzahl theoretischer Tauscheinheiten in Umlauf sein kann, um sämtliche ausstehenden Schulden inklusive Zinsen zu begleichen. Mit anderen Worten – das Phänomen, dass Menschen ihr Heim verlieren, ihr Geschäft, ihren Lebensunterhalt, ja die Möglichkeit, sich selbst und ihre Familie zu ernähren, ist *immanenter Bestandteil des Systems*. In einer Zeit wirtschaftlichen Aufschwungs, angeschoben durch eine Ausweitung der Kreditvergabe an Hinz und Kunz, nimmt man nicht wahr, wie weit die in Umlauf befindliche Geldmenge und die Summe ausstehender Schulden auseinanderklaffen; doch das ändert sich, sobald die Vergabe von Krediten eingeschränkt wird und es zu einem Abschwung kommt. Dann wird die Wahrheit auf schmerzhafte Weise sichtbar – mit zerstörten Lebensläufen und dem Verlust von Häusern und Geschäften. Wir erleben das heute in immer größer werdendem Umfang. Auch die Regierungen sind heute Eigentum der Banken, da man auch sie – mit Absicht – in diesen Kreislauf hineingezogen hat, in dem sie nun gefangen sind: Staaten leihen sich über Kredite „Geld" vom archontischen Bankensystem und verpflichten dann die Steuerzahler zur Rückzahlung – einschließlich der Zinsen. Eine vollständige Rückzahlung ist aber gar nicht möglich, da das System schon so angelegt worden ist, dies zu verhindern. Stattdessen führt Verschuldung zu immer mehr Verschuldung. Die Schulden der Vereinigten Staaten belaufen sich mittlerweile auf mehr als 16 *Billionen* und sollen im Jahr 2016 die 20-Billionen-Marke erreichen. Großbritannien mit seiner weit kleineren Volkswirtschaft ist mit über einer Billion Pfund (mehr als 1,5 Billionen Dollar) verschuldet. Keine dieser Zahlen sagt allerdings etwas über die tatsächliche Höhe der Schulden aus, die im Dunkeln gehalten wird. Die Regierungen werden ihre Schulden unmöglich jemals vollständig zurückzahlen können; das wäre aber auch gar nicht im Sinne des Bankensystems, denn Verschuldung bedeutet schließlich Macht und die Möglichkeit, Kontrolle über den Schuldner auszuüben. Wenn man als Privatperson eine Schuld nicht begleichen kann, verkauft man einen Teil seines Besitzes. Mit Regierungen verhält sich das nicht anders. So erklärt sich die fast schon einer Orgie gleichende Veräußerungswelle staatlicher Vermögenswerte, die wir in jüngster Zeit rund um den Globus erleben konnten. Die auf diese Weise zu Schleuderpreisen verkauften Aktivposten gingen dabei in den Besitz von Unternehmen über, die denselben archontischen Netzwerken gehören, die diese Verschuldung überhaupt erst hervorgerufen und durch selbst fabrizierte Wirtschaftscrashs noch in die Höhe getrieben haben. Nehmen wir nur mal Griechenland als Beispiel. Dort hat man die Situation der Bevölkerung so schlimm und unerträglich werden lassen, dass es zu Unruhen kam. Mit der Provozierung dieser als „IWF-Aufstand" bekannten Ausschreitungen beschritt man beim Streben nach finanzieller Machtergreifung eine neue Ebene. Der Enthüllungsjournalist Greg Palast brachte im Jahre 2001 Dokumente der Weltbank an die Öffentlichkeit, in denen en détail beschrieben wird, wie man ein Land in einem aus vier Schritten bestehenden Prozess um seine Reichtümer, Infrastruktur und Rohstoffe bringen kann. Einer der vier Punkte besteht darin, in verdeckter Tätigkeit Unruhen unter der Bevölkerung anzuzetteln, um Chaos zu stiften, Investoren zu vertreiben und letztlich den wirtschaftlichen Zusammenbruch und Bankrott des Staates zu bewirken. In den Entwicklungsländern wurde das schon oft durchexerziert; nun will man das auch in Ländern des Westens versuchen. Palast erläutert:

> „Solch eine ökonomische Brandstiftung hat auch ihre guten Seiten – für die ausländischen Kräfte, die sich die verbliebene Infrastruktur dann zum Ramschpreis unter den Nagel reißen können."

Nach diesem zwar in immer wieder neuen Formen erscheinenden, doch letztlich stets gleichen Manipulationsmechanismus sind nationale Energie- und Wasserversorgungen in den Besitz ausländischer Firmen übergegangen, auf die die jeweilige Bevölkerung nur noch wenig Einfluss hat. Wenn man nur tief genug schaut, wird man feststellen, dass dieser Transfer von Vermögenswerten, Rohstoffen und Macht in die Hände von Unternehmen, die den archontischen Netzwerken gehören, stets von den Politikern bewerkstelligt wird, die ebenfalls diesen Netzwerken angehören – und sie tun das im vollen Bewusstsein darüber, was sie tun (siehe Thatcher, Blair, Cameron, Reagan, die Bushs, Clinton und Obama). In Großbritannien haben wir während der Thatcher-Ära erlebt, wie Konzerne den Staat um zahlreiche Vermögenswerte erleichterten. Man nannte das „Privatisierung"; das federführende Unternehmen bei der Abwicklung dieser Verkäufe war … N M Rothschild.

Die Regierungen verkünden auch, sie müssten die Sozialfürsorge und andere Ausgaben kürzen und Sparprogramme auflegen, um die Schulden zu begleichen, die der Staat bei privaten Banken und anderen Institutionen hat, die Geld verleihen, das nicht existiert. Schulden bedeuten für die Archonten Macht und Kontrolle; und davon können sie gar nicht genug bekommen. Diese Motivation steckt beispielsweise auch hinter den gewaltigen Studiendarlehen, deren Rückzahlung die jungen Menschen nach Abschluss ihres Studiums lähmt und ihr Leben und ihre Entscheidungen zumindest für einen großen Teil ihres weiteren Weges bestimmt. Ein geradezu fantastisches Mittel für die Anhäufung nicht rückzahlbarer Schulden ist Krieg. Die Rothschildschen Netzwerke, in deren Händen sich die Banken befinden, arrangieren Kriege durch ihre Politiker-Marionetten und ihnen hörige Terrorgruppierungen. Die Banken verleihen enorme Summen für die Finanzierung von Kriegen; dieselben Netzwerke erhalten dann *dasselbe* „Geld" – und mehr – durch den Verkauf der von ihren Rüstungsfirmen produzierten Waffen sowie durch Verträge für ihre privaten Sicherheits- und Söldnerunternehmen wieder zurück. Wenn die Infrastruktur eines Landes von diesen Waffen zerstört worden ist, verleihen die Banken weiteres „Geld" für den Wiederaufbau. Auch dieses Geld fließt zu großen Teilen in Unternehmen, die wiederum denselben Netzwerken gehören. Im Krieg wird der Reichtum der Bevölkerungen der sich bekriegenden Länder in die Hände der archontischen Netzwerke transferiert, die den Krieg eingefädelt haben. Das gleiche passiert auch bei der Zahlung von „Auslandshilfe", bei der andere Länder mit dem Geld des Steuerzahlers beschenkt werden – verbunden mit der Auflage, dass es bei bestimmten archontischen Unternehmen ausgegeben werden muss. Warum leihen sich Regierungen Geld – gegen Zinsen – bei den privaten Banken der Archonten, wenn sie doch ein eigenes Zahlungsmittel herausgeben könnten – ohne Zinsen zahlen zu müssen? Die Antwort auf diese Frage dürfte inzwischen auf der Hand liegen. Zinsfreies Geld würde den Menschen elementare Vorteile bringen und die Macht der Banken empfindlich einschränken. Der Grund, warum die Regierungen dennoch unverändert so fortfahren, ist einfach der, dass dieselben Mächte, welche die Banken steuern, auch die Regierungen kontrollieren. Der frühere amerikanische Präsident Abraham Lincoln war gerade dabei, zinsfreies Geld unter der Bezeichnung „Greenbacks" herauszubringen, als der Mordanschlag auf ihn verübt wurde.

Die Wirtschaft kontrollieren? Ein Kinderspiel

Es zieht zahlreiche schwerwiegende Konsequenzen nach sich, wenn man die Gelderzeugung den Banken überlässt. Eine davon ist die Tatsache, dass das Tauschmittel sein Leben schon als zinsbehaftete Schuld beginnt. Geld ist in vielerlei Hinsicht ein anderes Wort für Schuld; es taugt schon deshalb nicht zur Rückzahlung von Schulden, weil es Schuld *ist* – und zwar schon von dem Augenblick an, wenn es in Umlauf gebracht wird. Auf britischen Banknoten steht, bezogen auf den jeweils aufgedruckten (vermeintlichen) Wert: „Ich gelobe, diesen Betrag dem Eigentümer dieser Banknote auf Verlangen auszuzahlen." Eine Banknote ist nicht die Tilgung einer Schuld, sondern ein Schuldschein mit dem *Versprechen* der Rückzahlung bei Aufforderung. Aber selbst wenn jemand diese Forderung stellen sollte – es gibt ja gar kein Geld, das nicht selbst Schuld wäre, so dass man die Forderung damit begleichen könnte. Früher hieß es, das Versprechen der Einlösung auf Anfrage würde sich auf die Möglichkeit des Eintauschs gegen Gold oder Münzgeld beziehen. Doch eine solche Aussage ist heute nicht mehr anwendbar. Das Versprechen zur Tilgung gibt es immer noch, aber nichts mehr, womit man die Schuld tilgen könnte. Geld ist eine Schuld, die verspricht, die Schuld mit einer Schuld zu tilgen. Eine weitere fundamentale Konsequenz, die sich ergibt, wenn man private Banken „Geld" durch die Ausgabe von Krediten erschaffen lässt, ist die folgende: Man verleiht den Banken damit die absolute Kontrolle darüber, ob ein Wirtschaftssystem – sei es ein lokales, nationales oder globales – expandiert oder schrumpft. Dies hat sich für die Archonten als die effektivste Methode erwiesen, um sich den Reichtum und die Rohstoffe der Welt einzuverleiben. Ökonomen sprechen hier vom Boom-Bust-Zyklus, so als ob es sich um ein natürliches Geschehen handeln würde. Konjunktur- und Abschwungphasen sind aber das Ergebnis von Manipulation. Nicht existentes Kredit-„Geld" in den Wirtschaftskreislauf auszuschütten befördert auch die Inflation, so dass die Kaufkraft und der Wert einer Banknote sinken. So müsste man für Waren, die im Jahr 1982 nur 100 Pfund kosteten, heute 299 Pfund berappen. Gleichzeitig sind die Preise für lebensnotwendige Dinge entsprechend gestiegen. Da ist es kein Wunder, dass die Menschen es immer schwieriger finden, ihre Rechnungen zu bezahlen und ihre Familien zu ernähren. Das archontische Bankensystem gewinnt durch dieses weltweit laufende organisierte Kreditschöpfungsverbrechen vollständige Kontrolle über Regierungen und über die Weltwirtschaft. Dabei läuft immer wieder das gleiche Schema ab:

- Die Banken pumpen große Geldmengen in Form von Krediten zu niedrigen (jedoch veränderlichen) Zinssätzen in das Wirtschaftssystem. Die Variabilität des Zinses bedeutet, dass Sie das Geld blind leihen und blind beraubt werden – denn Sie können nicht wissen, welche Beträge Sie nun in der Zukunft letztlich zu begleichen haben.

- Bei so viel im Umlauf befindlichen theoretischen Tauscheinheiten ist es den Menschen möglich, durch Kredite ihre Kauf- und wirtschaftlichen Aktivitäten auszuweiten, was zu einer Steigerung von Nachfrage, Produktion, Beschäftigung und Profiten führt.
- Während solcher Boom-Zeiten tendieren sowohl Privatpersonen als auch Unternehmen dazu, sich in der falschen Sicherheit voller Auftragsbücher und scheinbar sicherer Arbeitsplätze zu wiegen und sich daher stärker zu verschulden. Die Firmen leihen sich höhere Summen, um durch neue Maschinen und Produktionsmittel die Nachfrage decken zu können; die Menschen nehmen mehr Kredite für Häuser, Autos und Reisen auf.
- Wenn diese Entwicklung ihren Höhepunkt erreicht hat (Höhepunkt aus Sicht der Archonten-Netzwerke), schränkt man den Kreditfluss in die Wirtschaft mit einem Mal unter irgendeinem Vorwand ein und/oder erhöht die Zinssätze. In beiden Fällen werden große Geldmengen aus dem Kreislauf herausgenommen und die Nachfrage nach Waren und Dienstleistungen beginnt zu fallen.
- Nun beginnen Geschäfte in Konkurs zu gehen, da sie nicht mehr genügend Gewinn erwirtschaften, um ihre laufenden Kosten zu decken und die Kreditraten zu bezahlen. Mehr und mehr Menschen verlieren ihre Arbeitsstelle und können ebenfalls die Tilgungsraten für die Kredite, mit denen sie sich ein Heim, Autos oder andere Güter angeschafft haben, nicht mehr bedienen. Man spricht hier von Konjunkturrückgang oder Rezession.
- Schließlich gehen echte Vermögenswerte aus dem Besitz der Personen bzw. Betriebe, die ihre Kredite (die nur aus heißer Luft bestehen) und Zinsen nicht mehr zurückzahlen können, in den Besitz der Banken über: Grundbesitz, Bauernhöfe, privates Eigentum und Ressourcen aller Art.

Diese Schritte werden nun schon seit Jahrhunderten immer und immer wieder von den Banken durchgespielt, um sich die Reichtümer der Welt einzuverleiben. Gegenwärtig befinden wir uns mitten in einem kaltblütig eingefädelten wirtschaftlichen Tornado, den die unsichtbaren Akteure solange fortzuführen gedenken, bis sich die gesamte Menschheit in einem Zustand massenhafter, elender Armut nie gekannten Ausmaßes befindet. Wenn die Menschen dann einfach herumsitzen und auf die nächste wirtschaftliche Kehrtwende warten, werden sie bald als Schuldner im Gefängnis sitzen – denn die Archonten gehen diesmal in die letzte Runde, ihrem finalen Ziel entgegen. Wo Menschen Haus und Hof und ihre Lebensgrundlage verlieren, liegt das zum überwältigenden Teil nicht daran, dass sie nicht arbeiten wollen, sondern an einem Mangel an wirtschaftlicher Aktivität, so dass es nicht genügend Arbeit gibt. Die Idee, von Arbeit besessen zu sein – arbeiten, arbeiten, arbeiten, und oft nur um zu überleben –, ist übrigens eine weitere archontische Programmierung und bildet einen wichtigen Bestandteil der Matrix. Mayer Amschel Rothschild (1744-1812), der Begründer der Familiendynastie, hat die Strategie selbst beschrieben. Er wird mit den Worten zitiert: „Lasst mich das Geld einer Nation herausgeben und kontrollieren, und es ist mir gleichgültig, wer deren Gesetze macht.“ Sein Sohn, Nathan Rothschild (1777-1836), der den britischen Zweig des Clans aufbaute, äußerte sich ähnlich: „Es ist mir egal, welche Marionette man auf den Thron von England gesetzt hat, um das Reich zu regieren. Das britische Königreich wird von dem Mann beherrscht, der den Geldfluss des Landes kontrolliert. Dieser Mann bin ich.“ Das Geldsystem bewirkt in vielfacher Hinsicht eine völlige Deformation der menschlichen Gesellschaft, und zwar in der fundamentalsten Art und Weise. Ein Beispiel dafür ist die Unterdrückung der Talente und Fähigkeiten der Menschen. So viele Leute haben Begabungen, die von großem Nutzen für die Gemeinschaft wären – sie können sie aber oft nicht nutzen, da kein Geld vorhanden ist, um sie für ihre Dienste zu entlohnen. „Sollen sie es doch für lau machen“, mögen Sie nun vielleicht einwenden. Doch oft haben die Menschen überhaupt keine Zeit, ihre Talente auszuleben, da sie vollauf damit beschäftigt sind, ihren Lebensunterhalt mit einer Tätigkeit zu verdienen, die ihnen das System abverlangt – statt das zu tun, was sie selbst gern mit ihrem Leben und ihren Talenten anfangen würden. Wie oft bekommt man zu hören: „Ich würde eigentlich gerne dieses oder jenes in meinem Leben tun, aber leider geht das nicht, weil ich kein Geld habe.“ Wie viele Wohltätigkeitsorganisationen möchten bedürftigen und verzweifelten Menschen helfen, können es aber nicht, weil sie nicht über das dafür nötige Geld verfügen? Wenn es am Geld fehlt, hungern – ja sogar verhungern – Menschen, selbst wenn Nahrung in Hülle und Fülle vorhanden ist. Man lässt Menschen in der Kälte frieren, wenn sie die Kosten für die Heizenergie – die vorhanden ist – nicht aufbringen können. So viele Menschen und ganze Familien sind obdachlos, während gleichzeitig Unmengen von Häusern nach Beschlagnahmung durch die Banken leer herumstehen. Was die einen von den anderen trennt, ist Geld, das nicht existiert und nie existieren wird (Abb. 585). Wenn die Gesellschaft bei Besinnung wäre, wären die Menschen darüber aufgebracht. Dass die meisten Leute es aber nicht sind, liegt daran, dass sie dahingehend programmiert worden sind zu glauben, dass „das eben so ist“. Es *muss* aber nicht so sein. Diese Zustände sind vorsätzlich *herbeigeführt* worden. Wer den Fluss der nicht existenten Kredite lenkt, beherrscht auch die menschliche Gesellschaft auf dem gesamten Globus. Das ist irre, aber wahr. Das ganze System ist getürkt. Die archontischen Netzwerke spielen mit den Aktienmärkten Jo-Jo, indem sie jeden Tag Billionen von Dollar innerhalb des Finanzsystems bewegen. Investieren sie, dann steigen die Märkte; ziehen sie sich zurück, fallen die Märkte. Dank ihrer Macht über die programmierten und nie irgendetwas hinterfragenden Wirtschaftsredaktionen der Massenmedien können sie nach Belieben Gerüchte streuen oder Krisen auslösen. Jede Investition setzt Vertrauen voraus. Unterminiert man dieses Vertrauen durch künstliche Gerüchte und Krisen, dann erzeugt man eine Kopflosigkeit, die letztlich zum Wirtschaftskollaps führen kann. Eine andere Masche, mit der die Familienclans der Archonten den Reichtum der ganzen Welt aufge-

Abb. 585: Milliarden von Lebensläufen sind durch die Gier und die Manipulationen der Banken zerstört worden.

saugt haben, nutzt die Dynamik der Aktienkurse aus: Man verkauft seine Aktien immer dann, wenn der Markt (den man selbst aufgeblasen hat) Höchstpreise zeigt, und kauft sie nach den ebenfalls selbst gezimmerten Wirtschaftskrisen zum Niedrigkurs. Aktiengewinne sind keine Kunst, wenn man schon im Voraus weiß, wann der Markt anzieht und wann die Kurse fallen – weil man selbst derjenige ist, der diese Bewegungen steuert.

Ein wenig Geschichtsunterricht ...

Auch beim Thema Banken stoßen wir wieder auf die üblichen Verdächtigen. Schon die babylonischen Tempelpriester haben 1.800 Jahre v. Chr. Darlehen vergeben. Ein Jahrtausend vor unserer Zeitrechnung war es bereits üblich, Bankguthaben an Dritte zu transferieren. Später waren es die Tempelritter, die in London und Paris bedeutende Finanzzentren unterhielten. In Venedig und Norditalien waren archontische Blutlinien, die man unter dem Begriff „Schwarzer Adel" kennt, maßgeblich an der Erschaffung des modernen Bankensystems beteiligt. In ihren Reihen finden wir berüchtigte Satanisten wie die Familie de Medici, die in der Lombardei im nördlichen Italien Zentren des Finanzwesens etablierten. Hieraus erklären sich die Verbindungen zwischen dem Begriff Lombard und dem Bankwesen. Man nannte sämtliche Bankkaufleute in Florenz, Genua, Venedig und Mailand „Lombarden". Das Wort „Bank" stammt vom italienischen „banco" ab, womit tatsächlich eine Sitzbank (engl. „bench") bezeichnet wurde, nämlich die, auf der die Geldwechsler während ihrer Arbeit saßen. Für Richter und richterliche Beamte benutzt man im Englischen auch heute noch den Begriff „bench" – woran man den gemeinsamen Ursprung von Bank- und Gerichtswesen erahnen kann, die beide unter archontischer Kontrolle stehen. Das Bankenimperium des Schwarzen Adels expandierte nach Deutschland und Holland sowie nach London, wo die Herren die „City" mitbegründeten. Eine der bekanntesten Hauptstraßen in der City, unweit der Bank von England, trägt auch heute noch den Namen Lombard Street. Die italienischen Blutlinien sind aufs Engste mit der Römischen Kirche und den früheren Chasaren, die ich Rothschild-Zionisten nenne, verbandelt. In vielerlei Hinsicht handelt es sich bei diesen Strömungen nur um verschiedene Ausdrucksformen derselben Sache. Der „Jewish Encyclopaedia" von 1906 zufolge wurden die Rothschilds zu „Wächtern der päpstlichen Schätze". Wenn man sich die oberen Ränge der archontischen Netzwerke anschaut, sind Begriffe wie „jüdisch" oder „römisch-katholisch" mehr als irreführend, da sie alle im selben Team spielen und letztlich auch die gleiche genetische Abstammung teilen. Ich muss jedes Mal lächeln, wenn ich Verschwörungsforscher darüber streiten höre, ob wir es nun mit einem zionistischen Komplott oder mit einer Verschwörung der Jesuiten zu tun haben – und sie sich sogar gegenseitig dafür verachten, der jeweils anderen Sichtweise anzuhängen. In Wirklichkeit handelt es sich einfach um verschiedene Masken, die auf demselben Gesicht sitzen und auf das gleiche Ziel hin arbeiten. Man stolpert ziemlich häufig über Funktionäre der Archonten, die in jüdische Familien geboren wurden, dann aber zur römisch-katholischen Kirche konvertierten, um von Jesuiten unterwiesen und ausgebildet (programmiert) zu werden. Adam Weishaupt gründete 1776 im Auftrag der Rothschilds die bayerischen Illuminaten, eine Geheimgesellschaft, die hinter der Französischen Revolution stand. Weishaupt war gebürtiger Jude, wurde aber an einer deutschen Jesuitenschule unterrichtet. Die Ursprünge des Papiergeldes ohne Wert gehen auf die früheren, aus dem Kaukasus bzw. aus Sumer/Babylon stammenden Chasaren zurück, deren Nachkommen im Deutschland der Rothschilds oft Gold- oder Silberschmiede waren. So erklärt sich, warum Goldschmidt bzw. Goldsmith ein so verbreiteter jüdischer Name ist. Die „Schmiede" gingen irgendwann dazu über, ihr Gold und Silber bei geschäftlichen Transaktionen nicht mehr physisch zu bewegen, sondern stattdessen Noten herauszugeben, die belegten, dass sich das entsprechende Metall tatsächlich in ihrer Schatzkammer befand. Sie erkannten, dass nur ein bestimmter Teil ihres Goldes und Silbers ihren Tresor jemals verließ und begannen damit, Papiernoten an Personen auszugeben, die kein Gold oder Silber besaßen, und erhoben darauf Zinsen. Sie machten ein Vermögen, indem sie das Eigentum anderer Leute verliehen – woran man ein weiteres Mal ihren schmarotzenden Charakter erkennt. Um mit ihrer Masche gefahrlos davonzukommen, mussten sie nur darauf achten, nur so viele Eigentumszertifikate herauszugeben, dass sie mit dem real vorhandenen Gold gegebenenfalls all diejenigen auszahlen konnten, die tatsächlich kommen würden und ihr Eigentum zurück haben wollten. Das ist das so genannte Mindestreserve-Leihgeschäft. Die zum Judentum konvertierten Chasaren hatten bei Bankgeschäften einen entscheidenden Vorteil – nämlich die Möglichkeit, Zins zu erheben. Das heute gebräuchliche englische Wort „usury" (Wucher, Zinswucher) geht auf das lateinische Wort „usura" zurück, das so viel wie Zugabe, Zins bzw. überhöhter Zins bedeutet. In der christlichen Welt war Zinswucher zeitweilig verboten; im Islam ist das (zumindest offiziell) auch heute noch der Fall. Die jüdische Religion verbietet den Zins hingegen nicht. Mit dieser Möglichkeit, Zinsen zu erheben bzw. sogar überhöhte Zinsforderungen zu stellen, verfügten die ehemaligen Chasaren über einen entscheidenden Vorteil. Dadurch gelang es ihnen, die Vorherrschaft in der Arena der Bankgeschäfte zu übernehmen. Den größten Erfolg verbuchte dabei eine deutsche Familie namens Bauer, die von den Chasaren bzw. von den aschkenasischen Juden abstammte. Sie änderten ihren Namen später in Rothschild; damit huldigten sie dem Saturn-Symbol, das sich auf einem Schild an der Fassade ihres Hauses in Frankfurt befand. Die Rothschilds machten sich schließlich, wie auch andere deutsch-jüdische Bankiersfamilien aus ihrem Umfeld – Schiff, Kuhn, Loeb, Speyer, Warburg, Goldman, Lazard und Lehman –, in die Vereinigten Staaten auf, und errichteten dort das Bankensystem, das heute einen großen Teil der Menschheit kontrolliert. Sie schlossen sich mit den Rockefellers, einer weiteren deutsch-jüdischen Familie, zusammen und schufen gemeinsam die amerikanischen Bank-, Industrie- und Firmenstrukturen, die uns heute in Gestalt von Morgan Stanley, JP Morgan, Goldman Sachs und all der anderen Großen der Finanz-, Biotechnologie-, Pharma-, Öl- und Nahrungsmittelindustrie sowie der Medien und der Regierungen begegnen.

Der entscheidende Schritt, mit dem es den genannten Familien schließlich gelang, die Regierung und das Bankensystem der USA dauerhaft in die Zange zu nehmen, bestand in der Errichtung der privaten (nämlich den Rothschilds gehörenden) Federal Reserve Bank. Amüsanterweise wird sie als „amerikanische Zentralbank" bezeichnet. Das ist sie natürlich keineswegs. Die „Fed" ist ein Kartell aus *privaten* Banken, die allesamt von denselben Netzwerken kontrolliert werden und die Vereinigten Staaten ausschließlich im Sinne der archontischen Interessen steuern (Abb. 586). Mit der Hilfe von Jacob Schiff und Paul Warburg, zwei deutschen Zionisten und Vertrauten der Rothschilds, trickste man die Federal Reserve am Weihnachtsabend des Jahres 1913 ins juristische Dasein. Das dafür erforderliche Gesetz passierte an diesem Tage den Kongress, da dessen Mitglieder größtenteils bereits im Weihnachtsurlaub waren. Durchgebracht wurde der Gesetzentwurf von Nelson Aldrich, einem Kongressabgeordneten, der gerade in den Rockefeller-Clan eingeheiratet hatte. Die Schiffs lebten in Frankfurt zusammen mit den Rothschilds in deren Saturn-bewehrtem Haus. Warburgs Bruder Felix war, obwohl ein Jude, Bankier unter Hitler. Schiff und Paul Warburg führten das in New York ansässige Rothschild-Finanzhaus Kuhn, Loeb und Company, das die russische Revolution unter Wladimir Lenin (Rothschild-Zionist) und Leo Trotzki (Rothschild-Zionist) finanzierte. Seit jenen Tagen „leiht" die Federal Reserve Bank der Regierung der Vereinigten Staaten wertloses Papiergeld und Kredite, die nicht existieren – gegen Zinsen – und gehört nach wie vor den Rothschilds und den mit ihnen verbandelten zionistischen Bankiersfamilien. Die Kaufkraft des Dollars ist seit der Gründung der Fed stark gesunken, während Verschuldung und Teuerung enorm in die Höhe geschnellt sind (Abb. 587). Die Vereinigten Staaten sind von der Federal Reserve Bank gekapert worden, in der Absicht, das Land zu zerstören. Heute ist dieses Ziel fast erreicht. Die Mitglieder der archontischen Blutlinien lieben Zentralbanken – denn sie sind, ganz wie die Bezeichnung es verheißt, zentralisierte Strukturen. Mit einer Zentralbank akkumuliert und konzentriert man die Macht über das Bank- und Finanzwesen des betreffenden Landes. Wenn es dann noch gelingt, die verschiedenen Zentralbanken auf politischer Ebene zu vernetzen, kann man die Finanzwirtschaft der Welt schon allein dadurch dirigieren – auch ohne die zusätzliche Kontrolle über die Aktienmärkte. Nun, wer mir bis hierher gefolgt ist, wird nicht mehr sonderlich überrascht sein zu erfahren, dass die nationalen Zentralbanken *in der Tat* über eine Reihe von Institutionen miteinander in Verbindung stehen und koordiniert werden. Eine davon ist die von den Rothschilds gegründete Bank für Internationalen Zahlungsausgleich (Bank for International Settlements, BIS) in Basel. Neben dem Hauptsitz in der Schweiz unterhält sie Repräsentanzen in Hongkong und Mexiko-Stadt. Nach offizieller Lesart „begünstigt [die BIS] die

Abb. 586: Die private Federal Reserve Bank untersteht nur den Gesetzen, die sie selbst macht.

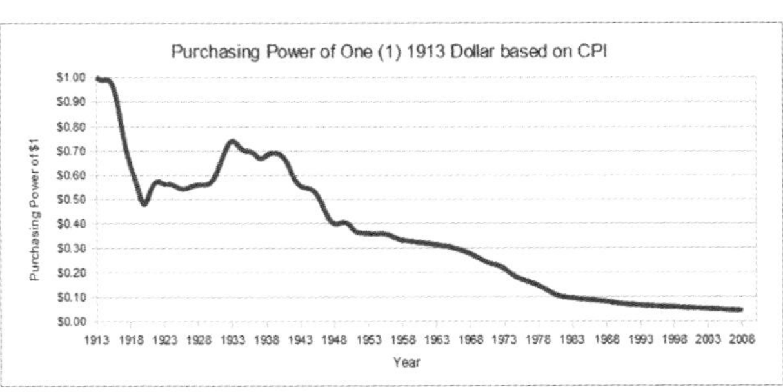

Abb. 587: „Mehr" verdienen, aber weniger kaufen können.

Abb. 588: Die Bank für Internationale Manipulation in der Schweiz.

internationale geldwirtschaftliche und finanztechnische Zusammenarbeit und dient als Bank für die Zentralbanken" – ist aber keiner Regierung gegenüber haftbar. Den letzten Satz können Sie ruhig noch einmal lesen, um ihn richtig sacken zu lassen. Die BIS zahlt keinerlei Steuern irgendeiner Art und ist auch keinen nationalen Gesetzen unterworfen. Unter den Wenigen, die über die BIS im Bilde sind, erlangte sie einen zweifelhaften Ruf durch ihre Geldwäscheaktivitäten für die Nazis im Zweiten Weltkrieg (Abb. 588). Die Vorstände der wichtigsten Zentralbanken der Welt treffen sich alle zwei Monate in Basel, wo sie zusammen den weiteren archontischen Kurs der Weltwirtschaft aushecken. Das *Wall Street Journal* schrieb 2012 über die BIS:

> „Während man sich in vielen nationalen Regierungen, zu denen auch die Regierung der Vereinigten Staaten zählt, nicht auf eine Haushaltspolitik einigen konnte – also keinen Konsens bezüglich der Frage fand, wie man Steuereinnahmen und Ausgaben in einer Zeit geringen Wachstums am besten ausbalanciert –, haben die Zentralbanker ihre eigenen Pläne geschmiedet. Basierend auf Beziehungen, die bis in ihre Studienzeit zurückreichen, sind sie eng miteinander verbunden, stehen in regem Austausch miteinander und werden dabei auch nicht von Wählern oder Politikern gestört."

Diese Verbindungen gehen freilich um einiges tiefer als gewöhnliche Freundschaften unter ehemaligen Kommilitonen. Sie reichen weit in die Rothschildschen Netzwerke hinein, die auch an akademischen Einrichtungen wie dem Massachusetts Institute of Technology (MIT) oder der London School of Economics (LSE) operieren. Letztere wird übrigens von der Fabian-Gesellschaft dominiert, die sie auch aus der Taufe gehoben hat. Ich habe den Hintergrund der LSE ausführlich in meinem Buch „Der Löwe erwacht" dargelegt. Zu den führenden Bankern bzw. Zentralbankern gehören derzeit: Stanley Fischer (London School of Economics, MIT), Gouverneur der israelischen Zentralbank und ehemaliger Chefökonom der Weltbank; Mervyn King (London School of Economics, MIT), bisheriger Gouverneur der Bank von England, der sich einst als Gastprofessor am MIT ein Büro mit dem damaligen Assistenzprofessor (und heutigen Chef der Fed) Ben Bernanke teilte; Mario Draghi (MIT), Präsident der Europäischen Zentralbank und „ehemaliger" Top-Manager bei Goldman Sachs; sowie Jeremy Stein (MIT), Mitglied des Board of Governors der Federal Reserve Bank. Zahlreiche weitere Zentralbanker auf der ganzen Welt haben eine Verbindung zum MIT, wie etwa Charles Bean, Vizegouverneur der Bank von England und ehemaliger Chef des Fachbereiches Ökonomie an der London School of Economics, sowie etliche Führungskräfte der Federal Reserve Bank. Auch der Rothschild-Knecht und Multimilliardär George Soros war auf der London School of Economics.

Es gibt noch weitere Gruppierungen zur Koordinierung der Zentralbanken. Eine davon ist die Group of Thirty, die oftmals kurz G30 genannt wird. Sie ist die Nachfolgeorganisation der Bellagio Group des Ökonomen (und Rothschild-Zionisten) Fritz Machlup, der später auch selbst der G30 beitrat. Auch hier stolpern wir wieder über die immer gleichen Namen. Die Group of Thirty wurde 1978 auf Anregung der Rockefeller-Stiftung – einer Organisation der Rothschild-Zionisten – vom heutigen Geschäftsführer Geoffrey Bell gegründet. Das Amt des ersten Vorsitzenden wurde anfänglich von dem Rothschild-Zionisten Johan Witteveen bekleidet, der zuvor geschäftsführender Direktor des Rothschildschen Internationalen Währungsfonds war. Heutiger Vorsitzender ist Jean-Claude Trichet (Rothschild-Zionist), Vorstandsmitglied der BIS und Vorgänger von Mario Draghi als Präsident der Europäischen Zentralbank. Der Kuratoriumsvorsitzende der Group of Thirty ist der Rothschild-Zionist Jacob Aharon Frenkel. Der israelische Wirtschaftswissenschaftler war früher Gouverneur der Bank of Israel und ist heute Präsident der JPMorgan Chase International Bank. Der Ehrenvorsitzende der G30, Paul Adolph Volcker (Rothschild-Zionist), ist einer der Geschäftspartner der Rothschilds und aufgrund seiner Ämter bei der Chase Bank und der Trilateralen Kommission sowie durch seine Mitgliedschaft im Trust Committee der Rockefeller-Gruppe auch ein langjähriger und enger Vertrauter der Rockefeller-Familie. Er gehört zu den Gründungsmitgliedern der von David Rockefeller und Zbigniew Brzezinski initiierten Trilateralen Kommission und ist auch seit langem Mitglied der Bilderberger, die bei der Lenkung der globalen Finanzpolitik ebenfalls eine Rolle spielen. Auch Volcker hat an der London School of Economics studiert. Ab 1979, während der Regierungen Carter bzw. Reagan/Bush, war er Präsident der Federal Reserve Bank. Dort wurde er 1987, gegen Ende der Reagan-Ära, von Alan Greenspan (Rothschild-Zionist) abgelöst, der das Amt bis 2006 innehatte, also unter den Präsidenten Bush Senior, Clinton und Bush Junior. Gegenwärtig hat Bernard Bernanke (Rothschild-Zionist, London School of Economics, MIT) den Vorsitz der Fed (Abb. 589). Wenn man sich durch das Geflecht aus Finanz- und sonstigen Netzwerken gräbt, wie ich das ein Vierteljahrhundert lang getan und darüber in meinen Büchern geschrieben habe, stößt man immer wieder auf die gleichen Namen. Die beiden wichtigsten Namen, die dabei ständig fallen – oder zumindest die bekanntesten – lauten Rothschild und Rockefeller. Der Wert der Besitztümer der Familie Rothschild beläuft sich nach Schätzungen der Credit Suisse AG auf 231 Billionen Dollar. Ihr gehören so ziemlich alle nationalen und Zentralbanken auf der Welt, mit lediglich zwei oder drei Ausnahmen (eine davon ist Iran). Vor dem 11. September waren es übrigens noch sieben solcher Banken, die sich nicht in den Händen der Rothschilds befanden – doch in Ländern wie *Afghanistan*, *Irak* oder *Libyen* gibt es heute keine unabhängigen Staatsbanken mehr. Wie durchschaubar das alles ist! Der Islam verbietet Wucher bzw. Wucherzins, doch für die Rothschilds bildet der Zins geradezu das Lebenselixier bei sämtlichen Aktivitäten. Der Insider und Historiker Carrol Quigley (1910-1977), zu dessen Studenten während seiner Tätigkeit an der Georgetown-Universität unter anderem Bill Clinton gehörte, hatte

Abb. 589: Greenspan und sein Schoßhund Bernanke – die Federal Reserve Bank unter der Kontrolle von Rothschild-Zionisten.

Zugang zu Dokumenten, die genauen Aufschluss über die globale Verschwörung in der Finanzwelt und der Politik geben. Seine Erkenntnisse hielt er insbesondere in seinen beiden Hauptwerken „Tragedy and Hope: A History of the World in Our Time" und „The Anglo-American Establishment" fest. In „Tragedy and Hope" heißt es: „Die Mächte des Finanzkapitalismus verfolgten einen weit reichenden Plan, dessen Ziel in nichts Geringerem als der Schaffung eines weltweiten, in privaten Händen befindlichen Finanzkontrollsystems bestand, mit dem sich die politischen Strukturen jedes beliebigen Landes der Welt sowie die gesamte Weltwirtschaft beherrschen lassen würden." Ganz ähnlich soll sich auch Präsident Woodrow Wilson geäußert haben, nachdem er die Einführung der Federal Reserve Bank durchgesetzt hatte – veranlasst durch die Manipulationen seiner Handler Bernard Baruch (Rothschild-Zionist) und Colonel Edward Mandel House (Rothschild-Zionist). Sie können das ausführlich in meinem Buch „... Und die Wahrheit wird euch frei machen" nachlesen. Präsident Wilson nannte House seine „zweite Persönlichkeit" und sein „Alter Ego" und äußerte sogar, „seine und meine Gedanken sind eins". House und Baruch waren auch die Männer hinter Wilsons Entscheidung, in den Ersten Weltkrieg einzutreten. Nach dem Krieg berieten (kontrollierten) sie den Präsidenten während der Friedensverhandlungen von 1919, die zum Versailler Vertrag führten. Auf dieser Konferenz wurden, im unmittelbaren Nachlauf des Krieges, die Weichen für die Zukunft Europas gestellt (Problem-Reaktion-Lösung). Als Wilson – zu spät – erkannte, was eigentlich geschehen war, schrieb er:

> „Eine kleine Gruppe eigensinniger Männer, die ausschließlich ihren eigenen Ansichten folgen, hat die großartige Regierung der Vereinigten Staaten zu etwas Hilflosem und Verachtenswertem gemacht."

Die Europäische Zentralbank, der Internationale Währungsfonds und die Weltbank sind allesamt Teil des feinen Gewebes, mit dem der ganze Planet in finanzpolitischer Hinsicht betrogen und kontrolliert wird. Beim Wirtschaftskollaps von 2008 haben all diese Netzwerke Hand in Hand gearbeitet, um den Crash herbeizuführen und damit atemberaubende Vermögen von den Menschen über die Regierungen in die Taschen der Banken und ihrer archontischen Besitzer zu befördern.

Mit Vollgas in den Crash

Im Jahre 1987, als Alan Greenspan (Rothschild-Zionist) die Führung der Fed übernahm, setzte er die langfristige Entwicklung in Gang, die schließlich zum gewollten Wirtschaftskollaps führte. Er begann damit, Sicherheitsmechanismen zur Regulierung des Finanzsystems systematisch abzubauen. Auf diese Weise ebnete er einer – völlig legalen – Zügellosigkeit den Weg, die aufgrund ihrer Beschaffenheit für die Bevölkerung nicht anders als in Tränen enden konnte (nicht jedoch für die großen Banken, Abb. 590). Greenspan erhielt bei seiner Politik Rückendeckung von Clintons Finanzministern Robert E. Rubin (Rothschild-Zionist, London School of Economics), Larry Summers (Rothschild-Zionist, London School of Economics, MIT) und Peter Orszag (Rothschild-Zionist, London School of Economics). Summers, ein bösartiger, vulgärer Rowdy, war Vizepräsident der Rothschild-kontrollierten Goldman-Sachs-Gruppe sowie Chefökonom der Weltbank. Orszag fungierte unter Präsident Clinton als Special Assistant des Präsidenten für Wirtschaftspolitik sowie als Senior Economist und Senior Adviser im Rat der Wirtschaftsberater. Brooksley Born war Ende der 1990-er Jahre Chefin der Commodity Futures Trading Commission, einer kleineren Finanzbehörde der amerikanischen Regierung. Als sie versuchte, den Irrsinn der Deregulierung und deren unweigerliche Folgen kraft ihres Amtes bloßzustellen, zettelten Greenspan, Summers, Rubin und andere Freunde krimineller Einschüchterungsmethoden eine Verleumdungskampagne gegen Born an, nach der sie ihren Hut nehmen musste (mehr dazu in „Remember Who You Are"). Man ließ nicht zu, dass irgendjemand dem geplanten Zusammenbruch in die Quere kam, da dieser innerhalb des Langzeitplanes zur Versklavung der Menschheit eine entscheidende Rolle spielen sollte. Weitere Mitglieder der Deregulierungsbande waren Timothy Geithner (Rothschild-Zionist), einstiger Assistent von Finanzminister Robert Rubin (Rothschild-Zionist) und später Chef der Federal Reserve Bank of New York – dem mächtigsten Glied innerhalb des Federal Reserve Systems – sowie Arthur Levitt (Rothschild-Zionist), ehemaliger Vorsitzender der Securities and Exchange Commission (SEC) – einer Börsenaufsichtsbehörde, deren Aufgabe die *Regulierung* des Finanzmarktes ist. Geithner stand auch für drei Jahre in den Diensten der berüchtigten Kissinger Associates, einer von Henry Kissinger gegründeten Unternehmensberatung, für die sich ein Mensch mit auch nur einem Fünkchen Integrität gar nicht erst zu bewerben bräuchte. Um Ihnen einen kleinen Eindruck von der Denkweise dieser Leute zu geben, zitiere ich nur mal eine Stelle aus einem Telegramm von Kissinger, das durch WikiLeaks bekannt geworden ist: „Illegales erledigen wir sofort; Verfassungswidriges dauert etwas länger." Die Archonten sitzen in allen Bereichen, während ehrliche Leute wie Brooksley Born selten sind und immer seltener werden. Nachdem man Born gegangen hatte, übertrug man den Vorsitz über die Commodity Futures Trading Commission an den Rothschild-Zionisten Gary Gensler, um für die Zukunft Schwierigkeiten aus dieser Richtung von vornherein auszuschließen. Gensler hatte bereits 18 Jahre lang treu bei Goldman Sachs gedient. In Großbritannien wurde die Deregulierungspolitik von Premierminister Tony Blair und dessen Schatzkanzler Gordon Brown, zwei Befehlsempfängern der Rothschild-Zionisten, übernommen – ähnlich wie Ronald Reagans „Reagonomics" in den 1980-er Jahren eine britische Entsprechung in Margaret Thatchers „Thatcherismus" fand. All diese politischen Entwicklungen werden schon lange Zeit vorher geplant und eingefädelt. Der Thatcherismus war vom Centre for Policy Studies ausgeheckt worden, einer Denkfabrik, die Thatcher zusammen mit Sir Keith Joseph

Abb. 590: Greenspan ließ Dinge auf wundersame Weise verschwinden – wie zum Beispiel Eigenheime, Arbeitsplätze und Erwerbsquellen.

(Rothschild-Zionist) und Alfred Sherman (Rothschild-Zionist) aus der Taufe gehoben hatte. Reagans Wirtschaftspolitik, die als „Reagonomics" bekannt geworden ist, geht auf seinen Wirtschaftsberater Milton Friedman (Rothschild-Zionist) zurück, einen amerikanischen Wirtschaftswissenschaftler von der Universität Chicago. Alan Greenspan (Rothschild-Zionist) verließ die Fed im Jahre 2006, so dass sich Ben Bernanke (Rothschild-Zionist) nach dem Crash mit dem heftigen Beschuss würde herumschlagen müssen, von dem Greenspan bereits wusste, dass er pünktlich 2008 eintreffen würde. Für seine außerordentlichen Verdienste um die Interessen der archontischen Familien wurde Greenspan die höchste zivile Ehrung Amerikas zuerkannt: Die Goldene Ehrenmedaille des Kongresses. Der weltweite Wirtschaftskollaps von 2008 mit all seinem entsetzlichen Leid und Chaos wurde also im Wesentlichen von Alan Greenspan (Rothschild-Zionist) und seinem Unterstützerteam, zu dem Robert Rubin (Rothschild-Zionist), Larry Summers (Rothschild-Zionist) und Timothy Geithner (Rothschild-Zionist) gehören, herbeigeführt. Summers und Geithner tanzten so voll und ganz nach Rubins Pfeife, dass man sie in Anlehnung an eine in England geläufige Redensart „Rubins Pudel" nannte. Aber, welch ein Glück – die Wahlen von 2008 standen vor der Tür und der „Goldjunge", die „Große Hoffnung", der Große Erlöser würde bald ins Weiße Haus einziehen. Barack Obama würde anders als die anderen sein und endlich aufräumen – ein Mann der Gerechtigkeit und Güte … äh, und des Friedens. Aber ach! – diese Phantasmen waren nur für die Programmierten und Naiven bestimmt. In Wirklichkeit war mit Obama einfach eine weitere Version des Ein-Parteien-Staates im Begriff, nach den Wahlen wie üblich exakt das fortzuführen, was sie zuvor bekämpft hatte (nur verbal natürlich und nur zu dem Zweck, gewählt zu werden). Kaum im Amt, schritt Obama dann auch gleich zur Tat: Er setzte ein Team von Wirtschaftsexperten ein, um die Verheerung auszubügeln, die von den weiter oben genannten Ganoven und Schwindlern angerichtet worden war. Dies ist das „Team", das er zusammenstellte (oder richtiger, andere für ihn zusammengestellt haben): Timothy Geithner (Rothschild-Zionist) ernannte er zum Finanzminister. Larry Summers (Rothschild-Zionist) wurde Direktor des Nationalen Wirtschaftsrates des Weißen Hauses. Paul Adolph Volcker (Rothschild-Zionist), ein Geschäftspartner der Rothschilds, erhielt den Vorsitz im Economic Recovery Advisory Board. Weiterhin waren an diesem Coup der Rothschild-Zionisten beteiligt:

Peter Orszag (Rothschild-Zionist), Direktor des Office of Management and Budget; Jared Bernstein (Rothschild-Zionist), Chefökonom und wirtschaftspolitischer Berater von Vizepräsident Joseph Biden; Mary Schapiro (Rothschild-Zionistin), Vorsitzende der Börsenaufsichtsbehörde der Vereinigten Staaten (SEC); Gary Gensler (Rothschild-Zionist), Vorsitzender der CFTC (Commodity Futures Trading Commission, eine Behörde zur Regulierung Future- und Optionsmärkte); Sheila Bair (Rothschild-Zionistin), Vorsitzende des FDIC (Federal Deposit Insurance Corporation, der Einlagensicherungsfonds der USA); sowie Karen Mills (Rothschild-Zionistin), Vorsitzende der SBA (Small Business Administration, Behörde zur Unterstützung kleinerer Unternehmen).

Obama hatte bei diesen Personalentscheidungen zweifelsohne zwei vorzügliche Berater an seiner Seite: Rahm Emanuel (Rothschild-Zionist), Stabschef des Weißen Hauses, sowie seinen Wahlkampfmanager und Chefberater David Axelrod (Rothschild-Zionist). Der Anteil der jüdischen Gemeinschaft an der Gesamtbevölkerung der Vereinigten Staaten beträgt weniger als zwei Prozent; die Rothschild-Zionisten unter ihnen machen einen noch kleineren Prozentsatz aus. Aber eine Verschwörung gibt es nicht? Mein Gott – die Manie, die Augen vor der Wahrheit zu verschließen, ist eine Krankheit, die tödlich endet. Im Jahr 2013 nominierte Obama auch seine alte Freundin (und Rothschild-Zionistin), die Milliardärin Penny Pritzker aus Chicago für das Amt der Handelsministerin. Pritzker stammt aus einer der reichsten Familien des Landes, der unter anderem die Hyatt-Hotelkette gehört. Im Laufe der Jahre unterstützte sie Obamas Kampagnen und Wahlkämpfe mit vielen Millionen Dollar, angefangen bei seiner Kandidatur für den US-Senat im Jahr 2004. Vier Jahre später, während des Präsidentschaftswahlkampfes, der hinsichtlich der aufgewendeten Geldmittel alle Rekorde brach und in dessen Ergebnis Obama ins Weiße Haus einzog, war Pritzker die Landeschefin seines Wahlkampffinanzierungsteams. Die Rothschild-Zionisten wollten diesen Mann um jeden Preis. Pritzker hat übrigens Erfahrung darin, eine Bank ins Nirwana zu manövrieren. Im Jahre 2001 ging ihre Superior Bank in Chicago aufgrund von „rücksichtslosen, hinterlistigen, rassistischen Taktiken und Praktiken" Pleite, wofür die Pritzker-Familie eine Geldstrafe von 460 Millionen Dollar zahlen musste. Die Superior Bank war die erste deregulierte Bank, die kollabierte, und damit ein Vorläufer der Ereignisse von 2008. Viele Kunden der Bank, darunter arme Leute aus Obamas Bezirk, verloren in jenen Tagen ihr Heim; den amerikanischen Steuerzahler kostete die Pleite knapp eine halbe Milliarde Dollar. Und dann wird Pritzker von Obama als Chefin des Handelsministeriums vorgeschlagen. Dieser Mann ist solch ein Heuchler und Schwindler, dass einem die passenden Worte dafür ausgehen. Als der Crash dann 2008 über die Bühne ging, hatte die Kabale mit Hank Paulson (Goldman Sachs) als Boy Bushs Finanzminister schon ihren Mann postiert, womit sicher gestellt war, dass der von ihnen eingefädelte Kollaps auch mit der von ihnen gewünschten Lösung beantwortet werden würde: Nämlich mit dem Transfer von Billionen von Dollar (in Form von Steuern und Schulden) aus den Taschen der Bevölkerung in die Kassen der Banken – derselben Banken, die den Crash überhaupt erst *verursacht* hatten. Banken und Regierungen arbeiteten dabei Hand in Hand, da sie von denselben Netzwerken kontrolliert werden. Paulson gab sein Amt als Vorsitzender von Goldman Sachs – einem der Hauptanstifter der Krise – im Jahre 2006 auf, um als Bushs Finanzminister das für 2008 vorgesehene Wirtschaftsarmageddon vorzubereiten. Als es dann passierte, war die „Lösung" auch gleich zur Stelle: Überall wurde Geld hinausgeschleudert, um „die Banken zu retten", die „zu groß sind, um zu scheitern" (too big to fail, Abb. 591). Das ist eine so gewaltige Sauerei, dass ich bezweifle, dass sie seitdem noch einmal übertroffen worden ist. Die Citigroup, von Rothschild-Zionist und Crash-Architekt Robert E. Rubin in die Katastrophe beraten, erhielt 100 Milliarden Dollar Rettungsgelder aus Steuereinnahmen, um sich über Wasser halten zu können – während die Bevölkerung absoff. Goldman Sachs nahm das Geld vom Steuerzahler, obwohl das Unternehmen einer der Hauptverursacher der Krise gewesen war und obwohl es vier Milliarden Dollar Profit mit *Wetten* auf einen Zusammenbruch des Sub-

Abb. 591: Ein Feuer löscht man, indem man mehr Öl hineingießt.

Abb. 592: Die Banker der Rothschild-Zionisten zerstören Amerika, während die Welt zuschaut.

prime-Hypothekenmarktes einfuhr (der vereinfacht gesagt daraus bestand, den Menschen Darlehen zu geben, die sie gar nicht zurückzahlen konnten). Hier ist eine Schlagzeile für Sie: „Vorstandsmitglieder der Federal Reserve vergeben vier Billionen Dollar aus Rettungsgeldern an ihre eigenen Banken". Hinter dieser Überschrift verbarg sich die Enthüllung, dass die Fed nach dem Crash von 2008 mehr als vier Billionen Dollar in Form von zinslosen bzw. annähernd zinslosen Darlehen und anderen Leistungen an Banken und Unternehmen ausgezahlt hatte, deren Manager gleichzeitig auch ... Direktoren der Fed waren (Abb. 592). Angesichts eines derart korrupten und den Belangen der Menschen gegenüber eiskalten Verhaltens bleibt einem die Spucke weg. Senator Bernie Sanders – einer der wenigen Politiker, die über die nötige Integrität verfügen, um solch einen Finanzskandal aufdecken zu können – veröffentlichte den vom obersten Rechnungshof zusammengestellten Bericht. Dazu sagte Sanders:

> „Dieser Bericht offenbart die dem System der Federal Reserve innewohnenden Interessenkonflikte. Zu einer Zeit, da kleine Firmen keine erschwinglichen Kredite aufnehmen konnten, um Arbeitsplätze zu schaffen, schusterte die Fed einigen der größten Banken und Unternehmen Amerikas, deren Vertreter in den Vorstandsetagen der Banken des Federal Reserve Systems sitzen, Billionen von Dollar in Form von versteckten Darlehen zu."

Sanders hob den Fall des Firmenchefs von JPMorgan Chase, Jamie Dimon, heraus. Dieser schreckliche Mensch hatte als Mitglied der Führungsriege der Fed einem Notfalltransfer von 391 Milliarden Dollar an JPMorgan Chase zugestimmt. Ein anderes Beispiel ist Jeffrey Immelt, Vorsitzender von General Electric und Mitglied der Federal Reserve Bank of New York. Letztere hatte im Zuge der Finanzkrise ein System mit der Bezeichnung Commercial Paper Funding Facility geschaffen, welches nun 16 Milliarden Dollar an ... General Electric verlieh. Diese Leute leiden unter einer derartigen Bewusstseinsspaltung, dass sie ohne mit der Wimper zu zucken heute so etwas tun und morgen ihren Mitmenschen einen Vortrag über Ethik halten können. Mario Monti, der als internationaler Berater bei Goldman Sachs tätig war, wurde – ohne gewählt worden zu sein – italienischer Premierminister und führte ein aus Technokraten bestehendes Regierungskabinett. Nach einem Korruptionsskandal, der den italienischen Profifußball erschütterte, schlug er als Konsequenz vor, das Fußballgeschäft des Landes für zwei oder drei Jahre komplett auf Eis zu legen:

> „In den letzten Jahren haben wir so viele beschämende Dinge erleben müssen. So wurden wir jüngst Zeuge einer Erpressung [mit einem erzwungenen Schweigegelübde], bei der die Spieler von Genua einen Kniefall vor wer weiß welchen verborgenen Mächten machen und den Mund halten mussten. Ich finde es außerdem

> absolut inakzeptabel, dass Fußballclubs öffentliche Gelder benutzt haben – und dies auch weiterhin tun –, um damit ihre Schulden zu tilgen."

Monti brachte das über die Lippen, ohne daran zu ersticken. Das alleine grenzt für mich schon an ein Wunder. Ganz egal wie korrupt es im italienischen Fußball zugehen mag – das globale Bankensystem, von dem Monti ein Teil ist, stellt das ungefähr alle zehn Sekunden aufs Neue in den Schatten. Und was Erpressung, verborgene Mächte und Schweigegelübde angeht – lasst mich damit besser gar nicht erst anfangen! Sobald also Bush und Paulson die große Bankenparty auf den Weg gebracht hatten, traten Obama und seine Rothschild-Zionisten auf den Plan. Sie setzten nicht nur die alte Politik fort, Billionen von Dollar aus Steuergeldern ins Bankensystem zu transferieren, sondern gaben dem Ganzen sogar noch eine neue Dimension, indem sie genau diejenigen engagierten, die den Kollaps überhaupt verursacht hatten. Peter Orszag (Rothschild-Zionist, London School of Economics) war als Chef der Budgetverwaltung für sämtliche Ausgaben der Regierung verantwortlich. Orszag hatte einst ein Wirtschaftsberatungsunternehmen gegründet, dessen Präsident er auch wurde und das unter anderem die Zentralbank von Island beriet, unmittelbar bevor sie Pleite ging. Seine Firma war es auch, die dem russischen Finanzministerium in jener Zeit Empfehlungen gab, als die Ressourcen des Landes an Oligarchen wie Roman Abramowitsch – dem unter anderem der englische Fußballclub FC Chelsea gehört – und andere Lieblinge der Rothschild-Zionisten verschleudert wurden, was diese von heute auf morgen zu Milliardären machte. Orszag arbeitete auch eng mit Rahm Emanuel (Rothschild-Zionist) zusammen an der Einführung des Nordamerikanischen Freihandelsabkommens (NAFTA), mit dem man die amerikanische Industrie vorsätzlich zerstört und eine Reihe genau kalkulierter Gesetze auf den Weg gebracht hat. Als Orszag sein Amt als Budgetdirektor im Jahre 2010 niederlegte, wurde er von Jacob Lew (Rothschild-Zionist) abgelöst, der den Posten schon einmal unter Präsident Clinton innehatte. Zu Beginn seiner zweiten Amtszeit gab Obama bekannt, dass Lew die Nachfolge von Timothy Geithner (Rothschild-Zionist) als Finanzminister antreten würde, nachdem dieser zurückgetreten war, um aufs Neue dem Rothschild-Rockefellerschen Council on Foreign Relations (CFR) beizutreten, diesmal als „Distinguished Fellow" (etwa: ausgezeichneter Kollege – ich sage nur: Umkehrung). „Wir freuen uns riesig, Tim wieder beim Council on Foreign Relations begrüßen zu können", ließ der CFR-Präsident und Rhodes-Schüler Richard N. Haass dazu verlauten. Haass blickt auf eine illustre Karriere zurück: Er bekleidete verschiedene Ämter beim Verteidigungsministerium und war unter Daddy Bush Special Assistant des Präsidenten. Er fungierte als National Security Council Senior Director für nahöstliche und südasiatische Angelegenheiten und war Vizepräsident und Direktor für Studien zur Auslandspolitik an der Brookings Institution, Senior-Mitglied an der Carnegie-Stiftung für internationalen Frieden (Umkehrung) und Forschungsassistent am International Institute for Strategic Studies. Dieser Mann stellt das Musterbeispiel eines archontischen Menschen dar. Bei der folgenden Äußerung über Geithner wollte uns Haass sicherlich auf den Arm nehmen:

> „Tim war sowohl im Finanzministerium als auch bei der New York Federal Reserve ein unermüdlicher, kreativer und verantwortungsbewusster Hüter der Institutionen des öffentlichen Vertrauens [Umkehrung]."

Das Wozu und Warum

Der künstlich fabrizierte Wirtschaftskollaps erfüllte innerhalb der archontischen Pläne zur Versklavung der Menschheit zwei wesentliche Ziele und bewirkte darüber hinaus unzählige weitere nützliche Nebeneffekte. Eines der Motive der Krisenarchitekten war die Absicht, die globale ökonomische und politische Ordnung immer näher an ihr Ziel – eine Weltregierung, eine Weltzentralbank, eine Weltarmee und eine einheitliche, elektronische Weltwährung – heranzuführen. Der Vatikan und Rothschild-Agenten wie George Soros, Finanzmann und Experte für getürkte Revolutionen, waren schnell zur Stelle, um nach der „Lösung des Problems" – das die Mächte, denen sie dienen, vorsätzlich geschaffen haben – zu rufen: Die Schaffung einer Weltregierung und einer Weltzentralbank. Eine fundamentale Rolle bei der Erlangung der Kontrolle über die Menschheit spielt der Plan, eine bargeldlose Gesellschaft mit einer weltweiten, elektronischen Einheitswährung einzuführen. Wenn es kein Bargeld mehr gibt und der Computer Ihre Geldkarte ablehnt – bzw. Ihren implantierten Mikrochip, denn darauf soll es ja letztendlich hinauslaufen –, dann können Sie nur noch per Tauschhandel irgendetwas erwerben. Sie werden es erleben, dass man sogar versuchen wird, Tauschgeschäfte zu verbieten – mit der Begründung, man würde ja sonst Steuereinnahmen verlieren. Die europäische Einheitswährung Euro, die in den meisten Ländern der Europäischen Union gilt, war nie das eigentliche Endziel. Der Euro diente lediglich als Vorwand, um all die nationalen Währungen abzuschaffen, die dem Euro vorausgingen, wie der französische Franc, der holländische Gulden, die deutsche Mark und die italienische Lira. Inzwischen ist auch der Euro reif dafür, durch eine weltweite elektronische Einheitswährung ersetzt zu werden. Die Krise des Euro dient diesem Endziel. Die Strategie, eine bargeldlose Gesellschaft zu schaffen, die heute von den Netzwerken auf der ganzen Welt umgesetzt wird, befand sich schon seit mindestens mehreren Jahrzehnten in Vorbereitung – eigentlich sogar noch viel länger. Schweden ist bereits praktisch bargeldfrei. In Italien kündigte die nicht gewählte, von Bankiers gesteuerte Versammlung der Minister an, dass Bargeldtransaktionen von 2013 an auf eine Höhe von maximal 50 Euro beschränkt werden würden. Chef des Ministerrates war Mario Monti, Vorsitzender des europäischen Zweiges der Trilateralen Kommission, führendes Mitglied der exklusiven Bilderberger und internationaler Berater für Goldman Sachs und Coca Cola. Monti und seine nichtgewählte Technokratenregierung (siehe Brzezinskis Buch) waren angesichts der fabrizierten Schuldenkrise des Landes eingesetzt worden (Problem-Reaktion-Lösung). Auch Spanien und viele andere Länder begrenzen die Höhe von Bargeldtransfers, und so soll es bald überall sein. Ich habe das in meinen Büchern schon seit den frühen 1990-er Jahren prophezeit. Heute finden wir um uns herum alle Arten von Reklame für das bargeldlose Leben, teils offen, teils unterschwellig. Mit neuester Technologie und verschiedenen Anreizen versucht man, uns diese Idee schmackhaft zu machen und die Agenda voranzubringen, wie etwa mit Googles Online-Bezahlsystem „Google Wallet" (Abb. 593). Der Trick ist, die Benutzung von Bargeld immer schwieriger zu machen, während man gleichzeitig die Justiz dazu benutzt, Querulanten das Leben schwer zu machen. Ein Gericht in Florida entschied, dass es völlig in Ordnung sei, wenn die Mitarbeiter staatlicher Mauthäuschen Fahrer, die bar bezahlten, solange fest hielten, bis der Beamte einen „Bill Detection Report" mit der Zulassungsnummer des Kraftfahrzeuges und den Personalien des Fahrers erstellt hat. Die Höhe der Gebühren betrug dabei gerade mal fünf Dollar. All dem liegt das Ziel zugrunde, eine bargeldlose Gesellschaft zu schaffen – denn Bargeldlosigkeit bedeutet Kontrolle. Letzte Zweifel daran, dass diesem Aspekt innerhalb des Gesamtkonzeptes eine große Bedeutung beigemessen wird, verschwinden spätestens dann, wenn man erfährt, dass Bill Gates für die Einführung der Bargeldlosigkeit wirbt. Dieser Bursche ist bei der Umsetzung einer ganzen Reihe archontischer Ziele an vorderster Front beteiligt. Gates wird in einem Artikel der *Bloomberg Businessweek* mit der Äußerung zitiert, er würde Bargeld „wegen seiner Auswirkungen für die Menschen am unteren Ende des Wohlstandsspektrums" hassen – die „Armen und von Bankgeschäften Ausgeschlossenen dieser Welt". Ist klar – der Multimilliardär Gates sorgt sich um die Ärmsten der Welt. Etwa so wie er sich um die Kinder der Ärmsten sorgt, deren Immunsystem er mit giftigen Impfstoffen zerstören will. Wenn Bill Gates einfach nur bekloppt wäre, wäre das schon schlimm genug. Aber der Mann weiß genau, was er tut. Ich meine – so dumm kann man doch nicht sein, dass man allen Ernstes behauptet, die ärmsten Menschen dieser Welt – arm gemacht durch Banken und global agierende Unternehmen – wären dadurch benachteiligt, dass sie *kein Konto eröffnen können*? Gates, der nur vortäuscht, das Herz auf der Zunge zu tragen, vermag vielleicht die Schlafenden zu täuschen, aber niemanden, der halbwegs wach ist. Gates ist so ein arroganter und manipulativer Kerl. Seine Bill & Melinda Gates Foundation gehört zu den wichtigsten Geldgebern hinter der Better Than Cash Alliance, einer Organisation, die sich ganz und gar der Einführung der bargeldlosen Gesellschaft widmet. Die von der amerikanischen Behörde USAID unterstützte Einrichtung wird beschrieben als „globale öffentlich-private Partnerschaft, die es sich zur Aufgabe gemacht hat, Organisationen bei ihrem Übergang von Bargeldgeschäften zu elektronischen Bezahlsystemen zu unterstützen". Finanziert wird die Better Than Cash Alliance von archontischen Organisationen wie der Bill & Melinda Gates Foundation, Citi, der Ford-Stiftung, dem Omidyar Network (gegründet von eBay-Erfinder Pierre Omidyar), dem Kapitalentwicklungsfonds der Vereinten Nationen und Visa. Was für ein Schwindel.

Abb. 593: Bargeldlose Gesellschaft bedeutet bargeldlose Kontrolle.

Der bewusst herbeigeführte Wirtschaftscrash bzw. die „Euro-Krise" in Europa sind ganz nach Plan dazu benutzt worden, in einem Problem-Reaktion-Lösungs-Szenario Tausende Banken unter direkte Aufsicht der von den Rothschilds errichteten Europäischen Zentralbank (EZB) zu stellen, die sich in Frankfurt, der Heimatstadt der Familie, befindet. Während der Krise von 2008 und der darauf folgenden Banken- und Länderrettungen stand Jean-Claude Trichet (Rothschild-Zionist) der EZB vor. Heute arbeitet er für die Group of Thirty und die Bank für Internationalen Zahlungsausgleich. Trichet ist noch nicht dabei beobachtet worden, ohne Erlaubnis der Rothschilds Luft geholt zu haben. Gegenwärtiger

Präsident der EZB ist Mario Draghi, der einst bei Goldman Sachs International stellvertretender Vorsitzender, Geschäftsführer und Vorstandsmitglied war. Draghi war zu jener Zeit bei Goldman Sachs, als das Unternehmen die Ereignisse dahingehend manipulierte, das Ausmaß der griechischen Staatsverschuldung zu verschleiern, was zu dem katastrophalen Zusammenbruch des Landes und extremer Armut in der Bevölkerung geführt hat. Als EZB-Präsident schreibt er jetzt Griechenland vor, was das Land bei der Bewältigung der Krise zu tun und zu lassen hat – einer Krise, die sich erst als Folge der verdeckten Zusammenarbeit zwischen Goldman Sachs (maßgeblich durch Draghi vertreten) und der griechischen Regierung entwickelt hat. Der Enthüllungsjournalist Greg Palast fand heraus, dass Goldman Sachs insgeheim Schulden der griechischen Regierung in Höhe von 2,3 Milliarden Euro aufgekauft, in Yen und Dollar umgetauscht und gleich wieder an Griechenland zurück verkauft hat. Goldman Sachs fuhr dabei zwar scheinbar einen erheblichen Verlust ein, konnte so aber das Ausmaß des gewaltigen Haushaltsdefizits Griechenlands verbergen – und unterm Strich verlor Goldman Sachs gar nichts, da die griechische Regierung für die Manipulationen Gebühren in Höhe einer Viertel Milliarde Dollar zahlen musste. Die Preise für Goldman Sachs' Credit-Default-Swap-Versicherungen für Obligationäre schnellten in die Höhe, als die ersten Meldungen über den irren Zustand der griechischen Wirtschaft – verursacht durch Goldman und die Regierung – ihren Weg in die Nachrichten nahmen. Das bedeutete für Goldman Sachs und Co. noch größere Profite, als sie durch die Wetten auf den Kollaps der griechischen Regierungsanleihen eingenommen hatten – sie wussten stets, was hinter all der Heimlichkeit vor sich ging. Auch JPMorgan und zahlreiche andere Banken waren an den Machenschaften beteiligt, die auf der wirtschaftlichen Ebene Tod, Zerstörung und Elend über Griechenland brachten. Wie viele andere Länder – Großbritannien inbegriffen – haben auf diese oder andere Art und Weise Schulden verschleiert, mit all den sich zwangsläufig daraus ergebenden Konsequenzen? Goldman Sachs spielt bei dem globalen ökonomischen Albtraum eine zentrale Rolle. Die Strategie des Unternehmens besteht darin, ein Problem zu erzeugen und dann die eigenen Leute in politische Machtpositionen zu manövrieren, um die Lösungen durchzusetzen, nach denen Goldman Sachs im Sinne seiner archontischen Herren verlangt.

Die gewählte griechische Regierung musste aufgrund der Aktivitäten von Goldman Sachs während der Schuldenkrise dichtmachen. An ihre Stelle trat eine nicht gewählte Übergangsregierung unter Loukas Papadimos. Der Bankier war Manager bei Goldman Sachs und Vizepräsident der Europäischen Zentralbank unter dem Rothschild-Zionisten Jean-Claude Trichet. Außerdem ist er Mitglied der Trilateralen Kommission. Mark Carney, der neue Gouverneur der Bank von England, früherer Gouverneur der Bank von Kanada und gegenwärtiger Vorsitzender des Finanzstabilitätsrates der G20, war 13 Jahre lang für Goldman Sachs auf der ganzen Welt tätig. Eine seiner Stationen war Russland, wo er während einer Finanzkrise die Regierung beriet, während er gleichzeitig wettete, dass das Land nicht in der Lage sein würde, seine Schulden zu bezahlen (was dann auch der Fall war). Genau das gleiche Spiel hat Goldman auch in Griechenland getrieben. Ehemalige Mitarbeiter von Goldman Sachs findet man allerorten in entscheidungsträchtigen und einflussreichen Positionen. Wobei es so etwas wie *ehemalige* Goldman-Mitarbeiter nicht wirklich gibt: Das ist in etwa so wie mit der CIA – man ist lediglich nicht mehr offiziell beim Haus beschäftigt. An der Spitze von Goldman Sachs steht der Rothschild-Zionist Lloyd Blankfein. Gegründet wurde das Unternehmen von den Rothschild-Zionisten Marcus Goldman und Samuel Sachs. Beide entstammen ursprünglich deutschen Familien, die später nach Amerika übersiedelten. Der exorbitante Kapitaltransfer von Regierungen zu taumelnden Megabanken hatte schon bald ganze Nationen in Finanzkrisen gestürzt, ganz wie es vorgesehen war. Sogleich traten die Europäische Zentralbank, der IWF und die Weltbank auf den Plan, um die Länder zu retten, die die Banken gerettet hatten. Diese drei Institutionen werden wiederum von eben jenem Bankensystem kontrolliert, dem die Regierungen aus der Patsche geholfen haben, woraufhin diese selbst von den besagten drei Einrichtungen gerettet werden mussten. Was man da hat geschehen lassen, ist absolut außergewöhnlich. Ländern wie Griechenland, Irland, Italien, Spanien, Portugal und vielen weiteren wurden Kredit-„Darlehen“ gewährt, an die zusätzliche Bedingungen geknüpft waren – was im Endeffekt bedeutet, dass diese Länder nun im Prinzip von der Europäischen Zentralbank und dem IWF gesteuert werden. Die Chefs der drei genannten Geldinstitutionen zur Zeit der Geschehnisse waren: Rothschild-Zionist Jean-Claude Trichet (EZB), Rothschild-Zionist Dominique Strauss-Kahn (IWF) und Rothschild-Zionist Robert B. Zoellick (Weltbank). Zoellick hatte den Rothschild-Zionisten Paul Wolfowitz abgelöst; beide sind Neokonservative und gehörten dem Project for the New American Century an.

Menschliche Katastrophe

Zu dem Wirtschaftskollaps kam es, weil man verschiedene Regulierungsmechanismen abgeschafft hatte und sich dadurch diejenigen Individuen innerhalb des geistesgestörten Bank- und Finanzsystems austoben konnten, bei denen die Gier schon satanische Ausmaße erlangt hat. Finanzielle Anreize in Form von Boni, in den Verträgen festgeschrieben, taten ihr Übriges, um so ziemlich alles an jeden verkaufen zu können. Hypotheken auf Häuser und andere Darlehen wurden wie Konfetti unter Leute gestreut, die nicht den Hauch einer Chance hatten, die Summen wieder zurückzuzahlen. Der Bonus jedoch wurde in jedem Falle bei Unterzeichnung eines Vertrages ausbezahlt, ganz gleich, ob es bei der Darlehensrückzahlung später zu Zahlungsrückständen kommen würde – was natürlich absehbar war. Vergiftete Hypotheken und Darlehen wurden mit Hilfe der von den Banken kontrollierten und finanzierten „Ratingagenturen“ Moody's, Fitch und Standard & Poor's, die den Markt dominieren, mit einer AAA-Bewertung als bombensichere Sache verkauft. Sie stempelten ihre Gütesiegel auf absoluten Scheißdreck, so dass Pensionsfonds und andere Organisationen, die den „kleinen Mann“ repräsentieren, das Zeug kauften – und ihre Klienten um ein Vermögen brachten. Es handelt sich hierbei um dieselben Rating-Agenturen, die mittlerweile auch Länder hinsichtlich ihrer Kreditwürdigkeit bewerten. Solche Urteile können eine Nation ruinieren (und haben dies auch schon oft getan), wenn das Land bezüglich seiner Fähigkeit, neues Geld aufzutreiben und Schulden zurückzuzahlen, herabgestuft wird. Diese Rating-Agenturen werden *von den Banken* dafür bezahlt, ihre Wertpapiere zu bewerten. Der dadurch begründete Interessenkonflikt hat sich natürlich gewaschen. All diese Tollheiten, die geschehen sind und weiterhin geschehen, beziehen sich auf „Geld" (Kredit), das niemals existiert hat und niemals existieren wird. Das gleiche gilt auch für die „Schulden der Dritten Welt", die ganze Nationen lähmen und sie Konzernen, dem IWF und der Weltbank ausliefern – von Aberhunderten Millionen Toten ganz zu schweigen. Das Beispiel von Island hat gezeigt, dass es auch anders geht. Nach dem auch dort die Banken kollabierten, ließ man sie – ermöglicht durch die Macht des Volkes – bankrott gehen und brachte die Verantwortlichen hinter Gitter. Die Folge davon war, dass Island den Crash deutlich besser überstanden hat als der Rest der Welt. Aber der Plan der Archonten bezweckt auch gar nicht, dass die von Krisen geschüttelten Länder möglichst gut aus einer schweren Zeit wieder hervorgehen, sondern ganz im Gegenteil, dass sie immer tiefer in den ökonomischen Schlamassel geritten werden. So sollen die Menschen gebrochen und unterworfen werden – mit Obdachlosigkeit, Hunger und Kälte (Abb. 594). Wir erleben es bereits, dass hungrige Obdachlose, die auf der Suche nach etwas Essbarem Mülltonnen durchwühlen, mit Geldstrafen belegt werden, während es gleichzeitig verboten wird, hungrige Mitmenschen ohne behördliche Erlaubnis in der Öffentlichkeit zu verköstigen. So geschah es in der üblen Stadt Houston, wo ein hungernder Obdachloser namens James Kelly dafür belangt wurde, den „Inhalt einer Mülltonne im Geschäftsviertel der Innenstadt durcheinander gebracht" zu haben. Als die Besitzer eines Ladens in Augusta, Georgia, von der SunTrust Bank in Atlanta zwangsgeräumt wurden, deponierten sie alle übrig gebliebenen Nahrungsmittel und sonstigen Sachen auf einem Parkplatz, um den Bedürftigen zu helfen. Doch sogleich trat die Polizei auf den Plan, hinderte Hunderte von Menschen daran, an die Lebensmittel zu gelangen und ließ stattdessen alles auf eine Müllkippe fahren. Der Polizeichef von Richmond County, Steve Smith, sagte dazu,

> „... wir müssen eben gewährleisten, dass die Sache den Gesetzen entsprechend geregelt und aus der Welt geschafft wird".

Abb. 594: Der Plan lautet, der gesamten Bevölkerung die Daumenschrauben anzusetzen, um sie massenhaft in die Knie zu zwingen.

Einfache Menschlichkeit wird regelmäßig vom Gesetz übertrumpft. So etwas kann überhaupt nur von einer archontischen Geistesverfassung ausgebrütet werden – aber egal, Gesetz ist Gesetz. Der Grund, warum sich der Polizeistaat jetzt so schnell entwickelt, liegt darin, dass man dem Widerstand der Bevölkerung zuvorkommen will, der sich unweigerlich einstellen würde, sobald nur eine genügende Zahl von Menschen kapiert, was da läuft. Je verarmter und hungriger die Menschen dann sind, desto weniger können sie ausrichten. Das war auch genau der Gedanke dahinter. Mit den zig Billionen Dollar, die man den Banken und anderen Institutionen im Zusammenhang mit dem Crash zugeschustert hat, hätte man Menschen vor der Obdachlosigkeit bewahren können. Stattdessen wurden sie in

Millionen von Beschlagnahmungsverfahren aus ihren Häusern geworfen. Finanzminister Timothy Geithner (Rothschild-Zionist) war im Zuge der Bankenrettungen maßgeblich daran beteiligt, öffentliche Gelder an seine Bankiersfreunde zu transferieren, ohne dass damit irgendwelche Auflagen verknüpft gewesen wären. Nun erkundigte sich eben dieser Mann bei der international tätigen Rothschild-zionistischen „Rechtsanwaltskanzlei“ Squire Sanders & Dempsey, ob amerikanische Staaten auf legale Art und Weise Geldmittel aus der Bankenrettung bzw. vom Troubled Asset Relief Program nutzen könnten (so wie es einige Staaten bereits angefragt hatten), um die Anwaltskosten der Menschen zu übernehmen, die versuchten, ihr Heim vor der Zwangsvollstreckung durch das gerade gerettete Bankensystem zu bewahren. Die in Privatbesitz befindliche Kanzlei sagte „Nein“, das können sie nicht. Also entschied auch Geithner, das besagte Geld dürfe nicht zum Schutz der Bevölkerung vor Zwangsvollstreckungen durch die Banken verwendet werden – jene Banken, denen eben diese Bevölkerung gerade erst das Überleben ermöglicht hatte. Der frühere amerikanische Präsident Thomas Jefferson hatte im Jahre 1809 geradezu prophetisch gesagt:

> „Sollte es das amerikanische Volk jemals privaten Banken erlauben, die Ausgabe ihres Geldes zu kontrollieren, erst durch Inflation, dann durch Deflation, dann werden die Banken ... die Menschen all ihres Eigentums berauben, bis ihre Kinder auf dem Kontinent, den ihre Väter einst eroberten, ohne Obdach aufwachen ... Das Recht der Geldausgabe sollte den Banken genommen und dem Volk zurückgegeben werden, dem es rechtmäßiger Weise gehört.“

Nun, letzteres ist nicht geschehen – der Rest ist Geschichte und Leid. Jefferson sagte auch, dass seiner Meinung nach „Banken gefährlicher für unsere Freiheit als stehende Armeen“ seien. Wie wir sehen, lag er mit dieser Einschätzung richtig. Es ist in der Tat so, dass die stehenden Armeen im Dienste der Banken „stehen“, erobern und morden und auch die politischen Führer nach der Pfeife der Banken tanzen. So waren es auch nach dem Crash von 2008 die Banken und deren politische Handlanger und Diener, die zig Millionen Menschen um ihre Häuser erleichterten. In vielen Fällen wurden Eigenheime sogar durch Banken beschlagnahmt, denen die Hypothek gar nicht gehörte. Das Labyrinth der Schuldenübertragungen zwischen den verschiedenen Banken und Institutionen ist undurchschaubar geworden. Auch Leute, deren Haus eindeutig abbezahlt war, bekamen Benachrichtigungen über ihre bevorstehende Zwangsenteignung. Bankangestellte und externe Mitarbeiter schworen vor Gericht Stein und Bein, dass sie die mit den Hypothekenkündigungen in Zusammenhang stehenden Dokumente gründlich studiert hätten, während sie die Dokumente in Wirklichkeit noch nicht einmal gelesen hatten. Um das Prozedere der Zwangsversteigerungen zu beschleunigen, gingen die Sachbearbeiter dazu über, Unterschriften ohne nähere Prüfung am Fließband zu produzieren. Man bezeichnete das bald als „Robo-Signing“. Auf diese Weise verloren schätzungsweise einige hunderttausend Familien auf unrechtmäßige Weise ihr Heim. Zur Beilegung des Gerichtsverfahrens über diese fragwürdige Praxis bei den Zwangsversteigerungen einigten sich die größten Hypotheken-„Verleiher“ mit den Generalstaatsanwälten von 49 Bundesstaaten auf einen Ausgleich von 25 Milliarden Dollar. Doch während die hintergangenen Hausbesitzer davon im Schnitt gerade einmal jeweils 300 Dollar bekamen, wurden an die „Gutachter", die an der manipulierten Untersuchung beteiligt waren, *zwei Milliarden* Dollar ausbezahlt. Bundesbeamte der Regulierungsbehörden gaben ferner zu verstehen, dass sie nicht beabsichtigten, das Beweismaterial, das sie über illegale Aktivitäten der Banken gesammelt hatten, Hausbesitzern zur Verfügung zu stellen, die vor Gericht gehen wollten. Das ganze System ist von der Spitze bis zum Sockel gezinkt. Man erkennt, wie tief die menschliche Gesellschaft bereits von der herzlosen archontischen Mentalität durchsetzt ist. Das gleiche gilt auch für Banken und Kreditkartenunternehmen, die Menschen wegen Geld durch die Gerichte jagen, das ihnen gar nicht gehört. Noach Dear, der als staatlicher Zivilrichter in Brooklyn tagtäglich derartigen Fällen vorsitzt, sagte dazu: „Ich schätze, dass die Beweisführung bei etwa 90 Prozent aller Kreditkartenprozesse mangelhaft ist und es nicht nachgewiesen werden kann, dass die betreffende Person den eingeklagten Betrag tatsächlich schuldig ist." Ganz recht, *90 Prozent* sagte er. Externe Mitarbeiter der Banken sind in Häuser eingebrochen, haben Schlösser ausgewechselt, Hab und Gut entwendet oder beschädigt – ja, es ist sogar vorgekommen, dass sie Haustiere und sogar Menschen eingesperrt haben. Sergeant Richard Fersch, der in Pennsylvania für Zwangsvollstreckungen zuständig war, äußerte dazu:

> „Wenn diese Bankmitarbeiter an einem Haus vorbeikommen und niemand daheim zu sein scheint, handeln sie aus irgendeinem Grund manchmal etwas übereifrig und wechseln die Schlösser aus."

Aus irgendeinem Grund? Der Grund ist, dass sie Gewürm in einem Tümpel sind und folglich dem Tümpel dienen. Etwa 700 Militärangehörige wurden illegaler Weise von den Banken zwangsgeräumt. Schaut euch an, was ihr da unterstützt, Freunde. Es ist witzig, wie die Zahl der Zwangsvollstreckungen plötzlich zurückging, als der Staat Nevada die betrügerische Einleitung von Zwangsvollstreckungsverfahren im Zusammenhang mit Hypotheken zur Straftat erklärte, die mit zehn Jahren Gefängnis bzw. Strafgebühren über 10.000 Dollar pro Fall geahndet werden könne. Diese Leute *wussten* also, dass ihr Treiben, den Familien die Häuser wegzunehmen, illegal war. Dies zeigt das Ausmaß der Gefühlskälte, mit der wir es zu tun haben (Abb. 595). Ich bin geneigt, Banker als böse zu bezeichnen. Aber dann würde mich das Böse wahrscheinlich wegen übler Nachrede verklagen. Familien sind mitten in der Nacht mit vorgehaltener Waffe gezwungen worden, ihre Häuser zu verlassen. So geschah es auch Christine Frazer aus Atlanta und ihren Angehörigen, die von der Polizei von Dekalb County aufgrund irgendwelcher Behauptungen der Investors One Corporation zwangsgeräumt wurden. Die Hypothek hatte offenbar innerhalb von acht Monaten

Abb. 595: Die Mächte hinter dem Bankensystem entstammen archontischen Blutlinien und kennen daher weder Einfühlungsvermögen noch Barmherzigkeit.

vier Mal den Besitzer gewechselt, bis sie schließlich die genannte Firma erwarb. Andere, wie der 62jährige Kriegsversehrte Ramsey Harris, ließ man einfach im Regen auf der Straße stehen, sein Hab und Gut auf einen Haufen geschichtet, wobei einige Wertgegenstände fehlten.

> „Es brach mir das Herz", erzählte er. „Ich konnte nicht glauben, was da mit mir geschah ... Da stand ich also und sah mein gesamtes Lebenswerk den Bach runtergehen."

Die Liste derartiger Fälle ist endlos – und gnadenlos. Erinnern Sie sich an die beiden Zitate über Greenspan im Besonderen und Bankiers im Allgemeinen:

> „... Ich erinnere mich daran, dass die Rockefellers und die Bushs an Ritualen teilgenommen haben, jedoch niemals in einer leitenden Funktion. Ich betrachte sie daher nach wie vor als so etwas wie Lakaien und nicht als die eigentlichen Ausübenden okkulter Macht. Mit Ausnahme von Alan Greenspan waren die meisten nur Fußvolk innerhalb der okkulten Szene, motiviert von der Aussicht auf wirtschaftliche Macht oder Prestige. Greenspan war jedoch, soweit ich mich erinnere, ein Mensch mit außergewöhnlichen spirituellen bzw. okkulten Kräften. Die Bushs oder die jüngeren Rockefellers wichen ängstlich zurück, wenn er sie nur mal kurz ansah ...
>
> ... Diese Leute sind verdorben und haben kranke Gedanken. Sie sind voller Laster, die aber auf Geheiß von oben geheim gehalten werden. Manche von ihnen ... vergewaltigen Frauen, andere sind Sadomasochisten oder pädophil, und viele sind Satanisten. In manchen Bankgebäuden kann man ihre satanischen Symbole sehen, wie zum Beispiel in der Rothschild-Bank in Zürich. Durch ihre Laster werden diese Leute erpressbar und damit kontrollierbar. Entweder sie befolgen die Anweisungen, die man ihnen erteilt, oder ihre Geheimnisse werden bloßgestellt und ihr Leben zerstört, oder sie werden sogar umgebracht."

Und diese Leute sollen Mitgefühl für Familien haben, die auf die Straße gesetzt wurden, oder sonst irgendeine menschliche Regung bei all dem Leid und Grauen zeigen, das sie verursachen? Sie *lieben* es. Tod und Elend sind für sie energetischer Nektar – je mehr davon, desto besser! Gerade wurde den Banken von den Regierungen mit dem Geld des Steuerzahlers und diversen Einsparungen – ebenfalls auf Kosten der Bevölkerung – aus der Patsche geholfen, doch das hindert die Banker nicht daran, sich selbst weiterhin groteske Prämien zu zahlen, während diejenigen, denen sie ihre Rettung zu verdanken haben, immer tiefer im Morast versinken (Abb. 596). Das Jahr 2013 begann für die Amerikaner mit 210.941 beschlagnahmten Häusern allein im Januar. Das ist jedes 624. Haus in den Staaten überhaupt. Unterdessen erklärte der Präsident der Royal Bank of Scotland, die mit Steuergeldern gerettet wor-

Abb. 596: „Also, du brauchst ein Darlehen, sagst du?"

Abb. 597: Die Welt, an der die archontischen Netzwerke arbeiten – und die offensichtlich bereits auf dem gesamten Planeten Einzug hält.

den war und zu 82 Prozent der Regierung gehört, dass die Bezahlung des CEOs „bescheiden" sei. Er spricht von „bescheidenen" *acht Millionen Pfund* pro Jahr, zusammengesetzt aus Gehalt und Prämien. Diese Leute leben auf einem anderen Planeten. Sie leiden an einer Art von Geisteskrankheit. Kleinunternehmen bekommen mit einem Mal keine Kredite mehr, selbst wenn sie eine lupenreine Kredithistorie vorweisen können, da man die günstige Gelegenheit genutzt hat (und weiterhin nutzt), jeden Wettbewerb kaputt zu machen, damit die Konzerne der Archonten endlich alles kontrollieren können (Abb. 597). Einem Bericht aus dem Jahre 2013 zufolge ist der Prozentsatz an Selbständigen auf dem niedrigsten Stand seit der Gründung der Vereinigten Staaten. Menschen, die sich von Banken, die ihnen Kredit verweigern, und Regierungen, die ihre Sozialleistungen kürzen, in die Enge getrieben fühlen, werden bösartigen, empfindungslosen Kredithaien in die Hände gespült, die phänomenale Zinsen berechnen und bei Zahlungsverzug mit Gewalt drohen. Zu Beginn des Jahres 2013 bezogen in den Vereinigten Staaten fast *50 Millionen* Menschen Lebensmittelmarken, bedingt durch Arbeitslosigkeit und Armut. Dieser neue Rekord bedeutete einen Zuwachs von 70 Prozent seit dem Crash im Jahre 2008. Mit anderen Worten, *15 Prozent* der amerikanischen Bevölkerung leben von Essensmarken – das entspricht einer Verdopplung gegenüber dem Stand von 1975. Premierminister David Cameron und sein Schatzkanzler George Osborne, die beiden reichen Jungs vom Bullingdon Club, beschimpfen und verteufeln die Ärmsten und Verwundbarsten der Gesellschaft – die Arbeitslosen, die Obdachlosen und die Behinderten – und drängen sie in immer schlimmere Zustände von Verderbtheit und Angst. Sie selbst und ihre archontischen Bankiersherren hingegen können tun und lassen, was ihnen beliebt. Die britische Journalistin Sonia Paulton – eine der beschämend Wenigen, die diese Bezeichnung verdienen – hat die von Cameron und Osborne initiierten Sozialleistungskürzungen, die enormes Leid über kranke und behinderte Menschen im Königreich gebracht haben, auf brillante Weise auseinander genommen:

> „Diese Kürzungen werden nun also Gesetz. Eine ganze Nation weint. Wenn die Bestimmungen umgesetzt werden, wird es viel Leid geben. Hier ist ein Beispiel. Jede behinderte oder kranke Person, der man mehr als sechs Monate zu leben gegeben hat und die nicht über ausreichende finanzielle Mittel zur Selbstversorgung verfügt, wird arbeiten geschickt. Wer sich weigert oder eine vorgeschriebene Maßnahme abbricht, muss mit Leistungskürzungen rechnen.
>
> Als nächstes werden wir einen Anstieg der Tests auf Arbeitsfähigkeit bei kranken Menschen erleben, selbst bei Patienten mit Alzheimer oder multipler Sklerose. Sie werden immer wieder getestet werden. Diese Prozeduren werden einen Haufen Geld verschlingen und kranke Menschen endgültig zermalmen. Und was die Kinder betrifft, die sich erdreisteten, behindert auf die Welt zu kommen – nun, die Unter-

stützung, die sie bisher erhalten haben, wurde in Camerons Armageddon-Schlacht gegen die Armen gestrichen."

Hier noch einige weitere Punkte aus Paultons Artikel: Mitarbeiter der (viel zu wenigen) britischen Arbeitsämter sind angesichts der zu erwartenden Stimmung von Verzweiflung und Aussichtslosigkeit im Umgang mit Selbstmorden geschult worden, die unmittelbar in den Gebäuden eines Amtes begangen werden. Obwohl David und Samantha Cameron Multimillionäre sind, beanspruchten sie für ihren schwerkranken, mittlerweile verstorbenen Sohn die Zahlung von Behindertenrente. Camerons Kürzungen sind eine Fortsetzung der von Margaret Thatcher (Konservative Partei) begonnenen Politik, die von Tony Blair (Labour-Partei) übernommen worden war, bevor sie schließlich David Cameron (Konservative Partei) weiterführte. Parteizugehörigkeiten spielen keine Rolle – hinter sämtlichen Parteien sehen wir dieselbe Macht am Werke. Mehr als 300.000 Menschen über 70 gehen in Großbritannien immer noch – oft entwürdigenden – Tätigkeiten nach, da die armselige staatliche Rente, in die sie ihr ganzes Arbeitsleben über eingezahlt haben, nicht zum Leben reicht. Annähernd zwei Millionen Kinder wohnen im Königreich in einem ungeheizten Heim, da die Energieunternehmen die Preise immer weiter in die Höhe schrauben, während ihre Profite ebenfalls immer weiter in die Höhe klettern. Die Nachrichten, die uns Tag für Tag aus der ganzen Welt erreichen, sprechen für sich: Griechenland greift zu verzweifelten Mitteln, nachdem Bürger infolge des Wirtschaftszusammenbruchs von Hunger bedroht sind; Arbeitslosigkeit in Griechenland steigt 2013 auf 29 Prozent; Französische Mutter tötet nach finanziellen Querelen ihre Kinder und sich selbst; Zunahme von Depressionen und Selbstmorden, während sich die Bankenkrise verschärft; Erhöhte Zahl ausgesetzter Kinder durch fortgesetzte Sparpolitik; Todesrate unter Behinderten in Großbritannien „zunehmend'; Zahl der in Armut lebenden Kinder wird sich um 100.000 erhöhen; Ein Viertel der britischen Bevölkerung lässt Mahlzeiten aus, um die Energie zum Heizen zu verwenden; Jeder vierte Amerikaner leidet an Mangelernährung; Bericht: 17 Millionen Amerikaner haben wiederholt nichts zu essen; New York: Immer mehr obdachlose Kinder in Notunterkünften, aber viele werden abgewiesen; Amerikas Abstieg in die Armut; Irland: Die verheerenden sozialen Folgen der Sparmaßnahmen in der Wirtschaft; Spanien plündert 90 Prozent seines Sozialversicherungsfonds, um seine eigenen Schulden aufkaufen zu können. Was für ein krasser Gegensatz zu dieser Meldung: „Fed-Mitarbeiter schusterten ihren eigenen Banken während der Bankenrettung vier Billionen Dollar zu." James S. Henry, Senior-Berater beim Netzwerk Steuergerechtigkeit und Mitglied im internationalen Vorstand der Organisation, sagte:

> „Private Eliten ... haben im Jahr 2010 bei vorsichtiger Schätzung nichtregistrierte Vermögen im Ausland in Höhe von 7,3 bis 9,3 Billionen Dollar angehäuft, während sich der kommunale bzw. staatliche Sektor oft bis zum Bankrott Geld leihen musste und fortwährend mit ‚strukturellen Anpassungen', geringem Wachstum und Ramschverkäufen öffentlicher Vermögenswerte zu kämpfen hatte."

Lloyd Blankfein, der Chef von Goldman Sachs (und Rothschild-Zionist), der eine Menge dazu beigetragen hat, die Weltwirtschaft in die Knie zu zwingen, erklärte gegenüber *CBS*, dass die Menschen länger und härter arbeiten und eine Erhöhung des Rentenalters in

Abb. 598: Lloyd Blankfein schwört, die Wahrheit zu sprechen? Nie im Leben. Das Handzeichen kann nur bedeuten, dass er mal wohin muss.

Kauf nehmen müssten. Blankfein lässt das Böse wirklich alt aussehen (Abb. 598). Nach einem Bericht der Nachrichtenagentur Bloomberg vom Februar 2013 haben die Banken, die solch phantastische Prämien auszahlen, ihre Profite fast zur Gänze der Flut von Steuergeldern zu verdanken, die ihre Kumpane in der Regierung und bei der Federal Reserve Bank in Bewegung gesetzt haben:

> „Kürzlich haben Ökonomen versucht, genau zu bestimmen, um welchen Betrag die Kreditkosten für die großen Banken durch die staatlichen Zuwendungen sinken. In einer ziemlich umfassenden Untersuchung ermittelten zwei Forscher – Kenichi Ueda vom Internationalen Währungsfonds und Beatrice Weder di Mauro von der Universität Mainz – einen Wert von 0,8 Prozentpunkten. Diese Verringerung gilt für sämtliche Verbindlichkeiten, einschließlich Anleihen und Kundeneinlagen.
>
> So klein diese Zahl auch erscheinen mag, machen 0,8 Prozentpunkte dennoch einen gewaltigen Unterschied aus. Multipliziert man diesen Wert nämlich mit dem Gesamtvolumen der Verbindlichkeiten der zehn größten US-amerikanischen Banken (bezüglich der Vermögenswerte), ergibt das ingesamt 83 Milliarden Dollar pro Jahr – aus steuerfinanzierten Subventionen. Das bedeutet, um es anschaulich zu machen, dass die Banken von der Regierung von jedem eingenommenen Steuerdollar drei Cent erhalten.
>
> Die fünf führenden Banken – JPMorgan, die Bank of Amerika, Citigroup, Wells Fargo und Goldman Sachs – erhalten allein 64 Milliarden aus diesen Zuwendungen. Diese Summe entspricht grob geschätzt ihrem typischen jährlichen Gewinn …
>
> … Mit anderen Worten, die Banken auf den Kommandohöhen der amerikanischen Finanzindustrie – mit fast neun Billionen Dollar an Vermögenswerten, was mehr als der Hälfte der Gesamtgröße der US-Wirtschaft entspricht – würden ohne die staatlichen Fördergelder kaum die Gewinnzone erreichen. Ihre offiziellen Gewinne sind also zum großen Teil Umverteilungen vom Steuerzahler zum Aktieninhaber."

Die Royal Bank of Scotland (RBS), die nach einem kolossalen Bail-out zu 81 Prozent der britischen Regierung gehört, hat in einem einzigen Jahr *5,2 Milliarden* Pfund verloren – ich wiederhole: *verloren*. Nichtsdestotrotz zahlte sie „Prämien" in Höhe von insgesamt 600 Millionen Pfund aus. Diese Bande verarscht uns einfach. Wenn man sich die Folgen vor Augen hält, die ihr Gebaren für die Bevölkerung hat – von der sich diese archontischen Parasiten ernähren –, dann muss man konstatieren, dass diese Leute wirklich bösartig sind. Während die Menschen solch enormen Entbehrungen und Nöten ausgesetzt sind, bekommen die Bankenbosse Milliarden an Gehältern ausbezahlt. Von Paris Hilton, Erbin der gleichnamigen Hotelkette und professionelle Dumpfbacke, hört man unterdessen, dass sie mal eben 350.000 Dollar ihres Vermögens von 100 Millionen Dollar (das sie mit Nichtstun verdient hat) für ein zweigeschossiges Häuschen für ihre Köter ausgegeben hat. Auf alternet.org findet sich ein Text, der das Leben eines amerikanischen Hedge-Fonds-Managers (also eines Finanzspekulanten) beschreibt:

> „Steven Cohen [Rothschild-Zionist] von SAC Capital ist ein typisches Produkt des Neuen Vergoldeten Zeitalters. Sein Haus in Greenwich, das ihn 14,8 Millionen Dollar gekostet hat, staffierte er mit Objekten aus seiner persönlichen Kunstsammlung aus. Dazu gehören unter anderem Van Goghs ‚Junge Bäuerin vor einem Weizenfeld' (Kostenpunkt: 100 Millionen Dollar), Gauguins ‚Badende' (50 Millionen Dollar), ein Dripping-Gemälde von Jackson Pollock (ebenfalls 50 Millionen Dollar) und Andy Warhols ‚Superman' (75 Millionen Dollar).
>
> Damit nicht zufrieden, gab Cohen weitere Millionen für Renovierungen und bauliche Erweiterungen aus. Er fügte einen Massageraum, Sporträume, Medienräume, einen kompletten Indoor-Basketballplatz, einen überdachten Swimming Pool, einen Frisiersalon sowie eine Eislaufbahn mit einer Fläche von 6.734 Quadratfuss hinzu. Für die Eisbahn braucht man natürlich auch einen Zamboni, also eine Eisbearbeitungsmaschine, die Cohen in einem 720 Quadratfuss großen Schieferhäuschen untergebracht hat. Munk zitiert einen Augenzeugen, der ihr versicherte: „Sie wären schon froh, wenn Sie in dem Zamboni-Häuschen leben könnten.'"

Das alles kann sich Cohen also leisten, weil er das globale Finanzsystem benutzt wie ein Zocker das Casino. Die Grundfläche seines Hauses hat anscheinend mittlerweile die Marke von 32.000 Quadratfuss überschritten, was etwa der Größe des Taj Mahal entspricht. Wenn man achtfacher Milliardär ist und jedes Jahr nochmals mehr als eine Milliarde Dollar verdient, stellt die Anschaffung eines solchen Heimes aber auch kein großes Problem dar. Die 25 führenden Hedge-Fonds-Manager verdienen zusammengenommen drei Mal so viel wie 80.000 Lehrer (wobei die Lehrer einen höheren Steuersatz haben).

Das Große Ausquetschen

Wenn all das nur durch Gier und Dummheit verursacht worden wäre, dann wäre das schon entsetzlich genug. Doch der Wahnsinn hat Methode – das alles geschieht vorsätzlich und systematisch, um die Massen auf der ganzen Welt zu erdrücken. Wenn wir später zum Kapitel über die „Hunger Games" kommen, werden Sie verstehen, wie sich dies nahtlos in die Pläne zur Unterwerfung der gesamten Menschheit einfügt – die damit eine Dimension erreichen würde, wie sie in der gesamten bekannten Geschichte bisher ohne Beispiel ist. Als erstes nahm man die „Dritte Welt" ins Visier – die „Entwicklungsländer" (Umkehrung) –, um sie mit Hilfe von Ausbeuterfabriken, Sklavenarbeit und erbärmlichen, unhygienischen Lebensumständen zu versklaven. Das war eine wesentliche Voraussetzung, um später dasselbe mit der „freien" Welt machen zu können, da die archontischen Unternehmen auf diese Weise die Möglichkeit hatten, ihre Produkte für ein paar Cents in China und im Fernen Osten herstellen zu lassen – wo die Macht habenden Archonten zu den krassesten auf dem ganzen Planeten gehören – und im Gegenzug Jobs vom Westen in den Osten verlagern konnten (Abb. 599). Der globale Wirtschaftscoup hätte nicht stattfinden können, wenn der Stand der Beschäftigung in Nordamerika und Europa auf dem hohen Niveau geblieben wäre und Arbeit weiterhin anständig entlohnt werden würde. Also trat man einen als „Globalisierung" bezeichneten Machtkonzentrationsprozess los, der die verhängnisvolle Abwanderung von Jobs und Einkommen bewirkte (Abb. 600). Archontische Politiker und Bürokraten in nationalen Regierungen, der Europäischen Union und den Vereinten Nationen – die sich internationaler Rothschild-Rockefeller-Tarnstrukturen wie der Welthandelsorganisation bedienen – haben uns den Glauben an einen „freien Handel" (Umkehrung) verkauft. Freihandel bedeutet in Wirklichkeit die Freiheit für die archontischen Konzerne, jeden Menschen auf der Erde ausbeuten zu können. Die Beseitigung von Handelsbarrieren (Ausbeutungsbarrieren) ging Hand in Hand mit der Deregulierung der Mechanismen zur gegenseitigen Kontrolle im Bereich der Finanzen – die Schweine wurden losgelassen, um den globalen Trog zu plündern. Ich möchte mich hier gleich aufrichtig und uneingeschränkt bei allen Schweinen entschuldigen, dass ich sie hier im Rahmen einer Metapher mit diesen Leuten in Verbindung gebracht habe. Die archontischen Konzerne können ihre Produkte jetzt in fernen Ländern in Sklavenarbeit herstellen lassen. Der Polizeistaat der dortigen Archontenregierung sorgt dafür, dass die Sklaven nicht aus der Reihe tanzen. Die fertigen Produkte werfen dann beim Verkauf im reichen Westen enorme Profite für die Konzerne ab. China stellt so was wie die Blaupause für die Art von Welt dar, die sich die archontischen Unternehmen wünschen: Dort ist eine von Armut geplagte Bevölkerung – in Schach gehalten von einer gewalttätigen und skrupellosen Polizei, die auch in der Lage ist, die Menschen rund um die Uhr zu überwachen – einer unglaublich reichen El-ite zu Diensten. Wer im Westen lebt und nicht sieht, dass genau dieses Szenario auch hier mit jedem Tag ein Stückchen mehr etabliert wird, ist irgendwie nicht ganz bei der Sache. Der vorsätzlich fabrizierte Finanzcrash von 2008 und der darauf folgende größte Transfer von Vermögen bzw. Kaufkraft vom Volk in die Taschen der El-ite seit Beginn der

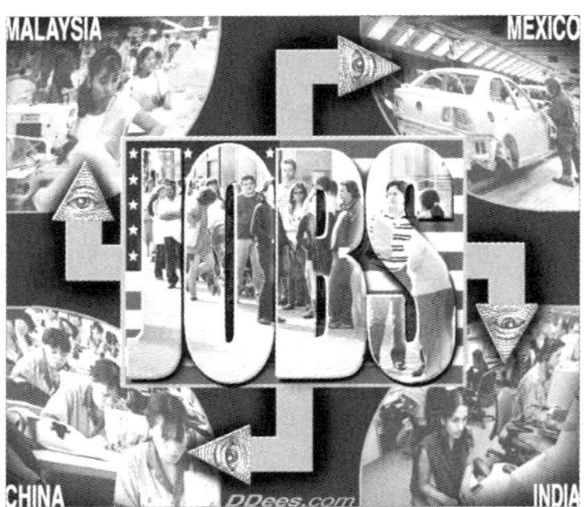

Abb. 599: Arbeiten werden in arme Länder ausgelagert („outsourcing") – wo sie von den Einheimischen in Ausbeuterbetrieben verrichtet werden –, um die amerikanische Wirtschaft in die Knie zu zwingen und die Bevölkerung von der Regierung und ihren Behörden abhängig zu machen.

Abb. 600: „Globalisierung" bedeutet einfach die Ausweitung der globalen Kontrolle der Wenigen über die Vielen.

historischen Aufzeichnungen bedeutete einen gigantischen Schritt auf dieses Ziel hin. Ein weiteres Zeichen, das erkennen lässt, welche Pläne man noch mit uns hat, ist der Einsatz von Gefängnisinsassen, um Produkte zu Sklavenlöhnen herstellen zu können. In den USA machen die Angebote der staatlichen Gefängnisbehörden beim Kampf um Regierungsaufträge den gewöhnlichen Firmen Konkurrenz. Die regierungseigenen Betriebe der Federal Prison Industries (UNICOR) beschäftigen 13.000 Gefangene. Je mehr Häftlinge es gibt, desto mehr können sie produzieren. Amerika verzeichnet mehr Gefängnisinsassen als irgendeine andere Industrienation. UNICOR zahlt als Knast-Sklavenarbeits-Unternehmen der Regierung keine Steuern und bleibt auch von den sonst üblichen Kosten verschont, die privatwirtschaftlichen Firmen von der Regierung (der auch UNICOR gehört) auferlegt werden. Michael Mansh, ein Bekleidungshersteller aus Pennsylvania, hätte um ein Haar seinen Betrieb schließen und einhundert Mitarbeiter entlassen müssen, nachdem sich UNICOR auf unfaire Art und Weise einen größeren Vertrag gesichert hatte. Erst als sich Mansh an landesweit sendende Fernsehstationen wandte, um seine Erfahrungen bekannt zu machen, zog sich UNICOR zurück. Die archontischen Netzwerke sind globale Strukturen – von daher überrascht es nicht, dass man überall die gleichen Muster wiederfindet. So kam heraus, dass Häftlinge des Prescoed Prison im südwalisischen Monmouthshire von einem Call-Center für 40 Penny pro Stunde (also etwa drei Pfund am Tag) beschäftigt wurden. Die betreffende Firma mit dem Namen Becoming Green gab zu, dass sie anderen Mitarbeitern gekündigt hatte, nachdem Strafgefangene angestellt worden waren, um etwas „Arbeitserfahrung" zu sammeln. Kenneth Clarke, einst ein Minister in Margaret Thatchers (in mehr als nur einer Hinsicht) widerlichem Regierungskabinett, gab 2012 eine Verdopplung der Zahl der britischen Gefängnisinsassen bekannt, die 40 Stunden pro Woche für die Privatwirtschaft arbeiten würden – als Schweißer, Gipser, Automechaniker oder Drucker und im Auftrag des privaten Sektors. Clarke, der in Camerons Regierung das Amt des Justizministers innehatte (Umkehrung), nannte Gefängnisinsassen eine „Verschwendung von Ressourcen". Da sehen wir, was wir für diese Leute sind: „Ressourcen". Manche Gefängnisangestellte haben diese Tendenz als „abartig" oder „besorgniserregend" bezeichnet. Sie gewöhnen sich vielleicht besser daran – denn der Endpunkt dieser schleichenden Entwicklung wird erst erreicht sein (falls wir es zulassen), wenn wir wieder Arbeitslager haben. Wir können auch schon die Rückkehr des Schuldgefängnisses beobachten, in das Menschen eingesperrt werden, die schlicht und ergreifend zu arm sind, um ihre „Schulden" (nicht existente Kredite) zu tilgen. Eine Schlagzeile dazu lautete: „Die Rückkehr des Schuldgefängnisses: Wie mittellose Bürger schon in jedem dritten Bundesstaat von Schuldeneintreibern wegen 280 Dollar hinter Gitter gebracht werden". Naja, zumindest gibt's da immer reichlich Arbeit für sie, nicht wahr? Die Amerikanische Bürgerrechtsunion (ACLU) verfasste einen Bericht mit dem Titel „In For A Penny: America's New Debtor Prisons", der offen legt, dass „Tag für Tag mittellose Beklagte ins Gefängnis gesteckt werden, weil sie Schulden nicht mehr bedienen können und auch keine Chance haben, sie jemals zu begleichen ... In vielen Fällen landen arme Männer und Frauen im Strafvollzug oder bekommen Gefängnisstrafen angedroht, obwohl sie keinen Anwalt haben". Der ACLU zufolge würden die Gerichte im Bundesstaat Ohio Menschen illegaler Weise einsperren, da sie viel zu arm sein, um ihre Schulden bezahlen zu können. Oft würden auch Anhörungen verweigert werden, mit denen überhaupt erst einmal geklärt werden würde, ob die Betroffenen eigentlich in der Lage sind, ihre Schulden zu begleichen. In einer Reportage der *New York Times* konnte man lesen, wie die

> „Epidemie von Bußgeldern und Gebühren, die im ganzen Land von unter Geldknappheit leidenden Städten sowie von Privatfirmen, die im Regierungsauftrag das System bewirtschaften, erhoben werden", zu einer „steigenden Zahl armer Personen [führt], die aufgrund geringfügiger Ordnungswidrigkeiten zu Schuldnern werden und im Gefängnis landen".

Es gibt die Gesetze für die Armen und andere Gesetze für die Reichen. Wer eine Geldstrafe bekommt und wohlhabend genug ist, um sie bezahlen zu können, darf nach Hause fahren – alle anderen fahren ein. Dass Sklavenarbeit tatsächlich auf der Agenda steht, zeigt sich auch in der Politik der britischen Regierung im Umgang mit jungen (größtenteils von der Regierung und den Banken verursachten) Arbeitslosen. Tausenden junger Menschen droht die Einstellung der Zahlung von Sozialleistungen, falls sie nicht drei Monate unbezahlter Arbeit leisten. Das beste Beispiel dafür, wie grotesk das derzeitige Geschehen ist, liefert die australische Bergbau-Unternehmerin Gina Rinehart. Die als reichste Frau der Welt geltende Dame forderte ihre Landsleute auf, Lohnkürzungen zu akzeptieren – mit der Begründung, dass man ja Afrikaner schon für zwei Dollar am Tag einstellen könne. Sie ist ferner der Meinung, die Australier sollten „weniger Zeit mit trinken, rauchen und gemeinsamem Zeitvertreib vergeuden und stattdessen mehr arbeiten". Genau – um Mrs. Rinehart noch reicher zu machen.

Ein weiterer Aspekt in der Strategie der archontischen Unternehmen und Regierungen besteht in der fortwährenden Anhebung der Preise für lebenswichtige Erzeugnisse wie Nahrung, Heizöl und Energie sowie der ständigen Erhöhung von Steuern, Gebühren und Kosten aller Art. So sollen die Massen in den höllischen archontischen Albtraum hineingepresst werden, zu dem das Leben für Millionen von Menschen schon jetzt geworden ist. (Sieht man allerdings, wohin die Reise noch gehen soll, herrschen zur Zeit noch vergleichsweise paradiesische Zustände.) Wenn nun alle Amerikaner in einer Zeit, da viele schon in echter finanzieller Bedrängnis stecken, im Rahmen von Obamacare dazu gezwungen werden, eine Krankenversicherung abzuschließen – unter Androhung massiver Strafen durch die Bundessteuerbehörde IRS, wenn sie dem nicht Folge leisten –, dann ist das mit dem Gesamtbild nur stimmig. Daneben liefern diese Vorgänge übrigens einen weiteren Beweis (nicht dass noch einer nötig gewesen wäre) für den seelenlosen Charakter des Androiden, der das Weiße Haus bewohnt. Das Mach-die-Gesetze-wie-es-dir-gerade-passt-Justizsystem entschied im Jahre 2013 auch, dass die Regierung die Zahlung von Leistungen aus der Sozialversicherung verweigern darf – in die die Menschen ihr ganzes Leben lang eingezahlt haben –, wenn sich jemand nicht für die bundesstaatliche Krankenversicherung Medicare anmeldet oder sie verlässt. Und das, obwohl Medicare als freiwillig gilt. Tja, wir haben's uns halt gerade anders überlegt – Pech gehabt. Der Rechtsanwalt Kent Masterson Brown, der den Richterspruch im Auftrag seiner Klienten anfechtete, äußerte dazu:

> „Die Richter haben es nicht nur den Behörden erlaubt, sich selbst zu ermächtigen, die Sozialversicherungszahlungen eines Rentners zu beschlagnahmen, wenn dieser

aus Medicare ausschert, sondern sie gestatten ihnen auch, freiwillige Programme in Pflichtprogramme umzuwandeln."

Das ist das neue Amerika, Kumpel. Die Besteuerung hat ein unglaubliches Ausmaß erreicht. Wenn Sie einmal zu Ihrer Einkommenssteuer sämtliche anderen Steuern hinzuaddieren und obendrauf noch die explodierenden indirekten Belastungen durch immer höhere Gebühren und Bußgelder packen, wird Ihnen die Spucke wegbleiben, welcher Prozentsatz Ihres Einkommens an die Regierung fließt. Ein Artikel auf Gazette.net hat das gut erfasst:

> „Betrachten Sie einmal all die Wege, über die wir Abgaben zahlen: Wenn wir geboren werden (Geburtsurkunde), wenn wir sterben (Sterbeurkunde), wenn wir Geld verdienen (Einkommenssteuer), wenn wir Geld ausgeben (Mehrwertsteuer), wenn wir etwas besitzen (Vermögenssteuer), wenn wir Eigentum verkaufen (Kapitalertragssteuer), wenn wir zu einem Konzert oder einem Fußballspiel gehen (Vergnügungssteuer) und wenn wir ein Fahrzeug führen (Fahrerlaubnis, Registrierung, Maut, Benzinsteuer). Dazu kommen Sondersteuern auf Mobiltelefone, Tabak, Alkohol, Energie usw. Wenn wir dann sterben, wird unser gesamtes, in einem Leben erarbeitetes Vermögen nochmals versteuert (Erbschaftssteuer). Himmel – sie besteuern sogar unseren Stuhlgang (Klosteuer, engl. ‚flush tax')!"

In der Tat – bei der Erhebung der Erbschafts- bzw. Nachlasssteuer besteuert die Regierung erneut, was sie *schon besteuert hat*, bevor der Rest den Lieben überlassen wird. In dem Artikel ging es eigentlich darum, dass der Bundesstaat Maryland eine Regensteuer einführen wollte, nachdem die Umweltschutzbehörde (Umkehrung) den Staat angewiesen hatte, den Regenwasserabfluss in die Chesapeake-Bucht für 14,8 Milliarden Dollar zu reduzieren. Die Höhe der Regensteuer, die ein Bürger zu zahlen hat, wird anhand der Bodenfläche ermittelt, die auf seinem Grundstück durch Veranden, Auffahrten, Dächer oder irgendwelche anderen Objekte, die das Versickern des Regenwassers behindern, bedeckt ist. Um die Größe dieser Fläche zu ermitteln, werden Satellitenbilder und geographische Informationssysteme eingesetzt. Niemand hat ernsthaft angenommen, dass man Google Earth geschaffen hat, damit es den Menschen diene, oder? Das sind alles Beispiele dafür, wie sich der archontische Staat schmarotzend der Lebenskraft und der schöpferischen Phantasie der Menschheit bedient, zum Wohle der geisteskranken Archonten. Die Mittelklasse wird in den ökonomischen Abgrund gesaugt, auf dass sie zusammen mit der so genannten Arbeiterklasse eine einzige *Fronarbeiter*-Kaste bilde, die der zahlenmäßig verschwindend kleinen El-ite zu Diensten ist. Elite und Leibeigene bleiben dabei durch Segregation, räumliche Entfernung und die Orwellsche Gewaltherrschaft, die mit jeder Stunde deutlicher zu Tage tritt, voneinander separiert (Abb. 601). Kurz, die Armen werden noch ärmer gemacht, und wer bisher nicht

Abb. 601: Alles von vornherein kalkuliert.

zu den Armen zählte, wird bald auch dazu gehören. Derzeit gibt es noch sehr viele Menschen, die weder zu den Armen noch zu den Superreichen zählen (und auch nicht den Familien der Kabale angehören). Auf diese Gruppe haben es die archontischen Mächte in der nächsten Etappe der Unterwerfung der Massen abgesehen. Das ist der Hintergrund der Geschehnisse auf Zypern im März 2013, als private Bankkonten konfisziert und geplündert wurden. Bis zu diesem Zeitpunkt bestand die Methodik, nach der das Vermögen der Menschen zu den Banken transferiert wurde, in der Erhebung von Steuern durch die Regierung sowie in der Neuverschuldung des Staates. Die Folge davon war eine Politik der Sparsamkeit, unter der vor allem die Armen zu leiden haben. Damit hatte man aber noch nicht das „Problem" gelöst, das jener Teil der Bevölkerung darstellt, der finanziell immer noch gut dasteht. Um auch diese Gruppe einzusacken, müssen sich die Verschwörer unmittelbar der Vermögenswerte dieses Personenkreises bemächtigen. Genau diesen Präzedenzfall schuf man in Zypern, nachdem das Bankensystem des Landes ins Trudeln geraten war – offenbar aufgrund seiner finanziellen Verbandelung mit der kurz zuvor kollabierten griechischen Wirtschaft. Der „Rettungs"-Plan wurde auf Geheiß der so genannten „Troika" aus Rothschild-kontrollierter Europäischer Zentralbank, Rothschild-kontrolliertem IWF und Rothschild-kontrollierter Europäischer Kommission ausgehandelt, unter Beteiligung des Rothschild-beherrschten Deutschland. Der „Deal" (Diebstahl durch den Staat) sah folgendermaßen aus:

- Die Laiki Bank (die zweitgrößte Bank des Landes) wurde in zwei Hälften geteilt, eine „schlechte Bank" und eine „gute Bank", bevor man sie endgültig abwickelte und tausende Menschen ihren Arbeitsplatz verloren.
- Bankguthaben von weniger als 100.000 Euro (die im Prinzip die „gute Bank" bildeten) sind durch die Gesetzgebung der EU versichert und wurden auf die größte Bank Zyperns, die Bank of Cyprus, übertragen.
- Guthaben über 100.000 Euro, die nicht durch das EU-Recht geschützt sind, ordnete man der „schlechten Bank" zu.
- Dann wurden sämtliche Konten der „schlechten Bank" sowie auch alle Einlagen bei der Bank of Cyrus, die 100.000 Euro überstiegen, eingefroren und dazu verwendet, die Schulden der Laiki Bank zu tilgen und die Bank of Cyprus zu sanieren. Die nicht versicherten Bankkunden müssen sich nun mit erzwungenen Verlusten von bis zu 60 Prozent ihrer Einlagen abfinden – in einigen Fällen sogar bis zu 80 Prozent.

Die Inhaber dieser letztgenannten Konten hatten keine Wahl. Die „Troika" hat ihnen ihr Geld schlicht und ergreifend geklaut. Die Propagandamaschine stellte die Tatsache in den Vordergrund, dass viele der betroffenen Konten reichen Russen gehörten. (Das war ja auch einer der Gründe für diesen Schachzug.) Doch bei dem weitaus größten Teil der Inhaber der beschlagnahmten Konten handelte es sich um Menschen, die ihr Leben lang geschuftet hatten, um ein solches Vermögen zusammenzutragen. Nun wurden ihnen auf einen Schlag bis zu 80 Prozent ihrer Einlagen über 100.000 Euro gestohlen. Gestern noch lebten sie ihr geruhsames Leben – wohlverdienter Lohn jahrzehntelanger Arbeit –, heute ist der größte Teil davon einfach verschwunden, geraubt vom Staat und vom Bankensystem. Ich höre die Leute sagen, die sind doch aber lange nicht so schlimm dran wie die Menschen, die gar keinen Besitz haben. Das ist schon richtig, aber der Punkt ist, dass alles miteinander zusammenhängt. Diese beiden Gruppen von Betroffenen sind nur zwei verschiedene Seiten desselben Krieges gegen die Freiheit des Menschen. Man sollte diesen Kontext unbedingt im Auge behalten – oder das „Teile und herrsche" wird so lange weitergehen, bis wir alle miteinander am Abgrund stehen. Zum „Deal" gehörte des Weiteren der Verkauf einiger staatseigener Firmen, über die sich nun die Archonten freuen. Die Ereignisse von Zypern, einschließlich der Erschütterung der Banken infolge des von Goldman Sachs eingerührten Finanzkollapses in Griechenland, waren schon seit langem geplant. Zu Beginn des Jahres 2013 wurden ganz plötzlich riesige Geldmengen von den zypriotischen Banken abgehoben. Das lässt sich sicherlich zu einem großen Teil darauf zurückführen, dass gewisse Individuen, die über Vorwissen verfügten, ihre Freunde und Geschäftspartner über das Bevorstehende warnten. In den italienischen Medien hieß es, dass in der Woche unmittelbar vor Bekanntmachung der Krise 4,5 Milliarden Euro das Land verließen. Die angesehene zypriotische Zeitung *Filelftheros* enthüllte, dass Zyperns Präsident Nikos Anastasiades einigen engen Freunden Hinweise gegeben hatte, so dass diese ihr Geld außer Landes schaffen konnten. Seinem Volk, das zu vertreten er erst einen Monat zuvor gewählt worden war, verriet er nichts. Dem Blatt *Haravgi* zufolge verschob ein Unternehmen, das sich im Besitz von Verwandten des Präsidenten befindet, einen Millionenbetrag ins Ausland – nur Tage, bevor sich die EU der Guthaben der Bürger bemächtigte. Der niederländische Minister für Finanzen und Vorsitzende der Euro-Gruppe der Europäischen Union, Jeroen Dijsselbloem, vertrat die Ansicht, dass das in Zypern zur Anwendung gebrachte „Rettungsprogramm" ein „neues Modell" zur Lösung von Bankenproblemen innerhalb der Eurozone darstelle und „andere Länder vielleicht ihren Bankensektor reorganisieren müssten". Diese Äußerung löste heftige Empörung und große Besorgnis aus, so dass Dijsselbloem schließlich zurückrudern musste. Dabei war ihm einfach herausgerutscht, was der Plan tatsächlich vorsieht: Nämlich, den Menschen ihr Geld zu stehlen. Zur Zeit gibt die EU innerhalb der Eurozone, wie schon erwähnt, für alle privaten Bankguthaben bis 100.000 Euro eine Garantie. (Daher konnte man diese Konten beim „Deal" von Zypern nicht belangen.) Doch die Krise muss einfach nur immer weiter eskalieren (so wie es geplant ist), bis es eines Tages heißen wird: „Wir können uns diese Garantie nicht länger leisten." Dann können die archontischen Mächte endlich jedermann die Taschen leeren und ihren globalen Orwell-Staat aus Superreichen und Superarmen errichten, vor dem ich nun schon seit fast 25 Jahren warne. Im Gefolge des Zypern-Raubs kamen auch interne Memos des amerikanischen Heimatschutzministeriums ans Licht, aus denen hervorgeht, dass man dort glaubt, unter dem (mit den Anschlägen vom 11. September gerechtfertigten) Patriot Act jedes beliebige Bankkonto ohne richterliche Erlaubnis beschlagnahmen zu dürfen. Ebenso könne man jedes Bankschließfach öffnen, inspizieren und gegebenenfalls „Barrengold, Goldmünzen, Schusswaffen jeder Art – sofern nicht vor 1878 hergestellt –, Dokumente wie z.B. Pässe oder Kontoauszüge ausländischer Banken, pornographische Erzeugnisse und jede andere Art von Gegenständen entnehmen, die nach dem Dafürhalten des Agenten illegaler Natur sind". Das kanadische Regierungskabinett des bis in die Fingerspitzen von den Rothschild-Zionisten kontrollierten Premierministers Stephen Harper hat für den Fall, dass auch kanadische Banken bankrott gehen sollten, „Bail-ins" nach dem Vorbild Zyperns vorgeschlagen. Indem sie dir dein Geld wegnehmen, pressen sie dich in die Knechtschaft. Mit dem Präzedenzfall von Zypern ist das Vertrauen in das Bankensystem erheblich beschädigt worden. Die Wahrscheinlichkeit von Bankpleiten ist damit sogar gestiegen – aber das gehört alles mit zum Drehbuch. Griechenland ist nicht mehr *Mitglied* der EU – in der Tat, das Land ist jetzt *Kolonie*. So möchten es die Familien der Archonten, deren Ziel die Unterwerfung der Massen ist, gerne überall haben. Griechenland hat im Rahmen eines Rettungsdeals zugestimmt, dass die Kreditgeber gegebenenfalls die gesamten Goldreserven des Landes von 111 Tonnen einziehen können. Dasselbe Ziel verfolgen die Archonten auch mit anderen Ländern, deren Goldvorräte deutlich größer sind: Portugal (382,5 Tonnen), Frankreich (2.435,4 Tonnen) und Italien (2.451,8 Tonnen). Wenn Griechenland zahlungsunfähig wird, werden die Vermögenswerte des Landes beschlagnahmt und das Land wird keinen internationalen Handel mehr betreiben können. Griechenland wird zu Brei geschlagen – und liefert damit nur die Blaupause für alle anderen Länder. Das Volk soll so verzweifelt sein, dass die Menschen entweder anstandslos alles tun, was man von ihnen verlangt, oder zu schwach sind, um Widerstand zu leisten. Ein zentrales Element innerhalb des Netzwerkes bildet die in London ansässige Fabian-Gesellschaft. Der Name geht, wie ich schon an anderer Stelle ausgeführt habe, auf einen römischen General zurück, dessen Credo lautete, niemals in eine entscheidende Schlacht zu ziehen, wenn diese auch verloren werden konnte. Stattdessen bestand sein Ansatz darin, den Feind über einen längeren Zeitraum hinweg derart zu schwächen, dass er schließlich mit seiner Armee einfach ungehindert einmarschieren und den Laden übernehmen konnte. Damit ist präzise das Vorgehen der archontischen Blutlinien gegenüber der Menschheit beschrieben. Derzeit betreten wir innerhalb dieses Prozesses eine neue Ebene.

Das gegenwärtige System soll aller Wahrscheinlichkeit nach durch den so genannten „Derivate-Markt" endgültig zu Fall gebracht werden. Ein Derivat funktioniert, vereinfacht dargestellt, etwa so: Ein Gauner sichert seine Finanzwetten dadurch ab, dass er andere dahingehend bescheißt, dass sie das Risiko für ihn tragen, und indem er dasselbe Finanz-„Produkt" an mehrere Käufer vertickt, die alle glauben, sie seien die einzigen Besitzer. Der Derivate-Irrsinn ist eine weitere Variation der Idee, Finanzkonstrukte aus dem Nichts und ohne jede reale Substanz zu erschaffen und damit in naher Zukunft eine gewaltige Katastrophe auszulösen. Mit Derivaten hat man ursprünglich auf dem „Swap-Markt" gearbeitet, doch dann hielten sie auch in den Future-Märkten Einzug. Beiden ist gemeinsam, dass sie im Prinzip riesige, abscheuliche Casinos darstellen; aber die Future-Märkte sind weniger Regulierungsmechanismen unterworfen. In einer Quelle sah ich den „Wert" des Derivate-Marktes einmal mit 639 Billionen Dollar angegeben. Ohne offizielle Zahlen kann man hier aber sowieso nur schätzen. Nimmt man sämtliche Derivate in allen Finanzmärkten der Welt zusammen, kommt man laut Paul Wilmott, einem Experten auf diesem Gebiet, auf einen Gesamtbetrag von etwa 1,2 Billiarden Dollar. Oder als Zahl ausgeschrieben: 1.200.000.000.000.000 Dollar. Das entspricht etwa dem 20fachen Wert der gesamten Weltwirtschaft. Wenn man da jetzt sagen würde, dass diese Zahlen irgendwie keinen Sinn ergeben, wäre das in etwa so, als bezeichnete man Attila den Hunnen als emotional nicht ganz ausbalanciert. Tatsächlich beläuft sich der Wert des gesamten Derivate-Marktes auf null. Er besteht aus nichts weiter als heißer Luft – sämtliche Transaktionen, die vor diesem Hintergrund getätigt werden, existieren nur auf dem Papier und in den Köpfen der Beteiligten. Wenn dieser offenkundige Umstand erst einmal einer breiteren Öffentlichkeit bewusst wird, dann – *bumm! krach! klonk!* – gute Nacht und Gnade uns Gott. Die Regulierungsbehörden der Vereinigten Staaten haben den dortigen Banken schon grünes Licht gegeben, etwaige Schwierigkeiten durch zum Scheitern verurteilte Derivategeschäfte gegebenenfalls durch Rückgriff auf das Geld der Bankkunden – das sind Sie und ich – zu bewältigen. Die Absicht dahinter ist, den übergroßen Teil der Weltbevölkerung an den Bettelstab zu bringen. Die Menschen sollten besser beginnen, ein paar Vorkehrungen zu treffen – was immer im Rahmen ihrer Möglichkeiten liegt –, denn den Punkt, von dem aus es kein Zurück mehr gibt, haben wir (in jeder Hinsicht) schon längst überschritten. Eine der Organisationen, die man dabei unbedingt im Auge behalten sollte, ist die CME Group (Chicago Mercantile Exchange). Sie handelt in Chicago und New York mit großen Derivaten und Termingeschäften. Der Ehrenpräsident der CME Group ist der Rothschild-Zionist Leo Melamed, der auch dem strategischen Lenkungsausschuss der Gruppe vorsteht. Wir werden sehen.

Archontische Gesetzgebung: Eine Version für das Volk und eine andere für uns

Das korrupte und verkommene Bankensystem hat die Wirtschaft des gesamten Planeten an die Wand gefahren, mit extremen Auswirkungen auf das Leben von Milliarden Menschen. Nichtsdestotrotz wurde kein einziger der Hauptverantwortlichen auch nur verhaftet – geschweige denn, dass man sie für ihre organisierten Verbrechen gegen die Menschheit verurteilt hätte. Wenn sich die Jungs von Goldman Sachs, JP Morgan und Konsorten an ihre kriminellen Geschäfte machen, dann tun sie das in dem Bewusstsein, dass die verschiedenen Zweige der Regierung, die Behörden und die Gerichte – sprich, sämtliche Instanzen, die ihnen an den Karren fahren könnten – ihnen gehören. Der „kleine Mann“ wird wegen unbedeutender Drogen- oder Gelddelikte für Jahre ins Gefängnis gesteckt. Wenn aber eine Großbank wie die HSBC dabei erwischt wird, wie sie für das mexikanische Drogenkartell Milliardensummen wäscht, wird keiner der führenden Verantwortlichen des Hauses auch nur angeklagt. Das amerikanische Justizministerium – im Englischen übrigens als Department of Justice bezeichnet, was dem Buchstaben nach auch „Ministerium für Gerechtigkeit“ bedeutet (Umkehrung) – hat den Vorgang einfach mit einer Geldstrafe in Höhe von 1,9 Milliarden Dollar zu den Akten gelegt. Bei einem Profit von annähernd 16 Milliarden Pfund im selben Jahr hat die HSBC diesen Betrag im Handumdrehen wieder drin. Der Chefmanager der Bank, Stuart Gulliver, erhielt übrigens einen *Bonus* von zwei Millionen Dollar ausgezahlt. Auch die im Libor-Skandal (Libor steht für London Interbank Offered Rate) verhängten Bußgelder konnten die Verurteilten aus der Portokasse bezahlen. Hintergrund dieses Skandals war die Enthüllung, dass verschiedene Banken in geheimer Absprache ihre Angaben über die Zinssätze führender Londoner Banken gefälscht hatten. Sinn der Sache war es, die betreffenden Banken kreditwürdiger erscheinen zu lassen, als sie es tatsächlich waren, und dadurch ordentliche Profite einzufahren. Damit ist das gesamte Weltfinanzsystem deformiert worden, da der Libor, ein täglich neu festgelegter Referenzzinssatz, bei Transaktionen verschiedenster Art – Hypotheken, Darlehen, Investitionen durch Rentenfonds oder lokale und staatliche Regierungen usw. – herangezogen wird. Da die Verantwortlichen nicht zur Rechenschaft gezogen wurden, mussten die Leidtragenden des Skandals etwaige Entschädigungen auf zivilrechtlichem Wege einklagen. Doch eine New Yorker Richterin namens Naomi Reice Buchwald lehnte im März 2013 eine Sammelklage gegen Banken wie die Bank of America und JPMorgan Chase weitgehend ab. Dieselbe Richterin hatte auch einmal einen Antrag einer Vereinigung von Biobauern und Saatguthändlern abgewiesen, die wegen Monsantos genetisch modifiziertem Saatgut in Sorge waren. Die Begründung der Richterin lautete damals, die Klage sei der „durchsichtige Versuch, eine Kontroverse zu schaffen, wo es keine Kontroverse gibt". Ich frage mich, ob sie auch bei der Thematik der genetisch veränderten Organismen, zu der wir noch kommen, von einer „Kontroverse, wo es keine Kontroverse gibt" sprechen würde. Der amerikanische Finanzminister Timothy Geithner (Rothschild-Zionist) gab bei Befragungen durch Vertreter der Legislative zu, dass er über die Manipulation des Libor durch die Banken im Bilde war, die Justiz aber nicht davon in Kenntnis setzte. Die Konsequenzen für Herrn Geithner nach diesem Geständnis? Exakt null. Glenn Greenwald beschrieb diese Heuchelei in einem Artikel für den *Guardian*:

> „Die Vereinigten Staaten sind die größte Gefängnisnation der Welt. Hier sitzen mehr Bürger hinter Gittern als in irgendeinem anderen Land der Erde – sowohl in absoluten Zahlen als auch hinsichtlich des prozentualen Anteils an der Gesamtbevölkerung. In den USA werden Menschen länger und unbarmherziger als irgendwo sonst im Westen eingesperrt, und dies schon für Bagatelldelikte. Dieses ausufernde Strafsystem wurde über Jahrzehnte von beiden großen Parteien gleichermaßen aufgebaut und bestraft Arme und ethnische Minderheiten in einem deutlich überproportionalen Ausmaß.
>
> Aber nicht jeden trifft die Härte des Gesetzes mit der gleichen Wucht. Die Verhältnisse ändern sich dramatisch, sobald ein Vertreter der Machtelite der Nation bei einer Gesetzesübertretung erwischt wird. Ihnen gegenüber lässt man, von wenigen Ausnahmen abgesehen, nicht nur Milde walten, sondern gewährt ihnen gar völlige Immunität vor strafrechtlicher Verfolgung.
>
> Auf diese Weise konnten im zurückliegenden Jahrzehnt die ungeheuerlichsten Verbrechen begangen werden, ohne dass die Verantwortlichen eine Anklage hätten befürchten müssen – sofern sie nur der Riege der Mächtigsten in Politik und Wirtschaft angehörten: Die Etablierung eines weltweiten Folterregimes; das Ausspionieren der Kommunikation unter amerikanischen Bürgern durch Regierungsbehörden und die Telekommunikationsindustrie, ohne Vorliegen der nach dem Strafrecht erforderlichen richterlichen Ermächtigungen; ein unter falschem Vorwand begonnener aggressiver Krieg; sowie der massive, systematische Finanzbetrug in der Bank- und Kreditwirtschaft, durch den die Finanzkrise von 2008 ausgelöst wurde."

Die amerikanische Regierung hat die Banken sogar angewiesen, zur Untersuchung der vorgeblichen illegalen Zwangsvollstreckungen *eigene* „unabhängige Ermittler“ einzustellen (die dann mit Honoraren in Höhe von insgesamt zwei Milliarden Dollar entlohnt wurden). Was wir heute allerorten erleben, könnte man sich selbst mit viel Fantasie kaum noch ausdenken, und die offenkundigen Interessenkonflikte versucht man gar nicht mehr zu verbergen. Obama hat Mary Jo White zur Chefin der US-Börsenaufsichtsbehörde SEC (Securities and Exchange Commission) ernannt. Die Aufgabe der Inhaberin dieses Amtes ist es, die Machenschaften der Banken im Zaum zu halten – doch die letzten zehn Jahre hat White als Teilhaberin der Anwaltskanzlei Debevoise & Plimpton damit verbracht, Banken gegenüber der SEC und anderen Regulierungsbehörden zu *verteidigen*. Davor wiederum war sie die erste Frau im Amt einer US-Staatsanwältin für den Southern District von New York und als solche unter anderem zuständig für die Wall Street. Damals war es dieselbe Mary Jo White, die eingriff, um Untersuchungen der SEC im Fall John Mack zu unterbinden. Der frühere Vorsitzende und CEO von Morgan Stanley stand wegen Insidergeschäften unter Verdacht. Als sich der Ermittler der SEC darüber beklagte, dass seine Nachforschungen behindert würden, wurde er auf der Stelle und ohne Vorwarnung gefeuert. Das bedeutete das Ende für die Ermittlungen. Und nun sollte dieselbe Person die Wall Street in Schach halten? Das war natürlich ein Witz, aber das ist die Art und Weise, mit der die archontischen Banken und Unternehmen mit ihrem organisierten Verbrechen davon kommen. Sie sorgen einfach dafür, dass die Regierungsbehörden, die offiziell dazu da sind, ihresgleichen zu regulieren und gegebenenfalls strafrechtlich zu verfolgen, von ihren eigenen Leuten geführt werden. Die Drehtür zwischen den Regulierern und den Regulierten, zwischen denen die archontischen Platzhalterfiguren hin- und herhuschen, rotiert wie ein Kreisel. Dave Hartnett war in leitender Position für die britische Steuerbehörde Revenue and Customs tätig, bis er der Lüge bezichtigt wurde und zurücktrat. Doch er wurde umgehend von der HSBC eingestellt – einer Bank, mit der er im Rahmen seiner Tätigkeit bei Revenue und Customs zu tun gehabt hatte. Hartnetts neue Aufgabe bei der HSBC? Er fungierte dort nun als Berater in Fragen der *„Ehrlichkeit“*. Als nächstes wird herauskommen, dass Stalin Hitler in Sachen Frieden und Liebe unterwiesen hat. Solche Geschichten wie die von Hartnett, bei denen Beamte der amerikanischen Regulierungsbehörden (Nicht-) Ermittlungen gegen Banken bzw. Firmen aus der Finanzbranche geleitet haben, von denen sie dann später eingestellt wurden, gibt es wie Sand am Meer. Nicht anders verhält es sich auch mit den Ölfirmen. So führten europäische Behörden im Mai 2013 bei BP und Shell aufgrund des Verdachts auf Mauscheleien bei den Ölpreisen Razzien durch. Doch Premierminister Cameron verkündete, dass man nach den aktuellen Gesetzen niemanden aus den Führungsetagen juristisch belangen könne. *Wie bitte?* Die Korruption hat einen Grad und ein Ausmaß erreicht, dass einem schwindlig werden kann. Doch so erklärt sich, warum hochkriminelle Vertreter der Banken bzw. Unternehmen einer Bestrafung entgehen, während Menschen wie der 83jährige Jacques Wajsfelner aus Weston, Massachusetts, wegen geringfügiger Ordnungswidrigkeiten für *fünf Jahre* in den Knast wandern. Wajsfelner, der einst aus Nazi-Deutschland ins „Land der Freiheit“ geflohen war, hatte seine Vermögen auf ausländischen Bankkonten nicht angegeben. Er hatte noch nicht einmal Steuern hinterzogen. Das Prinzip, für die Reichen und Mächtigen eine andere Rechtsprechung zu praktizieren als für alle anderen, wird mittlerweile schon offen und frech angewendet. Das finale

Ziel dabei ist die Schaffung einer Situation, in der Gesetze für die Reichen und Mächtigen *überhaupt nicht mehr* gelten – nur noch für alle anderen. Auch das Steuerzahlen ist Sache des kleinen Mannes. Wenn diesem bei seinen Steuerangelegenheiten einmal ein Fehler unterläuft oder die Behörden kleinere Unstimmigkeiten feststellen, wird das mit unverhältnismäßig hohen Geldstrafen geahndet. Die großen Unternehmen und Banken zahlen dagegen oftmals überhaupt keine Steuer. Ich hatte diese Thematik in meinem Buch „Remember Who You Are" ausführlich beleuchtet. Seitdem kam heraus, dass Starbucks, Google, Apple und Amazon in Großbritannien keine oder nur wenig Unternehmenssteuer auf ihre im Königreich erwirtschafteten Gewinne zahlen. Amerikanische Banken verlagern ihre Geschäfte ins Ausland, um der Steuer gleich gänzlich zu entgehen. Das macht die Genannten zu *Parasiten* (da ist schon wieder dieses Wort), die beim britischen bzw. amerikanischen Volk schmarotzen; denn es sind die Menschen, die über die Wirtschaft die Profite für die Großen generieren. Die Bank of America hat auf den Kaimaninseln mehr als 200 Tochterunternehmen gegründet. Auf diese Weise zahlt sie nicht nur keine Steuern, sondern bekam vom Internal Revenue Service auch noch einen Steuernachlass in Höhe von 1,9 Milliarden Dollar gewährt – von demselben IRS also, der mit dem kleinen Mann so unbarmherzig umspringt. JP Morgan Chase und Goldman Sachs haben mit derartigen Methoden gar 4,9 Milliarden bzw. 3,3 Milliarden Dollar an Steuergeldern gespart. Die Citigroup hat in den vier Jahren, seit sie von der Federal Reserve Bank im Jahre 2008 Rettungsgelder in Höhe von insgesamt 2,5 Billionen Dollar erhalten hatte, keine Bundesertragssteuer gezahlt. Die großen Unternehmen führten laut Statistik im Jahre 2011 im Mittel gerade einmal 12,1 Prozent ihrer Einnahmen als Steuern ans Finanzamt ab – und in 25 Fällen *erhielt der Firmenboss ein höheres Gehalt als das Unternehmen insgesamt an Ertragssteuer zahlte*. Lin Homer, Staatssekretärin der britischen Finanzbehörde Revenue and Customs, erklärte, dass die Regierung des Königreiches internationale Unternehmen nicht daran hindern könne, ihre Gewinne in anderen Ländern mit niedrigen Steuersätzen zu deklarieren, selbst wenn sie in Großbritannien erwirtschaftet worden sind. Allein der Konzern Google hat, wie sich herausstellte, in einem einzigen Jahr Steuerzahlungen in Höhe von 10 Milliarden Pfund umschifft, indem er fast 80 Prozent seiner Vorsteuergewinne auf eine Briefkastenfirma auf den Bermuda-Inseln übertrug. Ganz ähnlich spart auch Microsoft (die von Bill Gates gegründete Firma, der er auch vorsteht) Jahr für Jahr 159 Millionen Pfund an Unternehmenssteuern ein, indem die Gewinne über Luxemburg und Irland auf die Bermudas umgeleitet werden. Die britische Niederlassung von Amazon zahlte bei einem Jahresumsatz von 7,1 Milliarden Pfund gerade einmal 2,3 *Millionen* Pfund Körperschaftssteuer. Ähnliche Zahlen findet man auch bei Googles britischem Ableger: 2,5 Milliarden Pfund Umsatz stehen einer Steuerzahlung von 6 Millionen Pfund gegenüber. 2012 kam heraus, dass das Unternehmen Starbucks seit seinem Start in Großbritannien im Jahr 1998 nur 8,6 Millionen Pfund Körperschaftssteuer gezahlt hat – bei Verkaufserlösen von insgesamt drei Milliarden Pfund. Angesichts des Unmuts, den diese Enthüllung in der Bevölkerung hervorrief, erklärte sich Starbucks dann *freiwillig* bereit, jedes Jahr 10 Millionen Pfund zu zahlen. Haben Sie das schon mal gemacht – vorgeschlagen wie viel Steuern Sie gern zahlen würden? Die Organisation Corporate Watch fand in akribischen Nachforschungen heraus, dass sechs in Großbritannien agierende Wasserversorger Steuerzahlungen in Millionenhöhe umgingen, indem auch sie sich – einmal mehr

– in Steueroasen flüchteten und ein juristisches Schlupfloch ausnutzten, das die britische Regierung vorgezogen hatte nicht zu schließen. Während diese Tatsachen enthüllt wurden, kletterten die Wasserpreise für die gebeutelte Bevölkerung immer weiter in die Höhe. Genau das gleiche Spiel konnten wir auch im Energiesektor erleben: Zur gleichen Zeit, als der britische Ableger des Energieriesen EDF massive Preissteigerungen ankündigte, wurde bekannt, welche enormen Profitzuwächse er verzeichnete. An dieser Stelle müssen wir jedoch sehr wachsam sein: Für das *Problem* der globalen Konzerne, die keine Steuern zahlen, wird als *Lösung* die Einrichtung eines weltumspannenden Besteuerungssystems vorgeschlagen werden – dies würde jedoch eine Weltregierung und eine einheitliche globale Finanzstruktur erfordern. Wenn man sieht, dass etliche Politiker, die Google für seine Steuervermeidungstaktiken tadeln, gleichzeitig bei vielen Veranstaltungen des Konzerns auf der VIP-Liste stehen, spricht das sehr dafür, dass wir ein solches Szenario in der nahen Zukunft erleben werden. Unterdessen zieht man kleinen Unternehmen, die versuchen, mit den quasi-steuerfreien Giganten mitzuhalten, auch noch den letzten Penny aus der Tasche. Man erlebt sogar schon, dass die korrupten britischen Steuerbehörden kleine Geschäfte wie etwa Friseure oder Klempner öffentlich für angebliche Steuerschulden anprangern, während man gegen die Steuerarroganz der Großunternehmen nicht das Geringste unternimmt. Was für ein Spiel: Die kleinen Leute werden getreten, während die Superreichen tun und lassen können, was sie wollen. Die britischen Steuerjäger bezahlen Leute dafür, dass sie in sozialen Netzwerken und in Zeitungen herumschnüffeln, um Steuersünder zu identifizieren. Zu diesem Zweck hat man ihnen ein 45 Millionen Pfund teures Computersystem namens Connect zur Verfügung gestellt. Das System wurde vom Rüstungskonzern BAE Systems entwickelt und hat Schnittstellen zu anderen Datenbanken wie etwa dem Grundbuchamt. Es gibt in Großbritannien auch eine Denunzianten-Hotline (74.000 Anrufe im Jahr 2012), auf der die Bürger steuersündige Mitmenschen melden und dafür nach Angaben der *Daily Mail* bis zu 20.000 Pfund kassieren können. Ironischerweise sind die meisten der ausführenden Akteure bei diesem Krieg gegen die gewöhnliche Bevölkerung selbst Teil derselben. Sobald diese Systemdiener den Schutzbereich des Systems verlassen, sind sie genau denselben Mechanismen ausgeliefert, die sie einst halfen, ihren Mitmenschen aufzuoktroyieren. Glauben diese Leute ernsthaft, dass sich ein System um sie schert, in dem Unternehmen Lebensversicherungen im Namen ihrer Mitarbeiter abschließen und sich die Auszahlungen krallen, wenn sie sterben? Unglaublich, finden Sie? Nein, ganz normaler Alltag. Das folgende Zitat ist einem Artikel von Wallstreetonparade.com entnommen:

> „Die meisten Amerikaner sind sich nicht der Tatsache bewusst, dass große Unternehmen und Banken seit mindestens 25 Jahren im Namen ihrer Angestellten heimlich Lebensversicherungen abschließen und sich selbst als Empfänger der Todesfallleistungen einsetzen – ohne Wissen der betroffenen Mitarbeiter. Dies ist bereits millionenfach geschehen, und der Wert einer solchen Versicherungspolice beläuft sich häufig auf mehrere hunderttausend Dollar, in manchen Fällen geht es sogar um Millionenbeträge.
>
> Um auch über Mitarbeiter auf dem Laufenden zu bleiben, die das Unternehmen verlassen haben, prüft man die Karteien der Sozialversicherungsbehörden regel-

mäßig auf Todesfälle. Diese Versicherungen wurden als ‚Tote-Bauern-Versicherungen' oder ‚Hausmeister-Policen' bekannt, da die Unternehmen auch für Millionen von Niedriglohnarbeitern – wie zum Beispiel Hausmeistern – Lebensversicherungen ohne deren Kenntnis oder Einwilligung abgeschlossen haben.

Mit den Versicherungen kann man den normalen Profiten einen hübschen Schub verpassen. Sie bringen mehrere Steuerersparnisse mit sich: So wird das in der Police akkumulierte Geld beispielsweise als Einkommen angegeben, bleibt aber steuerfrei, da es zu einer steuerfreien Lebensversicherungspolice gehört. Auch die Auszahlung im Falle des Todes eines Mitarbeiters ist nach dem derzeit geltenden Recht steuerfrei."

Der Daseinszweck des Menschen besteht ausschließlich darin, ausgebeutet zu werden. Das schließt auch die Uniformträger mit ein, die zum Schutz der Übeltäter angestellt werden. Die Bevölkerung wird mit immer höheren Steuern, Kosten und Bußgeldern ausgeblutet. Die Zahl der Strafzettel für unsachgemäße Müllentsorgung stieg in Großbritannien von 727 im Jahr 1997 auf *63.883* im Jahre 2012, nachdem die Kommunen diese Aufgabe einer privaten, von ehemaligen Soldaten betriebenen Firma namens Xfor übertragen hatten. Um die Mitarbeiter noch ein bisschen zu motivieren, sicherten die Behörden der Xfor zu, dass sie von jeder 80-Pfund-Strafgebühr, die sie verhängt, mehr als die Hälfte für sich behalten könne. Auf der Basis dieser Provision fuhr die Xfor im Jahr 2012 etwa 1,6 Millionen Pfund ein, indem sie die Bevölkerung für die winzigsten Vergehen belangte – in manchen Fällen ging es um weggeworfene Geldkarten oder Stifte oder sogar um die Entsorgung des Baumwollfutters eines Handschuhs. Eine der Methoden dieser Leute besteht anscheinend darin, sich in den Büschen zu verstecken, bis sie jemanden erwischen. Eigentlich eine gute Idee – wer so etwas tut, sollte sich aus Scham im Dickicht verkriechen. Aber so etwas wie Scham haben die sicherlich nicht. Auch für die Bestrafung von Parksündern setzt man jetzt Privatfirmen ein. Die Schule bei mir um die Ecke liegt an einer sehr breiten Straße, so dass parkende Autos den freien Verkehrsfluss nicht im Geringsten behindern. Nichtsdestotrotz zieht ein Parkwächter jeden Morgen und jeden Nachmittag seine Runden, wenn die Eltern ihre Kinder zur Schule bringen bzw. wieder abholen, in der Hoffnung, ein paar Müttern oder Vätern ein Ticket aufbrummen zu können. Viele dieser Familien haben nicht einmal genug Geld für Essen, einige Kinder kommen hungrig zur Schule. Wieder einmal erleben wir programmierte Software in Uniform ohne Scham oder Mitgefühl. Immer neue Strafgebühren für immer neue Verkehrs„delikte" werden verhängt. Die Ordnungsstrafen für „illegales" Parken (illegal weil wir es dazu erklärt haben) belaufen sich in England mittlerweile auf 300 Millionen Pfund jährlich. Das entspricht einer Vervierfachung innerhalb einer Dekade. Die kommunalen Einnahmen aus Parkgebühren und -delikten beliefen sich in England im Zeitraum 2010/11 auf 346 Millionen Pfund. Die Straßen, um die es dabei geht, werden übrigens vom Geld des Steuerzahlers gebaut und gewartet. Die Einnahmen haben sich damit in 20 Jahren mehr als verzehnfacht. Alle Erträge aus Parkangelegenheiten zusammengerechnet brachten den Kommunen allein in England 1,3 Milliarden Euro ein, während die kommunalen Führungskräfte Gehälter kassieren, die über dem des Premierministers liegen. 2012 kam auch heraus, dass die britische Steuerbehörde Revenue and Customs im Jahr zuvor 30 Millionen Pfund allein durch überhöhte Telefongebühren eingenommen hatte – bezahlt von Menschen, die anriefen, um ihre Steuerangelegenheiten zu klären. Etwa 100.000 Pfund davon kamen schon allein durch die Warterei in der Warteschleife zustande. Das waren nur einige wenige Beispiele aus einer schier endlosen Liste von Fällen, in denen Menschen in existenzielle Schwierigkeiten gebracht und in die Unterwerfung gepresst werden. Die kaltherzigen Idioten in Uniformen und dunklen Anzügen – wie die hier beschriebenen – werden am Ende herausfinden, dass das System auch sie zerbrechen will. Dieses System basiert auf dem Konzept, mittels archontischer Politiker Gesetze zu etablieren, die den archontischen Organisationen nützen, aber auf Kosten der Bevölkerung gehen, auf die man es abgesehen hat. Diese „Gesetze" werden von einem Rechts- und Gerichtssystem koordiniert und umgesetzt, das zu einem überwältigend großen Teil – wenngleich auch noch nicht vollständig – korrumpiert ist. Dessen Aufgabe besteht unter anderem in der Förderung „sicherer" Richter, die jenen Fällen zugeteilt werden, die das System unbedingt gewinnen muss. Bei den „Untersuchungen", die von dieser Klientel geleitet werden, steht das Ergebnis schon fest, bevor die Ermittlungen überhaupt begonnen haben. Üblicherweise heißt es dann nach Abschluss des Prozesses offiziell, dass ein „angesehener Richter" dieses oder jenes Urteil gefällt hätte. In Wirklichkeit hat nur einmal mehr ein angesehener Profilügner dem System seinen Dienst erwiesen. Richter und Anwälte entstammen derselben als „Bildungs"wesen bezeichneten Programmiermaschine wie die Politiker, die Wissenschaftler, die Akademiker, die Bankiers und die Unternehmer. Das Rechts- und Justizsystem ist auch von Geheimgesellschaften durchzogen, deren Leute das Uhrwerk der Korruption an den Gerichtshöfen dieser Welt schmieren. Amerikanische Staatsanwälte sind überführt worden, mit Inkassobüros, deren Beaufsichtigung eigentlich ihre Aufgabe gewesen wäre, sehr spezielle Absprachen getroffen zu haben. Die *Huffington Post* berichtete im Jahre 2012:

> „Wie die *New York Times* kürzlich enthüllte, vermieten Staatsanwälte von Baltimore bis Los Angeles ihre Namen und Siegel – und damit auch ihre Vollstreckungsgewalt und ihre Glaubwürdigkeit – an Inkassobüros. Diese drucken die Insignien dann auf ihre Briefköpfe, um damit ihren Zahlungsaufforderungen mehr Gewicht zu verleihen. In den Schreiben, die diese privaten Firmen – die über keinerlei juristische Autorität verfügen – dann an in Zahlungsschwierigkeiten befindliche Verbraucher schicken, wird für den Fall der Nichtzahlung mit Strafverfolgung und möglichen Gefängnisstrafen gedroht.
>
> Und hier kommt der Knaller: Nachdem die Gauner dem Empfänger des Schreibens weis gemacht haben, dass er in Handschellen enden wird, wenn er seine vorgeblichen Schulden nicht begleicht, versuchen sie ihm gleich noch weitere 170 Dollar aus dem Kreuz zu leiern – für einen Kurs zum verantwortungsbewussten Umgang mit Geld! Und wo geht dieses Geld dann hin? Nun, das teilen sich das Inkassobüro und (Sie haben es sich vermutlich schon gedacht) die Anwaltskanzlei."

Was waren noch gleich die hervorstechenden Eigenschaften von Archonten? Genau – sie sind Schmarotzer und Betrüger. Für die Verschwörer ist es von essenzieller Bedeutung, dass sie die volle Kontrolle über den „Justiz"-Apparat haben. Dies ermöglicht ihnen einerseits, ihre kriminellen Machenschaften dadurch zu „legalisieren", dass sie einfach mittels der von ihnen dominierten Regierungsstrukturen entsprechende Gesetze verabschieden lassen. Zum anderen können sie so der Strafverfolgung entgehen, wenn sie einmal ein Gesetz brechen, das sie versehentlich noch nicht aufgehoben haben. Darüber hinaus erlaubt ihnen die Macht über das Rechtssystem, unschuldige Personen, die sie als Problem empfinden, durch eine gezinkte Strafverfolgung und lange Gefängnisstrafen (in einigen Ländern auch durch die Todesstrafe) aus dem Weg zu räumen. Der Justizapparat ist so unglaublich kostspielig gemacht worden, dass es für die übergroße Mehrheit der Menschen unerschwinglich geworden ist, gegen Regierungsbehörden, Unternehmen oder Superreiche vor Gericht zu ziehen, die sich ganze Teams von Leute zermalmenden Rechtsverdrehern leisten können. Das „Recht" steht, wie alles andere auch, zum Verkauf und den Zuschlag erhält wie immer der Meistbietende. Ich musste mich in den Vereinigten Staaten und Großbritannien durch die Gerichtssäle kämpfen, um zwei Personen daran zu hindern, mich weiterhin als ihren persönlichen Goldesel zu benutzen, während sie selbst nichts beigesteuert hatten. Beide verloren auf breiter Flur und konnten nicht einen Penny behalten, nachdem sie von einem britischen und einem amerikanischen Anwalt im Kreuzverhör auseinander genommen worden waren. Diese Erfahrung hat mir gezeigt, dass der Berufsstand des Rechtsanwalts noch nicht völlig von der Korruption verseucht ist und es immer noch anständige Menschen gibt, die aufrichtig für die Gerechtigkeit eintreten. Dasselbe kann ich auch von den beiden beteiligten Richtern sagen. Aber die Kosten dafür, zwei Typen in die Schranken zu weisen, die es mit ihren unverschämten Praktiken nicht einmal in die Nähe eines Gerichtssaals hätten schaffen dürfen, waren gigantisch. Ohne Unterstützung aus der Bevölkerung, besonders beim ersten Fall, wäre ich untergegangen – und mit mir all meine Arbeit. Das Rechtssystem im Allgemeinen wird, wenn auch nicht in jedem einzelnen Fall, systematisch manipuliert. Das ist der Grund, warum die Halunken der großen Konzerne freigesprochen werden, während die Gefängnisse voller Leute sind, die nur einen Bruchteil dessen auf dem Kerbholz haben, was die Archonten verzapft haben und jeden Tag aufs Neue anrichten.

Wo ist das Gold?

Ein weiterer Skandal, der in seiner ganzen Tragweite erst noch ans Licht kommen muss, kann in einer simplen Frage zusammengefasst werden: Wohin ist das ganze Gold verschwunden? Es tauchen zwar immer mehr „Goldbarren" auf, die in Wirklichkeit aus relativ wertlosem Wolfram bestehen und nur mit einer Goldschicht überzogen sind, damit sie echt aussehen (Abb. 602). Die Dichte von Wolfram entspricht bis zur dritten Dezimalstelle genau der von Gold. Doch wenn ich die Puzzleteile zusammenfüge, die sich mir über die Jahre gezeigt haben, dann scheint es mir eindeutig so zu sein, dass ein Großteil des angeblich vorhandenen Goldes gar nicht existiert. Zumindest befindet es sich nicht dort, wo es sein soll. Der amerikanische Kongressabgeordnete Ron Paul versuchte vergeblich, eine „Reinheitsprüfung" des in Fort Knox gelagerten Goldes zu erwirken, damit dessen Echtheit bewiesen werden könne. *CNBC* beantragte eine Drehgenehmigung für das Fort, damit man wieder aktuelles Filmmaterial von dem Gold hätte – das letzte Mal war es 1974 gefilmt worden. Doch der Antrag wurde abgelehnt. Ein Beamter erklärte, dass Fort Knox eine „geschlossene Einrichtung" sei und man seines Wissens seit 1974 keinen Besuch mehr vom Kongress gehabt hätte. Der weltweite Goldmarkt wurde stets vom Hause Rothschild dominiert; seit 1919 wurde der Goldpreis in den Londoner Büros von N M Rothschild jeden Tag neu festgesetzt – bis die Rothschilds diese Aufgabe im Jahre 2004 plötzlich niederlegten. Der Deutsche Rechnungshof bestimmte, dass die Bundesbank eine Prüfung der deutschen Goldreserven – mit 3.400 Tonnen der zweitgrößte Bestand der Welt – durchführen müsse. Das Gold der Deutschen wird bizarrer Weise – zumindest bei oberflächlicher Betrachtung – von der Bank of England, der Bank of France und der amerikanischen Federal Reserve Bank aufbewahrt. Venezuela hat, wie Deutschland auch, den physischen Rücktransport seiner Goldreserven ins eigene Land gefordert. Andere Länder wie beispielsweise die Schweiz haben in ähnlicher Weise ihrer Sorge Ausdruck gegeben. Das sollten sie besser auch – denn wir werden feststellen, dass zwischen der angeblich existenten Goldmenge und der tatsächlich vorhandenen Menge eine gewaltige Lücke klafft. Jeder, der in den letzten Jahren ein bisschen aufgepasst hat, wird ohne Zweifel glauben, dass ihn nun nichts, was man noch über das Verhalten der Banken und der Regierungen zu hören bekommen könnte, überraschen wird. Aber ich habe hier doch noch etwas, womit ich es einmal probieren möchte. Einige Nationalbanken haben ihre Goldreserven an eine Gruppe großer Banken „vermietet", die als die Bullionbanken bekannt sind. Diese „verkaufen" dann das Gold an ihre Klienten zu einem bestimmten Kurs; das heißt, es sind viel mehr Zertifikate über den Besitz von Gold im Umlauf, als der tatsächlich existierenden Menge an Gold entspräche. Kurz – die Banken haben dasselbe Gold immer und immer wieder verkauft. Womit wir wieder bei den Goldschmieden wären und bei der Frage, wie das wertlose Papiergeld überhaupt entstanden ist. Wie zum Teufel, werden Sie jetzt völlig zu Recht fragen, können Regierungen ihr Gold an Bullionbanken verpachten, die es dann gleich an mehrere Fraktionen verkaufen – und wie können die Regierungen dennoch weiterhin behaupten, das Gold würde noch immer ihnen gehören und als Reserve zur Verfügung stehen? Aber schauen Sie – wir sprechen hier von dem Finanzsystem des Planeten Erde, und das ist genauso verrückt wie seine Erschaffer es sind (und auch die, die darüber berichten). Hören wir uns einmal an, wie John Carney, ein leitender Redakteur bei *CNBC*, die Frage nach der Existenz oder Nichtexistenz all dieses Goldes kommentiert hat – eine wahre Leistungsschau des Irrsinns und der Verblendung:

Abb. 602: Das falsche „Gold".

„In Wirklichkeit macht es nicht den geringsten Unterschied, ob das Gold der deutschen Zentralbank nun tatsächlich bei der New Yorker Federal Reserve Bank lagert oder nicht; das gleiche gilt für die Frage nach der Reinheit des Goldes. So lange die Fed sagt, es sei dort, läuft es im Prinzip für alle denkbaren praktischen Anwendungen auf dasselbe hinaus. Man kann es verkaufen, verpachten, als Pfand oder zur Tilgung finanzieller Verbindlichkeiten verwenden und als Bankkapital verbuchen – ob es nun existiert oder nicht.

Die physische Gegenwart des Goldes würde nicht den Hauch eines Unterschiedes bewirken; es sei denn – nehmen wir mal an –, die deutsche Zentralbank würde das Gold fortan für irgendeinen anderen, nicht-monetären Zweck verwenden wollen, zum Beispiel zur Herstellung von Uhren.

Für nahezu alle vorstellbaren operativen Einsatzmöglichkeiten ist es unerheblich, ob das Gold tatsächlich in Fort Knox oder in den Tresorkellern unter dem New Yorker Federal-Reserve-Hauptquartier in der Liberty Street lagert. Es kommt hier lediglich auf die Buchführung an. Solange die Fed sagt, die Bundesbank hat X Tonnen Gold, kann die Bundesbank auch so handeln, als wäre das tatsächlich der Fall – selbst dann, wenn das Gold von einem goldfressenden galaktischen Wurmloch verschlungen worden wäre.

Ich bin mir sicher, dass die Funktionäre bei der Bundesbank das sehr gut verstehen, selbst wenn der deutsche Rechnungshof das nicht tut. Es brächte keinerlei Gewinn, das Gold zu inspizieren. Ob es nun dort ist und auch die Reinheit stimmt, oder es nicht dort ist, dies aber nicht entdeckt wird, macht keinen Unterschied. Wenn man aber feststellt, dass das Gold nicht dort ist – nun, dann wäre der Schlamassel perfekt, da sich das Vertrauen in die Goldrücklagen der Zentralbanken augenblicklich in Luft auflösen würden."

Das ist also die Märchenwelt, an die die Fürsprecher des Systems so sehr glauben. Wenn die Wahrheit über die Goldrücklagen erst einmal ans Licht kommt, wird man den Knall noch auf dem Mars hören können. Doch andererseits – das war ja gerade die Absicht.

Stellen wir uns der Realität

Vor langer Zeit wurde ich einmal eingeladen, eine Wochenendveranstaltung in dem recht stattlichen Haus eines New-Age-Typen zu geben. Er erklärte den Zuhörern, dass sie „auf den Boden der Tatsachen" zurückkommen und „realistisch sein" müssten. Dabei hatte er selbst noch gar nicht damit angefangen. Wenn ich von „realistisch sein" spreche, dann meine ich damit, dass wir uns der Realität stellen und sie verstehen müssen, um sie verändern zu können. Unter diesem Gesichtspunkt ist es fundamental wichtig, dass wir „aufhören zu träumen" und „aufwachen" – oder, wie es im Englischen so prägnant formuliert wird, „getting real". Dieser Prozess bildet die unabdingbare Voraussetzung für alles Weitere. Wir stehen im allerbesten Fall am Rande des Abgrundes, meine Damen und Herren. Und diese Tatsache erkennen wir besser an, bevor wir ihn hinunter sausen. Was wir ja im Prinzip schon tun – schauen Sie sich um! Wir haben inzwischen bei uns in der westlichen Welt schon so viele Menschen, die hungrig zu Bett gehen. Längst betrifft das nicht mehr nur die fernen Länder, die sich die Konzerne und Regierungen des Westens einst unter den Nagel gerissen haben. In der Stadt, in der ich lebe, versucht man, die Not der hungrigen Kinder und ihrer Familien mit einer Tafel für Bedürftige zu lindern. Zu Beginn des Jahres 2013 mussten laut einem Bericht des Verbrauchermagazins *Which?* etwa fünf Millionen britische Familien auf Sparguthaben bzw. Darlehen zurückgreifen, um Lebensmittel in ausreichender Menge einkaufen zu können. Gleichzeitig lesen wir Schlagzeilen wie „Goldman-Banker werden reich durch Wetten auf Nahrungsmittelpreise, während Millionen hungern" oder „Barclays macht 500 Millionen Pfund Gewinn durch Wetten auf die Lebensmittelkrise". Goldman Sachs hat 2012 über eine Viertel Milliarde Pfund durch Spekulationen auf Lebensmittelpreise gewonnen; Barclays, einer der Hauptfiguren im Libor-Skandal, fuhr mit derselben Masche gar eine halbe Milliarde ein. Der andere Marktführer im Bereich „Lebensmittelspekulation während Menschen hungern" ist Morgan Stanley. Warum sollte man diese Chance auch verstreichen lassen, wenn doch, wie es ein Manager des Lebensmittel-Riesen Glencore ausdrückte, die globale Krise bei den Nahrungsmittelpreisen solch ein großartiges Geschäft verspricht? Diese Leute sind – und das meine ich im ganz wörtlichen Sinne – keine Menschen. Wer über diese Klientel noch in Begriffen wie Liebe, Mitgefühl, Fairness oder Freundlichkeit diskutieren will, hat nicht begriffen, was eigentlich los ist. Es soll mir bitte niemand, der einen eigenen Kopf hat, sagen „das würden die niemals tun" – *während* sie es tun! Und zwar an jedem einzelnen Tag und in jeder Minute! Doch die Programmierung in den Köpfen der Milliarden ist immer noch sehr mächtig. Nichts hält Menschen in ihrer Realitätsverweigerung so sehr gefangen wie der Wunsch, die Realität möge doch bitte nicht real sein. „Ich will nicht, dass das wahr ist, also werde ich mir einreden, dass es das auch nicht ist." Im Jahre 2012 sah ich mir im Fernsehen die Show in der Halbzeitpause des Super Bowls an. Kopfschüttelnd und mit traurigem Herzen wurde ich Zeuge dieses Gehirnwäsche-Spektakels. Der Super Bowl, das Finale der amerikanischen Football-Liga mit astronomischen Zuschauerzahlen in den USA und auf der ganzen Welt, ist längst nicht mehr nur ein einfaches Sportereignis. Er stellt vielmehr ein Ritual zur Programmierung der kollektiven Gedanken der Amerikaner und der ganzen Menschheit dar. In der Halbzeit-Show führten Beyoncé und ihr Gatte Jay-Z – zwei Künstler, die sich (wie auch Madonna, Lady Gaga und andere) gerne mit saturnischen und anderen archontischen Symbolen umgeben – eine Performance auf. Kinder von der Grundschule in Sandy Hook, die durch einen vermeintlichen Amoklauf in die Schlagzeilen geraten war, sangen „America the Beautiful". Dieser Auftritt hatte nur einen einzigen Zweck: Man instrumentalisierte die Kinder für die Propaganda zur Entwaffnung der amerikanischen Bevölkerung, die wiederum aus sehr finsteren Gründen angestrebt wird. Ich werde später noch darauf zu sprechen kommen. Anschließend sang Alicia „das Obama-Groupie" Keys die Nationalhymne, um den Amerikanern ein weiteres Mal die Illusion eines „freien Amerika" zu verkaufen – während das Land just im selben Moment von einer Willkürherrschaft Orwellscher Prägung zerstört und verheizt wird. Keys saß dabei an ihrem Klavier auf riesengroßen „Sternen", den satanischen Pentagrammen auf der amerikanischen Flagge. Das Stadion jubelte, als die Regie Bilder von US-Soldaten einblendete, um deren Verdienste bei der Errichtung der Gewaltherrschaft und dem Massenmord an Unschuldigen in weit entfernten Ländern zu würdigen. Und immer wieder Nahaufnahmen von den patriotischen Tränen und sichtlich bewegten Herzen der Football-Helden. Nur dass diese Tränen keine Reaktion auf das Erleben der Wirklichkeit waren, sondern das Ergebnis von Manipulation und Illusion. Draußen, außerhalb der Realitätsblase, tobt derweil das Chaos.

Direkt vor den tränengefüllten Augen der Amerikaner liegen die Vereinigten Staaten, die sie glauben zu verehren, auf der Intensivstation. Amerika wird benutzt, um Amerika zu zerstören. Das war von Anfang an der Plan und seit Langem schon weise ich immer wieder darauf hin. Die USA haben eine wichtige Rolle bei der Ausweitung der archontischen Kontrolle gespielt. Man ließ die Vereinigten Staaten zu einer „Supermacht" werden und ihren Willen der ganzen Welt mit finanziellen und militärischen Mitteln aufzwingen. Doch es ging dabei niemals um Amerika an sich. Die USA waren lediglich Mittel zum Zweck. Das eigentliche Ziel der Archonten besteht darin, ihren Willen mittels einer totalitären Weltregierung auf dem gesamten Planeten durchzusetzen. Dem würde eine Supermacht, die über die finanzielle und militärische Macht verfügt, der globalen Diktatur etwas entgegenzusetzen, natürlich im Wege stehen. Folglich mussten die Vereinigten Staaten zurecht geklopft werden, und genau das erleben wir mit jeder Minute. Amerika ist bereits bankrott. Die Staatsverschuldung hat nach offiziellen Angaben die Marke von 16 Billionen Dollar überschritten. Doch das dürfte stark untertrieben sein. Schuldenbeträge sind ohne Ende aus der offiziellen Buchhaltung herausgehalten worden. Manchen Schätzungen zufolge könnten sich die tatsächlichen Schulden auf bis zu – festhalten, bitte – *220 Billionen Dollar* belaufen. Zu diesem Schluss kam jedenfalls Laurence Kotikoff, Professor für Ökonomie an der Boston University, in einem Interview mit dem russischen Fernsehsender *Russia Today*. Er sagte ferner, dass die USA, würde man wirklich sämtliche Schulden mit einberechnen, in einer schlimmeren Verfassung wären als Griechenland oder Irland. Die Geldströme in Richtung der Banken und anderer archontischer Institutionen – nicht zuletzt auch für die Ausrichtung der archontischen Rohstoffkriege in Übersee – bewirkten ein kontinuierliches Anwachsen der *offiziellen* Verschuldung bis zur gesetzlich festgelegten Obergrenze. Doch was geschieht, wenn sie dann eines Tages erreicht ist? Dann veranstalten Politiker und Banker für das gemeine Volk eine gemeinsame Pantomime-Vorstellung, in deren Verlauf knackige Schlagworte wie „Haushaltsklippe" fallen und düstere Warnungen darüber ausgesprochen werden, was geschehen würde, wenn die gesetzliche Verschuldungsobergrenze nicht

Abb. 603: „Ich brauche größere Magazine!" Vernichtung durch Schulden – und alles war von Anfang an so geplant.

angehoben wird. Natürlich wissen sie, dass die Grenze immer angehoben wird (Abb. 603). Nach kurzer Zeit wird dann auch der neue Grenzwert erreicht und die Pantomime wird erneut aufgeführt. Das alles wird zugelassen, weil man Amerika in finanzieller und militärischer Hinsicht vernichten will. Deshalb sagte Ben Bernanke (Rothschild-Zionist), der Chef der Federal Reserve, der eigentlich ins Gefängnis gehört (und der Schlüssel zu seiner Zelle in der Mitte des Atlantik versenkt), die Schuldenobergrenze sei für die Vereinigten Staaten ohne Wert und sollte ausgemustert werden. Ich würde sagen – nein, Bernanke sollte ausgemustert werden, und sein immer noch aktiver Strippenzieher Greenspan gleich mit. Durch das „Outsourcing" nach Übersee wurden zwischen 2002 und 2011 in den USA etwa 3,5 Millionen „Mittelklasse"-Arbeitsplätze in der Fertigung vernichtet. Die Zahl der neu geschaffenen Stellen für Architekten und Ingenieure belief sich im selben Zeitraum lediglich auf 48.000. Die amerikanische Infrastruktur befindet sich in einem desolaten Zustand: Etwa ein Drittel aller Straßen genügt nicht den Standardbedingungen. Fast jeder dritte Verkehrstote wird mit dem schlechten Zustand der Straßen, veralteter Verkehrstechnologie oder liegengebliebenen Hindernissen in Verbindung gebracht. Jede vierte Brücke muss mehr Verkehr bewältigen als ursprünglich vorgesehen oder bedarf dringender Reparaturen. Die Instandsetzung sämtlicher Brücken, die nicht mehr dem Standard entsprechen, würde schätzungsweise 140 Milliarden Dollar kosten. 4.095 Staudämme drohen zu brechen – das entspricht einer Steigerung von 100 Prozent gegenüber 1999. Ein Drittel aller Dammbrüche seit 1874 ereignete sich innerhalb der letzten zehn Jahre. Aus den Kanalisationen entweichen jedes Jahr über eine Billion Gallonen ungeklärter Abwässer. Die Vereinigten Staaten geben ungefähr 2,4 Prozent ihres Bruttoinlandsproduktes für ihre Infrastruktur aus. Zum Vergleich: In China liegt der Anteil bei etwa neun Prozent. Die vollständige Instandsetzung der amerikanischen Infrastruktur würde Berechnungen zufolge 2,2 Billionen Dollar kosten – wobei man dem Bestand noch keinen einzigen Neubau hinzugefügt hätte. Einrichtungen der amerikanischen Staaten und des Bundes – der Theorie nach also Besitz des Volkes – werden zu einem Bruchteil ihres Wertes an Unternehmen verschachert. Große Brocken des Landes werden von anderen Ländern aufgekauft, insbesondere von China. Ich betone seit den 1990-er Jahren, dass China innerhalb der archontischen Verschwörung eine entscheidende Rolle spielt – sowohl in ökonomischer als auch in militärischer Hinsicht –, weshalb die Rothschilds und Rockefellers dort auch so präsent sind. Die archontischen (Rothschild-Rockefeller-) Kräfte innerhalb der amerikanischen Regierung haben mit China unerhört großzügige Vereinbarungen über den „freien Handel" zwischen beiden Ländern getroffen. Dank dieser Abkommen wandern amerikanische Jobs ins Billiglohnland China, während amerikanische Geschäfte durch die Importflut aus China ruiniert werden. Den Verkauf der importierten Produkte übernehmen archontische Mega-Ketten wie zum Beispiel Walmart (Abb. 604). Das auf diese Weise in den ver-

Abb. 604: Archonten-Mart.

gangenen zehn Jahren entstandene Handelsdefizit der USA gegenüber China beläuft sich auf mehr als 2,3 Billionen Dollar. Während das Kapital nach China auswandert, bricht die amerikanische Wirtschaft zusammen. Nach Aussagen des Economic Policy Institute verlieren die Vereinigten Staaten jedes Jahr eine halbe Million Arbeitsplätze an China. Einer der Ansätze, mit denen die Archonten in der amerikanischen Regierung die so entstandene Lücke zu schließen gedachten, bestand darin, sich gewaltige Geldsummen zu leihen – von China. Auch hier hat man wieder Geld weitgehend aus dem Hut gezaubert. Geld, das die USA nicht werden zurückzahlen können – aber die Chinesen wollen es zurück haben. Die chinesische Regierung und die chinesischen Unternehmen (aber das ist ja im Prinzip dasselbe) kaufen Amerika in großen Stücken auf: Geschäfte, Häuser, Ackerland, Grundstücke, Infrastruktur und Rohstoffe. Jetzt wollen sie gar „spezielle Wirtschaftszonen" auf amerikanischem Boden einrichten. Sie wären in chinesischem Besitz und die Arbeiter würde man aus China heranschippern. Genau dasselbe Spiel treibt China auch in Afrika und zerstört dabei einheimische Geschäfte und lokale Handelsstrukturen. Als Gegenleistung für den Aufkauf Amerikas bietet China den USA einen Schuldenerlass in Höhe von über einer Billion Dollar an. All das gehört zu einem langfristigen Plan, der unter anderem die Kolonisierung Nordamerikas zum Ziel hat.

Abb. 605: „Ist irgendwas? Merken Sie nicht, dass Sie stören?"

All das geschieht, während die Bürger Amerikas mit ihrer Xbox spielen, fernsehen, „ihre Soldaten unterstützen", Beyoncé beim Super Bowl zujubeln, sich die tägliche Dosis Medien- und Regierungslügen reinziehen und die Nationalhymne singen, das „Land der Freiheit" preisend. Aber das betrifft nicht nur die USA. Die europäische Wirtschaft – die größte der Welt – implodiert (oder besser, wird implodiert) und die Welt wird von Rattenfängern ins Wirtschaftsarmageddon geführt (Abb. 605).

Dass es Zeit wird aufzuwachen, habe ich aber schon gesagt, oder?

27

Archontische Medien

So wie das Eisen ohne Gebrauch rostet und das still stehende Wasser verdirbt oder bei Kälte gefriert, so verkommt der Geist ohne Übung.

Leonardo da Vinci

Wenn man so viel zu verbergen hat, braucht man schon eine hochwirksame Propaganda sowie Mechanismen zur Unterdrückung von Informationen, um nicht aufzufliegen. Nun, die Archonten verfügen über beides. Man nennt dies zusammenfassend die konventionellen oder Mainstream-Medien. Ihnen kommt eine fundamentale Schlüsselfunktion zu, denn mit der Manipulation und Kontrolle der menschlichen Wahrnehmung steht und fällt auch alles andere (Abb. 606).

Abb. 606: „Heute in den Nachrichten! Neuer Mist, den wir uns für Sie ausgedacht haben!" Und hier kommt Bill mit dem Wetter.

Während der letzten gut fünfzig Jahre haben sich archontische Unternehmen auf der ganzen Welt so viele Medienerzeugnisse einverleibt, dass sogar die meisten Lokalzeitungen und lokalen Radiosender irgendwelchen Unternehmensgiganten gehören. Wir haben das in Nordamerika, in Großbritannien und rund um den Globus erlebt. Während ich dies schreibe, gibt es Berichte, nach denen die amerikanischen Milliardäre (und Rothschild-Zionisten) David und Charles Koch mit dem Gedanken spielen, ein Kaufangebot zur Übernahme einer Reihe großer Zeitungen wie der *Los Angeles Times* zu unterbreiten, was auch Rupert Murdoch (Rothschild-Zionist) vorhat. Die Umsetzung des Zieles, sich sämtliche Medien unter den Nagel zu reißen, während man alternative Medien zensiert, schreitet mit Riesenschritten voran. In den 1970-er Jahren habe ich für die Nachrichtenredaktion eines kleinen örtlichen Radiosenders in Birmingham gearbeitet. Damals war das eine unabhängige Einrichtung, doch mittlerweile ist sie freilich längst von großen Unternehmen übernommen worden. Der heutige Eigentümer besitzt noch andere Sender und kontrolliert sie alle von einem zentralen Punkt aus – und zwar so weitgehend, dass er sogar die Musikauswahl bestimmt (die „Playlist", wie es heute heißt). Auf diese Weise soll die natürliche Vielfalt des menschlichen

Ausdrucks abgetötet werden. Vielfalt ist nämlich für die Archonten das, was Knoblauch für Vampire ist. Wenn man die Massen unter seine Kontrolle bringen will, indem man ihre Realitätswahrnehmung manipuliert, dann ist die Kontrolle der Seh- und Höreindrücke der Massen natürlich von grundlegender Wichtigkeit. Sie bildet buchstäblich den fundamentalen Ausgangspunkt, von dem alles Übrige abhängt. Eine Vielfalt an Informationsquellen bedeutet auch ein breites Spektrum an möglichen Sichtweisen und die Menschen können sich dann für diejenige entscheiden, die ihnen am glaubhaftesten erscheint. Wenn ein Mensch aber immer nur dieselbe Version zu einem Ereignis zu hören bekommt, wieder und wieder – ob es sich nun um einen Krieg, einen terroristischen Anschlag oder einen Wirtschaftscrash handelt –, dann wird er in Ermangelung alternativer Interpretationen dieses Mono-Narrativ letzten Endes vermutlich glauben. Zumindest für den Großteil der Menschen trifft das zu. Ob Sie konzern-kontrollierte „Nachrichten" oder regierungs-kontrollierte Medien wie die *BBC* schauen – sie werden im Großen und Ganzen immer denselben Blickwinkel auf dieselben Storys und Ereignisse sehen. Die *BBC* beispielsweise stellt die von der Regierung propagierte Version irgendeines wirklich relevanten Geschehens niemals in Frage. Selbst bei eher unwichtigen Themen kommt das selten vor. So übernimmt die führende britische Rundfunkanstalt beim Thema 11. September einfach den offiziellen Standpunkt der US-Regierung, obwohl uns genau dieselben Leute das Märchen von den nicht existierenden irakischen „Massenvernichtungswaffen" untergejubelt haben. Wir alle wissen heute zweifelsfrei, dass es sich dabei nicht nur um eine blanke Lüge gehandelt hat, sondern dass sie vorsätzlich benutzt wurde, um die Invasion eines ganzen Volkes und den Massenmord an unzähligen Menschen zu rechtfertigen. Echte Journalisten fordern nach solchen Enthüllungen Rücktritte und Gerichtsverfahren. Doch die Lämmer und Schoßhündchen, die ihr Gehalt von den Medienkonzernen erhalten, machen einfach weiter, als sei nichts geschehen. Sie erlauben damit den politischen Massenmördern, ohne jede Infragestellung oder Überprüfung immer so weiter zu machen und eine Lüge nach der anderen zu produzieren. Das betrifft nicht nur die westlichen Medien. Al Gore, der Vorreiter des Erderwärmungsschwindels und Mister Verlogenheit in Person, hat mit dem Verkauf seines wenig frequentierten Fernsehsenders *Current TV* an den in Katar ansässigen „arabischen" Sender *Al Jazeera* (der von Katars Diktator, Scheich Hamad bin Chalifa Al Thani, gegründet und finanziert wurde) einen Erlös von 100 Millionen Dollar erzielt. Bei mir im Haus nennen wir den Emir meist einfach nur Scheich bin Immer Zu Diensten, seit er bei der Finanzierung und Bewaffnung der US-NATO-„Rebellen" in Libyen und Syrien als wichtiger Mittelsmann fungiert hat. Mit seinem Spielzeug, dem Fernsehsender *Al Jazeera*, unterstützt er die offizielle Version, während er gleichzeitig vorgibt, die Interessen der arabischen Völker zu vertreten. Der Einkauf bei Al Gore bietet den Männern hinter Al Jazeera jetzt die Möglichkeit, ihre Präsenz in Amerika kräftig auszubauen und ihre archontische Propaganda damit verstärkt zu verbreiten. Dabei versteckt sich *Al Jazeera* hinter seinem künstlich aufgebauten, gänzlich unverdienten Image als pro-muslimische Institution. Der Sender gibt seinen arabischen Zuschauern zu hören, was sie hören wollen. Auf diese Weise können der Emir und seine amerikanischen Meister die Wahrnehmung des Publikums bezüglich der tatsächlichen Vorgänge in Nordafrika und im Mittleren Osten leicht manipulieren. Im ersten Schritt nimmt man die Zuschauer für sich ein und gewinnt ihre

Aufmerksamkeit und ihr Vertrauen. Wenn man dann nämlich im zweiten Schritt anfängt, die Wahrheit zu verdrehen, werden sie einem immer noch glauben. Im Endergebnis sehen wir, wie die Menschen in den arabischen Ländern mit derselben Version der Vorgänge in Libyen und Syrien oder der westlichen Übernahme des Nahen und Mittleren Ostens und Nordafrikas gefüttert werden wie die Menschen in den Ländern der westlichen Welt.

Lügen und Wiederholungen

Die *BBC* stellt die Superlüge einer angeblich von der menschlichen Zivilisation verursachten Klimaerwärmung nicht in Frage, weil die Regierungspolitik vorgibt, dass diese Lüge der Wahrheit entspricht. Genauso wenig hinterfragt der Sender die offizielle Version der Anschläge vom 11. September, die Rechtfertigung für Eroberung und Massenmord in Libyen, die Unterstützung professioneller Schläger und Mörder (bezeichnet als „syrische Rebellen") oder die Dämonisierung des Iran, mit der die Menschen für einen weiteren Krieg eingenommen werden sollen. Die *BBC* übernimmt einfach die offizielle Sichtweise der Regierung und nennt das dann „Nachrichten" und „Journalismus". Das sind die Journalisten von heute: *Papageien*, die einfach zu jedem substanziell relevanten Thema die offizielle Version des Mainstreams nachplappern. Damit leisten sie den Wissenschaftlern, Ärzten, Akademikern und Politikern gute Gesellschaft. Wann immer zum Beispiel das Thema Israel und Palästina an die Reihe kommt, erweist sich die öffentlich-rechtliche Rundfunkanstalt als so etwas wie die Londoner Abteilung des Mossad. In der Tat war die *BBC* von Anfang an eine Außenstelle des britischen Geheimdienstes. Wenn man nur tief genug in den dunklen Ecken gräbt, wird man auf Verbindungen des Senders zu Geheimgesellschaften und satanischen Netzwerken stoßen – wie bei allen großen Medienmachern. Die *BBC* und die kommerziellen Nachrichtenstationen auf der ganzen Welt stellen die Bombardierung wehrloser Palästinenser durch Israel – unter Verwendung modernster amerikanischer Waffen – durch die Bank als Vergeltungsmaßnahmen für palästinensische Anschläge dar. Berücksichtigt man den gewaltigen Unterschied in der Hardware-Ausstattung beider Seiten, dann ist das etwa so, als würde man auf einen einzelnen Angriff mit einem Pusterohr mit einer wilden Rundum-Salve aus einem Maschinengewehr reagieren und das dann „Vergeltung" nennen. Greg Philo und Mike Berry von der Glasgow Media Group präsentieren in ihrem Buch „More Bad News from Israel" eine detaillierte Untersuchung der andauernden Schieflage in der Berichterstattung der *BBC* zugunsten Israels. Dabei sind es die Israelis, die Palästina in schamloser und arroganter Missachtung des Völkerrechts mit militärischen Mitteln besetzt haben. Wenn sich der Iran nur einen Bruchteil dessen herausgenommen hätte, was Israel in einer Woche verbricht, wäre sofort rund um den Globus die Forderung nach der Entsendung von Bombern laut geworden, um „die Zivilbevölkerung zu schützen". Die *BBC* und die anderen Medienhuren würden dabei fleißig Schützenhilfe geben. Aber es handelt sich halt um Israel – also: *Psssst ...!* Der übliche Medienslogan „Israel hat das Recht auf Selbstverteidigung" entspricht, wie es ein Autor einmal formuliert hat, etwa der Ansicht, man dürfe auf Vandalismus mit tödlicher Gewalt reagieren. Ja, einige Israelis sind durch direkte Treffer getötet worden und das ist furchtbar. Wenn einem Menschen vorsätzlich das Leben genommen wird, ist das in jedem Fall zu verurteilen. Im Gazastreifen werden jedoch tausende Menschen von Israels High-Tech-Tötungsmaschinerie umgebracht. Die große Mehrheit der Opfer besteht aus Zivilisten, darunter auch Kinder, die auf niemanden irgendetwas abgefeuert haben. Das so genannte „Flaggschiff" der *BBC* (auf Halbmast), die Radio-Nachrichtensendung *Today*, hat im November 2012 nicht über den Tod von fünf palästinensischen Teenagern berichtet, die durch Aktivitäten der israelischen Armee ums Leben gekommen waren. Redakteur Dominic Groves sagte dazu: „Selbst im Rahmen einer dreistündigen Sendung ist es nicht immer möglich, über jede Entwicklung einer Angelegenheit zu berichten. Das gilt besonders für eine so lang andauernde und komplexe Problematik wie die Situation im Mittleren Osten." *Komplex?* Fünf Kinder sind von der israelischen Armee getötet worden. Was, bitte sehr, ist denn daran komplex? Als einmal ein 16jähriger Israeli von einer palästinensischen Rakete getötet wurde, machte *Today* den Fall groß auf. Dieses systeminterne Ungleichgewicht zeigt sich quer durch alle Mainstream-Medien und Tagesereignisse als Normalfall, nicht als Ausnahme. Wenn die *BBC* und all die privaten Sender nicht immer nur ihre Sicht der Dinge propagiert hätten (Lügen, Lügen und noch mehr Lügen), bei der die Palästinenser auf der anderen Seite des Konfliktes (des systematischen Völkermordes) stets als Terroristen gebrandmarkt werden, dann hätten die israelischen Kriegsverbrecher mit ihren Abscheulichkeiten gar nicht über einen so langen Zeitraum davon kommen können. Aber die Netzwerke der Rothschilds sind eben nicht nur die Herren über Israel, Amerika, Großbritannien, Kanada und die NATO, sondern ihnen gehören *auch* die kommerziellen Medien und die *BBC*. Folglich bekommen die Menschen in Bezug auf den israelisch-palästinensischen Konflikt die Version zu hören, die den Rothschilds & Co. ins Konzept passt. Die *BBC* ist eine durch und durch kontrollierte Organisation. Es gibt eine mehrstufige redaktionelle Zensur und jeder Bericht muss vor seiner Ausstrahlung abgesegnet werden. Die betriebsinternen redaktionellen Richtlinien" werden kurz „EdPol" (editorial policy) genannt. Sowohl die Mitarbeiter der *BBC* als auch die Beschäftigten unabhängiger Firmen, die im Auftrag der *BBC* Beiträge produzieren, müssen zwingend eine „EdPol"-Schulung durchlaufen. Orwell hätte seine helle Freude. Im Februar 2013 stellte Tony Hall, der derzeitige Generaldirektor der *BBC*, seinen neuen zweiten Mann im Hause vor: Die Aufsicht über die Abteilungen für Unternehmenspolitik, strategische Planung und öffentliche Angelegenheiten werde künftig dem verrufenen Rothschild-Zionisten-Mega-Apologeten James Purnell obliegen, ebenso wie die Leitung der Bereiche Kommunikation, digitale Dienstleistungen, Marketing und Publikumsforschung – also so ziemlich alles. Purnell hat im Laufe seiner Karriere eine Menge Zeit mit dem Hin- und Her-Pendeln zwischen der *BBC* und zionistischen Politikern innerhalb der Labour-Partei verbracht. In seiner Studentenzeit war er Mitarbeiter von Tony Blair, später Leiter der Unternehmensplanung bei der *BBC* und schließlich Parlamentsmitglied für die Labour-Partei und Minister für Arbeit und Renten. Und nun ist er also bei der *BBC* der Herr über alle bedeutenden Bereiche. Hinsichtlich der Frage der Voreingenommenheit sind auch seine Verbindungen zu Israel interessant. So war er unter anderem Vorsitzender der Labour Friends of Israel und verbrachte im Jahre

2002 eine Woche auf Kosten seiner Gastgeber in Israel. Nach seiner Rückkehr startete er eine pro-israelische Propagandakampagne, aus der auch das folgende denkwürdige Beispiel einer saturnischen Arschleckerei aus dem Jahr 2004 stammt:

> „... Als (nichtjüdischer) Vorsitzender der Labour Friends of Israel – ein Amt, das ich seit zwei Jahren ausübe –, bin ich schockiert zu sehen, wie Israel immer wieder verteufelt wird. Die israelische Regierung macht Fehler. Ebenso wie die Führer der Palästinenser. Aber manche Leute versuchen, Israel als den neuen großen Schurken dieser Welt hinzustellen, als Außenseiterstaat, der in die Fußstapfen des einstigen südafrikanischen Apartheid-Regimes tritt.
>
> Ich kann das nur schwer mit der Realität in Einklang bringen, die ich vor Ort vorfinde. Israel ist eine Demokratie, leidet unter Terroranschlägen, ist umgeben von Staaten, die seine Existenz nicht anerkennen, und das Opfer finanziell gut ausgestatteter Terrororganisationen, die antisemitischen Hass predigen. Die Palästinenser erfahren echte Armut und Not und verdienen einen funktionsfähigen Staat. Leiden gibt es auf beiden Seiten – keine Seite kann dieses Problem ohne die andere Seite lösen.
>
> Wenn nun also manche Menschen so reden, als sei ausschließlich Israel der Übeltäter, dann frage ich mich, warum sie das tun. Ich kann darauf nur eine einzige Antwort finden: Es gibt offenbar etwas in den Tiefen unseres kulturellen Gedächtnisses, das uns veranlasst, den Juden die Schuld zu geben. Durch den Holocaust trat diese Tendenz vorübergehend in den Hintergrund. Heute tritt sie wieder in Erscheinung – zwar nur gelegentlich, aber anhaltend. Ich würde das als passiven oder unreflektierten Antisemitismus bezeichnen."

Man kann sagen, die *BBC* befindet sich in guten Händen. Zumindest, wenn man Netanjahu heißt.

Man trifft auf der ganzen Welt auf den geflügelten Spruch, dass man sowieso nicht glaube, was in der Zeitung steht. Doch die meisten Leute, die so etwas sagen, schlagen gleich anschließend die Zeitung auf und „informieren sich". Die meisten Menschen haben keine Ahnung, wie tief die Einseitigkeit und Verlogenheit eigentlich reicht. Die Mainstream-Medien sind *kommerzielle* Medien und als solche Eigentum archontischer Konzerne – und damit haben all die großen Tageszeitungen, Zeitschriften, Fernsehsender und Radiostationen *archontischen* Charakter. Das bedeutet, dass ihre Aufgabe darin besteht, die Menschen so zu programmieren, dass sie von sich selbst und der Welt das „richtige" Bild haben (Abb. 607). Alle großen Internet-basierten Informationsplattformen, Suchmaschinen und sozialen Medien

Abb. 607: „Sie wollen verstehen, was mit Amerika nicht stimmt? Dann werfen Sie einfach mal einen Blick auf irgendeine Zeitschriftenauslage." Mumpitz, Mumpitz, Mumpitz, Mumpitz, Mumpitz, Mumpitz – und Scheißkram.

befinden sich im Besitz derselben Handvoll Personen, genau wie auch das Internet selbst (das übrigens nur dank eines militärischen Projektes existiert, aus dem es hervorgegangen ist). Ich habe selbst ein paar Jahre lang in den Mainstream-Medien gearbeitet, in Zeitungsredaktionen, beim Radio und beim Fernsehen, so dass ich eine gute Vorstellung davon habe, wie sie funktionieren und arbeiten. Die Medien gehören einer sehr kleinen Personengruppe (wie üblich), die sie ganz bewusst dazu einsetzt, die Massen auf ein bestimmtes Ergebnis hin zu programmieren. Alle anderen Mitarbeiter sind sozusagen ihrerseits programmierte Programmierer, die diese Arbeit entweder des Geldes wegen machen oder um ihre eigene persönliche Agenda zu verfolgen bzw. ihrer Freude zu frönen, gemein zu sein. Manche sind allerdings auch schon so programmiert und desinformiert, dass sie tatsächlich glauben, sie würden bei der Verbreitung der Wahrheit mithelfen. Die programmierten Programmierer machen die übergroße Mehrheit innerhalb der Konzernmedien aus und bilden auf der ganzen Welt den Urgrund für das Phänomen, das ich die „arrogante Ignoranz" (arrogance of ignorance) nenne. Die meisten „Journalisten" haben keine Ahnung von der Welt, über die sie die Menschen zu informieren glauben. Aber da sie zertifizierte „Journalisten" sind, die eine „gute Ausbildung" genossen haben, müssen sie zwangsläufig glauben, über die Welt im Bilde zu sein und dass folglich alle, die wie ich eine komplett andere Sicht auf die Welt präsentieren, definitionsgemäß verrückt sein müssen. In der Tat – wenn meine Thesen auch nur in den Grundzügen stimmen, dann würde das ja bedeuten, dass die Nachrichtenmedien grob fehlgeleitet sind und ihrerseits die Öffentlichkeit seit Jahr und Tag irreführen. Einer solchen Möglichkeit wollen sie sich natürlich nicht stellen. Da ist es viel einfacher (auf kurze Sicht), seine Augen und Ohren weiterhin vor der unangenehmen Botschaft zu verschließen und stattdessen den Überbringer derselben zu malträtieren. Ich stecke seit einem Vierteljahrhundert Beleidigungen und Spott der übelsten Sorte von irgendwelchen Vollidioten aus der Medienbranche ein. Ich verstehe das als Kompliment. Denn wenn sie sagen würden, der Icke ist glaubwürdig, müsste ich all meine Thesen noch einmal gründlich überdenken. Der Grund, warum der überwiegende Teil der Journalisten glaubt, Bescheid zu wissen, ist derselbe wie bei den Wissenschaftlern, Akademikern, Politikern und Ärzten. Sie haben einfach alle dasselbe „Bildungs"-System durchlaufen und den ganzen Mumpitz, den ihnen die Programmiermaschine eingetrichtert hat, geglaubt und verinnerlicht. Wenn nun die fertigen Journalisten in ihrem Berufsleben über irgendein Thema berichten, ist der Mumpitz jedes Mal ihr Ausgangspunkt. Und da Mumpitz immer nur neuen Mumpitz hervorbringen kann, sind auch all ihre Artikel und Fernsehreportagen Ausdruck und Vervielfachung ihrer von Anfang an fehlerhaften Realitätswahrnehmung. Durch die Lebensgewohnheiten der Journalisten setzt sich ihre Programmierung immer weiter fort. Die meisten bewegen sich immer nur innerhalb anderer Mainstream-Quellen wie Regierungserklärungen, konventioneller Wissenschaft und Medizin, anderen Zeitungen, Nachrichtenagenturen und anderen Informationsquellen des Mainstreams. All diese Quellen sind genauso programmiert wie die Journalisten es selbst sind. Die Nachrichtenredaktionen speien unterdessen über ihre rund um die Uhr rotierenden Fernsehstationen am laufenden Band die offiziellen Versionen zu jedem nur denkbaren Thema aus. Wenn ich mir hin und wieder einmal die Nachrichten reinziehe, rotieren allerdings vor allem meine Augen. Die am massivsten programmierten Personen, denen ich im Laufe der Zeit begegnet bin, waren Politiker, Wissenschaftler, Ärzte, Akademiker und Journalisten. Also genau die Leute, die gemeinhin als am besten informiert gelten. Hinter dieser Umkehrung (da ist es wieder – alles ist auf den Kopf gestellt) verbirgt sich aber ganz und gar nichts Mystisches. Sie entstammen einfach alle derselben Programmiermaschinerie – Früchte vom selben Baum sozusagen. So wie sämtliche ans Internet angeschlossenen Computer auch nur dieselben Informationen downloaden können, so laden all diese Leute aus ihrer Gehirnwaschmaschine die Illusion herunter, sie hätten den Durchblick. Die akkumulierte Täuschung geben sie dann an die Zielgruppe weiter (Abb. 608). Ohne die Handlungen bzw. Nichthandlungen der unter archontischer Kontrolle stehenden Schreibmaschinen der Mainstream-Medien – ob im Printbereich, im Radio, im Fernsehen oder online – wäre die Agenda der Archonten und damit der Orwellsche Albtraum heute nicht annähernd so weit fortgeschritten, wie es inzwischen offensichtlich der Fall ist. David Rockefeller, einer der Stützpfeiler der Verschwörung über einen Zeitraum von annähernd siebzig Jahren, soll im Jahre 1991 beim Bilderberger-Treffen in Baden-Baden vor „Medienvertretern" folgendes gesagt haben:

Abb. 608: „Sie werden immer schläääääfriger …"

> „Wir sind der *Washington Post*, der *New York Times*, dem *Time Magazine* und anderen großen Publikationen dankbar, deren Direktoren an unseren Besprechungen in der Vergangenheit teilgenommen und ihr Versprechen zur Diskretion über fast 40 Jahre respektiert haben … Es wäre für uns unmöglich gewesen, unsere Pläne für die Welt zu entwickeln, wenn wir all die Jahre im Rampenlicht der Öffentlichkeit gestanden hätten.
>
> Heute ist die Welt jedoch weitaus komplexer geworden und bereit, der Errichtung einer Weltregierung entgegen zu gehen. Die supranationale Souveränität der Weltbankiers und der intellektuellen Elite ist ohne Zweifel der nationalen Selbstbestimmung, wie sie in den letzten Jahrhunderten ausgeübt wurde, vorzuziehen."

Zwei französische Zeitungen hatten damals das Zitat veröffentlicht, wie auch Hilaire du Berrier, eine vehemente Antikommunistin, langjährige Bilderberger-Forscherin und Herausgeberin des in Monte Carlo ansässigen *Hilaire du Berrier Report*.

Die Unterdrückung der Wirklichkeit

Abb. 609: Amber Lyon ist eine echte Journalistin inmitten eines Meeres aus Dummheit, Folgsamkeit und stillschweigender Duldung.

Es gibt einige wenige Journalisten – wenn auch wirklich nur sehr wenige –, die sich dem System widersetzen so gut sie können. Ich denke zum Beispiel an Sonia Paulton, eine freie (und wirkliche) britische Journalistin, die mit verschiedenen Fernsehstationen und landesweiten Zeitungen wie dem *Sunday Express* zusammenarbeitet. Aber selbst Leute in ihrer Position können nur so lange die Wahrheit berichten, bis sie die Grenzen der Zensoren erreichen. Manchmal geht es bei der Zensur tatsächlich um den bewussten Versuch der Unterdrückung von Informationen; meist jedoch fürchten die Zensoren einfach die persönlichen Konsequenzen, falls sie nicht zur Schere greifen, oder den Zorn der Vorgesetzten. Sonia wurde Moderatorin bei *The People's Voice*, dem weltweiten, unzensierten Fernseh- und Radiosender, den ich im Jahre 2013 gestartet habe. Eine andere rühmliche Ausnahme von der Regel ist Amber Lyon. 2012 zeigte sie durch ihr Handeln, dass sie inmitten der Mainstream-Medien mit all den Betrügern, Hochstaplern, Lügnern, Falschspielern und Schleimern eine echte Journalistin ist (Abb. 609). Lyon war einst eine preisgekrönte Mitarbeiterin beim C(riminal) N(ews) N(etwork). Als sie dann jedoch einmal die Wahrheit über die Willkürherrschaft und den Massenmord in Bahrain berichten wollte, wurde ihr das ganze Ausmaß der Verderbtheit im Hause *CNN* (und bei allen anderen Mainstream-Medienkonzernen) bewusst. Lyon war 2011 nach Bahrain geschickt worden, um über die Proteste gegen die Tyrannei des (selbst ernannten) „Königs" Hamad bin Isa bin Salman Al Chalifa zu berichten. Dessen verruchte Familie regiert das Land seit über 200 Jahren (wobei sie es Großbritannien und neuerdings auch den USA zu verdanken hat, dass sie so lange an der Macht bleiben konnte). *CNN* wollte nicht, dass sie der Weltöffentlichkeit die volle Wahrheit über das bahrainische Regime auftischt. Doch genau das tat sie und bewies damit, dass sie eine der seltenen echten Journalistinnen in der Mainstream-Szene ist. Lyon trug Interviews und andere Beweise zusammen, die belegten, wie friedliche Demonstranten eingesperrt, schikaniert und getötet worden waren und manche einfach verschwanden. Sie tat das, obwohl sie und ihr Team extremen Einschüchterungsmaßnahmen durch das Bahrain-Regime ausgesetzt waren. Man hatte ihnen sogar eine Waffe an den Kopf gehalten und sie gezwungen, sich auf den Boden zu legen. Natürlich haben sich Chalifas Leute auch mit scharfen Worten bei den *CNN*-Managern beschwert. Bahrain beherbergt die Fünfte Flotte der U. S. Navy sowie zahlreiche amerikanische, international agierende Unternehmen. Die Banken des Landes spielen eine bedeutende Rolle, während die Einkünfte aus der Produktion und Verarbeitung von Öl sechzig Prozent der Exportgewinne und siebzig Prozent der Regierungseinnahmen ausmachen. Damit wird deutlich, warum Großbritannien und die Vereinigten Staaten den bahrainischen König so bedingungslos unterstützen und warum die Handpuppen, die den „freien

Westen“ führen, auch dann nichts sagen und nichts unternehmen, wenn Chalifas Regime sein eigenes Volk tötet, verstümmelt und foltert. Doch während über die Gräueltaten in Bahrain der Mantel des Schweigens ausgebreitet wird, verdammt man die Länder, die auf der Abschussliste stehen – wie Libyen oder Syrien –, weil die dortigen Regimes angeblich „die eigenen Landsleute umbringen“ und schickt sogar Truppen hinein. Dabei handelt es sich bei den „Rebellen“ in den genannten Ländern weitgehend um Söldner, die nicht aus Libyen bzw. Syrien stammen, größtenteils von Großbritannien und Amerika ausgebildet wurden und ihre Waffen von Ländern wie Katar, Saudi-Arabien und der Türkei bekommen haben. Das ist der politische Hintergrund, vor dem Amber Lyon sich daran machte, die tatsächlichen Zustände und Vorgänge in Bahrain öffentlich zu machen. Doch dann musste sie erkennen, dass ihr eigener Arbeitgeber – der von dem Medienmogul Ted Turner gegründete Nachrichtensender *CNN* – in hohem Maße an der Manipulation der öffentlichen Wahrnehmung des Geschehens in Nordafrika und im Nahen und Mittleren Osten beteiligt war. Ihr Bahrain-Report ging in den USA nur ein einziges Mal über den Sender, während der Ableger *CNNi* (*CNN International*) die Ausstrahlung gleich gänzlich verweigerte – sogar dann noch, als sich Mitarbeiter von *CNN* darüber beschwerten. Lyon wurde von ihren Chefs des Weiteren angewiesen, ihrem Bericht Aussagen hinzuzufügen, von denen sie wusste, dass sie nicht der Wahrheit entsprachen. „Ich konnte es nicht glauben, dass *CNN* von mir verlangte, in meine Reportage wissentlich Regierungslügen einzubauen“, erzählte sie später. Schließlich stellte sie fest, dass *CNNi* vom Bahrain-Regime für die Ausstrahlung von Propaganda-„Dokumentarfilmen“ über den faschistischen Staat bezahlt wurde. „Gesponserte Programmierung“ sozusagen. Ähnliche Deals gab es auch mit China, Georgien und Kasachstan. Hier produziert also ein „Nachrichten“-Sender (der sich im Besitz des archontischen Konzerngiganten *Time Warner* befindet) von fremden Staaten gesponserte Sendungen, die das vom jeweiligen Geldgeber gewünschte Image zu verbreiten helfen. Gleichzeitig hindert derselbe Sender seine eigenen Journalisten daran, die Wahrheit über die entsprechenden Länder zu berichten, indem er ihre Sendezeit streicht und sie zwingt, die Drehbücher zu manipulieren. Lyon wird auch mit der Äußerung zitiert, die amerikanischen Mainstream-Medien würden absichtlich Propaganda gegen den Iran verbreiten, um die öffentliche Meinung für die Unterstützung einer militärischen Intervention einzunehmen. Das Dämonisierungsszenario, das man vor dem Irak-Krieg aufgebaut habe, so sagte sie, werde nun neu aufgelegt, um einen Krieg gegen Iran bzw. Syrien vom Zaun zu brechen. Nach der Unterdrückung ihrer Reportage durfte Lyon nie wieder nach Bahrain reisen. Im März 2012 wurde sie von *CNN* entlassen. Man drohte ihr, sie würde ihre Abfindung und ihre Krankenversicherung verlieren, wenn sie sich öffentlich gegen den Sender wenden und dessen Täuschungsmanöver und journalistische Bestechlichkeit bloßstellen würde. Sie hat es dennoch getan – was ihr hoch anzurechnen ist. Zwei andere Journalisten, Jane Akre und Steve Wilson, wurden für ihren Anstand von *Fox News* gefeuert. Sie hatten sich geweigert, an ihren Reportagen über die Gefahren von Monsantos genetisch verändertem Rinderwachstumshormon irreführende Veränderungen vorzunehmen. Die Liste ähnlicher Geschichten, die man überall auf der Welt zu hören bekommt, ist endlos. Für gewöhnlich erreichen die Einschüchterungsmaßnahmen ihr Ziel: Sie halten die Lippen der Journalisten verschlossen und machen sie de facto gefügig. Wie oft musste ich mir im Laufe der vergangenen fünfundzwanzig Jahre das Argument anhören, dass die

Medien doch bestimmt berichten würden, wenn meine Sicht der Dinge den Tatsachen entsprechen würde! Doch wenn man die Mainstream-Medien einmal für eine Weile in all ihrer „Pracht" von innen gesehen hat, so wie ich, dann muss man aufpassen, sich nicht totzulachen. Der wirksamste Faktor bei der Unterdrückung der Wahrheit im Rahmen journalistischer Tätigkeit ist jedoch nicht die Zensur, sondern die schiere Unwissenheit darüber, was tatsächlich in dieser Welt vor sich geht und wie die Dinge miteinander zusammenhängen – die Programmierungsmaschinerie hat ganze Arbeit geleistet. Erst an *zweiter* Stelle kommt die Zensur ins Spiel. Und auch hier ist nicht eine außen stehende Person der Hauptakteur – der Zensor –, sondern es ist der Journalist selbst, der durch Selbstzensur schon den größten Teil der Arbeit übernimmt. In den Mainstream-Medien werden die Journalisten nicht deshalb eingestellt, weil sie besonders intelligent wären oder über die Welt bescheid wüssten. Sie werden eingestellt, weil man willfährige Papageien braucht, die immer und immer wieder die offiziellen bzw. konzernkompatiblen Verse aufsagen. Berichte über die neuesten Ereignisse, ohne den genau abgezirkelten Bereich „akzeptabler" Interpretationen zu verlassen, und es wird dir prächtig gehen. Wer weiß, vielleicht bekommst du eines Tages sogar deine eigene Show auf *CNN*! „Der hat es geschafft", werden die Leute sagen. So wie bei dem einstigen israelischen Profi-Lobbyisten Wolf Blitzer, dem CIA-Praktikanten Anderson Cooper oder dem schwer verwirrten, arroganten und uninformierten Pseudo-„Journalisten" Piers Morgan. Solltest du aber (wie es der *CNN*-Nachrichtensprecher Lou Dobbs getan hat) die Verschwörungen zur Zerstörung Amerikas aufdecken oder (wie Amber Lyon) die Hässlichkeiten in Ländern wie Bahrain öffentlich machen, dann wird auf die eine oder andere Weise die Tür in dein Blickfeld geraten. Ich erinnere mich, wie ich mir während einiger Vortragsreisen in die Staaten ein paar Mal Dobbs' Show angeschaut habe und mich fragte, wie lange *CNN* ihn wohl noch beschäftigen würde, wenn er nun schon über die geplante Nordamerikanische Union berichtete und noch einige andere Aspekte der archontischen Agenda ausplauderte. Nun, nicht mehr allzu lange, lautete die Antwort. 2009 gab Dobbs bekannt, dass er nach einer 30jährigen Karriere beim Sender ausscheiden würde.

Während die Medien keinerlei Moral kennen und Tod, Zerstörung und Unterdrückung unter den Teppich kehren, erleben wir auf der anderen Seite eine Schein-Moralität, die niemals *Fuck* sagt, wenn sie *Fuck* meint, sondern immer nur *F**k*. Hier ist ein Ausschnitt aus der *Huffington Post*, stellvertretend für unzählige Artikel dieser Art auf der ganzen Welt:

> „Sir Bradley Wiggins hat nun mit Verspätung seinem Ärger über sein früheres Idol Lance Armstrong Luft gemacht. Er nannte den radelnden Betrüger einen ‚verd*****n B*****d'."

Nun, was meinen Sie, könnte er wohl gesagt haben? *Verdünnter* B*****d vielleicht? Oder doch eher *verdickter* B*****d? Oder gar *verdrehter* B*****d? Und was mag wohl ein B*****d sein? Als erwachsener Mensch, der über ein Mindestmaß an Intelligenz verfügt – oder sagen wir, zumindest über einen Hauch davon –, kam ich schließlich auf die Idee, die komischen Sternchen zwischen dem B und dem d zu zählen. Nach einer tief schürfenden Meditation über die Problematik von nicht ganz einer halben Sekunde offenbarte sich mir, dass Wiggins Armstrong wohl einen „verdammten Bastard" genannt haben müsste.

Also, ganz im Ernst – was soll das mit dem B*****d? Ich werde es Ihnen sagen. Das ist die falsche, verlogene, heuchlerische und sich selbst in die Tasche lügende Moral, mit der die Medienmacher des Mainstreams kleine Sternchen in Worte wie B*****d oder F**k setzen, während sie fröhlich Kriege gut heißen, bei denen von den Menschen, einschließlich Kindern, oft nur über die Straße verteilte Gliedmaßen und Fleischklumpen übrig bleiben. Wir sehen wirklich nicht, was das Problem dabei sein soll. Wir müssen doch schließlich „die Terroristen bekämpfen". Das ist doch ein moralischer und gerechter Kampf, oder etwa nicht? Sagt aber jemand „Bastard" oder „Fuck", dann müssen wir das symbolisch zudecken (wir machen sowieso alles nur symbolisch), um die Illusion einer falschen, hochnäsigen Moral aufrecht zu erhalten. Nachrichtenredaktionen, deren Mitarbeiter tagein, tagaus Worte wie Fuck oder Bastard benutzen, fühlen sich nichtsdestotrotz verpflichtet, ein paar ***** einzustreuen, um den Nimbus der Moralität zu wahren. Es ist nach diesem selbstbetrügerischen „Moralkodex" auch völlig okay, „Bastard" oder „Fuck" zu *denken*. Welche Worte sollten einem eigentlich in den Sinn kommen, wenn man Gebilde wie B*****d oder F**k sieht – außer Bastard bzw. Fuck? Solange man jedoch diese netten Worte nicht *ausschreibt*, fühlt man sich als überlegener Bewahrer von Moral und Anstand. Unsere Redaktion handelt schließlich „verantwortlich" und wir folgen bei unserer publizistischen Arbeit gewissen „Grundsätzen". Das ist wirklich lächerlich und erbärmlich. Das ist im Prinzip die gleiche Moral – nur auf einer anderen Ebene –, mit der man Bomben auf Zivilisten regnen lässt, um eben diese Zivilisten zu beschützen. Mein „Moralkodex" sieht ein bisschen anders aus: Ich finde Krieg, Mord und Gewalt grotesk und unmoralisch und die Problematik der einprogrammierten Sprachempfindlichkeiten doch eher zweitrangig. Nennt einen B*****d einen Bastard, und wenn ihr Fuck meint, dann sagt auch Fuck, und nicht F**k. So sehe ich das. Hat das schon irgendjemanden das Leben gekostet, ein Bein abgerissen oder jemandes Kinder vor seinen Augen zerfetzt? Ich las einmal die Schlagzeile „Radiosender *BBC 4* in der Kritik, nachdem die Zuhörer „Cox Sackers" missverstanden haben". Ist das nicht verdammt komisch? Oh – darf man „verdammt" sagen? Nein? Schön, ich scheiß drauf. Während da draußen Millionen von Menschen in herbei manipulierten Kriegen massenhaft ermordet werden oder in absichtlich ausgelösten Wirtschaftskrisen hungern, entblöden sich einige Zeitgenossen nicht, bei der *BBC* wegen der Verwendung des Wortes „cox sackers"[1] offizielle Beschwerde einzureichen – und das „Standards Committee" des Senders nimmt sie auch noch ernst! Beschweren Sie sich aber über die dreiste Einseitigkeit in der Berichterstattung der *BBC*, wird ohne viel Federlesens die Löschtaste betätigt. Gibt es irgendwo eine Schule, die einen Grundkurs in Erwachsensein anbietet? Nein? Das sollte man verdammt noch mal ändern. Die wirklichen „cox sackers" sind hier die Leute, die so „empört" waren, dass sie sich gleich beschweren gingen. *Ahhhhh!* Wie niedlich! Da macht einer einen Witz und verwendet dabei Wortspiele? *Skandal!* Leichen von Kindern mit dunklerer Hautfarbe? *Kollateralschäden*. Die Nachrichten meldeten: „Das Editorial Standards Committee der *BBC*, das die Beschwerde angenommen hatte, kam zu folgendem Schluss: „Der Ausdruck wurde nicht deutlich genug artikuliert und konnte daher von einem großen Teil der Zuhörer leicht mit dem anstößigen Begriff *c*** suckers* verwechselt werden.'" Ich glaube, sie meinen hier „cock suckers" (Schwanzlutscher). Wie sehen Sie das? Und war das jetzt eigentlich der Name des Komitees? Oder der Name der Beschwerdeführer? Oder ist es ein Sammelbegriff für beide? Nach der Beweislage würde ich sagen, dass beide gemeint sind. Hier habe ich auch ein kleines Spiel mit Worten für Sie. Bitte bringen Sie folgende Begriffe in eine sinnvolle Reihenfolge: *up, me, Scotty, beam.*

Die Illusion der Wahlmöglichkeit

Die Mainstream-Medien treten in zwei Erscheinungsformen auf. Den größten Anteil haben die aufgeblasenen und realitätsfernen Vertreter des „Qualitätsjournalismus" wie *CNN* oder die *BBC*, die ihre Nasen hoch tragen und tatsächlich vorgeben, unvoreingenommen zu berichten. Daneben gibt es aber, insbesondere in den USA, auch offen polarisierende Fernsehsender wie *Fox News* („die Rechten") und *MSNBC* („die Linken"). Ihre Aufgabe ist es, die Illusion der Wahlmöglichkeit – wie man sie von der Zwei-Parteien-Politik her kennt – aufrecht zu erhalten. *Fox* steht auf der Seite der Republikaner und *MSNBC* unterstützt die Demokraten. Der springende Punkt ist jedoch, dass beide Sender *das System* unterstützen, in dem die Bezeichnungen „Republikaner" und „Demokraten" (bzw. „Konservative" und „Labour" in Großbritannien) austauschbar sind. *Fox News* gehört der Archontenmarionette Rupert Murdoch, *MSNBC* gehört den Archontenmarionetten von *NBC Universal Media* (General Electric und Comcast). Der leider schon verstorbene große amerikanische Komiker Bill Hicks hat das einmal sehr treffend dargestellt:

Abb. 610: Bill O'Reilly („der Rechte" und Das System) ...

Abb. 611:... und Rachel Maddow („die Linke" und Das System).

> „Ich zeige Ihnen mal die amerikanische Politik. Hier ist sie auch schon, gleich hier. ‚Ich glaube, die Puppe auf der rechten Seite teilt meine Überzeugungen.' ... ‚Also mir gefällt die Puppe auf der linken Seite irgendwie besser.' ... ‚Hey, wartet mal – da ist doch ein Typ, der beide Puppen hält!'"

Um nun die Illusion der Wahlmöglichkeit auch im Fernsehen fortzuschreiben, gibt man der Öffentlichkeit auf der einen Seite jemanden wie Bill O'Reilly von *Fox News* („Der Rechte" und Das System) und zum anderen eine Figur wie Rachel Maddow von („Die Linke" und Das System). Beide vertreten Abend für Abend ihre jeweilige Seite und greifen sich gegenseitig an (Abb. 610 und 611). beschäftigt auch einen Moderator – ich kann ihn beim besten Willen nicht „Journalisten" nennen – namens Chris Matthews, der tatsächlich einmal sagte, er bekäme bei Obamas Reden einen „Kribbeln, das ihm die Beine hinauf kriechen würde". Lustig, bei mir geht da immer etwas abwärts. „Die Rechten" finden es prima, wenn Bush in den Krieg zieht und am anderen Ende der Welt zahllose Menschen mit dunklerer Hautfarbe tötet. Noch viel besser finden sie es natürlich, wenn Obama das macht. „Die Linken“ finden es schlecht, wenn Bush in den Krieg zieht und am anderen Ende der Welt zahllose Menschen mit dunklerer Hautfarbe tötet. Wenn Obama das macht, ist das natürlich noch schlimmer. Der gemeinsame Nenner lautet: Am anderen Ende der Welt werden zahllose Menschen mit dunklerer Hautfarbe getötet. Maddow und O'Reilly fallen übereinander her, bzw. über die Partei und den Fernsehsender des anderen, und erzeugen mit ihrer Vorstellung die Illusion von Meinungsvielfalt und inhaltlicher Auseinandersetzung. Rachel Maddows gibt die intellektuelle, das Herz auf der Zunge tragende Kämpferin, Marke „Frau des Jahres“. O'Reilly bildet mit seiner allabendlichen Rolle als rechter Eiferer und Kriegshetzer – der in Wirklichkeit schon beim bloßen Gedanken daran, selbst einmal in die Schlacht zu ziehen, sofort den Umfang seiner Klopapierbestellung verdreifachen würde – den Kontrast dazu. Das alles ist nichts weiter als ein Spiel bzw. eine große Vernebelungsaktion. Figuren wie Maddow und O'Reilly sind bezüglich der wirklichen Welt – über die sie zu berichten glauben – so verblendet, dass sie gar nicht bemerken, wie sie benutzt werden. Der Kontostand kann sich freilich sehen lassen – O'Reilly verdient mit dem Müll, den er von sich gibt, schätzungsweise etwa 20 Millionen Dollar im Jahr. *Ahhh* – er labert zwar absoluten Käse, aber es ist der Käse *der Verschwörer*. Und dafür wird er reichlich belohnt. und *Fox* streiten sich wegen völlig unwichtiger Details, fechten Rhetorikkämpfe und errichten Nebelwände, aber wenn die Grundpfeiler der archontischen Agenda angesprochen werden, sprechen sie alle mit einer Stimme: Gibt es zwischen den politischen Parteien Unterschiede? Ja, natürlich! Was denken Sie denn, worüber wir Abend für Abend diskutieren? Gibt es eine Verschwörung, an der sowohl die politischen Parteien als auch die Banken, die Konzerne und die kommerziellen Medien beteiligt sind? *Wie bitte?* Natürlich nicht! Sie sind doch ein durchgeknallter Verschwörungstheoretiker! Ist die offizielle, widersinnige und vor Ungereimtheiten nur so strotzende Version der Anschläge vom 11. September korrekt? Ja aber natürlich! Sie sind nicht zufällig einer dieser verrückten Truther, oder? Und so weiter und so fort. Selbst die Anti-Bush- bzw. Anti-Obama-Berichterstattung ist nur bei oberflächlicher Betrachtung „anti“. Der erklärte Irakkriegsgegner Phil Donahue hatte eine eigene Talkshow auf – sie wurde praktischerweise etwa zeitgleich mit der Invasion im Jahre 2003 aus dem Programm genommen. Später tauchte ein *NBC*-interner Vermerk auf, aus dem hervorging, dass Donahue gehen musste, weil er „ein problematisches Gesicht für *NBC* wäre, wenn wir uns im Krieg befinden“. Diese medialen Betrüger mögen an der Oberfläche scheinbar verschiedene Positionen vertreten, doch wann immer die Fundamente der globalen Agenda bedroht sein könnten, stehen sie alle geschlossen zusammen. (Und noch mehr Menschen mit dunklerer Hautfarbe werden eliminiert.) Das folgende Zitat stammt aus dem Munde des „fairen und ausgewogenen“ *Fox*-Moderators Bill O'Reilly, gesprochen im Februar 2003:

> „Sobald der Krieg gegen Saddam Hussein beginnt, erwarten wir von jedem Amerikaner, dass er unser Militär unterstützt. Wenn Sie dazu nicht in der Lage sind, halten Sie die Klappe. Ich werde alle Amerikaner, und gewiss auch unsere ausländischen Verbündeten, die sich aktiv gegen unser Militär wenden, während der Krieg schon läuft, als Staatsfeind betrachten.
>
> Ich möchte eine faire Warnung an Barbara Streisand und all diejenigen senden, die ihre Weltsicht teilen. Ich möchte niemanden dämonisieren, aber jeder, der diesem

Land in Zeiten wie dieser schadet – nun, lassen Sie es mich so sagen: Wir werden ein Auge auf euch haben."

Unterdessen verpflichtete *MSNBC* Robert Gibbs, den ehemaligen Stabschef des Weißen Hauses und früheren Wahlkampfberater Obamas, als freien Mitarbeiter. Außerdem holten sie sich David Axelrod als leitenden politischen Analysten an Bord, nachdem dieser nach Obamas zweiter und letzter erfolgreicher Präsidentschaftswahl im Jahr 2012 seine Funktionen als leitender Wahlkampfmanager und Chefberater des Präsidenten niedergelegt hatte. Zur selben Zeit spürte Chris Matthews abermals ein Kribbeln sein Bein hinauf kriechen, als er mit Al Sharpton von *MSNBC* die Frage erörterte, ob man nicht den vier steinernen Präsidentenköpfen von Mount Rushmore das Antlitz Obamas hinzufügen sollte. Die „Debatte" war von Sharpton eröffnet worden, einem neuen Jesse Jackson, der erklärt hat, dass er Obama unter keinen Umständen jemals für irgendetwas kritisieren würde. Sharpton ist Gastgeber einer allabendlichen politischen Talkrunde auf *MSNBC*. Der Herr möge uns beistehen. Eine Analyse des Pew Research Center's Project for Excellence in Journalism ergab, dass in der Wahlkampfwoche von 2012 kein einziger negativer Bericht über Obama über die Sender ging – und nicht eine einzige positive Reportage über seinen Kontrahenten Mitt Romney. Das Ganze nennen sie dann Journalismus. *MSNBC* war vom amerikanischen Mediengiganten *NBC* in Gemeinschaft mit der Microsoft Corporation gegründet worden, dem Unternehmen des Archontenlieblings Bill Gates. *Fox News* gehört dem Archontenliebling Rupert Murdoch. Wie könnte man da etwas anderes erwarten, als dass beide Institutionen dasselbe Lied singen – mit nur geringfügig variiertem Text? Dasselbe Schema sehen wir auch bei politischen „Komikern" in den USA. Denken wir beispielsweise an die beiden Zionisten Jon Stewart (Jonathan Leibowitz) und Bill Maher (Abb. 612 und 613). Maher, Stewart und all die anderen, die fette Saläre von den Sendern beziehen, werden auch dazu benutzt, die Illusion der freien Meinungsäußerung und der Verantwortung gegenüber den politischen Klassen aufrecht zu erhalten. Stewart gibt sich immer gewitzt und kumpelhaft und kokettiert mit seiner „Schau dir diese Idioten an"-Attitüde, aber wenn er Interviews mit führenden Politikern und Massenmördern wie Barack „Wo ist meine Drohne" Obama oder Tony „Wen kann ich als Nächstes bombardieren" Blair führt, ähnelt er mehr einem Baby, das nur gluckst und lallt und viel Wind produziert. Gar nicht von ungefähr setzen sich Stewart und Maher vehement gegen jedes Hinterfragen der offiziellen Lügen zum 11. September ein. In einem Schleim triefenden Interview mit der Heimatschutzministerin Janet Napolitano machte er unmissverständlich klar, welche Verachtung und Abneigung er für all jene

Abb. 612: Jon Stewart (Sarkasmus und Das System).

Abb. 613: Bill Maher (Politisch Inkorrekt [Umkehrung] und Das System).

empfindet, die an der Aufdeckung der Verschwörung mitarbeiten. Würden Stewart oder Maher eine andere Meinung vertreten und ihr öffentliches Podium dazu benutzen, Antworten auf all die Ungereimtheiten und Widersprüche einzufordern, die sie beschlossen haben zu ignorieren – dann wären sie in weniger als einer Woche weg vom Fenster. Rachael Maddow veröffentlichte im Februar 2013 einen Dokumentarfilm mit dem Titel „Hubris", um an den zehnten Jahrestag des Beginns des Irak-Krieges zu erinnern. Sie nimmt darin die Lügen (der Republikaner), mit denen die Invasion damals verkauft wurde, unter die Lupe. Die Hauptthesen, die der Film dabei aufstellt, finden sich schon in meinem Buch „Tales from the Time Loop", das ich schon *sieben Monate* nach Beginn der Invasion veröffentlicht habe. Zehn Jahre später spielen diese Enthüllungen auch keine Rolle mehr, denn die Netzwerke der Archonten haben inzwischen längst manifestiert, was sie erreichen wollten, und alles ist unter Dach und Fach. Wo war die Offenlegung *damals*? Die Beweise lagen auch seinerzeit schon vor. Maddows Film entlarvte die republikanische Administration von Bush und Cheney. Wo aber wird Obama erwähnt, der schließlich den Staffelstab aufnahm und die Agenda unverändert fortführte? Ach so, ich vergaß: Kritik an Obama ist ja Sache von *Fox News*. Schließlich ist er „Demokrat". Auch Maddow gehört zu den entschiedenen Leugnern einer weit größeren Verschwörung mit dem Ziel der Versklavung der gesamten Menschheit. Wie alle anderen auch verdammt und verspottet sie jeden, der etwas in dieser Richtung andeutet. Andererseits wäre sie ja auch längst nicht mehr bei *CNN*, wenn sie etwas anderes täte.

Fix News

Rupert Murdochs *Fox News – die vielleicht besser Fix News heißen sollten (von engl. „to fix", hier in der Bedeutung „manipulieren")* – wurde von seinen eigenen ehemaligen Mitarbeitern in einer DVD mit dem Titel „Outfoxed: Rupert Murdoch's War on Journalism" bloßgestellt (Näheres auf der Website outfoxed.org). Darin berichtet Frank O'Donnell, der früher als Reporter und Produzent bei *Fox News* arbeitete, wie Murdoch den Programminhalt des Senders diktierte. Man beachte dabei, dass eben dieser Sender frech und dreist mit dem Slogan „Gerecht und ausgewogen" wirbt (Abb. 614). O'Donnell erinnert sich:

Abb. 614: „Fox News – wahrer Journalismus, gerecht und ausgewogen." Das ist in etwa so, als würde man Hitler einen Friedensstifter nennen.

„Wir erhielten von einem der Apparatschiks von Murdoch die Anweisung … einen Teil

> unserer Nachrichtensendung wegzulassen und durch einen schmalzigen Tribut an Ronald Reagan zu ersetzen, der auf dem Parteitag der Republikaner gezeigt worden war. Wir waren platt, denn bis zu diesem Tag war es uns gestattet, seriöse Nachrichten zu produzieren. Nun auf einmal wurden wir von ganz oben angewiesen, Propaganda zu verbreiten – rechte, republikanische Propaganda."

O'Donnell erklärte weiter, dass sie eine lange, ungekürzte Reportage gegen den Demokraten Ted Kennedy bringen sollten, einen langjährigen Widersacher von Murdoch. Das Material enthielt nichts, was mit Nachrichten zu tun gehabt hätte. Der Dokumentarfilm „Outfoxed" ließe sich genauso gut auch auf eine lange Liste anderer Fernsehsender und Medienhäuser auf der ganzen Welt beziehen. So gibt *Fox* beispielsweise über seine leitenden Mitarbeiter jeden Morgen eine für das ganze Haus verbindliche „Tagesmitteilung" heraus. Darin wird festgelegt, welche Storys die „Journalisten" zu bringen haben, welche ignoriert werden sollen und wie die ausgewählten Themen als Nachrichten verkauft werden können. Larry Johnson, ein ehemaliger *Fox*-Mitarbeiter und Analyst bei der CIA, berichtet, dass der allmorgendliche Befehl „eine genaue Liste der Themen [enthielt], über die man sprechen bzw. nicht sprechen durfte" und weitere „an die Berichterstatter adressierte Verordnungen, um zu kontrollieren, was sie sagen können und wie sie es sagen können". Dem Moderator Jon Du Pre zufolge erhielten die Mitarbeiter jeden Tag ein Memo vom *Fox*-Hauptquartier, das ihnen mitteilte, „diese Themen wollen wir heute anreißen, über jene Geschichten soll heute berichtet werden, und diese hier sollen in folgender Weise angegangen werden". Du Pre wurde suspendiert, weil er es in seiner Berichterstattung zum Geburtstag Ronald Reagans an Enthusiasmus mangeln ließ. Er hatte den *Fox*-Zuschauern mitgeteilt, dass Reagan-Fans „aus allen Teilen des Landes zusammengeströmt sind, ja sogar aus Kanada und Mexiko ...". Das war schlichtweg gelogen. Er hatte damit nur versucht, seinen Rücken freizuhalten und seinen Job zu retten. Seine Vorgesetzten bei *Fox News* hatten ihm nämlich Dampf gemacht, nachdem sie bemerkt hatten, dass der Tenor von Du Pres Berichterstattung eher die tatsächlichen Vorgänge reflektierte als die vorgegebene „Linie". Larry Johnson berichtet davon, dass man als Korrespondent und wenn man Gäste zu Interviews einlud, „von einem stalinistischen System beobachtet wurde und man Angst hatte, dabei erwischt zu werden, wie man mit der falschen Person sprach oder problematische Emails schrieb". Wie Frank O'Donnell erzählt, sei es jedermann klar gewesen, dass man beobachtet wurde und dass sämtliches Material, welches die Vorgesetzten nicht sofort begutachten konnten, später anhand von Aufzeichnungen überprüft wurde. Interviewgäste, die als „Experten" auftreten sollten, wurden nicht nach der Intelligenz ihrer Aussagen ausgewählt, sondern danach, ob sie mit der von *Fox News* propagierten politischen Sichtweise konform gingen. Wie sollte es auch anders sein, wenn doch Leute wie William Kristol zur ständigen Besatzung von *Fox News* gehören. Kristol war Mitbegründer des Project for the New American Century, der berüchtigten Denkfabrik der Neokonservativen, sowie Redakteur beim *Weekly Standard*. Das Propagandablatt, das einst Rupert Murdoch gehörte, spielte eine tragende Rolle, als Kristol und seine Neocon-Kumpel vehement darauf drängten, in Afghanistan und Irak einzumarschieren. Die frühere *Fox*-Produzentin Clara Frenk weist darauf hin, dass die Vertreter der Republikaner (also der „Konservativen") stets bekannte und „sehr, sehr charakterstarke Leute" waren, während sie von den Gästen aus dem demokratischen Lager (den „Liberalen") nur in einem einzigen Fall schon einmal etwas gehört hatte. Frenk berichtet auch davon, dass *Fox* oftmals „Pseudo-Liberale" einlud, die in Wirklichkeit größtenteils mit der rechtslastigen Einstellung des Senders konform gingen. Sie präsentierten auch gerne „Personen, die sehr schwach sind, wissen Sie, Leute, die kein Mensch kennt". Selbst wenn man eingeladen wurde, hielt man sich besser an die Parteilinie. Larry Johnson wurde vom Sender fallen gelassen, nachdem er auf die Frage, ob Bush zwei Kriege gleichzeitig führen könne, mit einem schlichten „Nein" geantwortet hatte. Die Frage hatte das käufliche Plappermaul Sean Hannity im Vorfeld des Einmarschs im Irak eingeworfen.

> „Und Sean Hannity, der eben ein rechter Stimmungsmacher ist, war einfach wütend, weil ich ... die Kühnheit besessen hatte, die Frage zu verneinen. Fakten scheinen nicht zu ihm durchzudringen. Unmittelbar nach diesem Vorfall beendeten sie die Zusammenarbeit mit mir. Das war ungewöhnlich, da ich noch für etwa acht Wochen unter Vertrag stand."

So sieht also „gerechte und ausgewogene" Berichterstattung aus – in Wirklichkeit handelt es sich freilich um blanke Propaganda. Richard Clarke, Boy Bushs Berater für Terrorismusbekämpfung, bekam die Macht von Fix News zu spüren, nachdem er in seinem Buch „Against All Enemies" die Handlungsweise der Regierung vor dem 11. September und die Entscheidung, in den Irak einzumarschieren, kritisiert hatte. Clarke widersprach auch Leuten wie Verteidigungsminister Donald Rumsfeld oder Richard Myers, dem Acting Chairman of the Joint Chiefs of Staff, bezüglich deren Aussagen darüber, was sie am Morgen des 11. September getan hätten. Jeff Cohen, ein ehemaliger *Fox*-Mitarbeiter, sagte:

> „Als Richard Clarke in Erscheinung trat, war es schnell klar, dass er eine Gefahr für die Administration darstellte. Schließlich hatte er in den höchsten Kreisen der Bush-Administration gearbeitet. *Fox News* hatte praktisch das Drehbuch umzusetzen, das im Weißen Haus verfasst worden war. Clarke musste aus dem Weg geräumt und in einen Demokraten bzw. Liberalen verwandelt werden ..."

Auf die gleiche Art und Weise werden jeden Tag überall auf der Welt Menschen, die unbequeme Wahrheiten aussprechen, angegriffen und diskreditiert. Als Boy George Bush bei den gezinkten Präsidentschaftswahlen von 2000 den „Sieg" über seinen Kontrahenten Al Gore davontrug, wurde die Neuigkeit vor allen anderen von *Fox News* verkündet. John Ellis war der Mann, der die Nachricht in seiner Funktion als Chef der „Wahlanalyse" bei *Fox News* bekannt gab. Ellis ist ein Cousin ersten Grades von George W. Bush. Zu dem Zeitpunkt, als er den Wahlsieg seines Verwandten verkündete, ließen die unvollständigen Zahlen aus dem Wahlkreis Florida eine solche Aussage noch gar nicht zu. Doch Ellis ergriff einfach die Initiative und machte kurzen Prozess. Prompt übernahmen die Papageien von *ABC*, *NBC* und *CBS* die frohe Kunde. John Nichols, der für die Wochenzeitschrift *The Nation* als Korrespondent in Washington tätig war und ein Buch über Dick Cheney mit dem Titel „Dick: The Man Who Is President" geschrieben hat, sagte:

> „Mit der Verkündung von Bushs angeblichem Wahlsieg auf *Fox News* und den anderen Fernsehstationen, die sich *Fox* einfach anschlossen, wurde die Vorstellung

> erschaffen, Bush habe gewonnen – was gar nicht der Fall war. Aber diese Wahrnehmung herrschte auch während der folgenden 37 Tage noch vor. Meiner Meinung nach hat Ellis' vorschnelle Äußerung am Wahlabend mehr dazu beigetragen, George Bush zum Präsidenten zu machen, als irgendein etwaiges Problem bei der Neuauszählung der Stimmen oder der Gestaltung der Wahlzettel."

Sobald Bush ins Amt eingeführt war und die schon seit Langem geplante Invasion im Irak abgesegnet hatte, war *Fox News* auch schon wie gewohnt zur Stelle, um seine Zuschauer zurechtzutrimmen. Man suchte nun das Publikum für die Abschlachtung weiterer Völker einzunehmen – Menschen, über die der typische *Fox*-Zuschauer nicht mehr weiß als das, was *Fox* ihm erzählt hat. Dave Korb arbeitete als freier Autor für *Fox News*. Wie er berichtet, wurde er angewiesen, über die Vorgänge im Irak Lügen zu verbreiten. Das folgende Zitat stammt aus der Mitteilung einer leitenden Produzentin an die zwei oder drei Autoren, die für ihren Programmteil verantwortlich waren:

> „Behalten Sie einfach immer im Hinterkopf: Alles ist gut. Es ist eine gerechte und ausgewogene Angelegenheit. Erwähnen Sie nicht, wie viele Tote es gegeben hat oder dass unsere Soldaten beschossen worden sind. Man soll nicht auf den Gedanken kommen, dass jemand gestorben sein könnte. Sie wissen schon, bewahren Sie einen positiven Grundton. Wir müssen immer wieder all das Gute betonen, das wir dort leisten."

Korb erzählt des Weiteren, wie die Vorgesetzte vom Wiederaufbau von Schulen sprach und von der Demokratie, die wir dem Irak bringen würden. „Denken Sie an den großen Fortschritt. Hurra für uns!", schrieb sie (Abb. 615). Wo „Nachrichten" zensiert und manipuliert werden, entsteht ein Klima von Angst und Einschüchterung, das wiederum Selbstzensur hervorbringt. Wenn die „Journalisten" und Produzenten einer Redaktion erst einmal verinnerlicht haben, wo genau die Grenzen verlaufen und welche Rahmenbedingungen zu beachten sind, hören sie ganz von alleine auf, außerhalb der Box zu berichten oder überhaupt Storys anzubieten. Sobald diese Selbstzensur erst einmal Einzug gehalten hat, steht die Frage gar nicht mehr, ob eine bestimmte Information nun veröffentlicht werden soll oder nicht. Es kommt gar nicht mehr zu einer Diskussion darüber, weil man heikles Material – das außerhalb der Parameter liegt – gar nicht mehr zur Ausstrahlung vorschlägt. So sieht die Realität in den Nachrichtenhäusern aus – und das schon seit Langem. Der interne Ausdruck für eine Story, die der Zensur zum Opfer gefallen ist und nicht veröffentlicht wird, lautet „aufgespießt" (engl. „spiked"). Der Begriff stammt noch aus einer Zeit, als auf dem Schreibtisch eines jeden Redakteurs tatsächlich so ein Ding mit einem nach oben ragenden Nagel stand, auf den die abgelehnten Themen buchstäb-

Abb. 615: „Fox News: Reiche Leute, die andere reiche Leute dafür bezahlen, den Leuten aus der Mittelklasse zu erzählen, dass die Armen schuld sind." Das betrifft allerdings nicht nur Fox News.

lich aufgespießt wurden. Ich habe das während meiner Zeit bei den Mainstream-Medien noch selbst erlebt. Selbstzensur bedeutet dagegen, dass man sich schon selbst „aufspießt", noch bevor man einen Artikel überhaupt angeboten – geschweige denn niedergeschrieben – hat. Ein ehemaliger Reporter von *Fox News*, der es vorzog, anonym zu bleiben, um seine Karriere nicht zu gefährden, sagte Folgendes:

> „Wenn man jahrelang mit diesem leitenden Vizepräsidenten und seinen Leuten zu tun hat, die ständig sagen: ‚Nein, diese Story bringen wir nicht', ‚Diese Geschichte ist nicht gut', ‚Ja, diese Story ist prima', dann ist irgendwann jedem Abteilungsleiter oder anderweitig Beteiligten klar: Es gibt eine gewisse Art von Themen, die man gar nicht erst anzubringen braucht, auf der anderen Seite aber auch Geschichten, von denen man schon vorher weiß, dass das Management sie lieben wird."

Die Kontrollstruktur

Die Medien zu kontrollieren ist gar nicht so schwer, wie man zunächst meinen würde. Um ein Medium kontrollieren zu können, muss ich es besitzen bzw. – im Falle staatlicher Sender wie der *BBC* – direkte Kontrolle über die Regierungsstellen ausüben. (Wobei „Regierungen" ja Unternehmen *sind.*) Die restliche Arbeit zur Gewährleistung der Einseitigkeit, Unterdrückung und Propagandaverbreitung erledigen dann die Richtlinien, die von oben erlassen und bis ganz nach unten durchgereicht werden. Redakteure und leitende Mitarbeiter der Nachrichtenabteilung werden von den Eigentümern bestimmt, wobei sie ihren Entscheidungen den Grad der Konformität der Betreffenden zugrunde legen. Die auf diese Weise Auserwählten machen dann ihrerseits geeignete – sprich gefügige – Personen zu Produzenten und „Journalisten". Dabei rutscht immer wieder mal ein echter Journalist mit rein, aber der muss es dann auch erstmal schaffen, seine Storys durch den Redakteursfilter zu bekommen. Nur dann gelangt eine Reportage, die diese Bezeichnung auch verdient, in die Zeitung, das Radio oder die Fernsehnachrichten. In jeder Redaktion gibt es, bevor eine Tageszeitung fertig gestellt wird oder die Nachrichten über den Sender gehen, eine „Konferenz", auf der die federführenden Personen entscheiden, welche Themen man „bringt" und wie sie zu „behandeln" sind. Im Falle des libyschen Staatsoberhauptes Gaddafi oder des syrischen Präsidenten Assad entschied man zum Beispiel quer durch alle Medien, dass sie als Bösewichte hinzustellen seien, die ihre eigenen Landsleute umbringen. Von da an wurde es keiner anderen Sichtweise oder Information mehr gestattet, das festgelegte Bild zu trüben (Abb. 616). Die „Journalisten" lie-

Abb. 616: Und jetzt die Nachrichten. Wir möchten schließlich, dass Sie informiert sind.

ben Schwarz-Weiß-Szenarios, denn diese ersparen ihnen die Mühe, beide Seiten einer Angelegenheit zu beleuchten oder über Fakten zu berichten, die zur offiziellen Propaganda im Widerspruch stehen. Sie kennen sicherlich den Spruch, den Boy George Bush aufgebracht und Hillary Clinton übernommen hat: „Entweder, Sie sind auf unserer Seite, oder Sie sind auf der Seite der Terroristen." Zu diesem Spruch gibt es ein Pendant in Journalistenkreisen:

> „Sie sind entweder auf unserer Seite, oder Sie erscheinen weder in den Zehn-Uhr-Abendnachrichten noch in der morgigen Zeitung."

Man schickt die Journalisten los, um über eine bestimmte Sache zu berichten; doch der Standpunkt, den sie dabei einzunehmen haben, steht natürlich schon fest, bevor sie überhaupt das Büro verlassen und irgendjemanden interviewt oder irgendwelche Nachforschungen angestellt haben, um herauszufinden, was eigentlich passiert ist. Es gab zwar Reporter, die mir versprachen, mich so positiv wie nur möglich darzustellen – aber wenn sie mich in einem zu guten Licht präsentieren, würden es ihre Artikel gar nicht in die Zeitungen schaffen. Schließlich gibt es auch noch die unmittelbare Zensur, sogar auf lokaler Ebene. Ich habe einmal eine Veranstaltung in der Nähe meines Wohnortes auf der Isle of Wight durchgeführt, die als technischer Probelauf für meine Großveranstaltung im Wembley-Stadium im Jahre 2012 diente. Auf einer Insel von nur 23 mal 13 Meilen Ausdehnung stellt eine solche Veranstaltung, zumal mit den pikanten Themen, die ich darin präsentiere, nun wirklich ohne Frage ein lokales Ereignis dar. Nichtsdestotrotz brachten es sowohl die Lokalzeitung als auch unsere wichtigste Radiostation fertig, die Sache komplett zu ignorieren. Das liegt daran, dass beide von einem Netzwerk aus Freimaurern und anderen Gesellen kontrolliert werden, das hier als die „Insel-Mafia" bekannt ist. Diese Gruppe hasst mich und sinnt auf Rache, nachdem ich einmal ihre Machenschaften öffentlich gemacht habe. Da spielen solche Nebensächlichkeiten wie Journalismus oder der Dienst an der örtlichen Bevölkerung keine Rolle mehr – Hauptsache, der Icke und seine komischen Ideen bekommen keine Öffentlichkeit. Ich habe selbst über viele Jahre im Medienbereich als Journalist gearbeitet, bei Zeitungen, Radiosendern und der *BBC*. Ich weiß, wie das System funktioniert. Die allermeiste Zeit präsentierte ich Sportereignisse für das landesweite Fernsehen der *BBC*. An den Wochenenden gehörte es jedoch auch zu meinen Aufgaben, die Sportmeldungen für die Fernsehnachrichten zu verfassen. Dadurch hatte ich unzählige Male die Möglichkeit, die wichtigste Nachrichtenredaktion der *BBC* bei der Arbeit zu beobachten. Unter den überwiegend wichtigtuerischen, überheblichen und inkompetenten Mitarbeitern gab es auch einige gute, authentische Leute. Doch die Beurteilung sämtlicher Ereignisse erfolgte ausschließlich vom Blickwinkel des Systems aus. Die offizielle Version von Allem und Jedem wurde präsentiert, als handele es sich dabei um die schlussendliche Wahrheit über Alles und Jedes. Es gab bei der *BBC* einen zentralen Sammelpunkt für sämtliche nationalen und internationalen „Nachrichten". Die Belegschaft nannte diese Einrichtung nur das „Rip n' Read" (etwa: „Abreißen und sofort vorlesen"). Den ganzen Tag über verschickte die Londoner *BBC*-Zentrale Bulletins an alle ihre Radio- und TV-Außenstellen im Königreich, zu denen auch Lokalsender gehören. Die Fernschreibgeräte in den Nachrichtenredaktionen, auf denen die Mitteilungen eingingen, druckten sie automatisch aus und alle halbe oder volle Stunde ging einer der Mitarbeiter hin, trennte den Papierstreifen ab und lief damit zurück ins Studio, um den Inhalt dem Publikum als „Wahrheit" zu präsentieren. Heute, im Zeitalter der Elektronik, wird die hausinterne Kommunikationstechnik der *BBC* sicherlich etwas anders aussehen, aber das Prinzip bleibt dasselbe. Manchmal habe ich diese Vorleser gefragt, woher sie denn wissen, dass das auch der Wahrheit entspricht, was sie da verlesen. Als Antwort bekam ich entweder Schweigen oder einen konsternierten Blick, der so viel bedeutete wie „Was für eine komische Frage" oder manchmal auch „Ich habe keine Ahnung".

Die Bemannung der Barrikaden

Bei der *BBC* ist Selbstgefälligkeit schon zum Teil des Lebensstils geworden. Man hält sich für unvoreingenommen und objektiv, während man die systematische Einseitigkeit in der Berichterstattung und die Unterdrückung alternativer Sichtweisen in Wirklichkeit jeden Tag aufs Neue betreibt. Viele Male schon haben wir die widerliche Art und Weise erlebt, mit der jeder behandelt wird, der die offizielle Sichtweise auf die Dinge in Frage stellt und das Unwort der Mainstream-Medien schlechthin in den Mund nimmt: *Verschwörung*. Sie selbst machen sich nicht die Mühe, irgendwelche Erkundigungen über die reale Welt einzuholen – ziehen dann aber los, diejenigen, die das tun, lächerlich zu machen, zu zersetzen und zu diskreditieren. Eines Tages wird es diesen Dummköpfen vielleicht dämmern, dass sie, ihre Kinder und ihre Enkel ja eines Tages in der Welt leben müssen, bei deren Erschaffung sie dank ihrer Arroganz, Ignoranz und Voreingenommenheit eine so entscheidende Rolle spielen, indem sie die Bloßstellung der Verschwörung aktiv unterdrücken. Die Aufpasser der *BBC* haben eine Serie mit dem Titel „Conspiracy Files" herausgebracht, in der angeblich die Glaubwürdigkeit verschiedener Verschwörungstheorien rund um Themen wie den 11. September oder die Londoner Bombenanschläge von 2005 untersucht wird. Man wusste schon vor dem Vorspann, dass die jeweiligen offiziellen Versionen alle stimmen und sämtliches Gerede über Verschwörungen reiner Unsinn ist. Die Nachrichtenabteilung der *BBC* kann es sich gar nicht leisten, dass die offizielle Sicht auf die Ereignisse vom September 2001 irgendwie in Frage gestellt, geschweige denn in Stücke gehauen wird. Schließlich leitet sich ein Großteil ihrer aktuellen Berichterstattung über die Kriege und das Geschehen in der Welt davon ab – haben doch die tatsächlichen Hintermänner des 11. September das Ereignis dazu benutzt, den „Krieg gegen den Terrorismus" zu rechtfertigen. In diesem Sinne ähnelt die Beziehung der Journalisten zur Wahrheit etwa derjenigen der Wissenschaftler zur Quantenphysik. Sie verschließen lieber Augen und Ohren, als dass sie der Möglichkeit ins Gesicht blicken, vielleicht alles, was sie die ganze Zeit getan haben, noch einmal überdenken und neu bewerten zu müssen. Ich finde das absolut bizarr – doch gleichwohl ist es wahr. „Conspiracy Files" wurde dann hinsichtlich seiner Schieflage von einer anderen Serie mit dem Titel „Conspiracy Road Trip" sogar noch übertroffen. Das Konzept dieser Reihe besteht darin, dass die Macher mit

Abb. 617: Andrew Maxwell – weiß alles, was Sie wissen müssen.

verschiedenen Verschwörungsgläubigen die jeweiligen Schauplätze aufsuchen, also zum Beispiel Ground Zero in New York oder die U-Bahnhöfe der Attentate von London, und dann versuchen, ihre Ansichten zu diskreditieren oder sie zum Einlenken zu bewegen. Die Geringschätzung, mit der die *BBC* dieser gesamten Thematik gegenübersteht, wurde offenkundig, als sie für die Reihe einen von der Materie gänzlich unbeleckten „Komiker" namens Andrew Maxwell engagierten. Seine Aufgabe war es, die Gruppe zu leiten und die Protagonisten – bzw. die Zuschauer – davon zu überzeugen, dass es so etwas wie eine Verschwörung nicht gibt (Abb. 617). In der Ankündigung der Folge über den 11. September heißt es, der besagte ahnungslose Showmaster Maxwell „kämpft eine Kräfte zehrende Schlacht für die Wahrheit" ... „auf seiner Mission, seine Begleiter umzustimmen". Nehmen Sie mal diese beiden Aussagen zusammen: Widersprüchlicher geht's nicht! Beachten Sie auch, wie das Wort „Fakten" in den Werbematerialien der *BBC* ausschließlich in Bezug auf die offizielle Version des Geschehens benutzt wird:

> „Andrew Maxwell glaubt, dass die fünf Protagonisten falsch liegen. Er macht sich auf, sie zum Umdenken zu bewegen, indem er sie mit Fakten konfrontiert [die er von den Produzenten der Serie bekommen hat]. Während der Bus also an der amerikanischen Ostküste unterwegs ist, versucht Andrew, sie von seiner Sichtweise zu überzeugen. Er will ihnen beweisen, dass 9/11 keine Verschwörung war – und dass einem die Wahrheit, auch wenn sie schwer zu akzeptieren ist, manchmal direkt ins Gesicht schaut [wie wahr, wie wahr].
>
> Dazu suchen sie gemeinsam Experten auf, sprechen mit dem Cheflotsen vom 11. September, mit Sprengexperten und Soundingenieuren. Andrew bringt die Protagonisten dazu, wissenschaftliche Experimente durchzuführen und sogar ein Flugzeug zu steuern.
>
> Schließlich besuchen sie eine Mutter, die am 11. September ihren Sohn verloren hat. Sie erzählt Andrews Begleitern, was es bedeutet, solch eine unvorstellbare Tragödie durchleben zu müssen. Andrew ist der Ansicht, dass es einen Unterschied macht, ob man solche Weltereignisse aus der Entfernung von seinem Schlafzimmer aus beurteilt, oder den menschlichen Tragödien von Angesicht zu Angesicht gegenüber steht."

Wir brauchen also gar nicht zu untersuchen, was tatsächlich geschehen ist, denn eine sinnvolle Meinung zu den Ereignissen kann ja sowieso nur jemand haben, der in irgendeiner Weise unmittelbar beteiligt gewesen ist. So tragisch und Herz zerreißend es auch ist, seinen Sohn bei einer Katastrophe wie dem 11. September zu verlieren – inwiefern macht das einen bitte automatisch wissender bezüglich der tatsächlichen Vorgänge? Im Prinzip sagt man hier:

> „Wie kannst du nur den Familien, die einen geliebten Menschen verloren haben, so etwas antun, indem du von Verschwörung sprichst?"

Dann wollen die Angehörigen also gar nicht wissen, warum ihr Verwandter sterben musste? Viele Familien haben in der Tat versucht, genau dies in Erfahrung zu bringen. Doch man hat ihnen auf Schritt und Tritt Steine in den Weg gelegt. Davon hört man bei der korrupten *BBC* natürlich nichts. Genauso wenig wie von den unzähligen Experten verschiedener Fachgebiete, die sagen, dass das in der offiziellen Version des 11. September beschriebene Szenario schlicht und ergreifend so nicht passiert sein kann – aufgrund gewisser Kleinigkeiten wie zum Beispiel den Gesetzen der Physik (Abb. 618). In einem Radiointerview der *BBC* wurde ich einmal von einem Reporter gefragt, warum ich den Familien der Opfer gegenüber so respektlos sei und von Verschwörung spräche. Wie es ihm gelingt, diese beiden Gedanken im selben Satz unterzubringen, weiß wirklich nur er. Als ich ihn dann darauf hinwies, dass viele dieser Familien für eben diese Wahrheit gekämpft haben, stellte sich heraus, dass er davon noch nie gehört hatte. Diese Leute sind so dermaßen uninformiert, dass es – angesichts ihres Berufsstandes – an kriminelles Verhalten grenzt. Der oben zitierte Werbetext enthält in komprimierter Form die ganze Denkweise der *BBC* und im weiteren Sinne der gesamten Mainstream-Medien bezüglich des 11. September: Ausgangs- und Endpunkt ist stets die Aussage, dass die offizielle Version stimmt und jeder, der sie anzweifelt, nur verrückt und verblendet sein kann. Man lässt dem Komiker Maxwell freie Hand, jeden Hinweis darauf, dass die offizielle 9/11-Interpretation vielleicht nicht hundertprozentig stimmt, einfach abzuqualifizieren. Und man tut das, obwohl diese Version von denselben Leuten stammt, die der Welt auch die nicht existierenden „Massenvernichtungswaffen" im Irak angedreht haben. Die *BBC* ist ein so armseliger und widerlicher Verein, dass man das mit Worten gar nicht ausdrücken kann. Ich verstehe nicht, wie man darin einwilligen kann, sich an diesen Produktionen bezüglich der Verschwörungsthematik beteiligen kann, die nichts weiter als ein abgekartetes Spiel sind. Mich haben sie auch einmal gefragt. Für meine Antwort brauchte ich nur zwei Worte, die beide aus nur je einer Silbe bestanden. Aber die Leute tun es, auch ungeachtet der Erfahrung, die ein Mann namens Charlie Veitch gemacht hat. Er ist der Bursche mit der Sonnenbrille in Bild 619. Veitch hat seinen Standpunkt während des „Road Trips" zum Ground

Abb. 618: „Die Massenmedien, Abteilung 9/11-Wahrheitsabwicklung": Meinen Sie, die Medien würden Sie anlügen und die Wahrheit zensieren? Meinen Sie, im Meer schwimmen Fische?

Abb. 619: Unterwegs mit einem Komiker in einer Komödie.

Zero angesichts der *BBC*-Propaganda tatsächlich geändert und schließlich zugestimmt, dass es bei den Anschlägen vom 11. September wohl doch keine Verschwörung gab. Ohne Zweifel wird er das bei den Bergen von Hinweisen, die auf das Werk von Insidern deuten, mittlerweile bereuen. Diese Sicht vertreten heute zahlreiche anerkannte Experten aus vielen verschiedenen Berufssparten, darunter Bauingenieure, Architekten und Verkehrspiloten. Ich wette, die Produzenten der Show sind vor Freude an die Decke gesprungen, als Veitch „widerrief". Nur das war schließlich das Ziel der Sendung – nicht etwa eine erwachsene und objektive Untersuchung der vorliegenden Fakten. Dabei müsste man auch all die Sachverständigen der verschiedenen Bereiche mit einbeziehen, die sich zum 11. September geäußert haben und deren Erkenntnisse von der offiziellen Version nur einen Haufen Schutt übrig gelassen haben. Ich denke, einer der Gründe, warum die Leute bei der *BBC*-Farce mitgemacht haben, liegt darin, dass sie glaubten, wenigstens sie könnten den Zuschauern ein Stückchen Wahrheit näher bringen; wenn auch nur ein ganz kleines. Doch sie sollten eines begreifen: Wann immer sie ein wirklich schlagkräftiges Argument anbringen, das die offizielle Darstellung ernsthaft ins Wanken bringen würde, werden die Zuschauer diese Sequenz nicht zu sehen bekommen. Die *BBC* hat nun einmal die Macht über den Schneideraum. Der beste Weg, als Journalist seinem Unmut über die Zensurmethoden, die tendenziöse Berichterstattung und die Verlogenheit Ausdruck zu verleihen, wäre der, an dieser Beleidigung des Journalismus nicht länger zu partizipieren. Der Sender kämpft eine Propagandaschlacht zur Verteidigung der offiziellen Versionen zu so ziemlich Allem. Dabei ist es ziemlich egal, um welches Thema es gerade geht – ob Erderwärmungsschwindel, Europäische Union, Palästina oder irgendetwas anderes (Abb. 620). Im innersten Kreis der Führungsebene ist man sich dessen sehr bewusst. Der überwiegende Teil der Belegschaft trägt seinen Teil zur großen Täuschung jedoch in dem ehrlichen Glauben bei, man würde die Wahrheit verbreiten und damit der Öffentlichkeit dienen. Die große Mehrheit der Mitarbeiter ist in einem heimtückischen Zensursystem gefangen, in dem hinterlistige Zensoren selbst hinterhältig zensiert werden, während man sie gleichzeitig dazu programmiert zu glauben, sie seien neutral – oder wie *Fox News* es ausdrückt, „gerecht und ausgewogen". Riete Oord, die Produzentin der *BBC*-Verschwörungsserien, muss wissen, dass die Reihe abscheulich tendenziös und schief ist. (Sonst ist sie wirklich einfach ein bisschen plemplem.) Der offizielle Bericht zum 11. September enthält – so viel lässt sich definitiv sagen – unzählige Widersprüche und Auslassungen. Doch in all den Jahren haben die Mainstream-Medien rund um den Globus kaum eine einzige Reportage oder Dokumentation herausgebracht, die das einmal aufgezeigt hätte. Wie wahrscheinlich ist solch ein Resultat, wenn es keine vorsätzliche Zensurpolitik gibt und die großen Medienhäuser der Welt nicht durch ein unsichtbares Netz miteinander verwoben sind?

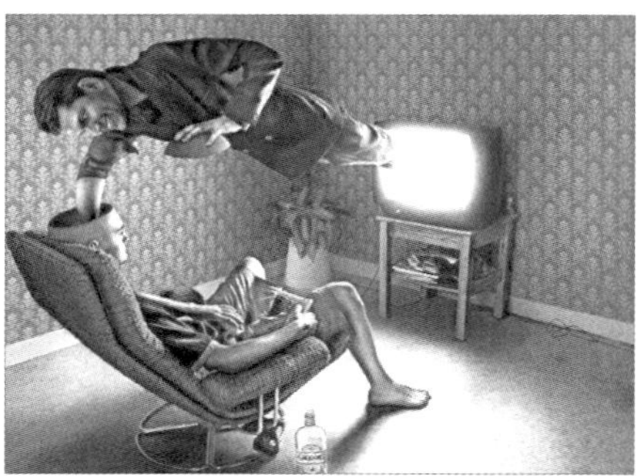

Abb. 620: Entschuldigen Sie, mein Herr – das da brauchen Sie ja wohl nicht mehr.

Die *BBC* hat bei allen, die sich die Mühe gemacht haben, die tatsächlichen Hintergründe bedeutender Ereignisse zu recherchieren, einen miserablen Ruf. Dasselbe gilt für *CNN*, *Fox News*, und all die anderen großen Stationen, die leicht widerlegbare Lügen in einer Weise präsentieren, als handele es sich um unanfechtbare Tatsachen. Die *BBC* hat ein im Jahre 2003 im Irak aufgenommenes Foto publiziert, das mehrere Reihen von Leichen zeigt, und es als aktuelle Aufnahme von Opfern des Konfliktes in Syrien verkauft (Abb. 621). Mit dem Bild prangerte die *BBC* die syrische Regierung für das angeblich darauf abgebildete Verbrechen an. Der korrupte Archonten-Sender versuchte damit ein weiteres Mal – wie schon so oft zuvor –, im Interesse seiner Meister von der Regierung für einen Krieg Stimmung zu machen. Auch in den Printmedien sieht es nicht besser aus. Die berühmtesten Tageszeitungen und Zeitschriften der Welt sind kaum mehr als Propagandablätter, die Reklame für den Plan machen, den sich die Archonten für die Welt ausgedacht haben. *The New York Times, The Washington Post, Time*, *Newsweek* und eine Flut von weiteren Zeitungen und Publikationen rund um die Welt sind Feinde der Menschen und Feinde der Wahrheit. Während der irakischen Invasion im Jahre 2003 knallte der Londoner *Evening Standard* ein Bild auf die Titelseite, das angeblich eine große Menschenmenge zeigte, die den Abriss einer Saddam-Statue feierte. Es stellte sich jedoch heraus, dass das Foto manipuliert war – man hatte einfach eine kleine Gruppe von Menschen mehrfach hineinkopiert, um die Menge deutlich mächtiger erscheinen zu lassen (Abb. 622). Schon mit simpler Bildbeschneidung kann man die Wahrnehmung eines Bildes durch den Betrachter beeinflussen (Abb. 623). Angesichts der Leistungsfähigkeit moderner digitaler Bild- und Videobearbeitung möge man sich diesen Effekt einmal millionenfach verstärkt vorstellen. Die Menschen wurden schon immer kräftig hinters Licht geführt – aber heute ist das Ausmaß der Täuschung gigantisch und durchzieht einfach alles. Der alte Ratschlag, dass man nicht alles glauben sollte, was man in der Zeitung liest, bedarf einer dringenden Aktualisierung: Übernimm *überhaupt nichts* – es sei denn, du hast es eigenhändig gegengeprüft. Oder, das wäre das Allermindeste, der Urheber der Information kann eine lange – eine *lange* – Tradition nachweislicher Korrektheit und Authentizität vorweisen. Die Welt ist so sehr mit Lügen zugekleistert, dass man sich jeden Tag aufs Neue einer mörderischen Herausforderung gegenüber sieht, wenn man die Wahrheit wissen will. Die Mainstream-Medien stellen dabei zum überwiegen-

NEWS MIDDLE EAST

Home UK Africa Asia Europe Latin America Mid-East US & Canada Business Health

27 May 2012 Last updated at 04:40 GMT

Syria massacre in Houla condemned as outrage grows

PHOTO FROM ACTIVIST

This image - which cannot be independently verified - is believed to show the bodies of children in Houla awaiting burial

Abb. 621: Die BBC-Propaganda über Syrien geht weiter.

Evening Standard

Jubilation on the streets of Baghdad

FREEDOM

Abb. 622: Eine riesige Menschenmenge … aus denselben paar Leuten.

Abb. 623: So einfach ist es, die Wahrnehmung zu manipulieren.

den Teil – wenn auch noch nicht gänzlich – eine entscheidende Stütze für diesen archontischen Schwindel dar. Geheimdienste und Militär unterwandern die Medien schon seit Langem, um die Wahrnehmung der Menschen zu manipulieren. Der Journalist Carl Bernstein, der mit anderen zusammen die Hintergründe der Watergate-Affäre aufdeckte, schrieb 1977 einen Artikel für den *Rolling Stone* mit dem Titel „Die CIA und die Medien". Darin schrieb er:

> „Zu den Managern, die dem Geheimdienst ihre Unterstützung anboten, gehörten William Paley von *Columbia Broadcasting System* [*CBS*], Henry Luce von *Time Inc.*, Arthur Hays Sulzberger von der *New York Times*, Barry Bingham Sr. vom *Louisville Courier-Journal* sowie James Copley von *Copley News Services*.
>
> Des Weiteren arbeiteten auch die *American Broadcasting Company* [*ABC*], die *National Broadcasting Company* [*NBC*], *Associated Press, United Press International, Reuters, Hearst Newspapers, Scripps-Howard, Newsweek*, das *Mutual Broadcasting System*, der *Miami Herald*, die gute alte *Saturday Evening Post* und die *New York Herald Tribune* mit der CIA zusammen. Die mit Abstand wertvollsten Verbindungen unterhielt man – laut Funktionären der CIA – mit der *New York Times, CBS* und *Time Inc.*"

Der Umstand, dass das amerikanische Militär bei vielen Hollywood-Produktionen einen erheblichen Einfluss ausgeübt hat, ist bestens dokumentiert. Hollywood wurde von Rothschild-Zionisten geschaffen und wird auch heute noch von diesen kontrolliert. Schauen Sie sich einmal auf *Youtube* die Dokumentation „Operation Hollywood: How The Pentagon Shapes And Censors The Movies" an. Im Jahr 2011 wurde enthüllt, dass das amerikanische Militär im Internet einen „Persona Management Service" betrieb. Dort kann jeder Militärangehörige bis zu zehn (oder auch mehr) erfundene Online-Identitäten nutzen. Diese „Personas" werden dazu eingesetzt, durch Kommentare auf sozialen Medien jeden Online-Nutzer zu attackieren, der die Handlungen der Obrigkeit in Frage stellt, wobei ein besonderes Augenmerk auf Amerika liegt. Die Grundidee dabei ist, Unterhaltungen und Diskussionen so zu manipulieren, dass Personen, die das System entlarven oder hinterfragen, geschwächt werden. Für jede dieser Fake-Identitäten denkt man sich eine überzeugende Lebensgeschichte aus und unterfüttert sie mit allerhand täuschend echt wirkenden Details, so dass die Agenten, die irgendwo in den USA hinter ihrer Workstation sitzen und die Fantasieperson mit Leben erfüllen, nicht „Gefahr laufen, von gewieften Widersachern enttarnt zu werden". Das US-Militär steht mit dieser Aufgabe freilich nicht allein da. Wenn Sie also im Internet erleben, dass Leute wie ich in Foren, Artikeln oder sozialen Medien angegriffen werden, dann stammen diese Kommentare nicht immer von echten

Leuten, sondern sind oftmals mit Bedacht von so genannten „Trollen" oder „Sockenpuppen" platziert worden. Wir sehen also, dass die Obrigkeit so weit geht, Hollywood zu steuern und öffentliche Diskussionen in sozialen Medien zu manipulieren – aber in den Mainstream-Medien und bei einem Großteil der „alternativen" Medien mischt sie angeblich nicht mit? Also, bitte.

Persönliche Erfahrungen

Die Art und Weise, wie über meine ganztägige Mega-Veranstaltung in der Wembley-Arena im Oktober 2012 berichtet bzw. nicht berichtet worden ist, birgt eine ganze Palette eindrücklicher Beispiele für die Verzerrung und Unterdrückung seitens des Systems. Die Mainstream-Medien hielten es nie für nötig, einmal zu ergründen, warum eigentlich so viele Menschen aus allen Ecken der Welt und aus den verschiedensten Lebensumständen zusammenkommen, um einen ganzen Tag auf einem Stuhl zu sitzen und einem Mann zuzuhören, der von der Gilde der „Journalisten" seit nunmehr fast 25 Jahren als „durchgeknallt" abqualifiziert wird. Dazu müssten sie ja auch erwachsene, reife und informierte Menschen sein, die in der Lage wären, die Normen zu hinterfragen, denen sie als Folge ihrer Programmierung dienen. Von all diesen Eigenschaften kann man bei den Reportern der Mainstream-Medien keine einzige erkennen, wenn man sieht, wie sie ihre Berichte über Ereignisse oder Personen angehen. Da stehen die Marschrichtung und die „Behandlung" einer Angelegenheit schon fest, bevor sie überhaupt das Büro verlassen haben – die Texte schon halbfertig im Kopf und der anvisierte Blickwinkel von ihren Redakteursbossen bereits abgesegnet. Nein, in Bezug auf das Wembley-Ereignis blieben den halbtoten „journalistischen" Manipulatoren nur zwei Möglichkeiten: Entweder sie taten so, als gäbe es da gar keine Veranstaltung in der weltberühmten Arena unweit des gleichnamigen Stadions – oder sie ergingen sich ein weiteres Mal in Spott und Herabsetzung. Einige wählten die letztere Variante, während die Mehrheit der Berichterstatter die Sache ignorierte. Ich weise schon seit 30 Jahren darauf hin, dass es zwischen der „Schmuddel"- oder Boulevardpresse und den Wir-haben-mit-der-niveaulosen-Presse-nichts-zu-schaffen-Medien, die sich selbst für „intellektuell" und „seriös" halten, keinen Unterschied gibt. Zu den letzteren gehören in Großbritannien *The Independent*, der *Guardian*, die *Times* und der *Telegraph*. In den USA haben wir zum Beispiel die *New York Times* und die *Washington Post*. In allen anderen Ländern wird es ähnlich aussehen. Die Mentalität ist bei beiden Fraktionen genau dieselbe; der Unterschied besteht lediglich darin, dass die „seriösen" Medien mehr Silben brauchen, um dieselbe systembejahende Geschichte zu erzählen. Einige der manipulativsten, dümmsten und kindischsten Artikel, die über mich geschrieben wurden, stammten in der Tat aus der Feder dieser geistigen Zwerge von der „seriösen Presse". Diese Leute sind so verblendet, dass sie sich für weltgewandt und lebenserfahren halten, während sie gleichzeitig durch ihr wirres Leben stolpern, ohne einen Schimmer vom wirklichen Wesen unserer Welt zu haben. Man kann zur

„realen“ Welt nur über sein Herz bzw. über die rechte Gehirnhälfte Zugang bekommen. Doch die überwältigende Mehrheit der Mainstream-Journalisten aller Couleur verbringen ihr ganzes Leben im Gefängnis der linken Hirnhälfte, die mit Worten, Strukturen, Hierarchien und der Illusion von Zeit und Raum assoziiert ist. Der englische Schriftsteller John Milton schrieb:

> „Jene, die tanzten, wurden für reichlich verrückt gehalten von jenen, die die Musik nicht zu hören vermochten.“

Das bringt es wirklich auf den Punkt. Die meisten Journalisten können die Musik nicht hören, folglich erscheinen ihnen all die Leute, die zu deren Rhythmus tanzen, als geisteskrank. Sie nehmen eben nichts als Stille wahr. Mainstream-Journalisten sind nicht in der Lage, von den Welten bzw. Ideen jenseits des bewussten Seins zu berichten, da sie sich nicht in die Musik (die Inspiration, die Erkenntnisse, die Informationen), die einen in den Bereich hinter der bewussten Welt geleitet, einklinken können. Sie funktionieren gerade so wie Computerprogramme, die auf bestimmte Situationen und Dateneingaben in genau vorgegebener Art und Weise reagieren. In meinem Fall besagt diese programmierte Reaktion zum Beispiel: „Icke ist verrückt“ und nichts in der Welt kann die Mauern dieser Scheuklappen-Wahrnehmung je zertrümmern.

> „Gehen Sie mal los und machen Sie einen Bericht über diesen Spinner, den Icke.“
>
> „Jawohl, Chef. System aktiviert … Icke ist verrückt, Icke ist verrückt, wir sind die Borg … System wirft einleitenden Absatz aus … ‚Der verrückte David Icke sprach in der Wembley-Arena vor einem verrückten Publikum und lieferte erneut den Beweis, dass er verrückt ist …‘ Absatz … Wir sind Borg … Ergeben Sie sich … Widerstand ist zwecklos.“

So durchgedreht, wie unsere heutige Welt ist, und mit Massenmedien, die nur so mit automatengleichen Reportern übersät sind, kommt dieses Szenario der Wahrheit viel näher, als es auf den ersten Blick scheint. Von der *Los Angeles Times* wird berichtet, dass man dort einen Software-Algorithmus entwickelt hat, der Daten so aufbereitet, dass der Output ohne weiteres Hinzutun eines „Journalisten“ veröffentlicht werden kann. In dem Bericht wird ein Reporter namens Ken Schwencke vorgestellt, der „von Zeit zu Zeit über einen News-Artikel [stolpert], über dem zwar sein Name prangt, den er aber gar nicht geschrieben hat“. Der eigentliche „Autor war ein Algorithmus, den Schwencke entwickelt hat. Schwencke sagt dazu: „Ich bezweifle, dass die Leute, die unsere (Web-) Artikel lesen … bemerken, dass sie fast alle demselben Schema folgen … Ich glaube nicht, dass viele Menschen erahnen, dass unsere Nachrichten in Wirklichkeit von Robotern geschrieben werden.‘“ *Hmmmm* … also darauf würde ich nicht wetten. Lassen Sie mich Ihnen eine Geschichte erzählen, die ein perfektes Beispiel für die Einseitigkeit und Verfälschung in der Berichterstattung der Mainstream-Medien darstellt. Es handelt sich um meine Erlebnisse mit der *Express*-Gruppe – den Herausgebern des *Daily Express* und des *Sunday Express* – im Zusammenhang mit meinem Auftritt in der Wembley-Arena. Es begann eine Woche vor der Veranstaltung, als mich eine freiberufliche Journalistin um meine Kooperation für einen Artikel bat, den sie dem *Sunday Express* anbieten wollte. Die Arbeit mit ihr war eine außergewöhnliche Erfahrung, da es sich bei ihr um eine intelligente und wohl informierte Dame handelte – es gab in diesem Fall keinen Zweifel, dass der Beitrag fair und ausgewogen sein würde. Auch der Redakteur des *Express* segnete den Beitrag ab und sowohl die Journalistin als auch der Auftraggeber gingen davon aus, dass der Artikel am kommenden Sonntag im *Sunday Express* erscheinen würde. Doch der Sonntag kam und ging – und keine Story weit und breit. Stattdessen brachte der *Daily Express* eine Woche später, genau am Tag der Veranstaltung in der Wembley-Arena, einen Beitrag mit dem Titel „Vollkommen übergeschnappt". Verfasst hatte ihn ein armseliges Exemplar von einem Journalisten namens David Robinson, der mich weder persönlich aufgesucht hatte (nicht, dass das einen Unterschied gemacht hätte) noch in der Wembley-Halle erschienen war, um einen zusammenhängenden Eindruck von meinen Thesen zu bekommen. Stattdessen schrieb er den Text in seinem Büro zusammen, wobei er sich auf Zeitungsausschnitte sowie seine angeborene Wut und Voreingenommenheit stützte – und sich gewiss bemühte, den Wünschen seiner Vorgesetzten zu entsprechen und an dem Icke „kein gutes Haar zu lassen". So tat er also, wie Papi ihm geheißen hatte, um auch nicht den Gehaltsscheck am Monatsende zu gefährden – so wie es seinesgleichen überall auf der Welt jeden Tag tun. Es hätte auch nicht viel genützt, wenn er den Anspruch gehabt hätte, gerecht und ausgewogen zu bleiben (eine Gemütsverfassung, die Robinson aber vermutlich nicht allzu vertraut ist, möchte ich wetten), denn das wäre gar nicht erlaubt worden. Lesen Sie einmal die Einleitung zu Robinsons Artikel:

> „Heute werden sich einige Tausend Menschen in der ausverkauften Wembley-Arena und über das Internet versammeln und ein Vermögen ausgeben, um der ganztägigen Tirade ihres ‚Messias' David Icke über ‚Echsen', die die Welt beherrschen, zu lauschen. Und Sie dachten, ER sei der Durchgeknallte?"

Die Arroganz dieser Schwachköpfe ist einfach atemberaubend. *Er* ist also der Herr über Wahrheit und Realität – ein Angestellter des *Daily Express*, mein Gott, der rein gar nichts über meine Arbeit weiß, abgesehen von dem Zeug, das Leute wie er irgendwo anders geschrieben haben. Kraft seiner uninformierten Dummheit bestimmt er also nicht nur, dass ich irre sein müsse, da seine erbsengroße Auffassungsgabe ihn keine Möglichkeit außerhalb des Software-Programms, das er seinen „Verstand" nennt, denken lässt. Nein, auch jeder, der offen und wach genug ist, die Veranstaltung zu besuchen und sich meine Ausführungen anzuhören, muss definitionsgemäß ebenfalls „durchgeknallt" sein. Robinson und seinesgleichen sind eine grobe Beleidigung für die – leider äußerst selten anzutreffenden – wahren Journalisten, die sich bemühen, die Wahrheit fair und genau herauszuarbeiten. Das gilt umso mehr, als ein Berufsstand wie der des Journalisten von solch einer Mentalität bis ins Mark verseucht wird. Tja und dann gab es da noch „Susie Mesure" vom *Independent on Sunday*. Als sie in Wembley aufschlug, war der erste Abschnitt von zweieinhalb Stunden, der alle weiteren Ausführungen vorbereitete und in den richtigen Kontext setzte, schon gelaufen. Leider musste sie dann auch schon lange vor dem Ende der Veranstaltung wieder los, um ihre „Deadline" für die Ausgabe des nächsten Tages einzuhalten. Hinterher schrieb sie mir, dass sie es „nicht kapiert" habe. *Ach, was!* Sie hat es also unter diesen Umständen „nicht kapiert"? Ich bin *platt*. Selten hat mich etwas so getroffen. Wie ist so etwas nur möglich? *Wow.* Ich frage mich allerdings, ob der „Geist" eines bei den Mainstream-Medien Beschäftigten es selbst unter idealen Umständen hätte kapieren können – wenn man bedenkt, wie mächtig die Wahrnehmungsprogrammierung bei einem Menschen gewesen sein muss, der seinen Job in solch einem Haus auch über einen längeren Zeitraum hinweg nicht verliert. Ich meine, die Mainstream-Medien setzen bei ihren Mitarbeitern schließlich eine systemkonforme Denkweise zwingend voraus! Hier ist ein Ausschnitt aus dem Bericht von Frau Mesure:

> „Schlimmer noch, als Zeitungsreporterin gehöre ich selbst zu genau der Sorte irrer humanoider Reptiloiden, die nach David Ickes Überzeugung als geheime Elite die Welt beherrschen und der Menschheit Böses wollen. Zu dieser Elite gehören laut Icke unter anderem auch (die Aufzählung erfolgt in keiner bestimmten Reihenfolge) Barack Obama, die britische Königin, Alan Greenspan, Mick Jagger und Tony Blair."

Nein, Frau Mesure. Sie gehören nicht „zu genau der Sorte irrer humanoider Reptiloiden, die nach David Ickes Überzeugung als geheime Elite die Welt beherrschen". Sie sind ein Computerprogramm, das sich für bewusst hält. Das ist alles. Und dieser Schrott stammt also aus dem Hause des *Independent*, geschrieben mit weit in den Himmel gereckter Nase und in dem Gefühl intellektueller und moralischer Überlegenheit. Man wähnt sich erhaben über den größten Teil der Kollegen innerhalb der kranken und jämmerlichen Medienindustrie. Dabei stehen der *Independent* und seinesgleichen der Regenbogenpresse in Sachen Falschdarstellung und schlichtem Unverstand in nichts nach. Die einen wie die anderen wühlen gleichermaßen tief in der weltumspannenden Jauchegrube aus Unterstellungen und Dummheit, aus der sämtliche täglichen Publikationen hervorgehen. Und wo wir gerade von der arrogante Ignoranz sprechen – Frau Mesures spätes Eintreffen in der Wembley-Arena war auch kein einmaliger Ausrutscher. Dieselbe *Independent on Sunday* hat vor Jahren schon einmal einen ihrer Reporter zu einer meiner ganztägigen Präsentationen geschickt. Er wollte für die Magazinbeilage der Zeitung über meine Arbeit berichten, meinte aber, er könne erst zu einem Zeitpunkt kommen, wenn die Hälfte schon gelaufen ist. Ich sagte ihm, wenn er nicht von Anfang an zugegen wäre, würde ich überhaupt nicht mit ihm reden. Er erschien also tatsächlich kurz nach Beginn – und verbrachte den restlichen Tag größtenteils mit wer weiß welchen Beschäftigungen, nur nicht mit Zuhören. Er hatte seine Story schon in Gedanken geschrieben, bevor er aufbrach, und nichts von dem, was ich zu sagen hatte, hätte daran noch irgendetwas ändern können. Er entpuppte sich dann auch noch als außergewöhnlich dummer Zeitgenosse. Ich vermute, sie haben ihn über einen Headhunter gefunden – das würde es erklären. Tag für Tag vergeudet die Zunft der Reporter Unmengen an Tinte und Papier. Frau Mesure beleidigt ihre Leserschaft insbesondere durch ihre offenkundige Geringschätzung für Genauigkeit. Ihrem Geschreibsel zufolge hätte ich gesagt, die Leute würden sich über mich lustig machen, weil ich die Schule im Alter von 15 Jahren verlassen habe. Ich habe nichts dergleichen geäußert. Weiterhin gab sie an, einer meiner „Aufpasser" hätte sie gefragt, ob sie vorhätte, mir gegenüber „hässlich" zu werden. Also, ich habe keine „Aufpasser", und die Person, mit der sie gesprochen hatte, war der Künstler Neil Hague, der sie zu Recht darauf hingewiesen hatte, wie absurd es ist, über eine Präsentation zu „berichten", nachdem man deren absolut essenziellen ersten Teil von zweieinhalb Stunden Dauer verpasst hat. Aber eine ihrer Äußerungen war dann doch sehr viel sagend (wenngleich das sicherlich nicht beabsichtigt war):

> „Er sagt, die Leute verspotten ihn, weil er schon mit 15 die Schule verlassen hat. Doch ich blieb trotz meines Universitätsabschlusses nach der Veranstaltung verwirrt zurück. So sehr ich mich auch bemühte – ich habe einfach nicht verstanden, wovon er eigentlich sprach."

Der erste Teil ist, wie gesagt, nicht wahr. In den übrigen Sätzen illustriert Susie Mesure jedoch – wie auch der größte Teil ihrer Kollegen – einmal mehr die Tatsache, dass das Bildungssystem völlig irrelevant ist. Wenn es darum geht, die Welten, die sich jenseits der vom „Bildungs"-System und den Mainstream-Medien einprogrammierten Wahrnehmung befinden, geistig zu erfassen, ist es *völlig unerheblich*, ob man einen Hochschulabschluss hat. Frau Mesure hat offenkundig die Programmierung in beiden Bereichen durchlaufen und eine solche Gewandtheit im Wiederholen des Vorgekauten entwickelt – statt zu lernen, selbst zu denken –, dass ihr das sogar einen Uni-Abschluss und einen Arbeitsplatz in der „seriösen" Abteilung der Mainstream-Medien eingebracht hat. Ausbildung ist Programmierung. Wirkliche Intelligenz ist angeboren (oder eben auch *nicht*). Ich habe eine Menge schmierige und verlogene Reporter und TV-Produzenten getroffen, die zu mir meinten, sie würden sich für meine Arbeit interessieren, mich aber in Wirklichkeit nur verarschen wollten. Einmal tauchte ein Typ von einer Firma namens Liberty Bell Productions bei mir auf, der angeblich ein seriöses Interview mit mir führen wollte. Wie sich jedoch herausstellte, machten er und sein Kumpel, ein Bursche namens Clive Anderson, sich nur über mich lustig. Anderson sprach einfach eine neue, „lustige" Tonspur zu dem Video ein, um mich auf diese Weise lächerlich zu machen. Seine ganze Karriere baut darauf auf, andere zu verspotten. Es ist mir nicht ganz klar, warum er dafür so viel Aufwand treibt, wo er doch dafür nur einen Spiegel in die Hand zu nehmen bräuchte. Aber der Unterschied liegt im Geld, das sich damit verdienen lässt, nehme ich an. Wie frustrierend es auch sein muss, wenn man erst denkt, dass man den Typen, den man zusammengeprügelt und in die Gosse gestoßen hat, endgültig los ist – und dann 25 Jahre später feststellt, dass der Kerl immer noch da ist und mittlerweile vor tausenden von Leuten in der ganzen Welt spricht! Ich habe über viele Jahre hinweg grundsätzlich nicht mit den Mainstream-Medien gesprochen, weil man mit an Sicherheit grenzender Wahrscheinlichkeit nur seine Zeit vergeudet. Sobald ein Vertreter dieses Metiers zwischen Ihren eigentlichen Aussagen und dem fertigen Bericht steht, können Sie davon ausgehen, dass von Ihren Gedanken nicht viel übrig bleibt. Genauigkeit und Fairness sind nicht gerade das, wodurch sich diese Leute auszeichnen. Als dann im April 2013 Rupert Murdochs Londoner *Sunday Times* an mich heran trat, beschloss ich dennoch, vorsichtig wieder einen Zeh in den Tümpel zu setzen, um mal zu schauen, ob sich irgendetwas geändert hätte. Immerhin war ja in der Zwischenzeit auf dem Planeten eine Menge geschehen. Nicht, dass ich mir irgendwelche Hoffnungen gemacht hätte. Aber ich war einfach neugierig. Leider stellte sich schon bald heraus, dass alles noch immer beim Alten war. Sie schickten einen Burschen namens William Storr zu mir, der für meine Begriffe all das verkörperte, weshalb ich einst den Mainstream-Printmedien und den meisten ihrer Kollegen entsagt hatte. Interessanter Weise ließ sich der begleitende Fotograf von Storrs Gehabe genauso wenig beeindrucken wie ich. Schauen Sie, wie viele Hinweise ich allein in diesem Buch präsentiere – ganz zu schweigen von der Fülle an Informationen, die in meinem Gesamtwerk enthalten sind. Man kann sich kaum einen Autor vorstellen, der ein noch breiteres Spektrum an Fakten aus allen Bereichen des menschlichen Erlebens präsentiert – Fakten, die gleichermaßen aus dem Altertum wie aus der Neuzeit stammen und miteinander in einem Zusammenhang stehen. Nichtsdestotrotz hatte auch Storr – ich kenne das mittlerweile schon – es nicht für nötig gehalten, auch nur ein *einziges* meiner Bücher zu lesen, bevor er sich anschickte, ein großes Interview mit mir zu führen. Die Reportage sollte über vier bis fünf Seiten gehen, hatte Storr mir gesagt. Die Idee, bei einem Autoren aufzukreuzen, um ihn zu interviewen (obendrein noch bei einem, der über solch eine spezielle Materie schreibt), ohne wenigstens durch eins seiner Bücher einmal durchgeblättert zu haben – geschweige denn, es zu lesen – ist völlig absurd. Storr war da jedoch anderer Ansicht. Er meinte, auch über Material urteilen und sich auslassen zu können, das er nicht gelesen hatte. Er fand die Vorstellung sogar urkomisch, eines meiner Bücher tatsächlich zu lesen. Als ich ihn damit konfrontierte, meinte er gar: „Aber Sie haben so viele Bücher geschrieben.“ Ich bin bis heute nicht dahinter gekommen, was das eine mit dem anderen zu tun hat. Als ich Storr darlegte, dass sich die Informationen, die ich präsentiere, aus einem unüberschaubaren Flickenteppich unzähliger verschiedener Quellen speisen – darunter Enthüllungen von Insidern, traditionelle und moderne Forschung, offizielle Dokumente, Überlieferungen verschiedener Kulturen und persönliche Erfahrungen von Menschen, welche die von mir beschriebenen Strukturen und Phänomene hautnah erlebt haben –, war er nicht in der Lage, diesen Gedanken zu erfassen. Die Bücher sind verfügbar, mit all ihren detailreichen Hintergrundschilderungen und Quellenangaben, aber Storr bestand darauf, dass ich es ihm alles noch mal mündlich auseinandersetze. Als ob es nicht gerade dieser *Teppich* aus unzähligen Einzelinformationen ist, der in seiner Gesamtheit überzeugt. Einmal stand er mitten im Gespräch auf und fuhr mich an:

> „Sie haben mir noch kein einziges Beispiel dafür gegeben, woher Sie Ihre Informationen haben. Kommen Sie schon, nennen Sie mir eins. Nur ein einziges!“

Gerade hatte ich ihm haarklein die Geschichte um Christine Fitzgerald erzählt, die mit Prinzessin Diana befreundet gewesen war. Doch dieses Beispiel, mit dem ich ihm die Vielzahl der sehr unterschiedlichen Quellen verdeutlichen wollte, schlug er sogleich in den Wind. Er hatte beschlossen, dass Christine Fitzgerald nicht wirklich Reptiloide gemeint hat, als sie das Wort benutzte, sondern nur in Metaphern gesprochen habe. Also wenn man einfach nur ihre direkten Zitate heranzieht, sieht man, was sie gemeint hat: Reptiloide im buchstäblichen Sinn. Storr waren diese Zitate natürlich unbekannt, schließlich hatte er ja nicht *eines* meiner Bücher gelesen. Nichtsdestotrotz konnte er sich darüber äußern, was Fitzgeralds Worte bedeuten. Witzig ist auch die Idee (die Storr offenbar teilte), ich könnte mich stundenlang mit ihr unterhalten haben, ohne einschätzen zu können, ob sie nun metaphorisch sprach oder es wörtlich meinte. Als nächstes entdeckte Storr, dass ich „einfach nur Ereignisse herausgreife und sie mir so hindrehe, dass sie zu meiner Theorie passen“. Den nicht ganz unbedeutenden Fakt, dass ich einige der Ereignisse, von denen er sprach, schon *Jahre vorher* in meinen Büchern vorausgesagt hatte, unterschlug er. Ach richtig, die hatte er ja nicht gelesen. Schließlich kam er noch mit dem üblichen „... aber Sie können nicht mit wissenschaftlichen Methoden beweisen, dass Reptiloide existieren". Später fand ich heraus, dass er in seinen eigenen Büchern „Ketzer" angreift, die sich kritisch über die Dogmen der Mainstream-„Wissenschaft" äußern. Ich hätte ebenso gut mit Dogma „mein Verständnis der Quantenphysik ist etwas vage" Dawkins oder Christopher „Wo bin ich?" French diskutieren können. Nun, im Prinzip (das heißt was die Mentalität betrifft) *habe* ich das auch. French reiht sich ebenfalls in die Reihe derer ein, die meine Bücher abtun und verwerfen, ohne sie gelesen zu haben. Das ist auch einfach zu erklären. Der Ausgangspunkt bei Leuten wie Storr oder French ist die Gewissheit, dass unmöglich wahr sein kann, was ich schreibe. Warum es also lesen? Die Möglichkeit, dass meine Aussagen auch nur eine Spur Berechtigung haben könnten, wird niemals auch nur in Betracht gezogen. Sie wollen in Bezug auf meine Person eigentlich nur herausfinden, warum ich all diese Dinge sage. Also, ob ich nun eine Schraube locker habe oder ob ich die Leute übers Ohr hauen will. Storr stellte mir auch eine Reihe von Fragen über meinen Vater. Ich musste dabei an den Fernsehpsychologen denken, der vor vielen Jahren einmal kraft seines Lehrbuchwissens befand, dass der Grund für meine Handlungen in meiner Beziehung zu meinem Vater zu suchen sei. Sie lachen über mich, dabei geben sie mir reichlich Grund, mich meinerseits zu amüsieren. Der amerikanische Schriftsteller Derek Bok hat das einmal sehr schön auf den Punkt gebracht:

> „Die größte aller Dummheiten besteht darin, etwas abzulehnen, über das man nichts weiß."

Storr versuchte dann – „gerecht und ausgewogen" natürlich –, den Spieß umzudrehen und meine kritische Sicht auf die Wissenschaft gegen mich zu verwenden, indem er auf die zahlreichen Fläschchen voller Pillen in meiner Küche verwies. Er meinte, dass ich wohl viele Medikamente gegen meine Arthritis bräuchte. Ich erklärte ihm, dass ich seit dem Ausbruch der Krankheit im Alter von 15 Jahren niemals irgendwelche Medikamente dagegen genommen habe und dass es sich bei all den Fläschchen durchweg um natürliche Ergänzungsstoffe handelt. *Schweigen.* Es ist immer wieder erschütternd, wenn man der arrogante Ignoranz von Angesicht zu Angesicht gegenüber steht. Die Begegnung mit Storr war eine scheußliche und deprimierende Erfahrung. Ich kam zu dem Schluss, dass sich die Mainstream-Medien immer weiter im Kreise drehen, bis sie eines Tages endgültig in ihrem eigenen Hinterteil verschwinden werden. Unterdessen wächst die staatliche Zensur immer weiter, um auch noch den letzten Hauch von wahrem Journalismus abzutöten, der bis heute überlebt hat. Jedenfalls, meinen Zeh zog ich schnell wieder aus dem Testfeld der Mainstream-Printmedien heraus. Ich werde schlussendlich mit keinem ihrer Vertreter mehr sprechen, denn ich weiß nun ein für alle Mal, dass ich damit nur meine Zeit vergeuden würde. Eine Ausnahme würde ich nur dann machen, wenn ich die Person kenne und sie für offen und fair halte. Es dauerte eine Ewigkeit, bis Storrs Artikel herauskam. Als ich dann eines Morgens von irgendjemand eine Email mit dem Betreff „Dieser Reporter ist ein kleinkarierter Flachwichser!" bekam, wusste ich instinktiv, dass der Beitrag endlich erschienen war. Ich habe Storr aber eines zu verdanken – nämlich die Motivation zur Gründung meines eigenen Kanals *The People's Voice*, mit dem ich die Mainstream-Medien umschifft habe.

Was soll das Ganze?

Ich frage mich wirklich, worin in aller Welt diese Leute eigentlich den Sinn ihrer Arbeit sehen. Sie berichten im Auftrag des Systems über das System, sie nehmen dabei den Standpunkt des Systems ein und bedienen sich dazu der vom System finanzierten Medien, die dem System auch gehören. Schön, ein Leben als Systemreporter lässt einen die Rechnungen bezahlen und man kommt im Idealfall ein bisschen herum. Aber was ist der *Sinn* ihrer Arbeit? Inwiefern tragen sie zur Linderung der menschlichen Not bei? Über Kriege wird weitgehend so berichtet, wie es das System verlangt und die Eigentümer der Zeitungen, Radiosender und TV-Stationen vorschreiben. Wo immer auf der Welt man sich mit *echten* Journalisten unterhält, schimpfen sie über die Beschränkungen, in die man sie hineinzwingt. Der Fall von Amber Lyon, die das Corrupt News Network nach der von ganz oben verordneten Zensur ihrer Bahrain-Reportage verließ, ist einer der wenigen bekannt gewordenen Vorfälle. Unzählige andere Journalisten rund um den Globus arbeiten unter ähnlichen oder gar noch schlimmeren Bedingungen. Meine Frage an den Mainstream-Journalisten lautet also: Welchen Nutzen hat es, für das System über das System zu berichten, während das System deine grundlegenden Freiheiten im Visier hat, sowie die deiner Kinder und Enkel? Welche *Bedeutung* hat eure Arbeit? Es ist höchste Zeit für eine Rebellion der echten Journalisten (und aller anderen authentischen Mitbürger). Das größte Problem dabei ist freilich die äußerst geringe Zahl solcher wahren Journalisten. Ich meine, bei Leuten wie William Storr, David Robinson oder Susie Mesure weiß man gar nicht, wo man mit der Kritik anfangen soll. Die kapieren nicht einmal, dass es überhaupt ein Problem gibt; von der Erkenntnis, wer dahinter steckt oder was ihre eigene Rolle in dem Spiel ist, ganz zu schweigen. Sie und die meisten ihrer Kollegen auf der ganzen Welt stellen nicht nur keinerlei eigene Recherchen bezüglich der Verschwörungsproblematik an, sondern veralbern und verdammen auch noch diejenigen, die genau das tun. Wenn Sie jemanden verhöhnen wollen, nennen Sie ihn einen „Verschwörungstheoretiker". Die Definition einer „Verschwörung" ist sehr einfach:

> „Eine Übereinkunft zwischen zwei oder mehreren Personen, um gemeinsam ein Verbrechen zu begehen oder ein legales Ergebnis durch illegale Methoden herbeizuführen."

Nach dieser Definition muss man feststellen, dass die Welt geradezu in Verschwörungen ersäuft. Die irakischen Massenvernichtungswaffen wurden niemals gefunden; die offizielle Sichtweise zu den Anschlägen vom 11. September und zur globalen Erwärmung sind ein wissenschaftlicher Witz; und die Reihe der Bankenskandale, bei denen vorsätzliche Täuschungen in der Finanzwelt aufgedeckt werden, nimmt kein Ende. Aber Verschwörungen gibt's natürlich nicht. Ein Reporter von der werktäglichen Version des *Independent* namens Tom Peck begann seine Ankündigung zu meiner Veranstaltung in Wembley mit den Worten:

> „Wie eine Redensart besagt, zeigt auch eine kaputte Uhr zwei Mal am Tag die richtige Zeit an. Nun, das mag auch auf Verschwörungstheoretiker zutreffen."

Er spielte damit auf die Tatsache an, dass ich den britischen Medien-„Star" und *BBC*-Liebling Jimmy Savile schon vor vielen Jahren als pädophil und nekrophil bloßgestellt habe – lange bevor man dieses Faktum vom Mainstream zu hören bekam. Es gibt noch eine ganze Reihe weiterer Verschwörungen, die ich in meinen Büchern aufgedeckt habe und die dann später ans Licht kamen. Davon wissen die Damen und Herren von den Mainstream-Medien freilich nichts – denn sie haben ja meine Bücher nicht gelesen. In der Überschrift zu seinem Artikel sprach Peck dann auch noch von meinem „Comeback". Dabei war ich nie verschwunden – *sie* waren es, die durch Abwesenheit geglänzt hatten. Wo wart ihr die ganze Zeit, bitte schön? Ich sage Ihnen, wie sie all die Jahre zugebracht haben: Mit ihren Gedanken und Taten um den winzigen Punkt kreisend, den sie für die „Welt" halten. Die Bedeutungslosigkeit der Mainstream-Medien – bedeutungslos hinsichtlich des großen Gesamtbildes dessen, was mit der Menschheit rund um den Planeten geschieht – äußert sich darin, dass ihre Uhren *niemals* die richtige Uhrzeit anzeigen. Nicht ein einziges Mal; und erst recht nicht zweimal. Da die Reporter des Mainstreams das Endergebnis der Programmierung durch und für das System sind, können die meisten von ihnen die Ketten der herunter geladenen und verinnerlichten Wahrnehmung niemals durchbrechen und haben folglich keinen Schimmer vom eigentlichen und außergewöhnlichen Charakter und Ausmaß dessen, was sich hinter dem Geschehen auf der Welt und unserem alltäglichen Leben verbirgt.

Die Ironie der Geschichte liegt darin, dass sich die Verschwörung, deren Existenz die Mainstream-Medien so beharrlich leugnen, freilich auch an sie immer näher heran pirscht. Die Ermittlungen gegen die britischen Medien, deren Vorsitz der durch die Regierung ernannte Richter (und Rothschild-Zionist) Lord Leveson innehatte, dienten von Anfang an dem Zweck, die Freiheiten der Medien einzudämmen (Abb. 624). Begründet wurden die „Untersuchungen" mit der Affäre um Rupert Murdochs Sonntagszeitung *News of the World*. Deren Mitarbeiter hatten im großen Stil Telefone von Prominenten und anderen Persönlichkeiten angezapft. Das Ende vom Lied war, dass die Zeitung dicht machen musste. Was die überführten Journalisten dort getan haben, ist natürlich abscheulich. Doch der Punkt ist, dass sie mit ihren Praktiken gegen *bereits geltendes* Recht verstoßen haben. Nur so konnten sie ja auch verhaftet werden: Wegen des Verdachts auf Übertretung schon existierender Gesetze. Es bestand kein Grund, neue Gesetze zur Zügelung der Medien zu erlassen. Aber das war es, was die Netzwerke der Archonten gerne haben wollten. Der Vorwand, der dafür benötigt wurde, fand lautstarke Unterstützung durch Labour-Parteichef Ed Miliband (Rothschild-Zionist) und Premierminister David Cameron (Rothschild-Zionist) – unbeeindruckt von der Tatsache, dass sie ja angeblich in Opposition zueinander stehen. In Milibands Büro trafen die beiden gemeinsam mit dem Liberaldemokraten Nick Clegg (einem Schützling der Rothschild-Zionisten) sowie der Betroffenenorganisation Hacked Off eine „Übereinkunft" über die Einführung neuer Gesetze. Hacked

Abb. 624: Der Mann, der die Medien zum Schweigen bringen will: Rothschild-Zionist Leveson mit schicker Kluft und nobler Perücke.

Off bestückte sich hauptsächlich aus Stars und Promis, deren Telefone gehackt worden waren. Das Sprachrohr der Organisation war der ich-besessene Schauspieler Hugh Grant, der sich dadurch auszeichnet, dass er immer dieselbe Rolle spielt. Cameron wurde bei dem Treffen durch Oliver Letwin (Rothschild-Zionist) vertreten, der für die Rothschilds gearbeitet hatte. Im Ergebnis der Verhandlungen wurde per „Royal Charter" eine neue Organisation zur Überwachung der Medien aus der Taufe gehoben. Eine Royal Charter (zu deutsch etwa „königliche Satzung") ist ein von der Queen unterzeichnetes Stück Papier, auf dessen Geheiß öffentliche Körperschaften oder Institutionen geschaffen werden – ohne dass es einer Zustimmung von Seiten der Legislative bedarf. Auf diese Weise sind zum Beispiel die Bank von England und die *BBC* entstanden. Wie war das noch gleich – die Königin hat keine Macht, richtig? Die britische Monarchie ist einfach nur zeremonieller Klimbim, der die Touristen anlockt? Von den im Zuge der *News of the World*-Affäre neu etablierten Gesetzen sind potenziell auch Websites betroffen, die den archontischen Netzwerken ein Dorn im Auge sind (so wie beispielsweise meine eigene). Wenn diejenigen, die nur Lügen und Mumpitz von sich geben, nicht als solche bloßgestellt werden sollen, dann muss jeder, der die Lügen und den Mumpitz sehen kann, mundtot gemacht werden. So ist's seit eh' und je gewesen. Die Motivation für die härtere Gangart gegenüber den Medien bestand nicht etwa darin, dem oftmals abscheulichen Verhalten der Medien gegenüber Einzelpersonen – insbesondere solchen, die sich nicht wehren können – auf diese Weise endlich einen Riegel vorzuschieben. Die neuen Gesetze dienen vielmehr dazu, die Verschwörung, das System und dessen Betreiber vor rechtmäßigen Untersuchungen und Bloßstellungen zu beschützen. Bei der Leveson-„Untersuchung" und der Kampagne für neue Mediengesetze ganz allgemein spielte eine Organisation namens Common Purpose eine herausragende Rolle. Meine Leser sind ihr schon des Öfteren in meinen anderen Publikationen begegnet. Der Rechercheur Brian Gerrish von ukcolumn.org hat sich ausgiebig mit dieser Institution beschäftigt (Abb. 625). Common Purpose ist maßgeblich an den aus Steuergeldern finanzierten „Ausbildungsprogrammen" für Regierungsbeamte beteiligt, die auf diese Weise auf die „post-industrielle und post-demokratische Gesellschaft" vorbereitet werden sollen. Die Organisation spielt damit eine maßgebliche Rolle bei der Transformation der britischen Gesellschaft und darüber hinaus. Das einzige, wofür sich Common Purpose einsetzt, ist die globale Agenda. Einer der zahlreichen teuflischen Vorschläge Levesons betraf die Befugnisse der Polizei gegenüber Journalisten. Die Staatsdiener sollten ermächtigt werden, vertrauliche Unterlagen zu beschlagnahmen und etwaige Whistleblower-Quellen der Journalisten zu veröffentlichen. Auf diese Weise würde Insidern, die Beweise für Verfilzungen im Staatsbetrieb erbringen können, das Wasser abgegraben und dem letzten Rest von echtem investigativen Journalismus der Todesstoß versetzt werden. So wäre zum Beispiel die Aufdeckung der unglaublichen Korruption unter Mitgliedern des britischen Parlaments, die

Abb. 625: Die Verbindung zwischen der Organisation Common Purpose und der Medienzensur.

sich für allerlei Anschaffungen aus Steuergeldern bedient hatten, unter den neuen Gesetzen nicht möglich gewesen. Damals war eine CD durchgesickert, die darüber detaillierte Angaben enthielt, anhand derer die Schuldigen dingfest gemacht werden konnten. Wären damals schon die neuen rigorosen Gesetze in Kraft gewesen, wäre ihnen diese CD zum Opfer gefallen. Padraig Reidy von der Organisation Index on Censorship meinte dazu:

> „Wenn diese Maßnahmen umgesetzt werden, dürfte das eine erhebliche Wirkung auf den Journalismus, die freie Meinungsäußerung und das gesamte freiheitliche Klima in Großbritannien haben."

Da stimme ich dir durchaus zu, Kumpel. Nur dass genau das ja von Anfang an die Idee bei der ganzen Sache war. Und im Übrigen – von welchem freiheitlichen Klima sprichst du eigentlich? Der „Ausschuss für Medienfreiheit und Pluralismus" der Europäischen Union hat die Einrichtung von Medienräten in sämtlichen Ländern der EU gefordert. Sie sollen von der nicht gewählten Europäischen Kommission überwacht werden, die auch das Recht hätte, Strafgelder über Journalisten zu verhängen, sie zu zensieren und sogar zu feuern, wann immer es ihr angebracht zu sein scheint. Wörtlich heißt es in dem Papier des Ausschusses:

> „Die nationalen Medienräte sollten sich nach einer Reihe europaweiter Normen richten und der Aufsicht der Kommission unterstellt werden, damit die Einhaltung der europäischen Werte [lies: Anordnungen] gewährleistet wird."

In einer anderen Empfehlung wird vorgeschlagen, die Medienräte mit „politisch und kulturell ausgewogenem und sozial breit gefächertem Personal" zu besetzen, dessen Zusammensetzung nicht von den Medienhäusern, sondern von Regierungsorganen zu bestimmen wäre. Des Weiteren möchte man die Gesetzgebung zum Verleumdungstatbestand für die gesamte EU erweitern und vereinheitlichen. Zu guter Letzt soll eine Datenbank eingerichtet werden, mit der Internetnutzer identifiziert und beobachtet werden könnten, die „anderen Menschen über die Medien Schaden zufügen, und sei es im virtuellen Raum des Internets". Wir sehen hier eine faschistische/kommunistische Zensur am Werke, mit der nicht gewählte Bürokraten genau diejenigen treffen wollen, die heute die Existenz von Verschwörungen lauthals verneinen. Nach Ansicht von Douglas Carswell, einem britischen Parlamentsabgeordneten, würden die Pläne zeigen, dass „das europäische Projekt letztendlich mit der Idee einer freien Gesellschaft inkompatibel" ist. Der erwähnte Ausschuss („High Level Group on Media Freedom and Pluralism" lautet die englische Originalbezeichnung) überschrieb das Dokument, das all diese Vorschläge zur Aushöhlung der Medienfreiheit unterbreitet, in bester Orwellscher Manier mit der Zeile: „Freie und pluralistische Medien für den Erhalt der europäischen Demokratie". Was noch an freien Medien auf der Welt existiert, befindet sich im Visier der untereinander abgestimmten archontischen Netzwerke. Alternative Internetmedien sehen sich zunehmend mit Zensurgesetzen konfrontiert, wobei fadenscheinige Begründungen wie Terrorismus (natürlich), Pornographie oder Copyrightverletzungen vorgeschoben werden. Die Institutionen der Mainstream-Medien unterstützen das sogar, nachdem sie erhebliche Anteile ihres Publikums an die alternativen Onlinemedien verloren haben. Die Mainstream-Journalisten begreifen nicht, dass sie *beide*, die Alternativmedien *und* sie selbst, unter Beschuss stehen

– durch dieselbe Kraft und mit demselben Ziel. Die archontischen Regierungen versuchen verzweifelt, den Geist wieder in die Flasche zurück zu stopfen, indem sie jeden ins Fadenkreuz nehmen, der die Obrigkeit in Frage stellt und bloßstellt. Google hat zugegeben, dass die Versuche der Zensur von Inhalten seitens der Regierungen stark zugenommen haben:

> „Wir sind in mehr Orten als je zuvor von Regierungen gebeten worden, politische Inhalte, die von unseren Nutzern innerhalb unseres Dienstangebotes veröffentlicht wurden, zu entfernen. In einem bestimmten Zeitabschnitt wurden wir in mehreren Ländern gerichtlich dazu angewiesen, bestimmte Blogeinträge zu löschen, in denen Regierungsbeamte oder deren Partner kritisiert worden waren."

Zur gleichen Zeit wurde nachgewiesen, dass die amerikanische Steuerbehörde IRS ihre üblichen, steuerbezogenen Ermittlungen auch dazu benutzt hat, gezielt „patriotische Gruppen" ins Visier zu nehmen. Der IRS hatte die Offenlegung der Namen aller Geldgeber und freiwilligen Helfer dieser Gruppen, die den Lügen der Regierung Widerstand leisten, gefordert. So wie beim Obersten Gerichtshof handelt es sich auch beim IRS um eine politische Institution, die im Dienst der Satanisten steht. Wie sehr sich die Regierungen um die „Medienfreiheit" sorgen, haben wir beispielsweise beim Skandal um die mitgeschnittenen Telefongespräche der Nachrichtenagentur *Associated Press* im Jahre 2013 bemerkt. Damals wurde enthüllt, dass das amerikanische Justizministerium (Umkehrung) unter Generalbundesanwalt Eric „Ich spreche, also lüge ich" Holder Zugang zu Aufzeichnungen der Telefongespräche von *AP*-Reportern und *CNN*-Redakteuren hatte, die sich über mehrere Monate erstreckten. Ein Manager der Agentur nannte dies einen „massiven und bisher beispiellosen Eingriff" in die Art und Weise, wie Nachrichtenagenturen ihre Informationen zusammentragen. Ich vermute, in Wirklichkeit sind diese Praktiken viel verbreiteter und alltäglicher, als irgendjemand ahnt. Wenn Sie eine Vorstellung davon bekommen möchten, wo die Reise noch hingehen soll, sehen Sie sich einfach den Fall von Somyot Pruksakasemsuk an. Der Zeitschriftenredakteur wanderte für zehn Jahre ins Gefängnis, nachdem er die königliche Familie Thailands in zwei Artikeln „negativ erwähnt" hatte. Natürlich erklärten Repräsentanten der Europäischen Union, das Urteil würde „das Recht auf Meinungs- und Pressefreiheit ernsthaft untergraben" und „Thailands Ruf als freies und demokratisches Land" beschädigen. Doch während sie so daher reden, wollen diese Heuchler doch genau denselben Weg beschreiten.

Den Mainstream-Medien zufolge gibt es keine Orwellsche Verschwörung. Sie verspotten all diejenigen, die das behaupten; doch während sie das tun, gehen auch sie eben dieser Verschwörung schon ins Netz. Es wäre lustig, wenn es nicht so bitterernst wäre. Die Verhältnisse, denen wir inzwischen gegenüber stehen, sind in der Tat alles andere als zum Lachen. Eher zum Heulen, würde ich sagen.

Endnote

1 *Anmerkung des Übersetzers:* Mit der Verwendung des Begriffs „Cox sackers" hat sich offenbar jemand einen Scherz erlaubt, indem er diesen eigentlich nicht existierenden Ausdruck mit Hinblick auf seine lautmalerische Nähe zu *cock suckers* kreierte. Cox ist eine in Großbritannien beliebte Apfelsorte, „Cox sackers" wären demnach die Leute, die die Cox-Äpfel in Säcke füllen.

28

Archontische Alternativmedien

Geduld dient als Schutz gegen Unrecht genau wie Kleidung gegen Kälte. Wenn die Kälte zunimmt, du dich aber umso mehr einhüllst, so kann sie dir nichts anhaben. Genauso musst du dich mit größerer Geduld wappnen, wenn du auf große Ungerechtigkeit triffst. So wird letztere dem Frieden deines Gemütes nichts anhaben können.

Leonardo da Vinci

Die „alternativen" Medien, die fast vollständig internetbasiert sind, haben in den letzten Jahren erstaunliche Fortschritte gemacht. Als meine Reise 1990 begann, waren alternative Nachrichtenquellen praktisch nicht existent. Heute hingegen gibt es im Internet eine unglaubliche Vielzahl an Websites und Autoren, die der globalen Verschwörung in all ihren verschiedenen Formen nachspüren und sie bloßstellen. Das ist fantastisch – je mehr, desto besser, würde ich grundsätzlich sagen, lediglich mit einigen kleinen Einschränkungen, auf die ich gleich zu sprechen kommen werde.

Der Aufstieg der alternativen Medien hat auf die etablierten, kommerziellen Medienhäuser eine verheerende Wirkung gehabt. Ehemals marktführende „Nachrichten"- (lies: Propaganda-) Quellen wie *CNN* und ihresgleichen haben einen ordentlichen Teil ihres Publikums verloren. Viele Tageszeitungen kämpfen gar ums Überleben. Man kann eine Menge Gutes über die alternativen Medien sagen. Ein großer Teil von ihnen leistet exzellente Arbeit und bildet den unentbehrlichen Ausgleich zur Einseitigkeit und Verlogenheit der kommerziellen und staatlichen Medien. Andererseits sehe ich in den Reihen der Alternativen auch eine Menge Phänomene, die mich an die Mainstream-Version erinnern. Ich sitze zum Beispiel oft kopfschüttelnd vor dem Bildschirm, wenn ein „alternativer" Autor wieder einmal über die so genannten „sheeple" herzieht, während er gleichzeitig eine Lanze für Christentum und Patriotismus bricht. [„Sheeple" (wörtlich etwa „Herdenmenschen") ist ein modernes englisches Kofferwort, das sich aus „sheep" (Schafe) und „people" (Menschen) zusammensetzt und mit dem man in abwertender Weise Personen bezeichnet, die gedankenlos einer Mehrheitsmeinung folgen bzw. sich übermäßig konformistisch verhalten. *Anm. d. Übers.*] Was nun das Christentum und den Patriotismus betrifft, so muss man sagen, dass es sich bei beiden um Schöpfungen der Archonten handelt, mit denen der Geist und die Wahrnehmung der Menschen versklavt werden sollen. Dasselbe gilt auch für alle anderen Religionen. Was ist der Unterschied zwischen jemand, der dem Pfarrer die Märchen glaubt, die dieser von der Kanzel herunter erzählt, und jemand, der dem Präsidenten die Märchen abkauft, die er hinter seinem Rednerpult zum Besten gibt? Also ich sehe keinen. Hier wie dort braucht es die Bereitschaft, Lügen blind und unhinterfragt als Wahrheit und Ausgedachtes als Realität zu akzeptieren. Wenn ich vom Patriotismus spreche, verstehe ich darunter nicht die Liebe zum Heimatland, in dem man lebt. Doch Patriotismus geht oft mit einem falschen Geschichtsbild, einem falschen Verständnis von Tugendhaftigkeit und einem unsinnigen Überlegenheitsgefühl einher. Das Ergebnis ist dann eine falsche Wahrnehmung davon, wer man wirklich ist und woher man kommt. Die Verschwörung fußt auf der Kaperung und Programmierung der menschlichen Wahrnehmung. Dabei ist es ihr völlig gleichgültig, *welches* Glaubenssystem deine Auffassung von dir selbst und der Realität beschränkt – Hauptsache, es *gibt* da irgendeins in deinem Kopf. Man findet innerhalb der alternativen Medien ein unglaublich breites Spektrum von Ansichten und Meinungen vor. Die Palette reicht von kaum wahrnehmbaren Abweichungen von der „Norm“ bis hin zu Leuten, die wie ich eine vollständige Neubewertung der Realität selbst vornehmen und dabei so ziemlich jeden Stützpfeiler althergebrachter menschlicher Wahrnehmung in Frage stellen und umwerfen. Daher unterscheidet sich aus meiner Perspektive ein Großteil der alternativen Medien kaum nennenswert von der verhassten Mainstream-Variante. Ich werde auch von weiten Kreisen der „Alternativen“ in genau derselben Weise beleidigt, verlacht und abqualifiziert, wie es die Schmierfinken vom Mainstream seit Jahrzehnten tun. Warum das so ist? Weil meine Ansichten weit jenseits dessen liegen, was sowohl die konventionellen *als auch* die meisten alternativen Autoren und Leser für zutreffend oder auch nur für möglich halten wollen. Menschen können sich in Gegenwart des „Andersartigen“ sehr unwohl fühlen; Schmähungen und Zurückweisung sind dann stets die unmittelbare Folge.

Vorgefertigte Schachteln (engl. „boxes“) gibt es in allen Größen und Formen – das gilt sowohl im wörtlichen wie im übertragenen Sinne. Im Englischen bezeichnet „to think outside the box“ die Eigenschaft, „über den Tellerrand schauen“ und „quer denken“ zu können. Von dem vermeintlich „alternativen“ Aktivisten Jesse Ventura kann man das nicht sagen. Sein „Tellerrand“ mag weiter gefasst sein als der der meisten Leute, aber Ventura ist dennoch genauso wenig in der Lage, „outside the box“ zu denken oder zu agieren, wie *Fox* oder die *BBC* (Abb. 626). Ventura und sein Team, das sich aus Beschäftigten von *Time Warner* rekrutiert (dem Konzern, dem auch *CNN* gehört), arbeiten für einen Fernsehsender namens *truTV*. Der Name ist dabei gänzlich irreführend. Im Jahr 2012 machten sich die Jungs daran, mir durch kindische Manipulationen und ungeheuerliche Lügen so viel Schaden zuzufügen, wie sie nur konnten. Mir hat diese Erfahrung zwei Dinge gezeigt: Erstens muss ich mit meinen Vermutungen offenbar eindeutig auf der richtigen Spur sein. Zum Zweiten weiß ich nun, dass es auch in der „alternativen“ Szene Leute gibt, die den Mainstream-Boulevardschreiberlingen in punkto Hinterhältigkeit in nichts nachstehen.

Abb. 626: Jesse Ventura in einer seiner typischen Posen.

Dreh- und Angelpunkt von Venturas Attacke war das Argument, dass es reptiloide Wesen deshalb nicht geben könne, weil er „noch keins gesehen hat". Fein, dann können wir ja nun, da das Orakel allen Daseins gesprochen hat, alle wieder nach Hause gehen. Ich kam mir vor, als würde ich mit William Storr von der *Sunday Times* sprechen – denn die Geisteshaltung von Ventura ist exakt dieselbe. Der ehemalige Wrestler und Gouverneur von Minnesota ist durch seine Show „Conspiracy Theory" zu so etwas wie einem Aushängeschild des christlich-patriotischen Flügels der Verschwörungsforschung geworden. Es war faszinierend zu sehen, wie die Macher der Show jeden anderen Rechercheur mit Respekt behandelt haben, solange es um „Mainstream"-Ansichten innerhalb der Verschwörungsthematik ging; doch als dann die Reihe an jemanden kam (mich), der sagte, dass Wesen aus einer anderen Realität unsere Realität manipulieren, schrien sie: „Macht ihn nieder!" Ventura und seine hirnlose Bande müssten ihr Intelligenzniveau um mindestens den Faktor eine Million anheben, um auch nur in die Nähe eines Verständnisses dessen zu gelangen, was ich eigentlich aussage. Soweit ich das beurteilen kann, findet bei den Jungs jedoch keine geistige Entwicklung statt. Sie waren so versessen darauf, mir möglichst großen Schaden zuzufügen, dass sie doch tatsächlich behaupteten, es ginge mir ums Geld und ich würde die Leute übers Ohr hauen. Sie schätzten meine jährlichen Einnahmen auf zwei Millionen Dollar – eine Zahl, die sie frei aus der Luft gegriffen hatten und der keinerlei Fakten zugrunde lagen. Das war Kokolores der ganz besonderen Art – man nimmt einfach irgendeine Zahl, von der man hofft, dass sie den Ruf der Zielperson maximal beschädigt. Ich wohne in einem Apartment mit zwei Zimmern, während Ventura, der das Drehbuch ausagiert, ein Beinahe-Herrenhaus inklusive Grundstück besitzt. Aber „truth" – die Wahrheit – ist auch nicht Gegenstand der Sendungen von *truTV*. Als mich Ventura interviewte, befand ich mich gerade auf einer anstrengenden Vortragsreise durch Australien und Amerika. In der Woche unmittelbar vor unserer Begegnung hatte ich mit ernsten gesundheitlichen Problemen zu kämpfen und kroch am Ende ziemlich auf dem Zahnfleisch. Am Tag des Interviews, das früh morgens stattfand, sollte ich noch eine neunstündige Präsentation in Cleveland geben. Das Interview wurde in der kurzen Zeit zwischen der Ankunft am Veranstaltungsort und dem Beginn meines Vortrags durchgeführt und im Nachhinein so zusammen geschnitten, dass ich möglichst schlecht dabei weg kam. Ich habe ein Vierteljahrhundert meines Lebens für Recherchen, Vorträge und das Schreiben von Büchern aufgewendet; aber diese Sorte von Menschen kommt einfach hereingestolpert, glaubt alles zu wissen und besitzt keinerlei Respekt irgendeiner Art für die Arbeit der anderen. Auf meinen Vorschlag, bis zum Abend zu bleiben und sich meine Präsentation in Ruhe anzuhören, erwiderte Ventura nur *„Neun Stunden?"* und verschwand, bevor die Veranstaltung überhaupt begonnen hatte. Ich kann ihn aber verstehen – ich glaube nicht, dass er sich auch nur für neun Minuten konzentrieren könnte. Nicht die Wahrheit interessierte ihn, sondern seine Agenda. Das also sind die *„alternativen"* Medien?? Ventura hatte nicht einmal so viel Anstand oder Respekt, mich zu einem Vorgespräch zu treffen, sondern bestand darauf, persönlich erst dann hereinzuschneien, wenn die Kameras bereits liefen. Das tat er dann auch und wirbelte zur Tür herein, als wäre er direkt einem Film wie „Shrek" oder so etwas entsprungen. Aus all dem wird eines sofort klar: Er hat sich seine Meinung über mich gebildet, ohne mich kennen gelernt oder irgendeines meiner Bücher gelesen zu haben.

Das einzige, was er von mir wusste, war die Tatsache, dass ich über reptiloide Entitäten spreche – aber das genügte dem amerikanischen Superhirn voll und ganz. Ventura ist ein Gefangener der linken Gehirnhälfte, wie er im Buche steht. Hier spielt sich im „alternativen“ Mainstream noch einmal genau dasselbe ab wie im eigentlichen Mainstream: Meine Thesen können auf keinen Fall zutreffend sein, denn das enge Realitätsverständnis erlaubt es Leuten wie Ventura nicht, auch nur die Möglichkeit in Betracht zu ziehen; folglich kann ich nur entweder verrückt oder ein geldgeiler Betrüger sein. Das macht ja auch Sinn: Ich lasse 25 Jahre lang Spott und Beleidigungen über mich ergehen, weil man damit so viel Kohle macht, dass ich mir eine Zweiraumwohnung leisten kann. In den Mainstream-Medien bin ich meistens „der Verrückte“ und als Zusatz streut man hier und da so etwas wie „eine Menge Geld bringt es natürlich auch“ ein. Ventura hingegen entschied sich gleich von vornherein für das „er will den Leuten nur das Geld abnehmen“. Diese Klientel handelt so vorhersehbar, dass es zum Piepen ist. Ich kann nicht erkennen, dass Ventura und seinesgleichen irgendwelche neuen Informationen oder Erkenntnisse zur Debatte beisteuern. Ich sehe nur, dass sie etwas *nehmen*. Ventura hat von der tatsächlichen Verschwörung keinen Schimmer. Nichtsdestotrotz wird er von früh bis spät bei *CNN* herumgereicht und von Leuten mit der Denkfähigkeit eines Piers Morgan präsentiert, als sei er der Experte. Der Amoklauf an der Grundschule von Sandy Hook war eines der unverfrorensten Beispiele für ein Problem-Reaktion-Lösungs-Szenario, das wir bislang erlebt haben. Der eigentliche Zweck des Vorfalls war es, einen Vorwand für die Entwaffnung der amerikanischen Bevölkerung zu schaffen. Wir können derzeit in den USA beobachten, wie die inländischen Exekutivorgane mit Waffen, Panzern und anderen bewaffneten Fahrzeugen hochgerüstet werden, die man bislang nur vom Militär kannte. Doch Ventura stellt sich hin und wettert gegen jeden, der auf die Möglichkeit hinweist, dass das Massaker von Sandy Hook nur eine Inszenierung gewesen sein könnte. Und dieser Mann steht an der Spitze einer Dokumentarserie mit dem Titel „Conspiracy Theory“? Was für ein Spiel spielt er eigentlich? Er hat einmal gesagt, dass er in Betracht ziehe, für das Präsidentenamt zu kandidieren. Ich hoffe inständig, dass er das bleiben lässt. Hat Amerika nicht schon genug gelitten?

Wenn Hohlköpfe andere Hohlköpfe entlarven

Jesse Ventura ist das Musterbeispiel eines Möchtegern-John-Waynes: Der knallharte, bodenständige, testosteronsüchtige *reale* amerikanische Held, der für die Gerechtigkeit kämpft. Zumindest ist das sein Selbstbild. Solche Wayne-Möchtegerne geben den toughen, aber fairen, rechtschaffenen Burschen, der das Herz auf dem rechten Fleck trägt. In ihrer Vorstellung vermöbeln sie die „bösen Jungs“ im Dienste für das „beste Land der Welt“. John Wayne stellte die Verkörperung eines Idealbildes dar, dem christliche Patrioten schon seit dem Beginn der Plünderung Nordamerikas und des Imports afrikanischer Sklaven nacheiferten. Ironischerweise werden viele der Nachfahren jener Sklaven, die einst von christlichen Patrioten eingesperrt und zu Tode geknechtet wurden, seither sowohl von den

Christen als auch von den Patrioten angeworben. John Wayne war ein Schauspieler und hat niemals auch nur einen einzigen Schuss in irgendeiner Kampfhandlung erlebt – dennoch wurde er zum Kriegs- und Cowboyhelden, einfach nur indem er diese Rollen immer und immer wieder spielte (Abb. 627). Das alles war nichts weiter als Theater und Illusion. Aber das passt, würde ich sagen, denn schließlich ist auch dieses Idealbild, das er hervorbrachte (oder sich zu Nutze machte), gleichermaßen eine Illusion. Es gibt viele wunderbare Menschen in Amerika und es gab sie in jedem Jahrhundert. Ich hatte das Glück, im Laufe der Jahre viele von ihnen kennen lernen zu dürfen. Aber wer der Illusion eines amerikanischen Ideals aufgesessen ist, wie es John Wayne verkörperte, der sitzt in der ärgsten aller Fallen. Man kann diese Wayne-Blaupause auch heute noch in den Gesichtern der amerikanischen Soldaten erkennen, die glauben, in fernen Ländern zum Wohle aller die Bösewichte zu verhauen. In Wirklichkeit sind sie dort, um für die Netzwerke der Archonten jene fernen Länder und deren Ressourcen zu plündern und Bomben auf Zivilisten hageln zu lassen, während dieselben Netzwerke Amerika zerstören, John Wayne inbegriffen. Unterstützt unsere Soldaten – sie kämpfen für das Gute, für Gott und für *Amerika*. Oh, ja, Gott und Amerika. Diese beiden sind für den christlichen Patrioten und sein John-Wayne-Idealbild untrennbar miteinander verbunden. Gott segnete Amerika und hat es so zu dem gemacht, was es heute ist. War das eigentlich derselbe Gott, der die Juden zu Seinem Volk erwählte? Leidet er nun an Schizophrenie oder ist er bloß fremdgegangen? Ich habe einmal einen wirklich krassen christlichen Patrioten getroffen, der mir erklärte, dass sich die Indianer nur um das Land gekümmert hätten, bis Gott bereit war, es seinem erwählten weißen Volk zu überlassen. Während er mir das eröffnete, befanden wir uns auf einer Farm in Arizona und standen direkt neben einem wuchtigen weißen Kreuz. Ich sagte zu ihm, dass ich nicht sicher sei, welches der schlimmere Albtraum für mich wäre – eine Welt, die von den archontischen Blutlinien beherrscht wird oder aber eine von Leuten wie ihm dominierte Welt. Die Vertreter der christlich-patriotischen Geisteshaltung, die einen nicht unerheblichen Teil der alternativen Medien in den USA bestimmen, sind aufs Haar genauso in ihrem Glaubenssystem gefangen wie diejenigen, die sie verächtlich „sheeple" nennen. Sicher, viele Amerikaner erkennen mittlerweile, dass irgendeine Art von Verschwörung im Gange ist und dass diese Kräfte dabei sind, das Amerika, wie sie es kannten – oder zu kennen glaubten – zu zerstören. Doch sie nehmen das zum überwiegenden Teil immer noch in dualistischen Begriffen wie links/liberal = schlecht und rechts/konservativ = gut wahr. Nun sind leider auch diejenigen, die gelernt haben, darüber hinaus zu schauen und begreifen, dass sie es in Wirklichkeit mit einem Ein-Parteien-Staat zu tun haben, der die Vielfalt nur vortäuscht, bei der Wahrnehmung der unbegrenzten Möglichkeiten vielfach noch vom biblischen Weltbild eingeschränkt. Sie werden die Dinge nicht substanziell zum Besseren ändern können, bis all diese Denkgefängnisse demontiert worden sind und die unkritischen Anhänger des Christentums und aller anderen Religionen

Abb. 627: John Wayne – die Seele des patriotischen Amerika.

begreifen, dass sie *verarscht* wurden. Denken Sie daran, dass der Adler, den die Patriotenbewegung ehrfurchtsvoll als Symbol für Gottes eigenes Land betrachtet, in Wirklichkeit ein Phönix ist – ein Symbol, das von Geheimgesellschaften und satanischen Gruppierungen seit Jahrtausenden verwendet wird. Die Sterne auf der amerikanischen Flagge sind satanische Pentagramme, genau wie auch die auf der Flagge der Europäischen Union abgebildeten Sterne. Die Gründungsväter, die den Vereinigten Staaten ihre Verfassung gegeben haben, wurden definitiv von Freimaurern beherrscht, die wiederum letzten Endes der Londoner Mutterloge gehorchten. Ein anderer amerikanischer Held jener Zeit, Benjamin Franklin, war praktizierender Satanist und ein enger Freund und Vertrauter desselben britischen Establishments, von dem sich die „Väter" zu befreien suchten. Mit einem Taschenspielertrick wurde die offene Kontrolle über die USA seitens einer fremden Macht durch eine verdeckte Kontrolle ersetzt. Der hochgradige okkultistische Eingeweihte Sir Francis Bacon hatte diese Übernahme Amerikas schon im 17. Jahrhundert in seinem Buch „The New Atlantis" vorweggenommen. Thomas Jefferson, ein anderer Held der christlichen Patrioten, wird vielfach im Zusammenhang mit seiner vermeintlichen Verteidigung der Freiheit zitiert. Der gute Mann besaß ungefähr 200 dunkelhäutige Sklaven. In der amerikanischen Unabhängigkeitserklärung vom 4. Juli 1776 wird in großartiger Weise davon gesprochen, dass alle Menschen selbstverständlich gleich erschaffen seien. (Im englischen Original heißt es an dieser Stelle „men", so dass man nicht ganz sicher sein kann, ob Männer oder Menschen gemeint sind und ob die Frauen wirklich mit einbezogen sind.) Die Menschen seien ferner vom Schöpfer mit bestimmten unveräußerlichen Rechten wie denen auf „Leben, Freiheit und das Streben nach Glück" ausgestattet worden. Ich weiß nicht, ob das damals auch die dunkelhäutigen Sklaven und die nordamerikanischen Indianer als so selbstverständlich erlebt haben, oder wie die gepeinigte amerikanische Arbeiterklasse (und zunehmend auch die Mittelklasse) unserer Tage das sieht. Die Vereinigten Staaten wurden schon von Anfang an auf einem Fundament aus scheinheiligem Bockmist errichtet. Diese Heuchlerei stellt eine geistige Spaltung dar, die sich durch die Jahrhunderte erhalten hat und uns heute jene verzerrte Wahrnehmung beschert, die das Bombardieren von Zivilisten gleichsetzt mit dem Beschützen derselben vor Gewalt, und Massenmord durch unbemannte Drohnen als Kampf für Gerechtigkeit und Freiheit bezeichnet. Der Grund, warum das amerikanische Establishment so unglaublich gut darin ist, Verlogenheit und ausgemachten Schwachsinn als Sittlichkeit und Wahrheit zu verkaufen, liegt sicherlich darin, dass seine Repräsentanten von den Meistern des Fachs, dem britischen Establishment, gelernt haben. Die Elite des Vereinigten Königreiches ist die Urheimat von Scheinheiligkeit und Bockmist (siehe unter „britisches Königreich").

Die sehr gewichtige Klientel innerhalb der alternativen Medien, die in ihrem Denken ähnlich scheuklappenbewehrt ist wie die Mainstream-Medien, mag letzteren vielleicht insofern ein Schrittchen voraus sein, als dass sie die Existenz der Verschwörung in irgendeiner Weise anerkennt. Doch wenn es darum geht, die Natur und die Tiefe dieser Verschwörung zu erfassen, sind auch diese Teile der Alternativen noch Lichtjahre vom Erkennen der wahren Zusammenhänge entfernt. Das müssen sie auch bleiben, solange sie nicht ihren Geist öffnen und versteinerte Glaubenssysteme loslassen. Wie oft habe ich nachweisbare Fakten über den illusionären Charakter der „physischen" Wirklichkeit minutiös dargelegt und bin dann doch abgelehnt worden: Weil „er nicht an Jesus glaubt". Das ist für diese Leute das absolut einzige Kriterium, mit dem sie über die Glaubwürdigkeit von jedem und allem entscheiden. Das sind dieselben, die dann tönen, dass die „Herdenmenschen" endlich aufwachen müssten. Die Religion wird dann gegen die Mainstream-„Wissenschaft" ausgespielt, die einen weiteren Pol bildet. Man initiiert dazu einfach eine künstlich geschaffene „Debatte" darüber, ob nun Gott die Ursache der Schöpfung ist (schwarz) oder der Zufall (weiß) und welche der beiden Erklärungen unsere Realität und unsere Herkunft korrekt beschreibt. Gib den Menschen zwei gleichermaßen falsche Möglichkeiten, und sie sitzen in der Falle, ganz gleich für welche Variante sie sich entscheiden. So gibt es dann neben den christlichen Patrioten auch eine wissenschaftsgläubige Fraktion innerhalb der alternativen Medien. Für diese Leute wird die absolute Grenze des Möglichen und Denkbaren nicht durch Jesus abgesteckt, sondern von den Dogmen der Mainstream-Wissenschaft markiert. Auch hier ernte ich Ablehnung und Spott, nur aus einem anderen Grund. Die konventionelle „Wissenschaft" ist nichts weiter als eine weitere Religion. Auch sie bildet ein aus schweren Steinen errichtetes Denkgebäude, das dazu errichtet wurde, den freien Fluss der Gedanken und somit das wirkliche Verstehen zu verhindern. Das gilt ganz allgemein für sämtliche Bereiche, denen man die Begriffe „konventionell" bzw. „Mainstream" zuordnen kann: Wissenschaft, Medien, Medizin usw. Schließlich ist diese Einengung des Denkens und Wahrnehmens gerade der Grund für ihre Existenz. Wir können derzeit beobachten, wie sich die Vertreter der Hauptströmung innerhalb der Verschwörungsforschung fortwährend im Kreis drehen. Sobald sie an den Punkt kommen, dass sie lieb gewonnene religiöse, „wissenschaftliche" oder kulturelle Überzeugungen fallen lassen müssten, gehen sie nicht mehr tiefer in den Kaninchenbau hinein. Gott sei Dank ist aber auch eine alternative Alternativszene im Entstehen begriffen, die sich nicht von religiösen, wissenschaftlichen oder kulturellen Glaubenssystemen und Normen einengen lässt, sondern alles auf seinen Gehalt hin abklopft. Wer sich in dieser Richtung bewegt, stellt sich immer wieder die Schlüsselfragen: Ergibt ein Argument, das jemand vorbringt, in Bezug auf die Welt um mich herum und die Realität, die ich erlebe, einen Sinn? Welche Beweise oder Indizien werden vorgelegt, um das Argument zu untermauern? Und schließlich: Fühlt sich das für mich richtig an? Mit anderen Worten, hier geben die Informationen an sich sowie die Intuition des Zuhörers die Richtung an – nicht irgendwelche vorgefassten Vorstellungen, an die sich der Rest der Welt anzupassen hat oder, wenn er das nicht tut, verworfen wird. Dieser Ansatz zur Erlangung eines tieferen Verständnisses der Welt zeichnet sich durch einen offenen, frei beweglichen und „leeren" Geist aus. Ein Wahrheitssuchender mit dieser mentalen Grundhaltung wird in keiner Weise durch religiöse, politische, wissenschaftliche, nationalistische oder kulturelle Dogmen eingeengt und kann sich daher überall hin bewegen und jede Thematik ohne Denkschranken erkunden. Mit einem solchen offenen Geist kann man erkennen, dass auf diesem Planeten neben den sichtbaren Mächten noch andere Kräfte am Werke sind, und erahnen, dass in diesen Strukturen der wirkliche Schlüssel zum Verständnis unserer Welt verborgen ist.

Das „Komm und errette mich"-Ablenkungsmanöver

Einmal leitete ein Freund von mir eine Email an mich weiter und fragte mich, was ich davon halten würde. Nun, ich bin schon ganz schön herumgekommen und habe alles Mögliche gesehen und erlebt, und das nicht nur einmal. In der Email waren die Behauptungen eines anonymen „Whistleblowers" zusammengefasst, der sich „Drake" nannte. Das englische Wort „drake" ist nicht nur die Bezeichnung für Drachen, sondern meint auch die männliche Ente (engl. „duck"). Im alten England erfreute sich ein Spiel großer Beliebtheit, bei dem man flache Steine so über die Wasseroberfläche warf, dass sie ein paar Mal abprallten und weiter hüpften, bevor sie versanken. Man nannte dieses Spiel damals „ducks and drakes". Im Laufe der Zeit entstand daraus die Redensart „playing ducks and drakes", mit der man metaphorisch jemanden bezeichnet, der unverantwortlich und leichtsinnig handelt und „ein Vermögen verschleudert oder etwas Wertvolles wegwirft". Den Enten verdanken wir im Englischen noch so manch andere Redensart, wie zum Beispiel „sitting duck" (etwa: leichte Beute) oder „lame duck" (wörtlich: lahme Ente, entspricht etwa dem „Versager" oder der „Niete" im Deutschen). Das Wort „duck" stammt vom altenglischen Ausdruck „dûce" ab, der so viel wie „Taucher" bedeutet und seinerseits auf das alte Verb „dûcan" zurückgeht. „Dûcan" bedeutet „sich ducken; sich tief hinunterbeugen, so als wolle man unter etwas kriechen; tauchen". Kombiniert man diese Bedeutungen, erhalten wir die Redensart „to duck and dive". Sie umschreibt jemanden, der „an vielen verschiedenen Aktivitäten beteiligt ist, und zwar vorwiegend an solchen nicht ehrenwerter Natur". Wenn ich mir nun die Behauptungen von „Drake" anschaue, scheint mir das nur ins Bild zu passen. Bekannt wurde „Drake" hauptsächlich durch seine Auftritte in der Internet-Radiosendung des Amerikaners David Wilcock. Seine Kernthese lautet, dass die „Guten" innerhalb der amerikanischen Militär- und Geheimdienstkreise im Begriff seien, die „Bösen" dingfest zu machen. Das erinnert mich irgendwie an Hitler, der einmal sagte: „Halte deine Desinformation immer ganz schlicht, damit sie auch jeder versteht." Die „Guten" und die „Bösen" – ja, das ist perfekt. Zur gleichen Zeit hörten wir aus Japan etwas ganz Ähnliches. Benjamin Fulford, ebenfalls ein Mann der alternativen Medien, sprach von fernöstlichen Geheimgesellschaften, die nun zum entscheidenden Schlag gegen die bösen Jungs ausholen würden. Auch Fulford erläuterte seine Thesen in Interviews mit Wilcock. Es gibt einen einfachen Grund dafür, warum ich an dieser Stelle kurz aushole und diese Geschichte einflechte: Sie stellt nämlich ein wunderbares Beispiel für die Selbstverliebtheit und Desinformation dar, die oft über die alternativen Medien verbreitet wird, um die naiven Menschen abzulenken und in die Irre zu führen. Die ursprüngliche Quelle, die sehr wohl weiß, dass sie Kokolores redet, benutzt dabei oft Personen, die an die Echtheit der Darstellungen glauben. Man hat mich oft nach diesen „bevorstehenden Massenverhaftungen von Illuminaten" gefragt. Mitunter wurde ich sogar von den Fans von „Drake", Wilcock und Fulford über diese Dinge „belehrt", ganz so als würde es sich um Tatsachen handeln. Das hörte sogar dann nicht auf, nachdem die angebliche Frist, zu der sich die Illuminaten hätten ergeben sollen („und wehe wenn nicht!"), ein ums andere Mal verstrichen war. Fulford zufolge bezeichneten sich die „guten" Jungs als „White Dragon

Society". Ihr Plan sei es, die Hintermänner der globalen Verschwörung gefangen zu nehmen und anschließend den Übergang in eine Welt des Friedens und Gedeihens zu vollziehen. Nun, vielleicht kommt der Tag ja tatsächlich einmal, an dem die „bösen Jungs" verhaftet werden – aber bestimmt nicht durch Fakes wie diese „White Dragon Society". Ich möchte hier einmal beispielhaft aus einem Artikel zitieren, der auf eine Radiosendung mit David Wilcock und Benjamin Fulford vom September 2011 Bezug nahm:

> „Ben erzählt David, dass das ‚Treffen der 57' mit Vertretern aus 57 verschiedenen Ländern (das vor etwa einer Woche stattfand) den noch verbliebenen Mitgliedern der Kabale des Bösen empfindlich wehgetan hat. Ja, es scheint wirklich so zu sein, dass immer mehr Länder auf der ganzen Welt die Seiten wechseln und sich den Jedi-Rittern anschließen (der White Dragon Society ... den Guten!). Die Menschen sind des Imperiums des Bösen jetzt offenbar überdrüssig und wollen ihre Freiheit erlangen."

Ebenfalls aus dem Jahre 2011 stammt diese Beschreibung der White Dragon Society von Fulford:

> „Wir sind eine internationale Gruppe von Bankiers, Militärs, Mitarbeitern der Geheimdienste und verschiedener geheimer Organisationen, Journalisten und ‚gewöhnlichen Bürgern', die von den nicht enden wollenden, vom militärisch-industriellen Komplex angezettelten Kriegen angewidert sind."

Fulford zufolge beabsichtige die Gruppe, das gesamte Geld, das gegenwärtig auf der Welt für Kriege ausgegeben wird, dafür einzusetzen, „innerhalb von Monaten" die Armut und die Umweltzerstörung auf dem Planeten zu beenden – sobald sie den Zaster der Regierungen erst einmal in ihre Finger bekommen hätten. Allein schon diese Zeitangabe ist skurril, wenn man bedenkt, welch ein logistischer Aufwand vonnöten wäre, um Gelder in diesem Umfang an die richtigen Empfänger zu verteilen und all die erforderlichen Maßnahmen einzuleiten und umzusetzen, um „die Armut zu beenden". Fulford spricht auch davon, dass die White Dragon Society bisher unter Verschluss gehaltene Technologien freigeben wolle, darunter solche, die auf freier Energie basieren. Diese würden mit natürlichen Energiefeldern arbeiten und sollen in der Lage sein, Energie quasi zum Nulltarif zu erzeugen, während sie selbst keine oder nur sehr wenig Energie benötigten. „Jeder von uns könnte dann wie ein Millionär leben", verkündete Fulford. Hier ist der Haken beim Szenario von Drake, Wilcock und Fulford: Ein paar „gute Jungs" innerhalb der Regierungen und des Militärs sowie eine Koalition obskurer Gruppierungen stellen den Elitefamilien ein Ultimatum. Wenn sie sich bis zu einer bestimmten Frist nicht ergeben haben (und zumindest bis jetzt, da ich diese Zeilen zu Papier bringe, ist das noch nicht geschehen), nehmen die „Guten" die „Bösen" einfach massenhaft fest und übernehmen übergangsweise die Kontrolle über Regierungen und Militär (auch das ist meines Wissens bislang nicht passiert). Die Frage ist nun: Warum bleibt „Drake" anonym, während er Wilcock Interviews gibt? Um sich zu schützen? Sollen wir wirklich glauben, dass „die Bösen" seine Stimme nicht erkennen und auch nicht den Ort feststellen können, von dem aus er spricht? Also, dass „sie" nicht herausfinden können, wer er ist und wo er lebt? Ich meine, Wilcock will stundenlang mit „Drake“ am Telefon gesprochen haben. Will man uns weismachen, dass „denen“ solche Zeitspannen für eine Lokalisierung nicht genügen? Und dann ist da noch die Frage, warum „Drake“ eigentlich an die Öffentlichkeit geht und vor aller Welt verkündet, was er und seine Partner geplant haben – würde das nicht den vermeintlichen Bösewichten viel Zeit geben, um sich darauf einzustellen? Warum sind die „Guten“ nicht einfach losgegangen und haben das Vorhaben in die Tat umgesetzt? Drake kündigte sogar an, dass sie 24 Stunden vor dem Losschlagen die Öffentlichkeit informieren würden, damit sich die Nachricht blitzschnell „wie ein Virus im Internet verbreiten“ könne. Das würde ja wohl den Zielpersonen *ebenfalls* 24 Stunden Zeit zum Handeln geben. *Wozu?* Die meisten waren wohl zu sehr mit Jubeln beschäftigt („Gott sei Dank – wir werden alle gerettet!“), um diese simplen Fragen zu stellen. Zu den Zielpersonen, die auf jeden Fall verhaftet werden sollten, gehören: Henry Kissinger, Daddy George Bush, Boy George Bush, David Rockefeller, Jay Rockefeller, Dick Cheney, Warren Buffet, George Soros, Bill Gates, Bill Clinton, Hillary Clinton, Mitglieder der Familien Morgan (von JP Morgan), Vanderbilt, Rothschild und Warburg, die britische Königsfamilie mitsamt der Queen, der Papst, Federal-Reserve-Chef Ben Bernanke, der amerikanische Finanzminister Tim Geithner, Lloyd Blankfein (der Boss von Goldman Sachs), Jamie Dimon (CEO von JP Morgan), Kenneth D. Lewis (der frühere Chef der Bank of America) und Citigroup-Boss Vikram Pandit. Im Februar 2012 schrieb Fulford:

> „Die Gruppe, die nach eigenen Angaben die amerikanische, die französische und die russische Revolution ausgelöst hat, ließ jetzt durch ihren Sprecher ‚Alexander Romanow‘ mitteilen, dass sie dem Komitee der 300 [das Teil der Rothschildschen Kontrollstruktur sein soll] ein Ultimatum zum 31. März gestellt habe. Des Weiteren stehe die Gruppe auch mit Prinz Harry in Verbindung, der zugestimmt habe, die Macht der britischen Königsfamilie von Queen Elizabeth zu übernehmen.“

Das wirft sogleich eine weitere Frage auf: Wenn Harry tatsächlich Kontakt zu der Gruppierung hat und diese Verpflichtung eingegangen ist – natürlich hat er das nicht, aber lassen Sie uns einfach für einen Moment annehmen, es wäre der Fall –, warum sollte die Gruppierung dies dann öffentlich machen und den Mann in Schwierigkeiten bringen? Also, ehrlich – die ganze Geschichte war absolut bizarr. Kneif mich mal, bitte. *Aua!* Mein Gott, das ist ja gar kein Traum. Ob es sich wohl bei Fulfords Königin und ihrer Familie – die es nicht fertig gebracht hat, sich vor Ablauf der verschiedenen Ultimaten beim örtlichen Konstabler zu melden und zu sagen „Hey, jetzt hast du uns doch erwischt, Chef!“ – um dieselbe Königin nebst Clan handelt, die es irgendwie schaffte, sich zum 60. Thronjubiläum tagelang einer orgiastisch jubelnden Menschenmenge zu zeigen, beschützt von genügend Soldaten in albernen Uniformen, um ein ganzes Land zu überrennen? Muss wohl so sein. Der angebliche „Großmeister“ der so genannten „Gnostischen Illuminaten“ (falls Sie Schwierigkeiten haben zu folgen: Das sind die *Guten*) ist ein gewisser Alexander Romanow. Er behauptet, von den russischen Romanows abzustammen, der zweiten und letzten „königlichen“ Dynastie Russlands, die von 1613 bis zur Revolution von 1917 über das Reich herrschte. Um die Herrschaft der Romanows zu beenden und damit die russische Monarchie ein für alle Mal abzuschaffen, legten die Bolschewiki sie in einem

Gewaltrausch (vermeintlich) alle um. Damit konnte die eine Gewaltherrschaft durch die nächste (unter der Bezeichnung „sowjetischer Kommunismus") abgelöst werden. Die „Weißen Drachen" erklärten über ihr Sprachrohr Benjamin Fulford, dass sie die „guten" Blutlinien bzw. Geheimgesellschaften darstellten, im Gegensatz zu der „bösen" Ausgabe derselben. Nun, so etwas Ähnliches haben die von den Rothschilds gesteuerten und finanzierten Bolschewiken auch einst von sich behauptet, als sie die Romanows beseitigten. Gewalt und Tyrannei erzeugen wieder Gewalt und Tyrannei, wenn deren Verfechter erst einmal an die Macht gelangt sind (durch Gewalt und Tyrannei). „Nein, glaub mir, unsere Gewaltherrschaft ist eine *gute* Gewaltherrschaft!" Was mich ein bisschen verwirrte, war der Umstand, dass Fulford eine ganz ähnliche Geschichte wie jetzt die von den „*Weißen* Drachen" vor ein paar Jahren schon einmal erzählt hatte – nur hatte er damals von „*Schwarzen* Drachen" gesprochen. Aber dann fand ich heraus, dass sich die Black Dragons einfach in White Dragons umbenannt hatten. Nun, ein bisschen Abwechslung wirkt bekanntlich Wunder. Im Jahre 2009 wusste Fulford Folgendes über die Black Dragons zu berichten:

> „Die Black Dragon Society wurde reaktiviert. Sie reicht hinein in Geheimdienste, Regierungen, Verbrechersyndikate, Geldinstitute usw. auf der ganzen Welt. Im Gegensatz zu anderen Geheimgesellschaften wie den Freimaurern werden die Black Dragons nicht durch Angst zusammengeschweißt, sondern durch Freundschaft, Vertrauen und gemeinsame Werte.
>
> Die Society arbeitet intensiv an der Überwindung der Neuen Weltordnung, damit Kriege, Armut und Umweltzerstörung dauerhaft beendet werden können. Des Weiteren fördert sie aktiv die Einführung von Technologien – wie der freien Energie –, die von den öl- und kernkraftverliebten Kontrollfreaks der NWO unterdrückt worden sind. Nach dem Zweiten Weltkrieg waren die Mitglieder der Society untergetaucht, jetzt hat sie sich jedoch selbst reaktiviert, um die völkermörderischen Pläne der NWO-Gangster zu vereiteln.
>
> Zu den Mitgliedern der Black Dragons zählen Angehörige des MI6, des Pentagon, der NSA [National Security Agency], der japanischen Militär- und Geheimdienstszene, des KGB, der serbischen Geheimpolizei sowie von Kampfkunstverbänden, den Yakuza, den Triaden und anderen. Die Black Dragons sind mit den Red und den Green [‚Dragons', vermute ich mal] verbündet. Sie können, wenn es notwendig werden sollte, in sehr kurzer Zeit mehr als 100 Millionen Kämpfer aus allen Regionen der Welt mobilisieren."

Würden Sie wollen, dass die Geschicke unserer Welt in den Händen solcher Leute liegen, die aus genau den (an der Spitze zu einer *einzigen* Bande verschmelzenden) Geheimdienstkreisen stammen, die den Interessen der Rothschild-Rockefeller-Windsor-Kabale verpflichtet sind? Wir sollen diesen angeblich bekehrten Geheimdienstlern vertrauen, die jetzt von sich behaupten, ebendiese Kabale stürzen zu wollen? Die Yakuza, auch als Gokudõ bekannt, gehören „traditionellen" (das heißt sehr alten) japanischen Verbrechersyndikaten an, die von der Polizei Bõryokudan („gewalttätige Gruppe") genannt werden. Die Yakuza bezeichnen sich selbst als „ninkyõ dantai", was so viel wie „ritterliche Organisationen" bedeutet. *Ahhh*, der Herr möge sie segnen. Ob sie sich wohl verneigen, die Tür aufhalten und Höflichkeiten austauschen, bevor sie einem die Eier abschneiden? „Ritterlich" ist laut Definition jemand, der „Edelmut und Ehre in einer solchen Ausprägung besitzt, wie man sie bei einem idealen Ritter erwartet". Na schön, was wäre dann also ein „idealer Ritter" bei den Yakuza? Stellen Sie sich jemanden vor, der Sie edel und ehrenhaft Ihrer Besitztümer und Ihrer Männlichkeit beraubt. Im Jahre 2009 sollen die Yakuza weltweit etwa 90.000 Mitglieder gehabt haben. Bei so vielen Verbrechern und Tyrannen (äh, Befreiern der Welt, wollte ich sagen) dürfte der Rubel ja mächtig rollen, oder? Dann hätten wir da in Fulfords Liste noch die Triaden. Das sind weitere Liebespfeile verschießende Engelwesen. Also ... Pfeile zumindest. Mit dem Begriff Triaden wird ein kaum überschaubares und verschachteltes Netzwerk im Bereich des organisierten Verbrechens beschrieben, das in China (vor allem in Hongkong), Vietnam, Macau und Taiwan aktiv ist, aber sich auch aus den chinesischen Minderheiten in den USA, Kanada, Australien, Neuseeland und Großbritannien rekrutiert (um nur einige zu nennen). Einmal mehr haben wir es hier mit einer auf Angst und Geheimhaltung gegründeten, strengen Hierarchie und dem Geist unersättlicher Gier zu tun. Lassen Sie mich aus einem Internet-Artikel zitieren, der den Aufbau der Triaden beschreibt:

> „Die Triaden verwenden Zahlencodes, um zwischen den einzelnen Rängen und Stellungen innerhalb der Bande zu unterscheiden. Dabei lässt man sich von der chinesischen Numerologie inspirieren, die auf dem I Ging basiert. So steht beispielsweise 489 für das Oberhaupt, den ‚Bergmeister' oder ‚Drachenkopf'. 438 bezeichnet seinen Stellvertreter sowie den ‚Weihrauchmeister', der für die Einweihungszeremonien verantwortlich ist, und den ‚Vorkämpfer', der dem Weihrauchmeister assistiert. Der ‚Militärkommandeur', auch als ‚Roter Pfahl' bezeichnet, der sich hinter der Zahl 426 verbirgt, ist Herr über sämtliche Angriffs- und Verteidigungsoperationen. Die 49 steht für einen gewöhnlichen Soldaten bzw. die breite Basis der Mitglieder. [Das hat jetzt nichts mit den San Francisco 49ers zu tun, oder?]
>
> Der ‚Weiße Papierfächer' (415) berät den Chef in finanziellen und geschäftlichen Belangen, während die ‚Strohsandale' (432) als Verbindungsglied zwischen verschiedenen Bereichen fungiert. Mit der 25 bezeichnet man einen verdeckten Agenten der Regierung oder einen Spion feindlicher Triaden. In Hongkong ist ‚25' zu einem Slang-Ausdruck für ‚Informant' geworden. ‚Blaue Laternen' schließlich sind nicht eingeweihte Mitglieder bzw. assoziierte Personen, denen dementsprechend kein Zahlencode zugewiesen wird."

Die Triaden sorgen genau wie Königtum oder Geheimgesellschaften für den Machterhalt der Familien der Blutlinien. Sie bilden ebenfalls ein streng hierarchisches System, in dem Kontrolle auf der Basis von Angst erlangt und ausgeübt wird. Darüber hinaus bedient man sich okkulten Wissens über die Macht von Zahlen und Schwingungen. Damit haben wir einen kleinen Einblick bekommen, welche Art von Leuten Fulford, verbal flankiert von Wilcock und „Drake", dem Publikum als die *Befreier* verkaufen wollte. Heiliger Strohsack – wenn das Befreiung ist, möchte ich nicht wissen, wie bei denen Tyrannei aussieht! Die Triaden und andere Gruppierungen dieser Art haben auch eigene Einweihungs- und

Opferrituale – genau wie diejenigen, die sie angeblich bekämpfen. Hören wir uns mal die Beschreibung eines solchen Triadenrituals an:

> „Ähnlich wie auch in der italienischen Mafia oder bei den japanischen Yakuza werden die Mitglieder der Triaden häufig Initiationszeremonien unterworfen. Eine solche Zeremonie findet typischerweise vor einem Altar statt, der Guan Yu geweiht ist, und schließt Tieropfer und die Verwendung von Weihrauch mit ein. Üblicherweise wird ein Huhn, ein Schwein oder eine Ziege geopfert. Nachdem man ein Gemisch aus Wein und Blut (entweder des Tieres oder des Kandidaten) getrunken hat, schreitet das Mitglied unter einem aus Schwertern gebildeten Gewölbe hindurch, während es den Eid der Triaden rezitiert. Das Papier, auf dem der Eid geschrieben steht, wird anschließend auf dem Altar verbrannt, um die Verpflichtung des Mitglieds zur Erfüllung seiner Aufgaben gegenüber den Göttern zu besiegeln [den aus ‚leuchtendem Feuer' bestehenden Göttern]. Als Zeichen der Verbundenheit reckt man schließlich drei Finger der linken Hand in die Höhe."

Ach, tatsächlich? Warum nicht zwei? Aber – nein, bitte nicht zynisch werden. Also Fulford zufolge teilt dieser bunte Wanderzirkus aus Superganoven und Profikillern das Ziel einer „Welt des Friedens und Gedeihens". Ich habe mich schon die ganze Zeit gefragt, wann endlich die Clowns an die Reihe kommen. Das müssen sie jetzt sein, oder? Wie – was meinst du damit, das „sind gar keine Clowns"? Du willst mir doch nicht etwa weismachen, dass die das *ernst* meinen? Was kommt als Nächstes? Vielleicht dass man Obama den Friedensnobelpreis verleiht? Ich bleibe normalerweise lieber bei meinem eigenen Material, als mich über andere Rechercheure auszulassen. Diese Ausführungen waren aber einmal notwendig, da so viele Menschen diesen Figuren auf den Leim gehen, die einen Namen in der alternativen Szene haben, aber im Prinzip nichts weiter als kleine Jungen in kurzen Hosen sind, die nicht im Geringsten wissen, womit sie es zu tun haben (aber dies natürlich glauben). In den 1990-er Jahren habe ich einmal in einer New-Age-Zeitschrift gelesen, dass Bill Clinton ein „Lichtarbeiter" sei. Neale Donald Walsch sagt in seinem Bestseller „Gespräche mit Gott" in etwa das gleiche über Daddy George Bush. Ich weiß nicht, wer Walschs „Gott" ist, aber ich denke, er sollte öfter mal an die frische Luft gehen. Walsch zitiert „Gott" mit den Worten:

> „Es gab unter euch Führungspersönlichkeiten, die einsichtig und mutig genug waren, den Beginn einer solchen neuen Weltordnung vorzuschlagen. Euer Präsident Bush, den die Geschichte als einen Mann beurteilen wird, der weitaus mehr Weisheit, Weitsicht, Mitgefühl und Mut zeigte, als die zeitgenössische Gesellschaft anzuerkennen willens oder fähig war, war eine solche Führungspersönlichkeit. Und das war auch der sowjetische Präsident Michail Gorbatschow."

Daddy George Bush ist ein herz- und seelenloser Serienkinderschänder, Folterknecht und Mörder, an dessen Händen das Blut von Millionen Menschen auf der ganzen Welt klebt, die er für seine Militär- und Wirtschaftspolitik geopfert hat. Gorbatschow war von den Rothschilds und Rockefellers dazu aufgestellt worden, das Ende der Sowjetunion zu managen, so dass die NATO und die Europäische Union damit beginnen konnten, diese

Länder zu absorbieren. Er steht heute einer „Stiftung“ vor, die sich für eine Weltregierung stark macht. *Schüttelt den Kopf … macht weiter …* David Wilcock hatte nach Obamas erster gewonnener Präsidentschaftswahl geschrieben, dass dieser nicht zur „Machtelite“ gehören würde:

> „Obamas Wahl zum Präsidenten stellt in mehrfacher Hinsicht einen Wendepunkt in der Geschichte der Menschheit dar … Obamas Sieg war die endgültige Vollendung jenes Traumes, den Jimi Hendrix als erster geträumt hatte – Hendrix, der zum Zeichen seiner Ablehnung von Materialismus und Egoismus seine Gitarre anzündete …
>
> … Es sieht ganz so aus, als ob Obamas Sieg als Ausgleich für jenes Karma bejubelt werden kann, das die Elite der Neuen Weltordnung durch die Ermordung Martin Luther Kings, der Kennedys und all der anderen erschaffen hat …
>
> … Die Menschen, die von Hass und Angst erfüllt sind, wollen die Fakten, die ich präsentiere, nicht hören. Sie beleidigen mich auf hässlichste Art und Weise wegen meiner intuitiven Einsicht, dass Obama für das Wohl der Menschheit arbeitet. Doch sie glauben, das Nonplusultra unter den Verschwörungsforschern zu sein.“

Also, das bist du ganz sicher auch nicht, Kumpel. Ich habe mir noch ein anderes Fulford-Video angesehen, das im März 2012 herauskam. Darin interviewte er Alexander Romanow und einen Filzhut-bewehrten Gentleman namens Chodoin Daikaku, der über den Einsatz von Kampfsportlern bei der Überwindung der Kabale sprach. 2011 hatte Fulford gesagt, seine Zirkus-Koalition könne „in sehr kurzer Zeit mehr als 100 Millionen Kämpfer aus allen Regionen der Welt mobilisieren“. Jetzt (2012) hatte sich, laut dem Herren mit dem Filzhut, diese Zahl schon auf 200 Millionen hochgeschraubt. Das nenne ich doch einmal eine Rekrutierungskampagne, die sich sehen lassen kann! Haben sie die Leute mit einem Gratis-Kugelschreiber von Parker geködert? Im weiteren Verlauf des Interviews nutzten Romanow und Daikaku weite Teile ihrer Redeanteile dazu, den russischen Präsidenten und Tyrannen Wladimir Putin zu feiern. Sie priesen ihn als eine der Führungspersönlichkeiten, die in diesen Zeiten der großen Veränderungen und Transformationen entsandt worden sind (siehe Bill Clinton, Papa Bush und Barack Obama). Ja, geradewegs hinein in den Orwellschen Albtraum führen sie uns. Aber so sahen das die beiden „Befreier“ nicht. Offenbar „braucht es Stärke“, um Frieden und Harmonie in die Welt zu bringen. Putin sei solch ein „starker und wünschenswerter Führer“, vernahm man aus der Richtung des Filzhutes. Der russische Präsident könne schließlich Judo und habe sogar einen schwarzen Gürtel fünften Grades, oder so ähnlich. Lieber Himmel, in dem Video wurde wirklich heftiger Mumpitz geredet. Wladimir Putin gehört selbst zu dieser Rothschild-Bande, die diese Wirrköpfe zu bekämpfen meinen. Das gleiche gilt für China, wo die Rothschilds und Rockefellers auf den höchsten Ebenen ebenfalls reichlich vertreten sind. Sowohl Putin als auch die chinesischen Diktatoren spielen ihre jeweiligen Rollen bei der Anbahnung eines Dritten Weltkrieges gegen den „Westen“ (wobei beide Seiten von denselben archontischen Netzwerken kontrolliert werden). Dieser Krieg soll Tod und atomare Verwüstung in solch einem Ausmaß über die Welt bringen, dass sie zwangsläufig zu einer neuen planetaren Ordnung führen – *ihrer* Ordnung. Alexander Romanow behauptet, dieselbe Gruppe zu repräsentieren (die Gnostischen Illuminaten), die nach seiner Darstellung auch hinter den Revolutionen von Frankreich, Amerika und Russland standen. (Waren es nicht die russischen Revolutionäre, die den Romanows den Garaus gemacht haben??) Nun wurden diese Revolutionen jedoch allesamt vom Hause Rothschild in Szene gesetzt und bezahlt. Ob diese Leute wohl jemals eine einzige haltbare Aussage von sich geben werden? Fulford und sein Gefolge sagten, sie wollen eine „Meritokratie" errichten. Diese Herrschaftsordnung wird dadurch definiert, dass die Amtsträger „ihre Stellung nicht per Geburt oder Privilegien erlangen, sondern aufgrund ihrer Verdienste" und „die Führungspersonen nicht nach ihrer Herkunft oder ihrem Vermögen ausgewählt werden, sondern wegen ihrer überragenden Fähigkeiten oder geistigen Kapazität". Und wer bestimmt darüber, ob jemand „überragende Fähigkeiten" hat oder eine „geistige Kapazität" ist? *Genau.* Das ist dieselbe Regierungsform, die auch der Rothschild-Illuminaten-Frontkämpfer Zbigniew Brzezinski propagiert. Der ganze Quatsch mit den Massenverhaftungen und den Weißen/Schwarzen/Grünen/Roten/Kunterbunten/Blaublütigen Drachen ist nichts weiter als kindisches Zeug, das auch noch auf die simpelste aller denkbaren Ebenen herunter gebrochen wird – nämlich auf den Kampf der „Guten" gegen die „Bösen". Wobei die „Guten" hier eher die „nicht ganz so Bösen" sind: Superganoven und Killer mit einem Herz aus Gold. Die beiden wichtigsten Grundregeln bei der Verbreitung von Desinformation und der Wahrnehmungsmanipulation lauten: Halte die Botschaft einfach und sag den Leuten genau das, was sie hören wollen. Das ist es, womit wir es hier, und in weiten Teilen der alternativen Medien, zu tun haben. „Ja, ähm, ich glaub', ich hab das jetzt verstanden. Also die Illuminaten töten und unterdrücken andere Menschen und sind die Bösen. Und die Gnostischen Illuminaten und ihre Leute töten und unterdrücken auch, aber die sind die Guten. *Ich hab's kapiert!"* Der amerikanische Schriftsteller Mark Twain hatte ganz recht mit seiner Bemerkung: „Es ist leichter, die Menschen zu täuschen, als ihnen klar zu machen, dass sie sich haben täuschen lassen." Das heutige globale Kontrollsystem wird von genau den Blutlinien und Geheimgesellschaften betrieben, die laut „Drake", Fulford und Wilcock angeblich das System zu Fall bringen wollen. Leute, atmet mal tief durch, tretet einen Schritt zurück und schaut euch die Sache noch mal an, bevor ihr noch tiefer in dieses Gaukelspiel hineingezogen werdet. All die Fulfords der alternativen Szene verstricken sich mit ihrem ständigen „meine Geheimdienstquellen" und „meine Insiderkontakte" – was eigentlich „mein Ego" meint – mitunter so sehr in dem Blendwerk aus Schall und Rauch, dass sie nicht merken, wie sie an der Nase herumgeführt werden. Ihre „tadellosen Quellen" sind einfach nur kühl berechnende Desinformanten, die falsche Spuren legen, um die Menschen in die Irre zu führen und die Sicht zu vernebeln. Mit Leuten, die nur rudimentär verstehen, was eigentlich läuft, haben diese gewieften, doppelgesichtigen Agenten leichtes Spiel. Sie präsentieren einfache Erklärungen, erzählen einem, was immer man hören will, und streicheln das Ego. Wenn dann ein angekündigtes Ereignis aus einer „heißen Insiderinformation" nicht eintritt oder ein „Ultimatum" nach dem anderen verstreicht, ohne dass irgendetwas geschieht, zieht der Agent einfach die nächste „heiße Insiderinformation" aus dem Ärmel oder informiert uns über das nächste „Ultimatum". Das geht jetzt schon seit geraumer Zeit so, und so wenig mir auch daran liegt, mich über andere Rechercheure zu äußern – irgendwann ist einfach der Punkt erreicht, wo man öffentlich Stellung nehmen muss, wenn man dieser Irreführung gewahr ist. Ich habe diese Art von Verwirrspielen schon früher zur Genüge erlebt, mit all diesen Hypes wie den „Weißen Rittern" oder den „Weißen Hüten", die dann urplötzlich wieder in der Versenkung verschwanden. Bei den „Weißen Rittern" – eine Story, die vor zehn oder mehr Jahren die Runde machte – sollte es sich um zumeist amerikanische Militäroffiziere handeln, die angeblich eine Revolte gegen das Kontrollsystem geplant hatten. Die Geschichte von den „Weißen Hüten" stammte von Richard Boylan, einem Autor aus der UFO- und Außerirdischen-Szene und, wenn Sie mich fragen, weiterem Exemplar der Anonymen Einfältigen. Natürlich ist weder bei den einen noch den anderen je irgendeine Ankündigung eingetroffen.

Studiert man die Vorgänge und Methoden, die mit der Manipulation der Wahrnehmung in Zusammenhang stehen, quer durch die bekannte Geschichte der Menschheit, dann stolpert man in jedem Zeitalter, jeder Kultur und jeder Generation immer wieder über dieselben Muster. Sie verbergen sich freilich hinter verschiedenen Bezeichnungen und Tarnungen, aber ihnen liegen stets dieselben prinzipiellen Schemata zugrunde. Eines der vorrangigen Muster ist das Konzept des Erlösers. Das hängt damit zusammen, dass das „Komm und rette mich" schon in der menschlichen DNS einbeschrieben ist. Ein anderer fundamentaler Trick besteht darin, den Leuten das zu erzählen, was sie hören wollen. Wenn Sie nun diese beiden Ansätze zusammenmixen, sprengt das daraus erwachsende Potenzial zur Manipulation der Massen jede Skala. Den härtesten (um nicht zu sagen unmöglichen) Job hat jemand, der den Menschen etwas erzählen will, dem sie aufgrund der Komplexität der Thematik kaum zu folgen in der Lage sind und das auch nichts mit ihren Hoffnungen zu tun hat. So etwas sparen sich Manipulatoren von vornherein. Sie geben den Menschen vielmehr genau das zu hören, von dem diese so sehr wünschen, dass es wahr wäre. Die Sache mit dem Erlöser knüpft hier ebenfalls unmittelbar an. Das „Erretterprogramm" wurde in die menschliche Erbinformation eingebaut, damit die Menschen fortwährend nach einem außerhalb von ihnen befindlichen Heiland Ausschau halten, statt ihre ureigene Kraft anzuzapfen und selbst aktiv zu werden. Wir finden dieses Muster bei den jüdisch-christlichen und anderen Religionen in Form des jeweiligen Messias. Es zeigt sich aber auch in unserer Abhängigkeit von Regierungen, wenn es um unseren Schutz geht – während diese Regierungen von derselben Macht gesteuert werden, deren Ziel die Unterwerfung der gesamten Menschheit ist. Nicht zu vergessen das blinde Vertrauen in Ärzte, Priester, Gurus und Götter aller Art. Der Schmarren mit der White Dragon Society und den „ducks and drakes", die fröhlich über die Oberfläche der geistigen Zurechnungsfähigkeit hüpfen und uns eine Komödie vorspielen, sind also nur eine Neuauflage des uralten „Komm und rette mich"-Schemas. „Ich habe keine Kraft, ich bin nur ein kleines unbedeutendes Würstchen und meine Zähne klappern schon, sobald ich nur daran denke, mich selbst auszudrücken – ich brauche einen Erretter." Weiße Drachen? Weiße Ritter? Weiße Hüte? Große Weiße Bruderschaft? Oh, ja, bitte! Wer das Wörtchen *weiß* im Namen führt, muss ja zu den Guten gehören. Nun, was erhält man, wenn man die archontische Masche anwendet, alles umzukehren und auf den Kopf zu stellen? Die Blaupause des Erlösers verschafft den Archonten übrigens noch einen weiteren enormen Vorteil: Zeit. (Oder zumindest was wir Zeit nennen.) Je länger sie die Menschheit im Zustand der Tatenlosigkeit halten können, desto mehr Zeit haben sie, um ihr globales Orwellsches

Gefängnis fertig zu stellen. Wenn das erst einmal fertig ist, wird es gar keine Möglichkeit mehr geben, noch irgendeine nennenswerte Veränderung zu bewirken. Das ist genau der Zweck, für den es konzipiert wurde; die Implementierung läuft auf Hochtouren und von der Eröffnung sind wir nicht mehr allzu weit entfernt. Wir können dieselbe Masche des Zeitschindens beispielsweise auch in Israel beobachten, seit der Staat im Jahre 1948 in die Existenz gebombt wurde. Die endlosen Gespräche, Entwicklungspläne und Debatten über die Gespräche sind einfach eine Verzögerungstaktik, um den Rest der Welt solange hinzuhalten, bis man mit dem Völkermord an den Palästinensern fertig ist. Wann immer die Israelis nicht mehr um die Unterzeichnung eines Abkommens herumzukommen scheinen, finden sie irgendeine Ausrede, um den Prozess zu torpedieren – notfalls inszeniert der Mossad dann auch schon mal einen „arabischen“ Terroranschlag auf Israelis, zu dem sie dann Betroffenheit heucheln können und der ihnen einen Vorwand liefert, um den „Friedensprozess“ für eine Weile auf Eis zu legen. Die gleiche Hinhaltetaktik sehen wir bei den Massenverhaftungsszenarios der Weißen Drachen. Wir brauchen nicht selbst aktiv zu werden, denn die White Dragons, White Knights, White Hats oder die Große Weiße Bruderschaft kümmern sich ja schon darum. Nein, tun sie nicht, und haben sie noch nie getan. Selbst wenn das Märchen von den Weißen Drachen und den Gnostischen Illuminaten wahr wäre, würden wir doch nur die eine Tyrannei durch eine andere ersetzen (oder richtiger gesagt: durch dieselbe).

Es genügt nicht, Worte zu machen

Lassen Sie mich einen letzten problematischen Aspekt der alternativen Medien ansprechen. Sehr viele authentische Menschen sind in diesem Bereich aktiv und opfern ihre gesamte Zeit dafür, all die verschiedenen Ebenen der Verschwörung aufzudecken – und das alles aus dem einzigen Grund, dass sie diese Arbeit für das Richtige halten. Es gibt aber auch andere, die sich nur als Wahrheitssuchende tarnen, während sie in Wirklichkeit danach trachten, die wahrhaftigen Aktivisten durch das Verbreiten von Lügen und Desinformation zu schädigen. Bei manchen wiederum handelt es sich einfach um uninformierte Egomanen. Ein in den USA beheimateter Astrologe namens Louis Turi gab sein Bestes, meinen Ruf und meine Arbeit zu ramponieren, nachdem ich die These vertreten hatte, dass der Mond ein künstliches Objekt ist. Seine Astrologie basiert freilich zu einem erheblichen Teil auf der Existenz eines natürlich entstandenen Mondes. Einmal versuchte er, mich mit einem Burschen in Verbindung zu bringen, der Amok gelaufen war und das Buch „*The David Icke Guide to the Global Conspiracy*“ als seine Lieblingslektüre angegeben hatte. Turi, der sich offenbar für eine Art modernen Nostradamus hält, verschickte einen Email-Rundbrief mit dem Betreff „Fakt! David Icke arbeitet für das Böse“. Unterdessen setzen die Leute, die ich in meiner Arbeit bloßstelle, ihr Horrorwerk mit jedem neuen Tag fröhlich fort. Aber das ist ja nicht so wichtig – Hauptsache, Herr Turi kann seinem Ärger einmal ordentlich Luft machen. Oder nehmen wir den Fall der „Verschwörungsforscherin“ Melanie Vermaak (besser bekannt als „Mel Ve“). Ihr Webauftritt nennt sich mutig „Freedom Central“ (Freiheitszentrale). Frau „Ve“ gab öffentlich bekannt, dass ich fünf Millionen Pfund pro Jahr verdiene und dass sie das „definitiv weiß“. Der bloße Gedanke ist schon so bekloppt, dass es mir an Worten dafür mangelt. Die Zahl, die Jesse Ventura und seine Jungs von *Time Warner* in Umlauf gebracht haben, ist ja schon wahnwitzig. Aber Frau Ve erhöht gleich auf mehr als das Doppelte. Sie ließ ihre Zuhörerschaft auch wissen, dass ich die Menschen in die Irre führe, indem ich stets nur über die Zionisten rede, aber niemals die Verbindung der römischen Kirche zur Kabale erwähne. Nun, wie jeder sehen kann (gut, vielleicht nicht jeder), sind meine Bücher randvoll mit Informationen über die Machenschaften des Vatikans. Ganz zu schweigen von dem 90minütigen Film, den man im Internet findet, in dem ich um Rom herumspaziere und dabei über den Vatikan, die Jesuiten und andere dazugehörige Geheimgruppierungen plaudere. Doch irgendwie hat es nichts von all dem bis in den Radarbereich der Dame geschafft. Aber es wurde noch besser. Um ihre Behauptung zu untermauern, verwies sie in einer Internet-Radiosendung auf ein Interview, das ich mit zwei weiteren Rechercheuren in Rom aufgezeichnet hätte. Damit hat sie ja dann die Beweisführung endgültig zu ihren Gunsten entschieden … wäre da nicht der kleine Umstand, dass das fragliche Interview in der *Schweiz* aufgenommen worden war. Ich bin dieser Mentalität und ähnlich gelagerten Handlungsmotiven im Laufe der Jahre bei vielen Möchtegern-Rechercheuren und anderen Personen begegnet. Wenn man diese Leute in eine Zelle sperren würde und das einzige Mittel zu entkommen im Verständnis der Thematik läge, hätten sie nicht einmal dann eine Chance, wenn die Zelle aus Papier wäre. Frau Ve entblödete sich auch nicht, den Klassiker zu bringen: Wenn ich nicht von „denen“ kontrolliert werden würde, müsste ich ja schon längst tot sein. (Warum ist *sie* dann eigentlich nicht tot?) Kann es eine noch defätistischere „Gib-all-deine-Macht-ab“-Einstellung geben als zu sagen, „der einzige Beweis für deine Echtheit ist, wenn sie dich umlegen“? Hey, wir haben keine Chance, aber wenigstens hatten wir all diese prächtigen Märtyrer. Damit wären wir wieder beim mittelalterlichen Tauchstuhl angekommen. Wenn du nicht ertrinkst, bist du eine Hexe und wenn du doch ersäufst, bist du unschuldig. Der rote Nebel vor den Augen solcher Leute rührt – wie auch bei einigen anderen Menschen, mit denen ich im Laufe meines Lebens persönlich zu tun hatte – nicht von einem leidenschaftlichen Einsatz dafür her, in Anbetracht all des sich vor unseren Augen entfaltenden Horrors eine Veränderung in dieser Welt zu bewirken. Diese Wolke, die sie vor sich her tragen, kommt vielmehr von ihrem permanenten „Ich, ich, ich“-Denken und ihrem Drang, ihre Missgunst möglichst wirkungsvoll auf ihre Opfer abzulassen und ihnen Schaden zuzufügen. In der Situation, in der wir uns weltweit befinden, brauchen wir Reife und Integrität. Doch diese Leute verhalten sich wie Zweijährige in der Trotzphase. Gemäß Frau „Ve“ bin ich nach annähernd 25 Jahren Recherchearbeit und Reisen in gut 50 Länder noch immer kein ernstzunehmender Forscher; außerdem mangelt es mir ja sowieso an der dazu nötigen Intelligenz. Wie könnte ich auch für solch eine Arbeit geeignet sein – schließlich habe ich ja, wie Frau Ve betont, die Schule im Alter von 15 Jahren verlassen und keinen Abschluss. Das ist also die Mentalität, die *„das System herausfordert“*? Es gibt in Großbritannien einen engagierten und wahrhaftigen Rechercheur namens Brian Gerrish, der selbstlos daran arbeitet, die Manipulationen im Königreich aufzudecken. Besuchen Sie einmal seine Website ukcolumn.org. Der ehemalige Korvettenkapitän der Königlichen Marine ist von dieser Person, die sich „Mel Ve“ nennt, wiederholt heftig angegriffen worden – völlig ungeachtet all der Resultate, die Gerrish durch seine uneigennützige Tätigkeit erzielt hat. Die Vorwürfe, die sie dabei erhob, waren absolut albern und lächerlich und stimmten einfach nicht, was sich auch leicht beweisen ließ. Als sich Gerrish schließlich bei ihr beschwerte und sie darauf hinwies, dass ihre Behauptungen angesichts seiner tatsächlichen Arbeit einer Verleumdung gleich kämen, erhielt er als Antwort eine Email von Frau Vermaaks Gatten Richard, in der es hieß:

> „Ich möchte Ihnen vorschlagen, Mr. Gerrish, dass Sie sich besser still und heimlich aus der Öffentlichkeit zurückziehen, da es andernfalls nur noch schlimmer für Sie werden würde.“

Das war angesichts des enormen Beitrags, den Brian zur öffentlichen Bewusstseinsbildung geleistet hat, äußerst bizarr. Gerrish hatte unter anderem zahlreiche Eltern unterstützt, denen die Staatsfaschisten die Kinder wegzunehmen drohten. Leute vom Schlage der Vermaaks – und noch weitaus Schlimmere – haben große Teile der alternativen Medien befallen, während sich dort viele fantastische Leute dafür aufreiben, eine Veränderung der Zustände herbeizuführen. Ein anderer Kerl namens Martin Timothy, der mit einer Hafenarbeiter-Organisation in Australien in Verbindung zu stehen schien, schrieb folgenden Kommentar zu einem meiner Videos:

> „Die Shows von David Icke sind ein Geldwäschebetrug … Er ist ein Ziomossad-Klon und Gerüchtemacher, weshalb auch niemand zu seinen Veranstaltungen geht. Die Zionisten, die 2,3 Billionen vom Pentagon gestohlen haben und weitere Milliarden im Irakkrieg, und die den Icke-Betrug finanzieren, sagen dann anschließend einfach: Soundso viele tausend Leute haben Karten für seine Veranstaltungen gekauft, und bingo – schon ist das Geld sauber!“

Wie muss man drauf sein, um so einen Unsinn zu verfassen und das dann auch noch mit angeblichen niedrigen Besucherzahlen bei meinen Präsentationen zu begründen, wenn jedermann sehen und innerhalb von ein paar Minuten nachprüfen kann, dass das Gegenteil der Fall ist? Was treibt diese Charaktere und was in aller Welt geht bloß in deren Köpfen vor sich? Die eine behauptet also, ich würde die Leute auf eine falsche Fährte locken, indem ich sage, die Zionisten seien in die Sache verwickelt, aber die römische Kirche nicht. (Sie sind es *beide*, verdammt noch mal.) Der andere sagt, ich sei ein Instrument der Zionisten. Jemand hatte mich auf Martin Timothys grotesken Kommentar aufmerksam gemacht; normalerweise lächle ich bei so einer Sache kurz und fahre dann mit meinen Tagesgeschäften fort. Da ich aber gerade vorhatte, einen Artikel über diese Thematik zu schreiben, schrieb ich dem Burschen eine Email. Ich bat ihn darin, mir doch einmal sämtliche Beweise, die seine Behauptung belegen würden, zuzuschicken. Ich versprach ihm, sie ohne die geringste Änderung auf meiner Homepage zu veröffentlichen. Was meinen Sie, wie viel Beweismaterial er mir zugesandt hat? *Nada*. Das große Nichts. In Kanada gibt es einen Forscher namens Alan Watt, der auf *American Radio* behauptete, ich sei ein Agent des britischen Geheimdienstes. Gleich bei der ersten Gelegenheit kontaktierte ich auch ihn mit der Bitte, mir doch alle seine Beweise zu schicken. Wiederum versicherte ich, dass ich alles uneditiert auf meiner Website veröffentlichen würde. Umfang der Beweise in diesem Fall? *Niente*. Die große Leere. Mister Watt hatte seinen Zuhörern erklärt, dass der britische Geheimdienst solche Leute wie mich „in Cotswolds in London" ausbilden würde. Nun liegt Cotswolds allerdings gar nicht in der Nähe von London, geschweige denn „in" London. Cotswolds ist eine Touristengegend weit von London entfernt im Westen Englands. Aber – ich wiederhole mich – lassen wir uns so einen schönen Angriff nicht von ein paar Fakten kaputt machen. Ich entdeckte dann mein Konterfei auf einer „alternativen" Website, wo es dauerhaft eingeblendet war, untertitelt mit der Zeile „Britischer Geheimdienst". Ich fragte auch sie nach ihrem Beweis dafür – wie sich heraus stellte, hieß ihre Quelle Alan Watt! Man kann einen Verschwörungs„forscher" aus dem System entfernen, aber man kann offenbar nicht das System aus einem Verschwörungs„forscher" entfernen. Das heißt, möglich ist das im Grunde schon. (Viele Menschen haben das auch schon erlebt.) Aber nicht bei der Geisteshaltung, von der ich gerade spreche. Warum machen diese Leute so etwas? Sie geben Lügen von sich und das muss ihnen auch bewusst sein, wenn sie nicht den Hauch eines Beweises liefern können. Oder aber ihre Recherchen, bzw. das Fehlen derselben, sind lachhaft. Was wollen sie eigentlich erreichen? Für Menschen mit dieser Mentalität ist das höhere Ziel des Wohles aller nicht das primäre Anliegen. Stattdessen können wir eine Fragmentierung der Ausrichtung beobachten, die zu immer verschachtelteren „Spielen im Spiel" führt; und das gilt für alle Bereiche des Lebens. Für die meisten Politiker ist das interne Machtgerangel weitaus wichtiger als das, was die Menschen brauchen. Genauso sieht es auch in den alternativen Medien aus: Flügelkämpfe, Fehden und Konkurrenz untereinander ist vielen wichtiger als unsere eigentliche Aufgabe, die zu erledigen wir hier sind. Haben sich diese Leute gar nicht mit den Zuständen in der Welt und in ihren eigenen Ländern auseinandergesetzt? Sehen sie nicht, was los ist? Ihre Vorurteile und Neidereien sind offenbar viel zu machtvoll und aufzehrend. Ich kann es noch nachvollziehen, wenn Menschen, die keinen Schimmer haben, was auf der Welt läuft und wo sie sich hin entwickelt, ihren Spott und ihre Beleidigungen einfach hinausschleudern. Aber was ist mit solchen Menschen, die sehr wohl eine Idee davon haben, was abgeht, und dennoch diejenigen, die etwas dagegen unternehmen, immer nur attackieren oder ausnutzen? Das ist wirklich *außerordentlich*. Bescheid zu wissen, aber nichts zu unternehmen, ist weitaus schlimmer als nichts zu wissen und nichts zu tun. Wer aber Bescheid weiß, nichts unternimmt, und dann obendrein auch noch diejenigen attackiert und ausnutzt, *die* etwas auf die Beine stellen, ist wirklich der letzte Abschaum. Im Angesicht einer faschistischen Bedrohung, die der Menschheit auf globaler Ebene nach der Freiheit trachtet, sollten wir uns wohl klarer Weise gegenseitig unterstützen. Aber nein – eine Menge Leute fühlen sich offenbar mehr durch Lügen, Tratsch, Angriffe, das Ausnutzen anderer und das Ausleben ihrer gemeinen Ader mehr gestärkt als davon, das Wohl aller über ihre vermeintlichen (illusorischen) Ego-Interessen zu stellen. Ich bin absolut für die Bloßstellung von Desinformanten und die Aufdeckung von Unsinn, aber man sollte das doch bitte anhand von Fakten tun, nicht mit Gift und Galle und ohne sich um die Tatsachen zu scheren. Es ist mehr als allerhöchste Zeit, dass die gesichtslosen und feigen Gestalten, die sich hinter Online-Pseudonymen verstecken, ihre Pubertät endlich abstreifen und anfangen, etwas Positives zu dem schwierigen Kampf beizutragen, der vor uns liegt – statt sich darin zu echauffieren, diejenigen auszubooten, die bereits von früh bis spät aktiv sind. Die Selbstherrlichkeit dieser Personen verschlägt einem einfach die Sprache. Doch an dem Tag, wenn es dann auch an ihrer Türe klopft, werden sie nach ihrer Mama schreien.

Die Menschen müssen wieder in ihre Macht zurück finden, statt sie weiterhin an den Staat, Ärzte, Wissenschaftler, Journalisten oder weiße Ritter abzugeben. Sie sollen sie auch nicht an mich abtreten – ich will sie nämlich gar nicht haben, vielen Dank. Viele Leute meinen, dass es einen prinzipiellen Unterschied zwischen den Medien des Mainstreams und den alternativen Medien gäbe. Aber dem ist nicht so. Sicherlich, es gibt einige Aktivisten innerhalb der alternativen Szene, die tatsächlich fundamental anders denken und arbeiten als die konventionellen Medien. Das kann man aber bei Weitem nicht vom gesamten alternativen Spektrum behaupten. Allzu oft ähneln sich Mainstream-Journalisten und ihre vermeintlich opponierenden Widerparts wie ein Ei dem anderen. Der alternative Bereich kann genauso Nährboden für Manipulation und Desinformation sein wie der Mainstream. Die Alternativmedien sind weit davon entfernt, archontenfrei zu sein. Wie sollte das auch der Fall sein, wenn es doch das Ziel der Archonten ist, die Menschen in Unwissenheit darüber zu halten, was tatsächlich vor sich geht? Kann man von den Archonten erwarten, dass sie im Falle der alternativen Szene so nett sind, einmal eine Ausnahme zu machen und davon absehen, sie zu infiltrieren und ihr das Leben schwer zu machen? Na ganz bestimmt. Die Aufgabe für jeden von uns lautet, alles zu hinterfragen – auch das, was ich sage. Überprüfen Sie alles und schauen Sie, wie es sich für Sie anfühlt. Sobald Sie irgendetwas kritiklos übernehmen, rufen Sie die Schwierigkeiten geradezu herbei.

29

Die Hungerspiele

Wenn wir beginnen, das Böse für stärker zu halten als unsere Fähigkeit, es zu bezwingen, bricht die Hölle los.

Leonardo da Vinci

Der Hollywood-Film „The Hunger Games" (deutscher Titel: „Die Tribute von Panem") war einer der großen Kassenschlager des Jahres 2012. Die Handlung spielt in einer post-apokalyptischen Welt in einem Land namens Panem. Während die superreiche, absolut kaltherzige und verzärtelte El-ite im High-Tech-Luxus schwelgt, lebt der Rest der Bevölkerung in bitterster Armut, zusammengepfercht in dicht besiedelten, bewachten „Bevölkerungszonen" (den „Distrikten"), und kämpft ums tägliche Überleben. Der Name Panem ist der lateinischen Redewendung „panem et circenses" – Brot und Spiele – entlehnt. Dieses aus dem alten Rom bekannte Konzept bedeutet, dem unterdrückten Volk Zerstreuung und Ablenkungen zu bieten, damit es nicht merkt, was ihm angetan wird. Das erinnert uns nicht etwa an unsere heutige reale Welt, oder?

Bei den Hungerspielen, die dem Film den Namen gaben, handelt es sich um ein jedes Jahr in Panem ausgetragenes Reality-TV-Spektakel, bei dem sich die jugendlichen Repräsentanten der verschiedenen Distrikte solange bis aufs Blut bekämpfen müssen, bis nur noch einer übrig bleibt. Der bzw. die Überlebende wird dann reichlich in Form von Ruhm und Reichtum belohnt. Die nur zwölf bis achtzehn Jahre alten, als „Tribute" bezeichneten Vertreter der einzelnen Distrikte, die aufeinander losgehen müssen, werden über das Los bestimmt. Die Spiele wurden von der Obrigkeit als eine Form der Bestrafung eingeführt, nachdem sich die Bewohner der Distrikte gegen die El-ite erhoben und deren Hauptsitz, das schwer bewachte „Kapitol", angegriffen hatten. In dem Film sehen wir, wie eine kleine Gruppe unglaublich reicher und mächtiger Personen über das Leben der hungernden und geknechteten Massen bestimmt. Die Menschen leben in überwachten Gebieten, die sie nicht verlassen können und von denen jedes eine bestimmte Aufgabe für die Elite erfüllt. Wir erleben die ultimative Version von „Teile und herrsche": Die Repräsentanten des einen unterdrückten Distrikts versuchen zu überleben, indem sie die Repräsentanten der anderen, ebenso unterdrückten Distrikte brutal zur Strecke zu bringen – und das alles geschieht auf Geheiß der Unterdrücker. Letzteres ist exakt dasselbe, was heute (aber im Prinzip schon seit der Kaperung unserer Realität durch die Archonten) in der wirklichen Welt geschieht: Menschen aus der Bevölkerung des einen Landes werden auf Befehl einer El-ite in Uniformen gesteckt und losgeschickt, um in einem anderen Land Menschen zu töten, die dort von derselben El-ite ebenfalls in Uniformen gezwängt und in den Krieg geschickt worden sind. Die Mächtigen selbst bekommen freilich nie auch nur einen einzigen echten Schuss zu hören (es sei denn, sie vergnügen sich gerade auf der Jagd). Der Film basiert auf dem gleichnamigen Buch der amerikanischen Autorin Suzanne Collins, das den ersten Teil einer Trilogie bildet. Ich weiß nicht, was Collins getrieben hat, das Buch zu verfassen. Aber nachdem ich mir den Film angeschaut habe, dessen Logo einen Phönix in einem brennenden Ring zeigt, scheint er mir genau die Welt zu porträtieren, an deren gewaltsamer Etablierung die archontischen Blutlinien gerade arbeiten (Abb. 628). Zumindest laufen all die schleichenden Entwicklungen, die vor unseren Augen auf der ganzen Welt stattfinden, auf genau solch ein totalitäres Szenario hinaus. Daran ändert auch die Tatsache nichts, dass die meisten Menschen das nicht wahrnehmen können, da sie die Puzzleteile nicht zu einem Gesamtbild zusammenfügen. Es entspricht der menschlichen Natur, sich tendenziell nur für seine eigene „kleine Welt" zu interessieren und sich auf ein paar Themen und Interessen zu fokussieren. Die Folge ist jedoch ein verzerrtes Bild davon, was in der Welt vor sich geht, da man auf diese Weise vor lauter Bäumen den Wald nicht erkennt. Der Geist ist vollauf mit einzelnen Fasern des Teppichs beschäftigt, so dass man den Teppich selbst vergisst. Daher werde ich diesen Teppich in den folgenden Kapiteln entrollen und beleuchten, inwiefern die Welt der „Hungerspiele" bereits dabei ist, Wirklichkeit zu werden. Diese Entwicklung könnte nur dann noch aufgehalten werden, wenn die Menschen die Realität in einer kollektiven Anstrengung neu bewerten würden.

Abb. 628: Die Phönix-Agenda.

Agenda 21 – das Endspiel

Wie das Fundament und die Strukturen einer „Hungerspiele-Gesellschaft" beschaffen sein müssten und welche Elemente unabdingbare Voraussetzung für deren Etablierung wären, wird in einem Vorhaben beschrieben, das als „Agenda 21" bekannt ist und dessen Verwirklichung von den Vereinten Nationen durchgesetzt wird. Kernpunkte dieser Agenda sind die beiden miteinander in Zusammenhang stehenden Konzepte der „nachhaltigen Entwicklung" und der „Biodiversität" (Abb. 649). Lassen Sie sich nicht von der scheinbaren Bedeutung der hierbei verwendeten Worte täuschen. Die Leute, die sich diese Terminologie ausgedacht haben, stellen nämlich die Dinge notorisch auf den Kopf und verkehren alles ins Gegenteil. „Nachhaltige Entwicklung" – also der Ansatz, nicht mehr zu verbrauchen, als wieder neu entstehen kann – klingt im ersten Moment absolut vernünf-

Abb. 649: *Agenda 21 – die Blaupause für weltweite faschistische Kontrolle.*

Abb. 650: *Maurice Strong und Al Gore, zwei Seelen(lose)-Verwandte.*

tig. Das ändert sich aber in dem Moment, wenn man beginnt zu verstehen, was das im Zusammenhang mit der Verschwörung tatsächlich bedeutet. Das gleiche gilt für die Biodiversität („biologische Vielfalt"). Die Agenda 21 wurde im Jahre 1992 auf der Konferenz für Umwelt und Entwicklung in Rio de Janeiro beschlossen. Als Generalsekretär der Konferenz fungierte Maurice Strong, ein Ölmilliardär aus Kanada und langjähriger Frontmann für die Rothschilds und Rockefellers (Abb. 650). An deren benutze-die-Umwelt-um-die-Menschen-zu-betrügen-Programm, das nun in vollem Gange ist, war er maßgeblich beteiligt. In typisch doppelzüngiger Verlogenheit bezeichnet sich Strong je nach Situation entweder als Kapitalisten (wenn es um seine Milliardengeschäfte geht) oder als Kollektivisten (wenn der Planet gerettet werden soll). Wenn Sie das mal durch den automatischen Bockmist-Übersetzer drehen, erhalten Sie so etwas wie

> „... Ich bin ein Milliardär aus dem Kapitol und will die Massen so im Elend leben sehen, wie es in dem Film ‚The Hunger Games' gezeigt wird, während wir das Ganze mit der Rettung des Planeten rechtfertigen".

Strong ist ein Mitglied des Club of Rome, der die unsichtbare Hand des Round-Table-Netzwerkes im Bereich der Umwelt darstellt. Zu diesem Netzwerk gehören auch die Bilderberger, die Trilaterale Kommission und der Council on Foreign Relations. Strong operiert heute von China aus, wo die Rothschilds und Rockefellers enormen Einfluss erlangt haben und gewichtige Interessen verfolgen. Mit der „Umwelt"politik, die er selbst aktiv zu verwirklichen half, hat er ein Vermögen gemacht. Mit Hinblick auf die Agenda 21 sagte er:

> „Besteht nicht die einzige Hoffnung für diesen Planeten darin, dass die industrialisierte Zivilisation zusammenbricht? Liegt es dann nicht in unserer Verantwortung, diesen Kollaps herbeizuführen?"

Das sagt ein Mann, der mit Öl stinkreich geworden ist. Der Milliardär lebt heute in China in Saus und Braus, in einem Land also, wo die Kohlendioxid produzierende Industrie floriert. Er ist Direktor der Chicago Climate Exchange, einer Terminbörse, deren Hauptaktionär Goldman Sachs ist. Sie ist „das weltweit erste und Nordamerikas einziges System, über das in einer rechtlich verbindlichen Weise Treibhausgasreduktionen registriert und gehandelt werden können", bezogen auf Emissionsquellen und Offset-Projekte in Nordamerika und Brasilien. Die Börse wurde mit finanzieller Unterstützung der Joyce Foundation gegründet, zu deren Direktorium einst auch Barack Obama gehörte. Maurice Strong und Al Gore profitieren vom Emissionshandel und anderen Mechanismen, die sie mittels ihrer Lügen über den Klimawandel und der von ihnen empfohlenen Lösungen etabliert haben. Folgendes schrieb Kate Johnston in einem Artikel auf der Website globalresearch. ca:

> „Die Männer, die uns den Mythos der menschengemachten Erderwärmung verkauft haben, drehten uns auch die ‚Lösungen' dafür an – die Kohlenstoffsteuer und das Prinzip des Emissionshandels. Inzwischen bringen ihnen ihre lukrativen Investitionen, die auf Lügen basieren, Gewinne ein."

Im Jahr 2006 floh Strong nach China, nachdem gegen seine Person Korruptionsvorwürfe im Zusammenhang mit dem „Öl für Lebensmittel"-Programm der UNO laut geworden waren. Strong und Korruption? Ich bin sicher, dass es sich dabei um eine Verwechslung handelt. Wenn Sie mehr über den Hintergrund dieses äußerst unangenehmen Herren wissen wollen, finden Sie in „... Und die Wahrheit wird euch frei machen" weitere Informationen. Mit Milliarden an Steuergeldern hat Obama „grüne" Energieunternehmen subventioniert, die dann entweder vor die Wand gefahren wurden oder einfach nichts zustande gebracht haben. Als Obama Gefahr lief, in einen Skandal gezogen zu werden, ordnete er eine „unabhängige" Untersuchung an, durch die er schließlich von allen Anschuldigungen freigesprochen wurde. (Ich vermute, diesen Trick hat er sich von Blair abgeguckt.) Geleitet wurden die „unabhängigen Ermittlungen" von dem Wall-Street-Geschäftsmann Herbert Allison – den Obama *selbst* eingesetzt hatte. Nach einer dürftigen, aber gut bezahlten Untersuchung entschied Allison, dass Obama (nein, wie ist das nur möglich!) in allen Punkten unschuldig sei. Anschließend spendete er 52.000 Dollar für Baracks Kampagne zur Wiederwahl. Obama spielt in der Disziplin „politische Korruption" definitiv in derselben Liga, in der Blair bereits Olympiameister geworden ist; inzwischen dürfte er Blair ohne Zweifel sogar überflügelt haben. Man stellt immer wieder fest, dass bestimmte Verfechter der Klimawandel-Agenda von derselben persönlich profitieren. Der britische Parlamentsabgeordnete Tim Yeo von den Konservativen, der auch Vorsitzender des Sonderausschusses für Energie und Klimawandel des britischen Unterhauses ist, hat Jahr für Jahr 140.000 Pfund von „grünen" Energieunternehmen erhalten. Das Schockierendste daran ist, dass er den überwältigenden Interessenskonflikt, in dem er sich befindet, offenbar nicht sieht. Zumindest gibt er nicht zu, dass ein solcher besteht. Yeo ist der Mann, der geäußert hatte, man müsse die Kommunen vielleicht „schmieren", damit sie die hässlichen, lauten und bedeutungslosen Windparks akzeptieren. Er war es auch, der 2013 eine Novellierung des Energiegesetzes vorschlug, deren Zielvorgaben bei der Reduzierung der Kohlendioxidemissionen derart utopisch waren, dass Professor Gordon Hughes von der Universität Edinburgh – eine der Koryphäen der britischen Energiewirtschaft – die Ideen als „surreal" und „Rezept zur Deindustrialisierung" bezeichnete. Wovon habe ich denn die ganze Zeit gesprochen? Von der post-industriellen und post-demokratischen Gesellschaft. Wer mir eine andere Bezeichnung als „Korruption" für das Verhalten von Yeo nennen kann, nur her damit. Mir jedenfalls fällt nichts anderes ein für einen Mann, dem die „grüne" Energiewirtschaft mehr als das Doppelte seines Gehalts als Parlamentsmitglied zahlt, während er den Vorsitz über den erwähnten Ausschuss innehat, dem die Aufsicht über die „grüne" Energiewirtschaft obliegt und der eine drakonische Gesetz–esänderung mit enormen Vorteilen für die „grüne" Energiewirtschaft empfiehlt. Also, hat jemand ein anderes Wort dafür als „Korruption"? Wie mir scheint, höre ich nur Schweigen im Walde. Der einzige alternative Ausdruck dafür, der mir noch einfiele, wäre „*abartige* Korruption". Zur selben Zeit, als Yeo die Briten zum industriellen Harakiri nötigen wollte – zum Wohle derer, die ihn so reichlich entlohnten –, kam eine Untersuchung zur Effizienz der Windkraftanlagen zu dem Schluss, dass mit einem Großteil dieser grässlichen Dinger im Endeffekt mehr Kohlendioxid freigesetzt wird, als man durch ihren Einsatz einspart. Der Grund dafür ist einfach der, dass ein hoher Prozentsatz der britischen Windräder auf Torfland errichtet wurde bzw. noch errichtet werden soll. Torf ist einer der größten Absorber atmosphärischen Kohlendioxids, die es überhaupt gibt. Mit jedem Windrad, das nun auf Torfboden errichtet wird – was auch den Bau von Zufahrtsstraßen erfordert – wird ein Teil des Torfaufkommens vernichtet. Bitte hol mich ab, Mutter Gottes, nimm mich fort von hier. Doch als ob das noch nicht genug Irrsinn für einen so kurzen Zeitraum gewesen wäre, wurde als Nächstes bekannt gegeben, dass ein gewisser Jonathan Cawley Planungsdirektor der Nationalparkbehörde von Snowdonia in Wales werden würde, die sich vehement gegen die Errichtung von Windparks innerhalb und in der Nähe des atemberaubend schönen Nationalparks gewandt hatte. Das war insofern eine beachtliche Meldung, als Cawley früher als Vorsitzender des Handelsorgans der Windkraftindustrie von Wales fungierte und beim Windradhersteller West Coast Energy als Manager für Planung und Entwicklung angestellt war. Wo bleibst du, Mutter? Bitte mach schnell! Die Propaganda vom Klimawandel stellt ein Szenario vom Typ „Kein-Problem-Reaktion-Lösung" dar, mit dem die Agenda 21 und ihr Stallgefährte, die Biodiversitäts-Konvention, gerechtfertigt werden. An diesem internationalen Abkommen sind beinah zweihundert Länder beteiligt. Die Vereinigten Staaten haben den Vertrag unterzeichnet, allerdings kam es nicht mehr zur Ratifizierung durch den Senat, nachdem Personen wie der Ökologe und Ökosystemwissenschaftler Dr. Michael Coffman die wahren Folgen und Auswirkungen des Vertragswerkes offen gelegt hatten. Wie er erklärte, habe er im Laufe der 1980-er und 1990-er Jahre erkannt, dass man eigentlich plante, unter dem Vorwand des Schutzes der Umwelt die Hälfte der Bodenfläche der Vereinigten Staaten zu beschlagnahmen. Entsprechende Pläne gibt es auch für jedes andere Land. Wenngleich die USA den Vertrag noch nicht ratifiziert haben, so wird er doch schon umgesetzt. Die Agenda 21 verlangt nach einer zentralen globalen Kontrolle über: sämtlichen Grund und Boden; sämtliches privates Eigentum; die gesamte Wasserversorgung und -verteilung; alle übrigen Ressourcen (zu denen laut Definition auch die Menschen gehören); die gesamte Energieversorgung und -verteilung; sowie die gesamte Produktion und Verteilung von Nahrungsmitteln. „Agenda 21" bedeutet „die Agenda für das 21. Jahrhundert" – gemeint ist damit ein weltumspannender Faschismus bzw. Kommunismus. Es folgt eine Zusammenfassung dessen, was man mittels Agenda 21/ nachhaltiger Entwicklung/Biodiversität durchsetzen will:

- Beendigung aller nationalen Souveränität
- Staatliche Planung und Verwaltung für sämtliche Bodenressourcen, Ökosysteme, Wüsten, Wälder, Berge, Ozeane und Frischwasserreservoirs sowie durchgängige Kontrolle

über Landwirtschaft, Entwicklung der ländlichen Gebiete, Biotechnologie; Gewährleistung der Gleichheit [bei der Versklavung]

- Der Staat „definiert die Rolle" des Geschäftslebens und der finanziellen Ressourcen
- Abschaffung von Privateigentum [das ist nicht „nachhaltig"]
- „Neustrukturierung" des Familienverbundes
- Kinder werden vom Staat aufgezogen
- Den Menschen wird vorgeschrieben, welche Arbeit sie zu machen haben
- Erhebliche Einschränkungen bei der freien Wahl des Wohnortes
- Schaffung von „Siedlungszonen"
- Massenumsiedlungen, da viele Menschen gezwungen werden, ihren jetzigen Wohnort zu verlassen
- Verdummung durch das Bildungssystem [bereits verwirklicht]
- Drastische Verringerung der Weltbevölkerung zur Verwirklichung aller oben genannten Punkte

Die Umsetzung dieses erschreckenden Planes wird von den Vereinten Nationen, die den Deckmantel für die entstehende Weltdiktatur bilden, über einen weltweiten Verband von Städten und Gemeinden mit dem Kürzel ICLEI koordiniert. Die Abkürzung stand ursprünglich für International Council of Local Environmental Initiatives. Mittlerweile hat sich die Vereinigung, die keiner Regierung untersteht, in Local Governments for Sustainability umbenannt, das Kürzel jedoch beibehalten. Die Vereinten Nationen eröffnen derzeit überall auf der Welt „Botschaften", die sich „UNO-Häuser" (UN Houses) nennen. Man möchte auf diese Weise das Bewusstsein für die Aktivitäten der Vereinten Nationen schärfen, heißt es. Allerdings ist damit offenbar nicht das Gewahrsein für die Art von UN-Aktivitäten gemeint, über die die Menschen ganz besonders Bescheid wissen sollten. Eins dieser „Häuser" wurde zum Beispiel in Hunter Square im schottischen Edinburgh eröffnet. Der Minister für Auswärtige Angelegenheiten und Internationale Entwicklung, Humza Yousaf, erklärte:

> „Mit der Eröffnung des Hauses der Vereinten Nationen in Edinburgh findet die lange und stolze Geschichte Schottlands als einer Nation von internationaler Denkart, die auch ihren Beitrag bei der Beseitigung globaler Armut, Ungleichheit und Ungerechtigkeit leisten möchte, ihre Anerkennung."

Ja, ja, ist schon gut … gähn. Vorbereitung für die Diktatur einer Weltregierung unter der Agenda 21 – *darum* handelt es sich hier. Local Governments for Sustainability (ICLEI) und andere Organisationen bringen den Plan in jedes Dorf, jede Stadt und jede Region. Schon heute beginnen sich seine Manifestationen auf dem ganzen Planeten zu verbreiten. In den Vereinigten Staaten schließt das die regionalen Regierungsräte (Councils of Government) mit ein, die auch als Regionalräte, regionale Kommissionen, regionale Planungskommissionen oder Bezirksplanungskommissionen bezeichnet werden. Die organisatorische Infrastruktur der Agenda 21 verschlägt einem schon jetzt die Sprache. Sie umfasst Regierungsbehörden, Nichtregierungsorganisationen (NGOs), Denkfabriken, Unternehmenszusammenschlüsse, Stiftungen, „Ausbildungs"-(Gehirnwäsche)-Einrichtungen und „Initiativen". Diese Institutionen etablieren die Infrastruktur für die so genannte „post-industrielle und post-demokratische" Gesellschaft – während die Menschen selbstvergessen ihren alltäglichen Geschäften nachgehen, ohne das Gefängnis wahrzunehmen, das um sie herum aus dem Boden gestampft wird. Der ICLEI, dessen Generalsekretär ein Rothschild-Zionist namens Konrad Otto-Zimmermann ist, wird von einer ganzen Reihe archontischer Institutionen unterstützt. Der Vizepräsident Harvey Ruvin wurde einmal im Hinblick auf die Verfassung der Vereinigten Staaten und die Bill of Rights gefragt, inwiefern die Agenda 21 die Freiheiten der amerikanischen Bürger, das Recht auf Privateigentum und die Redefreiheit beeinträchtigen würde. Seine Antwort lautete: „Individuelle Rechte müssen vor den Belangen der Gemeinschaft zurückstehen." Die Arroganz dieser Leute raubt einem den Atem. Zu dem außerordentlichen Netzwerk von Organisationen, die den ICLEI und die Agenda 21 aktiv unterstützen, gehören unter anderem: America 2050, eine von Rockefeller gesponserte Institution; United Cities and Local Governments (UCLG); Metropolis; das Weltwirtschaftsforum; das Umweltprogramm der Vereinten Nationen (UNEP); das Programm der Vereinten Nationen für menschliche Siedlungen (UN-Habitat); die Klimarahmenkonvention der Vereinten Nationen; die Internationale Strategie zur Katastrophenrisikominderung der Vereinten Nationen (UNISDR); die Weltbank; die Clinton Climate Initiative; die Climate Group (Tony Blair); die Weltnaturschutzunion (IUCN); die Nichtregierungsorganisation Renewable Energy and Energy Efficiency Partnership (REEEP); die Denkfabrik Global Footprint Network; das International Centre for Sustainable Cities (ICSC); die Earthquakes and Megacities Initiative sowie das Stakeholder Forum. All diese Institutionen – und noch viele weitere – arbeiten auf dasselbe Ziel hin: Die Umsetzung der Agenda 21 und die vollständige Versklavung der gesamten Weltbevölkerung. Die meisten der Mitarbeiter dieser Organisationen haben freilich keine Ahnung, dass sie bei der Errichtung eines globalen Gefängnisses für sich selbst und ihre Familien mitwirken. Eine weitere vorgeschobene Organisation ist der Weltwirtschaftsrat für Nachhaltige Entwicklung. Er vereint das widerliche, menschenverachtende Unternehmen Monsanto und zahlreiche andere Freunde der Menschheit und der Umwelt, wie General Motors, DuPont, 3M, Nestlé, Coca-Cola, Sony, BP und Royal Dutch Shell. Monsantos Beitrag zur „Nachhaltigkeit" besteht in der Zerstörung fruchtbaren Ackerlandes, dem Versprühen von Giftstoffen und dem Ersatz hochwertiger Nutzpflanzen durch todbringende, den Boden zerstörende genetisch veränderte Organismen. In den USA ist die Agenda 21 bereits in mehr als 600 Städten und Landkreisen am Werke und mit jedem Tag werden es mehr. Ich wohne auf der Isle of Wight, einer kleinen Insel vor der Südküste Englands. Sie misst nur 23 mal 13 Meilen, ist aber schon seit dem Jahr 2000 für die Agenda 21 registriert. Der Gemeinderat, der diesen empörenden Schritt beschlossen hatte, faselte irgendetwas von „die Inselbewohner sprechen sich für die Zukunft aus", während in Wirklichkeit das verdammte Gegenteil der Fall war. Die Mächte hinter der Agenda 21 sind sich sehr bewusst, dass die Menschen die lokalen Veränderungen nicht in ihrem globalen Kontext begreifen dürfen, da es sonst viel mehr Widerstand geben würde und der wahre Charakter der gesamten weltumspannenden Verschwörung klar zu Tage träte. Daher tun sie so, als handele es sich stets nur um „lokale Initiativen“ von ortsansässigen Personen, doch in Wahrheit werden sämtliche „lokale Initiativen“ weltweit koordiniert (Abb. 651). Ich möchte einmal aus dem Dokument zum Agendabeitritt der Isle of Wight zitieren:

Abb. 651: Agenda 21 – Organisationen mit vorgeblich lokalem Hintergrund kaschieren die dahinter liegende weltweite Koordinierung.

> „Im Einklang mit anderen Lokalverwaltungen Großbritanniens hat auch der Gemeinderat der Isle of Wight im Rahmen der Agenda 21 eine Strategie für die Insel entwickelt. Die Agenda 21 hat zum Ziel, für uns alle Wohlergehen in sozialer und wirtschaftlicher Hinsicht sowie im Hinblick auf die Umwelt zu bringen, gleichzeitig jedoch sicher zu stellen, dass wir die Welt in einem mindestens genauso guten Zustand verlassen, wie wir sie vorgefunden haben (dieses Prinzip ist als nachhaltige Entwicklung bekannt).
>
> Unsere Strategie für die Agenda 21 wurde in enger Zusammenarbeit mit dem Gesundheitsamt der Isle of Wight [der Herr stehe uns bei], mit der Isle of Wight Partnership und, am Allerwichtigsten, mit den Gemeinden der Insel entwickelt. Die Strategie stellt einen ehrlichen und ernsthaften Versuch dar, so viele Bürger wie möglich bei den Entscheidungen über die zukünftige Entwicklung unserer Insel mit einzubeziehen. Dank dieser Beteiligung der Menschen vor Ort widerspiegelt unsere Strategie so weit wie möglich die Vorstellungen der Gemeinschaft.“

Dieser Text kann es locker mit anderen Beispielen archontischer Verdrehung aufnehmen. Das ist genau die Sorte hinterlistigen Gesäusels, mit der man auf der ganzen Welt die Tatsache verschleiert, dass die globalen Netzwerke der Archonten – die ich in diesem Buch entlarve – auch noch die nebensächlichsten Aspekte unseres Lebens zu bestimmen beginnen. Nur ganz wenige der Leute, die bei der Einbindung der Insel in die Agenda 21 involviert sind, werden darüber im Bilde sein. Die meisten haben hingegen keine Ahnung von den eigentlichen Vorgängen in der Welt oder/und sehen darin nur eine Chance, Geld zu machen. Vergeude diese Gelegenheit nicht, nur weil deine Kinder und Kindeskinder in einem globalen Gefangenenlager werden leben müssen, wenn die Agenda 21 erst einmal vollständig etabliert ist. Wie übel muss die Situation wohl sein, wenn der Archonten-Arschkriecher Tony Blair schon 1997 auf einer Sondersitzung der Generalversammlung der Vereinten Nationen gesagt hat: „Ich möchte, dass alle Kommunalbehörden in Großbritannien die Lokale Agenda 21 bis zum Jahr 2000 übernehmen.“ Scheiße – wenn man danach geht, muss es inzwischen ein regelrechter Albtraum sein! Und das ist es in der Tat. Ein Mitglied der Agenda-21-Ausschüsse im kalifornischen Santa Cruz hatte schon Mitte der 1990-er Jahre berichtet, dass er sich kaputt gelacht hat, als er die Vorschläge zum ersten

Mal hörte – er fand sie so verrückt, dass er ihre Realisierung für absolut ausgeschlossen hielt. Darin hatte es zum Beispiel geheißen, „die Oberfläche von Mutter Erde darf nicht angetastet werden"; die Menschen sollten in Siedlungszonen zusammengezogen werden; und das Bildungssystem solle den Schwerpunkt auf die Umwelt als zentralem Organisationsprinzip legen sowie die Aspekte des Lebens, die von der Agenda 21 berührt werden, in den Mittelpunkt stellen. Nun, mittlerweile läuft die Implementierung all dieser „verrückten Pläne" auf Hochtouren. Das wahre Wesen der Agenda 21 kann man aus der simplen Tatsache ablesen, dass ich mit meinem Zitat aus dem Dokument der Behörden der Isle of Wight im Prinzip auch gleichermaßen aus jedem anderen Dokument dieser Art zitiert habe, das irgendwo auf dem Planeten verfasst worden ist. Der Tonfall ist stets freudig und gefühlsduselig, man sieht im Geiste überall lächelnde Gesichter vor sich, und immer wird die Sorge um alles Leben und das gemeinschaftliche Wohl betont. Dabei ist die Agenda 21 in Wirklichkeit nichts weiter als eine bösartige, brutale und herzlose Strategie, um den ganzen Planeten mit einem Orwellschen Staatssystem zu überziehen. Die „Vision für die Insel" unter der Agenda 21, wie sie die Mitglieder und Amtsträger der lokalen Gremien beschrieben, sieht so aus:

> „Eine fröhliche, zufriedene und blühende Insel, auf der sich jedes Mitglied der Gemeinschaft der höchsten Lebensqualität erfreut. Gemeinsam werden wir dafür sorgen, dass die herrliche Natur und das kulturelle Erbe unserer Insel unbeschadet an künftige Generationen weiter gegeben werden."

Derselbe Scheiß wird von ähnlichen Leuten auf allen Kontinenten wiedergekäut. Die Vision geht aber noch weiter:

> „Die Strategie der Insel zur Agenda 21 ist eine einzigartige Arbeit, die aus der Sorge und dem Engagement der Inselbewohner für ihre Heimat erwachsen ist. [Nein, ist sie nicht.] Sie widerspiegelt die Kraft und die Vision der ursprünglichen Agenda 21, wie sie auf dem Erdgipfel im Jahre 1992 beschlossen wurde. Damals machten gewöhnliche Menschen durch gemeinsames Handeln ihren Einfluss bei den Entscheidungsträgern geltend und konnten so ihrer Stimme Gehör verschaffen."

Nein, sie widerspiegelt nichts dergleichen. Sie spiegelt vielmehr die Kraft und die Vision einer globalen Kabale wider, die den Gipfel von Rio im Jahre 1992 zu dem Zweck einberief, naive Umweltschützer und New Ager glauben zu machen, eine von dem Öl-Tycoon und Rothschild-Rockefeller-Frontmann Maurice Strong geführte Einrichtung würde sich um den Planeten und seine Bewohner sorgen. In dem Dokument heißt es des Weiteren, dass

> „die größte Herausforderung jetzt darin besteht, die lokale Agenda 21 mit den „Standard"-Entscheidungsprozessen der lokalen Behörden und anderer Körperschaften zu verknüpfen, so dass die Agenda 21 unsere Lebensweise tatsächlich verändern kann."

Dieser Satz ist gleich auf mehreren Ebenen aufschlussreich. Die zentrale Herausforderung bestehe gemäß dieses Papiers also darin, die Isle of Wight in das globale Netzwerk aus lokalen Behörden und *Körperschaften* einzubinden – damit endlich jede kleine

Gemeinde durch eine globale Administration (eine Weltregierung) kontrolliert werden kann. Im folgenden Abschnitt kommen wir der Sache schon näher:

> „Sämtliche Belange werden auf der Isle of Wight von einer Kommunalbehörde einheitlich verwaltet. Dies ist hinsichtlich der Agenda 21 ein günstiger Umstand, da diese sich spezifisch auf die Lokalregierungen stützt. So wurde auf der Rio-Konferenz von 1992 klar herausgearbeitet, dass die erfolgreiche Umsetzung der Agenda zu etwa zwei Dritteln von den Kommunen abhängt.
>
> Die führenden Politiker der Welt stimmten ebenfalls darin überein, dass wir mit der weltweiten Etablierung der nachhaltigen Entwicklung nur dann Erfolg haben werden, wenn sich die regionalen Regierungen auf der ganzen Welt daran beteiligen. Darüber hinaus können wir die dringend benötigten Veränderungen nur mit einer Stärkung der Kommunen durch wahrhaftige partizipative Demokratie vor Ort erreichen."

Dazu möchte ich einige Anmerkungen machen. Erstens, vergessen Sie das mit der wahrhaftigen partizipativen Demokratie vor Ort. Nachdem ich herausgefunden hatte, dass sich die Isle of Wight der Agenda 21 nach „einer Debatte in der Kommune" angeschlossen hat, fragte ich jeden, der mir begegnete, ob er oder sie schon einmal etwas von der Agenda 21 gehört hatte. Monat um Monat verbrachte ich damit, Leute auf der Straße, Anwälte, Sozialarbeiter usw. zu fragen – einfach jeden, der mir über den Weg lief. Ich habe kein einziges Mal ein „Ja" zur Antwort bekommen. So läuft das auf der ganzen Welt. Die Drahtzieher der Agenda 21 schaffen eine lokale Institution oder kapern irgendeine schon vorhandene lokale Organisation, vorzugsweise in bevölkerungsreichen Gebieten. In letzterem Fall wird deren (gesteuerte) Führung dazu gebracht, das Konzept der Agenda 21 zu akzeptieren. Es gibt auch überall auf der Welt uninformierte, ahnungslose Deppen, denen man den schrecklichsten Albtraum der Menschheit als „Rettung des Planeten" verkaufen kann. Auf diese Weise können die Hintermänner hinterher behaupten, dass die Entscheidungen unter „Teilnahme der Öffentlichkeit" getroffen worden sind. In Wirklichkeit gibt es nichts auf der Welt, was sie weniger wollen, und 99 Prozent der Menschen in einer „Gemeinschaft" haben nie etwas von einer Agenda 21 gehört – geschweige denn an den Entscheidungsprozessen „partizipiert". Die Strippenzieher der Agenda wollen *keine* Demokratie. Daher sprechen diese Leute im internen Kreis – manchmal auch sogar in aller Öffentlichkeit – von der „post-demokratischen, post-industriellen Gesellschaft". Als nächstes hatten wir den Hinweis, der Gipfel von 1992 habe „klar herausgearbeitet, dass die erfolgreiche Umsetzung der Agenda zu etwa zwei Dritteln von den Kommunen abhängt". Nun, dahinter steckt einfach die Absicht, jeden einzelnen Mann, jede Frau und jedes Kind auf dem Planeten zu kontrollieren, ebenso wie sämtliche Ressourcen einschließlich der Wasservorräte und Ländereien. Solch ein hehres Ziel kann man nur mit einer globalen faschistischen Struktur erreichen, die bis hinunter in jede einzelne Lokalregierung reicht. Die Stiefel der Obrigkeit müssen den Willen der globalen Zentrale einfach auch auf lokaler Ebene durchsetzen können. Das ist der wahre Grund dafür, warum auf die kommunalen und städtischen Behörden bei der Agenda 21 stets so viel Wert gelegt wird. Ich habe weiter oben schon von der „Ausbildungsorganisation" Common Purpose gesprochen, über die ich auch in früheren Büchern bereits ausführlich geschrieben habe. Die Organisation – deren Name so viel wie „gemeinsames Ziel“ oder „gemeinsame Aufgabe“ bedeutet (es wird stets der gemeinschaftliche Konsens betont: wir sind alle gleich) – hat von Regierungen, kommunalen Behörden, Polizeikräften und anderen staatlichen Institutionen Unsummen für die „Ausbildung ihrer Führungskräfte“ erhalten, die uns dann in die post-demokratische und post-industrielle Gesellschaft führen werden. Common Purpose spielte, wie schon erwähnt, eine herausragende Rolle bei der Leveson-„Untersuchung“, in deren Zuge neue Mediengesetze in Großbritannien eingeführt wurden. Es handelt sich bei Common Purpose nicht um ein Ausbildungs- oder Trainingsprogramm, sondern um ein *Programmierungs*-Programm. Die Schulungsmaßnahmen produzieren Verwaltungszombies, die keine Fragen stellen und dem neuen Gott namens Agenda 21 und seiner Verbündeten, der Europäischen Union, dienen. (Mehr dazu in „Der Löwe erwacht“.) Das ständige Grundthema der „Gemeinsamkeit“ kommt auch im Bereich der immer umfangreicheren Standardisierung von Gesetzen und Vorschriften zum Ausdruck, sowie in der permanenten Bezugnahme auf das „internationale Recht“. Die globale Diktatur der Agenda 21 nimmt vor unseren Augen Gestalt an. Was braucht denn ein Weltdiktator mehr als alles andere? Gesetze, die jeder Mensch auf dem Planeten befolgen muss – also, ein *internationales Recht und die weltweite Standardisierung der Vorschriften.*

Nein, das ist kein Scherz – schön wär’s!

Abb. 652: Die Forderung der Agenda 21 nach einer massiven Bevölkerungsreduktion wird leichter verständlich, wenn man sich die weiten Gebiete innerhalb der USA anschaut, in denen es künftig keine menschliche Aktivität mehr geben soll.

Der Grund, warum ich all das mit den „Hunger Games“ in Verbindung bringe, wird Ihnen klar werden, wenn Sie sich einmal die Karte der Vereinigten Staaten in Abbildung 652 ansehen. Dabei handelt es sich um die offiziellen Pläne zur Biodiversität innerhalb der Agenda 21. Die dunkelsten Bereiche – im Original sind sie rot – sollen überhaupt nicht von Menschen genutzt werden. Der größte Teil der übrigen Fläche soll konfisziert und dann nur in geringem Umfang und unter strengen Regularien verwendet werden. Die breite Masse der Bevölkerung würde in dicht besiedelten „menschlichen Siedlungszonen“ in Hochhausghettos zusammengep-

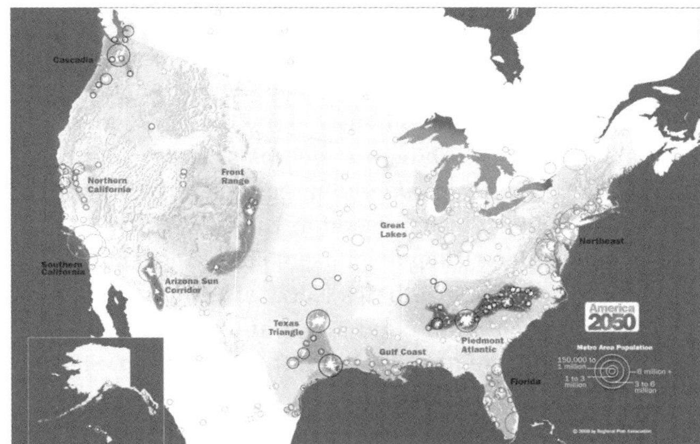

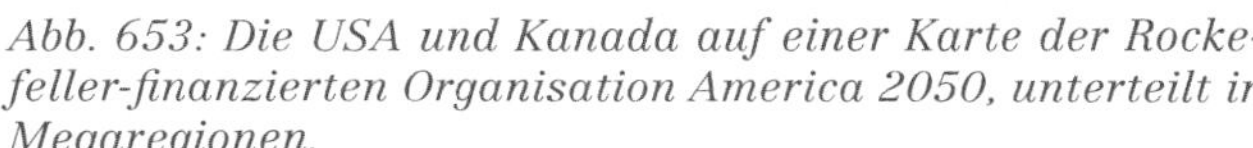
Abb. 653: Die USA und Kanada auf einer Karte der Rockefeller-finanzierten Organisation America 2050, unterteilt in Megaregionen.

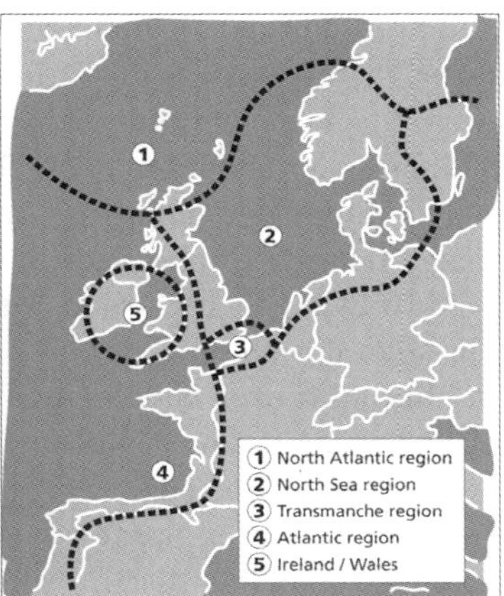

Abb. 654: Dieselbe regionale Strukturierung wird auch für die Europäische Union anvisiert.

fercht werden, während ihr der Zutritt zu etwa 80 Prozent der heutigen Fläche der Vereinigten Staaten verwehrt wird. Ohne Frage ähnelt dieses Szenario genau der Welt, die in dem Film „Die Tribute von Panem" gezeichnet wird: Eine weltumspannende Hierarchie herrscht mittels eine Weltregierung, die ihren Willen durch eine Weltarmee und eine Weltpolizei bis hinunter zur lokalen Ebene (den Distrikten) durchsetzt. Die von Rockefeller gesponserte Organisation America 2050 hat eine Karte herausgegeben, auf der die Vereinigten Staaten in elf „Megaregionen" unterteilt sind, zu denen auch Teile von Kanada gehören (Abb. 653). Seattle und Portland bilden beispielsweise zusammen mit Vancouver (im kanadischen British Columbia gelegen) die Megaregion „Kaskadien". Diese Regionalsysteme werden allgemein als „Megalopolis" bezeichnet; das Wort stammt aus dem Griechischen und bedeutet so viel wie „große Stadt" oder „weitläufige Stadt". Amerika, Kanada und Mexiko sind im Begriff, sich zur Nordamerikanischen Union zu vereinigen, ganz nach dem Vorbild der Europäischen Union. Wie ich bereits erwähnt habe, soll die EU in mehrere Regionen aufgespalten werden. Ähnliche Strukturen sind überall auf der Welt im Entstehen begriffen. Auf der Karte des neuen Europa kann man erkennen, wie einzelne Gebiete des einen Landes mit Gebieten anderer Länder so verknüpft werden, dass von einer nationalen Souveränität – oder überhaupt von nationaler Existenz – nichts mehr übrig bleibt (Abb. 654). Hier wird ein globaler Plan umgesetzt, bei dem sich die unerbittliche zentrale Kontrolle geschickt hinter den vorgeschobenen tiefer liegenden Instanzen der Hierarchie versteckt, wie der Europäischen Union und den Kommunalregierungen. Anfang 2013 publizierten die EU-Bürokraten ein Dokument mit dem Titel „Ein gutes Leben für alle [Umkehrung]: Die Beendigung der Armut [Umkehrung] und die Verwirklichung einer nachhaltigen Zukunft [Umkehrung] für die Welt". Das Papier empfiehlt die Umsetzung sämtlicher Ziele und Vorstellungen der Agenda 21 einschließlich der Weltordnungspolitik. All diese Pläne setzen freilich eine gewaltige Reduzierung der Weltbevölkerung voraus – und das ist tatsächlich ein Teil der Forderungen der Agenda 21/ nachhaltigen Entwicklung/ Biodiversität. Die gegenwärtige Zahl von sieben Milliarden Menschen soll auf eine oder gar eine halbe

Milliarde gesenkt werden. Nick Rockefeller hat gegenüber dem Filmproduzenten Aaron Russo geäußert, dass die El-ite die Weltbevölkerung um mindestens die Hälfte verringern wird. Die schockierende Zahl von einer halben bzw. einer Milliarde Menschen, die übrig bleiben sollen, findet man einerseits in bestimmten Dokumenten der Elite und zum anderen „in Stein gemeißelt" in „Amerikas Stonehenge". Dabei handelt es sich um die mysteriösen Georgia Guidestones in Elbert County, die 1979 von einem gewissen R.C. Christian in Auftrag gegeben wurden. Man vermutet hinter diesem Pseudonym eine Anspielung auf Christian Rosenkreuz, der im 14. Jahrhundert den Orden der Rosenkreuzer gegründet hat. Die Rosenkreuzer bilden einen weiteren Strang innerhalb des Netzwerkes der Archonten (Abb. 655). Auf den „Guidestones", die man nach Sonne und Mond ausgerichtet hat, sind zehn „Richtlinien" oder Prinzipien für die neue globale Gesellschaft festgehalten. Sie sind gleich in mehreren Sprachen auf den Steinen eingraviert, und zwar in englisch, spanisch, Suaheli, Hindi, hebräisch, arabisch, chinesisch und russisch. Hinzu kommen kürzere Texte in babylonischer Sprache, altgriechisch, Sanskrit und ägyptischen Hieroglyphen. In einem Vers der „guides" (das englische Wort „guide" bedeutet hier so viel wie Leitfaden, Wegweiser, Richtschnur oder auch Anleitung) wird die Forderung erhoben, die Zahl der Menschen auf der Erde „in beständigem Gleichgewicht mit der Natur bei unter 500.000.000" zu halten (Abb. 656). Yoko Ono, einstmals John Lennons Ehefrau, bezeichnete die Steine als „einen aufrüttelnden Weckruf zu vernünftigem Denken". Ich denke, diese Bemerkung hätte vor allem John Lennon aufgerüttelt. Dies ist dieselbe Yoko Ono, die es mir 2012 verwehrte, Lennons Lieder „Give Peace a Chance" und „Power to the People" auf meiner Veranstaltung in Wembley zu spielen. Dabei repräsentierte dieses Ereignis genau das, wofür Lennon in seinen letzten Lebensjahren stand. Da soll noch einer schlau draus werden. Sie können übrigens sicher davon ausgehen, dass man für die Steine und ihre Inschriften innerhalb des planetaren Energiegitters einen solchen Ort gewählt hat, der sich durch eine hohe Wirkkraft bei der elektromagnetischen Einspeisung dieser Information ins globale Energiefeld – und damit durch einen maximalen Effekt auf die Wahrnehmung der Menschen – auszeichnet. Die symbolische Verwendung von Steinen rührt einerseits von der Verbindung her, die zwischen Saturn und jener Qualität besteht, die wir als dichte Materie erleben. Zum anderen symbolisieren größere Steine durch ihre Unbeweglichkeit eine Autorität, die sich in Redewendungen wie „in Stein gemeißelt" (engl. „written in stone") oder „in Stein gehauen" (engl. „set in stone") widerspiegelt. Auch in den biblischen Stein-

Abb. 655: Die Georgia Guidestones.

Abb. 656: Im Dienste der zehn Gebote der Georgia Guidestones.

tafeln, auf denen Moses „Gottes Gebote" (Saturns Gebote) festgehalten haben soll, begegnen wir dieser Symbolik. Es hat für die archontischen Blutlinien durchaus eine signifikante Bedeutung, etwas buchstäblich „in Stein zu schreiben". Dahinter steckt folgende Problematik: Wie codiere und manifestiere ich eine Information bzw. ein gewünschtes Ergebnis auf einer Ebene, die sich durch eine sehr hohe energetische Dichte auszeichnet, so dass vorhandene Informationsmuster bzw. -programme viel schwerer zu durchbrechen sind?

Applaus für Bill, bitte!

Die Idee einer drastischen Bevölkerungsreduktion ist ein immer wiederkehrendes Thema. In einem Entwurf des Global Biodiversity Assessment der Vereinten Nationen heißt es, die Weltbevölkerung müsse auf eine Milliarde verringert werden. Archontische Vorreiter wie der Microsoft-Milliardär Bill Gates oder der *CNN*-Gründer Ted Turner setzen sich mehr als lautstark für dieses Ziel ein. Turner spendete den Vereinten Nationen zu diesem Zweck mehr als eine Milliarde Dollar. Die ideale Größe der Weltpopulation, so ließ er uns wissen, läge bei 200 bis 300 Millionen Menschen. Das entspräche einer Reduzierung um 95 Prozent. Das sagt ein Mann, der fünf Kinder hat und über seine Holdings 15 Farmen in Kansas, Montana, Nebraska, New Mexico, Oklahoma und South Dakota sein eigen nennt. Gemessen an der Anbaufläche ist er damit einer der größten Grundbesitzer in Nordamerika. Ihm gehört auch das größte zusammenhängende Stück Land in den gesamten Vereinigten Staaten. Ich werde ihn schon mal für das Kapitol anmelden. Mir klingt das nicht nach Leuten, die für die „Bevölkerungszonen" bestimmt sind. Bill Gates' Rolle bei der Umsetzung der Agenda 21 ist so durchschaubar, dass es schon fast zum Lachen ist. Er beteiligt sich an der bescheuerten Lügenpropaganda über eine angebliche menschengemachte Erderwärmung; seine Bill & Melinda Gates Foundation hat zusammen mit Warren Buffet – einem befreundeten Multimilliardär und Financier, der die Stiftung gemeinsam mit Gates leitet – Milliarden von Dollar im Zusammenhang mit der Bevölkerungsreduktion ausgegeben; Gates finanziert die Bildungspolitik der Agenda 21; Gates' Stiftung ist auch der größte private Geldgeber für Impfprogramme in der „Dritten Welt", die in Wirklichkeit nichts anderes zum Ziel haben als die Verkleinerung der Bevölkerungszahl (nicht nur in den „Entwicklungsländern") durch die Zerstörung des Immunsystems der Menschen (Abb. 657); außerdem unterstützt die Gates-Stiftung die Verbreitung gesundheitsschädlicher, genetisch veränderter Getreidesorten in Afrika und anderswo. Gates finanziert auch eine ganze Reihe von Programmen zur Auslieferung von Impfstoffen auf Bestellung (einschließlich einer Variante mit

Abb. 657: Gates „möchte den Armen und Bedürftigen helfen".

unbemannten Drohnen!) sowie Kampagnen „gegen die Verbreitung von Falschinformationen“ (lies: der Wahrheit) über die Gefahren von Impfstoffen. Er machte auch unmissverständlich klar, dass er die so genannten „Todesgremien“ (Death Panels) befürwortet, die darüber entscheiden, ob ältere Menschen weiter behandelt werden sollen, wenn die Behandlung zu teuer zu werden droht (für ihn ja nicht so das Problem). Je mehr ich über das Ehepaar Gates und ihre Stiftung erfahre, desto angewiderter bin ich. Bono findet die beiden großartig und das beseitigt meine letzten noch verbliebenen Zweifel bezüglich Bill und Melinda. Wenn man sich in Gesellschaft von Bono wiederfindet, scheint es mir höchste Zeit zu sein, sein Leben zu überdenken und seinen Kurs und seine Aktivitäten noch mal zu überprüfen. Gates gab auch zu, dass sein Vater, William H. Gates Senior, einstmals Chef von Planned Parenthood war, einer Organisation, die aus der amerikanischen Eugenikbewegung hervorgegangen war. Er räumte weiterhin ein, dass seine Familie über die vergangenen Generationen hinweg vielfach mit Themen der Bevölkerungskontrolle zu tun hatte und die Ideen des Erzeugenikers Thomas Malthus befürwortete. Gates sagt, er würde das mittlerweile anders sehen, aber aus seinen Aktivitäten lässt sich das nicht wirklich herauslesen. Ich würde ihn bestenfalls als Malthus light einstufen. Silvia Ribeiro schrieb in der mexikanischen Tageszeitung *La Jornada* über Gates‘ „Menschenliebe“:

> „… mit ihren ‚Spenden‘ finanzieren sie Projekte, die so destruktiv sind wie Geoengineering, oder die Abschaffung natürlicher Heilmethoden zugunsten von Hochtechnologie- und Patentmedizin, und das in den ärmsten Gegenden der Welt … Gates ist auch aktiv an den Bestrebungen beteiligt, die Landwirtschaft auf der ganzen Welt zu zerstören. Die zentrale Rolle spielt dabei die ‚Alliance for a Green Revolution in Africa‘ (AGRA). Sie fungiert als Trojanisches Pferd, mit dem arme afrikanische Bauern ihres traditionellen Saatgutes beraubt werden, um dieses zunächst mit den Produkten der eigenen Unternehmen und schließlich mit [genetisch verändertem Saatgut] zu ersetzen.“

Was für einen außerordentlichen Liebling Gates für die Kabale darstellt, sieht man auch daran, dass er von der Queen für seine Verdienste um das private Unternehmertum und seine Bemühungen zur Linderung der Armut in der Welt zum Ritter geschlagen wurde. Er ist nun Knight Commander des Most Excellent Order of the British Empire. Diese Leute lieben ihre Titel und Rituale. Gates gesellt sich damit zu einer erlauchten Runde widerwärtiger Herren aus Übersee, denen die königliche „Ehre“ schon früher zuteil geworden war. Dazu zählen unter anderem Papa George Bush, Ronald Reagan, Henry Kissinger, der FBI-Despot J. Edgar Hoover, Alan Greenspan (dessen Politik 2008 zum Zusammenbruch der amerikanischen Wirtschaft geführt hat), Rudolph Giuliani (zur Zeit der Anschläge vom 11. September Bürgermeister von New York) und die Militärmassenmörder Colin Powell, Wesley Clark und Norman Schwarzkopf. Leg' für die Kabale massenhaft Leute um oder ordne Attentate auf Problempersonen wie Martin Luther King an, und du hast den Ritterschlag quasi schon in der Tasche. Oder finanziere die Agenda, so wie es Bill Gates macht. Er hört einfach nicht auf, von den Gefahren der „globalen Erwärmung“ zu faseln, während sein Unternehmen Microsoft (dessen größter Einzelaktionär er auch ist) 2011 dabei erwischt wurde, wie es vorsätzlich „Elektrizität im Umfang von mehreren Millionen Watt“

vergeudete, um einer Geldstrafe wegen zu hoch geschätztem Energieverbrauch zu entgehen. Somit hat Microsoft eine Menge Energie vergeudet, die andere hätten nutzen können, die sie wirklich benötigen. Statt die Strafgebühr einfach zu bezahlen, haben sich die Verantwortlichen dafür entschieden, die ungenutzten Energiekontingente zu verpulvern – Hauptsache, sie stehen am Ende nicht mit einem zu hohen Schätzwert da. Das ist genau das gleiche wie beim Klimaerwärmungs-Hohepriester Al Gore, dessen CO_2-Fußabdruck von Godzilla stammen könnte. Die Gates sind geradezu besessen von der Bevölkerungskontrolle. Das geht so weit, dass sie Forschungen für die Entwicklung von Ultraschalltechnologie sponsern, mit der menschliche Spermien unfruchtbar gemacht werden können. Bill und Melinda wurden Berichten zufolge durch das Werk zweier Rothschild-Figuren zur Gründung ihrer Stiftung inspiriert – der „größten transparent arbeitenden privaten Stiftung der Welt": Andrew Carnegie und John D. Rockefeller. Hinzu sei ferner „der Großmut und die außergewöhnliche Menschenliebe von David Rockefeller" gekommen. Ich möchte mir gar nicht ausmalen, was dieser Satz bedeutet. David Rockefeller ist seit über 70 Jahren einer der aktivsten Arbeiter für die archontischen Blutlinien. Ich glaube nicht, dass er jemals auch nur einen Penny für irgendetwas ausgegeben hat, das nicht die globale Agenda vorangetrieben hätte (Abb. 658). Die Gates Foundation ist so eine Art Spiegelbild von Rockefellers Stiftung. Man kann das leicht erkennen, wenn man sich einfach einmal die Finanzierungskriterien von Gates' Stiftung und die Liste der von ihr unterstützten Projekte anschaut. Passenderweise haben die beiden Institutionen auch bei einigen Joint Ventures kooperiert. Als der amerikanische Komiker Stephen Colbert in seiner Show „The Colbert Report" einmal Melinda Gates interviewte, sagte er:

Abb. 658: David Rockefeller – Gates' Vorbild. Also ich könnte mir bessere Identifikationsfiguren vorstellen.

> „... da haben Sie jetzt also ein neues wohltätiges Steckenpferd. Allerdings werden damit ja nicht wirklich Menschenleben gerettet. Die Menschenleben werden eher daran gehindert, überhaupt erst zu existieren."

Richtig, aber wenn man sich die Kampagne zur Bevölkerungsreduktion und die archontischen Familien, die hinter diesen Bestrebungen stehen, in ihrer Gesamtheit anschaut, dann sieht man, dass das noch nicht alles ist. Es geht in der Tat auch darum, die Größe der menschlichen Population auf dem Planeten dadurch zu reduzieren, dass man bereits lebende Menschen umlegt. Man tut das, unmittelbar oder schleichend, mittels Krieg, Hungersnöten, Krankheiten, Strahlung, Chemikalien in Lebensmitteln und Getränken sowie der Kontamination des Trinkwassers. Hinzu kommt die unverblümte Verweigerung medizinischer Behandlung bzw. die Einschränkung der verfügbaren Gesundheitsversorgung. Außerdem verwandelt man die „Gesundheitsfürsorge" in etwas, das alle möglichen Namen verdienen würde, nur nicht die Bezeichnung „Gesundheitsfürsorge". Dazu überlässt man das Feld gänzlich den archontischen Pharmakartellen und ihrer Gier nach Profit. Obendrein finden im Verborgenen systematische Mutationen des menschlichen Genoms statt – mit abenteuerlichen Auswirkungen auf die Lebensspanne des Menschen. Ich werde noch darauf zu sprechen kommen, wie das im Einzelnen vor sich geht. Die Idee, Menschen mit vermeintlich minderwertigen Genen auszusortieren, ist ja nun auch nicht neu. Ich habe bereits geschildert, wie die Archontenfamilien in Großbritannien und Nordamerika den abscheulichen „Rassenreinheits"-Wahn der Nazis unterstützten, indem sie Geld und Forschungsinfrastrukturen zur Verfügung stellten. Vor diesem Hintergrund wird deutlich, was Big Pharma wirklich dazu treibt, einen *Sechsfach*-Impfstoff gegen Kinderlähmung, Diphterie, Tetanus, Keuchhusten, Hepatitis B und Haemophilus-influenzae-b-Infektion zu entwickeln, der dann den Ärmsten und Schwächsten der Welt mit einer einzigen Spritze verabreicht wird. Im Jahre 2012 kündigte die damalige amerikanische Außenministerin Hillary Clinton an, dass ein neues Programm mit der Bezeichnung Global Health Initiative künftig „im Mittelpunkt" der amerikanischen Außenpolitik stehen würde. Wie bei Kampagnen zum Ausmerzen von Menschen üblich, wurde auch dieses Programm als humanitäre Aktion präsentiert, mit der laut Clinton die Sterblichkeitsraten von Müttern und Kindern reduziert, Millionen ungewollter Schwangerschaften verhindert und Millionen neuer HIV-Erkrankungen vermieden werden könnten. Jagen Sie das einmal durch den Orwellschen Übersetzungsapparat und heraus kommt „Eugenik-Programm". Clinton gab des Weiteren bekannt, dass man die Geldmittel für den Bevölkerungsfonds der Vereinten Nationen (UNFPA) erheblich erhöhen werde. Dieser Fonds unterstützte unter anderem Chinas Ein-Kind-Politik, indem es Geldmittel für Zwangsabtreibungen bereitstellte, und befürwortet die Ideen der Eugeniker, wie etwa die Zwangssterilisation. Wenn die archontischen Blutlinien und deren Repräsentanten von ihrem Engagement für hilfsbedürftige Menschen sprechen, dann meinen sie in Wirklichkeit ihr Engagement für die Ausmerzung derselben.

Geplante Eugenik

Die Planned Parenthood Federation of America spielt innerhalb der Bewegung, die sich um eine „Bevölkerungskontrolle" (lies: Bevölkerungsreduktion) bemüht, eine zentrale Rolle. Planned Parenthood, wie die Organisation oft verkürzt genannt wird, ist der amerikanische Zweig der International Planned Parenthood Federation. Wie bei den meisten derartigen Institutionen, die sich mit Geburtenkontrolle befassen, gehen auch die Ursprünge von Planned Parenthood auf die Eugenik-Bewegung zurück, die von den Rockefellers, Harrimans, Bushs und den britischen Elite-Blutlinien (mit ihren Laufburschen wie Winston Churchill) so sehr geliebt (und finanziert) wurde. Planned Parenthood (zu deutsch etwa: „Geplante Elternschaft") wurde von Margaret Sanger gegründet, einer Geliebten von H. G. Wells, jenem Schriftsteller, der Mitglied in der Fabian-Gesellschaft und entschiedener Anhänger der Eugenik war. Inspiriert wurden diese Fanatiker durch die Arbeit und die üblen Ansichten von Thomas Malthus (1766-1834). Der Ökonom hatte die Meinung vertreten, Hungersnöte und Krankheiten seien Mittel, mit denen Gott das Bevölkerungswachstum regeln würde, weshalb man folglich nicht eingreifen dürfe. Charles Darwin und seine gelehrten Freunde nannten Malthus einen „Meister der Logik“. Margaret Sanger wurde von 1923 an von der Rockefeller-Familie gesponsert, die auch die Rassenreinheitslehre der Nazis unterstützte. Mit diesen Geldmitteln konnte Sanger ihre Eugenik-(Nazi-)Philosophie in den USA verbreiten (Abb. 659). Schon bald wurde die Eugenik auch von staatlichen Verwaltungseinrichtungen, Schulen und Kirchen befürwortet. 1927 hatte bereits die Hälfte der amerikanischen Bundesstaaten mit der Unterstützung des obersten Bundesgerichtes die Zwangssterilisation für die „Kelleretage“ der Gesellschaft eingeführt. Das war ein weiteres Beispiel für praktizierten Faschismus, während man die Fahne der Freiheit schwenkte. Sanger gründete die American Birth Control League (etwa „Amerikanische Liga für Geburtenkontrolle“), aus der sich später Planned Parenthood entwickelte. Damit auch keine Zweifel aufkommen, dass wir hier tatsächlich von der Eugenik-Philosophie der Nazis sprechen, zitiere ich hier einmal aus einem Brief, den Sanger an einen Mitarbeiter schrieb. Gegenstand des Briefes ist Sangers Vorschlag, Führungspersönlichkeiten der schwarzen Bevölkerung dafür zu gewinnen, Werbung für die Programme zur Sterilisation der Schwarzen zu machen:

Abb. 659: Margaret Sanger, Ausmerzexpertin.

> „Wir sollten drei oder vier farbige Pastoren einstellen, vorzugsweise mit Bezug zur Wohlfahrt und mit gewinnendem Wesen. Der Erfolg versprechendste Ansatz zur Erziehung der Neger ist der religiöse Ansatz. Niemand soll erfahren, dass wir die Negerbevölkerung auslöschen wollen. Der Pastor ist am besten dafür geeignet, diesen Gedanken gegebenenfalls wieder auszuräumen, sollte dieser bei einigen der etwas rebellischeren Gemeindemitglieder einmal auftauchen.“

Sanger und ihre Gefolgsleute waren nichts anderes als der amerikanische Flügel der nationalsozialistischen Rassenreinheitsbewegung. Wie passend, dass die Zeitschrift *American Journal of Eugenics* ursprünglich *Lucifer the Light Bearer* („Luzifer, der Lichtbringer“) hieß. Der Kumpel läuft einem wirklich überall über den Weg. Lassen Sie mich noch ein paar weitere Zitate der reizenden Lady von Rockefellers Gehaltsliste anführen:

> „Keiner Frau sollte es gestattet sein, ohne eine Erlaubnis zur Elternschaft ein Kind auszutragen.
>
> Der barmherzigste Akt, den eine Familie einem ihrer Kinder gegenüber begehen kann, ist es umzubringen.
>
> Geburtenkontrolle muss letztlich zu einer reineren Rasse führen.
>
> Eugenische Sterilisation ist eine dringende Notwendigkeit … Wir müssen die Vermehrung dieses minderwertigen Viehzeugs verhindern.“

Nachdem die Öffentlichkeit Hitlers Version von Eugenik kennen gelernt hatte, musste sich die Eugenikbewegung einen etwas anderen Anstrich geben. Aber es waren immer noch dieselben Leute mit denselben Absichten. Sangers American Birth Control League benannte sich in Planned Parenthood um und die Zeitschrift *Eugenics Quarterly* hieß fortan *Social Biology*. Das klang besser – war aber immer noch dasselbe. Ein weiteres Beispiel dafür, wie man die Eugenik nach Hitler durch Umbenennung in „Bevölkerungskontrolle" (wörtlich: population control, „Kontrolle der Population") verschönte, haben wir im Population Council. Diese Organisation wurde im Jahre 1952 von John D. Rockefeller III. gegründet und mit Geldern aus dem Rockefeller Brothers Fund finanziert. Als erster Präsident des Councils fungierte Frederick Osborn, eines der Gründungsmitglieder der American Eugenics Society. 1968 schrieb er:

> „Die Ziele der Eugenik werden höchstwahrscheinlich unter einer anderen Bezeichnung erreicht werden."

Der Eugeniker Julian Huxley war der erste Generaldirektor der UNESCO (United Nations Educational, Scientific and Cultural Organization). Julian war der Bruder von Aldous Huxley, der unter anderem der Fabian-Gesellschaft angehörte und in seinem Buch „Schöne neue Welt" eine zukünftige Gesellschaft beschrieb, in der die Kinder in staatlichen Brutstätten durch technologische Methoden gezeugt und vom Staat aufgezogen (programmiert) werden. 1958 wurde Julian Huxley von der Queen zum Ritter geschlagen – ohne Frage sollten damit seine Verdienste um die Verbesserung der menschlichen Population und die Beseitigung von genetischem Gesindel gewürdigt werden. Huxley war einer der Gründer des World Wildlife Fund (heute Worldwide Fund for Nature), einer Tarnorganisation der Eugenikbewegung, die er mit Unterstützung von Godfrey Anderson Rockefeller Sr. aus der Taufe hob. Auch die Eugeniker Prinz Bernhard der Niederlande und Prinz Philip waren dabei maßgeblich beteiligt. Rockefeller studierte zur selben Zeit an der Yale-Universität – dem Sitz der Studentenverbindung Skull & Bones – wie sein Freund, Daddy George Bush. Im Folgenden erklärt Julian Huxley, dass man nach der Erfahrung mit Hitler einen neuen Ansatz bräuchte, um die Eugenik zu bewerben:

> „Wenngleich ... jedwede radikale Eugenik-Politik politisch und psychologisch unmöglich sein wird, so wird es für die UNESCO wichtig sein, dafür zu sorgen, dass die Problematik der Eugenik mit der größten Behutsamkeit behandelt wird und dass man die Öffentlichkeit darüber informiert, was auf dem Spiel steht, damit das, was jetzt noch undenkbar ist, zumindest wieder denkbar wird."

Nun, es war immer denkbar. Die Frage war nur: Wie verkaufen wir es und wie können wir die Weltbevölkerung so fest in den Griff bekommen, dass wir ihr unsere Vorstellungen auch einfach aufzwingen können? Es ist immer derselbe Plan, mit dem wir es zu tun haben; unterschiedlich sind nur die jeweiligen Public-Relations-Konzepte. Der Westen – allen voran die USA – hat alles in allem Billionen dafür aufgewendet, den ärmsten Ländern der Welt Programme zur Bevölkerungskontrolle aufzudrücken. Das funktioniert so, dass man der Regierung eines Landes finanzielle Hilfe anbietet, diese aber nur dann auszahlt, wenn auch bestimmte Programme zur Bevölkerungsreduzierung umgesetzt werden. Will das Land das nicht machen, gibt es auch kein Geld. Diese Programme sehen zum Beispiel die heimliche Sterilisation von Frauen vor, während diese aus irgendeinem ganz anderen Grund im Krankenhaus liegen. 1975 schätzte man im Rahmen einer medizinischen Untersuchung, dass etwa ein Drittel aller Frauen im gebärfähigen Alter durch solche „Programme" der amerikanischen Regierung – unter Beteiligung von Behörden wie der CIA-Tarnorganisation USAID – sterilisiert worden war. Auch Israel hat man dabei erwischt, wie es insgeheim äthiopische Jüdinnen unfruchtbar gemacht hat. Das passt bei einem Regime, das so sehr von der Thematik des Auserwähltseins besessen ist, ja auch ins Bild. Populationspolitik spielt auch bei anderen Organisationen des archontischen Netzwerkes eine zentrale Rolle, beispielsweise bei der Weltbank. Das folgende Zitat ist einem Artikel der Website ExplosiveReports.com entnommen, den Jurriaan Maessen verfasst hat:

> „Aus zwei aufeinanderfolgenden Dokumenten, die von der Weltbank herausgegeben wurden, geht hervor, dass eine souveräne Nation, die sich Geld von der Weltbank leihen will, zunächst die Vorgaben des UN Population Fund und der Weltbank hinsichtlich der Bevölkerungsreduzierung umsetzen muss. Wenn sich die Regierung des Landes weigert, werden die Zahlungen annulliert. Nachdem man diese Richtlinien bereits erfolgreich in Jemen und Niger getestet hat, sollen sie nun innerhalb der nächsten Dekade auf der ganzen Welt implementiert werden, heißt es bei der Weltbank."

Auch die einheimische Bevölkerung hat man im Visier. Constance Redbird Uri, eine Ärztin indianischer Abstammung, schätzt, dass zum Jahr 1977 bis zu ein Viertel der indianischen Frauen im gebärfähigen Alter sterilisiert worden war, ohne dass man sie aufgeklärt und ihre Einwilligung eingeholt hätte. Die Autorin Angela Franks schrieb 2005 in ihrem Buch „Margaret Sanger's Eugenic Legacy", dass in einem Krankenhaus in Oklahoma ein Viertel der Indianerinnen, die wegen ganz anderer Leiden eingewiesen worden waren, sterilisiert wurde. Sie berichtet auch, dass man in den 1970-er Jahren in Oklahoma sämtliche reinblütigen Frauen der Kansa, eines nordamerikanischen Indianerstammes, sterilisiert hat. Das alles gehört mit zur genetischen Veränderung der Menschheit; einige Abstammungslinien werden dabei komplett ausgerottet. Ähnliche Vorgänge sind auch aus der afro-amerikanischen Bevölkerungsgruppe bekannt. In vielen Fällen verbirgt sich hinter diesen Geschichten die Absicht, die menschliche Rasse genetisch zu unterdrücken (also die Information bzw. das Gewahrsein zu unterbinden). In einigen amerikanischen Bundesstaaten hat man sogar noch nach dem Zweiten Weltkrieg und den Enthüllungen über die Eugenikmachenschaften der Nazis Zwangssterilisationen durchgeführt. Auch in diesen Fällen waren wieder die üblichen Verdächtigen für die Durchführung und Finanzierung der Maßnahmen verantwortlich. In meinem Buch „... Und die Wahrheit wird euch frei machen" habe ich ausführlich darüber berichtet. In North Carolina gab es ein „State Eugenics Board", das völlig legal die Sterilisation von Erwachsenen oder Kindern anordnen konnte. Zwei der besonders kranken Hirne, die bei der Sache eine wesentliche Rolle spielten, waren Dr. Claude Nash Herndon und Dr. Clarence Gamble. Letzterer ist einer der Erben des Procter & Gamble-Vermögens. Herndon, der den Titel „Assistant Director of Eugenics" trug, sagte einmal Folgendes:

„... Später wurden Intelligenztests bei allen Schulkindern von Winston-Salem durchgeführt. [Für die Sterilisation vorgesehen] wurden nur die Kinder, die wirklich sehr schlecht abgeschnitten hatten – der absolute Bodensatz mit IQ-Werten unter 70. Haben wir Sterilisationen an jüngeren Kindern vorgenommen? Ja. Es handelte sich dabei um einen relativ kleinen Eingriff ... in der Regel erfolgte er frühestens im Alter von acht oder zehn Jahren. Bei den Knaben war nur ein kleiner Schnitt vonnöten und das Verschließen der Röhre ... wir haben öfter Mädchen als Jungen operiert. Natürlich musste man dabei die Bauchdecke aufschneiden. Aber noch einmal, es war ein relativ kleiner Eingriff."

Was den Herren in ihrer genetisch-narzisstischen Arroganz entgangen war, ist der Umstand, dass, wenn die Sterilisationen wirklich die Allerdümmsten betroffen hätten, sie ja die ersten in der Schlange gewesen wären. Diese Dinge trugen sich nach dem Zweiten Weltkrieg mitten im „Land der Freiheit" zu. Mit der Agenda 21 sollen Zwangssterilisationen nun weltweit zur Norm werden. Was wir in den USA bereits haben, ist die als Obamacare bekannte agendakonforme „Gesundheits"politik, nach der es jeder „reproduktionsfähigen" Frau freisteht, sich gratis sterilisieren zu lassen – Teenager eingeschlossen. Das Gesetz schreibt vor, dass jede gebärfähige Frau Zugang zu allen „zugelassenen Verhütungsmethoden, Sterilisationsverfahren sowie Patienteninformationen und -beratungen" haben muss, ohne dass ihr Kosten aus Zuzahlungen, Versicherungen mit Selbstbeteiligung oder Selbstbehalt entstehen dürfen. Auch hier sehen wir den schleichenden Totalitarismus auf dem Vormarsch, der letztlich die zwangsweise Sterilisation vorsieht. Verstehen Sie mich nicht falsch. Ich bin sicherlich nicht dagegen, dass man Menschen Optionen anbietet, damit sie selbst entscheiden können, was mit ihrem Körper geschieht. Aber das ist hier gar nicht der Punkt. Es geht hier nicht um Wahlmöglichkeiten, sondern um die schrittweise Entwicklung auf einen Zustand hin, in dem es eben überhaupt keine freie Entscheidung mehr gibt. Das finale Ziel der Agenda 21 ist ein weltweites China. Man hat China für Jahrzehnte abgeriegelt und isoliert, um daran die geplante globale Gesellschaft zu studieren, zu vervollkommnen und auf ihre Leistungsfähigkeit zu testen. Dabei spielt die Ein-(oder-kein-)Kind-Geburtenpolitik eine primäre Rolle. Wenn in einer Familie in China entgegen der Vorgabe doch ein zweites Kind geboren wird, so bezeichnet man es als „schwarzes Kind" und spricht ihm das Recht auf Nahrung, Gesundheitsversorgung und Bildung ab. Weibliche „schwarze" Kinder werden oft getötet, damit sie in ihrem späteren Leben nicht noch mehr Kinder in die Welt setzen. Oder man lässt sie einfach in „Sterberäumen" liegen, bis sie infolge der vorsätzlichen Vernachlässigung und Nahrungsverweigerung sterben (Abb. 660). So sieht die kaltherzige und abgestumpfte Welt der Archonten und ihrer hybriden Blutlinien und Agenten aus, denen jede Empathie gänzlich abgeht. China steht mit diesem Massenmord jedoch nicht allein. John P. Holdren, der Mann, den Obama zum Chef des

Abb. 660: Ein chinesischer „Sterberaum" für Kleinkinder. Willkommen bei der Agenda 21.

White House Office of Science and Technology gemacht hat, ist Mitverfasser eines Buches mit dem Titel „Ecoscience". In dem 1977 erschienenen Buch schlägt er vor, die Bevölkerung durch chemische Zusätze in Lebensmitteln und Trinkwasser massenhaft zu sterilisieren. (Die Zahl der Spermien im Ejakulat des Mannes hat sich seit 1989 um ein Drittel und in den letzten 50 Jahren sogar um die Hälfte verringert.) Des Weiteren fordert Holdren in dem Werk die Einführung von Zwangsabtreibungen, die Beschlagnahmung unehelicher Kinder durch den Staat und den forcierten Einsatz von Körperimplantaten zur Verhinderung von Schwangerschaften. Nur zwei Kinder sollten je Familie behördlich erlaubt sein; bei Zeugung weiterer Kinder würde den Eltern der Zugang zu Sozialwohnungen verwehrt und den Kindern eine kostenfreie Schulbildung verweigert werden. Wirklich nette Leute also, mit denen Obama seine Spitzenämter besetzt. In seinem fiebrigen Wahn schwebt Holdren ein „planetares Regime" vor, das über sämtliche Aspekte des Lebens jedes einzelnen Bewohners des „globalen Gemeingutes" bestimmen soll (Agenda 21). Robert Zubrin hat auf der Website „New Atlantis" eine exzellente Zusammenfassung all dessen veröffentlicht, was auf dieser Welt derzeit vor sich geht. Der Artikel trägt den Titel „The Population Control Holocaust". (Sie können den vollständigen Text leicht finden, indem Sie einfach den Titel und den Namen des Autors in eine Suchmaschine eingeben.) Zubrin schrieb unter anderem Folgendes:

> „... die Programme sind brutal und herzlos und eine Beleidigung für die Menschenwürde und die Menschenrechte. Die Sterilisation von Frauen ohne deren Wissen oder Einwilligung ist eine gängige Praxis. Sie wird typischerweise nach einer Geburt vorgenommen, wenn die Frau noch geschwächt ist. Solch ein Vorgehen kommt einer staatlich organisierten Vergewaltigung gleich. Ebenso üblich sind Zwangsabtreibungen. Diese und andere Menschenrechtsverletzungen, begangen im Rahmen der Kampagnen zur Geburtenkontrolle, sind rund um den Globus vielfach dokumentiert. Zu den Opfern zählen Menschen in Australien, Bangladesch, China, Guatemala, Haiti, Honduras, Indien, Indonesien, Kenia, Kosovo, Südafrika, Sri Lanka, Thailand, Tibet, den Vereinigten Staaten, Venezuela und Vietnam."

Schon heute sind also weite Teile der Welt von diesen Praktiken betroffen. Morgen wird es die *ganze* Welt sein – es sei denn, wir hören auf, uns diese Scheiße gefallen zu lassen. Es ist kein Zufall, dass sich die Spermienzahlen innerhalb von 50 Jahren halbiert haben und weiter abnehmen. Die Europäische Wissenschaftsstiftung wies 2012 warnend darauf hin, dass mindestens einer von fünf Männern im Alter von 18 bis 25 Jahren „subfertil" ist, wie es in der Fachsprache heißt. Die Zahl der britischen Paare, die bei der Zeugung von Nachwuchs um medizinischen Beistand ersuchten, ist innerhalb von fünf Jahren um 55 Prozent gestiegen. Die Wissenschaftler führen diese problematische Entwicklung hinsichtlich der Zeugungsfähigkeit auf die Verschmutzung der Umwelt mit „geschlechtsverändernden" Chemikalien zurück, die das Hormonsystem zerrütten würden. Nun – das gehört alles mit zum Plan.

Day-ja Vu

Das Thema Planned Parenthood bringt mich auf einen gewissen Dr. Richard Day (Rothschild-Zionist), der einst als Kinderarzt an der Mount Sinai Medical School in New York tätig war und bei Planned Parenthood das Amt des nationalen medizinischen Direktors bekleidete. Er war ein Vertrauter der Rockefellers und in die archontischen Pläne, die man für die Menschheit vorgesehen hat, eingeweiht. Am 20. März 1969 sprach er vor rund 80 Kollegen der Pittsburgh Pediatric Society und plauderte dabei – aus welchem Grund auch immer – alles aus. Er tat das nicht, um die Pläne zu entlarven und der Menschheit einen Gefallen zu tun. Es scheint eher so zu sein, dass er der Meinung war, es wären bereits so viele Elemente des Planes etabliert worden, dass es auch nichts mehr schaden könnte, wenn eine Handvoll Doktoren Bescheid wüsste. Was sollten sie auch dagegen ausrichten? Day bat sie einfach, alle Aufzeichnungsgeräte abzuschalten und auch nicht mitzuschreiben. Die Informationen waren nur für die kleine Zuhörerschaft bestimmt und sollten nicht weiter getragen werden. Es befand sich allerdings eine Person im Raum, die sich *doch* Notizen machte. Dabei handelte es sich um einen Kinderarzt aus Pittsburgh namens Lawrence Dunegan. Kurz vor seinem Tod im Jahre 2004 beschrieb er in einer Reihe von Interviews, die auf Tonbändern aufgezeichnet wurden, was Day drei Jahrzehnte zuvor gesagt hatte. Dunegan zufolge habe Day den Anwesenden die Pläne zur Populationskontrolle (lies: Populationsreduktion durch Aussonderung der Schwachen) dargelegt. Das passt durchaus ins Bild, wenn man Days Position innerhalb von Planned Parenthood bedenkt. Day enthüllte, wie man die Weltbevölkerung über die Medizin, die Lebensmittel, neue im Labor entwickelte Krankheiten und die Unterdrückung des Heilmittels für Krebs zu verkleinern und zu kontrollieren gedachte. Wie ich schon erwähnt habe, teilte er seinen Zuhörern unter anderem mit:

> „Wir können heute fast jede Krebsart heilen. Diese Informationen befinden sich in den Unterlagen des Rockefeller-Instituts [der heutigen Rockefeller-Universität], für den Fall, dass ihre Veröffentlichung beschlossen werden sollte."

Hier haben wir einen der Gründe, warum viele Vertreter dieser Blutlinien so steinalt werden. Sie haben Zugang zu den Behandlungsmethoden, die sie dem Rest der Menschheit vorenthalten. Ich bin mit einigen Personen bekannt, die Krebs selbst im fortgeschrittenen Stadium noch erfolgreich behandeln können. Dabei ist die Behandlung von Krebs, der sich noch im Anfangsstadium befindet, eigentlich ein Kinderspiel, wenn man weiß, was man tut. Day sagte, indem man die Menschen an Krebs sterben ließe, würde man das Bevölkerungswachstum senken. „Wir müssen sowieso alle sterben – ob nun an Krebs oder an irgendetwas anderem." Bei dem Kerl muss es sich um ein archontisches Hybridwesen gehandelt haben, wenn man sieht, wie absolut gefühllos er gegenüber Menschen ist, die unnötig leiden, oder deren Angehörigen, die ihre Lieben unter entsetzlichen Umständen sterben sehen. Aber Day hat damals im Jahr 1969 noch weitaus mehr Dinge genannt, die mittlerweile tatsächlich eingetreten sind oder gerade heute vor unseren Augen geschehen. So sagte er beispielsweise, dass die Welt in verschiedene Großregionen aufgeteilt und jeder dieser Regionen eine bestimmte Rolle innerhalb eines vereinheitlichten globalen Systems zugewiesen werden würde. Aber Sekunde mal. Das ist doch genau das Szenario, das wir aus „Die Tribute von Panem“ kennen! Dort gibt es zwölf abgeriegelte Distrikte, von denen jedes einzelne der El-ite im Kapitol in einer bestimmten, genau festgelegten Weise dient. Day sagte des Weiteren, dass die Vereinigten Staaten innerhalb dieses Regionalschemas für Landwirtschaft, Hochtechnologie, Kommunikation und Bildung zuständig sein würden; die Schwerindustrie der USA würde man jedoch „wegtransportieren“. (Genau das ist geschehen: Man hat sie nach China, in den fernen Osten und andere Gegenden ausgelagert, die reich an Sklavenarbeitern sind.) Die Unabhängigkeit, Autarkie und ökonomische Vorrangstellung der Vereinigten Staaten würde zu einem Ende geführt werden, um einer neuen globalen Struktur Platz zu machen. Diese würde dadurch gekennzeichnet sein, dass jede Großregion auf dem Planeten von allen anderen Regionen abhängig ist und damit ihre Geschicke nicht mehr selbst bestimmen kann. (Diese Entwicklung erleben wir gerade.) Die Selbstversorgung mit Lebensmitteln würde mit dem Argument verboten werden, dass das eine unsichere Angelegenheit sei, und die gesamte Nahrungsmittelproduktion würde in die Hände des Staates und der Konzerne übergehen. (Auch das passiert derzeit.) Die Bereitstellung und Verteilung von Lebensmitteln würde überwacht werden, so dass niemand mehr in der Lage wäre, etwaige „Systemflüchtlinge“ mit Nahrungsmitteln zu versorgen. (In Vorbereitung.) Day erklärte weiter, dass Personen, die mit dem neuen globalen System nicht konform gehen wollten, „auf humane Art und Weise entsorgt“ werden würden. Es würde keine „Märtyrer“ geben – vielmehr würden Menschen einfach verschwinden. (Passiert ebenfalls bereits heute. Siehe auch das NDAA-Gesetz in den USA, das es ermöglicht, Menschen „einfach verschwinden“ zu lassen.) Kinder und junge Menschen würden länger zur Schule gehen, aber nichts lernen. (Ist bereits der Fall.) Das war eines der Ziele der Frankfurter Schule, einer von den Rothschild-Zionisten geförderten Gruppe von Wissenschaftlern auf dem Gebiet des Social Engineering. Sie war auch die treibende Kraft hinter der „politischen Korrektheit“ und vielem mehr. Es ist auch offensichtlich, dass das, was man heute als Bildung durchgehen lässt, auf der ganzen Welt absichtlich auf ein ausgesprochenes Dummheits-Niveau heruntergeschraubt worden ist (ich habe das an anderer Stelle ebenfalls ausführlich dargestellt). Day führte auch aus, dass das familiäre Leben „in seiner Bedeutung reduziert“ werden würde (auch ein Punkt auf der Wunschliste der Frankfurter Schule). Wir erleben das heute ebenfalls: Die Familie ist zum Ziel einer ganzen Palette von Angriffen auf verschiedenen Ebenen geworden. Dabei setzen nur wenige Politiker den Familien so sehr zu wie diejenigen, die von sich sagen, sie würden sich für das Familienleben einsetzen und die „Familienwerte“ wiederbeleben wollen (Umkehrung). Day fuhr fort: Die Reisemöglichkeiten würden eingeschränkt und privates Wohneigentum abgeschafft werden. (Beides sind auch Forderungen der Agenda 21/ Biodiversität). In den Medien und Kinofilmen würde das Maß an Gewalt, Pornographie und Obszönitäten erhöht werden, um die Menschen zu desensibilisieren. (Schon seit Langem im Gange.) Day erklärte, was die Idee dahinter sei: Die Menschen sollten in dem Gefühl leben, dass das Leben kurz, unsicher und brutal sei. (Siehe die „Hungerspiele“. Für viele Menschen ist dieses Lebensgefühl schon jetzt bittere Realität.) Day weiter: Der Charakter der Musik würde sich „verschlechtern“ und sie würde verstärkt zur Wahrnehmungsprogrammierung eingesetzt werden. (Kann man jetzt überall sehen. Wir ahnen nun, wo die Überfrachtung der modernen Popmusik, einschließlich der Bühnenshows und Musikvideos, mit satanischen bzw. saturnischen Symbolen herrührt.) Day informierte die anwesenden Doktoren darüber, dass die elektronische Markierung aller Personen ein fundamentales Element zur Kontrolle der Gesellschaft bilden würde. (Wir erleben zur Zeit die schleichende Einführung des Mikrochipimplantats.) Lokale Gemeinschaften würden durch Arbeitslosigkeit und Massenimmigration zerstört werden. (Auch dieser Punkt findet sich auf der Ideenliste der Frankfurter Schule – und seine Manifestierung ist nun ebenfalls überall zu beobachten.) Das Wetter würde beeinflusst und als Waffe benutzt werden, um Dürren oder Hungersnöte zu erzeugen. (Das ist heute ganz eindeutig der Fall, wobei die so erzeugten klimatischen Phänomene natürlich dem angeblich vom Menschen verursachten Klimawandel in die Schuhe geschoben werden.) Day war während des Zweiten Weltkrieges selbst an Wetterexperimenten beteiligt. Er erklärte weiter, dass

> „die Menschen sich an den Gedanken der Veränderung werden gewöhnen müssen (vergleiche Barack Obamas Wahlslogans, in denen immer wieder von ‚Change' die Rede ist) – so sehr, dass sie ständig Veränderungen erwarten. Nichts wird mehr von Dauer sein." (Schon seit Langem der Fall.)

Day sprach in diesem Zusammenhang von den „Schocktest"-Methoden und anderen Techniken, die in „Silent Weapons for Quiet Wars" beschrieben werden. Sie dienen dazu, die Menschen in einem fortwährenden Zustand von Veränderung und Umwälzung zu halten. Auf der Website overlordsofchaos.com findet sich die folgende Zusammenfassung von Days bereits 1969 getätigten Voraussagen:

> „Bevölkerungskontrolle (läuft bereits); Kinder darf man nur mit Erlaubnis bekommen (in Vorbereitung); Neudefinition des Sinnes der Sexualität – Sex ohne Fortpflanzung und Fortpflanzung ohne Sex (läuft); Verhütungsmittel sind überall für jeden verfügbar (bereits abgeschlossen); Sexualunterricht und Dauerstimulierung der fleischlichen Instinkte der Jugend als ein Werkzeug zur weltweiten Herrschaft (läuft); aus Steuern finanzierte Abtreibungen als Mittel zur Populationskontrolle (läuft); Ermutigung zum schrankenlosen Ausleben homosexueller Gelüste jedweder Art (läuft); Entwicklung der Technologien für eine Reproduktion ohne Geschlechtsakt (läuft); Herabsetzung der Bedeutung der Familien (läuft); Euthanasie und Todespille (läuft); durch Einschränkung des Zugangs zu erschwinglicher medizinischer Versorgung wird es einfacher, die Alten zu beseitigen (läuft); Medizin wird streng kontrolliert (läuft); Abschaffung von Privatärzten (läuft bereits in der Alternativmedizin, der Rest folgt demnächst); neue, schwer diagnostizierbare und unbehandelbare Krankheiten (läuft); Unterdrückung der Heilmittel für Krebs als Mittel zur Populationskontrolle (läuft schon seit Langem); es werden Attentate verübt, indem man Herzanfälle auslöst (läuft); die Erziehung wird dazu benutzt, das Einsetzen der Pubertät und die individuelle geschlechtliche Entwicklung zu beschleunigen (läuft); Vermischung der Religionen … die traditionellen Religionen werden verschwinden (läuft); Veränderung der Bibel durch Neuübersetzung von Schlüsselwörtern (geschieht tatsächlich in den ‚modernen' Versionen); das Bil-

> dungssystem wird durch Umstrukturierung in ein Indoktrinationswerkzeug verwandelt (geschieht schon seit langer Zeit); Schüler verbringen mehr Zeit in der Schule, ‚lernen aber nichts' (läuft); Kontrolle des Zugangs zu Informationen (läuft); Schulen bilden den Dreh- und Angelpunkt der kommunalen Gemeinschaft (um die Eltern zu ersetzen, läuft); bestimmte Bücher werden einfach aus den Bibliotheken verschwinden (läuft, und ähnliche Pläne gibt es auch in Bezug auf Websites); Gesetze werden in einer Weise geändert, dass moralisches und soziales Chaos hervorgerufen wird (läuft); Förderung des Drogenmissbrauchs, um in den Städten und Metropolen eine Dschungelatmosphäre zu erzeugen (läuft); Förderung von Alkoholmissbrauch (läuft); Beschränkungen der Reisefreiheit (läuft); zunehmender Bedarf an Gefängnissen, Nutzung von Krankenhäusern als Gefängnis (läuft bzw. ist in Vorbereitung); es gibt keine psychologische oder physische Sicherheit mehr (läuft); Verbrechen als Werkzeug zur Manipulation der Gesellschaft (läuft); Abbau der industriellen Vorherrschaft der USA (läuft seit langer Zeit); Verschieben von Bevölkerungen und Ökonomien, Ausreißen sozialer Wurzeln (läuft); Sport als Werkzeug für Social Engineering und um Veränderungen zu bewirken (läuft); Einträufeln der Ideen von Sex und Gewalt durch die Unterhaltungsindustrie (läuft); Implantierung von Mikrochips zur Identifizierung (läuft); Kontrolle der Lebensmittel (läuft); Wetterkontrolle (läuft); man wird genau erforscht haben, wie Menschen reagieren, so dass man sie zu jeder gewünschten Verhaltensweise animieren kann (läuft – siehe ‚Silent Weapons for Quiet Wars'); gefälschte wissenschaftliche Forschung (läuft – vergleiche ‚globale Erwärmung'); Nutzung von Terrorismus (läuft); Beobachtung der Bevölkerung durch Überwachungssysteme, Implantate und Fernsehgeräte (läuft); Entstehung eines weltumspannenden, totalitären Systems (läuft)."

Aber keine Sorge. Eine Verschwörung gibt es ja nicht. Das sind alles nur erstaunliche Zufälle.

Zeit zu sterben, Oma!

Eine der von Day vorausgesagten Methoden zur Verringerung der Weltbevölkerung würde es sein, „den Zugang zu erschwinglicher medizinischer Versorgung zu beschränken, so dass man die Alten leichter aus der Welt schaffen kann". Seit den Tagen, als der Ölmagnat und Supergauner J. D. Rockefeller sich aufmachte, die Medizin der Skalpelle und Medikamente überall durchzusetzen und alternative Methoden zu unterdrücken – während er zeitlebens einen persönlichen Homöopathen hatte –, unterliegt die Medizin einer strengen Kontrolle. Day wollte ausdrücken, dass diese Unterdrückung noch extremer werden würde; und das ist in der Tat eingetreten. Die Beseitigung der Alten ist für die Verschwörer ein wichtiges Thema. Die älteren Menschen gehören zu den „nutzlosen Essern", wie der Rothschild-Zionist Henry Kissinger die aus seiner Sicht niederen Formen des Lebens tituliert. Es soll jemanden geben, der noch tiefer steht als er? Ein Ding der Unmöglichkeit, würde ich sagen. Die Vertreter der Blutlinien und ihre archontischen Herren wollen nur Erwachsene haben, die auch in der Lage sind, ihrem System und ihren Interessen zu dienen. (Außerdem brauchen sie die Kinder für ihre Energieversorgung.) Wird ein Mensch zu alt oder zu krank, um den Irren noch nützlich zu sein, stempelt man ihn zum nutzlosen Esser und sucht nach Wegen, ihn loszuwerden. Während ich an diesem Kapitel arbeitete, lief mir folgende Schlagzeile über den Weg: „Arzt behauptet, dass älteren Patienten ‚Essen und Trinken entzogen wird, damit sie schneller sterben und die Betten wieder frei werden'". In dem Bericht hieß es, dass Jahr für Jahr tausende (angeblich) todkranker Menschen auf so genannte „Care Pathways" gesetzt wurden, um ihren Tod schneller herbeizuführen. Bei diesen „Pathways" handelt es sich um Betreuungskonzepte (Umkehrung) für die Sterbebegleitung. Ich war nicht überrascht, hatte ich doch genau diese Strategie schon in „Remember Who You Are" ausführlich angesprochen. Das Wörtchen „angeblich" habe ich hier noch hinzugefügt, weil es offenkundig so ist, dass ältere Patienten (und nicht nur die) als „sterbenskrank" diagnostiziert werden und man ihr Ende künstlich beschleunigt, auch wenn sie das in Wirklichkeit gar nicht sind. Insbesondere ist die oft geringe Zeitspanne, die einem Patienten bei diesen „Diagnosen" noch zu leben gegeben wird, durch nichts untermauert. Das haben Ärzte bestätigt, in deren Brust noch ein Herz schlägt und die zumindest noch einen Hauch Mitgefühl und Empathie besitzen. So haben sich sechs Ärzte an den britischen *Daily Telegraph* gewandt, um ihre Beobachtung mitzuteilen, dass in manchen Krankenhäusern den älteren Patienten vielleicht *(ganz bestimmt)* Nahrung und Flüssigkeiten vorenthalten werden, damit sie schneller sterben und man so Kosten sparen kann und wieder freie Betten bekommt. Die Mediziner sprechen von einem Schnelltötungssystem mit der Bezeichnung „Liverpool Care Pathway" (LCP). Der Name rührt daher, dass das Schema in den 1990-er Jahren am Royal Liverpool Hospital entwickelt wurde. Wenn ich dann noch an den Skandal um das Alder Hey Children's Hospital denke, das sich ebenfalls in Liverpool befindet, dann bin ich nicht mehr so sicher, dass es eine gute Idee ist, in Liverpool krank zu werden, ganz gleich in welchem Alter. Bei der Geschichte ging es darum, dass das Krankenhaus den Körpern verstorbener Kinder ohne die Einwilligung der Eltern Organe entnommen hatte. Es wäre passender, wenn man das Pathway-Konzept in „We *Don't* Care Pathway" oder „*Death* Pathway" umbenennen würde. Und so funktioniert es: Ein Arzt stellt fest (oft unzutreffend), dass sich ein älterer Patient in den letzten Tagen seines Lebens befindet. Daraufhin werden Nährlösungen und Medikamente zurückgehalten, damit er schnell stirbt. In der Regel werden die Angehörigen nicht darüber informiert. Es gibt kein Lebewohl, keine Ankündigung, und mit einem Mal ist das geliebte Familienmitglied tot – einfach nur deshalb, weil ein Arzt das so entschieden hat. Der *Telegraph* schrieb, dass man mit 29 Prozent der angeblich Tod geweihten Patienten so verfahren sei; wobei es sich nicht bei allen um ältere Personen handelte. Das ergibt eine Zahl von 130.000 Menschen pro Jahr. Nach offiziellen Zahlen sind jährlich auch 20.000 Demenzkranke, die man wohl kaum aufklären und um ihre Zustimmung bitten konnte, von dieser staatlichen Euthanasie betroffen. 45 Prozent der Betroffenen waren zu dem Zeitpunkt, als der Arzt die Entscheidung fällte, bewusstlos. Das ist Mord durch den Staat; anders kann man das ehrlicherweise nicht nennen. In einem anderen Artikel enthüllte der *Telegraph*, dass die britische Regierung nach Zahlen, die aufgrund des Informationsfreiheitsgesetzes bekannt geworden sind, Prämien in Millionenhöhe an Krankenhaustrusts ausgezahlt hat, die ihr Soll an „Pathway“-Morden erfüllt haben. Ein beratender Onkologe am Imperial College Healthcare NHS Trust namens Mark Glaser hat gesagt, dass das „Care Pathway“-Programm die verwerflichste Praxis in der Geschichte der britischen Medizin darstelle. Sie sei eingesetzt worden, um Betten freizumachen und Geld abzugreifen (sowie zur Beseitigung „nutzloser Esser“, möchte ich hinzufügen). Er würde sich nicht in einem britischen Krankenhaus behandeln lassen, fuhr er fort. Den sechs Verfassern des erwähnten Briefes zufolge wurde die Einwilligung bzw. die Meinung eines Patienten auch dann nicht in jedem Fall eingeholt, wenn dieser noch in der Lage war, diese zu artikulieren. Sie wiesen auch darauf hin, dass ein natürlicher Tod bei älteren Menschen meist mit deutlich weniger Schmerzen verbunden ist. Dr. Gillian Craig, ein pensionierter Geriater und einstiger Vizepräsident der Medical Ethics Alliance, sagte gegenüber dem *Telegraph*:

> „Wenn man die Sache zynisch betrachtet – so wie ich das tue –, dann könnte man die Einstellung, möglichst wenig Alte in seinen Krankenhausbetten haben zu wollen, als Sparmaßnahme betrachten.“

Ich bin mir sicher, dass das für einige Leute auf den niedrigen Niveaus tatsächlich auch eine Motivation darstellt. Doch vordergründig bildet diese Strategie, wie die Euthanasie im Allgemeinen, einen Schritt auf dem Weg hin zum unmittelbaren Töten von Patienten (unter dem Deckmantel des Mitgefühls), dessen Präzedenzfall wir bald erleben werden. Professor Patrick Pullicino, der als beratender Neurologe für die East Kent Hospitals tätig ist, geht dann auch mit seiner Ächtung des „Death Pathways“ noch weiter. Er bezeichnet diese Praxis als Äquivalent zur Euthanasie, angewendet auf die Alten. Er erzählt, wie er einmal eingeschritten sei, um einen Patienten aus der „Pathway“-Betreuung herauszunehmen, der sich dann in der Folge erholte und wieder nach Hause entlassen werden konnte. Man sähe daran unzweifelhaft, dass Behauptungen, nach denen ein Mensch nur noch Stunden zu leben hätte, falsch seien. Er fügte hinzu:

> „Es ist sehr wahrscheinlich, dass viele ältere Patienten, die noch eine beträchtliche Zeit leben könnten, durch [den Death Pathway] getötet werden. Oft werden Patienten auf den Pathway gesetzt, ohne dass deren gesundheitliche Verfassung genau analysiert worden wäre. Es ist wissenschaftlich unmöglich, die noch verbleibende Lebensspanne vorherzusagen, geschweige denn, sich auf drei oder vier Tage festzulegen.
>
> Wenn im Rahmen des LCP solch eine Aussage getroffen wird, führt das zu einer selbsterfüllenden Prophezeiung. Auch spielen die persönlichen Ansichten des Arztes oder der medizinischen Mitarbeiter über die vermutete Lebensqualität bzw. die Wahrscheinlichkeit einer Genesung bei der Entscheidung, ob ein Patient auf den [Pathway] gesetzt wird oder nicht, wahrscheinlich eine zentrale Rolle. Wenn wir den Liverpool Care Pathway akzeptieren, dann akzeptieren wir auch Euthanasie als einen normalen Weg des Sterbens – der Anteil der Pathway-Todesfälle an der Gesamtheit der Sterbefälle innerhalb des NHS [des staatlichen britischen Gesundheitssystems] beträgt schließlich 29 Prozent.“

Das ähnelt schon sehr dem, was Dr. Richard Day 1969 vorhergesagt hat: Euthanasie, die „Todespille" und „die Beschränkung des Zugangs zu erschwinglicher medizinischer Versorgung, so dass man die Alten leichter los werden kann". Hat man erst einmal eine Messlatte gelegt und den Fuß in der Tür, weitet man diese Politik einfach immer weiter aus und lockert die Kriterien und Beschränkungen fortlaufend, so dass immer neue Extreme erreicht und für normal befunden werden. Hat ein Mensch in einer entsprechenden Position erst einmal das Gefühl, genügend Orwellsche Macht über seine Umgebung akkumuliert zu haben, dann wird er zum Herrn über Leben und Tod und kann um die Ecke bringen, wen und wann immer er will. Die Entrüstung der Öffentlichkeit über den Skandal mit dem Liverpool Care (Death) Pathway veranlasste die britische Regierung im Juli 2013 zu der Bekanntgabe, dass man das Verfahren innerhalb eines Jahres ausmustern würde (warum nicht sofort?) und ein anderer Death Process an seine Stelle träte. *Beobachtet sie mit Adleraugen.*

Schon wieder Bill

Die unter der Bezeichnung Obamacare bekannte amerikanische „Gesundheits"politik zielt auch darauf ab, älteren Menschen die Behandlung zu verweigern. Zu diesem Zweck gibt es „Beratergremien", die darüber entscheiden, ob eine Behandlung bezahlt wird oder nicht. Verständlicherweise haben böse Zungen diese Beiräte in „Todesgremien" umgetauft. Diese Verfahrensweise wird unter anderem unterstützt von – Sie ahnen es: Bill Gates. Nun, zumindest ist er in seinem Verhalten konsistent. Der Mann redet so unglaublich viel Mumpitz, dass wohl kaum einmal etwas anderes seinen Lippen entfährt, sobald er sie öffnet. Ich kann kaum glauben, dass er das nicht selbst weiß. Kann jemand so dämlich sein? Oder ist er einfach nur verschlagen, um auf diese Weise leichter durchs Leben zu kommen? Das möge der Beobachter entscheiden. Gates ist obendrein auch noch einer der uninspiriertesten und ermüdendsten Redner, die es gibt. Aber dafür bin ich ihm dankbar. Es wäre alles noch viel schlimmer, wenn er ein guter Redner wäre. Auf dem Aspen Ideas Festival im Bundesstaat Colorado beklagte er 2012 den „Mangel an Willen", wenn eine Entscheidung darüber getroffen werden muss, ob man Lehrer entlässt oder „eine Million Dollar für die letzten drei Monate im Leben eines Patienten ausgibt". Eine Entscheidung freilich, der er und seine Familie niemals ausgesetzt sein werden. Gates erklärte, dass das Gremium, das solche Entscheidungen treffen muss, „das Todesgremium genannt [wird], aber Sie sind nicht in der Position, diese Diskussion zu führen". Gates würde allerdings gerne darüber reden, schließlich ist das sein Thema. Die Art und Weise, wie er seine Argumentation aufbaute, war blanke Manipulation und der Versuch, das Prinzip von „Teile und herrsche" anzuwenden. Zunächst nimmt er die gewaltige Zahl von „einer Million Dollar" auf der einen Seite und eine kurze Lebensspanne von drei Monaten auf der anderen, womit er ein völlig verzerrtes und überzogenes Bild von dem Entscheidungsfeld der Todesgremien zeichnet. Das spielt er dann gegen die Seite der Lehrer aus, die ihre Jobs verlieren würden, und konstruiert einen angeblich dadurch entstehenden Schaden für die Bildung (die Indoktrination und Programmierung) der Kinder und Jugendlichen. Gates argumentiert also, solche unangenehmen Entscheidungen müssten deshalb gefällt werden, weil sich die Wirtschaft in solch einem schlechten Zustand befindet. Die Wirtschaft schwächelt jedoch nicht deshalb, weil so viele alte Leute am Leben erhalten werden. Sie krankt vielmehr daran, dass Mega-Banken und Mega-Konzerne bei den Steuerzahlern und Bürgern in diesem gewaltigen Ausmaß schmarotzt haben, wie wir das in den letzten Jahren erleben konnten. Die Welt der Mega-Reichen – die auch Gates bewohnt – lebt von den Steuern, die jene alten Menschen, die man jetzt meint vor Ablauf ihrer Zeit beseitigen zu dürfen, Zeit ihres Lebens gezahlt haben. Wenn Gates die Kosten der „Gesundheitsfürsorge" reduzieren will (oder was als solche durchgeht) – wie wäre es denn, wenn er einmal einen der größten Parasiten auf dem Planeten zur Kasse bittet: Big Pharma? Aber nein, mit denen legt er sich lieber nicht an. Er ist ja auch viel zu sehr damit beschäftigt, den Pharmakonzernen durch seine Bill & Melinda Gates Foundation Milliarden für ihre Impfstoffe in den Rachen zu werfen, mit denen dann das Immunsystem von Millionen Kindern in der Dritten Welt zerstört wird. Kinder, die ebenfalls Kissingers Definition des nutzlosen Essers entsprechen. Und hey – wenn du dein neu geborenes Kind nicht haben willst, kannst du es bald auch ganz legal abmurksen. Dieser Vorschlag, bei dem einem die Spucke wegbleibt, findet sich in einem Aufsatz im *Journal of Medical Ethics* mit dem Titel „Nachgeburtliche Abtreibung: Warum sollte das Baby leben?" Auch dieser Ansatz wird viel Beifall von der El-ite bekommen. Die Verfasser des Artikels sind Alberto Giubilini von der Universität Mailand und Francesca Minerva, eine Postdoktorandin vom Centre for Applied Philosophy and Public Ethics an der Universität Melbourne. Sie sind der Meinung, dass Ärzte das Recht haben sollten, Neugeborene zu töten, wenn sie behindert, zu teuer oder ungewollt sind. Wenn Ärzte und Witzfiguren von Akademikern wie diese beiden einmal darüber entscheiden, welche Kinder das moralische Recht haben zu leben, dann sind die Tage der Menschheit gezählt. Dann bleibt keine andere Option mehr übrig, als der Welt die Nährstoffe und Medikamente zu entziehen und sie hinübergehen zu lassen. Schickt die Welt nach Liverpool, da haben die Doktoren Übung darin. Die Autoren argumentieren, dass ein Baby doch nicht anders als ein Fötus sei, da es beiden – dem Baby wie dem Fötus – an den Eigenschaften mangele, mit denen sich rechtfertigen ließe, ihnen den Status eines Individuums zuzuerkennen. Neugeborene seien nicht „tatsächliche Personen", sondern lediglich „potenzielle Personen". So ähnlich wie die Autoren, sozusagen.

Aus denselben Motiven heraus wird auch das Gesundheitssystem in seiner Gesamtheit heruntergewirtschaftet. Im National Health Service (NHS), dem staatlichen britischen Gesundheitssystem, und im privaten System der Vereinigten Staaten werden atemberaubende Summen ausgegeben. Doch die Patientenversorgung verschlechtert sich dennoch dramatisch, während all das Geld in Richtung der Verwaltungen bzw. der Pharmakonzerne versickert. Was soll man auch über ein Gesundheitssystem sagen, in dem der Spitzenplatz unter den Todesursachen von den „Behandlungen" belegt wird? Man kann immer noch einige gute Leute in der Gesundheitsindustrie finden, aber es gibt auch jede Menge Inkompetenz und sogar reine Bösartigkeit. Im St. George's Hospital in Tooting, einem Stadtteil im Süden Londons, ist ein 22jähriger Mann im Jahr 2012 im Krankenbett verdurstet. Er hatte sogar den Polizeinotruf gewählt, nachdem man seine Bitte um Wasser konsequent ignoriert hatte. Die Polizisten kamen auch, wurden aber von den „Krankenschwestern" mit der Bemerkung weggeschickt, dass der Mann nur verwirrt sei. Die Mitarbeiter des Krankenhauses wurden später als „faul und inkompetent" beschrieben. Aber das kann man so nicht sagen. Sie haben vollkommen gleichgültig und fahrlässig gehandelt. Menschen werden für weit geringere Vergehen eingesperrt. Die Familie des jungen Mannes hatte gegenüber dem Hospital darauf gedrungen, dass er dringend seine Medikamente zur Regulierung des Flüssigkeitshaushaltes bräuchte, aber das wurde einfach beiseite gewischt. Unmittelbar nachdem er dann gestorben war, fragte eine der Schwestern in Gegenwart der Familie ihre Oberschwester, ob sie ihn jetzt „einpacken" könne. Der völlig gefühllose Umgang mit Patienten oder Erscheinungen wie die Unsitte, Patienten in ihren Rollwagen stundenlang alleine auf dem Flur stehen zu lassen, sind alles andere als Einzelfälle. Das System implodiert, so wie man es schon bei seiner Erschaffung geplant hatte. Wenn du ein System kreierst und dieses einen ganz bestimmten Charakter haben soll, dann stell' solche Personen ein, die diesem Charakter entsprechen.

Machen Sie sich nichts vor: Was der Insider Dr. Richard Day im Jahre 1969 so eiskalt vorhergesagt hat, ist heute Realität geworden. Das betrifft nicht zuletzt seine Äußerungen über die Reduzierung der Weltbevölkerung, die wir mittlerweile an vielen Fronten und auf verschiedenen Ebenen beobachten können. Ist es nicht ein interessanter Zufall, dass die Agenda 21 und die Pläne zur Biodiversität Days lange Liste kommender gesellschaftlicher Veränderungen ziemlich genau widerspiegeln?

30

Effekthascherei mit dem Klimathema

Erziehung bedeutet, eine Flamme zu entzünden, nicht ein Gefäß zu füllen.
Sokrates

Die große Basislüge, derer man sich bedient, um die Agenda 21, beziehungsweise die Pläne zur Biodiversität zu rechtfertigen, besagt, dass menschliches Handeln das Klima verändert. In meinen Büchern, wie beispielsweise „Der Löwe erwacht", habe ich dieses idiotische Konzept von der Erderwärmung, beziehungsweise dem Klimawandel, bereits demoliert. Kein Mensch, der auch nur über ein Fünkchen Verstand verfügt, kann übersehen, dass die aufgestellten Behauptungen blanker Unsinn sind.

Allein schon die Tatsache, dass sich Al Gore, der Meisterbetrüger in der politischen Arena, als Gallionsfigur für diesen Scherz postiert hat, sagt schon alles. Jeder, der von Bill Clinton (und seinen Herren und Meistern) als geeignet für das Amt eines Vizepräsidenten befunden werden will, muss einen Doktortitel in Verlogenheit mitbringen (Abb. 661). Es ist, als würde man fragen: „Lügt Tony Blair?", wenn die viel treffendere Frage lauten müsste: „Bewegen sich seine Lippen?" Wenn man sich all die politischen Prostituierten ansieht, die die Agenda des Klimawandels vorantreiben, erübrigt sich jedes weitere Wort – Gore, Obama, Blair, Cameron, Julia „Warm-Auge" Gillard aus Australien, und ihresgleichen überall auf der Welt. Al Gore ist einfach ein weiterer Lakai der Blutlinien, der tut, was man ihm befiehlt. Er absolvierte sein Studium an der Vanderbilt Universität mit einem Stipendium der Rockefeller-Stiftung. Diese Stiftung finanziert die archontische Agenda und hortet die Geldbündel der Rockefellers, und das bei minimalen Steuerzahlungen. Gores Tochter heiratete in die Bankerfamilie Schiff ein, die eng mit den Rothschilds verbunden ist und früher in demselben Haus im Frankfurt wohnte, vor dem das „rote Schild des Saturn" hing. Jacob Schiff betrieb für die Rothschilds das Unternehmen Kuhn, Loeb and Company, das die russische Revolution finanzierte und dem Symbol des Saturn einen Platz auf der kommunistischen Flagge verschaffte. Karenna Gore Schiff hätte niemals in

Abbildung 661: Al Gore, der Hohepriester des Klimakults.

die Familie Schiff einheiraten können, wenn sie keine Jüdin wäre. Das wäre ausgeschlossen gewesen. Ein großer Förderer Gores und seiner Kampagne zur Täuschung der ganzen Welt ist David Mayer de Rothschild. Als Sohn von Sir Evelyn de Rothschild gilt er als eines der führenden Mitglieder dieser Familie. Offiziell zeichnete dieser Rothschild Junior als Autor von „The Live Earth Global Warming Survival Handbook: 77 Essential Skills to Stop Climate Change – Or Live Through It". Diese Schrift diente als ergänzender „Leitfaden" zu den „Live Earth" Konzerten, die Gore auf der ganzen Welt veranstaltete, um die Große Lüge an junge Menschen zu verkaufen. Wie bei seinen Veranstaltungen üblich, konnte Gore sich auch dabei der Unterstützung von Bono, dessen Liste von Bekannten aus dem „Who's Who" der globale *El*-ite zu bestehen scheint, und von Madonna versichern, die es sich nicht nehmen ließ, einmal mit Edward „Schwarzauge" Heath zu dinieren (Abb. 662). Auch Bill Gates zählt zu Bonos Kumpanen, und so brachte der Sänger dem Microsoft-Mann bei einem Konzert in Vancouver ein Geburtstagsständchen, jedoch nicht ohne vorher den allerdümmsten, arschkriecherischsten Mist über Gates Beitrag zu einer besseren Welt verzapft zu haben. Bono gehört ebenso wie sein Freund Bob Geldof heute zum Club derjenigen, an denen er früher angeblich etwas auszusetzen gehabt hatte. 2012 bemühte er sich mit großem Einsatz, Kapital für seine 125 Millionen Britische Pfund schwere Private-Equity-Gesellschaft aufzutreiben und auf dem afrikanischen Kontinent nach „Investitionsmöglichkeiten" zu suchen. Dabei hatte er sich ursprünglich einen Namen gemacht, weil er eben diesen Kontinent angeblich vor den Folgen westlicher „Investitionen" (krimineller Ausbeutung) schützen wollte. Wenn er wirklich gemeint hätte, was er sagte, hätte er sich im Leben und nicht nur bei „Live Aid" bewähren müssen. Bono ist ein Groupie des Klimawandels, und genauso wie sein Kumpan Gates setzt er sich für die Verbreitung dieser Lüge ein. Entweder weiß er, was er tut, oder er ist bedauernswert uninformiert über das, was er von sich gibt und über das Unternehmen, das er führt. Zu der illustren Reihe gehört auch ein Typ namens Rajendra K. Pachauri, ein Eisenbahningenieur, der dem total diskreditierten zwischenstaatlichen Gremium für Klimaveränderung der Vereinten Nationen (IPCC) vorsteht. Diese Organisation war die treibende Kraft hinter der Propaganda von der „Erderwärmung", beziehungsweise „Klimaveränderung", wie es heute heißt, nachdem man festgestellt hat, dass die Temperaturen mittlerweile Jahr

Abbildung 662: Billo, Killo und Bono.

Abbildung 663: Rajendra K. Pachauri. „Herr Rothschild und Herr Rockefeller haben mir gesagt, dass die Menschen schuld sind, wenn die Temperaturen ansteigen, und dass sie auch schuld sind, wenn die Temperaturen mehr als ein Jahrzehnt lang nicht ansteigen. In beiden Fällen stellt menschliches Tun eine Bedrohung für die ganze Welt dar. Jetzt müssen Sie mich aber entschuldigen, meine Herren, ich muss noch einige Gleise reparieren."

um Jahr weiter absinken (Abb. 663). Pachauri hat man schon viele Male dabei ertappt, wie er die Öffentlichkeit in die Irre führte, wenn er vom „Klimawandel" und seinen Folgen sprach. Trotzdem gewann er 2007 gemeinsam mit Al Gore den mittlerweile nur noch lächerlichen Friedensnobelpreis (Umkehrung) für die Verbreitung des gemeinsamen Mumpitz (Abb. 664). Wenn jemand wie Obama diesen Preis gewinnen kann, dann sollte man endlich auch Dschingis Khan in die Ruhmeshalle des Weltfriedens aufnehmen. Das IPCC entstand im Rahmen des Umweltschutzprogramms der Vereinten Nationen und der Weltorganisation für Meteorologie zu dem Zweck, „der Weltöffentlichkeit einen klaren wissenschaftlichen Überblick über den aktuellen Wissensstand zu Fragen der Klimaveränderung und deren möglichen Auswirkungen auf die Umwelt und die soziale und wirtschaftliche Situation zu verschaffen". Okay, und wann soll es losgehen? Pachauri arbeitet als Berater für Firmen wie Pegasus Capital Advisors, GloriOil, die Chicagoer Klimabörse (Maurice Strong/Al Gore), Toyota, Deutsche Bank und NTPC (ehemals National Thermal Power Corporation). Laut der Zeitschrift *Business Week* zählte er 2005 zu den Gründern der Glori Energy/Oil, Inc. Wie außerordentlich umweltbewusst. Dr. Arun D. Ahluwalia, ein indischer Geologe und Mitglied des Führungsgremiums des von der UN gesponserten International Year of the Planet, sagte über Pachauri und seine Organisation:

Abbildung 664: Ach, wenn doch bloß …

> „Tatsächlich kreist das IPCC nur noch um sich selbst. Man hört anderen nicht zu. Dort herrscht keine Aufgeschlossenheit … Ich bin wirklich überrascht darüber, dass der Friedensnobelpreis für wissenschaftlich inkorrekte Schlussfolgerungen von Leuten verliehen wurde, die gar keine Geologen sind."

Dr. Ahluwalia wäre sicher weniger erstaunt, wenn er wüsste, dass die archontischen Blutlinien über den Friedensnobelpreis bestimmen. Der Preis wird jeweils denjenigen verliehen, die gerade ein Thema propagieren, das gerade opportun erscheint. Pachauri hielt 2009 eine Ansprache vor der UNESCO-Konferenz, in der er die Medien aufforderte, sich noch stärker für die Große Lüge einzusetzen:

> „Andere Sprecher vor mir haben bereits betont, wie wichtig Verhaltensänderungen sind – ich bin der Auffassung, dass solche Verhaltensänderungen im Wesentlichen den Lebensstil betreffen sollten [siehe Agenda 21 und Biodiversität]. Es gibt einiges, was wir in unserem eigenen Leben tun können. Ich glaube, die Medien sollten sich an die Bevölkerung wenden. Sie sollten den Menschen das mitteilen und so eine Volksbewegung in Gang setzen."

Nein, die Medien sollten die Wahrheit berichten. Doch wie gut stehen dafür wohl die Chancen, wenn Leute wie Alex Kirby, der langjährige Reporter der *BBC* für Umweltschutzfragen, bei der gleichen Konferenz äußert:

> „Mir ist nie in den Sinn gekommen, dass es die Aufgabe der Journalisten sein könnte, innerhalb einer unausgewogenen Realität den Anstoß zu einem künstlich herbeigeführten Gleichgewicht zu geben. Hätte man mich losgeschickt, um eine Story über Apartheid, Armut oder Hunger zu recherchieren, wäre ich nie auf die Idee gekommen, einen ausgewogenen Bericht zu liefern. Ich denke für den Klimawandel gilt das ebenfalls."

Was für ein Trottel. Soll die Tatsache, dass eine große und ständig weiter wachsende Zahl von Mainstream-Wissenschaftlern das orthodoxe Gedankengut zum Thema Klimawandel in Frage stellt, darunter auch viele Wissenschaftler, die anfangs als Befürworter auftraten, etwa kein Gegenwicht darstellen, über das es sich zu berichten lohnt? Das ist die Mentalität, die zwischen dem steht, was in der Welt wirklich geschieht, und dem, was man den Menschen über die Geschehnisse in der Welt erzählt. Wie deprimierend. Kein Wunder, dass Peter Sissons, ein Urgestein in der Landschaft der Nachrichtenreportage, die *BBC* aus Empörung über die Voreingenommenheit des Senders, nicht zuletzt in Bezug auf den Klimawandel, verließ. Die Geschäftsführung der *BBC* befand, dass die wissenschaftliche Auseinandersetzung über den Klimawandel zu einem Abschluss gekommen sei, und es sich daher nicht mehr lohne, alternative Sichtweisen darzustellen. Sissons kommentierte:

> „… die *BBC* verfolgt tatsächlich die von den Umweltkorrespondenten mit Enthusiasmus umgesetzte Strategie, anderen Ansichten keine Stimme mehr zu verleihen – man beachte dazu nur die folgende Aussage der *BBC* vom letzten Jahr: ‚*BBC News* vertritt derzeit die Ansicht, dass die Berichterstattung genormt werden müsse. Damit soll dem wissenschaftlichen Konsens Rechnung getragen werden, wonach die Erderwärmung vom Menschen verursacht wird.'"

Die *BBC* ist die am meisten von Vorurteilen geprägte Sendeanstalt der Welt (trotz lebhafter Konkurrenz). Dabei behauptet sie nach wie vor unter Einsatz allen ihr zur Verfügung stehenden Pomps, die vertrauenswürdigste überhaupt zu sein. Wie viel Sendezeit haben Herr Kirby und die *BBC* eigentlich dem Wissenschaftler und Ingenieur David Evens eingeräumt, der elf Jahre lange als Vollzeit- und Teilzeitberater der australischen Behörde für Treibhauseffekte tätig war (die heute Ministerium für Klimawandel heißt)? Evens behauptete, die Debatte über die Erderwärmung hätte geradezu groteske Ausmaße angenommen Er sagte:

> „Ich bin ein Wissenschaftler, der früher beim Thema Kohlenstoff mitabgesahnt hat. Ich bin jemand, der die Beweise versteht, der früher zu den Panikmachern gehörte und der mittlerweile zum Skeptiker geworden ist."

Laut Evans beruht die Vorstellung, dass hauptsächlich Kohlendioxid für die jüngste Erwärmung verantwortlich zu machen sei, insgesamt auf

> „einer bloßen Vermutung, die bereits während der 1990-er Jahre durch empirische Beweise widerlegt wurde. Doch die Profitmaschinerie ist bereits zu groß geworden, und es hängen zu viele Arbeitsplätze, ganze Branchen, Geschäftsgewinne, politische Karrieren und nicht zuletzt die Möglichkeit, eine Weltregierung und totale Kontrolle einzuführen, von diesem Ergebnis ab."

Da haben wir es wieder einmal – eine Weltregierung. Er fügte hinzu:

> „Die Regierungen und ihre gezähmten Klimawissenschaftler halten heute ungeheuerlicherweise das Märchen aufrecht, dass Kohlendioxid ein gefährlicher Schadstoff sei."

Trotz überwältigender Beweise wollen sie einfach nicht zugeben, sich geirrt zu haben. Evans hat in vielerlei Hinsicht absolut Recht: Eine solche „Wissenschaft" ist Blödsinn. Die Bauernfängerei mit dem Klimawandel wird durch unaufhörliche Lügen fortgesetzt, wie das bei falschen Tricks so üblich ist, und das Ganze wird gemäß dem Muster Kein-Problem-Reaktion-Lösung benutzt, um eine Weltregierung zur „Rettung des Planeten" zu rechtfertigen (siehe Agenda 21/Biodiversität). Das britische Wetteramt zählt zu den Fahnenträgern des Konzepts eines vom Menschen verursachten Klimawandels. Trotzdem enthüllen die eigenen monatlichen Zahlen des Amtes, dass es seit 1997 weltweit keine signifikanten Temperaturveränderungen mehr gegeben hat und solche auch in den nächsten Jahren nicht zu erwarten stehen (Abb. 665). Das Wetteramt erklärte, die „natürliche Variabilität" nicht hinreichend berücksichtigt zu haben. Stimmt, das Amt hat sich nicht die Mühe gemacht, irgendetwas zu berücksichtigen, was eine andere Geschichte erzählen würde als die, die es seinem Auftrag gemäß der Öffentlichkeit verkaufen muss. Die Temperaturdaten des Wetteramts wurden von der Londoner Zeitung *Mail on Sunday* veröffentlicht, die die offizielle Geschichte damit in Frage stellte. Wie das Blatt ganz richtig bemerkte, kam diese Meldung des Wetteramts dem Eingeständnis gleich, „dass frühere Prognosen – die jahrelang die Regierungspolitik bestimmt und Tausende Milliarden Pfund gekostet haben – falsch waren." Was änderte sich nun infolge dieser Enthüllungen? Rein gar nichts. Schließlich lässt die archontische Agenda ein Nein nicht gelten, wenn wir nicht ausdrücklich darauf bestehen. Diese Leute wissen, dass sie lügen, und sie werden ihren Kurs nicht ändern, denn schließlich wollen sie den ganzen Planeten in die Knie zwingen. Der Artikel in *Mail on Sunday* erhellt, wie die manipulative Lüge vom Klimawandel verkauft wird:

Global warming stopped 16 years ago, Met Office report reveals

Graph showing tenths of a degree above and below 14C world average

Abbildung 665: Die globale Erwärmung kam vor 16 Jahren zum Stillstand, wie ein Bericht des Wetteramts enthüllte.
Das ist die Wahrheit. Doch sie wird ignoriert, weil der Schwindel von der Erderwärmung gebraucht wird, um die Agenda 21 zu rechtfertigen.

> „Eigentlich hätte das Wetteramt diese wichtigen Neuigkeiten hinausposaunen müssen, ebenso wie es das bei den Warnungen der Öffentlichkeit vor anstehenden Temperaturerhöhungen seinerzeit getan hat. Aber es gab keine Fanfaren. Das Amt veröffentlichte auf seiner Website unter der Überschrift ‚Forschung' lediglich eine korrigierte Prognose – und zwar am Heiligabend. Die Sache kam erst ans Licht, als die Argusaugen eines Klima-Bloggers und später die Global Warming Policy Foundation, eine von Lord Lawson geleitete Denkfabrik, diese Neuerung aufspürten.

> Doch anstatt objektiv darüber zu berichten, verlegten sich die etablierten britischen Grünen darauf, diese neue Erkenntnis einfach zu leugnen. Weder *The Guardian* noch *The Independent* machten sich die Mühe, in ihren Blättern darüber zu berichten. Stattdessen veröffentlichte *The Independent* später einen Leitartikel, in dem es hieß, die neue Prognose wäre nur eine geringfügige ‚Korrektur'. Lieber berichtete die Zeitung eilfertig über die Hitzewelle und die tobenden Buschfeuer in Australien.
>
> Der Journalismus der Grünen zeichnet sich durch eine Besonderheit aus: Wenn es ungewöhnlich kalt wird, dann wird das als unbedeutende ‚Wettererscheinung' abgetan, während eine Hitzewelle oder heftige Stürme als Hinweise darauf gedeutet werden, dass bereits eine katastrophale Klimaveränderung eingesetzt hat. Anstatt sich auf die Nachricht zu konzentrieren, dass die Erderwärmung zum Stillstand gekommen ist, berichteten auch andere Zeitungen nur über die Hitzewelle und die tobenden Buschfeuer in Australien.
>
> Soweit die neue Prognose von der *BBC* oder anderen Websites aber doch erwähnt wurde, bot man sogleich Fachleute auf, die der apokalypsehungrigen Leserschaft versicherten, dass uns nach wie vor das Ende der Welt drohe. Eine Erwärmungspause von nur 20 Jahren spiele keine Rolle, so meinten sie."

Wie Daten der amerikanischen Wetter- und Ozeanografiebehörde aus dem Jahr 2013 enthüllen, steigt der Kohlendioxidspiegel in der Atmosphäre stetig an. Die globalen Temperaturen folgen diesem Trend jedoch nicht. Diese neuen Daten unterminieren die Behauptung, dass Kohlendioxid in der Atmosphäre eine krisenhafte Erderwärmung verursacht. Der Kohlendioxidgehalt in der Atmosphäre ist um 2,67 ppm auf 395 ppm gestiegen – das ist der höchste Stand seit 1959 – doch die globalen Temperaturen haben sich im Vergleich zu den 1990-er Jahren, als der Wert noch bei 360 ppm lag, nicht verändert. Der Kohlendioxidspiegel stieg also zwischen 1995 und 2012 um zehn Prozent an, und doch blieben die globalen Temperaturen konstant. Diese stabile Phase folgte auf ein über 30 Jahre währendes Absinken der Temperaturen zwischen den 1940-er und den 1970-er Jahren, und das trotz des genannten Anstiegs der Kohlendioxidwerte um nahezu 10 Prozent. Doch der Erwärmungskult hält nach wie vor an seinem Schwachsinn fest. Die Nachrichtenagentur *Reuters* schaltete sogar eine Schlagzeile mit der Überschrift „Die „verschwundene" globale Erwärmung könnte sich in den Tiefen der Ozeane verstecken." Die „Forscher" sind so verzweifelt darum bemüht, das Vorhandensein einer globalen Erwärmung zu beweisen, dass sie sogar auf die Idee verfallen, sie könnte sich „verstecken". *Verstecken*? Wie macht sie das denn? Lugt sie aus dem Gebüsch hervor oder trägt sie eine Verkleidung? Ein Schneemannskostüm würde sich am besten eignen (Abb. 666). Die Agentur *Reuters* berichtete:

Abbildung 666: Es ist wahr, ja ganz ehrlich, es ist wahr. Herr Rothschild hat es mir erzählt …

> „Das Rätsel um die verschwundene Erderwärmung könnte gelöst sein: Sie könnte sich in den Tiefen der Ozeane verstecken und damit vorübergehend die Wirkungen der Treibhausgasemissionen verschleiern, berichteten Forscher am Sonntag. Die Klimawissenschaftler wundern sich seit Langem, wohin die Erwärmung verschwunden sein mag, insbesondere während des letzten Jahrzehnts, in dem zwar die Emissionen der Treibhausgase zunahmen, die Lufttemperaturen jedoch nicht entsprechend anstiegen."

Wie wäre es mit der Erklärung, dass es die Erderwärmung überhaupt nie gegeben hat? Die Gelder, mit denen Studien über Klimaveränderungen finanziert werden, stammen überwiegend von den archontischen Blutlinien. Die entsprechenden Daten liefern von den Blutlinien kontrollierte Quellen innerhalb der staatlichen Behörden. James Hansen, der Leiter des Goddard Instituts für Weltraumstudien der NASA, zählt zu den Hauptfiguren, die hinter dem Schwindel mit der Klimaveränderung stecken. Man konnte ihm auch bereits Datenmanipulation nachweisen. Eine Studie mit dem Titel „Berkeley Earth Surface Temperature", die die offizielle Geschichte stützt, bezog ihre Daten von der regierungsgesteuerten NASA und der staatlichen Behörde für Ozeanografie und Atmosphäre. Geldgeber dieser Behörde sind die archontische, gemeinnützige Charles G. Koch Stiftung und der Fonds für innovative Klima- und Energieforschung, eine von *Bill Gates* ins Leben gerufene Organisation. All dieser Schwachsinn von wegen man müsse alternative Energiequellen entwickeln, wie beispielsweise Windkraft, und all das Gerede von „grünen Jobs", die man auf diese Weise schaffen könne, sind nichts als bewusste Irreführung. So bietet sich die Möglichkeit, den eigenen Kumpanen öffentliche Gelder zuzuschieben. Die Obama-Administration stellte zwischen 2009 und 2011 neun Milliarden Dollar für „Wirtschaftsförderungsfonds" zur Verfügung, mit denen Solar- und Windkraftprojekte finanziert werden sollten. Daraus entstanden unmittelbar insgesamt 910 Arbeitsplätze (jeder Arbeitsplatz kostete also 1,9 Millionen Dollar). Mittlerweile unterdrücken und blockieren genau dieselben Leute die Entwicklung von Technologien, die mit freier Energie arbeiten und die uns allerorts umgebenden elektrischen, elektromagnetischen und vibrationellen Energiefelder anzapfen. „Frei" bedeutet in diesem Sinn sowohl, dass die Technologien mehr Energie erzeugen, als sie verbrauchen, als auch, dass keine Kosten anfallen, sobald sie einmal installiert sind. Die entsprechenden Technologien hat das Wissenschaftsgenie Nikola Tesla bereits in der ersten Hälfte des 20. Jahrhunderts entwickelt und betrieben, doch sie wurden von eben den Kräften verschleiert und unterdrückt, die nunmehr behaupten, man bräuchte neue Energiequellen, um den Planeten zu retten. Das ist alles nur ein verdammter Schwindel, der den Vorwand liefern soll, um die menschliche Gesellschaft nach dem Modell von „Die Tribute von Panem" umzuwandeln, und um – ironischer geht es nicht mehr – das Klima und die Atmosphäre des Planeten durch Geoengineering zu verändern. Bill Gates finanzierte sogar ein *Experiment* (Experiment bedeutet, dass man den Ausgang nicht kennt), bei dem Tausende Tonnen sonnenreflektierender Schwefelpartikel am Himmel über New Mexico ausgebracht werden sollen. Zwei Harvard-Ingenieure wollen zu diesem Zweck einen Ballon in 25 Kilometer Höhe aufsteigen lassen. Dahinter steckt die Idee, die Atmosphäre künstlich abzukühlen, um uns vor der Erderwärmung zu retten. Dabei ist die vom Menschen verursachte Erderwärmung reine Fiktion. Gates ist Feuer und Flamme für ein Geoengineering des Klimas, und auch die archontischen Blutlinien sind Feuer und Flamme dafür, wie wir gleich sehen werden. Die gleiche Übereinstimmung zwischen Gates und den Archonten finden wir auch bei Themen wie Impfungen, Bevölkerungsreduzierung, genveränderte Saaten für Afrika und bargeldlose Gesellschaft. Die archontische Agenda und die Gates-Agenda gehen Hand in Hand, wie mit Sekundenkleber zusammengeschweißt. Gates steuerbefreite Stiftungen dienen dabei als Vehikel, nach dem Motto „mit Geld geht alles". Sogar führende Umweltspezialisten sind gegen das Schwefelexperiment von Gates. Doug Parr, ein maßgeblicher britischer Umweltspezialist bei Greenpeace, beschrieb es als „befremdlich" und „gefährlich". Kurioserweise berichten Menschen, die Begegnungen mit archontischen Wesenheiten in welcher Form auch immer hatten oder von solchen entführt wurden, übereinstimmend von einem fauligen Schwefelgeruch. Als weitere Idee für eine „Klimaveränderung" wird vorgeschlagen, „die Ozeane mit Eisen zu düngen, um so die Vermehrung des sich von Kohlenstoff nährenden Planktons zu fördern". Dadurch könnte jedoch möglicherweise das gesamte Meeresleben vernichtet werden, genauso wie durch das Versprühen von Sulfat in der Stratosphäre die Wettermuster und die gesamte Atmosphäre zerstört werden könnten. Alan Robock, ein an der Rutgers Universität in New Jersey tätiger Meteorologe, teilte mit, dass seinen Computersimulationen zufolge Schwefel in der Atmosphäre die Regenfälle verringern könnte, die Milliarden von Menschen brauchen, um Lebensmittel anbauen zu können. Das ist doch gut, oder etwa nicht? Man bedenke nur, wie vorteilhaft das für die Agenda 21 und die Bevölkerungsreduzierung wäre. Robocks Ansicht über die Gefahren von Schwefel wird von den meisten Forschern unterstützt, die sich mit den möglichen Folgen befasst haben. Die amerikanische Umweltschutzbehörde EPA warnt, dass ein Zusammenhang zwischen Schwefel in der Atmosphäre und saurem Regen bestehen könnte:

> „Saurer Regen führt zu einem Versauern von Seen und Flüssen und trägt zu Schädigungen der Bäume in größeren Höhen (beispielsweise der Rotfichten in Höhen über 600 Metern) und der empfindlichen Waldböden bei. Zudem beschleunigt saurer Regen die Abnutzung von Baumaterialien und Farben – auch von unersetzlichen Gebäuden, Statuen und Skulpturen, die Teil unseres nationalen Erbes bilden. Vor ihrem Niederschlag auf der Erde tragen Schwefeldioxid- (SO2) und Stickstoffoxid- (NOx) Gase und deren feste Formen – Sulfate und Nitrate – dazu bei, die Sichtverhältnisse zu verschlechtern. Außerdem schaden sie der Gesundheit."

Was plant die EPA also gegen das Experiment von Gates zu unternehmen? *Nichts*. Die amerikanische Umweltschutzbehörde will das Volk zugrunde richten, nicht die *El*-ite. Die EPA ist kein bisschen besser als die Lebensmittel- und Arzneiüberwachungsbehörde FDA oder die Zentren für Gesundheitsüberwachung CDC. Die EPA gibt ihr Lippenbekenntnis zur archontischen Agenda ab und steht 24 Stunden täglich bereit, um Befehle entgegenzunehmen. Paul Joseph Watson von prisonplanet.com listet folgende gesundheitliche Schäden durch Schwefelexposition auf: Neurologische Schäden, Verhaltensänderungen, Kreislaufschwäche, Herzprobleme, Schädigungen der Augen, Minderung der Sehkraft, Unfähigkeit zur Fortpflanzung, Kompromittierung des Immunsystems, Magenerkrankungen, gastrointestinale Probleme, Störungen der Leber- und Nierenfunktionen, Gehörschäden, Beeinträchtigung des Hormonstoffwechsels, Hautirritationen, Atemnot und Lungenembolie. Reicht das für Herrn Gates? Wer sind diese Leute, dass sie sich anmaßen, der Welt ihren Willen aufzuzwingen? Gates leitet eine Softwarefirma und Frau Gates ist die Ehefrau von jemandem, der eine Softwarefirma leitet. Die beiden glauben, sie können mit der Menschheit und diesem Planeten umspringen, wie immer es ihnen gefällt. Ah, es geht ums *Geld*? Ich verstehe. Mit Geld geht alles, auch bei Bill und Melinda Gates, die reichlich davon zur Verfügung haben.

Ein bisschen Vernunft bitte …

Wie viele Menschen wissen eigentlich – die meisten Mainstream-Medien werden ganz sicher nicht dazugehören – dass Kohlendioxid ein Treibhausgas von verschwindend geringer Bedeutung ist und mit nur 0,037% in der Atmosphäre lediglich minimal vertreten ist? Zudem ist dieses Kohlendioxid überwiegend natürlichen Ursprungs und hat nichts mit menschlichen Aktivitäten zu tun. Für mehr als 96 Prozent des für das Leben übrigens unerlässlichen Treibhauseffekts sorgen *Wasserdampf und Wolken* (Abb. 667). So gering der Anteil an Kohlendioxid auch sein mag, ohne dieses Gas gäbe es uns nicht, und auch nicht ohne den Treibhauseffekt. Trotzdem werden beide durch die Propaganda verteufelt. Der unter der Fuchtel der Archonten stehende Oberste Gerichtshof der Vereinigten Staaten entschied, dass es sich bei Kohlendioxid (das wir beim Ausatmen abgeben) um einen Luftschadstoff handelt, der unter die bundesgesetzliche Regelung des Gesetzes zur Reinhaltung der Luft fällt. Die Auswirkungen dieser Gerichtsentscheidung für die menschliche Freiheit und den Vorstoß einer totalitären Diktatur sind geradezu unermesslich. Wie kann Kohlenstoffdioxid (CO2), ein *ganz wesentliches Element des Lebens selbst*, ein Schadstoff sein? Der Abgeordnete Ed Orcutt (er trägt sein Haar sehr kurz) aus dem Staat Washington hat sogar vorgeschlagen, Radfahrern eine Steuer von 25 Dollar aufzuerlegen, weil sich die Herzfrequenz erhöht, wenn Radfahrer in die Pedale treten und sie deshalb vermehrt Kohlenstoffdioxid ausatmen. Ich wünschte mir wirklich, das wäre ein Scherz, aber das ist es leider nicht. Wir leben wirklich in einem Land von Wahnsinnigen. Allerdings wissen diejenigen, die ganz tief im Kaninchenbau sitzen, von diesem Wahnsinn und dass er lediglich einem bestimmten Zweck dient. Sogar Dr. Patrick Moore, der Mitbegründer von Greenpeace, lehnte das orthodoxe Konzept der Erderwärmung ab. Er sagte:

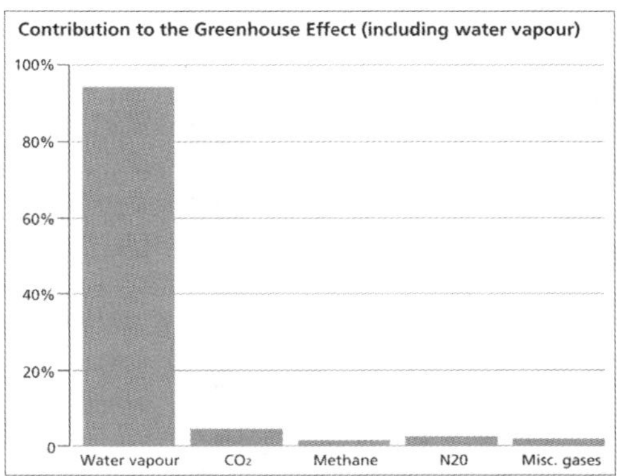

Abbildung 667: Die prozentualen Anteile der Treibhausgase. Wäre das nicht ein Witz, wenn die Folgen für die Menschheit gar nicht so schlimm wären?

> „Wir sollten die Befürworter herausfordern und von ihnen verlangen zuzugeben, dass CO2 der wichtigste Nährstoff für das Leben auf Erden ist, und ferner zuzugeben, dass Pflanzen, wie durch Labor- und Feldversuche nachgewiesen, wesentlich schneller wachsen würden, wenn der CO2-Gehalt in der Atmosphäre vier bis fünf Mal höher läge als heute.

Aus diesem Grund leiten ja auch Anbauer, die mit Gewächshäusern arbeiten, die Abgase ihrer Gas- und Holzöfen in diese Gewächshäuser ein. Dadurch erhöhen sie den CO_2-Gehalt auf das drei- bis fünffache des atmosphärischen Wertes und steigern das Wachstum ihrer Feldfrüchte um fünfzig bis hundert Prozent. Die Befürworter sollten auch zugeben, dass der CO_2-Gehalt heute geringer ist, als während fast der gesamten Zeit der Geschichte des Lebens auf der Erde.

Es gibt keinen ‚abrupten' Anstieg bei der Aufnahme von CO_2, es ist ein allmählicher Prozess. Denn wenn das CO_2-Angebot steigt, erholen sich die Pflanzen nur langsam von dem erlittenen Mangel. Bei 150 ppm CO_2 würden alle Pflanzen sterben. Das würde das Ende allen Lebens auf der Erde bedeuten. Zum Glück ist es uns gelungen, den 150 Millionen Jahre währenden Trend des Absinkens der CO_2-Werte umzukehren. Lange leben die Menschen!"

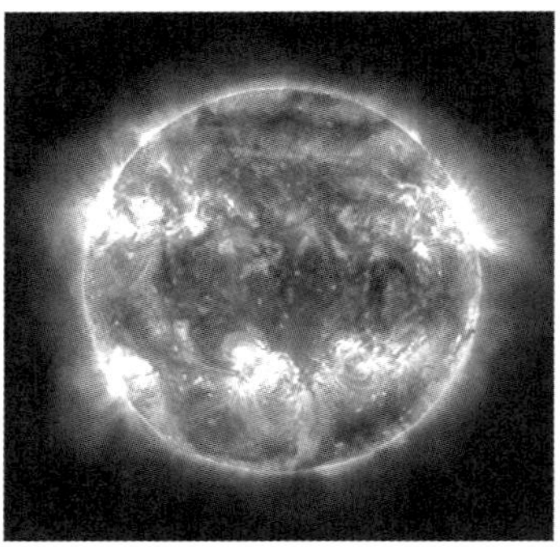

Abbildung 668: Ist eigentlich schon einmal jemand auf die Idee gekommen, dass die Sonne Einfluss auf die Temperaturen haben könnte?

Das Klima ist in ständiger Veränderung begriffen, und es hat immer Zeiten gegeben, in denen solche Veränderungen schneller vonstattengingen. Auslöser waren jeweils die Zyklen der Sonnenaktivität – gemessen anhand der Zahl von Sonnenflecken. Diese werden, wie von mir an früherer Stelle erläutert, durch Perioden mit hochintensiven Elektrizitätszyklen ausgelöst (Abb. 668). Ist schon einmal jemandem aufgefallen, dass es wärmer wird, wenn die Sonne herauskommt? Wissenschaftler des renommierten Physiklabors der CERN-Anlage in der Schweiz konnten durch ihre Messungen die nahezu perfekte Korrelation zwischen Klimaveränderung und Sättigung der Erdatmosphäre mit kosmischen Strahlen nachweisen (Abb. 669). Diese Entdeckung wurde zunächst unterdrückt, denn schließlich passte sie nicht zum Text der gebetsmühlenartigen Propaganda. Doch sobald der entsprechende Maulkorberlass ans Licht gekommen war, musste man sie doch bekanntgeben. Ist es wirklich eine so große Enthüllung, dass die Sonne die Temperatur auf der Erde bestimmt, und nicht das Kohlendioxid? In den letzten Jahren spielte allerdings auch die zunehmende technologische Manipulation des Klimas eine Rolle.

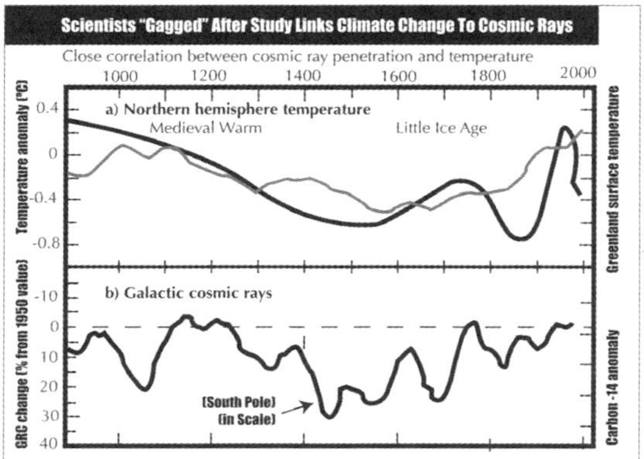

Abbildung 669: Wissenschaftler bekamen einen Maulkorb verpasst, nachdem eine Studie enthüllt hatte, dass Klimaveränderungen durch kosmische Strahlung ausgelöst werden. Die Entdeckung des CERN-Labors bestätigt das nur allzu Offensichtliche – den eindeutigen Zusammenhang zwischen kosmischer Strahlung und Erdtemperatur.

Darauf werde ich gleich zu sprechen kommen. All die düsteren Prognosen der Erderwärmungsfanatiker haben sich als falsch erwiesen. Da die Temperaturen das Spiel dieser Wahnsinnigen nicht mitspielen wollten, musste man eben an den Daten herumdoktern und sie so manipulieren, dass sie zur Kernaussage der Großen Lüge passten.

Im Zweifelsfall ängstige man sie zu Tode (und belüge sie)

Noch 2012 behauptete die Zeitschrift *New Scientist*:

> „Wir stecken bereits mitten in einer Klimaveränderung, die Eis zum Schmelzen bringt, Wälder absterben lässt und uns immer heftigere Überschwemmungen und Hitzewellen beschert".

Die globalen Emissionen von Kohlendioxid und anderen Treibhausgasen

> „steigen weiterhin an und lassen noch weit Schlimmeres befürchten."

In diesem aus wissenschaftlicher Sicht geradezu lächerlichen Artikel wird behauptet, dass selbst dann, wenn wir heute alle Emissionen stoppen könnten,

> „die Temperaturen jahrzehntelang weiter ansteigen würden, mit potenziell katastrophalen Folgen, die von Hungersnöten bis zu einem raschen Ansteigen der Meeresspiegel reichen könnten."

Dann kommt der Artikel zum springenden Punkt:

> „Doch es besteht die Hoffnung, dass wir durch ein überlegtes Eingreifen in die Klimamaschinerie unseres Planeten unseren kolossalen Fehler wieder gutmachen oder zumindest einige seiner schlimmsten Folgen verhindern, ja vielleicht uns auch nur ein bisschen mehr Zeit zur Reduzierung der Emissionen kaufen könnten."

Aha, endlich kommen wir zu des Pudels Kern: Veränderung des Klimas und der Erdatmosphäre selbst. Ich werde noch erklären, warum das geschieht, und warum Bill Gates und sein Schwefelexperiment etwas von enormer Bedeutung veranschaulichen. Al Gore tauchte unter, nachdem E-Mails ans Licht gekommen waren, die enthüllten, dass das Institut für Klimaforschung der britischen Universität East Anglia, eine weltweit anerkannte Quelle für „Daten zur Klimaveränderung", ihre Statistiken geschönt hatte, um ihren Behauptungen Nachdruck zu verleihen. Daraufhin beriefen sich einige Forscher auf das Gesetz über Informationsfreiheit und forderten die Offenlegung der ursprünglichen Klimadaten, auf welchen die Prognosen beruhten. Das Institut für Klimaforschung teilte jedoch mit, die Daten seien bedauerlicherweise „verloren gegangen". Verdammte Lügner. Gerd Leipold, der internationale Direktor von Greenpeace gab zu, dass er nicht länger zu einer Pressemitteilung stehen könne, in der es hieß, das arktische Eis würde bis zum Jahr 2030 verschwunden sein. Diese Erderwärmungsfreaks denken sich eine Zahl aus und verdoppeln sie, sie denken sich eine Umweltkatastrophe aus und dramatisieren sie durch Multiplikation auf das Tausendfache. Doch das spielt keine Rolle und hat natürlich auch nichts mit Lügerei zu tun. Sie müssen wissen, dass Herr Leipold erklärte, sich nicht für „emotionalisierende Themen" entschuldigen zu wollen. Das klingt so, als wäre es irgendwie in Ordnung, düstere, durch nichts zu belegende Behauptungen in die Welt zu setzen, solange man sich diesbezüglich nur emotional verhält. Das Computermodell, auf das diese Leute ihren Schwachsinn gründen, hält wohl kaum irgendwelchen realistischen Maßstäben stand (Abb. 670). Als das arktische Eis seinen niedrigsten Stand seit Beginn der Satellitenaufzeichnungen im Jahr 1979 (oh, damals) erreicht hatte, prognostizierten die Erwärmungsfans, dass das gesamte Eis innerhalb von fünf Jahren verschwinden würde. Das ist natürlich nicht geschehen. Bei einem ähnlichen Niedrigstand 2012 standen sie gleich wieder in den Startlöchern. „Wissenschaftler" gaben eine Pressemitteilung über „Ein nie dagewesenes Abschmelzen des grönländischen Eisschilds" heraus. Doch in der gleichen Pressemitteilung ließen sie auch wissen, dass „Schmelzereignisse dieser Art im Schnitt alle 150 Jahre vorkommen, was das letzte Mal im Jahr 1889 der Fall war." Was daran ist also „nie dagewesen"? Heute liegen die Kohlendioxidemissionen wesentlich höher als im Jahr 1889. Was also verursachte damals, vor 150 Jahren, das Abschmelzen? Etwa Turbowassermühlen? Wie die NASA später bekanntgab, war die Eisschmelze in Grönland im Jahr 2012 in erster Linie durch einen starken Zyklon ausgelöst worden, der riesige Eisplatten in wärmeres Wasser geschoben hatte, wo sie schmolzen. Die Temperaturaufzeichnungen der NASA belegen, dass die Arktis in den 1930-er Jahren wesentlich wärmer war als in den darauffolgenden 80 Jahren. In den letzten Jahren haben die arktischen und antarktischen Eisschichten sogar beinahe Rekordniveau erreicht – was bei den Anhängern des Klimakults und der PR-Maschinerie der Mainstream-Medien, wie der *BBC*, allerdings kaum Erwähnung gefunden hat. Ein *angeblicher* Extremwert globaler Temperaturen in der modernen Zeit wurde unter dem Spitznamen „Hockeyschläger" bekannt, weil die Temperaturkurve plötzlich steil nach oben verlief. Diese Darstellung wurde mittlerweile jedoch total diskreditiert (Abb. 671). Bei der Kurve war die sogenannte mittelalterliche Wärmeperiode, die fast tausend Jahre währte und während der die Temperaturen wesentlich höher lagen als heute, völlig ignoriert worden. Was steckte hinter dieser mit Vehemenz propagierten Farce? Der Journalist und Schriftsteller

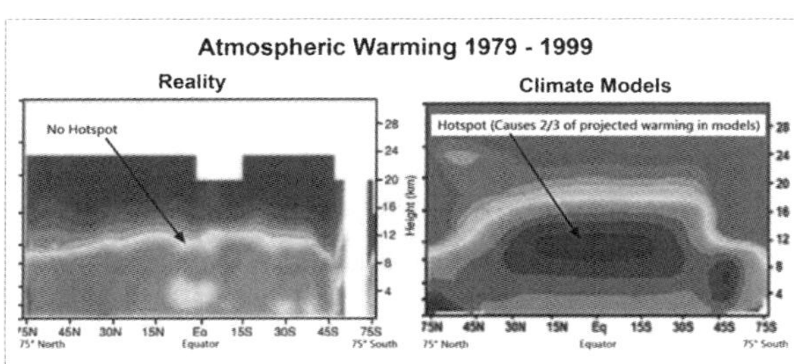

Abbildung 670: Fakt und Fantasie.

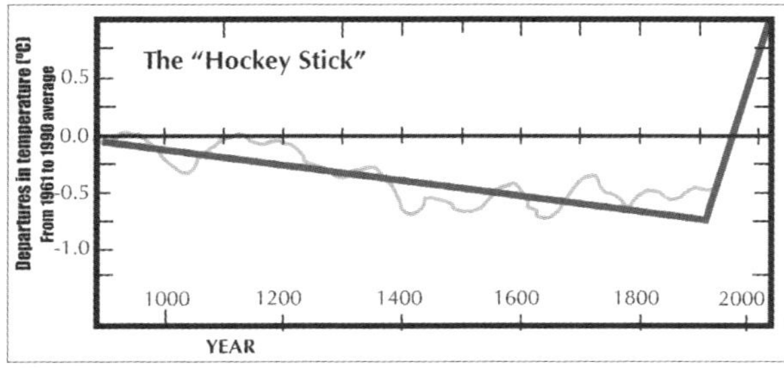

Abbildung 671: Der künstliche „Hockeyschläger".

Christopher Booker, der Autor des Buches „The Real Global Warming Disaster" beschrieb die „Hockeyschläger-Lüge" als „eine der am gründlichsten widerlegten Kunstgebilde in der Geschichte der Wissenschaft". Lord Christopher Monckton, der ehemalige politische Berater der britischen Premierministerin Margaret Thatcher, der sich als lautstarker Gegner der Propaganda vom Klimawandel hervorgetan hat, schrieb:

> „Ganze Berge von wissenschaftlichen Untersuchungen belegen, dass es die mittelalterliche Wärmeperiode tatsächlich gab und dass sie die ganze Welt erfasste. Damals war es um bis zu 3°C wärmer als heute. In den tropischen Anden befanden sich keine Gletscher, heute schon. In Grönland betrieben die Wikinger Landwirtschaft, heute herrscht dort Permafrost. Am Nordpol gab es kaum Eis: Eine chinesische Flotte segelte im Jahr 1421 geradewegs durch die Arktis und fand keines.
>
> Die Antarktis, wo sich 90 Prozent des Eises der Welt und fast alle der 160.000 Gletscher befinden, hat sich in den letzten 30 Jahren abgekühlt und an Eismasse zugelegt. Damit hat sich ein 6.000 Jahre währender Schmelztrend umgekehrt. Wie Daten aus 6.000 Bohrlöchern auf der ganzen Welt beweisen, lagen die globalen Temperaturen während des Mittelalters höher als heute. Der Schnee auf dem Kilimandscharo schmilzt nicht etwa deshalb, weil die Temperatur auf dem Gipfel gestiegen wäre (sie ist nicht gestiegen), sondern weil die nach der Kolonialzeit erfolgte Abholzung zu wesentlich trockeneren Luftverhältnissen geführt hat. Merken Sie sich das, Herr Gore.
>
> An einigen Stellen der Erde war es auch während der Bronzezeit und zur Zeit der Römer wärmer als heute. Solche Wärmeperioden hatten nichts mit Kohlendioxid zu tun. Auslöser war stets die Sonne. Doch die UN bastelt sich ihre ganz eigene Mathematik zurecht und gesteht der Sonne heute praktisch keine Rolle mehr bei der Erderwärmung zu."

In einigen E-Mails des Instituts für Klimaforschung, die ans Licht gekommen waren, wurde die Frage erörtert, wie man die Daten über die mittelalterliche Wärmeperiode am besten loswerden könnte. Diese Daten würden der Theorie von den ungewöhnlich hohen heutigen Temperaturen nämlich den Todesstoß versetzen. Zu beachten ist auch, dass auf die besagte Wärmeperiode eine kleine Eiszeit folgte, in der die Temperaturen konstant so niedrig lagen, dass man jedes Jahr auf der zugefrorenen Themse einen Jahrmarkt veranstalten konnte. Ihren tiefsten Punkt erreichten die Temperaturen im späten 17. Jahrhundert. Danach stiegen sie bis zum 20. Jahrhundert ganz allmählich wieder an. Es gab dabei Höhen und Tiefen, je nach *Sonnenaktivität* (Abb. 672 und Abb. 673). Die Datenmanipulation zielt darauf ab, die Existenz der mittelalterlichen Wärmeperiode

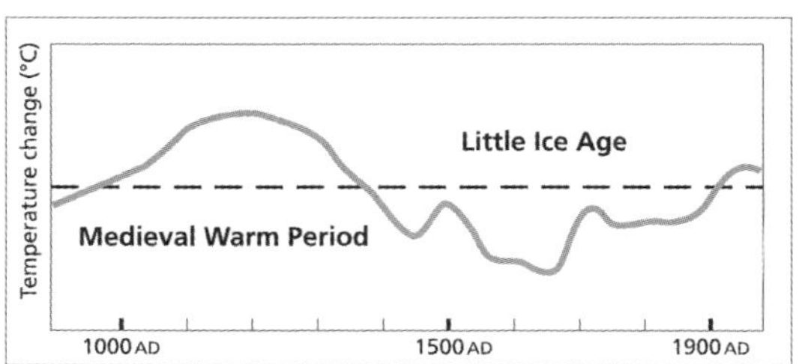

Abbildung 672: Die mittelalterliche Wärmeperiode und die kleine Eiszeit. Da versuche doch einmal jemand damit Hockey zu spielen.

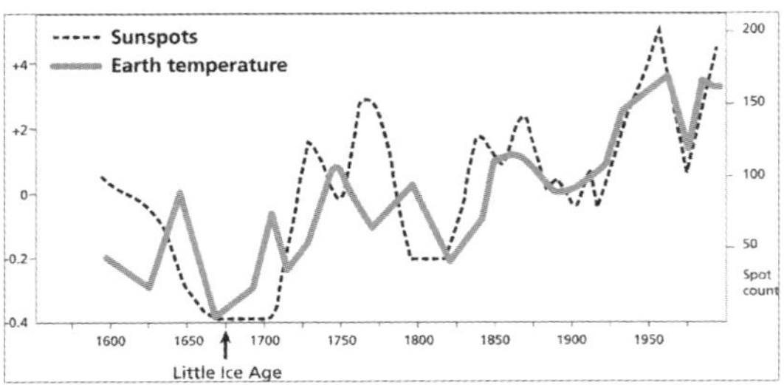

Abbildung 673: Erdtemperatur und Sonnenflecken. Als die Sonnenfleckenaktivität ihr niedrigstes Niveau erreichte – man bezeichnet das als Maunder-Minimum – läutete das die kleine Eiszeit ein.

zu ignorieren und die heutigen Temperaturen mit den Temperaturen während der kleinen Eiszeit zu vergleichen. So kann man den Anschein erwecken, wir befänden uns in einer möglicherweise katastrophalen Periode der Erderwärmung. Weil die aufgestellten Behauptungen auf manipulierten Daten beruhten und nichts mit der Realität zu tun hatten, stiegen die Meeresspiegel auch nicht so an wie prognostiziert, verschwanden die Eiskappen nicht so wie prognostiziert und schmolzen die Gletscher nicht so wie prognostiziert. Die Zahl der Eisbären blieb stabil und war teilweise sogar im Steigen begriffen, anstatt, wie prognostiziert, zu sinken. 2009, zu der Zeit, als in Kopenhagen gerade der Klimagipfel der UN tagte, sagte Christopher Booker:

> „Nachdem die Welt bereits zwei der kältesten Winter seit Jahrzehnten erlebt hat und vieles dafür spricht, dass uns ein dritter bevorsteht, bröckelt die Fassade der wissenschaftlichen Argumentation, die uns CO2 als Ursache für eine weltbedrohende Erwärmung verkaufen will, mit erstaunlicher Geschwindigkeit ab."

Doch genau zum jetzigen Zeitpunkt stehen die Politiker der Welt, allen voran Großbritannien, die EU und jetzt auch noch Präsident Obama, im Begriff, uns den kostspieligsten Maßnahmenkatalog aufzuzwingen, den ein Politikergrüppchen in der Geschichte der Menschheit je der Welt vorgeschlagen hat. Diese Maßnahmen sind so destruktiv, dass schon die Hälfte von ihnen ausreichen würde, um uns geradewegs zurück ins finstere Mittelalter zu katapultieren.

Nun kommen wir zum Kern dessen, um was es wirklich geht. Wenn ein bestimmter Schlachtplan weiter vorangetrieben wird, selbst wenn alle Behauptungen, auf denen er beruht, längst in der Luft zerrissen worden sind, und wenn Beweise überhaupt nicht zählen, dann haben wir es mit einem wichtigen Stützpfeiler der Agenda zu tun. Tatsächlich dient die „Klimaveränderung" wohl eher als Grundstein denn als Stützpfeiler. Durch die Klimafiktion wird so vieles gerechtfertigt, was uns tatsächlich ins finstere Mittelalter zurückführt – geradewegs in die Welt der Agenda 21 und der „Tribute von Panem". All das wurde bereits vor langer, langer Zeit geplant. Der Club of Rome, einer der Satelliten, die um den Round Table kreisen, ebenso wie die Bilderberger-Gruppe, die Trilaterale Kommission und andere Einrichtungen, wurde 1968 eigens zu dem Zweck gegründet, die Fiktion von einem menschengemachten Klimawandel und andere Umweltthemen auszuschlachten, um so die Agenda 21 zu rechtfertigen. Aurelio Peccei, einer der Gründer des Club of Rome, schrieb 1991 in einer Publikation seiner Organisation mit dem Titel „The First Global Revolution": „Auf der Suche nach einem neuen Feind, gegen den wir uns alle zusammenschließen können, kam uns die Idee, dass sich Umweltverschmutzung, die Bedrohung durch eine Erderwärmung, Wasserknappheit, Hungersnot und Ähnliches hervorragend dafür eignen würden ... Alle diese Dinge werden durch menschliche Intervention verursacht ... Der wahre Feind ist folglich die Menschheit selbst." Ja, und weil die Menschheit „der Feind" ist, muss sie dezimiert werden, und man muss ihre verbleibenden Angehörigen in abgezäunte Sektoren pferchen, wo sie keinen Schaden mehr anrichten können. „Der wahre Feind ist folglich die Menschheit selbst" – ist das nicht ein Bilderbuchsatz archontischer Gesinnung? Diejenigen, die für die teils fiktiven und teils echten Umweltschäden – verseuchte Wasserquellen, verstrahlte Atmosphäre, zerstörte Regenwälder, vergiftetes Land – verantwortlich zeichnen, planen bereits ihre Zukunft in den „Kapitolen" nach dem Muster der „Tribute von Panem". Die denkfaulen, gutgläubigen, zutiefst naiven und uninformierten grünen Fanatiker kommen nicht im Traum auf die Idee, dass diejenigen Leute, die als treibende Kraft hinter der Propaganda des Klimawandels stecken – und (wie Al Gore) daraus, unter anderem durch Emissionshandel, Profit schlagen – auch die Fäden bei den Banken und Großunternehmen, nicht zuletzt dem Ölkartell, ziehen, welche allesamt mit der Vernichtung des Ökosystems beschäftigt sind. Die Familie Rockefeller hat viele Millionen Dollar in die grüne Bewegung gesteckt. Das sagt alles. Der Club of Rome drängt auf die Einführung einer globalen Kohlenstoffsteuer und auf eine „neue Wirtschaftsordnung", ganz im Sinne der Blutlinienagenda. Man braucht sich nur die Leute anzusehen, die die grüne Bewegung ins Leben gerufen haben – den Eugeniker Julian Huxley, den ersten Generaldirektor der UNESCO, Prinz Philip aus dem Hause Windsor und Prinz Bernhard, den langjährigen Vorsitzenden der Bilderberger. Könnte jemandem noch weniger am Wohlergehen dieses Planeten liegen, als diesen Typen? Prinz Philip schert sich nicht im Geringsten um die Tier- und Pflanzenwelt. Er verbringt seine Zeit gern damit, darin herumzuschießen. Menschen gehören für ihn ebenso zur Tierwelt wie alle anderen Kreaturen auch. Der vom Menschen verursachte Klimawandel ist aus wissenschaftlicher Sicht Schwachsinn. Viele Wissenschaftler, die früher den manipulierten Konsens mitgetragen haben, geben das heute zu. James Lovelock, der entsetzliche Folgen des Klimawandels prognostiziert hatte, gesteht heute ein, dass seine damaligen Ansichten zu schwarzseherisch waren. „Nun gut, ich habe einen Fehler gemacht", gab er zu. Über die genauen Hintergründe der Großen Lüge können Sie sich in „The David Icke Guide to the Global Conspiracy" informieren. Jetzt, wo der wissenschaftliche Konsens zerbröckelt und sich sogar im freien Fall befindet, bleiben nur mehr ein paar merkwürdige Typen im Lager der Befürworter zurück, echte Extremisten wie Frau Professor Kari Norgaard von der Universität Oregon. Sie hat Menschen, die die offizielle Geschichte vom Klimawandel anzweifeln, mit Unterstützern von Rassismus und Sklaverei verglichen (Abb. 674). Diese geistige Riesin stellte fest, dass solche Menschen an einer psychischen Störung leiden würden, die man „behandeln" müsse.

Abbildung 674: Frau Professor Kari Norgaard von der Universität Oregon, die Frau, die erklärte, „Leugner des Klimawandels" würden an einer psychischen Störung leiden, die man „behandeln" müsse. Mhmmm.

Sie bezeichnete das als „kulturellen Widerstand“ [die Erkenntnis, dass das orthodoxe Konzept des Klimawandels nichts anderes ist als Mumpitz] … „den man erkennen und behandeln muss“, weil er ein soziales Fehlverhalten darstellt. Dieselbe Frau Norgaard beglückwünschte Barack Obama in einem Schreiben zur Ernennung des Eugenikers John P. Holdren zu dessen leitendem wissenschaftlichen Berater. Sie bezeichnete Holdren sogar als „Friedensnobelpreisträger“ (was er gar nicht ist). Seine Ansichten über Bevölkerungsreduzierung sind allerdings so extrem, dass ich mich wundere, warum ihm der Preis bisher entgangen ist. Holdren war Co-Autor des 1977 veröffentlichten Buches „Ecoscience“. Wie ich bereits erwähnte, erhob er darin die Forderung nach Zwangssterilisierung und Abtreibung, sowie das Einbringen von Medikamenten in die Wasserversorgung, um Aborte auszulösen. Norgaard schrieb an Obama:

> „Entscheidungsträger sollten nicht auf die öffentliche Meinung warten, wenn es darum geht, notwendige Maßnahmen zu ergreifen … Die öffentliche Meinung spielt in einer Demokratie zwar eine Rolle, doch wir leben in einer Zeit, in der es ein schwerer Fehler wäre, darauf Rücksicht zu nehmen.“

Vielleicht ist ja Frau Norgaard selbst der schwere Fehler. Sie erinnert mich an Caroline Lucas, die grüne Parlamentsabgeordnete in England, die erklärte, man müsse den Klimawandel als „Angelegenheit der nationalen Sicherheit“ einstufen. Ein Typ namens Ed Davey wurde 2013 zum Geschäftsführer des staatlichen britischen Instituts für Klimawandel ernannt. Er hatte nichts Eiligeres zu tun, als sofort alle „Leugner des Klimawandels“ als „dogmatisch und engstirnig“ zu brandmarken und zu verkünden, dass die Beweise für eine vom Menschen verursachte Klimaveränderung „uns aus jahrzehntelanger Forschung förmlich ins Gesicht springen“. Bei einer Veranstaltung der archontischen Royal Society gab er zum Besten, dass diejenigen, die das orthodoxe Konzept des Klimawandels in Frage stellten „uns zu einem gigantischen Glücksspiel verleiten wollen, bei dem die Zukunft jedes Menschen, der auf diesem Planeten lebt, die Zukunft aller künftigen Menschen, unserer Kinder und Enkelkinder und aller anderen lebenden Spezies auf dem Spiel steht“. Ein viel größeres Glückspiel haben wir vor uns, wenn wir uns mit Dingen auseinandersetzen müssen, wie denen, die der liberaldemokratische Minister Davey in effekthascherischer Manier zur Sprache bringt: „Zweihundert Jahre solider wissenschaftlicher Arbeit – bei denen Unwägbarkeiten analysiert und Risiken erwogen wurden – haben die Grundlage für unser heutiges Verständnis gelegt. Die Beweise springen uns aus jahrzehntelanger Forschung förmlich ins Gesicht.“ Woher will er das wissen? Bei seiner früheren Tätigkeit beschäftigte er sich als parlamentarischer Unterstaatssekretär mit Arbeitsbeziehungen, Konsumenten- und Postangelegenheiten. Leute wie er treiben verwirrt von einem Ministerium zum anderen, wo ihnen die jeweiligen Beamten sagen, was sie denken und was sie sagen sollen. Daveys Amt als Minister für Energie und Klimawandel sollte man besser als Amt eines Ministers, der den Klimawandel als Vorwand für die Erhöhung der Energiepreise nutzt, bezeichnen. Man vergleiche nur den von Davey und Lucas zum Besten gegebenen Unsinn mit den Ansichten von Dr. Vincent Gray, einem pensionierten Wissenschaftler, der mehr als 20 Jahre der Klimawissenschaft gewidmet hat und der nicht mit irgendwelchen, nur an sich selbst interessierten Parteien verbunden ist. Gray hat die Berichte des IPCC und die Bücher über den vorgetäuschten Klimawandel kritisch geprüft. Er sagte:

> „Bei der 1992 in Rio abgehaltenen Konferenz wurde eine rechtlich verbindliche Definition des Begriffs „Klimawandel" gesucht, die aussagt, dass das Klima weitgehend durch vom Menschen produzierte Spurengase bestimmt wird. Den Teilnehmern war daran gelegen, zu beweisen, dass die Erde sich erwärmt. Das ist jedoch unmöglich, da sich eine Durchschnittstemperatur der Erde gar nicht bestimmen lässt …
>
> … Das ganze System wird von denjenigen Regierungen getragen, beaufsichtigt und finanziert, die das Rahmenübereinkommen über Klimaänderung unterzeichnet haben. Diese Regierungen haben die Herausgeber wissenschaftlicher Zeitschriften eingeschüchtert und dazu gedrängt, Fachrezensionen zu Gunsten der Sache zu beeinflussen. Sie übernahmen die Kontrolle über viele Fakultäten der Universitäten, staatliche wissenschaftliche Organisationen und Medien. Menschen, die die Wahrheit sagen, werden eingeschüchtert."

Genau so spielt es sich ab. Es gibt eine ganze Armee von „grünen", progressiven", „aktivistischen" Organisationen, die die offizielle Linie in Sachen Klimawandel vertreten. Zu ihnen gehören unter anderem die von George Soros finanzierte Organisation MoveOn.org (die bei der Propaganda in Zusammenhang mit dem arabischen Frühling massiv ihre Finger mit im Spiel hatte), Avaaz (mitgegründet von MoveOn.org) und 350.org, die mit Rockefeller-Geldern operiert. Ich persönlich würde keiner dieser Organisationen auch nur einen Millimeter weit über den Weg trauen. Bill McKibben, der Gründer von 350.org, ein Mann, der ganz außergewöhnlichen Unsinn von sich zu geben pflegt, erklärte in einem Interview, er wisse nicht, beziehungsweise könne sich nicht erinnern, wer eigentlich seine extremistische Klimawandel-Operation finanziert. Wirklich lachhaft. Doch zu guter Letzt konnte man doch noch den Namen Rockefeller aus ihm herauspressen.

Was soll die Lügerei?

Die Illusion eines vom Menschen verursachten Klimawandels spielt für den Plan, die Welt in Vorbereitung auf die Agenda 21 zu deindustrialisieren, eine wesentliche Rolle. Das ist der Hauptgrund für die kaltblütige, über Jahrzehnte hinweg geplante, künstlich herbeigeführte Wirtschaftskrise, mitsamt dem Crash von 2008 und allem, was danach folgte. Den wirtschaftlichen Druck auf die Bevölkerung verstärkt man dadurch, dass man die Energiepreise aufgrund von Kohlenstoffgesetzen drastisch erhöht. Das füllt die Koffer der archontischen Energiekonzerne und lässt die Bevölkerung finanziell immer weiter ausbluten (das sind die „Preisschocks", die in „Silent Weapons for Quiet Wars" beschrieben werden). In Australien konnten wir das deutlich beobachten. Die verlogene ehemalige Premierministerin Julia Gillard war dank ihres Versprechens an die Macht gekommen, keine Kohlenstoffsteuer einzuführen. Doch genau das tat sie – und sie wusste bereits, dass sie es tun würde, als sie das Gegenteil behauptete. Gillard sagte:

> „Unter meiner Regierung wird es keine Kohlenstoffsteuer geben."

Wayne Swan, der stellvertretende australische Premierminister und Schatzkanzler sagte:

> „Wir wehren uns entschieden gegen die hysterische Behauptung, dass wir uns auf eine Kohlenstoffsteuer zubewegen würden."

Diese Leute drehen in archontischer Manier einfach alles um. Also muss man ebenfalls alles umkehren, was sie von sich geben. Wenn Gillard also behauptet, ein gutmütiger Mensch zu sein, dem das Wohl Australiens und seiner Menschen am Herzen liegt, dann braucht man diese Aussage nur ins Gegenteil zu verkehren und schon weiß man, was sie eigentlich sagen will. Gillard behauptete, die Preise würden sich durch eine Kohlenstoffsteuer nicht erhöhen (eine Steuer, die auf der ihr wohlbekannten Lüge von einem vom Menschen verursachten Klimawandel beruht), weil die Energiekonzerne sie tragen müssten. Aber natürlich wusste jeder, dass die Preise in die Höhe schnellen würden – und das taten sie auch. Wie die Zeitung *Melbourne Herald* berichtete, musste eine Familie wegen der Kohlenstoffsteuer beispielsweise 55 Dollar Beerdigungskosten nachzahlen. „Auch die Toten können der Kohlenstoffsteuer nicht entgehen", ließ man die Familie wissen. Einer der Verwandten fragte:

> „Wie viel Kohlenstoff kann denn anfallen, wenn man einen Menschen in sein Grab legt? Die Arbeiter haben lediglich die Erde zurückgeschaufelt. Wie kann man uns Kohlenstoffsteuer für die Beerdigung eines Menschen in Rechnung stellen?"

Die Antwort lautet, dass diese Leute es nicht nötig haben, darauf zu antworten. Sie besteuern die Menschen bei jeder erdenklichen Gelegenheit auf Teufel komm raus, um so die Massen finanziell in die Knie zu zwingen. Innerhalb weniger Wochen nach Einführung der Kohlenstoffsteuer am 1. Juli 2012 begannen sich bereits die Folgen zu zeigen. Eine Obstverpackungsfirma erklärte, Arbeiter entlassen zu müssen, weil die erste Energierechnung nach der Steuereinführung um 10.500 Dollar über dem durchschnittlichen bisherigen Betrag lag. Sportvereine reduzierten ihre Mitgliederveranstaltungen, um Elektrizitätskosten zu sparen und kleine Firmen konnten wegen der enormen Kostensteigerungen nicht mehr mit den großen Unternehmen mithalten – das ist genau das, was die archontischen Blutlinien und ihre Vertreter in der australischen Regierung erreichen wollen. Auch die Lebensmittelpreise schossen in die Höhe, was sogar das Essen in Schulkantinen betraf, und damit erfüllte sich gleich noch eine weitere Zielvorgabe der *El*-ite. Aufgrund der Kohlenstoffsteuer erwartete man einen Kostenanstieg von 53 Millionen Dollar für das öffentliche Verkehrssystem in Victoria, und das alles wegen der Lüge, die Steuer würde nicht eingeführt, und der Lüge über den vom Menschen verursachten Klimawandel. Auch die von der britischen Regierung für 2013 geplante Einführung einer Steuer auf fossile Brennstoffe wird die Energiekosten in schwindelerregende Höhen treiben und der Wirtschaft weiter übel zusetzen. Das, was man Australien angetan hat, will man der ganzen Welt antun. Australien ist von den sogenannten „westlichen", demokratisch regierten Wirtschaftsräumen weltweit das am stärksten kontrollierte Land. Auch spioniert man keinem Volk in einem solchen Ausmaß hinterher wie dem australischen. Das liegt in der Tatsache begründet, dass Australien dank seiner Zugehörigkeit zum britischen Empire eines der globalen Zentren der Verschwörung darstellt. Seine Bedeutung für den Satanismus gründet sich auf die noch zu spürende Energie der Landmasse des ehemaligen Lemurien, zu dem Australien einst gehörte. Australien hat schon viele Premierminister gesehen, die praktizierende Satanisten sind oder waren. Doch damit steht das Land keineswegs alleine da. Gillard und ihresgleichen verfielen auf eine glorreiche Idee, um die Preissteigerungen zu verstecken, die sie ursprünglich versprochen hatten, zu vehindern und die aber trotzdem eintraten. Sie verboten den Unternehmen einfach, zu sagen, dass irgendwelche Preissteigerungen durch die Kohlenstoffsteuer bedingt seien. Diese Leute scheinen direkt aus Nazi-Deutschland entsprungen zu sein. Was ist los mit euch, ihr Australier? Warum lasst ihr zu, dass solche mickrigen Scheißhaufen euer Leben diktieren? Wer zum Teufel sind die? Die gleiche Frage stellt sich auch in Bezug auf die Vereinigten Staaten, Großbritannien, Kanada und alle übrigen Länder. Wie die australische Zeitung *Daily Telegraph* berichtete, können gegen Läden und Restaurants Geldbußen bis zu 1,1 Millionen Dollar verhängt werden, wenn Verkäufer oder Kellner „fälschlicherweise" behaupten, dass Preiserhöhungen auf die Kohlenstoffsteuer zurückzuführen seien oder wenn sie die Auswirkungen dieser Steuer übertrieben darstellen. Wie Dr. Michael Schaper, der stellvertretende Vorsitzende der australischen Wettbewerbs- und Konsumentenkommission erklärte, erfasst diese gesetzliche Bestimmung auch

> „... Kommentare des Personals am Telefon, im Lokal oder bei Treffen ... in Werbeanzeigen, auf Produktetiketten, Websites, Rechnungen, Verträgen und bei Vertragsverhandlungen."

Über einen Fitnessclub verhängte die australische Wettbewerbs- und Konsumentenkommission eine Geldstrafe von 6.600 Dollar, weil er Mitgliedern empfohlen hatte, ihre Mitgliedschaft zu verlängern, ehe die Gebühren infolge der Kohlenstoffsteuer ansteigen würden. Gillards Regierung wusste, dass die Kohlenstoffsteuer die Preise für nahezu alles in die Höhe treiben würde – aber natürlich log sie, um das abzustreiten. Das Gesetz sorgt nun dafür, dass das wahre Ausmaß der Preissteigerungen nicht bekannt wird. Zur Durchsetzung setzt man Teams von „Kohlenstoff-Cops" ein. Diese spazieren die Straßen entlang und führen Stichproben in den Geschäften durch, um sicherzustellen, dass niemand die Steuer erwähnt. Diese Steuer macht die Reichen noch reicher, vernichtet Arbeitsplätze und zerstört den Lebensunterhalt vieler Menschen, während praktisch alles teurer wird. Gleichzeitig fügt dieses Vorgehen den faschistischen Vollstreckungsnetzwerken für die „grüne Politik" der Agenda 21 eine weitere Ebene hinzu. Was man Australien angetan hat, ist so schlimm, dass Barack Obama es als „Modell für die Welt" lobte. Miranda Devine, eine Kolumnistin bei *Daily Telegraph* und *Herald Sun* schrieb dazu:

> „Das ist alles sehr orwellisch: Eine Steuer, deren Name niemand aussprechen darf. Wir bezahlen bereits teuer für die Klimawandelhysterie, die Australien seit einem Jahrzehnt fest im Griff hat. Doch ganz gleich, wie orwellisch die Taktiken auch sein mögen, ganz gleich, wie viele Kohlenstoff-Cops auch in die Friseursalons geschickt werden, um Friseure über die Natur ihrer Preiserhöhungen zu verhören, die Wahrheit bleibt bestehen: Australien hat sich extrem weit aus dem Fenster gelehnt und eine Kohlenstoffsteuer eingeführt, die Geschäfte an die Wand fahren lässt, unge-

bührliche Härten für Familien mit sich bringt, die Australier noch stärker am Gängelband führt und sie von staatlichen Almosen abhängig macht."

Alle diese Dinge gehören für die Agenda 21 zur „Muss-Liste", denn diese Agenda verlangt die Zerstörung kleiner und mittlerer Betriebe und auch relativ großer Betriebe, damit die archontischen Großunternehmen die jeweiligen Monopole ausüben können. Je mehr Menschen ihrer Verdienstmöglichkeiten beraubt werden, je mehr Menschen vom Staat abhängig gemacht werden und tun müssen (oder glauben tun zu müssen), was immer der Staat von ihnen verlangt, umso mehr Menschen lassen sich in die Alptraumwelt der Agenda 21 hineinzwingen. Entsprechendes geschieht auch in Großbritannien und überall auf dem Planeten, wo man eine Kohlenstoffsteuer einführt, um die Energiepreise und die Kosten für alles, was Energie benötigt, in einer Zeit extremen wirtschaftlichen Niedergangs in die Höhe zu treiben. Der internationale Währungsfonds (IWF) soll verlangt haben, dass Amerikaner pro Gallone (etwa 3,8 Liter) 1,40 Dollar mehr bezahlen, „um das Klima zu schützen". Das würde für die Menschen schätzungsweise Dollar 500 Milliarden Mehrkosten bedeuten – mehr als drei Prozent der jährlichen Wirtschaftsleistung – und das zu einer Zeit, in der bereits eine schlimme (künstlich herbeigeführte) Rezession herrscht. Hier kommt eine besondere Waffe zum Einsatz, die Menschen die Möglichkeit nimmt, sich selbst zu versorgen, denn nur dann kann man sie in die an Kaninchenställe erinnernden Gefängnislager der Agenda 21 einsperren. Hier sehen wir den wahren Grund für den künstlich herbeigeführten Konjunktureinbruch und für den Übungslauf in Zypern, bei dem man den Menschen das Geld einfach von ihren privaten Konten stahl, und nun wissen wir auch, warum andere Länder ein solches Vorgehen billigten. Mit Emissionshandel oder sogenannten „Guthabenpunkten" will man auch den Grundstein für eine bargeldlose Gesellschaft legen. Man plant, den Energieverbrauch der Menschen durch Kohlenstoffzuteilungen zu reglementieren. Das entsprechende System soll von den Megabanken verwaltet werden, die heute bereits systematisch zur Zerstörung der Weltwirtschaft beitragen – Goldman Sachs, JP Morgan, Morgan Stanley und dergleichen. Der Preis eines jeden käuflichen Artikels soll sich nach seinem Kohlenstoffwert richten. Energieguthabenpunkte müsste man innerhalb eines bestimmten Zeitraums aufbrauchen, damit sie nicht verfallen. Damit nähme man den Menschen die Möglichkeit, ein persönliches Vermögen aufzubauen oder sich einen Notgroschen zurückzulegen (was natürlich nicht für die *El*-ite gelten würde). Die Gesellschaft stünde unter dem technokratischen Diktat von ernannten „Experten" und Akademikern. Kleinigkeiten, wie etwa ein Stimmrecht, würden der Vergangenheit angehören. Ich hatte dieses Kapitel gerade abgeschlossen, als ein Haufen Klimaspinner und Freunde der Bevölkerungsreduzierung vom amerikanischen Institut für biologische Wissenschaften ein Papier veröffentlichten, das wieder einmal bestätigte, worum es beim „Klimawandel" wirklich geht. Die Arbeit trägt den Titel: „Soziale Normen und globale Umweltherausforderungen". Zur Gruppe der Autoren gehören Vertreter der für die Agenda 21 wichtigsten Fachbereiche, also Verhaltensforscher, Mathematiker, Wirtschaftswissenschaftler und Freunde von Massentötungen wie Paul Ehrlich oder Gretchen C. Daily, die langjährigen Mitarbeiter von Obamas „Wissenschaftszar" und Populationsextremisten John P. Holdren. Das Papier scheint direkt aus dem Text der Agenda 21 abgekupfert zu sein. Es enthält die übliche Rechtfertigung, dass man den Planeten vor den angeblichen Schrecknissen eines Klimawandels retten müsse:

> „Sehr viele Menschen werden ihre derzeitigen Verhaltensweisen ändern müssen, um dieser neuen Kategorie von Umweltproblemen begegnen zu können. Wir brauchen dort, wo Erziehung und Überzeugungsarbeit nicht ausreichen, alternative Ansätze. Deshalb werden gegebenenfalls politische Instrumentarien wie Bußgelder, Reglementierungen und Anreize vonnöten sein, um die erforderlichen beträchtlichen Verhaltensänderungen herbeizuführen."

Es folgt der Vorschlag, von Wissenschaftlern geleitete Organisationen, die den Vereinten Nationen unterstehen sollen (reine Agenda 21), zur Aufsicht über das weltumspannende Programm für einen gesellschaftlichen Umbau zu berufen. Das entspricht genau den Vorstellungen archontischer Autoren wie Zbigniew Brzezinki, die uns eine technotronische (postindustrielle, postdemokratische) Gesellschaft prophezeien. Die Erbsengehirne, die die genannte Arbeit verfasst haben, verlangen

> „staatspolitische Strategien, die darauf abzielen, Wahlmöglichkeiten und Verhaltensweisen zu verändern. Dazu gehören aktives Normenmanagement, Veränderung der Gegebenheiten, die Verhalten beeinflussen, finanzielle Interventionen und ordnungspolitische Maßnahmen".

Wie lautete dieser Begriff doch gleich? Ach ja, „aktives Normenmanagement". Ich wette, George Orwell tritt sich selbst in den Hintern, dass ihm dieser Terminus nicht selber eingefallen ist. Was ich hier anprangere, ist keine „Verschwörungstheorie" – das alles ist sehr real, mehr als real – es *geschieht* nämlich bereits – ganz einfach so, während die Welt nur zusieht.

31

Sie stehlen die ganze Welt

Wer nicht mit dem zufrieden ist, was er hat, der wird auch nicht mit dem zufrieden sein, was er haben will.
Sokrates

Die Armen werden immer verzweifelter, während die El-ite immer mehr geradezu grotesk große Reichtümer anhäuft. Das Kapitol und so manche Wirtschaftssektoren haben ihre Ziele bereits erreicht. Jetzt geht es ihnen nur noch darum, den Job zu Ende zu bringen – wenn wir nicht dagegen einschreiten. Dazu müssen sie sich die Kontrolle über Lebensmittel, Wasser und Wohnstätten sichern und die Menschen in so entsetzliche finanzielle Not stürzen, dass diese für ein winziges Bisschen Essen, Wasser und ein Dach über dem Kopf alles tun, was man ihnen sagt.

Dazu gehört es unter anderen, die Menschen dazu zu zwingen, sich Mikrochips verpassen zu lassen; sie zwangssterilisieren zu lassen; sie zwangsimpfen zu lassen mit einem chemischen Cocktail aus geistig, emotional oder physisch manipulierendem oder gar tödlichem Scheißdreck, den die *El*-ite ganz nach Belieben in ihre Spritzen füllt. Auch sollen wir uns vorschreiben lassen, wo und unter welchen Bedingungen wir wohnen und wo und wann wir arbeiten. Wir sollen die Kontrolle über unsere Kinder vollständig an den Staat abgeben – oder sie ihm sogar ganz ausliefern, so dass wir sie nie wiedersehen. Ist das so viel anders, als das, was griechische Eltern tun, wenn sie ihre Kinder verkaufen oder weggeben, weil sie sie nicht mehr ernähren können? Die sogenannte amerikanische Mittelschicht wird gerade deshalb in einen Kampf ums finanzielle Überleben gestürzt, weil sie bisher das eherne Fundament der amerikanischen Wirtschaft bildete. Die Macher wissen sehr genau, dass bei einem Zusammenbruch der Mittelschicht alle anderen mit in den Abgrund gerissen werden, mit Ausnahme derjenigen, die ganz an der Spitze stehen. Die meisten Menschen haben keine Vorstellung von der unglaublichen Diskrepanz zwischen den Superreichen und allen anderen. Wenn Sie den folgenden Text in eine Suchmaschine eingeben, können Sie sich einen Videobericht zu diesem Thema ansehen: „The Inequitable Distribution of Wealth in America Depicted". Der Bericht beschreibt, wie die Mittelschicht nach und nach verschwindet. Einem Prozent der Reichsten gehören vierzig Prozent des amerikanischen Vermögens, während die untersten achtzig Prozent der Bevölkerung gerade einmal über insgesamt sieben Prozent verfügen. Bei diesem obersten einen Prozent finden wir fünfzig Prozent aller Aktien, Anleihen und Anlagefonds, bei den unteren fünfzig Prozent gerade einmal ein halbes Prozent. Ein CEO verdient fast vierhundert Mal so viel wie ein durchschnittlicher Angestellter, der einen Monat lang für das Geld schuften muss, das der CEO in einer Stunde einstreicht. Eine Gesellschaft à la „Die Tribute von Panem“? Wir nähern uns diesem Zustand mit enormer Geschwindigkeit (Abb. 675). Es gibt keine Grenzen für die Schikanen, die die *El*-ite den Menschen auferlegen kann, sobald die Massen erst einmal ohne Einkommen dastehen und keinen Zugang zu Nahrungsmitteln, Wasser und den grundlegenden Notwendigkeiten des Überlebens mehr haben (Abb. 676). Genau darauf steuern wir zu. Deshalb erklärte Dr. Richard Day im Jahr 1969:

Abbildung 675: Dorthin wollen sie uns alle bringen.

Abbildung 676: Die Zahl der Obdachlosen und Verzweifelten steigt weltweit mit atemberaubender Geschwindigkeit.

„Die Versorgung und Verteilung von Nahrungsmitteln wird überwacht werden, so dass niemand einem Systemflüchtling Essen geben kann“.

Sie wollen *alles* kontrollieren. Der Spruch: „Gebt mir Freiheit oder gebt mir den Tod“, kommt einem in den Sinn. Ich möchte diese verrückte Welt lieber verlassen, als mich mit diesem Mist abzufinden. Die Regierung der Vereinigten Staaten, das Bankensystem und das Militär haben den Blutlinien in den frühen Stadien des Plans hervorragende Dienste geleistet. Doch jetzt befinden wir uns längst in einem anderen Stadium. Jetzt soll der Hase wieder anders laufen und anderen Strukturen folgen. Vater Bush, Bill Clinton, Bush Junior und Barack Obama wissen das genau. Sie wurden in Machtpositionen gestellt, um innerhalb ihrer jeweiligen Amtszeiten als innere Feinde des amerikanischen Volkes zu agieren. Verfolgt man ihre Handlungen im Laufe der Jahre, wie ich es in meinen früheren Büchern getan habe, so stellt man fest, dass ihre Entscheidungen und politischen Veränderungen trotz allen Geredes und aller Rhetorik ohne Ausnahme immer weiter in Richtung Agenda 21 geführt haben. Es spielt keine Rolle, ob die Politiker der demokratischen oder der republikanischen Partei angehören, Amerika ist ein Einparteienstaat. Vater Bush unterzeichnete für die USA die Agenda 21 während des Weltgipfels von 1992, und Clinton, Bush Junior und Obama trieben die entsprechenden Pläne durch Präsidentenerlasse weiter voran. Mit Hilfe solcher Erlasse kann dem Land durch eine einfache Unterschrift eine bestimmte politische Richtung aufgezwungen werden, ohne dass diese auf dem Capitol Hill debattiert werden müsste – was natürlich in der Regel auch nichts ändern würde. So etwas geschieht nicht nur in den Vereinigten Staaten, sondern zunehmend auch in Großbritannien, überall in Europa und im Rest der Welt.

Landräumung

Abbildung 677: Obama, der Pöstchenhalter der Rothschild-Zionisten, und die Spur der Verwüstung, die er hinter sich herzieht.

Die Kluft zwischen den Superreichen und den Armen wird zunehmend offensichtlicher und extremer werden, weil immer mehr Menschen der Zugang zu Arbeit und Einnahmequellen versperrt wird. Der Staat parkt diese Menschen zunächst in „Sparprogrammen" (Abb. 677). Als nächstes werden sie dann durch Zwangsversteigerungen aus ihren Häusern vertrieben, denn ein Hauptanliegen der Agenda 21 ist das Ende jeden Privateigentums (das gilt nicht für die vom Kapitol). Nun braucht man nur noch die Menschen vom Land zu vertreiben und sie in Mischnutzungswohngebieten mit hoher Bebauungsdichte zusammenzupferchen, ganz wie die Agenda 21 es befiehlt. Das geschieht bereits mit zunehmender Geschwindigkeit. Doch meist erfährt man nichts davon, weil die Propagandamedien des Mainstream darüber hinwegsehen. Schließlich werden sie von den gleichen archontischen Netzwerken gesteuert, die auch die Agenda 21 durchsetzen. In London haben wir bereits ein Stadium erreicht, in dem Tausende von verarmten Erwachsenen und Kindern zwangsweise aus der Hauptstadt – dem Kapitol – entfernt und 300 Kilometer weiter weg angesiedelt werden. Man nennt das soziale Säuberung, eine Säuberung ganz im Sinne der Agenda 21. Die Stadträte haben aufgrund der Kürzungen staatlicher Wohnzuschüsse für die Armen festgestellt, dass Mieten für diese Menschen nicht länger erschwinglich sein können und man sie daher umsiedeln müsse. Eine betroffene Mutter hat das aus ihrer Sicht sehr treffend beschrieben:

> „Es sieht so aus, als wolle die Regierung London nur für die Reichen reservieren. Sie will Sozialhilfeempfänger loswerden und in Armenzonen unterbringen".

Genau das geschieht, ganz wie von der Agenda 21 gewünscht. Die sogenannte „Schlafzimmersteuer" des britischen Staates, die dafür sorgt, dass die Sozialhilfe gekürzt wird, wenn jemand über ein übriges Schlafzimmer verfügt, bildet Teil eines Prozesses, der es darauf anlegt, die Menschen entsprechend der Agenda 21 in immer kleinere Behausungen zu zwingen. Auf diesen Teil des Planes werde ich später noch zu sprechen kommen. Stephen Timms, der Sprecher der Labour Party, äußerte dazu:

> „Es wird immer offensichtlicher, dass unglückselige Minister nicht die geringste Ahnung haben, was geschehen und wie viel Elend geschaffen wird, wenn sie ihre Änderungen erst einmal durchsetzen".

Oh, das wissen die sehr wohl und sehr genau, und ihre verborgenen Meister wissen es noch viel besser. Das Einpferchen der Massen in „Mischnutzungswohngebieten mit hoher Bebauungsdichte" und die Konfiszierung des Landes gehen Hand in Hand mit der Kontrolle über das Wasser und alle Aspekte der Nahrungskette. Sie wollen essen? Sie wollen, dass Ihre Kinder etwas zu essen haben? Dann tun Sie, was wir Ihnen sagen, gehen Sie dorthin, wohin wir Ihnen sagen oder bleiben Sie hungrig. Weltweit werden auf diese Weise Land und Ressourcen erbeutet, ganz besonders im Nahen und Mittleren Osten, wo Flugzeuge und Truppen der Vereinigten Staaten, Großbritanniens und der NATO die ins Visier genommene Bevölkerung in die Unterwerfung bomben. Eine andere Methode besteht darin, Länder in große wirtschaftliche Not zu stürzen, indem man ihnen durch Manipulation unbezahlbare Schulden andreht und ihnen dann anbietet, als Ausgleich für Schulden und real nicht existierende „Kredite" ihr Land und ihre Ressourcen zu überschreiben. Das ist der Kern der sogenannten „Schuldenkrise in der Dritten Welt". Den Hintergrund erkläre ich ausführlich in meinem Buch „Und die Wahrheit wird euch freimachen". Kurz und gut, die archontischen Blutlinien sorgten in den 1970-er Jahren für einen gewaltigen Anstieg der Ölpreise. Dazu bedienten sie sich der korrupten, ihnen treu ergebenen Mitglieder des saudi-arabischen Königshauses und anderer Mitglieder der Organisation ölexportierender Länder (OPEC). In der Folge kam es zu Preissteigerungen für alles und jedes in allen Bereichen der Weltwirtschaft (hier haben wir wieder ein Beispiel für „Preisschocks"). Viele Menschen verloren ihre Arbeitsplätze und somit ihren Lebensunterhalt. Der britische Premierminister Edward „Schwarzauge" Heath führte die Dreitages-Arbeitswoche ein, um „Sprit zu sparen". Das war wieder eine dieser Krisen, wie Archonten sie bei ihrem Angriff auf die Menschheit gerne künstlich herbeiführen. Öffentlich wurde als Grund für das enorme Hochtreiben der Ölpreise durch die OPEC-Länder die amerikanische Unterstützung für Israel im arabisch-israelischen Krieg von 1973 angeführt. Tatsächlich aber fiel der Beschluss im Mai 1973 bei einem Treffen der Bilderberger im schwedischen Inselkurort Saltsjöbaden. Das Land dort gehört der zionistischen Bankerfamilie Wallenberg, die zum schwedischen Zweig der Rothschilds gehört. Die Konferenz stand unter der Leitung von Prinz Bernhard der Niederlande, dem ehemaligen Mitglied der deutschen Nazi-SS. Walter Levy (Rothschild-Zionist), ein in Deutschland geborener amerikanischer Ölberater, konzipierte den Plan für eine 400-prozentige Erhöhung der Ölpreise und die anschließende Verwendung der Petrodollars, die dadurch in enormem Ausmaß fließen würden. Als Levy 1996 im Alter von 86 Jahren starb, stand in der Zeitung *Chicago Tribune* zu lesen: „Herr Levy wurde wegen seiner Integrität, Aufrichtigkeit und Vertrauenswürdigkeit respektiert."

Fünf Monate nach dem Treffen der Bilderberger-Gruppe brach der arabisch-israelische Krieg aus. In die Wege geleitet wurde er durch die „Pendeldiplomatie" von US-Außenminister Henry Kissinger (einem in Deutschland geborenen Rothschild-Zionisten). Der Krieg lieferte den Vorwand für den lang geplanten raketenhaften Anstieg der Ölpreise. Mit Saudi-Arabien und der OPEC wurde ein geheimes Abkommen geschlossen, wonach der erwartete Strom von Petrodollars durch bestimmte westliche Banken recycelt werden sollte, wie Kissinger es nannte. Das bescherte den Machern einen unglaublichen Geldstrom, und so schickten sie ihre Agenten kreuz und quer in alle Länder der „Dritten Welt", um den dortigen Regierungen, die oftmals mit korrupten Diktatoren besetzt waren, zu variablen Zinssätzen so viel Geld zu leihen, wie diese nur haben wollten. Anfangs waren die Zinssätze niedrig, aber dann traten, wie geplant, Ronald Reagan und Vater George

Bush in den Vereinigten Staaten und Margaret Thatcher in Großbritannien auf den Plan. Die identischen wirtschaftspolitischen Ideen, die sie vertraten, bekannt unter den Bezeichnungen „Reaganomics“ und „Thatcherism“, sahen enorme Steigerungen der Zinssätze vor, und schon schnappte die Falle zu. Die aufs Korn genommenen Länder sahen sich Schuldenbergen gegenüber, die sie unmöglich zurückzahlen konnten. Das lag oftmals auch daran, dass die „Kredite“ hauptsächlich in den Taschen der korrupten El-ite gelandet waren, genau wie die kreditgebenden Banken es geplant hatten. Für die Menschen in jenen Ländern führte das zur Katastrophe und zu viel Tod und Leid, und schon betraten die archontischen Großunternehmen die Bühne, um das Land und die Ressourcen zu Spottpreisen aufzukaufen. Oft war nicht einmal das nötig, dank krimineller Operationen unter dem Decknamen „debt-for-nature swaps“ – „tausche Schulden gegen Natur“ oder „tausche Schulden gegen Land und Ressourcen“. Schulden gegen Natur einzutauschen war die Idee von Thomas Lovejoy, dem Direktor eines Naturschutzprogramms, das der von Prinz Philipp und Prinz Bernhard ins Leben gerufene World Wildlife Fund (USA) ins Leben gerufen hatte. Innerhalb solcher Tauschgeschäfte wird ein Teil der Schulden (oftmals ein sehr geringer Teil) im Tausch gegen Land und Ressourcen erlassen. Die Struktur, die einen Tausch von Schulden gegen Land ermöglichte, tauchte zunächst im Gewand der World Conservation Bank (WCB) auf. Die Rothschilds und die Rockefellers hatten dieses Konzept bei der vierten World Wilderness Konferenz in Colorado im Jahr 1987 vorgeschlagen. Im Rahmen ihrer Pläne sollten einige Schulden der Dritten Welt im Gegenzug gegen Übergabe von unberührten Naturgebieten und „ökologisch empfindlichem“ Land an die „Bank“ gelöscht werden. Der Plan fand die Unterstützung der Konferenzteilnehmer Edmond de Rothschild, David Rockefeller und James Baker, dem Außenminister unter Vater George Bush. Wie Sie wissen, sorgen sich diese Typen ganz besonders um die Umwelt und die unterdrückten und hungernden Völker der Welt. Das Ganze war nichts weiter als eine List, um für die Erfüllung der Agenda 21, die zu jener Zeit überhaupt noch nicht öffentlich genannt wurde, die Kontrolle über weite Landstriche zu gewinnen. Der Wirtschaftsprüfer und Investmentberater George W. Hunt war der offizielle Veranstalter der World Wilderness Konferenz. Er war besser informiert als die meisten anderen, da er Nachforschungen über die globale Verschwörung angestellt hatte. Hunt enthüllte, dass die World Conservation Bank dem Zweck diente, Land zu stehlen und dabei zu behaupten, dies geschähe nur, um die Schulden zu verringern und „der Umwelt zu helfen“. Er sagte:

> „... Der Banker Edmond de Rothschild nahm sechs Tage lang an dem Treffen teil. Edmond de Rothschild kümmerte sich persönlich um die finanziellen Angelegenheiten und die Gründung der World Conservation Bank. Dabei wurde er von Michael Sweatman von der Royal Bank of Canada unterstützt. Die beiden waren wie siamesische Zwillinge. Deshalb behaupte ich, sie waren offensichtlich die treibenden Kräfte hinter der finanziellen Seite dieser Konferenz. Ich denke, bei der Konferenz ging es in erster Linie darum, an Geld zu kommen. Auch David Rockefeller (von der Chase Manhattan Bank) war anwesend und hielt am Sonntag eine Rede ...“

Hunt erhielt von Rockefellers Büro die Warnung, er solle „besser aufhören zu politisieren“ oder er würde „es bereuen“. Das war die Reaktion auf Hunts schriftliche Protestnote, die er dem Bodyguard von David Rockefeller ausgehändigt hatte, um sich gegen den Plan zu stemmen. Der Plan sah vor, dass das Land, das die verschuldeten Länder übergeben würden, ins Eigentum der den Rothschilds und den Rockefellers gehörenden World Conservation Bank übergehen sollte. Die Organisation, die später die Bank übernehmen sollte, würde dann das Eigentum an dem Land erben. In einem Informationsblatt der Wilderness Konferenz hieß es:

> „... die Pläne für die WCB sehen vor, dass sie als Vermittlerin zwischen bestimmten Entwicklungsländern und multilateralen beziehungsweise privaten Banken fungieren soll, wenn es darum geht, bestimmte Kredite auf die WCB zu übertragen, und anschließend bestehende ‚zweifelhafte Schulden' in den Bankbüchern durch neue Darlehen an die WCB zu ersetzen. Im Gegenzug für die Befreiung von ihren Schuldverpflichtungen sollen die Schuldnerländer der WCB natürliche Ressourcen als ‚gleichwertige' Vermögenswerte übertragen."

Aus der World Conservation Bank wurde die Global Environmental Facility (GEF), und die betreibt genau das, was Rothschild und Rockefeller ihr vorgegeben haben – sie stiehlt Land für die Agenda 21. Den Vorsitz des wissenschaftlich-technischen Beratungsausschusses der Global Environmental Facility führt Thomas Lovejoy, der geistige Vater der Tauschgeschäfte von Schulden gegen Natur. Auch archontische Großunternehmen reißen sich überall in den Entwicklungsländern (Umkehrung) Land unter den Nagel, indem sie Agrarland in Afrika, Südamerika, Asien und Osteuropa kaufen oder pachten. Ungefähr ein Drittel des Agrarlands in der Ukraine ist heute in ausländischer Hand, auf den Philippinen sind es fünfzig und in Liberia *hundert Prozent*. Auf dem Land werden sodann Monokulturen für den Export angebaut. Die Kontrolle über die globale Nahrungsmittelkette nimmt immer schneller zu. In einem Bericht der Fairtrade Foundation heißt es, dass heute drei Großunternehmen mehr als vierzig Prozent des weltweiten Kaffeeverkaufs kontrollieren. Bei Kakao und Schokolade sind es acht. Sieben Unternehmen kontrollieren 85 Prozent der Teeproduktion, fünf kontrollieren den weltweiten Handel mit Bananen und die sechs größten Zuckerhändler kontrollieren etwa zwei Drittel des Weltmarktes. In dem Bericht heißt es weiter, dass kleine Anbauer „stark bedroht sind", weil die Manipulationen des Marktes sie „zur Armut verdammen". Nach der Ansicht von Fairtrade ist es unabdingbar,

> „die Lebensmittelpolitik in die öffentliche Diskussion zu bringen und bessere Lösungen zu finden als den Wahnsinn unseres derzeitigen desolaten Nahrungsmittelsystems."

Doch eines entgeht den meisten Menschen – sogar den meisten derjenigen, die gute Absichten hegen. Das System scheint zwar desolat, doch das ist es keineswegs. Es ist genau so, wie es sein soll. Es scheint nur wegen seiner Auswirkungen auf die Menschen und den Planeten desolat, und wegen des Glaubens, dass niemand so böse sein kann, so etwas mit Absicht zu tun – doch diese Leute *sind* so böse und sie *tun* es mit Absicht.

Der Diebstahl von Land hat mittlerweile auch unsere Ufer erreicht

Viele Menschen wurden schon von ihrem Land vertrieben, angeblich um die Umwelt zu schützen, und nun geschieht das auch in den (noch) entwickelten Ländern. Die scheinbar nur auf einzelne Regionen abzielende Struktur der Agenda 21 verschleiert die dahinter stehende weltweite Koordination. Die Agenda wird nämlich heimlich von den weltweiten Geheimgesellschaften und satanischen Netzwerken und deren Agenten in städtischen und gemeindlichen Verwaltungen gesteuert und vorangetrieben. Bezahlte Manipulatoren geben sich als lokale Aktivisten aus. Naive „Grüne", denen gegenüber das Blaue vom Himmel heruntergelogen wird, glauben tatsächlich, die Welt zu retten. Ich bin sehr froh, dass ich selbst in den 1980-er Jahren einige Zeit in der Grünen Partei verbracht habe. So habe ich erkannt, welche Denkmentalität dort herrscht. Das hat mir sehr geholfen zu verstehen, was heute geschieht, wo allem voran „die Umwelt" vorgeschoben wird, um uns einen faschistischen/kommunistischen Weltstaat aufzuzwingen. Einer der Grünen, den ich damals kennenlernte, war ein Typ namens Jonathan Porritt, ein Extremist in Bevölkerungsfragen, der damals das Amt des Sprechers der Grünen Partei bekleidete und heute als Schirmherr der Sektion für Bevölkerungsangelegenheiten (früher unter dem Namen Optimum Population Trust bekannt) fungiert. Daneben ist er Präsident eines gemeinnützigen Vereins für nachhaltige Entwicklung und Umweltberater von Prinz Charles. Porritt bietet die ganze Palette. Die Koordination der Agenda 21 durch den amerikanischen Einparteienstaat lässt sich anhand der Tatsache erkennen, dass Vater George Bush (ein „Republikaner") die Agenda 21 unterzeichnete, Präsident Bill Clinton (ein „Demokrat") ihren Wirkungsbereich vergrößerte, indem er durch einen Präsidentenerlass, der keinerlei Debatte unterlag, das Amt des Präsidentenberaters für „nachhaltige Entwicklung" schuf, und der angebliche Präsident Barack Obama (wo ist seine Geburtsurkunde?) den Trick mit den Präsidentenerlassen anwendete, um 2011 den Rat des Weißen Hauses für ländliche Entwicklung ins Leben zu rufen (Abb. 678). Folgende Stellen sind in Obamas Rat für ländliche Entwicklung vertreten:

Abbildung 678: Obamas Rat für ländliche Entwicklung ist ein Vehikel, um die Massen von ihrem Land zu vertreiben.

„Landwirtschaftsministerium, Finanzministerium, Verteidigungsministerium, Justizministerium, Innenministerium, Wirtschaftsministerium, Arbeitsministerium, Gesundheitsministerium, Ministerium für Wohnungsbau und städtische Entwicklung, Verkehrsministerium, Energieministerium, Bildungsministerium, Ministerium für Veteranenangelegenheiten, Ministerium für Homeland Security, Umweltschutzbehörde, Bundeskommission für Kommunikation, Mississippi Delta Regionalbehörde, Appalachen Regionalkommission, Korporation für nationale und gemeindliche Dienste, Finanzverwaltungsbehörde, nationaler Wirtschaftsrat, Verwaltungsbehörde zur Förderung von Kleinunternehmen, Rat für Umweltqualität, Amt für öffentliches Engagement und zwischenstaatliche Angelegenheiten des Weißen Hauses, Büro für Kabinettsangelegenheiten des Weißen Hause und noch weitere Verwaltungsbehörden, Agenturen und Ämter, die der Präsident oder der Landwirtschaftsminister jederzeit ‚berufen' kann."

Das *Verteidigungsministerium*? Was hat das in einem „Rat für ländliche Entwicklung" zu suchen, der angeblich darum bemüht ist,

> „mehr Gelder in ländliche Gebiete fließen zu lassen, um neue Arbeitsplätze zu schaffen, die Arbeitskräfteentwicklung zu fördern, Telekommunikationsnetze zu erweitern, erneuerbare Energien und neue Märkte für ländliche Gemeinden zu erschließen, besseren Zugang zu guter medizinischer Versorgung, Bildung und Wohnstätten zu schaffen, insbesondere in armen Regionen und Indianergebieten."

Was wir hier vor uns haben, ist eine Liste all der Ämter, Stellen und Vollstreckungsbehörden, die man für die Durchsetzung der Agenda 21 benötigt. Die verschlüsselten Botschaften kommen in Aussagen daher wie

> „die Notwendigkeit, die Wirksamkeit bundesstaatlicher Programme im Dienste der ländlichen Regionen Amerikas durch Straffung zu verbessern ... durch eine ‚smartere' Verwaltung können wir wesentlich mehr erreichen und bessere Ergebnisse und niedrigere Kosten für den amerikanischen Steuerzahler erreichen."

Die Schlagwörter „smart" und „smarter", die zum Programmvokabular gehören, werden in Zusammenhang mit der Agenda 21 ständig verwendet. „Smartes Wachstum" und „Entwicklung von Mischnutzungswohngebieten mit hoher Bebauungsdichte" („menschliche Siedlungszonen" laut Agenda 21) bilden ebenfalls Elemente des Phrasenkatalogs.

Auf der Website des Rats des Weißen Hauses für ländliche Entwicklung ist von Bewahrung, Erweiterung von Freizeitmöglichkeiten im Freien und wirtschaftlichem Wachstum die Rede, wobei nach den Regeln der archontischen Umkehrung Bewahrung so viel wie Konfiszierung, Erweiterung von Freizeitmöglichkeiten im Freien so viel wie Vertreibung der Menschen aus ihren Wohnstätten und wirtschaftliches Wachstum so viel wie wirtschaftliche Vernichtung bedeuten. Man hat Obamas Präsidentenerlass als „die größte Bedrohung für die unabhängige, von Familien betriebene Landwirtschaft und Viehzucht" beschrieben – und genau das ist sie. Ein anderer Kommentator formulierte es so:

> „ein Kriegsrat, und noch dazu einer, der seine Absicht deutlich gemacht hat, überall im Land Angriffe auf private Eigentümer zu starten ... um so viele Menschen wie möglich von wertvollem Agrarland überall im Land zu vertreiben."

Präzise erkannt. Bedenken Sie, dass die Beseitigung von Privateigentum (außer für die *El*-ite) eines der Kernziele der Agenda 21 darstellt und bereits 1969 von Dr. Richard Day benannt wurde. Das amerikanische Landwirtschaftsministerium dient als wichtiges Werkzeug für die Umsetzung der Agenda 21, indem es die Menschen von ihrem Land vertreibt. Sehen Sie sich an, welch großen Anteil von Amerika der Staat bereits sein eigen

Abbildung 679: Sehen Sie selbst, wie viel Land bereits der amerikanischen Regierung gehört (die dunklen Flächen), besonders im Westen. Diese Darstellung bezieht sich nur auf das Eigentum der Bundesregierung, das Land, das den Einzelstaaten gehört, wurde dabei nicht berücksichtigt.

nennt (Abb. 679). David Ferrell, der Leiter der Abteilung für strafrechtliche Untersuchung und Vollstreckung, nahm an einer Tagung des internationalen Netzwerks für die Einhaltung und Vollstreckung von Umweltschutzmaßnahmen (INECE) teil. Dort trafen sich Sachverständige auf dem Gebiet der Einhaltung und Vollstreckung von Umweltschutzmaßnahmen aus über fünfzig Ländern, um neue Aktionen für eine verstärkte Zusammenarbeit im Vollstreckungswesen festzulegen ... „um die Umstellung auf nachhaltige Entwicklung zu fördern." Auf der Website des internationalen Netzwerks für die Einhaltung und Vollstreckung von Umweltschutzmaßnahmen finden wir einen Text, der ohne Zweifel von einem Androiden geschrieben worden sein muss:

> „Agenda 21: Ein internationales Mandat für die Schaffung von Kapazitäten für die Einhaltung und Durchsetzung von Vorschriften als wesentliches Element der Umweltverwaltung ... Jedes Land sollte integrierte Strategien entwickeln, um durch auf nachhaltige Entwicklung gerichtete Gesetze und Verordnungen die Einhaltung der Vorschriften zu maximieren.
>
> Das INECE-Netzwerk strebt die Schaffung einer globalen Struktur an, die zunächst von der lokalen Ebene ausgeht, und dann Verbindungen zu wichtigen Regierungsinstitutionen, der Polizei, den Umweltschutzämtern, den sektoralen Behörden, zweitens zu örtlichen Gruppen und diesen angeschlossenen regionalen und nationalen Gruppen innerhalb des jeweiligen Landes, drittens zu anderen Regierungen und Nichtregierungsorganisationen, viertens zu bilateralen Kooperationsstrukturen, fünftens zu allen relevanten Gruppen innerhalb regional verbundener Staaten und schließlich, sechstens, in globalem Rahmen zu den verschiedenen Gruppen knüpft, die nach jeweiligem Bedarf entstehen und die Vorstellungen, Vorgehensweisen und Kooperationsstrukturen rund um den Globus katalysieren."

Sie verstehen, was ich meine. Die „grünen" Faschisten sind auf dem Vormarsch. Die Umweltschutzbehörde (EPA) wurde nicht geschaffen, um die Umwelt zu schützen, sondern um die Menschen in ländlichen Regionen zu schikanieren und zu terrorisieren, damit sie ihr Zuhause und ihr Land verlassen. Das geschieht mittels Schaffung neuer Gesetze und Durchsetzung drakonischer Strafen, so wie sie gerade gebraucht werden. Obama erließ am 16. März 2012 einen keiner Debatte unterliegenden Präsidentenerlass, der mit einem Federstrich Recht für das Land schuf. Dieser Erlass mit der Überschrift „Nationale Verteidigungsbereitschaft in Bezug auf Ressourcen" erlaubt es der Regierung, auf „legale"

Weise Land, Farmen (mitsamt allem Vieh und allen Feldfrüchten), Eigentumsgegenstände, Unternehmen und Geschäfte, Nahrungsmittelherstellung und Nahrungsmittelvertrieb, gesundheitliche Ressourcen, Energie- und Wasserressourcen, Transportmittel und vieles mehr zu konfiszieren. Dieses faschistische „Gesetz" (Gesetzesdokument) braucht für seine Aktivierung nichts weiter als die Behauptung der Regierung, dass eine „Unterstützung der nationalen Verteidigung" notwendig sei, und das kann sich auf nahezu alles beziehen. Vor diesem Hintergrund plant man nun, die Umsetzung der Agenda 21 zu beschleunigen. Im Rahmen dessen hat das amerikanische Landwirtschaftsministerium einen „Zensus für Landwirtschaft" gestartet, um die Vermögenswerte aller amerikanischen Farmen bis ins kleinste Detail zu erfassen und zu registrieren. Die Berichte über das faschistische Verhalten der Umweltschutzbehörde sind bereits Legion, und täglich werden es mehr. Die Behörde versteckt sich hinter Behauptungen, dass es ihr darum gehe, die Verschmutzung von Luft, Wasser und Umwelt allgemein zu stoppen. Als wahre Aufgabe steht jedoch auf ihrem Programm, die Menschen mit ungeheuerlichen Gesetzen und Verordnungen von ihrem Land zu vertreiben. Das ist schon empörend genug, doch die Vollstreckungsmaßnahmen sind beispiellos. Al Armendariz, ein Administrator, der die Region 6 für die Umweltbehörde verwaltet, fasst den Ansatz und die Methoden prägnant zusammen, wenn er sagt:

> „Die Römer pflegten die Dörfer des Mittelmeerraums zu erobern. Sie marschierten beispielsweise in irgendeinen kleinen türkischen Ort ein, schnappten sich die ersten fünf Männer, auf die sie trafen und kreuzigten sie. Danach war der Ort für die nächsten Jahre wirklich leicht zu beherrschen."

Armendariz wurde gezwungen sich zu entschuldigen, nachdem seine Worte von dem republikanischen Abgeordneten John Fleming an die Öffentlichkeit getragen worden waren, der zu Recht meinte:

> „Das ist Umweltfaschismus der schlimmsten Sorte, und wenn an irgendjemandem ein Exempel statuiert werden sollte, dann an diesem Umweltbeamten, der über Wissenschaft und Fakten hinwegsieht, um nach dem Zufallsprinzip und fahrlässig den Energiekrieg der Obama Administration zu führen."

Tatsächlich handelt es sich um einen Krieg gegen die Freiheit, in dem die Energie nur als eine von vielen Waffen aus einem ganzen Arsenal dient. Armendariz beschrieb mit knappen Worten die Funktion der Umweltbehörde bei der Durchsetzung der Agenda 21. Es ist ihr bereits gelungen, ganze Ströme von Einwohnern und Landwirten von ihrem Land zu vertreiben, deren Geschäfte zu zerstören und Menschen aus fadenscheinigen Gründen ins Gefängnis zu bringen. Die Behörde rühmt sich auf ihrer Website unter der Rubrik „Regeleinhaltung und Vollstreckung" der Vielfältigkeit ihrer Geldbußen und Haftstrafen, die sie für ihre Opfer ausgearbeitet hat. Christine Todd Whitmann, die Administratorin der Umweltschutzbehörde unter Bush Junior ließ das Gesetz ändern, damit es für die Behörde nicht mehr länger notwendig war, bei Änderungen der Umweltgesetze die Armen und die Minderheiten der Bevölkerung besonders zu berücksichtigen. All das geschah in Vorbereitung auf die Agenda 21. Die gleiche Christine Todd Whitmann erklärte nach den Anschlägen vom 11. September wiederholt, dass die Giftstoffe im Bereich des Ground Zero keine gesundheitliche Bedrohung darstellten:

> „Die Konzentrationen sind so gering, dass sie keine gesundheitlichen Risiken bergen. … Wir werden dafür sorgen, dass alle Menschen sicher sind."

Ja, so sicher, dass eine ganze Reihe von Rettungskräften, die an der Unglücksstelle Dienst getan hatten, mittlerweile verstorben sind, wegen der Auswirkungen der eingeatmeten Gift langsam dahinsiechen oder schreckliche Qualen leiden (Abb. 680 und Abb. 681). Diesen Leuten ist das vollkommen gleichgültig. Sie zerstören ganze landwirtschaftliche Gemeinden, indem sie ihre faschistischen Gesetze bis aufs Jota durchsetzen. Wenn sie sich jedoch einer echten Umweltkatastrophe wie der in Fukushima gegenübersehen, dann erhöhen sie ganz einfach die angeblich „sicheren Werte" für Strahlung (siehe Whitman und 9/11) und erklären, dass alles gut sei. Während ich dies hier schreibe, bemüht sich die Umweltbehörde gerade, die Kontrolle über alle Gräben, Gullys und nur kurzeitig existierenden Wasserquellen (wie sie sich etwa unmittelbar nach Regenfällen oder bei der Schneeschmelze bilden) zu übernehmen. Das versucht sie zu erreichen, indem sie diese gemäß dem Gesetz zur Reinhaltung des Wassers (Clean Water Act) als „Wasserwege" definiert. Sollte ihr das gelingen, so hätte das verheerende Auswirkungen für die kleinen Landwirte und Züchter, aber genau darum geht es ja schließlich. Wenn ich sage, dass der Plan vorsieht, das gesamte Wasser zu kontrollieren, dann meine ich auch das *gesamte* Wasser. Diese Kontrolle über Gullys und Gräben kann für einen Landwirt eine Frage des Überlebens werden. Rühr diese Pfütze nicht an, sie ist Staatseigentum. Gemäß der Agenda 21 ist die Übernahme aller Wasserquellen weltweit geplant und das soll durch Organisationen wie die Global Water Partnership, den World Water Council und andere unter der Überschrift „integriertes" (zentral gesteuertes) Wasserressourcen-Management (IWRM) agierende Institutionen koordiniert werden. Menschen, die Geldstrafen zahlen müssen oder im Gefängnis landen, weil sie Regenwasser sammeln, stehen im Visier dieser maßlosen Forderung nach totaler Kontrolle des Wassers. Gary Harrington aus Oregon erhielt eine Freiheitsstrafe von 30 Tagen Gefängnis und eine Geldstrafe von 1.500 Dollar, weil er auf seinem eigenen Land Regenwasser und Schmelzwasser gesammelt hatte. In Maryland zahlen die Menschen für alles Steuern,

Abbildung 680: Christine Todd Whitman: „Die Die ersten, die auf 9/11 reagierten – jetzt lässt man sie mit ihren Leiden allein zum Sterben.

Abbildung 681: Christine Todd Whitman: „Die Konzentrationen sind so gering, das sie keine gesundheitlichen Risiken bergen. … Wir werden dafür sorgen, dass alle Menschen sicher sind." Na, dann ist ja alles in bester Ordnung.

was Regenwasser daran hindert, im Boden zu versickern. Der Staat Oregon behauptet, das Eigentum an sämtlichen Wasserquellen zu haben, und immer mehr Staaten tun es ihm gleich. Staatsdiener verwenden gern den Begriff „Eigentum der Allgemeinheit", eine orwellsche Redewendung, die das Eigentum derjenigen, denen der Staat gehört, bezeichnet. Tom Paul, ein Verwaltungsangestellter des Amtes für Wasserressourcen in Oregon, der in einem Bericht über diese Geschichte als „gehorsamer Wasser-Nazi" bezeichnete wurde, sagte:

> „Das Gesetz von Oregon besagt, dass das gesamte Wasser im Staat Oregon öffentliches Wasser ist. Wenn Sie dieses Wasser verwenden wollen, sei es, um es zu verteilen oder aufzubewahren, dann müssen Sie vom Staat Oregon ein Wasserrecht erwerben, ehe Sie irgendetwas unternehmen dürfen."

Einige Politiker beschuldigen die Obama Administration und deren Behörden,

> „das Gesetz und die Rechtsetzungsverfahren zu ignorieren, um ihre Aufsicht und ihren Zugriff auf jedes Gewässer des Landes auszuweiten."

Ja, genau wie die Agenda 21 es verlangt. Kontrolliere die Zuteilung von Wasser und du kontrollierst die Menschen, die Wasser zum Überleben brauchen. Rosa Koire, die Autorin von „Behind the Green Mask: U.N. Agenda 21" berichtet, dass in den USA bisher rund 1.000 Dämme zerstört wurden, um Wasserwege umzuleiten, von denen die Landwirte abhängig sind. Darüber wird weder auf Bundesebene noch auf lokaler Ebene berichtet. Doch ohne eine landesweite Berichterstattung lässt sich das große Muster nicht erkennen, es sei denn mithilfe von Büchern wie diesem oder alternativen Radioshows.

Zonale Zonierung und Zonen über Zonen

Es wird jede Anstrengung unternommen und jede mögliche Ausrede herangezogen, um das Land von „Naturschutzgebieten", „Pufferzonen" oder anderen Varianten nicht bevölkerter Zonen zu säubern. Doch wenn man der Öffentlichkeit und den Menschen Land zu Spottpreisen abnimmt, weil man den Zwangsverkauf anordnet, dann gelangt dieses Land oftmals in die Hände von *Erschließungsunternehmen*, zum Schaden der Natur und der Flora und Fauna, die durch die Übernahme angeblich geschützt werden sollen. Solchen Unternehmen gibt man Land, Parks und Straßen in Bestlagen, die das Volk durch Steuern finanziert hat. Diese verwandeln es dann in einträgliche Geschäfte und Betriebe, wie zum Beispiel Mautstraßen. Wer kontrolliert diese Unternehmen? Die archontischen Blutlinien. Die Preise für landwirtschaftliche Produkte werden gedrückt, damit die Landwirte und Züchter ihre Existenz verlieren und ein unaufhörlicher Strom von neuen Gesetzen und Verordnungen sorgt dafür, dass Landwirtschaft und Viehzucht in kleinem Rahmen unmöglich werden. Fauquier County in Virginia, dem der Spitzname „Fuck-you County" besser anstünde, ließ Martha Boneta über den „Zoning-Adminstrator" Kimberley Johnson Tausende von Dollars Strafe androhen, weil sie auf ihrer kleinen Farm eine Geburtstagsparty für ein zehnjähriges Kind veranstaltet hatte, ohne eine Erlaubnis eingeholt zu haben. Die Welt der Agenda 21 lässt sich hier in einem Satz ausdrücken: Eine Party für die Tochter einer Freundin stellte in den Köpfen dieser im klinischen Sinne wahnsinnigen Leute, die wiederum von anderen im klinischen Sinne wahnsinnigen Leute eigens ausgewählt wurden, „eine rechtwidrige Veranstaltung" dar. Sie bestraften die Frau auch, weil sie ihre eigenen Produkte direkt an Kunden verkauft hatte, ohne eine Lizenz dafür zu haben. Dafür zogen sie den alten Trick der Agenda 21 aus dem Ärmel und änderten die Bestimmungen, nachdem Frau Boneta längst eine vom County genehmigte Lizenz für ihren kleinen Bauernladen erworben hatte. Mit einem Federstrich wurde illegal, was vorher legal war. Diese Leute und ihresgleichen überall auf der Welt haben keine Ahnung, wie wahrhaft bösartig, herzlos und dumm sie sich verhalten, weil sie geisteskrank sind. Und der rote Faden, der sich durch all das zieht? Man will unabhängigen Landwirten und Züchtern ein Überleben unmöglich machen. Einer der Unterstützer von Martha Boneta sagte:

> „In einem solchen Umfeld ist es für kleine und mittelgroße Landwirte sehr schwierig geworden, sich auf dem Markt zu behaupten, zu überleben und Erfolg zu haben."

Genau, und aus exakt diesem Grund wird dieses Umfeld geschaffen. Als Folge des Falles Boneta wurde zwar ein Gesetzentwurf eingebracht, der den Landwirten größere Freiheiten einräumen sollte, doch die Anhänger der Agenda 21 im Senat von Virginia torpedierten diesen sogenannten Boneta-Gesetzentwurf ganz massiv. 2011 schlug das amerikanische Verkehrsministerium vor, das Führen landwirtschaftlicher Maschinen vom Erwerb einer Gewerbefahrerlaubnis abhängig zu machen – ein weiterer mit Kalkül geplanter Vorstoß der Agenda 21. Landwirtschaftliche Familienunternehmen können sich nur dann über Wasser halten, wenn die Familienmitglieder weiterhin, wie schon seit Generationen, die Traktoren und anderen landwirtschaftlichen Maschinen selbst fahren dürfen. Bei ihren knappen Budgets können sie es sich nicht leisten, Berufsfahrer einzustellen. Auf der ganzen Welt vertreibt man Millionen unabhängiger Landwirte und Züchter von ihrem Grund und Boden und ruiniert ihre Existenz. Preise und Gesetze machen ihnen ein Weiterwirtschaften unmöglich. Und sofort sind die archontischen Großunternehmen zur Stelle, um das Land für die Agenda 21 zu übernehmen. Mittlerweile kaufen parasitäre landwirtschaftliche Großunternehmen, wie das des Milliardärs und Finanzspekulanten George Soros, die frei gewordenen Ländereien mit atemberaubender Geschwindigkeit auf. Die Autorin Rosa Koire, die ich bereits an früherer Stelle erwähnte, ist Mitbegründerin der Nachbarschaftskoalition von Santa Rosa, der Bewegung Demokraten gegen die Agenda 21 und des Post Sustainablity Instituts. Sie erklärt, auf welche Weise die Agenda 21 die Menschen von ihrem Grund und Boden vertreibt, indem Behörden sich weigern, ländliche Straßen zu teeren oder bereits geteerte Straßen beseitigen. Laut ihren Aussagen haben die Behörden des Bezirks Sonoma (in dem auch Bohemian Grove liegt) verkündet, dass von 2.220 Kilometern Straße nur 240 Kilometer geteert bleiben und die übrigen in Schotterstraßen umgewandelt werden sollen. Als Ausrede wird Geldmangel angegeben – ein weiterer Vorteil des künstlich herbeigeführten wirtschaftlichen Zusammenbruchs. Ein Einwohner von Blanding in Utah erklärte, seine Familie sei in der Gegend zur Jagd gegangen, seit sein Vater ein kleiner Junge war, doch wie es aussehe, würden nun „tausend Straßen dicht gemacht." So etwas geschieht allerorts, oftmals gegen das Gesetz, doch das spielt heutzutage keine Rolle mehr. Als Folge davon wird die Erreichbarkeit der ländlichen Wohnstätten erschwert, die Immobilienpreise fallen in den Keller und die Menschen sind gezwungen, in die Städte auszuweichen, wo sie unter der strengen Beobachtung der Agenda 21 stehen. Geteerte Straßen stehen auf der langen Liste der menschlichen Aktivitäten, die mangels Nachhaltigkeit ausgemerzt werden sollen. Ausgemerzt werden sollen auch, unter vielem, vielem anderen, die Nutzung landwirtschaftlicher Ländereien und Weiden, weidende Tiere, Bewässerungsanlagen, Golfanlagen, Skihütten und der Familienverband. Aus dieser vielseitigen Liste lässt sich ersehen, auf wie breiter Front das menschliche Leben von der Agenda 21 angegriffen werden soll. Überall in Amerika findet man heute ländliche Geisterstädte, in denen Durchreisende früher Halt machen und sich mit Essen und Trinken versorgen konnten. Doch die Behörden schlossen die Autobahnausfahrten, von denen ihr Überleben abhing und schufen stattdessen neue Ausfahrten weitab der ländlichen Gemeinden, an denen sich Unternehmen wie McDonalds, Burger King und die anderen Anbieter künstlich verarbeiteter, körperzerstörender Scheiße niedergelassen haben. Untersuchungen der Universität Yale und in Deutschland stellten übrigens einen Zusammenhang zwischen solchem Zeug und dem drastischen Anstieg von Autoimmunkrankheiten wie Multiple Sklerose, Alopezie, Asthma und Ekzemen her. Diese Leute dürfen ihre Giftfabriken überall aufstellen, während Beamte durch ländliche Gemeinden spazieren und den Leuten lächerlich niedrige Preise für ihr Land in Nichtwohngebieten anbieten. Erklärt ein Hauseigentümer, Landwirt oder Züchter sich nicht bereit, einen solchen Preis zu akzeptieren und will er auf keinen Fall wegziehen, so wird er vor Gericht gezerrt, enteignet und erhält zum Schluss noch die Rechnung für Rechtsanwalts- und Gerichtskosten. Dieser Prozess des Stehlens von Privatgrund nennt man in den USA Enteignung und in Großbritannien Zwangskauf (Zwangsdiebstahl wäre ein passenderer Ausdruck). All das soll nicht etwa *in der Zukunft* geschehen – es geschieht bereits jetzt und die ignoranten, rückgratlosen und lahmen Medien schweigen dazu.

Die missliche Lage der Hauseigentümer im dünn besiedelten Antelope Valley in einer Wüstenregion am Rande des Bezirks Los Angeles in Kalifornien schlägt einem als weiteres Beispiel für die terroristische, auf Landsäuberung ausgerichtete Agenda 21 förmlich ins Gesicht. Die prächtigen Menschen, die dort lebten, wurden massiv von sogenannten „Störungsbekämpfungs-Teams" aufs Korn genommen, die, wie in den USA üblich, bewaffnet auftraten. Ihre Aufgabe besteht darin, „Verletzungen des Flächennutzungsplans und der Gesetze" zu überwachen. Amerika versinkt förmlich in Uniformen, Gesetzen, Kodierungen, Regelungen und „Überschreitungen", doch in Großbritannien und anderen Ländern ist es nicht viel besser. Mir scheint, die meisten Übertretungen (eine Übertretung ist der Vorgang des Übertretens oder der nach einer Übertretung eingetretene Zustand) werden von bewaffneten, uniformierten Gangstern begangen, die von Tag zu Tag mehr werden, so als würden sie in den dunklen Stunden der Nacht in einer Petrischale gezüchtet. He! Heute Morgen sind schon drei dieser glänzenden Jacken unterwegs ... gestern war es doch nur einer ... und sie sehen alle aus wie eineiige Zwillinge, nicht wahr? Was geht da vor sich? Diese geistig zweifellos weit zurückgebliebenen bewaffneten Leute vom „Störungsbekämpfungs-Team" nahmen sich die Hauseigentümer von Antelope Valley vor, die nichts anderes getan hatten, als ein friedliches Leben zu führen. Ein Beispiel für

Abbildung 682: Kim Fahey schadete niemandem, aber die archontischen Faschisten wollten sein Land.

diese Form von Staatsterrorismus ist der Fall von Kim Fahey und seinem Haus „Phonehenge“, das er auf Wüstengelände mit alten Telegrafenmasten gebaut hatte (Abb. 682). Diese Wahnsinnigen vom „Störungsbekämpfungs-Team“ warfen Fahey zwölf Gesetzesübertretungen vor, er landete im Gefängnis und wurde gezwungen, sein Haus abzureißen. Viele andere Menschen haben auf diese Weise ihr Zuhause verloren, und meist hatten sie ohnehin kaum genug zum Leben. Joey Gallow, ein Soldat im Ruhestand, wurde ebenfalls Ziel solcher Angriffe. Jeder, der dem Militär angehört und glaubt, seinem Land zu dienen oder erwartet, sein Land würde sich um ihn kümmern, der sollte sich diese Geschichte zu Herzen nehmen. Wie Gallow berichtete, waren die staatlichen Gangster zuerst mit der Aufforderung an ihn herangetreten, einige Büsche zurückzuschneiden, wozu er sich ohne Weiteres bereit erklärte. Dann tauchten sie auf und forderten ihn auf, eine Hütte zu versetzen und seinen Wohnwagen zu entfernen. Auch dem kam er nach. Eines führte zum anderen und schließlich wurde er aufgefordert, sein Land zu verlassen. Angeblich hatten die Nachbarn (das nächste Haus lag 800 Meter entfernt) sich über irgendwelche unansehnlichen Gebäude beschwert. Wer sich beschwert haben soll, teilten die Gangster nicht mit, nur dass er gehen müsse. Gallow meinte:

> „Ich sah sie an und fragte: ‚Warum? Mein nächster Nachbar wohnt 800 Meter entfernt, das hier ist nicht Beverly Hills, das ist mein Zuhause. Plötzlich erschienen Polizisten vor meiner Tür, mit kugelsicheren Westen und Pistolen, und umstellten das ganze Haus. Alles, wofür ich gearbeitet hatte, löste sich in nichts auf. Ich weiß nicht, wohin ich gehen soll. Ich habe wirklich keine Ahnung.‘“

Willkommen in der bösartigen, brutalen Welt der Agenda 21. Man säubert das Land gerade von uns Menschen. Der Mechaniker Oscar Castaneda gehörte ebenfalls zu den Bewohnern von Antelope Valley, die ihre Häuser abreißen mussten. Castaneda war Eigentümer des Landes, auf dem die Filme „Kill Bill“ 1 und 2 gedreht worden waren. Die Castanedas bauten dort ihr eigenes Gemüse an, holten ihr Wasser aus dem eigenen Brunnen und erzeugten selbst Strom durch ihre Solaranlage. Das war eigentlich der „nachhaltige“ Lebensstil, dem die Agenda 21, wenn sie ernst gemeint wäre, applaudieren müsste. Aber sie ist nicht ernst gemeint. Sie dient nur als Ausrede für globale Kontrolle, und deshalb mussten Castaneda und seine Frau verschwinden. Die Gangster erschienen viele Male, betraten das Grundstück ohne Durchsuchungsbefehl, machten Aufnahmen und erklärten, Castaneda würde das Gesetz übertreten, weil er zu viele Fahrzeuge (er ist Mechaniker) und einen „unvorschriftsmäßigen“ Wassertank besäße. Das würde eine Gefährdung der Nachbarn darstellen, obwohl es im Umkreis von 15 Kilometern keine Nachbarn gab. Hier haben wir einfach einen weiterer Fall von …

> „Officer Idiot und Officer Depp, Ihr Vorgesetzter Saufkopf hat soeben angerufen – gehen Sie los und finden Sie einen Grund diese Leute von ihrem Land zu vertreiben …“

„Äh, ja natürlich, Sergeant Birnenkopf, Sir. Dürfen wir sie auch erschießen?"

„Nein, noch nicht, Jungs."

„Ahhhh."

Oscar Castaneda teilte man mit, er dürfe nur dann auf seinem Land bleiben, wenn er neue Wasserlöcher graben und einen Anschluss an das öffentliche Versorgungsnetz des Bezirks schaffen würde. Wie war das nochmal mit der „Nachhaltigkeit"? Die Kosten für diese Maßnahmen? Zwischen 75.000 und 100.000 Dollar. Diejenigen, die hinter solchem Staatsterrorismus stecken, wissen das sehr genau. Mars Melnacov, ein Reporter der Zeitschrift *LA Weekly* schrieb:

> „Sie gehen auf die Leute los, die am wehrlosesten sind und über die wenigsten Mittel verfügen und die kaum über ihre Rechte Bescheid wissen."

Andere Bewohner berichteten Folgendes über ihre eigenen Erfahrungen mit staatlicher Belästigung und Einschüchterung:

- „Sie trugen schwarze Jacken und waren mit Faustfeuerwaffen, Tasern, M16s und Paintball-Gewehren bewaffnet."
- „Ich verlor Einnahmen in Höhe von 2.500 Dollar, weil meine Wohnmobile als angeblich illegal eingestuft wurden."
- „Das ist Einschüchterung, das ist hausgemachter Terrorismus, das verstößt gegen Recht und Ordnung ..."
- „Sie erklärten uns, wir müssten alles aufgeben, was wir besaßen. Sie deuteten auf den nackten Boden und sagten: „Seht ihr dieses Stück Boden? Wir wollen, dass es hier überall so aussieht."

Es war der Republikaner Michel Antonovich, ein führendes Mitglied der Aufsichtsbehörde des Bezirks LA, der die faschistischen „Störungsbekämpfungs-Teams" ins Leben gerufen hat. Doch wenn er auf deren terroristisches Verhalten angesprochen wird, verweigert er jeden Kommentar. Antonovich ist über siebzig Jahre alt, doch noch immer will er Menschen mit Hilfe von Einschüchterungsmaßnahmen obdachlos machen. Wie soll man sich eine solche Gesinnung erklären? Er ist einfach ein weiteres Beispiel für das, was geschieht, wenn jedes Mitgefühl ausgelöscht ist. Diese Leute denken, sie würden mit alledem durchkommen, doch eines Tages werden ihre Lichter ausgehen und sie werden sich in einer anderen Realität wiederfinden. Erst dann werden sie erkennen, dass sie den Konsequenzen ihrer eigenen Handlungen nicht entgehen können. Wenn ihre kurze Lebenserfahrung zu Ende gegangen sein wird, werden sie sich in Frequenzen wiederfinden, die ihrem jeweiligen Energiefeld entsprechen. Na dann, viel Glück. Einige amerikanische Staaten wehren sich bereits gegen die Tyrannei und erlassen Gesetze zum Schutz des Privateigentums, und sie blockieren oder verurteilen die Agenda 21. Zu diesen Staaten gehören Alabama, Oklahoma und Tennessee. Es könnten noch viel mehr werden, wenn die Öffentlichkeit erkennen würde, was in Wahrheit geplant ist und worum es bei der Agenda 21 tatsächlich geht.

Das Wetter als Waffe

2011 flutete das Ingenieurkorps der Armee große Landstriche, die kleinen Familienbetrieben von Landwirten und Züchtern gehörten, mit der Begründung, wegen eines gefährlichen Ansteigens der Flüsse Missouri und der Mississippi sei es notwendig geworden, einige Deiche zu sprengen. Die Farmen wurden zerstört, zumindest vorübergehend – und drei Wochen später erhielten die Landwirte Schreiben mit Kaufangeboten für ihr Land, vermittelt vom ... Ingenieurkorps der Armee. Das Sprengen der Deiche bietet ein Beispiel für eine weitere Waffe, die eingesetzt wird, um kleine unabhängige Bauern- und Züchtergemeinden oder ganz allgemein ländliche Gemeinden zu zerstören (Abb. 683 und Abb. 684). Dr. Richard Day, der Rockefeller-Insider und Verantwortliche für Wettermanipulationen während des Zweiten Weltkriegs, erklärte bereits 1969:

> „Das Wetter wird verändert und als Kriegswaffe eingesetzt werden, um Dürren oder Hungersnöte herbeizuführen."

Mit den ihnen zur Verfügung stehenden Technologien ist es den archontischen Blutlinien ein Leichtes, rekordverdächtige Schneefälle in den Bergen und heftige Dauerregenfälle auszulösen, damit der Missouri und der Mississippi über die Ufer treten. Besonders HAARP, die Wettermanipulationstechnik-Anlage in Alaska, die starke Radiowellen in die obere Atmosphäre schickt und von dort auf die Erde zurückprallen lässt, eignet sich hervorragend für solche Einsätze. Darüber werde ich an späterer Stelle noch ausführlicher berichten. Jedenfalls ist das alles real und geschieht in zunehmend größerem Umfang, je mehr technische Errungenschaften verfügbar werden. Wetterveränderung gibt es mindestens seit der ersten Hälfte des 20. Jahrhunderts. Mittlerweile wurde sie zur Waffe der Wahl, wenn es darum geht, bei der Verfolgung eines bestimmten Ziels (etwa der Zerstörung unabhängiger Landwirte und Züchter) die Auswirkungen eines „Klimawandels" zu fingieren oder „Naturkatastrophen" über die Menschen hereinbrechen zu lassen, und so mit kriegerischen Mitteln ein aufs Korn genommenes Land in die Knie zu zwingen. In einer Radiodokumentation der *BBC* aus dem Jahr 2001 wurde enthüllt, dass die britische Royal Air Force im Jahr 1952 an Experimenten beteiligt gewesen

Abbildung 683: Kleine landwirtschaftliche Familienbetriebe nach der Sprengung der Deiche.

Abbildung 684: Unabhängige Landwirte werden von allen Seiten aufs Korn genommen.

Abbildung 685: Lynmouth nach dem Wolkenimpfungsexperiment.

war, bei denen über North Devon Wolken geimpft wurden, um Regen zu erzeugen. Unmittelbar danach erlebte die Region 250 Mal stärkere Regenfälle als üblich. 90 Millionen Tonnen Wasser ergossen sich in eine Schlucht und verwüsteten den Küstenort Lynmouth. Die Gebäude wurden zerstört und 35 Menschen fanden den Tod (Abb. 685). Überlebende berichteten von einem Schwefelgeruch, der am Tag der Überschwemmung in der Luft lag (erinnern Sie sich an Bill Gates' Schwefelexperiment?). Die Royal Air Force bezeichnete dieses Wettermanipulationsexperiment als „Operation Kumulus", Insider nannten es auch „Operation Hexendoktor". Die Einwohnerin Dilys Singleton verlor sechs Familienmitglieder, darunter ihre Großmutter, die nur anhand einer Warze auf ihrem Rücken identifiziert werden konnte, da man sie ohne Kopf, Arme und Beine auffand. Musste die Royal Air Force für diese Abscheulichkeiten irgendwelche Konsequenzen tragen? Nein, die Operation war geheim und die Dokumente gingen schließlich verloren. Die Wahrheit über das, was vor *über 60 Jahren* geschehen war, konnte erst aus Logbüchern der Royal Air Force und persönlichen Zeugenaussagen rekonstruiert werden. 1967 begann in Vietnam eine Operation des US-Militärs namens „Projekt Popeye", die darauf abzielte, die Monsunzeit für militärische Zwecke zu verlängern. Heutzutage sind Aktionen dieser Art gang und gäbe. Nicht nur Amerika, sondern auch Russland, China und vermutlich auch andere Länder haben Technologien zur Wettermanipulation entwickelt. 2013 gaben die Moskauer Behörden bekannt, dass sie vier Millionen Dollar für Wettermanipulation aufgewendet hatten, um für zwei nationale Feiertage einen wolkenlosen Himmel zu garantieren. Dabei wurden Methoden der Wolkenauflösung und Wolkenimpfung eingesetzt, die noch aus der Sowjetära stammten. Einem Dokument der amerikanischen Air Force, dem „AF 2025 Final Report", ist zu entnehmen:

> „Die Wettermanipulation bietet dem Kampfflieger eine breite Palette von Möglichkeiten, um einen Gegner zu schlagen oder zu bezwingen."

Dazu gehört die künstliche Erzeugung von Überschwemmungen, Hurrikanen, Dürren und Erdbeben. Weiter heißt es dort:

> „Die amerikanische Luftfahrt wird „das Wetter beherrschen" und sich dabei die aufstrebenden neuen Technologien zunutze machen. Der Schwerpunkt wird auf der Entwicklung von Technologien für Kriegszwecke liegen … Ganz gleich, ob es sich um die Unterstützung freundschaftlicher Operationen oder die Störung feindlicher Operationen durch ein maßgeschneidertes Eingreifen in natürliche Wettermuster in kleinem Rahmen oder um die vollständige Kontrolle über globale Kommunikationen und Gegenräume handelt, die Wettermanipulation bietet dem Kampfflieger eine breite Palette von Möglichkeiten, um einen Gegner zu schlagen oder zu bezwingen …

> … In den Vereinigten Staaten wird Wettermanipulation voraussichtlich Teil der nationalen Sicherheitspolitik werden und sowohl im Land selbst als auch international eingesetzt werden. Unsere Regierung wird je nach Interessenlage eine solche Politik auf verschiedenen Ebenen verfolgen … Die Anwendungsmöglichkeiten liegen im Bereich des Angriffs und der Verteidigung, aber auch der Abschreckung. Die Fähigkeit, auf der Erde Niederschlag, Nebel oder Stürme auszulösen oder das Wetter im Weltraum zu verändern … und die Erzeugung künstlicher Wettererscheinungen gehören allesamt zu einem integrierten Paket von [militärischen] Technologien."

Großbritannien erlebte 2012 einen der nassesten Sommer seit Beginn der Wetteraufzeichnungen, sehr zum Schaden der Landwirte und Züchter, während in den USA ausgedehnte Hitze- und Dürreperioden die Ernten vernichteten und Bauern in den Ruin trieben. Auch in Russland gab es eine Hitzewelle (Abb. 686). All das brachte insgesamt drastische Folgen für die Lebensmittelproduktion und die Einkommen der Landwirte mit sich. Die USA erreichten, beziehungsweise brachen innerhalb nur einer einzigen Woche Tausende von Rekordtemperaturmarken, und das geschah ausgerechnet zu der für die Maisbefruchtung wichtigen Jahreszeit. In einem Bericht hieß es, dass viele amerikanische Maisbauern „am Rande einer schrecklichen Katastrophe" und des finanziellen Ruins stünden – *genau wie geplant*. Mehr als die Hälfte aller amerikanischen Regierungsbezirke – 1.584 in 32 Staaten – waren im August 2012 zu Katastrophengebieten der höchsten Stufe erklärt worden. Die Maisbauern mussten Ländereien aufgeben, die größer waren als Belgien und Luxemburg zusammengenommen (Abb. 687). Doch obwohl die Trockenheit anhielt und der Grundwasserspiegel immer weiter sank, erhielten die archontischen Energieversorger weiterhin die Erlaubnis, mit ihrer geisteskranken Politik des „Fracking" fortzufahren. Beim Fracking werden Flüssigkeiten (Wasser vermischt mit Sand und Chemikalien) unter hohem Druck in Bohrlöcher eingebracht, um Ölschiefer zu zertrümmern und so Erdöl und Erdgas freizusetzen. Dadurch kommt es zu extremen Schädigungen der Umwelt und des Trinkwassers. Der Plan besteht darin, die Bevölkerung über das Trinkwasser zu vergiften, und aus diesem Grund muss das Grundwasser

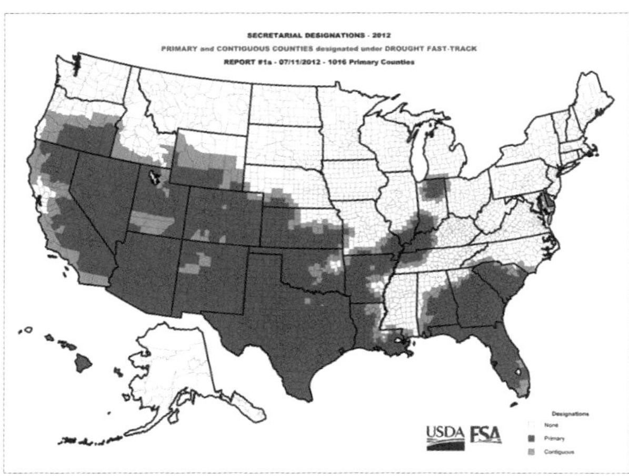

Abbildung 686: Die Megadürre von 2012 in Amerika.

Abbildung 687: Lebensgrundlagen wurden zerstört, Lebensmittelpreise schossen in die Höhe.

mit Pestiziden und anderen Toxinen verseucht werden. Für das Fracking werden außerdem ungeheure Mengen von Wasser benötigt, die deshalb für die Lebensmittelproduktion nicht mehr zur Verfügung stehen. Für *jede* Fracking-Operation benötigt man zwischen 3,5 und 30 Millionen Liter Wasser, gemischt mit 150.000 Litern etwa 60 verschiedener Chemikalien wie Blei, Uran, Quecksilber, Ethylenglykol, Radium, Methanol, Salzsäure und Formaldehyd. Diese Chemikalien sickern ins Grundwasser ein. Durch Fracking wird beispielsweise der Methangehalt in Trinkwasserquellen, die in der Nähe der Fracking-Stätten liegen, auf das 17-Fache erhöht. Methan zählt zu den Treibhausgasen – so viel zu der angeblichen Besorgnis über die globale Erwärmung. Auf der Website dangersoffracking.com wird folgende Rechnung aufgemacht: 500.000 aktive Gasquellen in den Vereinigten Staaten x 30.000 Liter Wasser pro Fracking-Operation x 18 maximale Fracking-Einsätze pro Quelle = 272 Trillionen Liter Wasser und 1350 Milliarden Liter Chemikalien alleine für die in den USA aktiven Gasquellen. Und Fracking findet weltweit statt. Auch während der Dürreperiode durfte Fracking weiterbetrieben werden. Der Grund dafür führt uns zu weiteren Gleichungen: Den Blutlinien gehören die Großunternehmen x den Blutlinien gehören die Regierungen = wir fracken, wie es uns passt; oder: den Landwirten und der Allgemeinheit das Wasser wegnehmen x alle Wasservorräte und Quellen kontrollieren = wenn ihr lebensnotwendiges Wasser haben wollt, dann tut gefälligst, was wir euch sagen. Die amerikanische Regierung hat *offiziell* zugegeben, dass Fracking Erdbeben auslösen kann, und auch die Gemeinde der Wissenschaftler und sogar einige der beteiligten Unternehmen stimmen dem zu. Fracking setzt der sonstigen missbräuchlichen Verwendung und Verseuchung des Wassers die Krone auf. Dem britischen Energieminister Ed Davey – ja, Ed ist zurück – nahestehende Quellen berichteten, dass er „hoch erfreut" war, Fracking jetzt überall in Großbritannien im Einsatz zu sehen. Fracking setzt tödliches radioaktives Radongas in die Atmosphäre ab, das sich dort mit den aus Haushalten und Arbeitsstätten stammenden Frackinggasen verbindet. Hierin finden wir die Haupterklärung für Lungenkrebs bei Nichtrauchern. Überall auf der Welt vertreiben westliche und chinesische Bergbauunternehmen und andere Firmen einheimische Völker durch Gewalt, Einschüchterung oder Blockierung natürlicher Ressourcen wie Wasser von ihrem Land. Das geschieht sogar in Ecuador, wo Präsident Rafael Correa gerne sein „Mann des Volkes"- „Gegner des globalen Establishments" – Image pflegt. Trotzdem öffnet er sein Land für die Bergbauriesen und unterdrückt jede Opposition mithilfe der Kräfte seines Staatssicherheitsapparates.

Lass sie hungern, bis sie sich ergeben

Das amerikanische Landwirtschaftsministerium sagte rekordverdächtige Preisanstiege infolge der extremen Wettersituation – ich würde eher sagen, der *künstlich herbeigeführten* extremen Wettersituation – voraus. Die Vorräte an Mais schrumpften drastisch und die Kosten stiegen um über die Hälfte. Da amerikanische Lebensmittelprodukte zu 75 Prozent Mais enthalten, erfasste die Lebensmittelteuerung so ziemlich alle Bereiche. Lebensmittelkonzerne wie Kraft, Tyson und Nestlé erklärten, sie würden die höheren Kosten an die Verbraucher weiterreichen, aber das tun sie schließlich immer. Goodman Sachs, Barclays und andere Banken verdienten jede Menge mit Spekulationsgeschäften über Lebensmittelpreise, und Chris Mahoney, der für landwirtschaftliche Erzeugnisse im Agrargeschäft des Riesenunternehmens Glencor zuständige kaufmännische Direktor, der selbst Gesellschaftsanteile im Wert von etwa 500 Millionen Britische Pfund hält, erklärte bei einer Telefonkonferenz, dass die verheerende Dürre „gut für Glencore" sei, da das Unternehmen von steigenden Preisen profitiere. Solche Leute haben weder Herz noch Seele. Spirituell gesehen sind sie lebende Tote. Erinnern Sie sich, was der Schweizer Hellseher Anton Styger sagte?

> „Wenn ich beispielsweise im Geschäftsleben oder in der Politik Menschen sehe, die ganz besonders in der materiellen Welt verfangen sind, stelle ich fest, dass bei ihnen überhaupt kein Lichtkörper mehr vorhanden ist. Bei vielen dieser Menschen kann ich den Lichtpunkt am Herzchakra, der sonst immer vorhanden ist, überhaupt nicht mehr erkennen.
>
> Stattdessen sehe ich eine Art ‚schimmernde Teerschicht' um diese Menschen herum, in der sich ein monsterhaftes Wesen, beispielsweise in Form einer Eidechse, ausmachen lässt. Wenn solche Menschen im Fernsehen sprechen, nehme ich wie in einem konkaven Spiegel wahr, dass sich um sie herum eine Krokodilgestalt manifestiert. Ich kann an ihrem Halschakra und an ihrem Stirnchakra kein Licht erkennen."

Die Wetterkatastrophen in Amerika brachten für die Menschen importabhängiger Nationen überall in Asien, im Nahen Osten, in Afrika und in der Karibik mitunter tödliche Folgen mit sich. Etwa ein Drittel der Weltproduktion an Grundgetreidearten kommt aus dem amerikanischen Mittelwesten. Die gesteigerten Kosten für Tierfütterung trieben die Preise für Fleisch und Milch in die Höhe. Das ist ein weiterer wichtiger Aspekt des Krieges gegen die Menschheit, der entsprechend der Agenda 21 geführt wird – Verknappung und Verteuerung der Lebensmittel, um Hungernöte auszulösen und sodann Einforderung von Gehorsam im Gegenzug für eine magere Essensration. Eine Hungersnot im Westen? *Ja*, genau das sehen deren Pläne vor. Von den archontischen Großunternehmen unabhängige Landwirte und Züchter werden im Zuge der Agenda 21 überall auf der Welt aufs Korn genommen. Das ist auch der Grund, warum die Preise, die in Großbritannien an die Landwirte gezahlt werden, von den archontischen Supermarktketten gedrückt werden. Diese Praxis hat schon Zehntausende von ihrem Land vertrieben, genauso wie das Fracking, und exakt das ist gewollt. Die Regierung Cameron verkündete, sobald sie 2010 an die Macht gekommen war, dass sie alle staatlichen Wälder in private Hände (sprich: an Großunternehmen) verkaufen wolle. Die Bevölkerung wurde von diesen Plänen, die während der Wahlkampagne von Cameron nie zur Sprache gebracht worden waren, völlig überrumpelt. Auch in diesem Fall ging es darum, der Agenda 21 Vorschub zu leisten, und der Hochstapler, Betrüger und Lügner Cameron wusste das sehr genau. Für diesen Schritt gab es keinen Grund und keine Erklärung, außer der Agenda 21, die die Kontrolle über alle Wälder auf der Liste ihrer vorgesehenen globalen Akquisitionen führt. Camerons Plan sieht vor, die Wälder einen nach dem anderen zu verkaufen, da er sich dann jeweils nur einer lokalen

Opposition gegenübersieht und nicht das ganze Land auf einmal gegen sich aufbringt. Dieser schmierige Typ versuchte das zu tun, was die meisten politischen Führer tun, sobald sie an die Macht gekommen sind – höchst unpopuläre politische Maßnahmen so schnell wie möglich und noch während der Phase der anfänglichen Volksgunst durchzuziehen. Doch dieses Mal scheiterte der Plan an einer breitangelegten öffentlichen Opposition. Er wird jedoch versuchen, die Wälder irgendwie doch noch zu verkaufen, denn das ist seine Aufgabe. Die Gruppe der „Grünen" in Großbritannien, die nicht schnell genug zum Mikrophon greifen und sich über die „Klimaveränderung" auslassen können, spielten bei dieser Rettet-die-Wälder-Kampagne praktisch überhaupt keine Rolle, da sie sich längst zu Werkzeugen der Agenda 21 machen ließen und genau zu diesem Zweck infiltriert wurden. Was die Umweltschutzpolitik anbelangt, laufen sie nur noch als Pudel und nicht mehr als Wachhunde durchs Land. Camerons Pläne für eine „Big Society", ein Codewort der Agenda 21, sehen unter anderem zwangsweise „freiwillige" Arbeit vor. Ist das nicht ein Paradoxon? Ja, aber trotzdem wurde Cameron Premierminister. Die Bill und Melinda Gates Stiftung finanziert den Ankauf von landwirtschaftlichen Flächen in Afrika unter dem Vorwand, den örtlichen Bauern helfen zu wollen. *Ohhhh*, wie nett!

Du brauchst das zum Überleben? Du bekommst es aber nicht

Die Agenda 21 wurde in Staaten wie Michigan bereits besonders weit vorangetrieben. Das dortige Ministerium für natürliche Ressourcen (DNR) schrieb fest, dass nur noch bestimmte Spezies von Schweinen erlaubt sein sollen – nämlich diejenigen, die in konzerneigenen Fleischfabriken gezüchtet werden – und alle anderen getötet werden müssen, wenn die Landwirte nicht verhaftet und ins Gefängnis geworfen werden wollen. Das Gleiche geschieht in Kanada in Bezug auf seltene Schafsrassen. Die betroffenen Bauern sind natürlich kleine Familienbetriebe, denen die Agenda 21 den Garaus machen will. In einer Minute gehen diese Landwirte ganz legal ihrer Tätigkeit nach und in der nächsten Minute droht man ihnen mit Verhaftung und vernichtet ihre Schweine, ihre Schafe und ihre Lebensgrundlage (Abb. 688). Für alles das gibt es keinerlei Rechtfertigung. Man braucht lediglich einen Vorwand, um die Agenda 21 vorantreiben zu können, und so erfindet man eben einen. Jetzt wird verständlich, warum so viel Zeit aufgewendet wurde, um systematisch narzisstische, psychopathische Soziopathen anzuheuern, die diese schmutzige Arbeit erledigen sollen. Wie könnten sie anständigen Menschen so etwas antun, wenn sie auch nur irgendwie zu Mitgefühl fähig wären? Ein Landwirt in Michigan

Abbildung 688: Uns ist jede Ausrede recht, um auf euch loszugehen.

erschoss alle seine Schweine und Ferkel, weil er wusste, dass die Faschisten vom Ministerium für natürliche Ressourcen auf dem Weg zu ihm waren und ihn verhaften würden, wenn sie die Tiere noch lebend anträfen. Sein Rechtsanwalt Joseph O'Leary erklärte:

> „Das war ein sehr traumatisches Erlebnis für ihn. Diese Menschen sind Landwirte, und ich weiß, wie wichtig ihnen ihre Tiere waren. Das DNR agiert so, als ob es sich um irgendwelche Pflanzen handeln würde, die man vernichten muss, nicht aber um Tiere, die den Menschen am Herzen liegen."

Kein Mitgefühl, kein Einfühlungsvermögen – hier handeln narzisstische, psychopathische Soziopathen. Bei dieser systematischen Auslöschung seltener Rassen geht es um das Gleiche wie bei der Zerstörung der Saatenvielfalt. An seltenen Rassen, die genetisch nicht modifiziert wurden, können die Großunternehmen keine Eigentumsansprüche geltend machen. Montana Jones vom Wholearth Farmstudio in Kanada musste mitansehen, wie ihre äußerst seltenen Shropshire-Schafe von den Gangstern der staatlichen Lebensmittelkontrollbehörde (Food Inspection Agency (CFIA)) aufgrund der nicht bestätigten Behauptung abgeschlachtet wurden, sie würden an der Traberkrankheit leiden. Nachdem alle tot waren, stellte sich heraus, dass dies gar nicht der Fall gewesen war. Dieser Trick für eine systematische Zerstörung der Artenvielfalt ist mittlerweile sehr weit verbreitet. Montana deckte auf, wie weit die Tötungskampagne bereits fortgeschritten ist:

In den letzten 15 Jahren wurden weltweit 190 Arten von Nutztieren ausgelöscht, und derzeit sind weitere 1.500 Arten vom Aussterben bedroht. Allein innerhalb der letzten zehn Jahre sind 60 Rinder-, Ziegen-, Pferde- und Geflügelarten verschwunden.

Um die Zerstörung kleiner landwirtschaftlicher Betriebe zu beschleunigen, hat die Umweltschutzbehörde weitere Regelungen, Verordnungen und Steuern für flatulierende Nutztiere geschaffen, weil Methan zu den Treibhausgasen zählt. Nein, wir sind hier nicht in der „Twilight Zone". Nun, eigentlich doch, aber nicht offiziell. Wie diese Leute das kontrollieren wollen? Es scheint, als wäre dafür ein ziemlich großer Mitarbeiterstab vonnöten, der in mehreren Schichten 24 Stunden im Einsatz ist. Dieser eines Komödienstadels würdige Unsinn betrifft in den Vereinigten Staaten die große Mehrheit aller Viehbetriebe. Der Unterschied besteht allerdings darin, dass die großen Unternehmen sich die Steuern leisten können, die kleinen Landwirte nicht. Man beachte auch, dass das beim Fracking freigesetzte Methan von diesen Leuten niemals auch nur erwähnt wird. Das New Yorker Farm Bureau schätzt, dass die neuen Genehmigungen den Landwirten Kosten in Höhe von über 110 Millionen Dollar pro Jahr auferlegen werden. Der Politstratege Mike Baker hatte in allen Punkten Recht, abgesehen von einem, als er sagte:

> „Die Obama Administration und die Beamten von der Umweltschutzbehörde erkennen nicht, wie wichtig landwirtschaftliche Familienbetriebe für die ländlichen Gemeinden im Hinterland sind. Ich bin gegen Steuern, die diesen landwirtschaftlichen Betrieben schaden, und ich bin entsetzt über dieses Genehmigungserfordernis, das den landwirtschaftlichen Sektor zum Erliegen bringen könnte, mit katastrophalen Folgen für die amerikanische Wirtschaft. Ich würde den Amerikaner raten, sich Ski zuzulegen, weil wir uns am Rand eines sehr rutschigen Abhangs befinden. Die Bundesregierung fängt jetzt damit an, den Landwirten vorzuschreiben, was sie besitzen und was sie auf ihrem eigenen Grund und Boden tun dürfen."

Das ist alles soweit richtig, abgesehen davon, dass die Regierung und die führenden Beamten der Umweltschutzbehörde sehr genau wissen, wie wichtig landwirtschaftliche Familienbetriebe für die ländlichen Gemeinden sind. Und genau das ist der Grund, warum sie diese landwirtschaftlichen Betriebe angreifen. Sie wollen diese Gemeinden zerstören und von ihrem Land fegen, um es der Agenda 21 zur Verfügung zu stellen. Aus dem gleichen Grund werden auch Hühnerwirte in diesen Strudel mit hineingerissen, indem man neue Regelungen schafft, die deren Kosten erhöhen. Ich bin auf jeden Fall für Umweltschutz, doch darum geht es bei alledem nicht. Man hat von den Landwirten verlangt, Biokraftstoff anzubauen, doch dann änderte die Europäische Union ganz plötzlich ihre Politik, kappte die Produktion und fügte den Familien der Landwirte noch mehr finanziellen Schaden zu.

Wenn du selbst etwas anbaust, wanderst du ins Gefängnis

Abbildung 689: Die Menschen hungern, aber die Behörden zerstören Lebensmittelquellen.

Die Vernichtung kleiner Landwirte und Züchter bringt für die Agenda 21 noch einen weiteren Vorteil, nämlich die vollständige Kontrolle über die Nahrungskette von der Produktion bis zum Teller. Das ist der Grund, warum in den Vereinigten Staaten und in Kanada die Menschen, die im eigenen Garten oder in Gemeindegärten Lebensmittel anbauen, immer stärker ins Kreuzfeuer geraten (Abb. 689). Direktor Richard Ubbens, der für die Parks der Stadt Toronto verantwortlich ist, ordnete die Zerstörung eines Gemeindegartens an, in dem kostenlose Lebensmittel für die Hungernden angebaut wurden. Das geschah ohne vorherige Ankündigung oder Gewährung einer Frist, in der die Leute seltene Pflanzenspezies hätten retten oder die Lebensmittel hätten ernten können. In Zeiten großer wirtschaftlicher Not hatte diese Initiative Hunderten von Menschen geholfen, aber das kümmerte Ubbens und seine Kollegen, deren Gehälter ja von der Bevölkerung finanziert werden, nicht im Geringsten. Unglaublich. Der Vandalismus ereignete sich am Vorabend eines in diesem sogenannten People's Pea Garden (Erbsengarten des Volkes) geplanten Erntefests, bei dem das Miteinander-Teilen, das Gemeinschaftsgefühl und das kostenlose Essen gefeiert werden sollten. Immer mehr Menschen wenden sich an Essensausgaben und Wohlfahrtsverbände, um sich und ihre Familien ernähren zu können. Nur herzlose, mitgefühllose archontische Soziopathen können Sanktionen wie diese gutheißen. Hinzu kommt noch, dass die Supermärkte im Vereinigten Königreich jedes Jahr hervorragend erhaltene, essbare Lebensmittel im Wert von geschätzten zehn Milliarden Britische Pfund wegwerfen, weil sie nicht die „richtige" Form aufweisen oder nicht dem richtigen Typus entsprechen. Tristram Stuart, der Autor von „Waste: Uncovering the Global Food Scandal“ meinte:

> „Ich brachte viele Jahre damit zu, die Müllcontainer von Supermärkten zu besuchen. Wenn man den Deckel öffnete, fand man eine Ansammlung von Gemüse- und Obstsorten in hervorragendem Zustand, die weggeworfen worden waren.“

Ein anderer Aspekt des Geschehens in Toronto liegt darin, dass die Menschen, die den Garten auf Geheiß von Richard Ubbens im Namen des Staates zerstörten, dafür selbst nur Hungerlöhne erhielten und selbst kaum ihre Rechnungen bezahlen können. Aber sie wagen es nicht, sich zu weigern und tun, was man ihnen aufgetragen hat – aus Angst, ihren Job in einer Situation zu verlieren, in der ihnen wenig andere Gelegenheiten offenstehen. Das ist die Kernidee dieses ganzen Konzepts. Das System schafft nicht nur einen Graben zwischen denen, die haben und denen, die nichts haben, sondern, was ganz wichtig ist, auch zwischen denen, die nichts haben und denen, die sehr wenig haben. *Das muss aufhören*. Denn andernfalls werden die, die wenig haben, schließlich zu denen, die überhaupt nichts haben. Wo wir derzeit stehen, ist noch lange nicht das geplante Endziel. Entweder schließen wir uns jetzt zusammen oder es wird noch sehr viel schlimmer, unglaublich viel schlimmer werden. Das Gesetz von Ursache und Wirkung – beziehungsweise, was du gibst, kommt zu dir zurück – wird sich auch gegen die Richard Ubbens dieser Welt wenden, von denen es weltweit ganze Legionen gibt, und es wird sie eines Tages heimsuchen. Eine staatliche Behörde in Utah hat eine Website geschaffen, wo die Menschen ihren Gemüsegarten „registrieren“ lassen können – auch wenn es sich bei dem „Garten“ nur um eine Tomate in einem Topf handelt. Der Staat gibt vor, wissen zu wollen, wie viele Lebensmittel „wir“ produzieren. Das „Wir“ ist in Zusammenhang mit dem „Er“ zu sehen – er, der Staat, ist der Ansicht, dass die Lebensmittel, die in Tausenden von privaten Gärten auf privatem Grund und Boden herangezogen werden, eine Ressource des Staates darstellen. Der wahre Grund für die Registrierung besteht darin, die Lebensmittel produzierenden Gärten zu lokalisieren, damit man sie aufs Korn nehmen kann. Ein weiteres Beispiel aus einer Reihe von zahlreichen weiteren Fällen, deren Zahl ständig anwächst, finden wir in dem, was Josée Landry und ihrem Partner Michel Beauchamp in Drummondville in Montreal, Kanada, widerfuhr. Die beiden begann aus gesundheitlichen und finanziellen Gründen im eigenen Vorgarten Lebensmittel anzubauen. Ihre Lebensmittel stellten sie ohne Gewinnaufschlag der Gemeinde zur Verfügung und erfuhren für ihre Initiative weltweite Beachtung im Internet. Der Garten war keine Beleidigung für das Auge, weil er sehr ordentlich war. Die örtlichen Behörden bedienten sich der üblichen „Die-Nachbarn-haben-sich-beschwert“-Ausrede, wobei die Nachbarn wieder einmal nicht genannt wurden. Claude Proulx, der Gemeindevorsteher von Drummondville erklärte, es wäre eine Frage der „Einheitlichkeit des urbanen Erscheinungsbilds“ gewesen. Nein, es war die Frage, was um alles in der Welt in Proulxs Kopf vor sich ging. Jede Attacke gegen privaten Lebensmittelanbau gehört zur Agenda 21 und die Praxis weitet sich zunehmend schneller aus. Dem Paar wurden Geldstrafen in Höhe von Hunderten von Dollars angedroht, falls sie sich dem Wahnsinn nicht beugen würden. Anderen drohte man mit Gefängnisstrafen, weil sie in ihrem Hof Tomaten anbauten oder sie kamen nach Hause und stellten fest, dass die Vandalen vom Rathaus ihren Garten zerstört hatten. Elizabeth Renter von der Natural Society schrieb:

> „Wie es scheint, gelangen jeden Monat mehr solche Geschichten über Eigenheimbesitzer, die dafür bestraft werden, dass sie Lebensmittel anbauen, in die Gerüchteküche der sozialen Medien."

Landwirte und Züchter sehen sich zudem Gesetzen zur Lebensmittelsicherheit gegenüber, die absichtlich so konzipiert wurden, dass ihnen ein Überleben unmöglich gemacht wird. Genau das hatte Dr. Richard Day vorausgesagt, als er 1969 seinen Vortrag vor Kinderärzten hielt:

> „Der Anbau von Lebensmitteln wird mit der Begründung untersagt werden, dass diese nicht sicher seien. Der Staat und die Großunternehmen werden die gesamte Lebensmittelproduktion kontrollieren."

Mike Adams von Naturalnews.com schrieb dazu:

> „Die Beamten von Drummondville handeln aufgrund einer neuen Direktive, die den Anbau in Vorgärten, gleich welcher Größe praktisch vollständig verbietet. Damit wird Beauchamp und seiner Frau ebenso wie vielen anderen Menschen die Möglichkeit der Selbstversorgung genommen. Da viele Hinterhöfe in der Region zu klein sind oder nicht genügend Sonnenlicht bekommen, bleibt es vielen Menschen dort verwehrt, ihre eigenen Lebensmittel anzubauen, es sei denn, sie ziehen um.
>
> Ähnliche Unterdrückung durch örtliche Beamte in Kampfstiefeln gibt es auch in den Vereinigten Staaten, so zum Beispiel in Tulsa in Oklahoma. Dort haben städtische Arbeiter vor kurzem den gesamten Vorgarten einer Frau mit dem Bulldozer niedergemacht. Ähnliche Fälle, in denen selbstangebaute Lebensmittel vernichtet werden, gab es auch in Georgia, Michigan und New Jersey."

Es geschieht genau das, was die Agenda 21 fordert. Nicht zuletzt schlugen die nicht gewählten Anzugträger der EU im Mai 2013 eine neue Gesetzgebung vor, die es illegal machen soll, nicht vom neuen orwellschen „EU-Pflanzensortenamt" getestete, genehmigte und anerkannte Pflanzensaaten anzubauen, zu vermehren oder zu verkaufen. Das Amt soll für sein Tätigwerden jeweils eine Gebühr berechnen – so zahlen wir weitere Beiträge für unser eigenes Gefängnis. Dieses Gesetz über pflanzliches Vermehrungsmaterial wird den Anbau nicht regulierter Saaten im eigenen Garten zur Straftat erklären. Der Pflanzenzüchter und Direktor des Real Seed Catalogue Ben Gabel erklärte:

> „Das Gesetz wird der professionellen Entwicklung von Gemüsesorten für Heimgärtner, biologische Anbauer und die Belieferer kleiner Bauernmärkte ein sofortiges Ende setzen."

Er fuhr fort:

> „Dieses neue Gesetz bewirkt nichts anderes, als die Schaffung einer ganz neuen Truppe von Verwaltungsbeamten, die dafür bezahlt werden, dass sie den ganzen Tag Papierberge umschaufeln, während gleichzeitig die Saatenversorgung der

> Heimgärtner unterbunden und das Recht der Landwirte, das anzubauen, was sie wollen, beschnitten wird.
>
> Es ist auch äußerst beunruhigend, dass diese Leute sich selbst ermächtigt haben, in Zukunft sämtliche Pflanzenarten, welcher Art auch immer, zu regulieren und zu lizenzieren – was nicht nur für Nutzpflanzen, sondern auch für Gräser, Moose, Blumen und einfach alles gilt – ohne dem Rat irgendetwas zur Abstimmung vorlegen zu müssen."

Das alles hat mit dem Plan zu tun, der Bevölkerung den Anbau eigener Lebensmittel zu verwehren, die Saatenvielfalt zu zerstören und den archontischen Nahrungsmittel- und Biotechunternehmen ein Monopol auf die globale Nahrungsmittelversorgung einzuräumen.

> „Der Anbau von Nahrungsmitteln wird mit der Begründung verboten werden, dass das nicht sicher sei, und so werden der Staat und die Großunternehmen die gesamte Lebensmittelproduktion kontrollieren."

Die globale faschistische/kommunistische Struktur wird entscheiden, was Sie essen und ob Sie essen, und alles, was Sie essen, wird noch weit mehr als die heute konsumierten Güter mit chemischen Cocktails beladen sein, um so mentale, emotionale und physische Kontrolle über die Massen auszuüben. Auch die Wasserversorgung wird mit Drogen versetzt werden, so dass die Menschen, wie Aldous Huxley, der Autor von „Schöne neue Welt" es ausdrückte: die Menschen „ihre Sklaverei lieben werden". Ob Sie überhaupt etwas zu essen bekommen, wird davon abhängen, ob Sie ein guter kleiner, geistloser Sklave sind oder nicht. Wer sich nicht ergibt, erhält weder Essen noch Wasser – „Die Lieferung und Verteilung der Lebensmittel wird überwacht werden, damit niemand einem Systemflüchtling Essen schenken kann", wie Dr. Day es ausdrückte (Abb. 690). Aber noch liegt die Macht beim Volk, wenn wir uns zusammenschließen und uns gegenseitig unterstützen. Die internationale Publicity und die Reaktionen auf den Fall Beachchamps in Drummondville zwangen den Rat zum Einlenken. Er bat das Paar sogar, beim Entwurf eines neuen Gesetzes mitzuhelfen, das den Anbau von Lebensmitteln in Privatgärten regeln soll. Die Blutlinien haben entsetzliche Angst davor, dass die Menschen sich zusammenschließen könnten – deshalb hat das Prinzip „teile und herrsche" für sie oberste Priorität.

Abbildung 690: Was immer du auch tust, wir werden dafür sorgen, dass es illegal ist.

Die Siedlungszonen

Wenn schließlich Milliarden von Menschen von ihrem Land vertrieben worden sind, was werden sie dann vorfinden? An dieser Stelle begegnen wir dem zweiten Flügel der Strategie: mit Hochhäusern bestückten, dicht besiedelten Städten, in denen die Menschen, falls sie die Bevölkerungsreduzierung überlebt haben, wohnen werden. Sie werden Mikrochips in sich tragen, an sieben Tagen pro Woche 24 Stunden lang unter Kontrolle stehen und der *El*-ite als Sklaven dienen, die ihrerseits selbst in einigem Abstand in den Kapitolen wohnt. Bereits heute werden Bauvorschriften geändert, um die große Bevölkerungsdichte zu schaffen, welche die Agenda 21 vorschreibt. Weltweit gibt es massenweise Konferenzen, die dieses Programm mit Hochdruck vorantreiben. Ein Typ namens Shobhakar Dhakal, der als leitender Direktor des in Tokyo ansässigen Global Carbon Projekts tätig ist, trat auf der Konferenz „Planet Under Pressure“, die 2012 in London stattfand, als Redner auf und befürwortete die Schaffung dicht besiedelter Städte, genauso, wie es in der Agenda 21 geschrieben steht, um der Gefahr der globalen Erwärmung zu begegnen. *Gähn*.

> „Eine Umgestaltung der Städte ist im Interesse der globalen Nachhaltigkeit dringend erforderlich“,

erklärte er, womit er eine ganz bestimmte nachhaltige Kontrolle meinte. Und dann kam er, wie alle diese mit Mumpitz vollgepumpten Akademiker, mit dem jeder Bedeutung entbehrenden Spruch an:

> „Wir sollten uns auf die Verbesserung der Qualität der Urbanisierung konzentrieren – angefangen bei der Gestaltung des urbanen Raums, der Infrastruktur und der Form und Funktion der Städte bis hin zu Lebensstil, Energieversorgungsmöglichkeiten und Effizienz.“

Was zum Teufel soll das bedeuten und wie soll das aussehen? Energieversorgungsmöglichkeiten? Wessen *Möglichkeiten*? Man baut bereits heute smarte Messgeräte ein, die es ermöglichen, von einem zentralen Steuerungsort aus bei allen Einwohnern die Heiztemperatur nach Belieben zu erhöhen oder zu senken. Also sind es *deren* Möglichkeiten, okay, jetzt verstehe ich. Das ist es, was „Möglichkeiten“ und „Konsultationen auf lokaler Ebene“ laut Agenda 21 bedeuten – die *El*-ite bekommt, was die *El*-ite haben will. Michail Fragkias, der leitende Wissenschaftler von Planet Under Pressure erklärte gegenüber der *CNN*, dass man auf das Bevölkerungswachstum mit dichter besiedelten Städten reagieren müsse:

> „Wenn die Städte weiter nach oben anstatt an Ausdehnung wachsen, dann ist das wesentlich vorteilhafter und weniger umweltschädlich.“

Auch das ist ein astreines Zitat aus der Agenda 21. An der besagten Londoner Konferenz nahm auch Professor Kari Norgaard von der Universität Oregon teil. Er verglich die Leute, welche die offizielle Geschichte über den Klimawandel anzweifeln, tatsächlich mit Unterstützern von Rassismus und Sklaverei und erklärte, dass diese an einer Krankheit litten, die man „behandeln“ müsse. Man spürt gleich, woher solches Gedankengut kommt. Karen

Seto, eine Professorin der Universität Yale, die ebenfalls bei der Konferenz sprach, lieferte gegenüber der eine erstaunliche Bestätigung dessen, worum es bei diesem Spiel wirklich geht. Als sie über die Menschen sprach, die in dicht besiedelte Städte gepackt werden sollen, erklärte sie:

> „... wir wollen auf keinen Fall, dass sie sich überall auf dem Land herumtreiben. Wir wollen, dass sie das Land schonen, indem sie eng [beieinander] leben."

Mit „sie" meint sie ganz sicher nicht sich selbst. Die Arroganz dieser Leute ist grenzenlos. Nun folgen die einzelnen Punkte, die in der Presseerklärung von Planet Under Pressure zu lesen standen:

- Bessere Standards für Landnutzung und Bauvorschriften, welche die Effizienz und Mehrfachnutzungsmöglichkeit erhöhen [Man packe die Menschen auf kleinstmöglichem Raum in dicht besiedelte Hochhäuser, umgeben von Warenhäusern und Fabriken, in denen sie als Sklaven zur Arbeit gezwungen werden]
- Umkehr des Trends zu immer größeren Häusern [aha, da haben wir es – das gilt natürlich nicht für diejenigen, die im Kapitol leben]
- Einstellung der Subventionen, die eine lockere Besiedlung und eine überspringende Entwicklung zuungunsten einer kompakter Entwicklung beziehungsweise Autos anstelle von öffentlichen Verkehrsmitteln fördern. [Man packe die Menschen auf kleinstmöglichem Raum in dicht besiedelte Hochhäuser, umgeben von Warenhäusern und Fabriken, in denen sie als Sklaven zur Arbeit gezwungen werden und keine Möglichkeit haben, ein Auto zu benutzen].
- Verbesserung der Qualität innerstädtischer Schulen und Meisterung anderer wachsender urbaner Herausforderungen wie des zunehmenden Einkommensungleichgewichts, der Segregation, der sozialen Polarisierung, der Verbrechensraten und der steigenden Gesundheitsgefährdungen einschließlich Stress [leeres Geschwafel und Mumpitz].
- Förderung der Nachfrage nach effizienten Lebensstilen durch soziales Marketing [Man programmiere die Menschen darauf, das zu wollen, was wir wollen]

Diese Leute fackeln nicht lange. Die Europäische Union verbietet ab dem Jahr 2020 den Bau von neuen Einfamilienhäusern, und Michael Bloomberg (Rothschild-Zionist), der ehemalige Bürgermeister von New York kündigte an, dass die Stadt ein neues Wohnungsbauprogramm aufgelegt hat, das dicht gedrängte, ultrawinzige „Mikroeinheiten" der Sorte „pack-sie-und-staple-sie-übereinander" vorsieht, in denen man sich kaum umdrehen kann. Der Beschreibung nach sind sie „größer als eine Gefängniszelle, aber kleiner als ein Wohnwagen". Sie messen 9,20 mal 3,00 Meter, das ist gerade mal 1/40-stel von Bloombergs eigener Wohnung in New York, einem unter vielen seiner Wohnsitze, zu denen unter anderem ein Anwesen in Bermuda zählt (Abb. 691). Wie Bloomberg, einer der ganz großen Insider, erklärt, wird man die Bebauungspläne ändern, um dieses Projekt zu ermöglichen. Er bezeichnet diese Einheiten von kaum mehr als Kleiderschrankgröße als „Studio und Ein-Bett-Apartments", ohne dass ihm dabei auch nur ein einziger Lacher auskommt. Boston verfolgt ähnliche Pläne und andere Städte werden folgen. Im Rahmen des sogenannten „New Housing Marketplace Plan" von New York sollen zunächst 165.000 solche Einheiten geschaffen werden. Autos will man eliminieren, damit die Leute zu Fuß gehen, Radfahren oder Massenverkehrsmittel benützen müssen. Dabei handelt es sich um eine Weiterführung von Bloombergs Programm „PlaNYC 2030", der die Stadt „für eine Million weitere Einwohner vorbereiten soll" (die man vorher durch Zwang von ihrem Land vertreiben wird). „Über 25 städtische Stellen arbeiten an dieser Vision eines grüneren, größeren New York". Den Planungen nach sollen so viel wirtschaftliches Chaos und so viele wirtschaftliche Zusammenbrüche wie möglich erzeugt werden, um die Menschen in diese winzigen „Wohnungen" zu zwingen, weil ihnen gar nichts anderes übrig bleibt, wenn sie nicht auf der Straße landen wollen. Das ist Agenda 21 in Reinkultur, und das klang auch in den Worten von David Bragdon, dem Leiter des Amtes für langfristige Planung und Nachhaltigkeit an:

Abbildung 691: Getreu der Agenda 21 freut sich der Multimilliardär Bloomberg über das Modell eines „Mikroapartments", das auf dem Fußboden aufgezeichnet ist.

> „Wir können den New Yorkern besser dienen, wenn wir die Apartmentmodelle der Stadt anpassen, damit effizientere, nachhaltigere Wohnungen geschaffen werden können. Mit der heutigen Ankündigung erfüllen wir das Versprechen einer langfristigen Nachhaltigkeitsstrategie, das der Bürgermeister mit seinem PlaNYC gegeben hat und aktualisieren die städtischen Bebauungspläne, um die Bewohner besser unterbringen und der Demografie der Zukunft besser Rechnung tragen zu können."

Hat er eigentlich erwähnt, dass das Ganze nachhaltig sein soll? Nach dem Plan sollen die neuen Anlagen sogar direkt an ein System von Transitzügen angeschlossen werden – genau wie die Agenda 21 es vorsieht – und das geschieht, so heißt es, „um die Treibhausgase um 13 Prozent gegenüber den Werten von 2015 zu senken". Man hat Bloomberg vorgeworfen, er würde obdachlosen Familien jeden Zugang zu erschwinglichem Wohnraum verbauen. Seine Politik wurde deshalb als Fehlschlag betrachtet. Aber das war sie nicht, wenn man weiß, worum es geht. Wenn alle Wege zu erschwinglichem Wohnraum versperrt sind, dann muss man nehmen, was einem angeboten wird – Wohnschränke von 9,20 mal 3,00 Metern. Bloomberg ist auch der Mann, der den Obdachlosen vorgeworfen hat, sie würden sich zu lange in den Obdachlosenheimen der Stadt aufhalten, weil die Erfahrungen dort einfach zu „angenehm" seien. Diese Bemerkung wurde als „beleidigend und schockierend" bezeichnet, aber so ist er nun mal. Bloomberg zieht eine messerscharfe Abgrenzung zwischen „uns und denen" und zeichnet eine Welt aufgetrennt in Sektoren und Kapitole, genau wie die Blutlinien sie schaffen wollen. Während der Bürgermeister seine Pläne für „Mikroapartments" enthüllte, verfügte er selbst über ein Portfolio mit etwa 13 Wohnungen und Anwesen. Wird er im Interesse der Rettung des Planeten einige davon aufgeben und sich wohnraummäßig verkleinern? Können Schweine Wasserski fahren? Oder wäre das nicht nachhaltig? Bloomberg, der siebtreichste Mann der Vereinigten Staaten und der dreizehntreichste der Welt mit einem Nettowert von 29 Milliarden Britische Pfund, weiß, dass der menschengemachte Klimawandel Unsinn ist und nur als Vorwand dient, um die Menschen zu versklaven. Während seiner drei Amtsperioden sorgte Bloomberg für eine Politik, die 50.000 Menschen, darunter 21.000 Kinder, in Notunterkünfte zwang – eine Steigerung von mehr als sechzig Prozent gegenüber seinem Amtsantritt. Die Kluft zwischen den Reichen und den Armen in Manhattan rangiert auf Platz zwei in ganz Amerika. Eines von drei Kindern in New York lebt unterhalb der Armutsgrenze, und es gibt dort so viele Obdachlose wie zur Zeit der Großen Depression. Aber sobald man die Menschen in die Knie gezwungen und ihnen jede Hoffnung genommen hat, kann man ihnen mit einer Attitüde von nimm-es-oder-lass-es-bleiben die neuen Wohnschrank-„Apartments" zuweisen. Bloomberg verkündete im August 2012 ganz im Sinne der Agenda 21, dass die New Yorker Polizei gemeinsam mit Microsoft ein Überwachungssystem, das sogenannte Domain Awareness System, einführen wolle, das der Polizei Tausende von Überwachungskameras und Kennzeichenlesern auf Polizeifahrzeugen, an Brücken, in Tunnels und an Straßen an die Hand geben und ihnen sofortigen Zugang zu detaillierten Informationen über alle Personen liefern wird, die sie ins Visier nehmen möchte. Bravo Microsoft, nette Sache. Bill Gates muss vor Freude strahlen, wenn er seine Technologie an Polizeikräfte auf der ganzen Welt verkauft. Commissioner Raymond W. Kelly von der New Yorker Polizei gab Pläne bekannt, wonach „an allen Fahrbahnen, auf allen Brücken und in allen Tunnels, die nach Manhattan hinein oder aus Manhattan herausführen" Kennzeichenleser angebracht werden sollen. Niemand wird mehr nach Manhattan fahren oder Manhattan verlassen können, ohne potenziell registriert zu werden. Unter Bloomberg wurde New York zu einer der führenden Städte bezüglich aller Aspekte der Agenda 21, auch was die brutale Besatzungsmacht beziehungsweise „Polizeiarmee" anbelangt. Bloomberg erklärte:

> „Ich habe in der New Yorker Polizeibehörde meine eigene Armee, die siebtgrößte Armee der Welt".

Nun, das stimmt zwar nicht, aber geben wir ihm Zeit. Man beachte, dass die New Yorker Polizeibehörde nicht als die Polizei der Bewohner von New York, sondern als Bloombergs persönliche („meine eigene") Armee dargestellt wird. Milliarden von Dollar an Bundessteuern – die Dollar der Steuerzahler, um diese in noch mehr Schulden zu stürzen – werden den Staaten und lokalen Behörden überall in Amerika ausgehändigt, damit diese eine Infrastruktur für die Versklavung eben dieser Steuerzahler sowie von deren Kindern und Enkelkindern aufbauen können. Überlegungen bezüglich der besten Bau- und Stadtkonzepte, mit denen sich die Bevölkerung am besten versklaven lässt, sind bei verschiedenen staatlichen Stellen im Gange, beispielsweise dem staatlichen Labor Oak Ridge, das im Jahr 2006 verkündete, die Militärbasis Fort Bragg in North Carolina sei ein Prototyp für künftige Städte mit eingebetteten „Sicherheitsmaßnahmen". Fort Bragg ist ein amerikanisches Zentrum für psychologische Kriegsführung.

Das kalifornische Komplott

Wer als „nachhaltiger Bauunternehmer" gilt (der die Infrastruktur für die Agenda 21 mitaufbaut), muss sich nicht an die Bebauungsvorschriften halten wie jeder andere. Die Bundesregierung, die bereits katastrophal verschuldet ist, wirft den entsprechenden Konzepten auf dem Weg über ihr Ministerium für Wohnungsbau und städtische Entwicklung, ihr Verkehrsministerium und ihre Umweltschutzbehörde Geld hinterher. Wie das *Wall Street Journal* im April 2012 berichtete, stand Kalifornien damals im Begriff, sein Baurecht zu ändern, um sicherzustellen, dass kleinere Häuser in größerer Dichte gebaut werden könnten. Die Zeitung schrieb, dass den Plänen der Regierungen vieler Großstädte entsprechend Neubauten in einer Dichte von mindestens 20 Häusern auf 1,5 Morgen Land gebaut werden müssen. „Die staatlichen und regionalen Planer bemühen sich auch um eine radikale Umstrukturierung der städtischen Gebiete und drängen viele der hyperdichten neuen Projekte in eng begrenzte Korridore", so der Bericht. Das entspricht exakt dem Aktionsplan der Agenda 21. In einigen kalifornischen Bezirken ist bereits eine Häuserdichte von 30 Häusern pro 1,5 Morgen Land vorgeschrieben. Das gilt auch für Los Angeles. Dieser Vorstoß wird wieder einmal damit beworben, dass die Nutzung von Pkws und der CO2-Ausstoß reduziert werden sollen. Die dafür geschaffenen, auf einer Lüge beruhenden Gesetze sind beispielsweise der Global Warming Solutions Act von 2006 oder der Sustainable Communities and Climate Protection Act von 2008. Der Transportberater Wendell Cox erklärte, dass durch solche Vorhaben einzeln stehende Häuser rechtswidrig werden sollen (außer in den Kapitolen). Während ich dies hier schreibe, präsentiert San Franzisco gerade den Vorschlag, die Mindestgröße für Wohnraum auf 14 Quadratmeter herabzusetzen. Ein Schulbus hat etwa 23 Quadratmeter. Das Royal Institute of Britisch Architects verlangt gesetzliche Regelungen über Mindestwohnraum, um der ständigen weiteren Reduzierung der Wohnraumgrößen entgegenzuwirken. Das Institut betont, dass die Durchschnittsgröße einer der neu gebauten Ein-Bett-Apartments der eines Londoner U-Bahn-Wagons entspricht – 46 Quadratmeter. Auch die „Schlafzimmer-Steuer" der britischen Regierung, aufgrund derer Menschen für jedes nicht genutzte Schlafzimmer einen Teil ihrer Unterstützungszahlungen verlieren, drängt die Menschen in immer kleinere Wohnunterkünfte. Die Agenda 21 schleicht sich seit Jahrzehnten an die gesamte Welt heran, und nun wird es Zeit, dass wir dem ins Gesicht sehen. Achten Sie darauf, wo mit Hochgeschwindigkeit neue Zugverbindungen geschaffen oder die vorhandenen aufgebessert werden. In den Vereinigten Staaten geschieht das bereits, nachdem man das Schienennetz Jahrzehnte lang vernachlässigt hatte und verkommen ließ. Die britische Regierung verkündete 2012 ihren Plan, den sie als „die größte Investition in das Schienennetz seit dem viktorianischen Zeitalter" bezeichnet. Auch das Netz von Hochgeschwindigkeitszügen, das kreuz und quer durch Europa läuft, wurde bereits massiv erweitert, und ich weiß aus zuverlässiger Quelle, dass diejenigen, die offiziell für die Bahngesellschaften an diesem stetigen Ausbau arbeiten, tatsächlich bei der NATO angestellt sind. Die Züge, die in dem Film „Die Tribute von Panem" Menschen von den Sektoren beziehungsweise Distrikten in das Kapitol beförderten, entsprechen genau den Transportmitteln, die gemäß der

Agenda 21 geplant sind. Ein Schlüsselaspekt der Agenda 21 besteht darin, die Megastädte mit Zugverbindungen zu vernetzen und Züge als wichtigste Transportmittel für die Sklaven einzusetzen (falls diese sich überhaupt bewegen dürfen). Ein Hauptbefürworter des neuen Ausbaus der Zugverbindungen ist „America 2050", ein von den Rockefellers gesponsertes Projekt. Die dicht mit Wohneinheiten bepackten Hochhäuser in den „menschlichen Besiedlungszentren" sollen jeweils entlang der bestehenden und neuen Bahnschienen errichtet werden. Es war daher leicht vorhersehbar, dass entsprechend dem strategischen Plan für ein amerikanisches Netz von „Hochgeschwindigkeitszügen", den die Obama-Administration 2009 vorstellte, genau die Regionen verbunden werden sollen, die man als die elf Megaregionen ausgewählt hat (Abb. 692). Vergleichen Sie dieses Netz mit einer früheren Landkarte der Megaregionen (Abb. 693) und Sie werden feststellen, dass sie einander exakt entsprechen. Im Zeitalter des Flugverkehrs verkümmerten die Bahnnetze und gerieten weitgehend in Vergessenheit. Doch das alles änderte sich ganz plötzlich, als Obama ins Weiße Haus einzog. Heute fließen Milliarden in die Infrastruktur der Bahn zum Zweck einer Verbindung der Megaregionen. Wieder einmal eine Geld-spielt-keine-Rolle-Aktion.

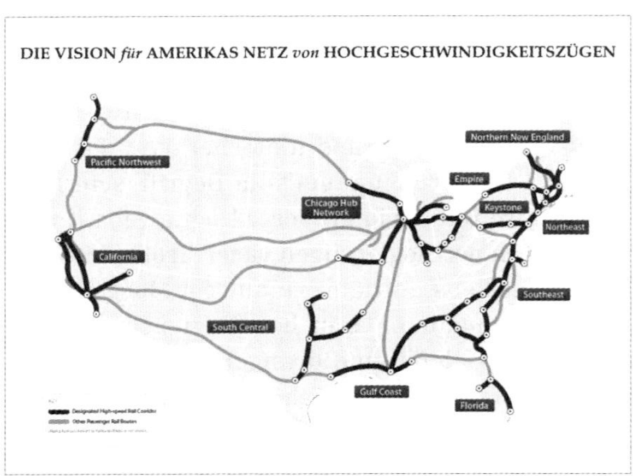

Abbildung 692: Massiv erhöhte Ausgaben für den Bau neuer Schienenwege und den Ausbau bestehender Verbindungen.

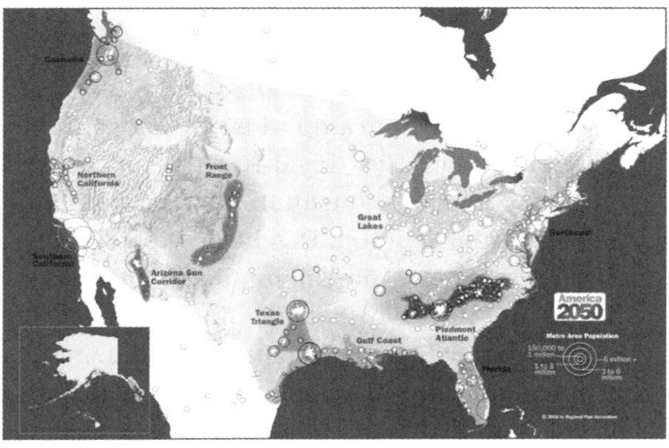

Abbildung 693: Das Programm für Hochgeschwindigkeitszüge passt perfekt zur Landkarte der geplanten Megaregionen.

Programmierung der Kinder

Wie sich aus Namen wie „America 2050" entnehmen lässt, werden es dem Zeitplan zufolge die heutigen Kinder und Enkelkinder sein, welche die voll erblühte Agenda 21 werden ausleben müssen, wenngleich alle heute lebenden Menschen ihre zunehmend extremer werdenden Auswüchse erfahren werden. Viele Menschen erleben sie bereits, wie wir gesehen haben. Kinder sind jedoch die Hauptzielgruppe. Sie werden so programmiert, dass sie ihre Sklaverei als „normal“ akzeptieren sollen, weil die Dinge nun mal so sind. Die Kinder sind Ziel der Terrorpropaganda vom Klimawandel, nicht zuletzt seitens der modernen, pseudolinken Promis, die auf ihren Goldtöpfen sitzen. Der Filmregisseur Richard Curtis, der „Notting Hill“ und „Vier Hochzeiten und ein Todesfall“ geschrieben hat, bietet dafür ein gutes Beispiel. Als einer dieser Geschäftsmänner, die die offizielle Geschichte kaufen, brachte er einen Propagandafilm über den Klimawandel in Umlauf, in dem Kinder und Berühmtheiten, die sich der orthodoxen Meinung über den Klimawandel nicht angeschlossen haben, explodieren und ihr Blut in alle Richtungen spritzt. Berechtigterweise wurde der Film wegen des Protests der Öffentlichkeit zurückgezogen. Doch er war nur ein extremes Beispiel für das, was die ganze Zeit über auf subtile Weise geschieht. Die Kinder werden so zu dem Glauben konditioniert, dass das Ende der Welt kommt, wenn wir nicht „etwas tun“, und das bedeutet die Umwandlung der menschlichen Existenz nach dem Modell der Agenda 21. Kinder und junge Leute werden heute absolut gnadenlos von der Programmierung der Agenda 21 verfolgt, damit sie später ihr Leben als roboterhafte Sklaven und das Ende der Elternschaft akzeptieren sollen. Die Indoktrination zielt auch darauf ab, die Kinder gegen ihre Eltern aufzubringen, weil diese „die Welt zerstören, in der wir leben müssen“. Die von den Blutlinien ins Leben gerufene und kontrollierte Organisation der Vereinten Nationen für Bildung, Wissenschaft und Kultur (UNESCO), die früher von dem Eugeniker Julian Huxley geleitet wurde, erklärte, dass der Zeitraum zwischen 2005 und 2015 „das Zeitalter der Erziehung zu nachhaltiger Entwicklung (education for sustainable development (ESD))“ darstellen wird, in dem alle 40 Kapitel der Agenda 21 gelehrt (indoktriniert) werden. Ich übersetze: Das Zeitalter der Programmierung von Kindern, damit sie lernen, ihr Schicksal einer lebenslangen Sklaverei zu akzeptieren und „ihre Sklaverei zu lieben“. Hier ein Vorgeschmack auf die offizielle Propaganda:

> „Das Jahrzehnt der Erziehung zu nachhaltiger Entwicklung ist ein weitreichendes und komplexes Unterfangen … das potenziell jeden Aspekt des Lebens berührt. Die grundlegende Vision … ist eine Welt, in der jeder … die Werte, Verhaltensweisen und Lebensstile erlernt, die für eine nachhaltige Zukunft und eine positive gesellschaftliche Transformation notwendig sind.“

Das bedeutet „eine Welt, in der jeder lernt, das zu tun, was wir ihm sagen“. Und nun kommt der Hammer und der eigentliche Grund, warum die Erziehung, wie bereits offenkundig, immer mehr auf Verblödung abzielt:

> „Generell könnten besser ausgebildete Menschen mit höheren Einkommen mehr Ressourcen verbrauchen, als schlecht ausgebildete Menschen, deren Einkommen in der Regel niedriger liegen. In diesem Fall stellt höhere Bildung eine Bedrohung der Nachhaltigkeit dar.“

Die Schlussfolgerungen, die sich aus dieser Aussage ziehen lassen, sind *kolossal*. Man halte die Kinder in einem Zustand der Ignoranz, um ungebildete Erwachsene heranzuziehen, die dem Staat gehorchen, ohne Fragen zu stellen, weil sie es nicht besser wissen. Besonders die Mathematik steht im Kreuzfeuer, und es wird sogar behauptet, man solle die Antworten auf mathematische Fragen durch einen „Konsens" finden. Okay, wer ist dafür, dass 2 + 2 = 4? Sieben von euch. Gut und 2 + 2 = 5? *Aha*, elf. Gut, dann lautet das Ergebnis 5. Nun, wer ist dafür, dass sieben gehobene Hände sieben bedeutet und elf gehobene Hände elf? Oh, Peter sagt, dass sieben Hände 254 bedeuten soll ... haben wir hier einen Konsens? Warum hat man es so sehr auf die Mathematik abgesehen? In „Silent Weapons for Quiet Wars" ist die Rede davon, „den Verstand auszuschalten, mentale Aktivitäten zu sabotieren, ein minderwertiges Programm für öffentliche Bildung in Mathematik, Logik, Systemdesign und Wirtschaft anzubieten und technische Kreativität zu demotivieren". Dieses Konzept wird schon seit Jahrzehnten realisiert, aber es hat noch lange nicht den Punkt erreicht, den es erreichen soll. Die Schul-, College- und Universitätssysteme überall auf der Welt programmieren ihre „Labortiere" darauf, sich selbst und die Welt so zu betrachten, dass der menschlichen Versklavung Vorschub geleistet wird. Das geschieht Tag für Tag mithilfe von Lehrern und Akademikern, die selbst programmiert wurden, vielleicht sogar noch stärker als diejenigen, an die sie ihre Programmierung weiterreichen. Unterrichte so, wie wir es dir sagen oder du fliegst. Wie Richard Day als Kenner der Agenda 21 bereits 1969 vorhersagte, würden die Kinder „mehr Zeit in Schulen verbringen, aber die Schüler würden dort nichts lernen". Wenn Sie heute irgendwo Kinder über den Klimawandel befragen, dann wird die überwältigende Mehrheit von ihnen die offizielle Geschichte nachplappern. Wenn Sie sie fragen, was man tun müsse, lautet die Antwort immer gleich: „Umweltschutz und Nachhaltigkeit". Das sind die Schlagworte, die jeden Aspekt der Erziehung und Regierung infiltrieren. Die Erhöhung der Studien- und Collegegebühren auf ein unbezahlbares Niveau liegt teilweise darin begründet, dass man die armen und die mittleren Schichten ganz aus der sogenannten höheren Bildung ausschließen will.

Auch viele weitere Punkte der Agenda 21 zielen auf Kinder ab. Eine Zielsetzung besteht darin, Kinder vom Staat und nicht mehr von den Eltern erziehen zu lassen. Das entspricht der Vision des Buches „Schöne neue Welt" des Fabian-Mitglieds und Eugenikers Aldous Huxley, des Bruders des UNESCO-Direktors Julian, das 1932 veröffentlicht wurde. In „Schöne neue Welt" wird eine Gesellschaft beschrieben, in der die Eltern keinen Kontakt zu ihren Kindern haben, es eigentlich gar keine Eltern mehr gibt, weil die Kinder in „Zuchtanstalten des Weltstaates" nach genetischen Typen gezüchtet werden, die dem indischen (archontisch-reptilischen) Kastensystem deutlich ähneln. Dr. Richard Day sprach von Technologien für eine Reproduktion ohne Sex und der verschwindenden Bedeutung von Familien. Man braucht sich nur anzusehen, wie stark die elterlichen Rechte und Wahlmöglichkeiten fortlaufend beschnitten werden und wie der Staat stattdessen die Entscheidungen übernimmt, oftmals durch das Schulsystem. Day sagte, dass Schulen der Dreh- und Angelpunkt einer Gemeinschaft seien. Ich habe in meinen Büchern und auf meiner Website immer wieder darauf hingewiesen, dass Kinder ihren liebenden Eltern von Kinderschutzeinrichtungen (Umkehrung) und Sozialdiensten weggenommen werden, denen man eigentlich die Initialen „SS" ans Revers heften müsste. Eltern verlieren ihre Kinder an den Staat, wenn sie sich weigern, ihre Kinder impfen und damit deren Immunsystem zerschlagen zu lassen, wenn sie sich weigern, medizinischen Behandlungen, beispielsweise bei Krebs, zuzustimmen, weil sie wissen, dass Chemotherapie und Bestrahlung ihre

Kinder umbringen und ihnen unendliches Leid bereiten werden, wenn sie einen anderen Lebensstil pflegen oder sich weigern, dem Diktat solcher SS-Agenten Folge zu leisten. Ich habe schon so viele Geschichten über die SS-Agenturen erzählt, die Kinder stehlen, doch an dieser Stelle möchte ich ein weiteres Beispiel bringen und ein Thema verdeutlichen, zu dem es von Woche zu Woche mehr und drakonischere Fälle zu berichten gibt. Eine amerikanische Mutter entband in einem Krankenwagen auf dem Weg zum Hershey Medical Center in Pennsylvania. Als sie dort ankam, erhielt das Kind sofort eine Injektion. Als die Mutter fragte, warum das geschehe, antwortete man ihr: „Das soll nur eine Hilfe sein." Wofür das helfen sollte, wurde nie erwähnt. Unglaublich, aber wahr: Nach der Injektion fragte die Krankenschwester, so berichtete die Mutter, ob sie gegen das allergisch sei, was man dem Baby gespritzt hatte, das Medikament Oxytocin. Der Mutter erzählte man nacheinander, dass ihr Baby gesund sei, dann, dass es „sehr krank" sei und eine Stunde später, dass es ihm nun gut gehe und sie nach Hause gehen könne. Mehrere Stunden vergingen und die Mutter erfuhr, dass das Baby 48 bis 72 Stunden im Krankenhaus bleiben müsse. Als die Mutter nach dem Grund fragte, hieß es, dass mit dem Baby alles in Ordnung sei, „das Gesetz aber verlange, das Baby 48 Stunden lang zu behalten" (tatsächlich gibt es in Pennsylvania kein solches Gesetz). Später am gleichen Tag suchte eine Sozialarbeiterin namens Angelica Lopez-Heagy die Mutter auf und teilte ihr mit, dass man gegen sie ermittle. Als sie nach dem Grund fragte, meinte Lopez-Heagy, es würde gegen das Gesetz verstoßen, sie über die Beschuldigungen zu informieren. Daraufhin erklärte die Mutter, dass sie keine Fragen beantworten würde. Lopez-Heagy antwortete:

> „Da Sie nicht kooperieren wollen, werde ich die Polizei rufen und wir werden das Baby in Gewahrsam nehmen."

Dieses Angsteinjagen und Einschüchtern brachte die Mutter dazu, die Fragen zu beantworten, und sie erfuhr, dass man sie beschuldigte, ihre Zustimmung zur medizinischen Behandlung des Babys verweigert zu haben. Lopez-Heagy, die Dame mit dem nett klingenden Namen, gab an, die Mutter hätte sich geweigert, dem Baby eine „Injektion mit Vitamin K" verabreichen zu lassen, obwohl die Mutter angab, nie danach gefragt worden zu sein. Vitamin K wird ganz selbstverständlich allen neugeborenen Babys mit der Begründung verabreicht, dass ein Mangel an Vitamin K zu Ergussbildungen und Blutungen führen könne. Ich bin der Meinung, dass in „Vitamin K" mehr steckt, als man uns sagt, zumindest Konservierungsstoffe, die ein längst noch nicht ausgereiftes Immunsystem attackieren. Die Blutlinien, die Zugang zu allen Babys bei deren Geburt haben, sollten sich eine solche Gelegenheit entgehen lassen? Der nächste Schritt in dieser abstoßenden Saga bestand darin, dass die Mutter aufgefordert wurde, ihre Zustimmung zu einer Injektion gegen Hepatitis B zu erteilen. Die Mutter erklärte, sie würde erst zustimmen, wenn man ihr Testergebnisse zeigte, aus denen hervorgeht, dass diese Injektion notwendig sei. Sie erfuhr, dass man vergessen hatte, die Tests durchzuführen, doch nun müsse man die Injektion auch ohne Tests geben. Man teilte der Mutter auch mit, dass sie einen „Sicherheitsplan" für ihr Baby unterschreiben müsse, und als sie sich weigerte, sich dieser Einschüchterung zu beugen, und verlangte, dass zuerst ihr Ehemann und ihr Anwalt diesen Plan lesen sollten, rief die Sozialarbeiterin die Polizei und das Baby wurde ohne Gerichtsbeschluss mit der Begründung in Gewahrsam genommen, es leide an einer Verletzung oder Krankheit. Sobald die Sozialarbeiterin das Baby unter ihrer Kontrolle hatte, stimmte sie der Injektion gegen Hepatitis B zu. Die idiotische Polizei warf die Mutter aus dem Krankenhaus, weil sie sich geweigert hatte, den Sicherheitsplan zu unterzeichnen. Als ihr Ehemann eintraf, wurden beide vom Krankenhausgelände verwiesen. Der Mutter sagte man, sie könne alle drei Stunden kommen, um ihr Baby zu stillen. Das bedeutete, dass sie und ihr Mann die Nacht vor dem Krankenhaus im Auto verbringen mussten – obwohl die Frau erst wenige Stunden zuvor entbunden hatte. Merken Sie sich den Namen des Krankenhauses, falls sie dort in der Nähe leben sollten – Hershey Medical Center in Pennsylvania. Diese Geschichte liegt weit näher an der Norm (beziehungsweise nähert sich ihr immer weiter), als die Menschen sich vorstellen können.

Die Mutter bekam ihr Baby schließlich zurück und die Home School Legal Defense Association brachte den Fall vor Gericht. Doch die meisten Eltern bekommen ihre Kinder von den SS-Faschisten nicht mehr zurück. Die Kinder werden in Pflegeheime gesteckt und zur Adoption freigegeben. Oft dürfen die Eltern sie nie wiedersehen. Können sie sich vorstellen, wie schmerzhaft das sein muss? Ich habe von vielen solchen herzzerreißenden Fällen erfahren und kalte, herzlose, raubeinige Sozialarbeiter, Polizeibeamte und Gerichte erlebt, die dieses Nazi-Konzept durchsetzen. Doch das ist nur der Anfang, wenn wir nur daneben stehen und es geschehen lassen. Die schottische Regierung hat das staatliche Kidnappen von Kindern im Jahr 2013 noch weiter auf die Spitze getrieben, als sie ihre Pläne bekannt gab, für jedes Kind bei seiner Geburt einen „staatlichen Vormund" ernennen zu wollen. Die entsprechenden Personen sollen von den Leitern staatlicher Gesundheitsausschüsse für die ersten fünf Lebensjahre eines Kindes ernannt werden. Die Verantwortung für die Kinder soll bei entsprechenden Räten liegen, denen die Aufgabe obliegen wird, die Eltern im Auftrag des Staates zu beaufsichtigen – ganz einfach so. Wenn die Eltern das Kind nicht so erziehen, wie der Staat es fordert, geraten sie in Schwierigkeiten und verlieren ihr Kind womöglich. Aileen Campbell, die wahrhaft idiotische schottische Kinderministerin, erklärte, dass eine bestimmte Person jeweils für die Beaufsichtigung des Wohlergehens bestimmter Kinder verantwortlich sein würde. Dadurch würde

> „sichergestellt, dass jemand den Überblick über das hat, was mit dem Kind geschieht, damit erste Anzeichen von Entwicklungen, die eine Bedrohung oder ein Risiko für das Kind darstellen könnten, erkannt werden".

Ich schlage vor, einen Vormund des Volkes zur Beaufsichtigung eines jeden Politikers – wie Aileen Campbell – zu ernennen, damit erste Anzeigen von Entwicklungen, die eine Bedrohung oder ein Risiko für das Volk und dessen fundamentale Freiheiten darstellen könnten, erkannt werden. Der Dozent für Soziologie und Kriminologie der schottischen Universität Abertay Dundee Stuart Waiton hatte Recht, als er sagte:

> „Die Vorstellung, dass eine bestimmte Person namens „Vater" oder „Mutter" auf die Interessen eines Kindes achten könnte, ging in der schottischen Gesellschaft verloren – zumindest ging sie in den Korridoren der Macht verloren. Mehr und mehr nimmt man uns die Entscheidungen über das Wohlergehen unserer Kinder aus der Hand. Das gilt nicht nur im Hinblick auf die Erziehung, auch Sexualität, Gesundheit,

> Lebensstil und sogar das politische Leben werden unseren Kindern von anderen Menschen vermittelt.
>
> In Dundee, wo ich lebe, höre ich von Fällen, in denen Kinder angewiesen werden, ihren Eltern mitzuteilen, dass die Schule nicht mit dem einverstanden sei, was sie in die Frühstücksdose packten. Anderswo hört man von Lehrern, die Eltern bei den Sozialbehörden anschwärzen, weil sie ihre Kinder dem „Risiko" aussetzen, zur Schule zu radeln. Und eigentlich überall werden Kinder ermutigt, ihre eigenen Eltern hinzuhängen, wenn diese zuhause rauchen oder trinken.
>
> Immer weniger wird anerkannt, wie wichtig die Privatsphäre, die Autorität der Eltern und der Schutz dieser Privatsphäre und Autorität durch die Gesellschaft sind. Setzt man sich mit dem Thema „autonome Familie", einem enorm wichtigen Baustein der britischen Gesellschaft auseinander, so stellt man fest, dass dieses Konzept auf der Ebene der Politik bereits vollkommen verschwunden ist.
>
> Heutzutage geht man davon aus, dass Elternschaft einfach zu anstrengend, Kinder einfach zu verletzlich und die Risiken einfach zu hoch sind, um sich den Luxus namens „Privatsphäre" noch leisten zu können. Aus diesem Grund wendet sich auch niemand zur Verteidigung der Privatsphäre und der Familienautonomie gegen das neue Gesetz."

All das passt exakt zu den langgehegten Zielen der archontischen Sozialingenieure. Die konstante Aushöhlung elterlicher Rechte ist das totalitäre Heranschleichen an einen vollkommen rechtlosen Zustand, in dem der Staat alle Kinder erziehen und sie letztendlich selbst mit technischen Mitteln „gebären" wird. Organisationen erhalten finanzielle Anreize, um die staatlichen Adoptionsquoten zu erfüllen, wenn doch eigentlich jeder Fall individuell gewürdigt und nicht als weitere Einnahmequelle betrachtet werden sollte.

Der Mann, der diese Politik in Großbritannien einführte, war, wen würde es überraschen, Tony Blair, der Rothschild-Lehrermacher. Herr Blair, warum zahlen Sie Geld, damit Kinder Ihren Quoten gemäß adoptiert werden? Gibt es da etwas, das wir wissen sollten? In England werden heutzutage mehr als zehntausend Kinder pro Jahr ihren Eltern vom Staat weggenommen, und die Vorwände dafür werden zunehmend lächerlicher und bizarrer. Wenn diese Maschinerie erst einmal angelaufen ist, haben die Eltern kaum Chancen. Sie werden von dem zutiefst korrupten und voreingenommenen System der Familiengerichte unterdrückt, das sich von Anfang an gegen sie stellt. Die Medien dürfen über solche Fälle nicht berichten und können daher den Kinderhandel, zu dem das System weitgehend verkommen ist, auch nicht aufdecken. Auch das gehört zum totalitären Heranschleichen an die Agenda 21 – wie fast alles, was heute vor sich geht, während die Akteure ihrem Ziel immer näher kommen.

32

Genetische Mutationen

Große Geister reden über Ideen, mittelmäßige Geister über Ereignisse und Kleingeister über andere Leute

Sokrates

Die amerikanische Lebensmittel- und Arzneiüberwachungsbehörde (FDA) und vergleichbare Behörden in anderen Ländern der Welt haben sich einem ähnlichen Rollenspiel verschrieben wie die Umweltschutzbehörden (nämlich dem der Umkehrung). Der FDA geht es um die Vernichtung kleiner Bauern und Züchter, besonders derjenigen, die mit biologischen, natürlichen Verfahren arbeiten. Dahinter steht die Absicht der archontischen Großunternehmen, ganz alleine über alle Nahrungsquellen und Inhaltsstoffe bestimmen zu können.

Man erlässt immer mehr Gesetze, die es dem Einzelnen so schwer wie nur irgend möglich machen sollen, eigene Nahrung anzubauen und mit anderen zu teilen. Diesem Drehbuch folgt auch die Europäische Union, wenn sie den Verkauf von selbstgemachten Erzeugnissen wie Marmelade, Konfitüre oder Chutney in wiederverwendbaren Gläsern verbietet. Die Bürokraten, die den Vertrieb von oftmals lebensgefährlichen industriellen Produkten ohne jegliche Einschränkung durchwinken, wollen uns erklären, dass die jahrhundertealte Praxis, Gläser wiederzuverwenden, gesundheitliche Gefahren mit sich brächte. Diese Bürokraten sollte man in die Wüste schicken. Das amerikanische Landwirtschaftsministerium beansprucht gar die *Urheberrechte* an dem Begriff „biologisch". Bewaffnete Gorillas der amerikanischen Lebensmittel- und Arzneiüberwachungsbehörde führen heutzutage regelmäßig Razzien – oft unter Einsatz von Gewalt – bei Bauern, Züchtern und Rohmilchherstellern durch. Alles, was Nährwert aufweist, wird als unsicher deklariert – genau wie Dr. Richard Day es vorausgesehen hat. Die Hersteller von Rohmilch, deren Verkauf in anderen Teilen der Welt, so auch in Großbritannien, noch gestattet ist, müssen sich in den USA Einschüchterungsversuche und massive Unterdrückungsmaßnahmen der Gangster von der FDA und den Zentren für Gesundheitsüberwachung (CDC) gefallen lassen. Diese Institutionen fungieren ebenso wie die Umweltschutzbehörde nur als Handlanger von Großunternehmen, die die Herrschaft über Nahrungsmittel, Medikamente und Land an sich reißen. So wollen sie jede Opposition auszulöschen und ihre Agenda 21 umsetzen (Abb. 694). Die Hersteller biologischer Lebensmittel, Nahrungsergänzungen und nicht chemischer Therapeutika gegen Krebs und andere Krankheiten stehen ständig im Sperrfeuer dieser mafiösen Unternehmen, die sich als staatliche Behörden tarnen. Nährstoffreiche Lebensmittel und Getränke werden fortlaufend auf unglaublich brutale Weise unterdrückt, weil man uns mit genverändertem und zusätzlich durch Chemie, Antibiotika und Hormone verseuchtem Müll füttern will, der sich verheerend auf unsere Gesundheit und unser Wohlbefinden auswirkt. Das geschieht zu dem Zweck, uns Menschen mental, emotional und „physisch" übel mitzuspielen. Genetische Mutationen der menschlichen DNS, ausgelöst durch genveränderte Nahrung, wirken sich störend auf die Art und Weise aus, wie wir Menschen Informationen empfangen und übertragen und mit der Realität interagieren. Der Konsum chemischer Cocktails kann Menschen schwächen, ihren Verstand abstumpfen, sie emotional aus dem Gleichgewicht bringen und sie in unterwürfige Kreaturen verwandeln. In der Intellekt-Körper-Realität betrachten wir Chemikalien oder genetische Veränderungen als etwas „Physisches" (Holografisches). Im Grunde genommen aber handelt es sich um verzerrte (da haben wir wieder dieses Wort ...) wellenförmige Informationsfelder, die ihrerseits wiederum die mentalen, emotionalen und holografischen Felder des Körper-Intellekts verzerren. Die amerikanische Akademie für Umweltmedizin schlägt Ärzten vor, ihren Patienten genetisch unveränderte Lebensmittel zu verschreiben und sie über die bekannten potenziellen Gesundheitsrisiken von gentechnisch veränderter (GVO-) Nahrung aufzuklären. Jeffrey M. Smith, der leitende Direktor des Instituts für verantwortungsbewusste Technologien schrieb:

Abbildung 694: „Kommt ihr tapferen Männer, holt eure Gewehre – ein Rohmilchproduzent läuft frei herum."

> „GVO ... versetzen offenbar das Immunsystem von Mäusen und Ratten in Alarmbereitschaft, so als würde es einem Angriff ausgesetzt. Darüber hinaus wirken sie sich negativ auf das Magen-Darm-System aus. Die Tiere altern schneller; lebenswichtige Organe nehmen Schaden. Wenn man Labortiere mit gentechnisch veränderter Nahrung füttert, werden sie mitunter unfruchtbar oder bringen kleinere, nicht fortpflanzungsfähige Nachkommen zur Welt. Die Kindersterblichkeitsrate erhöht sich, und mitunter kommt es sogar zu Fellwachstum im Mundraum. Habe ich jetzt Ihre Aufmerksamkeit geweckt?
>
> Biotechfirmen wie Monsanto versuchen die Beweise zu verdrehen oder zu leugnen. Dabei verweisen sie gern auf ihre eigenen Studien, aus denen sich angeblich keinerlei negative Reaktionen ergeben. Als jedoch einige Wissenschaftler, unter ihnen der französische Toxikologe G. E. Seraline, Monsantos Rohdaten einer erneuten Überprüfung unterzogen, mussten sie feststellen, dass die mit gentechnisch verändertem Mais gefütterten Ratten in Wahrheit eindeutige Anzeichen von Vergiftung aufwiesen – Beweise, die Firmenwissenschaftler geflissentlich übersehen hatten."

Der Ursache-Wirkung-Zusammenhang zwischen GVO und Krankheit wird anhand der Tatsache deutlich, dass in zahllosen Fällen Menschen und Tiere wieder gesunden – mit oft spektakulären Heilungsverläufen – wenn sie GVO aus ihrer Ernährung streichen. Der amerikanische Kardiologe Dr. William Davis bezeichnete gegenüber *CBS News* den heutigen Weizen als „perfektes, chronisches Gift". Seinen Angaben zufolge enthält Weizen ein neues Protein namens Gliadin, das zur Gewichtszunahme führt. Viele Menschen, die Weizen aus ihrem Speiseplan gestrichen hatten, nahmen daraufhin drastisch ab und wurden ihre chronischen Erkrankungen los:

> „Wenn drei Leute je vier Kilo verlieren, dann ist das eine großartige Sache. Doch ich spreche von Tausenden von Leuten, die 15, 40 oder gar 75 Kilo abgenommen haben. Diabetiker leiden nicht länger unter Diabetes, Arthritiker erfahren enorme Befindlichkeitsverbesserungen. Geschwollene Beine, Sodbrennen, Reizdarm und Depressionen gehören der Vergangenheit an. Und jeden Tag kommen neue Genesungsfälle hinzu."

Der dänische Schweinebauer Ib Borup Pedersen konnte seine Tiere von einer ganzen Reihe von Krankheiten kurieren, indem er einfach aufhörte, sie mit GVO-Nahrung zu füttern. Wie Perderson berichtete, hatten seine Schweine zuvor chronische Diarrhöe, Geburtsfehler, Fortpflanzungsprobleme, Appetitlosigkeit, Blähungen und Magengeschwüre entwickelt, nachdem er auf GVO umgestiegen war. Es kamen weniger und schwächere Ferkel zur Welt, die Würfe waren kleiner. Schon zwei Tage nach dem Absetzen der GVO zeigten sich erste deutliche Verbesserungen, und die Tiere gesundeten zusehends. Entsprechendes erfuhren auch Menschen, denen ihre Ärzte geraten hatten, auf GVO zu verzichten (was ihnen in den USA zunehmend schwerer gemacht wird). Patienten mit langjährigen, oft chronischen Erkrankungen wie Immunstörungen, Allergien, Hautproblemen, Arthritis, Reizdarm, Migräne oder Restless-Legs-Syndrom sahen ihre Symptome dahinschwinden, sobald sie GVO von ihrem Speisezettel verbannt hatten. Wenn Sie ein wenig im Internet recherchieren, werden sie viele Beispiele dafür finden.

Mit Genetik die Welt verändern

Monsanto und andere große Biotechunternehmen konnten die staatlichen Stellen bereits vollständig unter ihre Fuchtel bringen. So dürfen sie es sich erlauben, genetisch veränderte Nutzpflanzen und Lebensmittel einzuführen, ohne deren Unbedenklichkeit je nachweisen zu müssen (das würden sie auch nie schaffen, da der kumulative Effekt des Verzehrs auf den Tod des Konsumenten hinausläuft). In Europa tun sich die Biotechriesen mit der Einführung von GVO ein wenig schwerer, weil die Bevölkerung sich dagegen auflehnt. Doch unermüdlich arbeiten die entsprechenden Unternehmen daran, auch dort die Türen, oder besser gesagt alle Schleusentore, für sich zu öffnen (Abb. 695). Die Bürokraten der Europäischen Union gehören zweifellos zum Monsanto-Lager. Sie warten auf ihre Chance, die gegenwärtigen Beschränkungen in Bezug auf GVO endlich fallen lassen zu können. Der britische Umweltminister Owen Paterson wirbt gar für den Anbau von gentechnisch veränderten Nutzpflanzen in England und baut dabei auf leicht durchschaubare Lügen und Falschdarstellungen. George Osborne, der ergebene Vasall der Rothschilds, Banken und Großunternehmen, arbeitet ihm dabei als Handlanger zu. Die europäische Lebensmittelsicherheitsbehörde (Kontrollbehörde) hat bereits „Richtlinien" für die Beurteilung der durch GVO entstehenden Umweltrisiken ausgearbeitet. Diese sollen Monsanto den Weg ebnen, damit das Unternehmen auch Europa mit seinem Frankensteinfutter beglücken kann (Abb. 696). Aus auf WikiLeaks veröffentlichten Telegrammen von Diplomaten geht hervor, dass die amerikanische Regierung in ihrer Rolle als „Quasi-Tochtergesellschaft" von Monsanto nach Wegen sucht, sich für die Ablehnung von GVO-Samen an Europa zu rächen. Zu den eingesetzten Methoden gehören auch Handelskriege gegen Länder, die sich den Forderungen von Monsanto widersetzen. Wie Telegramme aus dem Jahr 2007 belegen, äußerte sich Craig Stapleton, der damalige amerikanische Botschafter in Frankreich und Geschäftspartner von US-Präsident George Bush Junior, der unter dem Decknamen „Country Team Paris" publizierte, über Pläne, Europa solange unter Druck zu setzen, bis es GVO von Monsanto endlich akzeptiert:

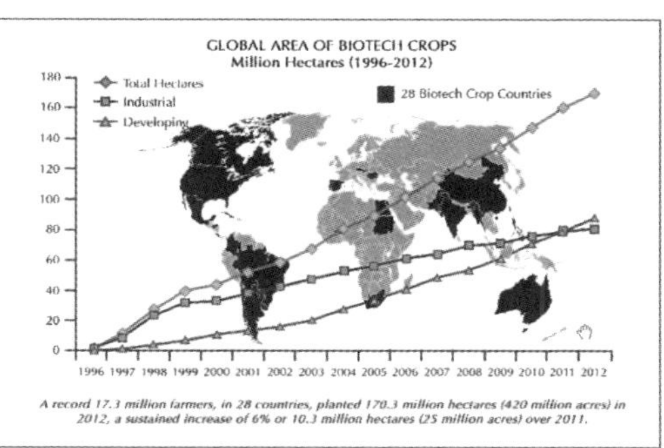

Abbildung 695: Die dunkel markierten Gebiete sind diejenigen Länder, die bereits genetisch veränderten Nutzpflanzen zum Opfer gefallen sind. Nun sind Europa, Afrika und der Rest der Welt ins Visier gerückt.

Abbildung 696: Iss dein Grünzeug, bevor es mutiert.

Das Country Team Paris empfiehlt, eine Liste von Zielen für Vergeltungsmaßnahmen zusammenzustellen, um die EU an einem empfindlichen Nerv zu treffen.

> „Wenngleich [der Widerstand gegen GVO] in die Verantwortung des Kollektivs fällt, sollten wir uns doch zunächst einmal auf die schlimmsten Übeltäter konzentrieren. Der Maßnahmenkatalog, der maßvoll, aber nicht gnadenlos sein sollte, muss über einen längeren Zeitraum hinweg umgesetzt werden, da wir keinen schnellen Sieg erwarten dürfen. Wenn wir den Pfad der Vergeltung beschreiten, werden wir deutlich machen, dass die gegenwärtige Marschrichtung der EU ihren eigenen Interessen schadet. Zudem könnten wird damit denjenigen unter die Arme greifen, die in Europa zugunsten der Biotechnologie ihre Stimme erheben."

Andere Telegramme aus dem amerikanischen Innenministeriums lassen keine Zweifel aufkommen, dass amerikanische Diplomaten unmittelbar für Monsanto und andere große Biotechfirmen arbeiten. An einer Stelle heißt es:

> „In Beantwortung der jüngsten dringenden Anfragen von Staatssekretär Josep Puxeau [vom spanischen Landwirtschaftsministerium] und Monsanto bittet das Amt die US-Regierung, ihre Unterstützung für die von Spanien vertretene Position hinsichtlich einer auf Wissenschaft und Biotechnologie basierenden Landwirtschaft durch eine entsprechende amerikanische Intervention auf hoher staatlicher Ebene noch weiter zu verstärken".

Wie die Telegramme enthüllen, kooperierten die USA mit Spanien, um den Erlass neuer Gesetze über Biotechnologie in der EU zu verhindern. In einem Telegramm der US-Botschaft in Madrid steht zu lesen: „Sobald Spanien fällt, wird der Rest Europas ebenfalls umkippen".

Einige amerikanische Diplomaten beantragten per Telegramm Geldmittel, um *Lobbyisten für die Biotechindustrie* abstellen und diese in den „Zielländern" mit Politikern und Beamten von Landwirtschaftsbehörden in Kontakt bringen zu können. Zu ihren Zielen zählen Afrika, Lateinamerika und Europa. Das amerikanische Konsulat in der Slowakei teilte dem amerikanischen Innenministerium 2005 per Telegramm mit, dass man vor Ort „die bisherigen Bemühungen fortsetzen wolle, um so die über GVO kursierenden Mythen zu zerstreuen und die Interessen von Monsanto zu vertreten." Doch nicht einmal mit diesem hohen Maß an Voreingenommenheit und Korruption gibt Monsanto sich zufrieden. Monsanto wurde übrigens einmal als das übelste Unternehmen der ganzen Welt bezeichnet – und es fiele mir nicht einmal im Traum ein, dem zu widersprechen. Das Amt des leitenden Direktors bei Monsanto bekleidet der Schotte Hugh Grant. Für seine Mühen entschädigt man ihn mit mehreren Millionen Dollar pro Jahr. Ich denke, damit kann er sich genügend Pillen kaufen, um nachts ruhig schlafen zu können. Ich jedenfalls würde als Chef von Monsanto ohne solche Pillen nicht auskommen. Wenn Leute wie er nur begreifen würden, dass die energetischen und erfahrungsmäßigen Konsequenzen ihres Handelns nicht mit ihrem Tod enden, dann könnten sie nach einem Spiegel greifen und sich eines verdammt aufschlussreichen Anblicks erfreuen. Monsanto setzte alles daran, um Ergänzungen zu landwirtschaftlich relevanten Gesetzesvorlagen, wie etwa der „Farm Bill" von 2012 oder der „Agricultural Appropriations Bill" von 2013, durchzudrücken. So wollte man den Staat daran hindern, den Vormarsch der GVO zu stoppen oder gar Sicherheitsüberprüfungen verbindlich vorzuschreiben. Mike Adams versteht es wahrhaft meisterlich, auf seiner Seite Naturalnews.com die Verschwörung gegen natürliche Lebensmittel und Gesundheit anzuprangern. Er schreibt:

> „Amerikas Landwirtschaft könnte in der Zukunft buchstäblich unter die totale Kontrolle der Biotechindustrie geraten, die dazu noch vollständige Immunität gegenüber dem Gesetz genießen würde."

Das ist der Plan, der gemäß der Agenda 21 in jedem Land und in jeder noch so kleinen Gemeinde durchgesetzt werden soll. Die entsprechende Zusatzklausel zur „Agricultural Appropriatons Bill" haben wir dem Kongressabgeordneten John „Jack" Kingston aus

Georgia zu verdanken, der sich, wie man hört, für Monsanto professionell prostituiert. Was soll ich dazu sagen? Kingston wurde von einer Organisation der Biotechbranche (Monsanto, Dupot, etc.) 2011/2012 als „Gesetzgeber des Jahres" ausgezeichnet. Er hatte nämlich dabei mitgewirkt,

> „die Finanzierung von Programmen zu sichern, die für das Überleben von Biotechunternehmen in ganz Amerika von entscheidender Bedeutung sind".

„Überleben", was für ein Scheiß! Dank Kingstons Beitrag zu dem besagten Gesetzesentwurf sollte der amerikanische Landwirtschaftsminister schlicht gezwungen werden, auf Antrag jedes beliebigen Biotechunternehmens sofortige vorläufige Genehmigungen für dessen GVO-Pflanzen zu erteilen, beziehungsweise beschränkende Bestimmungen aufzuheben, und zwar selbst dann, wenn die Sicherheit der entsprechenden Pflanzen für den Menschen in Frage stand oder Gegenstand einer laufenden Überprüfung war. So tief wie möglich im Gesetzestext vergrabene Ergänzungen zur „Farm Bill" von 2012 zielten darauf ab, sämtliche bestehenden Beschränkungen für Monsanto und GVO aufzuheben, oder wie Mike Adams es ausdrückte,

> „den großen Nahrungsmittelherstellern diktatorische Macht zu verleihen und ihnen zu erlauben festzulegen, welche Nahrungsmittel angebaut und wie sie angebaut werden sollen."

Das sogenannte „Monsanto-Schutzgesetz" wurde ordnungsgemäß verabschiedet.

Alptraum GVO

Selbstverständlich haben Monsanto, Biotechgroßunternehmen, Regierungsstellen und mächtige Medien keinerlei Interesse daran, der Öffentlichkeit die Wahrheit über GVO zu erzählen und sie über die Folgen aufzuklären, die auf jeden Mann, jede Frau, jedes Kind, jedes Tier, jedes Insekt und jede Pflanze auf diesem Planeten warten (Abb. 967). Dabei wissen sie über diese entsetzliche Wahrheit ganz genau Bescheid. Im *Global Citizens' Report* von 2011 konnte man unter der Überschrift: „Der GVO-Kaiser hat keine Kleider" Folgendes lesen:

Abbildung 697: Die Bevölkerung wird einem „Laborexperiment" unterzogen – obwohl das Ergebnis bereits feststeht.

- In Widerspruch zum Anspruch, die Welt ernähren zu wollen, hat die Gentechnik bei keiner einzigen Feldfrucht zu höheren Erträgen geführt.

- Herbizidtolerante Nutzpflanzen (der Sorte Roundup Ready) sollten Unkräuter eindämmen; Nutzpflanzen, die das Herbizid Bacillus thuringiensis (Bt) in sich tragen, sollten Ungeziefer in Schach halten … stattdessen haben diese GVO-Pflanzen aber nur die Entwicklung von Superunkräutern und Superungeziefer gefördert … Bei herbizidresistenten Nutzpflanzen, wie beispielsweise der Baumwollsorte Roundup Ready besteht grundsätzlich die Gefahr einer Übertragung der Herbizidresistenz auf die „Unkräuter", die damit zu herbizidresistenten „Superunkräutern" werden.
- Trotz der Behauptung, dass bei genetisch veränderten Organismen weniger Chemikalien (Pestizide und Herbizide) eingesetzt werden müssten, ist das genaue Gegenteil der Fall. Allein auf amerikanischem Boden wurden im Jahr 2007 immerhin 1,6 Milliarden Pfund Glyphosat (das bei jeder Roundup-Sorte aktive Agens) eingesetzt. Das gibt Anlass zu erheblichen Bedenken, weil sich diese Chemikalie negativ auf Ökosysteme und Menschen auswirken. Darüber hinaus besteht die Gefahr, dass die immer extensivere Verwendung von Chemikalien bei Ungeziefer und Unkräutern zu Resistenz führt. Um sie weiterhin in Schach halten zu können, müssen daher immer noch mehr Chemikalien eingesetzt werden.
- Monsanto hat versprochen, mithilfe von Gentechnik Nutzpflanzen zu erschaffen, die Trockenheit oder anderen Klimabedingungen trotzen können. Diese Behauptung hat sich als falsch erwiesen.
- Die von Monsanto und der Biotechindustrie vertretene Behauptung, GVO-Lebensmittel wären sicher, entspricht ebenfalls nicht der Wahrheit. Es gibt genügend unabhängige Studien, die beweisen, dass GVO-Nahrung schwere gesundheitliche Schäden hervorrufen kann.

Das also ist das Zeug, das Monsanto herstellt, das die Regierungen erlauben und das Bill Gates finanziert und eifrig bewirbt. Aus einer Studie des staatlichen Rates für wissenschaftliche und technologische Forschung in Buenos Aires, Argentinien, geht hervor, dass Glyphosate bei Ungeborenen zu Geburtsfehlern führen können. Nach umfangreichen Untersuchungen sprach der Molekularbiologe Jack Heinemann von der Universität Canterbury in Australien eine deutliche Warnung aus und wies darauf hin, dass GVO-Weizen die Leber zerstören kann. Er führte aus:

> „Wir stellten fest, dass die in diesen Weizen integrierten Moleküle, mithilfe derer bestimmte Weizengene abgeschaltet werden sollen, mit menschlichen Genen interagieren können. Durch den Konsum gelangen diese Moleküle in den menschlichen Körper und können dort unsere menschlichen Gene abschalten. Wir entdeckten so viele mögliche Übereinstimmungen zwischen den Genen im Weizen und den Genen im menschlichen Genom, dass wir über 770 Seiten damit füllen konnten. Ein Dutzend dieser Übereinstimmungen sind so hinreichend präzise und identisch, das sie in experimentellen Systemen eine Genabschaltung auslösen konnten.
>
> Diese Ergebnisse sind absolut gesichert. An den Übereinstimmungen besteht keinerlei Zweifel … Aufgrund dieser Daten wissen wir, dass schädliche Auswirkungen

> plausibel sind. Wir fordern daher, eine Reihe von Experimenten durchzuführen, ehe dieser Weizen für den menschlichen Verzehr freigegeben wird."

Wir haben es hier nicht mit den Folgen idiotischer Inkompetenz zu tun, vielmehr geschieht das alles mit Kalkül. Nach Aussage der Biochemieprofessorin Judy Carman, der Rektorin der Flinders Universität in Adelaide, sterben Kinder, die mit solchermaßen „abgeschalteten Genen" geboren werden, in der Regel spätestens im Alter von fünf Jahren, während Erwachsene allmählich immer kränker und müder werden und letztlich ernsthafte Gesundheitsschäden davontragen. Seit Jahren sage ich immer und immer wieder, dass genetisch veränderte Nahrungsmittel entwickelt werden, um uns genetisch zu verändern. Die Zeitschrift *Mother Jones* berichtete im Jahr 2012:

> „In diesem Jahr zeigte eine australische Studie den Zusammenhang zwischen dem Kontakt mit Roundup UltraMax und einer Schädigungen der DNS auf. Wie die Wissenschaftler betonten, traten selbst dann noch Schäden auf, wenn das Roundup 450-fach stärker verdünnt war als bei landwirtschaftlichen Anwendungen üblich.
>
> Im März ergab eine Studie der Universität Pittsburgh, dass Kaulquappen, die mit Roundup in Berührung gekommen waren, ihre Form veränderten. Ihre Stresshormone reagierten auf Roundup wie auf einen Fressfeind. Diese Studie ist von besonderem Interesse, denn schließlich behauptet Monsanto schon seit langem, dass Roundup nur auf Pflanzen, nicht aber auf Tiere wirke, weil es nur auf ein bestimmtes pflanzliches Enzym abzielt. Im April berichteten Wissenschaftler der medizinischen Hochschule Schanghai, dass Glyphosat Neurodegenerationserscheinungen auslösen kann, wie sie etwa bei Parkinson auftreten."

„Genetic Roulette" ist eine ausgezeichneter Dokumentation, die Sie sich auf *YouTube* ansehen können. Ich kann den Film nur empfehlen. Er enthüllt, dass seit den 1990-er Jahren, als genetisch modifizierte Produkte in die amerikanische Ernährung Einzug hielten, die Zahl der Amerikaner, die an mindestens drei chronischen Krankheiten leiden, sich nahezu verdoppelte und die Position des Landes in der Tabelle für Kleinkindersterblichkeit in den Keller rutsche. Krebs, Herzerkrankungen, Autismus, Fettleibigkeit, Alzheimer, Parkinson und Lebensmittelallergien stiegen drastisch an. Die Fruchtbarkeitsrate erlitt einen verheerenden Tiefschlag. Die genetische Diversität geht zusehends verloren. Luftproben, die im Rahmen einer von der Regierung in Auftrag gegebenen geologischen Untersuchung genommen wurden, enthielten zu sechzig bis hundert Prozent Monsantos tödliche Roundup-Herbizide, die in riesigen Mengen bei GVO-Nutzpflanzen Einsatz finden. Ein Kommentator meinte dazu:

> „Wenn man schon durch bloßes Atmen mit Glyphosat in Kontakt kommen kann, muss man erkennen, dass es sich um ein Problem nie dagewesenen Ausmaßes handelt".

Selbst Städter, die fernab der entsprechenden Felder leben, haben Roundup in ihrem Urin, schwangere Frauen und ungeborene Kinder haben es in ihrem Blut. Man hat festgestellt, dass Glyphosat „in den Verwendungsgebieten sehr leicht ins Grundwasser gelangt".

Zu diesem Ergebnis kam eine für das Magazin *Analytical and Bioanalytical Chemistry* durchgeführte Studie. Im Urin von nicht in der Landwirtschaft tätigen Berlinern fanden sich Konzentrationen, die fünf bis zwanzig Mal so hoch lagen, wie die für Trinkwasser festgelegten Höchstwerte. Bei in der Landwirtschaft tätigen Personen, die Roundup beziehungsweise Glyphosat versprühten, kam es bis zu siebzig Mal häufiger zu Geburtsschäden ihrer Kinder. Europäische Untersuchungen ergaben, dass Tiere bereits Leberschäden entwickelten, wenn das Wasser 0,0001 Teile Glyphosat pro Million (ppm) enthielt. Die amerikanische Umweltschutzbehörde (Umkehrung) lässt 0,7ppm zu – das ist der *7000-fache* Wert. GVO-Mais enthält 13 ppm – das übersteigt den für Wasser zulässigen „Standard" der Behörde um das 130.000-Fache. Die archontische amerikanische Umweltschutzbehörde (Umkehrung) gab 2013 einem Antrag von Monsanto statt, das tödliche Roundup (Glyphosat) ganz legal für Lebensmittel in einer Konzentration verwenden zu dürfen, die 1.000.000 so hoch liegt, wie die als krebserregend bekannte Menge. Eine Studie der Universitätsklinik Sherbrooke in Quebec in Kanada ergab, dass das Blut schwangerer Frauen und ihrer ungeborenen Kinder in allen untersuchten Fällen GVO-Toxine enthielt. Heutzutage erkranken bereits kleine, vorpubertäre Mädchen im Alter von acht Jahren an Eierstockkrebs – das wäre unvorstellbar gewesen, ehe dieser Wahnsinn um sich griff. Es konnte nachgewiesen werden, dass Monsantos Herbizidtoxine unter anderem die roten Blutkörperchen von Säugetieren angreifen. Diese Zellen befördern den Sauerstoff zu den Körpergeweben. Die Welt ist wahnsinnig geworden. Diejenigen, die sie lenken, sind wahnsinnig geworden. Um diese offenkundige Wahrheit zu beweisen, brauche ich nur drei Worte zu sagen: genetisch veränderte Organismen. In der gesamten Geschichte der Menschheit gab es noch niemals einen so großangelegten Angriff auf den genetischen Pool wie heute. Es ist völlig verrückt, dass so etwas geschieht, und es ist völlig verrückt, dass so viele Leute freiwillig dabei mitmachen und sich und ihre Kinder mit dieser Frankensteinnahrung füttern, die einzig und allein zu dem Zweck konzipiert wurde, die Gesundheit zu zerstören und das Leben weit früher zu beenden als nötig.

Ich möchte ein paar wenige Beispiele anführen, die veranschaulichen sollen, in welchen Größenordnungen sich dieser Wahnsinn bereits bewegt. Ich meine nicht den ganz normalen Wahnsinn, ich spreche von einem massiven Wahnsinn im klinischen Sinn, bei dem man den betreffenden Patienten unter gar keinen Umständen mehr allein lassen sollte – seiner eigenen Sicherheit und der Sicherheit aller anderen wegen. Ich meine Typen vom Schlag Hannibal Lecter, wenn der einen richtig schlechten Tag hat. Bei genetisch veränderten Nutzpflanzen und Tieren kann es zu einem Hin- und Herschieben genetischer DNS-Codes zwischen den Arten kommen. Auch die menschlichen Gene sind davor nicht gefeit. So etwas stellt die natürliche Ordnung auf den Kopf und erzeugt neue Krankheiten und Krankheitsdispositionen, mit denen das Immunsystem nicht zurechtkommt. Die Macher kombinieren Kohle mit Skorpiongift, Spinnen mit Ziegen, Fische mit Tomaten und *menschliche Gene mit Reis*. Es gibt genetisch veränderte Katzen, die im Dunkeln leuchten oder Bananen, Kartoffeln, Salatpflanzen und Karotten, die Impfstoffe produzieren und bei Verzehr freisetzen (Abb. 698). Hier, nimm eine Banane – und schon hast du deine Impfung erhalten. Das ist eine raffinierte Methode, um eine Massenmedikation zu erzwingen. Man baut einfach nur noch medizinhaltige Nahrungsmittel an. Eine von so vielen großen gesundheitlichen Gefahren besteht darin, dass vermehrt Entzündungen verschiedenster Art auftreten können, die einer ganzen Reihe von Krankheiten Tür und Tor öffnen, beispielsweise Nieren- und Herzerkrankungen, Beeinträchtigungen des Verdauungsapparats oder des Immunsystems, Krebs, Diabetes oder Alzheimer. Diese Liste erhebt keinerlei Anspruch auf Vollständigkeit. Die amerikanische Lebensmittel- und Arzneiüberwachungsbehörde FDA, die unter der Fuchtel der großen Biotechunternehmen steht, sagt zu alledem ja und amen. Eigentlich wäre es ihre Aufgabe, als staatliche Behörde die Bevölkerung gerade vor solchen Biotechvorstößen zu schützen. Die Menschen müssen begreifen, dass Großunternehmen alle die staatlichen Behörden kontrollieren, die offiziell eigentlich dazu berufen sind, diese zu beaufsichtigen. Die Spinner, von denen sich die Australier beherrschen lassen, haben jetzt das Okay für „Versuche" (Fuß in der Tür für Masseneinführung) erteilt. Damit darf genetisch veränderter Weizen ohne irgendwelche vorherige Untersuchungen über kurz- oder langfristige Auswirkungen losgelassen werden, um seine schlimmen Angriffe auf die menschliche Gesundheit zu starten. Die Commonwealth Scientific and Industrial Research Organization (CSIRO) Australiens hat – durch Manipulation von Proteinen, die Enzyme unterdrücken – freundlich und brav eine Weizenart produziert, deren Konsum nach Ansicht von Wissenschaftlern tödliche Folgen nach sich zieht. Bei Kindern können bereits deutliche genetische Veränderungen beobachtet werden. Mitunter beginnt ihre Pubertät schon im Alter von sechs Jahren. Nach Angaben deutscher Forscher sinkt das Pubertätsalter jedes Jahrzehnt um vier bis fünf Monate. GVO bewirken zusammen mit all den Zusätzen in Nahrungsmitteln und Getränken Veränderungen der menschlichen genetischen Struktur. Gleichzeitig lässt man mehrere zehn Millionen genetisch veränderte Insekten auf die Welt los, ohne sich je die Mühe zu machen, die möglichen Folgen eines solchen Wahnsinns zu untersuchen. Das alles wird erlaubt, weil die Biotechindustrie die Entscheidungsfindungsprozesse von politischen Parteien und Behörden steuert und insbesondere auch die Weltgesundheitsorganisation fest im Griff hat. Dr. Helen Wallace, die Vorsitzende von GeneWatch UK, erklärte:

Abbildung 698: Was, eine schwarze Katze? Ich sehe gar nichts.

> „Es wird die Öffentlichkeit schockieren zu erfahren, dass genveränderte Insekten ohne jede vernünftige Kontrolle auf die Umwelt losgelassen werden dürfen. Man müsste Interessenkonflikte sehr konsequent aus den Entscheidungsfindungsprozessen verbannen, um sicherzustellen, dass die Öffentlichkeit ein angemessenes Mitspracherecht erhält".

Wenn Sie das Buch bis hierher gelesen haben, dürfte Sie eigentlich nichts mehr schockieren. Heute erlebt bereits die nächste Generation von GVO ihren Auftritt unter dem

Abbildung 699: „Iss brav deinen Mais, dann wirst du eines Tages so sein wie ich".

Namen biopharmazeutische „Pharmakulturen". Das sind Saaten, die man genetisch so manipuliert hat, dass sie Arzneistoffe oder Industriechemikalien produzieren. Das reicht von Impfstoffen für Mensch und Tier über Wachstumshormone, Blutgerinnungsmittel und menschliche Antikörper bis hin zu Verhütungs- und Abtreibungsmitteln. Wegen eines Falles von „Verseuchung" von Konsumpflanzen wurde die Biotechfirma ProdiGene in pathetischer Manier gar zu einer Geldstrafe von 500.000 Dollar verurteilt. Niemand weiß, welche Auswirkungen der Anbau von solchem Zeug auf den Boden oder auf wichtige Insekten haben wird. Die Zeichen verheißen allerdings nichts Gutes, wenn man bedenkt, dass für den menschlichen Konsum bestimmte Nutzpflanzen allein dadurch verseucht werden, dass sie auf dem Boden angebaut wurden, auf dem vorher biopharmazeutische Pflanzen wuchsen. Mais hat man genetisch so verändert, dass er seine eigenen Insektizide produziert. Diese fressen Löcher in die Magen- und Darmwände ihrer Fressfeinde. Konsumiert der Mensch solche Insektizide, dann können auch seine Magen- oder Darmwände brechen, so dass unverdautes Essen ins Körperinnere gelangt (Abb. 699). Verständlicherweise nimmt das Immunsystem dies als Bedrohung wahr und setzt eine Reaktion in Gang, um der Gefahr zu begegnen. In diesem Moment installiert sich ein entsprechendes Programm. Das Immunsystem betrachtet fortan das entsprechende Nahrungsmittel als Gefahr und greift es jedes Mal an, wenn es konsumiert wird. Das erklärt, warum es unter den Konsumenten von GVO-Nahrung zu einem so katastrophalen Anstieg von Lebensmittelallergien kam. Solche Immunreaktionen hat man auch schon mit Autismus, vorzeitigem Altern, vielen anderen Störungen und nicht zuletzt mit Krebs in Verbindung gebracht. Monsanto züchtet seine GVO-Nutzpflanzen speziell so, dass sie mit dem ebenfalls von Monsanto produzierten Herbizid Roundup zusammenwirken. Dieses Pflanzenschutzmittel tötet Unkraut, indem es ihm die Nährstoffe aussaugt. Doch genau das Gleiche geschieht auch mit anderen Pflanzen, und ebenso mit den Tieren, die diese Pflanzen fressen sowie mit den Menschen, die diese Pflanzen und Tiere zu sich nehmen. Bei einer „Landwirtschaft", die auf dem Einsatz von GVO basiert, werden dem Boden alle Nährstoffe entzogen. Sie erkennen das Muster? Alles verläuft genau nach Plan und entsprechend den gesetzlichen Vorschriften des Codex Alimentarius. Dieses Machwerk sorgt dafür, dass die erlaubten Dosierungen von Nahrungsergänzungen unterhalb den Nährwertgrenzen liegen, die für das Überleben und erst recht für die Gesundheit notwendig wären. Hier sehen wir wieder einmal die Methodik zur Bevölkerungsreduzierung in Aktion. Diejenigen, die schlafen, erledigt man, indem man sie mit GVO und nährstofffreiem Essen vergiftet, und diejenigen, die gerade aufwachen, hindert man daran, sich durch hinreichend hochdosierte Nahrungsergänzungen wieder zu erholen. Das, was Kinder essen, wird regelrecht polizeilich überwacht. So kann man sicherstellen, dass sie nur Dreck zu sich nehmen. An dieser Stelle kommen das amerikanische Landwirtschaftsministerium und die (Orwellsche) Abteilung für kindliche Entwicklung und Früherziehung des Gesundheitsministeriums ins Spiel. Diese Behörden sind ermächtigt zu diktieren, was Kinder zu Mittag essen. So entschied beispielsweise ein Staatsdiener (Schwachkopf) der West Hoke Grundschule in Roeford in North Carolina, dass das von einem Vorschulkind von zu Hause mitgebrachte Mittagessen nicht nahrhaft genug sei. Die Mahlzeit bestand aus Truthahn, Käsebrot, Banane, Kartoffelchips und Apfelsaft. Dieser Göbbels-Verschnitt zwang das Kind, „richtiges Essen" zu sich zu nehmen – *Chicken Nuggets*. Ein Kommentator meinte dazu:

> „Seit wann sind industriell gefertigte Chicken Nuggets (auch ‚rosa Glibber' genannt), die in genetisch verändertem, ranzigem Pflanzenöl gebacken und dann in der Mikrowelle malträtiert werden, gesünder als Truthahn, Käsebrot und Banane von zu Hause?
>
> Die Cafeterias von Schulen kann man nicht einmal als echte Küchen bezeichnen. Die Angestellten dort haben in den meisten Fällen nur einen riesigen Mikrowellenherd zur Verfügung, um darin schnell das übermäßig verarbeitete, mit industriell hergestellten Fetten überladene, genetisch veränderte, von landwirtschaftlich wertlosen Flächen stammende Essen aufzuwärmen, das sie servieren. Die traurige Wahrheit lautet, dass nur das billigste, nährstoffärmste, maximal verarbeitete Müll–essen es schafft, den Programmvorgaben für das Schulmittagessen zu entsprechen."

Kinder auf der ganzen Welt werden Tag für Tag durch zahlreiche Methoden geistig und körperlich missbraucht. Doch die meisten Eltern befinden sich in einem Zustand so gnadenloser Unbewusstheit, dass sie das überhaupt nicht wahrnehmen, geschweige denn, etwas dagegen unternehmen. Wie *Reuters* berichtete, enthüllte ein multinationales Forscherteam unter Leitung von Rob Moodie von der Universität Melbourne, Australien, in der medizinischen Fachzeitschrift *The Lancet*, dass

> „multinationale Konzerne sich heutzutage durch ihr aggressives Marketing für ultrastark verarbeitete Lebensmittel und Getränke als Haupttreiber der weltweit ansteigenden und bereits in epidemischen Ausmaß festzustellenden chronischen Krankheiten, wie Herzerkrankungen, Krebs und Diabetes, etabliert haben".

Aus Dokumenten dieser Branche lässt sich entnehmen, so die Forscher, dass die entsprechenden Firmen alles daran setzen, „um die Gesetzgebungslandschaft im Gesundheitsbereich eigenmächtig zu gestalten und jeder Art von Aufsicht zu entgehen." Eine genaue Analyse veröffentlichter Forschungsberichte deckte auf, dass Finanzierungsgelder aus der entsprechenden Industrie zu einer „systematischen Voreingenommenheit" geführt hatten:

> „Wenn Artikel ausschließlich von der Lebensmittel- und Getränkeindustrie gesponsert waren, lag die Wahrscheinlichkeit, dass die darin gezogenen Schlussfolgerungen zugunsten der Sponsorfirmen und nicht zugunsten finanziell unbeteiligter Parteien ausfielen, vier bis acht Mal so hoch."

Genetisch induzierte Sterilität

Monsantos Produkt Roundup verursacht Geburtsschäden. Tiere, die mit Roundup in Berührung kommen, erleiden zahlreiche Fehlgeburten und/oder werden unfruchtbar. Genau seit der Zeit, als GVO sich in den Vereinigten Staaten massiv zu verbreiten begannen, stieg die Unfruchtbarkeitsrate in erschreckendem Maß an, und in der Folge schossen Fertilitätskliniken wie Pilze aus dem Boden. Die Spermazahlen der männlichen Bevölkerung fielen in den Keller, und siehe da, rein zufällig zog die archontische Kabale ihren Plan für eine Massenentvölkerung aus der Schublade. Eine kalifornische Biotechfirma namens Epicyte ließ 2001 ein Gen patentieren, das Männer und Frauen steril und unfruchtbar macht, wenn es in irgendeiner Form konsumiert wird. Das Gen veranlasst das männliche Immunsystem zur Produktion von Antikörpern gegen das eigene Sperma. Die daraus resultierende Unfruchtbarkeit ist irreversibel. Gelangt solches Sperma in den Körper einer Frau, die das Epicyte-Gen konsumiert hat, dann leitet der Körper die Produktion von Antikörpern gegen das Sperma ein und die Frau wird unfruchtbar. Die Wissenschaftler der Firma Epicyte entnahmen unfruchtbaren Frauen Antikörper, isolierten das für den Angriff auf das Sperma verantwortliche Gen und *bauten es in die Genstruktur von Maiskörnern ein*. Mitch Hein, der Präsident von Epicyte, erklärte dazu:

> „Wir haben ein Gewächshaus voll mit Maispflanzen, die spermatötende Antikörper produzieren".

Laut dem abscheulichen Herrn Hein könnte man damit das Problem der Überbevölkerung lösen. Weiter führt er dazu aus:

> „Einfach erklärt, werden die Antikörper zu den Rezeptoren auf der Oberfläche des Spermiums hingezogen. Sie docken dort an und machen das Spermium so schwer, dass es sich nicht mehr vorwärts bewegen kann. Es torkelt nur noch herum, als würde es Lambada tanzen."

Abbildung 700: Das Gewächs tötet zwar Tiere, aber deinen Kindern tut es nichts.

Man sieht förmlich, wie die Volksverdummer, allen voran die Stiftung von Bill und Melinda Gates und die Rockefeller-Stiftung, zu geifern beginnen. Doch es gibt noch bessere Nachrichten: Monsanto und Dupont bildeten ein Joint Venture, um die Firma Epicyte aufzukaufen und das Epicyte-Gen zu „kommerzialisieren". Rima E Laibow, die medizinische Leiterin der Natural Solutions Foundation schrieb dazu:

> Wollen Sie wissen, ob die Lebensmittel, die Sie zu sich nehmen, das Epicyte-Gen enthalten? Natürlich wollen Sie das wissen. Und die Lebensmittel, die Ihre Kinder und Enkel zu sich nehmen? Natürlich wollen Sie auch das

> wissen. Doch die amerikanische Lebensmittel- und Arzneiüberwachungsbehörde FDA, die sich vorrangig mit der Verwaltung von Betrug und Tod befasst, hat sichergestellt, dass Sie nach den geltenden Gesetzen keinerlei Anspruch auf solche Informationen haben.

Als man GVO an drei Generationen von Hamstern, Ratten und Wüstenrennmäusen testete, züchtete man damit verkrüppelte Junge mit verkümmerten inneren Organen heran. Sie waren entweder steril oder hatten ein 500 Prozent höheres Risiko, dass ihre Nachkommen einen vorzeitigen Tod erlitten (Abb. 700).

Was ist eigentlich mit den Bienen los?

Abbildung 701: Bei der Befruchtung von Nutzpflanzen spielen Bienen eine wichtige Rolle.

Terrence Ingram, ein Bienenzüchter aus Illinois, kann bezeugen, was es heißt, Monsanto in die Quere zu kommen und infolgedessen die staatlichen Behörden auf den Hals gehetzt zu bekommen. Ingram sammelte fünfzehn Jahre lang Untersuchungsdaten, die belegten, dass Monsantos Herbizid Roundup Bienen tötet. Die Anzahl der Bienenvölker ging in den letzten Jahren drastisch zurück. Von offizieller Seite heißt es, dass man dafür keine Erklärung fände. Wegen der Bedeutung der Bienen für die Befruchtung zeitigt dieser Rückgang enorme Folgen. Bienen bestäuben etwa ein Drittel aller Nutzpflanzen weltweit. Offiziellen Schätzungen zufolge würden die Vereinigten Staaten bei einem völligen Verschwinden der Bienen Feldfrüchte im Wert von 15 Milliarden Dollar verlieren. Genau das wollen die Blutlinien erreichen: Sie wollen die Nahrung rar und leicht kontrollierbar machen (Abb. 701). Deshalb zerstören sie mit voller Absicht unsere Nahrungsquellen. Dabei bedienen sie sich unter anderem chemischer Mittel und Wettermanipulationen, die Bodenfruchtbarkeit und Saatenvielfalt vernichten. Nach Angaben von Dennis van Engelstorp, einem Entomologen der Universität Maryland, büßten Bienenzüchter von 2012 bis Anfang 2013 innerhalb weniger Monate 31 Prozent ihrer Völker ein. Er erklärte:

> „Wir nähern uns immer weiter dem Punkt, an dem uns in diesem Land nicht mehr genug Bienen zur Verfügung stehen werden, um die notwendige Befruchtung zu leisten".

Genau das ist die Absicht, die dahinter steht. Als Terrence Ingram eines Tages nach Hause kam, musste er feststellen, dass das amerikanische Landwirtschaftsministerium seine Bienenstöcke konfisziert und zerstört hatte, weil sie angeblich von der sogenannten Faulbrut befallen waren. Ingram verwahrte sich gegen diesen Unsinn und erfuhr drei Wochen später vom Ministerium, dass die entsprechenden „Beweise" leider verschwunden seien. Gestohlen hatte man ihm unter anderem die Königin und den Bienenstock, an dem Ingram die Wirkungen von Roundup untersucht hatte. Ingram behauptet, genügend Beweise dafür gehabt zu haben, dass Roundup bei Bienen Massensterben und Völkerkollaps auslöst, denen seit 2006 schätzungsweise ein Drittel aller Bienen zum Opfer gefallen ist. Ingram erklärt:

> „Beim Völkerkollaps (Colony Collapse Disorder bzw. CCD) handelt es sich um eine krankhafte Störung, von der Honigbienenvölker im ganzen Land betroffen sind. Ich besaß eine Königin, die das Sprühen bereits drei Sommer und drei Winter lang überlebt hatte. Von dieser Königin wollte ich Töchter züchten, um feststellen zu können, ob sie vielleicht eine genetische Immunität gegenüber Roundup erworben hatte. Doch die Königin und ihr Volk wurden mir gestohlen. Ich habe nicht die geringste Ahnung, wo meine Bienen und meine Ausrüstung geblieben sind. Man hat fünfzehn Jahre meiner Forschungen ruiniert."

Nach Ingrams Aussage fürchteten auch andere Bienenzüchter, dass ihnen das Gleiche passieren könnte, denn schließlich wird gegen alle Leute Krieg geführt, die etwas erzeugen, was die archontischen Großunternehmen bedrohen oder bloßstellen oder eine Konkurrenz für sie darstellen könnte. Mittlerweile hat Monsanto Beeologics geschluckt, das führende Forschungsunternehmen für Bienenvölkerkollaps. Geschah das etwa, um im öffentlichen Interesse herauszufinden, was solch verheerende Auswirkungen auf die Bienenvölker hat? Die Insektizide der Biotech-Riesen wurden auch bereits mit vielen Fällen von Vogelsterben in Zusammenhang gebracht. Doch da die entsprechenden Firmen die staatlichen Behörden unter ihrer Fuchtel haben, geschieht wenig bis gar nichts. William Engdahl schrieb dazu auf der Website Globalresearch.ca:

> „Wenn es den Regierungen in der EU, in den USA und in anderen Ländern nicht gelingt, bestimmte chemische Insektizide vollständig zu verbieten, dann könnten nicht nur Bienen bald der Vergangenheit angehören. Auch das blanke Überleben des Menschen stünde vor schier unvorstellbaren Herausforderungen. Die unmittelbare Bedrohung stammt von den weit verbreiteten kommerziellen Insektiziden, die hochgiftige Chemikalien, die sogenannten Neonicotinoide enthalten. Diese greifen das Nervensystem von Insekten, aber auch von Bienen und kleinen Singvögeln an. Wie neuere Beweise nahelegen, könnten sie sogar die Entwicklung des Gehirns bei Neugeborenen beeinflussen [zweifellos ein allgegenwärtiges Thema]."

Seit etwa fünf oder sechs Jahren hört man überall auf der Welt, besonders aber in den USA und neuerdings auch in der EU, und dort vor allem in Großbritannien, vermehrt Berichte darüber, dass Bienenvölker einfach verschwinden. Seit dem Jahr 2004 sind über eine Million Bienenstöcke in den Vereinigten Staaten zugrunde gegangen. Bienenzüchter aus 25 Staaten berichten von Völkerkollaps. Im Winter 2009 ging schätzungsweise ein Fünftel der Bienenstöcke in Großbritannien verloren, mehr als das Doppelte des natürlichen Schwunds. Die staatlichen Stellen stehen angeblich vor einem Rätsel.

Neonicotinoide hätten 2013 eigentlich Gegenstand eines Moratoriums der Europäischen Union werden sollen. Die europäische Behörde für Lebensmittelsicherheit hatte nämlich festgestellt, dass diese Substanzen ein hohes, akutes Risiko für Bienen darstellten. Länder wie Großbritannien aber setzten alles daran, ein entsprechendes Verbot zu verhindern. Der staatlich angestellte Wissenschaftler Ian Boyd meinte dazu:

> „Entscheidungen über die Verwendung von Neonicotinoiden müssen auf solide wissenschaftliche Grundlagen gestellt werden".

Er verlangte Beweise, die ein Verbot rechtfertigen würden. Doch es fiel ihm keineswegs ein, erst einmal „solide wissenschaftliche Beweise" zu fordern, ehe man etwas Derartiges überhaupt auf die Welt loslassen durfte. Die EU erklärte sich bereit, die Verwendung von Neonicotinoiden ab Dezember 2013 einzuschränken (wenn auch nicht notwendigerweise auf Dauer). Bienen verschwinden noch immer mit unglaublicher, besorgniserregender Geschwindigkeit. Man weiß mittlerweile, dass die genannten chemischen Gifte das Gehirn der Bienen angreifen. Aber das scheint nicht einmal für eine vorsichtige Herangehensweise als Beweis auszureichen. Das ist wieder so eine Form von Geisteskrankheit. Sydney Cameron, ein Entomologe der Universität Illinois, führte in den Vereinigten Staaten eine dreijährige Studie mit acht verschiedenen Bienenarten durch. Dabei stellte sich heraus, dass sich ihr Bestand um bis zu 96 Prozent verringert hatte und es 23 bis 87 Prozent weniger Orte gab, an denen die entsprechenden Arten anzutreffen waren. Auch in anderen Ländern der Welt schwindet der Bienenbestand. In England sind bereits 25 Bienenarten ausgestorben und die verbliebenen Arten seit den 1970-er Jahren um bis zu 70 Prozent zurückgegangen. Bienen sind nur einige der vielen Opfer des Sprühwahns mit Flugzeugen in den Vereinigten Staaten. Als Rechtfertigung dient die Ausrede, man würde Moskitos bekämpfen, die angeblich das West-Nil-Virus verbreiten. Diese Leute erfinden entweder ein Virus oder sie nutzen irgendein natürlich auftretendes Virus für ihre Zwecke oder sie lügen ganz einfach. So rechtfertigen sie das Besprühen von landwirtschaftlichen Flächen und Wohngebieten mit tödlichen Giften, denen Bienen, Fledermäuse, Fische, aber auch viele andere Tiere und Insekten und möglicherweise sogar Menschen zum Opfer fallen (Abb. 702). Die bei solchen Sprühaktionen verwendeten Chemikalien wirken bekanntermaßen als Gehirngifte, die für Leber- und Nierenschädigungen oder Krebs verantwortlich sein können. Pathetische Regierungsbeamte wiederholen papageienartig das altbekannte Mantra, dass die menschliche Gesundheit durch das Sprühen nicht gefährdet werde. Doch für ihre Behauptungen führen sie keinerlei Beweise an. Alle Beweise sprechen vielmehr für das Gegenteil. Die Kinder dieser professionellen Lügner sind genau den gleichen Gefahren ausgesetzt wie der Rest der Bevölkerung, doch ihre in der Regierung sitzenden Eltern sind zu blöde, als dass es sie

Abbildung 702: „Tötet sie all, tötet alles, tötet diese Ebene, tötet mich …"

kümmern würde. Es sind dieselben Leute, für die das Massensterben der Bienen ein „Rätsel" darstellt. Obendrein ist es mehr als fragwürdig, ob man mit solchen Sprühaktionen dem West-Nil-Virus überhaupt beikommen könnte. Der New Yorker Bürgermeister Michael Bloomberg (Rothschild-Zionist) besprüht seine Bevölkerung schon seit sehr langer Zeit, unter anderem mit der Ausrede, gegen das West-Nil-Virus vorzugehen. Wie ein Sprecher der städtischen Gesundheitsbehörde erklärte, werden nur „sehr geringe Mengen an Pestiziden" versprüht. Zudem würde „das Produkt bei richtiger Anwendung keine nennenswerten Gefährdungen der menschlichen Gesundheit mit sich bringen". Die Definition von „nennenswerten Risiken" lautet: „Wir haben nicht die geringste Ahnung, welche Risiken bestehen könnten". Die Definition von „richtiger Anwendung" lautet: „Öffne bloß nicht die Dose."

Trink deine Milch – sie ist gut für dich

Monsanto bombardiert die Gene von Kühen mit tödlichen E.-coli-Bakterien, damit sie ein Hormon produzieren, das den Stoffwechsel erhöht und damit den Milchertrag steigert. Dieses sogenannte „Crack für Kühe" oder Rinderwachstumshormon wird den Kühen gespritzt. Dadurch entstehen jede Menge gesundheitliche Probleme, sowohl für die Kühe, als auch für jeden, der diese Milch trinkt. Dazu gehören durch Euterinfektionen ausgelöste Mastitis und erhöhte Eiterproduktion – ja, *Eiter* – der sich mit der Milch vermischt. Zu dem Cocktail kommen noch jede Menge Antibiotika, die gegeben werden, um die häufigen Infektionen zu bekämpfen. Durch Gaben von Rinderwachstumshormon steigt der Gehalt eines Hormons namens IGF-1 (insulinähnlicher Wachstumsfaktor 1) in der Milch. Hohe Konzentrationen von IGF-1 erhöhen das Krebsrisiko – so schnellte beispielsweise die Rate von Prostatakrebs auf das Vierfache, und die Brustkrebsrate bei prämenopausalen Frauen auf das Siebenfache hoch. Seit der Einführung der GVO schoss in den USA die Brustkrebsrate sprunghaft nach oben. Fast alle Anbieter von Babynahrung in den USA verwenden Milch von Kühen, die mit Rinderwachstumshormonen behandelt und mit irgendwelchen Sorten von GVO-Mais und genetisch veränderten Sojapflanzen gefüttert wurden. Die amerikanische Regierung stellt für zwei Millionen Babys kostenlos Babynahrung zur Verfügung, allerdings ausschließlich solche mit genetisch veränderten Inhaltsstoffen. Hier handelt es sich um verschleierte Eugenie, versteckt unter anderen Namen. Neuseeländer, die sich selbst als „Wissenschaftler" bezeichnen, klonten eine Kuh zu dem Zweck, eine besondere Art von Milch für Babys zu produzieren. Was sie erreichten, war, dass ein Tier ohne Schwanz geboren wurde. Okay, ihr habt also mit den Genen der Kuh herumgespielt und sie kam ohne Schwanz zur Welt, obwohl ein Schwanz nach der ursprünglichen genetischen Blaupause für Kühe eindeutig vorgesehen ist. Ihr haltet euch wohl für intelligent, was? Oh nein, oh nein. Die Forscher von AgResearch und von der Waikato Universität in Neuseeland hielten es für „unwahrscheinlich", dass das Fehlen eines Schwanzes auf ihre genetischen Pfuschereien zurückzuführen wäre. Meine Damen und Herren, hier sehen Sie die Mentalität, die man auf Ihre Welt und die Ihrer Kinder losgelassen hat. Solche Leute entscheiden, was Sie essen und trinken sollen. Große Fleischproduzenten verwenden heutzutage Zilmax, ein von Merck hergestelltes Mittel, das bei Rindern in den letzten Wochen ihres Lebens mehr Muskel wachsen lässt. Zilmax ist eigentlich das umbenannte Medikament Zilpaterol, das ursprünglich für den menschlichen Gebrauch produziert wurde. Nachdem sich jedoch herausgestellt hatte, dass es sich nicht für die Asthmatherapie eignete, wurde es von der Welt-Anti-Doping-Agentur für Menschen verboten. Merck änderte daraufhin kurzerhand den Namen des Medikaments und begann, es an Fleischproduzenten zu verkaufen. Also erhalten die Menschen das verbotene Asthmamedikament jetzt mit ihrem Essen. Wie nett. Mais steht vor allem deshalb ganz besonders im Visier der großen Biotechfirmen, weil er in nahezu allem und jedem enthalten ist – nicht zuletzt in dem schrecklichen, stark fruktosehaltigen Maissirup, der als Zuckerersatz in allen möglichen Lebensmitteln, vom Brot bis zur Suppe, enthalten ist (Abb. 703). Diesen Maissirup hat man unter anderem schon mit Fettleibigkeit, kardiovaskulären Erkrankungen, Diabetes und Leberstörungen in Verbindung gebracht. Mittlerweile sind 70 Prozent aller in den USA angebauten Maispflanzen und 94 Prozent aller Sojabohnen genetisch verändert. GVO finden sich in 70 bis 75 Prozent aller industriell gefertigten Lebensmittel. Das ist erst der Anfang von dem, was diese Leute der ganzen Welt zu servieren beabsichtigen. Sie wollen einfach alles genetisch verändern. Auch den Rasen auf Golfplätzen und Schulsportplätzen versuchen sie durch genveränderte Sorten zu ersetzen, und natürlich wollen sie diese Sorten auch in die Stadtparks bringen. Genetisch veränderte Bäume werden unter dem Vorwand gepflanzt, für die Papierindustrie von Nutzen zu sein. Sie haben sich allerdings bereits als die „größte Bedrohung der einheimischen Wälder seit der Erfindung der Kettensäge“ erwiesen. Die Biologie des gesamten Planeten wird gerade umgeschrieben. Bürgermeister Michael Bloomberg (Rothschild Zionist), ein wichtiger Frontmann der Archonten, zeichnet für die Verwendung von Roundup, dem für die GVO unentbehrlichen Herbizid von Monsanto, an den *Straßen* und in den Parks von New York verantwortlich. Wie die Zeitschrift *Mother Jones* im Jahr 2012 enthüllte, wird in der Stadt New York 500 Mal pro Jahr Roundup versprüht. In vielen großen und kleinen Städten auf der ganzen Welt geschieht Ähnliches. Kein Wunder, dass sich Rückstände im Urin der Stadtbevölkerung finden. Roundup wird in Privatgärten, an Straßenrändern, auf Eisenbahnschienen und Straßen, auf Rasenflächen und in Schulen verwendet. Wie Monsanto erklärt, geschieht das „zum Schutz der Schulen“, obwohl es in Wirklichkeit einer Vergiftung der Kinder, die solche Schulen besuchen, gleichkommt. Ein anderes Herbizid von Monsanto, das

Abbildung 703: Genveränderte Organismen stellen keinerlei Gefahr für die Gesundheit dar – wenn Sie sie nicht essen oder in ihre Nähe kommen wollen, dann sollten Sie am besten auf einen anderen Planeten umziehen.

unter dem Namen „Lasso“ vermarket wird, enthält den Giftstoff Alachlor. In den Vereinigten Staaten wird es noch immer verwendet, in der europäischen Union hat man es mittlerweile verboten, nachdem ein französischer Bauer, der nach zufälligem Inhalieren des Produkts dauerhafte Gehirnschäden, Gedächtnisverlust, Kopfschmerzen und Sprachstörungen erlitten hatte, ein Gerichtsverfahren gegen Monsanto gewonnen hatte. Die amerikanische Umweltschutzbehörde dagegen lässt die Verwendung nicht nur zu, sie klassifiziert Alachlor auch nur als Giftstoff der Klasse III und reiht die Substanz damit in die Kategorie der Substanzen mit „geringfügiger Giftigkeit“ ein. Das beweist wieder einmal, dass es zweierlei Recht gibt, eines für die großen Biotechunternehmen, denen die Umweltschutzbehörde aus der Hand frisst, und ein anderes Recht für alle übrigen Leute. Entsprechendes gilt für die Lebensmittelriesen. Der Fall der intensiven Lobbying-Kampagnen der Unternehmen Kraft Foods und Kemin Food Technologies mag das veranschaulichen. Den beiden gelang es tatsächlich, eine Entscheidung des amerikanischen Landwirtschaftsministeriums (USDA) rückgängig zu machen. Das Ministerium hatte drei giftige Konservierungsstoffe für Fleisch, nämlich Benzoat, Natriumbenzoat und Natriumpropionat, verboten – Chemikalien, die sich gut dafür eignen, mindere Qualität von Fleisch und Geflügel zu kaschieren. Das Verbot wurde aufgehoben, nachdem Kraft die Ergebnisse von neuen Studien vorgelegt hatte, die … *Kraft selbst* finanziert hatte.

Die Entdeckung der Franzosen

Denjenigen, die sich weigern, länger still zu halten, gelingt es, immer mehr wissenschaftliche Beweise für die tödlichen Eigenschaften von genveränderten Organismen zu sammeln. Eine von Experten begutachtete Studie eines Forscherteams der Universität Caen in Frankreich enthüllt, dass solche Organismen Krebs, Organschäden und vorzeitige Todesfälle auslösen. Es war die erste Studie – man staune, die *erste* – die sich mit den Langzeitfolgen von genveränderten Organismen und des Herbizids Roundup von Monsanto befasste. Die Forscher stellten fest, dass Ratten, auch wenn sie mit nur geringen Mengen von genverändertem und gegenüber Roundup resistentem Mais in Berührung kamen, innerhalb weniger Monate Krebs oder schwere Leber- und Nierenschäden entwickelten. Die Zahl großer Tumore, von denen einige wirklich riesig waren, stieg um 200 bis 300 Prozent (Abb. 704). Die Hälfte der männlichen und 70 Prozent der weiblichen Ratten starben vorzeitig.

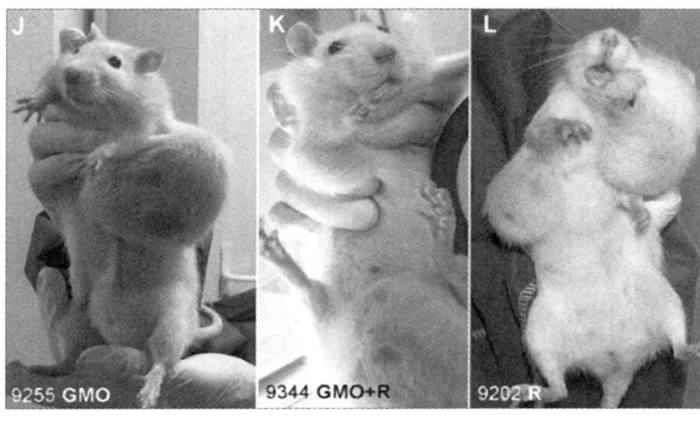

Abbildung 704: Entsetzliche Krebsgeschwüre bei Mäusen, die mit genveränderter Nahrung gefüttert wurden.

Bei den nicht mit GVO vergifteten Ratten lag die Rate bei 30 beziehungsweise 20 Prozent. Auch Ratten, denen man über zwei Jahre hinweg mit Roundup versetztes Wasser in Konzentrationen verabreicht hatte, wie sie *für den menschlichen Konsum zulässig* sind, starben deutlich früher als normal ernährte Ratten. Die Forscher aus Caen stellten fest, dass bereits die innerhalb der offiziellen Parameter für den menschlichen Konsum niedrigste Konzentration von Roundup im Trinkwasser schwere Gesundheitsschäden verursachte. Schon seit mehr als dreißig Jahren erkläre ich: *Ignorieren Sie diese offiziell festgesetzten „sicheren Werte"*. Sie werden nämlich einfach so festgesetzt, dass die Großunternehmen treiben können, was immer sie wollen. Und mit Sicherheit haben die bestimmt nichts am Hut. Dabei spielt es überhaupt keine Rolle, ob es sich um Pestizide, Fluoride, Strahlung, oder woraus auch immer dieses Paket geschnürt wird, handelt. Der am King's College in London tätige Molekularbiologe Dr. Michale Antoniou gehört einem unabhängigen wissenschaftlichen Gremium an, das die französische Studie bestätigt. Er erklärt:

> „Diese Forschungsarbeit zeigt, dass besonders weibliche Tiere in extrem hoher Zahl Tumore entwickelten. Diese traten früher auf als gewöhnlich und waren deutlich aggressiver. Ich bin von den drastisch negativen Gesundheitsauswirkungen schockiert."

Russland gab unmittelbar nach der Veröffentlichung der Studie ein Einfuhrverbot für alle Produkte bekannt, die genveränderten Mais enthalten, und auch Jose Bove, der stellvertretende Vorsitzende der Landwirtschaftskommission des europäischen Parlaments forderte ein sofortiges Verbot des Anbaus und der Einfuhr von GVO-Nutzpflanzen für die EU. Er erklärte:

> „Diese Studie beweist endlich, dass wir Recht hatten. Wir müssen dringend und sehr rasch alle Evaluierungsprozesse für GVO einer erneuten Überprüfung unterziehen. Die nationalen und europäischen Behörden für Lebensmittelsicherheit müssen neue, von der öffentlichen Hand finanzierte Studien durchführen. Nur so kann sichergestellt werden, dass die europäischen Verbraucher gesunde Lebensmittel erhalten."

In Nordamerika, Brasilien und China werden längst genetisch veränderte Nutzpflanzen angebaut, während sich Europa noch massiv dagegen sperrt. Doch wir sollten uns keinen Illusionen hingeben. GVO werden sich trotz allem auf illegale Weise in die europäischen Kochtöpfe mogeln, und zwar in schockierendem Umfang. Bedenkt man, welch kolossale Mengen an Beweisen für die verheerenden Auswirkungen genetisch veränderter Organismen auf die menschliche Gesundheit uns heute bereits vorliegen, dann stellt es unsere Vorstellungskraft auf eine harte Probe, wenn wir nachvollziehen wollen, warum Peter Brabeck-Letmathe, der Leiter des archontischen „Lebensmittel"-Giganten Nestlé, Folgendes zum Besten gab:

> „Nach 15 Jahren des Konsums genveränderter Lebensmittelprodukte in den USA können wir sagen, dass bis heute nicht ein einziger auf den Konsum zurückzuführender Krankheitsfall aufgetreten ist".

Höchst erstaunlich. Brabeck-Latmathe war maßgeblich an den Bemühungen beteiligt, das Verbot genveränderter Lebensmittel in Europa aufzuheben. Kein Wunder, schließlich ist er ein absoluter Insider, der nebenbei auch noch im Vorstand von Credit Suisse, L'Oreal und ExxonMobil sitzt und sowohl dem Europäischen Runden Tisch Industrieller als auch dem Gründungsrat des Weltwirtschaftsforums angehört. Ein Sprecher von Monsanto kommentierte die französische Studie über Krebs in Zusammenhang mit GVO so:

> „Wir werden sie gründlich prüfen, so wie wir alle Studien prüfen, die sich auf unsere Produkte und Technologien beziehen".

Was für ein Haufen Quatsch. Monsanto hat die Studie nicht „geprüft", sondern eine Kampagne gestartet, um sie in den Schmutz zu ziehen. In den archontischen Medien begannen Geschichten zu kursieren, wie etwa: „Experten hegen Zweifel an den Ergebnissen der Studie". Nein, die Frontleute von Monsanto und dem GVO-Klüngel versuchen, die offenkundige Wahrheit in Zweifel zu ziehen. Zwei vorangegangene „Studien", die Roundup von jedem Vorwurf der Gesundheitsschädigung reingewaschen hatten, waren von … *Monsanto selbst* finanziert worden. Wenn Sie hören, dass Wissenschaftler dies oder das behaupten, sollten Sie immer nachforschen, wo diese Wissenschaftler arbeiten, und wer sie finanziert. Die „Mainstream-Wissenschaft" ist voll von korrupten Leuten, die für Geld alles sagen würden, genauso wie die entsprechenden Politiker. Trotz überwältigender Beweise verabschiedete der seelenlose, herzlose, gekaufte amerikanische Kongress das „Gesetz zum Schutz Monsantos". Dieses Gesetz hindert die Gerichte daran, die sofortige Einstellung des Anbaus und Verkaufs von genveränderten Nutzpflanzen anzuordnen, ungeachtet aller Folgen für die Gesundheit der Verbraucher. Wen kümmert schon die Gesundheit der Bevölkerung, wenn Monsanto an die Tür klopft. Senator Roy Blunt aus Missouri arbeitete empörenderweise gemeinsam mit Monsanto an der sprachlichen Formulierung des Entwurfs. Auch wenn das Gesetz nur für sechs Monate gelten soll, so schafft es doch einen Präzedenzfall. Aber es gibt auch gute Nachrichten aus anderen Teilen der Welt: Peru hat ein zehnjähriges Verbot für genveränderte Organismen erlassen und Ungarn, in dem genetisch veränderte Saaten bereits verboten sind, ordnete die Zerstörung von Tausenden Morgen Ackerland an, auf dem illegal genveränderter Mais angebaut worden war.

Superunkraut – dank Roundup

Von Monsanto zu verantwortendes Superunkraut richtet nicht nur in der amerikanischen Landwirtschaft sondern überall auf der Welt verheerende Schäden an – genau wie geplant (Abb. 705). Das zwingt Menschen, ihr Land zu verlassen und führt die Welt näher an die globale Hungersnot heran, auf die die Blutlinien gezielt hinarbeiten. Superunkräuter sind Pflanzen, die durch Mutation gegen die allgegenwärtigen Herbizide und Pestizide resistent geworden sind. Der Unkrautexperte Ken Smith von der Universität Arkansas stellt fest: „Ich habe noch nie etwas gesehen, das unserer Landwirtschaft in so kurzer

Abbildung 705: Superunkraut.

Zeit so großen Schaden zugefügt hat". Die genveränderten Nutzpflanzen von Monsanto verfügen über ein Gen, das es ihnen ermöglicht, gewaltigen Mengen von Monsantos Roundup, dem weltweit meistverkauften Herbizid, standzuhalten. Sie werden unter dem Namen „Roundup Ready" vermarktet und machen in den USA mittlerweile 94 Prozent der angebauten Sojabohnen und 70 Prozent der Mais- und Baumwollpflanzen aus. Und hier kommt die Pointe: Auch die Unkräuter haben mittlerweile eine Resistenz gegen Roundup entwickelt. Etwa fünf Millionen Hektar Land in den Vereinigten Staaten und nahezu 130 Millionen Hektor weltweit sind von Superunkräutern überwuchert. Als einzige Antwort darauf wollen die Wahnsinnigen in den Biotechfirmen noch häufiger noch stärkere Herbizide versprühen. Guten Appetit! Diese Falle war von Anfang an so ausgelegt worden. Mach die Menschen von genveränderten Pflanzen abhängig und sorge gleichzeitig für die Abhängigkeit der Pflanzen von Monsantos Herbiziden. Dann warte getrost ab, bis geschieht, was geschehen muss. Die Bauern werden ihre Arbeit verlieren, massive Lebensmittelknappheit und Hungersnöte werden die Folge sein. So räumst du das Land frei und kannst die Bevölkerung kontrollieren und dezimieren. Die für die menschliche Gesellschaft überall aufgestellten Fallen warten nur darauf, nach dem Dominoprinzip eine nach der anderen zuzuschnappen. Dow Chemical hat jetzt eine genveränderte Maissorte entwickelt, die gegenüber einem bestimmten, in Agent Orange enthaltenen Wirkstoff, resistent ist. Dow Chemicals und Monsanto hatten Agent Orange seinerzeit an das amerikanische Militär verkauft, um während des Vietnam-Kriegs Wälder zu entlauben und Morde biblischen Ausmaßes unter der dortigen Bevölkerung anzurichten. Etwa 10 Millionen Vietnamesen erlitten Vergiftungen, 400.000 starben und 500.000 kamen mit Geburtsfehlern zur Welt. Doch auch mehr als 50 Jahre nach dem Versprühen dieses tödlichen Giftes in Vietnam ist die Sache noch längst nicht ausgestanden. Dazu heißt es in einem Artikel:

> „Die Vietnamesen, die der Chemikalie ausgesetzt waren, leiden an Krebs, Leberschäden, Lungen- und Herzerkrankungen, Beeinträchtigungen ihrer Fortpflanzungsfähigkeit, Hautschäden und nervösen Störungen. Ihre Kinder und Enkel wurden mit schweren körperlichen Schäden oder geistigen und körperlichen Behinderungen geboren. Sie erkranken leicht und haben eine verkürzte Lebenserwartung. Weite Teile der Wälder und Dschungel Südvietnams wurden vernichtet oder abgetragen und jahrhundertealte Lebensräume zerstört. Es wird Jahrhunderte dauern, bis die ehemalige Lebensvielfalt wieder zurückgekehrt ist.
>
> Die Tiere, die einst diese Wälder und Dschungel bewohnten, sind vom Aussterben bedroht. Deshalb zerbrechen die menschlichen Gemeinschaften, die von ihrer Existenz abhängig sind. In vielen Landesteilen wurden die Flüsse und das Grundwasser verseucht. Eine durch Erosion und Verwüstung veränderte Umwelt nimmt Pflanzen und Tieren den Lebensraum."

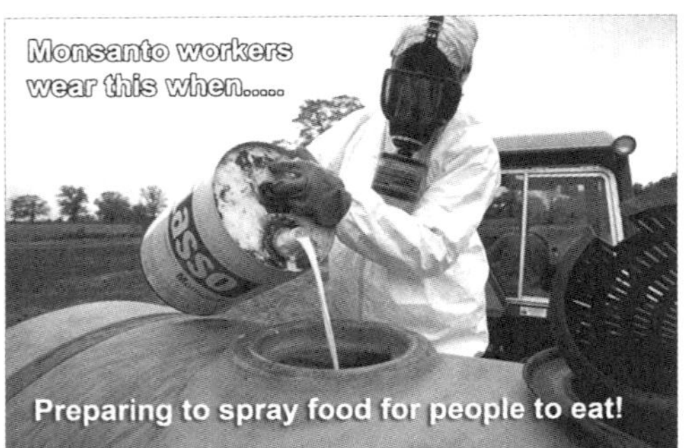

Abbildung 706: Die Schutzkleidung, die Monsanto-Mitarbeiter tragen, wenn sie Nahrungspflanzen besprühen, die die Menschen später essen sollen!

Dieses über jedes vorstellbare Maß hinaus bösartige Biotech-Kartell will nun also die Felder mit den chemischen Bestandteilen von Agent Orange besprühen und so das Gift auf die Teller der Verbraucher bringen. Was wird mit der Flora und Fauna passieren? Abbildung 706 bringt es klar auf den Punkt. Eine Schlüsselfigur für Monsanto, die das Image des Unternehmens nach dem Debakel um Agent Orange und dem späteren Debakel um die mittlerweile verbotenen PCB (polychlorierte Biphenyle) wieder aufmöbelte, war Mitt Romney, einer der Präsidentschaftskandidaten von 2012, ein weiterer Hampelmann der Archonten.

Das alles war von langer Hand geplant

Die Entwicklung genveränderter Lebensmittel nahm in den Jahren nach der Entdeckung der DNS, also in den 1950-er und später in den 1970-er Jahren so richtig an Fahrt auf, weil die Wissenschaftler nun mithilfe des Gensplittens verschiedene Arten kreuzen und den genetischen Code umschreiben konnten. Zu einem Schlüsselmoment kam es in den 1980-er Jahren, als der oberste amerikanische Gerichtshof (ein von der Kabale kontrolliertes, Urteil-auf-Bestellung-Unternehmen) im Fall Diamond gegen Chakrabarty entschied, dass genetisch veränderte Lebensformen patentfähig sind. Mit diesem Urteil wurden die Karten neu gemischt. Endlich konnten die Großunternehmen das Leben selbst patentieren, sofern sie nur ein wenig daran herumgepfuscht hatten. Das Patentieren von Lebensformen wäre vor dem 20. Jahrhundert noch unvorstellbar gewesen. Tatsächlich verbietet der erste Artikel der amerikanischen Verfassung aus moralischen Gründen das Patentieren von „Leben“. In den 1930-er Jahren durften Pflanzenzüchter ihre Saatgutsorten patentieren lassen, hatten jedoch keine Rechte an den daraus von den Nutzern später daraus gezogenen Samen. In den 1980-er Jahren brachten die Blutlinien diese Einschränkung zu Fall. Dazu bedienten sie sich der Firma General Electric und deren

Abbildung 707: Dr. Ananda Chakrabarty wurde benutzt und ließ sich benutzen, um einen Präzedenzfall für Eigentumsrechte an Leben zu schaffen.

indischen „wissenschaftlichen" Mitarbeiters Dr. Ananda Chakrabarty (Abb. 707). Dieser hatte eine genetisch veränderte Mikrobe entwickelt, die Ölschlick „frisst". Diese Mikrobe erwies sich zwar letzten Endes als unbrauchbar, doch darum ging es nicht. Die Mikrobe wurde zum Gegenstand eines Präzedenzfalls, mit dem es gelang, das bisherige Verbot zu umgehen und nun doch Eigentumsrechte an Lebensformen anmelden zu können. Für die „Schlickfresserin" stellte das amerikanische Patentamt zwar kein Patent aus, doch Dr. Chakrabarty schrieb Geschichte, weil der oberste amerikanische Gerichtshof, mit nur einer Stimme Mehrheit ihm erlaubt hatte, das erste Patent auf eine Lebensform anzumelden. Nach diesem Urteil öffneten sich alle Schleusentore. In den Jahren der Regierung Reagan-Bush folgten Patente für Tiere, menschliche Gene und Körperteile. Die Unternehmen, die solche Rechte an den Genen eines Tiers oder einer Pflanze hielten, maßen sich auch das Eigentum an den entsprechenden Tieren und Pflanzen selbst an. Dan Quayle, der Vizepräsident unter George Bush Senior, brachte, ganz wie vom Marktführer Monsanto gewünscht, eine neue Tu-was-du-willst-Politik für GVO ins Rollen, und die Tore zur Hölle begannen sich zu öffnen. Als Rechtfertigung für seine Vorstöße führte Quayle an, dass die GVO-Industrie bis zum Jahr 2000 von vier Milliarden Dollar auf eine Größenordnung von fünfzig Milliarden Dollar anwachsen würde, „falls wir nur das Überhandnehmen unnötiger Vorschriften verhindern können". Zwar wurde Geld als erklärter Grund vorgeschoben, um die Zerstörung der Gesundheit einer ganzen Nation in Angriff nehmen zu können, doch in Wirklichkeit ging es um eine massive Bevölkerungsreduzierung. Wir wissen nicht, ob ein idiotischer Lakai wie Quayle in der Nahrungskette zu weit unten stand, um das zu erkennen. Doch von Anfang an ging es einzig und allein nur darum. Die Drehtürdynamik zwischen Biotech-Riesen wie Monsanto einerseits und den Behörden, die sie eigentlich beaufsichtigen sollen andererseits, ist bereits legendär geworden (siehe mein Buch „Der Löwe erwacht. Jetzt wird die Menschheit endlich frei", in dem ich eine lange Liste von Beispielen aufführe). Hillary Clinton war als Rechtsberaterin für Monsanto tätig, als sie für die zumindest damals extrem korrupte Kanzlei Rose in Arkansas arbeitete, und Clarence Thomas, der ehemalige Monsanto-Anwalt, der nunmehr als Richter im obersten Gerichtshof sitzt, befasst sich dort mit Fällen, die unmittelbar seinen früheren Arbeitgeber Monsanto betreffen (Abb. 708). Das frappanteste Beispiel für einen geradezu kriminellen Interessenkonflikt finden wir bei Michael R. Tayler. Er arbeitete für eine Kanzlei, die Monsanto vertrat. Seine Aufgabe war es, bei Monsanto den „Gesetzen über Lebens- und Arzneimittel" entsprechende Richtlinien einzuführen. Gleichzeitig fungierte er bei Monsanto als Vizepräsident für Öffentlichkeitspolitik. Trotz der durch seine verschiedenen Rollen bedingten Verflechtungen mit Monsanto übte er bei der amerikanischen Lebensmittel- und Arzneiüberwachungsbehörde (FDA) und beim Landwirtschaftsministerium, also den Stellen, die offiziell dazu berufen sind, Monsanto und die gesamte Biotech-Industrie zu beaufsichtigen, sehr großen Ein-

Abbildung 708: Richter am Obersten Gerichtshof Clarence Thomas, der ehemals als Anwalt für Monsanto tätig war.

Abbildung 709: Regierungsheuchelei

fluss aus. Taylor war als Anwalt und leitender Assistent des entsprechenden Beauftragten bei der FDA und später als stellvertretender Beauftragter für Lebensmittel bei der FDA tätig (Abb. 709). Auf der einen Seite der Drehtür steht er als Wilderer, auf der anderen Seite als Wildhüter. Seine Ehefrau Christine Lewis Taylor arbeitete viele Jahre für die Lebensmittel- und Arzneiüberwachungsbehörde (FDA) und machte sich dort für die Idee stark, Nährstoffe als Toxine zu definieren, um so ihre jeweilige Konzentration einschränken zu können – Agenda 21. Frau Taylor leitete auch die Delegation für das von der UN gesponserte Komitee, das sich mit dem Codex Alimentarius befasste und wurde von der FDA an die Weltgesundheitsbehörde entsandt, um dort an der „Festlegung von Sicherheitsvorschriften für Nahrungsergänzungen" mitzuwirken. Welchen Schaden gigantischen Ausmaßes dieses arrogante Ehepaar der menschlichen Gesundheit zugefügt hat, darüber darf man gar nicht nachdenken. Seinen Manipulationen verdanken wir die Einführung von Monsantos Todesnahrung. Zudem stellen die Aktivitäten dieses feinen Paares auch noch sicher, dass Nahrungsergänzungen nicht in Dosierungen zur Verfügung stehen, mit denen man den Mangel an natürlichen Nährstoffen ausgleichen könnte. Monsantos Michael Taylor war zu der Zeit bei der FDA tätig und dort für die Kennzeichnungspolitik zuständig, als die Entscheidung getroffen wurde, Monsantos genveränderte Nutzpflanzen im Wesentlichen genauso zu behandeln wie nicht genveränderte Sorten – es bedarf also keiner unabhängigen Kontrollen bezüglich der Sicherheit der GVO und es besteht keine Pflicht zur Kennzeichnung, die die Menschen darüber aufklären könnte, was sie kaufen. Die FDA ließ verlauten:

> „Wir haben keine Informationen, die eine signifikante und durchgehende Andersartigkeit der nach den neuen Methoden hergestellten Nahrungsmittel aufzeigen würden".

Das war eine ganz große Lüge, eine von schierer Verrücktheit und Verlogenheit getragene Aussage. Leute wie der sowohl für die FDA als auch für Monsanto tätige Doppelagent Michael Taylor wussten das ganz genau. Im Rahmen eines späteren Gerichtsverfahrens wurden 44.000 interne FDA-Dokumente zu Tage gefördert, aus denen hervorgeht, dass GVO Giftstoffe oder krebserregende Stoffe erzeugen und Allergien, bisher unbekannte Gesundheitsstörungen, antibiotikaresistente Krankheiten und Ernährungsdefizite auslösen können. Die Dokumente enthüllten auch, dass Wissenschaftler und Experten *aus den*

Reihen der FDA selbst die tatsächliche Andersartigkeit genveränderter Nahrungsmittel im Vergleich zu herkömmlich erzeugten Nahrungsmitteln beim Namen genannt und die damit einhergehenden, anders gelagerten Risiken angesprochen hatten. Die gesundheitlichen Auswirkungen, die sich im GVO-verseuchten Amerika seither gezeigt haben, gehen potenziell in Richtung Völkermord. Eine der Hauptfiguren, der wir diese Kursrichtung zu verdanken haben, war, wie gesagt, Michael Taylor. Als Partner der Kanzlei King und Spalding, die Monsanto vertrat, entwarf er Vorschläge zur Regulierung von GVO, sowohl für das Unternehmen, als auch für den internationalen Rat für Lebensmittelbiotechnologie (IFBC). Michael Hansen, ein leitender Wissenschaftler bei der Verbraucherunion erklärte:

> „Darf ich vorstellen: Michael Taylor, ehemaliger Vizepräsident für Öffentlichkeitsarbeit bei Monsanto:
>
> ‚Ich vergifte Ihr Essen'
>
> Und nun darf ich vorstellen: Michael Taylor, stellvertretender Beauftragter für Lebensmittel bei der Lebensmittel- und Arzneiüberwachungsbehörde FDA:
>
> ‚Ich schütze Sie vor Leuten wie Michael Taylor'
>
> Michael Taylor - ein fleischgewordener Interessenkonflikt.
>
> Sehen Sie sich den Entwurf für den IFBC an, den Michael Taylor verfasst hat und vergleichen Sie ihn mit dem von der FDA veröffentlichten Text. Sie werden feststellen, dass eine sehr, sehr große Ähnlichkeit besteht – falls nicht er selbst den Text geschrieben haben sollte, dann sieht es ganz so aus, als hätte jemand seine Formulierungen genommen und in nur ganz leicht abgewandelter Form für diese politische Richtlinie verwendet."

Wie James Maryanski angab, der von 1985 bis 2006 als Biotechnologie-Koordinator bei der FDA tätig war, stellte Michael Taylor die treibende Kraft hinter der politischen Marschrichtung der FDA dar. Er bestimmte, wie mit Gentechnologie und Rinderwachstumshormonen umgegangen werden sollte. All das hat seither mehreren Millionen Menschen und Tieren das Leben gekostet und bei vielen anderen, deren Gesundheit durch GVO zerstört wurde, unendliches Leid hervorgerufen. Als FDA-Mann sorgte Taylor dafür, dass Monsantos genverändertes Rinderwachstumshormon (rbGH/rbST), das Kühen injiziert wird, um deren Milchproduktion zu steigern, keinerlei Kennzeichnungsvorschriften unterliegt, die dem Verbraucher eine Wahl lassen würden. In einer von ihm verfassten Abhandlung forderte er sogar, dass Milcherzeuger, die ohne Wachstumshormone produzierten und dies auf ihren Milchverpackungen hervorhoben, verpflichtet werden sollten, einen FDA-Hinweis abzudrucken, wonach kein Unterschied zwischen Milch mit und Milch ohne Wachstumshormonen bestünde. Man hat Taylor als den Mann beschrieben, der vermutlich „mehr lebensmittelbedingte Krankheiten und Todesfälle auf dem Gewissen hat als irgendein anderer Mensch in der gesamten Geschichte". Anstatt im Gefängnis zu landen, wo er eigentlich hingehört, wurde er von Obama zu seinem „Zar für Lebensmittelsicherheit" ernannt. Damit wurde er für die Lebensmittelsicherheitspolitik der FDA für ganz Amerika zuständig. Zudem fungiert er als oberster „Berater" der FDA-Beauftragten.

Taylors Politik ist *Monsantos* Politik. Der Fall Taylor und seine Karriere sowohl bei Monsanto als auch bei den Regierungsbehörden, die eigentlich die Öffentlichkeit vor Monsanto schützen sollen, veranschaulicht deutlich, wie Großunternehmen Regierungen kontrollieren. Deshalb bekommen die Biotech-Riesen von der FDA praktisch alles, was sie haben wollen, während Biobauern und Biozüchter oder kleine landwirtschaftliche Betriebe durch eine Flut von neuen drakonischen Gesetzen zu Grunde gerichtet werden, die angeblich der „Lebensmittelsicherheit" dienen. SWAT-Teams der FDA, die sich aus bewaffneten Schlägertypen rekrutieren, die nichts im Hirn haben, stürmen los, um diese Gesetze durchzusetzen. Auf den Lebensmittelfaschismus brauchen wir nicht zu warten, er hat uns bereits erreicht. Dank

Taylor sorgt die FDA für die *Sicherheit* von Monsantos GVO-Giften und schützt die Interessen des Unternehmens *vor der Öffentlichkeit*, anstatt ihrer Aufgabe als zum *Schutz der Öffentlichkeit* berufener Behörde nachzukommen. Michael Taylor war der Initiator des Gesetzes zur Modernisierung der Lebensmittelsicherheit, das vorgeblich amerikanische Lebensmittel zu den sichersten Lebensmitteln der Welt machen sollte (nein, ein GVO-Verbot ist darin nicht vorgesehen). In Wahrheit zielt es darauf ab, (a) mithilfe von 1200 Seiten, gespickt mit neuen Regelungen, den kleinen Bauern und Züchtern das Leben noch schwerer zu machen und (b) unter dem Vorwand, schädliche Bakterien abtöten zu wollen, alle Nährstoffe und nützlichen Bakterien zu vernichten. Das Gesetz wird viele unabhängige und biologisch arbeitende Bauern in den Ruin treiben und deren Existenzgrundlage zerstören – genau wie Monsantos Frontmann Taylor es wünscht.

Das darf doch nicht wahr sein … Bill ist schon wieder da

Da Michael Taylor sich nicht damit zufrieden geben will, nur den Amerikanern GVO aufgezwungen zu haben, möchte er nunmehr alle Menschen in den Genuss eines lebensmittelbedingten Ablebens bringen. Als leitender Wissenschaftler des Think-Tanks Resources for the Future veröffentlichte er zwei Berichte über Hilfen für die afrikanische Landwirtschaft (einem Lieblingskind der schrecklichen Bill und Melinda Gates Stiftung). Beide Berichte wurden von der Rockefeller Stiftung finanziert. Für das Geschäftsjahr 2010 wurden Resources for the Future und die Bill und Melinda Gates Stiftung als die größten Geldgeber genannt. In ihrem auf Counterpunch.org veröffentlichten Artikel meinte die Forscherin Isabella Kenfield dazu:

> „Den ‚vorletzten Entwurf' von Taylors Abhandlung aus dem Jahr 2002 prüfte Dr. Robert Horsch, der mehr als 25 Jahre lang in leitender Position bei Monsanto tätig gewesen war, und das Unternehmen 2006 verließ, um für die Bill und Melinda Gates Stiftung zu arbeiten. Im Text heißt es: „Das größte Anliegen dieses Berichts ist es, Wege aufzuzeigen, wie man mithilfe patentierter biotechnischer Methoden

innovative Saatguttechnologien entwickeln und verbreiten kann, die afrikanischen Kleinbauern zugute kommen und deren Existenz sichern werden".

Übersetzt bedeutet das: Wie können wir Monsanto dabei helfen, Afrika das Gleiche anzutun, was es Amerika bereits angetan hat. Die große Propaganda, die verkauft werden soll, besagt, dass die Welt und insbesondere die ärmsten Länder sich ohne GVO nicht werden ernähren können. Dabei trifft das genaue *Gegenteil* zu. Für GVO werden ungeheure Mengen von Herbiziden und Pestiziden benötigt, die die Fruchtbarkeit des Bodens zerstören und in ihrer kumulativen Wirkung letztlich die Menschen vergiften. Insekten und Pilze mutieren, um den Giften zu begegnen, woraufhin noch stärkere Gifte zum Einsatz gebracht werden. Das Projekt wird finanziert von Monsanto und ... der Bill und Melinda Gates Stiftung. Microsoft generiert die nötigen Milliarden, die Dollar für Dollar eingesetzt werden, um die globale Agenda umzusetzen. Das prangere ich bereits seit fast einem Vierteljahrhundert an. Die Gates Stiftung und die Rockefeller Stiftung riefen eine Organisation namens AGRA ins Leben, um „für Afrika eine nachhaltige Zukunft aufzubauen". Da haben wir es. Sie wollen die Erträge steigern (sollte man zu diesem Zweck nicht am besten GVO einführen?) und den afrikanischen Bauern ein besseres Leben ermöglichen. Als mitfühlende, liebevolle, besorgte und menschenfreundliche Partner dieses Todeskommandos zeichnen Monsanto, Novartis, Sanofi-Aventis, GlaxoSmithKline, Procter and Gamble, Merck, Mosaic, Pfizer, Sumitome Chemical und Yara. Ja, diese Biotech- und Pharmaunternehmen treten als Streiter für die Armen, Bedürftigen und Unterdrückten auf. Selbstverständlich gibt die Bill und Melinda Gates Stiftung auch Milliarden für Impfprogramme in Afrika und anderen Teilen der Welt aus, die auf den Produkten eben dieser Unternehmen basieren. Wer sind dieser Bill Gates und seine bessere Hälfte? Warum unterstützen die beiden mit Worten und gewaltigen Geldsummen alle Säulen der globalen Verschwörung und der Agenda 21? Die Community Alliance for Global Justice betont: „Monsanto hat in der Vergangenheit immer wieder eine eklatante Missachtung der Interessen und des Wohlergehens kleiner Bauern auf der ganzen Welt an den Tag gelegt ... Das lässt erhebliche Zweifel aufkommen, wenn die [Gates] Stiftung nun die landwirtschaftliche Entwicklung in Afrika mit enormen Geldmengen finanzieren will ... Gates hält 500.000 Aktien von Monsanto im Wert von zweistelligen Millionen Dollar Beträgen. In seinen Werbefilmen propagiert er Monsantos GVO als die „Lösung" für den Welthunger (Abb. 710). An dieser Behauptung hält er fest, obwohl in Indien alle 30 Minuten ein Bauer Selbstmord begeht, weil die GVO-Pflanzen nicht halten, was sie versprechen und weil er sich die für GVO unabdingbar notwendigen Produkte einfach nicht leisten kann, die Monsanto zu überteuerten Preisen verkauft. Aber das macht überhaupt nichts. Bedenken Sie, wie viel Land letztendlich von den Menschen befreit sein wird (Abb. 711). Monsantos GVO wurden so konzipiert, dass sie nur mit dem

Abbildung 710: Er hält 500.000 Aktien an Monsanto, dem übelsten Unternehmen der Welt. Er behauptet, die Welt zu einem besseren Ort machen zu wollen.

Abbildung 711: GVO wurden für indische Bauern zur Katastrophe.

Herbizid Roundup (Glyphosat) gedeihen können. Man bezeichnet sie daher als „Roundup ready". Das verschafft Monsanto die Kontrolle sowohl über die Nutzpflanzen als auch über die für diese Pflanzen unabdingbar notwendigen Gifte. Doch wie sollen kleine Bauern diese Kosten tragen können? Der Weltagrarrat, der über den Hunger in der Welt forscht und dem etwa 900 Wissenschaftler angehören, zog in seinem im Jahr 2009 erschienenen Bericht mit dem Titel: „Mangelhafter Ertrag", den Schluss, dass GVO-Nutzpflanzen langfristig nicht genügend Erträge bringen, und lediglich deutlich höhere Produktionskosten und erhebliche Gefahren für Umwelt und Gesundheit mit sich bringen. Das spielt aber alles keine Rolle. Bill Gates und die Biotech-Riesen, unterstützt von Regierungen und Mainstream-Medien, behaupten nach wie vor das Gegenteil, weil das ihren Plänen entspricht. Die Gates Stiftung hat mit Monsanto zudem einen Vertrag über Milch abgeschlossen. Dieser Vertrag macht den Weg frei, damit eine Allianz aus Regierungen und Großunternehmen im Interesse von Monsanto Krieg gegen Rohmilcherzeuger führen kann. Worum es Gates in Afrika wirklich geht, kam 2012 deutlich ans Licht. Damals wurde bekannt, dass seine Stiftung einem britischen Unternehmen 6,4 Millionen Britische Pfund (was seinerzeit einem Gegenwert von zehn Millionen Dollar entsprach) für die Entwicklung von GVO-Nutzpflanzen für die afrikanische Subsahara gespendet hatte. Das steckt nämlich wirklich hinter dieser Wir-wollen-den-afrikanischen-Bauern-helfen-Propaganda. Professor Giles Oldroyd von der von Gates finanzierten Organisation Jon Innes Centre beteuert, wie wichtig dieses Projekt für die ärmeren Erzeuger ist und welch „gewaltigen Einfluss" es auf die globale Landwirtschaft haben könnte:

> „Wir sind überzeugt, dass wir den afrikanischen Bauern wesentlich höhere Erträge bescheren und sie in die Lage versetzen können, genügend Lebensmittel für sich selbst zu produzieren".

Ja, ja, ja. Alles schon gehört. Ist das wirklich „wichtig für die ärmeren Bauern"? Unsinn – genau das Gegenteil ist der Fall.

Realitätscheck

Ich möchte an dieser Stelle nochmals kurz an die Mentalität von Monsanto erinnern, mit der wir es hier zu tun haben. Ich meine das Gerede darüber, wie sicher GVO sind und dass das Unternehmen sie nur deshalb in Afrika und überall auf der Welt verbreiten will, weil ihm so sehr daran gelegen ist, die Hungrigen zu ernähren. In den 1930-er Jahren kaufte Monsanto die Firma, die die mittlerweile verbotenen polychlorierten Biphenyle erfunden hatte. Dabei handelt es sich um eine Gruppe von 209 verschiedenen, unter dem Begriff PCBs geführten Chemikalien, die alles und jedes, mit dem sie in nennenswerten Kontakt kamen, abtöteten oder gesundheitlich zugrunde richteten. Sie wurden als Kühl-, Isolations- oder Schmiermittel für elektrische Geräte und vieles mehr verwendet. Monsanto wäre nicht Monsanto, wenn es nicht schon bald damit begonnen hätte, diese tödlichen Substanzen in Bäche einzuleiten und auf Müllhalden abzuladen. Unter anderem betraf das einen Bach in Anniston, einer ärmlichen Gegend in Alabama, in dem die Kinder gerne schwammen und die Einheimischen fischten. Wie eine vom *Anniston Star* durchgeführte Recherche ergab, hatte Monsanto zudem noch 40 bis 50 Tonnen Quecksilber einfach in die Regenrinnen gekippt. 1966 stellten die Manager von Monsanto fest, dass die Fische in einem der von ihnen verseuchten Bäche innerhalb von Sekunden starben. Das Blut schoss aus den Körpern der Fische und sie verloren ihre Haut, „als wären sie in kochendes Wasser geworfen worden". Die Manager beschlossen, im besten Interesse von Monsanto der Öffentlichkeit und den Menschen, die in dem Bach schwammen oder die Fische aßen, die dort gefangen wurden, nichts darüber zu berichten. Drei Jahre später fanden sie in einem anderen Bach Fische mit einer PCB-Verseuchung, die 7.500 Mal über den gesetzlich zulässigen Werten lag (diese waren ohnehin viel zu hoch angesetzt, da der einzig sichere Wert bei null liegt). Wieder einmal beschloss Monsanto, dass es „wenig Sinn machen würde, sich für die Entsorgung der Abfälle extreme Unkosten aufzuhalsen". Die ortsansässigen Familien lebten also ihren gewohnten Alltag, ohne zu wissen, dass in ihrer Gegend Wasser, Boden und Luft mit tödlichen Giften verseucht waren. Dem 63-jährigen örtlichen Bestattungsunternehmer Sylvester Harris fiel auf, dass er seiner Meinung nach viel zu viele kleine Kinder bestatten musste. „Ich wusste, dass hier in der Gegend etwas nicht stimmte". Monsanto gab in den 1990-er Jahren gegenüber der Zeitschrift *Sierra* an, „niemals die mit den PCBs verbundenen Risiken verschleiert zu haben". Doch genau das hat Monsanto getan. Denken Sie daran, wenn Ihnen wieder einmal jemand erzählen möchte, dass GVOs sicher und für die Ernährung der Welt unabdingbar notwendig seien. Solche Leute lügen reflexartig, denn sie sind Ausprägungen der Umkehrung und Täuschung des archontischen Übels. Das Wort Übel trifft den Sachverhalt sehr genau. Es bedeutet das Gegenteil von allem Lebendigen. 1969 deckte man auf, dass Monsanto ein „Komitee ins Leben gerufen hatte, um Streitigkeiten in Zusammenhang mit PCBs aus dem Weg zu räumen. Diesem Komitee hatte das Unternehmen zwei Aufgaben erteilt: Umsätze und Gewinne zu sichern und das Image … des Unternehmen zu wahren". Monsanto beschloss insgeheim, alle Berichte über PCBs im Abwasser geheim zu halten und nur seinen technischen Mitarbeitern zu enthüllen. Die Öffentlichkeit sollte nur dann unterrichtet werden, wenn Monsanto dies für angemessen hielt. Eine solche Politik des Stillschweigens wurde über Jahrzehnte hinweg beibehalten. Gott allein weiß, wie viele Menschen deswegen starben oder von verheerenden Krankheiten befallen wurden. Erst als schließlich im Jahr 1993 ein Angler in seinen heimischen Gewässern einen deformierten Forellenbarsch aus dem Wasser zog, gelangte die alarmierende Wahrheit an die Öffentlichkeit – wenn auch nicht auf Betreiben Monsantos. Erst 27 Jahre, nachdem Monsanto erkannt hatte, was seine Umweltverschmutzung den Menschen und der Natur antat, kam endlich alles ans Licht. Der Anwohner David Baker erklärte dazu:

> Heutzutage sind Teile von Anniston so stark verseucht, dass man die Bewohner auffordern musste, kein Gemüse mehr anzubauen und während der Arbeit in ihren Gärten keinen Staub aufzuwirbeln, nichts zu essen, keinen Kaugummi zu kauen und keine Zigaretten zu rauchen. Unsere Kinder müssen auf den Straßen und Gehwegen spielen, weil sie das vergiftete Gras nicht betreten dürfen. Wenn wir Gras mähen, müssen wir Masken tragen. An welchem anderen Ort in den Vereinigten Staaten gibt es solche Zustände?

Der Professor für Umweltgesundheit Dr. David Carpenter von der staatlichen Universität New York in Albany äußerte sich dazu wie folgt:

> „Meiner Beurteilung nach handelt es sich hier fraglos um das verseuchteste Gebiet in den USA".

2002 wurde Monsanto zu einer Geldstrafe von 700 Millionen Dollar verurteilt, und das Gericht befand

> „das Unternehmen der Fahrlässigkeit, Mutwilligkeit, Wahrheitsunterdrückung, Belästigung, des unerlaubten Einwirkens auf fremdes Land, der Erregung öffentlichen Ärgernisses … und eines Verhaltens von so ungeheuerlichem Charakter und Ausmaß für schuldig, dass es jedes Maß des Anstands verletzt und daher in einer zivilisierten Gesellschaft als grausam und vollkommen untolerierbar betrachtet werden muss".

Doch nicht einmal da gab Monsanto sein Fehlverhalten zu. Auch das archontische Unternehmen General Electric schüttete geschätzte 1,3 Millionen Pfund PCBs in den Hudson River. Das begann 1946 und endete mit dem PCB-Verbot im Jahr 1977. Das obige Zitat aus dem Gerichtsurteil gegen Monsanto sollte auf jedem Produkt von Monsanto abgedruckt und als Zusatz zu jeder Stellungnahme des Unternehmens hinzugefügt werden:

> „… ein Verhalten von so ungeheuerlichem Charakter und Ausmaß, dass es jedes Maß des Anstands verletzt und daher in einer zivilisierten Gesellschaft als grausam und vollkommen untolerierbar betrachtet werden muss."

Das sind die Leute, die Ihnen erzählen wollen, dass GVO sicher sind und man deshalb weltweit alle Beschränkungen fallen lassen sollte. Das ist die Firma, die Bill Gates so stark bewirbt und an der er 500.000 Aktien hält. Es ist derselbe Bill Gates, der sich für weltweite Erziehungssysteme und Impfungen entsprechend der Agenda 21, für eine bargeldlose Gesellschaft, für Geoengineering und für den Klimawandelschwindel stark macht. Das Weltwirtschaftsforum, das einmal pro Jahr in Davos in der Schweiz tagt, könnte man als eine etwas offenere Variante der Bilderberger, jedoch mit praktisch identischem Teilnehmerkreis bezeichnen. Zu diesem gehört Konrad Otto-Zimmermann, Mitglied des internationalen Rates für lokale Umweltinitiativen, einem Hauptkoordinator der Agenda 21. Dieses Forum veröffentlichte einen Bericht mit dem Titel: „Realisierung einer neuen Vision für die Landwirtschaft – ein Leitfaden für Anleger". Der richtige Titel müsste allerdings lauten:

> „Realisierung einer neuen Vision für die Ausbeutung, Verwüstung und Kolonialisierung Afrikas unter der vorgeschobenen Ausrede, den armen afrikanischen Bau-

ern helfen zu wollen – ein Leitfaden für Tötung und Landergreifung im Sinne der Agenda 21 für Anleger".

Ein solcher Titel wäre natürlich nicht so griffig und ansprechend, aber er würde der Wahrheit entsprechen. Vielleicht könnte ich ja Bill Gates dazu überreden, das Vorwort zu schreiben. Wenn ich hier nur kurz die „Anleger" nenne, die sich an dieser Ungeheuerlichkeit beteiligen, bedarf es eigentlich keiner weiteren Worte: Archer Daniels Midland, BASF, Bunge, Cargill, Coca Cola, DuPont, General Mills, Kraft Foods, Metro, Monsanto, Nestlé, PepsiCo, SABMiller, Syngenta, Unilever, Walmart Stores und Yara International. Aha! Altvertraute Philanthropen voller Mitgefühl und Warmherzigkeit vom Scheitel bis zur Sohle. Zum illustren Teilnehmerkreis gehören Vertreter von Cargill, Nestlé und Archer Daniels Midland. Gegen sie strengte der internationale Gewerkschaftsrechtsfonds übrigens ein Gerichtsverfahren wegen des Vorwurfs der Beteiligung an Menschenhandel, Folter und Zwangsarbeit an. Es ging um Kinder aus Mali, die auf Farmen der Elfenbeinküste als Sklaven gehalten wurden. In der Klage hieß es, dass man die Kinder gezwungen habe, täglich 12 bis 14 Stunden zu arbeiten. Die Kinder erhielten keinerlei Bezahlung, wenig Essen und durften kaum schlafen. Obendrein wurden sie regelmäßig geschlagen. Der „Rockstar" Bono zählt zu den Unterstützern von Monsanto (man denke an Anniston). Dafür wirft er seine angebliche Glaubwürdigkeit als Kämpfer für Gerechtigkeit in Afrika in die Waagschale. Diese Glaubwürdigkeit, die er bisher bei seinen Fans genossen hat, schmilzt neuerdings wie Butter in der Sonne, denn er hat sich mit genau den Leuten verbrüdert, die versessen darauf sind, Afrika durch das Raffen von Landbesitz zu rekolonialisieren (Agenda 21). Genau darum geht es Monsanto und Firmen ihresgleichen, wie beispielsweise Cargill Inc., der einkommensstärksten privaten Aktiengesellschaft der Vereinigten Staaten. Ein Internet-Kommentator ist Bono eindeutig auf die Schliche gekommen:

> „Ich überlege ernsthaft meine U2-Alben zu vernichten, denn dieser Kerl hat sich in ein totales Arschloch verwandelt. Er unterstützt heute Monsanto; geht's noch? Es ist als ob … soll das ein Scherz sein? Ich meine ernsthaft … was soll das? Sieh mal Bono, vielleicht solltest du recherchieren, was diese Firma so treibt. Überall auf der Welt begehen Bauern Selbstmord, weil sie gezwungen wurden, Saaten zu kaufen, die angeblich die Welt retten sollen – das verkauft Monsanto nämlich als Propaganda.
>
> Wenn du meine im Labor gezüchteten Saaten kaufst, dann wirst du viel mehr Nahrungsmittel haben, und der Hunger wird überall auf der Welt ein Ende haben. Schwachsinn! Ich habe mehrere Videos über indische Bauern gedreht, die Selbstmord begingen, weil Monsanto sie gezwungen hatte, bestimmte Saaten zu kaufen, die überhaupt nicht wuchsen. Es ist alles eine große Lüge; Monsanto ist eine große Lüge. Und du [Bono] stellst dich jetzt hinter diese große Lüge. Warum gehst du nicht ins Studio zurück und singst ein paar Lieder und hältst die Klappe über politische Themen, über die du nicht das Geringste weißt."

Das, was Monsanto den indischen Kleinbauern angetan hat, will es auch dem Rest der Welt antun. Deshalb erfolgt jetzt der große Vorstoß nach Afrika mithilfe von Gates, dem Steuerflüchtling Bono (wie viel Geld will er dafür?) und Leuten ihresgleichen (Abb.

Abbildung 712: „Sieh dir das an Bono: alle diese GVO, die mit dem afrikanischen Wind dahinfliegen, und alle diese kleinen schwarzen Kinder, die das Zeug essen, während sie gerade geimpft werden."

712). Seht euch Indien an, ihr Idioten! Wollt ihr, dass das auch in Afrika passiert? Monsanto und Gates sprechen von einer neuen „Grünen Revolution" in Afrika, dabei war die letzte „Revolution" in Asien eine menschliche Katastrophe. Die von Gates und den Rockefellers so intensiv unterstützte „Grüne Revolution" in Afrika setzt eine kommerzielle, für die Weltmärkte taugliche Landwirtschaftsform voraus und basiert auf importierten Saaten, Pestiziden, Herbiziden und Düngemitteln. Dieser Mischung füge man dann noch GVO hinzu – denn die lauern ja schon die ganze Zeit über im Hintergrund. Monsanto und Gates gehören dem weltweiten Netzwerk von Blutlinien-Organisationen an. Als Koordinatorin fungiert die von den Rothschilds geschaffene und kontrollierte Weltbank, die gemeinsam mit ihrem ebenfalls von den Rothschilds geschaffenen und kontrollierten Ableger, dem Internationalen Währungsfonds (IWF) Tod und Zerstörung in die ärmsten Regionen dieser Welt bringt und dort Tür und Tor für eine Übernahme durch die archontischen Großunternehmen öffnet. Eine Konferenz der Weltbank zum Thema afrikanische Landwirtschaft, die im Januar 2011 stattfand, stand unter der Schirmherrschaft von Robert Zoellick (Rothschild Zionist), dem damaligen Bankpräsidenten. Dieser gehörte auch der Neocon-Gruppe unter Bush Junior an, die die Invasionen in Afghanistan und im Irak koordinierte. Zoellick war früher als stellvertretender Leiter von Goldman Sachs (Rothschild Zionist) tätig. Goldman Sachs ist für das Bankwesen das, was Monsanto für die Biotechnologie ist. Für Afrika sind beide das, was Pol Pot einst für das menschliche Leben an sich war.

Genau.

Lasst ihnen keine Wahl

Monsanto sowie etliche Großunternehmen der Biotech- und Lebensmittelbranche haben es sich mehrere zehn Millionen Dollar kosten lassen, die Amerikaner darüber im Unklaren zu lassen, welche Lebensmittel GVO enthalten und welche nicht. Das geschah mittels einer groß angelegten Kampagne, die der Kennzeichnungspflicht für GVO-Produkte ein Ende setzen sollte. Dafür kann es nur einen Grund geben: Man weiß genau, wie viele Menschen GVO ablehnen würden, wenn sie die Wahl hätten (Abb. 713). Mit GVO-haltigen Lebensmitteln setzt sich die archontische Genmanipulation am menschlichen Körper fort. Deshalb will man die Kennzeichnung vermeiden und den Menschen letztlich keine Alternative mehr lassen. Die in den konsumierten Lebensmitteln enthaltene veränderte DNS beeinflusst die menschliche DNS. Die Verantwortlichen versuchen verzweifelt, uns an dieser Erkenntnis zu hindern, damit wir den Folgen nicht entfliehen können. Als 2012 der Staat Vermont drauf und dran war, eine Kennzeichnungspflicht für GVO-Produkte einzuführen, rückte die Einschüchterungsgarde von Monsanto an und drohte mit Klage. Daraufhin ließen die Gesetzgeber die Finger von der Sache, obwohl vier verschiedene Meinungsumfragen ergeben hatten, dass mehr als 90 Prozent aller Bewohner Vermonts das Gesetz verabschiedet sehen wollten. Willkommen bei der Agenda 21, wo Großunternehmen unser Leben diktieren, wenn wir uns nicht endlich auf die Füße stellen und uns weigern, das hinzunehmen. Die archontischen Firmen haben alles in ihrer Macht Stehende unternommen, um den Menschen ihr Recht zu verwehren und sie daran zu hindern zu erfahren, was sie mit ihrem Essen zu sich nehmen. Diese Firmen sind nämlich strikt gegen jede Wahlmöglichkeit und gegen das Leben. Machen wir uns klar, wo wir stehen. Die Großunternehmen geben Millionen aus, um den Menschen die Möglichkeit zu nehmen, zu erfahren, was in den Lebensmitteln enthalten ist, die sie konsumieren. Dabei haben diese Leute die Lebensmittel genetisch so verändert, dass niemand mehr die Folgen für die menschliche Gesundheit in all ihrer Tragweite absehen kann. Doch bereits heute wissen wir genug, um sagen zu können, dass hier möglicherweise Völkermord in ganz großem Stil betrieben wird. Der abstoßende amerikanische Einzelhandelsriese Walmart gab 2012 bekannt, dass er Monsantos GVO-Produkte verkaufen wolle, ohne sie zu kennzeichnen und damit den Kunden eine Wahlmöglichkeit zu geben. Obendrein enthalten die dort verkauften Feldfrüchte auch noch Chemikalien. Wer kauft vor allem bei Walmart ein? *Arme Leute*. Diana Gee, eine Vertreterin von Walmart erklärte gegenüber der Zeitung *Chicago Tribune*:

Abbildung 713: Monsanto, wenn ihr so stolz auf eure Produkte seid, warum kennzeichnet ihr sie dann nicht?

> „Nachdem wir uns beide Seiten der Debatte angehört und mit einer ganzen Reihe von anerkannten Experten für Lebensmittelsicherheit zusammengearbeitet haben, können wir keine wissenschaftlich belegten Sicherheitsbedenken erkennen, die bei diesem Produkt Einschränkungen rechtfertigen würden."

Leeres Gewäsch. Die Produkte werden nicht gekennzeichnet, weil die archontischen Blutlinien wollen, dass die Menschen genetisch veränderte Nahrungsmittel konsumieren, die sie ebenfalls genetisch verändern und schließlich umbringen werden. Ende der Geschichte. Am 6. November 2012 fand in Kalifornien eine öffentliche Abstimmung zu einem als „Vorschlag 37" bekannten Begehren statt, in dem Folgendes gefordert wurde:

- Kennzeichnung aller rohen und verarbeiteten, aus Pflanzen oder Tieren hergestellten Lebensmittel, die auf eine bestimmte Art und Weise genetisch veränderte Substanzen enthalten.
- Verbot der Kennzeichnung dieser Lebensmittel – und jetzt kommt's – als „natürlich", wie es der derzeit üblichen Praxis entspricht.

Mich schockiert eigentlich nichts mehr, doch das ist eine Geschichte, der das beinahe gelungen wäre. Monsanto musste übrigens durch ein Gerichtsverfahren daran gehindert werden, das tödliche Roundup als „biologisch abbaubar" zu deklarieren, und zu behaupten, es sei „sicherer als Tafelsalz", „praktisch ungiftig" und könne bedenkenlos „dort eingesetzt werden, wo Kinder oder Tiere herumtollen". Die Archonten sind sich für nichts zu schade. Selbst wenn Vorschlag 37 angenommen worden wäre, wären immer noch Schlupflöcher verblieben, denn es war vorgesehen, kleine Mengen genetisch veränderten Materials von der Regelung auszunehmen, die durch Fütterung oder Impfung mit GVO in die Tiere gelangten, solange die Tiere selbst nicht genetisch verändert wurden. Monsanto und andere gewichtige Gegnerunternehmen von Vorschlag 37 mussten eine Fernsehwerbekampagne wegen krasser Fehldarstellungen zurückziehen. Wollen Sie damit sagen, dass Monsanto nicht die Wahrheit sagte? Einen seiner Beitragsautoren von der Sorte Meine-Meinung-ist-gekauft stellte die Firma Monsanto als „Dr. I. Miller, MD, von der Stanford Universität, Gründungsdirektor des Amtes für Technologie der Lebensmittel- und Arzneiüberwachungsbehörde (FDA)" vor, obwohl der Mann in Wahrheit nur als „Forschungsmitarbeiter" (eine mehr oder weniger nichtssagende Bezeichnung) der Hoover Institution (dazu mehr in einigen meiner anderen Bücher) tätig ist und lediglich sein Büro auf dem Campus von Stanford hat. Es ist derselbe Henry Miller, der schon als „wissenschaftlicher" Fürsprecher der großen Tabak-, Öl- und Biotechfirmen auftrat und sich lautstark für die Verwendung des tödlichen Pestizids DDT einsetzte, das so üble Auswirkungen hatte, dass sogar die USA es 1972 verboten. Miller erklärte auch, dass sich eine „geringfügige" Strahlendosis aus Katastrophen wie der von Fukushima förderlich auf den Menschen auswirken könnte. Wäre er nicht geboren worden, dann hätte Monsanto ihn glatt erfinden müssen. Zu den Geldgebern der Hoover Institution gehörten unter anderem der Agrarriese Archer Daniels Midland, JPMorgan, Exxon, Proctor and Gamble sowie andere Bastionen der Wahrheit, Gerechtigkeit und edlen Bestrebungen im besten Interesse der Menschen. Die von Monsanto und gesinnungsverwandten Unternehmen finanzierten Organisationen, die gegen den Vorschlag 37 aufmarschierten und Kampagnen veranstalteten, machten sich einer schweren Straftat schuldig, als sie ein offizielles Siegel der Lebensmittel- und Arzneiüberwachungsbehörde missbrauchten und es neben ein fingiertes Zitat setzten, das lautete: „Wie die amerikanische Lebensmittel- und Arzneiüberwachungsbehörde erklärt, wäre eine Kennzeichnungspolitik der in Vorschlag 37 propagierten Art „grundsätzlich irreführend". Ein fingiertes Zitat? Nach diesem Missbrauch eines staatlichen Siegels, der jedem anderen eine hohe Geld- oder sogar Gefängnisstrafe eingebracht hätte, geschah – wie könnte es anders sein – *überhaupt nichts*. Wie auch immer, alle diese Gemeinheiten und Falschdarstellungen und dazu noch die finanzielle Überlegenheit von fünf zu eins, sprich neun Millionen Dollar gegen 46 Millionen Dollar, brachten

Vorschlag 37 mit 6.442.371 zu 6.088.714 Stimmen zu Fall. Es wurden allerdings Stimmen laut, die an der Rechtmäßigkeit des Abstimmungssystems zweifelten. Die Tatsache, dass offiziell 6.442.371 erwachsene Kalifornier sich gegen die Möglichkeit aussprachen, über die Inhaltsstoffe ihrer Lebensmittel informiert zu werden, legt ein deutliches Zeugnis über den Geisteszustand eines großen Teils der Menschheit ab. Ich werde mich jetzt einen Augenblick lang ganz still hinsetzen und tief atmen. Danach stehe ich Ihnen jedoch wieder zur Verfügung (Abb. 714). Bemerkenswert ist auch, dass der amerikanische „Bioriese" Whole Foods sehr lange zögerte, bis er endlich in Bezug auf den Vorschlag 37 Position bezog. Für die „Nein-Kampagne" gab er nie auch nur einen Cent aus. Stattdessen strich er satte Profite ein. Whole Foods wurde bereits beim Verkauf von Produkten mit GVO-Inhaltsstoffen erwischt, obwohl Mitarbeiter und Werbeanzeigen das Gegenteil behaupteten. Der Anspruch „Niemals etwas Künstliches" wird schlicht zur Farce, wenn GVO-Produkte in den Regalen zum Kauf bereit stehen. Whole Foods erklärte, dass gemäß den Richtlinien des Unternehmens grundsätzlich kein Geld für „politische" Kampagnen gespendet wird (es ist also *politisch*, eine Kennzeichnung für Lebensmittel zu verlangen?). Doch gleichzeitig gewährten führende Mitarbeiter von Whole Foods Monsanto-freundlichen Leuten wie Barack Obama, Mitt Romney und anderen finanzielle Unterstützung. Whole Foods war sehr betroffen von der Reaktion der Öffentlichkeit auf den Verkauf GVO-verseuchter Lebensmittel und den Vorwurf, das Unternehmen hätte bei der Unterstützung von Vorschlag 37 wenig Rückgrat gezeigt. Deshalb kündigte Whole Foods im Jahr 2013 an, nun doch die GVO-Kennzeichnung für die in ihren Läden verkauften Produkte einführen zu wollen, und zwar bis 2018. Das ist eine abwegig lange Aufschubzeit. Der Begriff „biologisch" besagt noch lange nicht, dass ein Lebensmittel tatsächlich biologisch ist. Er besagt nur, dass es als biologisch gekennzeichnet ist, was eine ganz andere Geschichte ist. Mike Adams veröffentlichte auf Naturalnews.com einen hervorragenden Artikel mit dem Titel: „Bio aus China entlarvt: Die schockierende Wahrheit über ‚biologische' Lebensmittel, die in der schlimmsten Jauchegrube der Welt produziert werden." Die Tendenz des Artikels ist leicht zu erkennen – „biologische Produkte" aus verseuchten Regionen Chinas, das ist schon ein Widerspruch in sich. In China gibt es Flüsse, in denen das Baden zum Tod führt und Regionen, in denen einer von vier Chinesen an Krebs stirbt. Das entspricht einem raketenhaften Anstieg von 80

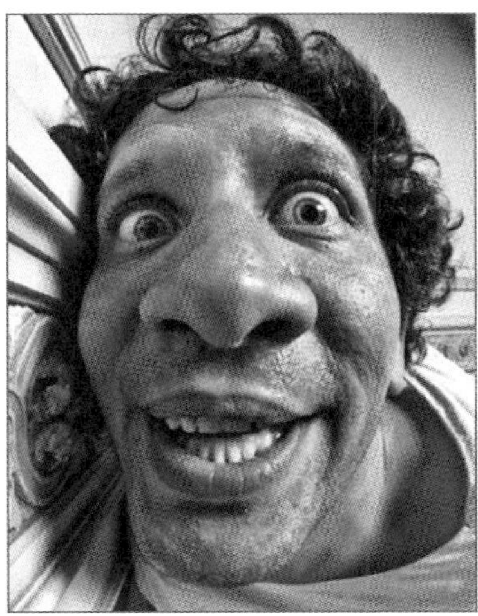

Abbildung 714: Einer derjenigen, die gegen Vorschlag 37 stimmten.

Abbildung 715: China – eine perfekte Umgebung für den Anbau gesunder Nahrungsmittel.

Prozent in den 30 Jahren des industriellen „Booms“, der auf Sklavenarbeit und praktisch nicht vorhandenen Umweltschutzgesetzen beruht. Wenn es eine Landschaft gibt, die das Etikett „archontisch“ verdient, dann ist es China (Abb. 715). Adams enthüllte auch, dass das amerikanische Landwirtschaftsministerium (USDA) seine „Biostandards“ für zertifizierte biologische Lebensmittel, Superfoods und Nahrungsergänzungsmittel ohne Bestimmung irgendwelcher Grenzwerte für Quecksilber, Blei, Kadmium, Arsen, Aluminium oder synthetische Chemikalien festsetzt. Er schrieb dazu:

> „An dieser Stelle werden Sie wahrscheinlich ungläubig den Kopf schütteln und denken: ‚Das darf doch nicht wahr sein. Für Biostandards müssen doch Schwermetalle und chemische Gifte berücksichtigt werden, oder etwa nicht?‘ Nein, ‚biologisch‘ bezieht sich nur auf die Art und Weise, wie Nahrungsmittel erzeugt werden. Das Attribut ‚biologisch‘ bescheinigt, dass der Bauer für seine Pflanzen (und anderen Produkte) keine Pestizide, Herbizide, erdölbasierte Dünger, Metalle und synthetischen Chemikalien verwendet hat, und es bescheinigt ferner, dass der Boden eine bestimmte Anzahl von Jahren von diesen Substanzen frei war, ehe das Biozertifikat erteilt wurde.“

Für das Biozertifikat spielen irgendwelche Quellen von Umweltverschmutzung überhaupt keine Rolle. Das gilt beispielsweise für die Verseuchung des für die Bewässerung verwendeten Wassers oder den Fallout von Industrieanlagen und chemischen Fabriken, die sich zufällig in der Nähe befinden. Ein zertifizierter Biobauer kann verseuchtes Wasser auf seine Felder gießen und darf seine Feldfrüchte trotzdem als „biologisch“ kennzeichnen. Doch es gilt festzuhalten: Die Umwelt, in der organische Lebensmittel produziert werden, beeinflusst natürlich massiv die Reinheit des Endprodukts.

Biologischer Anbau in einer sauberen Umgebung führt zur Produktion sauberer biologischer Lebensmittel, während der Anbau in einer verseuchten Umgebung nur verseuchte biologische Lebensmittel hervorbringen kann. China gehört zu den am stärksten chemisch verunreinigten Müllabladeplätzen des Planeten.

Das soll nun keineswegs bedeuten, dass alle organischen Lebensmittel derartige Verschmutzungen aufweisen. Das ist keineswegs der Fall. In jedem Fall müssen sie von Gesetz wegen frei von Pestiziden, Herbiziden und anderen ansonsten üblicherweise im Laufe des Produktionsprozesses zugeführten Giftstoffen sein (natürlich gilt das nicht für China). Das stellt gegenüber nichtbiologischen, industriell verarbeiteten Lebensmitteln in jedem Fall eine wesentliche Verbesserung dar. Der springende Punkt ist jedoch, dass Lebensmittel gemäß den Vorschriften des amerikanischen Landwirtschaftsministeriums ganz legal mit externen Schadstoffen verseucht sein dürfen. Bei Waren aus China dürfen wir eine solche Verseuchung mit hoher Wahrscheinlichkeit annehmen. Wie Adams erklärte:

> „Bei der überwiegenden Mehrzahl der heute in Nordamerika verkauften Superfood-Pulver stammen die Rohstoffe überwiegend aus China.“

Das archontische Netzwerk sieht es gar nicht gerne, wenn Menschen saubere biologische Nahrungsmittel zu sich nehmen, und so unternehmen sie alles, um dem in jeder nur erdenklichen Weise einen Riegel vorzuschieben. Man sollte sich klarmachen, dass ein Unternehmen, bloß weil es sich „biologisch“ und „grün“ auf die Fahnen geschrieben hat, nicht notwendigerweise weniger korrupt und integritätslos handeln muss als ein Unternehmen, das Scheiße und Abfall an den Mann bringt. Auch solche Unternehmen kaufen nämlich trotz aller Verseuchungen in China ein, einfach weil es dort wesentlich billiger ist. Sie sind ebenso geldbesessen wie der Rest der „bodenständigen" Lebensmittelindustrie. Indem sie sich rein aus Kostengründen nach China wenden, entziehen sie echten biologischen Anbauern in den USA, in Europa und anderswo die Existenzgrundlage. Weil wir gerade von China sprechen, eine übliche Zutat für Brot namens L-Cystein, das auch in Pizzateigen und Backwaren enthalten ist, wird in erster Linie aus menschlichen Haaren gewonnen, die von den Fußböden chinesischer Friseursalons aufgewischt werden. Lust auf ein Sandwich? Aus China werden weit mehr nicht-biologische Lebensmittel importiert als gemeinhin angenommen. Mark A. Kastel, der leitende agrarpolitische Analytiker des Cornucopia Instituts äußerte sich bei einer Anhörung vor dem amerikanischen Repräsentantenhaus wie folgt:

> „Aus gutem Grund fehlt uns das Vertrauen, um China die Zutaten für unser Hunde- und Katzenfutter liefern zu lassen. Warum sollten wir dann chinesischen Exporteuren vertrauen, wenn es um die Lebensmittel geht, die wir unseren Kindern und unseren Familien vorsetzen?"

Die Menschheit wird systematisch und kumulativ durch die angebotenen Lebensmittel vergiftet.

Medienwahnsinn

Ein weiterer Aspekt der Bevölkerungsreduzierungstaktik besteht darin, den Menschen keine Alternativen zu den archontischen Lebens- und Arzneimitteln mehr zu belassen, damit sie allmählich zu schwach werden, um sich einer Übernahme zu widersetzen. Regelmäßig werden „wissenschaftliche Studien" veröffentlicht, die sich gegen biologische Lebensmittel stark machen. Die Krönung dessen war eine Meldung aus dem Jahr 2012, in der „Wissenschaftler" über die allzeit willfährigen, unkritischen Medien verbreiten ließen, dass der Konsum von biologischen Lebensmitteln grundsätzlich nicht gesünder sei als der Konsum von Lebensmitteln, die mit Pestiziden, Herbiziden und allen möglichen anderen Giften verseucht sind (Abb. 716). Zumindest stellten die Medien die entsprechenden „wissenschaftlichen" Erkenntnisse weltweit so dar. Heutzutage gibt es überhaupt keine völlig giftfreien Lebensmittel mehr, doch selbst wenn Sie sich von chinesischen Quellen fernhalten, können Sie dann davon ausgehen, dass industriell gefertigte Lebensmittel sich definitiv nicht von biologischen Lebensmitteln unterscheiden? Was den Nährwert anbelangt, so hat man festgestellt, dass biologisch angebauter Mais siebenmal so viel Mangan, 56-mal so viel Magnesium und 437-mal so viel Kalzium entwickelt wie GVO-Mais. Harry Wallop, der als „Journalist" bei der Londoner Zeitung *Daily Telegraph* tätig ist, berichtete freudig über diese lächerliche Propaganda von wegen „kein Unterschied" und bekannte, dass er seine

Abbildung 716: Dieses Zeug ist der Gesundheit nicht abträglicher als Lebensmittel ohne diesen Müll. Das muss wahr sein, denn schließlich sagen uns bestimmte Interessengruppen und idiotische Journalisten, dass es so ist. Die Zusatzstoffe sind die Schuldigen.

Frau schon seit langem belügt und ihr regelmäßig vormacht, die Biomilch sei ausverkauft. So kann er sich rechtfertigen, wenn er ihr nichtbiologische Milch mit nach Hause bringt. Wally, Verzeihung Herr Wallop schloss seinen Artikel mit den Worten: „Morgen bekommt das Baby eine Extraportion pestizidverseuchte Karotten." Ich weiß, es macht depressiv, aber so ist nun einmal die Mentalität beschaffen, die uns erzählen will, was angeblich in der Welt vor sich geht. Die „wissenschaftlichen Erkenntnisse", die vergiftete Lebensmittel mit weit weniger oder überhaupt nicht vergifteten Lebensmittel gleichsetzen, stammen vom Zentrum für Gesundheitspolitik in Stanford, einer Tochter von Stanfords Freeman Spogli Institut für internationale Studien. Das Zentrum wird unter anderem von dem Agrarriesen Cargill und der Bill & Melinda Gates Stiftung finanziert, die eng mit Cargill und Monsanto verwoben ist. Zu den übrigen Geldgebern zählen Goldman Sachs, BP, Google und eine ganze Latte weiterer Unternehmen und Stiftungen, die sich in den Händen der Blutlinien befinden. Wir können also erkennen, dass diese „Studie" ganz sicherlich unabhängig war. Cargill zählt zu den Unternehmen, die genetisch veränderte Lebensmittel propagieren und sich vehement gegen eine Kennzeichnungspflicht zur Wehr setzen. Einer der Leiter des „Forscherteams", das für diese eklatante Falschdarstellung biologischer Lebensmittel verantwortlich zeichnete, war Dr. Ingram Olkin. Olkin arbeitete unter anderem auch mit der Tabakindustrie zusammen und versuchte Menschen zu dem Irrglauben zu verleiten, dass Rauchen die Gesundheit nicht gefährdet. Diese „Forschungsarbeit" (Mumpitz) aus Stanford diente den weltweiten Medien als Grundlage für eine systematische Diskreditierung biologischer Lebensmittel. So wollten sie die Wahrheit, dass biologische Lebensmittel ohne Pestizide gesünder sind als Lebensmittel voller Giftstoffe unter den Teppich kehren und sich über diejenigen Menschen lustig machen, die gesündere Lebensmittel konsumieren wollen. Ganz offensichtlich war das ein gut koordinierter Vorstoß. Wallop vom britischen *Telegraph* fand sein spiegelbildliches Gegenstück in Roger Cohen, einem Kolumnisten der *New York Times*. Bei einem seiner Verbalangriffe verunglimpfte Cohen die „Biomode" und beschrieb sie als eine „Ideologie", die einem pseudowissenschaftlichen Kult ähnelt. Auch Cohen log also. Vielleicht war er aber auch nicht intelligent genug, um den Bericht zu lesen, für den er sich stark machte. Er behauptete unter anderem:

> „Biologische Lebensmittel sind mit genauso hoher Wahrscheinlichkeit mit dem gefährlichen E.coli- Bakterium verunreinigt, wie nichtbiologische Lebensmittel."

Tatsächlich heißt es in dem besagten Bericht aber, dass Biofleisch einen signifikant geringeren Spiegel von antibiotikaresistenten Bakterien aufweist. Der wahre Grund für diese konzertierte Aktion gegen biologische Lebensmittel und gegen diejenigen, die sich gesünder ernähren möchten, lässt sich aus einem einzigen, klar und prägnant formulierten Absatz von Cohens Artikel herauslesen:

> „Um einen Planeten mit neun Milliarden Bewohnern ernähren zu können, brauchen wir hohe Erträge, nicht niedrige Erträge. Wir brauchen genetisch veränderte Nutzpflanzen. Wir brauchen Pestizide und Dünger und andere Elemente der industriellen Lebensmittelverarbeitung, die uns bereits geholfen haben, für die Menschheit einen besseren Ernährungsstatus zu erzielen, der es ihr erlaubt, länger zu leben, als es in der Geschichte jemals der Fall war."

Dieser Artikel erschien in der *New York Times*, oder sollte ich sagen *Monsanto News*? Du meine Güte, es ist so offensichtlich! Die Behauptung, die Menschheit könne nur mit genetisch veränderten Lebensmitteln ernährt werden, ist nicht nur eine glatte Lüge, sie ist das pure Gegenteil der Wahrheit. GVO führen die Welt dem Hungertod entgegen, weil diese Organismen den Boden und die Saatenvielfalt zerstören. Die sogenannten Terminatorsamen taugen nur für eine einzige Ernte. Was geschähe, wenn es nur noch genveränderte Sorten gäbe und diese Sorten zerstört würden oder ihre Produktion auf irgendeine Weise beeinträchtigt würde? Weltweit müssten die Menschen verhungern. Man hat festgestellt, dass Monsantos Roundup/Glyphosat, ohne das die genveränderten Pflanzen nicht gedeihen können, für den drastischen Verfall der natürlichen Bodenbakterien verantwortlich zu machen ist. Das Zeug bedroht also die Fruchtbarkeit des Bodens und seine Ertragsfähigkeit. Könnte irgendjemand angesichts dieser Flut von Beweisen glauben, dass dahinter keine Absicht steckt? Naturalnews.com verlieh Cohen den Titel „Idiot des Jahres", eine hohe Auszeichnung, bedenkt man, gegen wie viele Konkurrenten er sich durchsetzen musste. Mike Adams schrieb auf der genannten Website:

> „In ihrem Leitartikel erklärt die *New York Times*, dass alle Konsumenten, die biologische Produkte kaufen, geistig gestört seien. Wahrscheinlich ist es nur eine Frage der Zeit, bis Menschen, die biologische Lebensmittel einkaufen, ‚verhaftet' und 72 Stunden zur ‚Beobachtung' in eine psychiatrische Anstalt eingeliefert werden, wo man sie mit chemischen Medikamenten zwangsbeglückt. Übrigens geschieht das in den USA bereits mit Kriegsveteranen, die das politische Regime Amerikas in Frage stellen."

Wenn Roger Cohen von der *New York Times* Recht hat, dann verfügen nur Menschen, die Pestizide und GVO konsumieren, über einen funktionierenden Verstand. Alle anderen verlieren sich in Wahnvorstellungen. Cohen schreibt: „Die Bio-Ideologie ist eine elitäre, pseudowissenschaftliche Schwärmerei mit einem Schuss Hype." Ich nehme an, dass der Konsum von chemischen Pestiziden und genetisch veränderten Lebensmitteln, die auch noch Giftstoffe in sich tragen, folglich von einem rationalen, intelligenten Verstand zeugt. Der Wunsch nach dem Konsum von Gift ist „wissenschaftlich" erwiesen! Cohen pocht darauf, dass ihr Schwachköpfe, die ihr saubere Nahrungsmittel wollt, einem Wahn erliegt!

Es zeugt nicht von Gesundheit, innerhalb einer durch und durch kranken Gesellschaft perfekt angepasst zu sein.

Saatgutdiebstahl und der Griff nach dem menschlichen Körper

Eine weitere Front im Kampf gegen die freie Lebensmittelwahl richtet sich gegen die Saatenvielfalt. Sie sucht diese drastisch zu reduzieren und die verbleibenden Sorten zu patentieren. Die Vertreter dieser Kampffront haben bereits zahlreiche Saaten patentiert, die somit nur noch gegen Lizenzzahlungen verwendet werden dürfen. Monsanto hat sogar natürliche Saatensorten patentieren lassen, mit deren Produktion das Unternehmen *rein gar nichts zu tun hatte*. Erschütternd, aber wahr. Es ist in jedem Fall ungeheuerlich und völlig unfassbar, dass so etwas erlaubt werden konnte. Doch wenn man erst einmal die Behörden in die Tasche gesteckt hat, dann kann man sich alles erlauben. Monsanto, ein Unternehmen, das das Wort „Übel" in neue Dimensionen gehoben hat, gehört zu den wichtigsten Firmen im Portfolio der Blutlinien. Monsanto führte auf illegale Weise genveränderte Nutzpflanzen in Brasilien ein und kassiert seit mehr als einem Jahrzehnt in rechtwidriger Weise die dortigen Bauern ab. Neben einer zweiprozentigen Anbausteuer verlangt Monsanto Lizenzgebühren für Saaten, die entsprechend dem Diktat der Firma nur ein einziges Mal verwendet werden dürfen und danach erneut käuflich erworben werden müssen. Die Rechtsanwältin Jane Bergwanger, die die brasilianischen Bauern vertrat, erklärte dazu:

> „Das Gesetz gibt den Bauern das Recht, die Samen zu vermehren. Nirgendwo auf der Welt muss ein Bauer danach erneut zahlen. Faktisch zahlen die Bauern eine private Anbausteuer."

Monsanto verlor den Rechtsstreit, ging jedoch in Berufung. Das Unternehmen hatte die sogenannten „Terminator"- beziehungsweise „Suizidsamen" in Umlauf gebracht, die nur ein einziges Mal angebaut werden können. Danach müssen neue gekauft werden. Damit wird das von den Bauern über Tausende von Jahren praktizierte System auf den Kopf gestellt. Denn üblicherweise gewinnen die Bauern aus der Ernte des einen Jahres die Samen für die Aussaat im nächsten Jahr. Genveränderte Terminatorsamen zerstören kleine landwirtschaftliche Familienbetriebe. Sobald ein Bauer erst einmal den natürlichen Zyklus unterbrochen und diese Samen verwendet hat, treibt das Unternehmen den Preis so lange immer weiter die Höhe, bis er unerschwinglich wird. Wie Bloomberg berichtete, erhöhte Monsanto, der weltgrößte Hersteller von Saatgut, den Preis für neue genetisch modifizierte Saaten um satte 42 Prozent. Was bewirkt das? Die Menschen werden von ihrem Land vertrieben und die Selbstmordrate unter Bauern, die vor dem Ruin stehen, nimmt in einigen Ländern, wie beispielsweise Indien, in schockierendem Ausmaß zu. Bereits etwa 250.000 Bauern haben sich vor allem im sogenannten GVO-Baumwollgürtel das Leben genommen, weil sie dank Monsanto und dem GVO-System gigantische Schuldenberge angehäuft hatten. Sie hinterließen reichlich Land, das das Unternehmen sich unter den Nagel reißen konnte. Monsanto versucht mit der großzügigen Unterstützung von Bill Gates und dessen Imperium, die Verbreitung solcher Menschheitskiller in allen Entwicklungsländern voranzutreiben. Der Plan zielt darauf ab, weltweit alles und alle zu besitzen und zu kontrollieren, auch die Menschen selbst, die dem Jargon nach unter den Begriff „Ressourcen" fallen. Solche Unternehmen machen heute bereits geltend, dass ihnen das Eigentum an genetisch veränderten Körpertypen gesetzlich zusteht, ganz gleich, ob es sich nun um tierische oder menschliche Körper handelt. Andrew Kimbrell, der leitende Direktor des Zentrums für Lebensmittelsicherheit, meinte dazu: „Das bedeutet, dass kommerzielle Unternehmen die Macht haben, bestimmte Spezies der Erde als ihr Eigentum zu besitzen und zu kontrollieren. Unglaublich!" Überlegen Sie einmal. Wenn diese Unternehmen behaupten, dass ihnen jede Lebensform gehört, an der sie genetisch herumgepfuscht haben, dann erwächst ihnen daraus auch das Recht, diese zu reproduzieren. Ich weiß, dass das geisteskrank klingt, aber diese Leute *sind* geisteskrank, und sie lenken die Geschicke unserer Welt. Der Plan besteht darin, so viele Sorten von Nutzpflanzen wie möglich zu vernichten und die restlichen zu patentieren. Damit gehört ihnen praktisch die gesamte Nahrungskette mitsamt allen Produktions- und Vertriebsrechten. Das Gleiche gilt für Wasser. Wussten Sie, dass bereits 97 Prozent aller Gemüsesorten, die man noch zu Anfang des 20. Jahrhunderts kannte, heute ausgestorben sind? Oder dass von weltweit 5.000 Kartoffelsorten heute nur noch fünf Sorten in nennenswerten Mengen angebaut werden? Das ist deren Vorstellung von „Biodiversität". Ähnliche Trends werden Sie bei allen anderen angebauten Nutzpflanzen feststellen. Eine solche Art von Monokultur gefährdet die Existenz der Nutzpflanzen, denn sollten die wenigen verbliebenen Sorten zugrunde gehen, dann war es das (Abb. 717). Genau das geschah im 19. Jahrhundert in Irland. Damals wurden die wenigen Kartoffelsorten von der Kartoffelfäule befallen und Millionen von Menschen verhungerten. Die Verwendung von Pestiziden und Herbiziden hat zur Entstehung von „Superungeziefer" geführt. Diese Tiere haben sich durch Mutationen angepasst und ernähren sich heute von den Stoffen, denen sie früher zum Opfer fielen. Als ich noch in der Grünen Partei tätig war, sagte ich genau das voraus. Es war damals bereits absehbar und heute passiert es tatsächlich. Welche Lösung gibt es? Man sprüht noch mehr und noch stärkere Gifte auf die Lebensmittel und schraubt den Mutationsprozess auf eine noch höhere Stufe der Resistenz. Und was dann? In einem Bericht des kalifornischen Politikseminars, einer gemeinsamen Initiative von Universität und Landesregierung, heißt es:

Abb. 717: Eine einzige Monokultur auf der Erde – mit freundlichen Grüßen vom archontischen Mono-Verstand.

> „Infolge solcher Praktiken steigt die Zahl resistenter Schädlinge weltweit exponentiell an, wie der Autor betont. Nach neuesten biologischen Forschungen ist die Anzahl der gegenüber Chemikalien resistenten Insekten und Milben seit den 1950-er Jahren bereits auf das Zehnfache angestiegen. Anstatt ehemals 50 Arten gibt es heute mehr als 450."

Sie sehen also, wenn wir dem nicht Einhalt gebieten, dann werden sich die Angriffe auf kleine Bauern und Erzeuger fortsetzen. Man will ihnen um jeden Preis das Recht nehmen, ihre Nahrungsmittel selbstbestimmt anbauen zu dürfen. Die Ausreden und verdeckten Manipulationen, die dazu dienen, Menschen von ihrem Land zu vertreiben und sich die Kontrolle über alle Lebensmittel, Wasservorräte und Ressourcen anzueignen, werden den Machern nicht ausgehen. Das Ganze nennt sich Agenda 21. Andere Pseudonyme lauten „nachhaltige Entwicklung“ oder „Biodiversität“. Der milliardenschwere Finanzier und Blutlinien-Insider George Soros (Rothschild Zionist) hat mittels einer Firma namens Gavilon in den Vereinigten Staaten und in Australien massiv Land aufgekauft. Ihm geht es um Lebensmittelkontrolle und um die Vertreibung der Menschen von ihrem Land.

Was letztendlich dahintersteckt

Hinter all diesen Manipulationen in Zusammenhang mit den Begriffen „biologisch“, „nichtbiologisch“, „genetisch verändert“ oder „mutiert“ steckt jedoch ein weit größeres Ziel. In den gnostischen Texten werden die Archonten als anorganisch, oder wie wir heute sagen würden, als roboterhaft oder computerähnlich bezeichnet. Heute können wir beobachten, wie die Archonten und ihre Blutlinien alles Organische und die genetische Vielfalt auf der Erde zerstören, um sie ihrer eigenen Monorealität immer weiter anzugleichen. Immer wieder fragen sich die Leute, warum die *El*-itefamilien den Planeten zerstören, auf dem sie und ihre Nachkommen doch selbst leben. Doch das spielt überhaupt keine Rolle. Sie sind nämlich nur die Diener eines versteckten archontischen Kontrollsystems, das danach strebt, die Erde für Archonten und ihresgleichen bewohnbar zu machen, indem sie Frequenzen, Umwelt und Atmosphäre verändern. Genau aus diesem Grund ziehen das archontische Monsanto und andere Auswüchse der Biotechindustrie gesunde, lebendige Samensorten aus dem Verkehr und ersetzen sie durch eine beinahe tote GVO-Monokultur. Die Zerstörung der Regenwälder ist ebenfalls Teil dieser Initiative. Wir sehen, was die *El*-ite mit all ihren chemischen Fabriken, Atomreaktoren, Straßensystemen und ausufernden Städten aus Beton und Asphalt der einst so lebendigen Erde bereits angetan hat. Unsere wunderbare Erde verwandelt sich in ein Land für Archonten. Ich sagte bereits an früherer Stelle, dass die Matrix – die Realität, die wir für real halten – nur eine schlechte Kopie, man könnte auch sagen: ein Download des echten Universums ist. Als schlechte Kopie ist sie natürlich meilenweit von dem Universum, so wie es eigentlich sein sollte, entfernt. Dennoch gibt es noch immer viele gute Dinge, wie Schönheit, Leben und vitale Schwingungen. Sobald sich die Matrixkopie in die kollektive Wahrnehmung der Menschen eingehackt hatte, begann der Prozess der Umwandlung dieser Universumskopie in eine Version der archontischen Realität – eine Realität, die so gestaltet werden soll, dass sich die Archonten darin vibrationell und atmosphärisch frei bewegen können. Der Umwandlungsprozess hat mittlerweile ein ziemlich fortgeschrittenes Stadium erreicht. Deshalb gibt es heute GVO, und deshalb gibt es Geoengineering, die Manipulation der Atmosphäre unseres Planeten. Darauf werde ich noch genauer zu sprechen kommen. Die Vereinnahmung des Saturn und seiner künstlichen Ringe liefert uns ein weiteres Beispiel dafür, wie die

Kopie immer noch weiter verzerrt wird, um dem großen archontischen Plan zu dienen. Genveränderte Organismen zielen zum einen auf die RNS ab, die das Körperprogramm des Menschen schreibt – ändere die RNS und du änderst die DNS – und zum anderen auf die DNS selbst. Das geschieht im Zusammenspiel mit einem Bombardement durch technologische Gifte, etwa in Lebensmitteln, Getränken, Zucker oder Impfungen, denen der menschliche Körper ausgesetzt wird. Diese Gifte und GVO-Elemente wurden eigens so konzipiert, dass sie unterhalb des Radars des Immunsystems in den Körper gelangen. Da der Körper sie deshalb nicht erkennt, können sie Mutationen der Informationsfelder von RNS, DNS und Genetik auslösen, indem sie dort schädliche Daten einfügen. Auf der einen Seite haben wird also die genetische Struktur und auf der anderen Seite Lebensmittelzusätze, Impfungen, Medikamente, Zucker und genveränderte Organismen. Doch im Grunde handelt es sich jeweils um Informationsfelder, die sich gegenseitig beeinflussen. Hier eröffnet sich ein unerschöpfliches Potenzial für die gezielte vollständige Umformung der menschlichen Spezies. Man kann Gene an- und abschalten und damit ihre Funktion nach Belieben manipulieren. Man kann Informationen einprogrammieren und verändern, um festzulegen, wie lange jemand leben soll und wie lange künftige Generationen der gleichen genetischen Linie leben werden. Man kann programmieren, welche Krankheiten die Menschen bekommen oder nicht bekommen sollen und wann. Man kann bestimmte Gehirnfunktionen und emotionale Reaktionen aktivieren oder deaktivieren. Das geschieht bereits, denn die Manipulatoren arbeiten beständig darauf hin, vollständig steuerbare, vollautomatische, genetisch maßgeschneiderte Supersklaven zu erschaffen. Das läuft unter anderem unter dem Mantel der biologischen Disziplinen Epigenetik und Phylogenetik.

Meiner Ansicht nach wird sich die energetische Verzerrung, von der aus der Demiurg und seine Archonten operieren und ihre Manifestationen steuern, durch Verzerrungen wie Lebensmittelzusatzstoffe, Impfungen, GVO und Strahlungen in das menschliche Energiefeld einprägen. Alle diese Auswüchse setzen die eine ursprüngliche Verzerrung fort – die der Archonten. So können die Archonten die Vertreter der menschlichen Spezies noch besser besetzen und beeinflussen – sofern sich diese im Körper-Intellekt einsperren lassen. Das ist der Hauptgrund dafür, dass wir heute in einer Umwelt leben, in der Gifte allgegenwärtig sind. Man begegnet ihnen, wohin man auch sieht, und was man auch isst, trinkt, atmet oder berührt.

33

Massenweise Giftstoffe

Wir liegen alle in der Gosse, doch einige von uns betrachten die Sterne.
Oskar Wilde

Eine Hauptfront im Krieg gegen menschliche Gesundheit und menschliche Wahrnehmung bildet die Vergiftung unserer Lebensmittel und Getränke und unseres Wassers. Dieser Vorstoß ist bereit sehr weit gediehen. Denn als „Essen" konsumieren wir heutzutage chemische Cocktails. Dazu trinken wir saure, mit Zucker überladene Sodas und andere Getränke, die dem Körper schaden. Das Zeug, das wir uns zuführen, verzerrt unsere Empfangs- und Sendesysteme und sperrt uns Menschen in eine Wahrnehmungskiste beziehungsweise Blase ein. Gleichzeitig fördert es genetische Mutationen und leistet einer Bevölkerungsreduktion Vorschub.

Der Begriff „Gift" ist keineswegs eine übertriebene Wortwahl, wenn wir von nichtbiologischem Essen sprechen. Chemisch verseuchte Lebensmittel bilden heute die Norm – Sie brauchen sich nur die Etiketten im Supermarkt anzusehen. Die Flut genetisch veränderter Nahrungsmittel steigt rasch an. Feldfrüchte werden in Pestiziden und Herbiziden gebadet. Die Rückstände dieser Substanzen befinden sich noch immer auf den Lebensmitteln, wenn wir sie essen. Tiere werden mit Antibiotika und Wachstumshormonen gefüttert und dann konsumiert. Das ist einer der Gründe für die heute so häufige Fettleibigkeit. Unser Trinkwasser wird mit Giften versetzt. In den Industriegebieten und Ballungszonen atmen wir toxische, chemieverseuchte „Luft". Man traktiert uns mit Impfungen, deren chemische Giftstoffe das Immunsystem unserer Kinder für den Rest ihres Lebens ruinieren. Wenn Sie die Worte: „So sieht Ihr Leitungswasser aus" beziehungsweise „What your tap water looks like" in irgendeine Suchmaschine eingeben, dann dürfen Sie sich eines besonderen Anblicks erfreuen (Abb. 718). Es ist entsetzlich. Um Himmels willen – die Menschheit wird systematisch vergiftet. Die Gifte schlagen uns ins Gesicht und sie mogeln sich in unseren Mund. Doch trotz dieser offenkundigen Tatsa-

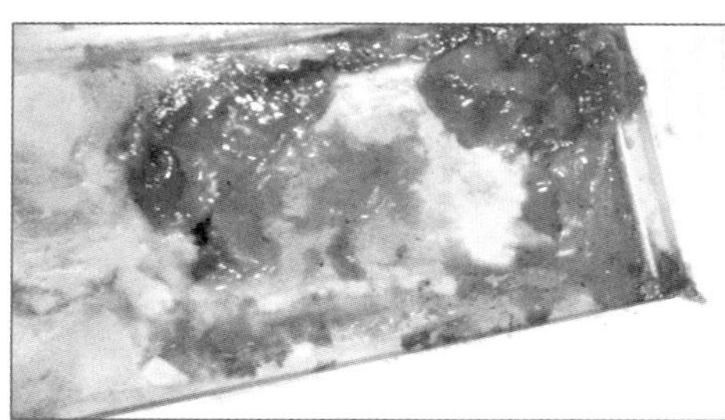

Abbildung 718: Was ein Filter so alles aus dem „Trinkwasser" herausholt.

che gibt es noch immer Menschen, die behaupten, es mache keinen Unterschied, ob wir mit Toxinen beladenes oder sauberes Essen zu uns zu nehmen. Mich wundert bloß, dass diese Menschen noch nicht vergessen haben, wie man atmet.

> „Oh, mir wird schwindelig, ich laufe blau an, ich falle in Ohnmacht, ich sterbe gleich, was kann ich bloß tuuuuun?“

Atme Kumpel, du hast vergessen zu atmen. Stell dieses chemisch aromatisierte, mit Scheiße gefüllte, fluoridierte Wasser – oh Verzeihung, ich meine natürlich deine Diät-Cola – beiseite und sag dir immer wieder: „Ich muss atmen, sonst sterbe ich, ich muss atmen, sonst sterbe ich“. Irgendwann wirst du es kapieren. Die meisten Menschen sind durch das, was sie essen und trinken und womit sie in Kontakt kommen, bereits hochgradig vergiftet. Es ist ein grauslicher Gedanke, dass die HAARP-Technologieanlage in Alaska nicht nur Strahlen an der oberen Atmosphäre abprallen lassen und zur Erde zurückschicken kann, sondern auch in der Lage ist, Energiefelder zu erzeugen, durch die Giftstoffe und Chemikalien im menschlichen Körper so potenziert werden, dass sie den sofortigen Tod herbeiführen. Das gelingt mittels eines Prozesses, den man als „Zyklotronresonanz“ bezeichnet. Die dabei eingesetzten Energiefelder können die Wirkkraft von Chemikalien tausendfach verstärken. Was sagte ich über Bevölkerungsreduzierung? Einen Hinweis darauf, wohin die Entwicklung unserer Lebensmittel gemäß der Agenda 21 laufen soll, lieferte uns das Euroscience Open Forum, das 2012 in Dublin in Irland tagte. Bill Yosses, der oberste Konditormeister des Weißen Hauses (der Vizesekretär des Toilettenhäuschens) erklärte, dass Lebensmittel in der Zukunft vollständig aus chemischen Gemischen bestehen werden. Ein „Lebensmittelexperte“ namens Herve This (ja, so heißt der Mann wirklich, obwohl der Name „Serve This“ (servier das) zweifellos treffender wäre), Mitglied der französischen Forschungsorganisation AgroParisTech, erklärte gegenüber der irischen Zeitung *RTE News*, dass ihn der Konsum von echten Lebensmitteln wie ein mittelalterlicher Brauch anmutet. Von welchem Asylplaneten Herr „Dies“ oder „Das“ herkommt, war nicht restlos zu klären, aber in Anbetracht seiner Aversion gegen „richtiges Essen“ liegt seine Heimat vielleicht in der Region des Sternensystems, das man in der griechischen Mythologie als Großes Pferd bezeichnete. Findus ließ sich davon wohl zu seiner Rindfleisch-Lasagne inspirieren. Diese Anspielung bezieht sich darauf, dass im Jahr 2013 in vielen britischen „Rindfleischprodukten“ Pferdefleisch gefunden wurde. Die Briten können im Augenblick etwas Aufheiterung vertragen, denn zurzeit laufen sie aufgrund ihrer unfreiwilligen Pferdefleischdiät mit ziemlich langen Gesichtern herum. Ein Freund von mir, dem der Arzt geraten hatte, sich genau anzuschauen, was er aß, kaufte sich daraufhin sofort eine Karte für die Show „Pferd des Jahres“. Doch Spaß beiseite. Widmen wir uns wieder Herrn This. Er äußerte sich wie folgt:

> „Es gibt kein Gemüse, kein Obst, kein Fleisch, keinen Fisch, nichts, nur Mischungen. Die Form, die Farbe, den Geschmack, die Frische, die Schärfe, die Säure, alles das müssen Sie selber erschaffen.“

Nichts Neues also.

Zucker, Zucker ...

Abbildung 719: Sie würden sicherlich nicht 22 Tütchen Zucker essen. Warum trinken Sie sie dann?

Es gibt eine Statistik, die verblüfft: Im Jahr 1822 konsumierte der Mensch die im Durchschnitt in einer Dose Cola enthaltene Menge Zucker innerhalb von fünf Tagen (Abb. 719), und heute ... *alle sieben Stunden*. Und da fragen manche Leute noch, warum die Zahl der Diabetiker und Übergewichtigen so rasch in die Höhe schnellt (Abb. 720). Wie gehen die Behörden damit um? Sie schieben die gesamte Schuld dem Verbraucher zu und lassen Coca Cola und McDonald's als Sponsoren der Olympischen Spiele auftreten, um so eine Assoziation zwischen deren Namen und Bildern von schlanken, fitten jungen Menschen zu schaffen. Der Biowissenschaftler Dr. Hans-Peter Kubis leitete eine Studie der Universität Bangor in Wales über die gesundheitlichen Folgen von Softdrinks. Sein Urteil: „Nachdem ich all die medizinischen Beweise gesehen habe, rühre ich keine Softdrinks mehr an ... Ganz offen gestanden halte ich Drinks mit Zuckerzusatz für ein echtes Übel". Bei dieser Studie, die im *European Journal of Nutrition* veröffentlicht wurde, stellte sich heraus, dass Softdrinks den Stoffwechsel verändern und die Muskeln dazu veranlassen, Zucker als Energiequelle zu nutzen, anstatt Fett zu verbrennen. Das führt zu rascher Gewichtszunahme und erhöht das Risiko von Diabetes Typ 2 (Abb. 721). In einem im Jahr 2013 veröffentlichten Bericht wurde die Vermutung geäußert, dass bereits einer von 20 Briten an Diabetes leidet und die Zahl der Fälle in sechs Jahren um ein Drittel steigen wird. Das erklärt sich zum Teil aus dem Kumulativeffekt, der hier zum Tragen kommt. In der Zeitschrift *Cancer Epidemiology, Biomarkers and Prevention* wurde eine wissenschaftliche Untersuchung veröffentlicht, die die Vermutung nahelegt, dass zwei kohlensäurehaltige Getränke pro Woche das Risiko von

Abbildung 720: Der Fast-Food-Mann.

Abbildung 721: Welche Chancen haben sie, wenn sie so anfangen?

Bauchspeicheldrüsenkrebs erhöhen. Eine israelische Studie wies darauf hin, dass Softdrinks mit hohem Fruchtsaftgehalt langfristig schwere Leberschäden verursachen können. Bei zwei Softdrinks pro Tag steigt das Risiko auf das Fünffache. In viele Studien wird ein Zusammenhang zwischen Softdrinks und Verhaltensveränderungen hergestellt. Ein Team des College Health Behaviour Research Centre der Universität London untersuchte 346 Kinder und stellte fest, dass die in den Getränken enthaltenen chemischen Cocktails bei den Kindern das Verlangen weckten, öfter zu trinken, auch wenn sie gar nicht durstig waren, wobei sich eine deutliche Vorliebe für zuckrige Getränke herauskristallisierte. Die Forscher verliehen der Besorgnis Ausdruck, dass dieses Verlangen die Kinder ein Leben lang begleiten und zum „bevorzugten Konsum von süßen Sachen" (Zuckersucht) führen könnte. Forschungsstudien der Universität Oregon legten den Schluss nahe, dass Kinder, die zuckrige Getränke bekamen, tendenziell eine Abneigung gegen rohes Gemüse entwickelten und stattdessen hochkalorische Lebensmittel bevorzugten. Bei der Kontrollgruppe, die Wasser trank, war das nicht der Fall. *Circulation*, die Zeitschrift der American Heart Association, veröffentlichte eine Untersuchung, im Rahmen derer der Gesundheitszustand von 42.000 Männern über einen Zeitraum von 22 Jahren hinweg beobachtet wurde. Sie kam zu dem Schluss, dass Männer, die jeden Tag eine Dose Softdrink konsumierten, ein um 20 Prozent höheres Herzerkrankungsrisiko hatten als die Männer, bei denen das nicht der Fall war. Der Konsum von Softdrinks hat sich seit 1985 verdoppelt, und das trotz der immer größer werdenden Zahl von Beweisen für die potenziell schwerwiegenden gesundheitlichen Folgen, die damit einhergehen. Die Übergewichtsepidemie, die in den Vereinigten Staaten (einem Labor der archontischen Netzwerke) ihren Anfang nahm, breitet sich mittlerweile auf der ganzen Welt aus (Abb. 722 und 723). Übergewichtige Menschen können unmöglich so scharfsinnig und gesund sein, wie sie es sein könnten, wenn sie nicht ihr hohes Gewicht und die damit einhergehende Toxizität und Zuckervergiftung mit sich herumschleppen müssten. Ein mit Giftstoffen beladener, genetisch verzerrter Körper kann Informationen niemals in ihrer ganzen Bandbreite und Tiefe empfangen und senden, wie es ihm sonst möglich wäre. Das ist die Idee, die dahinter steckt. Wenn eine Generation an Übergewicht leidet, dann entwickelt die nächste Generation eine noch stärkere Anfälligkeit für Übergewicht. Zudem führt das, was als sogenanntes Essen und Trinken produziert wird, zu Mutationen der menschlichen Genetik. Und wer produziert solches Zeug? Die archontischen Unternehmen.

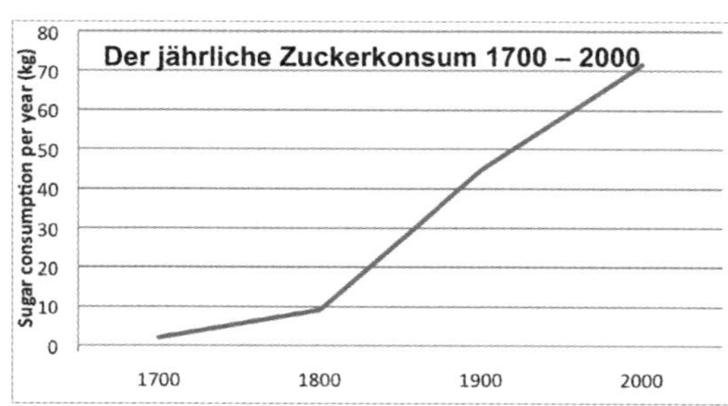

Abbildung 722: Es ist wahrhaft keine hohe Wissenschaft …

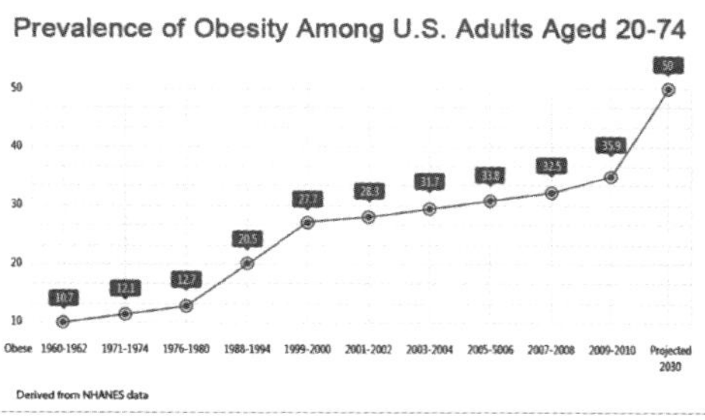

Abbildung 723: … die Zusammenhänge zu erkennen.

„I'd like to teach the world to sing …" Ich möchte die Welt lehren zu singen – trink niemals eine Cola.

Wenn Sie versuchen, Zucker durch Zuckerersatzstoffe zu ersetzen oder auf Softdrinks mit „Zero-Zucker" umzusteigen, kann das genauso schlimme – wenn nicht sogar noch schlimmere Folgen haben. Nach dem Motto: „Erwisch sie, egal wie", schnappt die Falle für die gesamte menschliche Gesellschaft zu. Aspartam, ein Zuckerersatzstoff, der die Gehirnaktivität unterdrückt, findet sich massenweise in Nahrungsmitteln und Getränken, besonders dann, wenn „Diät" oder „zuckerfrei" auf dem Etikett steht. Es wird auch unter anderen Namen wie NutraSweet, Equal, Spoonful oder Equal-Measure vermarktet. Aspartam gelangte durch die Manipulationen von Donald Rumsfeld auf den Markt, der zur Zeit des 11. September das Amt des amerikanischen Verteidigungsministers bekleidete. Donald Rumsfeld war in den 1980-er Jahren Vorstand von Searle Pharmaceuticals. Diese Firma hatte damals aus berechtigten Gründen Schwierigkeiten, von der amerikanischen Lebensmittel- und Arzneiüberwachungsbehörde (FDA) eine Zulassung für den öffentlichen Verkauf von Aspartam zu erhalten, da Tests und Studien Zweifel an der Sicherheit der Substanz aufgeworfen hatten. Searle setzte Rumsfeld wegen dessen Kontakten zur Administration Reagan-Bush darauf an, diese Hindernisse aus dem Weg zu räumen, um so Aspartam auf die ahnungslose Bevölkerung loslassen zu können. Es funktionierte. Der Leiter der FDA wurde abgesetzt und der neue Leiter drückte die Zulassung für Aspartam durch. Searle wurde später verkauft und die Rechte an Aspartam gingen an … *Monsanto*. Rumsfeld soll an dem Verkauf mindestens zwölf Millionen Dollar verdient haben. Anschließend wurden die Rechte an Aspartam an andere Firmen weiterveräußert, beispielsweise an das japanische Unternehmen Ajinomoto, das die Substanz in AminoSweet umbenannte. *Aha*, das klingt nett. In Wahrheit aber ist Aspartam etwas Entsetzliches. Laut dem Gesundheitsaktivisten Dr. Joseph Mercola ist bei mehr als 75 Prozent aller negativen Reaktionen auf Lebensmittelzusatzstoffe, die der FDA gemeldet werden, Aspartam mit im Spiel. Zu den Symptomen zählen unter anderem – unter *vielem* anderem: Kopfschmerzen, Migräne, Benommenheit, Schlaganfall, Übelkeit, Taubheit, Muskelkrämpfe, Gewichtszunahme, Hautausschläge, Depressionen, Müdigkeit, Reizbarkeit, beschleunigter Herzschlag, Herzrasen, Schlaflosigkeit, Sehstörungen, Gehörverlust, Atembeschwerden, Angstattacken, Sprachstörungen, Tinnitus, Schwindel, Gedächtnisverlust und Gelenkschmerzen. Zu den chronischen Krankheiten, die mit Aspartam in Verbindung gebracht werden, gehören beispielsweise: Gehirntumore, Multiple Sklerose, Epilepsie, chronisches Müdigkeitssyndrom, Parkinson, Alzheimer, geistige Zurückgebliebenheit, Lymphom, Geburtsschäden, Fibromyalgie und Diabetes (Abb. 724). Eine Studie mit 77.218 Frauen und 47.810 Männern, bei der über einen Zeitraum von 22 Jahren hinweg Daten ausgewertet wurden, gelangte zu dem Schluss, dass bei einem einzigen (mit Aspar-

Abbildung 724: Trink dein Dämpfungsmittel fürs Gehirn, meine Liebe. Man sagt, dass Aspartam gut für den Teint sei.

tam gesüßten) Diätgetränk pro Tag die Wahrscheinlichkeit, an Leukämie zu erkranken, bei Männern und Frauen um 42 *Prozent stieg*. Das Risiko, ein Multiples Myelom oder Non-Hodgkin-Lymphom zu entwickeln, lag bei Männern bei *102* beziehungsweise *31 Prozent*. Zu allem Überfluss wird Aspartam ausgerechnet aus genetisch veränderten Bakterien hergestellt. Damit reiht es sich in die geradezu fantastisch anmutende Flut von Chemikalien und Giftgebräuen ein, die Lebensmitteln bei der Verarbeitung zugesetzt werden, um so die Menschen mental, emotional und „physisch" zu dämpfen und zu verzerren. Auch in *Medikamenten für Kinder* findet Aspartam Verwendung. Das GVO-freundlich eingestellte Beverage Institute for Health & Wellness der Firma Coca Cola (oh mein Gott, das kann nur ein Scherz sein!) behauptet trotz aller gegenteiligen Beweise, dass Aspartam für praktisch alle Bevölkerungsgruppen sicher sei, außer für Menschen, die mit genetisch bedingter Phenylketonurie geboren wurden. Eine andere Substanz, die man um jeden Preis meiden sollte, ist Glutamat (Glu), ein sogenannter Geschmacksverstärker, der ebenso wie Aspartam zu den Excitotoxinen zählt. Das bedeutet, auch Glutamat stimuliert die Rezeptoren, mithilfe derer die Gehirnzellen miteinander kommunizieren, in übermäßiger Weise. Das laugt diese Zellen aus, sie erschöpfen sich und sterben sehr rasch ab. Die anfälligsten Gehirnregionen sind der Hypothalamus und die Schläfenlappen, die für Verhalten, Emotionen, Schlafzyklen und natürlich unseren Dauerbrenner, das Immunsystem, zuständig sind. Aspartam und Glutamat gelten in den USA als die beiden Hauptverursacher von Schädigungen des zentralen Nervensystems. Doch derjenige Unternehmenszweig von Monsanto, der sich offiziell amerikanische Lebensmittel- und Arzneiüberwachungsbehörde (FDA) nennt, hält Aspartam für „sicher und geeignet". Die International Dairy Foods Association und die National Milk Producers Federation haben bei der FDA die Genehmigung beantragt, Milch und anderen Milchprodukten Aspartam und andere Süßungsmittel *ohne jegliche Kennzeichnung* zusetzen zu dürfen. In ihrem Antrag verlangen sie eine Änderung der Rechtsvorschriften, die für Milch, Sahne und 17 andere Milchprodukte wie Joghurt, Kondensmilch, saure Sahne und ähnliche Erzeugnisse gelten, denn sie wollen diesen Produkten „sichere und geeignete Süßstoffe" beimengen. Sie argumentieren, dies würde gesunde Essgewohnheiten fördern und besonders bei Kindern weniger Fälle von Übergewicht auftreten lassen. Bleib ganz ruhig, David.

Dann gibt es da noch ein Exotoxin namens „Neotam". Dabei handelt es sich schlicht um eine modifizierte (verschlechterte) Version von Aspartam. Auch diese Substanz erblickte das Licht der Welt bei – Monsanto. Neotam ist ein noch stärker wirkender chemischer Zuckersatz und „Geschmacksverstärker" (Gehirnmanipulator), den die korrupte FDA im Jahr 2002 genehmigte. Seither wird er überall auf der Welt, auch in Europa, verkauft. Die FDA verfügte, dass Neotam, obwohl es Aspartam bei weitem an Giftigkeit übertrifft, in den USA nicht auf Lebensmitteletiketten deklariert zu werden braucht. Das gilt auch für biologische Produkte, obwohl ja das bloße Vorhandensein dieser Substanz dafür sorgt, dass sie nicht länger als „biologisch" bezeichnet werden können. Diese ungeheuerliche, kriminelle Entscheidung fällte die FDA zugunsten des Neotam-Herstellers NutraSweet, einem ehemaligen Unternehmensbereich von Monsanto. Dieses Vorgehen steht beispielhaft für die nächste Stufe der systematischen Vergiftung der menschlichen Rasse. Auf dieser Stufe dürfen Lebensmittelprodukten bereits Zusatzstoffe beigemengt werden, die nicht mehr auf dem Etikett erscheinen. So hat der Käufer keine Wahl. Auch das ist eine weitere Folge des GVO-Präzedenzfalles. Die FDA tut ihr Möglichstes, um der wachsenden Bewusstheit in der Bevölkerung entgegenzuwirken, welche immer mehr Menschen dazu bringt, die Inhaltsstoffe zu lesen, ehe sie ein Produkt kaufen. Auf Produkten in der Europäischen Union heißt Neotam E961, und nach dem internationalen Numerierungssystem (INS) trägt dieser Lebensmittelzusatz die Codenummer 961. Ein guter Ratschlag, den ich im Internet gelesen habe: Denken Sie sich, wann immer Sie die Begriffe „zuckerfrei" oder „fettfrei" lesen, stattdessen die Worte „chemischer Shitstorm". Unter dem Namen „Sweetos" wird Neotam auch an Rinder verfüttert, und verschafft sich so ein weiteres Eingangstor zum menschlichen Organismus. Die Website Naturalsociety.com deckte auf, dass amerikanische Bauern ihr Vieh mit allerbilligsten verarbeiteten Lebensmitteln füttern, beispielsweise Kuchen, Schokolade, Bonbons oder anderen Süßigkeiten. Wenn man sie mit Zucker und Zusatzstoffen vollstopft, werden die Kühe dicker und damit wertvoller. Der daraus entstehende Drecks-Cocktail gelangt anschließend in den Menschen, der dieses ... genetisch veränderte, mit quecksilbervergiftetem, stark fruchtzuckerhaltigem Maissirup, künstlichen Geschmacksverstärkern, Glutamat, gehärteten Ölen, Pestiziden, Herbiziden und Insektiziden, künstlichen Aromen, Farbstoffen und Süßstoffen – wie genetisch verändertem Aspartam oder Neotam – malträtierte Fleisch konsumiert. Die amerikanische Ernährungsweise zerstört die Gesundheit der Amerikaner und hat zu Übergewichts-, Krebs- und Diabetesraten epidemischen Ausmaßes geführt. Jetzt greift sie auf die Tiere über, von denen sich die Amerikaner ernähren und sich so noch mehr Krankheiten und Übergewicht heranzüchten. Irgendjemand sagte einmal: „Derjenige, der das ‚s' in den Begriff ‚Fast Food' hineingeschmuggelt hat, war ein schlauer Bastard". Solange wir zum „Schutz" der Öffentlichkeit Behörden wie die FDA haben, die tatsächlich den Großunternehmen gehören, bleibt von der Gewaltenteilung kaum mehr eine Spur. Das Gleiche gilt in Bezug auf die Pharmariesen. Ihnen gehören die zum „Schutz" der Gesundheit berufenen Behörden, wie beispielsweise die Centers for Disease Control und natürlich wiederum die FDA (Abb. 725). Auch in Europa und anderswo sieht es nicht besser aus. Der erschreckende Zustand der Lebensmittel, die von der Durchschnittsbevölkerung verzehrt werden, legt Zeugnis ab von einem Rundum-K.-o.-Schlag gegen Verstand, Emotionen und „Körper". 2013 gab es in Großbritannien einen großen Skandal, als in zahlreichen Lebensmittelprodukten, die laut Etikett „Rindfleisch" enthielten, Pferdefleisch gefunden wurde. Davon war vorhin bereits die Rede. Oceana, eine gemeinnützige Gruppe, die sich dem Schutz der Meere widmet, stellte fest, dass 59 Prozent der gezogenen Thunfisch-Proben nicht aus Thunfisch und 87 der Snapper-Proben nicht aus Snapper bestanden. Bei „weißem Thunfisch" handelte es sich in 84 Prozent der Fälle um einen Fisch namens Butterfisch. Sein Konsum kann

Abbildung 725: Die staatlichen „Schutzbehörden" in ihren verschiedenen Erscheinungsformen.

„langanhaltenden, unkontrollierbaren öligen Analausfluss" verursachen. Das nennt man dann wohl „Obama-Sprachsyndrom". Die Leute haben keine Ahnung, was eigentlich in den Lebensmitteln steckt, die sie konsumieren. Die Nahrungskette des heutigen Menschen ist absolut schockierend. Das McRib-Sandwich von McDonald's enthält in den USA Azodicarbonamid, ein Mehlbleichmittel, das man häufig für Schaumstoffe wie Gymnastikmatten oder Schuhsohlen verwendet. Im Mango Mantra Light Smoothie von Jamba Juice hat man einen Zuckergehalt von 85 Gramm gemessen – weit über das Zweifache des von der amerikanischen Herzvereinigung empfohlenen täglichen Zuckerkonsums. Doch bereits diese Empfehlung dürfte mit ziemlicher Sicherheit zu hoch liegen. Das Sweet Onion Teriyaki Sandwich von Subway enthält 520 *Gramm* mehr Salz als die für Kinder, Afroamerikaner und Menschen mit hohem Blutdruck empfohlene *tägliche* Menge. Auch die empfohlene Tagesmenge Zucker befindet sich gleich mit in ein und demselben Sandwich. Warum stellt sich in Amerika und zunehmend auch in Europa das Problem der Übergewichtigkeit? Haben Sie irgendeine Ahnung? Mir ist das ein Rätsel (Abb. 726). Aber diese Leute kommen damit durch. Sie lassen die menschliche Gesundheit auf kleiner Flamme garkochen, während echte Bioanbieter und Gesundheitsläden von den unter der Fuchtel der Großunternehmen stehenden „Schutzbehörden" aufs Korn genommen werden.

Abbildung 726: Der Schlüssel zu gesunder Ernährung?

Rattengift in der Wasserversorgung: Ja, gut fürs Denken

Fluorid ist ein toxisches Abfallprodukt, das bei der Aluminiumherstellung anfällt. Nichtsdestotrotz wird es in den Vereinigten Staaten fast überall in die Wasserversorgung eingespeist. Dieser Prozess der Wasservergiftung (hat das Wasser denn noch nicht genug gelitten?) setzt sich mittlerweile auch in England, dem europäischen Festland und anderen Ländern, wie beispielsweise (natürlich) Australien fort. Selbst wenn Fluorid die Zähne schützen würde (was nicht zutrifft), sollte man uns die Wahl lassen, ob wir es verwenden wollen oder nicht. Wenn es aber der Wasserversorgung zugesetzt wird, bleiben nur noch die Alternativen, abgefülltes Wasser in Flaschen zu kaufen oder sich Filtersysteme zuzulegen, die das Fluorid wieder entfernen. Die meisten Menschen werden diesen Aufwand allerdings nicht treiben. Die archontischen Netzwerke wissen das ganz genau. Fluorid enthält mehr als 100 Industriechemikalien und Schwermetalle – überwiegend aus China, von Firmen wie beispielsweise der Fluoride Chemicals Company (Yunnan). Über das von dieser

Firma hergestellte Natriumfluorid, das der öffentlichen Trinkwasserversorgung zugesetzt wird, schreibt das Unternehmen selbst:

Meiden Sie alle Lebensmittel, für die es Fernsehwerbung gibt.

„Mmmm ... Gift ... wunderbar".

Es findet bei der Herstellung von unruhigem Stahl und beim Schmelzen und Veredeln von Metallen Anwendung. Daneben dient es auch zur Fluoridierung von Trinkwasser, zum Schutz von Holz und als adhäsiver Konservierungsstoff ... als Insektizid, als Schutzüberzug für Metalle, als Beize für Stahl und andere Metalle, als Lötpaste und als Vergütungsmittel für Keramik, Glas und Stahlblechemail.

Shanghai Polymet Commodities Ltd beschreibt seine Fluoridchemikalien wie folgt:

> „Eigenschaften: Farblose, durchsichtige, leicht graue Flüssigkeit mit penetrantem Geruch, stark säurehaltig, wasserlöslich und flüchtig; wirkt desinfizierend; korrodiert Glas, Keramik, Blei und andere Metalle, hoch korrosiv auf menschlicher Haut, schädlich für die menschlichen Atemorgane; bewahren Sie die Substanz in Plastikbehältern auf."

Fluorid, eine Zutat für Rattengift, setzten die Nazis seinerzeit dem Trinkwasser in den Konzentrationslagern zu, um die Insassen gefügig zu machen. Es unterdrückt die Gehirnaktivität – genau wie Aspartam und andere Zusatzstoffe in Lebensmitteln und Getränken (Abb. 727). Kann irgendjemand hier vielleicht ein Muster erkennen? Sogar Studien der Mainstream-Wissenschaft gelangen zur gleichen Schlussfolgerung. Eine Harvard-Studie unter der Leitung von Anna L. Choi kam zu Ergebnissen, die „es möglich erscheinen lassen, dass der Kontakt mit Fluorid sich negativ auf die Neuroentwicklung von Kindern auswirkt". Es stellte sich heraus, dass „Kinder in Gebieten mit starker Fluoridexposition einen deutlich niedrigeren IQ aufwiesen als Kinder, die in Gebieten mit weniger Fluoridexposition leben". Fluorid kann über die Plazenta leicht in den Fötus gelangen und dort „möglicherweise dauerhafte Schädigungen auslösen". Fluoridiertes Wasser in Kombination mit Babymilchpulver lässt ein Baby 100 bis 200 Mal so viel Fluorid aufnehmen, als das beim Stillen der Fall wäre. Sorge für die Verblödung der Kinder im frühesten Alter, damit sie in der Zukunft zu blöden Erwachsenen heranreifen. Wen wundert es da noch, dass der Forscher und Genetiker Dr. Gerald Crabtree von der Universität Stanford die Ansicht vertritt, die Menschen würden allmählich ihre kognitiven Fähigkeiten verlieren und emotional immer instabiler werden. Studien haben aufgezeigt, dass Frauen, die Fluorid meiden, deutlich

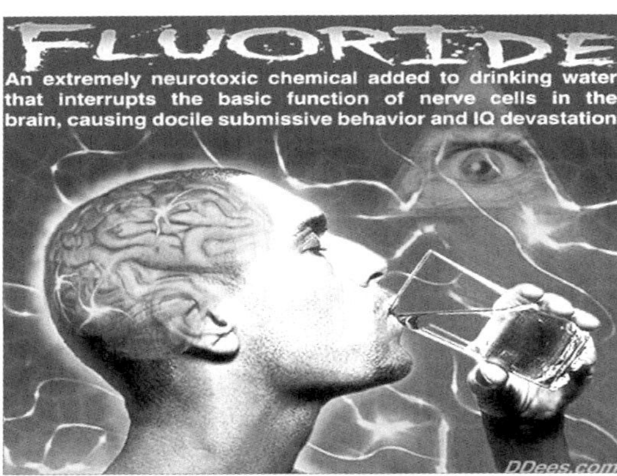

Abbildung 727: Trink dich blöd. Fluorid, eine extrem neurotoxische Chemikalie, die dem Trinkwasser zugesetzt wird. Es stört die Grundfunktionen der Nervenzellen des Gehirns und verursacht gefügiges, unterwürfiges Verhalten. Es wirkt sich verheerend auf den IQ aus.

seltener an Anämie erkrankten, seltener Frühgeburten erlitten und seltener Kinder mit geringem Geburtsgewicht zur Welt brachten als Frauen, die Fluorid konsumierten. Wie sich herausstellte, reduziert das giftige Fluorid die Zahl der roten Blutkörperchen, blockiert die Produktion von Vitamin B12 und Folsäure und hat noch viele andere schädliche Auswirkungen. Sogar die abstoßende Umweltschutzbehörde EPA erklärte: „Es ist offensichtlich, dass Fluoride die Funktionen des Gehirns stören können" oder – lassen Sie sich diese Aussage auf der Zunge zergehen: „... *das Risiko von Zahn- und Knochenschädigungen erhöhen können.*" Die Lüge vom Zahnschutz war ursprünglich die einzige Rechtfertigung für die Massenvergiftung gewesen. Verkauft und angepriesen wurde diese Lüge von dem berüchtigten El-ite-Propagandisten Edward Bernays (Rotschild-Zionist), dem „Vater der Öffentlichkeitsarbeit" und „ultimativen Schönredner", der von sich behauptete, er könne durch Manipulation der Wahrnehmung jeden dazu bringen, alles X-Beliebige zu tun. Die EAP spricht, trotz aller Beweise, kein Verbot der Trinkwasserfluoridierung aus, und schickt keine Einsatzkommandos zu den Wassergesellschaften, Versorgern und Ministerien, die für all das verantwortlich zeichnen. Nein, sie ist viel zu sehr damit beschäftigt, kleine landwirtschaftliche Familienbetriebe, Züchter und Rohmilcherzeuger zu terrorisieren, oh ja, und außerdem die Wissenschaftler aus den eigenen Reihen zu ignorieren, die die Gefahren der Fluoridierung erkannt haben, beziehungsweise diese Leute zu feuern, wenn sie das auch auszusprechen wagen. Zu ihnen gehört Dr. William Marcus, der leitende Toxikologe der EAP-Abteilung für Trinkwasser, der sich weigert, den Mund zu halten. Die ohne jeden glaubhaften Beweis in den Raum gestellte Behauptung lautet, dass Fluorid Zahnverfall verhindere. Doch viele Menschen erleben das Gegenteil, nämlich dass Zähne aufgrund von Fluorose (Abb. 728) zerstört werden (was auch wissenschaftliche Studien belegen). Glaubt wirklich noch irgendjemand, dass keinerlei Zusammenhang zwischen den gehirnschädigenden Chemikalien in Lebensmitteln, Getränken und im Wasser und der gewaltig ansteigenden Zahl der Demenzfälle besteht? Die amerikanische Lebensmittel- und Arzneiüberwachungsbehörde verfügte, dass auf allen fluoridierten Zahncremes eine Warnung angebracht werden müsse, die wie folgt lautet:

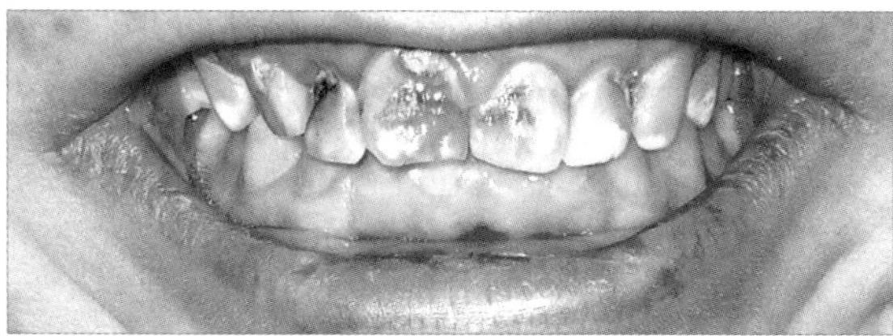

Abbildung 728: Fluorid eignet sich hervorragend zum Schutz der Zähne.

> „WARNUNG: Für Kinder unter sechs Jahren unzugänglich aufbewahren. Wenn Sie zufällig eine größere Menge verschlucken, als Sie für das Zähneputzen verwenden, suchen Sie professionelle Hilfe oder wenden Sie sich unverzüglich an eine Giftzentrale."

Der Fluoridgehalt so mancher Kinderzahncreme würde kleine Kinder töten, wenn sie die ganze Menge auf einmal verschlucken würden. Sogar manchen Babymilchpulvern wird Fluorid zugesetzt. Babys und Kleinkinder stehen ganz besonders im Visier der archontischen Großunternehmen. Sie kann man ein Leben lang unterdrücken, wenn man schon im frühesten Alter ihre Entwicklung verzerrt. Das Cornucopia Institut ist eine gemeinnützige, agrarpolitische Forschungsgruppe mit Sitz in Wisconsin. Sie setzt sich für wirtschaftliche Gerechtigkeit für landwirtschaftliche Familienbetriebe ein. Dem Institut verdanken wir die Aufdeckung, dass transnationale Gesellschaften angeblich biologische Babymilchpulver mit synthetischen Konservierungsstoffen versetzen. Die Desinformation über Fluorid hat bereits ein geradezu grotesk anmutendes Maß erreicht. So veröffentlichte eine Website namens Health Day („Neuigkeiten für eine gesündere Lebensweise") einen Artikel von Alan Mozes, in dem dieser die Leute warnt, dass ihre Kinder durch in Flaschen abgefülltes Wasser gefährdet werden könnten – *weil es kein Fluorid enthält*. Zwar würden laut Mozes die meisten Hersteller von abgefülltem Wasser ihre Produkte als 100-prozentig „rein", „sauber" und „natürlich" deklarieren, doch würden nur wenige Marken einen Inhaltsstoff enthalten, der für die allermeisten Amerikaner selbstverständlich ist: Fluorid. Weiter führt er aus, dass es sich bei dem Fluorid, das dem Trinkwasser zugesetzt wird, um „ein Salz handelt, das sich aus Fluor, Boden- und Gesteinsmineralien zusammensetzt ..." Was für ein unglaublicher Blödsinn. Fluorid ist ein Abfallprodukt der Aluminiumindustrie, das überwiegend aus China bezogen wird und eine ganze Reihe weiterer Chemikalien enthält, die in ihrer kumulativen Wirkung das Trinkwasser vergiften. Mozes beruft sich auf ein Zitat von Dr. Burton Edelstein, dem Präsidenten des Projekts für kindliche Zahngesundheit in Washington DC, wonach der Zahlverfall bei Kindern „alarmierend" sein soll. Er versucht den Eindruck zu erwecken, dass das auf den Konsum von abgefülltem Wasser ohne Fluorid zurückzuführen sei, obwohl der wahre Grund in der explosionsartigen Zunahme von zuckertriefendem Zeug zu suchen ist, das Kindern von ignoranten Eltern und herzlosen, seelenlosen Unternehmen zum Essen und Trinken verabreicht wird. Der staatliche britische Gesundheitsdienst (Umkehrung) erklärt es sogar für gut, den Fluoridbelag nicht abzuspülen:

> „Erwachsene und Kinder über drei Jahren sollten eine erbsengroße Menge, Babys und Kinder unter drei Jahren nur eine Spur von Zahncreme verwenden. Nach dem Bürsten sollte der Mund nicht ausgespült werden. Wenn die Zahncreme nur ausgespuckt, aber nicht abgespült wird, bleibt ein Fluoridbelag auf der Zahnoberfläche zurück, der dem Zahnverfall vorbeugt."

Ja, und eine erbsengroße Menge Gehirnschmalz sollte immer dann verwendet werden, wenn man eine solche Empfehlung hört oder liest. Ich war in England einmal in einem „Gesundheitsladen" namens Holland and Barrett (ich bin nicht stolz darauf, aber ich war auf der Suche nach fluoridfreier Zahncreme). Dort im Regal fand ich „natürliche" Zahncreme – mit Fluoridzusatz. Lesen Sie auch das Etikett, bevor Sie Salz kaufen, denn auch das wird immer häufiger mit Fluorid verseucht. Glücklicherweise gibt es aber immer mehr Gemeinden, die sich mit erfolgreichen Kampagnen gegen die Fluoridierung ihres Trinkwassers wehren. Das Fluoride Action Network bietet eine Einstiegshilfe, falls Sie das Gleiche vorhaben. Eine kurze Nebenbemerkung ... Holland and Barrett gehört zur Carlyle Gruppe, die enge Verbindungen zu George Bush Senior pflegt. Diese amerikanische Privatkapitalgesellschaft zählte zur Zeit des 11. September auch die Familie Bin Laden zu ihren Kunden. Der Carlyle Gruppe gehören auch die Chemieunternehmen Boots und Alliance

Pharmacies in England und General Nutrition Centers (GNC) in den Vereinigten Staaten an. Carlyle tanzt also auf allen Hochzeiten. Blutlinienunternehmen und Investoren haben auf der ganzen Welt die Gesundheitsläden aufgekauft, um sicherzustellen, dass diese, außer dem Namen nach, bald keine Gesundheitsläden mehr sein werden. So verwehren sie den Menschen den Zugang zu wirksamen Nahrungsergänzungen und gesunden Lebensmitteln, mithilfe derer wir die Folgen des uns als „Nahrung" verabreichten Mülls überwinden könnten. Gesundheitsläden werden deshalb von den Großunternehmen aufgekauft, damit diese keinen Betrag zur Gesundheit mehr leisten können. Die noch verbliebenen echten Gesundheitsläden werden von den Behörden und ihren verrückten Handlangern bereits aufs Korn genommen. Im Prinzip ist es das gleiche Vorgehen wie gegen die Biozüchter in den Vereinigten Staaten: Verwehrt der Bevölkerung jeden Zugang zu gesunden Lebensmittelquellen und Ernährungsmöglichkeiten, damit ihr nichts anderes mehr übrig bleibt, als euer Gift zu essen. Man übt auch bereits Druck aus, um das bewusstseinsverändernde Lithium ins Trinkwasser einspeisen zu dürfen, das Menschen gefügig macht und die „Stimmung stabilisiert". Zwei an vorderster Front agierende Befürworter sind Dr. Jacob Appel (Rothschild-Zionist) vom Mount Sinai Krankenhaus in New York (von dort kam auch der „Prophet" Dr. Richard Day) und Dr. Gerhard Schauzer (Rothschild-Zionist) von der Universität Kalifornien. Laut Dr. Appel erzeugt Lithium im Gehirn „glücklichere Gefühle" – Aldous Huxley würde sagen, damit die Menschen ihre Knechtschaft lieben lernen. Vom Mount Sinai Krankenhaus ist sehr häufig die Rede. Einer seiner ehemaligen Mitarbeiter bekleidet derzeit das Amt des Präsidenten der amerikanischen Psychiatrischen Vereinigung. Sein Name lautet Jeffrey Lieberman (Rothschild-Zionist). Er ist sehr stark mit Big Pharma verbandelt, und entlang dieser Bande fließt ein wahrer Strom von Finanzmitteln und „Beratung" vom Pharmakartell in seine Richtung. Noch ein weiterer Gesichtspunkt zum Thema Fluorid: Auch wenn Sie in einer Gegend mit nichtfluoridierter Trinkwasserversorgung wohnen oder über die besten aller Wasserfilter verfügen, konsumieren Sie dennoch Fluorid, weil die Feldfrüchte (auch die „biologischen") mit fluoridiertem Wasser gegossen werden, und weil auch die Lebensmittelfabriken fluoridiertes Wasser verwenden. Pflanzen bestehen überwiegend aus Wasser. Entsprechendes gilt für Getränke wie Bier, Wein oder Softdrinks, die mit fluoridiertem Wasser hergestellt werden. Eine weitere Quelle der Fluoridvergiftung stellen die Fluorquinolon-Antibiotika dar, die störend in die DNS-Replikation eingreifen.

Gifte aus dem Himmel

Eine weitere konstante Form der Massenvergiftung finden wir in den Chemtrails, die überall auf der Welt von Flugzeugen aus in den Himmel gesprüht werden (Abb. 729). In den späten 1990-er Jahren fiel den Menschen in Nordamerika auf, dass ihr Himmel mit Gittern aus weißen Streifen überzogen war, die auf den ersten Blick wie Contrails aussahen, Kondensstreifen also, wie sie bei Flugzeugen hinten austreten. Doch bald wurde

Abbildung 729: Die Vergiftung aus dem Himmel.

Abbildung 730: Chemtrails sind nur eine Verschwörungstheorie ... so etwas geschieht nicht wirklich.

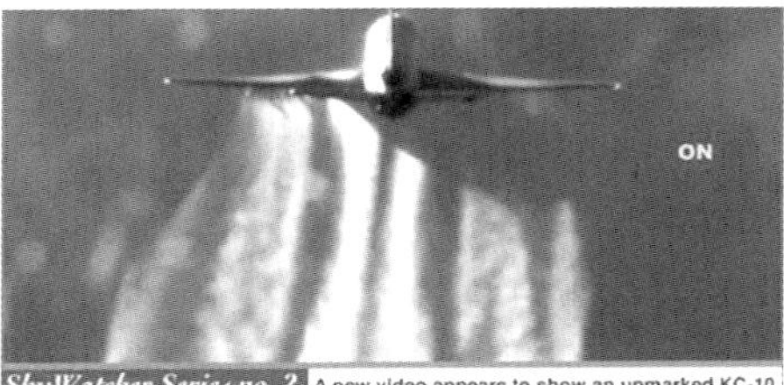

Abbildung 731: Skywatcher Serie Nr. 2: Ein neues Video scheint eine nicht gekennzeichnete Militärmaschine vom Typ KC-10 zu zeigen, die massive Chemtrails ausbringt. Die Chemtrails werden an- und abgeschaltet. Beachten Sie, dass die Chemtrails aus dem gesamten Flügel, nicht aus den Triebwerken und nicht aus dem Heck austreten. Mal siehst du sie, mal siehst du sie nicht.

klar, dass es sich keineswegs um Contrails handelte. Anstatt sich wie Kondensstreifen rasch wieder aufzulösen, blieben diese Streifen über Stunden hinweg bestehen und zogen sich über den ganzen Himmel. Heute kennen wir sie als Chemtrails. Ich habe oft Flugzeuge beobachtet, die systematisch kreuz und quer über ein bestimmtes Gebiet flogen, bis der vorher blaue Himmel aussah wie ein Flickwerk aus weißen Streifen, die sich immer weiter ausbreiteten, bis der ganze Himmel verschleiert aussah (Abb. 730). Als dieses Phänomen immer häufiger zu beobachten war, tauchten aus aller Welt Berichte darüber auf. Ich habe diese Streifen in allen Ländern gesehen, die ich bereiste. Sogar in den Mainstream-Medien gab es vereinzelte Berichte darüber, und in den Parlamenten wurden Fragen gestellt, auf die niemand eine glaubhafte Antwort erhielt (Abb. 731). Die von den Chemtrails erzeugten Wolken gehen schließlich auf die Erde nieder und verseuchen Flüsse, Land, Menschen, Pflanzen und Wälder. Analysen zufolge enthalten sie Metalle wie Aluminium, Barium und radioaktives Thorium sowie hochtoxische Pathogene, so etwa Mycoplasma fermentans (Incognitus-Stamm). Dr. Garth Nicolson vom kalifornischen Institut für Molekularmedizin stellte einen Befall mit diesem Stamm bei 45 Prozent der ehemaligen amerikanischen Soldaten fest, die an einer zerstörerischen Krankheit namens Golfkrieg-Syndrom litten. Chemtrails dienen als Massenverteilungssystem für künstlich erzeugte Krankheiten und andere aus der Atmosphäre unternommene Angriffe auf die Gesundheit. Aluminium und Barium werden weltweit in zunehmend stärkeren Anreicherungen im Wasser und im Boden gefunden. Betroffen sind vor allem die Landstriche, die einem besonders starken Bombardement mit Chemtrails ausgesetzt sind. Schneeproben, die am Mount Shasta in Nordkalifornien entnommen wurden, zeigten, dass die Aluminiumkonzentration von ursprünglich sieben Teilen pro Milliarde mittlerweile auf 61.000 Teile pro Milliarde angestiegen war (Abb. 733). Viele Menschen klagen über Atembeschwerden, erkältungsähnliche Symptome, geistige Verwirrtheit oder Depressionen, nachdem sie Hautkontakt mit den Bestandteilen von Chemtrails hatten. Das aus der Atmosphäre niedergehende Barium schwächt die Muskeln, auch die des Herzens. Thorium kann Leukämie und andere Krebsformen hervorrufen. Einige Organisationen innerhalb der Mainstream-Medienlandschaft haben den Zusammenhang zwischen dem Versprühen von Chemtrails und den unmittelbar darauf im entsprechenden Gebiet auftretenden Gesundheitsschäden zwar verschleiert, die alternativen Medien haben jedoch, wie üblich, die Geschichte aufgegriffen und die Öffentlichkeit auf das aufmerksam gemacht, was vor sich geht. Aluminium wird zudem mit Osteoporose und Alzheimer in Verbindung gebracht. Aluminium und Barium unterdrücken das menschliche Immunsystem, indem sie die für die Krankheitsabwehr zuständigen T-Zellen-Rezeptoren deaktivieren. Das Immunsystem steht im Rahmen der Massenvernichtungspläne ganz besonders unter Beschuss. Ich bin seit langem der Überzeugung, dass die Chemtrails eine Art Nanotechnologie enthalten, die so mikroskopisch klein ist, dass sie für das menschliche Auge unsichtbar bleibt. Nanopartikel finden heutzutage in Tausenden von Produkten Verwendung, unter anderem in Lebensmitteln, Kleidung, Medikamenten, Shampoos, Zahncremes und Sonnenschutzmitteln. Obwohl sie beim Menschen und in seiner Umwelt Mutationen auslösen können, werden sie kaum überwacht. Dr. Russel Blaylock, ein amerikanischer Neurochirurg und Spezialist für Neurotoxine, sieht einen Zusammenhang zwischen Aluminium in Nanopartikelform, wie es in den Chemtrails vorkommt, und dem Ansteigen degenerativer Erkrankungen des Gehirns wie Alzheimer und Parkinson. Blaylock betont, dass Aluminium in Form von Nanopartikeln leicht ins Gehirn gelangen kann, nachdem es aus niedergegangenen Chemtrails eingeatmet wurde. Aluminiumbehälter für säurehaltige Limonaden sorgen ebenfalls für eine kumulative Aufnahme von Aluminium. Sogar schon winzige Mengen des wasserlöslichen Barium können zu Atembeschwerden,

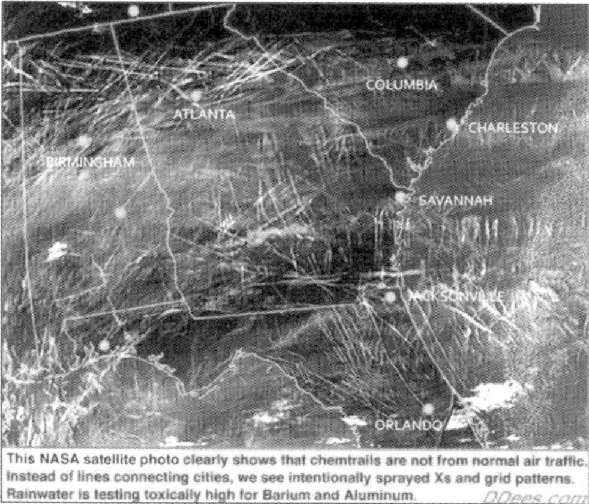

Abbildung 732: Das Ausmaß der weltweiten Chemtrail-Aktivitäten mutet geradezu fantastisch an.

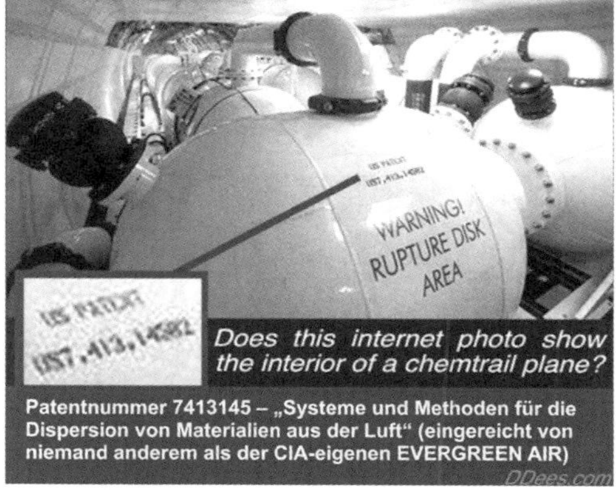

Abbildung 733: Zeigt dieses Foto aus dem Internet das Innere eines Chemtrail-Flugzeugs?

erhöhtem Blutdruck, Herzrhythmusstörungen, Magenreizungen, Muskelschwäche, Veränderungen der Nervenreflexe, Anschwellen des Gehirn- und Lebergewebes oder Nieren- und Herzleiden führen. Aber der Staat wird doch wohl nicht seine eigene Bevölkerung vergiften, oder doch? Im Programm für chemische und biologische Kriegsführung, geregelt im öffentlich-rechtlichen Gesetz 95-79 [P L 95-79], Titel 50, heißt es in Kapitel 32, Paragraph 1520: „Die Verwendung von menschlichen Versuchsobjekten zum Zweck der Erprobung chemischer und biologischer Wirkstoffe durch das amerikanische Verteidigungsministerium ist zulässig, wenn einem Kongressausschuss über die Experimente und Studien Bericht erstattet wird". Im öffentlich-rechtlichen Gesetz 95-79 vom 30. Juli 1977, Gesetzessammlung 91, Nr. 334, heißt es unter Titel VIII, Paragraph 808:

> „Der Verteidigungsminister [darf] Tests und Experimente durchführen, bei denen Mittel der chemischen und biologischen [Kriegsführung] an der Zivilbevölkerung [der Vereinigten Staaten] erprobt werden".

Das sind nur zwei Beispiele, die offiziell genannt werden, doch das meiste geschieht ohnehin ohne jegliche rechtliche Grundlage. Zur gleichen Zeit wie die Chemtrails tauchte auch eine schreckliche Krankheit auf: die sogenannte Morgellons-Krankheit. Bei einem Befall werden im Körper farbige Fasern produziert, die man durch die Haut herausziehen kann, die danach jedoch sofort wieder nachwachsen. Ich behaupte, dass es sich dabei um Nanotechnologie aus den Chemtrails handelt, die auch die gesamte Natur in Mitleidenschaft zieht. Zu den Symptomen zählen kriechende, stechende oder beißende Hautempfindungen, nicht heilende Hautläsionen, extreme Müdigkeit, schwere geistige Verwirrung, Verlust des Kurzzeitgedächtnisses, Gelenkschmerzen, starkes Nachlassen der Sehkraft, Juckreiz, der die Opfer an den Rand des Selbstmords treibt und schwere neurologische Störungen (Abb. 734). Auch genveränderte Organismen gelten als mögliche Ursache der Morgellons, da die bei GVO so häufig verwendete DNS von Pilzen und Bakterien in den bei der Morgellons-Krankheit auftretenden Fasern zu finden ist. Dr. Rima Laibow, die medizinische Leiterin der Natural Solutions Foundation, erklärte:

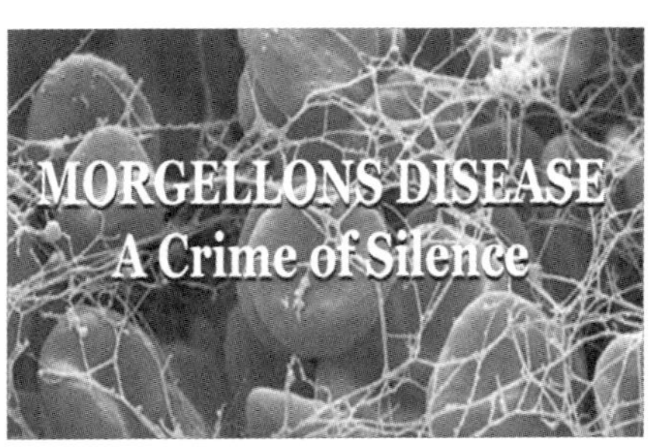

Abbildung 734: Chemtrails (die Nanotechnologie enthalten, da bin ich mir sicher) und die Morgellons-Krankheit wirken zusammen.

> „... mithilfe einer Genmanipulationstechnologie kann man, wie Professor Frankenstein herausgefunden hat, Nichtlebendigem Leben einhauchen. Diese Fasern drehen sich, winden sich umeinander, wachsen und teilen sich. Kurz gesagt, sie leben unter der Haut des Menschen und verursachen dort parasitäre Läsionen. Eigentlich wäre es nichtlebendiges Material, das aber durch den Horror genetischer Veränderung die Charakteristika von etwas Lebendigem angenommen hat ..."

Hier sehen wir eine weitere Form archontischer Besetzung. Das Sonnenlicht spielt für die Gesundheit des Menschen eine entscheidende Rolle. Es fungiert auch als Träger von Informationen. Doch die Menge des auf die Oberfläche der Erde einstrahlenden Sonnenlichts nimmt seit den 1950-er Jahren und ganz besonders seit den 1990-er Jahren zunehmend ab. Dafür hat man den Begriff „Global Dimming" geprägt. Es besteht ein eindeutiger Zusammenhang mit Geoengineering. Die Abnahme der täglichen direkten Sonneneinstrahlung betrug zwischen 1960 und 1990 weltweit etwa fünf Prozent jährlich und ist seit 1990, der Zeit, in der die Chemtrails aufkamen, auf einen Wert von mittlerweile 17 Prozent angewachsen, ohne dass ein Ende in Sicht wäre. Das wirkt sich in vielerlei Hinsicht auf die menschliche Gesundheit, die Bewusstheit, die Lebensmittelproduktion und die „natürliche" Welt insgesamt aus. Das Chemtrail-Programm unterliegt einer strengen Kompartmentalisierung, so dass nur die allerhöchsten Insider wissen, was tatsächlich vor sich geht. Den Piloten und anderen Beteiligten erzählt man irgendwelche Pseudogeschichten, etwa, dass man das Sonnenlicht blockieren müsse, um eine globale Erwärmung zu verhindern. Dabei sprühen diese Menschen Gifte auf ihre eigenen Familien, die Nahrungsmittel und das Wasser herab, das sie später selbst konsumieren (Abb. 735). Im Jahr 2012 traten amerikanische Wissenschaftler sogar mit einer Studie an die Öffentlichkeit, bei der es darum ging, Jahr für Jahr „sonnendimmende Partikel" in 18 Kilometern Höhe über der Erdoberfläche auszubringen. Das sollte Teil einer Strategie zum „Solarstrahlungs-Management" bilden. Die Wissenschaftler schätzten, dass für die dafür benötigten Flugzeuge und Luftschiffe pro Jahr fünf Milliarden Dollar aufgewendet werden müssten, doch das, so meinten sie, sei immer noch billiger als ... gigantische Kanonen oder Raketen, oder eine *Pipeline in die Stratosphäre*. Mama, bitte weck mich. Demjenigen, der glaubt, Regierungen und Militärs würden die Bevölkerung doch nicht absichtlich vergiften, sei gesagt, dass sie das seit vielen Jahrzehnten tun. Enthüllungen und Berichte lange nach den Geschehen haben das immer wieder bestätigt. In Großbritannien und anderen Länder geschah das viele Male, und in den Vereinigten Staaten geschieht das sicherlich fortlaufend. Hartnäckige Nachforschungen der Soziologin Lisa Martino-Taylor brachten 2012 ans Licht, dass das amerikanische Militär in den 1950-er und 1960-er Jahren Zink-Cadmium-Sulfid über der Bevölkerung von St Louis versprüht hatte, um die daraus resultierenden gesundheitlichen Auswirkungen zu studieren. Mit der Sprühaktion wurden hauptsächlich arme, einkommensschwache Familien aufs Korn genommen, ganz im Einklang mit den „Werten" der Eugenik und der Agenda 21. Zu den möglichen Folgen, die eintreten können, wenn Zink-Cadmium-Sulfid eingeatmet wird, gehören Lebererkrankungen und Krebs. Etwa 70 Prozent der auserwählten Opfer waren Kinder unter zwölf Jahren. Wie Anhörungen vor

Abbildung 735: „Keine Sorge Jungs, das Zeug, das ihr da abwerft, soll die globale Erwärmung stoppen. Euren Kindern wird das nichts anhaben".

dem Senats im Jahr 1977 ergaben, wurden zwischen 1949 und 1969 bei ähnlichen Experimenten absichtlich biologische Kampfstoffe in etlichen Städten, darunter auch San Francisco, Washington DC, Minneapolis und St Louis, ausgebracht. In New York und Chicago setzte man in den U-Bahnsystemen Bakterien frei, um deren Wirkung zu testen. Außerdem sah sich die amerikanische Regierung gezwungen, eine verspätete Entschuldigung dafür auszusprechen, dass sie Menschen in Guatemala absichtlich mit einer Krankheit infiziert hatte, die durch Geschlechtsverkehr übertragen wird. Die Liste ist endlos. Die Zahl von Vorfällen, über die wir nichts wissen, liegt mit Sicherheit Tausende Male höher als die Zahl der uns zu Ohren kommenden Geschehnisse. Die Regierungen und die großen Pharmaunternehmen werden von genau dem gleichen Netzwerk gesteuert, das auch das Militär beherrscht. So dienen sie alle miteinander ein und denselben Interessen. Keine dieser Gruppierungen interessiert sich auch nur im Geringsten für menschliche Gesundheit oder menschliches Leid. Ihre Herzen sind verschlossen und ihre Gesinnung ist archontisch.

Gifte in Schwingungsform

Im Bereich des Holografischen begegnen uns Chemikalien und Gifte als Substanzen; in ihrem Urzustand aber handelt es sich um von Grund auf verzerrte, wellenförmige Informationsfelder, die im menschlichen Energiefeld potenziell tiefgreifende Verzerrungen bewirken können. Das geschieht durch die Interaktion, die beim Vorgang des Essens und Trinkens in Gang kommt, oder auch des Atmens, falls es sich um kontaminierte Luft handelt. Kann dieser Typ, der Diät-Cola anpreist, eigentlich noch atmen? Aha, er arbeitet daran. Gut. Er will damit anfangen, wenn er seine chemisch aromatisierte, Erdbeer-Mousse vertilgt hat? Nun, das ist nicht so gut. Verzerrungen im menschlichen Energiefeld, die auf chemische Verzerrungen zurückzuführen sind, schlagen in Form von mentalen und emotionalen Störungen, Leiden und zahllosen „physischen" Beschwerden in den holografischen Bereich durch. Die Archonten und ihre Blutlinien-Hybriden müssen die Menschen unbedingt im niedrigfrequenten Band der Saturn-Mond-Matrix gefangen halten und sie daran hindern, ins Bewusstsein „hinauszugreifen", wo sie aus einer erweiterten Wahrnehmung heraus das Spiel durchschauen würden. Wie trefflich, dass Fluorid ausgerechnet die Zirbeldrüse verkalken lässt. Diese bildet einen Teil des sogenannten „dritten Auges", das eine Wahrnehmung jenseits der fünf Sinne ermöglicht. Dr. Jennifer Luke von der britischen Universität in Surrey stellte fest, dass die Zirbeldrüse von Erwachsenen mehr Fluorid aufnimmt als jedes

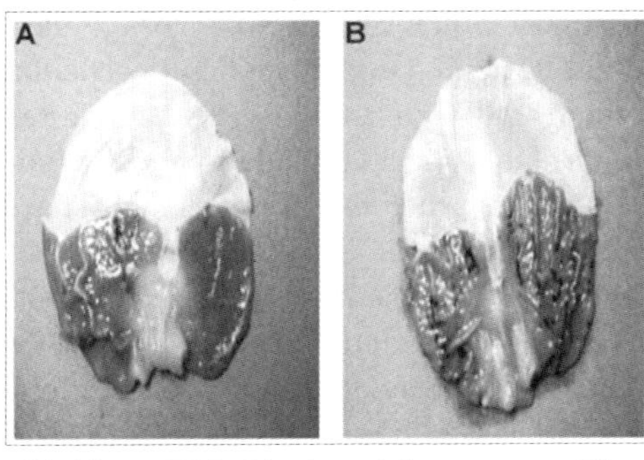

Abbildung 736: Die Auswirkungen von Fluorid auf die Zirbeldrüse.

andere Weichteilgewebe. Kalzit-Mikrokristalle, die so hart sind wie Zahnschmelz, können sie regelrecht einhüllen (Abb. 736). In einem fortgeschrittenen Stadium kann sich das auf den Richtungssinn auswirken. Die Menschen werden orientierungslos und vergesslich oder agieren gar wie Zombies. Wenn es diesen Verrückten gelingt, die Zirbeldrüse aus dem Gleichgewicht zu bringen, dann haben sie den Jackpot geknackt. Kein Wunder also, dass die Zirbeldrüse von allen Richtungen aus aufs Korn genommen wird, sei es durch Fluorid in Trinkwasser und Zahncremes oder durch ein wahres Bombardement mit elektromagnetischen Kräften. Die Zirbeldrüse ist die Hauptdrüse des endokrinen Systems. Zusammen mit der ebenfalls im Gehirn befindlichen Hypophyse bildet sie das „dritte Auge". Dem Kontrollsystem ist sie ein Dorn im Auge, denn die Manipulation von Wahrnehmung und damit auch Verhalten beruht ja gerade auf der Isolierung menschlichen Gewahrseins innerhalb der Realität der fünf Sinne. Die wie ein Pinienzapfen geformte Zirbeldrüse, die man oft auch als „Sitz der Seele" bezeichnet, kann uns mit höheren Dimensionen der unendlichen Realität verbinden, denn sie fungiert als wichtiger Empfänger und Sender. Je breiter das Frequenzband, mit dem sie in Verbindung treten kann, umso weiter wird unser spirituelles und intuitives Gewahrsein. Das Kontrollsystem zielt darauf ab, diese Tür zum Unendlichen für immer zu verschließen. Diejenigen, die im Schatten verborgen die Marschrichtung der menschlichen Gesellschaft vorgeben, hatten genau das im Sinn, als sie dafür sorgten, dass das Abfallprodukt aus der Aluminiumindustrie ins Trinkwasser und in Zahncremes eingeschleust wurde, bemäntelt mit der ungeheuerlichen Lüge, es wäre gut für die Zähne. Die Zirbeldrüse leistet auch dadurch einen Beitrag zu einem erweiterten Bewusstsein, dass sie Dimethyltryptamin, auch DMT genannt, absondert – eine Substanz, die den Verstand für ein größeres Bewusstsein öffnet. Psychoaktive Tränke wie Ayahuasca oder halluzinogene Pilze enthalten DMT. Die Auswirkungen einer dysfunktionalen Zirbeldrüse auf die menschliche Wahrnehmung bedürfen keiner weiteren Erklärung. Die Störung schlägt die Tür zu erweiterter Wahrnehmung zu. Zu den weitverbreiteten Folgen einer Beeinträchtigung der Zirbeldrüse zählen aber auch ernsthafte Bedrohungen für Gesundheit und Leben. Die Zirbeldrüse kommuniziert mit der Hypophyse und anderen Drüsen des endokrinen Systems – vor allem dem Hypothalamus, der Schilddrüse, den Nebennieren und den Geschlechtsdrüsen. Auch das Herz übt eine wichtige Drüsenfunktion aus. Das Drüsensystem beeinflusst nahezu alle Zellen, Organe und Körperprozesse. Durch Absonderung chemischer Botenstoffe, der sogenannten Hormone, steuert es Stimmung, Wachstum, Gewebe, Stoffwechsel, Sexualfunktionen und Fortpflanzung. Die endokrinen Drüsen sind für ein harmonisches Zusammenwirken mit dem Nervensystem angelegt. Sie interagieren auch unmittelbar mit dem Chakrasystem, über das die Verbindung des holografischen Selbst mit tieferen Schichten der energetischen Wesenheit abläuft. Funktionsstörungen bei den endokrinen Drüsen führen zu Funktionsstörungen bei den Chakras und umgekehrt. In beiden Fällen wird das seitens der Archonten unter Dauerbeschuss stehende Immunsystem attackiert. Das Chakrasystem verbindet uns auch mit „draußen" und den dortigen Informationen, Einsichten und Wahrnehmungen.

Was für ein Zufall, dass die Chemikalie Bisphenol-A (BPA), die aus zahlreichen, für „natürliches Wasser" und Lebensmittel verwendeten Plastikgefäßen austritt, zur großen Gruppe derjenigen Substanzen gehört, die man als „endokrinschädliche Stoffe" bezeichnet.

Die chemische Verbindung BPA findet man in Polycarbonatkunststoffen und Harzen, die Lebensmittel- und Getränkebehälter auskleiden, und beispielsweise in oder auf Babyflaschen, Beißringen, Babyspielsachen und Lebensmitteldosen zu finden sind. Die Chemikalie BPA gilt, wie gesagt, als *endokrinschädlicher Stoff*. Die amerikanische Umweltschutzbehörde (Umkehrung) behauptet seit jeher, dass geringe Mengen von BPA für Menschen unschädlich seien, was bedeutet, dass sie es eben gerade nicht sind. Wie in der Zeitschrift *Environmental Health Perspectives* veröffentlichte Forschungsergebnisse aufzeigen, können sogar wesentlich geringere als die offiziell für „sicher" erklärten Mengen langanhaltende Gesundheitsschäden hervorrufen. Im Rahmen einer von der Duke Universität durchgeführten und in der Zeitschrift *Proceedings of The National Academy Sciences* veröffentlichten Studie fand man heraus, dass BPA die Entwicklung des zentralen Nervensystems beeinträchtigen kann. Dr. Wolfgang Liedtke, außerordentlicher Professor für Medizin und Neurologie an der Duke Universität, erklärte:

> „Unsere Studie ergab, dass BPA die Entwicklung des zentralen Nervensystems beeinträchtigen kann. Damit stellt sich die Frage, ob die Exposition Tiere und Menschen möglicherweise für neuronale Entwicklungsstörungen prädestinieren kann".

Praktisch alle Lebensmittel werden heutzutage in Plastik verpackt, das Inhaltsstoffe wie BPA an die Lebensmittel abgibt. Supermärkte wie Tesco in Großbritannien etikettieren Lebensmittel als „biologisch", verpacken sie aber dennoch in Plastik, was bedeutet, dass von biologisch keine Rede mehr sein kann, weil Kunststoffe in die entsprechenden Lebensmittel und Flüssigkeiten eindringen. Bei einer von den amerikanischen Centers for Disease Control durchgeführten Forschungsstudie konnte bei 90 Prozent der getesteten Personen BPA im Urin nachgewiesen werden. Als ich vor Kurzem die entsprechende Seite auf der Website der Centers for Disease Control aufrufen wollte, war sie nicht mehr verfügbar. BPA und andere Substanzen aus der Familie endokrinschädlicher Stoffe (die auch der Zirbeldrüse Schaden zufügen) verzerren das hormonelle Gleichgewicht auf drastische Weise und setzen die Menschen einer Vielzahl von physischen und emotionalen Problemen aus. Man konnte zudem nachweisen, dass BPA bei Mäusen ein verfrühtes Einsetzen der Geschlechtsreife und bei Fischen einen Geschlechtswechsel herbeiführen kann. Auch eine Verbindung mit Brustkrebs bei Frauen, Gehirnschäden bei Kindern und Störungen der Sexualfunktion bei Männern konnten aufgezeigt werden. BPA imitiert das weibliche Hormon Östrogen. Mehr als 300 von 450 untersuchten Plastikbehältern schieden hormonähnliche Verbindungen ab. Sogar die Weltgesundheitsorganisation warnte davor, dass Chemikalien, wie sie in einer langer Liste von weit verbreiteten Haushaltsgegenständen enthalten sind, die menschliche Gesundheit bedrohen und Krebs, Asthma, verminderte Fruchtbarkeit und sogar Geburtsschäden auslösen können. Forscher der Duke Universität in North Carolina fanden heraus, dass bei Babys, die vor ihrer Geburt mit BPA in Kontakt kamen, die Entwicklung des zentralen Nervensystems unterdrückt wurde, was zu einer Unterentwicklung des Gehirns führen kann. Britische Wissenschaftler warnen, dass die üblichen Haarfärbemittel, wie Millionen von Frauen sie verwenden, eine Reihe von Chemikalien enthalten, die das Krebsrisiko erhöhen. Haarfärbemittel für Zuhause und in teuren Friseursalons verwendete Haarfarben können sich mit Giftstoffen aus der Luft, wie beispielsweise Tabakrauch, verbinden und „eine der am stärksten krebserregenden Verbindungen eingehen, die die Menschheit kennt". Forscher der School of Public Health der Universität von Kalifornien in Berkeley testeten 32 beliebte Lippenstifte und Lipgloss-Produkte und stellten fest, dass viele davon „einen hohen Gehalt an Kadmium, Chrom, Aluminium und mindestens fünf weiteren Metallen enthielten". Oh ja. Im Supermarkt las ich neulich folgende Aufschrift auf einer Flasche:

> „Warnung. Von Kindern fernhalten. Kontakt mit den Augen vermeiden. Wenn das Produkt in Ihre Augen gelangt, spülen Sie Ihre Augen gründlich mit Wasser ab. Menschen mit empfindlicher oder angegriffener Haut sollten den Kontakt mit diesem Produkt meiden. Nicht für den Verzehr bestimmt. Suchen Sie bei Verschlucken umgehend einen Arzt auf."

Es handelte sich um ein Spülmittel.

Wir werden mit Giften bombardiert. Aus allen möglichen Quellen setzt man uns in allen Bereichen unseres Lebens gesundheitsgefährdenden Quellen aus. All die Gifte, GVO, Impfstoffe, Medikamente der Pharmariesen, Zusatzstoffe in Lebensmitteln und Getränken, Strahlungen, etc., etc. haben dazu geführt, dass Krankheiten heute im Schnitt schon mit 30 und nicht erst mit 45 Jahren einsetzen, und dieses Durchschnittsalter sinkt immer weiter und weiter. Ein anderes Thema, dem wir allerorts begegnen, betrifft die Verzerrung der menschlichen Empfangs-, Sende- und Dekodierungsprozesse. Wie sich herausstellte, beeinflusst die Sonnenaktivität durch elektromagnetische Felder maßgeblich unsere Zirbeldrüse, mit mentalen, emotionalen und „physischen" Auswirkungen. Folglich kann die Zirbeldrüse durch die technisch erzeugte elektromagnetische Suppe, in der Stadtbewohner, zunehmend aber auch Menschen in ländlicheren Gebieten, leben müssen, beeinträchtigt werden. Darauf möchte ich im Folgenden näher eingehen.

34

„Smarte" Dinge aller Art

Die meisten Menschen sind nicht sie selbst. Ihre Gedanken sind die Meinungen eines anderen, ihr Leben ist eine Imitation eines anderen Lebens, ihre Leidenschaften sind eine Wiedergabe der Leidenschaften eines anderen.

Oscar Wilde

Drahtlose Systeme der Kommunikation zwischen Chips, die einem Menschen implantiert wurden und technischen Geräten bilden das tragende Rückgrat der Agenda 21. Der Plan sieht vor, dass Menschen, die die Bevölkerungsreduzierung überleben, zu bloßen Endgeräten für ein globales drahtloses Internet werden sollen.

Heute operieren bereits zahllose drahtlose Netzwerke, und viele weitere werden noch folgen, wenn wir es zulassen. Es handelt sich keineswegs um individuelle Netzwerke, wie es gerne dargestellt wird. Sie allen bilden die verschiedenen Facetten *ein und desselben* nahtlosen Ganzen – eines globalen drahtlosen Kontrollsystems (Abb. 737). Genau aus diesem Grund hat die archontisch geprägte Federal Communications Commission (FCC) ein freies drahtloses Internetsystem vorgeschlagen, das in den Vereinigten Staaten jedem zur Verfügung gestellt werden soll. Wie die FCC erklärte, soll dieses „Super-Wi-Fi" einen Teil des bisher für Fernsehsendungen genutzten drahtlosen Spektrums nutzen und deutlich leistungsfähiger [radioaktiver] sein als das derzeitige Wi-Fi-Spektrum. Damit könnten Signale über größere Distanzen reisen und auch Gebäude und andere Hindernisse durchdringen. Google und Microsoft unterstützen diese Idee, folglich muss sie für den Menschen schlecht sein. Nach deren Angaben könnte dadurch die ganze Nation mit smarten netzwerkfähigen Geräten ausgerüstet werden – mit „Millionen von Geräten, die das zukünftige Internet der Dinge bilden werden". Das entspricht zufällig genau der archontischen Agenda, die ich seit so vielen Jahren bloßstelle. Auf das „Internet der Dinge" werde ich gleich noch näher eingehen. Die Regierungen geben keine riesigen Summen für ein weiterreichen-

Abbildung 737: Die „smarte" Welt, in der rund um die Uhr, sieben Tage die Woche Gedankenkontrolle stattfindet.

des drahtloses Internet aus, um den Menschen damit zu helfen. Das ist nicht ihre Aufgabe. Sie tun es, weil das drahtlose Internet einen wichtigen Teil des geplanten drahtlosen, globalen Netzes wechselseitig verbundener Informations- und Überwachungsquellen bildet. Dieses Netz umfasst auch die drahtlose Kommunikation und die Überwachung auf den Straßen mithilfe der sogenannten Intellistreets-Technologie, über die an späterer Stelle noch mehr zu sagen sein wird. Das Netz ist so konzipiert, dass es auf dem Frequenzband und im elektromagnetischen Aktivitätsbereich des menschlichen Gehirns sendet, um dem Gehirn auf diese Weise Gedanken und Wahrnehmungen einzupflanzen und Absichten daraus ablesen zu können. Das Kernstück bildet das smarte Stromnetz, das seit der Einführung der „smarten Messgeräte" bereits heute das Leben vieler Menschen beeinflusst. Einige der großen Blutlinienunternehmen wie IBM, GE, Siemens und Accenture, die größte Management- und Consultingfirma der Welt, haben dabei ihre Hände im Spiel. Achten Sie auf den Begriff „smart". Er dient als Codewort für verschiedene Aspekte und Ausdrucksformen des geplanten vereinheitlichten smarten Stromnetzes ... als da wären smarte Telefone, smarte Städte, smarte Fernsehgeräte, smarte Pillen und, als wirtschaftliche Variante – „smartes Wachstum". Die Europäische Kommission hat im Rahmen eines Plans namens „smarte Grenzen" neue Technologien für Grenzübergänge vorgeschlagen. Es handelt sich um eine weitere Form der Wahrnehmungsmanipulation, bei der man den Begriff „smart" (intelligent, scharfsinnig) mit dem Aufbau eines globalen elektronischen Gefängnisses assoziiert und als vernünftigen nächsten Schritt erscheinen lässt. Smarte Messgeräte werden wie üblich mit „Klimaveränderungen" und Energieeinsparungen gerechtfertigt, obwohl die Kontrolle der Massen den wahren Grund darstellt. Die Klimalüge bildet die Grundlage, mit der die Agenda 21 steht oder fällt. Das erklärt auch, warum die Beweise und unmittelbaren Erfahrungen, die der offiziellen Geschichte das Wasser abgraben, nie ausreichen werden, um ein Umdenken und einen Richtungswechsel zu bewirken. Lassen Sie mich zuerst einmal den orwellschen Jargon aus dem Weg räumen, ehe wir das Ganze auf den Punkt bringen. Für das smarte Messgerätesystem lesen wir die Beschreibung: „ein intelligentes, digitalisiertes Energienetzwerk, das in optimierter Wiese Strom von der Quelle bis zum Verbraucher transportiert". Okay, vielen Dank, Sie können jetzt gehen, sehr freundlich von Ihnen. Also, worum handelt es sich wirklich? Smarte Messgeräte sind Teil des wachsenden smarten Netzwerkes für eine drahtlose Kommunikation zwischen zentralisierten Kontrollzentren und den einzelnen Haushalten und Geschäften. Die Pläne sehen vor, letztendlich jeden Menschen auf dem Planeten in das drahtlose Feld des smarten Stromnetzes einzubinden (Abb. 738). Wie soll das in Bezug auf all die Menschen weltweit bewerkstelligt werden, die in ländlichen Gebieten, verstreut gelegenen Häusern oder landwirtschaftlichen Gebieten leben? Dort wird es keine Menschen mehr geben. Alle diejenigen, die nicht der Vernichtung anheimfallen, werden in dicht

Abbildung 738: Wenn Ihnen gefällt, was Hitler tat, dann werden Sie geradezu lieben, was PG&E und die smarten Messgeräte tun. Smarte Messgeräte bilden einen wichtigen Bestandteil im Netzwerk drahtloser Wahrnehmungskontrolle.

besiedelte Megastädte gepackt, wo jeder der drahtlosen Gedankenkontrolle und Überwachung durch das smarte Stromnetz unterliegt. Origin Energy, Australiens größtes Energieversorgungsunternehmen, hat auf seiner Website ein Datenschutz-/Zustimmungsformular veröffentlicht, das diejenigen Organisationen auflistet, mit denen der Kunde smarter Messgeräte seine privaten Daten teilen muss:

- Regierungsbehörden
- Elektroinstallateure
- Postdienste
- Datenverarbeitungsanalysten
- IT-Dienstanbieter
- Anbieter smarter Energietechnologien
- Inkassobüros
- Kreditauskunfteien

Origen Energy erklärt: „Die zusätzlichen Informationen, die über jeden Haushalt erhoben werden, tragen zur Vielfalt der Origin-Smart-Erfahrung bei“. Diese „Vielfalt“ sorgt auch dafür, dass Behörden und Energieunternehmen der Blutlinien Ihnen, sobald die smarten Messgeräte einmal eingebaut sind, wann immer sie wollen, die Heizung abdrehen oder sogar den Kühlschrank ausschalten können. Der wahre Grund für smarte Messgeräte verbirgt sich hinter solchem Blödsinn wie:

> „die verstärkte Nutzung digitaler Informationen und Steuerungstechnologien verbessert die Zuverlässigkeit, Sicherheit und Effizienz des Stromnetzes und die Integration ‚smarter‘ Haushalts- und Verbrauchergeräte“.

Der letzte Teil der Aussage weist darauf hin, dass alle Haushaltsgeräte künftig mit Mikrochips ausgerüstet werden sollen, die Informationen von zentralisierten Kontrollzentren empfangen oder an diese senden können. All das ermöglicht es Big Brother, sofort zu erfahren, wann Sie die Kühlschranktür öffnen, sich waschen, zu Bett gehen oder Ihren Computer benutzen und jederzeit zu wissen, wie viele Menschen in Ihrem Haushalt leben und wo sich diese gerade befinden. Jetzt werden Sie verstehen, welche Bedeutung den „stromsparenden, preisgünstigen Chips für Haushaltsgeräte und sogar Türklingeln“ zukommt, deren Herstellung sich die mit Apple verbundene Firma ARM verschrieben hat, und warum der ehemalige CIA-Direktor David Petraeus erklärte:

> „… Gegenstände von Interesse werden durch Technologien wie Radiofrequenz-Identifizierung [Mikrochips], Sensornetzwerke, winzige eingebettete Server und Energy-Harvester aufgespürt, identifiziert, überwacht und ferngesteuert – diese werden allesamt im Internet der nächsten Generation vereinigt, das sich zahlloser, preisgünstiger, leistungsstarker Rechner bedient. Das wird die Kunst der Spionage transformieren und die automatische Überwachung von Personen ohne Wanzen oder unmittelbare Infiltration ermöglichen.“

Petraeus bezog sich auf neue Technologien, die, entsprechend dem geplanten sogenannten „Internet der Dinge", Haushaltsgeräte wie Kühlschränke, Herde und Beleuchtungssysteme mit Prozessoren und Webzugang ausrüsten. Es handelt sich um ein System, das Google und Microsoft dann für realisierbar halten, wenn überall in den Vereinigten Staaten ein freies, leistungsstärkeres Wi-Fi verfügbar ist. Den detaillierten Informationen über den Energieverbrauch können enorme Mengen von Daten entnommen werden. Forscher konnten bereits aufzeigen, dass die Energieverbrauchsmuster Ihres Flachbildschirmfernsehers Rückschlüsse auf das Programm zulassen, das Sie gerade sehen. Petraeus bestätigte, dass man Menschen durch ihre „smarten" Fernsehgeräte – orwellsche Telebildschirme – beobachten kann. Denen scheint es gleichgültig zu sein, dass wir das wissen. Google hat ein Projekt gestartet, das passenderweise den Namen Google X trägt. Es soll der Entwicklung von Technologien für die „schöne neue Welt" dienen. Die *Irish Times* berichtete:

Google X ist ein Geheimlabor, in dem Konzepte erforscht und entwickelt werden, die auch den Einsatz von Robotern und Weltraumtransport zum Gegenstand haben. In diesem streng geheimen Labor, das sich an einem nicht bekannten Ort in der Nähe von San Francisco befindet, und in dem Roboter frei herumlaufen, wird die Zukunft erdacht. Es ist ein Ort, an dem Ihr Kühlschrank mit dem Internet verbunden sein und dort Lebensmittel bestellen könnte, sobald diese zur Neige gehen.

Ihr Essteller könnte einem sozialen Netzwerk mitteilen, was Sie gerade essen. Ihr Roboter könnte für Sie ins Büro gehen, während Sie im Pyjama zuhause bleiben. Möglicherweise könnten Sie auch in den Weltraum reisen. Das sind nur einige der Träume, denen Google X sich widmet. Googles Geheimlabor arbeitet an einer Liste von hundert Ideen, die das Unternehmen nach den Sternen greifen lässt.

Gott segne es.

Das ist nicht „smart"

Jerry Day, ein Fachmann für Elektronik und Medien aus Burbank in Kalifornien hat solide Arbeit geleistet, um auf die Folgen der smarten Messgeräte für die menschliche Freiheit aufmerksam zu machen. Wenn Sie seinen Namen und den Begriff „Smart Meters" in *YouTube* eingeben, werden Sie sein Video finden. Laut Day können smarte Messgeräte:

- elektrische Geräte innerhalb eines Haushalts identifizieren und aufzeichnen, wann sie betrieben werden, was einen Angriff auf den Datenschutz darstell;
- Aktivitäten und Anwesenheiten in einem Haushalt überwachen, was einen Verstoß gegen Rechte und die häusliche Sicherheit darstellt;
- drahtlos Signale senden, die von nichtbefugten, unbekannten Parteien aufgefangen werden können;
- Daten über die täglichen Gewohnheiten und Aktivitäten der Bewohner aufzeichnen und in permanenten Datenbanken abspeichern, auf die nichtbefugte Parteien zugrei-

fen und so Kenntnis von privaten Daten erhalten können, die sie gegebenenfalls auch weiterreichen;

- mithilfe der für die smarten Messgeräte angelegten Datenbanken eine fortlaufende Geschichte der Aktivitäten eines Haushalts, jeweils mit Datum und Uhrzeit, aufzeichnen, um so höchst invasive und detaillierte Einblicke in das Privatleben der dort lebenden Menschen zu erhalten.

Diese Datenbanken können Kriminellen, Erpressern, Vollstreckungsbehörden, privaten Hackern der drahtlosen Übertragungen, Mitarbeitern der Energieversorgungsunternehmen und anderen unbekannten Parteien übermittelt werden oder in die Hände fallen, die bei einer solchen durch die Messgeräte gegebenen Überwachungssituation gegen die Interessen der Bewohner handeln könnten. Definitionsgemäß handelt es sich bei smarten Messgeräten um Überwachungsgeräte, die sowohl gegen bundesstaatliche als auch gegen staatliche Gesetze verstoßen, da sie ohne Zustimmung und ohne Wissen der überwachten Personen Daten über deren persönliche Aktivitäten und Verhaltensweisen aufzeichnen und in Datenbanken abspeichern. Aus einer Analyse bestimmter von einem smarten Messgerät erfasster Daten können unbefugte Parteien aus der Ferne den Gesundheitszustand, sexuelle Aktivitäten, den jeweiligen Aufenthaltsort innerhalb des Zuhauses, leere Räume sowie persönliche Informationen und Gewohnheiten der Bewohner ermitteln. Menschen, bei denen der Energieverbrauch deutlich ansteigt, werden bereits heute aufs Korn genommen, weil man kriminelle Aktivitäten bei ihnen vermutet. Sobald sich die Polizei aber einmal Zugang zu einer Wohnung verschafft und ein Verdacht sich als unbegründet erwiesen hat, wird sie den Menschen andere, damit in keinerlei Zusammenhang stehende Vergehen, die sich bei der Durchsuchung offenbaren, zur Last legen. Die Stiftung für informationspolitische Forschungen Großbritanniens lehnt smarte Messgeräte deswegen ab, weil sie so leicht zu hacken sind. Ross Anderson, Professor für Informatik und Leiter der Stiftung, erklärte, dass die regierungseigene Abhörstation GCHQ selbst Bedenken hegt, dass das System smarter Messgeräte für äußere Manipulationen anfällig sein könnte. Ein Kommentator äußerte, dass wir keine Angst vor feindlichen Bombenangriffen mehr zu haben bräuchten, sollten wir je in einen Krieg ziehen, weil der Gegner uns nur zu hacken und uns den Strom abzudrehen bräuchte. Eine „Whitehall-Quelle", auf die sich die Londoner Zeitung *Daily Mail* beruft, erklärte:

> „Das ist eine verrückte Politik, der man Einhalt gebieten muss, ehe sie aus dem Ruder läuft … es wird uns als verbraucherfreundliches Gerät verkauft, das uns hilft, Energie zu sparen, doch in den falschen Händen wird es zu einem totalen Disaster".

In den falschen Händen befindet es sich bereits – denn hinter allem steckt die archontische Kabale. Nick Pickles von Big Brother Watch formuliert es so:

> „Wir werden Zeugen eines massiven Eingriffs in Millionen von Wohnungen. Das geschieht, weil unsere Gesellschaft zunehmend stärker überwacht wird. Smarte Messgeräte sind ein Schritt auf dem Weg dazu, dass unser Zuhause zur nächsten Angriffslinie für die staatlichen Schnüffler wird."

Anna Fielder von *Privacy International* meinte:

> „Das könnte das Risiko von Identitätsdiebstahl, Echtzeitüberwachung, ungewollter Öffentlichkeit, Profiling oder Ansprache für kommerzielle Zwecke, aber auch von potenziell diskriminierenden Praktiken der Energieversorgungsunternehmen, die ihre Tarife zur Gewinnmaximierung entsprechend ausrichten, mit sich bringen."

Der europäische Datenschutzbeauftragte Peter Hustinx warnt, dass smarte Messgeräte eine Bedrohung der Privatsphäre darstellen. Er möchte, dass dieses Problem angegangen wird, ehe es zu spät ist. Das britische Energieministerium, ein „staatliches" Ministerium, das den Energieversorgungsunternehmen gehört, konterte gegen diese Äußerung des gesunden Menschenverstands, dass solche Messgeräte „den Menschen helfen, ihren Energieverbrauch zu steuern und den Hauptgrund für die allermeisten Beschwerden – nämlich unrichtige Abrechnungen – beseitigen". Wieder einmal ein Lügner oder ein durchgeknallter Idiot, suchen Sie es sich aus. All das soll also weltweit unrichtigen Abrechnungen entgegenwirken und den Menschen die Kontrolle über ihren Energieverbrauch geben, doch das genaue Gegenteil ist der Fall. Die Behauptungen, dass smarte Messgeräte zu niedrigeren Energierechnungen führen würden, haben sich bereits jetzt als Humbug erwiesen. Viele Menschen haben die Erfahrung gemacht, dass ihre Rechnungen höher werden. Die Installation zahlen wir durch Steuern und staatliche Verschuldung – so finanzieren wir, wie üblich, den Bau unseres eigenen Gefängnisses. Es gibt auch schon Pläne für smarte Wasserzähler, wo sich das Ganze wiederholen wird. Zahlreiche smarte Messgeräte haben bereits Feuer gefangen und Wohnungen in Brand gesteckt. Worum also geht es? Um die Agenda 21. Hinzu kommen noch die gesundheitlichen Auswirkungen, wenn man in den elektromagnetischen Feldern lebt, die diese im extrem niedrigen Frequenzbereich (ELF) operierenden Messgeräte erzeugen. Die amerikanische Akademie für Umweltmedizin erklärte:

> „Der Vorstand der Akademie ... wendet sich auf der Grundlage der wissenschaftlichen Auswertung aktueller medizinischer Literatur gegen die Installation von smarten Messgeräten in Wohnungen. Hinsichtlich der genetischen und zellulären Auswirkungen und der hormonellen Folgen, der möglichen Beeinträchtigung der männlichen Fruchtbarkeit oder Schädigung der Blut-Hirn-Schranke sowie des erhöhten Risikos von bestimmten Krebsarten, wie sie bei RF- oder ELF-Belastungen auftreten, die den von smarten Messgeräten ausgehenden Intensitäten vergleichbar sind, stellen sich durchaus berechtigte Fragen. Der Vorstand ... findet es vom gesundheitlichen Standpunkt aus unverantwortlich, eine solche Technologie einzuführen, ehe die ernsthaften medizinischen Bedenken ausgeräumt sind. Wir halten ein Moratorium über die Installation drahtloser smarter Messgeräte für ein Anliegen allerhöchster Priorität."

Viele Menschen, bei denen smarte Messgeräte installiert wurden, klagen über schwere Migräne, Müdigkeit, Entscheidungsunfähigkeit, Haarausfall, Muskelschmerzen, Schmerzen in der Herzgegend, Kurzatmigkeit, sexuelle Probleme und eine Abnahme der Milchmenge bei stillenden Müttern (Abb. 739). Olle Johansson von der neurowissenschaftlichen Abteilung des Karolinska Instituts in Stockholm in Schweden schrieb an die kalifornische Kommission für öffentliche Versorgungseinrichtungen:

> „Viele smarte Messgeräte befinden sich in der Nähe von Betten, Küchen, Kinderzimmern und an ähnlichen Stellen. Diese drahtlosen Systeme sind niemals abgeschaltet und man setzt sich ihnen nicht freiwillig aus … Es wird zunehmend offensichtlich, dass die Exposition gegenüber elektromagnetischen Feldern höchst unerwünschte gesundheitliche Auswirkungen haben kann.
>
> Das konnte bei einer großen Zahl von Studien aufgezeigt werden. Die Störungen umfassen Schädigungen der zellulären DNS (welche Krebs auslösen oder Mutationen bewirken können, die sich über Generationen hinweg fortsetzen), Beeinträchtigungen und Veränderungen der Zellfunktionen, wie beispielsweise der intrazellulären Reizleitung, Störungen des Kalziumstoffwechsels und Schäden an Gewebestrukturen, wie beispielsweise der Blut-Hirn-Schranke."

Da haben wir es wieder … Schädigungen der zellulären DNS, die Krebs auslösen oder *Mutationen* bewirken können, welche *sich über Generationen hinweg fortsetzen*. Wir dürfen es nicht beim Jammern bewenden lassen, wir müssen Netzwerke entwickeln und friedliche Technologien und Zahlen präsentieren, die sich nicht ignorieren lassen. Wenn wir dem nicht Einhalt gebieten, werden unvorstellbare, unaussprechliche Folgen auf uns warten. Die Vorstellung, dass die smarten Stromnetze über drahtlose Informationsfelder Informationen von Wohnungen und Geschäften aus senden, ist entsetzlich genug, aber die Informationen können auch in die entgegengesetzte Richtung laufen und uns innerhalb der Bandbreite menschlicher Gehirnaktivität Wahrnehmungen über das Leben, die Welt und die Realität einpflanzen. Müssen Sie nun Ihr Zuhause verlassen, um dem zu entgehen? Dann würden Sie unweigerlich auf den Straßen landen, wo die Intellistreets-Technologie dieselben Informationen sendet. Das Gleiche würde für jeden Arbeitsplatz und jede Ausbildungs- (Programmierungs-)Stätte gelten. Raus aus der Stadt? Der drahtlosen Wahrnehmungssteuerung bleiben Sie auch im Zug ausgesetzt, vorausgesetzt, Sie erhalten überhaupt eine Reiseerlaubnis (Abb. 740).

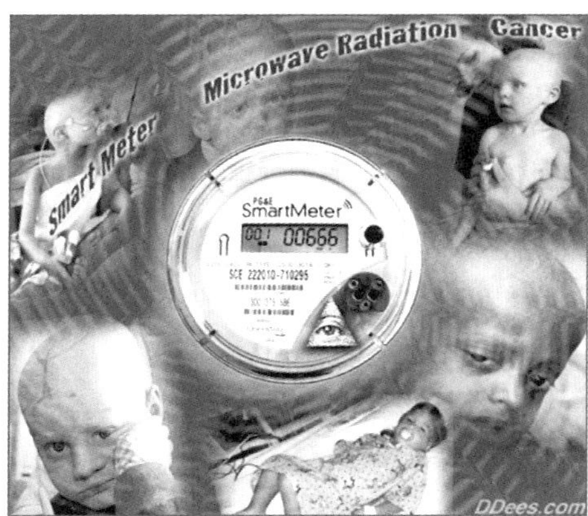

Abbildung 739: Die Abstrahlungen drahtloser Geräte haben zahllose Auswirkungen auf Verstand, Emotionen und Gesundheit.

Abbildung 740: Big Brother beobachtet dich.

Rote Flaggen und große Warnleuchten

Wenn etwas für die Agenda 21 von grundlegender Bedeutung ist, müssen Sie wissen, dann wird es der Bevölkerung aller Länder aufgezwungen, ganz gleich wie vehement die Menschen sich auch dagegen wehren mögen. Diejenigen, die sich gegen die smarten Messgeräte sperren, müssen erleben, dass man ihre Stromversorgung abschaltet. Dieser Einschüchterung müssen wir einen Massenwiderstand entgegensetzen. Smarte Messgeräte und smarte Stromnetze stellen eine so wesentliche Säule in der Gesamtstruktur der Agenda 21 dar, dass die Befürworter von der Notwendigkeit sprechen,

> „unvernünftige und unangemessene Barrieren, die der Einführung von smarten Stromnetz-Technologien, -Praktiken und -Dienstleistungen entgegenstehen zu identifizieren und abzubauen".

Bürger vieler Länder weltweit haben erfahren, was das bedeutet, als nämlich ihr massiver Widerstand gegen das System von den Machthabern einfach ignoriert wurde. Von den kriminellen Unternehmen angeheuerte Gangster nehmen keinerlei Notiz von den Menschen, die sich gegen die Messgeräte sperren, so einfach ist das. Sie steigen über Zäune und schneiden Türschlösser auf, um sich Zugang zu verschaffen. Mona Orkoulas, die als Angestellte eines Immobilienbüros arbeitet und in der Nähe von Las Vegas in Nevada lebt, stellte eines Tages, als sie nach Hause kam, fest, dass NV Energy ohne ihre Zustimmung und ohne vorherige Ankündigung außerhalb ihres Schlafzimmers ein smartes Messgerät installiert hatte. Sehr rasch machte sich dieses bei Frau Orkoulas durch eine Beschleunigung ihres Herzschlags und durch erhöhten Blutdruck bemerkbar, wenn sie morgens aufwachte. Zudem litt sie an Kopfschmerzen und Müdigkeit. Außerdem ging von dem Messgerät ein tiefes schleifendes Geräusch aus, das ihr das Einschlafen erschwerte. Sie sollte bald feststellen, dass sie mit diesen Symptomen nicht alleine dastand. Auch andere Menschen, die smarte Messgeräte in ihrem Zuhause oder in ihrem Geschäft hatten, waren davon betroffen. Ihr Arzt schrieb einen Brief an NV Energy:

> „Neurologische und kardiologische Befunde können mit gepulsten EMF ... EEG, ECG, MRI in Verbindung gebracht werden. Die bei Studien festgestellten Veränderungen von Schlafmustern können bei einigen hypersensiblen Personen mit EMF in Zusammenhang stehen. Wenn im Wohngebiet der Patientin mehrere smarte Messgeräte betrieben werden, besteht auch die entfernte Möglichkeit konstruktiver und destruktiver Interferenzen zwischen den verschiedenen EMF-Signalen. Deren Auswirkungen wären potenziell noch deutlich gefährlicher. Ich empfehle, dieser Patientin zu gestatten, von NVE ein analoges Messgerät an ihrem Haus anbringen zu lassen."

Das Unternehmen weigerte sich. Nach mehreren Monaten und sechs Versuchen, das Messgerät entfernen zu lassen, bestellte sie selbst einen Elektriker, der ein analoges Messgerät anschloss. Der Stand des Stromzählers auf beiden Messgeräten wurde fotografisch festgehalten, um sicherzustellen, dass sie für ihren tatsächlichen Verbrauch bezahlen würde. Nevadas Politik sähe eigentlich eine Ablehnungsmöglichkeit für smarte Messgeräte vor, doch diese griff nicht. Drei bewaffnete Männer tauchten vor Monas Haus auf und entfernten beide Messgeräte, so dass sie ohne Stromversorgung dastand. Sie fragte die Männer, warum sie mit Waffen erschienen waren und einer antwortete: „So ist nun mal die Verfahrensweise, meine Dame“. Verfahrensweise ist eine gute Beschreibung für das, was bei Software-Programmen an die Stelle des Verstandes tritt. Eine Verfahrensweise ist etwas, was beständig wiederholt wird. In den Köpfen dieser Leute befindet sich anscheinend eine Computer-Diskette, die sich dreht und die immer gleichen Verhaltensweisen, Einstellungen und Reaktionen abruft. Die gleiche Diskette beziehungsweise den gleichen Datenstick finden wir in Politikern, Wissenschaftlern, Ärzten, Medienleuten (ich werde das Wort „Journalisten“ nicht verwenden), leitenden Angestellten, Polizisten, Soldaten und einer endlosen Reihe anderer Personen. Wie sich herausstellte, besteht in Nevada keine Möglichkeit, smarte Messgeräte abzulehnen, es gibt lediglich eine „Aufschubliste“. Wenn es diesen Leuten gelingt, sich während Ihrer Abwesenheit auf Ihr Grundstück zu schleichen, dann bleibt Ihnen nur die Wahl, das zu akzeptieren oder auf Strom zu verzichten. Soweit ist die Menschheit gesunken – man schleicht heimlich auf fremde Grundstücke, um dort eine Technologie zu installieren, die die Gesundheit der Menschen massiv beeinträchtigt und ihre Privatsphäre zerstört. Die Welt ist wahnsinnig, aber bereits so wahnsinnig, dass sie sich für intelligent hält. Mütter aus Naperville, einem Vorort von Chicago, wurden vor den Augen ihrer Familien von der örtlichen Polizei verhaftet, als sie versuchten, zwei Gangster daran zu hindern, diese orwellschen, gesundheitszerstörenden Messgeräte anzubringen (Abb. 741). Wenn wir sehen, wie Menschen mit staatlicher Gewalt etwas aufgezwungen wird, das die Mehrheit von ihnen nicht will, dann können Sie sicher sein, dass es um die Agenda 21 geht. Die Archonten lassen ein Nein nicht als Antwort gelten, es sei denn wir zwingen sie dazu, indem wir uns *en masse* verweigern.

Abbildung 741: In Naperville protestieren Familien gegen aufgezwungene smarte Messgeräte.

Der Wahnsinn mit den Leuchtstofflampen

Abbildung 742: Fluoreszierende Leuchtstofflampen (CFLs) – nutzloses Licht mit schrecklichen Folgen.

Der weltweit zunehmende Zwang, „umweltfreundliche“ fluoreszierende Leuchtstofflampen (CFLs) benutzen zu müssen, steht in Zusammenhang mit diesem System, das den Massen über das smarte Stromnetz eine Wahrnehmungsprogrammierung angedeihen lassen will (Abb. 742). Es handelt sich auch hier um etwas absolut Lächerliches, sowohl, was die Leuchtkraft, als auch was die gesundheitlichen Folgen anbelangt. Die Nutzung wird nicht nur empfohlen, sondern gesetzlich vorgeschrieben (Abb. 743 und 744). *Umweltfreundlich?* Die britische Gesundheitsschutzbehörde hat eine Liste mit allen möglichen, unbedingt notwendigen Sofortmaßnahmen veröffentlicht, die man ergreifen muss, wenn eine dieser Leuchtstofflampen zerbricht. Dass man nicht gleich das Gebäude verlassen muss, ist auch schon alles. Die Leuchtstofflampen enthalten tödliches Quecksilber. In einem in *The Ellsworth American* veröffentlichten Bericht stand zu lesen, was geschah, als im Zuhause von Brandy Bridges in Prospect in Maine eine solche Leuchtstofflampe zerbrach. Ein Fachmann vom Umweltschutzministerium von Maine maß im Schlafzimmer der Tochter eine Quecksilberbelastung, die sechsfach über dem vom Staat als „sicher" festgelegten Grenzwert für Quecksilberkontamination lag (staatlich festgelegte „sichere" Grenzwerte sind grundsätzlich nicht sicher). Brandy Bridges musste letztendlich für 2.000 Dollar eine private Firma mit der Dekontaminierung des Zimmers beauftragen, in das sich der Inhalt der „umweltfreundlichen" Leuchtstofflampe ergossen hatte. Das deutsche Umweltministerium stellte fest, dass diese Leuchtstofflampen beim Zerbrechen giftige Dämpfe freisetzen, deren Konzentration 20 Mal so hoch liegt, wie der *angeblich* sichere Grenzwert für geschlossene Räume. Das sind genau die Leuchtstofflampen, die nach Aussage des britischen Umweltministeriums sicher sind (Abb. 745). „Energieeffiziente Leuchtstofflampen stellen keine Gefahr für die Öffentlichkeit dar", erklärte marionettenhaft irgendein Nachplapperer. Doch, sie *sind* in der Tat eine Gefahr, genauso wie das britische Umweltministerium, was das angeht. Auf dessen Website finden wir den hilfreichen Hinweis: „Sie enthalten zwar Quecksilber, doch die Menge beschränkt sich auf 5mg pro Leuchtstofflampe. Das Quecksilber kann aus einer unbeschädigten Leuchtstofflampe jedoch nicht austreten". Glühbirnen zerbrechen also nicht? Oh, aber wenn sie es dennoch tun, „ist es unwahrscheinlich, dass die sehr geringe Menge, die in einer energieeffizienten Leuchtstofflampe enthalten ist, Schaden anrichtet". Erzählen Sie das einmal Brandy Bridges, der britischen Gesundheitsschutzbehörde und den Millionen von Menschen, die wegen

Abbildung 743: Verrücktheit, blanke, verdammte Verrücktheit.

Abbildung 744: Sichere Glühbirnen werden gesetzlich verboten, denn die fluoreszierende Variante wurde eigens entwickelt, um im Rahmen des Kontrollnetzwerkes der smarten Messgeräte die ihr zugewiesene Rolle zu übernehmen.

Abbildung 745: CFL-Räumungskommando: Bereit zum Einsatz.

dieser Leuchtstofflampen an verschiedensten Gesundheitsstörungen leiden. Nur ein Idiot oder jemand mit sehr üblen Absichten würde Gesetze erlassen, die Menschen und Unternehmen zwingen, Megamilliarden solcher Gesundheitszerstörer in praktisch jedem Zimmer auf der ganzen Welt anzubringen. Doch genau das geschieht in einem Land nach dem anderen. Quecksilber ist so giftig (sogar noch giftiger als Arsen oder Blei), dass es mittlerweile aus vielen Geräten wie Thermometern, Fahrzeugen und Thermostatschaltern verbannt wurde. Kinder und Ungeborene werden durch Quecksilber (das ist das Zeug, müssen Sie wissen, das für Zahnfüllungen und in Impfstoffen verwendet wird) einem besonders hohen Risiko ausgesetzt. Zu den ernsthaften Gesundheitsschäden, die durch Quecksilber verursacht werden können, zählen Alzheimer, Depressionen, Gedächtnisverlust, unkontrolliertes Muskelzucken und unkontrollierte Bewegungen (das heißt Störungen der motorischen Funktionen) sowie Nierenversagen. Eine von deutschen Wissenschaftlern unter der Leitung von Peter Braun durchgeführte Studie des Berliner Alab-Laboratoriums brachte ans Licht, dass die „umweltfreundlichen" Leuchtstofflampen krebserregende Stoffe abgeben (großartig, um die Bevölkerung zu reduzieren). Braun erklärte:

> „Solche karzinogene Stoffe müssen unbedingt so weit wie möglich von der menschlichen Umgebung ferngehalten werden."

Stattdessen wird ihre Nutzung den Menschen überall in der menschlichen Umgebung aufgezwungen. Dem Bericht der Berliner Wissenschaftler zufolge sollten diese Leuchtstofflampen nicht über einen längeren Zeitraum hinweg eingeschaltet bleiben, besonders nicht in der Nähe des Kopfes, da sie Chemikalien wie beispielsweise Phenol, Naphthalin und Styrol abgeben. Andreas Kirchner von der Vereinigung deutscher Ingenieure erklärte, dass sich um diese Lampen herum elektrischer Smog bildet, und Abraham Haim, Professor für Biologie an der Universität von Haifa in Israel sagte, dass der bläuliche Lichtton von CFLs dem Tageslicht sehr nahekommt und damit auf die Produktion des Hormons Melatonin Einfluss nimmt. Auf die entsprechenden Folgen werde ich später noch zu sprechen kommen. Haim erklärte auch, dass das zu einer höheren Brustkrebsrate führen wird, wenn die Leuchtstofflampen spät abends verwendet werden. Dermatologen haben davor gewarnt, dass CFLs Hautstörungen verschlimmern können, und die Vereinigung zur Bekämpfung von Migräne bringt diese Leuchtstofflampen mit Kopfschmerzen in Verbindung. Die Lampen sind Lieblingskinder der grünen Bewegung, trotz ihrer entsetzlichen Folgen für Gesundheit und Umwelt. Die meisten Grünen sind nämlich durch ein und dieselbe Schablone geformt und so selbstgerecht, dass sie nicht zu erkennen vermögen, wie sie manipuliert werden. Ich wohnte einmal in einem „grünen" Hotel in Kopenhagen in Dänemark. Dort war alles linientreu, von dem Schützt-die-Umwelt-Textbuch bis hin zu den Leuchtstofflampen, die allesamt CFL-Lampen waren. Wenn ich die Folgen nicht gekannt und im Bett noch gelesen hätte, dann hätte sich die Lampe nur ein paar Zentimeter von meinem Kopf entfernt befunden, wovor Wissenschaftler, die sich mit der Materie befasst haben, eindringlich warnen. Die grüne Bewegung hat so dermaßen den Faden verloren, dass es nur noch lächerlich ist.

Was die Entsorgung anbelangt, so gelten diese Leuchtstofflampen als gefährlicher Haushaltsabfall. Trotzdem werden Milliarden von ihnen in Mülldeponien landen, wo das Quecksilber freigesetzt wird und in die Wasserversorgung gelangt. Bereits jetzt dürfte das in großem Umfang der Fall sein. Wenn man weiß, dass in den Vereinigten Staaten täglich etwa 55 Millionen Leuchtstofflampen gekauft werden und in jedem Augenblick etwa 4 Milliarden in Benutzung sind, kann man sich die Auswirkungen ausmalen, die das Verbot der US-Regierung mit sich bringt, durch das die herkömmlichen Glühbirnen, die uns so lange Zeit gute Dienste erwiesen haben, verbannt und nur die „umweltfreundlichen" Varianten zugelassen werden. Eine kompakte fluoreszierende Leuchtstofflampe kann etwa 22.500 Liter Wasser in einem Maß mit Quecksilber verseuchen, das die „sicheren" Werte übersteigt und so dafür sorgen, dass Fische und andere in freier Natur lebende Tiere, aber auch Menschen mit diesem Quecksilber vergiftet werden. Wo ist die Umweltschutzbehörde, wenn man sie braucht? Aha, bei Monsanto, um denen jeden Wunsch von den Augen abzulesen. Danke! Die Europäische Union lässt die herkömmlichen Glühbirnen seit 2009 langsam auslaufen, indem sie deren Herstellung und Vertrieb untersagt. In einer ganzen Reihe von anderen Ländern wie den Vereinigten Staaten, Kanada, Australien und Russland geschieht dasselbe. Man schätzt, dass jedes Jahr mehr als 80 Millionen fluoreszierende Leuchtstofflampen in britischen Mülldeponien landen. Das entspricht vier Tonnen Quecksilber. Und das bezieht sich nur auf ein einziges Land mit 60 Millionen Einwohnern in einer Welt mit mehr als sieben Milliarden Menschen. Quecksilber aus Zahnfüllungen, Leuchtstofflampen und anderen Quellen gehört zum Programm der Bevölkerungsvergiftung, um so die Menschheit gewaltig zu dezimieren und ein präzises und effizientes Funktionieren von Gehirn und Körper zu unterbinden. Aus genau dem gleichen Grund setzt man der öffentlichen Wasserversorgung Fluorid zu, das die Gehirnfunktionen stört. Interessanterweise haben Fluorid und fluoreszierende Stoffe, wie sie in den „umweltfreundlichen" Leuchtstofflampen enthalten sind, einen gemeinsamen „Verwandten", nämlich das hochgiftige Element Fluor (auch Flussspat genannt), das als Mineral vorkommt (vom lateinischen Wort fluere - fließen). Die Fluorderivate Fluorid und die in den Leuchtstofflampen enthaltenen fluoreszierenden Substanzen verzerren die Gehirnfunktionen. Die „umweltfreundlichen" Leuchtstofflampen funktionieren auf vielen Ebenen im Einklang mit dem smarten Stromnetz. Wissenschaftliche Tests und Studien haben bestätigt, dass diese Lampen nicht nur giftige Chemikalien absondern, sondern auch elektromagnetische Verzerrungen ausstrahlen, die den Frequenzsignaturen von Quecksilber und anderen Giftstoffen entsprechen – es handelt sich um Ausprägungen verzerrter Frequenzen. Ein Gift wie Quecksilber, das wir holografisch wahrnehmen, ist nur eine dekodierte Version eines zutiefst verzerrten Informationsfeldes. Eine Leuchtstofflampe sendet ihre Informationen während ihrer gesamten Betriebsdauer. Die verzerrten Informationen verbreiten sich so in Form von Strahlung, Wellenformen und elektromagnetischen Giften. Zudem werden Quecksilberphotonen im ultravioletten (UV-) Bereich freigesetzt. Viele Menschen erkranken und berichten beispielsweise von einem hellroten Hautausschlag im Gesicht, wenn sie solche Lampen benutzen. Durch eine Forschungsstudie der Stony Brook Universität in New York konnte nachgewiesen werden, dass sich CFL-Leuchtstofflampen genauso auf die Haut auswirken wie ultraviolette Strahlung. Der Grund ist offensichtlich. Professor Miriam Rafailovich von der Stony Brook Universität formulierte es so:

> „Unsere Studie brachte ans Licht, dass gesunde Hautzellen auf die von den CFL-Leuchtstofflampen ausgehenden UV-Emissionen reagierten und genau die gleichen

> Schäden davontrugen wie bei ultravioletter Bestrahlung … Die Hautzellen wurden noch stärker geschädigt, wenn sie vor der Exposition geringe Mengen von TiO_2 aufgenommen hatten. Trotz der großen Energieersparnis sollten Verbraucher im Umgang mit kompakten fluoreszierenden Leuchtstofflampen Vorsicht walten lassen … Unsere Forschungen haben ergeben, dass man ihnen am besten nicht zu nahe kommt. Die Verwendung wird sicherer, wenn man sie mit einer zusätzlichen Glasummantelung versieht."

Die UV-Strahlung lässt Wasserfarben auf Bildern ebenso wie Textilfarben verblassen, die deshalb zum Schutz einen Acrylüberzug benötigen. Das Flackern der fluoreszierenden Leuchtstofflampen kann die Menschen bewusst und unterbewusst beeinflusst, aber auch Fotografien und Videoaufzeichnungen beschädigen. Die vibrationellen/elektrischen Auswirkungen finden ihre Bestätigung in den Berichten vieler Menschen, dass ihre Fernsehgeräte spontan den Kanal wechseln, weil die Infrarotsensoren auf den Fernbedienungen aktiviert werden. Andere Menschen berichten von gesundheitlichen Beeinträchtigungen durch die „umweltfreundlichen" Lampen. Dazu zählen unter anderem leichte bis starke Kopfschmerzen (Migräne), Hautreizungen, Rötungen, Brennen und/oder Jucken, Tinnitus (Ohrgeräusche) und Ohrenschmerzen, Taubheitsgefühle, Kribbeln, neurologische Störungen, neurodegenerative Erkrankungen, Sterilität, Autismus, Müdigkeit, Schwäche und Erschöpfung, Schlafschwierigkeiten, Unruhe, Schmerzen in der Brust, Herzprobleme, Gedächtnis- und Konzentrationsschwäche, Reizbarkeit, Stress und Nervosität, Depressionen und Stimmungsschwankungen, Sehprobleme, Atemnot, extremes Schwindelgefühl, Übelkeit, erkältungsähnliche Symptome, Schlaflosigkeit, Muskel- und Gelenkschmerzen, Schmerzen und Druck in den Augen. Smarte Messgeräte übertragen drahtlos Informationen in elektromagnetisch gepulster Form an den Träger der Elektrizität, und dies löst die Gesundheitsstörungen aus (Abb. 746). Die elektromagnetischen/radioaktiven Verzerrungen des menschlichen Energiefeldes liefern die Erklärung dafür, warum Menschen, die in der Nähe von oder unter Hochspannungsleitungen oder in der Umgebung von Atomkraftwerken wohnen, häufiger an Krebs erkranken. Der Dermatologe Dr. John Hawk erklärte gegenüber der *BBC*, dass fluoreszierende Leuchtstofflampen eine Art Ionisierungseffekt auf die umgebende Luft ausüben. Seiner Vermutung nach leiden wahrscheinlich Zehntausende von Menschen in Großbritannien unter Erkrankungen, die einfach aufgrund der Nähe zu diesen Lampen aufflackern. Diese Menschen sollten herkömmliche Glühbirnen verwenden. Das können sie aber deshalb nicht, weil ihnen diese Alternative verboten wird. Aus der Sicht der Öffentlichkeit spricht rein gar nichts für fluoreszierende Leuchtstofflampen. Ihre Lichtqualität liegt erheblich unter der von herkömmlichen Glühbirnen und sogar die Behauptung, sie seien energiesparend ist, vorsichtig ausge-

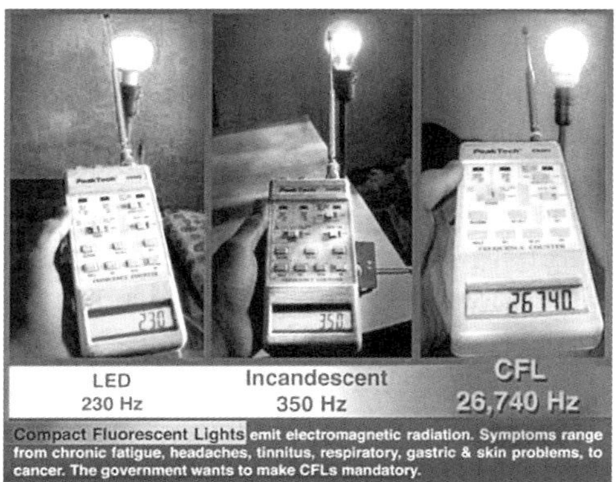

Abbildung 746: Hallooooooooooo …

drückt, mehr als fraglich. Wenn man sie häufig ein- und ausschaltet, nutzen sie sich rasch ab und müssen mitunter häufiger ersetzt werden, als die herkömmlichen Glühbirnen, die sie ersetzen sollen. „Umweltfreundliche" Leuchtstofflampen und smarte Messgeräte sind in jeder erdenklichen Weise schlecht für den Menschen, was bedeutet, dass sie in jeder erdenklichen Weise gut für diejenigen sind, die einen Krieg gegen die Menschheit führen. Die Toxine, die diese Lampen enthalten und absondern, vergiften die Wasserversorgung und damit Menschen, Fische und andere Tiere, und sie schaffen in jedem Raum, in dem sie Verwendung finden eine Verzerrung der energetischen Umgebung, die sich auf das elektromagnetische Feld des Menschen und letztlich auch auf den Körper übertragen kann. Aber es gibt noch einen weiteren Bonus – den allerwichtigsten aus der Sicht der Blutlinien.

Das Licht in Ihrem Kopf

Elektrizität und elektromagnetische Felder fungieren als Träger von Informationen. Die smarten Messgeräte und das smarte Stromnetz wurden konzipiert, um mithilfe drahtloser Strahlungsfelder Gedanken und Glaubensvorstellungen zu senden, die die Wahrnehmung manipulieren. Die „umweltfreundlichen" Leuchtstofflampen bilden einen wesentlichen Teil dieses Systems, weil sie als *Informationsübermittler* dienen. Aus diesem Grund ist den Behörden so sehr daran gelegen, die Alternativen zu verbieten, obwohl einfach alles gegen die fluoreszierenden Leuchtstofflampen spricht. Deshalb werden auch die smarten Messgeräte den Menschen aufgezwungen, manchmal mit vorgehaltener Waffe. Vor einem halben Jahrhundert verfasste Dr. Robert Beck, ein Fachmann auf dem Gebiet der Nukleartechnik, gemeinsam mit Dr. Michael A. Persinger, einem Experten für extrem niedrige Frequenzen (ELF) von der Laurentian Universität in Kanada eine Forschungsarbeit. Darin gingen die beiden Wissenschaftler der Möglichkeit nach, mithilfe des Mediums elektromagnetischer Felder Gedankenkontrolle zu betreiben. Der Zusammenhang leuchtet durchaus ein, schließlich besteht der menschliche Körper-Intellekt aus elektromagnetischen beziehungsweise „aurischen" Feldern. Gelingt es jemandem, sich in diese Felder einzuhacken, so kann er dort Informationen einfüttern, die an den bewussten Verstand weitergeleitet werden und das formen, was ein Mensch für seine eigenen Gedanken, Wahrnehmungen und Entscheidungen hält. Auf einer Konferenz des Verbands für Psychotronik im Jahr 1979 berichtete Dr. Beck darüber, dass Menschen, die bestimmten ELF-Feldmustern ausgesetzt waren, Unbehagen, Depressionen oder Vorahnungen verspürten. Er selbst hatte, wie er erklärte, das Signal studiert, dass die Sowjetunion in den 1970-er Jahren in die Vereinigten Staaten gesendet hatte. Dieses Signal wurde als Woodpecker-Signal (Specht-Signal) bekannt, weil es an ein wiederholtes Klopfen erinnerte. Dass es im globalen archontischen Netzwerk tatsächlich keine „Seiten" gibt, bestätigte sich wieder einmal, als die Amerikaner trotz des künstlich erzeugten „Kalten Krieges" Moskau im Jahr 1977 einen 40 Tonnen schweren „Supermagneten" verkauften. Sie wussten sehr genau, wozu er verwendet werden würde. Nichtsdestotrotz entsandten sie sogar ihre eigenen amerikanischen

Wissenschaftler, um ihn zu installieren. So konnte die Sowjetunion im Rahmen der auf lange Sicht angelegten Experimente zur Entwicklung des smarten Stromnetzes das Woodpecker-Signal zum Zweck der Wahrnehmungsmanipulation in die USA senden. Lieutenant Colonel John B. Alexander schrieb in *Military Review*, der offiziellen Publikation des amerikanischen Militärkommandos und der Generalstabsakademie, einen Artikel über Woodpecker. Darin heißt es:

> „[Die Sowjetunion verwendete] sehr fortschrittliche gedankenverändernde Techniken, die darauf abzielten, den Gegner zu beeinflussen. Zu den angewendeten Verfahren zählten die Manipulation menschlichen Verhaltens durch Einsatz psychologischer Waffen, die Sehvermögen, Klang, Geruch, Temperatur oder elektromagnetische Energie beeinflussten oder auf sensorische Deprivation abzielten …
>
> … Sowjetische Forscher, die sich mit Verhaltenskontrolle befassten, untersuchten daneben auch die Auswirkungen elektromagnetischer Strahlung auf den Menschen und wendeten die entsprechenden Techniken gegen die amerikanische Botschaft in Moskau an …
>
> … Die Forscher vermuten, dass bestimmte niedrigfrequente Emissionen (ELF) über psychoaktive Eigenschaften verfügen. Sie können gesendet werden, um bei der Zielbevölkerung Depressionen oder Reizbarkeit auszulösen. Die Anwendung von verhaltensändernden Niedrigfrequenzen in großem Stil könnte verheerende Folgen nach sich ziehen.“

ELF-Frequenzen können eine weltweise Realitätsblase erzeugen, da einstrahlende ELF-Frequenzen von der Ionosphäreschicht der oberen Erdatmosphäre absorbiert werden. Auf diese Weise können sie weder vom Weltraum auf die Erde, noch von der Erde in den Weltraum gelangen – und somit potenziell zwischen Erde und Ionosphäre eine Realitätsblase erzeugen. Genau das geschieht. Auf der Website der NASA steht folgende Erklärung zu lesen:

> „Wenn Radiowellen aus dem Weltraum in die Erdatmosphäre eindringen, wird ein Teil der Wellen von den Elektronen der Ionosphäre absorbiert, während ein anderer Teil diese durchdringt und somit für Beobachter auf der Erde sichtbar wird. Die Frequenz der jeweiligen Welle bestimmt, ob sie absorbiert wird oder die Atmosphäre durchdringen kann.
>
> Niedrigfrequente Radiowellen reisen nicht sehr weit durch die Atmosphäre und werden rasch absorbiert. Höherfrequente Wellen können die ganze Atmosphäre durchdringen und den Boden erreichen. Dieser Vorgang funktioniert auch umgekehrt mit den auf der Erde erzeugten Radiowellen. Die hochfrequenten Wellen durchdringen die Ionosphäre und entweichen in den Weltraum, während die niedrigfrequenten Wellen von der Ionosphäre reflektiert werden und im Wesentlichen rund um die Erde ‚hüpfen‘.“

Alle diese Strahlungsquellen, die ich hier beschreibe, und weitere, von denen in Kürze noch die Rede sein wird, tragen zur Erzeugung einer Realitäts- und Frequenzblase zwischen Erde und Ionosphäre bei. Es entsteht eine Art Subrealität, eine Blase innerhalb einer Blase. Diese Blase soll sich den Plänen entsprechend mit Frequenzen und Informationen füllen, die innerhalb der Bandbreite menschlicher Denkaktivität schwingen, um so den Massen unmittelbar, aber auch mittelbar durch ein unentwirrbares Durcheinander von wechselseitig verbundenen Technologien, beispielsweis Mikrochips, eine gesteuerte Wahrnehmung aufzuzwingen. Auch die in den Chemtrails enthaltenen Metalle leisten dazu ihren Beitrag. Durch diese Form des Geoengineering wird die Atmosphäre in ein hoch aufgeladenes, elektrisch leitfähiges Plasma verwandelt, das die Wirksamkeit der Radiowellen und der anderen Systeme zur Beeinflussung menschlichen Denkens und menschlicher Emotionen noch verstärkt. Das alles führt uns wieder zurück zu Dr. Robert Beck. Er berichtete auf der Konferenz von 1979, dass er herausfinden konnte, wie das Woodpecker-Signal seinerzeit in die amerikanischen Haushalte gesendet worden war. Wie Beck meinte, war das Signal „extrem erfolgreich … und stieg geradewegs über das Fenster der menschlichen Psychoaktivität ein". Das Signal „durchdrang die Stromversorgungswerke der Vereinigten Staaten, gelangte von dort in die Stromleitungen, die es abstrahlten und „über das Stromnetz geradewegs in die Haushalte trugen …". Beck (a) hielt seine Rede vor beinahe 35 Jahren, weshalb man sich leicht ausmalen kann, wie weit diese Technologie bis heute gediehen sein muss und (b) bezog sich auf ein elektrisches System, das gar nicht speziell für einen solchen Zweck geschaffen worden war. Das smarte Stromnetz dagegen zielt genau auf diesen Zweck ab – es soll elektrische und elektromagnetische Informationen innerhalb des Frequenzbands menschlicher Wahrnehmungsaktivitäten transportieren (Abb. 747). Dazu gehören die „umweltfreundlichen" Leuchtstofflampen, die in Wahrheit Informationsübermittler sind. Geld spielt keine Rolle, wenn es darum geht, diese Lampen weltweit zu installieren. Geld spielt nie eine Rolle, wenn die Agenda irgendetwas verlangt. Obamas von Anfang an zum Scheitern verurteiltes „Stimulierungspaket" aus dem Jahr 2009 stellte Milliarden für smarte Messgeräte bereit. Bis zum Jahr 2012 sollten 50 Millionen davon installiert werden. Die Europäische Union möchte dafür sorgen, dass 80 Prozent der Haushalte bis zum Jahr 2020 an dieses System der Gedankenkontrolle und Überwachung angeschlossen werden. Nach den Vorstellungen der EU soll die Einführung zwangsweise erfolgen. In Großbritannien wurde das Programm vom damaligen Energieminister Ed Miliband (Rothschild-Zionist), der heute die Labour Partei leitet, angestoßen, und in Großbritanniens Einparteienstaat dann von den Konservativen unter Premierminister David Cameron (Rothschild-Zionist) noch ausgeweitet. Bisher wurden smarte Messgeräte bereits in etwa 400.000 britischen Haushalten installiert. Die *Associated Press* berichtete im Juli 2012 über ein einjähriges „Experiment", das staatliche Stromnetz in den Vereinigten Staaten zu variieren, das bis dahin überall im Land mit der gleichen Frequenz operiert hatte, um sicherzustellen, dass Strom von der einen Seite des Kon-

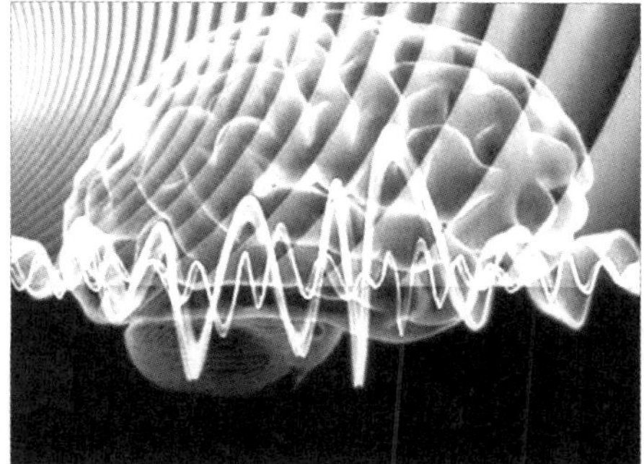

Abbildung 747: Wenn man Frequenzen innerhalb der Bandbreite der Gehirnaktivität sendet, gewinnt man Zugang zum Denkprozess und kann diesen beeinflussen.

tinents auf die andere Seite geschickt werden konnte, falls dies notwendig werden sollte. In dem von der *AP* veröffentlichten Artikel wird berichtet, dass die staatliche Energieregulierungskommission plane, verschiedene Teile des Netzes nunmehr mit unterschiedlichen Frequenzen zu betreiben. Damit würde die Einheitlichkeit des Netzes Geschichte werden. Demetrios Matsakis, der Leiter des Zeitdienstes der amerikanischen Seewarte erklärte:

> „Bei sehr vielen Leuten werden Dinge zu Bruch gehen und sie werden nicht wissen, warum".

Die staatliche Energieregulierungskommission behauptete, dieser Unfug würde das Netz (von welchem Netz war eigentlich die Rede?) effizienter gestalten. Das ist ein weiterer Schritt auf dem finsteren, finsteren Weg zu einem globalen Gedankenkontrollsystem auf elektromagnetischer Basis. Den smarten Messgeräten bläst zunehmend stärkerer Gegenwind entgegen, denn die Wahrheit über deren Auswirkungen auf Gesundheit, Privatsphäre und Geldbeutel dringt überall vehement ans Licht. Amerikas größtes Energieversorgungsunternehmen, die Pacific Gas and Electric Company, reagierte auf diese Bewegung, indem sie die Protestgruppen ausspionierte und die Beteiligten als „Nichtsnutze" und „Aufwiegler" hinstellte. William Devereaux, der bis 2010 als leitender Direktor des firmeneigenen Programms für smarte Messgeräte tätig war, trat vor der Öffentlichkeit und bei staatlichen Veranstaltungen auf, um allen zu versichern, dass smarte Messgeräte sicher seien und keineswegs Leute ausspionieren würden (kurz gesagt, er verbreitete Lügen). Privat aber gab er sich als „Ralph Florea", einen „Protestler gegen smarte Messgeräte" aus, um so echte Protestgruppen zu infiltrieren und auszuspionieren. Die Pacific Gas and Electric Company reichte bei der Kommission einen Antrag ein, die Namen der an dieser Sache beteiligten Mitarbeiter nicht zu veröffentlichen. Das sind die Leute, die Ihnen erzählen, ihre smarten Messgeräte seien sicher, würden Ihre Privatsphäre nicht stören und weder Ihren Geldbeutel sprengen noch Ihr Zuhause in Brand setzen. Es sind Lügner. Glaubt wirklich irgendjemand, dass diese Unternehmen Leute beschäftigen, die die Wahrheit erzählen, wenn diese Wahrheit der Agenda solcher Unternehmen und derjenigen Kräfte, von denen diese letztendlich kontrolliert werden, zuwiderläuft? Jemand schickte mir die Kopie eines amerikanischen Patents für einen „Apparat und eine Methode zur Überwachung und Veränderung von Gehirnwellen aus der Distanz" vom April 1976. Darin wird beschrieben, wie man die Gehirnaktivität mithilfe elektromagnetischer Felder aus der Distanz manipulieren und überwachen könnte. In der Zusammenfassung hieß es unter anderem:

> „... Mittels Hochfrequenztransmittern können durch Antennen elektromagnetischer Energien verschiedener Frequenzen abgestrahlt werden, die in der Lage sind, das gesamte Gehirn oder jeden gewünschten Teilbereich des Gehirns der Testperson zu scannen. Die Signale verschiedener Frequenzen durchdringen den Schädel des Testobjekts und treffen auf das Gehirn, wo sie sich verbinden und eine Interferenzwelle bilden, die durch die Abstrahlungen der natürlichen elektrischen Gehirnaktivität moduliert wird."

[Modulieren bedeutet: „die Amplitude, Frequenz oder ein anderes Charakteristikum eines Signals oder einer elektrischen Quelle verändern". In diesem Fall stimmt man die Signale auf die Frequenzmuster des anvisierten Gehirns ab.]

„Die modulierte Interferenzwelle wird vom Gehirn zurückgeschickt und von einer Antenne in einer entfernten Station aufgefangen. Dort wird sie demoduliert und verarbeitet, um ein Profil der Gehirnwellen des Probanden zu erstellen.

Absehen von einer passiven Überwachung der Gehirnwellen des Probanden, können seine neurologischen Prozesse aber auch durch Einstrahlung kompensierender Signale in das Gehirn beeinflusst werden. Im letzteren Fall können die Signale von den erhaltenen und bearbeiteten Gehirnwellen abgeleitet werden."

In der Schilderung wird des Weiteren die Möglichkeit hervorgehoben, die Gehirnwellenaktivität (Wahrnehmung) durch Senden elektromagnetischer Signale zu manipulieren. Genau daran ist der „smarten" Agenda gelegen, und es steckt sogar noch sehr viel mehr dahinter. Sie können sich noch vergegenwärtigen, welche Möglichkeiten in dem Patent von 1976 steckten? Was muss dann heutzutage erst alles möglich sein!

Das globale Netz der Gedankenkontrolle

Smarte Messgeräte und die damit zusammenhängende Technologie wurden nicht konzipiert, um in der Isolation zu wirken. Vielmehr bilden sie Teil eines elektromagnetischen Strahlungsnetzwerks, das weltweit in der Erdatmosphäre – und insbesondere in den niedrigeren Schichten, in denen die Menschen leben, eine globale „Blase" erzeugt. Man kann die volle Bedeutung der smarten Messgeräte erst dann wirklich erfassen, wenn man sie mit all den anderen Quellen von Strahlung und Gedankenkontrolle in Zusammenhang stellt, als da wären drahtloses Internet, Mobiltelefone, Intellistreets, Telekommunikationsantennen und Technologien wie etwa die Sende- und Empfangsfunktionen von Mobiltelefonen und andere Quellen wie GWEN, TETRA und HAARP (Abb. 748). Alle diese Elemente sollen als eine Einheit funktionieren und ein globales Netzwerk für Massenkontrolle und Wahrnehmungskontrolle bilden, aus der es kein „physisches" Entrinnen mehr geben soll. Bei GWEN, das in den Vereinigten Staaten und TETRA, das in Großbritannien (und darüber hinaus) eingesetzt wird, handelt es sich um drahtlose Kommunikationssysteme. Auf HAARP werde ich im nächsten Kapitel zu sprechen kommen. Die Kommunikationsmasten des Ground Wave Emergency Network (GWEN) schießen in den USA wie Pilze aus dem Boden. Sie werden seit den frühen 1980-er Jahren unter der Federführung der amerikanischen Luftwaffe in Abständen von jeweils 200 Meilen aufgestellt. Man erzählt uns, es handle sich dabei um ein Sicherheitssystem für Notfälle wie beispielsweise einen Atomkrieg oder sonstige Katastrophen, bei denen

Abbildung 748: Sende- und Empfangsmasten finden wir überall in den städtischen Gebieten und mit zunehmender Ausweitung des Netzwerkes auch immer öfter außerhalb.

andere Kommunikationswege ausfallen. Diese „Erklärung" ist lachhaft. Die von GWEN ausgehenden Sendungen sind so konzipiert, dass sie sich dort, wo Menschen leben, in der Erde festsetzen und nicht in die höhere Atmosphäre entweichen. GWEN und all die elektromagnetischen Gedankenkontrollsysteme wurden konzipiert, um mit Mikrochips, die den Menschen implantiert werden sollen und ganz generell mit dem menschlichen Verstand zu kommunizieren. Menschen, die elektromagnetischen Feldern ausgesetzt sind, lassen sich viel leichter durch Gedankenkontrolle beeinflussen. Das ist eine gesicherte Tatsache, und ein weiterer Pluspunkt für das System. Robert Becker, der wegen seines Fachwissens über die biologischen Auswirkungen des Elektromagnetismus bereits zwei Mal für den Nobelpreis nominiert wurde, hält GWEN in Kombination mit Zyklotronresonanz für ein hervorragendes System, um bei der Zivilbevölkerung Verhaltensänderungen auszulösen. Bei der Zyklotronresonanz werden „geladene Teilchen erregt" (man kassiert bei ihnen den Eintrittspreis ab und teilt ihnen dann mit, sie hätten den Preis gewonnen). Laut Becker variiert die durchschnittliche Stärke des konstanten geomagnetischen Feldes in den USA von Ort zu Ort. Wenn man eine Resonanz zu einem bestimmten Ion an einem bestimmten Ort herstellen wollte, müsste man eine speziell auf diesen Ort abgestimmte Frequenz verwenden. „Mithilfe der quer durch die Vereinigten Staaten in Abständen von jeweils 200 Meilen aufgestellten GWEN-Transmitter könnten diese spezifischen Frequenzen individuell auf die geomagnetische Feldstärke einer jeden GWEN-Region abgestimmt werden", erklärte er. Diese Leute halten sich wahrlich nicht mit Kleinigkeiten auf. Masten für ELF-/Mikrowellenübertragungen verschiedenster Art werden in den Ländern der ganzen Welt aufgestellt (Abb. 749). Der Forscher David Jones schrieb bei RiseEarth.com:

Abbildung 749: Die verschiedenen Teil des Netzwerkes scheinen zwar verschiedene Funktionen zu erfüllen, doch sie kommunizieren miteinander, um ein universales Feld – eine Subrealität - zu erschaffen.

> „Diese Gedankenkontrolltechnologien gibt es schon seit geraumer Zeit. Es ist kein Zufall, dass das für Mobiltelefone gewählte Frequenzband genau den Wellen zweiter Ordnung entspricht, die gemäß der Entdeckung von Wilhelm Reich [siehe Tesla] in den späten 1940-er Jahren die Gedankenübertragung beeinflussen können und eine Gedankenmanipulation ermöglichen, ohne dass das Opfer etwas davon bemerkt."

Reich arbeitete für die CIA 5 Jahre lang heimlich an diesem Projekt, nämlich von 1947 bis 1952, bis ihm klar wurde, dass die CIA plante, die amerikanische Bevölkerung der Gedankenkontrolle zu unterwerfen. Er war wütend, dass man ihn getäuscht und für ein so niederträchtiges Motiv ausgenutzt hatte. Und so schwor er, nie wieder mit CIA, FDA, etc. zusammenzuarbeiten.

Reich wurde 1957 klammheimlich in einem Staatsgefängnis ermordet, nur wenige Wochen vor seiner geplanten Entlassung. Man hatte ihn aufgrund fingierter Beschuldigungen, die ihm auch noch eine Strafe für Missachtung des Gerichts einbrachten, für zwei

Jahre ins Gefängnis gesperrt. Dort soll er dann einen „Herzanfall“ erlitten haben. Der Mann war stark wie ein Ochse.

Man ermordete ihn zwei Wochen vor seiner Anhörung vor dem Bewährungsausschuss. Sein letztes Buch, das er im Gefängnis geschrieben hatte, war nach seinem Tod „verschwunden“ und wurde seiner Familie nie zurückgegeben.

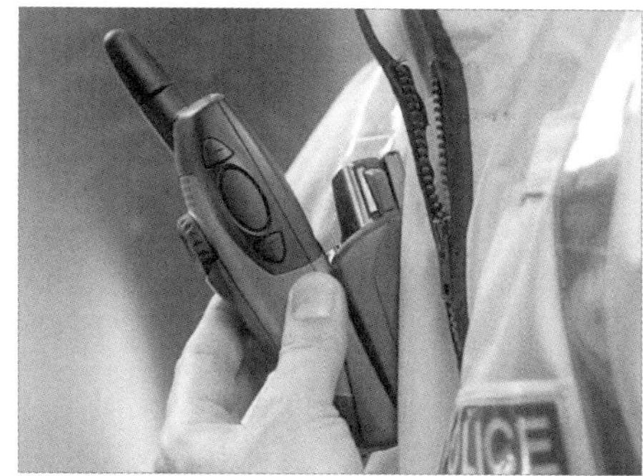

Abbildung 750: Polizei- und Notfallkräfte tragen tagtäglich TETRA-Technologie am Leib, deren kumulativer Effekt wahrlich nichts Gutes verheißt.

Terrestrial Trunked Radio, kurz TETRA, verfolgt dieselbe Agenda der Gedankenkontrolle und zielt ebenfalls auf die Beschädigung der elektromagnetischen und genetischen Harmonie des menschlichen Körpers ab. TETRA ähnelt den PCS-/Digitalsystemen, also den in den Vereinigten Staaten verwendeten persönlichen Kommunikationssystemen. Es dient als Kommunikationsnetzwerk für Polizei- und andere Notfallkräfte und wurde unter großem Kostenaufwand von der Regierung Tony Blair eingeführt, obwohl das damalige System bestens funktionierte (Abb. 750). Polizeibeamte, Feuerwehrleute und andere staatliche Angestellte werden den lieben langen Tag mit diesen elektromagnetischen Feldern (EMFs) bestrahlt. Sie sind ebenso „Kanonenfutter“ wie die TSA-Mitarbeiter in den USA, die den kumulativen Strahlungswirkungen der streuenden Ganzkörper-Scanner auf den Flughäfen ausgesetzt sind. Motorola, der amerikanische Telekommunikationsriese mit engen Verbindungen zur Nationalen Sicherheitsbehörde (NSA), bildet einen wichtigen Baustein im TETRA-System. Die britische Regierung vertraute den TETRA-Vertrag einem Konsortium an, dem auch die British Telecom angehörte, ehe sie an O2 und deren Tochtergesellschaft mmO2 verkauft wurde. In einem internen Dokument der Europäischen Union wurden Bedenken geäußert, weil Motorola bei der Festlegung des europäischen TETRA-Standards eine zentrale Rolle gespielt hatte, um so sicherzustellen, dass die amerikanische Regierung TETRA-Kommunikationen abhören kann. TETRA sendet und empfängt auf Frequenzen, die innerhalb der Bandbreite der menschlichen Gehirnaktivität liegen, und wie seinerzeit das sowjetische Woodpecker-Signal ... ist es „extrem erfolgreich ... und steigt geradewegs über das Fenster der menschlichen Psychoaktivität ein“. Angehörige der Notfallkräfte werden durch TETRA großen Gefahren ausgesetzt. Jedes Mal, wenn sie die Geräte benutzen, werden sie (ebenso wie diejenigen, die sich in der Nähe befinden), einer Dosis Mikrowellenstrahlung ausgesetzt. Menschen, die in der Nähe von TETRA-Masten leben, berichten regelmäßig über Krankheitsanfälligkeit, Kopfschmerzen, Depressionen und all die üblichen Erscheinungen, wie sie bei Kontakt mit starken elektromagnetischen Strahlungsfeldern auftreten. Die „umweltfreundlichen“ Leuchtstofflampen lösen ähnliche Symptome aus. Gerade Menschen, die in Büroblocks arbeiten, die von elektromagnetischen Feldern geradezu überschwemmt werden, leiden an solchen gesundheitlichen Störungen.

Das globale Ausmaß und die Koordination dessen, was ich hier beschreibe, muten fantastisch an. Aber machen Sie sich keine Gedanken, denn das alles ist nur Zufall – so ließ *CNN* mich wissen.

35

Die Veränderung unserer Atmosphäre

Ich kann niemanden etwas lehren. Ich kann nur zum Denken ermuntern.
Sokrates

Abbildung 751: Das Potenzial für Manipulation und Zerstörung, das die HAARP-Technologie in sich birgt, kann gar nicht deutlich genug hervorgehoben werden.

Eine weitere Quelle globaler elektromagnetischer Strahlung und verordneter Realitätswahrnehmung, der unser menschlicher Verstand ausgesetzt wird, stellt das in Alaska stationierte High Frequency Active Auroral Research Program (HAARP) dar, dem weitere Zentren überall auf der Welt angeschlossen sind. Ich habe HAARP ausführlich in meinem Buch „Remember Who You Are“ in dem Kapitel „At War with the World (im Krieg mit der Welt)“ beschrieben. Kurz gesagt handelt es sich um Hochleistungs-Radiowellen (Strahlung), die in die Ionosphäre in der oberen Atmosphäre geschickt und von dort auf die Erde zurückreflektiert werden (Abb. 751). Der Bau der HAARP-Anlage auf einem Grundstück der Air Force in der Nähe von Gakona in Alaska begann im Jahr 1993 und wird seither von einer Reihe von archontischen Unternehmen und nicht zuletzt für militärische Operationen genutzt. An der Finanzierung von HAARP beteiligten sich die Air Force, die amerikanische Navy, die Universität von Alaska und eine satanische Behörde namens Defense Advances Research Projects Agency (DARPA). Diese fungiert als der für Technologieentwicklung zuständige Arm des amerikanischen Verteidigungsministeriums. Das gesamte Projekt dient in erster Linie dem Militär in seinem Krieg gegen menschliche Gesundheit und Wahrnehmung und steht unter dessen Leitung. Als Tarngeschichte erzählt man, dass es sich bei HAARP um ein Forschungsprojekt zur Erforschung der Ionosphäre handelt. Das ist gerade so, als wollte man eine Atomwaffe als ein Forschungsprojekt zur Erforschung lauter Geräusche bezeichnen. HAARP ist in Wahrheit eine Kriegswaffe, die benutzt wird, um künstlich Erdbeben zu erzeugen, das Wetter zu manipulieren und die Menschen auf unzählige Arten mental, emotional und physisch anzugreifen. Russland betreibt die Sura-Forschungseinrichtung (Ionospheric Heating Facility) in der Nähe der Stadt Wasilsursk, und auch andere Länder auf der ganzen Welt verfügen über ähnliche Anlagen. Im Reich der archontischen Netzwerke, in dem es keine Grenzen gibt, werden alle diese Einrichtungen letztlich zusammenwirken, um die Menschheit durch Versklavung und Entvölkerung zu geißeln. Die Technologie basiert auf der Arbeit des in Serbien geborenen und in Kroatien aufgewachsenen Erfinders, Ingenieurs und Technikgenies Nikola Tesla (1856-1943). Tesla sagte einmal:

> „Ab dem Tag, an dem die Wissenschaft damit beginnt, nichtphysische Phänomene zu studieren, wird sie in einem Jahrzehnt größere Fortschritte erzielen, als in all den vorherigen Jahrhunderten ihres Bestehens".

Tesla wurde aus der Mainstream-Geschichte gestrichen, obwohl er es war, der den Wechselstrom entdeckte und uns somit die elektrischen Systeme bescherte, die wir heute benutzen (Abb. 752). Thomas Edison erntete die Lorbeeren für die Entdeckung der Elektrizität und des elektrischen Lichts, obwohl Tesla ihm erst auf die Sprünge helfen musste. Nicht einmal die Glühbirne erfand Edison selbst, sondern einer seiner kleinen Angestellten. Und ein Mann namens Guglielmo Marconi, der neun Monate lang für Tesla gearbeitet hatte, erntete den Ruhm für die Entdeckung der Radiokommunikation. Der oberste amerikanische Gerichtshof stellte immerhin fest, dass Marconi 14 Patente von Tesla gestohlen und die entsprechenden Informationen als seine eigenen ausgegeben hatte. Tesla erkannte das Potenzial, das in seinen Entdeckungen lag, sei es für das Verfolgen und Aufspüren von Objekten (Radar) oder die Röntgenbeschau der Erde, mithilfe derer sich feststellen lässt, was sich in ihrem Inneren verbirgt (eine der Möglichkeiten, die HAARP bietet). Bernard Eastlund, der sich im Namen der ARCO Power Technologies Incorporated (APTI), einer Tochtergesellschaft des Ölriesen Atlantic Richfield, die HAARP-Patente sicherte, erwähnte Tesla in seinem Patentantrag für HAARP. Das, was Tesla in der ersten Hälfte des 20. Jahrhunderts vermochte, das kann heute HAARP – und noch vieles mehr. Was also *vermochte* Tesla? Nun, er manipulierte das Wetter und löste über seinem Labor Gewitter aus und er war in der Lage, die Erde gewaltig zum Beben zu bringen (Abb. 753). Bei einer Gelegenheit zersprangen in der Nachbarschaft Tausende

Abbildung 752: Tesla.

Abbildung 753: Tesla erfand eine Technologie, mithilfe derer er nach Belieben Blitzschläge erzeugen und die Erde massiv zum Beben bringen konnte.

von Fensterscheiben, ehe es ihm gelang, seine Maschine wieder abzuschalten. Seine künstlich erzeugten Gewitterstürme lösten unbeabsichtigt Hunderte von Waldbränden aus und brachten in zwei Staaten das Stromnetz zum Erliegen. Im Jahr 1940 äußerte Tesla gegenüber der *New York Times*, dass er ein „vollständig neues Prinzip der Physik“ entwickelt habe, von dem „niemand je zu träumen gewagt hätte“. Er bezeichnete dieses Prinzip als „Telekraft“ und beschrieb es als einen unsichtbaren Strahl, der aus einer Distanz von 400 km eine unsichtbare „chinesische Verteidigungsmauer“ errichten oder Flugzeugmotoren zum „Schmelzen“ bringen könne. Laut Tesla betrug der Durchmesser des Strahls dieser „Telekraft“ nur einen hundertmillionsten Zentimeter. Tesla zapfte die natürlichen elektrischen/elektromagnetischen Kräfte an und konzentrierte diese Kräfte dann mithilfe seiner Technologien. Er behauptete, einen Druck von 100 Millionen Volt sowie Ströme mit einer Stärke von bis zu 100 Milliarden Watt aufbauen zu können. Wenn eine Radiofrequenz eine Resonanz von zwei Megahertz aufweist, dann entspräche die freigesetzte Energie der von zehn Megatonnen TNT. Tesla erklärte, er besäße die Technologie, um die Erde „zu spalten wie einen Apfel“. In einem 1935 in der Zeitschrift *New York American* erschienenen Artikel mit dem Titel „Teslas kontrollierte Erdbeben“ hieß es, die rhythmischen Vibrationen von Teslas Technologie könnten die Erde nahezu ohne Energieverlust durchdringen ... [und so] würde es möglich, über größte irdische Entfernungen hinweg mechanische Effekte zu bewirken und alle Arten von einzigartigen Wirkungen auszulösen.

Für Erdbeben bitte hier drücken

Tesla erkannte das militärische Potenzial seiner Erfindungen und ihm war klar, dass seine Telekraft mit verheerenden Folgen in Kriegen eingesetzt werden konnte. Das war jedoch nicht sein Anliegen. Er wollte sein Wissen lieber dafür einsetzen, durch das Anzapfen der natürlich vorkommenden elektrischen und elektromagnetischen Felder alle Menschen mit freier Energie zu versorgen. Das veranlasste die archontischen Netzwerke, sogleich mit aller Macht gegen ihn vorzugehen. Freie Energie und am Ende gar noch zinsfreies Geld, das wären ihre schlimmsten Alpträume. Haben sich all diese grünen Fanatiker, die heute mit Druck die Agenda 21 vorantreiben, „um den Planeten zu retten“, eigentlich je einen Augenblick Zeit genommen, um sich die Frage zu stellen, warum die reichen und berühmten Familien, die hinter der Agenda 21 stehen, genau diejenigen sind, die seit jeher eben jenes Konzept sabotieren, das jedermann freie Energie ohne Ausstoß von CO2 bescheren könnte? Nein, natürlich nicht. Das liegt daran, dass 99 Prozent von ihnen (a) keine Ahnung haben, dass gerade jene Familien hinter dem grünen Faschismus und der Agenda 21 stehen, (b) sich nicht vorstellen können, dass eine solche nicht umweltverschmutzende Energie überhaupt zur Verfügung steht und wir beschließen sollten, sie anzuzapfen und (c) vermutlich noch nie etwas von Nikola Tesla gehört haben, der einst den Wardenclyffe-Turm, besser bekannt als Tesla-Turm, gebaut hat, um die Möglichkeit drahtloser Energieübertragung aufzuzeigen (Abb. 754). Drahtlose Technologie bewirkt dann nichts Gutes, wenn sie im Frequenzbereich der physischen, mentalen und emotionalen Aktivitäten des Menschen operiert, doch es besteht durchaus die Möglichkeit, das Potenzial freier Energien auf anderen Frequenzen zu nutzen. Der Turm wurde 1917 wieder abgebaut, nachdem die unter der Kontrolle der Rothschilds stehende JP Morgan Bank und andere ihre Finanzierung zurückgezogen hatten. Nikola Tesla starb verarmt in einem Hotelzimmer in New York, nachdem man seine Erfindungen unterwandert, gestohlen oder unterdrückt hatte. Nun ist Teslas Werk in Form von HAARP wiederauferstanden. Die in Alaska gelegene HAARP-Anlage besteht aus etwa 180 Antennen, die man auf einer Fläche von rund 135.000 Quadratmetern aufgestellt hat (Abb. 755). HAARP kann ungeheuer kraftvolle elektromagnetische Radiowellen auf einen winzigen Punkt in der Ionosphäre richten, entweder in konzentrierter oder in gepulster Form. Dadurch wird die Ionosphäre aufgeheizt. Sie wölbt sich und beginnt, im Einklang mit dem gesendeten Strahl zu schwingen. Der Strahl wird sodann mit einer, im Vergleich zum ursprünglichen HAARP-Strahl wesentlich erhöhten Intensität, zur Erde zurückgelenkt. Diese Interaktion zwischen dem HAARP-Radiostrahl und der Ionosphäre kann eine Kraft von mehr als 3,6 Milliarden Watt erzeugen. Die HAARP-Anlage kann auf der von Erdbeben erzeugten Wellenlänge senden. Sie kann deshalb auch Erdbeben auslösen, indem sie die entsprechende Frequenz auf ein bestimmtes Ziel richtet. Die Erde „klinkt sich ein", synchronisiert sich mit dem Strahl und beginnt im Einklang mit diesem zu schwingen. In den letzten Jahren konnte man vor dem Beginn von Erdbeben immer wieder seltsame Lichter und Regenbogenfarben am Himmel beobachten. Vor solchen fabrizierten Erdbeben erwärmt sich die Atmosphäre, gesteuert durch HAARP – die Ionosphäre heizt sich auf und überträgt die Hitze mit dem zur Erde zurückgelenkten Strahl. Vor dem „Tsunami-Beben" von 2011 in Japan waren dort über dem Meeresboden konzentrische Hitzeringe entstanden und die Ionosphäre direkt über dem Epizentrum hatte sich rasch aufgeheizt. Das wurde durch Daten bestätigt, die Dimitar Ouzounov und sein Team vom NASA Goddard Space Flight Center in Maryland erhoben und in der vom Massachusetts Institute of Technology (MIT) herausgegebenen Zeitschrift *Technology Review* veröffentlichten. Die Zeitschrift berichtete, dass „die infraroten Emissionen über dem Epizentrum sich in den Tagen vor dem verheerenden Erdbeben in Japan enorm verstärkt hatten" (Abb. 756). Mit einer Stärke von 9,03 war dieses Beben das gewaltigste, das Japan je heimgesucht hat. Es zählte zu den fünf stärksten Beben seit Beginn der Aufzeichnungen im Jahr 1900. Durch den daraus entstehenden Tsunami wurden 15.880 Menschen getötet und 6.135 verletzt. 2.694 Menschen werden noch vermisst und sind vermutlich tot. 129.225 Gebäude

Abbildung 754: Teslas Wardenclyffe-Turm.

Abbildung 755: Die HAARP-Antennen in Alaska.

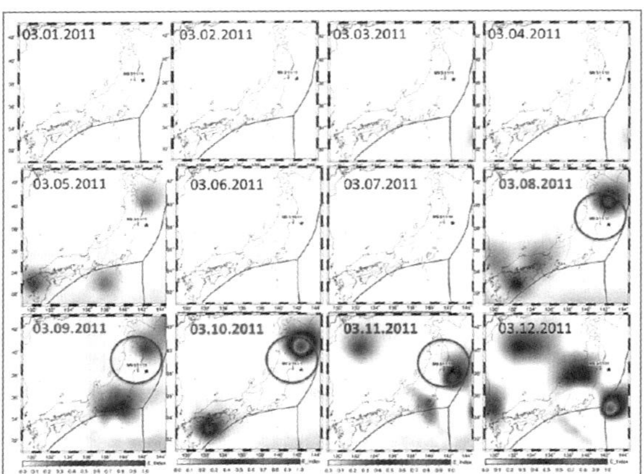

Abbildung 756: Die infraroten Emissionen über dem Epizentrum des Bebens in Japan nahmen in den Tagen vor der Katastrophe drastisch zu.

Abbildung 757: Der durch das Beben ausgelöste Tsunami richtete verheerende Verwüstungen an.

stürzten ein, 254.204 wurden schwer beschädigt (Abb. 757). Auf die Ursachen für diesen von HAARP erzeugten Horror werde ich gleich noch zu sprechen kommen. Wer das Buch bis hierher gelesen hat, wird sich wohl kaum noch die Frage stellen, ob die archontische Mentalität denn bei so kolossal viel Tod und Zerstörung nicht vielleicht irgendeine Art von emotionaler Betroffenheit an den Tag legt. Dinge solcher Art stehen schließlich auf ihrer Visitenkarte. Das japanische Beben ist auch kein Einzelfall. Der französische Satellit DEMETER (der Name steht für Detection of Electro-Magnetic Emissions Transmitted from Earthquake Regions (Entdeckung von elektromagnetischen, von Erdbebenregionen ausgesandten Emissionen)) wird eingesetzt, um Störungen in der Ionosphäre aufzuspüren, die von seismischen oder vulkanischen Aktivitäten ausgelöst wurden. Die Erde wird durch Veränderungen in der Ionosphäre und die Ionosphäre wiederum durch Aktivitäten auf der Erde beeinflusst. In diese Verbindung hackt HAARP sich ein, um sein niederträchtiges Werk zu verrichten. DEMETER verzeichnete einen signifikanten Anstieg niedrigstfrequenter Radiosignale, ehe im Januar 2010 in Haiti das Erdbeben der Stärke 7 ausbrach. Wie ich damals schon sagte, wurde dieses Erdbeben inszeniert, um Haiti mitsamt allen Ressourcen, über die es an Land und vor den Küsten verfügte, zu übernehmen (vergleiche dazu mein Buch „Remember Who You Are"). Das ist mittlerweile auch geschehen. Dagegen wurden praktisch keinerlei Anstrengungen unternommen, um den obdachlos und mittellos gewordenen Menschen dort zu helfen. DEMETER verzeichnete eine „signifikante Zunahme niedrigstfrequenter Radiosignale" genau der Art, die HAARP erzeugt. Ein Wissenschaftler wies darauf hin, dass „eine Stunde vor dem Erdbeben in Japan und ebenso vor dem Erdbeben in Chile im Jahr 2002 eine vermehrte Menge Elektronen aus der Ionosphäre auf die Erde gelangten – ein äußerst merkwürdiges Phänomen". Die Wissenschaftler haben keine Ahnung, wie diese Erhitzung zustande kommen könnte. Sie sind auf Spekulationen angewiesen. Werft doch mal einen Blick auf HAARP!

Macht über das Wetter

Die archontischen Netzwerke nutzen die Kräfte von HAARP auch noch auf andere Weise, nämlich, um Wettersysteme zu verändern oder Hurrikane, Tornados, Trockenheit oder sintflutartige Regenfälle zu verursachen. Man kann die entsprechende Wettererscheinung so lange aufrechterhalten, wie man die energetische Manipulation fortsetzt (Abb. 758). Auch die amerikanischen Ureinwohner und andere Stammesvölker konnten durch ihre Tänze und Rituale – die sogenannten „Regentänze" – elektromagnetische Felder erzeugen, die zur Wolkenbildung führten. Es gibt mittlerweile sogar Firmen, die „Wetter nach Maß" anbieten, obwohl andererseits internationale Verträge die Wettermanipulationen verbieten. Dazu zählt unter anderem die Konvention der Vereinten Nationen über das Verbot militärischer oder kriegerischer Nutzung von Umweltveränderungs-Techniken. (ENMOD). Warum sollte es Verträge geben, die eine Wettermanipulation verbieten, wenn so etwas gar nicht möglich wäre? Dr. Richard Day, der Rockefeller-Insider, der 1969 vorhersagte, dass das Wetter beeinflusst und als Kriegswaffe eingesetzt werden würde, um Trockenheit oder Hungersnöte auszulösen, beschäftigte sich während des Zweiten Weltkriegs selbst mit Wetterbeeinflussung. Was anderes sollte hinter Bill Gates wahnwinziger Idee stecken, Schwefel in der Atmosphäre auszubringen, als der Versuch die Wettermuster zu verändern? Man denke nur an die mörderischen Überschwemmungen in Lynmouth in North Devon, nachdem die königliche Luftwaffe, einer ganz ähnlichen Idee folgend, im Jahr 1952 Schwefel ausgebracht hatte. William S. Cohen (Rothschild-Zionist), der von 1997 bis 2001 das Amt des amerikanischen Verteidigungsministers bekleidete, erklärte, dass gewisse Kräfte,

Abbildung 758: Hurrikane auf Bestellung.

> „eine Art Ökoterrorismus betreiben und mithilfe elektromagnetischer Wellen aus der Distanz das Klima zu verändern, Erdbeben auszulösen und Vulkanausbrüche herbeizuführen vermögen".

Er ließ allerdings unerwähnt, dass seine „Seite" ebenfalls dazu in der Lage war. Wie steht es mit den Rekordschneefällen und der anschließenden Schneeschmelze, die den Missouri und den Mississippi im Jahr 2011 über die Ufer treten ließen, damit archontische Elemente das Land der dort lebenden Bauernfamilien erwerben konnten? Ein weiteres Stück vom Kuchen. Oder mit den Hurrikanen und den breiten Fronten von Tornados im amerikanischen Mittelwesten, die 2011 Hunderte von Menschen das Leben kosteten und besonders auf ländliche Gemeinden abzielten? Gleiche Masche. Und wie verhält es sich mit der extremen Trockenheit, die 2012 in den Vereinigten Staaten zuschlug und die Existenz von Landwirten und Züchtern vernichtete? Gleiche Masche. Oder mit den langanhaltenden starken Regenfällen, die 2012 den britischen Landwirten dasselbe antaten?

Gleiche Masche. Oder mit den verheerenden, alle Rekorde sprengenden Überschwemmungen in Pakistan, einem Land, das die archontischen Familien destabilisieren und übernehmen möchten? Gleiche Masche. Ruf uns an, Kumpel, wann immer du möchtest. Im April 2011 trafen innerhalb von drei Tagen 300 Tornados den Mittelwesten und den Nordosten der Vereinigten Staaten. 300 Menschen starben. Am Höhepunkt der Katastrophe tobten sogar 118 Tornados innerhalb von 24 Stunden. Das ist nicht natürlich. Das ist HAARP in Aktion, und es geht darum, die Ländereien und Gemeinden aufs Korn zu nehmen, die die archontischen Netzwerke gemäß der Agenda 21 an sich reißen wollen. In einem britischen Zeitungsbericht aus dem Jahr 2012, der sich mit Lebensmittelpreisen und Lebensmittelknappheit auseinandersetzte, hieß es:

> „Diese Kombination von völlig verrückten Wettersituationen [in den USA, in Großbritannien und in Russland] führte weltweit zu einer der schlechtesten Ernten seit Jahren".

Ja genau, und das alles ist geplant und wird durch HAARP und andere Technologien der Wettermanipulation ermöglicht. Es soll also *unmöglich* sein, Erdbeben auszulösen oder das Wetter zu manipulieren? Ein Regierungsinsider ließ sogar verlauten, dass HAARP über genügend Kapazität verfüge, um die Erde zum Kippen zu bringen. Das rückt meine Auffassung in den Bereich des Möglichen. Ich behaupte nämlich, dass die großen kataklysmischen Ereignisse innerhalb des Sonnensystems einst künstlich ausgelöst wurden, und zwar durch eine Störung des Gleichgewichts der elektromagnetischen Felder, die die Planeten und Zwergsterne in ihren jeweiligen Umlaufbahnen halten (denken Sie an die riesigen elektromagnetischen Fahrzeuge, die Norman Bergrun beobachtete). Aus den entsprechenden Patenten und Dokumenten geht hervor, dass HAARP folgendes kann:

- nie dagewesene Mengen von Energie an bestimmte Stellen der Atmosphäre bringen, und zwar mit einer Präzision, welche die von Atomwaffen übersteigt;
- die globalen Kommunikationssysteme stören und dabei gleichzeitig die HAARP-Kommunikationssysteme aufrechterhalten;
- im Anflug befindliche Raketen abwehren;
- das Wetter manipulieren;
- die Atmosphäre durch Veränderung molekularer Zusammensetzungen in einer bestimmten atmosphärischen Region manipulieren;
- atombombenähnliche, strahlungsfreie Explosionen durch Verwendung elektromagnetischer Pulse auslösen;
- über den Horizont hinausreichende Radarfunktionen ausüben.

Mit anderen Worten: HAARP macht Atomwaffen überflüssig. Mit HAARP lässt sich das merkwürdige, ansonsten unbegreifliche Massensterben von Vögeln, Fischen und anderen Tieren leicht erklären. Diese Tiere starben in großer Zahl, viele Vögel fielen sogar mitten im Flug einfach vom Himmel (Abb. 759). HAARP könnte auch der Grund dafür sein, warum manche Flugzeuge, die vorher keinerlei Schwierigkeiten oder technische Defekte hatten,

Abbildung 759: Es gibt so viele Nutzanwendungen von HAARP.

einfach abstürzten (Tesla behauptete ja, seine Telekraft könne Flugzeugmotoren aus einer Entfernung von 400 Kilometern zum Schmelzen bringen. Dank der ionosphärischen Reflektion wären dem heute überhaupt keine Grenzen mehr gesetzt). HAARP kann die Erde durchleuchten, um Ölvorkommen oder andere Ressourcen aufzuspüren. Die archontischen Unternehmen, die Zugang zu solchen Informationen haben, lassen ihren Konkurrenten nicht die geringste Wettbewerbschance. Das bedeutet, dass die archontischen Netzwerke genau wissen, was unterhalb der einzelnen Länder liegt, während die Regierungen davon oftmals nicht die geringste Ahnung haben. Länder wie Haiti kann man mit Erdbeben bombardieren, um so eine Übernahme in die Wege zu leiten und sich die Ressourcen zu sichern, von deren Existenz nur die archontischen Blutlinien wissen. Nach dem fabrizierten Erdbeben in Haiti, das den Vereinigten Staaten und den Vereinten Nationen einen Vorwand lieferte, um ihren Fuß in dieses Land zu setzen, wurden dort Edelmetalle im Wert von mehr als zwanzig Milliarden Dollar „entdeckt". Die Geologen lokalisierten mindestens eine Million Unzen Gold, zwischen 20 und 30 Millionen Silber und reiche Mengen an Kupfer. Mit den Strahlen von HAARP kann man auch jede Person aufspüren, die sich unter der Erde versteckt hält, und jede unterirdische Militäreinrichtung und jedes versteckte Waffenlager aufspüren – aber sie konnten Osama bin Laden nicht in seiner Höhle in Afghanistan *finden und sie konnten auch nicht bestätigen, dass der Irak keine „Massenvernichtungswaffen" besaß??* Niemand übt irgendeine Art von Aufsicht über HAARP aus. HAARP erschafft sich seine eigenen Gesetze. Nur wenige Menschen auf der Welt haben überhaupt je davon gehört, das gilt auch für Politiker. Sollten sie jedoch Bedenken äußern, werden sie vom Militär mit Verachtung gestraft. Der Unterausschuss für Sicherheit und Abrüstung des Ausschusses für auswärtige Angelegenheiten des Europaparlaments führte Anfang der 1990-er Jahre eine Untersuchung über HAARP durch und lud dazu Vertreter der NATO und der Vereinigten Staaten ein, um über die möglichen Auswirkungen zu diskutieren. Diese weigerten sich jedoch ganz einfach zu erscheinen. Im späteren Bericht des Europaparlaments steht zu lesen:

> „[Wegen seiner] weitreichenden Auswirkungen auf die Umwelt handelt es sich bei HAARP um ein globales Problem und wir müssen uns die Frage stellen, ob die Vorteile wirklich die Risiken überwiegen … Die Auswirkungen auf die Umwelt und die ethischen Aspekte müssen genau unter die Lupe genommen werden, bevor weitere Forschungen und Tests stattfinden … Das Projekt HAARP ist der Öffentlichkeit nahezu gänzlich unbekannt, und das muss geändert werden."

Nichts von alledem ist bisher geschehen, eben weil die Agenda verlangt, dass nichts geschieht. Das Militär wird zwar von den Steuerzahlern finanziert, doch es kann das politische System, das *angeblich* diese Steuerzahler repräsentiert, nach Belieben ignorieren. Politiker haben nur einen Zweck: die Menschen zum Narren zu halten und ihnen weiszumachen, sie würden nicht in einer Tyrannei leben. *Tatsächlich* aber leben wir in einer solchen, gelenkt von einer Monstrosität aus Militär, Großunternehmen und Geheimdiensten, unter der Führung der archontischen Blutlinien. Die Archonten ziehen die Fäden im Verborgenen. In dem Bericht des Europäischen Parlament heißt es weiter:

> „HAARP könnte die Wettermuster verändern. Es könnte ganze Ökosysteme beeinflussen, besonders in den empfindlichen antarktischen Regionen."

Genau das geschieht. Wann immer wir von HAARP erzeugte Wettergeschehnisse erleben, werden diese der „Erderwärmung" oder einer vom Menschen verursachten „Klimaveränderung" in die Schuhe geschoben. Zwei Fliegen mit einer Klappe. Eine Problematik, die auf lange Sicht bei dem Wechselspiel zwischen HAARP und Wetter auftreten wird, betrifft die Möglichkeit einer Manipulation der Jetstreams, also der bandförmigen, schnellen Luftströme, deren größere Vertreter wir als West-Ost-Winde kennen. Ihre Stabilität ist unabdingbare Voraussetzung für die Stabilität der Wettermuster. Da diese Ströme aufgrund der Wechselwirkung zwischen Erdrotation und *atmosphärischer Erwärmung* entstehen, kann HAARP hier ohne Weiteres manipulierend eingreifen. Nach Aussagen der Wetterexperten des meteorologischen Amtes in London war der überschwemmungsreiche Sommer, den England 2012 erlebte, auf das merkwürdige Verhalten der Jetstreams zurückzuführen, welches verhinderte, dass sich die Regenwolken über das Vereinigten Königreich hinweg und von diesem fort bewegen konnten. Stattdessen blieben sie dort hängen und sorgten für laufende Überschwemmungen des Landes. Vor Ostern 2013 erlebte England für die Jahreszeit ungewöhnliche Schneefälle, die auch noch von starken Stürmen begleitet waren und über Wochen hinweg anhielten. Auf der Website der *BBC* fand ich in dieser Zeit eines Tages einen Hinweis auf ein Video des Meteorologischen Amtes, in dem die Geschehnisse erklärt werden sollten. Der Begriff „Jetstream" war mir bereits in den Sinn gekommen und tatsächlich, gleich zu Beginn des Videos erklärte der Sprecher anhand seiner Landkarte, dass die Schneefälle und bitterkalten Stürme zum „Frühlingsanfang" dem Jetstream zu verdanken seien, der sich wesentlich südlicher bewege als üblich. Aber noch am selben Tag erklärte so ein Typ, ein gewisser Professor Sir John Beddington, seinerzeit der scheidende Klimaberater der Regierung, gegenüber der *BBC*, dass man dringend handeln müsse, um der „Erderwärmung" entgegenzuwirken und Wetterextreme wie jene Schneefälle zu stoppen. Er sagte wörtlich:

> „In gewisser Weise haben wir uns vom Konzept der Erderwärmung entfernt und sprechen heute vom Klimawandel. Das ist ein wichtiger Punkt – ja, die Temperaturen steigen tatsächlich, aber was wir erleben werden, ist eine wesentlich stärkere Instabilität des Wetters".

Wo soll ich anfangen? Der Grund, warum „wir" von der Erderwärmung abgekommen sind und nunmehr vom Klimawandel sprechen, liegt darin, dass die Erderwärmung zum Stillstand gekommen ist und sich diese Geschichte daher nicht mehr länger aufrechterhalten lässt. Beddingtons Bemerkung, dass die Temperaturen in der Tat ansteigen würden, zielt entweder darauf ab, Menschen in die Irre zu führen oder sie beruht auf einem bei seinem Job kaum vorstellbaren Maß an Unwissenheit. Sogar die offiziellen Zahlen belegen, dass die Temperaturen heute noch immer etwa auf dem Niveau von 1997 liegen.

Was HAARP anbelangt, so sollten wir nicht unerwähnt lassen, dass Norman Bergrun die Möglichkeiten der Wettermanipulation ansprach, als er über die von ihm in der Nähe des Saturn und von anderen auch anderswo, so beispielsweise bei der Sonne, entdeckten elektromagnetischen Vehikel berichtete:

> „Man kann sich leicht vorstellen, dass elektromagnetische Vehikel Tornados und Hurrikane erzeugen können. Unter gewissen Umständen können auch unerklärliche, plötzlich ausbrechende Feuer auf diese Raumfahrzeuge zurückzuführen sein. Ein vergleichbares einfaches Beispiel wären Trafobrände an der Spitze von Strommasten. Auf einer subtileren Ebene bestünde die Möglichkeit einer elektromagnetischen Veränderung menschlicher Körpergewebe, da sich die von solchen Vehikeln ausgehenden elektrischen Felder über Tausende von Kilometern erstrecken können. Von all diesen Möglichkeiten kann man sich die Beeinflussung des Wetters am ehesten vorstellen."

Noch ein weiterer Aspekt von HAARP muss angesprochen werden. Mithilfe dieser Technologie ist es möglich, holografische Bilder an den Himmel zu projizieren, die wirklich „echt" aussehen (auch Echtes ist holografisch). Solche Bilder könnten eine vorgebliche Invasion Außerirdischer oder religiöse Helden zeigen, und mit dem Ziel projiziert werden, die Wahrnehmung und das Verhalten der Massen zu manipulieren. Beide Szenarien finden sich in der Kurzbeschreibung eines Projekts namens „Blue Beam", das vom amerikanischen Militär aufgelegt wurde. Den Hintergrund dessen habe ich bereits in anderen Büchern beschrieben. Sie können auch „Blue Beam" in eine Suchmaschine eingeben, um genauer zu erfahren, worum es dabei geht. Es gab bereits Berichte über religiöse Figuren, wie beispielsweise die Jungfrau Maria, die am Himmel erschienen. Wahrscheinlich handelte es sich dabei um Probeläufe. Man wollte festzustellen, wie viele Menschen so etwas für echt halten – eine ganze Menge, wie mir scheint (Abb. 760). Geben Sie „Virgin Mary Appears in Africa Sky Bluebeam Warning" in eine Suchmaschine ein, um sich selbst ein Bild zu machen. Die Zeitschrift *Laboratory Equipment* berichtete im März 2013, dass Physiker und Techniker der Abteilung für Plasmaphysik des Forschungslabors der amerikanischen Marine (NRL) HAARP erfolgreich dafür eingesetzt hatten, eine dichte Plasmawolke in der oberen Erdatmosphäre aufrechtzuerhalten. Paul Bernhardt von der Abteilung Weltraumanwendungen und Plasma des NRL erklärte:

Abbildung 760: „Mutter Maria" schwebt ein.

> „Frühere künstlich erzeugte Wolken aus dichtem Plasma hielten sich nur 10 Minuten oder kürzer … Diese dichteren Plasma-„Bälle" aber konnten durch die HAARP-Strahlung über eine Stunde lang aufrechterhalten werden. Sie verschwanden erst mit dem Einstellen des Radiostrahls von HAARP."

Es steht außer Zweifel, dass man mit HAARP „natürliche" Phänomene simulieren und damit die Menschen auf der Erde zum Narren halten kann. In den 1970-er Jahren arbei-

Abbildung 761: Der angebliche russische Meteorit.

tete die Luftfahrtspezialistin Dr. Carol Rosin mit Dr. Wernher von Braun zusammen, einem überragenden deutschen Wissenschaftler, den die NASA nach dem Zweiten Weltkrieg engagiert hatte. Sie enthüllte, dass von Braun, als er erfahren hatte, dass er an Krebs sterben würde, ihr von einem Plan berichtet hatte, eine Reihe von künstlichen Feinden aufzubauen, um so die Aufrüstung des Weltraums (und noch weit mehr, wenn die ganze Wahrheit erzählt würde) zu rechtfertigen. Seinen Angaben zufolge wären diese Feindbilder der Reihe nach die Sowjetunion, Terroristen, „Verrückte" aus der Dritten Welt – „Problemländer", wie man heute gerne sagt – Asteroiden und schließlich eine Bedrohung durch eine „außerirdische" Invasion. Von Braun bat sie, nichts von alledem zu glauben, wenn es geschähe, denn alles wäre nur „Lug und Trug". Die Liste hat man Punkt für Punkt bis hin zu den „Problemländern" abgearbeitet. Im Februar 2013 erfuhren wir dann, dass ein riesiger Asteroid, der ungeheure Verwüstungen hätte anrichten können, im Abstand von nur 25.000 Kilometern beziehungsweise „15 Minuten" an uns vorbeigeflogen war. Noch am gleichen Tag hörten wir, dass ein Meteorit in Russland eingeschlagen war und tausend Menschen verletzt hatte (Abb. 761). In den Medien erschienen daraufhin Berichte von Astronomen aus Kolumbien, die den „Meteoriten" angeblich bis zum „Asteroiden-Cluster Apollo" zurückverfolgen konnten. Von dort sollen mehr als 5.000 der 9.700 erdnahen „Weltraumtrümmer" stammen, die man bisher entdeckt hat. Den Berichten zufolge würden vermutlich weitere folgen, um die Erde zu bedrohen. Wir sollten das alles in Frage stellen und uns vor dem Hype um Asteroiden oder Meteoriten und um irgendeine erfundene Invasion „Außerirdischer" hüten.

Die Bestrahlung der Atmosphäre und das Einfangen des Verstandes

Eine weitere Rolle spielt HAARP bei der Vermittlung von Gedankenkontrollprogrammen für die Massen, die mithilfe extrem niedriger Frequenzen, der sogenannten ELF-Wellen, innerhalb des Frequenzbandes der menschlichen Gehirnaktivität gesendet werden. Alles in dieser Realität besteht aus Frequenzen, auch Gedanken, Emotionen und Gefühle. Wer auf diesen Frequenzen sendet und damit die menschlichen Energiefelder einfängt, kann bestimmte Gedanken, Emotionen und Gefühle auslösen. Vor mehr als 60 Jahren erkannte Dr. Andrija Puharich, ein amerikanischer Forscher auf dem Gebiet der Medizin und der Parapsychologie, dass bestimmte Frequenzen bestimmte psychische beziehungsweise emotionale Folgen auslösen. Wie er sagte, verursacht eine Frequenz von 10,8 Hertz

„aufrührerisches Verhalten“, bei 6,6 Hertz werden die Menschen depressiv und bei 8 Hertz schwingen Hellsichtige, wenn sie irgendwo „da draußen“ unterwegs sind. Das amerikanische Militär und andere haben Technologien entwickelt, um den Mut ihrer Feinde zu brechen, indem sie sie mental und emotional mittels ihrer Frequenztechnologien angreifen. Wollen Sie als Teil Ihres Problem-Reaktion-Lösung-Konzepts vielleicht einen Aufstand anzetteln, um die Regierung eines Landes zu destabilisieren? Verwenden Sie 6.6 Hertz. Dr. Andrew Michrowski, ein Technologieexperte, der für das kanadische Innenministerium und als Präsident der planetaren Vereinigung für saubere Energien (PACE) tätig ist, erklärte, dass man dem menschlichen Verstand praktisch alles von außen her zutragen kann, was dieser dann als persönliche „Worte, Sätze, Bilder, Empfindungen und Emotionen“ des betreffenden Menschen verarbeitet. Er hat Recht. Deshalb ist es so wichtig, den begrenzten Verstand für das grenzenlose Bewusstsein zu öffnen. So kann man diese Infiltration der Wahrnehmung blockieren. Schon das Erkennen der Zusammenhänge alleine reicht aus, um hier deutliche Barrieren zu errichten, denn sobald nicht mehr alles über das Unterbewusstsein abläuft, steht der Mensch nicht länger da wie ein Boxer im Ring, der seine Hände hängen lässt. Wenn wir dem bewussten Verstand etwas klarmachen, dann wird er allein schon wegen dieses Wissens auf der Hut sein. Wenn Sie dieses Buch zu Ende gelesen haben, werden Sie weit, weit weniger für Wahrnehmungsmanipulationen anfällig sein. Sie haben sich mit den entsprechenden Informationen vertraut gemacht und Sie wissen, was vor sich geht. Die Vereinigten Staaten, Russland, Großbritannien und China haben umfangreiche Forschungsprogramme für Techniken zur Gedankenkontrolle der Massen aufgelegt – die drei erstgenannten Länder befassen sich damit schon seit mindestens 70 Jahren. Über die Möglichkeiten und Techniken der Gedankenkontrolle habe ich bereits ausführlich in anderen Büchern berichtet, beispielsweise in „Das größte Geheimnis“ und in „The David Icke Guide to the Global Conspiracy“. Gedankenkontrolle ist einfach eine extreme Form der Wahrnehmungstäuschung und damit ein Kernelement der Verschwörung insgesamt. Wir sind wie elektromagnetische „Fische“, die in einem elektromagnetischen Meer herumschwimmen (Abb. 762). Was dem Meer widerfährt, das widerfährt auch den Fischen. Wie nimmt man alle Fische auf einmal aufs Korn? Man attackiert das Meer. Wie nimmt man alle Menschen auf einmal aufs Korn? Man attackiert das energetische Meer. Hinter der Verschwörung, die auf das elektromagnetische Feld abzielt, stecken vier Hauptziele:

Abbildung 762: Elektromagnetische „Fische“ in einem elektromagnetischen Meer.

- Die Demolierung der menschlichen Gesundheit als Teil der geplanten massenweisen Vernichtung der Bevölkerung. Dies erfolgt in Kombination mit all den anderen Methoden, die ich beschrieben habe.

- Die Synchronisierung beziehungsweise das „Einfangen" der Gehirnwellenaktivität mithilfe elektromagnetischer Kommunikationsfelder, damit Gedanken und Wahrnehmungen direkt in den menschlichen Verstand eingefüttert werden können – individuell und kollektiv.
- Die Erzeugung einer gewaltigen elektromagnetischen Verzerrung des menschlichen Körpers und des „Energiemeeres" der Erde, damit wir uns in der Realität der fünf Sinne verfangen, abgeschnitten vom Einfluss erweiterter Gewahrseinszustände. Somit werden alle Gedanken und Wahrnehmungen offen oder verdeckt durch die Informationsquellen des Systems geliefert.
- Die Veränderung der Atmosphäre und des elektromagnetischen Zustands der Erde, um sie für die archontischen Wesenheiten verträglicher zu gestalten, die letztendlich hinter alledem stecken. Damit können sie sich länger in unserer Realität aufhalten und brauchen nicht mehr überwiegend durch Mittelsmänner und Mittelsfrauen zu agieren.

Die Strahlungsquellen, denen Menschen ausgesetzt sind, haben sich im letzten halben Jahrhundert mit geradezu atemberaubender Geschwindigkeit vermehrt. Zu ihnen gehören beispielsweise das drahtlose Internet, Computer mit drahtlosen Tastaturen, smarte Messgeräte, „umweltfreundliche" Glühlampen, verstrahltes Essen, Mikrowellenherde, Stromleitungen, Nacktscanner, Missbrauch von Röntgenstrahlen und CAT-Scannern, abgereichertes Uran aus amerikanischen und aus NATO-Waffen, die auf die Zivilbevölkerung und andere Ziele losgelassen werden, Mobiltelefone, iPads und elektronische Bücher, Mobilfunkmasten, andere Kommunikationsmasten wie GWEN und TETRA, Fernbedienungen aller Art, heimlicher Einsatz von HAARP und so weiter. Die radioaktive Verseuchung durch Waffen, die mit abgereichertem Uran operieren, führte in weiten Gebieten der angegriffenen Länder zu verheerenden Geburtsschäden. Aber auch die Soldaten, die ihren eigenen Waffen ausgesetzt waren, erlitten die gleichen gesundheitlichen Schäden. Zudem bleibt die entsprechende Strahlung 4,5 Milliarden Jahre lang gefährlich, und sie wird mit den Winden über die ganze Welt getragen. Es bleibt die unbeantwortete Frage nach dem Ausmaß der Verstrahlung, die vom Satellitennetzwerk auf die Erde niedergeht. Ich erschaudere auch jedes Mal, wenn ich einen Sporttrainer oder Manager höre, der seinen Spieler zum „Durchleuchten" schickt, um das Ausmaß von dessen Verletzung festzustellen. Diese berühmten Sportler werden in ihrem späteren Leben Sturm ernten, wenn sie nicht vorsichtig sind. Veröffentlichte Studien legen die Vermutung nahe, dass 25.000 Amerikaner jedes Jahr an Krebs erkranken, weil sie den Strahlungen medizinischer Geräte ausgesetzt sind. Diese Strahlungen sind auch für Beschädigungen der DNS verantwortlich (eine immer wieder anzutreffende Folge der Angriffe des Systems auf Verstand und Körper des Menschen). Es gibt sogar eine Krankheit, die man als Intoleranz gegenüber elektromagnetischen Feldern beziehungsweise als elektromagnetische Hypersensibilität bezeichnet. Sie wird durch alle diese Strahlungsquellen verursacht. Dr. Dominique Belpomme, ein französischer Professor für Onkologie, der diesem Problem eine Studie gewidmet hat, erklärte, dass die Strahlung erhebliche Auswirkungen auf das Gehirn hat und auch die Blut-Hirn-Schranke durchbricht. Auf diese Weise „können Quecksilber, Organochloride und andere Giftstoffe in das Gehirn eindringen und dort verschiedene neurodegenerative Krankheiten auslösen". Ich habe meine Bücher letztendlich nur mit großem Widerwillen in elektronischer Form veröffentlicht, weil heutzutage so viele Menschen auf diese Weise lesen und die Informationen an so viele Menschen wie möglich gelangen müssen. Meine Hoffnung besteht allerdings darin, dass die Menschen, wenn sie an dieser Stelle etwas über die elektromagnetische Verseuchung lesen, wieder zu Papierbüchern zurückkehren werden. Ja, natürlich ist es praktischer, gleich mehrere Bücher auf einem Gerät parat zu haben, genauso wie es bequem ist, ein Telefon in die Tasche zu stecken, um jederzeit mit Menschen reden zu können, egal wo man sich gerade befindet. Was aber ist wichtiger, Bequemlichkeit oder Gesundheit? „Drahtlos" heißt heutzutage das Motto für unsere bevorzugten Kommunikationssysteme. Das haben wir den Netzwerken der Blutlinien zu verdanken, die damit ununterbrochen die Atmosphäre bestrahlen. Wenn es um die Agenda geht, dann treiben die Behörden die Sachen voran, ohne jede Rücksicht auf die Folgen für die Menschen. Man erlässt Gesetze, die uns alle daran hindern sollen, dem Fortschritt im Wege zu stehen. Das Telekommunikationsgesetz von 1999, das die Clinton-Administration seinerzeit einführte, verbietet es den örtlichen Behörden, die Errichtung von Telekommunikations- und Mobilfunkmasten an irgendwelchen Orten zu untersagen, solange diese nur den Vorschriften entsprechen, die von der bundesstaatlichen Kommunikationskommission (FCC), einer von Archonten-Dienern beherrschten Kommission, erlassenen wurden. Mit System werden solche Masten gerne in der Nähe von Schulen, Einkaufspassagen, Colleges, Bürogebäuden und Wohnsiedlungen oder auf den Dächern von Apartmenthäusern, Kinos, Kliniken und Sporthallen platziert. Das verdanken wir Gemeinderäten und Firmen, die diese Stellplätze auf Kosten von Gesundheit und Leben derjenigen verkaufen, deren besten Interessen sie angeblich dienen. Die Gefängnisse sind voll von Menschen, deren Verbrechen nicht annähernd an das heranreichen, was hier an schleichendem Massenmord passiert. Viele Masten sind heutzutage versteckt oder als etwas anderes getarnt (Abb. 763). Der Strahlungsausstoß sol-

Abbildung 763: So werden Beweise versteckt.

Abbildung 764: Das Erzeugen einer „Realitätsblase".

cher Masten ist deutlich höher, als das für die Mobilfunkkommunikation vonnöten wäre, denn tatsächlich bilden sie Teil eines immer größer werdenden Feldes, das auf die Gedankenkontrolle der Massen abzielt. In ihrer Gesamtheit erzeugen sie ein weiteres Gitter beziehungsweise „Blasen-Netzwerk“ (Abb. 764). Feuerwehrleute in den Vereinigten Staaten haben sich um die Aufhebung eines Teils des Telekommunikationsgesetzes bemüht. Sie wollten verhindern, dass die Masten weiterhin auf ihren Feuerwehrstationen aufgestellt werden, jedoch ohne Erfolg. Oft sehe ich Dächer von Wohnblocks, die mit Telekommunikationsmasten geradezu übersät sind. Wegen der Risiken, die mit der Strahlungsexposition verbunden sind, bilden sie eine Gefahr für die Bewohner, das gilt ganz besonders für Kinder. Doch die böse Macht, die hinter alledem steht, kümmert sich nicht im Geringsten um die Auswirkungen auf die Menschen und deren Kinder. Sie schert sich um nichts und niemanden, solange sie den Erfolg erzielt, um den es ihr geht. Es legt ein beredtes Zeugnis von der Ignoranz bezüglich der wahren Vorgänge ab, wie sie in der Regierungsstruktur bis weit nach oben hin herrscht, wenn Staatsbeamte das Aufstellen von Kommunikationsmasten auf ihren eigenen Gebäuden genehmigen und dann, ungeachtet der möglichen Folgen, verträumt darin weiterarbeiten (solange, bis es zu spät ist).

Lass die Finger von dem verdammten Telefon

Ein auf *YouTube* gezeigter Film des Fernsehmoderators James Russell mit dem Titel „Resonance – Beings of Frequency“ dokumentiert die dramatische Umwandlung der elektromagnetischen Umwelt des Menschen innerhalb einer unglaublich kurzen Zeitspanne. Das elektromagnetische Feld des Menschen wird aus immer neuen Quellen mit technisch erzeugtem Elektromagnetismus bombardiert. Das alles führt zu einem Desaster für die „physische“, mentale und emotionale Gesundheit. Um das zu erkennen braucht es keine hohe Wissenschaft, nur einen klaren Blick auf offenkundige Ursachen und Wirkungen. Russells Film beginnt mit einer Statistik, die das Ausmaß der Veränderungen aufzeigt, die in kaum mehr als 25 Jahren stattgefunden haben. Mitte der 1980-er Jahre benutzten weniger als drei Prozent der Bevölkerung mobile Telefone. Heute liegt die Zahl nahe bei 100 Prozent. Besonders in der sogenannten „zivilisierten Welt“ (ein Etikett, dem ich nicht zustimmen würde) sind Milliarden von Telefonen in Betrieb. Das geschieht, weil die Menschen keine Ahnung von den Langzeitfolgen haben (obwohl jeder Dorftrottel diese mit ziemlicher Sicherheit erkennen würde). Nun, genau genommen müsste man sagen, dass die breite Bevölkerung, die medizinischen „Experten“ und die meisten Angestellten der Mobilfunkindustrie keinen blassen Schimmer haben. Diejenigen, die hinter all dem stecken, wissen sehr wohl über die künftigen und für manche bereits aktuell gewordenen Folgen Bescheid. Denn genau um diese Folgen geht es eigentlich. Mobiltelefone kommunizieren im Mikrowellenbereich des elektromagnetischen Spektrums – genauso wie Mikrowellenherde, die das ohnehin bereits verstrahlte „Essen“ noch weiter verstrahlen und die Nährstoffe so stark zerstören, dass von „Nahrung“ keine Rede mehr sein kann. Es handelt sich nur noch um eine Substanz, die den Hunger für eine Weile beseitigt. Würde sich irgendjemand sicher fühlen, wenn man ihm einen Mikrowellenherd auf den Kopf setzte? Doch im Prinzip geschieht genau das, wenn die Leute sich ihr Mobiltelefon ans Ohr halten. Ich habe sogar schon gesehen, dass Supermarktangestellte, Taxifahrer und Geschäftsleute ihr Mobiltelefon während des gesamten Arbeitstages am Ohr haben. So stark ist die Macht der kognitiven Dissonanz – das ist ein Zustand, bei dem jemand zwei oder mehr miteinander im Widerstreit stehende Auffassungen gleichzeitig vertritt und sie allesamt für wahr hält. In diesem Fall geht es darum, dass man Mikrowellen an sein Gehirn lässt. Mikrowellen sind extrem gefährlich für das Gehirn, aber in diesem speziellen Fall sollen sie nicht schaden? Man betrachte diese Auffassung im Licht der „eiskalt berechnenden" archontischen Netzwerke. Man erschaffe ein mobiles Kommunikationsnetzwerk, das die Menschen dazu veranlasst, sich archontische Technologie ans Ohr zu halten. Zu diesem Zweck wähle man den gefährlichsten Bereich des elektromagnetischen Spektrums, denn der bietet die besten Möglichkeiten. Können die Menschen wirklich so dumm sein? Ja, natürlich, aber gilt das auch für die Gesamtheit aller Regierungen, Unternehmen und Aufsichtsbehörden für Medizin, Wissenschaft und „Sicherheit" überall auf der Welt?? Sie alle stellen sich jedenfalls dumm. Soll das heißen, dass alle diese *vielen* Leute nicht über die möglichen Folgen Bescheid wissen? Das ist unmöglich. Es bestand keinerlei Notwendigkeit, ausgerechnet den Mikrowellenbereich des elektromagnetischen Spektrums zu verwenden – man wählte ihn deshalb, weil Forschungen und Experimente gezeigt hatten, wie destruktiv dieser sich auf die menschliche Gesundheit auswirkt. Barrie Trower, ein ehemaliger Wissenschaftler des britischen Geheimdienstes kann auf eine langjährige Erfahrung im Bereich der Kriegsführung mit Mikrowellen zurückblicken. Ich habe ihn bereits in anderen Büchern in Zusammenhang mit den Wirkungen des TETRA-Kommunikationssystems zitiert, mit dem das Notfallpersonal arbeitet. Er erklärte, warum man gerade Mikrowellenfrequenzen für die mobilen Telefone gewählt hat:

> „Während der 1950-er und 1960-er Jahre, also zur Zeit des Kalten Krieges, erkannte man durch Zufall, dass man Mikrowellen als heimliche Waffen einsetzen konnte. Während des Kalten Krieges bestrahlten die Russen damit nämlich die amerikanische Botschaft. Bei den Mitarbeitern der Botschaft kam es daraufhin zu Krebserkrankungen, Brustkrebs, Leukämie und anderen Gesundheitsstörungen. Das führte zu der Erkenntnis, dass man niederfrequente Mikrowellen perfekt als geheime Waffe gegen Dissidentengruppen überall auf der Welt einsetzen konnte. Die Dissidenten würden erkranken, Krebs bekommen und ihre mentale Einstellung zum Leben verändern, und das alles, ohne von der Bestrahlung zu wissen."

Das elektromagnetische Spektrum reicht von den hochenergetischen Wellen der Gamma- und Röntgenstrahlen auf der einen Seite über das sichtbare Licht, das auch eine Form von Strahlung darstellt, bis hin zu Infrarot-Mikrowellen, TV- und Radiowellen. Die einzigen Wellen, denen uns die Kommunikationsindustrie aussetzt, sind Mikrowellen. Mikrowellen haben die spezielle Eigenschaft, mit Wasser zu interagieren. Auf diesem Prinzip basieren auch die Mikrowellenherde. Und wir Menschen bestehen aus Wasser.

Alle in unserem Körper ablaufenden chemischen und elektrischen Signalabläufe benötigen Wasser. Wasser bildet die Grundlage für die elektrische innerkörperliche Kom-

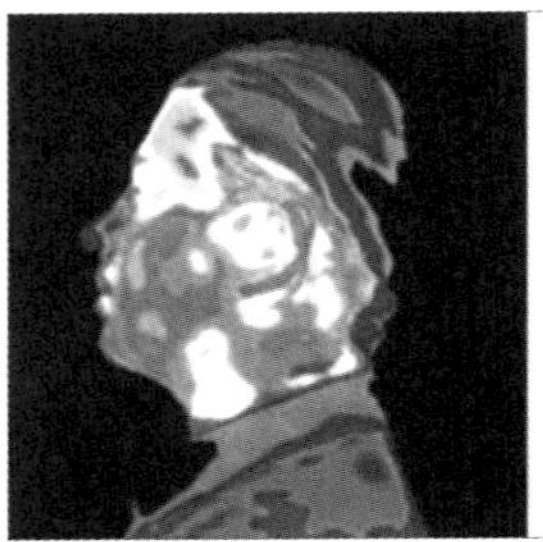
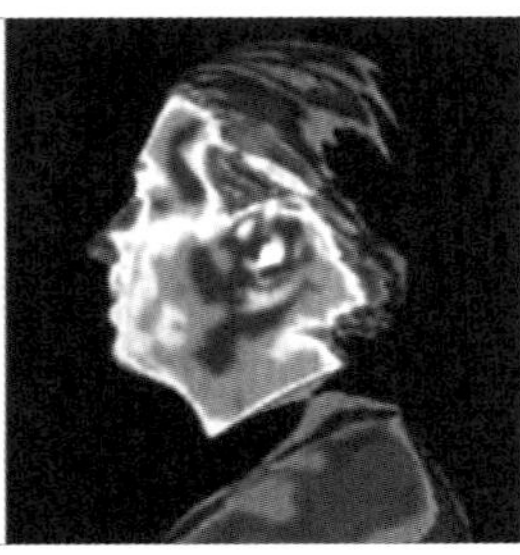

Abbildung 765: Nach einem 15-minütigen Gespräch mit einem Mobiltelefon erkennt man auf der rechten Seite den Erwärmungseffekt um das Ohr und an der Stirn.

munikation. Folglich hat die Industrie den schlimmsten aller möglichen Abschnitte des elektromagnetischen Spektrums ausgewählt, um ihn kleinen Kindern und Erwachsenen zum Gebrauch anzubieten.

Das geschieht mit Absicht und nicht etwa aus Dummheit oder aufgrund eines Zufalls. Was Trower über das Wasser zu sagen hat, ist bezeichnend, aber es gibt auch noch viele andere wohl kalkulierte und koordinierte Angriffe auf das biologische Körperwasser, wie beispielsweise Zusatzstoffe in Lebensmitteln oder die ungeheuerlich hohen Salzmengen, die sich in verarbeiteten Lebensmitteln verstecken.

Der Angriff auf die menschliche Gesundheit durch mobile Telefone spricht für sich selbst. Wenn Sie ein Mobiltelefon an Ihr Ohr halten, heizen Sie damit sofort die betreffende Seite Ihres Gehirns auf, und Ihr Gehirn wird zunehmend heißer, je länger die Unterhaltung dauert (Abb. 765). Experimente unter der Leitung von Dr. Nora D. Volkow, der Leiterin des amerikanischen staatlichen Instituts für Fragen des Drogenmissbrauchs, brachten ans Licht, dass das Gehirn durch Mikrowellen negativ beeinflusst wird, deren Intensität unterhalb der offiziell dümmlicherweise als „sicher" bezeichneten Grenzwerte liegt. Die meisten Eltern begegnen diesem Risiko mit solcher Ignoranz, dass heutzutage das Durchschnittsalter, in dem Kinder Mobiltelefone erhalten, gerade mal *acht Jahre* beträgt. Aber Kinder werden durch die Mobiltelefone erheblich größeren Gefahren ausgesetzt als die Erwachsenen, weil ihre Schädel noch dünner sind. „Sichere" Grenzwerte, sei es für Strahlung oder für Zusatzstoffe in Lebensmitteln, basieren keineswegs auf Sicherheitserwägungen in Bezug auf die menschliche Gesundheit. Sie werden so festgesetzt, dass sich die Unternehmen, die von denselben Netzwerken kontrolliert werden wie die Regierungen, nahezu alles erlauben können, was ihnen passt. Die Unternehmen und ihre Lobbyisten teilen den Regierungen die Grenzwerte mit, mit denen sie leben können, um weiterhin mit ihren Waren hausieren gehen zu können, und die Regierungen setzen die Grenzwerte dann gleich noch etwas höher an. Sollten neue Technologien, die diese Grenzwerte überschreiten würden, kurz vor der Markteinführung stehen, gibt es ebenfalls kein Problem. Die Regierungen erhöhen einfach die Werte und schon ist alles wieder legal. Ein äußerst aufgeweckter Wissenschaftler sagte in James Russells Film: „Wenn Sie sicher gehen wollen, dass niemand je die Geschwindigkeitsbegrenzung verletzt, dann setzen Sie sie bei 1500 Stundenkilometern fest." Die amerikanische Sängerin und Songschreiberin Sheryl Crow erklärte, ihr Gehirntumor sei möglicherweise dadurch verursacht worden, dass sie im Laufe vieler Jahre zu viel Zeit am Mobiltelefon verbracht hatte. Der Tumor hatte sich auf der Seite gebildet, auf der sie ihr Telefon meistens hielt. Ihre Ärzte werden diese Möglichkeit natürlich niemals ernsthaft in Erwägung ziehen, aber diejenigen, die einen solchen offensichtlichen Zusammenhang entweder nicht herstellen oder nicht herstellen wollen, sind schließlich ohnehin unglaubliche Idioten. Ich nenne Mobiltelefone den „stillen Holocaust", weil der kumulative Effekt auf die menschliche Gesundheit, besonders bei Menschen, die sich dem bereits in jungen Jahren aussetzen, katastrophal sein wird. Die Blutlinien wissen das. Es ist Teil ihrer Strategie zur Bevölkerungsreduzierung. Diese und andere Gründe erklären, warum Berichte und Studien, welche die Sicherheit von Mobiltelefonen und den zugehörigen Masten in Frage stellen, ignoriert werden, ganz gleich zu welchen Ergebnissen sie gelangen. Dabei sollte es für alle (bewussten Menschen) mehr als offensichtlich sein, welche Folgen ein Mikrowellenfeld zeitigen kann, das sich manchmal während vieler Stunden des Tages nahe am Gehirn befindet. Die angebliche Sicherheit mobiler Telefone wird mithilfe der sogenannten SAR (das ist die sogenannte spezifische Absorptionsrate) gemessen. Durch sie lässt sich angeblich feststellen, wie viel zu einer Erwärmung führende elektromagnetische Energie der menschliche Körper aufnimmt. Die SAR-Grenzwerte sind in Bezug auf Sicherheit absoluter Unsinn. Trotzdem operieren viele der bekanntesten Mobilfunkmarken am obersten Limit der SAR-Werte. Das wird in der kumulativen Auswirkung für viele Menschen ganz sicherlich tödlich enden, und zwar aus einem Grund, den ich gleich erklären werde. Die SAR-Grenzwerte werden mithilfe des sogenannten „SAM-Phantomkopfs" bestimmt (Abb. 766). Dieser künstliche „Schädel" basiert auf den durchschnittlichen Schädelcharakteristika von 10.000 Menschen. Es handelt sich aber keineswegs um *irgendwelche* Menschen. Für den SAM-Kopf wurden *Angehörige des amerikanischen Militärs* „nach dem Zufallsprinzip" (na klar, okay) ausgewählt. Diese Menschen werden, wie Russell in seinem Film betont, sicherlich größere und dickere Schädel gehabt haben als etwa ein achtjähriges Kind (Abb. 767). Bei der Festlegung der SAR-„Sicherheitswerte" wird das nicht berücksichtigt. Deshalb werden die Gehirne der Kinder jedes Mal, wenn sie ihre Mobiltelefone benutzen, einer Strahlungsintensität ausgesetzt, die weit über die schwachsinnigen offiziellen SAR-Grenzwerte hinausgeht. Die „Sicherheitsstandards" unterliegen der Kontrolle (so heißt es) der Internationalen Kommission für den Schutz vor nichtionisierender Strahlung (ICNIRP), die sich mit Vorliebe um die Interessen der Industrie kümmert. Meiner Ansicht nach müsste sie Organisation für „nutzlose" und „irrelevante" Aktionen heißen. All die möglichen Auswirkungen, die invasive elektromagnetische Felder auf das Gehirn und den menschlichen Körper haben können, werden überhaupt nicht berücksichtigt. Der Organisation geht es nur um den Erwärmungsef-

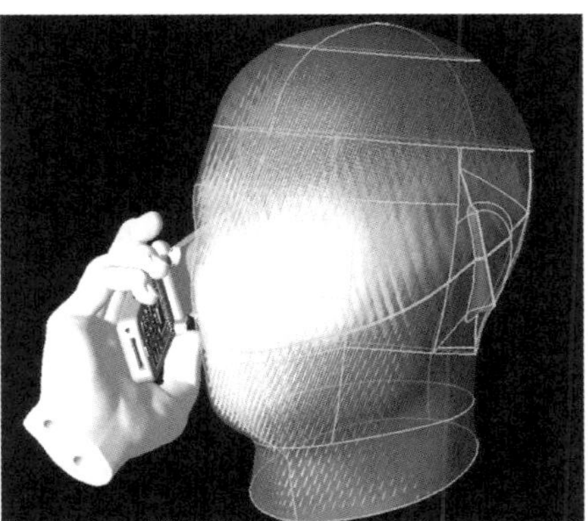

Abbildung 766: Der „SAM-Phantomkopf".

Abbildung 767: Telefone, die bei dicken Erwachsenenschädeln als „sicher" getestet wurden (ein Witz), werden auch von Kindern mit ihren wesentlichen dünneren Schädeln verwendet.

fekt. Dabei befürwortet sie Grenzwerte, die nachweislich in einem gefährlichen Bereich liegen. Eine andere Organisation, die sich mit „Sicherheit und Schutz“ im Zusammenhang mit Mobiltelefonen befasst, ist die britische Organisation für mobile Telekommunikations- und Gesundheitsforschung (MTHR). Das Wort „Forschung“ in ihrem Namen erinnert ein wenig an jene brutalen afrikanischen Tyrannen und Diktatoren, die durch Gewalt und Terror herrschen und sich dennoch selbst als „demokratische Front“ bezeichnen. Der Name ist nichts als Show und soll einen falschen Eindruck von der tatsächlichen Realität erwecken. Das Gleiche gilt für die MTHR, die gemeinsam von der Mobilfunkindustrie und der britischen Regierung finanziert wird, die ohnehin praktisch unter einer Decke stecken. Die MTHR finanzierte 2007 eine ganz offenkundig manipulierte „wissenschaftliche“ Studie, bei der es von Anfang bis Ende nur darum ging, den augenscheinlichen, ursächlichen Zusammenhang zwischen der Mobilfunktechnologie und Störungen der menschlichen Gesundheit zu verschleiern. Allzu viele „Wissenschaftler“ machen ihrem Titel keine Ehre. Sie verkaufen ihre Seele an jeden, der sie finanziert und kommen brav zu dem Forschungsergebnis, das man ihnen von Anfang an vorgegeben hat. Es ist sicherlich kein Zufall, dass die von der Industrie finanzierten „Forschungsarbeiten“ über die Gefahren mobiler Telefone dazu neigen, diese Telefone für sicher zu erklären, während wirklich unabhängige Studien das Gegenteil behaupten. Die von der MTHR finanzierte Studie kam jedenfalls zu dem Schluss, dass die Symptome, über die Menschen in der Nähe von Mobilfunkmasten und anderen Anlagen elektromagnetischer Technologie klagten, allesamt nur auf Einbildung beruhen. Eine Forscherin drückte es so aus: „Ich bin ganz zuversichtlich, dass nicht das elektromagnetische Feld diese Symptome verursacht.“ Ich bin ganz zuversichtlich, dass sie völligen Mumpitz quasselt.

Das Verschließen des Dritten Auges

Erst allmählich beginnen wir die langfristigen Auswirkungen der Nutzung mobiler Telefone zu erkennen. Schließlich benötigen Krebserkrankungen einen Zeitraum von zehn Jahren oder länger, um sich zu entwickeln. Die Verwendung mobiler Telefone verbreitete sich aber erst in den 1990-er Jahren sehr stark. Die meisten sogenannten „Studien“ lassen diesen Zeitfaktor völlig außer Acht. Sie müssen daher per Definition zu falschen Schlussfolgerungen gelangen. Zweifellos hat die Industrie das Problem erkannt, denn man hat damit begonnen, im Hinblick auf mögliche künftige Gerichtsverfahren einige kleingedruckte Richtlinien und Warnungen einzufügen. Dr. Lennart Hardell, Professor für Onkologie und Krebsepidemiologie an der Universitätsklinik in Orebro in Schweden leitete die bisher umfangreichste Studie über den Zusammenhang zwischen Mobiltelefonen und Krebs. An der Studie beteiligten sich zweitausend Menschen, die an Gehirntumoren litten. Als man die Intensität der Mobilfunknutzung dieser Menschen in die Betrachtung miteinbezog, stellte man fest, dass solche Telefone das Risiko, an einem Gehirntumor zu erkranken, deutlich erhöhten. Wer ein mobiles Telefon nahe an sein Gehirn hält, begeht nichts anderes als schleichenden Selbstmord. Doch die gesundheitlichen Folgen reichen noch viel tiefer. Der von technischen Geräten ausgehende Elektromagnetismus greift die Zirbeldrüse im Zentrum des Gehirns an und beeinflusst unseren Biorhythmus. Das ist jener natürliche tägliche Rhythmus, den wir in den Körpern aller lebenden Organismen finden und der die Schlafmuster, die Hormonproduktion, die Gehirnwellenaktivität, die Zellregeneration und den Tag-Nacht-Zyklus steuert. Wenn dieser Rhythmus empfindlich gestört wird, können schwere Erkrankungen die Folge sein. Der Jetlag bietet ein Beispiel dafür, was geschieht, wenn der Biorhythmus durcheinander gerät. Die Zirbeldrüse ist wenig größer als ein Reiskorn, doch von entscheidender Bedeutung für das Leben, das Gewahrsein, die Gesundheit und die Biomuster. Ihre entscheidend wichtige Funktion besteht in der Produktion und Ausschüttung des Hormons Melatonin. Dies geschieht jedoch nur bei Dunkelheit. Die Zirbeldrüse ist extrem lichtempfindlich. Je weniger Licht einfällt, umso mehr Melatonin stellt sie her. Melatonin ist für viele Körperfunktionen unerlässlich, unter anderem für den Abbau von Krebszellen während des Schlafes. Aus diesem Grund ist es wichtig, in einem möglichst dunklen Raum zu schlafen. Wer bei Licht schläft, und sei es nur eine Nachtlampe oder das Licht einer Straßenlampe, das von außen einfällt, behindert die Produktion von Melatonin. Studien haben gezeigt, dass Menschen, die in Nachtschichten arbeiten und tagsüber schlafen, ein erhöhtes Krebsrisiko tragen. Tagsüber ist es nahezu unmöglich, die Dunkelheit der Nacht zu imitieren. Kein Nachtschlaf, keine ausreichende Melatoninproduktion. Nachtarbeit bringt den Biorhythmus ohnehin durcheinander – aus offenkundigen Gründen. Bei Frauen, die an Brustkrebs leiden, beträgt der Melatoninspiegel im Schnitt nur ein Zehntel des für Frauen des entsprechenden Alters üblichen Wertes. Männer mit Prostatakrebs haben nur einen halb so hohen Melatoninspiegel wie normal. Entsprechendes gilt für autistische Kinder. Während der Stunden der Dunkelheit repariert das Gehirn alle Zellschäden und ersetzt die halbe Milliarde Zellen, die jeden Tag verloren gehen. Für diesen Vorgang ist Melatonin von entscheidender Wichtigkeit. Melatonin verfügt zudem über besonders starke antioxidative Eigenschaften und ist in der Lage, Millionen freier Radikale einzufangen – das sind bei den Reparaturvorgängen übrig gebliebene Elektronen – die gesunde Zellen angreifen. Melatonin wirkt auf natürliche Weise gegen Krebs und gegen das Altern. Sinkt der Melatoninspiegel, so kann es zu Immunschwäche, Schlafstörungen, Herzproblemen und vielen anderen Beeinträchtigungen kommen. Die Melatoninproduktion spielt für das Leben und die Gesundheit eine entscheidende Rolle. Doch es wird nicht ausreichen, im Dunkeln zu schlafen, wenn wir unter dem Einfluss von elektromagnetischen Feldern stehen, die von einer ständig anwachsenden Flutwelle technologischer Quellen erzeugt werden. Das hat folgenden Grund: „Licht" und „Dunkelheit" wirken für die Zirbeldrüse als *elektromagnetische* Auslöser. Der *Frequenzunterschied* zwischen Licht und Dunkelheit aktiviert die Produktion beziehungsweise Nichtproduktion von Melatonin. „Licht" und „Dunkelheit" sind verschiedene elektromagnetische Zustände. Sie sind für das An- und Abschalten der Melatoninausschüttung verantwortlich, nicht der visuelle Unterschied zwischen „Licht" und „Dunkelheit". Diese Unterscheidung spielt deshalb eine maßgebliche Rolle, weil technisch erzeugter Elektromagnetismus die Zirbeldrüse austricksen und zu der Annahme verleiten kann, es wäre noch Tag, obwohl die Nacht längst hereingebrochen ist. In diesem Fall bleibt die Melatoninproduktion inaktiv. Die Forschung hat bestätigt, dass das tatsächlich der Fall ist. Dieses Phänomen widerfährt auch Insekten und anderen Tieren. Elektromagnetische Felder können die Produktion von Melatonin blockieren. Die technisch erzeugten elektromagnetischen Felder führen nicht nur zu einer leichten Störung der herrschenden Ordnung, sie schaffen vielmehr etwas, was es in der Menschheitsgeschichte bisher noch nicht gegeben hat. Wir stecken mitten in einem geisteskranken Experiment mit dem menschlichen Leben selbst. Doch für diejenigen, die tief in den Schatten verborgen leben, handelt es sich tatsächlich nicht einmal um ein Experiment. Sie wollten *geschehen lassen*, was nun geschieht.

Nicht mehr synchron mit der Schumann-Frequenz

Die Erde und der menschliche Körper-Intellekt sollten aufgrund ihrer kompatiblen Frequenzen eigentlich in Harmonie miteinander schwingen. Die elektromagnetische Resonanz unseres Planeten bezeichnet man als Schumann-Hohlraumresonanz. Der Name geht zurück auf den deutschen Physiker Winfried Otto Schumann. „Hohlraum" bezieht sich auf die elektromagnetische Situation zwischen der Oberfläche der Erde und der Ionosphäre im oberen Teil der Atmosphäre. Die Schumann-Resonanz bewegt sich im Bereich extrem niedriger Frequenzen (ELF-Bereich) zwischen 6 und 8 Hertz. Das Gleiche gilt für die Aktivitäten des menschlichen Gehirns und aller biologischen Systeme ... *und es gilt für HAARP und all die Kommunikationstechnologien, die ich hier beschreibe*. Laut wissenschaftlichen Aussagen treffen sich Erde und Gehirn bei einer Frequenz von 7,83 Hertz. Diese wird als Schumann-Frequenz bezeichnet. Das menschliche Gehirn schwingt in diesem Alphawellen-Zustand, wenn wir meditieren, uns entspannen oder kreativ tätig sind (Abb. 768). Diese Wellen wirken auch Nervosität und Stress entgegen und regulieren das Immunsystem. Es kann gar nicht anders sein, da jeder Teil eines Hologramms eine kleinere Version des Gesamten darstellt. Die Erde ist ein Miniuniversum, der menschliche Körper eine Minierde/ein Miniuniversum. Schon alleine aus diesem Grund muss man erwarten, dass Planet und Körper im Einklang schwingen. Doch es gibt auch noch andere Gründe. Die Frequenz von 7,83 Hertz ist die allem biologischen Leben gemeinsame Resonanz. Delphine beispielsweise erzeugen Schallwellen von 7,83 Hertz. Dr. Herbert König, Schumanns Nachfolger an der Universität München, stellte fest, dass sich die Gehirnwellen von Säugetieren am häufigsten im Bereich zwischen 6 und 8 Hertz bewegen. Diese vorherrschende frequenzielle Ordnung verbindet alles Leben in einem einheitlichen Frequenzfeld. So wird auch die Kommunikation zwischen den Spezies in Form von Informationsfeldern beziehungsweise Gedanken-

Abbildung 768: Das Reich der Schumann-Hohlraumresonanz.

wellen möglich. Das archontische Kontrollgitterwerk greift hier manipulierend ein. Es *verzerrt* die natürliche Ordnung und stört das elektromagnetische Feld der Erde auf vielfältige Weise, wo es nur kann. Die Schumann-Resonanz wirkt wie eine Stimmgabel und „verleitet" so alle biologischen Lebensformen zu einer einheitlichen, harmonischen Oszillation. Den Kopplungseffekt der Gehirnaktivität aufgrund äußerer Stimuli bezeichnet man als Frequenzfolgeverhalten (Frequency Following Response, FFR). Das Gehirn lässt sich durch technisch erzeugte Frequenzen „ankoppeln", beispielsweise durch Musik, wenn der Rhythmus konstant und stark genug ist. Eine solche Koppelung öffnet der Beeinflussung des menschlichen Denkens und der menschlichen Wahrnehmung Tür und Tor. Und genau das geschieht durch die mittlerweile unübersehbar gewordene Technologie mit Sende- und Empfangsgeräten, die unsere menschliche Gesellschaft mit jedem Tag mehr verseuchen. Schritt für Schritt errichtet man so ein Frequenzgefängnis. Ganz wichtig für die feindliche Übernahme des menschlichen Denkens ist es, Gehirn und Körper von seiner Grundeinstellung – der Harmonie mit der elektromagnetischen Resonanz unseres Planeten – zu trennen. Studien, die James Russell in seinem Film besonders hervorhebt, bestätigen, dass die Schumann-Resonanz mit einem elektromagnetischen Nebel, einer regelrechten technisch erzeugten Suppe, überschwemmt wird. Seit das geschieht, irrt die menschliche Frequenz umher wie ein verlorenes kleines Kind, und ein ganzes Spektrum damit verbundener Konsequenzen bombardiert uns auf vielen Ebenen des Denkens, des Körpers und der Emotionen. Der Physiker Wolfgang Ludwig drückte es so aus:

> „Es ist mittlerweile unmöglich geworden, die Schumann-Resonanz in oder in der Nähe einer Stadt zu messen … die elektromagnetische Verschmutzung durch mobile Telefone zwingt uns, unsere Messungen auf dem Meer vorzunehmen."

Als man die Folgen einer Abkopplung von der Schumann-Resonanz testete, zeigten die Probanden rasch körperliche, mentale und emotionale Störungen. In einem Medienbericht heißt es dazu:

> „Professor R. Wever vom Max Planck Institut für Verhaltensphysiologie in Erling-Andechs … baute einen unterirdischen Bunker, der alle magnetischen Felder [die Schumann-Resonanz] vollständig abschirmte und brachte Studenten, die freiwillig an diesem Experiment teilnahmen, für vier Wochen in dieser hermetisch abgeriegelten Umgebung unter."

Wever stellte fest, dass sich der Biorhythmus der Studenten veränderte und sie an emotionalem Stress und migräneartigen Kopfschmerzen zu leiden begannen. Die Symptome verschwanden, sobald er sie kurz einer Frequenz von 7,8 Hertz aussetzte. Ähnliche Beschwerden traten auch bei den ersten Astronauten und Kosmonauten auf, die draußen im Weltraum ebenfalls von der Schumann-Resonanz abgeschnitten waren.

Der französische Virologe Luc Montagnier war im Jahr 2008 einer der Gewinner des Nobelpreises für Physiologie und Medizin, weil er das „HIV-Virus" identifiziert hatte. Noch bahnbrechender war allerdings seine „Entdeckung", dass die DNS durch extrem niederfrequente elektromagnetische Wellen bei einer Frequenz von … 7,83 Hertz kommuniziert. Ich möchte bezweifeln, dass er wirklich der erste war, der diesen Zusammenhang herstellte.

Andere, die außerhalb des wissenschaftlichen Mainstreams angesiedelt sind, haben dies nämlich bereits wesentlich früher erkannt. Das Phänomen der DNS-Kommunikation habe ich bereits in meinem 2003 erschienenen Buch „Unendliche Liebe ist die einzige Wahrheit – alles andere ist Illusion" angesprochen. Das war Jahre vor Montagniers Veröffentlichung seiner Erkenntnisse. Andere waren vor noch viel längerer Zeit auf diesen Vorgang aufmerksam geworden. Montagnier war jedoch der erste Mainstream-Wissenschaftler, der sein Wissen an die Öffentlichkeit trug. Das ist an sich schon höchst bemerkenswert, bedenkt man, wie stark die Mainstream-Wissenschaft in Zement gegossen ist. Montagniers Erkenntnisse wurden, wie nicht anders zu erwarten stand, von vielen jener Zementköpfe abgetan. Trotzdem bleiben sie wahr, und das bedeutet, dass die technisch erzeugten elektromagnetischen Felder die frequenzielle Kommunikation unserer DNS stören und so die genetische menschliche Struktur *verzerren* können. Sie können Mutationen auslösen und sogar die Reproduktionsfähigkeit des Menschen in Mitleidenschaft ziehen. *Das ist genau das, was diese Wahnsinnigen vorhaben.*

Wo bin ich?

Vögel, Insekten und andere Tiere, aber auch Menschen verfügen über einen Kompass, der mit den magnetischen Feldern der Erde interagiert. Das Cryptochrom-Molekül, das auch den Biorhythmus und die Tag- und Nachtwahrnehmung für den Melatoninzyklus reguliert, fungiert dabei als wesentlicher Steuerungsmechanismus. Cryptochrome ermöglichen es zahlreichen Spezies, einschließlich Menschen, magnetische Felder zu erspüren und sich daran zu orientieren. Das konnte Thorsten Ritz, Professor für Physik und Astronomie der Universität Kalifornien durch seine bahnbrechenden Forschungsarbeiten mit Rotkehlchen bestätigen. Vögel und Säugetiere, wie beispielsweise Wale, verdanken es den Cryptochromen, dass sie ohne Landkarten lange Strecken zurücklegen und zielsicher wieder an den Ausgangsort zurückfinden können. Cryptochrome verleihen auch Bienen und anderen Insekten entsprechende Navigationsfähigkeiten. Wir kennen zahlreiche unerklärliche Fälle von Walen und Delphinen, die massenweise verendeten, weil sie gestrandet waren (Abb. 769). Für mich ist klar erwiesen, dass dieses Phänomen mit den elektromagnetischen Störungen ihrer Navigationssysteme in Zusammenhang steht. Der Physikprofessor Thorsten Ritz setzte die Vögel Radiofrequenzfeldern aus, um deren Auswirkungen auf die Navigationsfähigkeiten der Vögel zu testen. Wie die Ergebnisse zeigten, stören diese Felder nicht nur die Wandermuster der Vögel; dies geschah zudem auch bereits bei einer Exposi-

Abbildung 769: Gestrandete Wale und Delphine verenden massenweise.

tion, die weit unter den offiziell als „sicher“ bezeichneten Grenzen lag. Bei anderen Tieren und Insekten lässt sich Entsprechendes beobachten. Eine lange Liste von Spezies, die auf ihren magnetischen „Kompass“ angewiesen sind, schwinden zusehends dahin. Zu ihnen gehören Vögel, Schmetterlinge und natürlich Bienen. Bienenvolkkollaps ist nichts weiter als ein fantasievoller Name für eine Störung, bei der erwachsene Bienen den Stock verlassen und nie mehr zurückkehren, weswegen ihre Kolonie nicht weiterfunktionieren kann. Wir haben bereits angesprochen, welche Rolle Monsanto dabei spielt, doch es gibt vermutlich noch andere Gründe, unter anderem die genannten elektromagnetischen Störungen. Dr. Jochen Kuhn von der deutschen Universität Koblenz-Landau bestückte vier Bienenstöcke mit DECT-Telefonen, wie sie heute in vielen Haushalten Verwendung finden. Weitere vier Bienenstöcke, die keinen Telefonen ausgesetzt waren, fungierten als Kontrollgruppe. Ein DECT-Telefon funktioniert wie die Miniversion eines Mobilfunkmasts, was die Interaktion zwischen Telefon und „Basisstation“ anbelangt. In jeder städtischen Umgebung gibt es heute nahezu überall solche Masten. Ihre Zahl nimmt stetig immer weiter zu, weil man ständig versucht, immer noch abgelegenere Orte zu erreichen. Dr. Kuhn stellte fest, dass die Bienen, in deren Stöcken keine Telefone lagen, ganz normal zurückkehrten, doch zu den telefonbestückten Stöcken flog kaum eine Biene zurück. Cryptochrome wirken bei Menschen auf die gleiche Art und Weise wie bei Vögeln oder Insekten. Sie ermöglichen eine instinktive Navigation auf den elektromagnetischen Feldern des Planeten, was wir auch als „Orientierungssinn“ bezeichnen. Wenn man, wie in Experimenten geschehen, Magneten am Kopf von Probanden befestigt, dann wird dieser Orientierungssinn gestört. Die möglichen Folgen zeigen sich zunehmend deutlicher, je stärker das elektromagnetische Feld in Mitleidenschaft gezogen wird. Der Russell-Film geht insbesondere auf ein kleines englisches Dorf mit nur 18 Häusern ein, die allesamt nahe an einem Mobilfunkmasten liegen. Dort gibt es zahlreiche Fälle von identischen Symptomen und Erkrankungen wie beispielsweise Brustkrebs und andere Krebsarten, Fruchtbarkeitsprobleme und schwere Kopfschmerzen. Siebzig Prozent der Dorfbewohner leiden an ähnlichen Beschwerden. Krebsnester in der Umgebung von Mobilfunkmasten treten allgemein immer häufiger auf, ebenso Depressionen und emotionale Störungen. Das Gleiche gilt für eine quälende Krankheit, die man als Elektrosensitivität bezeichnet. Sie entsteht, wenn Menschen einem immer stärkeren Sperrfeuer elektromagnetischer Felder ausgesetzt werden. Zu den Symptomen zählen Schlaflosigkeit, Schwindelgefühle, Kopfschmerzen, Schlaganfälle, endokrine Dysfunktion (oft unter Beteiligung der Schilddrüse), innere Blutungen und Krebs. Manche Menschen müssen aus gesundheitlichen Gründen in fast vollständiger Isolation von elektromagnetischen technischen Geräten leben. Obwohl so etwas geschieht, gibt es keine glaubwürdigen offiziellen Studien über die Folgen des Umsturzes der natürlichen elektromagnetischen Ordnung, wie er in den letzten 25 Jahren erfolgte. Ebensowenig gibt es irgendeinen vertrauenswürdigen Schutz vor den Folgen.

Der Elektromagnetismus ist innerhalb dieser relativ kurzen Zeitspanne massiv angestiegen. Laut einem Dokument der britischen Strahlenschutzkommission (NRPB) liegt der Wert heute *mehrere Millionen Mal* höher als noch vor fünfzig Jahren und er steigt von Tag zu Tag immer schneller und immer weiter an (Abb. 770). Die Forscher haben heutzutage bereits Mühe, für wissenschaftliche Analysen eine Kontrollgruppe in der Bevöl-

Abbildung 770: Die Strahlung ist heute mehrere Millionen Mal höher als noch vor 50 Jahren.

kerung zu finden, um die Auswirkungen exakt bemessen zu können. Denn schließlich sind auch Menschen, die kein Mobiltelefon besitzen und die nicht in der Nähe eines Mastes leben, in irgendeiner Form dem technisch erzeugten Elektromagnetismus ausgesetzt. Dieser Elektromagnetismus wirkt als schweigender Killer und versteckter Manipulator der menschlichen Wahrnehmung. Wie hätte man beweisen sollen, dass Rauchen Krebs verursacht, wenn *alle Menschen geraucht hätten*? Bedenken Sie, dass mobile Telefone erst in den 1980-er Jahren aufkamen und erst in den 1990-er Jahren in nennenswerten Zahlen im Umlauf kamen. Der Zustand, in dem wir uns jetzt befinden, reicht jenen Mächten aber noch lange nicht aus. Sie wollen das Ganze immer weiter vorantreiben und jeden Tag, jede Woche und jedes Jahr noch mehr Telefone und Masten schaffen. Was ich hier beschreibe, bildet einen wesentlichen Teil der geplanten weltweiten Bevölkerungsreduzierung. Die Dokumente des Kontrollsystems fordern, dass die Bevölkerung von heute über sieben Milliarden auf eine Milliarde bis eine halbe Milliarde reduziert wird. Bewerkstelligen will man das mit genetisch modifizierten Lebensmitteln, chemischen Zusätzen in Lebensmitteln und Getränken, Fluorid im Trinkwasser, Chemtrails, mit denen Metalle und Gifte am Himmel versprüht werden, Impfungen, pharmazeutischen Medikamenten, Ausmerzung von Nahrungsquellen, Euthanasie für ältere Menschen („Todesgremien" und „Sterbehilfe"), Kriegen, wirtschaftlicher Ausbeutung und Hunger. Die Liste ließe sich endlos fortsetzen. Auch Strahlung gehört dazu. Man kann einige einfache Maßnahmen ergreifen, um die unmittelbaren Folgen zu mildern. Man kann sein Mobiltelefon ausrangieren und nur noch Festanschlüsse verwenden. Besonders zuhause kann man die sogenannten DECT-Telefone leicht durch drahtgebundene Telefone ersetzen. Alles Drahtlose birgt große Gefahren. Das gilt auch für das drahtlose Internet und die drahtlosen Felder, die mit smarten Messgeräten kommunizieren (gegen die wir uns vehement wehren und stemmen müssen). Wenn Sie glauben, nicht ohne Mobiltelefon leben zu können, dann benutzen Sie es zumindest sparsam und nur für kurze Gespräche. Führen Sie lange Unterhaltungen über das Festnetz. Wenn Sie ein Mobiltelefon verwenden, dann halten Sie es niemals an Ihr Ohr und so weit wie möglich von Ihrem Mund entfernt. Erkundigen Sie sich nach den besten Schutzmöglichkeiten, die angeboten werden. Sie können Kopfhörer verwenden, um Ihre Privatsphäre zu schützen. Und was am allerwichtigsten ist: Bringen Sie *nie, nie, nie* ein Mobiltelefon in die Nähe eines Kindes. Ein eingeschaltetes Mobiltelefon ist nicht gut, aber wesentlich gefährlicher ist ein Mobiltelefon, das ans Ohr gehalten wird. Ich habe Menschen angesprochen, die ihr Telefon am Ohr befestigt tragen und ihnen die Gefahren erklärt. Doch sie antworteten mir nur, dass sie auf diese Weise effektiver arbeiten können. Werden sie das auch noch sagen, wenn ihre Arbeit mit den Worten endet: „Es tut uns leid,

Ihnen mitteilen zu müssen, dass Sie einen Gehirntumor haben"? Ich selbst besitze ein Mobiltelefon für absolute Notfälle, in denen mir keine andere Möglichkeit zur Verfügung steht, jemanden innerhalb einer bestimmten Zeit zu kontaktieren. Doch 99,999 Prozent der Zeit liegt es in ausgeschaltetem Zustand in einer Schublade. Wenn ich es benutze, dann überwiegend für Textnachrichten und nur ganz selten, allerhöchstens ein oder zwei Mal im Monat für Gespräche. Diese führe ich immer über Lautsprecher, und ich halte sie sehr, sehr kurz. Es gibt selten etwas, das nicht auf einen Festnetzanschluss warten kann. Wenn Sie in der Nähe eines Mastes wohnen und die Möglichkeit haben, umzuziehen, dann sollten Sie das tun. Wehren Sie sich gegen das Aufstellen von Masten auf Schulen und anderen Gebäuden, die sich in der Nähe von Wohngebieten befinden. Wehren Sie sich gegen die Verwendung von Wi-Fi in Schulen, denn dort werden die Kinder sonst den ganzen Tag über in technisch erzeugtem Elektromagnetismus gebadet. Verwenden Sie drahtgebundenes Internet, wann immer Sie können. Es lässt sich vieles tun. Ihr Leben und das Leben Ihrer Lieben könnten davon abhängen. So ernst ist die Lage.

Fühl dich wie „zuhause" …

Michael Persinger, ein Neurowissenschaftler der Laurentian Universität erklärte:

> „Zum ersten Mal in unserer Evolutionsgeschichte haben wir uns eine sekundäre, virtuelle, hoch komplexe Umwelt erschaffen – eine elektromagnetische Suppe – die im Wesentlichen das menschliche Nervensystem überspielt."

Auch Blake Levitt, die Autorin einer langen Liste von Büchern und Artikeln über die Gefahren elektromagnetischer Felder, rückt in ihrer Studie mit dem Titel: „The Environmental Effects of Wireless Technologies and Other Sources of Nonionizing Radiation", die Situation ins rechte Licht:

> „Die zahllosen EMFs, denen wir ausgesetzt sind, weil sie als Hintergrundbelastung in unserer Umgebung existieren, nehmen mit alarmierender Geschwindigkeit von Tag zu Tag zu. Dies gilt insbesondere für die Radiofrequenzbänder. In ihrem natürlichen Zustand wird die Erde nur von sehr wenigen Radiofrequenzen erreicht. In den letzten 50 Jahren haben wir zum ersten Mal in unserer Evolutionsgeschichte die Oberfläche der Erde mit einem Teppich aus künstlichen Energien überzogen, ohne wirklich zu verstehen, welche Folgen es haben kann, wenn wir uns diesen aussetzen.
>
> Diese belastenden Frequenzen weisen Ausbreitungscharakteristika wie Modulation, komplexe Pulssignale, ungewöhnliche Wellenformen wie Sinuswellen oder Sägezahnwellenformen und eine Intensität und Stärke auf, wie sie in der Natur einfach nicht vorkommen. Es handelt sich um menschengemachte Artefakte."

Abbildung 771: Die von den Archonten erzeugte Realitätsblase und die Wahrheitsschwingungen.

Nun kommen wir der Sache wirklich auf den Grund, wir kommen sozusagen zu des Pudels Kern. Zum einen handelt es sich bei diesem „Teppich aus künstlichen Energien", der sich um die Erde ausbreitet, um die „Realitätsblase", von der ich seit vielen Jahren spreche, eine sich ständig weiterentwickelnde Unterrealität zur Wahrnehmungsmanipulation innerhalb der Gesamtmatrix der Wahrnehmungsmanipulation (Abb. 771). Diese zusätzliche Ebene der Wahrnehmungstäuschung hat man für notwendig erachtet, um den neuen Herausforderungen zu begegnen. Diese liegen in der schwingungsmäßigen (Informations-) Transformation, die ich als die Wahrheitsschwingungen bezeichne – das Erwachen der Menschheit zu ihrem wahren Selbst und zur Wahrheit über ihre missliche Lage. Diese Schwingungen treten überall auf der ganzen Welt auf und erfassen eine ständig wachsende Anzahl von Menschen. Die oben bezeichnete Unterrealität konstituiert sich aus Feldern drahtloser Informationstechnologien und anderer Strahlungsquellen. Sie dient dem Zweck, die Auswirkungen dieser neuen Schwingungen zu blockieren oder zu verwässern, die immer mehr Menschen zu einem Bewusstsein jenseits des Körper-Intellekts erwachen lassen. Die Strategie basiert auf zwei Grundlagen: Man erschafft zunächst eine niedrigschwingende drahtlose Unterrealität und baut dann eine Gesellschaft auf, die die Menschen durch Manipulation ihrer Sender-Empfänger an jenes Frequenzband anpasst. Dazu bedient man sich genetisch veränderter Lebensmittel sowie chemischer Zusätze in Lebensmitteln und Getränken. Man erzeugt Furcht, Sorge und Stress und man koppelt die Menschen an technisch erzeugte elektromagnetische Felder. Symbolisch gesprochen koppelt man die Menschheit an den Radiosender Nr. 1, während die Wahrheitsschwingungen auf dem Radiosender Nr. 2 ausgestrahlt werden. Doch das Konzept ist eindeutig im Scheitern begriffen, denn immer mehr Menschen überall auf der Welt erwachen zu einem neuen Realitätssinn oder beginnen zumindest ihre Wahrnehmungen in Frage zu stellen und die Wahrheit zu erkennen. Allerdings muss noch sehr viel mehr geschehen, denn noch immer ergeben sich allzu viele Menschen dem Einfluss der „Blase".

Fukushima war kein „Unfall"

Es gibt noch einen weiteren Grund für die unaufhörlich zunehmende Strahlung. Wie ich bereits sagte, charakterisiert die Archonten ihre energetische, elektromagnetische Natur. Sie verfügen aber über keine „physische" Form, wenngleich sie verschiedenste Formen als Verkleidung annehmen können, um zu verwirren und zu manipulieren. Ihr Problem besteht darin, dass ihre Energiefelder nicht mit der Atmosphäre und den magnetischen Feldern der Erde kompatibel sind. Das ist einer der Hauptgründe dafür, dass sie nur kommen und gehen, nicht aber für längere Zeit bleiben können. Ein unausgesprochenes Element der Agenda 21 ist die Veränderung der Erdatmosphäre und der Magnetfelder, um diese für die Archonten kompatibler zu gestalten, und das bedeutet in jedem Fall Massenverstrahlung. Gleichzeitig dient es dem Plan der massenweisen Vernichtung der menschlichen Bevölkerung. Dabei wissen die Archonten genau, dass ein gewisser Prozentsatz der Bevölkerung mutieren und damit in einer weit stärker verstrahlten Umwelt überleben wird. Diese Menschen haben sie als Sklaven vorgesehen, die ihnen dienen sollen, sobald die Welt der Agenda 21 erst einmal vollständig installiert worden ist. Die Menschen fragen sich zu Recht, warum die Archonten die Atmosphäre verstrahlen wollen, wo doch ihre eigenen hybriden Blutlinien ebenfalls hier leben müssen. Aber (a) für die Archonten sind die Blutlinien genauso entbehrlich wie alle anderen Menschen auch, und zudem (b) verfügen die Blutlinien über eine andere Genetik. Sie haben nicht die gleichen elektromagnetischen Felder und können vermutlich nicht in gleicher Weise beeinträchtigt werden. Überprüfen Sie einmal, wie langlebig viele von ihnen sind. Gemäß dem Plan der Archonten soll die Strahlung in der Atmosphäre auf zweierlei Weise drastisch erhöht werden, einmal durch einen Atomkrieg und zum anderen durch Unfälle in Atomkraftwerken. Der Teil des Planes, bei dem es um Atomkraftwerke geht, geriet durch die Geschehnisse in Fukushima in Japan stark in den Fokus. Wie Professor Hiroaki Koide, ein diplomierter Kerntechniker und Experte auf dem Gebiet der Strahlungssicherheit und Überwachung erklärte, leben noch immer mindestens zehn Millionen Menschen in hoch verstrahlten Gebieten, die eigentlich geräumt werden müssten. Bei mehr als einem Drittel der japanischen Kinder stellte man im Sommer 2012 ein abnormales Wachstum der Schilddrüse fest. Doch das ist erst ein Vorgeschmack auf die tatsächlichen Auswirkungen auf Menschen, Tiere, Insekten und Umwelt, die wir noch erleben werden. Bei Schmetterlingen und Insekten hat man bereits Mutationen festgestellt. Wegen ihrer kurzen Lebensspannen zeigen sich solche Veränderungen bei diesen Lebewesen zuerst. Die massive Strahlung, die sich ab März 2011 in der Luft, über dem Land, im Meer und in der Wasserversorgung auszubreiten begann, nimmt auch heute noch zu, Stunde um Stunde und Tag für Tag. Gemäß den Aussagen einer Studie aus dem Jahr 2012, die in der Zeitschrift *Science of the Total Environment* veröffentlicht wurde, verseuchte die radioaktive Wolke von Fukushima innerhalb relativ kurzer Zeit nach den Reaktorexplosionen die gesamte nördliche Hemisphäre. Sie können sich ausmalen, was seither weiter geschah. Bei Fischen, die vor der Küste Kaliforniens gefangen wurden, stellte man einen hohen Verstrahlungsgrad fest. Die in der Luft, im Regen, im Wasser und in der Milch gemessene Verstrahlung liegt Hunderte von Malen höher als bei früheren Tests der amerikanischen Regierung. Und wie haben die „Beschützer des Volkes" darauf reagiert? Sie haben die offiziellen „Sicherheitsgrenzen" drastisch *erhöht*. Immer dann, wenn die Behörden Ihnen für irgendetwas „sichere" Werte nennen, können Sie davon ausgehen, dass diese in einem gefährlichen Bereich liegen müssen. Die verstorbene Kernforscherin Rosalie Bertell wies in ihrem Buch „No Immediate Danger: Prognosis for a Radioactive Earth", sehr deutlich auf die drohenden Gefahren der Strahlung hin. Sie erklärte:

> „Sollte die Öffentlichkeit je entdecken, wie hoch die Kosten für Krankheiten in Wirklichkeit sein werden, die aufgrund der nuklearen Verseuchung auf uns zukommen werden, würde ein Aufschrei durch die ganze Welt gehen und die Menschen würden sich weigern, passiv auf ihren eigenen Tod hinzuarbeiten."

Bertell brachte auch folgende Auffassung zum Ausdruck:

> „Wir befinden uns gegenwärtig auf dem Pfad zur Auslöschung unserer eigenen Spezies – es kann schnell gehen, sei es durch einen Atomkrieg oder technische Unfälle, oder langsam durch Verseuchung."

Ich behaupte, dass alle diese Mittel gleichermaßen für ein und denselben Zweck eingesetzt werden sollen. Anfang der 1990-er Jahre lernte ich eine Frau namens Dr. Kitty Little kennen, eine Gastprofessorin an der Universität Oxford, die neun Jahre lang an der britischen Einrichtung für Kernenergieforschung in Harwell gearbeitet hatte. Ich habe ihren Namen bereits an früherer Stelle in Zusammenhang mit dem britischen Premierminister Harold Wilson und mit Lord Victor Rothschild erwähnt. Sie kannte sich ausgezeichnet mit den internen Gepflogenheiten und der Korruption im britischen Geheimdienst aus und erklärte mir die Hintergründe zu vielen Themen. Dr. Little erzählte mir vor vielen Jahren, dass das Haus Rothschild hinter der Einführung der Atomkraft steckte. Wenn die Rothschilds ihre Finger im Spiel haben, dann ist die globale Verschwörung am Werk. Alle Kernkraftwerke geben Strahlung ab, ganz gleich, was die Behörden behaupten mögen, und das hat gesundheitliche Folgen für die Menschen, die in ihrer Nähe leben. Das Atomkraftwerk Sellafield (früherer Name: Windscale) in Cumbria, in Nordwestengland gibt schon seit Jahrzehnten radioaktives Wasser an die irische See ab. Alle Proteste der irischen Regierung und der Menschen konnten nicht das Geringste ausrichten. In meinem Buch „Remember Who You Are", gehe ich sehr detailliert auf entsprechende Beispiele und Berichte ein. Sie alle erhellen, dass aus Atomkraftwerken Strahlung austritt, unabhängig davon, ob sie in Betrieb sind oder stillliegen. Das darf geschehen, weil die Gesetze und deren Durchsetzung immer laxer werden. Aber natürlich erleben wir erst dann einen wirklich bedeutenden Betrag der Atomkraft zur Verstrahlung der Atmosphäre, wenn eines dieser latenten Katastrophenvehikel hochgeht. Was für ein besseres Beispiel könnte es dafür geben als Fukushima.

Seit Jahren führe ich Buch über jeden neuen Beitrag zu dem technisch erzeugten elektromagnetischen „Meer", in dem die meisten Menschen heute leben, besonders in Städten verschiedenster Größen. Als Fukushima 2011 explodierte und unfassbare Mengen Strahlung in die Atmosphäre und in den Ozean abzugeben begann, gingen bei mir sofort die Alarmlampen an. Das war zweifellos ein zu großes Geschenk für die Verstrahlungs-Agenda, als dass es Zufall hätte sein können. Ich weiß, dass die Explosion nach offizieller Version durch ein Erdbeben und einen Tsunami ausgelöst wurde, aber schließlich kann HAARP Erdbeben auslösen, und Erdbeben im Meer lösen nun einmal Tsunamis aus. Erinnern Sie sich, wie Dimitar Ouzounov und sein Team vom NASA Goddard Space Flight Center in Maryland an der Stelle, an der später das Beben ausbrach, konzentrische Hitzeringe über dem Meeresboden gesehen und eine rasche Aufheizung der Ionosphäre direkt über dem Epizentrum beobachtet hatten? Wie das Team erklärte, nahmen die infraroten Emissionen über dem Epizentrum in den Tagen vor dem Ereignis drastisch zu. Erdbeben und Tsunamis können auch mithilfe sorgfältig platzierter Nuklearsprengsätze ausgelöst werden. Es wäre unklug und unangebracht, die Präzision zu unterschätzen, mit der jene Leute heutzutage operieren können, wenn es um Umweltmanipulationen geht. Wer die Vorstellung weit von sich weisen möchte, dass jemand Sprengsätze platziert haben könnte, um einen Tsunami auszulösen, der sollte wissen, dass laut Militärakten die Vereinigten Staaten und Neuseeland in den *1940-er* Jahren vor der Küste Neuseelands eine „Tsunamibombe" testeten. Die Operation trug den Codenamen „Project Seal". Sie kam ans Licht, als der neuseeländische Autor und Filmemacher Ray Waru die Akten im Nationalarchiv fand. Wie er berichtete, sei er nur deshalb über die Akten gestolpert, „weil sie den Bericht noch immer prüften, und er deshalb auf irgendjemandes Schreibtisch herumlag". Laut der britischen Zeitung *Daily Telegraph* zeigten die damaligen Tests, „dass die Waffe funktionierte und man mit einer Serie von zehn großen Detonationen vor der Küste einen zehn Meter hohen Tsunami auslösen und damit eine kleine Stadt würde überschwemmen können". Sie können sich sicher vorstellen, was heute erst möglich sein muss. Seit Fukushima brauchen wir es uns tatsächlich nicht mehr bloß auszumalen. Ray Waru meinte:

> „Wenn man das in einen James-Bond–Streifen einbauen würde, könnte man es als Fantasie abtun, aber es ist Realität."

Das ist ein wichtiger Punkt. Die Menschen müssen erkennen, dass die Technologie, die man uns zu sehen erlaubt, einem Vergleich mit der hochfortschrittlichen Technologie, die man vor uns versteckt hält, nicht standhält. Auf diese Weise bleibt es den archontischen Netzwerken möglich, etwas geschehen zu lassen und ihre Beteiligung daran zu verschleiern, einfach weil die Menschen eine Technologie, die so etwas bewirken kann, nicht für möglich halten. Die Serie James Bond stammt von dem Autor Ian Fleming, einem Mitarbeiter der britischen Marineaufklärung, der über erhebliches Insiderwissen verfügte. Die offizielle Geschichte von Fukushima hat mehr Löcher als ein Schweizer Käse. Denn mit einer Überschwemmung und einem Erdbeben alleine lassen sich die Schäden nicht erklären. Der vierte Reaktor von Fukushima explodierte, nachdem die Brennelemente entnommen und er abgeschaltet worden war. Wie ist so etwas möglich? Die Explosion im dritten Reaktor konnte auf Video festgehalten werden. Man sieht eine Rauchwolke, die verdächtig an die Wolke einer kleinen Atombombe erinnert (Abb. 772 und Abb. 773). Zufälligerweise war in Fukushima ein Jahr vor dem Unfall ein neues Sicherheitssystem installiert worden. Dazu gehörten riesige Überwachungskameras und Sensoren des Systems Optical Watch Line, auch bekannt unter dem Spitznamen „Eule". Der Gedanke an Moloch (Saturn) scheint hier nicht allzu weit hergeholt. „Eule" gilt als „virtueller Sicherheitszaun" für militärische und zivile Nutzungen. Zu dem System gehören ein „elektrooptisches Radarsys-

Abbildung 772: Der dritte Reaktor von Fukushima.

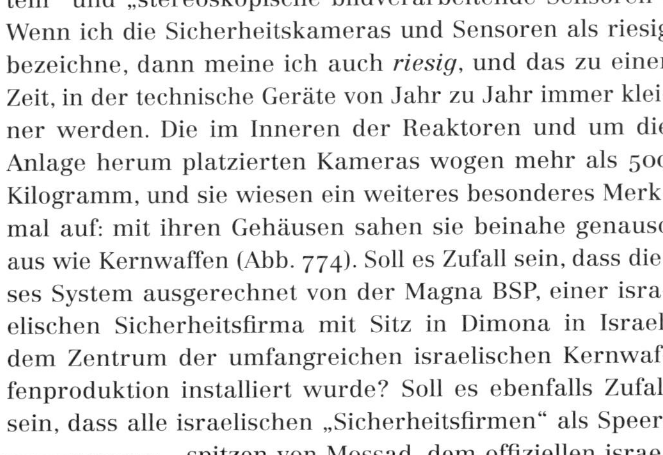

tem" und „stereoskopische bildverarbeitende Sensoren". Wenn ich die Sicherheitskameras und Sensoren als riesig bezeichne, dann meine ich auch *riesig*, und das zu einer Zeit, in der technische Geräte von Jahr zu Jahr immer kleiner werden. Die im Inneren der Reaktoren und um die Anlage herum platzierten Kameras wogen mehr als 500 Kilogramm, und sie wiesen ein weiteres besonderes Merkmal auf: mit ihren Gehäusen sahen sie beinahe genauso aus wie Kernwaffen (Abb. 774). Soll es Zufall sein, dass dieses System ausgerechnet von der Magna BSP, einer israelischen Sicherheitsfirma mit Sitz in Dimona in Israel, dem Zentrum der umfangreichen israelischen Kernwaffenproduktion installiert wurde? Soll es ebenfalls Zufall sein, dass alle israelischen „Sicherheitsfirmen" als Speerspitzen von Mossad, dem offiziellen israelischen Geheimdienst agieren, in Wahrheit aber als globaler Vollstreckungsarm der Rothschilds eingesetzt werden? Oder dass die Verstrahlung der Atmosphäre auf der Agenda der Rothschilds steht? Nachdem ich mit meiner Behauptung, Fukushima sei kein Unfall gewesen, sondern eine sorgfältig geplante Freisetzung von Radioaktivität unter dem Deckmantel eines Tsunamis, an die Öffentlichkeit getreten war, fiel mir die Rede eines amerikanischen Kerntechnikers in die Hände. Dieser Mann namens Arnie Gunderson hatte bei seinem Vortrag in der städtischen Bibliothek in Boston, Massachusetts, warnend darauf hingewiesen, dass man die Ereignisse von Fukushima künftig bei der Formgestaltung von Reaktoren berücksichtigen müsse. Er zeigte auf, dass die Explosionen von Fukushima Wellen von mehr als 1500 Stundenkilometern erzeugt hatten. Das ist erheblich schneller als die Schallgeschwindigkeit und hätte bei einer echten Kernexplosion der in Fukushima angeblich vorgefallenen Art niemals geschehen dürfen. Laut Gundersen hätten Wasserstoff und Sauerstoff lediglich eine „Unterschall-Verpuffungswelle" erzeugen dürfen. In Fukushima kam es jedoch zu einer „Überschall-Detonationswelle". Das ist eigentlich unmöglich. Er erklärte:

Abbildung 773: Die Explosionswolke von Fukushima im Vergleich zu der von einer kleinen Kernwaffe erzeugten Wolke.

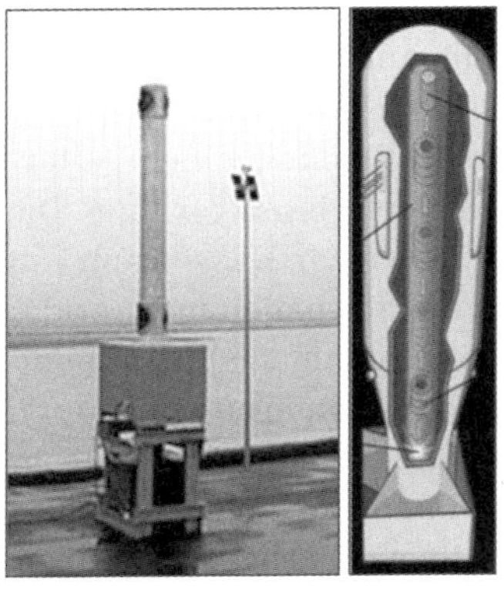

Abbildung 774: Die „Sicherheitskameras" in den Reaktoren von Fukushima und daneben eine Kernwaffe.

„Niemand weiß, warum das geschah. Wasserstoff und Sauerstoff können bei Raumdruck nicht detonieren. Ich habe mich mit einigen Chemikern unterhalten, und wir haben keine Antwort darauf gefunden, warum es hier zu einer Detonation kommen konnte. Eine Verpuffung war möglich, aber eine Detonation hätte nicht passieren dürfen. Deshalb sollten wir uns ernsthafte Gedanken über die Formgestaltung von Reaktoren machen."

Nun, vielleicht auch nicht. Vielleicht lässt sich als Schlussfolgerung einfach festhalten, dass jemand, der seinen Reaktor heil lassen will, sein Sicherheitssystem nicht von einer Firma installieren lassen sollte, die im Zentrum des israelischen Kernwaffenprogramms ansässig ist. Schon sehr bald traten in Fukushima extrem hohe Mengen von Strahlung aus und gelangten in die Atmosphäre und ins Meer. Laut den im Sommer 2011 veröffentlichten Zahlen war die Freisetzung 50 Mal höher als bei dem Unglück in Chernobyl in der Ukraine im Jahr 1986 (Abb. 775). Japan ist mit der radioaktiven Verseuchung seiner Luft, seiner Wasserversorgung und seiner Lebensmittel und dem radioaktiven Niederschlag wirklich geschlagen. Man hat der japanischen Presse verboten, über die anhaltenden gesundheitlichen Auswirkungen auf die Gesundheit der japanischen Bevölkerung zu berichten, deshalb sind sich die meisten Menschen dort der Gefahren und Folgen nicht bewusst. Bei Fischen in der Nähe der Anlage stellte man hohe Strahlungswerte fest, und die Werte gehen auch nicht zurück. Laut einem im Februar 2013 veröffentlichten Bericht von Forschern der Hopkins Marine Station der Universität Stanford ließ sich in rotem Thunfisch, der vor der kalifornischen Küste gefangen worden war, Strahlung aus Fukushima nachweisen. Das Ausmaß der Verstrahlung der Meere und der Atmosphäre ist weit höher, als offiziell zugegeben wird, und es nimmt laufend zu. Gerade während jener Ereignisse gab die britische Regierung bekannt, dass sie ihr Kernkraftanlagenprogramm deutlich erweitern werde. E-Mails, die an die Zeitung *Guardian* durchgesickert waren, ließen erkennen, dass die britische Regierung mit Kernkraftinteressen, beispielsweise denen von Westinghouse, EDF Energy und Areva konspirierte, um die Öffentlichkeit zu täuschen und jegliche effektive Kampagne für einen Ausstieg aus der Kernkraft zu verwässern. Ein Beamter des Ministeriums für Gewerbe, Innovation und Qualifikation äußerte in einer E-Mail über Fukushima:

> „Dieser Vorfall könnte die Kernkraftindustrie weltweit zurückwerfen. Wir müssen sicherstellen, dass die Kernkraftgegner hier nicht an Boden gewinnen. Wir müssen den Raum für uns einnehmen und behaupten. Wir müssen wirklich deutlich machen, wie sicher die Kernkraft ist."

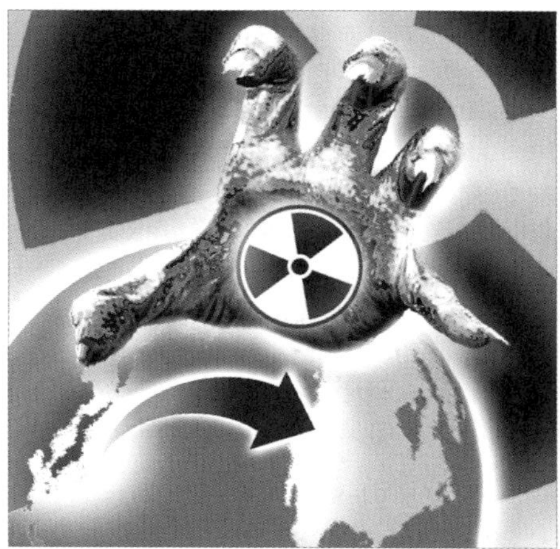

Abbildung 775: Die in Fukushima freigesetzte Strahlung hat katastrophale Auswirkungen auf die menschliche Gesundheit, das Tierreich, das Meeresleben und das atmosphärische Gleichgewicht im Allgemeinen.

Man beachte das „wir", wenn von der Regierung und den Unternehmen gemeinsam die Rede ist. Dieses „wir" lenkt die Weltereignisse auf Kosten der Bevölkerung. Aber es gibt keine

Verschwörung, die die Menschen täuscht und ihnen ein Kontrollsystem aufzwingt. Das ist nur ein lästiges Gerücht. Die Verstrahlungsagenda reicht viele Jahrzehnte zurück. Als jüngstes Kind hat sie sich das selbstmörderische Verfahren des Fracking angelacht. Bei diesem Verfahren wird tödliches radioaktives Radongas in ungeheuren Mengen in die Atmosphäre freigesetzt. Schädliche Frackinggase werden der Bevölkerung zum Heizen und Kochen untergejubelt, um so ihre Häuser und Arbeitsplätze zu verseuchen. Radon ist die häufigste Ursache für Lungenkrebs bei Nichtrauchern. Wir werden noch mehr „Reaktorunfälle" wie in Fukushima erleben, und zwar aus dem immer gleichen Grund – es geht um die Verstrahlung der Atmosphäre. Nachdem ich 25 Jahre lang diese Themen untersucht habe, bin ich zu der Ansicht gelangt, dass überall auf der ganzen Welt Kernkraftwerke einzig und allein aus dem Grund in Betrieb genommen wurden und ständig neue gebaut werden, um durch ein dauerhaft installiertes System gezielt Strahlung freisetzen zu können, damit die Atmosphäre in einen dauerhaft hochradioaktiven Zustand versetzt wird, in dem sich die archontischen Wesenheiten wohlfühlen. Ganz so weit ist es zwar noch nicht gekommen, aber entsprechend den Planungen soll genau das erreicht werden. Dann werden nur noch völlig veränderte, mutierte Menschen mit den herrschenden Bedingungen zurechtkommen. Deshalb versuchen die Archonten ständig, die Menschen ihnen ähnlicher zu machen. Transhumanismus ist Teil des Planes, und die große Lüge von der „Klimaveränderung" liefert den Machern den Vorwand, um die Kernkraft voranzutreiben.

Die Schaffung von noch mehr „Blasen"

Der Bericht des Europäischen Parlaments über HAARP enthüllte, dass seit den 1950er Jahren in einer Höhe zwischen 7.700 und 52.000 Kilometern über der Erde, in einem Bereich erhöhter Plasmastrahlung, den man als Van-Allen-Gürtel bezeichnet, Atombomben gezündet werden. Das geschieht angeblich, um die Auswirkungen des elektromagnetischen Pulses, der von Kernexplosionen in solcher Höhe erzeugt wird, auf die Radiokommunikation und auf das Funktionieren von Radarsystemen zu untersuchen. Ja, natürlich ist das der Grund. Laut dem Bericht erzeugten diese amerikanischen und sowjetischen Explosionen einen neuen magnetischen Strahlungsgürtel, der nahezu die gesamte Erde umspannt. „Elektronen bewegen sich entlang dieser magnetischen Kraftlinien und erzeugen eine künstliche Aurora Borealis über dem Nordpol". In dem Bericht heißt es weiter:

> „Durch diese militärischen Tests wurde der Van Allen Gürtel für lange Zeit aus dem Gleichgewicht geworfen. Das Magnetfeld der Erde könnte über weite Strecken beschädigt worden sein, was zu einer Störung der Radiokommunikation führen könnte. Laut den Aussagen amerikanischer Wissenschaftler könnte es Jahrhunderte dauern, bis der Van Allen Gürtel wieder in seinen ursprünglichen Zustand zurückfindet."

Sobald die Menschheit angefangen hatte, mit Kernkraft zu operieren, stiegen weltweit die Fälle von Krebs an. In dem Bericht der EU wird auch betont, dass HAARP mit seinen Radiostrahlen Löcher in die Ionosphäre schlägt. Die Ionosphäre schützt uns vor der kosmischen Strahlung, die auf die Erde trifft.

> „Man hegt die Hoffnung, dass sich diese Löcher wieder füllen werden“

heißt es in dem Bericht weiter.

> „Aber unsere Erfahrungen mit den Veränderungen der Ozonschicht weisen in eine andere Richtung ... Das bedeutet, dass gewaltige Löcher in der uns schützenden Ionosphäre vorhanden sind.“

Diese Worte wurden im Jahr 1999 geschrieben, noch bevor HAARP über alle seine heutigen Funktionen verfügte. Wie muss unsere Ionosphäre also heute wohl aussehen? Dr. Rosalie Bertell, eine amerikanische Wissenschaftlerin, die sich auf ionisierende Strahlung spezialisiert hat, bezeichnet HAARP als

> „ein gigantisches Heizgerät, das erhebliche Schäden in der Ionosphäre anrichten kann. Es erzeugt nicht nur Löcher, sondern langgezogene Einschnitte in der Schutzschicht, welche die tödliche Strahlung abhalten soll, die unseren Planeten bombardiert“.

Der Physiker Richard Williams, ein Berater des David Sarnoff Labors in Princeton, nannte HAARP „einen unverantwortlichen Akt von globalem Vandalismus“. Wer kann so verrückt sein, an der Atmosphäre herumzupfuschen, die uns erhält? Nur jemand, der wahnsinnig ist oder der die Atmosphäre verändern will – oder beides. Seit Jahren warne vor ich vor dem elektromagnetischen „Meer“ aus Verseuchung und Verzerrung, in dem Milliarden von Menschen ihr Leben verbringen. Aus den tiefen Schatten heraus wird der elektromagnetische Krieg gegen die „physische“, mentale und emotionale Gesundheit des Menschen mit voller Absicht geführt. Die archontischen Familien wissen sehr genau um die Folgen ihres Tuns, und sie wollten von Anfang an sicherstellen, dass genau diese Wirkungen eintreten, um so die menschliche Bevölkerung an den orwellschen Alptraum anzupassen. Viele ihrer nichtsahnenden Fußsoldaten dienen in ihrer Ignoranz dem Demiurgen und haben keine Ahnung, was sie der Welt, sich selbst und ihren eigenen Kindern antun. Aber Ignoranz kann nicht länger als Entschuldigung für kriminelle Verantwortungslosigkeit dienen, weil die Wahrheit mittlerweile bekannt ist. Doch die meisten Menschen blicken lieber in die andere Richtung, weil sie sich damit nicht auseinandersetzen wollen. Sie werden bald realisieren, dass Ignoranz nur für eine kurze Weile selig macht. Doch dann wird die Realität wie ein Hammer auf sie niedersausen. Diese Zeit ist jetzt, und was wir erleben, ist erst der Anfang. Die Archonten nähren sich vom Tod. Sie versuchen den Planeten Erde, so wie wir ihn bisher kannten, zu zerstören und unsere Welt der ihren anzupassen (Abb. 776). Die Erde wird dann nicht länger ein Ort für Menschen sein, sondern für Archonten.

Die Tatsache, dass das Wissens über die wahre Natur der Realität und den menschlichen Körper so lange unterdrückt wurde, haben wir dem Umstand zu verdanken, dass der eindeutige und offenkundige Zusammenhang zwischen Ursache und Wirkung dank schieren Unverständnisses, nicht zuletzt in den Reihen der Ärzte und Wissenschaftler, die

Abbildung 776: Wir werden es uns einrichten wie zuhause.

im Großen und Ganzen nicht die geringste Ahnung vom menschlichen Organismus haben, verborgen werden konnte. Diese Leute betrachten, ebenso wie die Weltbevölkerung im Allgemeinen, den Körper als eine feste, „physische" Ansammlung von Fleisch und Blut. Doch das ist Illusion. Tatsächlich ist der Körper ein Hologramm, das nur „fest" erscheint, weil wir Wellenformen und elektromagnetische Informationen auf die entsprechende Weise dekodieren und in holografische Illusion übersetzen. Wie bereits erwähnt habe ich schon oft den Kopf geschüttelt, wenn „Experten" die Zusammenhänge leugnen, obwohl bei Menschen, die in der Nähe von Starkstromleitungen oder Atomkraftwerken leben, häufig richtige Krebsnester anzutreffen sind, die aus der bei der allgemeinen Bevölkerung üblichen Norm herausfallen. Viele dieser „Experten" sind schlicht uninformiert, andere dagegen, und das sind die Schlimmeren, sind professionelle Lügner, die ihre Seele für einen Schilling an die Großunternehmen verkaufen. Für das programmierte Personal des Systems sind die Gewinne der Energie-, Kommunikations-, Biotech- und Pharmaunternehmen wesentlich wichtiger als die menschliche Gesundheit, und menschliches Leid spielt keine Rolle. Tief im Inneren des Kaninchenlochs geht es aber um weit mehr als um Geld. Der Zusammenhang zwischen Starkstromleitungen und Mobilfunkmasten und der Zerstörung der menschlichen Gesundheit ist so einfach und offenkundig, dass es schon fast pathetisch klingt. Von den Leitungen und Masten gehen sehr starke elektromagnetische Felder aus, die das elektromagnetische Feld des Menschen stören und verzerren. Dieses Feld leitet die Störung wiederum an das Körperhologramm weiter, weil sich das eine im anderen widerspiegelt. Das Resultat: der Prozentsatz der Menschen, die an Krebs, häufig in Form von Leukämie, und an anderen physischen, mentalen und emotionalen Störungen leiden, steigt deutlich an. Das Blut, das durch die Arterien und Venen zirkuliert, entspricht dem Energiefluss in den Meridianen. Diese Energie wird von den Chinesen und in der Akupunktur als „Chi" bezeichnet. Wenn diese Energieflüsse durch starke elektromagnetische Felder in Mitleidenschaft gezogen werden, dann wirkt sich das auch auf das Blut aus, und Leukämie kann die Folge sein.

Ich bin sicher, Sie verstehen, was ich meine, wenn ich behaupte, dass die Grundprämissen, die Mainstream-Wissenschaftler für ihre Realitätsbetrachtungen heranziehen, nichts weiter sind als extremer Mumpitz. Alles, was auf diesen Prämissen beruht, muss folglich ebenfalls Mumpitz sein.

Nachtrag: Wie Berichte von *National Geographic* und der Akademie der Wissenschaften im Dezember 2013 enthüllten, waren im Sommer 2012 etwa 98 Prozent des Meeresbodens ungefähr 245 Kilometer vor der Küste Kaliforniens mit toten oder sterbenden Lebewesen bedeckt. In Fukushima war es dagegen nur ein Prozent.

36

Die Rekrutierung der Wahnsinnigen

Um dich selbst zu finden, denke selbst
Sokrates

Abbildung 777: Der Film „Equilibrium" porträtiert eine Welt, wie die Archonten sie haben wollen.

Um die Welt dem Szenario von „Die Tribute von Panem" immer ähnlicher zu gestalten, benötigt die Agenda 21 auf jeden Fall eine Gestapo aus Uniformierten und Verwaltern, denen es an Mitgefühl, Einfühlungsvermögen und Intelligenz mangelt. Solche Leute sind für die Realisierung der globalen Tyrannei und, sobald diese erst einmal etabliert ist, deren Durchsetzung, unabdingbar. Wenn Sie sich den Film „Equilibrium" ansehen, der 2002 erschienen und auf DVD erhältlich ist, bekommen Sie das Porträt einer nach den Richtlinien der Agenda 21 konzipierten Gesellschaft präsentiert, aus der Emotionen verbannt wurden und in der emotionslose, gemeine, gewalttätige und unter Drogen stehende Uniformierte den Willen der *El*-ite durchsetzen (Abb. 777).

In „Equilibrium" wird die Agenda 21 hervorragend dargestellt, mitsamt der Gesellschaft, die Aldous Huxley und George Orwell kommen sahen (genauer gesagt, wussten sie dank ihres Insiderwissens, dass sie kommen würde). Es handelt sich um eine Welt der totalen Kontrolle, die durch zwangsweise, technisch überwachte Verabreichung von Drogen und die totale, 24 Stunden an sieben Tagen pro Woche laufende Überwachung sämtlicher Handlungen, Gesten und Gedanken in Gang gehalten wird. Eine solche Realität rückt durch die Taktik des totalitären Heranschleichens immer näher auf uns zu. Davor warne ich schon seit 25 Jahren. Heute ist das totalitäre Heranschleichen bereits in einen totalitären Sprint übergegangen. Die globale Tyrannei schlägt mit immer größerer Geschwindigkeit zu. Je mehr Macht man zentralisieren kann, umso mehr Macht steht dem Machtzentrum für eine noch schnellere weitere Zentralisierung zur Verfügung. Wie das

Abbildung 778: Bete mich an oder stirb … meine Meister wollen es so.

Amt für Justizstatistik bekannt gab, stieg in den Jahren 1992 bis 2008 die Anzahl der Polizeikräfte in den Vereinigten Staaten um 25 Prozent – das liegt deutlich über dem entsprechenden Bevölkerungswachstum. Wie hoch mag die Zahl wohl heute liegen, wenn man all die neuen Formen der „Rechtsdurchsetzung" mitberücksichtigt? Immer mehr Menschen beschweren sich über „Big Brother", wie Orwell es nannte, denn jeden Tag verlieren sie mehr Freiheiten, wird die Überwachung übergriffiger und „Sicherheit" als Scheinausrede benutzt, um der sogenannten freien Welt ein Ende zu setzen, während wir uns immer weiter den düsteren Strukturen von Nazi-Deutschland – oder dem heutigen China annähern. Obama nutzte die Berichterstattung über den Hurrikan Sandy, der 2012 New York traf, um klammheimlich eine Präsidentenverfügung zu erlassen, durch die der sogenannte Homeland Security Partnership Council ins Leben gerufen wurde, ein Zusammenschluss staatlicher und privater Organisationen, deren Aufgabe darin besteht, eine präsidiale Machtstruktur (die Durchsetzung der Diktatur) zu schaffen. So sollen die „Freiheiten" des amerikanischen Volkes ausgelöscht werden, ohne dass der Kongress durch ein entsprechendes Aufsichtsrecht korrigierend eingreifen kann (Abb. 778). Heute gibt es bereits Anbieter von Telefon-Apps, die in ihrem Kleingedruckten die Information verstecken, dass der Kunde dem Unternehmen die Erlaubnis erteilt, das Mikrofon und die Kamera seines Telefons zu aktivieren, um seine Gespräche mitzuhören oder Aufnahmen zu machen. Paul Joseph Watson von Infowars.com prangert diese Praxis an und meint:

> „Sie geben diesen Leuten unwissentlich die Erlaubnis (die meisten Menschen lesen die Vertragsbedingungen nicht durch), von Ihrem Telefon aus SMS-Nachrichten zu versenden, die Sie bezahlen müssen, Einblick in Ihre Kontakte, Ihren Telefonstatus und Ihre Identität zu nehmen, sich vollen Netzwerkzugang zu Ihren Kommunikationen zu verschaffen (mit anderen Worten Ihre Telefongespräche mitzuhören), Inhalte in Ihrem USB-Speicher zu ändern oder zu löschen oder Ihre Displaysperre (den vierstelligen Passwortcode zum Schutz Ihres Telefons) außer Kraft zu setzen."

Unglaublich, doch so etwas geschieht unbemerkt, während die meisten Menschen fernsehen oder sich mit Fußball oder dem letzten Tratsch über Promis beschäftigen. Warum sollten Telefongesellschaften so etwas tun, es sei denn, sie arbeiteten allesamt als Handlanger für den orwellschen Staat? All das habe ich in meinen Büchern, z.B. „The Robots" Rebellion" oder „… Und die Wahrheit wird Euch frei machen" bereits in den 1990-er Jahren vorausgesagt. Die Informationen in diesen und in anderen Büchern waren nicht zufällig so präzise, vielmehr folgte ich, wie beschrieben, einfach den Hinweisen, die mich zu den entsprechenden Büchern, Artikeln, Dokumenten, Menschen und persönlichen Erfahrungen führten. Das half mir, die Punkte zusammenzufügen und das große Bild zu erkennen, das

Bild von Big Brother. Viele Jahre lang lachten oder spotteten die meisten Menschen und taten das Ganze ab, doch aufgrund der Ereignisse und dessen, was sie heute täglich in den Nachrichten zu sehen bekommen und in ihrem eigenen Leben erfahren, denken viele Menschen heute um. Das gilt natürlich nicht für die Mainstream-Medien, von wenigen Ausnahmen abgesehen, denn die angeblichen „Journalisten" unterliegen der stärksten Wahrnehmungsprogrammierung weltweit. Milliarden von Menschen fühlen sich mittlerweile äußerst beunruhigt, wenn sie sehen, was auf der Welt geschieht und in welche Richtung es angesichts der Kriege und des wirtschaftlichen Zusammenbruchs läuft. Doch alles wirkt so komplex und befremdlich, dass die Menschen allenfalls feststellen können: „Bei den Kriegen geht es um Öl" oder „Es sind die gierigen Banker". Ja, das ist alles richtig, doch das deckt nur eine Ebene ab. Es geht um viel, viel mehr. Öl und Gier sind nur Nebenerscheinungen des großen Konzepts. Aufgrund ihres in „Silent Weapons for Quiet Wars" beschriebenen psychischen Zustands erkennen die Menschen nicht, was vor sich geht:

> „Die Öffentlichkeit kann diese Art von Waffen nicht begreifen und deshalb nicht glauben, dass man sie mit Waffengewalt angreift und unterwirft. Die Öffentlichkeit mag instinktiv empfinden, dass etwas nicht in Ordnung ist, doch aufgrund der technischen Natur dieser stillen Waffen können die Menschen ihren Gefühlen keinen rationalen Ausdruck verleihen oder das Problem auf intelligente Weise anpacken."

Mit diesem Buch will ich erreichen, dass sich diese Erstarrung löst. Deshalb stelle ich die Verbindung zwischen scheinbar zusammenhanglosen Ereignissen, Menschen, Aktionen und Situationen in alter und neuer Zeit her. Sobald sich die Punkte verbinden, lichtet sich der Nebel plötzlich und weicht der klaren Erkenntnis: „Aha, so läuft das Spiel."

Gangster gesucht

Nehmen wir beispielsweise die Gestapo-Struktur, die für die Durchsetzung der Agenda 21 so eminent wichtig ist. Den meisten Menschen wird sicherlich aufgefallen sein, dass sich die Beziehung zwischen Staatsdienern und Vollstreckungsbehörden einerseits und den Menschen, denen sie offiziell dienen und die sie schützen sollen, andererseits in den letzten 25 Jahren drastisch geändert hat. Der amerikanische Bürgerrechtsanwalt John Whitehead vom Rutherford Institut bekam von einem mit ihm befreundeten Polizisten zu hören: „Etwas ist mit der Polizei geschehen, John, die Polizei hat sich verändert." Ja, sie hat sich verändert, und es steckt System dahinter. Es gibt noch einige Vertreter der alten Garde von Polizisten, Staats- und Ratsbeamten, die ihre Aufgabe darin sehen, der Öffentlichkeit zu dienen, von der ihre Gehälter gezahlt werden. Doch diese Leute wurden großenteils bereits ausgemustert, gingen in Rente oder waren so angewidert von dem, was man von ihnen verlangte, dass sie freiwillig den Dienst quittierten. In jedem dieser Fälle wurde der Ersatz sehr sorgfältig ausgewählt, wobei die Mentalität (beziehungsweise das Fehlen einer solchen) und die emotionale Zurückgebliebenheit, nicht jedoch

Abbildung 779: Ja, im Grunde genommen besteht unser Job darin, die Leute unter Kontrolle zu halten, während wir tun, was immer wir verdammt noch mal zu tun belieben.

die Befähigung für die Aufgabe, als Kriterien dienten. Die Agenda 21 kann von anständigen Menschen mit Mitgefühl und Einfühlungsvermögen nicht durchgesetzt werden. Deshalb gab es eine wohlkalkulierte Kampagne, die darauf abzielte, solche Menschen aus dem Staatsapparat und den Vollstreckungsbehörden zu entfernen und sie durch „Persönlichkeiten" zu ersetzen, die der Agenda 21 gerecht werden – narzisstische, psychopathische Gangster und Schlägertypen, die sich emotional nicht entwickelt haben, die kein Mitgefühl und keinen Respekt für ihre Opfer zeigen und deren Intelligenz nicht ausreicht, um erkennen zu können, dass sie selbst nur Handlanger sind, die nicht nur für alle anderen, sondern auch für sich selbst und ihre Familien ein Gefängnis aufbauen. Die der Gestapo ähnliche amerikanische Behörde für Transportsicherheit (TSA) hat auch noch einige anständige Leute in den Reihen ihrer Sicherheitsbeamten, denn es ist schwieriger, Leute vom Kaliber Agenda 21 zu finden, als man meinen möchte. Doch sehr viele Mitarbeiter der TSA wurden speziell wegen ihrer narzisstischen und psychopathischen Tendenzen eingestellt. Da war beispielsweise der TSA-Agent, der nach seiner Schicht durch den Flughaften von Los Angeles marschierte, sich auf die Brust trommelte und brüllte. „Ich habe die Macht". Er wurde entlassen, nachdem der Vorfall in den Medien veröffentlicht worden war, aber wäre das auch geschehen, wenn darüber nicht so ausführlich berichtet worden wäre? Ich glaube nicht. Zu den Vergehen, derer die „Sicherheitsmitarbeiter" der TSA beschuldigt werden, zählen: Diebstahl von Gegenständen aus dem Gepäck von Passagieren, Drogenhandel, Werfen eines Kaffeebechers auf einen Piloten, der gebeten hatte, vor den Passagieren nicht zu fluchen, Zuhälterei, Besitz und Vertrieb von Kinderpornografie (wünscht jemand Nacktscans oder Abtastkontrollen für seine Kinder?), Schießen aus einem Hotelfenster während des Urinierens und Bestechlichkeit. Natürlich sind nicht alle TSA-Mitarbeiter so. Ich habe im Laufe der Zeit viele getroffen, die sehr nett und angenehm wirkten, doch die meisten werden wegen ihres narzisstischen Charakters eingestellt. Sie glauben, über dem Gesetz zu stehen, das für alle anderen gilt (Abb. 779). Diese Narzissten sind so sehr von sich selbst eingenommen und mental schwach, dass sie nicht erkennen können, wie sehr das System, das sie durchsetzen, sie zu bloßen Handlangern degradiert. Sie gehören genauso zum „Vieh", wie der Rest der Bevölkerung. Die TSA-Mitarbeiter arbeiten an den Nacktscannern, die sie kumulativ mit tödlichen Strahlungsdosen bombardieren. Viele von ihnen erkranken an Krebs, oder sie erleiden Schlaganfälle und andere Gesundheitsstörungen, weil die Scanner strahlen und die Mitarbeiter diese Strahlung bei jeder Arbeitsschicht in sich aufnehmen. Was das System wirklich denkt, erkennen sie spätestens dann, wenn sie die Zustände melden, aber nichts geschieht. Das Gleiche gilt für die Polizei und das Militär. Auch sie dienen nur als Vehikel, die den Willen der *El*-ite durchsetzen sollen. All das Gerede von wegen: „Unterstützt unsere wunderbaren Truppen“, ist nichts weiter als manipulativer Müll, der über die Tatsache hinwegtäuschen soll, dass es die *El*-ite nicht im Mindesten schert, wer bei der Durchsetzung ihrer Sache getötet oder verstümmelt wird. Die *El*-ite geht davon aus, dass es immer neue Idioten geben wird, die die jeweiligen Plätze einnehmen. Je schlimmer die wirtschaftlichen Zustände werden, umso leichter lassen sich Killer und Killeropfer rekrutieren, weil ihnen keine andere Möglichkeit bleibt, ihren Lebensunterhalt zu verdienen. Ich habe ja bereits ein oder zwei Mal die Begriffe Narzisst und Psychopath verwendet, und deshalb lohnt es sich zu definieren, was ich darunter verstehe. Ich werde noch einen weiteren Begriff hinzunehmen: Soziopath. Unter einem Psychopathen versteht man einen Menschen, „der nicht zu Mitgefühl und Reue fähig ist und der gezielt Aggression einsetzt, um zu bekommen, was er will, sei es Status oder Geld“. Verdammt, das trifft ja genau auf Banker und Politiker zu. Der Begriff „Narzisst“ stammt aus dem griechischen Mythos von Narcissus, der sich in sein eigenes Spiegelbild im Wasser verliebte und schließlich starb, weil er sich vor lauter Faszination nicht mehr davon lösen konnte. Damit haben Sie eine ungefähre Vorstellung. Im Lexikon heißt es dazu:

> „*Narzisst*: Übermäßig fasziniert von selbst, extreme Selbstverliebtheit und Eitelkeit, erotische Genugtuung durch Bewunderung der eigenen physischen oder mentalen Attribute, normale Phase der frühkindlichen Persönlichkeitsentwicklung.
>
> *Psychopath*: Mensch mit einer Persönlichkeitsstörung, die sich durch eine Tendenz zur Begehung antisozialer und mitunter gewalttätiger Handlungen und die Unfähigkeit auszeichnet, sich wegen solcher Handlungen schuldig zu fühlen.
>
> *Soziopath*: Ein Mensch mit antisozialen Verhaltensweisen, dem ein Gefühl für moralische Verantwortung und ein soziales Gewissen fehlen. In zwischenmenschlichen Interaktionen richtet er seine Konzentration nur auf sich selbst.“

Weitere Charakterzüge fand ich in einem Internet-Artikel:

- Probleme, befriedigende Beziehungen zu führen
- Mangel an psychischem Gewahrsein
- Schwierigkeiten mit Mitgefühl
- Probleme, sich selbst von anderen zu unterscheiden (siehe Narzissmus und Grenzziehung)
- Hypersensibilität in Bezug auf Beleidigungen oder eingebildete Beleidigungen (siehe Narzissten und Kritik; narzisstische Raserei und narzisstische Verletzung)
- Anfälligkeit für Scham, nicht Schuld
- Hochmütige Körpersprache
- Schmeicheleien gegenüber Menschen, die ihn bewundern und bestärken (narzisstische Bestätigung)

- Abneigung gegenüber Menschen, die ihn nicht bewundern (narzisstischer Missbrauch)
- Ausnutzen anderer Menschen ohne Rücksicht auf die Folgen
- Vorgeben einer größeren als der tatsächlichen eigenen Wichtigkeit
- Prahlerei (subtil aber konstant) und Übertreiben der eigenen Errungenschaften
- Behauptung, in vielen Dingen „Experte" zu sein
- Unfähigkeit, die Welt aus der Perspektive anderer Menschen wahrzunehmen
- Ablehnung von Reue oder Dankbarkeit

Ich habe *genau* solche Leute in meinem eigenen Leben kennen gelernt. Es sind die Persönlichkeitstypen, die in den letzten Jahrzehnten gezielt von staatlichen Stellen und Vollstreckungsbehörden eingestellt wurden, um die Beziehung zwischen dem Volk und der Staatsautorität umzuwandeln. Wichtige Züge der Narzissten und Psychopathen aus der obigen Liste, die gerade für Vollstreckungsbehörden gesucht werden, sind: „Hypersensibilität in Bezug auf Beleidigungen oder eingebildete Beleidigungen" und „narzisstische Raserei". Das kann sich in Form einer leichten Irritation oder Verärgerung, einer ständigen Wut auf irgendjemanden oder sogar eines gewalttätigen Angriffs auf das äußern, was die Allmacht solcher Leute herausfordert. Darin liegt der Grund, warum heute so viele Menschen von Polizisten verhaftet, mit Tasern traktiert oder geschlagen werden, wenn sie deren Allmacht nur ganz freundlich und friedlich in Frage stellen. Die Uniformierten geraten in eine narzisstische Raserei. Ihre *offizielle* Aufgabe besteht darin, der Öffentlichkeit zu dienen, aber in Wahrheit dienen sie dem System. Es folgen zwei Definitionen des Psychopathen, und sie werden feststellen, dass sie ebenso wie die des Narzissten genau zu den Charakterzügen passen, die ich in diesem Buch in Zusammenhang mit den Archonten und ihren Blutlinien beschreibe:

> „… eine Person, die unfähig ist, Schuld, Reue oder Mitgefühl für ihre Taten zu empfinden. Grundsätzlich verschlagen und manipulativ kennt sie den Unterschied zwischen richtig und falsch, kümmert sich aber nicht darum. Die Person ist zu normalen Emotionen wie beispielsweise Liebe unfähig und reagiert im Allgemeinen, ohne die Konsequenzen ihrer Handlungen zu bedenken. Sie legt extrem egozentrische und narzisstische Verhaltensweisen an den Tag.
>
> Kaltherzigkeit, Egozentrik, oberflächlicher Charme, manipulatives Verhalten, Verantwortungslosigkeit, Impulsivität, kriminelles, antisoziales Verhalten, mangelnde Reue, parasitischer Lebensstil."

Wie ein für die TSA tätiger Whistleblower in der amerikanischen Radioshow von Alex Jones offen legte, werden speziell Psychopathen von der Behörde eingestellt. Der Mann, der den Decknahmen „Rob" verwendete, erklärte, die Behörde würde Leute, die professionell auftreten und für den Job geeignet sind, zugunsten von Leuten mit kriminellem Hintergrund, Megalomanie oder „Powertrip-Verhalten" ignorieren. Er sagte:

> „Wenn die Kandidaten einen Hintergrund mitbringen, der mit Gewalt oder Machtmissbrauch zu tun hat, dann stellen wir sie sofort ein, und wir schicken sie schon am ersten Arbeitstag los."

Seinen Aussagen zufolge hatte man ihm nahegelegt, Irak-Veteranen, die am posttraumatischen Stresssymptom leiden und ehemalige Gefangene, die wegen nicht gewalttätiger Drogendelikte gesessen hatten, einzustellen. Wie „Rob" berichtete, fordere man TSA-Mitarbeiter auf, ihre Brust herauszudrücken und die Leute mit strengem Blick zu fixieren.

> „Immer geht es um einen Powertrip, darum Leute zu nerven und die Öffentlichkeit auf die Tatsache zu konditionieren, dass der Polizeistaat kommt",

berichtete er. Die TSA-Mitarbeiter sind auch angewiesen, bei Menschen, die eine Durchsuchung mit dem Nacktscanner verweigern, als Bestrafung besonders invasive Abtastkontrollen vorzunehmen, und diese so unangenehm zu gestalten, dass die Leute in Zukunft wahrscheinlich den Scanner vorziehen werden (Abb. 780). Charlie Leocha, der Kundenvertreter im Beratungsausschuss des Verkehrsministeriums für Flugkundenschutz erklärte:

> „Bei einem Treffen mit Datenschutzbeauftragten von Homeland Security und TSA … teilte man mir inoffiziell mit, dass es für die Abtastkontrollen zwei Standards gibt. Einen für die normale Situation, wenn Passagiere durch die Metalldetektoren gehen, und eine spezielle Abtastkontrolle für diejenigen, die sich weigern, durch die Nacktscanner zu gehen. Mit letzterer Information gibt die TSA zu, dass sie Passagiere heimlich durch besonders aggressive Abtastkontrollen bestraft, wenn sie sich weigern, die invasiven Ganzkörperscans über sich ergehen zu lassen, und dass diese Praxis sich langsam von Flughafen zu Flughafen ausbreitet."

Genau so geschieht es. Man ließ Passagiere auch schon ihre Flüge verpassen, weil sie eine „negative Haltung" gegenüber der ungeheuerlichen Verletzung ihrer Würde unter dem Deckmäntelchen der Sicherheit gezeigt hätten. Das Dilemma, in dem sich die archontischen Hybriden befinden, besteht darin, dass es lange nicht genug Menschen ihresgleichen gibt, um all das durchzusetzen, was sie wollen. Ihre Anzahl ist im Vergleich zur menschlichen Gesamtbevölkerung gering, und um diesem Mangel wettzumachen, müssen sie die Regierungsstellen, die Polizei, das „Sicherheitspersonal" und das Militär mit Vertretern ihrer kleinen Zielgruppe besetzen. Der Trick besteht darin, die „richtigen" Leute anzuheuern. Je mehr Kontrolle sie über den staatlichen Machtapparat erlangen, umso leichter können sie ihre extremen Typen dort unterbringen, die andernfalls dort niemals einen Fuß in die Tür bekommen würden, zumindest nicht in so großer Zahl wie

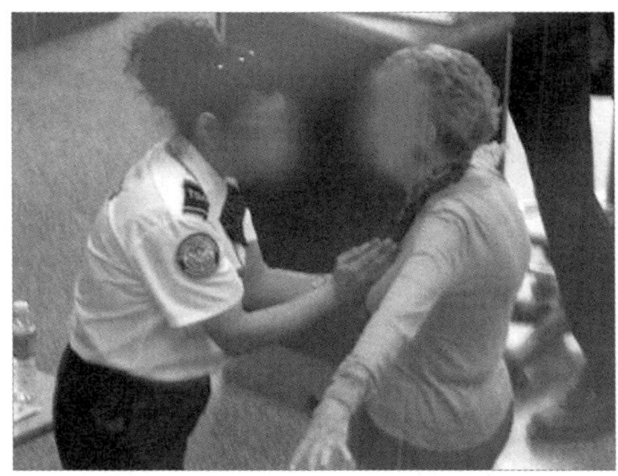

Abbildung 780: Ich muss nur mal prüfen, ob Sie eine Bombe in Ihrer Brust tragen. Nein, nicht wirklich, meine Aufgabe ist es, Sie zu demütigen und Ihnen Ihr Selbstwertgefühl zu nehmen.

heute. Seit 20 Jahren beobachte ich, wie sich die Dynamik zwischen Regierenden und Regierten und zwischen Uniformierten und Öffentlichkeit wandelt, und schließlich wurde mir klar, wie das funktioniert. Eine dafür wichtige Technik ist der psychometrische Test. Dabei werden die Fragen so formuliert, dass die Antworten den Persönlichkeitstypus zu Tage treten lassen. Diese Methode wird bei Bewerbungsbögen angewendet, damit das System die Persönlichkeiten herausfiltern kann, die es sucht. Von Menschen, die selbst schon psychometrisch getestet wurden, habe ich erfahren, dass die Ergebnisse äußerst präzise sein können. Viele wesentlich besser qualifizierte, kompetente und intelligente Bewerber werden systematisch zugunsten derjenigen abgewiesen, die das gewünschte Persönlichkeitsprofil aufweisen. Auf diese Weise transformiert man die vorherrschende Mentalität der nationalen Regierung, der lokalen Regierungen und der Vollstreckungsbehörden. Die Haltung hat sich zu einem Wir-gegen-die entwickelt, diejenigen, die sagen, was Sache ist, gegen diejenigen, die Befehle entgegennehmen, die Vollstrecker gegen die Vollstreckungsopfer, das System gegen das Volk. Haben die Nazis etwa die anständigen, fürsorglichen und ehrlichen Deutschen für ihre Gestapo oder SS-Truppe rekrutiert? Oder die Ostdeutschen für ihre Stasi? Der Shah des Iran für seinen SAVAK? Stalin für seine Geheimpolizei? Natürlich nicht. Und genau das Gleiche gilt heute für die Polizei, das Sicherheitspersonal und das Militär, denen die Aufgabe übertragen wurde, die Welt zu versklaven, und ironischerweise damit auch sich selbst und ihre eigenen Familien. *Welchen Wert könnte Mitgefühl für eine Tyrannei haben?* Whistleblower und an die Öffentlichkeit durchgesickerte Schulungsfilme und Vorträge bestätigen, dass die Rekruten darauf programmiert werden, die Öffentlichkeit als Feind zu betrachten und ihr die Tyrannei aufzuzwingen, ohne weiter darüber nachzudenken. 2011 war ich drei Tage in New York, um an den Occupy Wall Street Protesten teilzunehmen und mir selbst ein Bild von dem zu verschaffen, was dort geschah (Abb. 781). Ich unterhielt mich mit ein oder zwei Mitgliedern der Armee von Polizeikräften in Militäruniformen, die freundlich genug dafür waren, doch die meisten von ihnen wollten Kampf. Ich traf eine aufdringliche weibliche Polizeibeamtin, die gerade einmal einen Meter fünfzig maß, sich aber aufführte, als gehörte ihr die Welt. Ganz offensichtlich badete sie in ihrer scheinbaren Macht. „Was ich sage, gilt!“ Nein, was du angewiesen wurdest zu sagen, gilt. Sie ist einfach ein weiterer geölter Lappen, der die Maschinerie der Tyrannei schmiert und sauber hält, die sie und ihre Familie eines Tages einsaugen und durch den Auspuff wieder entsorgen wird. *Macht?* Das gefällt mir wirklich. Ein Mangel an Mitgefühl und Einfühlungsvermögen gepaart mit narzisstischen Charakterzügen bringt Menschen dazu, andere Menschen zu verhaften, weil sie Obdachlosen Nahrung geben, wie es in Detroit geschah, oder einen Sanitäter zu bestrafen, weil er einem verkrüppelten Mann, der nach seiner Rettung aus einem brennenden Haus in seiner Unterwäsche dastand und fror, eine von einer wohltätigen Organisation eigens für diesen Zweck gestiftete Decke schenkte. Chief Jerald James von der Feuerwehr Detroit erklärte jedoch, der Sani-

Abbildung 781: Bezeichne uns bloß nie wieder als Gangster!

täter dürfe so etwas nicht tun, „ohne vorher die Zustimmung der zuständigen Behörde einzuholen“. Wir haben es zugelassen, dass solche Spatzengehirne enorme Macht in unserer Gesellschaft ausüben, dass ihre „zuständigen Behörden“ erst entscheiden müssen, ob offenherzige Menschen Hungrigen Essen geben oder alten verzweifelten Menschen eine Decke schenken dürfen. Diese wie Computer agierenden Leute sind so stark vom Bewusstsein abgeschnitten, dass sie in ihren winzigen Gehirnen nichts Falsches an ihrem Handeln finden können. So sind nun mal die Vorschriften, nicht wahr? Nun, dazu gibt es nichts weiter zu sagen.

Die Bewaffnung der Gangster

Es hat zu allen Zeiten wahnsinnige Narzissten, Psychopathen und Soziopathen in Regierungen und unter Polizeikräften und Militärangehörigen gegeben. Doch heutzutage haben wir eine neue Ära erreicht, was deren Anzahl betrifft. Die dramatische Veränderung der Dynamik zwischen Vollstrecker und Vollstreckungsopfer hat eine wahre Flut von Berichten und *YouTube*-Videos hervorgebracht, die Polizeibrutalität, Arroganz und Korruption bloßstellen. Und solchen Leuten gibt man Elektroschockpistolen, sog. Taser, an die Hand, die elektrische Ausstöße von 55.000 Volt erzeugen – Taser in den Händen von Psychopathen? Ein guter Schachzug, gut zumindest dann, wenn man die Agenda 21 vorantreiben will (Abb. 782). Man hat Taser als Waffe für absolute Notfälle eingeführt, wenn Beamte oder die Öffentlichkeit in Gefahr geraten. Sie sollten ursprünglich nur von waffengeschulten Beamten eingesetzt werden. Doch wie ich damals schon sagte, geschah das nur, um wieder einmal einen Fuß in die Tür zu bekommen. Es war ein weiteres totalitäres Heranschleichen, und es war klar, dass diese Bewaffnung über kurz oder lang auf die gesamte Polizei ausgedehnt werden würde. Genau das geschieht heute. Psychopathische, narzisstische Schwachköpfe und Schlägertypen eröffnen den Angriff auf jeden, der auch nur in Frage zu stellen wagt, was diese Gehirntoten ihm befehlen (Abb. 783). Laut den im Jahr 2012 veröffentlichten Zahlen werden in Großbritannien jeden Tag drei Menschen mit Tasern angegriffen. Im Jahr 2011 belief sich der Einsatz auf rekord-

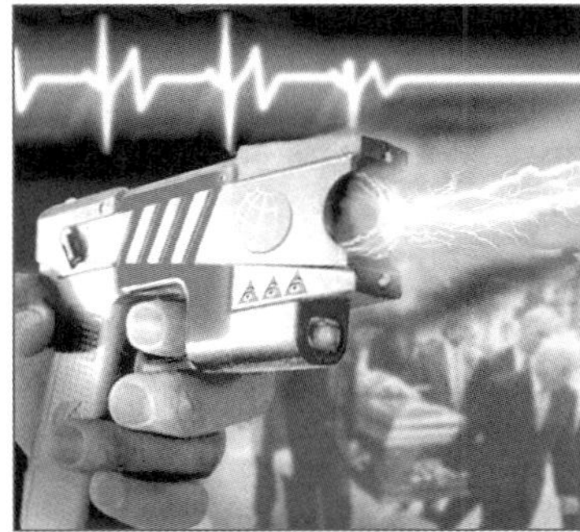

Abbildung 782: Gib einem psychopathischen Gangster einen Taser in die Hand – jeder weiß, dass das Sinn macht.

Abbildung 783: Das Land der Freien.

verdächtige 4.500 Mal. Die Ausgaben für diese Waffen werden fortlaufend erhöht. Heute sind bei der britischen Polizei etwa 12.000 Taser im Einsatz, aber die Behörden und der Polizeiverband, der einer „Polizeigewerkschaft" entspricht, wollen alle Polizeikräfte damit ausrüsten. Das war die Absicht von Anfang an. Kenneth Chamberlain Sr., ein ehemaliges Mitglieder der amerikanischen Marine starb 2011. Nachdem er in seinem Haus versehentlich ein medizinisches Notfallsystem aktiviert hatte, das dort wegen seiner Herzprobleme angebracht war, erschienen diese Schlägertypen vor seiner Tür, ausgerüstet mit je einer Gehirnzelle in Bereitschaft. Chamberlain erklärte ihnen, was geschehen war und versicherte, dass es ihm gut gehe. Doch das trieb die einzelligen Gehirnneuronen dieser Leute zu einer konzertierten Aktion, die eine Zahnbürste fünf Sekunden zum Vibrieren hätte bringen können. Sie verschafften sich gewaltsam Zutritt zu Chamberlains Haus und griffen ihn mit einem Taser und anderen „nichttödlichen Projektilen" an. Nun, wie sich herausstellte, waren diese Projektile doch nicht so nichttödlich, denn Chamberlain musste sofort ins Krankenhaus gebracht werden, wo er verstarb. Diese Schlägertypen mit den einzelligen Gehirnen hatten 55.000 Volt auf einen Mann losgelassen, der schwer herzkrank war. Die Polizei von Georgia wurde gerufen, weil ein Betrunkener sich ungebührlich verhalten hatte. Bei ihrer Ankunft lag der fragliche Mann bereits am Boden, doch ganz eindeutig war er noch immer so gefährlich, dass er zwei Mal mit dem Taser beschossen werden musste. Er starb nur wenige Augenblicke später. Eine außergewöhnliche Schlagzeile in der Londoner Zeitung Daily Mail, die heute aufgrund des Vormarsches uniformierter Idiotie leider keine Seltenheit mehr darstellt, lautete: „Blindes Opfer mit einem 55.000 Volt Taser in den Rücken geschossen, weil die Polizei seinen Blindenstock für ein Samurai-Schwert hielt". Frag lieber nicht weiter nach. Tiffany Rent aus Chicago, die kurz vor der Entbindung stand, wurde mit 55.000 Volt beschossen, weil sie sich weigerte, einen Parkstrafzettel zu bezahlen. Die Polizisten müssen eine tödliche Bedrohung gefühlt haben, Gott segne sie. Rent wurde daraufhin vor den Augen ihrer zwei Kinder aus dem Auto gezerrt. Dem Vater der Kinder wurde der Ellbogen ausgerenkt, als er versuchte dazwischen zu gehen. Ein Superintendant der Polizei von Chicago (zweifellos ein Magnet für Idioten) meinte dazu: „Man kann nicht immer erkennen, ob jemand schwanger ist". Wie bitte? Wenn jemand den achten Schwangerschaftsmonat überschritten hat? Ich gebe zu, es wäre viel leichter in Chicago einen Idioten in Uniform zu finden, aber trotzdem, *ich bitte Sie*! Tiffany Rents Schwester fragte: „Wie konnten sie ein menschliches Wesen – eine schwangere Frau – so grausam behandeln?" Die Antwort lautet: Diese Leute *haben die Aufgabe* so grausam zu sein, und wenn sie ihre Aufgabe so erfüllen, wie vorgesehen, dann schützt man sie vor Strafverfolgung. Deshalb deckt das System so viele dieser Leute. Seit 2001 sind offiziellen Angaben zufolge mehr als 500 Menschen alleine in den Vereinigten Staaten nach dem Einsatz von Tasern gestorben, doch die tatsächliche Zahl dürfte wesentlich höher liegen. Susan Lee, die amerikanische Programmdirektorin bei *Amnesty International* erklärte in einer Pressemitteilung:

> „Unter den Hunderten von Todesfällen infolge des polizeilichen Einsatzes von Tasern in den Vereinigten Staaten können Dutzende von Einsätzen und jede Menge solcher Todesfälle auf unnötige Gewaltanwendung zurückgeführt werden. Das ist

inakzeptabel, und deshalb sind strengere Vorschriften für den Einsatz ein absolutes Muss."

Doch das wird nicht geschehen, weil es nicht geschehen soll. Allenfalls werden die Vorschriften noch laxer gehandhabt werden, genau wie es bereits seit der Einführung dieser Waffen geschieht. Aus archontischer Sicht ist es eine gute Sache, wenn die Menschen nach Angriffen mit Elektroschockwaffen sterben, denn dann wird die Bevölkerung diese Angriffe so fürchten, dass sie tut, was immer man ihr sagt. Zu der Zeit, als man die Waffen gerade einführte, entdeckte ich in einem Zeitungsartikel die Aussage: „Ich werde alles tun, was Sie verlangen, Officer, benutzen Sie bloß dieses Ding nicht gegen mich." Das ist die Art von angsterfüllter Ergebenheit, die diese Leute erreichen wollen.

Zweigleisiges Recht

Da haben wir zum einen den Fall des britischen Polizeibeamten, der Jean Charles de Menezes, einen unschuldigen brasilianischen Elektriker erschoss, weil er ihn fälschlicherweise für einen Terroristen hielt. Er feuerte acht Kugeln ab – sieben davon trafen das Opfer am Kopf – während andere Polizeibeamte das Opfer auf den Boden drückten. Nicht nur geschah diesen Polizisten nichts; derjenige, der geschossen hatte, wurde auch noch befördert. Derrick Curtis Saunders, ein Polizeibeamter aus Denver, wurde entlassen, weil er *nach dem Genuss von „fünf oder sechs Wodkas" mit einer Geschwindigkeit von 230 Stundenkilometern* gefahren war. Er bekannte sich schuldig, nachdem er durch den Alkoholtest gefallen war und saß fünf Tage – wohlgemerkt Tage – im Gefängnis ab. Wie lange hätte ein Mitglied der normalen Bevölkerung wohl absitzen müssen? Saunders bekam seinen Polizeijob schließlich zurück, weil die Kommission für den öffentlichen Dienst befand, dass es kein Beweis für ein „absichtliches oder grob fahrlässiges" oder „schweres Fehlverhalten" sei, vollständig betrunken mit 230 Stundenkilometern zu fahren. Die Kommission stellte auch fest, dass es unzulässig sei, ihm mehrere Straftaten gleichzeitig zur Last zu legen – d.h. das Fahren mit 230 Stundenkilometern *und* die dabei vorliegende Trunkenheit. Saunders erhielt auch nur eine kleine Verwarnung der Kategorie D, nachdem er einen Mitarbeiter von McDonalds in einem Drive-in bedroht hatte, weil er zu lange auf sein Essen warten musste. Doch die Behörden fragen: Wo liegt hier das Problem? Das ist genau der Menschentyp, den wir in Uniform sehen wollen. Gute Arbeit, Mann, geh' das nächste Mal bitte zu Burger King – den Manager dort kann ich nicht leiden. Ein anderer britischer Polizeibeamter, ein gewisser Mike Baillon, winkte einen 74-Jährigen an den Straßenrand, weil dieser nicht angeschnallt war. Baillon zertrümmerte die Scheibe des Fahrzeugs, indem er fünfzehn Mal mit seinem Polizeiknüppel dagegen schlug, während sein Kollege auf die Motorhaube sprang und die Windschutzscheibe eintrat. Das Ganze wurde gefilmt und man kann sich den Vorfall auf *YouTube* unter der Überschrift: „Police officer smashes pensioner's car window with truncheon" ansehen. Baillon wurde nicht nur nicht entlassen,

Abbildung 784: Wieder einmal ein Trottel in Uniform.

Abbildung 785: und noch einer … sieht intelligent aus, nicht wahr?

er kassierte auch noch eine saftige Abfindung, nachdem er sich darüber beschwert hatte, dass seine Kollegen bei der Polizei von Gwent ihn gemobbt und Hetzkampagnen gegen ihn veranstaltet hätten. Eine Untersuchung der Better Government Association und der *NBC Chicago* brachte zutage, dass die Tarifverträge vieler Polizeibeamte in den Außenbezirken der Städte vorsehen, dass die Polozisten *„halb betrunken"* fahren dürfen. In mindestens zwei Regionen dürfen sie dabei Alkoholspiegel erreichen, für die jeder normale Bürger ins Gefängnis wandern würde. Nicht nur für die Banker gilt ein Extrarechtssystem, sondern auch für diejenigen, die das Recht gegenüber der Bevölkerung durchsetzen. Simon Harwood, ein britischer Polizeischläger, wurde von einem Gericht vom Vorwurf der Tötung des Zeitungsverkäufers Ian Tomlinson freigesprochen, obwohl auf Film festgehalten worden war, wie er den Mann gewalttätig und absolut grundlos auf den Steinboden warf. Tomlinson verstarb Minuten später. Die Jury durfte nicht erfahren, dass es in Harwoods Vergangenheit bereits Fälle von rücksichtslosem Verhalten gegeben hatte. Harwoods Arbeitgeber, die Polizeibehörde der Stadt, forderte sogar, diese Informationen Tomlinsons Familie nicht zur Verfügung zu stellen, weil diese für einen Fall, in dem die Anklage nicht auf rücksichtsloses Verhalten lautete, irrelevant seien. Unglaublich. Kriminelle Polizisten besprühten in New York und an der Universität von Kalifornien friedlich protestierende Leute mit Pfefferspray, und das vor laufenden Kameras. Zwar erhielten die Opfer einen hohen Schadensersatz, doch gegen die flegelhaften Polizisten wurde keine Anklage erhoben (Abb. 784 und 785). Ein (Vertuschungs-) Bericht aus dem Büro des örtlichen kalifornischen Bezirksstaatsanwalts kam zu folgender lächerlicher Schlussfolgerung:

> „Berücksichtigt man die Gesamtheit aller Umstände dieses Vorfalls, so kommt man zu dem Schluss, dass nicht genügend Beweise vorliegen, um ohne berechtigten Zweifel feststellen zu können, dass die Anwendung von Gewalt bei dem Pfefferspray-Einsatz am 18. November 2011 rechtswidrig war und daher Strafanzeige geboten ist."

Wenn wir sehen, wie friedlich protestierende Menschen vor den Augen aller anderen mit Pfeffersprays attackiert werden, regen sich in uns „berechtigte Zweifel"? Es gibt eine gute Möglichkeit, um festzustellen, ob wir in einem faschistischen Staat leben oder nicht: Unterstehen die Leute in den Behörden und Vollstreckungsorganen den gleichen Gesetzen und Folgen, die sie anderen auferlegen? Okay, allein aus diesem Blickwinkel betrachtet, leben wir in einem faschistischen Staat. Anaheim in Kalifornien scheint geradezu ein Nest für solche Kriminelle in Uniform zu sein. Sie erschossen einen unbewaffneten Mann, der für niemanden eine Gefahr darstellte, wobei sie den zweiten tödlichen Schuss abfeuerten, als der Mann nach dem ersten Schuss bereits zu Boden gegangen war. Anstatt medizinische Hilfe zu rufen, legten sie ihn in Handschellen und durchsuchten ihn, während er starb. Das ist ein ganz klassisches Beispiel für die roboterhafte Brutalität der gezielt ausgewählten Narzissten, Psychopathen und Soziopathen. Als sich Familien und Kinder in friedvollem Protest am Ort der Tötung versammelten, schossen diese Idioten mit Gummipatronen, Pfeffersprays und Tränengas und ließen Hunde auf Frauen und Kinder los. Wie der lokale *CBS*-Reporter Jay Jackson berichtete, sprachen die Beamten „mindestens vier" Leute an und boten ihnen an, ihre Handy-Videoaufzeichnungen der Geschehnisse zu kaufen. Anschließend tat die Polizei, was sie immer tut, sie log und log und log, um ihre Opfer zu dämonisieren. Glücklicherweise konnten Videos diese kriminelle Verlogenheit beweisen. Man bedenke, dass diese lügenden, brutalen Gangster von sich behaupten, die Hüter der Gesetze zu sein. Vorfälle wie diese sollen gemäß der Agenda 21 zur Norm werden. Aaron Rosas war gerade einmal neunzehn Jahre alt, als texanische Polizeibeamte in der Dunkelheit ohne Warnung fünf Mal auf ihn schossen, und dann unglaubliche Lügen über das Geschehnis auftischten. Sein Rechtsanwalt erklärte:

> „Ich glaube, den Sheriffs ist nicht klar, dass sie mit dieser Art von Verhalten nicht nur ein Leben zerstören, sondern viele … Ich kann nicht verstehen, wie sie solche Lügen erzählen können."

Nun zunächst einmal, vielen dieser Leute ist das sehr wohl klar, aber es kümmert sie nicht im Geringsten. Sie lügen, um ihren eigenen Arsch zu retten, ganz egal, welche Folgen das für die Opfer hat. Aaron Rosas und seine Mutter mussten wegen dieses Staatsterrors horrende Arztrechnungen begleichen. Doch diesen Blödmännern, die offensichtlich ihre Gehirne als Organspende abgegeben haben, geht es nur darum, mit einem Verbrechen durchzukommen, das jeden anderen, nicht mit einer [Mord sanktionierenden] Dienstmarke geschmückten Menschen lebenslang hinter Gitter bringen würde. Kaltblütige Killer – vor Ort auch Polizeibeamte genannt – erschossen im Bezirk Saginaw in Michigan einen unbewaffneten, obdachlosen Mann aus nächster Nähe mit einer Salve von 46 Schüssen, als er von ihnen wegging. Die Mutter des Opfers nannte das zu Recht ein Erschießungskommando. Der örtliche Polizeichef verteidigte die Aktion als völlig normal, und es begann eine schier endlose „Untersuchung" über diesen ganz offenkundigen Mordfall. Ich sah das Video, in dem der Mann ohne jede Waffe von sechs Polizeibeamten wegging, die ganz plötzlich das Feuer eröffneten. Doch für die Polizei ist ganz eindeutig das Opfer schuld, das sich dem Kugelhagel in den Weg stellte. Polizeibeamte beschossen im Bezirk Pima in Arizona einen 26-jährigen ehemaligen Marineangehörigen vor den Augen seiner Frau innerhalb von sieben Sekunden mit 71 Kugeln, nachdem sie mit einem gepanzerten Wagen vorgefahren und ohne sich als Polizisten auszuweisen, in sein Haus eingedrungen waren. Auch sein vierjähriger Sohn war anwesend. Auf Jose Guerena, der zwei Jahre lang im Irak gedient hatte, schoss man sechzig Mal. Er hatte zur Waffe gegriffen und seiner Frau und seinem Sohn zugerufen, sie sollten sich verstecken, als die Gangster in sein Haus stürzten, weil er glaubte, überfallen zu werden. Er feuerte seine Waffe nicht ab, sie war noch gesichert, als er starb. Diese Wahnsinnigen erklärten, sie würden nach Marihuana suchen, doch sie fanden nichts. Der 61-jährige John Adams wurde von der Polizei in Tennessee erschossen, als diese während einer Drogenrazzia ins falsche Haus stürmte. Offenbar hatte ein Drogeninformant ihnen eine falsche Adresse genannt. Oh, man stürzt einfach mal mit Waffen in ein Haus, ein Drogeninformant kann sich schließlich nicht irren. Bloß nicht erst in aller Ruhe nachprüfen – lieber die Schlägertruppe losschicken – *peng, peng, peng,* Arbeit erledigt. Heuere Wahnsinnige an und du wirst selbst wahnsinnig. Polizisten aus Indiana erklärten, dass ein siebzehnjähriger Junge sich auf dem Rücksitz ihres Polizeiautos irgendwie von seinen Handschellen befreien konnte und sich dann mit dem Sitzgurt „selbst strangulierte". Das folgende wörtliche Zitat aus einem Zeitungsbericht bringt deutlich auf den Punkt, wie die Insassen in Uniform das Regime über das Irrenhaus übernehmen:

> „Ein Polizeibeamter aus Houston erschoss am Samstag in einem Wohnheim einen einarmigen, einbeinigen Mann im Rollstuhl, nachdem, wie die Polizei es darstellte, der doppelt amputierte Mann den Beamten aggressiv bedroht und dabei ein metallenes Objekt geschwungen hatte, das, wie sich herausstellte, ein Kugelschreiber war."

Worte haben keine Bedeutung. Der Name des Polizeibeamten war Matthew Jacob Marin. Er hatte bereits 2009 einen Mann erschossen, der sich geweigert hatte, sein Messer wegzulegen. Ein Mann wie Marin würde niemals von einer echten Polizeieinheit, die dem Frieden und dem Volk dient, beschäftigt werden, aber mit seiner Mentalität passt er wie ein Pfennigartikel in die orwellsche Welt, in der Rechtsvollstreckung heißt, den Finger am Abzug zu haben. Es ist keineswegs Zufall, dass Fälle von Polizeibrutalität und offene Morde drastisch zugenommen haben, seit Michael Chertoff, der sowohl die israelische als auch die amerikanische Staatsbürgerschaft besitzt und während der Administration von Bush Junior der Homeland Security vorstand, darauf bestanden hatte, amerikanische Polizeikräfte von den Israelis in Massenkontrolle, Terrorismusbekämpfung und nachrichtendienstlicher Aufklärung „ausbilden" zu lassen. Auf diese Weise hielten die militärischen Polizeimethoden und der vollständige Mangel an Mitgefühl und Einfühlungsvermögen in Amerika Einzug, wie sie seit Jahrzehnten in Israel gang und gäbe sind, einem Land, das die brutalsten und mörderischsten Polizei- und Militärkräfte der ganzen Welt sein eigen nennt. Die Anzahl der Menschen, die im Polizeigewahrsam sterben, ist schockierend hoch, auch in Großbritannien. Es folgen einige Schlagzeilen, die Sie in eine Suchmaschine eingeben können, und Sie werden verstehen, was ich meine, wenn ich von Waffeneinsatz, Tasern und anderen gewalttätigen und widerlichen Verhaltensweise der Polizeikräfte in der schönen neuen Welt der Agenda 21 spreche:

Officer Seifenblase (Officer Bubbles – From Bubbles to Bookings – das müssen Sie sich auf *YouTube* ansehen); Polizei verhaftet Frau in Rochester in ihrem Vorgarten, weil sie eine

Verkehrskontrolle filmte (Rochester Police Arrest Woman in Her Front Lawn for Filming Traffic Stop); Polizisten unterziehen Mann einer Leibesvisitation und halten ihn zehn Stunden lang nackt in einer Arrestzelle fest (Cops Strip Search Man And Leave Him Naked For 10 Hours In Holding Cell); Polizisten aus Ottawa greifen eine unschuldige Frau an und unterziehen sie einer Leibesvisitation (Ottawa police attack and strip search innocent woman); Videozusammenschnitt 2012 über erstaunliche Brutalität der amerikanischen Polizei (Amazing 2012 American Police Brutality Compilation Video – darin gibt es auch eine großartige Szene, in der ein amerikanischer Polizist die New Yorker Polizei beschämt); Epidemie von Polizeibrutalität überschwemmt die USA – Willkommen bei 1984 (Police Brutality Epidemic Sweeping USA – Welcome To 1984); Polizeibrutalität in Großbritannien ... 2012 ist es notwendig, das aufzuzeichnen! (UK Police Brutality – Recording Is Necessary in 2012!); Polizeibrutalität allzu alltäglich in den USA (Police brutality too common in the US); neunjähriges Mädchen erhält Fotografierverbot (Girl 9 banned from taking photos); Frau wird aus nächster Nähe mit Pfefferspray angegriffen und verliert ihr Augenlicht (Woman pepper sprayed at close range, loses her eyesight); Untersuchung gegen fünf Polizisten aus Los Angeles, nachdem Polizistin eine Frau in die Genitalien trat und diese erstickte (5 LAPD Officers Under Investigation After Female Cop Kicks Woman in the Genitals & She Suffocates to Death); Polizist behauptet, Teenager hätte ihn angegriffen, Video beweist, er griff Teenager an (Cop Claims Teen Assaulted Him, Video Shows He Assaulted Teen); Undercover-Polizeiprovokateur bei einem Occupy-Protest in Houston auf frischer Tat ertappt (Undercover Police Provocateurs Caught Red Handed in Houston Occupy Protest); Geisel befreit sich bei Konfrontation vor Motel, wird von der Polizei angeschossen und getötet (Hostage Escapes Motel Standoff, Gets Shot & Killed By Police); Entschädigungszahlungen wegen Polizeifolter erreichen in Chicago 40 Millionen Dollar (Chicago Cop Torture Payouts Reach 40 Million Dollar); Texanische Polizei tötet unbewaffneten Mann, konfisziert Zeugenkamera und löscht Bilder (Texas Police Kill Unarmed Man Before Confiscating Witness Camera and Deleting Images); Polizei von Milwaukee ignoriert Derek Williams Hilferuf, wartet ab, bis er gestorben ist! (Milwaukee Police Ignore Derek Williams" Pleas For Help, Wait For Him To Die!); Texanische Polizisten zerstören Videobeweis, der zeigt, wie ein Kollege einen unbewaffneten Mann tötet (Texas Cops Destroy Video Evidence of Colleague Killing Unarmed Man); Polizist aus Philadelphia wird beobachtet, wie er Frau ins Gesicht schlägt (Philadelphia Cop Caught Punching Woman In The Face); Polizist erwischt, der Mann im Rollstuhl schlägt (Cop Caught Beating Man In Wheelchair); Nackter Erstsemester-Student von der Campus-Polizei der Universität Süd-Alabama erschossen (Nakes Freshman Shot to Death by Campus Police Officer at University of South Alabama); Polizei von Seattle rächt sich an Mann, der sich über die Polizei von Seattle beschwert hatte (Seattle Cops Retaliate Against Man That Complained About Seattle Police); Polizei zappt Mann, der gerade Schlaganfall erleidet (Cops Zap Man Having Seizure); Israelische Ausbildung: Polizei von Houston erschießt amputierten Mann im Rollstuhl, der mit einem Kugelschreiber bewaffnet war (Israeli Training: Houston Police Shoot Wheelchair Amputee Said Armed with Ballpoint Pen); Brutaler Angriff eines New Yorker Polizisten auf Mann in Synagoge (NYPD Officer Brutally Assaults Man in Synagogue); Polizei erschießt unbewaffneten Mann auf dem Grand Central Parkway (Police Shoot Unarmed

Man to Death on Grand Central Parkway); Polizist greift zehnjährigen Jungen mit Taser an, weil dieser sich weigert, das Polizeiauto zu putzen (Cop Tasers 10-Year-Old Boy For Refusing to Clean Patrol Car); Sie rückten mit einer Armee an, um einen sechzehnJährigen unschädlich zu machen: Schmerz der Eltern, deren suizidgefährdeter Sohn in seinem Zuhause von einem Scharfschützen eines Sondereinsatzkommandos erschossen wurde (They brought in an army to take out a 16-year-old boy: Anguish of parents whose suicidal son was shot ba SWAT sniper at his home); Willkommen in Amerika: Scharfschütze der texanischen Polizei schießt Immigranten vom Hubschrauber aus über den Haufen (Welcome to America: Texas Police Sniper Guns Down Immigrants From Helicopter); Polizei greift Hausbesitzer mit Taser an, weil dieser versuchte, sein brennendes Haus mit dem Gartenschlauch zu retten (Police Taser Homewoner For Trying To Save Burning House Garden Hose); „Eine Bewegung und du stirbst“: Polizist schlägt SiebzehnJährigen mit dem Knie gegen den Kopf, droht ihn umzubringen („Move and Die“: Cop Knees 17-Year-Old in the Head, Threatens to Murder Him); Polizist attackiert Mädchen in Handschellen am Rücken; sie ist jetzt gehirntot (Cop Tasers Handcuffed Girl in Back, She is Now Brain Dead); Polizisten schießen nach Verfolgungsjagd 135 Kugeln auf unbewaffnete Verdächtige – zwei sterben (Police Unload 137 Bullets Into Unarmed Suspects After Pursuit in East Cleveland – Two Dead); Wieder gelingt es einem jungen Mann in Handschellen, sich selbst zu erschießen (Another Handcuffed Young Man Manages to Shoot Himself); Polizist erschießt jungen Hund während er dem Besitzer vor dessen eigenem Haus einen Strafzettel wegen Falschparkens ausstellt (Cop Shoots Puppy While Writing Owner Parking Ticket Out Front of his Own House); Polizist aus Milwaukee, der einer Frau in Handschellen ins Gesicht geschlagen hatte, dank der Rechtsgarantie für Polizisten wieder im Dienst (Milwaukee Cop Who Punched Handcuffed Woman in Face Reinstated Thanks to Police Bill of Rights); Sondereinsatzkommando feuert mit halbautomatischen Waffen auf unbewaffneten Teenager (SWAT Team Fires Semi-Automatic Weapons at Unarmed Teenage Girl); Frau brutal mit Taser attackiert, weil sie versucht hatte, iPhones zu kaufen (Woman Brutally Tasered By Police For Trying To Buy iPhones); Idiotische Polizisten in Austin verhaften „Nikolaus“, wegen Zeichnen mit Kreide auf dem Bürgersteig (Idiot Austin Cops Arrest „Santa“ for Chalking Sidewalk); New Yorker Polizisten legen Siebenjährigem Handschellen an und verhören ihn zehn Stunden lang wegen fünf Dollar (NYPD Cops Cuff Seven-Year-Old and Interrogate Him for 10 Hours Over 5 Dollar); New Yorker Polizei ändert ihre Geschichte, nachdem Polizei ausgewiesenen Mann erschossen hat (NY Police Change Their Story after officers Shoot Man being Evicted); Frauen beim Zeitungsaustragen von der Polizei erschossen (Women Shot by Cops Were Just Delivering Papers); Polizisten schlagen schwangere Frau und fesseln sie an allen Vieren, weil sie beim Autofahren ihr Handy benutzte (Police Slam and Hogtie Pregnant Woman for Using Her Cellphone Whilst Driving); Autopsie enthüllt, dass Mann mit Down-Syndrom in Polizeigewahrsam erstickt worden war, nach er einen Film ein zweites Mal sehen wollte (Autopsy finds that man with Downs syndrome died of asphyxia while in police custody after he wanted to watch film for a second time); Polizisten packen Fünfjährigen am Kragen, weil er in der Schule Schuhe der falschen Farbe trug (Cops Nab Five-Year-Old for Wearing Wrong Colour Shoes to School); Polizist aus Florida droht Bürger an, ihn zu töten – „Wenn ich dich heute Abend nochmal sehe, bist du tot“ (Florida Cop Threatens to Kill Citizen – „If I See You Again Tonight, You’re Dead“); Australische Polizei erklärt, es sei in Ordnung zehnjährige Kinder mit Tasern anzugreifen (Australian Police Say it’s OK to Taser 10 yr old Children); New Yorker Polizist vor Gericht, weil er ein fünf Monate altes Baby mit einem Pfefferspray angegriffen hatte (New York Police Sued for Pepper-Spraying Five-Month-Old Baby); Polizei feuert 46 Schüsse auf obdachlosen Mann ab (Police Shoot Homeless Man 46 Times); Polizisten aus Rochester schlagen behinderten Mann im Rollstuhl zusammen (Rochester Police Officers Beating up Disabled Man in Wheelchair); An Diabetes leidende High-School–Schülerin von Polizeibeamten geschlagen und verhaftet – weil sie im Unterricht eingeschlafen war (Diabetic High School Girl Beaten by Police Officer and Arrested – For Falling Asleep in Class); Kalifornischer Vater „bettelt um sein Leben“, während Polizisten ihn zu Tode prügeln – vor Zeugen (Californian father „begged for his life“ as police beat him to death – witnesses); Mann stirbt, weil er mit Taser attackiert wurde, während er mit einer entzündlichen Flüssigkeit bedeckt war (Man dies after being Tasered while covered in flammable liquid).

Ich musste erstaunlich wenig Zeit aufwenden, um diese Beispiele zu finden, und ich könnte Seite um Seite mit immer weiteren Fällen füllen. Ein weiteres erstaunliches Beispiel für die Art und Weise, wie diese idiotischen angeheuerten Gangster zu Werke gehen, liefert der Fall von Leila Tarantino, die von einem Beamten des Sheriff’s Department des Bezirks Citrus in Florida aus keinem berechtigten Grund an den Straßenrand gewinkt wurde. Der Beamte richtete sofort die Waffe auf sie, während ihre Kinder zusahen. Wie sie berichtete, wurde sie zwei Stunden lang festgehalten, zweimal am Straßenrand vor den Augen aller einer Leibesvisitation unterzogen und musste sich gar gewaltsam ihr Tampon entfernen lassen. Ihre Kinder mussten das alles mitansehen. Fünf Männer und eine Frau waren an dieser Aktion beteiligt, und wie so oft heutzutage, waren die Kriminellen diejenigen, die die Uniformen trugen.

Die Schrauben werden angezogen

Die Polizeibrutalität nimmt auf der ganzen Welt explosionsartig zu, und das alles wird unter dem Schirm der Agenda 21 koordiniert. Kinder und deren Eltern werden verhaftet, weil sie Limonade verkaufen oder verschenken, tanzende Menschen werden brutal angegriffen, weil man ihnen das als Protestaktion auslegt – oh, mein Gott, ein *Protest* – Menschen werden totgeschossen, weil sie „für die Polizei eine Bedrohung darstellen“, auch wenn Zeugen bekunden, dass sie mit erhobenen Händen dastanden, und die kanadische Polizei führt eine Razzia in einem Privathaus durch und beschlagnahmt 1624 im Garten ausgegrabene „Marihuana-Pflanzen“, die sich jedoch als Gänseblümchen entpuppen. Ja, Gänseblümchen. Wes Houston, der zuständige Sergeant erklärte damals gegenüber den Reportern: „Das ist ein herber Fehlschlag, wenn man bedenkt, wie groß angelegt diese Operation war.“ Während er sprach, hielt er Mülltüten in die Höhe, die mit den angeblichen Marihuana-Pflanzen, den tatsächlichen Gänseblümchen gefüllt waren. Wie er spä-

Abbildung 786: Kommt schon, Leute, es geht nur um ein Kind, das selbstgemachte Limonade verkauft und um Menschen, die Obdachlosen zu Essen geben.

ter angab, war die Razzia aufgrund der „bestmöglichen Informationen“ angeordnet worden, die ihm seinerzeit zur Verfügung standen. Da war ein Haufen von Idioten am Werk (Abb. 786). Immer öfter wird den Leuten ihr gesetzlich verankertes Recht, die Polizei bei ihrer Arbeit in der Öffentlichkeit zu filmen, auf illegale Weise verwehrt, damit Aufzeichnungen die Polizei nicht bloßstellen können. Die Korruption ist deshalb so unglaublich, weil Korruption, Gewalt, Idiotie und Schlägermentalität eine symbiotische Allianz eingegangen sind. Apple, das von Steve Jobs dem „Mann des Volkes“ (der einst in der Regierungshierarchie eine hohe Freigabestufe innehatte) gegründete Unternehmen, das Verantwortung übernimmt („we care“) erhielt ein Patent für eine Technologie, mithilfe derer man auf drahtlosem Weg die Kamera eines iPhone deaktivieren und in Ruhemodus versetzen kann, wenn jemand sich in einem „sensiblen Bereich“ befindet. Das US-Patent Nr. 8.254.902 bezieht sich auf „Apparate und Methoden zur Durchsetzung von Richtlinien bei drahtlosen Geräten“. Videokameras und Handy-Kameras haben bei der Bloßstellung der Verhaltensweisen, Lügen und Brutalitäten der Polizei bisher eine entscheidende Rolle gespielt, und dem wollen die Behörden natürlich einen Riegel vorschieben. Die Polizeibehörde von Los Angeles war die erste in ganz Amerika, die ihren Polizisten erlaubte, Leute festzunehmen, die fotografieren oder Videos aufnehmen, wenn dies als „verdächtige Aktivität“ einzustufen ist. Wer definiert das? *Das übernimmt die Polizei*. Sander Roscoe Wolff, Ein Mann, der in seinem Vorgarten fotografierte, wurde von acht Polizeibeamten angegangen, weil sich im Hintergrund ein Gerichtsgebäude befand. Leroy Baca, der Polizeichef von Los Angeles erklärte: „Zwar ist das Fotografieren an sich keine Straftat, doch angesichts der geltenden erhöhten nationalen Sicherheitsstufe gilt ein Gerichtsgebäude für die Homeland Security als ein hartes Ziel, und deshalb finden zusätzliche Sicherheitsvorkehrungen Anwendungen.“ Wie wäre es mit etwas zusätzlicher Intelligenz? Der Polizeichef Jim McDonnell erklärte gar, dass die Verhaftung von Fotografierenden, die Fotos „ohne erkennbaren ästhetischen Wert“ schossen, den Richtlinien der Polizeibehörde von Long Beach entspreche. Die Behörden entscheiden jetzt also anhand des ästhetischen Wertes unserer Fotos, ob sie uns verhaften oder nicht verhaften sollen? Man muss sich diesen Satz auf der Zunge zergehen lassen, um zu erkennen, wo wir heute stehen. In einem Fall von „Tanz-Terrorismus“ war nicht einmal ein Hauch von Protest im Spiel. George Hess und Caroline Stern, ein Paar in den Fünfzigern, wartete in einer New Yorker U-Bahnstation auf einen Zug. Der Umstand, dass New York der extremste Ort für Polizeibrutalität ist, und mit härtesten Gesetzen Eltern das Recht abspricht, über Impfungen oder medizinische Behandlungen für ihre eigenen Kinder zu entscheiden, ist nicht zuletzt der Tatsache geschuldet, dass die Geschicke der Stadt bis 2013 von ihrem langjährigen Bürgermeister Michael Bloomberg (Rothschild-Zionist) gelenkt wurden. Das Paar begann also nach dem Rhythmus zu tanzen, den jemand auf Blechtonnen schlug. Doch dann kamen die Wahnsinnigen, um ihres Amtes zu walten und die Öffentlichkeit vor spontanen Tänzern in einer praktisch menschenleeren U-Bahnstation zu schützen. „Was machen Sie da", konnte einer von ihnen aus seinem Wortschatz zusammenkratzen. „Wir tanzen", lautete die Antwort. „Das können Sie nicht auf dem Bahnsteig", sagte einer der Wahnsinnigen, wobei ihm offenkundig die Tatsache entging, dass das Paar bereits tanzte. Diese Armleuchter von Polizisten verlangten die Ausweise und als das Paar nur eine Kreditkarte vorweisen konnte, musste es den Uniformierten aufs Revier folgen. Herr Hess begann mit seiner Kamera aufzuzeichnen, was passierte, und einer der Wahnsinnigen verlangte eine Kopie. Einige der Wahnsinnigen warfen ihn auf den Boden, legten ihm Handschellen an und beschuldigten ihn, sich der Verhaftung widersetzt und sich ungebührlich verhalten und „den Verkehrsfluss behindert" zu haben – in einer nahezu leeren U-Bahnstation. Das Paar wurde 23 Stunden lang festgehalten, ehe man die Beschuldigungen fallen ließ. Der Zahnarzt Hess verklagt derzeit die New Yorker Behörden wegen des Geschehnisses, doch denen ist das letztlich gleichgültig. Schließlich tragen ja die so brutal angegriffenen Steuerzahler die Kosten für die Verteidigung der New Yorker Polizei, wenn diese ihr Verhalten rechtfertigen muss. Wenn Sie das System angreifen, dann zahlen Sie Ihre eigenen Rechnungen, während die Steuerzahler die Rechnungen dafür zahlen, dass das System sich gegen die Steuerzahler verteidigt. Wenn das System hinter Ihnen her ist, dann tragen Sie Ihre eigenen Kosten und über die Steuern auch die Kosten des Systems. Das Ausmaß dieses abgekarteten Spiels ist umwerfend und alles umfassend.

Auch wenn es trivial erscheinen mag, so liegt hinter dieser Reaktion auf einen spontanen Tanz oder auf Kinder, die in ihrem Vorgarten Limonade verkaufen, doch eine wesentlich tiefere Bedeutung. Wenn ich sage, dass mit der Agenda 21 alles kontrolliert werden soll, dann *meine* ich auch alles … jedes noch so winzige Detail unseres Lebens, unserer Gedanken und unserer Wahrnehmungen. Man will eine emotionslose, freudlose Bevölkerung von roboterhaften Sklaven schaffen, wie sie in dem Film „Equilibrium" oder in Orwells „1984" porträtiert wird (Abb. 787). Tanzen, Lachen oder der spontane Ausdruck von Freude oder von irgendetwas kann daher nicht mehr erlaubt werden. „Spontan" zählt zu den Wörtern, die aus dem Wörterbuch und aus dem Sprachgebrauch getilgt werden sollen, weil es so viel bedeutet, wie:

Abbildung 787: Die Sklaverei wurde nie abgeschafft, sie wurde lediglich auf alle Menschen ausgedehnt. Ist es nicht einfach großartig, frei zu sein?

> „Etwas, das ohne offensichtliche äußere Ursache geschieht, etwas selbst Erzeugtes, etwas, das aus einer natürlichen Neigung oder einem Impuls heraus und nicht aufgrund einer äußeren Anregung oder eines Zwangs entsteht, eine ungezwungene und nicht vorhersehbare Verhaltensweise".

Das Wort „ungezwungen“ wird ebenfalls in der Mülltonne landen, wenn wir uns das alles weiter gefallen lassen. Einer archontischen Geisteshaltung ist „Spontanes“ fremd, sie weiß nur, dass es ihren Plänen gefährlich werden könnte, wenn die Menschheit so ungezwungen bleibt, dass Spontaneität erblühen kann. Archonten sind nicht in der Lage, der Spontaneität Ausdruck zu verleihen, weil es ihnen an kreativer Vorstellungskraft und Intentionalität mangelt. Alles muss bis ins kleinste Detail geplant und strukturiert werden. Archonten können Spontaneität nicht begreifen, aber sie erkennen das Potenzial der Spontaneität deutlich genug, um sie zu fürchten. Deshalb wird Spontaneität von allen Seiten aus angegriffen, auch von Wahnsinnigen auf leeren Bahnsteigen. In Virginia wurden Eltern von Sozialarbeitern und Polizei belästigt, weil sie ihre Kinder um vier Uhr nachmittags alleine auf einem sicheren Gelände im Freien spielen ließen. Die Kinder spielten auf einem Feld in der Nähe des Hauses, das die Eltern vom Küchenfenster aus im Blick hatten. Zwei der Kinder waren bereits im Teenager-Alter. Die Polizei sprach mit den Kindern und schrieb dann einen Bericht darüber, dass Kinder ohne Aufsicht im Freien spielten. Auch die Nachbarn ließen die Mutter wissen, dass es nicht sicher sei, im Freien zu spielen. Lenore Skenazy von der Organisation Free-Range Kids berichtet, dass sie ständig von Eltern kontaktiert wird, denen die Polizei auf die Pelle rückt, weil sie ihre Kinder im Freien spielen lassen. Sie erklärt:

> „Wenn Eltern ihre Kinder alleine draußen spielen oder zur Schule gehen lassen oder sie zum Einkaufen schicken, werden sie oft von Nachbarn angeschwärzt, angeblich aus Besorgnis. Der Kinderschutzdienst (CPS) ist dann verpflichtet, zu erscheinen und zu prüfen, ob diese Eltern ihre Kinder vernachlässigen oder gar missbrauchen.
>
> Die Polizei oder der CPS wirft den Eltern vor, dass sie sich falsch verhalten, wenn sie ihre Kinder einer sogenannten „gefährlichen Situation“ aussetzen, die ich als „normale, angenehme Situation“ bezeichnen würde, jedenfalls weniger gefährlich, als wenn Eltern ihre Kinder den lieben langen Tag im Haus halten, wo sie übergewichtig und diabetisch werden. Doch wenn Sie Ihre Kinder ins Freie lassen oder ihnen erlauben, ihre eigenen Abenteuer zu erleben, wird das heutzutage als schlechtes Elternverhalten eingestuft.“

Soweit sind die sozialtechnischen Eingriffe in die Gesellschaft also bereits gediehen. Wenn Sie die verrücktesten Auswüchse der politischen Korrektheit in Bezug auf Kinder lesen möchten, dann sehen Sie auf freerangekids.com nach. Die amerikanische Akademie für Kinderheilkunde erklärte sogar, Ärzte sollten „aktiv darauf hinwirken, dass Kinder in ihrer Freizeit nicht Trampolin springen“, da Verstauchungen, Prellungen oder Blutergüsse die Folge sein können. Solche scheint die Akademie für Kinderheilkunde bereits erlitten zu haben, da man sie offenbar mehrfach heftig auf den Kopf geschlagen hat. Das nennt man Aufwachsen und die Welt kennen lernen, ihr Idioten, doch das will das System nicht (Abb. 788). Die ständige Schwemme neuer Gesetze und Verordnungen zielt darauf ab, die Spontaneität zu unterdrücken (den freien Fluss menschlicher Energie, die sich als kreative Kraft äußert). Das gesamte menschliche Verhalten soll gesetzlich geregelt werden und man will uns vorschreiben, was wir tun und was wir nicht tun, und wann und wie wir etwas tun oder nicht tun dürfen. Der Inhalt dieses Buches würde den geistigen Horizont solcher Vollidioten bereits nach der ersten Seite übersteigen. Er würde ihnen, angesichts des enormen Umfangs der damit verknüpften Implikationen wie ein Machwerk aus einem anderen Universum erscheinen. Aber genau so eine Mentalität sucht das System ja. Das System will, dass seine Uniformierten arrogant, ignorant und hirnlos sind und nicht erkennen können, was sie da eigentlich treiben und welche Welt, in der sie selbst und ihre Kinder werden leben müssen, sie da erschaffen. Kinder werden darauf vorbereitet, den orwellschen Alptraum als die Art und Weise, wie die Dinge nun mal sind, zu akzeptieren, sei es durch Überwachungskameras an Schulen, elektronische Ausweise oder Fingerabdruck-Scans, die die Kinder brauchen, um Bücher in der Bibliothek auszuleihen oder Schulmahlzeiten erhalten zu können. Viele Schulen sind heute von Zäunen umgeben, die sie wie Gefängnisse aussehen lassen. Das passt auch, wenn man bedenkt, was dort geschieht. In Gegenden wie dem Bezirk Lauderdale, Mississippi, landen die Kinder im *Gefängnis*, wenn sie die Kleiderordnung der Schule „verletzen“ oder Widerworte geben. Oh, ihr dürft keine Widerworte geben, ihr dürft nur die Befehle der akademischen Gestapo befolgen, die euch darauf vorbereitet, euch auch für den Rest eures Lebens so zu verhalten. Bei einer Untersuchung der Abteilung für Menschenrechte des amerikanischen Justizministeriums wurde aufgedeckt, dass dieser Bezirk eine brutale „von-der-Schule-ins-Gefängnis-Pipeline“ betreibt, ein System, das „das Gewissen erschüttert“. Aus dem Bericht geht hervor, dass die Schüler afro-amerikanischer Abstammung oder Kinder mit Behinderungen am meisten unter diesem Zustand zu leiden haben. Die Leute und Polizeikräfte, die hinter einer solchen Behandlung von Kindern stecken, müssen geistig schwer gestört sein. Ein gesunder Mensch würde ein solches Verhalten nicht einmal in Erwägung ziehen. Die Schüler der John Jay High School und der Anson Jones Middle School in San Antonio in Texas sind angewiesen, jederzeit mit Mikrochips versehene Verfolgungsmarken bei sich zu tragen, damit die Schule sie jederzeit orten kann. Offiziell heißt es, dass dies der Sicherheit der Schüler dienen und ihre Anwesenheitszeiten erhöhen würde. Vielleicht würden mehr Kinder gern in die Schule gehen, wenn dort nicht solche Idioten das Sagen hätten. Die Schulverantwortlichen behandeln die Eltern, die sich gegen solche Maßnahmen auflehnen, mit Verachtung, und das wird noch schlimmer werden, je mehr Kontrolle über die Kinder der Staat an sich reißt und je stärker er die Eltern an den Rand drängt. Dr. Richard Day sagte 1969: „Schulen werden die Zentren der Gemeinden werden“. Anders ausgedrückt, Schulen werden den Eltern die Kontrolle über ihre Kinder entziehen. Genau das geschieht in zunehmendem Maße. Schülern, die sich weigern die texanischen Verfolgungsmarken zu tragen, verwehrt man den Zugang zu einigen Schulbereichen, etwa Gemeinschaftsräu-

Abbildung 788: Die ursprüngliche „Playstation“. Bringt diese Kinder nach Hause, verhaftet ihre Eltern wegen Vernachlässigung und gebt den Kindern Computerspiele.

men wie Cafeteria oder Bibliothek. Wie Andrea Hernandez, eine Schülerin der John Jay High School berichtete, teilte ihr das Schulpersonal mit, dass sie nicht an den Schulwahlen teilnehmen könne, wenn sie sich nicht dem Verfolgungsprogramm unterwerfe (dieses Programm soll letztlich auf die gesamte Bevölkerung ausgeweitet werden). Solche Leute *unterrichten* unsere Kinder? Sie sollten psychiatrische Hilfe in Anspruch nehmen. Der stellvertretende Schulrat Ray Galindo teilte Andreas Eltern mit:

> „Wir bitten ihre Tochter lediglich, das Identifizierungsabzeichen zu tragen, wie alle anderen Schüler und Erwachsenen auf dem Campus auch … Ich ersuche Sie dringend, dieser Lösung zuzustimmen, damit das Ausbildungsprogramm Ihres Kindes nicht beeinträchtigt wird. Wie wir bereits besprochen haben, wird es Konsequenzen haben, wenn jemand sich weigert, eine Identifizierungskarte zu tragen, denn wir werden die volle Durchsetzung dieses Programms vorantreiben."

In diesen Schritten soll das Ganze auch für die gesamte Bevölkerung ablaufen – erst kann man sich freiwillig mikrochippen lassen (wie es heute der Fall ist), dann wird das zwangsweise Mikrochippen eingeführt oder es wird einem der Zugang zu allem und jedem verwehrt. Herr Galindo ersucht die Eltern dringend, „dieser Lösung zuzustimmen" (tut, was wir euch sagen = Lösung). Ich dagegen ersuche Herrn Galindo und seine Kollegen dringend, entweder die Entscheidung zu treffen, endlich über das Pubertätsalter hinauszuwachsen und zu reifen Erwachsenen zu werden oder sich einen Job zu suchen, der nichts mit Kindern oder jungen Erwachsenen zu tun hat und bei dem sie die grundlegenden menschlichen Freiheiten nicht zugunsten des Staates unterdrücken können. Die Welt wäre ganz sicherlich ein besserer Ort. Was bleibt über das Ausmaß der Blödheit im Schulsystem noch zu sagen, wenn man erfährt, dass den Eltern des dreijährigen, tauben Hunter Spanjer von wahrhaft gehirnbefreiten Beamten des Schulbezirks Grand Island in Nebraska mitgeteilt wurde, das Kind müsse das Handzeichen für seinen Namen ändern, weil dieses Zeichen zu große Ähnlichkeit mit einer Schusswaffe hätte? Diese Schulverwalter haben zu große Ähnlichkeit mit Vollidioten, können wir die auch ändern? Der siebenjährige Josh Welch wurde von der Park Elementary School in Baltimore vom Unterricht suspendiert, weil er ein Gebäckstück so zurechtgebissen hatte, bis es „wie eine Schusswaffe" aussah. Josh sagte:

> „Es war bereits ein Rechteck und ich habe immer weiter daran herumgebissen, oben etwas abgebissen, bis es irgendwie aussah wie eine Waffe, aber es war keine".

Er erklärte, dass er es in die Form eines Berges beißen wolle, aber die Lehrerin erklärte das Objekt zur Waffe und war „ziemlich wütend". Ja, ist es zu glauben? Die Spatzengehirne von der Park Elementary School suspendierten Josh für zwei Tage und schickten den Eltern einen Brief, in dem es hieß, „einer unserer Schüler benutzte Essen, um eine unangemessene Geste auszuführen". Nachdem die Schule den Vater von Josh kontaktiert hatte, meinte dieser „das grenzt fast an Schwachsinn". Ja, Sie treffen den Nagel auf den Kopf, genau das ist es. Ein stellvertretender Direktor bot den Eltern der anderen Kinder in einem Schreiben sogar Beratungen an, falls der Vorfall diese verstört haben sollte:

> „Falls Ihre Kinder wegen des heutigen Vorfalls Zeichen von Beunruhigung zeigen … so steht ihnen unser Schulberater zur Verfügung, der sich mit allen Schülern zusammensetzen wird, die Unterstützung benötigen …“

Beratung für Kinder, die durcheinander sind, weil ein Kamerad sein Erdbeertörtchen in eine bestimmte Form gebissen hat? Diese Leute sind geisteskrank und sie „unterrichten“ unsere Kinder. Wie reagierten die Eltern der Kinder auf diesen Schwachsinn? Gar nicht.

Es ist geplant, junge Menschen so früh wie möglich dazu zu bringen, zu akzeptieren, dass Mikrochips sowie vollständige Kontrolle und Überwachung vollkommen normal sind, und zwar überall. Falls Sie denken, dass es heutzutage schlimm steht, sei Ihnen gesagt, dass das alles noch lange nicht so weit gediehen ist, wie diese Leute sich das vorstellen. Die Schulen haben bereits Überwachungskameras und Polizeikräfte auf dem Schulgelände, und jetzt kommen auch noch Verfolgungsmarken mit Mikrochips dazu. Es sind *Schulen*. In welcher Gesellschaft werden diese Kinder – alle Kinder – leben beziehungsweise sterben müssen, wenn ihre Eltern nicht endlich ihren Arsch hochkriegen?

37

Der globale orwellsche Staat

Das göttliche Licht leuchtet zu jeder Zeit im Menschen, es zeigt sich den Sinnen und dem Verstand, doch der Mensch weist es zurück.

Giordano Bruno

Gesetze, die es verbieten, das Militär für die Rechtsvollstreckung im Inland einzusetzen, übergeht man, indem man einfach die Polizei in einen Militärapparat umwandelt. Die Polizei trägt heute ganz ähnliche Uniformen und Schutzausrüstungen wie das Militär und benutzt immer häufiger die gleichen Waffen (Abb. 789). Ich bin alt genug, um mich noch an eine Zeit erinnern zu können, als die britische Polizei nicht mit Schusswaffen ausgerüstet war. Doch heute ist das gang und gäbe, auf jeden Fall, was Taser anbelangt.

Abbildung 789: Die militärische Polizei.

Abbildung 790: Eine Verkehrspatrouille.

Das entspricht der totalitär schleichenden Schaffung einer kombinierten Truppe aus Polizei und Militär, die den Plänen entsprechend den Willen der Weltregierung und die Agenda 21 durchsetzen soll. Das Programm 1033 des Pentagon sieht vor, jedes Jahr militärische Hardware und Waffen im Wert von Hunderten Millionen Dollar an die Polizeikräfte zu übergeben, die für die Rechtsvollstreckung im Inland eingesetzt werden sollen. Die Summe von 212 Millionen Dollar im Jahr 2010 verdoppelte sich auf 500 Millionen Dollar im Jahr 2011. 2012 stiegen die entsprechenden Bestellungen nochmals um *400 Prozent*. Diese Angaben stammen vom Büro für Verteidigungslogistik des Pentagon und wurden auf der Online-Nachrichtenseite *The Daily* veröffentlicht. Zu den übergebenen Ausrüstungen zählen *Granatwerfer, M-16 Gewehre, gepanzerte Fahrzeuge und Panzer, Hubschrauber und militärische Roboter* (Abb. 790 und 791). Laut der offiziellen Vertuschungsgeschichte wird all das benötigt, um die Polizei in ihrem „Kampf gegen Drogen und Terrorismus“ zu unterstützen (beide Bereiche werden von genau den Netzwerken kontrolliert, die für die Übergabe militärischer Ausrüstung an die Polizei sorgen – Problem-Reaktion-Lösung). Doch mit Drogen oder Terrorismus hat das nicht das Geringste zu tun, es geht ausschließlich darum, die Infrastruktur für zentral verwaltete und zentral bewaffnete militärische und polizeiliche Kräfte aufzubauen, um so die totale menschliche Versklavung gemäß der Agenda 2+ +1 durchzugesetzen. Die Ausrüstung der Polizei mit militärischen Waffen findet schon seit Jahrzehnten statt, doch jetzt läuft das Programm im Turbogang. Wie *The Daily* berichtete, haben bisher mehr als 17.000 zivile Stellen militärische Ausrüstungen im Wert von Milliarden erhalten. Man verwendet das absolut kolossale militärische „Verteidigungs"-(Angriffs-) Budget, um eine militärische Operationsbasis bestehend aus Polizei, Sondereinsatzkommandos (SWAT-Teams), FBI, TSA, der Bundesagentur für Katastrophenschutz (FEMA), dem Amt für Alkohol, Tabak und Feuerwaffen (ATF), der Lebensmittelüberwachungs- und Arzneimittelzulassungsbehörde (FDA), der Umweltschutzbehörde (EPA) und einer langen Liste anderer Stellen aufzubauen. Während seiner verlogenen Wahlkampagne erklärte Obama im Jahr 2008:

> „Wir können nicht auf das Militär zählen, wenn es darum geht, die Ziele der nationalen Sicherheit zu verwirklichen, die wir uns gesteckt haben. Wir brauchen zivile Staatssicherheitskräfte, die genauso schlagkräftig, genauso stark und genauso gut ausgerüstet sind."

Der Betrüger wusste genau, wovon er sprach – vom Kontrollsystem für die Agenda 21 – und wir können heute die Entfaltung des Plans deutlich beobachten. Die Obama-freundliche veröffentlichte einen Artikel, in dem die Übergabe eines „16.000 Pfund schweren Panzers für zehn Mann Besatzung" an die Polizei im Endeffekt gerechtfertigt wird.

> „Der Panzer steckt Kugeln weg wie Superman und fährt bis zu 128 Stundenkilometer."

Dieser sogenannte „BearCat G3" wird angeblich benötigt, um die Polizei zu schützen. Die berichtete weiter:

> „Die Bundesregierung kauft jedes Jahr Dutzende solcher Panzer für lokale Polizeibehörden."

(Abb. 792). Faschistische Gestapo-Einheiten, die sich „SWAT-Teams" nennen (Motto: Menschen sind nichts anderes als Schmeißfliegen), gehören, wie es scheint, zu den Hauptempfängern militärischer Ausrüstungen. Gerade sie gerieten durch schockierende Fälle von Angriffen auf falsche Häuser und die Tötung unschuldiger Erwachsener und Kinder in die Schlagzeilen. Sie bilden die *El*-ite der Wahn-

Abbildung 791: Ein Undercover-Einsatz der Polizei von Tampa.

Abbildung 792: Fahrzeug eines TWAT-Teams. Meine Güte, mit dem Buchstabieren tue ich mich schwer.

sinnigen. Die Zahl der von diesen Teams durchgeführten Razzien in Privathäusern und Geschäften steigt von Jahr zu Jahr sprunghaft an. Hallo, nun gibt es großartige Neuigkeiten von *MSNBC*:

> „Dank der US-Regierung erhalten die meisten Polizeibehörden ihre BearCats jetzt kostenlos".

Uih, das ist wirklich großartig. Hat sich schon mal jemand die Mühe gemacht, nach dem wahren Grund dafür zu fragen? *Ups*, leider nein. Wie dumm von mir. Lou Vallejo, der Sheriff des Bezirks Garfield in Colorado erklärte:

> „In der Welt der Rechtsvollstreckung müssen wir auch auf ein höchst unwahrscheinliches, aber durchaus mögliches tragisches Geschehen vorbereitet sein … den Preis für das Leben eines Polizisten, der dort draußen Dienst tut, um Sie zu beschützen, kann man nicht beziffern."

„Was gäbe es dagegen einzuwenden", hieß es in dem Artikel von *MSNBC* weiter. Nun, da gäbe es schon etwas, und ich möchte gleich einmal loslegen. Es geht nicht um den Schutz von Polizisten, die für das System genauso Kanonenfutter darstellen, wie alle anderen auch. Das Spiel, das in Wahrheit gespielt wird, zielt auf die massenweise Versklavung der Menschen ab. Dass militärische Waffen einschließlich Panzern sogar an die Polizeibehörden kleiner Bezirke ausgegeben werden, passt genau zu den Plänen für lokale Rechtsdurchsetzung, wie die Agenda 21 sie vorsieht, und von denen hier bereits die Rede war. Lokale Stadt-, Gemeinde- und Bezirksverwaltungen entwickeln sich bereits jetzt zu Tyranneien, doch die Pläne reichen noch viel weiter und sehen vor, dass eine Integration mit der Polizei, dem Militär und anderen staatlichen Behörden erfolgt, um so ein nahtloses System totaler Kontrolle zu schaffen, das alles bis zur letzten Gemeindestraße erfasst. „Integration" zählt ebenfalls zu den Schlagwörtern der Agenda 21. Ich warte nur noch auf den Begriff „smarte Integration", dann haben wir es geschafft. Durch eine drastische Kürzung der Budgets für die Polizeikräfte will man versuchen, die Polizei zum Einsatz von Methoden zu zwingen, die sie normalerweise bei ausreichender Besetzung nicht einsetzen würde. Bill Partridge, der Polizeichef von Oxford in Alabama erklärte, er würde das Programm 1033 nutzen „um Geld zu sparen, Punktum". Seine Behörde, so berichtete er, würde wöchentlich oder sogar täglich prüfen, was man alles vom Militär bekommen könne.

Abbildung 793: Wo will sie die Katze zuletzt gesehen haben?

> „Wenn man im Internet schnell zuschlägt, erhält man gewöhnlich das, was man möchte", sagte er.

Das britische Verteidigungsministerium gab 2012 bekannt, Verträge über 30.000 Gewehre der von den Truppen benutzten Art unterzeichnet zu haben, die man zivilen Polizeibeamten an die Hand geben wolle. Warum? Ach, um gegen Terroristen und Verbrecherbanden zu kämpfen. *Verdammte Lügner*. Warum kümmert sich das für das Militär verantwortliche Verteidigungsministerium um interne Polizeikräfte? Die Antwort liegt auf der Hand (Abb. 793 und Abb. 794). Auch in Großbritannien beschneidet man die Budgets der Polizei, denn den Plänen entsprechend soll sie gezwungen werden, private Sicherheitsfirmen einzuschalten, beispielsweise die lächerliche G4S, und diesen Firmen dann letzten Endes sämtliche Polizeiaufgaben überlassen. Das geschieht bereits. Trotz des „Sicherheitsfiaskos" bei den Olympischen Spielen in London schloss die schottische Regierung mit dem Unternehmen G4S einen Fünfjahresvertrag über 13 Millionen Britische Pfund ab. Er berechtigt dieses Unternehmen, mithilfe von Satellitentechnologie Kriminelle aufzuspüren, die elektronische Fuß- oder Handgelenkfesseln tragen. Laut Plan will man auch die staatliche Verwaltung an private Unternehmen übertragen.

Abbildung 794: Große Gewehre für diejenigen, die nichts in der Hose haben.

Augen (und Schusswaffen) am Himmel

Wenn die Leute denken, dass Panzer für lokale Polizeieinheiten übertrieben sind, was halten sie dann wohl von den unbemannten bewaffneten Drohnen, die am Himmel über Amerika (und bald überall auf der Welt) Patrouilleneinsätze fliegen? Dank ihrer technischen Ausstattung vermögen sie durch die Wände einer jeden Wohnung zu sehen (Abb. 795). Die DARPA, die archontische Forschungs- und Entwicklungsbehörde für Streitkräfte des Pentagon, hat die Einführung der bisher leistungsstärksten Überwachungstechnologie der Welt bekannt gegeben. Mit 1,8 Gigapixel können aus einer Höhe von 6.000 Metern Details von nur 15 Zentimetern Größe erfasst und ein Gebiet von 25 Quadratkilometern überwacht werden. Das System nennt sich ARGUS-IS beziehungsweise Wide Area Persistent Stare. Zwei mit ARGUS ausgestattete Drohnen könnten ein Gebiet von der Größe Manhattans 24 Stunden pro Tag überwachen. Die amerikanische Regierung hat angekündigt, dass Drohnenpatrouillen am Himmel über Amerika bald ihren Dienst aufnehmen werden. Als neueste Methode des totalitären Heranschleichens bewaffnet man nun viele dieser Drohnen mit Gummipatronen und Tränengas. Damit befindet man sich auf dem besten Weg zu einer militärischen Massenvernichtungstechnologie, die das Leben unzähliger unschuldiger Menschen in

Abbildung 795: Er beobachtet dich, mein Kind, … und alle anderen auch.

Ländern wie Afghanistan, Pakistan, Jemen, Somalia und einer wachsenden Liste weiterer Länder auslöschen kann. Private Verteidigungs- (Angriffs-) Unternehmen investieren Millionen, um den Kongress zu bestechen und zur Freigabe des Luftraums für Drohnenflüge zu bewegen. Wie Dokumente, die gemäß dem Gesetz zur Informationsfreiheit freigegeben wurden, bestätigen, sollen Drohnen für die Massenüberwachung der amerikanischen Bevölkerung eingesetzt werden. Die Gefahren für andere Flugzeuge am ohnehin überfüllten Himmel über Nordamerika werden sich dadurch weiter erhöhen. Überall auf der Welt sind auch bereits zahlreiche Drohnen abgestürzt. 2012 wurde vom Capitol Hill das Gesetz zur Modernisierung des Luftverkehrs und zur Verbesserung der Sicherheit verabschiedet, das den Weg für den Einsatz von 30.000 Spionagedrohnen über den USA freimachte. Aus entsprechenden Polizeidokumenten lässt sich entnehmen, dass Drohnen mit Infrarot- und Zoomkameras bestückt werden können, die auch bei den schwachen Lichtverhältnissen zwischen „Sonnenuntergang und Sonnenaufgang" Videoaufnahmen liefern können. Einige dieser Drohnenkameras können „Einzelpersonen anhand von Attributen wie Größe, Alter, Geschlecht oder Hautfarbe erkennen und verfolgen". Wie aus den vom Electronic Privacy Information Center eingeholten offiziellen Dokumenten hervorgeht, wurde die Drohnenflotte des Typs Predator B mit einer Technologie ausgestattet, die es ermöglicht, Handy-Signale zu verfolgen und Menschen zu identifizieren, die rechtmäßigerweise oder unrechtmäßigerweise Waffen tragen. All das hat nicht das Geringste mit einem „Kampf gegen den Terrorismus" zu tun, es geht allein um die Versklavung der Bevölkerung. Die erste auf eine Drohnenüberwachung zurückzuführende Verhaftung, die bekannt wurde, betraf einen Landwirt in North Dakota, der beschuldigt wurde, sechs Kühe, die auf sein Land gewandert waren, nicht zurückgegeben zu haben. Die Umweltschutzbehörde (Vernichtungsbehörde für Landwirte und Züchter) (EPA) setzt Drohnen ein, um Landwirte auszuspionieren. Daraufhin angesprochen, erklärte ihr Sprecher:

> „Die Gerichte einschließlich des Obersten Gerichtshofs [allesamt von den Archonten kontrolliert] haben in ähnlichen Fällen entschieden, dass solche Flüge legal sind (zum Beispiel auch um Luftaufnahmen von chemischen Fabriken zu machen). Die EPA setzt solche Flüge nur in angemessenen Fällen ein, um die Menschen und die Umwelt vor Verstößen gegen das Gesetz zur Reinhaltung des Wassers zu schützen."

Die Menschen brauchen dringend Schutz gegen die Verstöße und Abscheulichkeiten der EPA. Peter Singer, ein leitender Wissenschaftler des Brookings Instituts erklärte, dass Drohnen nicht nur spezifische Informationen eines Ortes registrieren, sondern den Ort als Ganzes erfassen.

> „Im Grunde genommen werden Aufzeichnungen über viele verschiedene Menschen gemacht, die dazu keine Zustimmung erteilt haben", meinte er.

Die kalifornische Stadt Lancaster brachte sich unter ihrem Bürgermeister Rex Parris schon einmal in die rechte Stimmung und ließ eine Cessna-Maschine kreuz und quer über die Stadt fliegen, deren Kamera fortlaufend Aufnahmen an die Bodenstation schickte und aus fünf Kilometern Entfernung jeden heranzoomen konnte, der die Straße entlang ging. Lancaster behauptet zwar Geldproblemen zu haben, gibt aber für diese Flüge gern 1,3

Millionen Dollar pro Jahr aus. Geld spielt niemals eine Rolle, wenn es um die archontische Agenda geht. Die Bundesbehörde für Luftfahrt schätzt, dass im Jahr 2032 insgesamt 30.000 Drohnen aller Größen über Amerika fliegen werden, die von Rechtsvollstreckungsbehörden, Militärs, Unternehmen und öffentlichen „Sicherheitsbehörden" betrieben werden. Stellen Sie sich das einmal vor, und setzen Sie dann die Anzahl terroristischer Anschläge, die nicht inszeniert wurden (also praktisch keine), in Relation zu den angeblich benötigten 30.000 Überwachungs- und Killerdrohnen, die am Himmel über Amerika fliegen und der zusätzlich eingesetzten, geradezu fantastisch anmutenden Masse von Sicherheitskontrollpunkten, Datenerhebungen und Kameras. Es ergibt keinerlei Sinn, wenn man nicht sieht – mein Gott, ist das wirklich noch immer so schwer zu erkennen? – dass dieses Netzwerk für die Unterjochung der Menschheit geschaffen wird. „Terroristen" und Kriminelle sind nicht das Ziel. Im Visier steht die allgemeine Bevölkerung. An der Universität von Pennsylvania wird derzeit sogar eine Drohnentechnologie entwickelt, die es ermöglichen soll, Menschen von der Luft aus von der Straße zu angeln, so wie ein Adler sich einen Fisch schnappt. In Amerika gibt es bereits sechzig Kommandozentren für Drohnen, und weitere werden entstehen. In einem Bericht des Forschungsdienstes des Kongresses wird die Warnung ausgesprochen, dass Drohnen der Privatsphäre in den USA ein Ende setzen werden. Ist das etwa wahr? Großbritannien hat in den letzten fünf Jahren zwei Milliarden Britische Pfund für den Kauf und die Entwicklung von Drohnen ausgegeben, und britisches Militärpersonal war an der Durchführung der amerikanischen Drohnenangriffe in Afghanistan und anderswo beteiligt. In Waddington, einer Luftwaffenbasis der Royal Air Force entsteht gerade ein amerikanisches Drohnenoperationszentrum, das Drohnenangriffe im Nahen Osten und in Afrika koordinieren soll. Der von den USA betriebene Luftwaffenstützpunkt Croughton in Northamptonshire ist daran ebenfalls beteiligt. Der britische heute-hier-morgen-dort „Polizeiminister" Damien Green meinte, man solle Drohnen, die am britischen Himmel fliegen und die Bevölkerung ausspionieren können, genauso behandeln wie „jeden anderen Bestandteil des Polizeiarsenals" auch. Was für ein Idiot. Chris Cole, der Initiator der Kampagne Drone Wars UK sagte:

> „In einer Zeit massiver Budgetkürzungen kann es nicht angehen, dass Großbritannien ohne eine ordnungsgemäße parlamentarische Untersuchung und ohne eine Debatte über die ernst zu nehmenden rechtlichen und ethischen Probleme, die mit der Verwendung dieser Technologie verknüpft sind, Milliarden von Pfund für die Entwicklung neuer Drohnen verschleudert."

Es kann zwar nicht angehen, lieber Mann, aber es steht auf der archontischen Agenda und deshalb spielt Geld keine Rolle. Die amerikanische Navy entwickelt zurzeit auch Unterwasserdrohnen. Außerdem sind Drohnen in Planung, die ihre eigenen Entscheidungen darüber treffen werden, wohin sie fliegen und wie sie reagieren. Ich mache keine Scherze. Mark Maybury, ein leitender Wissenschaftler der amerikanischen Luftwaffe, sagte über die künftigen Drohnen:

> „Früher waren sie blind, taub und dumm – doch nun fangen wir an, sie sehen, hören und fühlen zu lassen."

Abbildung 796: Lauschangriff in neuer Form.

Abbildung 797: Ist das ein Vogel? Ist das ein Flugzeug? Nein, die Supertrottel sind unterwegs.

Wenn man das doch bloß auch mit Leuten wie Maybury machen könnte. Drohnen werden der Öffentlichkeit sogar mit dem Argument angepriesen, sie würden Arbeitsplätze schaffen und der Wirtschaft guttun. Man unternimmt alles, um den wahren Grund für ihre Existenz zu verschleiern – Kontrolle über die Menschen.

Drohnenüberwachung geschieht nicht nur durch große Flugzeuge. Einige waffentragende Drohnen, die derzeit für das amerikanische Militär entwickelt werden, wiegen fünf Pfund oder weniger. Die britische Polizei hat bereits radiogesteuerte fliegende Überwachungskameras eingeführt und das Pentagon gibt zu, ein käfergroßes überwachungstechnisches Gerät entwickelt zu haben, das sogenannte „Mikroavarium". Bei dieser Technologie handelt es sich um eine Überwachungs- und Mordtechnologie, die sich in der Verkleidung von fliegenden Insekten oder Vögeln präsentiert (Abb. 796 und Abb. 797). Einige Menschen haben bereits von roboterartigen Libellen berichtet, die bei politischen Veranstaltungen in Washington und New York, und auch bei Antikriegskundgebungen herumflogen. Der Washingtoner Rechtsanwalt Bernard Crane sagte:

> „So etwas habe ich noch nie zuvor in meinem Leben gesehen. Die Dinger waren so groß wie Libellen. Ich fragte mich: Sind sie mechanisch oder lebendig?"

Diese wahnsinnigen Gesellen versehen sogar lebende Fluginsekten mit Mikrochips. Wo sind bloß die Leute mit den Zwangsjacken, wenn man sie mal braucht? Catherine Crump, die Rechtsanwältin der amerikanischen Bürgerrechtsunion (ACLU), erklärte:

> „Ein tödlicher oder nicht tödlicher Angriff mittels einer Drohne ist einfach nicht angemessen, weil der Beamte, der die Drohne von einem Luftwaffenstützpunkt aus steuert, die Situation nicht aus der gleichen Perspektive einschätzen kann, wie ein Polizist vor Ort auf dem Boden."

Aber Catherine, das ist denen doch vollkommen gleichgültig. Menschen sind einfach leichte Beute. Crump fügte hinzu:

> „Die Vorstellung, dass Menschen, die sich in der Öffentlichkeit bewegen, von fliegenden Drohnen mit Elektroschocks oder durch sonstigen Einsatz von Gewalt angegriffen werden, ohne dass ein Polizist vor Ort anwesend ist, lässt erwarten, dass auf verfassungswidrige Weise Gewalt gegen Einzelpersonen eingesetzt werden soll."

Lässt erwarten? Die amerikanische Verfassung wurde bereits vor Jahrzehnten verheizt. Wo wart ihr damals? Eines der Probleme mit den sogenannten Bürgerrechtsorganisationen besteht darin, dass sie so uninformiert über das sind, was vor sich geht und deshalb auf so irrelevante Weise reagieren. Liberty, die britische „Bürgerrechtsorganisation“, die unter der Leitung der ehemaligen Anwältin Shami Chakrabarti steht, bietet dafür ein typisches Beispiel (siehe „Der Löwe erwacht“). Solche Organisationen sind Platzverschwendung und nichts weiter als zusätzliche Arme des Establishments. Doch die Mainstream-Medien rennen diesen Leuten die Türen ein, um Aussagen zu irgendwelchen freiheitsrelevanten Themen zu bekommen. Sie sind nett und ungefährlich, verstehen Sie? Verbrechen werden ignoriert und sogar gefördert, um im Rahmen des Musters Problem-Reaktion-Lösung eine immer übergriffigere, faschistische Politik zu rechtfertigen. Deshalb werden so viele Verbrechen erst gar nicht untersucht, geschweige denn aufgeklärt. Wenn man die Budgets weiter kürzt, kann man sicher gehen, dass eine solche Politik verstärkt verfolgt werden wird, und so bewegen wir uns kontinuierlich auf eine immer stärkere Zentralisierung polizeilicher Operationen zu. Dr. Richard Day erklärte 1969: „Verbrechen werden benutzt werden, um die Gesellschaft zu manipulieren.“ Einige der heutigen und früheren Polizeichefs und Beamten erkennen den Unsinn, der aus rein polizeilicher Sicht betrieben wird, aber sie bleiben einsame Rufer in der Wüste. Joseph McNamara, der ehemalige Polizeichef von Kansas City hält die Militarisierung der Polizei für konterproduktiv:

> „Es läuft dem zuwider, was wir für gute Polizeiarbeit halten, Polizeiarbeit auf kommunaler Ebene. Das Profil, das diese militärischen Polizeieinheiten sich geben, wenn sie wie eine Besatzungsarmee in irgendein Wohnviertel einfallen, ist das Gegenteil von dem, was eine Polizeibehörde tun sollte. Ziel sollte es sein, der Bevölkerung ein gutes Gefühl zu vermitteln, wenn jemand anruft, um eine Straftat zu melden, wenn jemand die Polizei bei ihrem Kampf gegen das Verbrechen unterstützen will oder wenn Zeugen sich melden.
>
> Die Vorstellung mancher Polizeikräfte, dass ein superhartes, militärisches Auftreten und das Tragen militärischer Waffen der Verhinderung von Verbrechen dient – ist falsch. Wir haben jede Menge Beweise für die Art und Weise, wie man Verbrechen effektiv verhindert, und der wichtigste Faktor dabei ist, Unterstützung für die Polizei aufzubauen, damit wir nicht wie eine distanzierte Besatzungsarmee agieren.“

Doch wie von langer Hand geplant ist die heutige Polizei genau das geworden – eine *Besatzungsarmee*. Die entsprechende unterstützende Technologie wird mit Hochdruck entwickelt. Dazu gehört beispielsweise extrem schmerzhafte Schalltechnologie zur Zerstreuung friedlicher Demonstrationen. 2012 kaufte die amerikanische Nationalgarde solche tragbaren „LRAD-Akustiksysteme“ im Wert von einer halben Million Dollar für den Einsatz überall in Amerika. So bereitet man sich auf das vor, was unweigerlich geschehen wird, wenn erst einmal eine kritische Masse der Menschen erkannt hat, was vor sich geht und warum, und dann entsprechend reagiert.

Entwaffnung des Feindes – sprich des Volkes

Während einerseits im Inland vielschichtige polizeilich-militärische Kräfte geschaffen und mit hochtechnisierten Waffen ausgerüstet werden, läuft andererseits die Kampagne zur Entwaffnung der globalen Bevölkerung auf Hochtouren. Natürlich ist es wesentlich einfacher, eine globale faschistische/kommunistische Militärdiktatur zu errichten, wenn die Zielbevölkerung keine Waffen dagegen setzen kann, und genau darum geht es bei der hektischen „Reglementierung von Waffenbesitz". Als Argument wird vorgeschoben, man wolle Massenerschießungen und „Gewaltverbrechen" verhindern, obwohl Killer und Kriminelle sich ungeachtet der jeweiligen Gesetzeslage alle Feuerwaffen besorgen können, die sie wollen. In Großbritannien herrschen strenge Gesetze für Waffenbesitz, doch das hindert Kriminelle nicht daran, sich Waffen zu organisieren, meist aus den Waffenlieferungsnetzwerken, in die in jedem einzelnen Fall die archontischen Familien verwickelt sind. Die Geschichte lehrt uns, dass die Konfiszierung der Waffen der allgemeinen Bevölkerung stets eine vorbereitende Maßnahme für Massenmord und Kontrolle seitens des Staates darstellt. Wir haben das in Nazi-Deutschland, der Sowjetunion, China, Uganda, Kambodscha, Ruanda und in vielen anderen Ländern gesehen (Abb. 798). Es ist eine interessante Tatsache, dass im 20. Jahrhundert die Staatsmachten vier Mal mehr Zivilisten töteten, als in allen internationalen Kriegen und Bürgerkriegen zusammengenommen ums Leben kamen. Kriminelle und Terroristen sind Waisenknaben im Vergleich zu den Regierungen des archontischen Netzwerkes. Man sollte sich vor Augen führen, dass die Staatsmachten im 20. Jahrhundert insgesamt 170 Millionen Zivilisten töteten. 1938 verboten die Nazis den Juden „den Kauf, den Besitz und das Tragen von Feuerwaffen, Munition, Schlagstöcken und Stichwaffen". Was in jedem Fall auf eine Reglementierung von Waffenbesitz folgt, veranschaulicht Abbildung 799. Heute wollen die Rothschild-Zionisten die Amerikaner nach dem gleichen Schema entwaffnen, und man sollte sich die Frage stellen, warum das trotz der Erfahrungen der

Abbildung 798: Befürworter der Reglementierung von Waffenbesitz.

Abbildung 799: Die Geschichte lehrt die immer gleiche Lektion. Die Truppen befolgen Befehle ... die Bürger befolgen die Waffengesetze.

„Juden" mit den Nazis der Fall ist. Die einfache Antwort lautet, dass es einerseits Juden und andererseits Rothschild-Zionisten gibt, die nicht notwendigerweise etwas miteinander zu tun haben. Die sowjetische und die chinesische Diktatur entwaffneten jeweils ebenfalls ihre Völker, ehe sie sich aufs Abschlachten der Massen verlegten. Auf illegalen Waffenbesitz stand bei der Rothschild-Marionette Stalin die Todesstrafe. Das Volk war der Gnade eines Mannes ausgeliefert, der dieses Wort nicht einmal kannte. Mehrere Zehnmillionen Menschen wurden ermordet oder verhungerten. Tyrannen kümmern sich stets zuerst um die Entwaffnung der Zielbevölkerung, ehe sie zur totalen Übernahme schreiten, und heute sprechen sie von der Entwaffnung der Weltbevölkerung, um eine globale Übernahme in die Wege zu leiten. Die Vereinten Nationen (als Koordinationsorganisation für die Agenda 21) verabschiedeten 2013 einen globalen Waffenvertrag, der den Regierungen die Kontrolle über alle Waffen verschaffen soll. Die archontischen Blutlinien beherrschen sowohl die UN als auch, auf dem Weg über ihre „Verteidigungsunternehmen", den Waffenhandel. Sie selbst sind also ganz sicher nicht das Ziel dieser Initiative. Diese dient vielmehr nur als Vorwand, um auf der Grundlage weltweit verbindlicher Regelungen für kleine und konventionelle Waffen die allgemeine Bevölkerung ihrer Waffen zu berauben und so die globale Übernahme vorzubereiten. Da haben wir es wieder – *weltweit verbindliche Regelungen* beziehungsweise internationales Recht. Sobald solche Regelungen einmal Gesetzesform angenommen haben, lässt ihre Formulierung stets einen schier unerschöpflichen Auslegungsspielraum offen. Das geschah bei den „Anti-Terrorismus"-Gesetzen, die heute auf die einheimische Bevölkerung angewendet werden, auch wenn nicht der geringste Zusammenhang mit Terrorismus ersichtlich ist. Der Zweite Zusatz zur amerikanischen Verfassung gibt den Bürgern das Recht, Waffen zu tragen, doch das interessiert diese Kriminellen nicht. Eine Reihe von Rothschild-Zionisten, darunter Louis Michael Seidman, die führende Stimme der von den Rothschilds geschaffenen Organisation B'nai B'rith und Professor für Verfassungsrecht an der Universität Georgetown, verlangt die Abschaffung der amerikanischen Verfassung. Eine Tyrannei kann nicht eingeführt werden, solange die Verfassung gilt. Der entsprechende Plan wurde 1961 in einer Mitteilung des amerikanischen Innenministeriums in Worte gefasst. Er sieht ein „Programm für die vollständige allgemeine Entwaffnung in einer friedlichen Welt" vor, das von den Vereinten Nationen durchgesetzt werden sollte. Die UN solle „den Frieden erzwingen, während der Entwaffnungsprozess voranschreitet". Dabei ist in dem Dokument keineswegs von einer „allgemeinen vollständigen Entwaffnung" die Rede, denn die herrschenden Mächte wollen ihre Waffen behalten, während für alle anderen ein Besitzverbot für Waffen gelten soll:

> „Die Herstellung von Waffen soll verboten werden, mit Ausnahme bestimmter Waffentypen und Mengen, die dem UN-Friedenskorps [Umkehrung] zur Verfügung gestellt werden sollen, beziehungsweise die benötigt werden, um die innere Ordnung aufrechtzuerhalten. Alle anderen Waffen sollen zerstört oder friedlichen Zwecken zugeführt werden."

Das ist wieder einmal reinste Agenda 21. In dem Dokument von 1961 geht es auch um die Zerstörung der nationalen Souveränität, die Auflösung nationaler Armeen und die Übertragung der globalen Kontrolle auf die UN (Weltregierung). Sie beabsichtigt, durch eine Weltarmee zu herrschen, die ihr als Vollstreckungsarm dient. Aber es besteht keinerlei Grund zur Besorgnis. Es gibt keine Verschwörung. Ich habe das nur irgendwo gelesen. Eine US-Administration nach der anderen, von Reagan-Bush, über Clinton, Bush Junior bis hin zu Obama hat auf strengere Waffengesetze gedrängt, um die Gewalt zu stoppen, und dabei gleichzeitig Massenbombardierungen der Zivilbevölkerungen in einem Land nach dem anderen angeordnet. Die satanistische Hillary Clinton, Obamas Außenministerin während seiner ersten Amtszeit, sagte:

> „Wir werden alles daran setzen, Leute, die keine Waffen besitzen sollten, von Waffen fernzuhalten."

Nun, das beträfe zu allererst einmal sie selbst. Tony Blair verwendete als Vorwand den inszenierten Massenmord an Kindern in Dunblane in Schottland im Jahr 1996, um strengere Waffengesetze für Großbritannien zu rechtfertigen. Der Killer Thomas Hamilton war allerdings jemand, der die *El*-ite von Schottland, einem weltweiten Zentrum der *El*-ite für Satanismus und Pädophilie, mit Kindern für Sex versorgt hatte. Es hat schon seinen Grund, warum die größte, das heißt mitgliederstärkste Geheimgesellschaft auf Erden schottischer Ritus der Freimaurerei genannt wird. Als offizieller Grund, warum in den Vereinigten Staaten Waffen verboten werden sollen, wurde vorgetragen, dass Waffen illegal über die Grenze nach Mexiko gelangten und dort dann von Drogenkartellen verwendet oder für Verbrechen in Arizona, Kalifornien oder New Mexico benutzt wurden. Die staatlichen Behörden konspirierten, um dieser Behauptung den Anschein der Wahrheit zu geben und versorgten die mexikanischen Kartelle durch ihr Amt für Alkohol, Tabak und Feuerwaffen (ATF) mit Waffen. Das Projekt trug den Namen „Gunrunner". Es umfasste unter anderem auch die Operation „Fast and Furious". Bereits davor gab es schon eine Operation mit dem Codenamen „Operation Wide Receiver". Obamas Generalbundesanwalt Eric Holder war stark in diese heimlichen Waffenlieferungen involviert. Ein Zitat von ihm lautet:

> „Wir müssen die Menschen einer Gehirnwäsche unterziehen, damit sie völlig anders über Waffen denken".

Nach den Angaben unabhängiger investigativer Journalisten hatte auch Hillary Clinton ihre Finger mit im Spiel. William McMahon, den zuständigen stellvertretenden Leiter des ATF für die Region, in der die Operation Fast and Furious durchgeführt wurde, schwärzte man an, weil er neben seiner Tätigkeit – oder Untätigkeit – auch noch ein volles Gehalt als leitender Direktor der Abteilung für Sicherheit und Ermittlungen bei JP Morgan auf den Philippinen bezog. Eine Großbank und die Regierung beschäftigen ein und denselben Mann? Das kann ich nicht glauben, da muss es sich um einen Irrtum handeln. Diejenigen, die ganz oben in der Nahrungskette dieser Aktion Fast and Furious standen – Obama und Generalbundesanwalt Holder – wurden durch das System geschützt, während die unteren Ränge die Prügel einstecken mussten. Michael Horowitz, der Generalinspektor des Justizministeriums (Umkehrung) legte Holder zur Information über die Vorgänge einen Bericht vor, in dem er die Schuld den niedrigeren Beamten zuschob und deren Versagen anprangerte. Wozu sollte das nützen, wo doch jeder wusste, dass er involviert war? Bestellt doch noch etwas Tünche, unsere ist fast aufgebraucht. Das, was im Rahmen von Fast and Furious und Gunrunner geschah, kam nur dank einiger Whistleblower beim ATF ans Licht. Diese spielten der *CBS* Dokumente zu, die bewiesen, dass die ATF heimlich Waffenverkäufe an verdächtige Drogendealer unterstützte, um so eine Rechtfertigung für die neuen Waffengesetze zu schaffen. Tausende von Waffen wurden auf diese Weise in Umlauf gebracht, die bei Gewaltverbrechen in Mexiko und in den Vereinigten Staaten, etwa in Phoenix in Arizona, zum Einsatz kamen. Als Reaktion auf diese Enthüllungen warnte Todd Jones, der amtierende Leiter der ATF, alle Mitarbeiter vor den Konsequenzen, die sie fürchten müssten, falls sich so etwas noch einmal wiederholen sollte. Nein, damit ist nicht die Verteilung amerikanischer Waffen an mexikanische Drogenkartelle gemeint. Die war völlig in Ordnung, so lange, bis jemand das Spiel verdarb, weil er es ausplauderte. Jones' Androhung von Konsequenzen richtete sich vielmehr an alle diejenigen, die es für ihre Pflicht der Öffentlichkeit gegenüber gehalten hatten, die illegalen Aktivitäten der ATF aufzudecken, ohne ihn zuerst um Erlaubnis gefragt zu haben. Der lächerliche Herr Jones teilte seinen Mitarbeitern beim ATF mit:

> „Wahlmöglichkeiten und Konsequenzen, das bedeutet einfach, dass es Konsequenzen geben wird, wenn Sie eine schlechte Wahl treffen, wenn Sie sich nicht an die Regeln halten, wenn Sie den Dienstweg nicht einhalten, wenn Sie nicht den richtigen Weg finden, um Ihre Bedenken gegenüber der Amtsleitung zu äußern."

Im „freien Amerika" ist es eine „schlechte Wahl", wenn jemand die Wahrheit darüber ausplaudert, wie unsere eigene Regierung Drogenkartelle bewaffnet, um die Entwaffnung der eigenen Bevölkerung zu rechtfertigen. Das ist der Grund, warum Leute wie Todd Jones und ähnliche Charaktere in öffentliche Ämter gestellt werden. Anständige Leute brauchen sich gar nicht erst zu bewerben. Man bedenke, dass dieser Typ Bundesanwalt für den Bezirk Minnesota war. *Erschreckend.* Seine Warnung an die ATF-Mitarbeiter ist nur ein Beispiel für den verschlagenen und rachsüchtigen Krieg, den die Obama-Administration gegen Whistleblower führt, die staatliche Korruption aufdecken. Obamas Spinner haben sich diese Tatsache sogar zunutze gemacht, als sie bei seiner zweiten Kandidatur die Werbetrommel für ihn rührten. In einem bei der Wahlkampagne verwendeten Schriftstück hieß es:

> „Die Obama-Administration hat im Rahmen der Spionagegesetze doppelt so viele Fälle verfolgt wie alle früheren Administrationen zusammen."

Als Obama bei der Wahl von 2008 das erste Mal kandidierte, bezeichnete er die Handlungen von Whistleblowern als „Ausdruck von Mut und Patriotismus", die ermutigt und nicht im Keim erstickt werden sollten, wie während der Bush-Administration. Vier Jahre später stellte ein Autor treffend fest:

> „Präsident Obama … hat von allen Präsidenten in der amerikanischen Geschichte den aggressivsten und rachsüchtigsten Kampf gegen Whistleblower geführt, was sogar die politischen Magazine, die Obama generell unterstützen, erkannt und verurteilt haben."

Inszenierter Massenmord

Ich habe keine Schusswaffen, ich will keine Schusswaffen haben, ich kann mich nicht erinnern, jemals eine Waffe abgefeuert zu haben, außer auf dem Jahrmarkt, um eine Kokosnuss zu gewinnen. Es gibt nichts, was mir an Waffen gefällt und ich wünschte, wir würden in einer Welt ohne Waffen leben. Ich bin, gelinde gesagt, nicht der typische Gegner der neuen Waffengesetzgebung in Amerika. Ich berufe mich nicht auf die amerikanische Verfassung, um das zu untermauern, was ich sage, und ich verspüre kein Verlangen, offen, versteckt oder überhaupt eine Waffe zu tragen. ABER. Wenn wir mit einer reifen und klugen Betrachtungsweise an die aktuellen Ereignisse herangehen, stellt sich uns als Wichtigstes nicht die Frage: Waffen oder keine Waffen, Waffengesetze oder keine Waffengesetze, sondern: Warum wollen diejenigen, die die amerikanische Regierung kontrollieren, den Amerikaner gerade jetzt genau die Waffen wegnehmen, die bei einem Widerstand gegen einen Militärcoup durch die faschistisch gesteuerte amerikanische Regierung irgendetwas bewirken könnten? Und die weitere Frage: Warum verschiebt das Pentagon gleichzeitig zu diesen Bemühungen militärische Waffen und Technologien, einschließlich Panzern, in gewaltigen Mengen vom Militär zur amerikanischen Polizei? Und noch zwei weitere Fragen gibt es: Warum hat die Behörde Homeland Security bisher zwei Milliarden Munitionsladungen gekauft (und kauft ständig weitere), dazu 7.000 vollautomatische Gewehre und 2.717 gepanzerte Fahrzeuge vom Typ Navistar Defense, die alle innerhalb der Vereinigten Staaten eingesetzt werden sollen? Warum werden überall im Land Hunderttausende von Plastiksärgen gelagert? Siehe Abbildung 800. All das geschieht genau zu der Zeit, zu der mithilfe einer künstlich geschaffenen Hysterie die Entwaffnung der Amerikaner anvisiert wird. Man will ihnen keine Chance lassen,

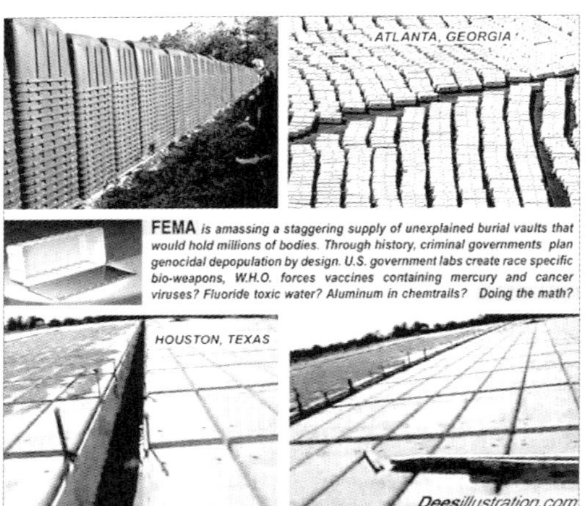

Abbildung 800: Wofür sind die bloß?

Abbildung 801: Problem-Reaktion-Lösung. Eine wehrlose Bevölkerung = Sklaven. Aus diesem Grund inszeniert man Massenerschießungen.

sich der Übernahme durch die eigene Regierung mit Polizei- und Militärgewalt zu widersetzen, die von langer Hand geplant wurde, wie ich in meinen Büchern in allen Einzelheiten beschrieben habe. Wenn Sie diese Fragen beantworten (es gibt nur eine Antwort auf sie alle), erkennen Sie klar und deutlich, womit wir es hier zu tun haben. Ich und andere warnen davor schon seit geraumer Zeit. Hier entfaltet sich ein Plan, der viele Jahrzehnte (Jahrhunderte, was den inneren Zirkel anbelangt) zurückreicht. Er sieht vor, die Amerikaner zu entwaffnen und dann Wahnsinnige in Uniformen auf eine hilflose Bevölkerung loszulassen. Szenarien von Massenerschießungen, die nach dem Strickmuster Problem-Reaktion-Lösung die Forderung nach neuen Waffengesetzen laut werden lassen, haben eine lange Tradition. Für jeden, der einen eigenen Kopf zum Denken hat, ist das Ziel mehr als offensichtlich – die Entwaffnung Amerikas (Abb. 801). Die folgenden Namen haben sich in die Psyche der Amerikaner und der restlichen Welt eingebrannt ... Columbine, Virginia Tech, Aurora, Wisconsin, Sandy Hook ... und viele mehr. Sie alle folgen einem vertrauten Schema. Meist junge Leute veranstalten Massenerschießungen an Orten, an denen sich die Öffentlichkeit normalerweise sicher fühlt – in einer Schule, in einer Universität, in einer Kirche oder in einem Kino. Ziel ist es, den Menschen die Vorstellung einzupflanzen: „Das könnte auch mir passieren“ oder „Das könnte meinen Kindern passieren“. Diese Denkmanipulation will erreichen, dass die Menschen sich nicht mehr sicher fühlen, und das erreicht man am besten, wenn man Orte auswählt, an denen sie sich normalerweise geborgen fühlen. So verstärken sich die Überzeugungen: „Das könnte auch mir passieren“, oder „Nirgendwo ist es mehr sicher“. Das ganze Spiel basiert auf Manipulation durch Angst. Schulen sind die Hauptangriffsziele, weil man so mit dem natürlichen Mitgefühl der Menschen für Kinder und der Beziehung der Eltern zu ihren Kindern spielen kann. Wie viele amerikanische Eltern, die ihre Kinder an den Tagen nach dem Vorfall in Sandy Hook zur Schule brachten, verspürten dabei wohl einen Knoten im Magen und die Angst, dass ihren Kindern das Gleiche widerfahren könnte? Die Menschen müssen begreifen, dass die Verschwörung auf die Manipulation der Wahrnehmung abzielt. Das ist die Grundlage für alles andere. Was wir glauben, das nehmen wir wahr, und was wir wahrnehmen, das erleben wir, auch wenn das, was wir glauben, nicht der Wahrheit entspricht, was fast immer der Fall ist. Das Gehirn empfängt etwa elf Millionen „Eindrücke“ der Realität pro Sekunde, doch das, was wir zu sehen *glauben*, baut es aus nur *vierzig solchen Eindrücken* auf. Die Verschwörung legt es darauf an, die Prozesse der menschlichen Wahrnehmung zu manipulieren, damit wir die vierzig Eindrücke pro Sekunde, die uns in die Falle locken, dekodieren und in anscheinende Realität übersetzen. Die Schießerei in einem Kino in Aurora in Colorado veranschaulicht auf exemplarische Weise, wie solche verdeckten, auf „lass-uns-ihnen-die-Waffen-wegnehmen“ ausgerichteten Massenerschießungs-Operationen ablaufen. Sie folgen einem klar identifizierbaren Schema, das die Mainstream-Medien in ihrer Ignoranz (trifft auf die meisten zu) oder ihrer Haltung der bewussten Duldung (trifft auf wenige zu) sich weigern anzuprangern und bloßzustellen. Wir finden die üblichen Zutaten Psychiatrie/Psychologie/Gedankenkontrolle, Militär, Drogen, offizielle Geschichten, die keinerlei Sinn ergeben und den Augenzeugenberichten widersprechen, unerklärliche Zufälle und okkulte Rituale. Alle diese Zutaten waren bei der Premiere des Batman-Films „Dark Knight Rises“ am 20. Juli 2012 in Colorado reichlich vorhanden. An jenem Abend starben zwölf Menschen und 58 wurden verletzt, als ein schwarz gekleideter Mann mit Gasmaske das Kino durch einen Notausgang betrat, der eigentlich nur von innen zu öffnen war, einen Tränengaskanister in den Raum warf und das Feuer eröffnete.

Der gedankenkontrollierte Meuchelmörder

James Holmes, der angebliche „Batman-Killer", war Doktorand der Neurowissenschaft an der Universität von Colorado (Abb. 802). Veränderte Bewusstseinszustände waren sein Spezialgebiet. Es tauchten Videoaufnahmen auf, die ihn bei einem Vortrag im Miramar College in San Diego zeigten. Dort referierte er über „temporale Illusionen", die er folgendermaßen definierte: „Illusionen, die es einem erlauben, die Vergangenheit zu verändern". Bei diesem auf Video aufgezeichneten Vortrag bezog Holmes sich auf einen gewissen John Jacobson, den er als seinen „Mentor" bezeichnete. Jacobson gilt als „Philosoph". Er arbeitet als Forscher für Kognitionswissenschaft am Salk Institut der Universität von San Diego. Von ihm stammt folgende Aussage:

> „... es ist für uns möglich, die zeitliche Ordnung zu manipulieren. Wir haben unglaublich starke Macht über die zeitliche Ordnung. Wenn ein Ereignis in der Reihenfolge A/B abläuft, dann kann ein guter Psychophysiker den Probanden dieses Ereignis in der Reihenfolge B/A erleben lassen. Das ist bereits Routine."

Nach der Schießerei brachte Jacobson Holmes als Mensch und Student in Misskredit. Holmes befasste sich mit „subjektiver Erfahrung, also dem, was im Inneren des Verstandes im Gegensatz zur äußeren Welt stattfindet." Der investigative Journalist Wayne Madsen berichtete, dass in den zwei Jahren, ehe Holmes seine Arbeit als Forschungspraktikant am Salk Institute aufnahm, dieses Institut eine Partnerschaft mit der abstoßenden Behörde für innovative Forschungsprojekte der Streitkräfte (DARPA) eingegangen war. Diese für das Pentagon tätige Forschungs- und Entwicklungsbehörde verlegt sich vorrangig auf Gedankenmanipulation und Gedankenkontrolle. Auch Holmes' Vater hatte Verbindungen zur DARPA. Nach Madsens Angaben war das gemeinsame Forschungsprojekt von Salk Institut und DARPA Teil des „Programms für Gipfelleistungen bei Soldaten", bei dem unter anderem „Schnittstellen zwischen Gehirn und Maschine für die Nutzung auf dem Gefechtsfeld" und „menschlich-robotische Bionik für Beine, Arme und Augen" entwickelt wurden. Die meisten Menschen haben keine Vorstellung davon, wie leicht man die Gedanken eines Menschen durch Drogen und hypnotische Suggestion steuern kann. Dabei kommen Techniken

Abbildung 802: James Holmes vor seiner „merkwürdigen Verwandlung".

zum Einsatz, die weit über das hinausreichen, was die Mainstream-Psychiatrie jemals zu sehen bekommen oder erfahren hat (Abb. 803). Gedankenkontrolle ist nicht nur real, sie findet überall statt. Man setzt sie ein, um die Gedanken von Politikern zu manipulieren oder um Sündenböcke wie James Holmes in Szene zu setzen. Diese leisten die Drecksarbeit und bekommen die Schuld für Massaker in die Schuhe geschoben, die von militärisch geschulten, professionellen Mördern ausgeführt werden. Holmes war das klassische, gedankenkontrollierte Menschenmaterial vor Ort. Viele Augenzeugen berichteten, dass seine Augen vor und nach der Schießerei wild flatterten und er wiederholt blinzelte. Seine Verteidiger machten Geisteskrankheit geltend und baten den Richter um Zeitaufschub, um die Art seiner Krankheit feststellen zu können. Die Kernfrage lautete: *Warum* war er geisteskrank? Holmes, der sich selbst als „der Joker" bezeichnete, war angeblich von dem verschreibungspflichtigen Schmerzmittel Vicodin (auch bekannt unter den Namen Hydrocodon oder Oxycotin) abhängig. Zu den möglichen Nebenwirkungen dieses Medikaments gehören „veränderte Bewusstseinszustände" und „ungewöhnliche Denk- und Verhaltensweisen". Hydrocodon beziehungsweise Oxycotin waren auch in dem Drogencocktail enthalten, der den Schauspieler Heath Ledger umbrachte. Er hatte in einem früheren Batman-Film die Rolle des „Jokers" verkörpert. Fest steht, dass irgendetwas Holmes' Persönlichkeit von der eines ruhigen, brillanten Studenten in die eines mit Drogen vollgepumpten, aus dem Gleichgewicht geratenen Sonderlings mit leuchtend orange gefärbten Haaren und entrücktem Blick verwandelt hatte, der sich angeblich nicht im Geringsten an die Schießerei erinnern konnte (Abb. 804). Ich glaube ihm. Dann war da die Schießerei selbst. Die offizielle Geschichte und die Augenzeugenberichte klaffen merkwürdig weit auseinander, wie das bei allen inszenierten Massakern der Fall ist. Beispielsweise soll Holmes durch eine Feuerschutztür hereingekommen sein, die sich nur von innen öffnen lässt. Bestenfalls, wenn der offizielle Quatsch zuträfe, würde dies eine jämmerlich schlechte Planung offenbaren, doch wie in solchen Fällen üblich, hatte der Kerl „erstaunliches Glück". Ein Augenzeuge sah einen Mann mit einem Spitzbart in der ersten Reihe sitzen, der einen Anruf auf seinem Handy entgegennahm, daraufhin zu der Feuerschutztür ging, diese aufstieß und dann mit dem Fuß offen hielt. Der Augenzeuge Corbin Dates berichtete *CNN* gegenüber :

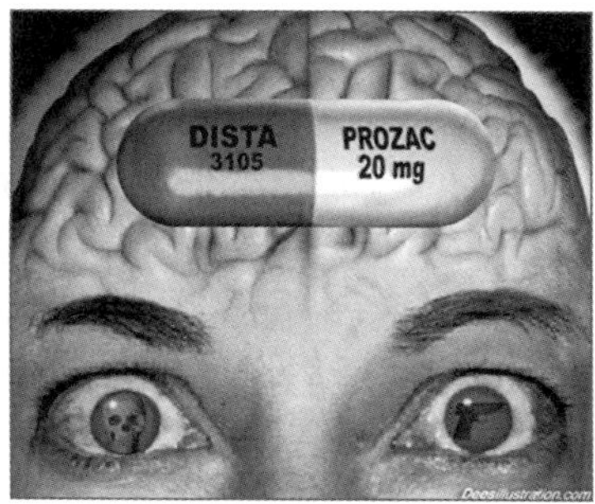

Abbildung 803: Gedankenverändernde pharmazeutische Drogen verbinden wie ein roter Faden alle Sündenböcke, die für Massenerschießungen herhalten müssen.

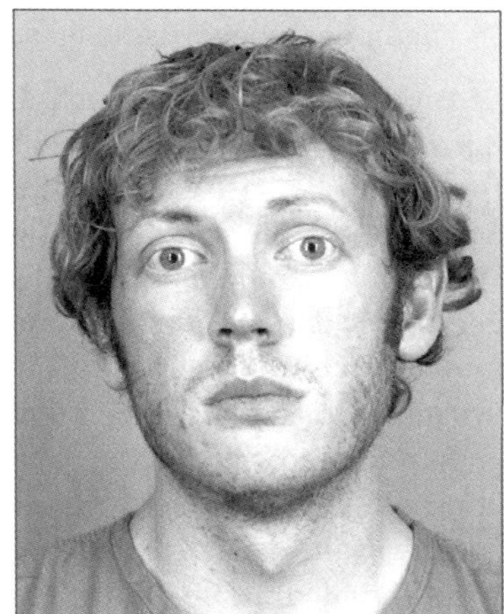

Abbildung 804: James Holmes nach seiner Festnahme. Ist da jemand?

> „Ich saß in der zweiten Reihe, vielleicht vier Sitze vom rechten Gang entfernt, über den die Leute gewöhnlich hereinkommen. Ein Mann, der nach mir ankam, setzte sich vor mich in die erste Reihe … ich bekam mit, dass er einen Telefonanruf erhielt. Die meisten Leute, die angerufen werden, gehen in die Lobby, aber dieser Mann ging direkt zum Notausgang.
>
> Während er die ganze Zeit über weiter am Telefon blieb, hielt er die Tür mit seinem Fuß auf. Es sah aus, als würde er jemanden hereinwinken … Nachdem der Film 15 – 20 Minuten lang gelaufen war, schwang die Notausgangstür weit auf und ein etwa 1,75 bis 1,80 Meter großer, ganz in schwarz gekleideter Mann kam herein [taktische Kleidung mit dicker Körperschutzweste]. Er trug eine Gasmaske und warf einen Kanister in das hinter mir sitzende Publikum."

Augenzeugen wussten auch von mehr als einem Schützen zu berichten und hatten beobachtet, dass auf *beiden* Seiten des Kinos Tränengasexplosionen stattfanden. Einer sagt:

> „Soweit wir erkennen konnten, war er nicht allein. Er hatte jemanden bei sich, denn der zweite Tränengasangriff kam nicht von seiner Seite."

Auch die Polizei war nach den Zeugenaussagen der Ansicht, dass mehr als ein Killer beteiligt gewesen war. Über Polizeifunk meldeten sie einen Verdächtigen in einem blauen Hemd. Ein Polizist gab an, von den Augenzeugen widersprüchliche Beschreibungen des Schützen erhalten zu haben. Holmes handelte nicht alleine. Handelte er denn überhaupt? Wie sollte irgendjemand das feststellen können, wo der Schütze doch eine Maske trug – genau wie Adam Lanza in Sandy Hook? Nach meiner Lektüre der Beweise drängt sich mir der Schluss auf, dass Holmes überhaupt nicht schoss, sondern vielmehr in einem drogenberauschten, verwirrten Zustand draußen auf dem Parkplatz darauf wartete, festgenommen zu werden, nachdem die Profis ihre Arbeit erledigt hatten. Holmes war ein herausragender Student gewesen, der einer vielversprechenden akademischen Karriere entgegensah, ehe er ein Jahr vor der Schießerei an die Universität von Colorado wechselte. Wie Freunde und Bekannte aus der Zeit vor seinem Umzug nach Colorado angaben, war das von den Medien gezeichnete Porträt eines Einzelgängers völlig unzutreffend. Holmes hatte als humorvoller Mann gegolten, der mit allen Menschen gut auskam. In einem Empfehlungsschreiben der Universität von Kalifornien in Riverside wurde er als „sehr fähiger Gruppenleiter" bezeichnet, „der seine Ausbildung aktiv in die Hand nimmt und ein hohes Maß an geistiger und emotionaler Reife mit in den Hörsaal bringt." Doch kaum in Colorado angekommen begann sich die Situation zusehends zu verschlechtern. Offenbar ging er zu Dr. Lynne Fenton, einer Psychiaterin der Universität von Colorado in Behandlung, die sich auf Schizophrenie und „Bedrohungsanalyse" spezialisiert hatte. Fenton ist medizinische Leiterin des Dienstes für psychische Gesundheit für Studenten. Ihrem Online-Lebens-

Abbildung 805: Dr. Lynne Fenton. Was für freundliche Augen.

lauf ist zu entnehmen, dass sie pro Woche bis zu 15 Studenten mit Medikamenten versorgt oder psychotherapeutisch behandelt und in ihrer psychiatrischen Privatpraxis zusätzlich weitere Personen therapiert. Davor war sie als Leiterin der Abteilung für physikalische Medizin der US-Luftwaffe in San Antonio in Texas tätig gewesen (Abb. 805). Es dauerte neun Monate, bis offiziell bestätigt wurde, dass Holmes im Besitz eines Antidepressivums namens Sertralin, einem Generikum von Zoloft, das gegen Depressionen, Panikattacken und Zwangsstörungen verordnet wird, sowie des Medikaments Clonazepam gewesen war, das angeblich ein ähnliches Wirkungsspektrum aufweist. Zoloft war auch das Medikament, das Eric Harris, der Killer von Columbine, konsumiert hatte. Man hat Clonazepam (Markenname Klonopin) wegen seiner manipulativen Auswirkungen auf die Gehirnfunktion und seines hohen Suchtpotenzials als „das tödlichste Medikament der Welt" bezeichnet. Viele Studien zeigten auf, dass Tausende von Selbstmorden sowie „Manien und Aggressionen" auf das Konto von Zoloft gehen. Holmes gehörte zu einer Gruppe von nur sechs Studenten, die jedes Jahr ins neurowissenschaftliche Eliteprogramm aufgenommen wurden. Dabei handelt es sich um einen praktischen Kursus, den die staatlichen Gesundheitsämter auf dem Anschutz Medizincampus der Universität von Colorado in Denver durchführen. Für seine Studien erhielt Holmes ein anfängliches Jahresstipendium von 20.000 Dollar. Um an diesem Programm teilnehmen zu können, lehnte er sogar ein noch höher dotiertes Stipendium und eine Freistellung von den Studiengebühren der Universität von Illinois ab. Zu seinen Forschungsthemen gehörten der Verstand, die Illusion der Zeit und die Manipulation der Realitätswahrnehmung des Verstandes. Ironischerweise scheint er genau unter eine solche Manipulation geraten zu sein, nachdem er in Colorado angekommen war. Wie ich in meinen Büchern im Laufe der Jahre dargelegt habe, gehört Colorado zu den Epizentren der Gedankenkontrolle und des Satanismus in den Vereinigten Staaten. Ich habe mich jahrelang sehr eingehend mit Gedankenkontrolle beschäftigt und in den USA und auf der ganzen Welt Hunderte von Opfern kennen gelernt. Bei vielen von ihnen gab es eine Verbindung zum Bezirk Colorado, zu Denver oder zu Colorado Springs. Holmes soll sich der Polizei auf dem Kinoparkplatz kampflos ergeben haben, obwohl er doch angeblich schwer bewaffnet war und alle diese Leute getötet hatte. Er soll seine Wohnung so geschickt mit hochraffinierten Sprengfallen bestückt haben, dass das FBI zwei Tage benötigte, um diese zu entschärfen. Ein Sprecher meinte:

> „Man trifft derart komplizierte Bomben nur selten außerhalb eines Kriegsgebiets an".

Woher hatte Holmes, der sich nie mit so etwas beschäftigt hatte und über keinerlei entsprechende Erfahrungen verfügte, solches Wissen? Laut Polizeiangaben hatte Holmes die Sprengfallen gelegt, um jeden zu töten, der in seine Wohnung gehen wollte. Doch Holmes selbst war es, der die Polizei darauf hinwies, dass es gefährlich sei, seine Wohnung zu betreten und warum. An der offiziellen Geschichte ergibt nichts einen Sinn, weil alles, wie gewöhnlich, nur ein Haufen Lügen ist.

Eine Droge, mit der Holmes behandelt worden sein soll, kam besonders ins Gerede. Es handelt sich um Scopolamin, auch bekannt als „der Atem des Teufels". Sie lässt sich Getränken und Speisen unbemerkt beimischen, da sie farb-, geschmack- und geruchlos ist. Scopolamin macht Menschen so unterwürfig und gefügig, dass sie alles tun, was man von ihnen verlangt. Sie sind dann sogar bereit, ihr eigenes Bankkonto abzuräumen und ihrem Befehlsgeber das Geld auszuhändigen. Dabei werden sie auf jeden Beobachter völlig normal wirken. Ein Drogendealer sagte über die Wirkung von Scopolamin:

Abbildung 806: Der unschuldige Sirhan Sirhan, damals und heute.

Abbildung 807: Wade Michael Page. Wo blieben die anderen Scharfschützen, von denen die Augenzeugen berichteten? Ohne Zweifel saßen sie gerade beim Kaffeetrinken in einer Militärkantine.

Abbildung 808: Sehr häufig werden Armeeangehörigen bewusstseinsveränderte Drogen verabreicht.

„Man hat einen solchen Menschen in der Hand … er ist wie in kleines Kind".

Die Droge bringt den zusätzlichen Vorteil mit sich, dass Erinnerungen blockiert werden, sogar unter Hypnose. Holmes dürfte also keine Ahnung gehabt haben, was mit ihm geschah. Ein Angestellter der Haftanstalt des Bezirks Arapahoe, in der Holmes inhaftiert war, soll über ihn gesagt haben:

„Er behauptete, nicht zu wissen, warum er im Gefängnis saß. Er fragte: „Warum bin ich hier?'"

Sirhan Sirhan, der 1968 angeblich Bobby Kennedy ermordete und seither im Gefängnis sitzt, behauptet bis heute, sich nicht an den Mord an Kennedy erinnern zu können. Über die Hintergründe habe ich in „… Und die Wahrheit wird Euch frei machen" berichtet. Dort erklärte ich, dass der Anschlag das Werk des Sicherheitsbediensteten Thane Eugene Cesar war. Sirhan war lediglich der gedankenkontrollierte Sündenbock, der sich zur richtigen Zeit am richtigen Ort befand, beziehungsweise aus seiner Sicht genau das Gegenteil. Das erklärt auch, warum dreizehn Schüsse abgefeuert wurden, obwohl in Sirhans Waffe nur acht Kugeln Platz fanden (Abb. 806). Ein ähnliches Drehbuch finden wir bei der Massenerschießung im Sikh-Tempel in Wisconsin im Jahr 2012 (Abb. 807) Die Gedankenkontrollprogramme werden vom amerikanischen Militär geleitet. Eines der Hauptzentren liegt in Fort Bragg in North Carolina. Zufälligerweise war der Mann, dem man den bewaffneten Angriff auf den Sikh-Tempel vom 5. August 2012 in die Schuhe schob, der 40-jährige Wade Michael Page, ein ehemaliger „Spezialist für psychologische Operationen" in … *Fort*

Bragg. Die Menschen machen sich überhaupt keine Vorstellung davon, in wie starkem Maß die Truppen mit Gedankenkontrolltechniken und Drogen behandelt und in ihren Wahrnehmungen und Verhaltensweisen manipuliert werden (Abb. 808). Sechs Menschen starben im Tempel, ehe Page sich angeblich selbst in den Kopf schoss (so viele „einsame, verrückte" Scharfschützen nehmen sich entweder selbst das Leben oder sterben im Kugelhagel der „Rechtsvollstreckungsbehörden"). Wieder einmal wurde der Täter als „einsamer Verrückter" dargestellt, der die Schüsse abgefeuert hatte, obwohl Augenzeugen später von mehreren, gemeinsam agierenden Scharfschützen berichteten. In der Zeitung *Guardian* hieß es:

> „Einer der verwundeten Männer berichtete, dass eine unbekannte Anzahl von Scharfschützen in die Küche des Sikh-Tempels eingedrungen war und dort das Feuer eröffnet hatte. Auch der Mann, dessen Vater verwundet worden war, sprach von mehreren Schützen. Die Menschen, die sich während des Angriffs im Gebäude aufhielten, beschrieben das Ganze als eine präzise koordinierte Aktion."

Ein weiterer Augenzeuge berichtete gegenüber der *Associated Press*:

> „Zwischen 10 Uhr und 10.30 Uhr kamen vier weiße Männer in schwarzer Kleidung [genau wie in Colorado und Sandy Hook] herein und eröffneten das Feuer auf unsere Gemeinde."

Eigentlich hätte das Geschehen von einer Überwachungskamera erfasst werden müssen, die sich im Innern des Tempels befand – aber die war zum maßgeblichen Zeitpunkt abgeschaltet. Auch das ist ein gemeinsames Thema, das sich wie ein roter Faden durch alle Attentate zieht, den Bombenanschlag von Oklahoma, die Anschläge vom 11. September, den Bombenanschlag von London, die Ermordung von Prinzessin Diana, den kaltblütigen Mord eines britischen Polizisten an einem brasilianischen Elektriker, der fälschlicherweise für einen Terroristen gehalten wurde und die Anschläge von Aurora und Sandy Hook. Wo sind die Kameraaufzeichnungen aus dem Kino oder aus der Schule, die uns zeigen könnten, was genau geschah? Trotz der Augenzeugenberichte der Sikh, in denen stets von mehreren Schützen die Rede war, wurde die offizielle Geschichte so viele Male von den Medien ausgestrahlt, dass die Leute bald daran glaubten, sofern sie nicht aufmerksam genug waren, um das in Frage zu stellen, was man ihnen da servierte. Welche „Lösung" in einem Problem-Reaktion-Lösung-Szenario in Planung ist, erkennt man an der Geschwindigkeit und Koordination, mit der sich unmittelbar nach dem Ereignis ein deutlich dominantes Thema herauskristallisiert. Bei den Anschlägen vom 11. September war das Osama bin Laden, bei den Massenerschießungen ist es der Ruf nach einer stärkeren Reglementierung für Waffenbesitz. Nie erwähnt wird allerdings, dass die strengeren Waffenreglementierungsgesetze in Chicago zu einem gewaltigen Anstieg von Gewaltverbrechen geführt haben. Das Gleiche gilt für Australien. Zwar besitzt in den USA nicht jeder eine Waffe, aber die Kriminellen, die in ein Haus oder Geschäft eindringen, können sich nie sicher sein. Sobald den Menschen aber legaler Waffenbesitz verwehrt ist, können die Kriminellen weit stärker darauf vertrauen, dass ihre Opfer hilflos sind, wenn sie selbst mit den Waffen erscheinen, die sie sich ebenso wie die Terroristen leicht beschaffen können, egal welche Gesetze gelten. Wofür sind sie schließlich Kriminelle oder Terroristen?

Sandy Hook – was zum Teufel?

Von all den inszenierten Massenerschießungen wirkt die Schießerei, die angeblich in der Grundschule von Sandy Hook in Newtown in Connecticut stattgefunden hat, mit Abstand am bizarrsten. Es gibt noch sehr viel zu recherchieren und aufzudecken, damit die ganze Wahrheit über die Geschehnisse ans Licht kommen kann. Die üblichen auffallenden Widersprüchlichkeiten und zahlreichen Löcher in der offiziellen Geschichte, die man bei all diesen Massenerschießungen vorgesetzt bekommt, haben bei den Geschehnissen in Sandy Hook einen wahrhaft surrealen Touch erhalten. Wir sehen einen „trauernden Vater", der lacht und scherzt, bevor er sich vor die Kamera stellt, hyperventiliert, um Emotionen vorzutäuschen und dann seinen Kommentar abgibt. Wir sehen Interviews mit anderen Eltern, bei denen es merkwürdigerweise ebenfalls an echter Emotion mangelt, und ein Typ, der sich als Augenzeuge ausgibt, wird dabei ertappt, wie er eifrig seinen Text übt und eindeutig Emotionen simuliert, bevor er zu den Medien spricht. Einige Mitglieder des Schulpersonals verfügten laut den offiziellen Unterlagen nicht über die grundlegendsten Qualifikationen für ihre Jobs. Zu dem Zeitpunkt, zu dem ich dies hier schreibe, stehen uns so gut wie keine nachprüfbaren Beweise und Hintergründe über den Jungen namens Adam Lanza zur Verfügung, der angeblich seine Mutter erschoss und dann zwanzig Schüler und sechs Lehrkräfte der Schule von Sandy Hook niederstreckte (Abb. 809). Alle Informationen stammen aus Behördenaussagen, die, wie unabhängige Sachverständige wiederholt nachgewiesen haben, keinen Sinn ergeben und niemals geprüft wurden. Sogar ein *CNN*-Reporter musste zugeben, dass es schwerfiele, etwas über das Leben von Adam Lanza in Erfahrung zu bringen, da es keine Schulunterlagen und auch keine Freunde aus den drei davor liegenden Jahren gab, die ihn kannten oder sich an ihn erinnerten. Sogar sein eigener Bruder will ihn seit 2010 nicht mehr gesehen haben. Lanza soll sogar die Festplatte seines Computers zerstört haben, so dass man keinerlei Informationen über ihn finden konnte. Wie praktisch. Laut Tom Heneghan, einem auf nachrichtendienstliche Themen spezialisierten amerikanischen Autor, war Lanzas Mutter Nancy Champion Lanza CIA-Analystin und hatte auch für die Forschungs- und Entwicklungsbehörde für Streitkräfte des Pentagon (DARPA) und die Homeland Security gearbeitet. Gedankenkontrolle gehört zu den Spezialitäten der DARPA. Das gesamte Geschehen wirkte wie ein Science-Fiction-Film. Es werden intensive Nachforschungen betrieben – und müssen auch betrieben werden – um das ganze verblüffende Ausmaß der Täuschung aufzudecken, die man uns in Zusammenhang mit Sandy Hook serviert hat. Es gibt darüber jede Menge Informationen, auch viele ausgezeichnete Videos im Internet, falls Sie der Sache genauer nachgehen möchten. Hier folgen *einige* der Anomalien und Ungereimtheiten:

Abbildung 809: Der geheimnisvolle „Schütze" Adam Lanza.

- Laut Medienberichten gab es einen zweiten Schützen, der verhaftet und in Gewahrsam genommen wurde (da haben wir es wieder).
- Videoaufzeichnungen beweisen die Festnahme eines Mannes in einem Wald in der Nähe der Schule. Laut der Zeitung *Newtown Bee* handelte es sich um einen Polizisten außer Dienst, der einem taktischen Sondereinsatzkommando angehörte. Was zum Teufel hatte der dort zu suchen?
- Augenzeugen beschrieben einen Mann in Tarnhose und dunklem Hemd, der von der Polizei in Handschellen abgeführt und später in einem Polizeiauto gesehen wurde. Wer war das? Was geschah mit ihm?
- Im Polizeifunk war von zwei Leuten die Rede, die von den ersten Polizisten vor Ort festgenommen wurden.
- Laut Polizei wurden die Morde mit zwei Pistolen begangen, in Lanzas Auto fand man aber nur ein AR-15 Gewehr. Zwei Tage später war dann angeblich ein Gewehr die Mordwaffe. Bei der „AR-15" im Kofferraum handelte es sich den Videoaufnahmen zufolge aber eindeutig um eine Schrotflinte.
- Nach der offiziellen Version der Geschichte feuerte der Schütze „Hunderte" von Kugeln ab und hatten „Hunderte" weitere bei sich. Wo waren also die unzähligen leeren Patronenhülsen, die überall hätten herumliegen müssen, aber nicht existierten?
- Adam Lanza soll sich seinen Weg in die Schule durch eine Glastür geschossen haben, weshalb überall Glas hätte herumliegen müssen. Warum wurde uns davon nie ein Bild gezeigt, das den offiziellen Tathergang bestätigen könnte? Wo sind die Aufzeichnungen der Sicherheitskamera, die uns zeigen könnten, was geschah?

Ein Polizist äußerte sich in einer amerikanischen Radioshow anonym wie folgt:

> „Ich halte es für sehr unwahrscheinlich, dass ein seltsamer, geisteskranker, kaum gebildeter 20-jähriger Jugendlicher all das zufällig zustande gebracht haben soll. Okay … ich nehme sehr häufig an Trainings für Sondereinsatzkommandos teil, meine Freunde nehmen sehr häufig an Trainings für Sondereinsatzkommandos teil, und viele Leute, mit denen ich zusammenarbeite, sind in Sondereinsatzkommandos oder ähnlichen Einheiten tätig, sie unterrichten den Umgang mit Schusswaffen …
>
> … Ich bin 1,80 Meter groß und wiege etwa 90 Kilo … Ich bin in wirklich guter Form, ich trainiere viel und ich mache viele Schießübungen. Wenn ich meine volle Kampfmontur trage, kann ich höchstens ein Gewehr, etwa 12/13 Magazine und eine Pistole mit mir führen. Aber offiziell heißt es, dass dieses Kind, das ungefähr 20 bis 25 Kilo weniger wiegt als ich, und wesentlich weniger Ausbildung genossen hat als ich, die doppelte Last getragen haben soll, die ich hätte tragen können und dabei zufällig all den Schaden angerichtet hat, ohne vorher jemals beim Ausspionieren der Schule beobachtet worden zu sein. Das erscheint mir einfach höchst unwahrscheinlich."

Der „Verschwörungsstar" und ehemalige Gouverneur von Minnesota Jesse Ventura erklärte, dass es in diesem Fall keinerlei Beweise für eine Verwicklung des Staates gäbe und die offizielle Geschichte der Wahrheit entspreche. Dann hält er kurz inne, um nach Luft zu schnappen. Der „Vorfall" von Sandy Hook ist so voller Ungereimtheiten, Widersprüche, eklatanter Unwahrheiten und unbeantworteter Fragen, dass man gar nicht weiß, wo man zuerst ansetzen soll. Eine Taktik besteht darin, die Menschen endlos mit so vielen widersprüchlichen Informationen wie möglich zu bombardieren, um so viel Verwirrung wie möglich zu stiften, damit die Wahrheit verborgen bleiben kann. Der Grund für den Anschlag von Sandy Hook liegt wie bei all den anderen Anschlägen darin, eine Rechtfertigung für die Entwaffnung der Amerikaner zu liefern.

Die üblichen Verdächtigen

Abbildung 810: Ich wollte ein warmherziges, faires, gerechtes, offenes und aufrichtiges Bild präsentieren, doch was ich fand, war Dianne Goldman Berman Feinstein. Verdammt.

Abbildung 811: Herr Krokodilstränen. Ein neuer Tag, ein neuer Teleprompter, eine neue bescheidene schauspielerische Darbietung.

Die Lobby der Rothschild-Zionisten unter der Leitung von Senatorin Dianne Goldman Berman Feinstein rannte unmittelbar nach den Ereignissen von Sandy Hook wie von Katapulten geschleudert zu den nächsten Mikrofonen und forderte in geradezu hysterischer Manier nach einer Reglementierung von Waffenbesitz, um „die Öffentlichkeit zu schützen" (Abb. 810). New York war die erste Stadt, die unmittelbar nach dem Anschlag von Sandy Hook strengere Waffengesetze einführte, wie von einer Stadt, die zu den Pfründen des Rothschild-Zionisten und amtierenden Bürgermeisters Michael Bloomberg gehört, nicht anders zu erwarten war. Schon lange vor den aktuellen Ereignissen erklärte der Autor William Burroughs (1914 – 1997):

> „Nach einem Amoklauf wollen sie den Leuten, die nichts damit zu tun hatten, immer die Waffen wegnehmen … Ich möchte todsicher nicht in einer Gesellschaft leben, in der nur Polizisten und Militärangehörige Waffen besitzen dürfen."

Obama folgte unverzüglich in Feinsteins Windschatten. Dabei wischte er sich seine nicht existierenden Krokodilstränen so ungeschickt aus dem Gesicht, dass demgegenüber der schlechteste Schauspieler noch wie ein Marlon Brando gewirkt hätte (Abb. 811). Die Mainstream-Medien berichteten pflichtschuldig, dass Obama „geweint" hätte. Die gleiche Meute, die nach Sandy

Hook rief: „Wir müssen die Kinder schützen", unterstützt voller Enthusiasmus den kaltblütigen Mord an unzähligen Kindern durch Drohnenangriffe in Afrika und im Nahen und Mittleren Osten, die durch die bloße Unterschrift des Krokodilstränen-Präsidenten sanktioniert werden. Feinstein zauberte einen Entwurf für ein neues Waffengesetz aus ihrem Aktenschrank – aus dem Fach „Warte auf die passende Gelegenheit" – und die Medien machten sich an die Kampagnenarbeit für eine noch stärkere Reglementierung von Waffenbesitz. Dabei kamen solche Personifizierungen von Wahrheit und Intelligenz wie der CIA-Anhänger Anderson Cooper oder der ahnungslose Piers Morgan von *CNN* zum Einsatz. Morgan übernahm die Aufgabe, alle diejenigen zu dämonisieren, die sich gegen eine Reglementierung von Waffenbesitz wandten, weil sie genau wussten, wohin das führen würde, während Cooper damit beschäftigt war, diejenigen anzuschwärzen, die das offizielle Märchen von Sandy Hook in Frage stellten – was eigentlich Coopers und Morgans Aufgabe gewesen wäre, wenn diese den Namen Journalisten wirklich verdient hätten. Doch das ist ganz offensichtlich nicht der Fall. Es gab keinerlei Debatte, keine rationalen Überlegungen zu den offenen Fragen, nur die Schwarz-Weiß-Malerei der gebetsmühlenartigen Propaganda: Waffen sind schlecht, alles *ist* so geschehen, wie der Staat behauptet, der Staat stellt *keine* Bedrohung für das eigene Volk dar, jeder der etwas anderes behauptet, ist ein Terrorist, ein Kinderhasser oder ein Verschwörungsspinner, dem die Gefühle der Trauernden gleichgültig sind. Bei all diesen Massenmorden läuft immer wieder die gleiche alte Geschichte ab. Nach dem Vorfall von Aurora nahm sich der New Yorker Bürgermeister und tief verstrickte Insider Michael Bloomberg (Rothschild-Zionist) eine Auszeit von seinen Vorbereitungen dafür, die Menschen in kleiderschrankgroße Wohnungen zu packen, und schlug der Polizei vor, solange zu streiken, bis alle Waffen konfisziert worden seien (mit Ausnahme der eigenen natürlich). Tatsächlich aber ist die Zahl der getöteten Polizisten zurückgegangen, während die Zahl der von Polizisten getöteten Zivilisten steigt. So gesehen sollte man vielleicht lieber die Polizei entwaffnen. Bloomberg nutzte einfach die Tragödie aus, um die Agenda seiner Herrn und Meister voranzutreiben – mit dem Ziel, eine unbewaffnete Bevölkerung zu schaffen, die von bis an die Zähne bewaffneten Militär- und Polizeikräften leicht überwunden werden kann. Der Filmemacher Michael Moore, der mit Filmen wie „Bowling for Columbine" (entwaffnet die Bevölkerung) und „Fahrenheit 911" (der im Wesentlichen die offizielle Versionen der Anschläge unterstützt) ein Vermögen verdient hat, wurde nach jeder der inszenierten Schießereien als Vertreter des Volkes präsentiert. Er erhob genau die gleichen Forderungen wie Bloomberg. Das passt, denn die beiden zählen zu den tragenden Säulen des Establishments. Nur dass Moore das Gegenteil behauptet. Er drängte Obama, seine „Rolle als Führer" ernst zu nehmen und restriktive Waffengesetze einzuführen. Nach dem Anschlag von Aurora äußerte sich Moore gegenüber *CNN* wie folgt:

> „Wenn die Menschen einfach aufstehen und sagen würden: ‚Verdammt, das ist nicht das Amerika, in dem ich leben will. Dieses Land ist zu großartig, als dass so etwas noch einmal geschehen dürfte. Ich lasse nicht zu, dass so etwas noch einmal passiert.'"

Nett gesagt, Mikey. Bring die Menschen dazu, ihr eigenes Gefängnis zu fordern. Gut ausgedacht. Der großartige Mann fuhr fort:

> „Und ich werde auch bei keiner dieser verdammten Fernsehshows mehr auftreten, wenn noch einmal so eine Schießerei passiert ... Ich habe es satt".

Nun, das sind wenigstens erfreuliche Nachrichten. Als man ihn darauf ansprach, dass Menschen um ihre Sicherheit besorgt sein könnten, wenn sie bewaffneten Kriminellen unbewaffnet gegenüber stünden, meinte er:

> „Wenn Sie um Ihre Sicherheit besorgt sind, dann schaffen Sie sich einen Hund an."

Das ist der Typ, der Obamas Präsidentschaftskandidatur unterstützte. Dabei muss jeder Mensch mit nur einem Hauch von Verständnis für die Art und Weise, wie das System operiert, gewusst haben, dass Obama nur ein weiterer gekaufter Strohmann sein würde. Manche Menschen werden mit zunehmendem Alter weiser, Moore dagegen scheint immer lächerlicher zu werden. Wenn er tatsächlich „ein Mann des Volkes" ist, wie kommt es dann, dass jedes Mal, wenn er den Mund aufmacht, die archontischen Agenda aus ihm spricht, sei es bewusst oder unbewusst? Ich persönlich würde Moore keinen Zentimeter weit über den Weg trauen (Abb. 812). Der bei *MSNBC* beschäftigte idiotische Propagandist Chris Matthews erklärte diejenigen, die ihre Waffenrechte verteidigten, gar zu Rassisten.

Abbildung 812: Michael Moore ... „der Mann des Volkes" spricht mit der Stimme des Establishments.

Abbildung 813: Man bezeichnet das als kognitive Dissonanz – die Fähigkeit zwei völlig konträre Gedanken zu denken und bei für wahr zu halten.

> „Sie akzeptieren keinen afrikanisch-amerikanischen Präsidenten beziehungsweise keinen farbigen Präsidenten, dessen Vorfahren aus Afrika stammen."

Wie ich schon sagte, ein Idiot. Diane Feinsteins Aufgabe besteht seit Jahrzehnten darin, die Gesetze zu schaffen, die der Entwaffnung der Amerikaner dienen sollen. Trotzdem wird sie selbst von bewaffneten Aufpassern geschützt. Zudem hat Obama gesetzlich verankert, dass Präsidenten und deren Ehefrauen für den Rest ihres Lebens bewaffnete Schutzkräfte in Anspruch nehmen dürfen (Abb. 813). Der Ausdruck „unverschämte Heuchler" reicht für die beiden bei weitem nicht aus. Der entscheidende Punkt bei alledem ist, dem Volk, nicht aber dem Staat und seinen Agenten die Waffen zu entziehen. Tatsächlich war der Staat zu keiner Zeit in der Geschichte so stark bewaffnet wie heute, und es wird wöchentlich extremer. Diese Lügner versuchen den Widerstand gegen die weitere Entwaffnung der Amerikaner zu besänftigen, indem sie behaupten, nicht alle Waffen einziehen zu wollen, sondern nur diejenigen, die dem Volk eine effektive Verteidigungsmöglichkeit gegen den geplanten Militärcoup belassen würden. Doch Feinstein sagte bereit 1995 in einer 60-minütigen Sendung der *CBS*:

> „Wenn ich 51 Stimmen des Senats der Vereinigten Staaten für ein direktes Verbot gewinnen könnte … wenn ich um jede Stimme einzeln kämpfen müsste … Herr und Frau Amerika, gebt alle eure Waffen ab … dann würde ich es tun."

Feinsteins Gesetzentwurf definiert den Begriff „Gewehr" auf so schwammige Weise, dass er fast auf jede Waffe zutrifft. Wie William Lansdowne, der für die Internationale Vereinigung der Polizeichefs tätige Polizeipräsident von San Diego erklärte, würden mit der Einführung neuer Waffengesetze, wie denen, die Feinstein vorschlug, innerhalb einer Generation die Waffen von den Straßen Amerikas verschwinden – ein Ergebnis, das er befürworte. Lansdowne weiß wie alle Insider sehr genau, worauf der Plan hinausläuft. Der Sprecher des Weißen Hauses, Jay Carney, teilte mit, dass Obama nicht die Absicht hege „auch nur einem gesetzestreuen Amerikaner eine Waffe wegzunehmen", doch genau das soll Stufe um Stufe geschehen, wobei man mit den sogenannten Gewehren anfangen will. Das war die Forderung, die Obama, Feinstein und Co. nach dem Anschlag von Sandy Hook erhoben, und das, obwohl ein Memo des Justizministeriums, das der nationalen amerikanischen Waffenvereinigung zugespielt worden war, die Aussage enthielt:

> „Gewehre spielen bei der Waffenkriminalität keine große Rolle … eine vollständige Eliminierung von Gewehren hätte kaum Auswirkungen auf die Tötungsdelikte mit Waffen."

In diesem von Greg Ridgeway, dem stellvertretenden Direktor des Nationalen Instituts für Rechtswissenschaften, einer Agentur für Forschung, Entwicklung und Bewertung des Justizministeriums, verfassten Memo hieß es auch:

> „Die Todesfälle bei Massenerschießungen (das sind Schießereien mit vier oder mehr Opfern, die zu einer bestimmten Zeit an einem bestimmten Ort stattfinden) belaufen sich im Schnitt auf 35 pro Jahr. Eine Politik, die sich dem Problem der viel höheren Zahl von Todesfällen durch Waffengewalt an sich widmet, würde sehr viel mehr bewirken, auch wenn das spezielle Problem der Massenerschießungen gar nicht angesprochen würde."

Diese Zahl sollten wir erst einmal verdauen … durchschnittlich 35 Todesopfer pro Jahr durch Massenerschießungen mit vier oder mehr Opfern. Trotzdem werden die größeren Vorfälle wie Sandy Hook, Aurora, Columbine, Wisconsin usw., die alle eindeutig von den militärisch-nachrichtendienstlichen Netzwerken inszeniert worden waren, benutzt, um eine noch stärkere Reglementierung von Waffenbesitz zu rechtfertigen. Die Anzahl der Menschen, die jedes Jahr auf den Straßen Amerikas zu Tode kommen, beträgt 155 *pro Tag*, darunter viele Kinder. Das bedeutet, dass sich alle *13 Minuten* ein Todesfall ereignet. Bei den neuen Waffengesetzen geht es nicht um den Schutz von Leben, sondern um das

Vorantreiben der Agenda 21. Und während man sich darum bemüht, der Bevölkerung die Gewehre zu verbieten, kauft Homeland Security 7.000 vollautomatische Gewehre, oh Verzeihung, ich meine natürlich „Waffen zur persönlichen Verteidigung", die in Amerika selbst eingesetzt werden sollen. Obama erklärte:

> „AK-47-Waffen gehören in die Hände von Soldaten, nicht in die Hände von Kriminellen ... sie gehören auf die Schlachtfelder des Krieges, nicht auf die Straßen unserer Städte."

Was er diesem Satz nicht hinzufügte, war: „es sei denn, sie befinden sich in den Händen unserer Rechtsvollstreckungskräfte." Das muss er wohl vergessen haben. Die aus Lügnern und Ganoven rekrutierte Obama-Administration nutzt jede Masche, um das zu erreichen, was sie erreichen will. Sie hat unter anderem Twitter-Accounts extra zu dem Zweck eingerichtet, Politiker mit Forderungen nach einer Reglementierung von Waffenbesitz zu bombardieren. Einige Blogger und der texanische republikanische Abgeordnete Steve Stockmann, der 16 identische Nachrichten von 16 verschiedenen Adressen erhalten hatte, ließen diesen Schwindel jedoch auffliegen. Sechs der Nachrichten stammten von echten Personen, die anderen zehn waren computergeneriert. Die Mehrheit solcher Accounts, die Obamas Kampagne zur Reglementierung von Waffen unterstützten, waren jeweils weniger als 48 Stunden vor dem Absenden der Nachrichten eingerichtet worden. Diese Leute scheren sich nicht um den Willen der Menschen, nur um ihren eigenen und den ihrer Auftraggeber. Dann gibt es da noch all diese schlecht informierten, arschkriecherischen, selbstverliebten Promis, die herangekarrt werden, um die öffentliche Meinung zu manipulieren. Man erstellte ein Video, in dem ein ganzer Schwarm von ihnen nach dem Geschehnis von Sandy Hook nach weiteren Waffengesetzen verlangte. Doch ein brillanter Kopf fügte zwischen alle diese Kommentare Szenen aus den Filmen und TV-Programmen der jeweiligen Promis ein, in denen diese in gewalttätigen, blutigen Schießereien zu sehen waren. Ein besonders bemerkenswerter Beitrag stammte von einem Typ namens Chris Rock, einem Schauspieler und angeblichen alternativen Komödianten. Er tat bei einer Promi-Medienveranstaltung kund, dass er gekommen sei, „um den Präsidenten zu unterstützen", der ... hören Sie sich das an ... „eine Art Chef" beziehungsweise „Papa unseres Landes" sei. Rock sagte:

> „Ich bin nur gekommen, um den Präsidenten der Vereinigten Staaten zu unterstützen. Wie Sie wissen, ist der Präsident der Vereinigten Staaten unser Chef. Aber, wie Sie wissen, ist er auch der Präsident. Er und die First Lady sind wie Mama und Papa unseres Landes, und wenn dein Papa dir etwas sagt, dann solltest du zuhören."

Ein *alternativer Komödiant*? Alternativ im Vergleich *wozu*? Ich habe alle diese abgehobenen Promis so satt, die ihren Mund aufmachen, ohne vorher zu recherchieren oder ihr Gehirn einzuschalten. Warum sollte die Meinung eines Promis zu irgendeinem Thema mehr zählen als die Meinung von irgendjemand anderem? Es zählt, dass jemand den Dingen auf den Grund geht, Einsichten gewinnt, und nicht, ob er eine gute Stimme hat und seinen Text rezitieren kann. Man kann verstehen, warum die Manipulatoren die Igno-

Abbildung 814: Blök, blök, blök …

ranz der Promis ausnutzen, wenn man sich vor Augen führt, dass Arnold Schwarzenegger zum Gouverneur von Kalifornien gewählt werden konnte, einfach, weil genügend Hohlköpfe hinter ihm standen, Fähnchen mit der Aufschrift „Wir lieben Arnie" schwenkten und das gleiche Mantra sangen. So viele kindische Leute trugen diese Propaganda für eine Reglementierung von Waffenbesitz vor und verlangten neue Gesetze, um ihre eigene Versklavung voranzutreiben (Abb. 814). Glücklicherweise ist es zum Zeitpunkt, zu dem ich dies hier schreibe, noch nicht gelungen, die extremsten Aspekte der Waffenreglementierungs-Agenda durchzusetzen, aber man wird es immer weiter versuchen, und es werden noch mehr Menschen bei inszenierten Anschlägen sterben müssen, nur damit man die öffentliche Meinung noch stärker manipulieren kann.

Nur ein Zufall

Eine weitere Besonderheit solcher Massenerschießungen sind merkwürdige und unerklärliche (nun, *nicht wirklich* unerklärliche) „Zufälle". Das Publikum im Aurora-Kino sah gerade den Trailer für einen Film mit dem Titel „Gangster Squad", bei dem Scharfschützen in ein Kino schossen, bevor ihnen dasselbe in der Wirklichkeit widerfuhr. Welche statistische Wahrscheinlichkeit besteht wohl für einen solchen Zufall? Ein weiterer „Zufall" war es, dass eine gerade einmal 25 Kilometer vom Aurora-Kino entfernte Universität just am gleichen Tag eine Übung abhielt, um Medizinstudenten darin zu unterweisen, wie man auf ein Waffenattentat in einem Kino reagiert. Die *Denver Post* berichtete:

> „Das Universitäts-College von Rocky Vista für osteopathische Medizin hielt für 150 Medizinstudenten gerade eine Sonderübung für Lebensrettungsmaßnahmen bei Katastrophen ab. Außer für Einsätze bei natürlichen Katastrophen wie Hurrikanen, Überschwemmungen oder auch terroristischen Anschlägen wurden bei einem der Szenarien die Studenten auch darin geschult, bei Schussattentaten in einem Kino, bei dem auch eine Bombe zum Einsatz kommt, Hilfe zu leisten."

Der Dekan von Rocky Vista, Bruce Durbin meinte: „Diese Ironie ist erstaunlich, einfach erstaunlich." Er machte keine Scherze. So etwas scheint bei inszenierten Terroranschlägen die Regel zu sein. Übungen für den Fall eines Waffenangriffs auf die Schule fanden eine halbe Stunde Fahrzeit entfernt zu der Zeit statt, als der Anschlag auf Sandy Hook geschah, Übungen mit simulierten Flugzeugentführungen und sogar einem Szenario, bei dem ein Flugzeug in ein Gebäude flog, fanden zur gleichen Zeit und im gleichen Luftraum statt wie die Anschläge vom 11. September, bei den Bombenattentaten in London im Jahr 2005 fand gleichzeitig eine Notfallübung für das exakt gleiche Szenario statt, eine Bombenanschlagsübung der dänischen Polizei endete gerade einmal 20 Minuten bevor 2011 in Oslo die echte Bombe hochging; eine Übung für terroristische Anschläge der NATO in Madrid endete kurz von dem Zugbombenattentat von 2004, und auch parallel zu den Bombenanschlägen beim Boston Marathon im Jahr 2013 fand zur gleichen Zeit und am gleichen Ort eine entsprechende Übung statt (wieder einmal eklatante Beispiele für Problem-Reaktion-Lösung – siehe Nachtrag). In dem Batman-Streifen „Dark Knight Rises", der im Kino von Aurora Prämiere hatte, wird eine Landkarte gezeigt, auf der als einziges die Worte „Sandy Hook" zu entziffern sind (Abb. 815). Suzanne Collins, die Autorin der Trilogie „Die Tribute von Panem" lebt in Sandy Hook, ein verdammter Zufall, wenn man bedenkt, dass Sandy Hook nur ein Dorf in einem Land mit 300 Millionen Einwohnern ist. Der Bus, der 2005 in London bombardiert wurde, trug ein Werbebanner für einen Horrorfilm mit dem Titel „The Descent". Es zeigte eine schreiende Frau in einem Tunnel neben der Aufschrift: „Blanker Terror, kühn und brillant" (Abb. 816). Der Film erhielt den Saturn-Preis für den besten Horrorfilm des Jahres. Der Staat Connecticut, in dem Sandy Hook liegt, ist ebenso wie Colorado ein Hauptzentrum für Geheimgesellschaften und satanistische Aktivitäten. Sandy Hook liegt nur 40 Kilometer von New Haven entfernt, einem Ort mit düsterer Atmosphäre, in dem die Universität Yale und die Skull and Bones Gesellschaft beheimatet sind. Das gleiche vertraute Thema einer zufällig gleichzeitig stattfindenden Übung finden wir auch bei der Grundschule von Sandy Hook. Zwei in der Nähe gelegene Schulen führten zu der Zeit, zu der der Anschlag stattfand, Übungen durch, bei denen es um ein Szenario mit einem Amok laufenden Schützen ging. Eine der Übungen wurde in Bridgeport, Connecticut, in 29 Kilometern Entfernung, ein kurzes Küstenstück abseits von New Haven abgehalten und die andere Übung 40 Kilometer entfernt im Bezirk Putnam, kurz hinter der Grenze zum Staat New York. Der Bezirkssheriff Donald B. Smith sagte:

„Sandy Hook" wird in dem Batman-Streifen „Dark Knight" als „Ziel" identifiziert.

Abbildung 815: Wie hoch liegt die statistische Wahrscheinlichkeit, dass es sich dabei um einen „Zufall" handelt?

Abbildung 816: „Blanker Terror, kühn und brillant". Noch so ein erstaunlicher „Zufall"?

> „Wie der grimmige Zufall es so wollte, hatte sich zu der Zeit, als am Freitagmorgen die schrecklichen Ereignisse in Newtown ihren Lauf nahmen, das Noteinsatzteam des Bezirks Putnam (ERT)

gerade zu einer seiner regelmäßigen Übungen in Carmel versammelt, und die Teammitglieder beschäftigen sich gerade mit einem inszenierten Szenario, bei dem ein Schießwütiger durch eine Schule läuft.

Das ERT besteht aus speziell geschulten, schwer bewaffneten Polizisten des Sheriff-Büros von Carmel und der Polizeibehörde von Kent. Als ihn die Nachricht von der Schießerei in Newtown erreichte, rief der Kommandant des ERT des Bezirks Putnam die Polizei von Newtown an und bot an, mit seinem ERT den Einsatz in der Schule von Sandy Hook zu übernehmen. Das war jedoch nicht nötig, da die Polizei von Connecticut bereits vor Ort war, um den Tatort zu sichern."

Tatsache ist, dass diese „grimmigen Zufälle" allzu häufig passieren, als dass man sie noch mit statistischen Wahrscheinlichkeiten erklären könnte. Die Übung in Bridgeport, die zur gleichen Zeit stattfand wie der Anschlag auf Sandy Hook, und bei der das gleiche Szenario durchgespielt wurde, das sich angeblich in Sandy Hook abspielte, wurde von der Bundesagentur für Katastrophenschutz (FEMA) veranstaltet. Diese Behörde habe ich bereits in den frühen 1990-er Jahren als einen der Hauptakteure bei der geplanten faschistischen Übernahme der Vereinigten Staaten bloßgestellt. Die FEMA wurde keineswegs geschaffen, um den Menschen in Zeiten von Not oder von Notfällen Schutz und Hilfe anzubieten. Deshalb wurde ihr Handeln auch so häufig kritisiert oder rundheraus verurteilt, wenn es um ihren Einsatz in Katastrophensituationen ging. Die FEMA dient nicht dem Schutz der Bevölkerung. Ihre Aufgabe besteht darin, die Lager (Konzentrationslager) zu kontrollieren und zu betreiben, die man überall in den Vereinigten Staaten findet. Diese Lager sind auf die Aufnahme derjenigen Menschen vorbereitet, die verschwinden sollen, wenn das Militär seinen geplanten Coup startet. Wenn sich die FEMA um irgendetwas kümmert, dann ist es die archontische Agenda, Punktum. Und genau diese FEMA leitete exakt zur fraglichen Zeit die Übung in Bridgeport, gerade einmal 29 Kilometer von Sandy Hook entfernt. Wenn das Zufall ist, dann will ich Mary heißen, und mich als Transvestit outen. Oh, dieses Höschen sitzt so eng. Die Übung trug den Codenamen FEMA L-366, und wie bei allen Übungen dieser Art, wurde der Ernstfall geprobt. Solche Übungen finden seit der Schießerei an der Columbine High School überall im Land mit zunehmender Häufigkeit statt. Im Rahmen solcher Übungen für terroristische Anschläge werden Kinder mitunter per Bus zu „alternativen Orten" befördert, zu „nicht bekannt gegebenen Orten", von denen nicht einmal die Eltern wissen dürfen. Die Londoner Zeitung *Daily Mail* berichtete über eine solche Übung, die im alternativen Bildungszentrum Peterson in Modesto in Kalifornien stattfand, mit der Schlagzeile:

„Leichen pflastern einen kalifornischen Campus bei einem inszenierten Massaker, das Mitarbeiter und Schüler auf ein weiteres Sandy Hook vorbereiten soll".

Bei der Übung übernahmen Schauspieler die Rollen von zwei „verwirrten Schülern", die in der Schule Amok liefen und andere Schüler angriffen. Nachdem jemand die Nummer 9/11 gewählt hatte, rückten Polizei und Sondereinsatzkommando mit schussbereiten Waffen an. Theaterblut sorgte für ein realistisches Erscheinungsbild. Beim Anblick der Bilder kann man sich vorstellen, wie authentisch das Ganze auf diejenigen wirken würde, die

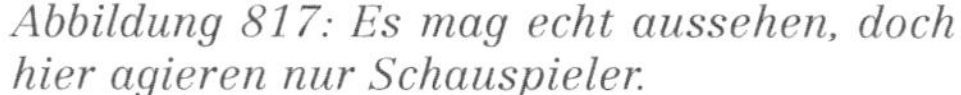

Abbildung 817: Es mag echt aussehen, doch hier agieren nur Schauspieler.

Abbildung 818: Entsetzte Menschen suchen während dieser inszenierten „Übungen" Deckung, doch es ist alles nur eine Bühnenshow.

nicht eingeweiht sind. (Abb. 817 und Abb. 818). Ich sah mir das Video der Übung im Internet an. Jeder, der nicht Bescheid weiß, muss das Ganze für echt halten, denn es werden Schüsse abgefeuert, Menschen schreien und rennen in alle Richtungen. Es gibt sogar eine Lautsprecherdurchsage der Polizei:

> „Dies ist eine Absperrung, keine Übung, dies ist eine Absperrung".

Es gab öffentliche Kritik weil „die Tötung von Kindern" dargestellt wurde. Nun folgt der Bericht über eine „Übung" in einem Zentrum für Früherziehung in Phillipsburg in New Jersey, die schlicht darauf abzielte, Kinder und Personal zu traumatisieren:

> „Etwa 50 Lehrer der Schule in New Jersey erlebten entsetzliche Augenblicke, ehe sich der Amoklauf eines Schützen als Übung herausstellte, über welche die Lehrer nicht informiert worden waren. Es geschah am 28. August im Zentrum für Früherziehung in Phillipsburg in New Jersey.
>
> Ein Mann stürzte in die Bibliothek und begann zu schießen. Aus der Waffe kamen keine Kugeln, sondern nur Platzpatronen. Die Lehrer flüchteten unter die winzigen Kindertische, schrien und zitterten. Die Menschen kreischten. Das Mädchen neben mir zitterte und bebte. Man hörte Menschen schreien. Man hörte Menschen beten. Es war ziemlich dramatisch", berichtete einer der Lehrer.

Erinnert Sie das an irgendetwas? Ein Drittklässler aus Sandy Hook erzählte im Fernsehen: „Wenn wir eine *Übung* hatten, dann versteckten wir uns unter, unter so etwa wie ...", dann brach er ab. Laut den FEMA-Dokumenten, die solche Übungen an Schulen betreffen, müssen die Hauptbeteiligten Identifizierungskarten um den Hals tragen. Solche finden wir auf den in Sandy Hook aufgenommenen Bildern in großer Zahl. Paul Vance von der staatlichen Polizei von Connecticut, der allen kritischen Fragen über Sandy Hook aus dem Weg ging und androhte, jeden strafrechtlich zu verfolgen, der „Gerüchte verbreitete" (die offizielle Geschichte in Frage stellte), hat schon an vielen solcher Übungen teilgenommen. Dieser arrogante Arsch wurde zum offiziellen Gesicht von Sandy Hook. Ich persönlich würde ihm oder einem Typen wie Wayne Carver, dem leitenden Leichenbeschauer von Connecticut, nicht einmal dann über den Weg trauen, wenn sie mir in einer Kalenderfabrik das Datum nennen sollten (Abb. 819). Carver teilte mit, er hätte die Leichen der „Verstorbenen" untersucht, konnte aber den Medien gegenüber nicht einmal die einfachsten Fragen dazu beantworten. Eine Mutter war schockiert, als sie in einem Medienbericht das Bild ihrer putzmunteren, in Louisiana lebenden Tochter unter den Opfern von Sandy Hook entdeckte. Wie ich bereits sagte, in Bezug auf Sandy Hook warten noch einige *spektakuläre* Enthüllungen auf uns. Ein Polizist, der sich anonym bei einer Radioshow meldete, gab folgenden Kommentar über „Adam Lanza" und den Vorfall von Sandy Hook ab:

Abbildung 819: Ein anmaßender Arsch und noch so ein Typ.

„Es muss nochmals betont werden, dass es keine Videoaufzeichnungen oder fotografischen Beweise gibt, die darauf hinweisen, dass der junge Mann, von dem Sie sprechen, mit einem solchen Körperbau das alleine durchgezogen haben könnte. Es gibt überhaupt nichts, was dafür spricht. Und, wie gesagt, wer waren die drei Männer, die man verhaftet hat ... wer waren diese Typen? Über welche magischen Kräfte verfügten diese Leute, dass sie nach einem der heimtückischsten Schulmassaker der amerikanischen Geschichte verhaftet werden und danach einfach so verschwinden konnten?

Man hat uns noch nicht darüber informiert, dass Fotoaufnahmen oder Videoaufzeichnungen des Vorfalls von den Rechtsvollstreckungsbehörden freigegeben worden seien. Bis heute habe ich noch kein einziges Foto des Tatorts innerhalb oder außerhalb der Schule zu Gesicht bekommen. Ich halte das in Anbetracht der Zeit, die mittlerweile verstrichen ist, für äußerst ungewöhnlich. Wenn wir der offiziellen Geschichte über Lanza, der als einzelner Schütze gehandelt haben soll, folgen, die man uns als feststehend und unumstößlich präsentiert, warum hat die staatliche Polizei von Connecticut dann erklärt, die Untersuchungen würden Monate in Anspruch nehmen? Welche weiteren Beweise gibt es denn?"

Warum verweigerte die Leiterin der Stadtkanzlei von Newtown den Medien gezielt den Zugang zu den öffentlich registrierten Sterbeurkunden der Opfer des Anschlags von Sandy Hook oder zu den Heiratsurkunden von deren Eltern? Die *New York Post, die Connecticut Post, die Associated Press, der Hartford Courant* und andere hatten diese Informationen angefordert. Die Leiterin der Stadtkanzlei Debbie Aurelia teilte jedoch mit, sie würde gemeinsam mit Staatsvertretern und der Leitung der Vereinigung der Leiter von Stadtkanzleien an der Einführung neuer Gesetze arbeiten, die nur begrenzten Zugang zu solchen Informationen gewähren und es erlauben sollen, Sterbe- und Heiratsurkunden zurückzuhalten. Es handelt sich um öffentlich registrierte Dokumente. Was versuchen diese Leute zu verstecken? Sie behaupten „zum Schutz der Familien“ zu handeln, aber wovor? Jim Smith, der Präsident des Rates für Informationsfreiheit erklärte:

> „Eine Sterbeurkunde enthält nichts, was die Hinterbliebenen verletzen könnte … es handelt sich schließlich nicht um einen Autopsie-Bericht. Sterbeurkunden waren seit Jahrhunderten öffentlich zugänglich. Sie verletzen nicht die Privatsphäre von irgendjemandem.“

Dokumente, die seit Jahrhunderten öffentlich zugänglich waren, werden in diesem Fall plötzlich verweigert. *Warum*? Politische Vertreter und Beamte aus Newtown äußerten sich zudem besorgt über die Gefahr des Identitätsdiebstahls. Allerdings findet man die entsprechenden Informationen auch auf den Geburtsurkunden, die man nicht zu verstecken versucht. Und wie steht es mit möglichen Identitätsdiebstählen in Bezug auf alle anderen Sterbeurkunden in Amerika, die in den öffentlichen Registern zur Verfügung stehen? Warum hat man kein Problem mit Urkunden, die beweisen, dass Menschen *geboren* wurden, wohl aber mit Urkunden, die sie offiziell für *tot* erklären? Jene schlauköpfige Person erzählte den Medien im Wesentlichen, dass sie nicht mit den Familien sprechen dürften, weil die Familien selbst darum gebeten hätten. Dann gab es da noch die Aussage des Staatsanwalts von Connecticut in Bezug auf einen bei Gericht eingereichten Antrag auf Freigabe von mit dem Fall in Zusammenhang stehenden Urkunden. Dieser Staatsanwalt plädierte dafür, die Urkunden weiter geheim zu halten, da es noch „andere mögliche Verdächtige“ geben könnte. Wo sollten diese Verdächtigen herkommen, wenn doch laut der offiziellen Geschichte nur ein einsamer, geistig verwirrter Schütze (wie üblich) alleine am Werk war? Das alles stinkt zum Himmel wie eine Fischfabrik, und ich wiederhole es noch einmal: Das ist der Vorfall, zu dem Jesse Ventura erklärte, es gebe keine Beweise für eine staatliche Verwicklung. Gott steh uns bei.

Sagen Sie, sind denn alle verrückt geworden?

Unmittelbar nach der Schießerei in Wisconsin wurde das Thema „inländischer Terrorismus“ hochgespült. Dem Plan nach soll jeder als inländischer Terrorist angeschwärzt werden können, der die globale Verschwörung herausfordert. Das FBI und die Behörde Homeland Security erklärten: „Extremistische inländische Organisationen sind genauso gefährlich wie ausländische Organisationen“. Doch sie sind allesamt nicht so gefährlich und tödlich wie „demokratische“ Regierungen. „Inländischen Terrorismus“ oder angebliche Anzeichen für einen solchen definiert man in immer schwammigeren Begriffen. Bereits heute gelten Meinungsäußerungen gegen die staatliche Politik, Proteste gegen irgendetwas, Ablehnung von Krieg, Infragestellung des üblen und korrupten Bankensystems, Verwendung alternativer lokaler Währungen, Infragestellung der Megaunternehmen, Lagerung von Lebensmitteln, Besitz von Stoßstangenaufklebern, die den Verlust von Freiheiten anprangern oder unterdrückte Menschen unterstützen, Anfertigung von Foto- oder

Videoaufnahmen, Ablehnung genetisch veränderter Feldfrüchte und Lebensmittel, Essen, Herstellen oder Bewerben von biologischen Lebensmitteln, Unterstützung kleiner Züchter und Landwirte, sowie alles andere, was der archontischen Agenda nicht guttut, als terroristische Akte. Wade Page, der „Schütze" von Wisconsin, wurde als weißer Rassist und Neonazi porträtiert. Dahinter steckt das Konzept, jedem (mit Ausnahme von Michael Moore), der den Staat oder die Diktatur der Großunternehmen in Frage stellt, dieses allumfassende, kollektive Image überzustülpen. Erwartungsgemäß beriefen sich die Medien bei ihren Berichten auf zionistische Rothschild-Organisationen. Diese waren eigens zu dem Zweck geschaffen worden, den Glauben an die Existenz von Terrorismus und inländischen Terrorismus zu schüren und jeden aufs Korn zu nehmen, der der Wahrheit über diejenigen Kräfte zu nahe rückt – von denen viele dem zionistischen Rothschild-System angehören – die unsere Welt in einen orwellschen Alptraum führen. Zu diesen „Medienquellen" gehören unter anderem die von den Rothschilds gegründete Antidiffamierungsliga (ADL), das Southern Poverty Law Center (SPLC) und SITE (Organisation für die Suche nach internationalen terroristischen Vereinigungen). SITE steht unter der Leitung der Rothschild-Zionistin Rita Katz. Diese Organisation lieferte die falschen Videos von „Bin Laden" seit dem Jahr 2001, dem Jahr, in dem dieser am Marfan-Syndrom verstorben war. Wie Mark Potok, ein leitender Wissenschaftler des Southern Poverty Law Center, das sich der „Überwachung von Hassgruppen", verschrieben hat – sofern diese nicht in Israel sitzen – erklärte, hatte seine Organisation Page schon seit Jahren beobachtet. Aber diese Leute beobachten schließlich jeden, der die Neo-Nazis herausfordert, die in Israel und im System des Rothschild-Zionismus die Fäden ziehen – und dazu gehöre auch ich (Abb. 820). Potok, dem Chefsprecher des SPLC (einer Propagandamaschinerie für Primitivkunden) und Direktor der Abteilung für Veröffentlichungen und (Des-)Informationen, lässt man bei *MSNBC* und anderen Medien freien Lauf, damit er jeden dämonisieren kann, der die staatliche Tyrannei und die Verschwörung zur Entwaffnung Amerikas anprangert. Das geschieht oftmals in Form von „Interviews" mit Leichtgewichten und Staatspropagandisten wie Chris „Gänsehaut" Matthews. Ich will nicht behaupten, dass Wade Page ein Gottesgeschenk an die Menschheit sei, aber vergleichen Sie einmal das, was diejenigen, denen man solche Schießereien in die Schuhe schiebt, angeblich getan haben sollen, mit dem, was solche Staatsvertreter der Welt jeden Tag antun, wenn sie verurteilen und beschuldigen. Hat Wade Page etwa die Tötung von Tausenden von unschuldigen Menschen durch Drohnen-Bombardierungen in Pakistan und anderswo befohlen? Nein, das war Obama. Hat James Holmes gelogen, um die Bombardierung großer und kleiner Städte voller Zivilisten in Afghanistan, im Irak, in Libyen usw. zu rechtfertigen? Nein, das waren Obama, Bush, Blair und Cameron, und die können gar nicht schnell genug zu den Mikrofonen rennen, um Terroristen im In-

Abbildung 820: Die Überwachung von Hassern. Mark Potok von der sehr vermögenden Organisation Southern Poverty Law Center.

Abbildung 821: Brandon J. Raub wird vom Mob verhaftet, weil er seine Meinung äußerte.

und Ausland zu verdammen. Es ist die klassische orwellsche/archontische Umkehrung. Krieg ist Frieden und die wahren Terroristen sind Friedensstifter, die Massenkiller der Zivilbevölkerung sind Schützer der Zivilbevölkerung und die Satanisten sind fromme Gottesanbeter.

Die Verhaftung und unfreiwillige Einweisung des ehemaligen amerikanischen Marineangehörigen in eine psychiatrischen Klinik im Jahr 2012, weil er das Verbrechen begangen hatte, den Staat im Internet zu kritisieren, markierte einen erhellenden Augenblick, der uns erkennen lässt, wie weit wir auf dem Weg zum Staatsfaschismus schon gekommen sind. Wenn das nicht als Weckruf dient, dann fragt man sich, was noch alles passieren muss, ehe die Menschen das Offensichtliche erkennen und sich nicht länger blind stellen. Brandon J. Raub hatte sowohl im Irak als auch in Afghanistan gedient, aber wie ich den Leuten in Uniform schon seit so langer Zeit klarzumachen versuche, schert sich der Staatsapparat, dem sie dienen, nicht im Geringsten um sie (Abb. 821). Sie sind einfach nur Kanonenfutter und sollen im Dienst der menschlichen Versklavung – auch ihrer eigenen – töten und getötet werden. Solange sie fit genug sind, um der Agenda zu dienen, gelten sie als „Helden und Beschützer der Freiheit", aber wenn sie aufgrund von Krankheit oder Verletzung dazu nicht mehr in der Lage sind, behandelt man sie mit verächtlichem Desinteresse. Solange sie den Staat unterstützen, lässt man sie in Frieden, doch wenn sie ihn kritisieren, werden sie verdammt, als „inländische Terroristen" bezeichnet oder in eine psychiatrische Klinik gesperrt. Henry Kissinger (Rotschild-Zionist) beschrieb die amerikanischen Soldaten als „stumpfsinnige, blöde Tiere", die man für die Durchsetzung der amerikanischen Außenpolitik einsetze. In diesem Satz enthüllte er die wahre Beziehung zwischen den im Schatten verborgenen Feiglingen in Anzügen und den Menschen in Uniform, die unwissentlich deren Sache dienen. Kissinger hatte zwar in einem privaten Kreis gesprochen, aber seine Worte erschienen später in einem Buch des Watergate-Journalisten Bob Woodward. Eigentlich hätte Kissinger damit für diejenigen, die lauthals nach „Unterstützung der Truppen" schreien, unten durch sein müssen, aber das war nicht der Fall. Kissinger und Co. sind weiterhin fleißig dabei, Kriege zu manipulieren, damit ihre „stumpfsinnigen, blöden Tiere" blind vor sich hin kämpfen können. Was dem 26-jährigen Brandon J. Raub widerfuhr, hat fundamentale Auswirkungen, auch auf Kreise außerhalb des Militärs. Die Sache betrifft und bedroht jeden. Es handelt sich nicht etwa um einen Einzelfall, vielmehr offenbart sich hier der Aktionsplan. Ein Berufungsrichter ordnete schließlich Raubs Freilassung an, weil wegen der Art und Weise seiner Behandlung ein Aufschrei durch die Öffentlichkeit gegangen war. Viele andere Menschen, die nicht die gleiche Publicity erhalten, wie Raub sie erfuhr, bleiben weiterhin in den Psychiatrieabteilungen, denn so kann man sie aus dem Verkehr ziehen. Diese Taktik der Unterdrückung konnte man im Lauf der menschlichen Geschichte schon viele Male beobachten, ganz besonders in der Sowjetunion, wo das Regime diejenigen, welche die Tyrannei des (von den Rothschilds geschaffenen) sowjetischen Staates in Frage stellten, anprangerten oder aufdeckten, in psychiatrische Kliniken einsperrte. So wurden sie zum Schweigen gebracht und gehirngewaschen, bis sie ihre Ansichten „widerriefen“. Das hatte man auch mit Raub vor, wenn man ihn nur länger hätte gefangen halten können. Raub war wegen „bedenklicher Einträge“ auf Facebook, die sich auf eine „bevorstehende Revolution“ bezogen, vom archontisch beherrschten FBI in Gewahrsam genommen worden. Hier ein Auszug aus dem, was er auf seiner Wand gepostet hatte:

> „Dies ist das Land, in dem man es von ganz unten bis ganz an die Spitze schaffen kann. Dies ist das Land, in dem man ungeachtet der Rasse und der ethnischen Herkunft Erfolg haben und sich ein besseres Leben für sich selbst und die eigene Familie aufbauen kann. Dies ist das Land, in dem alle Rassen friedlich zusammenleben. Dies ist das Land, in dem Gerechtigkeit siegt. Dies ist das Land, in dem Freiheit wohnt. Dies ist das Land, in dem Freizügigkeit herrscht. Dies ist das Land, in dem man den Armen hilft und wo Menschen einander unterstützen. Dies ist das Land, in dem Menschen den Rassismus überwinden.“

Viele dieser Aussagen gelten für Amerika schon lange nicht mehr, haben vielleicht nie gegolten, aber man kann erkennen, welchen Hintergrund dieser Mann mitbringt. Er liebt Amerika und hat eine Vision, wie er das Land gerne hätte. Seine Vision ist unendlich viel besser als die Vision derjenigen, die ihn einsperrten. „Wir müssen uns unsere Republik zurückholen“, sagte er und damit hatte er vollkommen Recht. In anderen Einträgen stellte er die Rolle Amerikas bezüglich der Abschaffung der Federal Reserve Bank, der Einkommensteuer, der Eroberungskriege, der Zerstörung der Freiheit und der Politiker in Frage, die von besonderen Interessen gelenkt und „vom Rat für auswärtige Beziehungen gehirngewaschen“ werden. Er verlieh auch seiner Meinung Ausdruck, dass der 11. September vom Staat inszeniert worden ist, was jeder deutlich erkennen kann, der seinen eigenen Verstand benutzt, und er veröffentlichte ein Bild von dem Loch im Pentagon und stellte die Frage: „Wo ist das Flugzeug?“. Ich habe vielleicht nicht den Hintergrund eines amerikanischen Patrioten, aber ich habe viele Male das meiste von dem, was Raub sagte, und noch weit mehr gesagt, um die Tyrannei des globalen Staates anzuprangern. Das Internet ist voll von Leuten, die Ansichten und Meinungen dieser Art vertreten, und genau das ist der springende Punkt. Brandon Raub und seinesgleichen dienen einem Zweck, sie sind nicht der Zweck selbst. Diejenigen, die die koordinierte feindselige Übernahme des Planeten Erde und die Unterjochung der menschlichen Bevölkerung bloßstellen, waren bisher äußerst erfolgreich. Sie konnten andere Menschen aufwecken und auf ihr individuelles und kollektives Missgeschick aufmerksam machen. Die „Neue Ordnung“ gerät durch eine solche Bloßstellung in Gefahr, also ist es für sie an der Zeit, diese Infragestellung der eigenen Allmacht auszumerzen, ehe das Kartenhaus in sich zusammenstürzt. Viele von uns, die wir an dieser Bloßstellung beteiligt sind, mussten uns schon mit finanziellen, rechtlichen und verbalen Angriffen von oftmals staatlich gesponserten oder egozentrisch motivierten Idioten auseinandersetzen. Diesen Leuten mangelt es an Intelligenz, um erkennen zu können, dass sie selbst, sowie ihre Kinder und Enkelkinder in der Alptraumwelt werden leben müssen, die wir zu verhindern suchen. Manchen ist es sogar egal, was mit ihren eigenen Kindern und Enkelkindern geschieht – das sehen sie nicht als ihr Problem an. Doch das ist es. Die Tyrannei wird nicht kommen – sie ist bereits *da*, in der Welt, in der sie leben. Trotzdem greifen diese Leute diejenigen an, die den Mumm haben, ihren Kopf aus dem Graben zu strecken, während sie selbst sich tief im Schatten oder hinter anonymen Login-Namen und falschen öffentlichen Personas verbergen. Jeder, der schon einmal versucht hat, etwas Wertvolles zu leisten, musste sich mit dem Missbrauch auseinandersetzen, den diese Blinden, Schwachsinnigen und Egozentriker treiben. Der Schriftsteller Jonathan Swift sagte einmal:

> „Wenn ein großes Genie in der Welt erscheint, erkennt man es an einem besonderen Zeichen: Es bringt alle Schwachköpfe gegen sich auf."

Für diejenigen, die ihr Leben der Aufdeckung der globalen Verschwörung widmen, gehören die üblen Machenschaften der Idioten – nicht zuletzt in den Medien – zum Berufsrisiko. Man muss das entweder akzeptieren oder aussteigen. Die Behandlung, die Brandon Raub widerfuhrt, führte uns allerdings über das Reich des einfach nur Schwachsinnigen hinaus und hob uns auf eine völlig neue Stufe des globalen Spiels. Die Handlanger bemühen sich jetzt, die Leute und Informationsquellen mit vereinten Kräften anzugreifen und beispielsweise das Internet zu zensieren, wobei sie „Terrorismus" und „Urheberrechte" als Ausrede anführen. Also Kopf hoch, Brust heraus und anschnallen. Wir müssen groß genug und unverrückbar stark bleiben, um dieser Herausforderung zu begegnen und sie zu meistern. Brandon Raub wurde von Geheimagenten und dem grotesken FBI über seine Einträge verhört, bevor man ihn einem Richter vorführte, der dann seine zwangsweise Einweisung in das Salem Veterans Affairs Krankenhaus für einen Zeitraum von 30 Tagen anordnete. Wie Raubs Mutter Kathleen Thomas berichtete, fällte man dort innerhalb von nur 15 Minuten ein Urteil über die geistige Gesundheit ihres Sohnes. Der Gutachter vertrat im Wesentlichen die Auffassung, dass man Raub noch nicht in die Gesellschaft zurück entlassen könne und dass er „zusätzliche psychiatrische Behandlung benötige". Bezweifelt irgendjemand, dass der beteiligte Sozialarbeiter, der Psychiater und der „Sonderrichter" eigens ausgewählt wurden, um genau das Gutachten anzufertigen und das Urteil auszusprechen, das die Behörden forderten? So etwas geschieht ständig. So manipuliert man das System und stellt es in den Dienst der eigenen Ziele. Das Gesetz erlaubt die Einweisung in eine psychiatrische Klinik allein aufgrund der Empfehlung eines „Spezialisten für psychische Gesundheit" (von diesen Spezialisten benötigten viele selbst dringend Hilfe). Man braucht also nur einen entsprechenden „Spezialisten" zu finden, der die richtige Empfehlung ausspricht und schon greift das Gesetz. Brandon Raub wurde von einer in Virginia ansässigen Gruppe zur Verteidigung bürgerlicher Freiheiten verteidigt, dem Rutherford Institut. Der leitende Direktor John Whitehead beschrieb die Farce, die bei der Gerichtsverhandlung abgezogen wurde, als man den Freiheitsentzug für Raub anordnete. Wie Whitehead erklärte, war die ursprüngliche Anordnung ohne jede Prüfung durchgewinkt worden.

> „Der Sonderrichter war sehr alt. Er hatte Schwierigkeiten, Brandon zu verstehen. Er brachte seinen persönlichen Kassettenspieler mit in den Gerichtssaal – wir versuchten ihn später abzuhören, doch man konnte kaum verstehen, was gesprochen wurde. Das war der sogenannte Richter – er war Rechtsanwalt, kein richtiger Richter – es war wie in einem schlechten Film.

> Hier herrscht ein System, das korrupt ist. Und dieser Junge ist darin gefangen. Ich habe freundschaftliche Beziehungen zur örtlichen Polizei. Ich könnte sie sofort rufen und Sie wahrscheinlich gleich einweisen lassen, wenn Sie in Virginia wären. Die Polizei kann einfach aufgrund von irgendjemandes Aussage über Ihre Facebook-Seite vor Ihrer Tür erscheinen und Sie in eine psychiatrische Klinik einweisen."

Whitehead fügte noch die – Gänsehaut verursachende – Information hinzu, dass *alleine in Virginia jedes Jahr 20.000 Menschen* eingewiesen werden. „Das heißt, dass jede Menge Leute unter dem Vorwand psychischer Erkrankungen verschwinden", fuhr er fort. „Überall im Land verschwinden Menschen ganz einfach." Was sagte Dr. Richard Day bereits 1969?

> „Es wird keine ‚Märtyrer' geben, die Menschen werden einfach verschwinden."

Whitehead berichtete auch von einem Telefonanruf Raubs aus dem Krankenhaus. Wie er darin mitteilte, hätte ein Psychiater ihn wissen lassen, dass er einer Gehirnwäsche unterzogen und zwangsmedikamentiert werden würde. Dass dies an die Öffentlichkeit gelangte, lag an der großen Aufmerksamkeit, die der Fall erregt hatte. Doch im Verborgenen werden Tausende von Menschen Opfer solcher Behandlungen, und zwar zunehmend häufiger, und das, weil sie ihre Meinung vertreten und beispielsweise behaupten, dass die Regierung korrupt und gefährlich ist oder hinter den Anschlägen vom 11. September steckte. Die Behörden gerieten in Nöte, als die Einzelheiten von Raubs Fall im Internet zu kursieren begannen. Das zeigt, welche Macht wir haben, wenn wir uns nur darauf besinnen und diese Macht nutzen. Bei einer zweiten Gerichtsverhandlung unter Bezirksrichter W. Allan Sharret fiel die Entscheidung, dass die Verhaftung Raubs illegal gewesen war, weil der Haftbefehl keine Gründe für einen Freiheitsentzug enthielt. Unglaublich. John Whitehead nannte Richter Sharret „ein seltenes Juwel" in einem korrupten Justizsystem. Sorgen Sie für Ihre Rückendeckung, Herr Richter. Außerdem hatte man Raub in Handschellen gelegt und zwangsweise mit einem Polizeifahrzeug abtransportiert, ohne dass man ihm einen Haftbefehl vorgelegt oder seine Rechte vorgelesen hätte. Laut Polizei war dies nicht nötig gewesen, da man ihn ja nicht wegen strafrechtlicher Vorwürfe verhaftet, sondern nur gegen seinen Willen festgehalten hatte. Verhaften wird definiert als: „Kraft Gesetzes jemanden ergreifen und festhalten" beziehungsweise als „der Vorgang, jemanden in rechtlichen Gewahrsam zu nehmen". Also wurde Raub verhaftet. Eine weitere Masche, derer sich die Polizei gerne bedient, wenn sie hinter Leuten her ist, besteht darin, zu behaupten, die Behörden müssten aufgrund von „Beschwerden der Öffentlichkeit" tätig werden. Natürlich erfährt niemand jemals, wer solche Beschwerden erhoben hat, und niemand bekommt sie je zu Gesicht. Dee Rybiski, eine Sprecherin des „Bundeseinschüchterungsbüros" (FBI) sagte:

> „Wir erhielten jede Menge Beschwerden über Einträge, die als Bedrohung wahrgenommen wurden. Angesichts der Umstände und der Geschehnisse in diesem Land, etwa bei Massenerschießungen, wäre es ein entsetzlicher Fehler, wenn die Rechtsvollstreckungskräfte solchen Beschwerden keine Beachtung schenken würden."

Ja sicher, und Fledermäuse können Scrabble spielen. Einige der Kommentare Raubs, die das FBI markiert hatte, standen auf einer privaten Seite, zu der die Öffentlichkeit überhaupt keinen Zugang hatte. Außerdem stammten einige der Kommentare von Raubs Bruder und nicht von ihm selbst. Raub sagte:

> „Ich war sehr offen, was die Einträge auf meiner Facebook-Wand anbelangt. Es ist interessant festzustellen, dass der Staat Facebook überhaupt kontrolliert. Das sollte einiges Stirnrunzeln verursachen und einige gute Amerikaner besorgt machen."

Die Macht, die das FBI kontrolliert, kontrolliert auch Facebook. Raub wurde wegen nichts beschuldigt, ihm wurde nichts zur Last gelegt, man sperrte ihn einfach auf Geheiß der staatlich gesteuerten Polizei, eines staatlich gesteuerten „Richters" und eines staatlich ernannten Psychiaters weg, und das Ganze ausgelöst durch „Beschwerden", die nie jemand zu sehen bekam. Wir haben es hier mit der neuen Norm zu tun, wenn wir uns nicht geschlossen dagegen stellen. Es ist ermutigend, dass viele Menschen sich über das Internet engagierten und diese Ungeheuerlichkeit anprangerten. Die öffentliche Aufmerksamkeit und die Reaktionen der Öffentlichkeit auf diesen Fall zeigen zum einen, wie tief wir bereits in den Vorläufern eines voll entfalteten Faschismus stecken, und zum anderen, wie effektiv sich ein gemeinsames Vorgehen auswirken kann. John Whitehead vom Rutherford Institut meinte:

> „Die Regierungsbeamten, die Brandon Raub verhafteten, obwohl er nichts weiter getan hatte, als seine Rechte nach dem Ersten Verfassungszusatz auszuüben, die ihn zwangen, sich einer psychologischen Begutachtung zu unterziehen und die ihn gegen seinen Willen festhielten, verstießen gegen jedes der verfassungsrechtlichen Prinzipien, auf denen unser Land gründet."

Ironischerweise beweisen sie damit, dass Raubs Einträge auf Facebook richtig waren. Whitehead stellte zu Recht fest, dass Raubs Einträge nichts Alarmierendes enthielten. Er äußerte große Besorgnis darüber, dass Regierungsbeamte private Facebook-Seiten überwachen und Menschen mit abweichenden Meinungen verhaften:

> „Das sollte für die Amerikaner ein Weckruf sein und ihnen zeigen, dass der Polizeistaat bereits Wirklichkeit ist. Brandon Raub unterscheidet sich nicht von der Mehrheit der Amerikaner, die private Facebook-Seiten nutzt, um vielerlei Inhalte zu posten, angefangen bei Songtexten und politischen Übertreibungen bis hin zu Klatsch und Tratsch über Nachbarn, Freunde oder Regierungschefs."

Die Behandlung, die Raub widerfuhr, gehört zum Rüstzeug für einen wesentlich größeren Operationsplan. Der wahre Zusammenhang erschließt sich erst, wenn man das Gesamtbild betrachtet. Man hat allen Ernstes mit der Durchführung einer lange geplanten Kampagne begonnen, die auf die Dämonisierung derjenigen abzielt, die erkannt haben, wie korrupt und übel das System ist, und insbesondere derjenigen, die die Wahrheit und die versteckt agierenden Netzwerke mit Erfolg aufdecken. Jeder Protest, jede abweichende Meinung soll im Keim erstickt werden (Abb. 822). Demos, eine regierungsnahe, britische „Ideenfabrik" gab ungewollt die bestehenden Pläne preis und demonstrierte die entsetzliche Angst der Verschwörer vor einer Bloßstellung. Die Organisation forderte die Behörden nämlich auf, Verschwörungs-Websites zu infiltrieren, um so „das Vertrauen in den Staat zu stärken". Lässt man diesen Satz durch das orwellsche Übersetzungsprogramm laufen, dann lautet er: „Haltet die Öffentlichkeit von allem fern, was sie Vertrauen in den Staat verlieren lässt." Dieser Ansatz stammt von Cass Sunstein (Rothschild-Zionist), Obamas „Zar" des Informationsdienstes im Weißen Haus. Dieser Mann wartete übrigens auch mit dem Vorschlag auf, „Verschwörungstheorien" zu *besteuern* oder zu verbieten. Das, was Raub widerfahren ist, passt perfekt ins Bild. Man schwärze die Leute als gefährlich oder verrückt an, vorzugsweise als gefährlich *und* verrückt. Das FBI teilte mit:

Abbildung 822: Die Neue Weltordnung – Redefreiheitszone. Wir unterstützen die Redefreiheit – wir sagen nur nicht wo.

> „Wir erwarten eine deutliche Zunahme der Mitgliedschaft bei souveränen Bürgervereinigungen, da die amerikanische Wirtschaft weiterhin stagniert ... und Internetseiten die Menschen ideologisch beeinflussen."

Laut FBI-Unterlagen kann man einen „inländischen Terroristen" daran erkennen, dass er „übermäßig besorgt um seine Privatsphäre ist." Diejenigen von uns, die diese Informationen bekanntermaßen unters Volk bringen, wird man als Anstifter zu Gewalttaten brandmarken, und es werden Rufe laut werden, solche Informationen überhaupt zu verbieten. Die Mainstream-Medien werden dabei brav ihre Rolle spielen, denn das ist ihre Aufgabe. Welchen anderen Zweck sollten sie in der Verfassung, in der sie sich, von wenigen Ausnahmen abgesehen, derzeit befinden, sonst haben? Verfolgt man die Reaktionen auf die staatliche Entführung von Brandon Raub, dann wird allerdings klar, dass auch viele Menschen den Behörden zujubeln, wenn sie diejenigen, die ihre Freiheiten schützen wollen, zur Strecke bringen. Ein Typ mit dem Login-Namen „Adam" gab folgenden Kommentar zu Brandon Raubs Einweisung in eine psychiatrische Klinik aufgrund von dessen Meinungsäußerungen ab:

> „Wenn wir öfter so vorgehen würden, dann könnten wir vielleicht ab und zu ein Massaker verhindern. Raub ist ja nicht in Haft, und wenn er geistig gesund ist und keine Bedrohung darstellt, dann kann er wieder gehen. Die Leute, die sich über seine Verhaftung ‚aufregen', wären die ersten, die der Polizei Untätigkeit vorwerfen würden, wenn er Unheil angerichtet hätte. Wir brauchen mehr präventive Aktionen dieser Art – Adam, USA; 21.08.2012, 18.10."

Da spricht ein geistiger Riese. Wie geht es den Kindern, Adam, gut? Diese Mentalität ist von solcher Ignoranz. Diese Menschen erkennen nicht, dass sie *selbst* eine wesentlich größere Gefahr für die Welt darstellen, als Brandon J. Raub sie je darstellen könnte.

38

Der globale orwellsche Staat (2)

Es ist mir schon vor langer Zeit klar geworden, dass erfolgreiche Menschen sich selten zurücklehnen und die Dinge einfach geschehen lassen. Immer sind sie hinausgegangen und haben die Dinge selbst in Gang gesetzt.

Leonardo da Vinci

Großbritannien und immer mehr andere Länder ersticken in einer Flut von Millionen von Überwachungskameras, denen die seltsame Angewohnheit zu eigen ist, immer dann nicht zu funktionieren, wenn das gerade ein schlechtes Licht auf die Behörden werfen würde. Im Londoner U-Bahnsystem sind angeblich 11.000 Kameras installiert, doch die entscheidenden darunter funktionierten nicht, als die Polizei einen unschuldigen Brasilianer zu Boden warf und ihn aus kürzester Entfernung durch sieben Schüsse in den Kopf ins Jenseits beförderte. Auch bei den Bombenanschlägen von Oklahoma, den Anschlägen vom 11. September, von London und so weiter, waren die Kameras ausgefallen. Kameras sollen nur die Bevölkerung auf Kurs halten, nicht die Wahnsinnigen (Abb. 823 und Abb. 824).

Abbildung 823: Gut gemacht, Tony ... Du auch, Georgie.

Abbildung 824: Wir beobachten alles und jeden – nur dann nicht, wenn der Staat gerade Leute umbringt, eine Bombe legt oder eine Massenerschießung inszeniert.

Der New Yorker Bürgermeister Bloomberg will laut eigenen Angaben Überwachungskameras in allen Straßen der Stadt und an jeder Verkehrsampel anbringen lassen. Er verkauft das mit dem Argument, Leben retten zu wollen und unterstellt jedem, der etwas dagegen einzuwenden hat, Gleichgültigkeit gegenüber dem menschlichen Leben. Doch wenn das stimmte, dann müsste Bloomberg logischerweise gegen den Plan sein. In New York sollen auf jeden Fall jede Menge neue „Apartmentblock" im Sinne der Agenda 21 entstehen, das steht fest. Der amerikanische Bezirksrichter William Griesbach entschied 2012, dass die Polizei auf Privatgrundstücken ohne richterliche Genehmigung und ohne Zustimmung des Eigentümers heimlich Überwachungskameras anbringen darf. Die internationale kriminalpolizeiliche Organisation (Interpol) möchte Kameras für *alle Flugzeugsitze* einführen, um „Terroristen und andere gefährliche Passagiere identifizieren zu können". Wie die Zeitung *Baltimore Sun* berichtete, hat die Stadtverwaltung die Aufzeichnung privater Gespräche in öffentlichen Verkehrsmitteln genehmigt, um „Untersuchungen über Straftaten, Unfälle oder schlechte Kundenbetreuung durchführen zu können". Die Rechtfertigung für solch eine orwellsche Tyrannei: „Wir wollen, dass die Menschen sich sicher fühlen". Gut, dann legt bitte euer Amt nieder. Heute Baltimore, morgen die ganze Welt. Bereits jetzt sind Kameras in Geldautomaten installiert und für Zigarettenautomaten und Supermarktkassen vorgeschlagen. Es gibt bereits die Technologie, um Menschen in ihrem eigenen Zuhause durch in den Kabelboxen der Fernsehapparate versteckte Kameras und Mikrofone abhören und filmen zu können, ganz nach George Orwells Konzept des „Telebildschirms". Man rechtfertigt diese Technologie mit dem Argument, die Reaktionen, Verhaltensweisen und Äußerungen für Werbezwecke analysieren zu wollen, um so jedem Haushalt die passenden Produkte anbieten zu können. Der wahre Grund aber ist die staatliche Überwachung eines jeden Haushalts. Australien kann man wohl kaum als eine Bastion des Terrorismus bezeichnen – sieht man von der Regierung einmal ab – doch die Australier werden einer zunehmend stärkeren Beobachtung und Überwachung ausgesetzt, genauso wie die Menschen in Amerika. Dazu gehören die Aufzeichnung und Speicherung von Kommunikationen im Internet und am Telefon und der Einsatz aller möglichen sonstigen Technologien. Hier geht es nicht um Terrorismus, sondern um Kontrolle – um *totale* Kontrolle (Abb. 825). Das Gleiche geschieht überall auf der Welt, weil hier eine globale Koordination am Werk ist. Die „Anti-Terrorismus-Gesetze" werden gezielt so formuliert, dass man sie gegen die allgemeine Bevölkerung einsetzen kann. Wie die Organisation Big Brother Watch 2012 aufdeckte, hatten britische Lokalbehörden im Verlauf von drei Jahren unter dem Deckmantel des Gesetzes über Ermittlungsbefugnisse (Regulation of Investigatory Powers Act (RIPA)) 9.607 heimliche Überwachungsaktionen durchgeführt, um die Bevölkerung auszuspionieren, obwohl das Gesetz angeblich nur auf schwere Verbrechen und Terrorismus abzielt. Zu den schweren Verbrechen und terroristischen Handlungen gehörten abgelaufene TV-Lizenzen, Verstöße gegen Handelsnormen, Missbrauch von Sozialleistungen, illegales Müllabladen, Nichtbeseitigung von Hundekot, Verstöße gegen das Rauchverbot, der Verkauf von Topfpflanzen in Gartenzentren und nicht registrierte Papageien. Lokale Behörden in Großbritannien stützten sich auf die „Anti-Terrorismus-Gesetze", um Eltern nachzuspionieren und Einzelheiten von deren Telefongesprächen

Abbildung 825: Wir beobachten jede deiner Bewegungen, jeden deiner Schritte.

und Textnachrichten aufzuzeichnen, um so festzustellen, ob die Familien tatsächlich im Einzugsbereich bestimmter Schulen wohnten. Hier sind völlig übergeschnappte Menschen am Werk, die nichts mehr weiter sind als programmierte Software. Zu denjenigen, die die „Anti-Terrorismus-Gesetze“ missbrauchen, gehört auch ein „staatliches Ministerium“ namens *BBC*. Friedliche Aktivisten, die Palästinenser unterstützten, wurden bei ihrer Heimkehr auf britischen Flughäfen verhaftet und nach den Anti-Terrorismus-Gesetzen verhört. Sogar der britische Informationsbeauftragte hat die vorgeschriebene Aufzeichnung von Unterhaltungen in *Taxis* öffentlich verurteilt. Christopher Graham sprach sich gegen den Einsatz von Audiorekordern und CCTV-Kameras in lizenzierten Taxis in Southampton aus und nannte diese Maßnahme „unverhältnismäßig“. Es ist verdammter Totalitarismus. Die Electric Frontier Foundation äußerte sich wie folgt über Internetsicherheit:

> „Für die Erhebung und Verwendung von Daten gibt es so gut wie keine Einschränkungen, solange ein Unternehmen nur gelten machen kann, aus ‚Gründen der Cybersicherheit‘ zu handeln. Das bedeutet, dass Unternehmen wie Google, Facebook, Twitter oder AT&T Ihre E-Mails und Textnachrichten abfangen, Kopien untereinander austauschen oder der Regierung zukommen lassen und Kommunikationen abändern oder blockieren dürfen, wenn es ihnen in den Kram passt und der ‚Abstellung von Bedrohungen der Cybersicherheit‘ dient.“

Noch schlimmer als die Bespitzelung in Taxis sind Sicherheitskameras in *Schultoiletten* und *Umkleideräumen*. Mitte 2012 waren bereits 200 britische Schulen mit insgesamt 825 Kameras ausgerüstet, und es sollen noch viele, viele weitere folgen. Der Direktor von Big Brother Watch, Nick Pickles, sagte:

> „Unsere Untersuchung wirft ernsthafte Fragen auf, was die Privatsphäre von Schulkindern überall in Großbritannien anbelangt. Einige Schulen setzen sogar je eine Kamera für fünf Schüler ein, Hunderte von Schulen verwenden Kameras in Toiletten und Umkleideräumen.“

All das ist Teil eines Prozesses, der Kinder auf ein Erwachsenenleben vorbereiten soll, in dem sie die totale Überwachung als Norm zu akzeptieren haben. Genau wie von den Nacktscannern werden auch hiervon Pädophile angezogen, die plötzlich eine Leidenschaft für Tätigkeiten im „Sicherheitsbereich“ entwickeln. Heute sind etwa 110.000 Kameras in britischen Schulen im Einsatz. In der englischen Stadt York bestückte man sogar *Müllfahrzeuge* mit Kameras. Die tatsächlich stattfindende Überwachung geht weit über das hinaus, was offiziell gegenüber der Öffentlichkeit zugegeben wird, selbst dann, wenn drastische Zahlen genannt werden. Die rechte Hand des Pentagon in Fragen von Wissenschaft und Entwicklung, die mehr als finstere Behörde für Forschungs- und Entwicklungsprojekte der Streitkräfte (DARPA) erschafft dafür immer ausgefeiltere Technologien. Wie nahe sich Pentagon, Nachrichtendienste und die Internetriesen stehen und wie stark sie miteinander verwoben sind, erkennt man beispielsweise daran, das die DARPA-Direktorin Regina Dugan zu Google wechselte, um dort als leitende Geschäftsführerin zu fungieren (Abb. 826), und Max Kelly, der leitende Sicherheitsbeauftragte bei Facebook gab seinen Job auf, um bei der üblen nationalen Sicherheitsbehörde (NSA) zu arbeiten. Kein Wunder, dass die Internetriesen und die Nachrichtendienste so eng vernetzt sind. 2012 kam ans Licht, dass Internet- und Telefongesellschaften „Black Boxes“ installiert hatten, um in Großbritannien Telefongespräche, E-Mails und Kommunikationen in sozialen Netzwerken zu überwachen. Diese Vorgehensweise war im Regierungsentwurf des Gesetzes über Kommunikationsdaten enthalten gewesen, den genau die gleiche konservative Partei des Rothschild-Zionisten David Cameron auf den Tisch gebracht hatte, die eigentlich versprochen hatte, den Big-Brother-Staat von Tony Blair zurückzufahren. Doch in Großbritanniens Einparteien-Politiklandschaft führte sie ihn stattdessen zu noch größeren Extremen. Der konservative Parlamentsabgeordnete Dominic Raab, der sich gegen diesen Plan aussprach, erklärte:

Abbildung 826: Regina Dugan – von der DARPA zu Google. Ein merkwürdiger Schachzug auf der Karriereleiter, es sei denn, man weiß, was dahintersteckt.

> „Der Einsatz von Data-Mining und Black Boxes, um jedermanns Telefongespräche, E-Mails und webbasierte Kommunikationen zu überwachen, ist eine ernüchternde Vorstellung, die Großbritannien das aufdringlichste Überwachungssystem der Welt bescheren würde.“

Ein Überwachungsrekord nach dem anderen wird gebrochen, während die Agenda 21 an Tempo zulegt. Black Boxes werden sogar in neue Autos eingebaut, um Fahraktivitäten nachvollziehen zu können. General Keith Alexander, der Leiter von Amerikas korrupter, krimineller nationaler Sicherheitsbehörde (NSA) forderte, jedem Internetnutzer einen Code zuzuteilen, durch den man dessen Aktivitäten im Web nachverfolgen könne, während die DARPA, die Pentagon-Behörde für Forschungs-und Entwicklungsprojekte der Streitkräfte, ihren sogenannten „Plan X“ verkündete, der es ihr erlauben soll, aus „Sicherheitsgründen“ den Cyberspace zu übernehmen und die Computersysteme militärischer Ziele (sprich die Computersysteme der aufs Korn genommenen Bevölkerung) anzugreifen. Die NSA ist gerade dabei, in Utah ein Datenzentrum einzurichten, das als globale Überwachungsoperation mit einem Multimilliarden-Dollarbudget ausgestattet wird (Abb. 827). In einem Zeitungsbericht wurden die Möglichkeiten dieses Projekts wie folgt beschrieben: „Durch ihre Server und Router und in ihre schier bodenlosen Datenbanken werden alle Arten von Kommunikationen fließen, darunter die vollständigen Inhalte privater E-Mails, Mobilfunkgespräche und Google-Suchen, dazu alle Arten persönlicher Datenspuren – Parkquittungen, Reiserouten, Buchkäufe und sonstiger digitaler „Hosentaschenmüll“. Das alles bildet Teil eines Programms namens „Total Information Awareness“, das auch die Satellitenüberwachung der Bevölkerung mitbeinhaltet. Die entsprechenden Informationen werden den örtlichen Rechts-

Abbildung 827: Das Datenzentrum von Utah.

Abbildung 828: Das äußerst passende schwarze Hauptquartier der nationalen Sicherheitsbehörde Amerikas (NSA).

vollstreckungsbehörden und ebenso zivilen Einrichtungen zur Verfügung gestellt. Die NSA residiert in Gebäuden in Fort Meade in Maryland, die selbst an Black Boxes und schwarze Würfel erinnern. Sie steht in der Hierarchie über der CIA. Seit dem 11. September wächst ihr Budget immer weiter ins schier Unermessliche (Abb. 828).

Die Vereinten Nationen, eine von den Rothschilds und Rockefellers geschaffene und beherrschte Organisation, verfasste einen 148 Seiten umfassenden UN-Bericht unter dem Titel „Die Nutzung des Internets für terroristische Zwecke", um damit die globale Internetüberwachung zu rechtfertigen. Die Absicht, das Internet zu schaffen war seinerzeit der Hintergrund, warum entsprechende militärische Technologien freigegeben wurden. Der Vorteil war, dass sich damit die Möglichkeit der totalen Überwachung auftat, der Nachteil, dass ein freier Informationsfluss in Gang kam, dem man jetzt einen Riegel vorschieben will. Der UN-Bericht fordert die Überwachung von Instant Messaging, Chatrooms und Skype, worüber detaillierte Aufzeichnungen gespeichert werden sollen, sowie eine Registrierung für die Nutzung von Wi-Fi-Netzwerken oder Internet-Cafés, weil diese „eine wichtige Datenquelle für strafrechtliche Untersuchungen darstellen könnten". Der Bericht verlangt ferner die Überwachung und Speicherung von „Positionsdaten". Die Technologie, um anhand solcher Informationen künftige Bewegungen vorauszusagen, existiert bereits. Eines der neuen Spielzeuge im Krieg gegen die menschliche Freiheit ist ein Laser-Scanner, der einen Menschen aus mehr als fünfzig Metern Entfernung bis zur kleinsten Einzelheit erfassen kann. Unter anderem misst er den Adrenalinspiegel und erfasst illegale Substanzen oder Spuren von Schießpulver. Der auf die Pikosekunde programmierbare Laser beschießt das Opfer mit Laserstrahlen, die Moleküle in Schwingung versetzen. Durch Auswertung der Schwingungsmuster kann man erkennen, welchen Substanzen eine Person ausgesetzt war. Eine in Alabama ansässige Firma namens IDair gab die Entwicklung eines Systems bekannt, mithilfe dessen man Fingerabdrücke aus beinahe 6 Metern Entfernung erfassen und identifizieren kann. Die britische Polizei testet derzeit eine neue Laserwaffe, die Menschen aus 450 Metern Entfernung vorübergehend blind machen kann. Die sogenannte SMU 100 projiziert eine drei Meter hohe „Lichtmauer" und soll bei Protesten und „Unruhen" eingesetzt werden. (Die Unruhen, zu denen es 2011 in London kam, ließ man jedoch ohne Eingreifen der Polizei geschehen. Es handelte sich nämlich um den üblichen Ablauf Problem-Reaktion-Lösung, der eine Verschärfung der Überwachung der Bevölkerung rechtfertigen sollte.) Die SMU 100 wurde offiziell entwickelt, um somalische Piraten anzugreifen, doch jetzt entdecken wir den wahren Grund – es geht um einen Angriff auf die einheimische Bevölkerung. Paul Kerr, der Geschäftsführer von Photonic Security Systems in Clyde, der Firma, die die Waffe entwickelt hat, sagte:

> „Das System kann der Polizei ein einschüchterndes visuelles Abschreckungsmittel an die Hand geben. … Was man nicht sehen kann, kann man nicht angreifen."

Kerr und seiner Firma kann man nur sagen: Wenn ihr euren Blick nur auf Profit richtet, dann könnt ihr die Welt nicht erkennen, die ihr für eure Kinder und Enkelkinder mitaufbaut. Die Europäische Union startete ein über fünf Jahre laufendes „Forschungsprogramm" (ein So-wird-es-gemacht-Punktum-Programm) namens Projekt Indect zur Entwicklung von Computer-Software …

> „… um Handlungsträger für die fortlaufende, automatische Überwachung öffentlicher Ressourcen wie Websites, Diskussionsforen, Usenet-Gruppen, Dateiserver, P2P- (Peer-to-Peer) Netzwerke sowie persönliche Computersysteme zu schaffen und dadurch ein internetbasiertes Datenerfassungssystem mit aktiven und passiven Funktionen zu errichten."

Zu den Zielen gehört die „automatische Entdeckung von Bedrohungen, anomalen Verhaltensweisen und Gewalt". Das Projekt bildet Teil eines gewaltigen Ausbaus der Überwachung und Ausrüstung der Rechtsvollstreckungskräfte in der EU. Es soll eine „gemeinsame Kultur" (sprich zentralisierte Kontrolle) in ganz Europa schaffen. Stephen Booth, Analyst bei Open Europe sagte:

> „Die Dinge in meinem Buch sind ziemlich angsteinflößend. Diese Projekte bedeuten einen ungeheuerlichen Eingriff in die Privatsphäre."

Seit fast einem Vierteljahrhundert warne ich nun schon vor alledem, obwohl meine Warnungen immer wieder zur Seite geschoben oder verlacht wurden. Und nun sind wir soweit. Obwohl die Regierung der Vereinigten Staaten erklärt, Überwachung und Kontrolle des Internets seien notwendig, um Cyber-Angriffe zu verhindern, hat man sowohl die USA als auch Israel bereits selbst bei der Herstellung höchst zerstörerischer Computerviren und deren Einsatz gegen Länder des Nahen Osten und andere Länder ertappt. Dazu gehören beispielsweise die Viren Stuxnet und Flame.

Wir beobachten dich auf Schritt und Tritt

Wo immer Sie auch hingehen, wo immer Sie auch hinfahren, Sie werden zunehmend intensiver durch Gesichtserkennungs- und Kennzeichenkameras überwacht, die sofort aus einem Strom von Datenbanken Ihre Identität und Ihren Hintergrund ablesen können. Straßenkameras werden zusätzlich mit Mikrofonen ausgerüstet, die Unterhaltungen aufzeichnen und es den Sicherheitsleuten ermöglichen, über Lautsprecher Anweisungen an die Leute zu erteilen, die sie auf ihren Überwachungskameras entdecken. Wenn Sie den Begriff „Intellistreets" in *YouTube* eingeben, werden Sie sehen, was ich meine. Zwar werden in dem Video die angeblich energiesparenden und werbewirksamen Aspekte der Intellistreets („Intelligence Streets") angepriesen, aber in Wahrheit geht es um die Schaf-

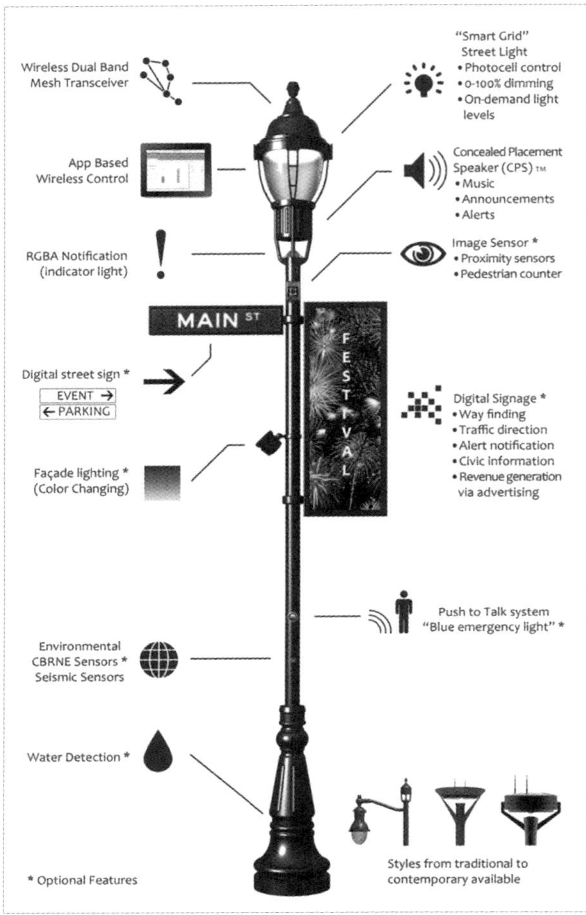

Abbildung 829: Intellistreets – Überwachungstechnologie an jeder normalen Straßenlampe für die Zeiten, in denen Sie gerade nicht von Ihrem eigenen Fernseher beobachtet oder von Ihrem eigenen Auto abgehört werden.

fung eines Aufnahme- und Ausstrahlungsnetzwerks, in das jede Straßenlampe in jeder Straße miteinbezogen werden soll (Abb. 829). In der verräterischen Schlussaussage dieses Werbevideos wird alles klar, wenn es heißt: „Intellistreets bieten für Homeland Security eine Myriade von Möglichkeiten". Danke schön, jetzt kommen wir zum springenden Punkt. Dieses Netzwerk soll mit der in Privatwohnungen und an Arbeitsplätzen einzusetzenden Technologie der smarten Messgeräte und smarten Stromnetze verknüpft werden, damit Überwachung und Wahrnehmungsmanipulation die Bevölkerung auf Schritt und Tritt begleiten können. Es gibt mittlerweile sogar eine mobile „Rückstreutechnologie", die das Gleiche leistet wie die Nacktscanner an Flughäfen, jedoch das Fünfzigfache an Strahlung aussendet. Dank ihrer Mobilität können die entsprechenden Geräte in Fahrzeugen der Polizei und der Rechtsvollstreckungsbehörden eingesetzt werden. Die Behörden können Sie jetzt in Ihrem eigenen Auto, Ihrem Zuhause und Ihrem Geschäft von unauffälligen Kleinbussen aus röntgen, Nacktfotos von Ihnen anfertigen und Sie in Strahlung baden. Diese Leute können vor Ihrem Haus sitzen und zusehen, was drinnen geschieht. Wenn Sie „Backscatter vans – Joseph Reiss" in *YouTube* eingeben, sehen Sie einen Vertreter, der diese Technologie in höchsten Tönen anpreist: Offenkundig verschwendet er keinerlei Gedanken an die Folgen für Zielpersonen oder an die Bedeutung, die diese Erfindung für die Welt, in der seine Enkel leben werden, haben wird. Immer geht es nur um Geld und den Jooob. Es gibt Überwachungskameras, die nach „verdächtigem Verhalten" suchen, Körpersprache analysieren und Gesichter erkennen. Diese Informationen werden dann durch die Datenbanken gejagt. Mithilfe bestimmter Algorithmen können Kameras erkennen, ob eine Person, die sich auf einem öffentlichen Platz aufhält, betrunken ist. Das staatliche britische Physiklabor hat, offenbar in Zusammenarbeit mit dem Zentrum für fortschrittliche Software-Technologie, der *BBC* und der BAE Systems, Überwachungskameras entwickelt, um Menschen anhand ihrer *Gangart* zu identifizieren. In einem Bericht der beteiligten Unternehmen heißt es:

> „Bei jedem Videobild trennt das System die Silhouette der Person vom Hintergrund. Anhand der relativen Kopfhöhe wird eine numerische Sequenz erstellt, die dann mit der Identität der Person verknüpft wird. Daraufhin kann ein Computer eine Liste aller anderen Orte erstellen, welche die Person einmal aufgesucht hat und die Gelegenheiten feststellen, bei denen sie sich dort jeweils aufgehalten hat."

„Drahtlose Lösungen" für die Sicherheit (Kontrolle) finden wir heute überall. Intellistreets sind dafür nur ein Beispiel. In einer Werbebroschüre von Motorola gerät das blutlinientreue Unternehmen vor lauter Begeisterung über seine „drahtlosen Videolösungen, die vor unser aller Augen die Polizeiarbeit revolutionieren werden" in gerade orgastische Verzückung. Man will der Polizei damit ein Mittel an die Hand geben, um an sieben Tagen die Woche 24 Stunden lang Gewerbegebiete, Wohngebiete, stark frequentierte öffentliche Veranstaltungen, gefährliche Kreuzungen, öffentliche Verkehrsmittel, städtische Gebäude und vieles, vieles mehr in ihrer jeweiligen Gemeinde zu beobachten – und das alles, ohne selbst physisch vor Ort zu sein. In der Broschüre heißt es, die Technologie ermögliche eine „visuelle Beobachtung [Überwachung] der Gemeinde durch ein zentralisiertes Kontrollzentrum". Ja, ganz im Sinne der Agenda 21. Motorola lässt sich dann noch weiter über die „öffentliche Sicherheit" aus, wenn es doch um nichts anderes geht, als um die Kontrolle der Öffentlichkeit. Die Broschüre zitiert auch Aldo Punzo, den technischen Leiter von ISP Bettini Video in Zusammenhang mit der polizeilichen Überwachung einer kleinen italienischen Stadt:

> „Dank des Videoüberwachungssystems kann eine nur zwei Mann starke Polizeieinheit in Sergnano in Italien 100 Prozent des Stadtgebiets kontrollieren, ohne den Kontrollraum verlassen zu müssen."

Die amerikanische Autorin und Wahlhelferin Naomi Wolf beschrieb in der Zeitung *Guardian* eine besondere Episode. Einer ihrer Freunde und dessen Lebensgefährtin hatten mit Empörung reagiert, als sie nach einer Fahrt in Disneyland von Disney-Mitarbeitern eine Fotoaufnahme von der Fahrt angeboten bekamen und feststellen mussten, dass ihre Kreditkartendaten bereits auf dem Disney-Computer waren. Ihnen wurde klar, dass das nur mithilfe von Gesichtserkennungstechnologie möglich sein konnte. Wolfs Freund behauptete, Disney würde die geschossenen Aufnahmen auch dem Militär zuspielen. Wie Wolf mitteilte, konnte *News21* ein solches Verhalten von Disney bestätigen. Die Firma Identix, Disneys Vertragspartner für Gesichtserkennungstechnologie, stand auch mit dem Militär in Vertragsbeziehungen und belieferte dieses mit eben dieser Technologie. Wolf hatte auch überall in New York merkwürdig aussehende Kameras entdeckt und daraufhin ein Foto mit der Frage gepostet, ob irgendjemand darüber Aufschluss geben könnte. Sie schrieb:

> „Kommentatoren, die in China gelebt hatten, identifizierten diese als dieselben Kamera-Straßenlampen-Kombinationen, die an öffentlichen Plätzen in China montiert sind. Sie sind mit Gesichtserkennungstechnologie ausgerüstet, die der Polizei

die Videobeobachtung einzelner Personen in Echtzeit ermöglicht. Wenn sich zu viele Menschen versammeln, kann man die Massen einfach dadurch zerstreuen und einschüchtern, dass man sie dem Risiko der Identifizierung aussetzt – so finden Dissidenten keine Gelegenheit mehr, sich zusammenzuschließen.

(Ein anderer meiner Facebook-Kommentatoren kannte solche Straßenlampen-Kameras aus Michigan, wo sie den Fußgängern das Wort „gehorche" zubellten. Auch das klang für mich höchst unglaubwürdig – bis ich diese Woche in Richmond, British Columbia, in der Nähe des Flughafens von Vancouver unterwegs war. Ich erschrak, als mich dort die Straßenlampe an einer Kreuzung ansprach – in diesem Fall gab sie mir Anweisungen, wie ich die Kreuzung überqueren sollte (so als wäre ich blind oder sehbehindert)."

Dann wäre da noch das System „Voice Grid Nation", eingeführt vom russischen Sprachtechnologiezentrum in Amerika (in Amerika nennt es sich SpeechPro). Mithilfe hochentwickelter Algorithmen werden Menschen und Stimmen einander zugeordnet.

„So können Polizei, Bundesbehörden und sonstige Rechtsvollstreckungskräfte riesige Datenbanken aufbauen, die mehrere Millionen Stimmen enthalten."

Angeblich kann das System in fünf Sekunden zehntausend Stimmen erfassen und benötigt nur drei Sekunden, um die Sprache zu analysieren. Für die Agenda 21 ist es eminent wichtig, Überwachungs- und Kontrolltechnologien einzuführen, die die Öffentlichkeit nicht sehen und nicht beeinflussen kann. Man weiß nämlich sehr genau, dass die Bevölkerung eines Tages eine deutliche Reaktion zeigen wird, und zwar, wenn genügend Menschen durchschaut haben, was vor sich geht. Motorola, das enge Beziehungen zur staatlichen Sicherheitsbehörde der USA (NSA) unterhält, meint zu wissen, was die Zukunft uns bescheren wird:

„Durch stärkere Integration [wieder dieses Wort] und besseren Zugang zu behördenübergreifenden und ministerialen Datenbanken wird es mithilfe der Software möglich, in Menschenansammlungen nach Verdächtigen, Schusswaffen oder gefährlichen Gegenständen zu suchen … zudem wird man verstärkt auf Privatvideos zugreifen können, was die Qualität der Daten erheblich verbessern und das Handeln aufgrund solcher Daten vereinfachen wird."

Wenn man die orwellsche Ausdrucksweise abschält, bedeutet diese Aussage, dass Ihre Daten an staatliche Stellen und private Unternehmen gelangen werden, die daraus eine gigantische globale Datenbank aufbauen. Laut Reuters hegt das amerikanische Finanzministerium den Plan, allen amerikanischen Spionageagenturen Zugang zu sämtlichen Finanzdaten aller Menschen zu gewähren, die Bankkonten im Land unterhalten. Gerechtfertigt wird das – gähn, gähn – mit dem Vorwand, damit Terrorismus und Verbrechen einen Riegel vorzuschieben.

Auch DNS-Datenbanken werden allerorts erstellt, die letzten Endes in einem globalen DNS-Datenzentrum zusammengeführt werden sollen. In Großbritannien wird heute stets eine DNS-Probe entnommen, wenn jemand verhaftet wird. Die Daten bleiben gespeichert, auch wenn der Betreffende danach nie wegen einer Straftat beschuldigt oder verurteilt wird. Der Rat für verantwortungsbewusste Genetik, eine gemeinnützige amerikanischen Organisation, deckte auf, dass bei 98 Prozent der rund 4,3 Millionen Babys, die jedes Jahr in den USA geboren werden, eine Blutprobe aus der Ferse entnommen wird, ehe sie eine Woche alt sind. Das Gleiche geschieht auch in Großbritannien. Das nennt sich Blutspottest. Laut Angaben des Rates für verantwortungsbewusste Genetik könnten die Daten ohne Erlaubnis oder Wissen der Eltern in staatlichen Datenbanken gespeichert werden. Das Gleiche dürfte in Großbritannien und anderen Ländern der Fall sein, auch wenn die Behörden das leugnen. Die amerikanische Polizei errichtet sogar Straßensperren, um Autofahrer zu einem „freiwilligen" DNS-Abstrich und zur Abgabe von Blutproben aufzufordern. Die archontischen Familien unternehmen verzweifelte Anstrengungen, um diese globale DNS-Datenbank zu schaffen. Denn dann wissen sie immer genau, wer ihrer eigenen Blutlinie angehört und wer nicht, und sie können jederzeit präzise die Frequenz feststellen, die von jeder einzelnen Person ausgeht. Auf dieser Grundlage kann man Menschen gezielt mit energetischen Gedankenmanipulationstechniken traktieren oder hinterrücks ermorden. Auch eine globale biometrische Datenbank ist geplant, in der Fotos, Fingerabdrücke und Irisdiagnosedaten aller Menschen gespeichert werden sollen. Hunderte Millionen Inder mussten das bereits über sich ergehen lassen. Jeder Person hat man eine zwölfstellige Nummer zugeteilt, mit der man sie an jedem Ort identifizieren kann. Wie der ehemalige CIA-Chef David Petraeus ankündigte, der früher die Massentötungsoperation in Afghanistan leitete und dann 2012 nochmals kurz der CIA vorstand, wird man die Menschen über Fernsehgeräte und an Computer angeschlossene „App-gesteuerte Geräte" bald einer ständigen Überwachung in ihrem eigenen Zuhause aussetzen. Diese Kontroll-, Überwachungs- und Datensammlungssucht passt genau zum softwareartigen Denken der Archonten. Alles muss sich an seinem Platz befinden, muss aufgezeichnet und sorgfältig archiviert werden. Ein Insider, der seinerzeit beobachtet hatte, wie der ehemalige britische Premierminister Edward „Schwarzauge" Heath Kinder abschlachtete, erzählte mir, Heath hätte Name, Größe und Gewicht eines jeden Kindes erst in ein Buch eingetragen, ehe er das Kind ermordete. Diese Leute sind nur Computerprogramme, und zu solchen wollen sie auch alle anderen Menschen umwandeln. Sehen Sie sich um, und Sie werden erkennen, wie erfolgreich dieses Bestreben bisher schon war.

Insider nehmen kein Blatt vor den Mund

Thoma Andrews Drake, eine ehemalige Führungskraft bei der amerikanischen Behörde für nationale Sicherheit (NSA) bestätigt, dass anständige Leute von Schwachköpfen solchen Kalibers nach und nach aus Nachrichtendiensten und Rechtsvollstreckungsbehörden verdrängt werden. Drake, ein hochdekorierter Veteran der amerikanischen Luftwaffe und Marine, Fachmann für Computer-Software und Linguist, verfügt über eine hohe Qualifikation im Bereich Abhörmethodik und Abhörtechnologie. Alles lief für ihn gut, bis er sich entschloss, die Öffentlichkeit über die illegalen Überwachungsprogramme der NSA zu informieren. Daraufhin beschuldigte man ihn eines Verstoßes gegen das Spionagegesetz, um ihn so zum Schweigen zu bringen. So gehen diese Leute gegen jeden aus den eigenen Reihen vor, der die Wahrheit über die Vorgänge ans Licht bringt. Hört mir zu, ihr Angehörigen der Nachrichtendienste, des Militärs und der Rechtsvollstreckungsbehörden überall auf der Welt, und all ihr Mitarbeiter der Staatsverwaltung der verschiedenen Ebenen, die ihr nicht Teil des Systems seid, ihm aber trotzdem dient. Ihr seid nur wertlose Bauern in einem Schachspiel, und solange ihr als brave kleine Sklaven euren Dienst tut, ist alles in Ordnung. Wenn ihr euch aber entscheidet, das Richtige für eure Familien und für die Welt an sich zu tun, ist plötzlich nichts mehr in Ordnung. Dann müsst ihr wirklich Rückgrat zeigen, wie Thomas Drake und andere es taten. Ihr müsst uns helfen, dieser Tyrannei ein Ende zu setzen, sonst werdet ihr es ewig bereuen. Sein mutiges Vorgehen kostete Drake seine Karriere, doch den Vorwurf der Spionage ließen diese Schwachköpfe schließlich fallen, weil ihnen einfach nichts mehr einfiel, um diese Beschuldigung glaubwürdig aufrechtzuerhalten. Wie Drake berichtete, hatte er sich entschlossen an die Öffentlichkeit zu treten, nachdem er den systematischen Betrug und Missbrauch erkannt hatte, der gegen die amerikanische Verfassung und das Gesetz über nachrichtendienstliche Überwachung im Ausland verstieß. Dabei sollte als oberstes Gebot für die NSA gelten, die Privatsphäre von Amerikanern nicht zu verletzen, solange kein richterlicher Befehl vorliegt. Zu seinem Schock und Entsetzen fand Drake kurz nach dem 11. September heraus, dass die NSA aufgrund eines Vertrages mit dem Weißen Haus die Projektleitung für ein geheimes Überwachungsprogramm übernommen hatte, im Rahmen dessen ungeheure Datenmengen aus zahlreichen Quellen erhoben werden sollten. Eine potentielle Rechtsgrundlage dafür bot das Gesetz über den Austausch und Schutz von Cyberinformationen (CISPA). Es gestattet den Austausch von Internetinhalten zwischen der amerikanischen Regierung und bestimmten Technologie- und Produktionsunternehmen und verschafft dem heimlichen Treiben von Google, Facebook und anderen rechtliche Rückendeckung. Laut Thomas Drake wird § 215 des Patriot Act so ausgelegt, dass „der Staat im Wesentlichen uneingeschränkt auf die Abonnentendaten zugreifen darf, die von solchen Unternehmen verwaltet werden." Das CISPA hebt laut Drake diese Praxis auf die nächste Stufe. Deshalb verlangt der Staat heute immer häufiger Datenzugang unter dem Vorwand der „Cybersicherheit". Drake ist ein so hochrangiger Insider der NSA, dass seine Sichtweise der Vorgänge dringend berücksichtigt werden und zum Handeln anspornen sollte:

> „Ich glaube, wenn man sich das ansieht, was nach dem 11. September geschah, dann erkennt man, dass wir uns in der Aufbauphase einer Überwachungsgesellschaft befinden. Wir erleben die Einrichtung eines Überwachungsnetzwerkes und ich sage immer wieder – die Leute haben keine Ahnung, wie umfassend wir bereits auf vielerlei Art und Weise überwacht werden, und wie unglaublich viele persönliche Transaktionsdaten aller Art, wie beispielsweise elektronische E-Mails, Tweets, Bankunterlagen und vieles mehr bereits der Überwachung unterliegen oder vermutlich überwacht werden …
>
> … Hier sehen wir das Schreckgespenst … einer universalen Abhöraktion – der ununterbrochenen weltweiten Abhörung jeder einzelnen Person. Zumindest können diese Leute das realisieren – was, wenn die Sie nicht mögen? Was, wenn Sie

der Regierung gegenüber Missgunst hegen? Was, wenn Sie eine Äußerung tun, die als illoyal ausgelegt wird? Das ist nicht das Land, das ich bei den vier Eiden in meiner Karriere im öffentlichen Dienst zu verteidigen versprach. Dann wäre da noch das Angstelement. Die Angst ist selbst ein Kontrollwerkzeug, und wenn Menschen Angst haben … werden sie anfangen sich gegenseitig zu bespitzeln.

Das was heutzutage geschieht, besonders in meinem Fall, jagt jedem kalte Schauder über den Rücken. Ich war ein leitender Regierungsbeamter, hatte eine sehr hohe Position bei der NSA inne – das kann einen schon das Grausen lehren. Wenn du auspackst … werden wir auf dich einschlagen, wir werden hart auf dich einschlagen. Sieh dir an, was mit Herrn Drake passiert ist. Sicherheit ist heute eindeutig zur Staatsreligion geworden. Stell das bloß nicht in Frage, denn wenn du es in Frage stellst, stellt das deine Loyalität in Zweifel."

Ich glaube, man nennt das Faschismus oder Kommunismus. Wählen Sie selbst den Namen für Ihre Lieblings-Tyranneiform. William Binney, ein weiterer ehemaliger NSA-Mitarbeiter, sagte vor dem amerikanischen Bezirksgericht für Nordkalifornien unter Eid aus:

„Die NSA ist ähnlich wie Google in der Lage, in Echtzeit individualisierte Suchen nach bestimmten elektronischen Kommunikationen durchzuführen, gestützt auf Kriterien wie Zieladressen, Orten, Ländern und Telefonnummern, auf Watch-Listen aufgeführten Namen, Schlüsselwörtern oder Formulierungen in E-Mails."

Wie er angab, unterhält die Behörde 20 Zentren für das Abfangen von Daten und speichert dort „unvorstellbare" Mengen von Informationen.

„Der schiere Kapazitätsumfang legt den Schluss nahe, dass die NSA persönliche elektronische Kommunikationen wie E-Mails nicht filtert, sondern tatsächlich alle Daten speichert, die sie erhebt."

Natürlich tut sie das. Diese Leute halten nichts von Gesetzen. Sie *sind* das Gesetz. Dank NSA-Insidern wie Edward Snowden haben wir Kenntnis von dem fantastisch anmutenden Umfang, in dem die einheimische Bevölkerung ebenso wie Führer und Politiker der sogenannten „Verbündeten", etwa der Länder der EU, überwacht werden. *Alles* wird technologisch erfasst, aufgezeichnet und archiviert. Falls jemand die Handlungen des Staates vor Gericht bringt, landet sein Fall letztendlich beim archontisch gesteuerten Obersten Gerichtshof. Der liefert dann das Urteil, das die Schwachköpfe fordern – und so können sie tun und lassen, was immer sie wollen. Hegt jemand vielleicht Zweifel daran, dass der Oberste Gerichtshof den archontischen Netzwerken angehört? Schließlich fungiert er als höchste Instanz des Rechtswegs. Der Oberste Gerichtshof ist nicht in erster Linie eine juristische Instanz, sondern eine politische Einrichtung. Er trifft die letzte Entscheidung über Handlungen und Gesetze, die auf allen anderen Ebenen des Systems abgelehnt wurden. Wer dieses Gericht kontrolliert, weiß, dass er letzten Endes mit allem durchkommen wird. Der Oberste Gerichtshof besteht aus dem vorsitzenden Richter und acht weiteren Richtern, die vom amerikanischen Präsidenten ernannt und vom Senat in ihrem Amt bestätigt werden. Die Richter behalten ihr Amt auf Lebenszeit, wenn sie nicht vorzeitig in Rente gehen, zurücktreten oder aufgrund eines Amtsenthebungsverfahrens abgesetzt werden. Fünf der Richter, die über die Rechtmäßigkeit staatlicher Abhörmaßnahmen und anderer Überwachungseinsätze entscheiden, gehörten zu dem Zeitpunkt, zu dem ich dies hier schreibe, der Federalist Society an. Stephen Lendman von Globalresearch.org äußert sich über diese Organisation und deren Vertreter im Obersten Gerichtshof wie folgt:

> „Sie sind ideologische Extremisten. Die Federalist Society entstand vor 30 Jahren an den juristischen Fakultäten der Universitäten Harvard, Yale und Chicago. Anfänglich war es eine Studentenvereinigung, die sich gegen orthodoxen Liberalismus stellte und sich im Verlaufe dessen selbst korrumpierte.
>
> Die Gesellschaft tritt für eine Einschränkung bürgerlicher Freiheiten ein. Sie will der Sozialpolitik des New Deal ein Ende setzen. Sie unterstützt imperialistische Kriege, Korporatismus und polizeistaatliche Härte. Sie will reproduktive Wahlmöglichkeiten, staatliche Reglementierungen, Arbeitnehmerrechte und den Umweltschutz abschaffen. Zur Verteidigung von Privilegien tritt sie das Recht mit Füßen. Auf diese Weise treibt sie Schindluder mit den Schutzrechten der Verfassung."

Menschen mit einer solchen Mentalität obliegt die letzte Entscheidung über das, was in Amerika Recht und Gesetz entspricht. Jeder, der sich gegen die Tyrannei des Staates wendet, wird von solchen Charakteren zweifellos eine faire Behandlung erfahren. Elena Kagan (Rothschild-Zionistin), ein Mitglied des Richtergremiums des Obersten Gerichtshof erklärte, wie sehr sie die Federalist Society schätze. Kagan ist eine von drei Rothschild-Zionisten, die dem Obersten Gerichtshof angehören. Darin spiegelt sich ein kolossales Missverhältnis wider, wenn man bedenkt, dass Juden nur etwa zwei Prozent der amerikanischen Bevölkerung ausmachen. Doch das ist ja nichts Neues. Mit einer Mehrheit von fünf zu vier Stimmen entschied der Oberste Gerichtshof aus

> „ideologischen Gründen, dass die Öffentlichkeit kein Recht hat, sich gegen das staatliche Abhören von internationalen Telefongesprächen und E-Mails zu wehren."

Die amerikanische Vereinigung zum Schutz bürgerlichen Freiheiten hatte im Namen von verschiedenen Gruppen und Einzelpersonen Klage eingereicht und vorgebracht, ein solches Abhören würde gegen die amerikanische Verfassung verstoßen, da die Überwachung solcher internationaler Kommunikationen Menschen beträfe, gegen die kein Verdacht strafrechtlicher Handlungen oder terroristischer Aktivitäten bestehe. Es war eine Gerichtsentscheidung, die Nazis und Stalinisten mit Applaus bedacht hätten. Das System kontrolliert die Menschen durch Gesetz und Geld, weshalb die archontischen Netzwerke in jedem Fall sicherstellen müssen, dass sie diktatorische Kontrolle über beide Bereiche erlangen. Die britische Regierung lässt immer mehr Fälle vor nicht öffentlich tagenden Gerichten verhandeln, damit sie Enthüllungen über staatliches Morden und systematische Korruption besser unterdrücken kann. Mit dieser Macht über Recht und Regierung entfallen praktisch alle Kontrollen und Gegenkräfte gegenüber ungezügeltem Faschismus und totaler Überwachung.

Chips, die alles Mögliche enthalten

Ich warne schon seit beinahe zwanzig Jahren vor dem Microchipping-Programm für uns Menschen, dem wir uns von Tag zu Tag weiter annähern, und das uns alle erfassen soll. Dabei geht es nicht alleine um Überwachung und Kennzeichnung, sondern auch um mentale, emotionale und „physische" Manipulation aus der Ferne mithilfe eines unter die Haut implantierten Chips. Eine Ermordung auf Knopfdruck wäre nur einer der Vorteile, die ein solcher Chip bietet. Daneben würde er für eine ganze Reihe von gesundheitlichen Störungen sorgen. Der Typ da macht uns Ärger? Okay, aktivieren wir das Killerprogramm in seinem Chip. Menschen, die bereits heute andere Menschen ohne Beweise, Anklagen oder Gerichtsverfahren durch Drohnenangriffe töten, sollten so etwas nicht tun? Sie würden es *mit Begeisterung* tun. Menschen werden bereits durch Chips mit Computern vernetzt, um durch Gedankenkonzentration mit der Technologie kommunizieren zu können. Es ist einfach *zu* anstrengend, zu tippen oder auf eine Maus zu klicken, verstehen Sie? Die Methode funktioniert, weil man zwei Computer miteinander verbindet, einen biologischen und einen technologischen. Doch beide sind und bleiben Computer. Das bedeutet aber auch, dass man Mikrochips – und wir sprechen hier sowohl von nanogroßen als auch von sichtbaren Chips – einsetzen kann, um Gedanken, Emotionen und körperliche Reaktionen aus der Ferne zu diktieren (Abb. 830).

Fernsehanbieter können dem von Ihnen abonnierten „Paket" innerhalb von Sekunden einen weiteren Sender hinzufügen. Dafür brauchen sie nur ein Signal an den Mikrochip zu senden, der in der Karte Ihres Empfangsgerätes steckt. Das gleiche Prinzip will man, wie von der Agenda 21 gefordert, auf die Menschen anwenden und diese nur noch als biologische Roboter und Sklaven behandeln. Den Mikrochip will man den Menschen durch die Taktik des totalitären Heranschleichens schmackhaft machen. Dieser Prozess begann mit dem freiwilligen Chippen von Haustieren, das sich unaufhaltsam in Richtung eines obligatorischen Chippens entwickelt. Heute haben wir bereits Chips in Kleidungsstücken und anderen Produkten. Dazu kommt noch die gesamte Chip-Technologie vom Handy bis zum „elektronischen Tattoo" für „medizinische Zwecke" nach dem Motto gewöhne-sie-an-das-Zeug. Damit sind wir nur noch einen Schritt vom Chippen des Menschen entfernt (Abb. 831). Wie Motorola im Mai 2013 bekanntgab, prüft das Unternehmen derzeit die Möglichkeit, elektronische Tattoos als Alternative für traditionelle Passwörter einzuführen, „um auf diese Weise das Einloggen auf Internetseiten

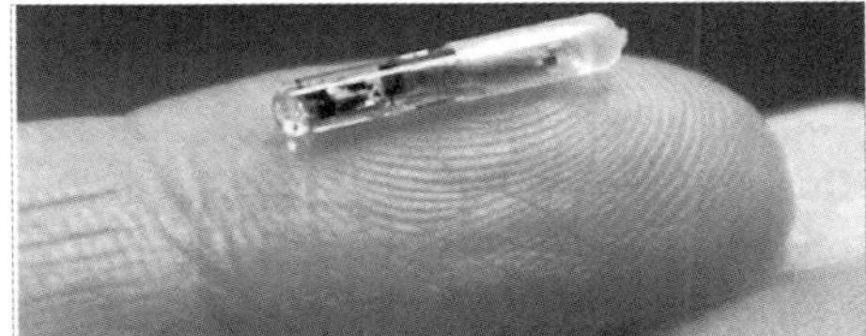

Abbildung 830: Die Mikrochips, die man uns offen zeigt, sind winzig, doch die in Wahrheit eingesetzte Technologie liegt nur noch im Nanobereich.

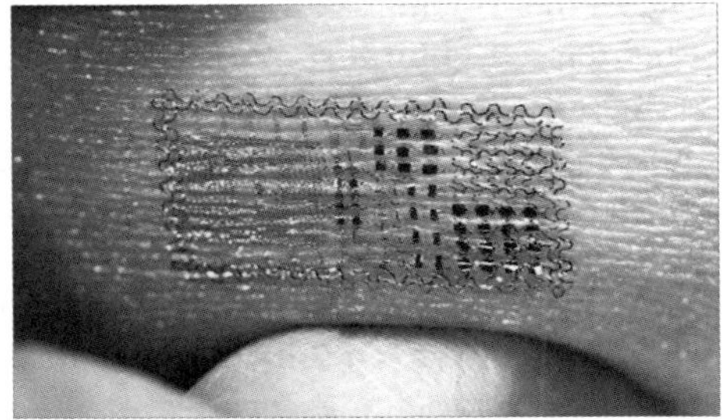

Abbildung 831: Ein elektronisches Tattoo.

oder den Zugang zu Mobiltelefonen sicherer zu gestalten". Oh wie umsichtig, und oh, was für eine verdammte Lüge. Das Unternehmen „prüft diese Möglichkeit" nicht – alles ist längst ein abgekartetes Spiel und gehört zu dem von langer Hand geplanten totalitären Heranschleichen an das Mikrochippen für jedermann. Motorola erwägt auch, die Leute „Autorisierungspillen" schlucken zu lassen. Nun, wenn sie Obama als einen Mann des Volkes geschluckt haben, dann werden sie alles andere auch schlucken. Wer ist dieser für den Bereich moderne Forschung zuständige Vizepräsident von Motorola, der bei einer Konferenz in Kalifornien das elektronische Tattoo vorstellte? Nun, das kann doch nicht wahr sein … aber es ist leider wahr: Regina Dugan, die ehemalige Leiterin der DARPA, der Pentagon-Behörde für Forschungs-und Entwicklungsprojekte der Streitkräfte und Geschäftsführerin von Google. Das Spiel ist so durchschaubar. Eine weitere Chippen-durch-die-Hintertür-Technik besteht darin, im Namen der „Gesundheitsüberwachung" ein Implantat unter die Haut zu setzen, das einen Herzinfarkt voraussehen soll. Die Angst vor dem Tod dient dabei als zugstarkes Verkaufsargument. Die Tatsache, dass ein solches Implantat wahrscheinlich seinerseits gesundheitliche Störungen wie beispielsweise Krebs auslösen wird, bleibt unerwähnt. Auch der staatliche Personalausweis soll für ein weiteres Heranschleichen instrumentalisiert werden. Während ich dies hier schreibe, setzen sich Leute wie Obama, John McCain, Lindsey Graham und Charles Schumer mit Nachdruck für die Einführung eines amerikanischen Personalausweises ein. Er soll unabdingbare Voraussetzung für den Erwerb von Fahrkarten, Waffen und allem anderen, aber auch für die Abgabe der Wählerstimme werden. Als Begründung schiebt man illegale Immigration und, wie immer, „Terrorismus" vor. Welche Überraschung, dass die britische Regierung exakt zur gleichen Zeit, „Vorschläge prüft", die eine „Berechtigungskarte (einen Personalausweis) vorsehen, um die Gesundheitsfürsorge für Immigranten zu beschränken." Nach den Plänen der betrügerischen Kriminellen, die für die Einführung plädieren, sollen diejenigen, die Anspruch auf kostenlose medizinische Behandlung haben (das ist praktisch jeder, wobei die Behandlung nicht kostenlos ist, sondern vom Steuerzahler finanziert wird), eine Karte vorweisen müssen, die sie als berechtigt ausweist. Ein solcher durch die Hintertür eingeführter Personalausweis soll später durch einen Mikrochip ersetzt werden. Premierminister Tony Blair von der Labour Party versuchte schon einmal, den staatlichen Personalausweis einzuführen, aber sein Vorhaben scheiterte. Heute versucht es sein politischer „Gegner" von der konservativen Partei, und dabei erhält er öffentliche Unterstützung von Blair. So laufen die Dinge in einem Einparteienstaat. Schon jetzt stehen jederzeit nichtobligatorische Chipping-Möglichkeiten für die „Sicherheit" oder den „Schutz" von Kindern oder demenzkranken Menschen zur Verfügung. Es bestehen aber Pläne für eine obligatorische Einführung, genauso wie das bei allen anderen bisherigen Eingriffen in die menschliche Privatsphäre der Fall war. 6.000 Menschen haben sich in Schweden im Rahmen eines „Probelaufs" für eine bargeldlose Gesellschaft bereits eine Markierung auf die rechte Hand setzen lassen, und weitere „Tests" sprießen allerorts wie Pilze aus dem Boden. Man bereitet Kinder in Texas und anderswo allmählich darauf vor, sich dem Chippen zu unterziehen. Das entsprechende Programm wurde angeblich geschaffen wurde, um ein Schuleschwänzen (Flucht aus dem Gefängnis) zu unterbinden. Den Kindern wird ein Satellitenüberwachungsgerät verpasst, das wie ein Handy aussieht. Jedes Kind bekommt einen „Mentor" zugewiesen, bei dem es sich mehrmals täglich „melden" muss. Diesem

„Versuch" haben die (idiotischen) Eltern tatsächlich zugestimmt. Den Plänen entsprechend soll dieses System jedoch weltweit zwingend eingeführt werden. Heute gibt es bereits Tabletten mit einem winzigen Mikrochip, der mit der Magenflüssigkeit reagiert und dann eine Nachricht an einen am Arm des Patienten angebrachten Empfänger sendet. Dieser dekodiert die Daten und schickt die entsprechenden Informationen auf ein Handy, damit die betreffende Person und/oder ihr Arzt erfährt, wann die nächste Dosis fällig wird. Man nennt diese Dinger *smarte* Pillen. Das ist wieder einmal so ein totalitäres Heranschleichen an Zwangsdrogen, die Denken, Emotionen und Persönlichkeit unterdrücken sollen. Durch technische Überwachung wird man sicherstellen, dass sie auch wirklich eingenommen werden. Dazu passt der Film „Equilibrium", getreu dem Motto „wir-zeigen-euch-was-wir-vorhaben". Sogar Mülltonnen werden mittlerweile gechippt und können nur noch mithilfe eines persönlichen Identifizierungscodes geöffnet werden (der später durch einen den Menschen implantierten Mikrochip ersetzt werden soll). Wie ich bereits an früherer Stelle erwähnte, hatte Nick Rockefeller dem Filmemacher Aaron Russo vor dem 11. September erzählt, dass ein „gigantischer Schwindel" in Form eines Krieges gegen den Terrorismus und der Suche nach Bin Laden bevorstehe. Er erwähnte auch Pläne für das Mikrochippen der „Sklaven", wie er sie nannte, damit die *El*-ite die Welt regieren könne. Rockefeller betonte immer wieder, dass „die Menschen beherrscht werden müssen", und dass man die Bevölkerung auf höchstens die Hälfte reduzieren müsse. Rockefeller versprach Russo einen extra kodierten Chip, falls er sich ihm anschließe, damit ihm unnötige Kontrollen erspart blieben. Nick Rockefeller lebt derzeit in China, zusammen mit Maurice Strong, einem anderen Architekten der Agenda 21. Die beiden haben einander verdient. Mit genau diesen Rockefellers arbeiten auch Bill und Melinda Gates bei ihrem GVO-Projekt für Afrika, das bestimmt bald auch auf andere Orte übergreifen wird, sehr eng zusammen.

Verbrechensverhütungswahn

Das Ausmaß und die Geschwindigkeit, die an den Tag gelegt werden, um Kontrolltechnologien einzuführen, sind atemberaubend. Möglich wird das, weil alles schon seit Jahren bereitsteht und man nur noch auf den richtigen Augenblick und einen Vorwand (diese Leute werden immer jämmerlicher) gewartet hat, um das volle Programm auszurollen und diese Schritte auf dem Weg zu einer totalen globalen Tyrannei zu rechtfertigen. Heute dürfen wir uns sogar an einem System zur Überwachung und Authentifizierung von Menschen mithilfe biodynamischer Indikatoren und Verhaltensanalysen (Human Monitoring and Authentication using Biodynamic Indicators and Behavioural Analyses (HUMABIO)) erfreuen. Durch eine Installation des Systems in Lastwagen schafft man beispielsweise „fühlende Sitze", die die charakteristische Sitzhaltung des Fahrers aufzeichnen. Damit „versucht man, festzustellen, ob kommerzielle Fahrzeuge entführt wurden". Daneben gibt es noch Gesichtserkennungskameras, Kennzeichenleser, Iris-Scanner, Fingerabdruck-Scanner, Handflächenvenen-Scanner für Kinder, über die man Schulmahlzeiten abrechnet, strahlende Nacktscanner und neuerdings auch *Absichts*-Scanner dank einer Technologie namens FAST (Future Attribute Screening). Wie die amerikanische Behörde Homeland Security behauptet, kann man damit den Herzschlag, die Stimmlage, den „Gesichtsausdruck", die Körpertemperatur und andere Faktoren erfassen, um diejenigen Menschen herauszufiltern, die, wie es so schön heißt, die *Absicht* haben, ein Verbrechen zu begehen. Auch Lügendetektortests gehören mit zum Repertoire. Die FAST-Technologie kann dank ihrer Mobilität praktisch überall eingesetzt werden. Damit wird eine Form von „Verbrechensverhütung" Wirklichkeit, die in Tom Cruises Verhütungsprogrammierungs-Streifen „Minority Report" bereits auf der Leinwand zu sehen war. Sie Jahren schreibe ich über Technologien, die bereits seit Jahrzehnten entwickelt werden, um die Gedanken der Menschen zu lesen und uns so in das Reich von Orwells „Gedankenverbrechen" zu geleiten. Lügendetektoren, die trotz aller Bedenken hinsichtlich ihrer Zuverlässigkeit immer häufiger zum Einsatz kommen, sind Kinderspielzeug im Vergleich zu dem, was noch geplant ist. Michael Chertoff (Rothschild-Zionist), der ehemalige Direktor der amerikanischen Behörde Homeland Security war sofort nach der Schießerei während des Batman-Streifens in Colorado auf allen Fernsehkanälen zu sehen, wo er für Verbrechensverhütung durch ein Screening der Menschen plädierte. Genau das Gleiche tat Chertoff, der Sohn eines Mossad-Agenten, auch nach dem inszenierten „Unterhosenbomber-Terrorismus", um so Werbung für Nacktscanner auf Flughäfen zu betreiben – Scanner, die einer seiner Kunden herstellt. Was die Überwachung zum Zweck der Verbrechensverhütung betrifft, erklärte Chertoff:

> „Wir müssen besser verstehen lernen, welche Anzeichen bei einem Menschen zu beobachten sind, der im Begriff steht, in Verwirrung zu geraten oder zum Terroristen zu werden, denn es gibt Gemeinsamkeiten, denen wir immer und immer wieder begegnen."

Abbildung 832: Er schon wieder ... Butter könnte er nicht zum Schmelzen bringen (sie würde gefrieren).

Wenn dieser Kerl nach verwirrten Menschen sucht, dann sollte ihm ein Blick in den Spiegel eigentlich genügen (Abb. 832). Als „Gemeinsamkeiten" könnte ich ihm nennen: archontische Blutlinie, Satanismus/Saturnismus und Rothschild-Zionismus. Bei einigen Leuten findet man das volle Paket, wie Chertoff sehr wohl weiß. Ein weiterer Aspekt des ganzen Schwindels mit der Verbrechensverhütung hat mit dem „Gen für das Böse" zu tun. Medienberichten zufolge wurden Wissenschaftler beauftragt, die DNS von Adam Lanza, dem „Killer von Sandy Hook" auf Anomalien zu untersuchen, die eine Erklärung dafür liefern könnten, warum „er" tat, was er angeblich tat. Man geht davon aus, dass Menschen, bei denen man ein solches „Gen für das Böse" entdeckt, „behandelt werden können". Die Behörde für Transportsicherheit (TSA) hat ihrem Protokoll zur Verbrechensverhütung jetzt neben den Abtasten und der Untersuchung durch Nacktscanner auch noch ein „Abfragen" hinzugefügt. Man stellt den Passagieren „wie beiläufig“ Fragen wie: „Reisen Sie alleine?“, oder „Wo haben Sie während Ihres Aufenthalts gewohnt?“. Dann hält man nach Verhaltensweisen wie etwa fehlendem Augenkontakt oder Nervosität Ausschau, die darauf hindeuten könnten, dass es sich bei der betreffenden Person um einen möglichen Terroristen oder Straftäter handeln könnte. Die TSA beschäftigt mittlerweile 3.000 Leute, die auf Flughäfen „nach verdächtigen Personen Ausschau halten“. Mehr als 30 aufrichtige TSA-Mitarbeiter am Logan-Flughafen von Boston berichteten, dass man damit hauptsächlich auf bestimmte rassische Gruppen abzielt, mit dem Ziel, solche Menschen unter einem anderen Vorwand als dem eines terroristischen Vergehens zu verhaften. Die Polizeibehörde von Tampa in Florida nutzte 2012 den Parteikongress der Republikaner als Vorwand, um Dutzende von Überwachungskameras zur Verhaltenserkennung zu installieren. Sie gab bekannt, dass die Kameras auch nach dem Kongress eingesetzt – und zahlenmäßig erweitert – werden würden (vergleiche Großbritannien und die Olympiade). Die Kameras sind darauf programmiert, Verhaltensweisen zu identifizieren, die nicht als „normal“ gelten und diese an die Polizeimonitore zu melden. Wie die DARPA bekannt gab, wolle man wissen, was Menschen gewalttätig macht (es handelt sich offenbar um eine interne Untersuchung) und den entsprechenden Menschen dann falsche Geschichten ins Gehirn pflanzen, die friedvolle Gedanken auslösen. Die Tatsache, dass solche Typen über die Möglichkeit verfügen, auf das menschliche Denken zuzugreifen, zeigt uns, wie sehr wir bereits in der von Orwell vorausgesagten Welt leben. Eine Firma namens Veritas gab zu, an der Entwicklung eines „gedankenlesenden Helms“ für das Militär, die Rechtsvollstreckungsbehörden und die Gerichte zu arbeiten. Der Helm solle die Gehirnaktivitäten ablesen und so feststellen, ob jemand die Wahrheit sagt (Abb. 833). Laut dem Geschäftsführer von Veritas, Eric Elbot könne dieses Gerät möglicherweise auch „als Werkzeug für üble Zwecke“ eingesetzt werden, weshalb es extrem gefährlich wäre, wenn nur der Staat darüber verfügte. Was sollten die Regierungen seiner Meinung nach also tun – den Helm herumreichen, weil es gefährlich wäre, wenn nur sie ihn besäßen? Und wem möchte Elbot seinen Helm als erstes in die Hand drücken? Ja natürlich – dem *Militär*.

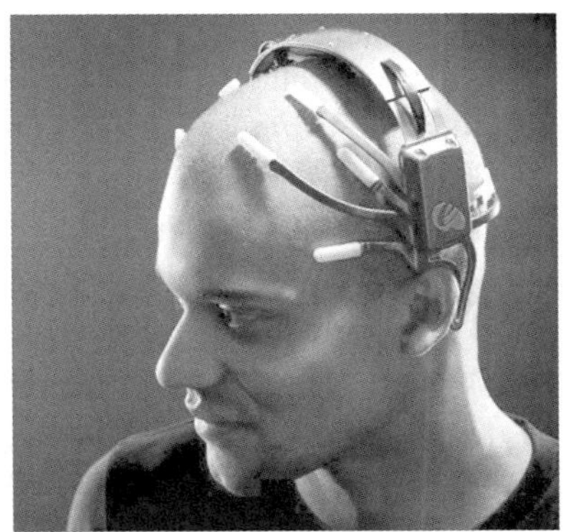

Abbildung 833: Was denke ich? Frag die Maschine.

> „Oh nein, es ist nicht unsere Schuld, dass das Gerät als Werkzeug des faschistischen Staates eingesetzt wird – dafür haben wir es nicht gebaut. Wir haben es nur entwickelt, damit wir Omas Gedanken lesen und erfahren können, ob sie ihren Tee mit Zucker trinken möchte, ja wirklich, so ist es.“

Wie Forscher der Universitäten von Oxford, Kalifornien und Genf bekanntgaben, hat man eine Möglichkeit entdeckt, Zugriff auf das menschliche Gehirn zu erlangen. Die dafür benötigten Kopfhörer kosten weniger als 300 Dollar. Man zeigte einer Gruppe von Wissenschaftsstudenten, die diese Kopfhörer trugen, Bilder von Kreditkartennummern, Bank-Pins und Landkarten. Die Studenten wussten nicht, dass man diese Informationen dabei aus ihren Gehirnen ablesen konnte. Bei dieser Studie stellte sich heraus, dass man aus dem Gehirnen der Studenten persönliche Informationen wie Adresse, Bankdaten und in zwanzig Prozent der Fälle sogar die Pin-Nummer entnehmen konnte. Laut den Angaben der Forscher könnten Hacker (die Behörden) durch Manipulation der Kopfhörer-Software Zugriff auf jedermanns Gedanken nehmen. „Man kann relativ leicht neue Angriffsformen entwickeln. Die Möglichkeiten sind nur durch die Kreativität des Angreifers beschränkt", hieß es. Man stelle sich vor, was verborgene Technologie alles bewirken kann.

Bei einem während der olympischen Spiele in London 2012 ausgetragenen Radrennen wartete die britische Polizei mit ihrer eigenen Version verbrechensverhindernder Überwachung auf. Zu diesem Zweck brachte man eine handverlesene Eliteeinheit der Polizei, die sogenannte BBI („Bündel blutiger Idioten") in Stellung. Diese Elitepolizisten verhafteten einen Zuschauer, der an Parkinson litt, weil er ... hören Sie sich das genau an ... *nicht lächelte*. Mark Worsfold, ein 54-jähriger Kampfsport-Trainer, der friedlich dasaß und sich nur mit sich selbst beschäftigte, wurde plötzlich von den Schwachköpfen der BBI, beziehungsweise der Polizei von Surrey, gepackt, zu Boden geworfen und in Handschellen gelegt. Worsfold konnte das Radrennen nur noch durch die Beine der anderen Zuschauer hindurch verfolgen, da man ihn weiterhin auf den Boden drückte. Wie er später berichtete, befragte die Polizei ihn zu seinem Verhalten und wollte wissen, warum er „das Ereignis nicht sichtlich genoss". Laut Polizei „gab das Anlass zu Bedenken" und so verhaftete man ihn wegen potenzieller „Ruhestörung", obwohl ein Mensch sich kaum friedlicher verhalten kann, als Worsfold es tat. Man hielt ihn stundenlang fest. Seine Frau erfuhr erst von dem Vorfall, als ihr Mann nicht zur Geburtstagsfeier der gemeinsamen Tochter auftauchte, und sie ihn deshalb als vermisst meldete. Eine ganz typische Vorgehensweise der Schwachsinnigen besteht darin, ungewöhnliche Stupidität und oftmals auch Brutalität zu rechtfertigten, sollten entsprechende Informationen an die Öffentlichkeit gelangen. Wie die Polizei von Surrey erklärte,

> „befand sich der Mann in der Nähe einer kleiner Gruppe von Demonstranten. Die Polizeibeamten verhafteten ihn aufgrund seines Verhaltens, seiner Kleidung und seiner Nähe zur Rennbahn, um so eine mögliche öffentliche Ruhestörung zu verhindern".

Abbildung 834: Was? Er sieht sich eine Komödie an und vergisst dabei zu lachen?

Da haben wir es – Jungs in der Vorpubertät entdeckten ein Verbrechen, ehe es stattfand. Der Hauptkommissar rechtfertigte den Angriff auf den an Parkinson erkrankten Mann wegen des „Verbrechens", das Ereignis nicht sichtlich zu genießen durch „Interessen der öffentlichen Sicherheit". Seine Polizisten hätten „aufgrund der ihnen zur Verfügung stehenden Informationen rasch und entschlossen gehandelt". Man stelle sich vor, welche Mentalität der Verbrechensverhütung wohl herrschen wird, wenn Technologien wie FAST erst einmal großflächig zum Einsatz kommen.

> „Er isst seinen Hamburger nicht schnell genug, bestimmt denkt er an Terrorismus – schickt ihm die Jungs auf den Hals".

Ich habe ein Exklusivfoto, das die Polizei von Surrey bei ihrem Angriff auf Herrn Worsfold und gleichzeitig den Hauptkommissar am Telefon zeigt, wie sie in dieser Notsituation die Welt gemeinsam vor dem Terrorismus schützen (Abb. 834).

Das alles ist ein Psychospiel

Für den Gesamtplan zählt weniger, ob solche Dinge tatsächlich Realität in dem Sinne sind, dass man sie den Menschen antut, als vielmehr die Angst der Menschen, dass das der Fall sein könnte. Ein Taser ist nicht primär für den tatsächlichen Einsatz bestimmt. Vielmehr soll er die Menschen in Angst und Schrecken vor einem möglichen Einsatz versetzen. Dann werden sie alles tun, was man von ihnen verlangt. Deshalb spielen Videos, die zeigen, wie jemand an den Folgen eines Angriffs mit einem Taser stirbt oder wie schmerzhaft ein solcher Angriff ist, der Tyrannei wunderbar in die Hände. Die ganze Wucht der Dinge, die ich in den letzten beiden Kapiteln beschrieben habe, soll Angst erzeugen und die Bevölkerung so zu freiwilligem Gehorsam und Anpassung veranlassen, die so weit geht, dass niemand mehr wagt, an eine Auflehnung gegen die Obrigkeit auch nur zu denken. Man will gefügige Menschen, die alles fraglos hinnehmen und kein Selbstwertgefühl und keine persönliche Würde mehr haben. Die Nacktscanner, mit denen man Nacktfotos von Erwachsenen und Kindern schießt, dienen vielerlei Zwecken, und einer davon ist Demütigung. Das Gleiche gilt für das übergriffige „Abtasten", das den Menschen ihr Gefühl der Würde und die Kontrolle über den eigenen Körper und den eigenen Raum nehmen soll. Ich habe diesen Mumpitz viele Male mitgemacht, wenn ich mich den strahlenden Scannern verweigere. Dann lache ich einfach über diese Leute, denn aus meiner Sicht befinden die sich selbst im Tastgriff eines Mumpitz-Systems und haben dort, wo bei anderen das Gehirn sitzt, nur Mumpitz im Kopf. Doch nicht alle Menschen reagieren so. Die meisten fühlen sich verletzt, und genau darum geht es. Das ist auch der Grund, warum systemhörige Richter des Obersten amerikanischen Gerichtshofs Gefängnisbediensteten das Recht zusprechen, jeden auszuziehen und zu durchsuchen, den sie grundlos wegen irgendwelcher geringer Vergehen, auch wenn der Betreffende sie gar nicht begangen hat, verhaften oder einsperren. Albert Florence, ein afroamerikanischer Geschäftsmann, wurde in New Jersey von einem schwachköpfigen Landespolizisten verhaftet, ohne dass irgendein Verdacht auf eine Straftat bestand, abgesehen von einer angeblich unbezahlten Geldstrafe, die tatsächlich aber beglichen worden war. Wie die Zeitung *The Nation* berichtete, zwang man ihn trotzdem

> „sich auszuziehen, mit einem Entlausungsmittel zu duschen, seine Mundhöhle untersuchen zu lassen, die Arme auszustrecken, seine Genitalien hochzuheben und sich dann umzudrehen, damit der Beamte sein Hinterteil untersuchen konnte".

Man hielt ihn sechs Tage lang fest, ohne irgendeinen Vorwurf gegen ihn zu erheben. Dann verlegte man ihn ins Bezirksgefängnis von Essex, wo er erneut ausgezogen und untersucht wurde. Er musste in die Hocke gehen, husten und sich einer gründlichen Untersuchung seiner Ohren, seiner Nase, seines Mundes, seiner Kopfhaut, seiner Achselhöhlen, der Innenseiten seiner Schenkel und anderer Körperteile unterziehen. Am darauffolgenden Tag ordnete ein Richter die sofortige Freilassung des Gefangenen an und verlieh seinem Entsetzen über die Vorfälle Ausdruck. Florence verklagte die beiden Bezirke und schloss sich einer Sammelklage anderer Geschädigter an, denen das Gleiche widerfahren war. Darunter befanden sich Menschen, die man ausgezogen und durchsucht hatte, weil sie nicht angeschnallt waren, einen lauten Auspuff, einen defekten Frontscheinwerfer, einen abgefahrenen Reifen, das Fernlicht eingeschaltet, einen defekten Scheibenwischer hatten oder ein Stoppschild überfahren hatten, nicht ordnungsgemäß rückwärts gefahren waren, eine Doppellinie überfahren oder in einer Parkverbotszone geparkt hatten oder unvorschriftsmäßig oder ohne Klingel Rad gefahren waren. Ein zwölfjähriges Mädchen wurde ausgezogen und untersucht, nachdem man es verhaftet hatte, weil es in der U-Bahnstation Pommes Frites gegessen hatte. Das Gleiche widerfuhr einer Frau, die man beschuldigte, nicht vor dem Verkehrsgericht erschienen zu sein, obwohl der Richter ihr ein falsches Datum genannt hatte. Wie die Zeitung *The Nation* berichtete, „litt eine Ärztin", die man ausgezogen und untersucht hatte, danach „an Paranoia, Selbstmordneigung und Depressionen, und konnte sich nur noch im Innern eines Kleiderschranks ausziehen". Das alles ist ungeheuerlich und abstoßend und könnte in einem zivilisierten Land, in dem die Menschen respektiert werden, niemals geschehen. Aber dieses Land *ist* nicht zivilisiert, und es respektiert die Menschen nicht. Warum? Die Agenda verlangt Demütigung bei jeder Gelegenheit, und der Oberste Gerichtshof befindet sich in der Hand derjenigen, die hinter der Agenda stecken. So einfach ist das. Bernard Harcourt, ein an der Universität Chicago tätiger Juraprofessor, fand die Entscheidung „erschreckend … denn dahinter steckt eine Logik, die eine Demokratie in einen Polizeistaat verwandeln kann". Der Polizeistaat ist bereits verwirklicht, und die „Logik" richtet sich nach der Frage: „Welche Entscheidung hättet ihr gern, ihr Herren und Meister?" In einem Zeitraum von weniger als zwei Jahren wurden fast 44.000 britische Kinder in Gewahrsam genommen, ausgezogen und untersucht. Dabei fand man in nur 275 Fällen verbotene Gegenstände und in keinem einzigen Fall Drogen oder Waffen. Auch hier ging man wieder einmal vorzugsweise gegen Kinder mit dunkler Hautfarbe vor oder gegen Kinder, die ethnischen Minderheiten angehören. In 50 Fällen wurde körperliche Gewalt angewendet. Carolyne Willow, die ehemalige staatliche Koordinatorin der englischen Allianz für Kinderrechte, erlangte die Freigabe dieser Zahlen nach dem Informationsfreiheitsgesetz. Sie bezeichnete diese Praxis als „institutionalisierten Kindesmissbrauch". Genau das ist sie, und genauso soll es sein.

Ein weiterer Grund für die Einführung der Nacktscanner – und das gilt genauso für alle anderen dieser aufgezwungenen Technologien – besteht darin, zu testen, wie viel Menschen hinzunehmen bereit sind, ehe sie sich auflehnen. Man treibt das Ganze auf die Spitze, um festzustellen, wie viel Gegenwind man bekommt. Gibt es keinen oder keinen nennenswerten Widerstand, legt man noch einen Gang zu. Nun, Jungs, wir wollen doch mal sehen, ob die Leute bereit sind, sich und ihre Kinder jedes Mal, wenn sie fliegen wollen, mit Strahlen bombardieren zu lassen. Wir wollen ihnen die Alternative bieten, sich und ihre Kinder stattdessen sexuell missbrauchen zu lassen. Wir werden das „Abtasten" nennen. Wir wissen, dass die entsprechenden Jobs viele Pädophile und Perverse anziehen werden, aber wenn die Leute das hinnehmen, dann werden sie alles hinnehmen. Sie haben sich das *gefallen lassen*? *Wirklich*? Nun, dann werden wir die Scanner überall aufstellen, in allen Verkehrszentren, Sportstadien, usw. Fertigt uns eine Liste an. Als nächstes werden wir den Leuten sagen, dass unseren nachrichtendienstlichen Informationen zufolge Terroristen die Umgehung der Nacktscanner planen, indem sie ihren Mitgliedern Geräte *in den Körper* implantieren. Wir werden dafür den Begriff „Nabelbomben" verwenden. Ja, das klingt nett und griffig, und es lässt sich gut abkürzen. Dann geben wir eine Mitteilung heraus, in der wir erklären, dass die Nacktscanner, wie sie derzeit auf Flughäfen zum Einsatz kommen, nicht tief genug in den Körper eindringen, um solche Geräte entdecken zu können. Wir werden verkünden, dass wir im Interesse der öffentlichen Sicherheit jedes Mal eine komplette Röntgenuntersuchung durchführen müssen. Dieser Wahnsinn von wegen „Nabelbomben" ist, nebenbei bemerkt, kein Scherz, jedenfalls keiner im wahrsten Sinne des Wortes. Eine solche Bekanntmachung gab es tatsächlich im Jahr 2011. Wie lange wird es noch dauern, bis man sich einer Operation unter Vollnarkose unterziehen muss, ehe man ein Flugzeug besteigen darf? Eine weitere psychologische Taktik besteht darin, den Menschen das Leben so unangenehm zu machen und sie so stark in ihrem Wohlbefinden zu stören, dass sie für alles offen werden, was eine Verbesserung verspricht. Für eine solche „Verbesserung" muss man dann natürlich das einführen, was der Plan ohnehin vorsieht. Das System wartet jetzt mit der Idee auf, die Untersuchung der Passagiere und ihres Gepäcks zu integrieren und die Leute mitsamt ihren Koffern durch einen etwa 6,5 Meter langen Tunnel spazieren zu lassen. Dabei will man die Bestrahlungsformen kombinieren, die bisher für Gepäck und Passagiere angewendet wurde. Für die Gesundheit hätte das verheerende Folgen. Aber man würde viel Zeit ersparen, die die Menschen nicht in einer Warteschlange verbringen müssten.

Die Schlussphase des Spiels

Zehntausende von Soldaten (letztendlich aber wahrscheinlich alle) bereiten sich darauf vor, polizeiliche Gewalt über Amerika auszuüben. Man will Kriegsrecht einführen. Dafür muss es nur noch gelingen, einen inszenierten Scheinangriff auf amerikanischem Boden über die Bühne zu bringen. Das Militär erkundigt sich heute bereits bei Firmen nach neuen Kopfschutzausrüstungen für den Einsatz *im Inland*, bei dem es um die „Sicherheit des Vaterlands" geht. Der amerikanische Armee-Stabschef General Raymond T. Odierno plädiert für die Aufhebung des Posse-Comitatus-Gesetzes, das es dem Militär verbietet, als Rechtsvollstreckungstruppe im Inland tätig zu werden. In *Foreign Affairs*, der vom Rat für auswärtige Beziehungen herausgegebenen Zeitschrift, schrieb er:

> „Man sollte die Armee einsetzen, um Herausforderungen im Innern der Vereinigten Staaten zu begegnen, die mit inländischen Terrorismus in Zusammenhang stehen."

Um das zu rechtfertigen, bräuchte man eine ordentliche Portion von inländischem Terrorismus, nicht wahr? Kennt jemand zufällig irgendwelche gedankenkontrollierten Leute mit Waffen? Odierno schrieb weiter:

> „Falls notwendig werden wir auch Militärkräfte im aktiven Dienst abstellen, besonders solche mit Nischenfähigkeiten und besonderer Ausrüstung. Damit können wir den zivilen Kräften ein solides Paket verlässlicher und schneller Reaktionsmöglichkeiten anbieten."

Ich schrieb die obigen Worte: „Um das zu rechtfertigen, bräuchte man eine ordentliche Portion von inländischem Terrorismus, nicht wahr? Kennt jemand zufällig irgendwelche gedankenkontrollierten Leute mit Waffen?" unmittelbar vor dem Bombenattentat beim Bostoner Marathon (siehe Nachtrag). Gleich nach diesem Anschlag änderte man eine Bestimmung des amerikanischen Gesetzes über die Defensivunterstützung ziviler Rechtsvollstreckungsbehörden. Damit erhielt das Militär das Recht, ohne Genehmigung irgendeiner lokalen oder staatlichen Zivilbehörde auf den Straßen zu patrouillieren. Die Bestimmung lautet jetzt wie folgt:

> „Militärkommandanten des Bundesheers sind befugt, in außergewöhnlichen Notsituationen, in denen eine vorherige Genehmigung des Präsidenten nicht eingeholt werden kann, und in Fällen, in denen die ordnungsgemäß konstituierten örtlichen Behörde außerstande sind, die Situation unter Kontrolle zu bringen, vorübergehend die Handlungen vorzunehmen, die erforderlich sind, um umfangreiche, unerwartete Bürgerunruhen zu unterdrücken."

Das ist wieder einmal Ausdruck eines totalitären Heranschleichens. Bruce Afran, Bürgerrechtsanwalt und Professor für Verfassungsrecht an der Rutgers Universität, meinte dazu:

> „Es handelt sich um eine willkürliche Machtergreifung durch das Militär. Das ist absolut schockierend … denn es verstößt gegen den seit langem geltenden Grundsatz, dass das Militär ziviler Kontrolle untersteht."

Das war in Wirklichkeit zwar niemals der Fall, aber heute hält man es nicht einmal mehr für nötig, wenigstens ein Lippenbekenntnis zu diesem Grundsatz abzugeben. In einigen meiner anderen Bücher habe ich eine Liste derjenigen Präsidentenerlasse zusammengestellt, die ohne jegliche Debatte ergingen und die im Falle der Ausrufung des Kriegsrechts die Übernahme des gesamten Finanzwesens, der Energiequellen, allen Eigentums, der Transportmittel einschließlich aller Privatfahrzeuge, des Kommunikationswesens, der Lebensmittelherstellung und –verteilung, der Erziehung, der Gesundheitsfürsorge, der Bestimmung der Wohn- und Arbeitsorte der Menschen, einschließlich des Rechts, Familien zu trennen und ganze Bevölkerungsgruppen umzusiedeln und alles andere, was den Diktatoren so einfällt, sanktionieren. Alle Präsidentenerlasse zusammengenommen umfassen bisher insgesamt etwa 200.000 Wörter, und laufend ergehen weitere Erlasse. Im Juli 2012 unterzeichnete Obama einen neuen Erlass, der die Übernahme von Kommunikationsfunktionen im Interesse der nationalen Sicherheit und der Vorbereitung auf Notfälle betreffen. Damit stärkt er die Macht der archontischen Netzwerke weiter, die nunmehr befugt sind, unter beliebigen Umständen die Kommunikationswege an sich zu reißen, „um für die nationale Sicherheit zu sorgen, Notsituationen effektiv zu meistern und die nationale Resilienz zu stärken". Obama unterzeichnete den Erlass an einem Freitagabend, als die Presseleute bereits nach Hause gegangen waren. So konnte er Fragen vermeiden und so gut es ging, jeder Publicity ausweichen. Praktisch, wo dieser Erlass ihm und allen künftigen Präsidenten doch das Recht verleiht, alle Kommunikationssysteme, auch das Internet, abzuschalten. Wie ein Kommentator ganz richtig bemerkte, hatte Obama sich selbst damit das Recht verliehen, totales Schweigen zu schaffen, um nur noch seine eigene Stimme vernehmen zu lassen. Der Erlass sieht die Ausübung dieses Rechts für Notsituationen vor, um auf diese Weise eine „überlebensfähige, widerstandsfähige, stabile und effektive Kommunikation sicherzustellen, die es der Regierung erlaubt, zu den Menschen zu sprechen". Warum müssen für diesen Zweck alle anderen Kommunikationen zum Schweigen gebracht werden? Die Antwortet lautet: Das ist ein wichtiger Schritt auf dem Weg zum Kriegsrecht und zur militärischen Übernahme Amerikas. Auch in Europa und anderswo laufen entsprechende Vorbereitungen. Überall in Amerika gibt es mit Wachtürmen und Stacheldraht ausgestattete Konzentrationslager, um Menschen einzusperren, nicht um sie auszusperren. Diese Lager warten auf Dissidenten, die sich den Faschisten entgegenstellen. Die Lager stehen unter der Leitung der Bundesagentur für Katastrophenschutz (FEMA). Es handelt sich in Wahrheit um eine militärische Operation, die der Vorbereitung auf die faschistische Übernahme durch die archontischen Blutlinien und ihre Lakaien dient. Die amerikanische Nationalgarde begann 2009 Stellenausschreibungen für „Internierungs-/Umsiedlungsspezialisten" für „zivile Internierungslager" in den Vereinigten Staaten zu schalten. KBR (früherer Name: Kellogg Brown and Root) erhielt 2006 den Zuschlag für den Bau von Haftanstalten für hohe Sträflingszahlen, und die Muttergesellschaft des Unternehmens, die wirklich abstoßende Firma Halliburton, bei der Dick Cheney die Fäden zieht, suchte im Jahr 2011 nach Subunternehmern, die in fünf Regionen der Vereinigten Staaten Lager für „Umweltkatastrophen" errichten sollten. Ich habe bereits mehrfach erwähnt, dass Hunderttausende von Plastiksärgen verteilt über die gesamten Vereinigten Staaten gelagert werden. Der Kongress verabschiedete 2012 ein Gesetz, das der FEMA auferlegte, Vorsorge für den Fall „hoher Todesfallzahlen" zu treffen. Woran erinnern uns all diese Ereignisse und Vorkehrungen? An die Forderungen der Agenda 21. Die passenden Präsidentenerlasse (11647 und 11490) liegen bereits vor. Sie erlauben die Einrichtung von bundesstaatlichen Regionalräten. Diese werden zehn staatliche Regionen beherrschen und dabei die bestehenden fünfzig Staaten schlucken. Ein weiterer Rat, der Ihnen Ihr Bankkonto stehlen darf, wenn der Staat Sie zur „sanktionierten Person" erklärt, ist ebenfalls geplant. „Sanktionierte Person" – das klingt wahrhaft nach Orwell. Bob Adelmann schrieb in *New American*:

> „Der Erlass, der den Titel „Präsidentenerlass betreffend die Befugnis zur Implementierung bestimmter Sanktionen ..." trägt, besagt, dass eine Person, die vom Präsidenten, Innenminister oder Finanzminister zur „sanktionierten Person" erklärt worden ist, keinen Zugang mehr zu seinen Konten erhält, keine Darlehen abzahlen

(oder gewähren) und kein Geld an irgendein Finanzinstitut innerhalb oder außerhalb der Vereinigten Staaten überweisen kann. Mit anderen Worten, die finanziellen Ressourcen einer solchen Person werden mit Erfolg vollständig eingefroren.

Die mit dem Präsidentenerlass verliehenen Befugnisse gehen aber noch weiter. Sie sorgen dafür, dass es der betreffenden Person unmöglich gemacht wird, sich einer dritten Person, etwa einer Personengesellschaft, eines Vereins, eines Treuhandfonds, eines Joint Venture, einer Kapitalgesellschaft, einer Untergruppe oder einer sonstigen Organisationsform zu bedienen, die ihm helfen oder ihm den Zugang zu seinen Finanzmitteln verschaffen möchte. Selbst wenn die auf diese Weise „sanktionierte" Person feststellt, dass die Entscheidung unfair war, hat sie kein Recht, dies vor Gericht zu klären. Kurz gesagt, die Person wird mit Erfolg vollständig ausgeraubt."

Eine Bestätigung für die Absicht, das Kriegsrecht einführen zu wollen, fand man in einem Trainings-Handbuch des amerikanischen Militärs, das im Sommer 2012 an die Öffentlichkeit gelangte. Unter dem Titel „Operationen bei zivilen Unruhen" wird detailliert beschrieben, wie das Militär auf dem amerikanischen Festland eingesetzt werden soll, um alle Feuerwaffen von ihren rechtmäßigen Besitzern zu konfiszieren und Demonstranten oder Gegner des Systems sogar zu töten (Abb. 835). Das Handbuch stammt aus dem Jahr 2006. Man setzte es im Rahmen eines Schulungskurses der amerikanischen Militärpolizei in Fort McClelland in Alabama ein. Das Handbuch legt unter anderem dar, wie das Militär bei zivilen Unruhen oder bei der Einführung von Kriegsrecht in Stellung gebracht werden soll, um „unerlaubte Versammlungen" aufzulösen und „in Unruhegebieten zu patrouillieren, um die Begehung rechtswidriger Handlungen zu verhindern". Dazu gehören Machtdemonstrationen, die Errichtung von Straßensperren und die Zerstreuung von Menschenansammlungen. Gefangene sollen zu Internierungslagern gebracht werden. In einem anderen durchgesickerten Dokument mit dem Titel „FM 3-39.40. Internierungs- und Umsiedlungsoperationen" ist die Rede davon, die inhaftierten Personen „umzuerziehen", um ihnen „die Wertschätzung der amerikanischen Politik" zu vermitteln. Aus dem Dokument „Operationen bei zivilen Unruhen" wird klar, dass es „keine Warnschüsse geben wird", ehe das Militär auf Aufständische oder „Dissidenten" schießt. Weiter heißt es:

Abbildung 835: So wie es aussieht, stehen uns diese Dinge nicht bevor – sie sind bereits im Gange.

„Einschränkungen des Verkaufs, der Abgabe und des Besitzes sensibler Materialien wie Benzin, Schusswaffen, Munition und Sprengkörper sollen den Kontrollkräften helfen, bestimmte Formen von Gewalt zu minimieren. Es kann auch erwogen werden, sensible Gegenstände wie Waffen aus den entsprechenden Läden zu evakuieren."

Darum geht es bei der Kampagne zur Entwaffnung von Amerika in Wirklichkeit. Die *Washington Post* berichtete 2008 über Pläne zur Abstellung von 20.000 Soldaten für den Einsatz im amerikanischen Inland, um auf „terroristische Anschläge" und zivile Unruhen vorbereitet zu sein. Die archontischen Familien und Netzwerke wissen, wie sie die wirtschaftliche Situation so schlimm gestalten können, dass eine große Anzahl von Menschen aus schierer Verzweiflung reagieren wird. Das strategische Institut der Kriegsakademie der amerikanischen Armee sagte im Jahr 2008 voraus, dass ein „strategischer Schock" (eine Serie von Krisen und Umbrüchen) große zivile Unruhen auslösen könnte (man weiß dort genau, dass dieser „strategische Schock" geplant ist). In einem solchen Fall würde das Militär benötigt, um „absichtlichen Widerstand im Inland" zu unterdrücken. Von ähnlichen Vorbereitungen in Großbritannien erfuhr ich im Jahr 2008, und mittlerweile bestätigen die Ereignisse diese Informationen. Damit ergeben all die im Lauf der Jahre veröffentlichten Berichte einen Sinn, in denen es heißt, britische und amerikanische Soldaten seien befragt worden, ob sie im eigenen Land auf die eigenen Leute schießen würden. Alle diejenigen, die diese Frage mit Ja beantworteten, hat man daraufhin den Einheiten zugeteilt, die sich auf den Frontkampf im eigenen Land vorbereiten. In den letzten 20 Jahren gab es zudem zahllose Berichte über militärische Übungen ausländischer Truppen auf amerikanischem Boden, beispielsweise russischer und chinesischer Einheiten. Solche Truppen könnte man leicht gegen die amerikanische Bevölkerung einsetzen, da sie mit weit größerer Wahrscheinlichkeit als amerikanische Soldaten bereit sein würden, Amerikaner zu töten. Der für den Nobelpreis vorgeschlagene Jim Garrow leitet eine Organisation, die sich der Rettung weiblicher chinesischer Babys vor der Tötung, dem sogenannten „Genderzid", widmet. Wie er berichtete, hatte „einer der bekanntesten Militärhelden Amerikas" ihm anvertraut, die Obama-Administration würde sich bei der Auswahl neuer Militärführer nach dem Kriterium richten, ob der jeweilige Kandidat bereit wäre, das Feuer auf amerikanische Bürger zu eröffnen. Er sagte:

> „Ein ehemals hochrangiger Militärführer hat mich soeben darüber informiert, dass Obama einen neuartigen „Lackmustest" verwendet, um zu entscheiden, welche seiner Militärführer er behalten wird und welche den Hut nehmen müssen. Machen Sie sich auf eine Überraschung gefasst. Der neue Lackmustest für Führungspositionen beim Militär stellt darauf ab, ob der Kandidat auf amerikanische Bürger zu schießen bereit ist oder nicht. Wer dazu nicht bereit ist, wird entlassen."

Der Plan, Zivilisten vom eigenen Militär erschießen zu lassen, ist im Laufe der Jahre durch viele durchgesickerte offizielle Dokumente ans Licht gelangt. Er bestätigt sich auch in der Zielvorgabe: „ohne Zögern", für deren Umsetzung die amerikanische Behörde Homeland Security einer Firma namens Law Enforcement Training Inc. Millionen von Dollars zahlt. Die Firma arbeitet mit Zielscheiben, auf denen Kindern, Mütter, schwangere Frauen und alte Menschen mit Waffen abgebildet sind. Dadurch sollen die Soldaten darauf konditioniert werden, ohne Zögern auf solche Leute zu schießen. Wie krank kann man nur sein. Oh, es geht noch viel kränker. Der Begriff „inländischer Terrorist" entstand vor ein paar Jahren aus dem Nichts, und siehe da, plötzlich richtete sich die „Anti-Terrorismus-Gesetzgebung" – wie von Anfang an beabsichtigt – gegen die einheimische Bevölke-

Abbildung 836: Die wahren inländischen Terroristen. Gott segne Amerika.

rung. Demonstranten der Occupy-Bewegung oder Amerikaner, die in irgendeiner Weise das System in Frage stellen, werden von gedankenkontrollierten Robotermenschen als „inländische Terroristen" bezeichnet, obwohl die wahren Terroristen in schwarzen Anzügen und in Uniformen herumlaufen (Abb. 836). Ein Bericht der Zeitung *Associated Press* enthüllte, dass Einheiten von je 500 amerikanischen Militärpolizisten eigens geschult werden, um „die lokalen Behörden zu unterstützen". In dem Bericht heißt es:

> „Die Bataillone werden in der Lage sein, bei der Beherrschung ziviler Unruhen, der Handhabung von Gefangenen, der Durchführung forensischer Arbeiten und dem Einsatz biometrischer Mittel zur Identifizierung von Verdächtigten zu helfen."

Angeblich soll sich dieser Plan nur auf andere Nationen beziehen, doch letztendlich zielt er auf etwas anderes ab. Durch den von Präsident Obama unterzeichneten Präsidentenerlass 13603 mit dem Titel „Bereitstellung staatlicher Verteidigungsressourcen" erhält die Regierung das Recht, alle Formen von Energie, Wasserversorgung, Gesundheitsfürsorge, Lebensmitteln und Transportmitteln durch ihre vielen verschiedenen Tyranneibehörden zu beschlagnahmen und zu übernehmen, „um die Verteidigung des Landes zu unterstützen". Bedenken Sie, dass der Präsident der Vereinigten Staaten bereits heute die Macht hat, die Ermordung jedes beliebigen amerikanischen Bürgers seiner Wahl im Inland oder im Ausland anzuordnen. Dazu benötigt er keinerlei Beweise und unterliegt keinerlei politischer oder juristischer Aufsicht. Angesichts der Tatsache, dass Kongress und Rechtssystem von den Archonten beherrscht werden, würde eine Aufsicht ohnehin nichts nützen. Man kann Amerikaner auch unbegrenzt lange ohne Anklage oder Gerichtsverhandlung inhaftieren, solange der Präsident nur die entsprechenden Papiere unterzeichnet. Die Menschen können, wie Dr. Richard Day es im Jahr 1969 ausdrückte, „einfach verschwinden". Jonathan Turley, ein Juraprofessor der juristischen Fakultät der George Washington Universität sagte:

> „Präsident Obama hat soeben eine Richtlinie erlassen, die es ihm erlaubt, jeden amerikanischen Bürger ohne jegliche Anklage und ohne jegliche Überprüfung, außer durch ihn selbst, töten zu lassen. Wenn er überzeugt ist, dass Sie ein Terrorist sind, dann kann er Sie überall auf der Welt töten lassen, auch in den Vereinigten Staaten.
>
> Zwei seiner Berater … bestätigten soeben, dass ihrer Auffassung nach amerikanische Bürger auf Anordnung des Präsidenten überall, auch in den Vereinigten Staaten getötet werden dürfen. Sie haben jetzt einen Präsidenten, der erklärt, Sie nach eigenem Gutdünken töten lassen zu können, und er kann Sie nach eigenem Ermessen für unbegrenzte Zeit inhaftieren lassen."

Zu denjenigen, die Druck ausüben, damit Amerika endlich zu einem „Teil des Kampffeldes" erklärt wird und man die „Anti-Terrorismus-Gesetze" auf Amerikaner im Inland anwenden kann, zählen die üblichen grotesken, arschkriecherischen Rothschild-Zionisten, beispielsweise die Senatoren Lindsey Graham und John McCain, die stets zur Stelle sind, wenn die Agenda Unterstützung benötigt, oder auch andere Rothschild-Zionisten wie Joe Lieberman und Charles Schumer, deren einziges Ziel darin besteht, den Interessen des Rothschild-Zionismus und des Staates Israel (den Rothschilds) zu dienen. Graham äußerte über die Anti-Terrorismus-Gesetzgebung:

> „Das Vaterland bildet Teil des Kampffeldes und Leute können ohne Verhandlung inhaftiert werden, unabhängig davon, ob es sich um amerikanische oder nichtamerikanische Staatsbürger handelt."

Diese Typen haben weder Gehirn noch Seele. Die allergrundlegendsten Freiheiten, Rechte und Schutzansprüche der Bevölkerung werden unter dem Vorwand ausgelöscht, „den Terrorismus zu bekämpfen". Wann hat es tatsächlich einen größeren terroristischen Angriff gegeben, der nicht heimlich von denjenigen ausgeführt wurde, die ihn danach missbrauchten, um grundlegende Freiheiten zu vernichten? Ganz sicherlich inszeniert waren die Anschläge vom 11. September, die Bombenanschläge in London 2005, der Auftritt des Schuhbombers oder des Unterhosenbombers und eine lange Liste weiterer Anschläge. Die wenigen von nicht regierungsangehörigen Terroristen verübten Anschläge, so schlimm sie auch sein mögen, betreffen nur relativ wenige Menschen. Gibt es nach alledem, was ich in den letzten Kapiteln beschrieben habe und angesichts des Ausmaßes von Überwachung, Kontrolle und Zwang vielleicht noch irgendjemanden, der noch immer nicht begreift, dass das alles nicht das Geringste mit einem Kampf gegen den Terrorismus, aber alles mit der Versklavung der Bevölkerung zu tun hat? Bestimmt wird es noch Menschen geben, die das geradezu blendend Offensichtliche nicht erkennen können oder die nicht den Mut aufbringen, dem ins Auge zu sehen. Es sind hoffnungslose Fälle. Wenn jemand nach der Lektüre all dieser Informationen nicht sehen kann, was vor sich geht, dann wird er es solange nicht begreifen, bis er ein lautes Klopfen an seiner Tür hört. Doch dann wird es für ihn und seine Familie zu spät sein. Mittlerweile hat der fingierte „Krieg gegen den Terror" mehrere Millionen Menschen auf der ganzen Welt getötet oder verstümmelt, besonders in den von den Blutlinien besonders aufs Korn genommenen Regionen Afrika, Naher und Mittlerer Osten. Dieses Abschlachten der Massen wurde von genau den gleichen Leuten angeordnet und ausgeführt, die dafür plädieren, Freiheiten aufzugeben, um damit den Terrorismus zu stoppen. Sie sind die allergrößten Terroristen dieser Erde. Hier sehen wir wieder einmal ein eklatantes Beispiel für archontische Umkehrung: Der Killer wird mittels Imageaufbau, Wiederholung und Propaganda zum Rechtsschützer. Dieser Wahnsinn des Massenmords beliefert die Archonten mit der Energie von Trauma, Terror und Tod und treibt die Welt unaufhaltsam immer weiter in die Arme der Agenda 21.

Aber machen Sie sich keine Sorgen. Ich bin schließlich bloß ein Spinner, oder etwa nicht?

39

Der archontische Planet

Schon immer hat mich die Notwendigkeit des Handelns beeindruckt. Wissen reicht nicht aus. Wir müssen es anwenden. Wollen ist nicht genug. Wir müssen handeln.

Leonardo da Vinci

Nun werde ich mich der Frage zuwenden, was wir angesichts all dessen unternehmen können. Doch ich möchte diese in nie dagewesenem Maß umfassende Bloßstellung unserer Welt und unserer Realität mit einer kurzen Beschreibung der Form des menschlichen „Lebens" abschließen, die uns erwartet, wenn wir weiterhin zulassen, dass die Wenigen dem Rest von uns ihre Bösartigkeit aufzwingen. Mit „menschlich", so wie wir den Begriff menschlich verstehen, hätte ein solches Leben nichts mehr zu tun, es käme auch nicht mehr annähernd dem nahe, was man unter „Leben" versteht.

Die Menschen würden nur noch existieren, nicht mehr leben. Sie befänden sich in winzigen Wohnschachteln in dicht bepackten Hochhäusern innerhalb der Megastädte, die als Siedlungszonen der Megaregionen der Agenda 21 ausgewiesen wären. Es gäbe nur noch einen Bruchteil der heutigen Bevölkerung. 95 Prozent der Oberfläche des Planeten blieben den Menschen verwehrt. Jeder Mensch würde einen Mikrochip tragen und wäre an ein Computersystem angeschlossen, das seine Gedanken, seine Emotionen und seine Gesundheit beziehungsweise Krankheit steuert. Er stünde sieben Tage pro Woche 24 Stunden lang unter Beobachtung durch Mikrochips und drahtlose Systeme wie smarte Netzwerke, Intellistreet-Technologien und dergleichen, die jedes Gebäude, jeden Ort und jedes Transportmittel in und zwischen den Megastädten erfassen (Abb. 837). Die Herrschenden könnten in Echtzeit auf jeden Gedanken zugreifen und diesen speichern. Kameras würden die Menschen in ihrem eigenen Zuhause durch Zwangsfernseher beobachten – Orwells Telebildschirme. Die Umstellung vom analogen zum digitalen Fernsehen

Abbildung 837: Die Welt der Archonten und ihrer Hybriden, deren Realisierung von Stunde zu Stunde weiter voranschreitet.

stand damit in Zusammenhang, deshalb wurde sie auch mit solcher Eile durchgeführt und deshalb erfasst sie alle Sendeformen – sogar Autoradios – sehr zum Schaden der Zielbevölkerung. Diese Bewegung beglückte uns auch mit *smarten* Fernsehgeräten. Dank dieser Umstellung auf Digitalmodus kommen Ultrahochfrequenzen (UHF) zum Einsatz, durch die man das Unterbewusstsein beeinflussen kann. Das amerikanische Verteidigungsministerium bedient sich dabei einer Technologie namens Silent Sound Spread Spectrum, auch S-Quad oder Squad genannt, die gewerblich unter Namen wie BrainSpeak, Silent Subliminals oder SSSS vermarktet wird. Bei Silent Sound Spread Spectrum werden dem Unterbewusstsein unhörbar unterschwellige Programme im Ultrahochfrequenzbereich eingegeben. Der Namensbestandteil „Silent" (still) bezieht sich auf die Tatsache, dass der Mensch Töne dieser Frequenzen nicht hören kann. Die Botschaften gelangen direkt ins Unterbewusstsein, ohne dass der bewusste Verstand sie registriert. Solche Botschaften lassen sich über das digitale Fernsehen oder Radio übertragen, aber auch über Gwen-Netze, HAARP und andere Kommunikationsnetzwerke. Damit kann man potenziell einer ganzen Nation – und wenn erst einmal die entsprechenden Sendeanlagen eingerichtet sind, der ganzen Welt – ein und dieselbe Botschaft schicken. Die erste vollintegrierte „smarte Stadt" der Welt, soll um das Jahr 2015 auf einer künstlichen Insel in Südkorea gestartet werden. Diese Stadt namens „Songo" soll mit all dem ausgestattet sein, was ich hier beschreibe. Die Menschen sollen in jeder Sekunde in ihrem Zuhause und an ihrem Arbeitsplatz und zusätzlich durch allgegenwärtige Videobildschirme überwacht werden. An dem Projekt sind große archontische Firmen wie Cisco beteiligt. Laut einem der Planer sollen „alle Wohngebäude, Schulen, Büros und alle sonstigen Gebäude" vernetzt werden. Ein anderer Planer meinte, sobald die Infrastruktur einmal eingerichtet wäre, würde die Stadt einen Standard für alle künftigen Städte setzen. Weltweit sind bereits mehr als hundert weitere „Songos" in Planung.

Auf einem archontischen Planeten gäbe es Essen und Wasser nur auf Geheiß der Autoritäten. Sie würden nur an diejenigen verteilt, die sich anpassen und gehorchen. Doch die Rationen wären gerade groß genug, um die Menschen weiter funktionieren und dienen zu lassen. Alle Lebensmittel und Getränke wären mit genetisch veränderten Organismen verseucht. Impfungen und Chemikalien würden jeden Gedanken an Widerstand blockieren und dafür sorgen, dass die Menschen nicht zum Bewusstsein erwachen. Alles würde, wie es bereits heute in zunehmendem Maße geschieht, darauf abzielen, die Menschheit in einem spirituellen Koma zu halten. Wie das funktioniert, sehen wir beispielsweise daran, wie man in China (in vielerlei Hinsicht einem Musterland für die Agenda 21) mit Anhängern von Falun Gong umgeht, einer Bewegung, die Meditation, Aufrichtigkeit, Mitgefühl und Nachsichtigkeit propagiert und Übungen bereithält, um den Körper zu beruhigen und das Herz zu öffnen. Die Praxis des Falun Gong wurde auf üble und brutale Weise unterdrückt, nachdem sich ihr bis 1999 mehr als 70 Millionen Menschen angeschlossen hatten (Abb. 838). Man brandmarkte sie als

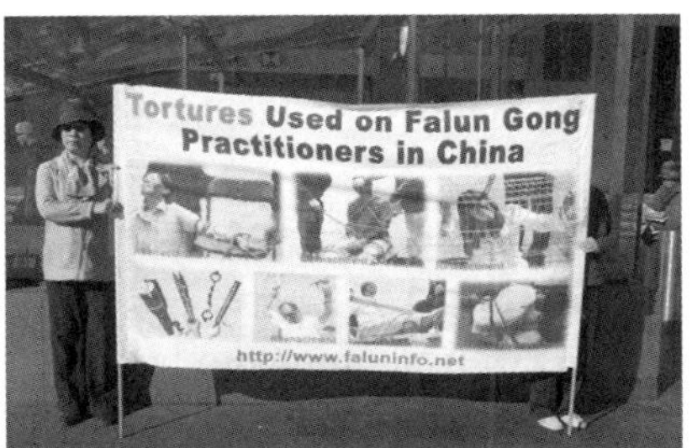

Abbildung 838: Falun Gong – eine Warnung an New Age – Anhänger, den Kopf nicht in den Sand zu stecken oder über den Wolken zu schweben.

eine „ketzerische Organisation" und alle diejenigen, die die spirituellen Praktiken anwendeten, mussten unbeschreibliche körperliche und psychische Qualen erleiden. Die Öffnung des Herzens und die Erkenntnis eines größeren Selbst stellen für die herrschende Ordnung eine gewaltige Bedrohung dar, und die Mächtigen wissen das. Das, was mit Falun Gong passierte, wird auch allen anderen spirituellen Praktiken widerfahren, falls die Agenda 21 in ihrer extremsten Form verwirklicht werden sollte. New-Age- Anhänger, die glauben, sie bräuchten sich nur hinter ihrer Leugnung der „negativen Verschwörung" verstecken, sollten besser rasch erkennen, dass die Verschwörung auch an ihre Tür klopfen wird, wenn sie nicht aufwachen und in die Gänge kommen – das gilt auch für die „Grünen". Wollen sie bis dahin warten oder die Sache jetzt in die Hand nehmen? Das Ausmaß des Schwachsinns, zu dem dieser Kontrollwahn bereits geführt hat, zeigt sich beispielhaft in Chinas Verbot (getreu der Agenda 21) einer *Reinkarnation ohne staatliche Genehmigung*. Wie die staatliche Behörde für religiöse Angelegenheiten bekanntgab, war das Gesetz „ein wichtiger Schritt, um die Kontrolle über die Reinkarnation zu institutionalisieren". Dahinter steckt der Plan, den Einfluss des Dalai Lama, des im Exil lebenden spirituellen und politischen Führers der Tibeter, zu beschneiden, dessen Seele wiedergeboren werden soll, damit er seine Arbeit fortsetzen kann, wie es heißt. Ich glaube das zwar nicht, aber viele Menschen sind davon überzeugt. Durch ihr Verbot einer Reinkarnation ohne staatliche Erlaubnis eröffnet sich den Chinesen die Möglichkeit, sich den nächsten Dalai Lama nach ihren eigenen Interessen auszusuchen. Diese Menschen sind geisteskrank, sie sind selbst Ausdrucksformen des geisteskranken Demiurgen. In einer archontischen Gesellschaft gäbe es keine biologischen Lebensmittel mehr, es wäre verboten, privat Lebensmittel anzubauen und niemand hätte Zugang zu alternativen Heilmethoden oder Nahrungsergänzungsmitteln. Jeder, der die Augen aufmacht, erkennt, dass wir mit Riesenschritten in diese Richtung unterwegs sind. Zwangsdrogen, beispielsweise Lithium im Wasser, würden die Menschen dazu bringen, ihre Sklaverei zu lieben, wie Aldous Huxley es ausdrückte. Huxley schrieb 1962:

> „Etwa in der nächsten Generation wird es eine pharmakologische Methode geben, die Menschen dazu bringt, ihre Sklaverei zu lieben. So erschafft man sozusagen eine Diktatur ohne Tränen, eine Art schmerzloses Konzentrationslager für ganze Gesellschaften. Man wird den Menschen ihre Freiheiten wegnehmen, doch sie werden es genießen, denn man wird sie durch Propaganda oder Gehirnwäsche oder durch Gehirnwäsche verstärkt durch pharmakologische Methoden von jeglichem Wunsch nach Rebellion ablenken. Das scheint die endgültige Lösung zu sein."

Wenn die Agenda 21 erst zur vollen Entfaltung gelangt ist, werden sich die im Wasser gelösten Stoffe wie der Inventurbericht einer Apotheke anhören. Darum geht es bei der gegenwärtigen massenhaften Verabreichung von Medikamenten an die Bevölkerung. Durch Zwangsimpfungen lassen sich „chemische Lobotomien" durchführen, damit auch die mildeste Form der Rebellion im Keim erstickt wird, da der Körper-Intellekt dann nicht mehr zu entsprechenden Gedanken fähig ist. Der 1971 erschienene Film „THX 1138", das Regisseur-Debut des Insiders George Lucas, der später das Werk „Star Wars" schuf, porträtiert genau diese Situation. Das Gleiche gilt für den Film „Equilibrium", der mit noch größerer Deutlichkeit die Programmierung des kollektiven menschlichen Verstandes beschreibt, damit der Mensch sein Schicksal akzeptiert. In einer Internet-Besprechung des Films von Lucas heißt es, er würde

> „eine dystopische Zukunft zeichnen, in der die Menschheit durch androide Polizisten beherrscht und zur Einnahme von Drogen gezwungen wird, die alle Emotionen einschließlich des sexuellen Verlangens unterdrücken."

Klingt das vertraut? Das Wort „dystopisch" könnte nicht besser gewählt sein. Es bezeichnet „eine Gesellschaft in einem repressiven, kontrollierten Staat, der sich oft den Anschein eines utopischen Staats gibt." Niemand dürfte wissen, was sein Essen und Trinken enthält, es gäbe keine Kennzeichnungen für Lebensmittel. Wenn man sich vor Augen führt, dass Monsanto sich das Recht sichern will, GVO-verseuchte Lebensmittel in den Vereinigten Staaten nicht mehr kennzeichnen zu müssen, dann erkennt man, dass wir uns bereits in diese Richtung bewegen. Überwachungsdrohnen würden an unserem Himmel patrouillieren, was bereits jetzt seinen Anfang nimmt. Diese Drohnen könnten jeden beliebigen Menschen orten und töten. Sie bräuchten sich nur in den Frequenzcode seines Mikrochips einzuloggen. Militär und Polizei wären zu einer Einheit verbunden. Mit der heimtückisch-bösen Art, in der die Mitglieder dieses Verbunds den Willen der Wenigen gegenüber der versklavten Mehrheit durchdrücken, würden sie die heutigen Gangster wie Chorknaben aussehen lassen (siehe „Equilibrium"). Sie könnten mit den Menschen umspringen, wie sie wollen, denn es gäbe keine Gesetze und keine Rechtsvollstreckung, die sie aufhalten könnten. Es gäbe keine Gerichtsverhandlungen mehr, nur staatlich verordnete „Gerechtigkeit", die in sogenannten „Sternkammern" – des Sterns Saturn – festgeschrieben wird. Die Kammern würden unter Ausschluss der Öffentlichkeit tagen, es gäbe keine Verteidigungsmöglichkeit, kein Berufungsrecht, keine Jurys und keine Zeugen. In diese Richtung bewegen wir uns bereits jetzt, denn es gibt immer mehr Fälle, die ohne Jurys verhandelt werden, und archontische Richter und diejenigen, die Macht über die Richter ausüben, verheizen das Gesetz nach Belieben. Der abstoßende britische Staatsminister Kenneth Clarke, der bereits in der Jauchegrube der Thatcher-Administration als Minister tätig war, erklärte sogar, dass „alle rechtdenkenden Bürger Mittelenglands" solche nicht öffentlich tagenden Gerichte unterstützen müssten, die durch Abstimmung im Jahr 2013 schließlich legal wurden. Unglaublich. Doch wenn man die Mentalität solcher Leute versteht, wird es verständlich. Wie Clarke erklärte, sei es eine Frage des „gesunden Menschenverstands", dass die Gerichte „nachrichtendienstliche" Informationen unter Ausschluss der Öffentlichkeit prüften. Der wahre Grund für heimlich tagende Gerichte besteht jedoch darin, staatliche Korruption, Verabredung zu Straftaten und staatlich sanktionierten Mord zu verschleiern. Man baut immer mehr und immer größere Gefängnisse – genau wie Dr. Richard Day es 1969 angekündigt hatte. Dem aufblühenden System privater Gefängnisse bietet man Anreize, damit sie die Leute so lange wie möglich gefangen halten. Je mehr Leute sie einsperren und je länger sie die Leute in Haft halten, umso mehr verdienen die Gefängnisbetreiber. Diese Gefängnisse unterliegen auch nicht der gleichen Aufsicht wie staatliche Gefängnisse, was heutzutage allerdings nicht mehr viel heißt. Derzeit befinden sich in den USA 130.000 Menschen in Privatgefängnissen in Haft, und ihre Zahl steigt weiterhin sprunghaft an. 2012 befanden sich in den USA insgesamt 2.500.000 Menschen im Gefängnis – da kann kein anderes Land mithalten, nicht einmal China. Mehr als die Hälfte davon sitzen wegen Straftaten ein, bei denen keine Gewalt im Spiel war. Amerika stellt ein *Viertel* aller Gefangenen weltweit, obwohl es nur fünf Prozent der Weltbevölkerung beheimatet. Die Kosten für die Gefangenhaltung so vieler Menschen belaufen sich jährlich auf annähernd 230 Milliarden Dollar. Das üble faschistische Drei-Verstöße-Gesetz sorgt dafür, dass Menschen, die insgesamt drei Straftaten begangen haben, lebenslang im Gefängnis landen können, selbst wenn sie nur Socken im Wert von 2,50 Britische Pfund gestohlen haben. Der brillante Matt Taibbi, ein wahrer Journalist, schrieb in der Zeitschrift *Rolling Stone*:

> „Obwohl Ende 2012 auf eine neue staatliche Abstimmungsinitiative hin durchgesetzt wurde, dass Kalifornien keine lebenslangen Freiheitsstrafen mehr aussprechen darf, wenn der ‚dritte Verstoß' kein schweres Verbrechen ist, bleiben Tausende von Menschen – die überwiegende Mehrheit von ihnen arm und nichtweiß – wegen derart absurder Banalitäten in Haft, dass sich die Vergehensliste dieser Unglücklichen wie ein makabrer Witz, eine surrealistische Komödie anhört.
>
> Kennen Sie die Geschichte des Mannes, der lebenslang einsitzen muss, weil er ein Stück Pizza gestohlen hat? Oder des Mannes, der für immer hinter Mauern verschwunden ist, weil er ein Paar Babyschuhe mitgehen ließ? Oder des Mannes, der 50 Jahre bekam, weil er fünf Kindervideos bei Kmart gestohlen hat? Wie wäre es mit der Geschichte des Mannes, der wegen Besitzes von 0,14 Gramm Meth lebenslänglich einsitzt? Nach dem Standard des ‚Drei-Verstöße-Prinzips' muss es sich bei ihm wohl um einen ganz schweren Jungen handeln. Viele andere erhielten schon für weit geringere Drogenmengen lebenslange Haftstrafen, zum Beispiel der unglückliche Junge, der wegen 0,09 Gramm schwarzen Heroins die Höchststrafe bekam."

Das ist die Welt der Agenda 21. Die Menschen sollen nur noch existieren, nicht mehr „leben". Die Agenda 21 will sie arm und mittellos machen. Die wenigen jedoch, die an den Hebeln der Macht sitzen, sollen in den Capitolen unvorstellbaren, raffinierten Luxus genießen, nach dem Modell der „Tribute von Panem". Kinder sollen dem Staat gehören und so erzogen werden, wie Aldous Huxley das dank seines Insiderwissens voraussah und in „Schöne neue Welt" darstellte. Kinder sollen nach einem genetischen Kastensystem künstlich gezeugt werden. Biologische Elternschaft soll nur noch als vergangene geschichtliche Erinnerung überleben – symbolisch gesprochen, denn die Geschichte soll gänzlich ausgelöscht werden. Huxley schrieb:

> „Kurz gesagt, Eltern bestanden aus Vater und Mutter … Das sind unerfreuliche Tatsachen, ich weiß. Aber die meisten historischen Tatsachen sind unerfreulich … Damals … wurden Kinder von ihren Eltern und nicht in staatlichen Konditionierungszentren erzogen."

Huxley beschreibt, wie diese staatlichen Konditionierungszentren die Kinder so programmieren, dass sie alles akzeptieren, was der Staat anordnet. Jeder, der sich nicht fügt, wird mit Elektroschocks traktiert, bis er klein beigibt. Huxley schildert, wie Babys auf Bilder von Blumen und Vögeln zukrabbeln und dort einen elektrischen Schlag bekommen, weil der Staat nicht wünscht, dass sie die Natur lieben. In „Schöne neue Welt“ werden die Kinder sogar im Schlaf mit unterschwelligen Botschaften gehirngewaschen. In Huxleys Geschichte wird das Denken des Kindes durch psychische Suggestion zum Denken des Staates:

> „... zuletzt besteht das Denken des Kindes aus diesen Suggestionen. Die Summe der Suggestionen macht das Denken des Kindes aus. Und nicht nur das Denken des Kindes. Auch das Denken des Erwachsenen – ein Leben lang. Der Verstand, der urteilt, wünscht und entscheidet – besteht aus diesen Suggestionen. Aber alle diese Suggestionen sind unsere Suggestionen ... Suggestionen des Staates.“

Seien wir ehrlich, wie viele Menschen sind bereits heute so geworden? Die fortlaufende Aushöhlung elterlicher Entscheidungsrechte bezüglich der Kinder dient als Sprungbrett in die Welt, die Huxley beschreibt und die die Agenda 21 fordert. Als Übergangsschritt zur künstlichen Zeugung von Kindern durch den Staat, werden Eltern eine staatliche Erlaubnis zum Kinderkriegen benötigen und müssen strikte genetische Vorgaben beachten. In einer solchen archontischen Welt soll es keine Autos mehr geben. Als einzige Transportmittel sollen lokale Transitzüge verkehren, die durch ihr Netzwerk Wohn- und Arbeitsstätten verbinden, und dazu Hochgeschwindigkeitszüge zwischen den Megaregionen. Für die Benutzung der Letzteren würde man eine Erlaubnis benötigen. Dann säße man in einem der Wagons, umgeben von drahtlosen Gedankenkontrollfeldern und beobachtet von den uniformierten Gangstern des Staates (Abb. 839). Die Menschen würden dort arbeiten, wohin man sie abkommandiert. Wahlmöglichkeiten bestünden nicht. Das Wort „Wahlmöglichkeit“ würde ebenso aus dem Wortschatz gestrichen werden, wie „Freiheit“, genau wie Orwell es dank seines Insiderwissens voraussah. Wir können bereits heute einen Blick auf die entstehende Welt robotischen Denkens und roboterartiger Menschen erhaschen, wenn wir uns die Zustände ansehen, die in Amazons gigantischen Auslieferungslagern für die dort Beschäftigten gelten. Die britischen Zeitungen *Financial Times* und *Daily Mail* veröffentlichten einen Artikel mit der Überschrift „Amazons menschliche Roboter“. Er beschreibt, wie Mitarbeiter täglich bis zu 25 Kilometer in einem jener seelenlosen Lager herumlaufen müssen. Jeder ihrer Schritte wird von einem Minicomputer diktiert, der ihnen Anweisungen erteilt und kontrolliert, wie hart sie arbeiten. In dem Artikel heißt es:

Abbildung 839: Was für Schwachköpfe ihr doch seid. Ihr seid total geisteskrank – merkt ihr das denn nicht? Ganz offensichtlich nicht.

> „... Hunderte von Menschen in orangefarbenen Westen schieben Handwagen in einer Halle umher, die so groß ist wie neun Fußballfelder. Sie starren auf die Bildschirme der Satnav-Computer, die sie in Händen halten und warten auf Anfweisungen, um zu erfahren, wohin sie als nächstes gehen und welche Waren sie aufladen sollen, sobald sie dort angekommen sind.

> Sie trödeln nicht – das Gerät in ihrer Hand misst auch ihre Produktivität. Sie legen jeden Tag gut und gerne 10 bis 25 Kilometer zurück. Ehe sie am Ende ihrer achtstündigen Schicht nach Hause gehen oder die Kantine aufsuchen können, um dort ihre 30-minütige Mittagszeit zu verbringen, müssen sie durch eine Reihe von Sicherheits-Scannern gehen, die an Flughäfen erinnern, damit man feststellen kann, ob sie etwas gestohlen haben."

Der Artikel warf die Frage auf: „Ist das die Zukunft des britischen Arbeitsplatzes?" Nun, zweifellos, aber das betrifft nicht nur Großbritannien, sondern die ganze Welt. Wir können heute beobachten, wie Großunternehmen ihre Mitarbeiter versklaven, beispielsweise Amazon oder die britische Königsfamilie (das war ja klar). Sie bedienen sich dabei unter anderem sogenannter „Nullstunden-Verträge". Diese verpflichten die Mitarbeiter, zur Arbeit zu erscheinen, garantieren ihnen aber keine bestimmte Anzahl von Arbeitsstunden für den Tag und keine bestimmte Bezahlung. Das ist astreine Sklaverei à la „Die Tribute von Panem", und nichts anderes. Erinnern Sie sich, dass der deutsche Fernsehsender *ARD* in einem Dokumentarfilm behauptete, das Rothschild-zionistische Unternehmen Amazon würde Neonazis als Wachleute einsetzen, um die mehr als 5.000 Aushilfskräfte aus ganz Europa in den deutschen Verpackungs- und Vertriebszentren einzuschüchtern? In der Sendung wurden auch Mitarbeiter der Firma HESS Security (vermutlich benannt nach Adolf Hitlers Stellvertreter Rudolf Hess) gezeigt, die in schwarzen Uniformen und Stiefeln und mit Militärhaarschnitt herumlaufen, um die Mitarbeiter von Jugendgästehäusern und Budget-Hotels zu bespitzeln. Auch das gehört zu der Art von Welt, die die Archonten uns allen bescheren wollen. Laut Orwell würde unaufhörlicher Krieg herrschen, um die Menschen zu trennen und zu beherrschen, und um einen Vorwand für faschistische Kontrollen zu liefern. Die Menschen würden zwangsweise für den Militärdienst rekrutiert werden. Es gäbe keine alternativen Medien, keine alternativen Ansichten, es gäbe nur die unaufhörliche Propaganda des Staates. Umarmungen oder andere Zuneigungsbekundungen würden verboten (das ist bereits in einigen Schulen der Fall, die von programmierten Schwachsinnigen geführt werden). Jeder Ausdruck von individueller Emotion oder Individualität an sich würde durch Gesetz, Drogen und Mikrochips unterdrückt werden. Dank der Chips und anderer Formen der Wahrnehmungskontrolle könnte man Menschen einzeln oder kollektiv in Begeisterung versetzen (damit sie einem staatlichen Vorschlag zustimmen) oder beschwichtigen (um jedem Widerstand gegen den Staat einen Riegel vorzuschieben).

Der technoide Mensch

Den Plänen entsprechend soll der Mensch, so wie wir ihn heute kennen, durch einen kybernetischen Menschen ersetzt werden, der biologische und technologische Elemente in sich vereint. Damit könnte man die Menschen noch leichter kontrollieren und sie noch tiefer in die enge Welt ihrer fünf Sinne einsperren. Man könnte jedes Überbleibsel von menschlicher Spiritualität und Bewusstsein vernichten. Das wäre die sogenannte „posthumane Rasse", die gerade als Sklavenmodell für die Agenda 21 entwickelt wird, eine Rasse, die in einer noch viel stärker verstrahlten Umwelt überleben könnte. Damit berühren wir einen wesentlichen Aspekt der Agenda 21. In entsprechenden Filmen hat man uns bereits mit den gewollten Programmierungen und dem zu diesem Thema passenden Symbolismus bombardiert, so beispielsweise in der Serie „Terminator" mit dem selbst bereits zum Cyborg mutierten Arnold Schwarzenegger. Auch eine lange Liste weiterer Filme, Fernsehprogramme, Musikvideos, Computerspiele, Kinderbücher, Spielzeuge und Bühnendarbietungen leistet ihren Beitrag (Abb. 840). Man unternimmt massive Anstrengungen, um die Menschen darauf zu programmieren, so etwas zu akzeptieren. Schließlich ist das für den Plan unverzichtbar. Wahnsinnige Professoren der Universität Harvard haben sogar eine „Cyborg-Haut" (eine „smarte Haut") entwickelt, die elektronische Bestandteile und biologisches Gewebe kombiniert, und Organisationen wie Google befassen sich gar mit der Entwicklung der Technologie für künstliche Gehirne, die ohne menschliche Eingabe lernen und handeln können. An solche Maschinen, über die wir letztendlich keine Kontrolle haben, sollen wir unsere Macht übertragen, zumindest wünschen sich das die Archonten – eine von Maschinen kontrollierte Welt, wie sie zu ihrer eigenen maschinenähnlichen Natur passt, in der sie ihre maschinierten Menschen kontrollieren können. Das ist der wahre Grund, der hinter der archontischen Transhumanismus-Bewegung steckt, wenn sie sich für eine Verbindung von Mensch und Technik stark macht. Mit Maschinen könnte man eine teilmaschinierte Menschheit wesentlich einfacher beherrschen. Die DARPA hat offen zugegeben, dass sie an der genetischen und technologischen „Stärkung" der Truppen (der Schaffung subhumaner Roboter ohne Mitgefühl, Einfühlungsvermögen oder Fähigkeit zu selbständigem Denken) arbeitet. Diese satanistische Organisation finanziert auch zahlreiche Forschungsprogramme auf dem Gebiet des sogenannten „Transhumanismus". Die lateinische Vorsilbe „trans" kann so viel bedeuten wie „quer durch", so beispielsweise in dem Begriff „transsibirische Eisenbahn", aber auch „jenseits" „übergreifend" oder „auf der anderen Seite". Ich denke, damit beschreibt sie die Wahrheit hinter dem sogenannten Transhumanismus recht deutlich. Er soll uns über den Menschen hinaus, auf die andere Seite des Menschlichen führen. Im August 2012 schrieb die britische Zeitung *Daily Mail*:

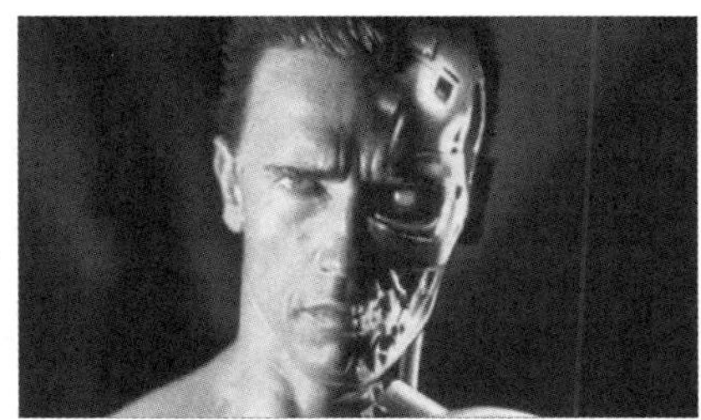

Abbildung 840: Arnold Schwarzenegger mit einer Maske auf seiner linken Seite.

> „Die Soldaten von morgen werden in der Lage sein, so schnell zu laufen wie Olympioniken. Sie werden tagelang ohne Essen oder Schlaf auskommen, falls die neuen Forschungen über Genmanipulation Erfolg haben. Nach den Zukunftsplänen der amerikanischen Armee sollen die Soldaten gewaltige Lasten tragen, über längere Zeiträume von ihren Fettreserven leben und sogar Gliedmaßen nachwachsen lassen können, die sie bei Bombenangriffen verlieren. Die entsprechenden Pläne hat der Romanschriftsteller Simon Conway ans Licht gebracht – nach einem Blick hinter die Kulissen der hochtechnisierten Pentagon-Behörde für Forschungs-und Entwicklungsprojekte der Streitkräfte."

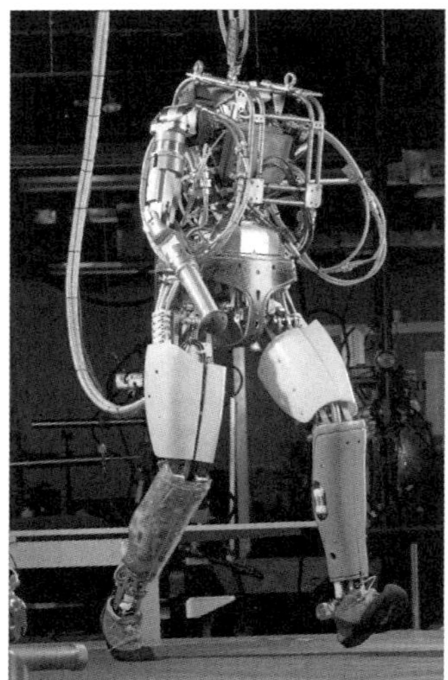

Abbildung 841: Herstellung der Roboterarmee.

Die Rekruten der DARPA-Weltarmee sollen in speziell auf Größe und Denkunfähigkeit – abgesehen von der Fähigkeit, Befehle auszuführen – ausgerichteten Zuchtprogrammen entstehen – als menschlich-maschinelle Cyborgs. Ich hege keinen Zweifel daran, dass solche Zuchtprogramme bereits laufen. Mit technischer Software funktionierende Soldaten und eine robotische Armee von Cyborgs und Maschinen sind sicherlich bereits am Werden und Entstehen (Abb. 841 und Abb. 842). Wenn Sie „DARPA robot army" in eine Suchmaschine eingeben, können Sie sich ansehen, wie weit die Angelegenheit bereits gediehen ist. Die DARPA will tatsächlich vollfunktionierende Roboterarmeen auf die Beine stellen. Dabei wird sie von wichtigen Geschäftspartnern wie der Boston Dynamics Inc. unterstützt. Dieses Unternehmen hat den Auftrag erhalten, humanoide Roboter mit „zwei Beinen, einem Rumpf, zwei Armen mit Händen, einem Sensorkopf und einem Bordcomputersystem" herzustellen, die ohne Aufsicht intelligent handeln und „für humanitäre Zwecke, zur Katastrophenhilfe und für ähnliche Operationen" eingesetzt werden können. Oh, ich *bitte* Sie. Die DARPA und das Pentagon befassen sich nicht mit *humanitärer Hilfe* – ihnen ist viel eher daran gelegen, Zerstörungen herbeizuführen, die anschließend nach humanitärer Hilfe verlangen. Bei dem Geschäftsabschluss geht es um den Aufbau einer robotischen Militäreinheit, die stets alle Befehle befolgt. Sie soll aus teilmenschlichen und komplett technischen „Soldaten" bestehen. Die DARPA hat bereits Verträge für die Entwicklung von Robotern vergeben, die „nichtkooperative Menschen" aufspüren und verhaften können. Laut Pentagon werden diese neuen Roboter in der Lage sein, Werkzeuge zu handhaben und Fahrzeuge zu lenken. Geben sie „Petman Tests Camo" in *YouTube* ein und Sie werden, was man uns heute bereits ganz öffentlich präsentiert. In der Welt der Filmserie „Matrix" herrschten Maschinen, die eine Art Intelligenz entwickelt beziehungsweise von den Menschen übernommen hatten. Das gleiche Thema tritt heute immer stärker in den Vordergrund, weil die Zahl der in der menschlichen Gesellschaft eingesetzten Industrie- und Dienstleistungsroboter von Jahr zu Jahr förmlich *explodiert*. Wenn man nun noch eine Möglichkeit findet, diese durch eine Art Bienenstock-Kontrollsystem zu verbinden, dann könnten sie unter dem Diktat der Archonten, die im Vergleich zu echten Menschen selbst nur eine Art energetischer Maschinen sind, tatsächlich die Herrschaft übernehmen. Wie es der Zufall so will, wurde im Rahmen eines von der DARPA finanzierten Forschungsprojekts eine Technik namens „Mind-Meld" entwickelt, mit deren Hilfe Gehirne zu einer einzi-

Abbildung 842: Ich empfange seinen Mikrochip ... da hinter dem Baum links.

gen, mit multiplen Funktionen ausgestatteten Einheit verbunden und Gedanken und Wahrnehmungen untereinander ausgetauscht werden können. Auch die potenzielle Möglichkeit eines Downloads auf robotische Technologie, um diese mit künstlicher Intelligenz zu versehen, soll bestehen. Das amerikanische Militär spricht bereits davon, solchen Robotern die Fähigkeit einzupflanzen, selbst zu entscheiden, wer getötet werden soll und wann. All diese gewaltigen Anstrengungen zielen darauf ab, den Krieg gegen die Menschheit aus der Distanz führen zu können – von unterirdischen Einrichtungen oder auf Bergen platzierten Basen aus. Das ist der Grund für die Entwicklung von Drohnen und Roboterarmeen. Die Drahtzieher selbst wollen erst dann wieder auftauchen, wenn die Menschheit so endgültig geschlagen ist, dass man sie nur noch markieren, jederzeit überall hinschieben oder durch die entsprechende Technik aus der Distanz töten kann, wozu man nur die entsprechende Frequenz der jeweiligen Opfers einzustellen braucht. Welche Chance werden wir dann noch haben? Das ist der Grund, warum wir *jetzt* in der kurzen Zeit, die uns noch bleibt, bevor die Grenze überschritten wird, alle zusammen reagieren müssen. Die Vertreter des Transhumanismus wünschen sich technologische „Verstärkungen“ für menschliche Fähigkeiten, beispielsweise übermenschliche Kräfte oder geistige Fähigkeiten. Diese Ziele sollen durch Technologie (teils menschlich, teils maschiniert) und Nanotechnologie, Drogen und genetisches Herumpfuschen erreicht werden. Es geht darum, die Menschen noch stärker in der Matrix einzusperren, als das bisher bereits der Fall ist. Der amerikanische Physiker Michio Kaku gehört zu den Befürwortern dieses Transhumanismus-Unsinns. Er will im amerikanischen Fernsehen die Verbindung von Mensch und Maschine demonstrieren und sucht sich dafür junge Leute als Zielgruppe aus. Und wir erfahren von Dr. Sergio Canavero von der italienischen „Turin Advance Neuromodulation Group“, dass sein Unternehmen im Begriff steht, einen menschlichen Kopf zu transplantieren, um so eine „Chimäre“ (bestehend aus verschiedenen genetischen Geweben) zu erschaffen – eine archontische Spezialität. Wo sind die Clowns, wenn man sie mal braucht? Oh, sie sind zu sehr mit der Ankündigung beschäftigt, einen menschlichen Kopf verpflanzen zu wollen. Ich habe verstanden. Ein Aspekt des Transhumanismus ist … meine Damen und Herren, darf ich vorstellen … die „Erschaffung des Paradieses“. Übersetzt heißt das: „Liebt eure Sklaverei“. Kevon Warwick, Professor für Kybernetik an der englischen Universität Reading erklärte:

> „Wenn eine Maschine Signale sendet, die Sie total glücklich machen, warum sollten Sie sich dann nicht in eine solche Matrix einbinden lassen?“

Warwick absolvierte mehrere Medienauftritte, nachdem er sich selbst einen Mikrochip hatte verpassen lassen. Er preist diese und andere transhumanistische Ambitionen als Mittel für den menschlichen Fortschritt an (Abb. 843). Wenn Warwick als Beispiel dienen soll, dann passe ich lieber, vielen Dank. Eine der Bezeichnungen für diese Erschaffung des Paradieses lautet „Abolitionismus“, eine Ironie in sich selbst. Den Begriff verwendete man ursprünglich für die Bewegung, die sich der Abschaffung der Sklaverei verschrieben hatte.

Abbildung 843: Ein Mikrochip, der Kevin Warwick in der Hand hat.

Heute dient sie der Beschreibung einer noch wesentlich größeren Sklaverei – denn heute geht es um die Versklavung des Denkens und der Emotionen innerhalb einer technologisch erschaffenen Welt. Der britische „Philosoph" David Pearce, einer der bekanntesten Transhumanisten, gründete 2002 gemeinsam mit Pablo Stafforini, Sean Henderson und Jaime Savage die Abolitionist Society, sowie gemeinsam mit dem „Philosophen von Oxford" Nick Bostrom die World Transhumanist Association. Ansonsten leistete Bostrom keinen wirklich einleuchtenden Betrag zum Thema der simulierten Natur unserer Realität. Ob diese Leute wissen, was sie tun oder ob sie einfach von einer gewissen Naivität geprägt sind, was das Endergebnis anbelangt, ist Ansichtssache. Seine Vision beschreibt Pearce so:

> „Die metabolischen Pfade von Schmerz und Krankheit entwickelten sich, weil sie zur Tauglichkeit der Gene in der Welt unserer Vorfahren beitrugen. Man wird sie durch verschiedene Formen neuraler Architektur ersetzen – ein Motivationssystem, das auf vererbbaren Abstufungen von Glückseligkeit basiert. Zustände eines unterschwelligen Wohlbefindens werden zur genetisch vorprogrammierten Norm psychischer Gesundheit werden."

Was für ein Minenfeld in nur drei Sätzen. „Vererbbare Abstufungen von Glückseligkeit" und „Zustände eines unterschwelligen Wohlbefindens" werden zur „genetisch vorprogrammierten Norm psychischer Gesundheit" werden. Wie ich schon sagte, lernt eure Sklaverei lieben. Diese Akademiker und Philosophen genießen es, zu fachsimpeln. Diese Typen glauben, sie würden sich dadurch schlau anhören. Nun, aus meiner Sicht gelingt ihnen das nicht. Vererbbar bedeutet einfach, dass etwas von einer Generation zur nächsten weitergegeben werden kann. Wir sprechen hier also von einer genetisch programmierten Bewunderung unseres Sklavenstatus. Das erinnert mich an ein Experiment des CIA-Schlaukopfs Ivor Browning. Ob er braun (*engl. brown*) ist oder eine andere Farbe hat, ist mir persönlich gleichgültig. Ist er etwa braun wie Bratensoße? Wie auch immer, worum es hier geht und was ich berichten möchte, ist, dass dieser Typ einen Radioempfänger mit dem Lustzentrum im Gehirn eines Esels verband und damit die vollständige Kontrolle über das Verhalten des Tieres übernahm. Er konnte das Lustzentrum im Hypothalamus nach Belieben stimulieren. Browning ließ den Esel einen Berg hinauf und wieder hinunter laufen und stimulierte dabei jeweils Lust, wenn das Tier in die gewünschte Richtung ging. Er schaltete das Lustgefühl ab, wenn der Esel von der Route abwich. Sofort suchte das Tier daraufhin wieder nach dem richtigen Weg, um erneut ein Lustgefühl zu empfinden. Das, was hier als Lust bezeichnet wird, kann als mächtiges Werkzeug der Verhaltensmodifizierung und Kontrolle dienen, tatsächlich als das mächtigste überhaupt. Für die persönliche Freiheit ist es von entscheidender Wichtigkeit, der Sucht nach stimulierter „Lust" unter solchen Umständen zu widerstehen. Diese auf Transhumanismus beziehungsweise Subhumanismus versessenen Typen wollen auf genetische Weise vorprogrammierte Zustände unterschwelligen Wohlbefindens schaffen, etwa so wie Browning das bei seinem Esel tat. Forscher der amerikanischen Brown Universität gaben 2013 die Konstruktion „der ersten drahtlosen, implantierbaren, aufladbaren, lange haltbaren Schnittstelle zwischen Gehirn und Computer" bekannt. Man hatte diese Erfindung bereits Schweinen und Affen implantiert und stand im Begriff, „Versuche" am Menschen durchzuführen. Man darf allerdings sicher sein, dass neben dieser Technologie bereits eine noch wesentlich ausgereiftere Technologie existiert und in Geheimprojekten zur Verschmelzung von Mensch und Maschine – Mensch und Archon – zum Einsatz kommt. So sieht die Realität aus. Archontische Gentechnik zielt darauf ab, den Menschen in einen biologischen Computer zu verwandeln. Das ist der nächste Schritt auf dem Weg zur vollständigen Umwandlung der Menschen in rein technische Roboter, versteckt hinter der Tarngeschichte von „Lebensverlängerung" (Verlängerung der Sklavenzeit) und krankheitsfreier „Lust". Wer wird diese Programmierungen kontrollieren? Wer wird entscheiden, wann das Programm an- und abgeschaltet wird, wie bei Brownings Erfindung? Ja, Sie verstehen schon.

Der weltumspannende Verstand

Auf der Wunschliste der archontischen Transhumanismus-Bewegung stehen auch Designer-Babys, die Eingliederung von DNS anderer Spezies, um einen transgenetischen (genetisch veränderten beziehungsweise genetisch modifizierten) Menschen zu erschaffen, und eine Schnittstelle zwischen Gehirn und Computer (bereits in der Entwicklung), mithilfe derer der menschliche Verstand ans Internet angeschlossen werden kann, um dort zu surfen (zu dienen), Inhalte herunter- oder hochzuladen und über das World Wide Web mit anderen zu einem Bienenstock-Verstand zu verschmelzen, dem alle Menschen angeschlossen sind (Abb. 844). Technologische Erfindungen wie beispielsweise Google Glass, ein internetfähiger Computer, der als Brille getragen werden kann, dienen als Sprungbretter für das direkte Mikrochippen. Ein App-Anbieter behauptet sogar, man könne mit Google Glass durch einfaches Blinzeln mit den Augen Fotos schießen. Daneben könnte Google Glass auch als Gesichtserkennungsgerät verwendet werden. Google Glass stammt aus der technischen Entwicklungsabteilung Google X. Die ehemalige DARPA-Direktorin Regina Dugan, die als leitende Geschäftsführerin zu Google wechselte, wird bei dem, was ihr Unternehmen da produziert, zweifellos ein entscheidendes Wörtchen mitzureden haben. Google ist für die transhumanistische Agenda eine Schlüsselinstanz. Mit Technologien wie Google Now setzt das Unternehmen alles daran, jeden Aspekt des menschlichen Lebens zu verfolgen und zu verwalten. Es weiß jederzeit, ob Sie gerade zu Fuß gehen, Auto oder Fahrrad fahren und wann Sie zu Hause sind. Google kann auch Ihre Stimmmuster erkennen, die Ausdruck ihrer einzigartigen vibrationellen Signatur sind. Diese Meilensteine verkauft man als neumodischen Schnickschnack nach dem Motto: „Ist das nicht toll?". Dabei geht es um nichts anderes, als darum, die Menschen auf einen dunklen, gefährli-

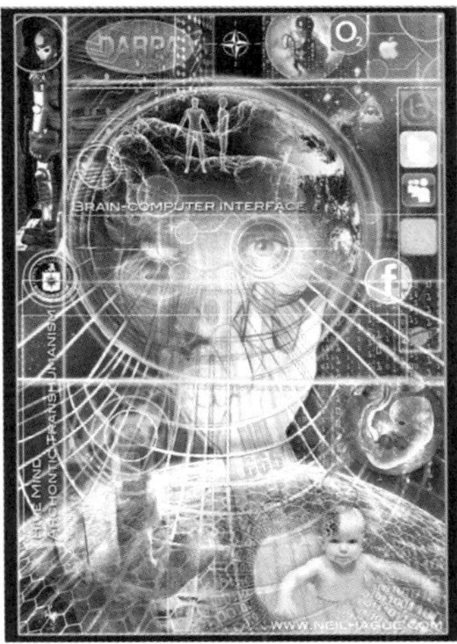

Abbildung 844: Das Internet soll den Plänen entsprechend zu einem künstlichen Kollektivverstand werden.

chen Weg zu führen. Der moderne Rattenfänger hat seine Flöte gegen ein Smartphone eingetauscht. Eric Schmidt, der Verwaltungsratsvorsitzende von Google (Rothschild-Zionist) erklärte 2013, sein Unternehmen werde innerhalb von fünf bis zehn Jahren künstliche Intelligenz entwickeln, die sich in nichts vom menschlichen Verstand (damit meint er natürlich den versklavten menschlichen Verstand) unterscheidet. Schmidt ist geradezu besessen von der transhumanistischen Agenda. Zu den Konzepten, die er beschreibt, zählt ein robotischer Klon seiner selbst, den er zu gesellschaftlichen Ereignissen schicken möchte oder auch das Schlucken von Nanotechnologie, um seine Körperfunktionen zu steuern. Seinen Wunsch nach einer Gesellschaft, die von Robotern und transhumanistischer Technologie gesteuert wird, teilt er unter anderem mit sogenannten Futuristen wie Ray Kurzweil (Rothschild-Zionist). Kurzweil sähe die Menschen gerne mit Maschinen verschmolzen. Er wünscht sich eine globale Gesellschaft, die von Computersystemen gesteuert wird, deren künstliche Intelligenz die Intelligenz der gesamten menschlichen Rasse (der geistig versklavten menschlichen Rasse) übertrifft. Kurzweil ist der technische Leiter von … *Google*. Zu seinen Aufgaben gehört unter anderem die Aufsicht über die Entwicklung eines künstlichen Gehirns. DARPAs Regina Dugan ist sicherlich entzückt, ihn an Bord zu haben. Damit kommen wir dem Grund, warum das Internet ursprünglich mithilfe militärischer Technologie geschaffen wurde, langsam näher. Wenn es den Interessen der archontischen Blutlinien nicht gedient hätte, wäre es niemals entstanden. Schon seit Jahren behaupte ich, dass das World Wide Web als ein technischer Kollektivverstand geschaffen wurde. Und heute wird darüber ganz offen geredet. Ich habe auch schon die Frage gehört: Könnte das Internet „aufwachen"? Könnte es einen Punkt erreichen, an dem es sich in einen weltumspannenden technischen Verstand verwandelt und anfängt, den Menschen Befehle zu geben anstatt umgekehrt. Könnte es allmählich zu einer Art technologischem Bewusstsein finden? Die Antwort darauf lautet definitiv „Ja". Ich bin mir sicher, dass genau das der archontische Plan ist. Es ist allerdings mehr als ein Plan – die Realisierungsphase hat bereits begonnen, weil das Internet heimlich das Gehirn neu verdrahtet. Der Neurowissenschaftler Christof Koch meint, die Komplexität des World Wide Web könnte bereit die Komplexität des menschlichen Gehirns übertroffen haben. In seinem Buch „Consciousness: Confessions of a Romantic Reductionist", schreibt er:

> „Nimmt man die Anzahl der Computer auf diesem Planeten – mehrere Milliarden – und multipliziert man diese Zahl mit der Anzahl der Transistoren, die jeder einzelne Computer enthält – Hunderte Milliarden – dann erhält man eine Trillion, die man schriftlich elegant durch 10^{18} darstellen kann. Das ist tausend Mal mehr als die Anzahl der Synapsen im menschlichen Gehirn (etwa 10^{15})."

So etwas erinnert an das in den Matrix-Filmen dargestellte Szenario, bei dem Maschinen die Welt übernehmen. Das Internet ist bereits in enormem Umfang dabei, zu einer Art technologischer Intelligenz, „AI" (artificial intelligence) wie man es auch nennt, zu „erwachen", und nicht nur das Internet, sondern auch die miteinander verbundenen und verschalteten Kommunikations- und Überwachungssysteme in all ihren schier unerschöpflichen Ausprägungen. Wenn sie einmal das Stadium erreicht haben, in dem sie als ein einheitlicher globaler Verstand agieren, wo werden wir Menschen dann landen? In der Welt des Films „Matrix". Die Großunternehmen werden Eigentums- und Urheberrechte an menschlichen Körpern anmelden, die sie gentechnisch erschaffen oder „verbessert" haben, genau wie sie das heute bereits bei Feldfrüchten und Tieren tun. Sie wollen patentierte Saaten anpflanzen? Besorgen Sie sich eine Lizenz von Monsanto und zahlen Sie die Lizenzgebühren. Sie wollen Kinder haben? Besorgen Sie sich eine Lizenz von Monsanto oder wem auch immer und zahlen Sie die Lizenzgebühren (solange Kinder noch nicht in Laboratorien gezeugt werden). Wie stark werden wir heute wohl schon durch den Konsum von GVO-Lebensmitteln oder das Einatmen von Nanopartikeln aus Chemtrails, etc., etc. gentechnisch manipuliert oder heimlich mit Mikrochips versehen? Wie viel Nanotechnologie ist bereits durch Impfprogramme in menschliche Körper gelangt? Ein CIA-Wissenschaftler erzählte mir 1997, dass Mikrochips bereits so klein seien („Nanotechnologie", wie wir sie heute kennen), dass man sie mit Injektionsnadeln bei Impfungen einführen könne. Die Transhumanisten wollen uns den Eindruck vermitteln, dass es um technologische „Verbesserungen" für die ganze Menschheit geht, aber so läuft das Spiel keineswegs. Diejenigen, die aus dem Schatten heraus die Fäden ziehen, wollen nur bestimmte genetische Typen „verbessern", während die anderen unter den Kontrollaspekten des Transhumanismus leiden sollen. All das Gerede von Superkräften und Superintelligenz ist Unsinn. Warum sollte eine *El*-ite, die totale Kontrolle über die Masse der Menschen ausüben will, diesen Menschen Superkräfte und Superintelligenz geben? Sicherlich ist es kein Zufall, dass die erste Person, die den Begriff Transhumanismus in den Mund nahm, der Eugeniker Julian Huxley war, der Bruder von Aldous Huxley, und dass der Transhumanismus in den 1950-er Jahren von Julian Huxley und der Rockefeller-Stiftung ins Leben gerufen wurde. Huxley sagte einmal:

> „Die untersten Schichten vermehren sich zu schnell. Deshalb darf man ihnen den Zugang zu Hilfe und Krankenhausbehandlungen nicht allzu leicht machen. Ansonsten entfiele der letzte Kontrollmechanismus der natürlichen Auslese, und Kinder könnten allzu leicht gezeugt werden beziehungsweise überleben. Langdauernde Arbeitslosigkeit sollte ein Grund für Sterilisierung sein."

Damit berühren wir den Kern dessen, worum es beim Transhumanismus wirklich geht – Eugenik. Das ist bei solchen Leuten ein weitverbreitetes Thema. Sie sind ebenso wie ihre archontischen Meister von Genetik besessen, sowohl von ihrer eigenen als auch von der der Zielbevölkerung. Im Transhumanismus werden die geplanten menschlich-technologischen Hybriden als „Singularität" bezeichnet. Dahin lockt man die Menschen mit dem Versprechen von Unsterblichkeit und einem Leben ohne Krankheit. Diese Leute liegen so tief im Koma, sie realisieren nicht, dass wir bereits unsterblich *sind* – wir sind Bewusstsein, Gewahrsein. Ein Typ namens Matthew Liao, außerordentlicher Professor am Zentrum für Bioethik der philosophischen Fakultät der Universität New York, möchte die Menschen gerne neu verdrahten, um den menschengemachten Klimawandel zu stoppen, der in Wirklichkeit gar nicht stattfindet. Zu seinen Vorschlägen für „Human Engineering" gehört der Einsatz von Drogen, um bei den Menschen eine Fleischunverträglichkeit auszulösen und so die Zahl der Methan furzenden Kühe zu verringern, die angeblich eine Gefahr für die Welt darstellen, die Manipulation von Hormonen und die „Überwachung" von Embryos, um kleinere Menschen hervorzubringen (damit Autos weniger Gewicht tragen müssen und daher weniger Benzin verbrauchen) und den Einsatz von Drogen zur Persönlichkeitsveränderung. Doch das sind bei weitem noch nicht seine bizarrsten Ideen. Herr Liao, ich überlasse Ihnen die Bühne:

> „Human Engineering könnte auch die Freiheit stärken. Als Reaktion auf den Klimawandel haben einige Leute bereits vorgeschlagen, eine Politik einzuführen, die dem in China praktizierten Einkind-System ähnelt. Eine Gruppe von britischen Ärzten hat beispielsweise ein Maximum von zwei Kindern vorgeschlagen. Aber man kann davon ausgehen, dass das relevante Thema die Festlegung einer bestimmten Emissionsgrenze für Treibhausgase pro Familie ist.
>
> So gesehen könnte Human Engineering bei einer festgelegten Emissionsgrenze für Treibhausgase den Familien die Wahlmöglichkeit geben, entweder ein großes Kind, zwei mittelgroße Kinder oder drei kleine Kinder zu haben. Human Engineering scheint der Freiheit zuträglicher zu sein als eine Politik, die vorgibt, dass man nur ein Kind oder zwei Kinder haben darf."

Habe ich bereits erwähnt, dass die Wahnsinnigen die Herrschaft über das Irrenhaus übernommen haben? Bestimmt habe ich das irgendwann getan, während ich all die Beweise hier ausbreitete. Das sind die Leute, die unsere Welt leiten und beeinflussen. Es atmet tief, es prüft den eigenen Geisteszustand (nein, ich spreche nicht von mir) ... Das, was ich bei der ausführlichen Beschreibung der archontischen Agenda dargelegt habe, klingt nicht nett, aber wie sagte Morpheus in dem Film „Matrix"? „... Alles was ich anbieten kann, ist die Wahrheit ..." und nicht das, was die Menschen gerne als Wahrheit sehen würden. Wenn wir nicht verstehen, was vor sich geht, und worum es bei diesem Spiel geht, dann wird sich der Plan unweigerlich entfalten. Das meiste von dem, was ich hier über die archontische Gesellschaft geschrieben habe, wurde eindeutig so in den Dokumenten der Agenda 21 niedergelegt, anderes wurde nicht ausdrücklich schriftlich formuliert (lässt sich aber durch Nachforschen und Beobachten herausfinden), um so die Wahrheit vor den fanatischen Grünen und den schlecht informierten „Staatsdienern" zu verbergen, die in der Nahrungskette weiter unten stehen. Deren Familien werden genauso im Alptraum der Agenda 21 gefangen sein, wie alle anderen Menschen auch. Das muss nicht geschehen, aber das Problem wird nicht *verschwinden*, wenn wir einfach nur *wegsehen*. Den Kopf in einen Eimer Sand, oder auch eine ganze Wüste voller Sand zu stecken, bringt nur vorübergehenden, illusionären Trost. Wenn wir uns der Sache nicht jetzt stellen, wo wir noch eine Chance haben, müssen wir uns ihr später stellen, wenn unsere Chancen so gut wie verspielt sind. Auf eine solche Welt bewegen wir uns im Moment zu. Woher ich das weiß? Sehen Sie sich um, und Sie werden erkennen, dass die Welt sich genau so verändert, wie die Dokumente der Agenda 21 es vorsehen. Wenn wir nicht genügend Mumm aufbringen und uns mit unerschütterlicher Entschlusskraft daran machen, dem ein Ende zu setzen, dann verurteilen wir uns selbst, unsere Kinder und unsere Enkelkinder dazu, unter den Folgen leiden zu müssen.

Also los – wir sind größer als diese Herausforderung.

40

Eine Welt ohne Mumpitz

Ich liebe Menschen, die angesichts von Schwierigkeiten lächeln können, die aus Drangsalen Stärke gewinnen und die durch Überlegung tapfer werden. Kleingeister werden einbrechen, aber diejenigen, deren Herzen stark sind, und deren Handeln durch ihr Gewissen getragen wird, werden ihren Prinzipien bis zum Tod treu bleiben.

Leonardo da Vinci

Wie soll es nun weitergehen? Nun, hier sind ein paar weitere Zitate von Leonardo da Vinci, die aus einer Zeit vor mehr als 500 Jahren stammen:

„Keine größere und keine kleinere Herrschaft kannst du haben als über dich selber",

„Alles Wissen hat seinen Ursprung in der Wahrnehmung",

„Du tust unrecht, wenn du das lobst, was du nicht verstehst, aber es ist noch unrichtiger, wenn du es tadelst" und

„Lerne zu sehen. Erkenne, dass alles mit allem verbunden ist".

Diese Art von Weisheit wird uns aus dem gegenwärtigen Abgrund herausführen und dem archontischen Blödsinn ein Ende setzen. Da Vinci sagte:

„Einfachheit ist die höchste Stufe der Vollendung",

„Wenn Geist und Hand nicht zusammenarbeiten, entsteht keine Kunst",

„Wo man schreit, ist keine klare Erkenntnis",

„Die größte Täuschung, unter der die Menschen leiden, ist ihre eigene Meinung",

„Blendende Unwissenheit führt uns in die Irre. Oh, ihr elenden Sterblichen, öffnet die Augen!"

Aus einer solchermaßen erweiterten Perspektive fließen uns alle Antworten zu.

Wir brauchen keine Lösungen für die Missstände dieser Welt. Wir müssen nur die Ursachen des Problems beseitigen – Ignoranz und Arroganz. Diese beiden gehen als untrenn-

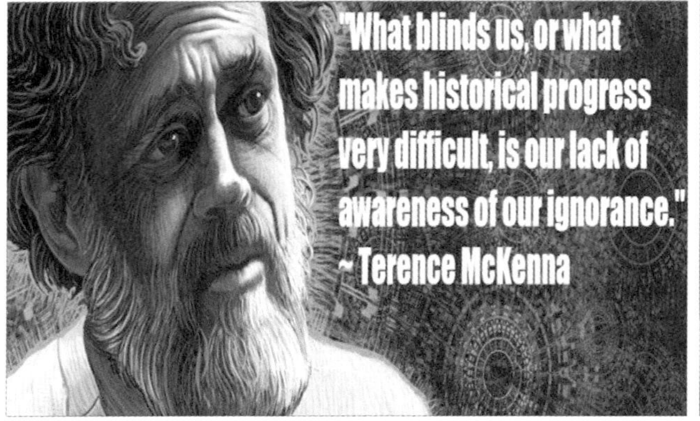

Abbildung 845: „Was uns blendet und was historischen Fortschritt sehr schwierig macht, ist unser Mangel an Erkenntnis der eigenen Ignoranz." Terence McKenna. Die menschliche Krankheit.

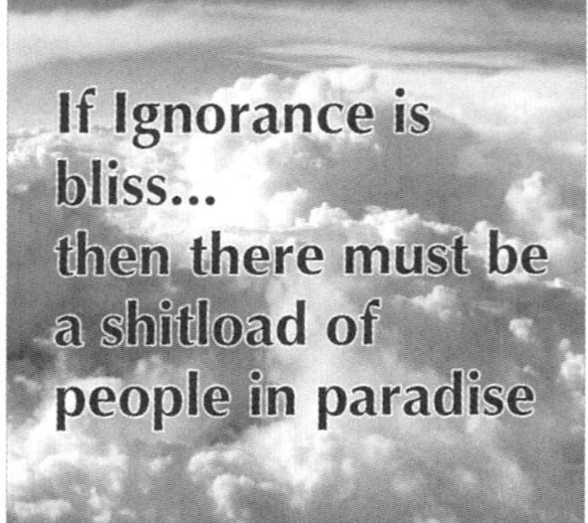

Abbildung 846: Wenn Unwissenheit selig macht, dann müssen verdammt viele Menschen im Paradies leben. Genauso ist es …

bare Partner im Krieg gegen menschliches Gewahrsein und angeborene Intelligenz Hand in Hand. Die auf Ignoranz basierende Stupidität kann nur durch blinde Arroganz überleben. Ignoranz und Arroganz brauchen einander, um gedeihen zu können (Abb. 845 und Abb. 846). Das kann man beispielsweise bei Journalisten beobachten, die der Vorstellung einer globalen Verschwörung ablehnend gegenüberstehen, weil (a) ihre Ignoranz sie nicht erkennen lässt, was wirklich in der Welt vor sich geht und (b) sie arrogant genug sind, um zu glauben, sie als „Journalisten" wüssten Bescheid, wenn es etwas Derartiges wirklich gäbe. Vermutlich könnte man auch Naivität im Endstadium noch mit in diese Mischung werfen. Das alles lässt sich wunderbar anhand des Beispiels von Alice Walker veranschaulichen, einer brillanten amerikanischen Schriftstellerin, Dichterin und Aktivistin, die sich 2013 sehr lobend über meine Arbeit äußerte. Alice ist die Autorin des hochgepriesenen Buches „Die Farbe Lila". Sie hat den Pulitzer-Preis für Belletristik erhalten und bisher ein wirklich außergewöhnliches Leben geführt. Dabei musste sie sich gegen unglaubliche Schwierigkeiten behaupten. Walker war auch eine der führenden Stimmen der Bürgerrechtsbewegung. Als hochintelligente, einsichtige und mutige Frau hat sie sich den Respekt aller verdient, die ihre Geschichte kennen. Doch als sie bei einem Radioprogramm der *BBC* namens „Desert Island Discs" auftrat, um dort das Musikstück auszuwählen, das sie auf eine einsame Insel mitnehmen würde, sagte man ihr nach, sich plötzlich „seltsam" und „bizarr" zu verhalten. Die Ursache eines solchen Gesinnungswandels der plappernden Klassen beruhte darauf, dass Walker erklärte, sie würde das Buch „Der Löwe erwacht" auf die Insel mitnehmen. Sie wählte ein Buch von *David Icke*? *Wie bitte*? Die Londoner Zeitung *The Independent* sprang sofort auf den Vorfall an:

> „Frau Walker mag den Pulitzer-Preis gewonnen haben, ihr bekanntester Roman – Die Farbe Lila – die Unterrichtspläne der englischsprachigen Welt bereichern. Solche großartigen Leistungen sind, wie es scheint, jedoch keine Garantie für Vernunft."

Ein anderer Artikel in *The Independent*, verfasst von dem angeblichen „Journalisten" Liam O'Brien, wandte sich in ähnlicher Manier gegen Alice Walker. Schließlich hatte sie für Leute solch arroganter, ignoranter Denkart die schlimmste aller Todsünden begangen. Sie hatte über die Mauern der programmierten Kurzsichtigkeit hinausgeblickt und als Ikone der „linken" Intelligentsia die Sache verraten, indem sie deren selbstwahrgenommene intellektuelle Allmacht (Täuschung) in Frage stellte. *The Independent* gibt sich ebenso wie die britische Zeitung *Guardian* gern als die Stimme der intellektuellen Linken aus, obwohl auch sie das Denken bloß in eine Sackgasse führen. *The Independent* ist jämmerlich abhängig vom System, das die Zeitung, und alle anderen auch mit vorgestanzten Wahrnehmungen und Meinungen füttert. Wie sagte Morpheus doch in „Matrix"?

> „Du musst verstehen, die meisten dieser Menschen sind nicht bereit, abgekoppelt zu werden. Und viele von ihnen sind so hoffnungslos abhängig vom System, dass sie bereit sind zu kämpfen, um es zu beschützen."

Aber nicht nur „Journalisten" reagierten entsprechend auf Alice Walker. Die sozialen Medien quollen über von Kommentaren der Art: „Was soll die Scheiße?" Hier ein paar typische Aussagen: „Oh, mein Gott! Alice Walker hat soeben ein Buch von David Icke für ihre einsame Insel gewählt. 45 Minuten Vernunft und Emotion wurden mit einem Satz über den Haufen geworfen", „Es heißt, man solle seine Helden nie persönlich kennenlernen (man wäre enttäuscht). Ebenso wenig sollte man sich Desert Island mit Alice Walker anhören", „Alice hält David Icke wohl für eine Art Malcolm X? Wie bitte? Ich meine ... was soll das??", „Ist das vielleicht ein Aprilscherz oder wurde die Website gekapert?? Alice Walker vergleicht David Icke tatsächlich mit Malcolm X???" Und so ging es weiter und weiter. Wenn sich der Makrokosmos wirklich im Mikrokosmos widerspiegelt, dann war das hier der Fall. Leute solcher Gesinnung sind mit allen Vieren an die Matrix gekettet, und dabei glauben sie, frei durch die Serengeti zu laufen. Sie verwechseln verwirrte, hinter Firewalls eingesperrte Wahrnehmung und einprogrammierte Kurzsichtigkeit mit Freiheit des Denkens. „Ja, ich bin *wirklich* aufgeschlossen, so lange die Leute das sagen, was ich denke." Es heißt, dass jeder Mensch das Recht auf eine eigene Meinung hat. Dem stimme ich absolut zu. Das bedeutet aber nicht, dass alle Meinungen den gleichen Respekt verdienen, besonders dann, wenn sie sich nicht auf eigene Nachforschungen stützen, sondern nur auf gebetsmühlenartigen Wiederholungen unverrückbarer Glaubensvorstellungen beruhen. Alice Walker war für Leute dieser Gesinnung eine Heldin, bis sie die Behaglichkeitszone (das Programm) verließ. Es bedurfte nur zweier Worte – David Icke – und schon folgten Missbilligung und Empörung. Das beruhte keineswegs auf der Lektüre meiner Bücher. Diese Leute riefen nur ihr Software-Programm auf und luden das längst vorgegebene: „David Icke ist ein Spinner" herunter. „Ich bin *wirklich* aufgeschlossen – solange meine Software das akzeptiert, was ich denke". Das genannte Posting in den sozialen Medien war dafür ein geradezu klassisches Beispiel: „Oh, mein Gott! Alice Walker hat soeben ein Buch von David Icke für ihre einsame Insel gewählt. 45 Minuten Vernunft und Emotion wurden mit einem Satz über den Haufen geworfen". Die Quelle hat den Grund für die missliche Lage der Menschheit in *zwei Sätzen* enthüllt. Alice Walker hat sich die Mühe gemacht, ein Buch zu lesen, ehe sie ihre Schlussfolgerungen zog – so funktioniert freies

Abbildung 847: Die Wahrheit ändert sich nicht einfach dadurch, dass du sie nicht hören willst.

Denken, auch wenn es merkwürdig klingen mag. Warum gelingt es den Liam O'Briens der Medien und den sozialen Medien (zumindest der überwältigenden Mehrheit von ihnen) nicht, ihre Ignoranz und Arroganz kurz zur Seite zu stellen und wenigstens einen winzigen Hauch von Demut und neugieriger Offenheit an den Tag zu legen? Dann könnten sie sich nämlich die einfache, auf der Hand liegende Frage stellen: Warum sagt eine hochintelligente Frau wie Alice Walker so etwas? Das würde allerdings bedeuten, sich kopfüber in eine extreme, bisher unerforschte Gefahr zu stürzen … die Gefahr, das eigene Glaubenssystem vielleicht neu bewerten zu müssen. Das wäre der schlimmste Alptraum solcher Leute – „ich wechsle lieber schnell das Thema, bevor die Gefahr mich niederstreckt" (Abb. 847). Ein Sprichwort sagt:

> *„Derjenige, der der Masse folgt, wird gewöhnlich nicht weiter kommen als die Masse … [aber] derjenige, der alleine geht, wird wahrscheinlich Orte entdecken, an denen noch nie zuvor ein Mensch gewesen ist."*

Weil wir der Masse gefolgt sind, schießt unser Boot jetzt ohne Ruder und manövrierunfähig den Gebirgsbach hinunter. Um die Ursache des Problems zu beseitigen, muss Denken zu Bewusstsein erwachen, müssen Beschränkungen durch unendliche Möglichkeiten und Software durch freie Beweglichkeit ersetzt werden. Die Möglichkeiten sind unbegrenzt. Allein die *Wahrnehmung* des Möglichen kann Begrenzungen unterliegen. Solche Begrenzungen erlegen wir uns selbst auf – und aus diesem Grund können wir uns selbst auch von diesen verkrüppelnden Einschränkungen befreien. Da Vinci sagte: „Die größte Täuschung, unter der die Menschen leiden, ist ihre eigene Meinung." Richtig, und was sind Meinungen? Sie sind das Ergebnis des persönlichen Hintergrunds, persönlicher Vorurteile und des Zugangs zu wahrgenommenem Wissen. Dennoch scheinen Meinungen sich nahtlos in harte „Fakten" zu verwandeln. Nahezu die gesamte Wissenschaft und überwiegend auch die allgemeine Wahrnehmung von „Tatsachen" beruhen auf wenig mehr als Meinungen und Vermutungen, die man solange wiederholt, bis sie allgemeine Anerkennung gefunden haben. Wir haben keine Möglichkeit, das zu verhindern, was die Archonten für die Menschheit geplant haben, wenn wir nicht die Scheuklappen des Glaubens ablegen und unser Realitätsverständnis auf die Macht von Informiertheit und Einsicht anstatt auf programmierte Wahrnehmung gründen. Wir können die Welt nur verändern, wenn wir uns selbst verändern, denn die Welt ist eine Ausdrucksform der Gesamtmenschheit. Wir können alle möglichen Protestmärsche und Demonstrationen abhalten, doch wenn wir unser Gewahrsein nicht erweitern, bleiben wir im Hamsterrad programmierter Ignoranz stecken.

Äste und Wälder

Ich verwende gerne das Bild von Ast-Menschen und Wald-Menschen. Die große Mehrheit gehört derzeit zu den Ast-Menschen und nur wenige – deren Zahl aber rasch und stetig ansteigt – zählen zu den Wald-Menschen. Was ich damit meine: Ast-Menschen sind Opfer ihrer eigenen Kurzsichtigkeit. Sie können nicht über ihre Rasse, ihre Kultur, ihre Religion, ihren Job, ihre politischen Vorlieben, ihre sexuelle Orientierung und ihre gesellschaftliche Programmierung hinausblicken. Wald-Menschen dagegen erkennen in *alledem* eine irrelevante Ablenkung vom großen Bild der globalen Kontrolle und des Missbrauchs aller Rassen, Kulturen, Religionen, Jobs, politischen Vorlieben, sexuellen Orientierungen und gesellschaftlichen Programmierungen. Sie begreifen das alles als eine Ablenkung von der weit größeren Wahrheit, nämlich dass wir alle EIN EINHEITLICHES Gewahrsein sind, das im Laufe der biblischen „siebzig und wenn's hochkommt achtzig Jahre" verschiedene Erfahrungen durchlebt. Auch da Vinci versuchte klarzumachen, dass die Menschheit sehen und erkennen muss, wie alles mit allem anderen zusammenhängt. Für die Ast-Menschen stellt ihr jeweiliger Ast die einzige Wahrheit dar, während sie den Wald für Ketzerei halten. Der Wald bedroht alle Autoritäten, denn er steht als Inbegriff für das Phänomen, dass Menschen die Punkte – die Äste – verbinden und sie als das erkennen, was sie in ihrer Gesamtheit wirklich sind. Sobald dieses Gesamtbild in den Fokus rückt, gehen alle Aspekte der Autoritäten und der Glaubenssysteme, auf die sie sich gründen, in einem explosionsartigen Augenblick lebensverändernder Einsicht in Schall und Rauch auf. Wer als Zahnrad funktioniert und alle Zahnräder für unabhängige Einheiten hält, wird nie begreifen, wie der Mechanismus abläuft. Sobald er aber die *Maschine* erkennt, verwandelt sich seine Wahrnehmung augenblicklich, und die wahre Natur der täglichen Existenz wird überdeutlich sichtbar.

„Hey, ihr seid nur Zahnräder in ein und derselben Maschine."

„Oh, halt den Mund, du hast wohl zu viel Öl abbekommen."

Zahnrad und Maschine sind ebenso wie Ast und Wald nur Analogien – Schaf und Herde wäre eine weitere (Abb. 848). Während ich dieses Buch fertigstellte, hatte ich eine interessante Unterhaltung mit meinem Freund Mike Lambert, in dem es um das Bekannte und das Unbekannte ging. Die Gesellschaft wird vom Glauben an das Bekannte dominiert. Erziehung, Wissenschaft, Medizin, Politik und Medien gründen allesamt auf einem Glauben an das Bekannte. Das Bekannte ist im Wesentlichen der holografische Bereich der sogenann-

Abbildung 848:Ersetzte man die Schafe durch Menschen, liefe es nicht anders.

ten physischen Welt, während sich das Unbekannte in die unsichtbare Unendlichkeit von wellenförmigen Informationen und reinem Bewusstsein erstreckt, also in das Reich, aus dem die holografische Illusion abgerufen, dekodiert und manifestiert wird. In der Domäne des Bekannten herrschen die fünf Sinne – kann ich es sehen, hören, fühlen, schmecken oder riechen? Diese Fragen werden zum Maßstab für Existenz oder Nichtexistenz. Bei der Erziehung geht es darum, der nächsten Generation von programmierten „Kennern" das Bekannte vermitteln zu lassen. Man blickt ehrfürchtig auf Akademiker, Wissenschaftler und Doktoren, weil sie angeblich mehr über das Bekannte wissen, als alle anderen. Was aber ist das *„Bekannte"*? Es ist das, was für bekannt *gehalten* wird, was man uns als bekannt vorsetzt, und weiter nichts. Früher einmal war bekannt, dass die Erde flach ist, und dieses „Bekannte" predigte man zahllosen Generationen in den großen „Bildungsanstalten". Trotzdem war es falsch. Bekannt heißt nur: „Ich halte es für bekannt", und einzig darauf gründet unsere Gesellschaft. Überall auf der Welt gelten Universitäten als anerkannte Stätten des „Lernens", doch sie lehren nur das Bekannte – das *vermeintlich* Bekannte. Wahrhaft lernen kann man jedoch nur, indem man das Unbekannte entdeckt, wie Mike Lambert es ausdrückte. Alles andere ist schlichte Wiederholung. Wenn sich der Job, der Status und sogar die Selbsteinschätzung und Sicherheit eines Menschen auf das Bekannte gründen, dann wird dieser Mensch instinktiv den Impuls verspüren, das Unbekannte zu ignorieren oder schlecht zu machen. Das Bekannte fürchtet das Unbekannte, genauso wie die Äste den Wald fürchten. Denn je mehr seiner Geheimnisse das Unbekannte preisgibt, umso mehr verliert das Bekannte seine Allmacht und seine Herrschaft über die Wahrnehmung (Abb. 849). Witzig, dass das, was als bekannt wahrgenommen wird, nur ein dekodiertes Hirngespinst der Vorstellungskraft des Unbekannten ist. Der Traum ist der Träumer, der aber nur den Traum sehen kann. Das Bekannte ist das Unbekannte, das aber nur das Bekannte sehen kann. Innerhalb dieses „Bekannten", innerhalb der holografischen Illusion erfinden und verehren die Menschen ihre Äste, doch in Wirklichkeit ist das Reich des Wellenförmigen und des reinen Bewusstseins der Wald, der alles zu einem Ganzen verbindet. Um überleben zu können, muss das Kontrollsystem die Ast-Mentalität um jeden Preis aufrechterhalten. Aus diesem Grund sind Autoritäten bis zum heutigen Tag immer auf Visionäre losgegangen, um sie zu vernichten. Wahre Visionäre sind Wald-Menschen. Deshalb gefähr-

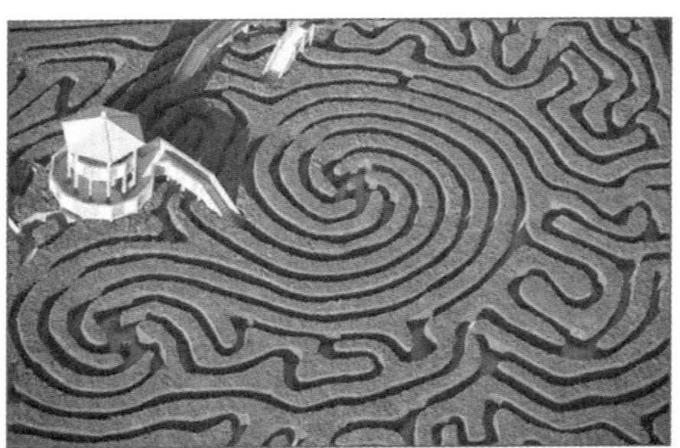

Abbildung 849: Der Irrgarten weiß es am besten. Die Aussichtsplattform ist nur Ketzerei.

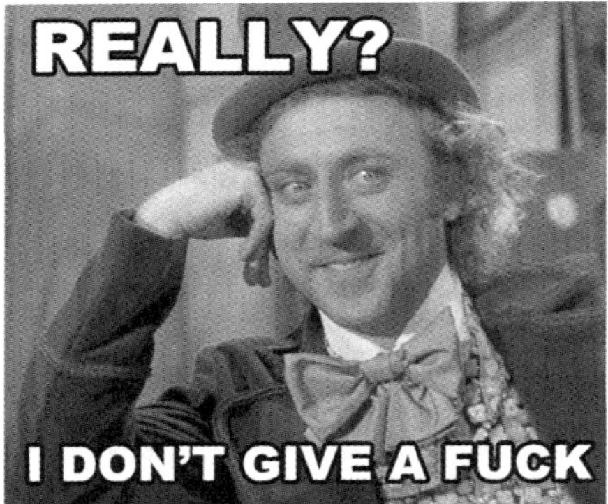

Abbildung 850: Wirklich? Das ist mir scheißegal. Das zu sagen und auch zu meinen, verleiht unglaubliche Macht.

den sie die herrschende Ordnung, die es nötig hat die menschliche Wahrnehmung einzusperren und fest an das Hologramm zu binden. Sogar die meisten alternativen Medien können den Wald vor lauter Ästen nicht erkennen. Die einen lassen sich Wahrheiten und Möglichkeiten von der Bibel diktieren, die anderen haben die „Mainstream-Wissenschaft" zu ihrer Bibel erhoben. Als Alternative zu diesen Varianten wächst jedoch eine Sichtweise heran, die über beides hinausblickt. Doch noch immer dominieren die genannten Wahrnehmungssysteme die Gegenwart. Beide lehnen mich ab, weil ich sowohl Religion *als auch* Wissenschaft kritisiere. Wissenschaft ist ohnehin, von rühmlichen Ausnahmen abgesehen, nichts anderes als Religion. Mir soll es recht sein, denn beides sind Manifestationen des Bekannten und beruhen auf der Wahrnehmung des Bekannten. Ich jedoch will das erforschen, was weit darüber hinausreicht. Wenn ich dafür die Missbilligung und den Spott der Ast-Menschen ertragen muss, ist es mir das wert. Mir ist ohnehin egal, was die über mich zu sagen haben (Abb. 850).

Eine Neudefinition des „Normalen"

Diese Geschichte mit den Ästen und dem Wald kann man auch in der Politik beobachten. Der politische Ast ist die Macht – nicht das, was für die Bevölkerung (den Wald) gut wäre. Deshalb bestimmt der Kampf um Macht und Wahlgewinne praktisch alles, was in der Politik geschieht. Anstatt dass Politiker sich zusammensetzen, um einen Konsens über das zu finden, was für die Menschen, die sie angeblich vertreten, gut wäre, setzen sie alles daran, ihre politischen Gegner auf jede erdenkliche Art und Weise zu unterminieren, sodass sie selbst die „Macht" erlangen und behalten können. Das geschieht auf der ganzen Welt. Die Politiker streiten darüber, wer den Ast halten darf, während der Wald vergessen vor sich hin brennt. Außerdem bauen Politiker und Regierungen nur auf den Glauben an das wahrgenommene Bekannte. Entscheidungen über „Gesundheitsfürsorge" orientieren sich an der von den großen Pharmaunternehmen beeinflussten Medizin, die als einzig glaubhafte Quelle des Wissens gilt. Entsprechendes gilt für die „Mainstream-Wissenschaft". Die Äste der Pharmariesen sind Geld und Monopolstellung. Deshalb opfert man die Interessen der Patienten (des Waldes) buchstäblich den Interessen der archontischen „Gottheiten". Das Bildungssystem, das die ganze Ast-Mentalität untermauert, kommt aus der gleichen Richtung. Ein problematischer und wirklich destruktiver „Ast" ist die Besessenheit vom eigenen Selbst: ich, ich, ich. Politiker sind dafür ein Musterbeispiel. Im weiteren Sinn geht es um Eigennutz, Selbstbesessenheit, Ressentiments und Eifersucht, obwohl behauptet wird, der Wald sei das höhere Gut. Wie oft erzählen mir Leute, sie würden meine Arbeit sehr unterstützen. Das hält jedoch nur solange, bis ihnen irgendetwas nicht passt. Und plötzlich bleibt von dem höheren Gut nur noch ein elendes Häufchen am Boden übrig, und „ich, ich, ich" bestimmt die Showbühne. Kurz gesagt, Ast-Menschen beherrschen die Welt und Wald-Menschen müssen jetzt in die Gänge kommen, und zwar schnell. Ich unterhielt mich mit einer Frau, die durch einen anonymen Telefonanruf ins Visier des Sozialdienstes geraten war. Der Anrufer hatte sie beschuldigt, ihre Kinder zu vernachlässigen und eine „Anhängerin von David Icke" zu sein (folglich musste sie psychisch instabil sein). Ich hoffe, niemand ist mein „Anhänger", denn darum geht es überhaupt nicht. In diesem Fall unterstellte man, dass eine Frau, die meine Informationen in einem sozialen Netzwerk postete, psychisch krank sein müsse und somit nicht in der Lage sein könne, sich um ihre Kinder zu kümmern. Ein Sozialarbeiter befragte die Frau zu diesen Vorwürfen – auch zu ihrer Meinung über mich – und musste bei einem Hausbesuch schließlich erkennen, dass die Frau ganz sicher nicht ihre Kinder vernachlässigte und auch psychisch nicht instabil war. Doch so läuft das bei den Ast-Menschen. Sie leben in einem so totalen Unverständnis der Wald-Perspektive, dass sie deren Vertreter für verrückt erklären müssen, um ihr eigenes Glaubenssystem zu rechtfertigen und zu schützen. Sollten die Aussagen einer Wald-Person irgendeinen Wert haben, dann gerieten die Glaubensvorstellungen der Ast-Menschen ernsthaft in Gefahr. Es ist viel einfacher, den Botschafter für wahnsinnig zu erklären, als sich dem eigenen Wahnsinn zu stellen. Und die extreme Ast-Perspektive ist zweifellos eine Form von Wahnsinn. Unter Wahnsinn versteht man eine

> „...Geisteskrankheit von solcher Schwere, dass die betroffene Person Fantasie und Wahrheit nicht mehr unterscheiden und aufgrund ihres psychotischen Zustands ihre eigenen Angelegenheiten nicht mehr regeln kann, und ein unkontrollierbares, impulsives Verhalten an den Tag legt."

Die Definition von Psychose lautet:

> „... ein durch eine psychiatrische oder organische Erkrankung verursachter psychischer Zustand, der von einem Verlust des Kontakts zur Wirklichkeit und der Unfähigkeit zu rationalem Denken geprägt ist."

Die beiden Definitionen liefern eine sehr gute Beschreibung der Ast-Gläubigen dieser Welt. Ich meine, zeugt es nicht von einem Verlust des Kontakts zur Wirklichkeit und einer Unfähigkeit zu rationalem Denken, wenn jemand behauptet, die Realität sei nicht veränderbar, und wer sie für veränderbar halte, hätte nur eine schwammige Vorstellung von Quantenphysik? Doch weil Ast-Menschen die globale Gesellschaft dominieren, haben sie die Kontrolle über die Wahrnehmung von „Normalität" an sich gerissen. So wurde die Gesellschaft zu dem, was sie heute ist, und das gilt, seit die Archonten sie gekapert haben. Oh, ja, „normal". Das ist sehr interessant und erhellend. Hier einige Definitionen des Begriffs „normal":

- Beachtung, Befolgung oder Inhalt einer Norm, eines Standard, eines Musters, eines Niveaus oder eines Typus; typisch.
- Bezieht sich auf, beziehungsweise wird geprägt von durchschnittlicher Intelligenz oder Entwicklung.
- Frei von psychischen Erkrankungen; geistig gesund.

„Normal" bedeutet also die Anpassung an einen Standard oder ein typisches Muster. Aber was diktiert „den Standard und das Typische", und was macht sie aus? Die Wahrnehmungen und Verhaltensweisen der Mehrheit. Angesichts der Tatsache, dass die Ast-Menschen die Mehrheit darstellen, bilden *deren* Wahrnehmungen und Verhaltensweisen also den Standard und Typus des „Normalen". „Charakterisiert durch durchschnittliche Intelligenz oder Entwicklung" wäre eine weitere Definition. Folglich macht überdurchschnittliche Intelligenz anormal. Und nun kommt die Pointe ... Normal sein bedeutet „frei von Geisteskrankheiten, psychisch gesund" zu sein. Alles ist wie üblich völlig verdreht. Frei von Geisteskrankheiten und psychisch gesund zu sein impliziert folglich, einer Norm, einem Standard, einem Muster, einem Niveau oder einem Typus zu entsprechen, typisch zu sein und sich durch durchschnittliche Intelligenz und Entwicklung auszuzeichnen. Wie definiert man durchschnittliche Intelligenz und Entwicklung? Diesen Durchschnitt dominiert wiederum die Mehrheit derer, die nur an das wahrgenommene Bekannte glauben. Diejenigen, die über das Bekannte hinausblicken, sind per Definition zu intelligent, um als normal zu gelten, und nicht normal genug, um als „frei von Geisteskrankheit, psychisch gesund" bezeichnet werden zu können. Was für eine Hysterie (Abb. 851). Wer in einem Irrenhaus geboren wird und nichts anderes kennt, für den erscheint Irrsinn normal. Das ist immer noch verrückt, aber es gilt als *normale* Verrücktheit, getarnt als psychische Gesundheit. Willkommen auf dem Planeten Erde, einem standardisierten, typischen, normalen Irrenhaus, wo man Zivilisten mit Bomben bewirft, um sie vor Gewalt zu schützen, wo Kinder in einer Welt der Fülle verhungern, wo Menschen sich Geld ausleihen, das überhaupt nicht existiert und dafür Zinsen zahlen, wo Essen aus Gift besteht und wo die Irrenhausinsassen nicht sehen, wie sie kollektiv aufs Kreuz gelegt werden, weil sie zu sehr damit beschäftigt sind, ihrem Fußballteam zuzusehen, bedeutungslosen Mumpitz zu texten oder zu lesen, welcher Promi gerade mit wem vögelt. Um wirklich zu begreifen, was hier vor sich geht, müssen wir genau zwischen den Begriffen „psychisch gesund" und „normal" differenzieren, denn die beiden sind keineswegs untereinander austauschbar. Wir müssen erkennen, dass das „Normale" die fortgeschrittene Form eines psychischen Defekts darstellt. Sobald die Menschen das begreifen, ordnet sich alles und ergibt einen Sinn. Versuchen Sie nicht aus der Welt schlau zu werden, indem sie sie für psychisch gesund halten und deshalb darüber rätseln, warum intelligente Menschen Entscheidungen treffen, die zu Tod, Zerstörung, Leid und Entbehrung führen. Die Menschen, die für solche Entscheidungen verantwortlich zeichnen, sind wahnsinnig, sie sind dement. Folglich sind auch ihre Handlungen wahnsinnig und dement. Derjenige Anteil der Bevölkerung, der solche Handlungen unterstützt, und darin einen Sinn zu erkennen vermag, krankt ebenfalls an Wahnsinn und Demenz. Da haben wir es. Nun reimt sich alles zusammen, nicht wahr? Ursache und Wirkung. Die Welt ist wahnsinnig, weil diejenigen, die sie lenken und ebenso ein Großteil der Bevölkerung dem Wahnsinn verfallen sind. Doch das müsste nicht so sein. Und das ist der springende Punkt.

Abbildung 851: Es ist kein Zeichen von Wahnsinn, sich verrückt zu verhalten. Es ist wahnsinnig, so zu tun, als wäre man „normal"! Normal = geistig gesund – eine der extremsten Umkehrungen.

Weit offen

Was ich hier als Wahnsinn bezeichne, setzt sich eigentlich nur aus extremer Kurzsichtigkeit und Ignoranz zusammen. Beide entstehen in einem verschlossenen und verriegelten Verstand. Geistige Offenheit dagegen überwindet Kurzsichtigkeit und Ignoranz, und schon wird der Wahnsinn zu einer Sache der Vergangenheit. *Puff* – verschwunden. Der Prozess ist wesentlich einfacher, als manche Menschen das für möglich halten (was man glaubt, das nimmt man wahr – was man wahrnimmt, das erlebt man). Man braucht nur seine Vorstellung vom Möglichen für *alle* Möglichkeiten zu öffnen. Damit kommen wir zu einer weiteren Umkehrung. Die meisten Menschen hängen einem Glaubenssystem an. Für alles, was dessen Rahmen sprengt, wollen sie Beweise sehen, um es als möglich in Erwägung ziehen zu können. Mit anderen Worten, alle Möglichkeiten stehen permanent auf dem Prüfstand, und das Glaubenssystem spielt sich als Richter auf. Wie wäre es, wenn wir die Vorstellung, dass alles möglich ist, zur Norm erheben und verlangen würden, dass Unmöglichkeit erst einmal bewiesen wird? „Das ist unmöglich, das ist unmöglich." „Woher wissen Sie das?" „Äh ..." Wir sollten unterscheiden zwischen: „Das hat noch nie jemand getan" (woher wollen Sie das wissen?) und: „Das kann man nicht tun" (woher wollen Sie das wissen?). Oder auch: „Das habe ich noch nie getan" (so?) und: „Ich kann mir nicht vorstellen, dass man das tun kann" (so?). Es geht hier nicht um Unmöglichkeit, sondern um ein *Gefühl* von Unmöglichkeit – den *Glauben* an Unmöglichkeit. Früher hieß es, eine Weltumseglung sei unmöglich oder das Fliegen, ganz besonders in den Weltraum, sei unmöglich – seid ihr verrückt geworden? Es galt solange als unmöglich, eine Meile (1.60 km) in 4 Minuten zu laufen, bis jemand diese Marke mit ein paar Sekundenbruchteilen Abweichung knackte. Dann folgten auch andere in dem Wissen – Glauben – dass es möglich ist. Die Vorstellung vom Möglichen und die Besessenheit vom Unmöglichen haben die Menschheit in ihrem Fortschritt bisher stark versklavt. Wir leben inmitten unbegrenzter Möglichkeit. Sollten wir wirklich alles, was wir brauchen, um alles verstehen zu können, zwischen den Deckeln eines sehr alten religiösen Buches finden? Oder in den Baumkronen? Oder in den Hallen und der Eintönigkeit einer „Wissenschaft", die sich so verhält, als würde man durch Betrachten einer Radmutter ein Auto verstehen können? „Was brauche ich, um ein Auto verstehen zu können, Herr Professor Dawkins?" „Sie brauchen einen Sechskantschlüssel, der zu dieser Mutter hier passt." Oder wie diese Perle der Weisheit es ausdrückte:

> „Wenn Ihnen nur ein Hammer als Werkzeug zur Verfügung steht, dann sieht jedes Problem wie ein Nagel aus."

Wenn Ihnen als Mittel der Wahrnehmung nur Ihr Glaubenssystem zur Verfügung steht, dann sieht jede Erfahrung so aus, als würde sie da hineinpassen. Um die archontische Kontrolle zu beseitigen brauchen wir einzig und alleine die Öffnung und Erweckung des Verstandes zu einem Bewusstsein jenseits der Matrix. Schaffen wir das nicht, dann können wir nur nach Hause gehen und uns so gut wie möglich auf die extremsten Formen der Tyrannei vorbereiten, die bereits rasend schnell auf uns zukommen. Die Menschen können alle möglichen Waffen lagern, alle möglichen Proteste veranstalten und das Kontrollsystem angreifen, wie sie nur wollen – am Ende wird das alles nichts nützen. Das Kontrollsystem ist, was es ist und was es wird, weil die Masse der Menschheit in den Wahrnehmungen ihres Verstandes gefangen ist. Und auf diesem Spielfeld kennen sich die Archonten bestens aus. Schließlich sind sie Parasiten des Verstandes. Das Bewusstsein aber können sie nicht infizieren, manipulieren oder programmieren, denn es liegt weit jenseits ihrer Reichweite. Alle, die an Religion, Politik und Mainstream-Wissenschaft glauben, tragen die archontische Agenda mit, weil sie auf das Spiel hereinfallen – das Spiel mit dem *Verstand*. Im Film „Matrix" beschreibt der Trainman seine Domäne so:

> „Du verstehst das nicht. Ich habe diesen Ort geschaffen. Hier unten mache ich die Regeln. Hier unten mache ich die Drohungen. Hier unten bin ich Gott."

Ganz ähnlich beschrieben die Gnostiker unsere Welt unter der Herrschaft des Demiurgen und der Archonten. Wer sich in die Welt der fünf Sinne und in das damit assoziierte Denken einsperren lässt, dessen Wahrnehmung wird dem entsprechen, was die Archonten ihm vorgeben. Die Wahrnehmungsfalle kann nur in der Welt des Verstandes zuschnappen, in der Welt der „physischen" Sinne (Abb. 852). Sobald man sich allen Möglichkeiten öffnet und erkennt, dass es nicht nur Ästchen gibt, sondern einen ganzen Wald, dann erweitert sich die Aufmerksamkeit – Wahrnehmung – in das Reich des Bewusstseins hinein. Von dort aus ist der Wald ganz leicht zu erkennen, ist das Spiel ganz leicht zu durchschauen. Doch wie könnte jemand ohne ein solches Verständnis ein informiertes, treffendes Urteil über die angebrachte Vorgehensweise in der vorliegenden globalen Situation treffen?

Abbildung 852: Die Matrix mag dich im Griff haben – doch es ist deine Wahl. Zieh den Stecker – für die sind wir unprogrammierbar.

Wer bin ich?

Selbstverständnis ist der Schlüssel zu allem. Wir sind *Alles Was Ist* – die blendende Finsternis des Allwissenden und der Gesamtheit aller Möglichkeiten. Doch zurzeit richten wir unsere Aufmerksamkeit nur auf das winzige Frequenzband, das wir als sichtbares Licht bezeichnen, und als solchermaßen fokussierte Wesenheiten tragen wir Namen und Etiketten wie Willi oder Emma, Kaukasier oder Jude, arm oder reich. Mit welchem „Ich" wollen Sie sich identifizieren? Mit dem, das Sie wirklich sind oder nur mit dem, das Sie erfahren? Sind Sie der Ast oder der Wald? Willi oder Emma, Kaukasier oder Jude, arm oder reich – das alles sind lediglich Produkte der Illusion. Wenn Sie Ihr Selbstverständnis nur darauf gründen, dann führt die Matrix die Herrschaft über Ihre Wahrneh-

Abbildung 853: Wofür halten Sie sich? Die Antwort wird Ihr Leben verändern – oder auch nicht (siehe Farbteil).

Abbildung 854: Was wir denken – was wir sind. Das Selbstverständnis von Versklavung oder Freiheit.

mungen, und Sie haben zur Beurteilung dessen, was Ihnen und dieser Welt widerfährt, keinen anderen Referenzpunkt. Wo finden Sie Ihr Selbstverständnis in Neil Hagues Bild? Ihre Antwort entscheidet darüber, wohin Sie von hieraus gehen werden, wohin wir alle als Kollektiv gehen werden (Abb. 853). Bisher wurde Ihr Leben durch das bestimmt, wofür Sie sich hielten. Verändern Sie Ihre Selbstbetrachtung und Sie verändern Ihre Wahrnehmung und Ihre Erfahrungen. Gemeinsam werden wir das verändern, was wir *alle* wahrnehmen und erfahren. Aus unserer Situation gibt es keinen Ausweg, es sei denn wir transformieren unsere Selbstwahrnehmung und distanzieren uns von dem Selbstverständnis, das uns in die Lage gebracht hat, in der wir uns jetzt befinden (Abb. 854). Das mag allzu offensichtlich klingen, aber das Offensichtliche kann sich oft meisterhaft tarnen oder verstecken, besonders dann, wenn man die Aufmerksamkeit auf die Äste und nicht auf den Wald richtet. Ast-Menschen nehmen die Realität überwiegend durch ihr Gehirn wahr, während Wald-Menschen ihre Wahrnehmungen durch die Botschaften des Herzens ergänzen. Je stärker man den Aufmerksamkeitsschwerpunkt auf das Herz richtet, um mehr Wald kann man erkennen, und umso deutlicher wird unsere selbstmörderische Gesellschaft als solche offensichtlich. Wie interessant, dass die archontische Kaperung die frühere herzbasierte Gesellschaft in eine Gesellschaft verwandelt hat, die fast alles aus einem Bauchgefühl heraus beurteilt. Sind Sie ein Ast-Mensch oder ein Wald-Mensch? Sind Sie ein Kopf-Mensch oder ein Herz-Mensch? Beide Fragen meinen dasselbe. Die Archonten haben eine Herzgesellschaft in eine Bauchgesellschaft verwandelt. So konnten sie die Gesellschaft besser täuschen, manipulieren und kontrollieren. Um die Ursache unseres Problems zu beseitigen, müssen wir uns wieder zurückverwandeln. Das Herz mit dem zugehörigen Herzwirbel, dem sogenannten Herzchakra, dient uns in alle Ewigkeit als Hauptverbindungspunkt zum Unendlichen. Das Gehirn soll dem Herzen dienen und sich nicht als sein Meister aufspielen. Die archontische Übernahme hätte nicht annähernd so erfolgreich verlaufen können, wenn nicht das Gehirn die Vorherrschaft über das Herz übernommen hätte. Die Zitate von Leonardo (übersetzt „der kühne Löwe") da Vinci (1452–1519), die ich in diesem Buch verwendet habe, dienen als Beispiele für Herzintelligenz – für Weisheit, Wissen und Einsichten jenseits des Reichs der Gedanken. Die Herzintelligenz überschreitet Raum und Zeit. Deshalb galt da Vinci als seiner „Zeit" Jahrhunderte voraus. Das stimmt jedoch nicht. Er war *jenseits* der Zeit. Deshalb konnte er zeitlose Einsichten gewinnen und sie den von der Zeit gesteuerten Menschen vor Augen führen (Abb. 855). In sein Wissen und seine unglaublichen Erkenntnisse, die erst Jahrhunderte später bestätigt werden konnten, kann man sich jederzeit einklinken – unabhängig von der Zeit, der Ära oder dem jeweiligen menschlichen Entwicklungsstand. Sie waren in der Steinzeit ebenso verfügbar wie sie in unserer „modernen" Steinzeit verfügbar sind. Da Vinci gelang es, eine ganze Reihe verschiedener Technologien zu entwickeln, die erst in jüngster Zeit umgesetzt werden können. Sie funktionieren und inspirieren so Jahrhunderte nach seinem Tod andere Menschen dazu, seine vor 500 Jahren imaginierten Konzepte zu verwirklichen. Andere Menschen, wie beispielsweise Giordano Bruno (1548–1600), der nach da Vinci in Italien lebte, verfügten ebenfalls über Einsichten, die aus einem Reich jenseits der Zeit stammten. Auch Bruno durchschaute die offizielle Version der Wirklichkeit (Abb. 856). Von ihm stammen die Zitate: „Das göttliche Licht leuchtet zu jeder Zeit im Menschen, es zeigt sich den Sinnen und dem Verstand, doch der Mensch weist es zurück", und „Heroische Liebe ist eine Eigenschaft jener überlegenen Naturen, die man als geisteskrank bezeichnet, nicht weil sie nicht wissen, sondern weil sie im Übermaß wissen". Das Bekannte fürchtet das Unbekannte. Da Vinci und Bruno hatten Zugang zu ein und demselben Gewahrsein, ebenso wie K'inich Janaab" Pakal, der Maja-Herrscher, auf den die steinernen Inschriften über astronomische und astrologische Zyklen zurückgehen, die man fälschlicherweise als „1212-er" bezeichnet, der altgriechische Philosoph Sokrates, der Konventionen und Autoritäten herausforderte und dafür zum Tode verurteilt wurde, oder Mahatma Gandhi. Ich fühle mich stark zu dem hingezogen, was sie alle verband. Sie alle gewannen

Abbildung 855: Leonardo da Vinci transzendierte die Zeit und damit die Beschränkungen seiner „Zeit" und aller anderen „Zeiten".

Abbildung 856: Giordano Bruno.

Einsichten, indem sie über die Zeit hinausblickten und/oder die herrschenden Autoritäten in Frage stellten, die der Bevölkerung ihren Willen aufzwangen. Giordano Bruno wurde im Jahre 1600 von der römischen Inquisition wegen Ketzerei und Gotteslästerung zum Tod auf dem Scheiterhaufen verurteilt, weil er Meinungen vertreten hatte, die nicht mit dem katholischen Glauben im Einklang standen. Bruno sagte zu seinen Richtern:

Abbildung 857: „Früher hattet ihr all die Macht, meine Lieben …“ Erinnert euch, erinnert euch …

> „Vielleicht lebt ihr, die ihr meine Verurteilung aussprecht, in größerer Furcht als ich, der ich sie entgegennehme.“

Seine Vollstrecker ließen seine Zunge binden, damit er vor seinem Tod nicht mehr zum Volk sprechen konnte. So groß ist der Terror, den die vermeintlich Mächtigen angesichts der universellen Macht – des erweiterten Gewahrseins – empfinden (Abb. 857). Brunos Verbrechen bestand darin zu behaupten, dass es viele Welten gebe, denn ebenso wie da Vinci beschrieb er den Kosmos so, wie es sich Jahrhunderte später als richtig erwies. Bruno schrieb im 16. Jahrhundert:

> „Im Weltraum gibt es zahllose Konstellationen, Sonnen und Planeten. Wir sehen nur die Sonnen, weil nur diese Licht abstrahlen. Die Planeten bleiben unsichtbar, denn sie sind klein und dunkel. Es gibt auch zahlreiche Erden, die um ihre Sonnen kreisen …“

Sofort trat die Kirche auf den Plan. Lächerliches Dogma darf keinesfalls in Frage gestellt werden. Das würde die Macht gefährden, die von diesem Dogma abhängt. Das, auf was sich Bruno, da Vinci und viele andere einstimmten, um zu ihren Erkenntnissen zu gelangen, war wohl schon immer da. Doch nur wer sich ihm mit einem offenen Verstand und vor allem einem offenen Herzen nähert, kann dazu Zugang gewinnen. Das ist das Geschenk der Herzintelligenz. Die Verstandesintelligenz dagegen basiert auf einer computerartigen Bewertung und Anordnung der eingehenden Daten. Wenn die akzeptierten Daten unsinnig sind, dann müssen Bewertung und Anordnung es ebenfalls sein. Mumpitz erzeugt Mumpitz. Das Gehirn führt seine Beurteilung auf derselben Realitätsebene durch, von der die Informationen stammen. Es arbeitet *in* dieser Welt und ist *von* dieser Welt. Das Herz betrachtet alles aus einem Blickwinkel jenseits der Illusionen. Es lebt *in* dieser Welt, ist aber nicht *von* dieser Welt. Folglich halten Verstandesmenschen Herzensmenschen für verrückt und können sie unmöglich begreifen. In all den Jahren habe ich in einem Buch nach dem anderen über die wahre Macht des Herzens und seine zentrale Rolle bei der Auflösung der Matrix geschrieben. Jetzt beginnen einige Mainstream-Wissenschaftler die große Bedeutung des Herzens und die wahre Natur des Verstandes zu erkennen. Ein neuer Forschungszweig befasst sich mit der sogenannten Neuroplastizität und erkennt allmählich, dass das Gehirn nicht fixiert, sondern formbar und veränderbar ist. Das zwingt Wissenschaftler, die ehemals rigiden Glaubensvorstellungen zu überdenken, denen gemäß das Gehirn als Motor für Verhalten, Denken, Wahrnehmung, Emotionen, Krankheit und Gesundheit funktioniert. Dr. Norman Doidge, der Autor des Buches „The Brain That Changes Itself" sagte:

> „Die Erkenntnis, dass das Gehirn plastisch, das heißt veränderbar, anpassbar und formbar ist, kann man getrost als die wichtigste Neuerung in unserem Wissen über das menschliche Gehirn in den letzten 400 Jahren bezeichnen. Unter Neuroplastizität versteht man die Eigenschaft des Gehirns, seine Struktur und seine Funktion, seine Reaktion auf die Meldungen der Sinne und auf die Wahrnehmung der Welt und sogar auf das Denken und die Vorstellungskraft zu verändern. Durch Denken und Lernen kann der Mensch tatsächlich bestimmte Gene in seinen Nervenzellen anschalten, welche diese Zellen sodann veranlassen, neue Vernetzungen untereinander aufzubauen."

Das Gehirn ist nicht die Quelle von *gar nichts*. Es ist ein Gefäß, ein biologisches Computersystem, das auf Informationsstimuli reagiert und diese mittels der Wahrnehmung der fünf Sinne und des Verhaltens bewusst macht. Verschiedene Bereiche des Gehirns werden aktiviert, sie „leuchten auf", wenn energetische Informationen eingehen, die zu den spezifischen Dekodierungs- und Kommunikationsaufgaben der jeweiligen Bereiche passen. So werden diese Informationen an den holografischen bewussten Verstand weitergegeben. Die Informationen können zum einen vom Herzen beziehungsweise dem höheren Bewusstsein (das manche als Seele bezeichnen) stammen, zum anderen aber auch von der direkten archontischen Besetzung und den endlosen archontischen Programmen wie Erziehung, Wissenschaft, Medizin, Medien, Politik, etc. Sobald man sich für die Herzintelligenz öffnet – die *angeborene* Intelligenz, die *universelle* Intelligenz – wird jede Opposition überbrückt und Herz und Verstand bilden eine Einheit (Abb. 858). Die Tatsache, dass die Erkenntnis der Veränderbarkeit und Formbarkeit des Gehirns so eine große Enthüllung darstellt, zeigt uns, wie sehr die Mainstream-Wissenschaft auf dem Holzweg ist und war. Das Gehirn ist ein Hologramm. Sein Grundzustand ist ein zu hundert Prozent formbares Feld wellenförmiger Informationen. Wenn sich das Feld verändert, muss sich auch das physische Feld verändern. Genau auf dieser Ebene der Wellenformen und des Elektromagnetismus findet die archontische Besetzung statt. Das Herz übt einen starken Einfluss auf das Gehirn aus, auch auf elektrischer Ebene. Um eine extreme Besetzung zu ermöglichen, muss der Einfluss des Herzens also massiv beschnitten werden. Aus diesem Grund greifen die Archonten das Herzzentrum an,

Abbildung 858: Die Macht des Herzens wird alles verändern (siehe Farbteil).

indem sie die Gesellschaft entsprechend strukturieren und die Menschen in das Emotionsfeld ihres Bauchchakras einsperren. Positive Gefühle und Wahrnehmungen wie Liebe und Freude (hohe Frequenzen) kommen aus dem Herzen, während negative Emotionen wie Angst, Nervosität, Stress oder Depression (niedrige Frequenzen) ihren Ursprung im Bauch haben. Das Grundkonzept besteht darin, den Menschen so vielerlei Gründe wie möglich für Angst, Nervosität, Stress und Depression zu liefern und so den Einfluss des Herzens zu blockieren. Stress verursacht Herzerkrankungen, weil er den Fluss der Energie durch das Herzchakra behindert und dort ein chaotisches energetisches Feld erzeugt, das bei langanhaltendem Stress immer weiter an Intensität zunimmt. Diese Verzerrung überträgt sich schließlich auf das holografische Herz. Man kann also verstehen, warum in einer angsterfüllten, gestressten Gesellschaft Herzkrankheiten weltweit als Massenkiller auftreten. Wenn Menschen die Auswirkungen eines verzerrten Herzfeldes wahrnehmen, bezeichnet man das als „seelischen Kummer". Ein schweres Trauma, etwa wenn jemand einen geliebten Menschen verliert, kann dazu führen, dass er an einem „gebrochenen Herzen" stirbt. Die Forschungen des HeartMath Instituts haben gezeigt, dass das elektromagnetische Feld des Herzens auf Emotionen reagiert und sich entsprechend verändert. Wenn man berücksichtigt, dass das Herzfeld sich mitunter mehrere Meter über den Körper hinaus erstreckt, dann kann man sich vorstellen, welch starke – positive oder negative – Wirkung dieses Feld auf die mentale, emotionale und körperliche Gesundheit ausübt. Der Herzwirbel mit seinem gigantischen elektromagnetischen Feld war der Angriffspunkt, über den die Kaperung der menschlichen Wahrnehmung erfolgte. Diesen Prozess müssen wir wieder umkehren. Für diejenigen, die sich wirklich von der archontischen Tyrannei befreien wollen, gibt es nichts Wichtigeres. Wer glaubt, dieser Herausforderung mit Wut, Hass oder gewalttätiger Revolution begegnen zu können, soll damit ruhig seine Zeit verschwenden. Wenn wir den Weg vom Bauch zum Herzen nicht beschreiten, bleibt uns die globale Tyrannei erhalten. Kommt es aber zu einem Umschwung vom Bauch zum Herzen, dann ist das Spiel vorbei. Es ist möglich, das Gehirn zu übergehen oder zu umgehen. Das muss auch geschehen, um jenseits von „Ort und Zeit" gelangen zu können. Seit meinem Erlebnis in Peru praktiziere ich das, und mit zunehmender Übung wird die Erfahrung immer mächtiger und kraftvoller. Auch da Vinci, Bruno und andere gingen diesen Weg. Normalerweise gelangen Informationen über das Gehirn zum sogenannten bewussten Verstand, was Tür und Tor für alle möglichen Störungen, Blockierungen und Filter eröffnet, die durch Glaubensvorstellungen, Emotionen und Programmierungen entstehen. Wer jedoch seinen Anziehungsbrennpunkt vom Körper wegbewegt und auf die Unendlichkeit jenseits der Matrix richtet, kann sein eigenes bewusstes Gewahrsein in direkte Verbindung zu einer erweiterten

Abbildung 859: Das Gehirn umgehen – Herzbewusstsein steht über dem Verstand (siehe Farbteil).

Sichtweise bringen. Die „Kavallerie" kommt nicht von alleine – man muss sich selbst zur „Kavallerie" hinbegeben. Die mithilfe eines solchermaßen erweiterten Aufmerksamkeitsbrennpunkts absorbierten Einsichten kann man dann durch das Herz in die Realität der fünf Sinne einfließen lassen, wo sie sich als intuitives Wissen äußern, das an die Stelle des rein vom Verstand generierten Wissens tritt (Abb. 859). So können wir in die Unendlichkeit der Erkenntnis und des inspirierten Wissens eintauchen und diese in reiner, unbefleckter Form in diese Realität hineinholen. Ich verbringe nur noch wenig Zeit meines Tages in dieser Welt, nur noch soweit es notwendig ist, um hier zu funktionieren. Wenn ich Bücher schreibe oder Vorträge halte, befindet sich nur mein Körper in dieser Realität.

Leben, lieben, lachen und glücklich sein

Es heißt, man solle der Gefahr ins Gesicht lachen, und wir müssen der archontischen Unterdrückung ins Gesicht lachen. Das mag merkwürdig klingen, aber sei es drum. Die Welt, die wir zu sehen glauben, ist nicht die Welt, in der wir leben. Die überwältigende Mehrheit der Menschen glaubt an eine Welt, die fest ist und in der Handlungen zu Veränderungen führen. Nun, die Welt ist nicht fest und Handlungen führen nicht zu Veränderungen, zumindest sind sie nicht die Hauptursache für Veränderungen. Handlungen sind Reaktionen auf *Wahrnehmungen*. Verhalten wird auf Grund von Wahrnehmung gewählt. Handlung ist keine Wahl, sondern eine *Reaktion* auf eine Wahl, die in den unsichtbaren Ebenen des Gewahrseins beziehungsweise Nichtgewahrseins getroffen wurde. Wer diese grundlegende Wahrheit nicht begreift, muss den tyrannischen Herausforderungen notwendigerweise durch Handeln begegnen. Wenn wir uns jedoch nur aufs Handeln konzentrieren und die Wahrnehmung ignorieren, bleibt unsere Konzentration im Bereich der fünf Sinne hängen, dort, wo Handlung stattfindet. Ich möchte das Handeln nicht pauschal verurteilen, denn durch Handeln wird Wahrnehmung in holografische Veränderung umgewandelt. Ich handle die ganze Zeit – indem ich beispielsweise dieses Buch schreibe oder einen Fernseh- und Radiosender namens „The People's Voice" ins Leben rufe. Wenn Handeln jedoch aus der Wahrnehmung entspringt, dann muss die Aufmerksamkeit in allererster Linie der Wahrnehmung gelten. Nur dann kann wahrhaft effektives Handeln die Folge sein, ein Handeln, das nicht nur auf einer rein emotionalen Reaktion auf Angst, Hass, Wut oder Ressentiments beruht. Verzerrte Wahrnehmung führt unweigerlich zu verzerrtem Handeln. Anstatt zu sagen: „Wir müssen etwas *tun*", sollten wir sagen: „Wir müssen etwas *sein*", denn das *Tun* wird sich automatisch aus dem *Sein* entfalten. Wie oft konnten wir schon beobachten, dass gewalttätige Unterdrückung eine gewalttätige Gegenreaktion auslöste, die letztendlich nur wieder zu einer neuen Form der Unterdrückung führte? Die Geschichte ist angefüllt mit solchen illusorischen Revolutionen. Wenn Verstandesmenschen auf die Handlungen von Verstandesmenschen reagieren, dann kann auch gar kein anderes Ergebnis zustande kommen. Ein paar Verstandesmenschen ersetzen vielleicht ein paar andere Verstandesmenschen, doch in jedem Fall entsteht wieder eine Verstandesgesellschaft. Alles dreht sich immer weiter im Kreis. Die Straße scheint über den Horizont hinauszureichen, aber letztendlich fahren wir nur auf einem Karussell und werden bald wieder am Ausgangspunkt landen. Da Vinci formulierte das so: „Wo nicht der Geist die Hand führt, entsteht keine Kunst". Großartige Kunst kommt aus dem *Herzen*. Inspirierte Künstler sind Herzensmenschen, beispielsweise der begnadete Komponist Mozart. Kunst bedeutet nicht nur, eine Leinwand zu bemalen, außer vielleicht im weitesten Sinne. Man kann auch Worte auf ein Papier oder einen Computerbildschirm malen, und so Bücher, Gedichte oder Lyrik entstehen lassen. Man kann sein Leben und das Leben anderer mit Freude bemalen. Man kann eine neue Realität auf die globale Leinwand malen, indem man das Drängen und die Sehnsucht des Herzens in eine Welt voller Liebe, Freiheit und gegenseitigem Respekt umwandelt. Wollen wir das nicht alle? Doch um es zu erreichen, müssen wir es *sein*. Danach bleiben nur noch die Feinheiten zu regeln. John Lennon sang über Revolution: „... wenn du von Zerstörung sprichst, dann weißt du, dass du auf mich nicht zählen kannst." Das gilt auch für mich. „Echte Männer", Testosteron-Junkies mit dem Selbstverständnis eines John Wayne fühlen sich vielleicht berufen, gegen das Kontrollsystem und seine Handlanger zu „kämpfen", doch für mich ist das nur Ausdruck von Ignoranz und Selbstgefälligkeit. Verstandesmenschen wollen es mit Verstandesmenschen aufnehmen. Die Menschheit ist diesem Ansatz schon so viele Male gefolgt, doch immer wenn die Schlachten vorüber waren, saßen die Archonten noch immer an den Schalthebeln der Macht und setzten einfach ein Grüppchen neuer Handlanger ein. Als besonderen Leckerbissen konnten die Archonten zudem jeweils all die niedrigschwingende Energie genießen, die diejenigen, die „für das Gute kämpften" denjenigen servieren, die „für das Böse kämpften".

Wir müssen aufhören, die Bestie zu füttern. Das bedeutet, wir müssen aufhören, auf die wohlkalkulierten Stimuli zu reagieren, die die Bestie erzeugt, um für ihre eigene Nahrung zu sorgen. An dieser Stelle kommt das Motto „leben, lieben, lachen und glücklich sein" ins Spiel. Viele Menschen finden es schwierig, andere Menschen zu lieben, zu denen sie keinerlei Verbindung haben, besonders diejenigen, die sie nicht mögen oder mit denen sie nicht einer Meinung sind. Das ist eine echte Herausforderung, der wir uns stellen müssen. Danach geschieht alles wie von selbst. Hier begegnen wir der wirksamsten archontischen Waffe, dem Prinzip „teile und herrsche". Darauf dürfen wir nicht länger hereinfallen. Jemanden zu lieben bedeutet nicht, sich als Fußabstreifer für ihn niederzulegen oder ihn ungebändigt treiben zu lassen, was immer er will, ungeachtet der Folgen. Wir lieben unsere Kinder. Wenn wir ihnen aber im Namen der Liebe alles erlauben, dann ziehen wir selbstbesessene Erwachsene heran, die im späteren Leben unter sozialer Ausgrenzung leiden werden. Uns wird nicht immer gefallen, was unsere Kinder tun, und das dürfen wir ihnen auch mitteilen, aber dennoch werden wir sie lieben. Gegenüber unserer größeren menschlichen Familie müssen wir uns ebenso verhalten. Sie alle sind Ausdrucksformen eines umfassenden Eins-Seins – auch die lieblosen, herzlosen Psychopathen, die uns versklaven wollen. Sie haben Liebe besonders nötig. Gandhi sagte:

> „Wann immer du einem Feind begegnest, besiege ihn mit Liebe".

Fordert man andere durch Wut oder Hass heraus, dann lässt man sich auf ihr Spiel ein, das man doch eigentlich verändern will. Entscheidend ist es, das Spiel zu *beenden*, nicht es aus einem anderen Blickwinkel heraus weiterzuspielen. Die Archonten und ihre Hybriden wollen, dass wir einander hassen, einander bekämpfen und einander unterdrücken. Sie wollen, dass wir diejenigen lächerlich machen oder verurteilen, die die Realität auf eine andere Weise wahrnehmen – besonders diejenigen, die die Aufmerksamkeit der Öffentlichkeit auf sie und ihr Treiben lenken. Das letzte, was sie wollen, ist eine Menschheit, die über die Existenz, die Absichten und die Manipulationsmethoden der Archonten im Bilde ist. Sie wollen uns in Trennung halten, damit wir entlang der absichtlich ausgehobenen Schützengräben von Rasse, Religion, Kultur, Politik, Arbeitsplätzen und Einkommen miteinander kämpfen. Nur zu diesem Zweck haben sie solche Schützengräben überhaupt geschaffen. Wir müssen aufhören, ständig in die Fallen zu tappen, die man für uns ausgelegt hat. Die größte Falle, mit der alle anderen stehen oder fallen, schnappt zu, wenn wir unser Herz verschließen und vergessen, dass wir alle Ausdrucksformen unendlichen Gewahrseins sind, die verschiedene Erfahrungen durchleben. Diese Erfahrungen sind herausfordernd und können wirklich extrem werden, wenn wir sie mit der Realität jenseits der Matrix vergleichen. Wir müssen uns eine Pause gönnen und dürfen nicht in zerstörerische Selbstkritik verfallen oder uns selbst bekriegen. Selbstverachtung ist die schlimmste Form der Verachtung. Der amerikanische Schriftsteller Dannion Brinkley erfuhr während seiner bekannt gewordenen Nahtoderfahrung, dass jeder ein Held ist, der in unsere Realität eintritt. In seinem Buch, „Saved by the Light“ schrieb Brinkley:

> „‚Ihr Menschen seid wahrhaftige Helden‘, sagte eine der Wesenheiten. ‚Diejenigen, die auf die Erde kommen, sind Helden und Heldinnen, denn sie tun etwas, wozu andere spirituelle Wesenheiten nicht den Mut aufbringen.‘“

Brinkley wurde 1975 von einem Blitz getroffen und war 28 Minuten lang klinisch tot. Wie er berichtete, hatte er während dieser und späterer weiterer Nahtoderfahrungen erfahren, dass menschliche Ereignisse nicht in Stein gemeißelt sind und geändert werden können. Doch dazu muss die Menschheit zuerst erkennen (sich erinnern), dass „Liebe bedeutet, andere so zu behandeln, wie man selbst behandelt werden möchte“. Wenn ich von Liebe spreche, dann meine ich damit die bedingungslose Liebe, die auf Integrität gründet, nicht die illusorische „Liebe“ der körperlichen Anziehung. Ich habe immer gesagt, dass der wichtigste Bibelspruch lautet: „Was du nicht willst, was man dir tu', das füg' auch keinem anderen zu“. Diese Goldene Regel zieht sich durch die gesamte menschliche Kultur:

> *„Zwinge anderen nie etwas auf, was du nicht auch für dich selbst wählen würdest.“* – Konfuzius, China

> *„Was du hassen würdest, wenn man es dir antäte, das tu keinem anderen an.“* – Altes Ägypten

> *„Was du nicht willst, dass dir geschehe, das tu selbst keinem anderen an.“* – Altes Griechenland

> *„Verletze niemand anderen auf eine Weise, die du selbst als schmerzhaft empfinden würdest."* – Buddhismus
>
> *„Man sollte einem anderem niemals etwas antun, was man selbst als verletzend empfindet."* – Hinduismus.

Man findet dieses Thema überall, auch in Verbindung mit dem Konzept des Karmas, des Gesetzes von Ursache und Wirkung, das besagt, dass alles, was man anderen in dieser Realität antut, zu einem selbst zurückkehrt, das Gute ebenso wie das weniger Gute. Martin Luther King beschrieb etwas Ähnliches, als er sagte:

> „Der Bogen des moralischen Universums ist weit, aber er neigt sich in Richtung Gerechtigkeit".

Viele Menschen, die beim sogenannten Tod ihren Körper verließen, glaubten, das Spiel gewonnen zu haben. Im weiteren Sinne hatten sie jedoch auf ganzer Linie verloren, denn das, was für sie im jeweiligen Augenblick am besten schien – ich, ich, ich – wirkte ganz anders, sobald der Schleier gelüftet war. Möglicherweise erwarten die Menschen von mir, dass ich an dieser Stelle einen vollständigen Plan und ein Manifest ausrolle, wie wir das archontische System zum Einsturz bringen, aber das ist gar nicht nötig. Die Antworten sind einfach, und sie liegen im Herzen. Wirksames Handeln wird folgen – und *nur dann* folgen – wenn wir uns aus der Wahrnehmungsfalle befreit haben. Um dieses Ziel zu erreichen, müssen wir auf aufgeschlossene Weise nach Wissen streben. Wir müssen engstirniger Ignoranz und Arroganz ein Ende setzen, die Glaubensvorstellungen um jeden Preis aufrechterhalten wollen, um nur keine Neueinschätzung vornehmen zu müssen. Das bedeutet, unseren Blick von den Bäumen abzuwenden, um den Wald zu sehen, das Bekannte in Frage zu stellen, das Unbekannte zu erforschen, uns daran zu erinnern, dass wir unendliches Gewahrsein sind und nicht nur ein kleines Ich, unsere Aufmerksamkeit und unser Interaktionszentrum von den Bauchemotionen ins Herz zu verlagern, einander zu lieben, zu respektieren und zu unterstützen, und andere so zu behandeln, wie wir selbst gerne behandelt werden möchten. Ich trage kein Transparent vor mir her und brülle nicht in ein Megaphon. Dennoch habe ich soeben die ultimative Revolution beschrieben – die Revolution der Wahrnehmung und der persönlichen Identität. Daraus erwachsen die Grundlagen, die Inspiration und der Geist für Veränderung. Sonst wird alles beim Alten bleiben, und das wiederaufbereitete „Neue" wird nur ein Abklatsch des Alten sein. Um gehört zu werden, brauchen wir nicht lauthals zu schreien. Wir brauchen aber Stimmen, die sich nicht zum Schweigen bringen lassen. Da Vinci sagte: „Wo man schreit, ist keine klare Erkenntnis". Damit will ich nicht sagen, dass wir nicht voller Überzeugung, Gefühl und Dringlichkeit sprechen sollten, doch wir sollten Wut, Hass und Rachegefühle vermeiden. Das sind archontische Ausdrucksformen, derer wir uns enthalten müssen, wenn wir uns von ihnen abheben wollen. Mahatma Gandhi wurde nicht laut, er hasste die Unterdrücker nicht, die herauszufordern er sich zur Aufgabe gemacht hatte, aber er blieb unerschütterlich und unbeugsam. Wir müssen ruhig blieben, um durch all das Geschnatter und Geschrei und all den Hintergrundlärm hindurch unser höheres Selbst vernehmen zu können. Sobald wir uns über unser Herz und unsere Offenheit in der Stille jenseits des Irrenhauses mit dem erweiterten Gewahrsein verbunden haben, brauchen wir uns nie wieder die Frage zu stellen: „Was kann ich tun?“ Wir werden es instinktiv wissen – individuell und kollektiv – und daraus wird sich intuitiv das effektivste Handeln ergeben.

Das Ende vom Anfang

Ich weiß, es mag trivial klingen, wenn ich angesichts der täglichen Herausforderungen oder gar des Horrors, den die Menschen erdulden müssen, empfehle zu lachen und glücklich zu sein. Doch gerade diese Umstände gehören zu den Gründen, warum die Menschheit jetzt unbedingt zu ihrer wahren Identität unendlichen Gewahrseins erwachen muss. Menschen, die unter Krieg, Unterdrückung, finanzieller Kernschmelze oder lebensbedrohlichem Hunger leiden, mag ihr Leben hoffnungslos und sinnlos erscheinen. Welchen Sinn hat ein Leben, wenn es nur Leid bringt oder man geliebte Menschen leiden sehen muss? Bedeutet Leben nur leiden und dann sterben? Warum? In diesem Buch, habe ich mich ausführlich über dieses „Warum“ geäußert. Wir müssen „Leben“ in die richtige Perspektive rücken, damit wir nicht von der Verwirrung und Befremdung verschlungen werden, die man uns systematisch überstülpt. Was immer wir gegenwärtig als Menschen auch erleben mögen, wir sind und bleiben in alle Ewigkeit unendliches Gewahrsein und haben Zugang zu allen Möglichkeiten. Das waren wir, ehe wir hierher kamen, und das werden wir sein, wenn wir von hier weggehen. Das *sind* wir auch im unendlichen JETZT, das wir „heute“ nennen. Die meisten Menschen haben das einfach vergessen, denn sie wurden seit ihrer Geburt zum Vergessen ermutigt. Wir sind *Alles Was Ist*, *War* und *In Ewigkeit Sein Wird*. Ein ziemlich fantastisches Ergebnis, das sich durchaus sehen lassen kann, finden Sie nicht auch? Die Illusion wurde gezielt geschaffen, um uns von dieser strahlenden Wahrheit fernzuhalten und unsere Aufmerksamkeit auf eine isolierte Erfahrung innerhalb aller Möglichkeiten zu lenken. Man will uns hereinlegen, damit wir diese Erfahrung mit dem gleichsetzen, was wir sind. Aus einer solchen Perspektive kann das Leben einem täglichen Alptraum gleichen, und genau das ist gewollt. Doch wenn wir uns mit unserem wahren Selbst identifizieren, dann erkennen wir, dass diese Welt und alles, was sie enthält, nur ein vorübergehender Konzentrationspunkt innerhalb der unendlichen Aufmerksamkeit ist, und sich in einem unendlich winzigen Bruchteil der Nichtzeit innerhalb der Ewigkeit abspielt. Es fällt schwer, dem Leben ins Gesicht zu lachen, wenn Angst vor der Gegenwart und der Zukunft oder Bedauern oder Verbitterung in Bezug auf die Vergangenheit einen niederdrücken. Doch wenn man sich als das ewige Wesen erkennt, das gerade eine kurze Erfahrung in einer Welt durchlebt, die vollkommen durchgeknallt ist, dann zaubert einem das sehr schnell ein Lächeln aufs Gesicht. Wenn die Leute eine komische Seifenoper sehen, bei der die Darsteller verrückte und dumme Dinge tun, dann neigen sie dazu, über diese Abwegigkeit zu lachen. Unsere Realität aus der gleichen Perspektive zu betrachten, kann als gutes Werkzeug für unser emotionales Überleben dienen, denn auf diese Weise können wir uns von negativen Einflüssen weitgehend lösen. Wir haben es mit einem Irrenhaus zu tun, in dem alle sich für normal halten. So gesehen werden viele Dinge, die wir angeblich ernst nehmen sollen, uns stattdessen nur zum Kichern bringen. Mir geht es jedenfalls so. Die Archonten und ihre Hybriden kommen hervorragend mit Feindseligkeit und Ablehnung zurecht, aber sie können es nicht ertragen, wenn man sie nicht ernst nimmt. Denn damit schlägt man ihnen ihre wichtigste Waffe aus der Hand – Angst. Wenn wir keine Angst vor ihnen haben, haben sie keine Macht über uns, denn unsere Angst *ist* ihre Macht. Wir brauchen nur unsere Augen zu öffnen und die Schönheit, die Liebe und die Anlässe für Freude zu entdecken, die diese Welt trotz allem noch immer bereithält. Natürlich wird es traurige Zeiten und herausfordernde Zeiten geben, denn letztlich geht es im Leben immer um Gleichgewicht. Doch dieses Gleichgewicht ist heute zugunsten der Bauchemotionen verloren gegangen, und wir müssen entschieden unser Herz einsetzen, um das zu korrigieren. Die Archonten können sich nicht von fröhlichem Gelächter ernähren und auch nicht von bedingungsloser Liebe. Ihre Nahrung ist Angst. Also sollten sie sich besser langsam auf eine harte Fastenzeit gefasst machen. Was ist Angst eigentlich? Angst vor dem Tod? Es gibt keinen Tod, nur eine Verlagerung der unendlichen Aufmerksamkeit auf eine andere Realität. Giordano Bruno konnte beim Anblick des Scheiterhaufens lächeln, weil er das wusste. Angst davor, von programmierten Ignoranten verurteilt und lächerlich gemacht zu werden, wenn man seine Stimme gegen programmierte Ignoranz erhebt? Wahrscheinlich wurden nur wenige Menschen jemals so lächerlich gemacht wie ich und dazu auch noch verurteilt. Aber ich bin immer noch da – stärker als je zuvor. Da Vinci wurde abgelehnt und lächerlich gemacht, Bruno wurde abgelehnt und lächerlich gemacht, und Sokrates und Gandhi erging es ebenso. Doch wie viel haben sie in ihrem Leben und selbst danach noch erreicht. Ihre Weisheit überdauert die Jahrhunderte. Jeder Mensch, der zum Fortschritt der Welt oder zum Selbstverständnis und Realitätsverständnis beiträgt, wird von denjenigen verurteilt und lächerlich gemacht, die den bestehenden Zustand der Ignoranz aufrechterhalten wollen oder auch von denjenigen, die den Ignoranten lammfromm und mit gefesseltem Verstand hinterherlaufen. Das gehört automatisch mit dazu. Was soll's. Voltaire sagte: „Unsere bedauernswerte Spezies ist so beschaffen, dass diejenigen, die auf ausgetretenen Pfaden dahinschreiten, immer Steine auf diejenigen werfen, die neue Wege aufzeigen." Sollen wir unser Streben nach dem Unendlichen vom Endlichen unterdrücken lassen? Sollen wir unser Streben nach Weisheit von den Nichtweisen unterdrücken lassen? Auf keinen Fall! Keine Chance!

Ich bin mir sicher, dass dieses Buch für viele Menschen auf so manchen Ebenen eine Herausforderung darstellt. Es enthält die Einladung, alles zur Seite zu stellen, was man bisher gedacht oder an was man bisher geglaubt hat und sich neu zu justieren, vielleicht zum allerersten Mal. Tatsache ist, dass wir alle wünschten, das, was ich beschrieben und aufgedeckt habe – zumindest die nicht so erfreulichen Teile – würde nicht zutreffen. Es ist viel leichter, etwas abzutun, was man nicht wahrhaben will. Das, was getan werden muss, und wie es getan werden muss, mag gewaltig erscheinen. Doch wenn wir uns ruhig hinsetzen und uns auf die Weisheit unseres Herzens konzentrieren, dann kann der Verstand neue Weidegründe erforschen. Wir können die Wahrnehmungsfalle durchschauen und die wahre Großartigkeit unseres Seins entdecken. Wenn dieser Durchbruch erfolgt – und das kann unglaublich schnell der Fall sein, sobald wir erst einmal die Ketten unserer programmierten Glaubensvorstellungen gesprengt haben – wird die Welt vollkommen anders aussehen. Wir werden die Antworten viel leichter finden, wenn wir sie nicht mit unseren erschreckten und verstörten fünf Sinnen suchen müssen. Wir haben so vieles zu bewältigen. Doch als Grundvoraussetzung dafür müssen wir unser Herz und unseren Verstand öffnen und die irrelevante Trennung durch Rasse, Religion, Kultur oder Einkommensgruppe aufgeben, und wir müssen kollektiv damit aufhören, an unserer eigenen Versklavung mitzuarbeiten. Das winzige Grüppchen der Wenigen kann nur deshalb Milliarden kontrollieren, weil die Milliarden aufgrund von Ignoranz, Angst, Teilung und Beherrschung klein beigeben. Wir brauchen weltweit organisierten Nichtgehorsam. Dann wird das Kontrollsystem nicht länger funktionieren. Dafür benötigen wir auch die Unterstützung der Menschen in Uniform, die zur Wahrheit erwachen. Sie müssen damit aufhören, die Menschen im Interesse der *El*-ite zu gängeln. Wenn Gesetze unfair und ungerecht sind und Menschen nicht gleich behandeln, dann dürfen weder die Bevölkerung noch die Rechtsvollstreckungsbehörden ihnen gehorchen. Was wird andernfalls geschehen? Die wenigen Archonten werden immer weiter mithilfe ihres zurechtgebastelten Systems Gesetze zu ihrem eigenen Nutzen erlassen, die die Uniformierten dann der gefügigen Bevölkerung aufzwingen. Das ist ein Teufelskreis aus ständiger und immer weiter zunehmender Kontrolle, den wir nur durch massenhaften Ungehorsam brechen können. Aufgewachte Wissenschaftler müssen endlich den Mund aufmachen. Sie müssen über die Unterdrückung von Wissen und den Blödsinn eines angeblich menschengemachten Klimawandels aufklären. Aufgewachte Regierungs-Insider müssen die Lügen, die Täuschungen und die Agenda aufdecken, die sich hinter fabrizierten Ablenkungen und politischer Rhetorik verbergen. Und diejenigen, die sich als Journalisten bezeichnen, sollten einfach nur ihre Arbeit tun. Der südafrikanische Friedensaktivist Desmond Tutu sagte:

> „Wer im Fall von Ungerechtigkeiten neutral bleibt, hat sich für die Seite des Unterdrückers entschieden".

In meinem Buch „Remember Who You Are" und bei einer Veranstaltung auf der Bühne der Wembley Arena im Jahr 2012 beschrieb ich mein Konzept des „Nichtgehorsams-Tanzes", durch das wir Protest in eine ungehorsame Feier des Leben verwandeln können. Wir brauchen Musik, Tanz, Freude, Informationsaustausch und die unerschütterliche Entschlossenheit, nicht klein beizugeben und uns auch nicht durch Gesetze einschüchtern oder zwingen zu lassen, die nichts weiter sind als Gitterstäbe eines Gefängnisses, das die Bevölkerung in einem orwellschen Alptraum einsperren will. Wenn wir nicht endlich aufhören, uns unserer eigenen Sklaverei zu fügen, dann werden wir jeden Aspekt der archontischen Agenda, den ich in diesem Buch aufgedeckt habe, über uns und unsere Lieben bringen. Doch das muss nicht zwingend geschehen. Wir sind die Vielen, die anderen sind die Wenigen. Wir können uns entscheiden, ob wir uns ihnen in den Weg stellen oder zur Seite treten wollen.

Es gibt viele ermutigende Anzeichen. Seit dem Tag, an dem ich Betty Shines Empfangszimmer betrat und mein Leben sich für immer veränderte, ist die Öffentlichkeit deutlich aufmerksamer geworden. Während vieler der darauffolgenden langen Jahre schien mir alles als eine hoffnungslose Aufgabe. Doch irgendetwas trieb mich immer weiter an, und das Meer begann sich schließlich zu teilen, erst langsam und dann immer schneller. Nun sind wir soweit, dass der Damm kurz davor steht zu brechen. Ich zitiere Winston Churchill nicht sehr häufig, aber eine seiner Reden passt heute ganz hervorragend ins Bild, wenn auch in einem völlig neuen Kontext. 1942 äußerte sich Churchill über die Situation des Krieges wie folgt:

> „Das ist nicht das Ende. Das ist nicht einmal der Anfang vom Ende. Vielleicht ist es jedoch das Ende vom Anfang."

Abbildung 860: Die Macht liegt in den Händen der unterdrückten Mehrheit. Wenn wir uns daran erinnern und uns einmütig zusammenschließen, dann werden die archontischen Throne fallen.

Abbildung 861: Die Macht des Volkes ist stärker als die der Mächtigen. Genau.

Ich möchte behaupten, dass dieses Buch und die heutige Situation, in der ein wachsendes Gewahrsein der verborgenen Wahrheiten zu spüren ist, uns an das Ende vom Anfang geführt haben, und wir nun in eine völlig neue Phase eintreten. Damals im Jahr 1990, als ich voller Staunen Betty Shine gegenübersaß und erfuhr, welche Aufgabe auf mich wartete, konnte man diejenigen, die sich der Aufdeckung der Verschwörung in all ihren vielfältigen Formen widmeten, noch an einer Hand abzählen. Wenn wir uns heute umsehen, finden wir Millionen von Menschen, die ihre Rolle bei der Aufdeckung der Lügen und Manipulationen spielen, und Hunderte Millionen von Menschen auf der ganzen Welt blicken bereits hinter die künstlichen Nebelschleier und Illusionen. Das Volk beginnt sich zu regen, der Löwe setzt zum Brüllen an. Sobald die kleinen „Ichs" erwachen, fallen die Dominosteine (Abb. 860), und die Zahl der Erwachten wird zwangsläufig exponentiell ansteigen. Auch wenn sich das vielleicht noch nicht in jedermanns täglicher Erfahrung niederschlägt, so steht doch fest, dass die Menschen sich in ihrem Denken öffnen. Und genau das markiert in der Tat das Ende vom Anfang menschlichen Erwachens (Abb. 861). Von nun an müssen wir den Zugang zu diesem Gewahrsein immer weiter ausbauen und die exponentielle Kurve gen Himmel richten. Wir müssen Wissen und gute Absichten in massenweise Kooperation der Menschen untereinander und Nichtgehorsam gegenüber dem Kontrollsystem ummünzen. Wissen ist Macht, so heißt es, doch das gilt nur dann, wenn wir es auch effektiv anwenden. Wissen an sich ist keine Macht – die *Anwendung* des Wissens ist Macht, und die werden wir auf unserem weiteren Weg dringend brauchen. Was für eine großartige Belohnung wird auf uns warten, wenn wir die archontischen Strukturen der Unterdrückung erst einmal niedergerissen haben! Neos Worte aus dem Film „Matrix" passen an dieser Stelle sehr gut:

> „Ich weiß, dass ihr irgendwo da draußen seid. Ich weiß, dass ihr Angst habt, Angst vor Veränderung. Ich bin nicht hier, um euch zu sagen, wie alles endet. Ich bin hier, um zu sagen, wie alles beginnt …
>
> … Ich werde den Menschen das zeigen, was sie nicht sehen sollen. Ich zeige ihnen eine Welt ohne euch. Eine Welt ohne Gesetze, ohne Kontrollen und ohne Grenzen. Eine Welt, in der alles möglich ist …"

Die Realität, die die Archonten einst überfielen, war ein Paradies. Was wird also übrigbleiben, nachdem all diese Manipulationen und inszenierten Konflikte, die systematisch verordnete Knappheit und die Unterdrückung des Wissens verschwunden sind?

Ein *Paradies*.

Lohnt es sich nicht, dafür alles zu tun, was nötig ist? Oh ja, oh *ja*. Worauf warten wir noch? Gehen wir es an!

Nachtrag

Am 15. April 2013 erlebten wir einen Bombenanschlag, der während des Bostoner Marathons stattfand. Dabei starben drei Menschen und mehr als 260 Menschen wurden verletzt. Den Anschlag schob man zwei in Amerika lebenden ethnischen Tschetschenen in die Schuhe, dem 26-jährigen Tamerlan Zarnajew und seinem 19-jährigen Bruder Dschochar. Doch wie immer steckt auch in diesem Fall wesentlich mehr dahinter (Abb. 1). Die Bomben wurden angeblich in Rucksäcken transportiert, und bevor sie hochgingen, wimmelte das ganze Gelände nur so von privaten Sicherheitsleuten mit Rucksäcken. Das erinnert ein bisschen an die Straßenzauberer, die eine Kugel unter einem von drei umgedrehten Bechern verstecken, die Becher dann hin – und herschieben und die Zuschauer anschließend raten lassen, wo die Kugel denn nun geblieben ist. Wie will man bei so vielen Rucksäcken wissen, welcher Rucksack die Bomben enthielt? Niemand kann das wissen – und genau darum geht es. Und wer will schon sicher wissen, dass die Bomben wirklich in einem Rucksack transportiert wurden? Die Leute glaubten das einzig und allein deshalb, weil die Polizei es behauptete. Es tut mir leid, aber ich habe schon vor sehr langer Zeit aufgehört, irgendetwas zu glauben, was die Polizei sagt, es sei denn sie kann stichhaltige Beweise vorlegen. Gut, man *zeigte* uns einen explodierten Rucksack. Na *und*? Simpler geht es nicht mehr. Sogar diejenigen, die die offizielle Geschichte in Frage stellen, lassen sich allzu leicht einlullen und werden geneigt, bestimmte „Fakten" zu akzeptieren. „Fakten" werden aber nur dadurch erzeugt, dass die Behörden sie als solche präsentieren und die Presse sie dann bis zum Erbrechen wiederholt, bis schließlich „jeder es weiß". Über den Vorfall in Boston wissen wir jedoch zwei Dinge mit Sicherheit. Zum einen, dass man auf den Fotos jede Menge private Sicherheitsleute an der Ziellinie herumlaufen sieht, ehe die Bomben hochgehen, und zum anderen, dass es vorher eine „Übung" gegeben hat, bei der genau das vorweggenommen wurde, was anschließend tatsächlich passierte. Die Mainstream-Medien ignorierten Letzteres, zogen es sogar ins Lächerliche. Doch mehrere Zeugen bestätigten, dass das der Wahrheit entsprach (Abb. 2). Der Leichtathletik-Trainer Ali Stevenson, der seinen Lauf unmittelbar vor dem Hochgehen der ersten Bombe an der Ziellinie beendet hatte, erklärte gegenüber dem Sender *Local 15 TV*:

Abbildung 1: Dschochar und Tamerlan Zarnajew im Publikum während des Bostoner Marathons.

Abbildung 2: Drogenhunde bei dem Marathon, bevor die Bomben hochgingen.

„Über Lautsprecher wurde mehrfach durchgesagt, dass es sich nur um eine Übung handle und kein Grund zur Beunruhigung bestehe. Anscheinend hatte es irgendeine Drohung gegeben, aber man erzählte uns weiterhin, dass es nur eine Übung sei.“

Die Beweise deuteten von Anfang an eindeutig darauf hin, dass Staat und Militär bei dem Anschlag in Boston ihre Finger im Spiel hatten. Das zeichnet sich bereits jetzt ab, selbst wenn wir noch nicht alle Einzelheiten kennen, die angesichts der Geheimhaltung und Kompartmentalisierung auf so vielen Ebenen oftmals nur mit großem Zeitaufwand ans Licht gebracht werden können. Man kann auch nie alles aufdecken, was es eigentlich zu wissen gäbe. Gewisse Themen springen allerdings leicht ins Auge, weil die Blaupause, auf der alle inszenierten Ereignisse der Art des Bostoner Marathons beruhen, immer und immer wieder die gleichen Elemente abrufen, so etwa die „Übung“, die parallel zum tatsächlichen Geschehnis abläuft. Spiegelbildliche Übungen an den Tatorten oder in deren Nähe gab es bei den Ereignissen vom 11. September, dem Bombenanschlag von London im Juli 2007, dem Bombenanschlag in Oslo, dem Zugattentat in Madrid, den Anschlägen in Aurora, Sandy Hook, Boston und so weiter. Die jeweilige Übung dient als Vorwand, um private Sicherheitskräfte überall am Tatort oder in der Nähe des Tatorts herumlaufen zu lassen. Viele dieser Sicherheitsleute werden wirklich glauben an einer Übung teilzunehmen, während die Hauptakteure die wahre Geschichte kennen und unter dem Deckmantel einer solchen Übung ungeniert handeln können. So fällt es auch leicht, Leute anzuwerben. Man macht sie glauben, dass sie bei einer Übung nur die Rolle von Bombenlegern spielen. Kameras erfassen dann diese Statisten, wie sie sich zur falschen Zeit am falschen Ort aufhalten, und schließlich beschuldigt man sie des echten Bombenattentats, das von einer verborgenen Hand inszeniert wurde. In Boston waren alle diese Elemente und potenziellen Möglichkeiten gegeben. Auf zahlreichen Fotos sieht man die privaten Sicherheitskräfte, wie sie vor dem Anschlag am Tatort herumlaufen und hinterher wegrennen – wobei einer von ihnen aus naheliegenden Gründen keinen Rucksack mehr trägt (Abb. 3 und Abb. 4). Viele dieser Kräfte vor Ort trugen einheitliche Kleidung und in den meisten Fällen Rucksäcke. Ihre Uniformen glichen denen einer Organisation namens Craft International, die sich auf „Ausbildung von Militärangehörigen, Rechtsvollstreckungskräften und Zivilisten, private Sicherheit und Schutz“ spezialisiert hat. Craft International wurde von dem ehemaligen Navy Seal Chris Kyle gegründet. Obwohl Kyle als strenggläubiger Christ galt,

Abbildung 3: Private Sicherheitskräfte mit Rucksäcken am Tatort, bevor die Bomben detonierten.

Abbildung 4: Hinterher rannten sie weg. Was hatten sie überhaupt dort zu suchen?

erwarb er sich gleichzeitig den Ruf des tödlichsten Scharfschützen in der amerikanischen Militärgeschichte. Ich denke, er muss die biblischen Botschaften, man solle nicht töten und man solle die andere Wange hinhalten, wohl schlicht überlesen haben. Kyle und sein Geschäftspartner Chad Littlefield wurden im Februar 2013 erschossen, angeblich „von einem verwirrten Veteranen, dem sie zu helfen versuchten", wie es in einer Erklärung von Craft International hieß. Man fügte noch hinzu, dass Kyle „in den Leben derer, mit denen er in Berührung kam, einen tiefen Eindruck hinterließ". Ja, darauf möchte ich wetten. Bei einem rekordverdächtigen Scharfschützen kann das ja nur allzu leicht passieren. Craft International gehört zu einer ganzen Reihe von „Sicherheitsunternehmen", die meist von ehemaligen Militärs geführt werden. Die amerikanische Regierung heuert sie (in seltenen Fällen offiziell, meist jedoch inoffiziell) für Operationen an, die nach den offiziellen Richtlinien auf geschäftlicher Basis von Zivilkräften durchgeführt werden dürfen. Blackwater, die berüchtigste dieser Organisationen, ändert laufend ihren Namen, um so ihre Geschichte zu verschleiern. Vor ihrem jetzigen Namen Academi nannte sie sich Xe Services. Blackwater wurde 1997 von dem ehemaligen Seal Erik Prince zu dem uns bereits vertrauten Zweck gegründet, „Ausbildungshilfe für das Militär und für Rechtsvollstreckungsorganisationen" anzubieten. Das Unternehmen Blackwater war in Afghanistan und im Irak weitläufig im Einsatz, und viele Menschen starben unter fragwürdigen Umständen durch die Hände seiner Mitarbeiter.

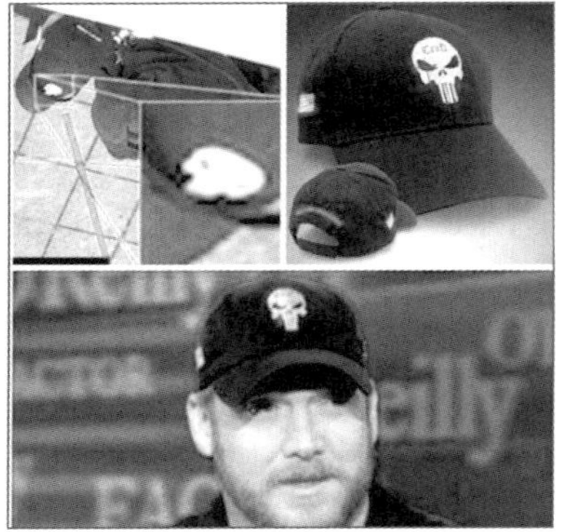

Abbildung 5: Das Logo, das die „Männer in Schwarz" bei dem Marathon trugen, und der Gründer Chris Kyle mit demselben Logo seiner Firma Craft International.

Beim Bostoner Marathon trieben sich also Mitarbeiter von Craft International, einer „privat-militärischen" Organisation für „Ausbildung und Support", an der Ziellinie herum, ehe die Bomben detonierten. Doch die Behörden verweigerten einfach jegliche Antwort auf die Fragen der alternativen Medien, die wissen wollten, warum diese Leute denn dort anzutreffen waren und warum vor Ort gleichzeitig eine Übung, sogar mit Drogenhunden, stattfand. Die Antworten auf diesbezügliche Fragen der Mainstre-

Abbildung 6: Mitarbeiter von Craft International an der Ziellinie des Marathons unmittelbar nach dem Bombenanschlag.

am-Medien brauchten sie gar nicht erst zu verweigern, denn solche Fragen wurden nie gestellt. Die „Männer in Schwarz" vor Ort hielt man wegen ihrer Abzeichen zunächst für Navy Seals. Doch ohne jeden Zweifel lassen sich diese Abzeichen der Firma Craft International zuordnen, die ja über den verstorbenen Chris Kyle eine Verbindung zu den Navy Seals hatte (Abb. 5). Allein das bisher Gesagte sollte bei jedem vernünftig denkenden Menschen Zweifel an der offiziellen Geschichte aufkommen lassen – doch die Behörden logen, was die Übung betraf und verweigerten die Antwort auf die einfache Frage, was Mitarbeiter von Craft International denn eigentlich am Tatort zu suchen hatten (Abb. 6). Als äußerst wichtiger Aspekt ist noch anzuführen, dass Tamerlan Zarnajew, einer der beschuldigten Brüder, Verbindungen zur amerikanischen Rechtsvollstreckung und zu Sicherheitsbehörden wie FBI und CIA unterhielt. Daher eignete er sich zweifellos hervorragend für die Einbindung in eine „Übung" oder als Provokateur bei einer verdeckten Operation. Wie Zubeidat Zarnajewa, die Mutter der Brüder erklärte, hatte ihr älterer Sohn Tamerlan, den die Polizei später erschoss, unter dem Einfluss des FBI gestanden. Diese Behörde ist berüchtigt für den Einsatz ihrer Agenten und Informanten zur heimlichen Zielausspähung für geplante terroristische Angriffe. Hinterher heißt es dann entweder, man hätte die Täter gerade noch aufhalten können, oder aber man lässt sie einfach agieren, obwohl man sie hätte aufhalten können. Daraus sind einige ebenso bizarre wie richtige Schlagzeilen entstanden, beispielsweise: „FBI vereitelt seine eigenen Terrorpläne." Weitere Geschehnisse veranschaulichen diesen modus operandi des FBI, so etwa die Bombardierung des World Trade Centers 1993, der Bombenanschlag in Oklahoma 1995, der „vereitelte" Angriff auf die Mitarbeiter von Fort Dix 2007, der „vereitelte" Bombenanschlag in Portland, Oregon, 2010 oder der „vereitelte" Anschlag auf eine Brücke in Ohio 2012 (Abb. 7). Das FBI gab zu, 17 „terroristische" Komplotts „vereitelt" zu haben, *zu denen es selbst angestiftet hatte*. Robert Mueller, der zur Zeit des 11. September dem FBI vorstand, leitet die Behörde auch weiterhin im Interesse derjenigen, die ihn kontrollieren. Er führte die Regie bei einigen ungeheuerlichen Anschlagsplänen und brachte jeweils die vorgesehenen Sündenböcke in Stellung. Hintergrundinformationen solcher Art benötigen wir, um die Verbindungen zwischen den beiden angeblichen Bombenlegern von Boston und dem FBI würdigen zu können. Die Mutter sagte über ihren älteren Sohn Tamerlan:

Abbildung 7: FBI vereitelt geplanten Terroranschlag des FBI! Merkwürdig, aber wahr.

> „Mein Sohn wurde hereingelegt. Drei bis fünf Jahre lang hat das FBI ihn beraten. Diese Leute wussten genau, was mein Sohn tat, an welchen Aktionen er teilnahm und welche Internetseiten er besuchte. Sie kamen häufig zu uns nach Hause, sie kamen und sprachen auch mit mir, sie sagten mir immer, sie würden ihn beraten ..."

Wie der Vater Anzor Zarnajew mitteilte, hatte das FBI seinen Sohn genau beobachtet und ihn auch zuhause aufgesucht:

> „Ja, ich war da. Es war in Cambridge [Massachusetts]. Sie sagten: ‚Wir wissen, welche Seiten Sie besuchen, wir wissen, wen Sie anrufen, wir wissen alles über Sie. Alles.‘ Sie erklärten, sie würden kontrollieren und beobachten – das sagten sie.“

Die russische Zeitung *Izvestia* behauptete, im Besitz von durchgesickerten Dokumenten des georgischen Innenministeriums zu sein. Diese enthüllten, dass Tamerlan Zarnajew von Januar bis Juli 2012 in Georgien von der Washingtoner Jamestown Foundation veranstaltete Seminare besucht hatte. Diese 1984 vom CIA-Direktor William Casey gegründete Stiftung steht dem CIA extrem nahe. An den Seminaren wirkte auch eine bekanntermaßen mit der Jamestown Foundation assozierte Organisation namens Caucasus Fund mit. Diese Organisation war 2008 nach dem georgisch-russischen Konflikt mit dem Ziel in Leben gerufen worden, Nachrichtendienstmitarbeiter für eine Tätigkeit in Südrussland zu rekrutieren. Die Familie Tsarnajew stammt aus Tschetschenien im Nordkaukasus. Tschetschenische Separatisten kämpfen seit langem offen und verdeckt um ihre Unabhängigkeit von Russland, wenngleich ihre Aktivitäten in letzter Zeit nachgelassen haben (Abb. 8). Die Jamestown Foundation führt uns nun zu einer Schlüsselfigur der globalen Verschwörung, zu Zbigniew Brzezinski, dem ehemaligen nationalen Sicherheitsberater von Präsident Carter. Brzezinski gründete gemeinsam mit David Rockefeller ein Lieblingskind der Kabale, die Trilaterale Kommission. Nach seinen eigenen Angaben war er der Mann, der die Sowjetunion in die verheerende Invasion Afghanistans hineintrieb. Zu diesem Zweck ließ er afghanische Terroristen bewaffnen und ausbilden, die das damals herrschende Satellitenregime der Russen in Kabul angreifen sollten. Brzezinskis Terroristen wurden als Mujahedeen/Taliban bekannt. Die USA transferierten sodann Osama bin Laden von Saudi-Arabien nach Afghanistan, damit er die Führung im Widerstandskampf gegen die sowjetische Invasion übernehmen konnte. Anschließend hängten sie ihm die Verantwortung für die Anschläge vom 11. September an und rechtfertigten dadurch ihr eigenes Eingreifen in Afghanistan. Die Jamestown Foundation war gegründet worden, um sowjetische Dissidenten zu unterstützen. Man darf annehmen, dass Brzezinski dabei seine Hand im Spiel hatte, schließlich ist er für seinen obsessiven Hass auf Russland bekannt. Brzezinski saß auch im Verwaltungsrat der Jamestown Foundation. Alles, was Brzezinski anfasst, dient den Interessen der Kabale. Das amerikanische Konglomerat aus Industrie, Militär und Nachrichtendiensten führte im Kaukasus verdeckte Operationen gegen Russland durch. Das war Teil eines Plans zur Übernahme der Kontrolle über die gesamte als Eurasien bezeichnete Region, die eine Schnittstelle zwischen Europa und China und zwischen Russland und dem Nahen

Abbildung 8: Der nördliche Kaukasus mit den von Russland kontrollierten Republiken Tschetschenien und Dagestan (wo die Eltern der Tsarnaevs leben) und die ehemals sowjetische Republik Georgien, wo die Jamestown Foundation ihre „Seminare“ veranstaltet.

Osten darstellt. Dazu gehörte die Unterstützung von Gruppen, die sich für die Unabhängigkeit Tschetscheniens von Russland einsetzten. Auch die Propaganda gegen den Iran ist Teil der Eurasien-Agenda. Die russisch-zionistische Mafia ist im Kaukasus ebenso wie in den USA sehr stark vertreten. Brzezinski erklärte, dass derjenige, der Eurasien kontrolliere, im Endeffekt die ganze Welt kontrolliere. In der Region sind folglich zahlreiche Kräfte und Gruppen am Werk. Eine weitere wichtige amerikanische Organisation, die dort auftritt, ist das amerikanische Komitee für Frieden im Kaukasus (ACPC). Sie wird gesponsert von Freedom House, einer Organisation, in deren Verwaltungsrat so illustre Gestalten wie Brzezinski, Donald Rumsfeld, der Verteidigungsminister zur Zeit des 11. September, dessen tatsächlich noch mächtigerer „Stellvertreter" Paul Wolfowitz und viele andere Mitspieler bei der globalen Verschwörung sitzen. Freedom House steht derzeit unter der Leitung von William Howard Taft IV, dem Urenkel von Präsident William Howard Taft. Bereits in den Administrationen von Reagan und Bush Junior hatte Taft Ämter inne gehabt und als ständiger Vertreter der NATO fungiert. Der 2012 für die Seminare im Kaukasus zuständige Direktor der Jamestown Foundation, an denen Tamerlan Zarnajew angeblich teilnahm, war den Angaben zufolge ein ehemaliger Mitarbeiter von Freedom House, George Soros. Dieser Finanzmanipulator, Geschäftspartner von Brzezinski und Rothschild-Lakai mischt schon seit langer Zeit in der Kaukasus-Region mit und leitet dort Operationen wie das Open Society Institut und das Zentralasienprojekt, welches als Sponsor für Veranstaltungen der Jamestown Foundation auftritt. Der investigative amerikanische Journalist Wayne Mason schrieb:

> „Als Barack Obama 2009 Präsident wurde, nahm er den Vorschlag von [Senator John] McCain an und genehmigte die Unterstützung von Sezessionisten und Terroristen im Nordkaukasus durch die CIA mit Geldern, die durch USAID, National Endowment for Democracy, Soros' Open Society Institut, Freedom House und Jamestown Foundation gewaschen wurden.
>
> Im Januar 2012 ernannte Obama einen Soros nahestehenden Aktivisten und Neokonservativen namens Michael McFaul vom rechtsgerichteten Hoover Institut der Universität Stanford zum amerikanischen Botschafter für Moskau. McFaul öffnete sofort die Türen der amerikanischen Botschaft für alle möglichen russischen Dissidenten, darunter auch Sezessionisten aus dem Nordkaukasus, von denen einige beim russischen FSB unter dem Verdacht standen, Verbindungen zu islamistischen Terroristen zu unterhalten."

Das FBI gibt zu, im August 2011 von Russland eine Warnung bezüglich des ethnischen Tschetschenen Tamerlan Zarnajew erhalten zu haben, woraufhin Agenten ihn und Mitglieder seiner Familie verhörten. Aus einem Papier des FBI geht jedoch hervor, dass man keine Beweise für irgendwelche terroristischen Aktivitäten gegen ihn gefunden hatte. Zarnajew reiste 2012 in Tschetscheniens Nachbarrepublik Dagestan am Kaspischen Meer, wo Mitglieder seiner Familie heute leben. Er konnte sich dort bis zu seiner Abreise frei bewegen, was nicht zu den russischen Bedenken hinsichtlich seiner möglichen terroristischen Aktivitäten passt. Tatsächlich ergibt nur sehr wenig einen Sinn. Es steckt nämlich eine völlig andere Geschichte dahinter, von der man uns nichts erzählt. Der amerikanische

Innenminister John Kerry (Rothschild-Zionist) erklärte, Tamerlan Zarnajew sei 2012 während seines sechsmonatigen Aufenthalts in Dagestan und Tschetschenien – also zur Zeit der Jamestown-Seminare – „radikalisiert" worden. Es wurde zunehmend offensichtlicher, dass die Familie Zarnajew sowohl in Dagestan als auch in Amerika Verbindungen zum amerikanischen Nachrichtendienst und zu den amerikanischen Rechtsvollstreckungsbehörden unterhielt. Aus diesem Grund konnte die Mutter auch so sicher wissen, dass ihre Söhne hereingelegt worden waren. Ihre Worte und ihr Verhalten enthüllen ihre Kenntnis darüber, wie das Spiel ablief. Trotz der langen Hintergrundgeschichte, die das FBI mit der Familie Zarnajew verband, legte wenige Tage nach dem Bombenanschlag ein noch immer sichtlich nervöser Richard Deslauriers, der für Boston zuständige Spezialagent des FBI, bei einer Pressekonferenz Bilder der Brüder vor und forderte die Öffentlichkeit auf, bei deren *Identifizierung mitzuhelfen*. Er sagte:

> „Irgendjemand da draußen kennt diese Personen als Freunde, Nachbarn oder Arbeitskollegen, oder er kennt Familienangehörige der Verdächtigen. So schwierig es auch scheinen mag, diese Nation zählt darauf, dass diejenigen, die entsprechende Informationen haben, sich melden."

Wie verrückt kann man sich gebärden, wenn man doch genau weiß, wer die Personen sind? Das hatte alles nichts mit einer Identifizierung von Verdächtigen zu tun. Es ging vielmehr darum, diese ins öffentliche Bewusstsein einzuschleusen, um so der Verschleierungsgeschichte den Weg zu bereiten, die bald danach erzählt werden sollte. Mit diesem Plan im Hintergrund sagte Deslauriers bei derselben Pressekonferenz:

> „Um das klarzustellen, diese Fotos sollten die einzigen sein – die einzigen – die der Öffentlichkeit gezeigt werden, um uns zu helfen. Andere Fotos [von Mitarbeitern der Craft International] dürfen nicht für glaubwürdig gehalten werden. Sie könnten die Aufmerksamkeit der Öffentlichkeit unnötigerweise in eine falsche Richtung lenken und den Rechtsvollstreckungskräften zusätzliche Arbeit bereiten."

Hier ist unsere Geschichte, und wir lassen nichts zu, was diese in Frage stellt oder ihr widerspricht. Am nächsten Morgen bei Sonnenaufgang wurde Tamerlan Zarnajew von der Polizei erschossen. Sein Bruder befand sich auf der Flucht. Man präsentierte auch Ruslan Tsarni (früherer Tsarnaev), den Onkel der angeblichen Bombenleger, der sich unmittelbar nachdem man seine Neffen beim Namen genannt, aber noch nicht aufgespürt hatte, vor seinem Haus in Maryland den Medien stellte und mit schriller Stimme die Taten der beiden verurteilte (Abb. 9). Als ich das sah, wunderte ich mich, wie vorschnell er auf eine bloße Polizeimeldung hin die Schuld der beiden akzeptierte. Die Vehemenz, mit der er sprach, ließ mich schlussfolgern, dass er entweder weit mehr wusste, als er zugab, und/oder sich so gut wie möglich distanzieren und seinen eigenen Status

Abbildung 9: Onkel Ruslan – über ihn gibt es so einiges zu sagen.

und Ruf schützen wollte. Der Onkel beschuldigte einen Typen aus Armenien Tamerlan gehirngewaschen und zum islamischen Extremisten gemacht zu haben. Später beschuldigte er Tamerlans Mutter. Die Äußerungen von Ruslan Tsarni und die Art und Weise, wie dieser Mann auftrat, trugen wesentlich dazu bei, dass sich bereits in einem frühen Stadium genau die beiden Männer im Bewusstsein der Öffentlichkeit festsetzten, die das FBI als die tatsächlichen Bombenleger von Boston ins Rampenlicht stellen wollte. Wer ist dieser Ruslan Tsarni? Der investigative Journalist Wayne Madsen erwähnt die Verbindungen zwischen der USAID, der amerikanischen Agentur für internationale Entwicklung, die wiederum eng an die CIA gebunden ist und den amerikanischen Organisationen, die die Ereignisse im Nordkaukasus manipulieren. 2012 verlangte der Kreml die Schließung des Moskauer Büros der USAID, nachdem Vorwürfe laut geworden waren, die Agentur hätte ein Komplott geschmiedet, um oppositionelle russische Gruppen für die Entmachtung von Putin in Stellung zu bringen. Der bolivische Präsident Evo Morales gab etwa zur Zeit des Anschlags von Boston bekannt, dass er im Begriff stehe, die USAID aus seinem Land auszuweisen, da diese Agentur gegen das bolivische Volk und die Regierung „konspiriert" hätte. Wie sich herausstellte, hatte Onkel Ruslan Anfang der 1990-er Jahre einen „Beratervertrag" mit der USAID in der ehemals sowjetischen Republik Kasachstan und pflegte auch noch später enge Beziehungen zu dieser Agentur. Die Familie Zarnajew lebte in Tokmok in Kirgisien ganz in der Nähe der kasachischen Grenze, ehe sie in die Vereinigten Staaten zog. Laut Angaben von Timur Toktonaliev, einem bei Radio Freies Europa und einem kirgisischen Informationsdienst tätigen Korrespondenten, waren die Zarnajews in Tokmok ziemlich bekannt. Sie wohnten Tür an Tür mit Aziz Batukaev, einem Boss des organisierten Verbrechens tschetschenischer Nationalität. Abbildung 10 veranschaulicht die Bedeutung Kasachstans für die Pläne zur Erlangung der „Kontrolle über Eurasien", die unter anderem die Unterwerfung sämtlicher Länder am Kaspischen Meer mit all ihren reichen Öl- und Erdgasvorkommen vorsehen. Hierin liegt ein weiterer Grund für das verzweifelte Bemühen, endlich einen Angriff gegen den Irak zu starten. Wie wir wissen, gab es bereits Einmärsche oder Angriffe auf andere verbündete Länder … Syrien, Irak, Afghanistan und Pakistan. Doch zurück zu Onkel Ruslan Tsarni. Daniel Hopsicker schrieb in *MadCow Morning News*:

Abbildung 10: Die eurasische Wunschliste.

„Zwischen seinen Einsätzen für die offensichtlich umstrittene amerikanische Agentur arbeitete Ruslan Tsarni für verschiedene von Halliburton kontrollierte Ölgesellschaften sowie für einen Kasachen, dem ein riesiger Bankskandal in Kasachstan zur Last gelegt wurde, dessen Schockwellen Anfang diesen Jahres sogar London erreichten."

Halliburton ist ein berüchtigtes Unternehmen (dazu mehr in vielen meiner anderen Bücher), das Verbindungen zu Dick Cheney, dem Vizepräsidenten von Bush Junior, unterhält und eng mit dem amerikanischen Militär und den Gemeindiensten zusammenarbeitet. Ruslan Tsarni wird als Rechtsanwalt und Führungskraft der Ölbranche bezeichnet. Es lohnt sich, im Internet den Artikel mit der Überschrift „Gehört der „Onkel Ruslan" der Bombenleger von Boston zur CIA?" bei *MadCow Morning News* zu lesen. So erhält man einen interessanten Einblick in die Hintergründe der Aktivitäten dieses Mannes. Tsarni gründete 1995 eine Gesellschaft namens Congress of Chechen International Organizations, die islamische Terroristen finanzierte. Ihre Adresse gab die Gesellschaft unter dem Namen von Graham Fuller an, dem Vizedirektor des National Intelligence Council der CIA während der Präsidentschaft von Reagan. Fuller war früher National Intelligence Officer der CIA für die Regionen Mittler Ostern und Südasien – also genau die Regionen, um die es hier geht – und zudem Chef der CIA-Niederlassung in der afghanischen Hauptstadt Kabul. Fuller hat die Informationen über Ruslan Tsarni (Tsarnaev) und dessen Gesellschaft bestätigt und mitgeteilt, dass Ruslan mit Fullers Tochter Samantha Ankara Fuller verheiratet ist. Samantha, die sowohl die britische als auch die amerikanische Staatsangehörigkeit besitzt, arbeitete vor ihrer Heirat mit Tsarni als Investmentberaterin bei der Dresdner Bank und bei J P Morgan (Abb. 11). Die Hochzeit fand 1995 statt, in dem Jahr, in dem Tsarni seine Gesellschaft Congress of Chechen International Organizations gründete und unter der Adresse von CIA-Direktor Graham Fuller eintragen ließ. Sibel Edmonds, ein Whistleblower des Nachrichtendienstes zitiert Vater Fuller wie folgt:

Abbildung 11: CIA-Direktor Graham Fuller und seine Tochter, die den Onkel der angeblichen Bombenleger von Boston heiratete.

„Die politische Strategie, die darauf abzielt, die Evolution des Islam zu lenken und ihn gegenüber seinen Gegnern zu stärken, hat in Afghanistan gegen die Rote Armee hervorragend funktioniert. Die gleiche Doktrin kann man nutzen, um auch die übrigen Bereiche russischer Macht zu destabilisieren, und insbesondere, um dem chinesischen Einfluss in Zentralasien entgegenzuwirken."

Sibel Edmonds, ein iranisch-amerikanischer ehemaliger Übersetzer des FBI und Gründer der National Security Whistleblower Coalition meinte, dass Tamerlan Zarnajew exakt dem Profil entsprach, dass die CIA bei Leuten sucht, die sie für Operationen im Kaukasus rekrutiert. Das passt auch zum Bericht der Mutter, die von einem Kontakt zum FBI und langfristigen „Beratungen" durch FBI-Agenten spricht. Tsarnaev war mit Katherine Russel, einer zum „Islam konvertierten" Amerikanerin verheiratet. Sie ist den Berichten zufolge die Enkelin von Richard W. Russell, einem Mitglied der Gesellschaft Skull and Bones. In den Tagen nach dem Tod ihres Ehemanns sah sie auf Fotos erstaunlich unbekümmert aus. Die Behörden behaupteten, auf ihrem Computer „Al-Qaida"-Material gefunden zu haben. Sie selbst stritt jedoch jede Beteiligung an dem Bombenanschlag ab. Solche Hintergrundinformationen werfen ein Licht auf die Kräfte und Netzwerke, die unter dem Deckmantel der lächerlichen offiziellen Geschichte bei dem Bombenanschlag von Boston tatsächlich die Fäden zogen. Eine Allianz zwischen USA, Großbritannien und NATO arbeitet an der Destabilisierung der von Russland kontrollierten Länder der Kaukasusregion. Dazu bedient sie sich der Agenten, Informanten und sogar der islamischen Fanatiker, die sie ansonsten verurteilt, wenn es ihr gerade in den Kram passt. Die Regierungen der USA und Großbritanniens behaupten, sie müssten die islamischen Extremisten in Afghanistan und anderswo bekämpfen, doch gleichzeitig bewaffnen, finanzieren und schulen sie genau diese Leute in Syrien, im Kaukasus, in Libyen und in anderen Teilen Afrikas. Die Beteiligten sind zu dumm und zu hirnlos, um zu erkennen, dass sie alle zu ein und demselben Zweck manipuliert werden, einem Zweck, der letztlich auch ihre eigene Vernichtung vorsieht. Das Ziel besteht darin, diese Idioten dazu zu bringen, ausgerechnet zu den US-Vasallenstaaten Saudi-Arabien und Katar aufzublicken und dort nach Führung und Anleitung zu suchen. Doch genau diese beiden islamischen Staaten sind maßgeblich an der Unterstützung der von den USA kontrollierten islamischen Söldner in Libyen und Syrien durch Geld und Waffen beteiligt. Viele Libyer haben erkannt, dass Katar nur eine Marionette der USA ist, und so haben sie nach der inszenierten „Revolution" Abbildungen des Emirs zusammen mit der Flagge von Katar in Tripolis verbrannt.

Dschochar und Tamerlan Zarnajew waren irgendwie in all das verstrickt – wie genau werden wir nie erfahren – als sie am 15. April 2013 beim Marathon von Boston auf der Bildfläche erschienen. Falls sie echte Bombenleger waren, hätte das FBI genügend Informationen über die beiden gehabt, um den Anschlag zu verhindern, waren sie für das FBI aber nur Sündenböcke, dann hätten die Informationen des FBI über die beiden ausgereicht, um sie hereinzulegen. Obwohl in der Nähe der Ziellinie überall Leute mit Rucksäcken zu sehen waren – darunter auch die Mitarbeiter von Craft International – teilten die Behörden der Öffentlichkeit mit, dass alle anderen Fotos irrelevant seien. Die Behörden interessierten sich nur für die Fotos der Tsarnaevs, denn schließlich standen deren Namen auf ihrem internen Spickzettel. Wie die Eltern der Brüder angaben, hatte das FBI Tamerlan Zarnajew annähernd fünf Jahre lang beobachtet, was dieser auch wusste. Wenn die offizielle Geschichte stimmt, warum hat man dann den Bombenanschlag zugelassen? Laut den Angaben der Eltern rief das FBI *nach* dem Bombenanschlag bei Tamerlan an und beschuldigten ihn der Beteiligung. Tamerlans Antwort darauf lautete: „Das ist euer Problem", so erklärte der Vater. Die Brüder pflegten, vorsichtig ausgedrückt, anscheinend keinen streng islamischen Lebensstil. Sie waren auch keineswegs von Religion besessen. Wir sollten bedenken, dass praktisch alle „Informationen" über die beiden und über die Geschehnisse zwischen dem Bombenanschlag und ihrer Gefangennahme und Erschießung von den Behörden stammten. Die Behörden behaupteten, Tamerlan hätte sich einen Schusswechsel mit der Polizei geliefert. Er sei ums Leben gekommen, weil sein Bruder, der in einem Auto zu fliehen versuchte, ihn überfuhr. Doch eine Augenzeugin, die sich nahe am

Ort des Geschehens befand, berichtete etwas völlig anderes. Diese Zeugin namens Linda wurde am 19. April vom Sender *WEEI 93.7 FM* in Boston interviewt. Sie hatte sich an dem Ort, an dem Tamerlan vermutlich starb, im Haus ihres Freundes aufgehalten. Linda erzählte, sie hätte Schüsse gehört, die immer lauter wurden und sich dem Haus immer weiter näherten.

> „Ich fing an zu schreien, weil ich wusste, dass irgendetwas nicht in Ordnung war. Wir rannten zum Hauseingang ... und sahen, wie der erste Verdächtige von einem Polizei-Jeep angefahren wurde. Danach schoss die Polizei mehrmals auf ihn."

Nach Lindas Aussage kam Minuten später ein Krankenwagen, der den Mann wegbrachte.

> „Innerhalb von wenigen Augenblicken wimmelte es rundherum nur so von Spezialeinsatzkommandos und Polizisten aus Boston, Watertown und Cambridge ... Es war schrecklich, mitansehen zu müssen, wie Nachbarn mit vorgehaltener Waffe von den Spezialeinsatzkommandos aus ihren Häusern gezerrt wurden ..."

Auf die Frage, ob sie bestätigen könne, dass das Polizeiauto zuerst Tamerlan Zarnajew angefahren hatte, antwortete sie: „Ja, richtig". Sie fügte hinzu: „Ihn sah ich nicht schießen, ich sah nur, dass man mehrmals auf ihn schoss." Tamerlan Zarnajew ist tot und kann nicht mehr für sich selbst sprechen. So bleiben uns nur die Aussagen der Polizei, auch über das, was auf der Suche nach dessen jüngerem Bruder Dschochar geschah. Die diesbezügliche Geschichte stammt natürlich wieder einmal nur von der Polizei. Es geht wie immer darum, so schnell wie möglich eine Geschichte in die Welt zu setzen und dann dafür zu sorgen, dass es die einzige Geschichte bleibt, die die Leute je zu hören bekommen. Das war schon beim 11. September so und es wiederholt sich immer wieder. Wir erfuhren, dass man Dschochar bei einem weiteren Schusswechsel gefangen nehmen konnte, nachdem man ihn in seinem Versteck auf einem Boot aufgespürt hatte. Doch wie sich herausstellte, konnte von einem Schusswechsel keine Rede sein. Die Beamten gaben später nämlich zu, dass Dschochar gar keine Waffe bei sich gehabt hatte. Ein Polizist teilte nach der Gefangennahme mit, Dschochar könne sich nicht persönlich äußern, da „er sich selbst in den Hals geschossen hätte". Wenn er, wie es hieß, versucht hatte Selbstmord zu begehen, warum schoss er sich dann ausgerechnet in den Hals? Und auch wenn nicht, warum schoss er sich in den Hals? Wenn er keine Waffe hatte, wie konnte er sich dann überhaupt in den Hals schießen? In einer Minute erzählte die Polizei, er befände sich mit einer Halsverletzung im Krankenhaus und könne vermutlich nicht sprechen, und eine Minute später hieß es, er könne die offizielle Geschichte bestätigen. Es war geradezu lachhaft. Sobald ein Verdächtiger einmal in Gewahrsam genommen worden ist, haben alternative Versionen der Geschehnisse ohnehin keine Chance mehr. Dank der hochentwickelten Gedankenkontrollmethoden kann man heutzutage nämlich auch den Unschuldigsten von seiner Schuld überzeugen. Es gibt noch immer so viele unbeantwortete Fragen, auf die die Behörden niemals eine Antwort geben werden. Denn wenn sie eine Geschichte erst einmal in Umlauf gebracht haben, darf diese nicht mehr in Frage gestellt werden, und niemand darf ihr widersprechen. Doch aus den hier dargelegten Informationen folgt eindeutig, dass tatsächlich eine völlig andere Version der Geschehnisse versteckt wird.

Ein weiterer merkwürdiger „Zufall" war, dass man Sunil Tripathi, einen 22-jähriger ehemaligen Studenten aus Boston, der auf der Website „4chan imageboard" als Verdächtiger bezeichnet worden war, eine Woche nach dem Bombenanschlag tot im Fluss Providence auffand. Seit Mitte März war er bereits vermisst worden. Am 22. Mai erschoss das FBI schließlich den 27-jährigen Ibragim Todashev während eines Verhörs in Florida, bei dem man Todashev über seine Freundschaft zu Tamerlan Zarnajew befragt hatte. Wie das FBI verlauten ließ, sei Todashew gewalttätig geworden und hätte den Agenten mit einem Messer angegriffen. Später gab man zu, dass kein Messer im Spiel war. Abdul-Baki Todashev, der Vater des Getöteten zeigte den Medien Bilder seines Sohnes aus dem Leichenschauhaus, das ein Freund ihm aus den Vereinigten Staaten zugeschickt hatte. Auf Todashev waren mindestens sieben Kugeln abgefeuert worden. Eine davon war am Hinterkopf eingetreten. Es war eine staatliche Hinrichtung, nichts anderes. Angeblich hatte Todashev sich eine Woche vor dem Bombenanschlag mit Tamerlan Zarnajew unterhalten. Was wusste er, das die Behörden so verzweifelt vor der Öffentlichkeit geheim halten wollten?

Der nach dem Prinzip Problem-Reaktion-Lösung inszenierte Anschlag in Boston wurde sogleich genutzt, um mit Nachdruck stärkere Sicherheitsvorkehrungen für öffentliche Veranstaltungen, einschließlich eines Rucksackverbots, zu fordern. Der New Yorker Bürgermeister Michael Bloomberg (Rothschild-Zionist) nutzte den Anschlag von Boston weidlich aus, um eine massive Erhöhung der Zahl von Überwachungskameras zu rechtfertigen. Er sagte:

> „Niemand wird je genau wissen, wo sich alle unsere Kameras befinden. Auf diese Weise schreckt man die Leute ab. Sie werden nie wissen, ob die Person, die neben Ihnen sitzt, jemand ist, der einfach nur dasitzt oder ein Detektiv, der aufpasst."

Die klassische Big Brother – Gesellschaft. Erwähnt wird natürlich nicht, dass Boston bereits über ein Netzwerk von Überwachungskameras verfügt, die den Anschlag jedoch nicht verhindern konnten. Der New Yorker Polizeikommissar Ray Kelly meinte über diejenigen, die ihre Privatsphäre geschützt sehen möchten:

> „Das Thema Privatsphäre ist wirklich vom Tisch … Ich denke, die Menschen machen sich darüber keine Gedanken mehr. Ich glaube, die Menschen akzeptieren das als Teil der Welt nach dem 11. September".

Nein, es verhält sich vielmehr so, dass man den Menschen diese Welt aufgezwungen hat, egal was sie darüber denken. Bloomberg sagte über die Einführung von Überwachungsdrohnen: „Gewöhnen Sie sich besser daran". Die Arroganz dieser winzigen, wirklich winzigen Minderheit, die ich als Rothschild-Zionisten bezeichne, kennt wirklich keine Grenzen. Der Anschlag von Boston bescherte der globalen Verschwörung einen weiteren Bonuspunkt. Bei der Suche nach Dschochar Zarnajew konnte man die Amerikaner gleich mit der Art von Kriegsrecht vertraut machen, die für das ganze Land geplant ist. Man konnte testen, wie die Öffentlichkeit reagiert, wenn bewaffnete Polizei- und Militärkräfte ausschwärmen und sich mit Waffen gewaltsam Zutritt zu Häusern verschaffen oder den

Menschen befehlen, im Innern ihrer Häuser zu bleiben. Dass die Massen als Reaktion auf die Polizeioperation, die Boston in eine militärisch besetzte Stadt verwandelt hatte, „USA, USA“ skandierten, war gelinde gesagt nicht gerade ermutigend. So viele Menschen verharren auch angesichts solcher Geschehnisse noch immer in kindlicher Selbsttäuschung. Aber man findet auch Aspekte, die zu Optimismus Anlass geben. Solche inszenierten Ereignisse kann man den Leuten heute sehr viel schwerer verkaufen als früher, weil immer mehr Menschen die Struktur Problem-Reaktion-Lösung durchschauen. Sie wissen, wie sie funktioniert und wozu sie dient. Das Geschehnis von Boston war bisher am schwersten an den Mann zu bringen, weil das Gewahrsein der Bevölkerung zunehmend wächst. Von jetzt an wird es immer schwieriger werden, mit so etwas durchzukommen, denn die Nachricht von der globalen Agenda verbreitet sich immer mehr im öffentlichen Bewusstsein.

Ein Bund fürs Leben – Nachrichtendienste und Terrorismus

Abbildung 12

Für erfahrene Rechercheure war es keine Überraschung zu erfahren, dass diejenigen, die im Mai 2013 angeblich den britischen Soldaten Lee Rigby in der Nähe der Kaserne von Woolwich in London ermordeten, schon seit langem unter der Beobachtung der britischen Sicherheits- und Nachrichtendienstnetzwerken gestanden hatten. Wie ein langjähriger Freund bekundete, war einer von ihnen vom MI5 genötigt worden, sich als Spion und Informant zu betätigen. Michael Adebolajo, 28, und Michael Adebowale, 22, sollen außerhalb ihres Dienstes Lee Rigby mit einem Auto angefahren und dann mit einem Hackmesser attackiert haben. Die Fotos in Abbildung 12 wurden nach dem Vorfall aufgenommen. Viele haben bereits auf das merkwürdige Fehlen jeglicher Blutspuren auf der Kleidung der Männer nach einem so grausamen Verbrechen hingewiesen. Die Männer versuchten nicht zu fliehen, sie warteten auf die Ankunft der Polizei und unterhielten sich währenddessen mit den Leuten. Adabolajo sagte dabei:

> „Der einzige Grund, warum wir heute diesen Mann getötet haben, ist, dass jeden Tag Moslems durch die Hand britischer Soldaten sterben. Das hier ist nur ein einziger britischer Soldat. Auge um Auge [sic], Zahn um Zahn. Bei Allah, wir schwören bei Allah, dem Allmächtigen, dass wir niemals aufhören werden zu kämpfen, bis ihr uns endlich in Ruhe lasst.

> Was ist, wenn wir in den muslimischen Ländern nach der Scharia leben wollen? Müsst ihr uns deswegen verfolgen und jagen, uns als Extremisten bezeichnen und töten? Ihr seid die Extremisten. Ihr seid es. Wenn ihre eine Bombe werft, glaubt ihr dann, dass sie eine Person tötet oder dass sie eine ganze Familie auslöscht. So sieht die Wirklichkeit aus …"

Adebolajos Freunde und Bekannten sind sich einig, dass er ein angenehmer, liebenswerter, freundlicher und glücklicher Mensch war, solange bis er im Jahr 2010 Kenia besuchte. Dort wurde er von kenianischen Truppen verhaftet, gefoltert und sexuell missbraucht. Man ließ Adebolajo wissen, dass die Folter und der Missbrauch auf Befehl der britischen Behörden erfolgten. Ibrahim Hassan (auch bekannt unter dem Namen Nusaybah), ein Freund seit Adebolajos Kindertagen, äußerte in einem Schreiben an den Ausschuss des britischen Parlaments für Nachrichtendienste und Sicherheit:

> „… als vorrangiger Faktor spielt eine Rolle, dass er die systematische Folter und den sexuellen Missbrauch der kenianischen Truppen erleiden musste und glaubte, das geschehe auf Geheiß des britischen Geheimdienstes. Die Schergen teilten Michael mit, dass sie auf Befehl der britischen Behörden handeln würden. Er konnte nicht vergeben, dass die Behörden so etwas duldeten, obwohl er nichts anderes gewollt hatte, als sich außerhalb von Großbritannien ein neues Leben aufbauen."

Hassan erklärte, er könne „bezeugen, dass der Michael, den ich kannte, nach dieser Behandlung in Kenia nicht mehr existierte." Was hier beschrieben wird, entspricht dem klassische Zermürben und Fragmentieren des Verstandes durch traumabasierte Gedankenkontrolle. Darüber habe ich anderen Büchern ausführlich berichtet. Wie Ibrahim Hassan erklärte, war Adebolajo auch nach seiner Rückkehr von Kenia nach Großbritannien weiter vom Sicherheitsdienst belästigt und eingeschüchtert worden, um ihn so zu einer Agententätigkeit zu zwingen. Familienmitglieder haben das bestätigt. Sein Schwager Abu Zuybyr sagte, der Nachrichtendienst hätte Michael schikaniert, um ihn dazu zu bringen, moslemische Kleriker auszuspionieren und als Informant tätig zu werden. Adebolajos Familie sagte, man hätte ihn jenseits der Grenzen des Erträglichen getrieben. Es stellte sich zudem heraus, dass Michael Adebolajos 26-jähriger Bruder Jeremiah, der den Namen Abul Jaleel führt, vom MI6 für eine Spionagetätigkeit im Nahen Osten bezahlt wurde, während er in Saudi-Arabien Englisch unterrichtete. Er soll von den Sicherheitsdiensten zu einer solchen Spionagetätigkeit gedrängt worden sein, und man setzte ihn auf Michael Adebolajo an, um diesen zu ermutigen, für den MI5 zu arbeiten. Das Maß der Verderbtheit, das bei den Nachrichtendiensten in Großbritannien, in den USA und überall auf der Welt herrscht, ist einfach unvorstellbar. Entsprechend ihrer gängigen Praxis stellen sie ihre moslemischen Zielpersonen vor die Wahl, entweder als Informanten für sie tätig zu werden oder mit einer falschen Anklage wegen Terrorismus bedacht zu werden. In Woolwich sehen wir die Verbindung zwischen Gewalt und Nachrichtendiensten wieder einmal in Aktion, ebenso wie in Boston und bei vielen anderen Ereignissen. Ibrahim Hassan ließ seinen Brief von seinem Rechtsanwalt an den parlamentarischen Ausschuss senden. Er selbst wurde nämlich nach einem Interview mit *BBC Newsnight* sofort verhaftet. Darin hatte er die Verbindung zwischen Adebolajo und MI5 offengelegt. Offensichtlich war es nicht gelungen, ihn schnell genug von der Straße zu holen, um zu verhindern, dass er Michaels Geschichte mit dem MI5 ausplauderte. Bei Hassans gerichtlicher Anhörung am 26. Mai 2013, bei der es um eine Verlängerung seiner Untersuchungshaft ging, fragte sein Anwalt, ob der MI5 die Verhaftung angeordnet hatte. Die Polizei konnte das nicht verneinen. Moazzem Begg, der Vorsitzende der Londoner Menschenrechtsorganisation Cage Prisoners sagte dazu:

> „Ist es Zufall, dass man gestern Abu Nusaybah [Ibrahim Hassan] unmittelbar nach seinem Interview, in dem er Michael Adebolajos Belästigung durch den MI5 und seine Folterung in Kenia – von der der britische Geheimdienst wusste und bei der er höchstwahrscheinlich seine Hände im Spiel hatte – bloßgestellt hatte, in den *BBC*-Studios verhaftete?"

Wenn wir die Umstände betrachten, beantwortet sich die Frage von selbst. Überall auf der Welt sind die Geheimdienste mit den terroristischen Organisationen verstrickt, die sie meistens selber geschaffen haben. Michael Adebolajo, der aus einer strenggläubigen christlichen Familie stammt, konvertierte 2003 zum Islam. Er soll von dem islamischen Prediger Omar Bakri Muhammed „radikalisiert" worden sein, der seinerseits Beziehungen zum britischen Geheimdienst unterhalten soll. Bakri Muhammed war Mitglieder der von Großbritannien, Amerika und Israel kontrollierten muslimischen Bruderschaft und Gründer der mittlerweile in England verbotenen Organisation Al Muhjiroun. Michael Adebolajo wurde Förderer und Aktivist dieser Gruppe und unterhielt enge Beziehung zum MI6, wie Insider-Quellen zu berichten wissen, so beispielsweise der ehemalige Staatsanwalt und Terrorismusexperte des amerikanischen Justizministeriums John Loftus. Loftus äußerte 2005 gegenüber *Fox News*:

> „… damals Ende der 1990-er Jahre arbeiteten die Anführer alle für den britischen Nachrichtendienst im Kosovo. Ob Sie es glauben oder nicht, aber der britische Nachrichtendienst heuerte tatsächlich Mitglieder von Al-Qaida an, um bei der Verteidigung muslimischer Rechte in Albanien und im Kosovo mitzuwirken. Dort hat Al-Mahajiroun seine Wurzeln."

Bakri Muhammed leitete von 1986 bis 1996 die in London ansässige islamische Partei Hizb-ut-Tahrir (HuT), die, wie Rechercheure aufdeckten, intensive Beziehungen zum MI6 unterhielt. Die Partei wurde 2003 in England und in vielen muslimischen Ländern als terroristische Partei verboten, weil sie an militärischen Coups gegen die jeweiligen Regierungen beteiligt war. Die HuT soll mit der muslimischen Bruderschaft verbunden sein, der Speerspitze von MI6 und CIA für die Destabilisierung der Regierungen im Nahen Osten (siehe „Arabischer Frühling"). Dr. Reza Shihata, der ehemalige stellvertretende Hauptgesandte der ägyptischen Botschaft in Pakistan, erklärte, er hätte Verbindungen zwischen der Bruderschaft und der CIA aufdecken können, und der ehemalige Staatsanwalt des amerikanischen Justizministeriums John Loftus enthüllte, dass Haroon Rashid Aswat, der angeblich führende Kopf (Blödsinn) hinter dem Bombenanschlag von 2005 in London, für den britischen Nachrichtendienst gearbeitet hatte. Wohin man auch blickt, überall findet man Verbindungen zwischen Terroristen und „Sicherheitsbehörden". Das erklärt, warum so viele angeblich radikale Moslems einen so ganz und gar unislamischen Lebensstil pflegen. Mohammed Atta, der „Hauptflugzeugentführer" (Blödsinn) bei den Anschlägen vom 11. September beförderte Drogen für die CIA und den pakistanischen Militärnachrichtendienst über den Flughafen Venice in Florida, wo mehrere der „Fantasieentführer" angeblich als Piloten ausgebildet worden waren. Seine nichtmuslimische Freundin sagte aus, dass er unbegrenzte Mengen von Kokain auf Lager hatte und am liebsten Schweinekotelett aß. Wie durchaus islamisch. Mohammed Atta und andere „Flugzeugentführer" waren mindestens sechs Mal in Las Vegas, wo sie tranken, spielten und sich an der Gesellschaft von Striptease-Tänzerinnen erfreuten. Omar Bakri Muhammed, angeblich ein Mentor von Michael Adebolajo, dem Verdächtigen von Woolwich, nannte die Flugzeugentführer vom 11. September „die glorreichen 19". Das zeigt, dass er entweder keine Ahnung hatte, was an jenem Tag wirklich passiert war, oder dass er seine Rolle bei der Verbreitung der Verschleierungsgeschichte spielte. Bakris Tochter arbeitet als Oben-ohne-Poletänzerin in Londoner Clubs. Der „islamische Extremist", der heute im Libanon lebt, bezahlte, wie berichtet wurde, ihre Brustvergrößerung, um so ihre Karriere anzustoßen. Was für ein Scherz das Ganze doch ist. Dame Stella Rimington, die ehemalige Leiterin von MI5, eine Dame, über die mir einer ihrer früheren Mitarbeiter eine Menge zu erzählen hatte, erklärte, nach dem Ereignis von Woolwich müssten die Menschen nun einander bespitzeln, sie müssten die „Augen" der Behörden sein – Problem-Reaktion-Lösung. Der Feind sei überall und weitere Angriffe wären unvermeidlich, wenn das Land nicht zum „Polizeistaat" würde, meinte sie. Genau, denn darum geht es. Rimington fuhr fort:

> „Die Allgemeinheit hat die Aufgabe, zu den Augen und Ohren des Staates zu werden, so wie es während des Kriegs der Fall war … Damals hingen überall diese Plakate, auf denen zu lesen stand, dass die Wände Ohren hätten und der Feind überall sei.
>
> In den jeweiligen Gemeinden, seien sie muslimisch oder nicht, hat es schon oft Anzeichen dafür gegeben, dass Menschen im Begriff standen zu Extremisten zu werden und Hassparolen hervorzuschleudern."

Wenn das so ist, dann sollte ich Blair, Bush, Obama und Cameron wegen ihres massenmörderischen Extremismus und ihrer Hassparolen gegenüber Hussein, Gaddafi, Assad und Ahmadinejad wohl anzeigen. Aber wenn sich der Staat als Terrorist gebärdet, dann tut er das selbstverständlich nur, um den Terrorismus zu *bekämpfen*. Umkehrung, Umkehrung, Umkehrung. Nach dem Angriff in Woolwich sagte Tony Blair: „Im Islam gibt es ein Problem". Nur ein psychopathischer Narzisst wie Blair kann den Nerv haben, so etwas zu behaupten, während er selbst in dem Blut von Millionen von Menschen schwimmt, deren Tod und Leiden er als britischer Premierminister sanktioniert hat.

Der Schleier lichtet sich

Während sich dieses Buch gerade in der Produktionsphase befand, reagierten die Menschen geschockt über die Enthüllungen von Insidern über das geradezu atemberaubende Ausmaß globaler Überwachung durch Organisationen wie die amerikanische nationale Sicherheitsbehörde (NSA). Doch für mich war das, was Whistleblower wie der NSA-Mitarbeiter Edward Snowden und andere über die ungeheuerliche Überwachung der Menschen weltweit enthüllten, keine Überraschung. Wer solche Themen gründlich recherchiert, wird feststellen, dass es zwei Welten gibt, eine sichtbare und eine unsichtbare, die zwar im selben „Raum" operiert, sich aber als Erstere tarnt. Die erste Welt ist die, die wir Menschen im Allgemeinen als die sichtbare Welt erleben. In dieser Welt werden Regierungen in sogenannten „Demokratien" an den Wahlurnen gewählt. Diese Regierungen erlassen Gesetze und Vorschriften, die für jedermann gelten, auch für die Regierungen, ihre Nachrichtendienste, ihre Rechtsvollstreckungsbehörden, ihr Militär und so weiter. Diese Welt existiert in Wirklichkeit in keiner wie auch immer gearteten Form, außer in der Theorie. Die Strukturen von Regierungen und „Demokratien" in all ihren Ausgestaltungen dienen nur dem Zweck, die Bevölkerung zu kontrollieren, ohne darüber Rechenschaft ablegen zu müssen. Die „Gesetze" gelten mit zunehmend weniger Ausnahmen nur noch für die „kleinen Leute", während die andere Welt treibt, was immer ihr gefällt.

Es ist die Welt des Satanismus, der Geheimgesellschaften, der halbgeheimen Gruppierungen, der Banken und der Großunternehmen. Sie diktiert die öffentliche Politik. Sie gibt die Richtung der menschlichen Gesellschaft vor, indem sie ihr aus dem Schatten heraus die Gesetze aufzwingt, die in der sichtbaren Welt das Werk der Politiker zu sein scheinen, welche dem Volk gegenüber Verantwortung tragen und offene Debatten und Wahlen zulassen. Im unsichtbaren Reich gibt es keine Gesetze, keine Kontrollen und kein Gegengewicht zu zügelloser Macht. Schließlich ist es ein Reich, das durch ungezügelte Macht entstanden ist und das unaufhörlich immer noch größere ungezügelte Macht hervorbringt. Kurz gesagt, diese Welt tut, was sie will, ohne jegliche Herausforderung und ohne jegliche Verantwortung. Allenfalls haben die niedrigeren Chargen den über ihnen stehenden Rede und Antwort zu stehen. Die unsichtbare Hierarchie legt sich nur selbst Rechenschaft ab, und keineswegs der sichtbaren Hierarchie, die uns gegenüber in der Form von Regierungen, Nachrichtendiensten, Rechtsvollstreckungsbehörden und Militärkräften auftritt. Wenn man das einmal verstanden hat, dann kann ein Insider wie Edward Snowden einem zu keinem Thema mehr etwas erzählen, was nicht ohnehin offensichtlich, nicht ohnehin klar wäre. Die Tatsache, dass so viele Menschen – nicht zuletzt in den Medien – schockiert und empört reagierten, zeigt, wie gut die Firewalls funktionieren, die das Unsichtbare in der Regel vor der Wahrnehmung in der sichtbaren Welt schützen. Die Empörung teile ich, aber schockiert bin ich nicht.

Es gibt aber auch Ermutigendes zu berichten, etwa die Tatsache, dass diese Insider überhaupt ausbrechen. Und es werden immer mehr werden, die erkennen, dass angesichts der Richtung, in die die Welt sich bewegt und des dahinterstehenden Zwecks Schweigen keine Option mehr darstellt. Die alternativen Medien, die eins und eins zusammenzählen, haben eine mächtige Wirkung. Sie zeigen den Insidern, wie ihr Wissen und Tun sich mit dem Wissen und Tun anderer verbindet und ein höchst finsteres Muster und Gesamtbild sichtbar werden lässt. Hier werden gerade die Wände der Kompartmentalisierung niedergerissen, und deshalb geraten die Kräfte der Unterdrückung in solche Panik.

Der Damm hat Risse bekommen, und das ist nur der Anfang.

Bildergalerie von Neil Hague

Die einzigartigen Werke eines Spitzenkünstlers

Die „materielle" (holografische) Welt existiert nur, wenn sie beobachtet (entschlüsselt) wird, und das gilt auch für den menschlichen Körper. Jeder Teil unserer „materiellen" Wirklichkeit, der nicht entschlüsselt wird, existiert lediglich in Wellenform.

Unser „astrologisches Feld", von dem wir bei der Geburt (oder bei der Empfängnis, wie manche behaupten) durchdrungen werden, interagiert mit dem sich stetig wandelnden universellen Feld auf andere Weise als das eines Menschen, der an einem anderen Punkt im Zyklus geboren/empfangen wurde. Alles – wie fest es auch erscheinen mag – ist eine holografische Projektion, die auf Schwingungsinformationen fußt. Somit ist auf Schwingungsebene alles miteinander verbunden. Daher ist es möglich, mit Tieren und der sogenannten Natur zu kommunizieren. Diese Kommunikation findet nicht via Stimme-Ohr-Verständigung statt, sondern auf Schwingungs- und elektromagnetischer Ebene dieser Wirklichkeit. Im Grunde sind diese Ebenen ein und dieselbe Energiequelle oder – wie einige es nennen – das kollektive Unbewusste, das alle Ausdrucksformen seiner selbst verbindet.

Der Saturn ist ein gigantisches Portal, das verschiedene Wirklichkeiten verbindet. Zugleich ist er ein Sender und fungiert als Hauptquelle der Scheinwelt – der Matrix. Die Ringe sind ein Soundsystem (Schwingungsinformations-System), dessen Verstärker der Mond ist. Der menschliche Körper/Intellekt decodiert die übermittelten Informationen. Dies bezeichne ich als den „Großen Hack".

Die Archonten übertragen einen Informations-Strukturplan, in den die Umwandlung unserer Wirklichkeit in eine orwellsche Welt der totalen Kontrolle eingeschrieben ist. Sie und ihre hybriden Handlanger streben danach, die Menschen in das Frequenzband dieses Strukturplans einzubinden und sie so ihr eigenes holografisches globales Gefängnis erschaffen zu lassen. Dazu gehört auch das sogenannte „Preemptive Programming" oder „vorausplanend manipulative Programmieren" – worunter auch die Flut an Filmen fällt, in denen die Gesellschaftsform gezeigt wird, die sich die Archonten wünschen.

Menschen mit in besonders hohem Maße verschlossenem Intellekt zählen oft zu den Stützen des Systems – sie sind Gefangene der linken Hirnhälfte und finden sich in Wissenschaft, Medizin, Politik, Konzernen, Finanzwesen, Religion und Massenmedien.

Die Saturn-Mond-Matrix gibt der Redewendung „über den Tellerrand hinausschauen“ eine ganz neue Bedeutung.

Die Erde jenseits der Matrix-Frequenzmauer (der Lichtgeschwindigkeit) unterscheidet sich stark von der, die wir innerhalb der Matrix erleben.

Das Saturn-Kontrollsystem zeigt sich nicht nur im Finanzsystem, sondern besonders auch in der Religion und der geheimen Verehrung von Chronos, dem bärtigen Saturngott.

Die scheinbar allmächtigen politischen Führungspersonen sind nichts als kleine Jungen und Mädchen, die tun, was der „Lehrer" ihnen vorgibt.

Würfel, sechszackiger Stern und andere derartige Symbole und Digitalcodes repräsentieren die stehenden Wellen der Saturn-Mond-Tonfrequenzen. Erwacht man jedoch und gelangt zu Bewusstsein, bricht man umgehend aus dem Kontrollsystem aus.

Das Herzzentrum verbindet uns ebenso mit unserer eigentlichen Heimat wie Liebe, Bewusstsein, Erkenntnis und intuitive Intelligenz. Die Archonten wissen, dass sie unseren Zugang zu all dem blockieren können, indem sie uns mittels Manipulation in niedrig schwingenden Emotionen festhalten.

Die „Blase" der Unter-Realität, welche die Archonten und ihre Hybriden zwischen Erde und Ionosphäre zu installieren trachten.

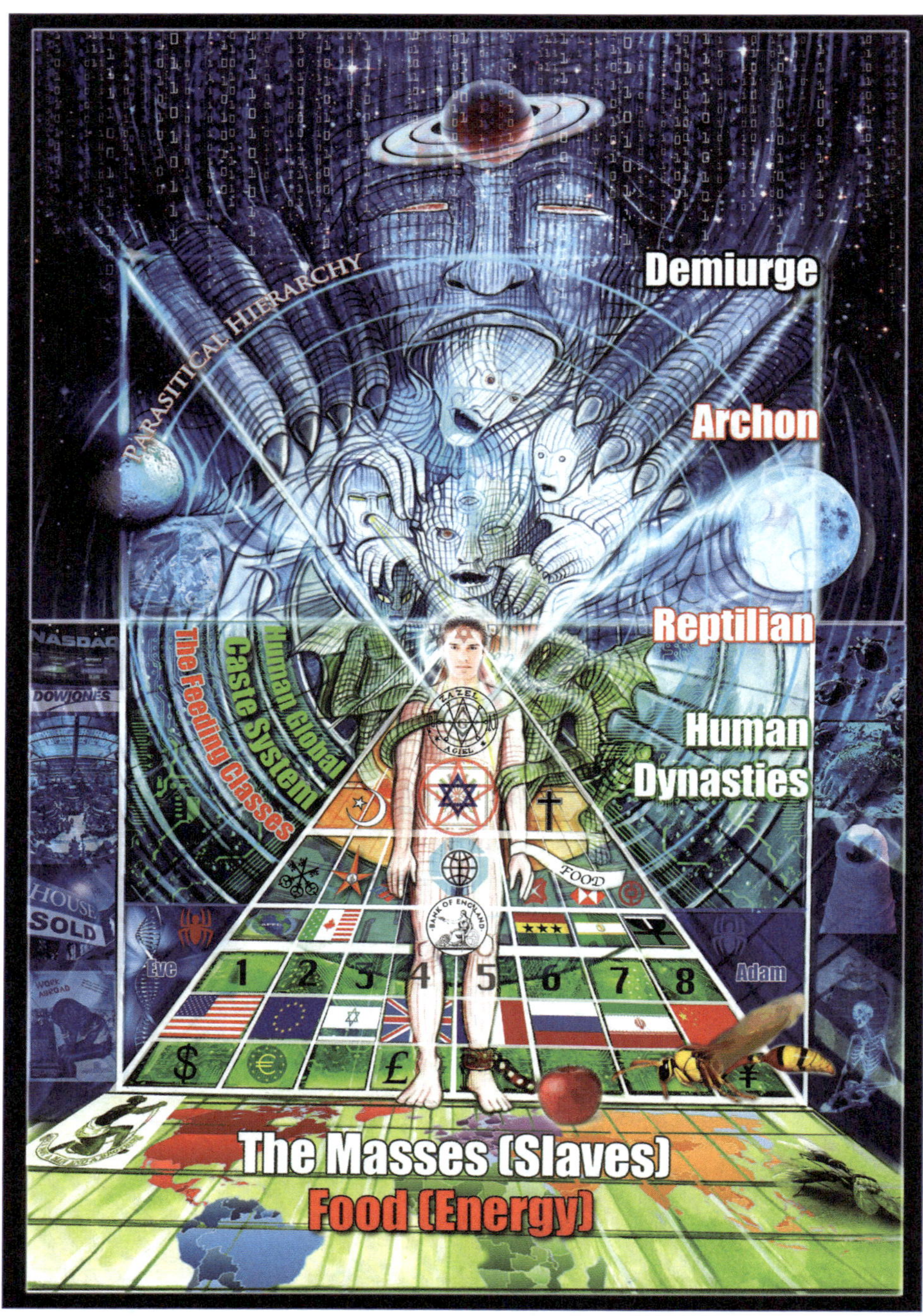

Die menschliche Machthierarchie, darunter politische Führungspersonen und Königshäuser, sind zwar sichtbar, jedoch lediglich Projektionen der Archonten-Hierarchie in unserer Wirklichkeit.

Die Saturn-Mond-Matrix, wie sie sich gegenwärtig darstellt.

Die transhumanistische Mensch-Maschine-Agenda.

Die zahlreichen, vielfältigen Aspekte der Agenda 21. Die Welt der Archonten wird der menschlichen Gesellschaft aufgezwungen.

Die energetische Transformation, die ich als Wahrheitsschwingungen bezeichne, wird hier von den Löwen symbolisiert. Diese Schwingungen wecken immer mehr Menschen und lassen sie die Agenda, welche die Archonten der menschlichen Gesellschaft zugedacht haben, erkennen und bekämpfen

Öffnen Sie Herz und Geist für Ihr wahres, unendliches Selbst, und das Kartenhaus der Archonten wird in sich zusammenfallen.

Öffnen Sie Ihr Herz, hören Sie auf Ihr Herz, und das Programm wird keine Macht mehr haben.

Wir sind die „blendende Finsternis" des Alles-Was-Ist und mannigfaltige Ausdrucksformen erlebter Realität. Aber wer glauben wir zu sein – wofür entscheiden wir uns? Für welche Identität entscheiden wir uns? Betrachten wir uns als Ethel oder Charlie, als Mary oder Mark? Oder schauen wir in den Spiegel und erkennen das Alles-Was Ist-War-und-Je-Sein-Kann?

Sie haben die Wahl zwischen dem „kleinen Ich" und dem Unendlichen Bewusstsein – und diese Entscheidung wird Sie entweder versklaven oder befreien.

Index

Symbole

A

B

C

E

F

G

H

J

K

L

M

N

Q

R

S

T

U

V

W

Y

Z